Heinrich Heine

Historisch-kritische Gesamtausgabe der Werke

herausgegeben von

Manfred Windfuhr

im Auftrag der Landeshauptstadt Düsseldorf

mit Förderung durch
die Deutsche Forschungsgemeinschaft
die Freie und Hansestadt Hamburg
das Kultusministerium des Landes
Nordrhein-Westfalen

Hoffmann und Campe

Heinrich Heine

Band 6

Briefe aus Berlin
Über Polen
Reisebilder I/II (Prosa)

bearbeitet von

Jost Hermand

Hoffmann und Campe

Unter besonderer Benutzung der Bestände
des Heinrich Heine-Instituts Düsseldorf
und der Bibliothèque Nationale Paris

Redaktion:
Erhard Weidl (deutsche Teile)
Christiane Kohlhaas (französische Teile)

1. bis 3. Tausend 1973

Schutzumschlag und Einband Werner Rebhuhn
Gesetzt aus der Sabon-Antiqua
Gesamtherstellung Richterdruck Würzburg
ISBN 3-455-03006-8 · Printed in Germany

Inhalt

Text

Apparat

Briefe aus Berlin.

1822.

Seltsam! – Wenn ich der Dey von Tunis wäre,
Schlüg' ich, bey so zweydeut'gem Vorfall, Lärm.

Kleists »Prinz v. Homburg.«

1.

Berlin, den 26. Januar 1822.

Ihr sehr lieber Brief vom 5. d. M. hat mich mit der größten Freude erfüllt, da sich darin Ihr Wohlwollen gegen mich am unverkennbarsten aussprach. Es erquickt mir die Seele, wenn ich erfahre, daß so viele gute und wackere Menschen mit Interesse und Liebe meiner gedenken. Glauben Sie nur nicht, daß ich unseres Westfalens so bald vergessen hätte. Der September 1821 schwebt mir noch zu sehr im Gedächtniß. Die schönen Thäler um Hagen, der freundliche Overweg in Unna, die angenehmen Tage in Hamm, der herrliche Friz v. B., Sie, W., die Alterthümer in Soest, selbst die Paderborner Heide, alles steht noch lebendig vor mir. Ich höre noch immer, wie die alten Eichenwälder mich umrauschen, wie jedes Blatt mir zuflüstert: Hier wohnten die alten Sachsen, die am spätesten Glauben und Germanenthum einbüßten. Ich höre noch immer, wie ein uralter Stein mir zuruft: Wandrer, steh, hier hat Armin den Varus geschlagen!

Man muß zu Fuß, und zwar, wie ich, in östreichischen Landwehrtagemärschen, Westfalen durchwandern, wenn man den kräftigen Ernst, die biedere Ehrlichkeit und anspruchslose Tüchtigkeit seiner Bewohner kennen lernen will.

Es wird mir gewiß recht viel Vergnügen machen, wenn ich, wie Sie mir schreiben, durch Mittheilungen aus der Residenz mir so viele liebe Menschen verpflichte. Ich habe mir gleich bey Empfang Ihres Briefes Papier und Feder zurecht gelegt, und bin schon jetzt – am schreiben.

An Notizen fehlt es nicht, und es ist nur die Aufgabe: Was soll ich nicht schreiben? d. h., was weiß das Publikum schon längst, was ist demselben ganz gleichgültig, und was darf es nicht wissen? Und dann ist die Aufgabe: Vielerley zu schreiben, so wenig als möglich vom Theater und solchen Gegenständen, die in der Abendzeitung, im Morgenblatte, im Wiener Conversazionsblatte etc. die gewöhnlichen Hebel der Korrespondenz sind, und dort ihre ausführliche und systematische Darstellung finden. Den einen interessirt's, wenn ich erzähle: daß Jagor die Zahl genialer Erfindungen kürzlich durch sein Trüffel-Eis vermehrt hat; den andern interessirt die Nachricht, daß Spontini beym letzten Ordensfest Rock und Hosen trug von grünem Sammet mit goldenen Sternchen. Nur verlangen Sie von mir keine Systematie; das ist der Würgengel aller Korrespondenz. Ich spreche heute von den Redouten und den Kirchen, morgen von Savigny und den Possenreißern, die in seltsamen Aufzügen durch die Stadt ziehen, übermorgen von der Giustinianischen Gallerie, und dann wieder von Savigny und den Possenreißern. Assoziazion der Ideen soll immer vorwalten. Alle 4 oder 6 Wochen soll ein Brief folgen. Die zwey ersten werden unverhältnißmäßig lang werden; da ich doch vorher das äußere und das innere Leben Berlins andeuten muß. Nur andeuten, nicht ausmalen. Aber womit fange ich an bey dieser Masse von Materialien? Hier hilft eine französische Regel: *Commencez par le commencement.*

Ich fange also mit der Stadt an, und denke mir, ich sey wieder so eben an der Post auf der Königstraße abgestiegen, und lasse mir den leichten Koffer nach dem schwarzen Adler auf der Poststraße tragen. Ich sehe Sie schon fragen: Warum ist denn die Post nicht auf der Poststraße und der schwarze Adler auf der Königstraße? Ein andermahl beantworte ich diese Frage; aber jetzt will ich durch die Stadt laufen, und ich bitte Sie, mir Gesellschaft zu leisten. Folgen Sie mir nur ein paar Schritte, und wir sind schon auf einem sehr interessanten Platze. Wir stehen auf der langen Brücke. Sie wundern sich: die ist aber nicht sehr lang? Es ist Ironie, mein Lieber. Laßt uns hier einen Augenblick stehen bleiben und die große Statue des großen Kurfürsten betrachten. Er sitzt stolz zu Pferde, und gefesselte Sklaven umgeben das Fußgestell. Es ist ein herrlicher Metallguß, und unstreitig das größte Kunstwerk Berlins. Und ist ganz umsonst zu sehen, weil es mitten auf der Brücke steht. Es hat die meiste Aehnlichkeit mit der Statue des Kurfürsten Johann Wilhelm auf dem Markte zu Düsseldorf; nur daß hier in Berlin der Schwanz des Pferdes nicht so bedeutend dick ist. Aber ich sehe, Sie werden von allen Seiten gestoßen. Auf dieser Brücke ist ein ewiges Menschengedränge. Sehen Sie sich mahl um. Welche große, herrliche Straße! Das ist eben die Königstraße, wo ein Kaufmannsmagazin ans andre grenzt, und die bunten, leuchtenden Waarenausstellungen fast das Auge blenden. Laßt uns weiter gehen, wir gelangen hier auf den Schloßplatz. Rechts das Schloß, ein hohes, großartiges Gebäude. Die Zeit hat es grau gefärbt, und gab ihm ein düsteres, aber desto majestätischeres Ansehen. Links wieder zwey schöne Straßen, die Breite-Straße und die Brüderstraße. Aber gerade vor uns ist die Stechbahn, eine Art Boulevard. Und hier wohnt Josty!

Ihr Götter des Olymps, wie würde ich Euch Eu'r Ambrosia verleiden, wenn ich die Süßigkeiten beschriebe, die dort aufgeschichtet stehen. O, kenntet ihr den Inhalt dieser Baisers! O Aphrodite, wärest du solchem Schaum entstiegen, du wärest noch viel süßer! Das Lokal ist zwar eng und dumpfig, und wie eine Bierstube dekorirt. Doch das Gute wird immer den Sieg über das Schöne behaupten; zusammengedrängt wie die Bückinge sitzen hier die Enkel der Brennen und schlürfen Creme, und schnalzen vor Wonne, und lecken die Finger.

> Fort, fort von hier,
> Das Auge sieht die Thüre offen,
> Es schwelgt das Herz in Seligkeit.

Wir können durch das Schloß gehen, und sind augenblicklich im Lustgarten. Wo ist aber der Garten? fragen Sie. Ach Gott! merken Sie denn nicht, das ist wieder die Ironie. Es ist ein viereckiger Platz, der von einer Doppelreihe Pappeln eingeschlossen ist. Wir stoßen hier auf eine Marmorstatue, wobey eine Schildwache steht. Das ist der alte Dessauer. Er steht ganz in altpreußischer Uniform, durchaus nicht idealisirt, wie die Helden auf dem Wilhelmsplatze. Diese will ich Ihnen nächstens zeigen; es sind Keith, Ziethen,

Seidlitz, Schwerin und Winterfeld, beide letztere in römischem Costüm mit einer Allonge-Perücke. Hier stehen wir just vor der Domkirche, die ganz kürzlich von außen neu verziert wurde und auf beiden Seiten des großen Thurms zwey neue Thürmchen erhielt. Der große, oben geründete Thurm ist nicht übel. Aber die beiden jungen Thürmchen machen eine höchst lächerliche Figur. Sehen aus wie Vogelkörbe. Man erzählt auch, der große Philolog W. sey vorigen Sommer mit dem hier durchreisenden Orientalisten H. spatzieren gegangen, und als letzterer, nach dem Dome zeigend, fragte: Was bedeuten denn die beiden Vogelkörbe da oben? habe der gelehrte Witzbold geantwortet: Hier werden Dompfaffen abgerichtet. In zwey Nischen des Doms sollen die Statuen von Luther und Melanchton aufgestellt werden.

Wollen wir in den Dom hineingehen, um dort das wunderschöne Bild von Begasse zu bewundern? Sie können sich dort auch erbauen an den Prediger Theremin. Doch laßt uns draus bleiben, es wird auf die Paulusianer gestichelt. Das macht mir keinen Spaß. Betrachten Sie lieber gleich rechts, neben dem Dom, die vielbewegte Menschenmasse, die sich in einem viereckigen, eisenumgitterten Platz herumtreibt. Das ist die Börse. Dort schachern die Bekenner des alten und des neuen Testaments. Wir wollen ihnen nicht zu nahe kommen. O Gott, welche Gesichter! Habsucht in jeder Muskel. Wenn sie die Mäuler öffnen, glaub' ich mich angeschrieen: Gieb mir all dein Geld! Mögen schon viel zusammengescharrt haben. Die Reichsten sind gewiß die, auf deren fahlen Gesichtern die Unzufriedenheit und der Mißmuth am tiefsten eingeprägt liegt. Wie viel glücklicher ist doch mancher arme Teufel, der nicht weiß, ob ein Louisd'or rund oder eckig ist. Mit Recht ist hier der Kaufmann wenig geachtet. Desto mehr sind es die Herren dort mit den großen Federhüten und den rothausgeschlagenen Röcken. Denn der Lustgarten ist auch der Platz, wo täglich die Parole ausgegeben und die Wachparade gemustert wird. Ich bin zwar kein sonderlicher Freund vom Militairwesen, doch muß ich gestehen, es ist mir immer ein freudiger Anblick, wenn ich im Lustgarten die preußischen Offiziere zusammenstehen sehe. Schöne, kräftige, rüstige, lebenslustige Menschen. Zwar hier und da sieht man ein aufgeblasenes, dumm-stolzes Aristokratengesicht aus der Menge hervorglotzen. Doch findet man beym größern Theile der hiesigen Offiziere, besonders bey den jüngern, eine Bescheidenheit und Anspruchslosigkeit, die man um so mehr bewundern muß, da, wie gesagt, der Militairstand der angesehenste in Berlin ist. Freylich der ehemalige schroffe Kastengeist desselben wurde schon dadurch sehr gemildert, daß jeder Preuße, wenigstens ein Jahr, Soldat seyn muß, und, vom Sohn des Königs bis zum Sohn des Schuhflickers, keiner davon verschont bleibt. Letzteres ist gewiß sehr lästig und drückend; doch in mancher Hinsicht auch sehr heilsam. Unsre Jugend ist dadurch geschützt vor der Gefahr der Verweichlichung. In manchen Staaten hört man weniger klagen über das Drückende des Militairdienstes, weil man dort alle Last desselben auf den armen Landmann wirft, während der Adlige, der Gelehrte, der Reiche und, wie z. B. in Holstein der Fall ist, sogar jeder Bewohner einer Stadt von allem Militairdienste befreyt ist. Wie würden alle Klagen über letztern bey uns verstummen, wenn unsere lautmauligen Spießbürger, unsere politisirenden Ladenschwengel, unsere genialen Auskultatoren, Büreauschreiber, Poeten und Pflastertreter vom Dienste befreyt wären. Sehen Sie dort, wie der Bauer exerzirt? Er schultert, präsentirt und – schweigt.

Doch vorwärts! Wir müssen über die Brücke. Sie wundern sich über die vielen Baumaterialien, die hier herumliegen, und die vielen Arbeiter, die hier sich herumtreiben und schwatzen, und Branntewein trinken, und wenig thun. Hier nebenbey war sonst die Hundebrücke; der König ließ sie niederreißen, und läßt an ihrer Stelle eine prächtige Eisenbrücke verfertigen. Schon diesen Sommer hat die Arbeit angefangen, wird sich noch lange herumziehn, aber endlich wird ein prachtvolles Werk da stehen. Schauen Sie jetzt mahl auf. In der Ferne sehen Sie schon – die Linden!

Wirklich, ich kenne keinen imposantern Anblick, als vor der Hundebrücke stehend nach den Linden hinauf zu sehen. Rechts das hohe, prächtige Zeughaus, das neue Wachthaus, die Universität und Akademie. Links das Königliche Palais, das Opernhaus, die Bibliothek u.s.w. Hier drängt sich Prachtgebäude an Prachtgebäude. Ueberall verzierende Statuen; doch von schlechtem Stein und schlecht gemeißelt. Außer die auf dem Zeughause. Hier stehn wir auf dem Schloßplatz, dem breitesten und größten Platze in Berlin. Das Königliche Palais ist das schlichteste und unbedeutendste von allen diesen Gebäuden. Unser König wohnt hier. Einfach und bürgerlich. Hut ab! da fährt der König selbst vorbey. Es ist nicht der prächtige Sechsspänner; der gehört einem Gesandten. Nein, er sitzt in den schlechten Wagen mit zwey ordinairen Pferden. Das Haupt bedeckt eine gewöhnliche Offiziersmütze, und die Glieder umhüllt ein grauer Regenmantel. Aber das Auge des Eingeweiheten sieht den Purpur unter diesem Mantel und das Diadem unter dieser Mütze. Sehen Sie wie der König jedem freundlich wiedergrüßt. Hören Sie: »Es ist ein schöner Mann« flüstert dort die kleine Blondine. »Es war der beste Ehemann« antwortet seufzend die ältere Freundinn. »*Ma foi*« brüllte der Husarenoffizier, »es ist der beste Reuter in unserer Armee.« –

Wie gefällt Ihnen aber die Universität? Fürwahr, ein herrliches Gebäude! Nur Schade, die wenigsten Hörsäle sind geräumig, die meisten düster und unfreundlich, und, was das schlimmste ist, bey vielen gehen die Fenster nach der Straße, und da kann man schräg über das Opernhaus bemerken. Wie muß der arme Bursche auf glühenden Kohlen sitzen, wenn die ledernen, und zwar nicht safian- oder maroquin-ledernen, sondern schweinsledernen Witze eines langweiligen Dozenten ihm in die Ohren dröhnen, und seine Augen unterdessen auf der Straße schweifen, und sich ergötzen an das pitoreske Schauspiel der leuchtenden Equipagen, der vorüberziehenden Soldaten, der dahinhüpfenden Nymphen, und der bunten Menschenwoge, die sich nach dem Opernhause wälzt. Wie müssen dem armen Burschen die

16 Groschen in der Tasche brennen, wenn er denkt: diese glücklichen Menschen sehen gleich die Eunike als Seraphim, oder die Milder als Iphegeneya. *Apollini et Musis* steht auf dem Opernhause, und der Musensohn sollte draus bleiben?

Aber sehen Sie, das Collegium ist eben ausgegangen, und ein Schwarm Studenten schlendert nach den Linden. Gehn denn so viele Philister ins Collegium? fragen Sie. Still, still, das sind keine Philister. Der hohe Hut *à la Bolivar* und der Ueberrock *à l'Anglaise* machen noch lange nicht den Philister. Eben so wenig wie die rothe Mütze und der Flausch den Burschen macht. Ganz im Costüm des letztern geht hier mancher sentimentale Barbiergesell, mancher ehrgeizige Laufjunge und mancher hochherzige Schneider. Es ist dem anständigen Burschen zu verzeihen, wenn er mit solchen Herrn nicht gern verwechselt seyn möchte. Kurländer sind wenige hier. Desto mehr Polen, über 70, die sich meistens burschikose tragen. Diese haben obige Verwechselung nicht zu befürchten. Man sieht's diesen Gesichtern gleich an, daß keine Schneiderseele unterm Flausche sitzt. Viele dieser Sarmaten könnten den Söhnen Hermanns und Thusneldas als Muster von Liebenswürdigkeit und edelm Betragen dienen. Es ist wahr. Wenn man so viele Herrlichkeiten bey Fremden sieht, gehört wirklich eine ungeheure Dosis Patriotismus dazu, sich noch immer einzubilden: das Vortrefflichste und Köstlichste, was die Erde trägt, sey ein – Deutscher! Zusammenleben ist wenig unter den hiesigen Studirenden. Die Landsmannschaften sind aufgehoben. Die Verbindung, die, unter dem Namen Arminia, aus alten Anhängern der Burschenschaft bestand, soll ebenfalls aufgelöst seyn. Wenige Duelle fallen jetzt vor. Ein Duell ist kürzlich sehr unglücklich abgelaufen. Zwey Mediziner, Liebschütz und Febus, geriethen im Collegium der Semiotik in einen unbedeutenden Streit, da beide gleichen Anspruch machten an den Sitz No. 4. Sie wußten nicht, daß es in diesem Auditorium zwey mit No. 4 bezeichnete Sitze gab; und beide hatten diese Nummer vom Professor erhalten. Dummer Junge! rief der Eine, und der leichte Wortwechsel war geendigt. Sie schlugen sich den andern Tag, und Liebschütz rannte sich den Schläger seines Gegners in den Leib. Er starb eine Viertelstunde drauf. Da er ein Jude war, wurde er von seinen akademischen Freunden nach dem jüdischen Gottesacker gebracht. Febus, ebenfalls ein Jude, hat die Flucht ergriffen, und –

Aber ich sehe, Sie hören schon nicht mehr, was ich erzähle, und staunen die Linden an. Ja, das sind die berühmten Linden, wovon Sie so viel gehört haben. Mich durchschauert's, wenn ich denke, auf dieser Stelle hat vielleicht Lessing gestanden, unter diesen Bäumen war der Lieblingsspatziergang so vieler großer Männer, die in Berlin gelebt; hier ging der große Friz, hier wandelte – Er! Aber ist die Gegenwart nicht auch herrlich? Es ist just 12, und die Spatziergangszeit der schönen Welt. Die geputzte Menge treibt sich die Linden auf und ab. Sehen Sie dort den Elegant mit zwölf bunten Westen? Hören Sie die tiefsinnigen Bemerkungen, die er seiner Donna zulispelt? Riechen Sie die köstlichen Pomaden und Essenzen, womit er parfümirt ist? Er fixirt Sie mit der Lorgnette, lächelt, und kräusert sich die Haare. Aber schauen Sie die schönen Damen! Welche Gestalten! Ich werde poetisch!

Ja, Freund, hier unter den Linden
Kannst du dein Herz erbaun,
Hier kannst du beysammen finden
Die allerschönsten Fraun.

Sie blühn so hold und minnig
Im farbigen Seidengewand;
Ein Dichter hat sie sinnig:
Wandelnde Blumen genannt.

Welch' schöne Federhüte!
Welch' schöne Türkenschawls!
Welch' schöne Wangenblüthe!
Welch' schöner Schwanenhals!

Nein, diese dort ist ein wandelndes Paradies, ein wandelnder Himmel, eine wandelnde Seligkeit. Und diesen Schöps mit dem Schnauzbarte sieht sie so zärtlich an! Der Kerl gehört nicht zu den Leuten, die das Pulver erfunden haben, sondern zu denen, die es gebrauchen, d. h. er ist Militair.

Sie wundern sich, daß alle Männer hier plötzlich stehen bleiben, mit der Hand in die Hosentasche greifen und in die Höhe schauen? Mein Lieber, wir stehen just vor der Akademie-Uhr, die am richtigsten geht von allen Uhren Berlins, und jeder Vorübergehende verfehlt nicht, die seinige darnach zu richten. Es ist ein possierlicher Anblick, wenn man nicht weiß, daß dort eine Uhr steht. In diesem Gebäude ist auch die Singakademie. Ein Billett kann ich Ihnen nicht verschaffen; der Vorsteher derselben, Professor Zelter, soll bey solchen Gelegenheiten nicht sonderlich zuvorkommend seyn. Doch betrachten Sie die kleine Brünette, die Ihnen so vielverheißend zulächelt. Und einem solchen niedlichen Ding wollten Sie eine Art Hundezeichen umhängen lassen? Wie sie allerliebst das Lockenköpfchen schüttelt, mit den kleinen Füßchen trippelt, und wieder lächelnd die weißen Zähnchen zeigt. Sie muß es Ihnen angemerkt haben, daß Sie ein Fremder sind. Welch eine Menge besternter Herren! Welch eine Unzahl Orden! Wo man hin sieht, nichts als Orden! Wenn man sich einen Rock anmessen läßt, frägt der Schneider: mit oder ohne Einschnitt (für den Orden)? Aber Halt! Sehen Sie das Gebäude an der Ecke der Charlottenstraße? Das ist das Café-Royal! Bitte, laßt uns hier einkehren; ich kann nicht gut vorbeygehen, ohne einen Augenblick hineinzusehen. Sie wollen nicht? Doch beym Umkehren müssen Sie mit hinein. Hier schräg über sehen Sie das *Hôtel de Rome*, und hier wieder links das *Hôtel de Petersbourg*, die zwey angesehensten Gasthöfe. Nahe bey ist die Konditorey von Teichmann. Die gefüllten Bonbons sind hier die besten Berlins; aber in den Kuchen ist zu viel Butter. Wenn Sie für 8 Groschen schlecht zu Mittag essen wollen, so gehen Sie in die Restaurazion neben Teichmann auf die erste Etage. Jetzt sehen Sie mahl rechts und links. Das ist die große Friedrichstraße. Wenn man diese betrachtet, kann man sich die Idee der Unendlichkeit veranschaulichen. Laßt uns hier nicht zu lange stehen bleiben. Hier bekömmt man den Schnupfen. Es wehet ein fataler Zugwind zwischen dem Hallischen und dem Oranienburger Thore. Hier links drängt sich wieder das Gute; hier wohnt Sala Tarone, hier ist das Café de Commerce, und hier wohnt – Jagor! Eine Sonne steht über diese Paradiesespforte. Treffendes Symbol! Welche Gefühle erregt diese Sonne in dem Magen eines Gourmands! Wiehert er nicht bey ihrem Anblick wie das Roß des Darius Hystaspis? Kniet nieder, Ihr modernen Peruaner, hier wohnt – Jagor! Und dennoch diese Sonne ist nicht ohne Flecken. Wie zahlreich auch die seltenen Delikatessen sind, die hier auf der täglich neu gedruckten Karte angezeigt stehen, so ist die Bedienung doch oft sehr langsam, nicht selten ist der Braten alt und zähe, und die meisten Gerichte finde ich im Café-Royal weit schmackhafter zubereitet. Aber der Wein? O, wer doch den Säckel des Fortunatus hätte!

Wollen Sie die Augen ergötzen, so betrachten Sie die Bilder, die hier im Glaskasten des Jagorschen Parterre ausgestellt sind. Hier hängen neben einander die Schauspielerinn Stich, der Theolog Neander und der Violinist Boucher. Wie die Holde lächelt! O sähen Sie sie als Julie, wenn sie dem Pilger Romeo den ersten Kuß erlaubt. Musik sind ihre Worte,

Grace is in all her steps, heav'n in her eye,
In ev'ry gesture dignity and love. (Milton)

Wie sieht Neander wieder zerstreut aus! Er denkt gewiß an die Gnostiker, an Basilides, Valentinus, Bardesanes, Carpokrates und Markus. Boucher hat wirklich eine auffallende Aehnlichkeit mit dem Kaiser Napoleon. Er nennt sich Kosmopolite, Sokrates der Violinisten, scharrt ein rasendes Geld zusammen, und nennt Berlin aus Dankbarkeit *la capitale de la musique.*

Doch laßt uns schnell vorbeygehn; hier ist wieder eine Konditorey und hier wohnt Lebeufve, ein magnetischer Name. Betrachten Sie die schönen Gebäude, die auf beiden Seiten der Linden stehn. Hier wohnt die vornehmste Welt Berlins. Laßt uns eilen. Das große Haus links ist die Konditorey von Fuchs. Wunderschön ist dort alles dekorirt, überall Spiegel, Blumen, Marzipanfiguren, Vergoldungen, kurz die ausgezeichnetste Eleganz. Aber alles, was man dort genießt, ist am schlechtesten und theuersten in Berlin. Unter den Konditorwaaren ist wenig Auswahl, und das meiste ist alt. Ein paar alte, verschimmelte Zeitschriften liegen auf dem Tische. Und das lange aufwartende Fräulein ist nicht mahl hübsch. Laßt uns nicht zu Fuchs gehen. Ich esse keine

Spiegel und seidene Gardienen, und wenn ich etwas für die Augen haben will, so gehe ich in Spontinis Cortez oder Olympia.

Hier rechts können Sie etwas neues sehen. Hier werden Boulevards gebaut, wodurch die Wilhelmstraße mit der Letzten-Straße in Verbindung gesetzt wird. Hier wollen wir stille stehn, und das Brandenburger Thor und die darauf stehende Viktoria betrachten. Ersteres wurde von Langhans nach den Propyläen zu Athen gebaut, und besteht aus einer Kolonnade von 12 großen dorischen Säulen. Die Göttinn da oben wird Ihnen aus der neuesten Geschichte genugsam bekannt seyn. Die gute Frau hat auch ihre Schicksale gehabt; man sieht's ihr nicht an, der muthigen Wagenlenkerinn. Laßt uns durchs Thor gehen. Was Sie jetzt vor sich sehen, ist der berühmte Thiergarten, in der Mitte die breite Chaussee nach Charlottenburg. Auf beiden Seiten zwey kolossale Statuen, wovon die Eine einen Apoll vorstellen möchte. Erzniederträchtige, verstümmelte Klötze. Man sollte sie herunterwerfen. Denn es hat sich gewiß schon manche schwangere Berlinerinn dran versehen. Daher die vielen scheußlichen Gesichter, denen wir unter den Linden begegnet. Die Polizey sollte sich drein mischen.

Jetzt laßt uns umkehren, ich habe Appetit, und sehne mich nach dem Café-Royal. Wollen Sie fahren? Hier gleich am Thore stehen Droschken. So heißen unsere hiesigen Fiaker. Man zahlt 4 Groschen Courant für eine Person und 6 Gr. C. für zwey Personen, und der Kutscher fährt wohin man will. Die Wagen sind alle gleich, und die Kutscher tragen alle graue Mäntel mit gelben Aufschlägen. Wenn man just pressirt ist, oder wenn es entsetzlich regnet, so ist keine einzige von allen Droschken aufzutreiben. Doch wenn es schönes Wetter ist, wie heute, oder wenn man sie nicht sonderlich nöthig hat, sieht man die Droschken haufenweis beysammenstehen. Laßt uns einsteigen. Schnell, Kutscher. Wie das unter den Linden wogt! Wie mancher läuft da herum, der noch nicht weiß, wo er heut zu Mittag essen kann! Haben Sie die Idee eines Mittagessens begriffen, mein Lieber? Wer diese begriffen hat, der begreift auch das ganze Treiben der Menschen. Schnell, Kutscher.

Was halten Sie von der Unsterblichkeit der Seele? Wahrhaftig, es ist eine große Erfindung, eine weit größere als das Pulver. Was halten Sie von der Liebe? Schnell, Kutscher. Nicht wahr, es ist bloß das Gesetz der Attrakzion.

Wie gefällt Ihnen Berlin? Finden Sie nicht, obschon die Stadt neu, schön und regelmäßig gebaut ist, so macht sie doch einen etwas nüchternen Eindruck. Die Frau von Staël bemerkt sehr scharfsinnig: *Berlin, cette ville toute moderne, quelque belle qu'elle soit, ne fait pas une impression assez sérieuse; on n'y aperçoit point l'empreinte de l'histoire du pays, ni du caractère des habitants, et ces magnifiques demeures nouvellement construites ne semblent destinées qu'aux rassemblements commodes des plaisirs et de l'industrie.* Herr von Pradt sagt noch etwas weit pikanteres.

Aber Sie hören kein Wort wegen des Wagengerassels. Gut, wir sind am

Ziel. Halt! Hier ist das Café-Royal. Das freundliche Menschengesicht, das an der Thüre steht, ist Beyermann. Das nenne ich einen Wirth! Kein kriechender Katzenbuckel, aber doch zuvorkommende Aufmerksamkeit; feines, gebildetes Betragen, aber doch unermüdlicher Diensteifer, kurz eine Prachtausgabe von Wirth. Laßt uns hineingehn. Ein schönes Lokal; vorn das splendideste Caféhaus Berlins, hinten die schöne Restaurazion. Ein Versammlungsort eleganter, gebildeter Welt. Sie können hier oft die interessantesten Menschen sehen. Bemerken Sie dort den großen breitschultrigen Mann im schwarzen Oberrock? Das ist der berühmte Cosmeli, der heut in London ist und morgen in Ispahan. So stelle ich mir den Peter Schlemiehl von Chamisso vor. Er hat eben ein Paradoxon auf der Zunge. Bemerken Sie den großen Mann mit der vornehmen Miene und der hohen Stirne? Das ist der Wolf, der den Homer zerrissen hat, und der deutsche Hexameter machen kann. Aber dort am Tisch das kleine bewegliche Männchen mit den ewig vibrirenden Gesichtsmuskeln, mit den possierlichen und doch unheimlichen Gesten? Das ist der Kammergerichtsrath Hoffmann, der den Kater Murr geschrieben, und die hohe feyerliche Gestalt, die gegen ihn über sitzt, ist der Baron von Lüttwitz, der in der Vossischen Zeitung die klassische Rezension des Katers geliefert hat. Bemerken Sie den Elegant, der sich so leicht bewegt, kurländisch lispelt, und sich jetzt wendet gegen den hohen, ernsthaften Mann im grünen Oberrock? Das ist der Baron von Schilling, der im Mindener Sonntagsblatte »die lieben Teutsenkel« so sehr touchirt hat. Der Ernsthafte ist der Dichter Baron von Maltitz. Aber rathen Sie mahl, wer diese determinirte Figur ist, die am Kamine steht? Das ist Ihr Antagonist Hartmann vom Rheine; hart und ein Mann, und zwar aus einem einzigen Eisengusse. Aber was kümmern mich alle diese Herren, ich habe Hunger. *Garçon, la Carte!* Betrachten Sie mahl diese Menge herrlicher Gerichte. Wie die Namen derselben melodisch und schmelzend klingen, *as music on the waters!* Es sind geheime Zauberformeln, die uns das Geisterreich aufschließen. Und Champagner dabey! Erlauben Sie, daß ich eine Thräne der Rührung weine. Doch Sie, Gefühlloser, haben gar keinen Sinn für alle diese Herrlichkeit, und wollen Neuigkeiten, armselige Stadtneuigkeiten. Sie sollen befriedigt werden. Mein lieber Herr Gans, was giebt es neues? Er schüttelt das graue ehrwürdige Haupt und zuckt mit den Achseln. Wir wollen uns an das kleine rothbäckige Männlein wenden; der Kerl hat immer die Taschen voll Neuigkeiten, und wenn er mahl anfängt zu erzählen, so geht's wie ein Mühlrad. Was giebt's neues, mein lieber Herr Kammermusikus?

Gar nichts. Die neue Oper von Hellwig: die Bergknappen, soll nicht sehr angesprochen haben. Spontini komponirt jetzt eine Oper, wozu ihm Koreff den Text geschrieben. Er soll aus der preußischen Geschichte seyn. Auch erhalten wir bald Koreffs Aucassin und Nicolette, wozu Schneider die Musik setzt. Letztere wird erst noch etwas zusammengestrichen. Nach Karneval erwartet man auch Bernhard Kleins Dido, eine heroische Oper. Die Bohrer und

Boucher haben wieder Conzerte angekündigt. Wenn der Freischütz gegeben wird, ist es noch immer schwer, Billette zu erhalten. Der Bassist Fischer ist hier, wird nicht auftreten, singt aber viel in Gesellschaften. Graf Brühl ist noch immer sehr krank; er hat sich das Schlüsselbein zerbrochen. Wir fürchteten schon, ihn zu verlieren, und noch so ein Theaterintendant, der Enthousiast ist für deutsche Kunst und Art, wäre nicht leicht zu finden gewesen. Der Tänzer Antonin war hier, verlangte 100 Louisd'or für jeden Abend, welche ihm aber nicht bewilligt wurden. Adam Müller, der Politiker, war ebenfalls hier; auch der Tragödienverfertiger Houwald. Madame Woltmann ist wahrscheinlich noch hier; sie schreibt Memoiren. An den Reliefs zu Blüchers und Scharnhorsts Statüen wird bei Rauch immer noch gearbeitet. Die Opern, die Karneval gegeben werden, stehn in der Zeitung verzeichnet. Doktor Kuhns Tragödie: »die Damascener« wird noch diesen Winter gegeben. Wach ist mit einem Altarblatt beschäftigt, das unser König der Siegeskirche in Moskau schenken wird. Die Stich ist längst aus den Wochen und wird morgen wieder in Romeo und Julie auftreten. Die Karoline Fouqué hat einen Roman in Briefen herausgegeben, wozu sie die Briefe des Helden und der Prinz Karl von Mecklenburg die der Dame schrieb. Der Staatskanzler erholt sich von seiner Krankheit. Rust behandelt ihn. Doktor Bopp ist hier angestellt als Professor der Orientalischen Sprachen, und hat vor einem großen Auditorium seine erste Vorlesung über das Sanskrit gehalten. Vom Brockhausischen Conversazionsblatte werden hier noch dann und wann Blätter konfiszirt. Von Görres' neuester Schrift: »In Sachen der Rheinlande etc.« spricht man gar nichts; man hat fast keine Notiz davon genommen. Der Junge, der seine Mutter mit dem Hammer todtgeschlagen hat, war wahnsinnig. Die mystischen Umtriebe in Hinterpommern machen großes Aufsehn. Hoffmann giebt jetzt bey Willmanns in Frankfurt, unter dem Titel: »Der Floh«, einen Roman heraus, der sehr viel politische Sticheleyen enthalten soll. Professor Gubitz beschäftigt sich noch immer mit Uebersetzungen aus dem Neugriechischen, und schneidet jetzt Vignetten zu dem »Feldzug Suwarows gegen die Türken«, ein Werk, welches der Kaiser Alexander als Volksbuch für die Russen drucken läßt. Bey Christiani hat C. L. Blum eben herausgegeben: »Klagelieder der Griechen«, die viel Poesie enthalten. Der Künstlerverein in der Akademie ist sehr glänzend ausgefallen, und die Einnahme zu einem wohlthätigen Zwecke verwendet worden. Der Hofschauspieler Walter aus Karlsruhe ist eben angekommen, und wird in »Staberles Reiseabentheuer« auftreten. Die Neumann soll im März wieder herkommen, und die Stich alsdann auf Reisen gehen. Julius von Voß hat wieder ein Stück geschrieben: »Der neue Markt«. Sein Lustspiel: »Quintus Messis« wird nächste Woche gegeben. Heinrich von Kleists: »Prinz von Homburg« wird nicht gegeben werden. An Grillparzer ist das Manuskript seiner Trilogie: »Die Argonauten«, welches er unserer Intendanz geschickt hatte, wieder zurückgesandt worden. Markeur, ein Glas Wasser. Nicht wahr, der Kammermusikus der weiß Neuigkeiten! An den wollen wir uns halten. Er soll Westfalen mit Neuigkeiten versorgen, und was er nicht weiß, das braucht auch Westfalen nicht zu wissen. Er gehört zu keiner Parthey, zu keiner Schule, ist weder ein Liberale noch ein Romantiker, und wenn er etwas medisantes sagt, so ist er so unschuldig dabey, wie das unglückselige Rohr, dem der Wind die Worte entlockte: König Midas hat Eselsohren!

2.

Berlin, den 16. März 1822.

Ihr sehr werthes Schreiben vom 2. Februar habe ich richtig erhalten, und ersah daraus mit Vergnügen, daß mein erster Brief Ihren Beyfall hat. Ihr leise angedeuteter Wunsch, bestimmte Persönlichkeiten nicht zu sehr hervortreten zu lassen, soll in etwa erfüllt werden. Es ist wahr, man kann mich leicht mißverstehen. Die Leute betrachten nicht das Gemälde, das ich leicht hinskizire, sondern die Figürchen, die ich hineingezeichnet, um es zu beleben, und glauben vielleicht gar, daß es mir um diese Figürchen besonders zu thun war. Aber man kann auch Gemälde ohne Figuren malen, so wie man Suppe ohne Salz essen kann. Man kann verblümt sprechen, wie unsere Zeitungsschreiber. Wenn sie von einer großen norddeutschen Macht reden, so weiß Jeder, daß sie Preußen meinen. Das finde ich lächerlich. Es kommt mir vor, als wenn die Masken im Redoutensaale ohne Gesichtslarven herumgingen. Wenn ich von einem großen norddeutschen Juristen spreche, der das schwarze Haar so lang als möglich von der Schulter herabwallen läßt, mit frommen Liebesaugen gen Himmel schaut, einem Christusbilde ähnlich sehen möchte, übrigens einen französischen Namen trägt, von französischer Abstammung ist, und doch gar gewaltig deutsch thut, so wissen die Leute, wen ich meine. Ich werde alles bey seinem Namen nennen; ich denke darüber wie Boileau. Ich werde auch manche Persönlichkeit schildern; ich kümmre mich wenig um den Tadel jener Leutchen, die sich im Lehnstuhl der Konvenienz-Korrespondenz behaglich schaukeln, und jederzeit liebreich ermahnen: Lobt uns, aber sagt nicht, wie wir aussehn.

Ich habe es längst gewußt, daß eine Stadt wie ein junges Mädchen ist, und ihr holdes Angesicht gern wiedersieht im Spiegel fremder Korrespondenz. Aber nie hätte ich gedacht, daß Berlin bey einem solchen Bespiegeln sich wie ein altes Weib, wie eine ächte Klatschlise, gebehrden würde. Ich machte bey dieser Gelegenheit die Bemerkung: Berlin ist ein großes Krähwinkel.

Ich bin heute sehr verdrießlich, mürrisch, ärgerlich, reitzbar; der Mißmuth hat der Phantasie den Hemmschuh angelegt, und sämmtliche Witze tragen schwarze Trauerflöre. Glauben Sie nicht, daß etwa eine Weiberuntreue die Ursache sey. Ich liebe die Weiber noch immer; als ich in Göttingen von allem weiblichen Umgange abgeschlossen war, schaffte ich mir wenigstens eine Katze an; aber weibliche Untreue könnte nur noch auf meine Lachmuskeln wirken. Glauben Sie nicht, daß etwa meine Eitelkeit schmerzlich beleidigt worden sey; die Zeit ist vorbey, wo ich des Abends meine Haare mühsam in Papilloten zu drehen pflegte, einen Spiegel beständig in der Tasche trug, und mich 25 Stunden des Tages mit dem Knüpfen der Halsbinde beschäftigte. Denken Sie auch nicht, daß vielleicht Glaubensskrupel mein zartes Gemüth quälend beunruhigten; ich glaube jetzt nur noch an den pythagoräischen Lehrsatz und ans königl. preuß. Landrecht. Nein, eine weit vernünftigere Ursache bewirkt meine Betrübniß: mein köstlichster Freund, der Liebenswürdigste der Sterblichen, Eugen v. B., ist vorgestern abgereist! Das war der einzigste Mensch, in dessen Gesellschaft ich mich nicht langweilte, der einzige, dessen originelle Witze mich zur Lebenslustigkeit aufzuheitern vermochten, und in dessen süßen, edeln Gesichtszügen ich deutlich sehen konnte, wie einst meine Seele aussah, als ich noch ein schönes, reines Blumenleben führte und mich noch nicht befleckt hatte mit dem Haß und mit der Lüge.

Doch Schmerz bey Seite; ich muß jetzt davon sprechen, was die Leute singen und sagen bey uns an der Spree. Was sie klingeln und was sie züngeln, was sie kichern und was sie klatschen. Alles sollen Sie hören, mein Lieber.

Boucher, der längst sein aller-aller-allerletztes Conzert gegeben, und jetzt vielleicht Warschau oder Petersburg mit seinen Kunststücken auf der Violine entzückt, hat wirklich Recht, wenn er Berlin *la capitale de la musique* nennt. Es ist hier den ganzen Winter hindurch ein Singen und Klingen gewesen, daß einem fast Hören und Sehen vergeht. Ein Conzert trat dem andern auf die Ferse.

Wer nennt die Fidler, nennt die Namen,
Die gastlich hier zusammen kamen,
– – – – – –
Selbst von Hispanien kamen sie,
Und spielten auf dem Schaugerüste
Gar manche schlechte Melodie.

Der Spanier war Escudero, ein Schüler Baillots, ein wackerer Violinspieler, jung, blühend, hübsch, und dennoch kein *Protégé* der Damen. Ein ominöses Gerücht ging ihm voran, als habe das italienische Messer ihn unfähig gemacht, dem schönen Geschlechte gefährlich zu seyn. Ich will Sie nicht ermüden mit dem Aufzählen aller jener musikalischen Abendunterhaltungen, die uns diesen Winter entzückten und langweilten. Ich will nur erwähnen, daß das Conzert der Seidler drückend voll war, und daß wir jetzt auf Drouets Conzert gespannt sind, weil der junge Mendelsohn darin zum ersten Mahle öffentlich spielen wird.

Haben Sie noch nicht Maria von Webers »Freischütz« gehört? Nein? Unglücklicher Mann! Aber haben Sie nicht wenigstens aus dieser Oper »das Lied der Brautjungfern« oder »den Jungfernkranz« gehört? Nein? Glücklicher Mann!

Wenn Sie vom Hallischen nach dem Oranienburger Thore, und vom Brandenburger nach dem Königs-Thore, ja selbst, wenn Sie vom Unterbaum nach dem Köpniker Thore gehen, hören Sie jetzt immer und ewig dieselbe Melodie, das Lied aller Lieder – »den Jungfernkranz«.

Wie man in den Göthischen Elegien den armen Britten von dem »*Marlborough s'en va-t-en guerre*« durch alle Länder verfolgt sieht, so werde auch ich von Morgens früh bis spät in die Nacht verfolgt durch das Lied:

Wir winden dir den Jungfernkranz
Mit veilchenblauer Seide;
Wir führen dich zu Spiel und Tanz,
Zu Lust und Hochzeitfreude.

Chor:
Schöner, schöner, schöner, grüner Jungfernkranz,
Mit veilchenblauer Seide, mit veilchenblauer Seide!

Lavendel, Myrth' und Thymian,
Das wächst in meinem Garten;
Wie lange bleibt der Freiersmann,
Ich kann ihn kaum erwarten!

Chor:
Schöner, schöner, schöner, u. s. w.

Bin ich mit noch so guter Laune des Morgens aufgestanden, so wird doch gleich alle meine Heiterkeit fortgeärgert, wenn schon früh die Schuljugend, den »Jungfernkranz« zwitschernd, bey meinem Fenster vorbeyzieht. Es dauert keine Stunde, und die Tochter meiner Wirthinn steht auf mit ihrem »Jungfernkranz«. Ich höre meinen Barbier »den Jungfernkranz« die Treppe heraufsingen. Die kleine Wäscherinn kommt »mit Lavendel, Myrth' und Thymian«. So geht's fort. Mein Kopf dröhnt. Ich kann's nicht aushalten, eile aus dem Hause und werfe mich mit meinem Aerger in eine Droschke. Gut, daß ich durch das Rädergerassel nicht singen höre. Bey *** li steig' ich ab. Ists Fräulein zu sprechen? Der Diener läuft. Ja. Die Thüre fliegt auf. Die Holde sitzt am Pianoforte, und empfängt mich mit einem süßen:

»Wo bleibt der schmucke Freiersmann,
Ich kann ihn kaum erwarten.« –

Sie singen wie ein Engel! ruf' ich mit krampfhafter Freundlichkeit. »Ich will noch einmal von vorne anfangen«, lispelt die Gütige, und sie windet wieder ihren Jungfernkranz, und windet, und windet, bis ich selbst vor unsäglichen Qualen wie ein Wurm mich winde, bis ich vor Seelenangst ausrufe: »Hilf Samiel!«

Sie müssen wissen, so heißt der böse Feind im Freischützen; der Jäger Kaspar, der sich ihm ergeben hat, ruft in jeder Noth: »Hilf Samiel«; es wurde hier Mode, in komischer Bedrängniß diesen Ausruf zu gebrauchen, und Boucher hat einst sogar im Concerte, als ihm eine Violinsaite sprang, laut ausgerufen: Hilf Samiel!

Und Samiel hilft. Die bestürzte Donna hält plötzlich ein mit dem rädernden Gesange, und lispelt: Was fehlt Ihnen? »Es ist pures Entzücken« ächze ich mit forcirtem Lächeln. Sie sind krank, lispelt sie, gehen Sie nach dem Thiergarten, genießen sie das schene Wetter und beschauen sie die schene Welt. Ich greife nach Hut und Stock, küsse der Gnädigen die gnädige Hand, werfe ihr noch einen schmachtenden Passionsblick zu, stürze zur Thür hinaus, steige wieder in die erste beste Droschke, und rolle nach dem Brandenburger Thore. Ich steige aus und laufe hinein in den Thiergarten.

Ich rathe Ihnen, wenn Sie hierher kommen, so versäumen Sie nicht, an solchen schönen Vorfrühlingstagen, um diese Zeit, um halb eins, in den Thiergarten zu gehen. Gehen Sie links hinein, und eilen Sie nach der Gegend, wo unserer seligen Louise von den Einwohnerinnen des Thiergartens ein kleines, einfaches Monument gesetzt ist. Dort pflegt unser König oft spatzieren zu gehen. Es ist eine schöne, edle, ehrfurchtgebietende Gestalt, die allen äußeren Prunk verschmäht. Er trägt fast immer einen scheinlos grauen Mantel, und einem Tölpel habe ich weiß gemacht: der König müsse sich oft mit dieser Kleidung etwas behelfen, weil sein Garderobemeister außer Landes wohnt und nur selten nach Berlin kömmt. Die schönen Königskinder sieht man ebenfalls zu dieser Zeit im Thiergarten, so wie auch den ganzen Hof und die allernobelste Noblesse. Die fremdartigen Gesichter sind Familien auswärtiger Gesandten. Ein oder zwey Livreebediente folgen den edeln Damen in einiger Entfernung. Offiziere auf den schönsten Pferden galoppiren vorbey.

Ich habe selten schönere Pferde gesehen, als hier in Berlin. Ich weide meine Augen an dem Anblick der herrlichen Reutergestalten. Die Prinzen unseres Hauses sind darunter. Welch ein schönes, kräftiges Fürstengeschlecht! An diesem Stamme ist kein mißgestalteter, verwahrloster Ast. In freudiger Lebensfülle, Muth und Hoheit auf den edeln Gesichtern, reiten dort die zwey ältern Königssöhne vorbey. Jene schöne, jugendliche Gestalt, mit frommen Gesichtszügen und liebeklaren Augen, ist der dritte Sohn des Königs, Prinz Karl. Aber jenes leuchtende, majestätische Frauenbild, das, mit einem buntglänzenden Gefolge, auf hohem Rosse vorbeyfliegt, das ist unsre – Alexandrine. Im braunen, festanliegenden Reitkleide, ein runder Hut mit Federn auf dem Haupte, und eine Gerte in der Hand, gleicht sie jenen ritterlichen Frauengestalten, die uns aus dem Zauberspiegel alter Mährchen so lieblich entgegenleuchten, und wovon wir nicht entscheiden können, ob sie Heiligenbilder sind oder Amazonen. Ich glaube, der Anblick dieser reinen Züge hat mich besser gemacht; andächtige Gefühle durchschauern mich, ich höre Engelstimmen, unsichtbare Friedenspalmen fächeln, in meine Seele steigt ein großer Hymnus – da erklirren plötzlich schnarrende Harfensaiten, und eine Alteweiberstimme quäkt: »Wir winden dir den Jungfernkranz u. s. w.«

Und nun den ganzen Tag verläßt mich nicht das vermaledeite Lied. Die schönsten Momente verbittert es mir. Sogar wenn ich bey Tisch sitze, wird es mir vom Sänger Heinsius als Dessert vorgedudelt. Den ganzen Nachmittag werde ich mit »veilchenblauer Seide« gewürgt. Dort wird der Jungfernkranz von einem Lahmen abgeorgelt, hier wird er von einem Blinden heruntergefidelt. Am Abend geht der Spuk erst recht los. Das ist ein Flöten, und ein Gröhlen, und ein Fistuliren, und ein Gurgeln, und immer die alte Melodie. Das Kasparlied und der Jägerchor wird wohl dann und wann von einem illuminirten Studenten oder Fähndrich, zur Abwechselung, in das Gesumme hineingebrüllt, aber der Jungfernkranz ist permanent; wenn der Eine ihn beendigt hat, fängt ihn der Andere wieder von vorn an; aus allen Häusern klingt er mir entgegen; Jeder pfeift ihn mit eigenen Variazionen; ja, ich glaube fast, die Hunde auf der Straße bellen ihn.

Wie ein zu Tode gehetzter Rehbock lege ich Abends mein Haupt auf den Schooß der schönsten Borussinn; sie streichelt mir zärtlich das borstige Haar, lispelt mir ins Ohr: »Ich liebe dir, und deine Lawise wird dich ohch immer juht sint«, und sie streichelt und hätschelt so lange, bis sie glaubt, daß ich am Einschlummern sey, und sie ergreift leise »die Katharre« und spielt und singt »die Kravatte« aus Tankred: »Nach so viel Leiden«, und ich ruhe aus nach so vielen Leiden, und liebe Bilder und Töne umgaukeln mich, – da weckt's mich wieder gewaltsam aus meinen Träumen, und die Unglückselige singt: »Wir winden dir den Jungfernkranz« –

In wahnsinniger Verzweiflung reiße ich mich los aus der lieblichsten Umarmung, eile die enge Treppe hinunter, fliege wie ein Sturmwind nach Hause, werfe mich knirschend ins Bett, höre noch die alte Köchin mit ihrem Jungfernkranze herumtrippeln, und hülle mich tiefer in die Decke.

Sie begreifen jetzt, mein Lieber, warum ich Sie einen glücklichen Mann nannte, wenn Sie jenes Lied noch nicht gehört haben. Doch glauben Sie nicht, daß die Melodie desselben wirklich schlecht sey. Im Gegentheil, sie hat eben durch ihre Vortrefflichkeit jene Popularität erlangt. *Mais toujours perdrix*? Sie verstehen mich. Der ganze Freischütz ist vortrefflich, und verdient gewiß jenes Interesse, womit er jetzt in ganz Deutschland aufgenommen wird. Hier ist er jetzt vielleicht schon zum 30sten mahle gegeben, und noch immer wird es erstaunlich schwer, zu einer Vorstellung desselben gute Billette zu bekommen. In Wien, Dresden, Hamburg macht er ebenfalls *furore*. Dieses beweiset hinlänglich, daß man Unrecht hatte, zu glauben: als ob diese Oper hier nur durch die antispontinische Parthey gehoben worden sey. Antispontinische Parthey? Ich sehe, der Ausdruck befremdet Sie. Glauben Sie nicht, diese sey eine politische. Der heftige Partheykampf von Liberalen und Ultras, wie wir ihn in andern Hauptstädten sehen, kann bey uns nicht zum Durchbruch kommen, weil die königliche Macht, kräftig und partheylos schlichtend, in der Mitte steht. Aber dafür sehen wir in Berlin oft einen ergötzlichen Partheykampf, den in der Musik. Wären Sie Ende des vorigen Sommers hier gewesen, hätten Sie es sich in der Gegenwart veranschaulichen können, wie einst in Paris der Streit der Gluckisten und Piccinisten ungefähr ausgesehen haben mag.

Aber ich sehe, ich muß hier etwas ausführlicher von der hiesigen Oper sprechen; erstens, weil sie doch in Berlin ein Hauptgegenstand der Unterhaltung ist, und zweitens, weil Sie ohne nachfolgende Bemerkungen den Geist mancher Notizen gar nicht fassen können. Von unsern Sängerinnen und Sängern will ich hier gar nicht sprechen. Ihre Apologien sind stereotyp in allen Berliner Korrespondenzartikeln und Zeitungsrezensionen; täglich liest man: Die Milderhauptmann ist unübertrefflich, die Schulz ist vortrefflich, und die Seidler ist trefflich. Genug, es ist unbestritten, daß man die Oper hier auf eine erstaunliche Kunsthöhe gebracht hat, und daß sie keiner andern deutschen Oper nachzustehen braucht. Ob dieses durch die emsige Wirksamkeit des verstorbenen Webers geschehen ist, oder ob Ritter Spontini, nach dem Ausspruch seiner Anhänger, wie mit dem Schlag einer Zauberruthe, alle diese

Herrlichkeit ins Leben hervorgerufen habe, wage ich sehr zu bezweifeln. Ich wage sogar zu glauben, daß die Leitung des großen Ritters auf einige Theile der Oper höchst nachtheilig gewirkt habe. Aber ich behaupte durchaus, daß seit der völligen Trennung der Oper von dem Schauspiel, und Spontinis unumschränkter Beherrschung derselben, diese täglich mehr und mehr Schaden erleiden muß, durch die natürliche Vorliebe des großen Ritters für seine eignen großen Produkte und die Produkte verwandter oder befreundeter Genies, und durch seine eben so natürliche Abneigung gegen die Musik solcher Komponisten, deren Geist den seinigen nicht anspricht oder dem seinigen nicht huldigt, oder gar – *horribile dictu* – mit dem seinigen wetteifert.

Ich bin zu sehr Laye im Gebiete der Tonkunst, als daß ich mein eignes Urtheil über den Werth der Spontinischen Komposizionen aussprechen dürfte, und alles, was ich hier sage, sind bloß fremde Stimmen, die im Gewoge des Tagesgesprächs besonders hörbar sind.

»Spontini ist der größte aller lebenden Komponisten. Er ist ein musikalischer Michael Angelo. Er hat in der Musik neue Bahnen gebrochen. Er hat ausgeführt, was Gluck nur geahnet. Er ist ein großer Mann, er ist ein Genie, er ist ein Gott!« So spricht die spontinische Parthey, und die Wände der Paläste schallen wieder von dem unmäßigen Lobe.

Sie müssen nämlich wissen, es ist die Noblesse, die besonders von Spontinis Musik angesprochen wird und demselben ausgezeichnete Zeichen ihrer Gunst angedeihen läßt. An diese edlen Gönner lehnt sich die wirkliche spontinische Parthey, die natürlicher Weise aus einer Menge Menschen besteht, die dem vornehmen und legitimen Geschmacke blindlings huldigt, aus einer Menge Enthousiasten für das Ausländische, aus einigen Komponisten, die ihre Musik gern auf die Bühne brächten, und endlich aus einer Handvoll wirklicher Verehrer.

Woraus ein Theil der Gegenparthey besteht, ist wohl leicht zu errathen. Viele sind auch dem guten Ritter gram, weil er ein Welscher ist. Andre, weil sie ihn beneiden. Wieder andre, weil seine Musik nicht deutsch ist. Aber endlich der größte Theil sieht in seiner Musik nur Pauken- und Trompetenspektakel, schallenden Bombast und gespreizte Unnatur. Hierzu kam noch der Unwille Vieler –.

Jetzt, mein Lieber, können Sie sich den Lärm erklären, der diesen Sommer ganz Berlin erfüllte, als Spontinis Olympia auf unsrer Bühne zuerst erschien. Haben Sie die Musik dieser Oper nicht in Hamm hören können? An Pauken und Posaunen war kein Mangel, so daß ein Witzling den Vorschlag machte, im neuen Schauspielhause die Haltbarkeit der Mauern durch die Musik dieser Oper zu probiren. Ein anderer Witzling kam eben aus der brausenden Olympia, hörte auf der Straße den Zapfenstreich trommeln, und rief athemschöpfend: Endlich hört man doch sanfte Musik! Ganz Berlin witzelte über die vielen Posaunen und über den großen Elephanten in den Prachtaufzügen dieser Oper. Die Tauben aber waren ganz entzückt von so vieler Herrlichkeit, und versicherten, daß sie diese schöne, dicke Musik mit den Händen fühlen konnten. Die Enthousiasten aber riefen: »Hosianna! Spontini ist selbst ein musikalischer Elephant! Er ist ein Posaunenengel!«

Kurz darauf kam Karl Maria v. Weber nach Berlin, sein Freischütz wurde im neuen Theater aufgeführt und entzückte das Publikum. Jetzt hatte die antispontinische Parthey einen festen Punkt, und am Abend der ersten Vorstellung seiner Oper wurde Weber aufs herrlichste gefeyert. In einem recht schönen Gedichte, das den Doktor Förster zum Verfasser hatte, hieß es vom Freischützen: er jage nach edlerm Wilde, als nach Elephanten. Weber ließ sich über diesen Ausdruck den andern Tag im Intelligenzblatte sehr kläglich vernehmen, und kajolirte Spontini und blamirte den armen Förster, der es doch so gut gemeint hatte. Weber hegte damals die Hoffnung, hier bey der Oper angestellt zu werden, und würde sich nicht so unmäßig bescheiden gebehrdet haben, wenn ihm schon damals alle Hoffnung des Hierbleibens abgeschnitten gewesen wäre. Weber verließ uns nach der dritten Vorstellung seiner Oper, reiste nach Dresden zurück, erhielt dort einen glänzenden Ruf nach Kassel, wies ihn zurück, dirigirte wieder vor wie nach die Dresdner Oper, wird dort einem guten General ohne Soldaten verglichen, und ist jetzt nach Wien gereist, wo eine neue komische Oper von ihm gegeben werden soll.

Ueber den Werth des Textes und der Musik des Freischützen verweise ich Sie auf die große Rezension desselben vom Professor Gubitz im Gesellschafter. Dieser geistreiche und scharfsinnige Kritiker hat das Verdienst, daß er der Erste war, der die romantischen Schönheiten dieser Oper ausführlich entwickelte und ihre großen Triumphe am bestimmtesten voraussagte.

Webers Aeußere ist nicht sehr ansprechend. Kleine Statur, ein schlechtes Untergestell und ein langes Gesicht ohne sonderlich angenehme Züge. Aber auf diesem Gesichte liegt ganz verbreitet der sinnige Ernst, die bestimmte Sicherheit und das ruhige Wollen, das uns so bedeutsam anzieht in den Gesichtern altdeutscher Meister. Wie kontrastirt dagegen das Aeußere Spontinis! Die hohe Gestalt, das tiefliegende dunkle Flammenauge, die pechschwarzen Locken, von welchen die gefurchte Stirne zur Hälfte bedeckt wird, der halb wehmüthige, halb stolze Zug um die Lippen, die brütende Wildheit dieses gelblichen Gesichtes, worin alle Leidenschaften getobt haben und noch toben, der ganze Kopf, der einem Kalabresen zu gehören scheint, und der dennoch schön und edel genannt werden muß: – alles läßt uns gleich den Mann erkennen, aus dessen Geiste die Vestalin, Cortez und Olympia hervorgingen.

Von den hiesigen Komponisten erwähne ich gleich nach Spontini unsern Bernhard Klein, der sich schon längst durch einige schöne Komposizionen rühmlichst bekannt gemacht hat, und dessen große Oper Dido vom ganzen Publikum mit Sehnsucht erwartet wird. Diese Oper soll, nach dem Ausspruche aller Kenner, denen der Komponist Einiges daraus mittheilte, die wunderbarsten Schönheiten enthalten, und ein geniales, deutsches Nazionalwerk seyn.

Kleins Musik ist ganz original. Sie ist ganz verschieden von der Musik der oben besprochenen zwey Meister, so wie neben den Gesichtern derselben das heitere, angenehme, lebenslustige Gesicht des gemüthlichen Rheinländers einen auffallenden Kontrast bildet. Klein ist ein Cöllner, und kann als der Stolz seiner Vaterstadt betrachtet werden.

G. A. Schneider darf ich hier nicht übergehn. Nicht als ob ich ihn für einen so großen Komponisten hielte, sondern weil er als Komponist von Koreffs »Aucassin und Nicolette« vom 26. Febr. bis auf diese Stunde ein Gegenstand des öffentlichen Gesprächs war. Wenigstens acht Tage lang hörte man von nichts sprechen, als von Koreff und Schneider, und Schneider und Koreff. Hier standen geniale Dilettanten und rissen die Musik herunter; dort stand ein Haufen schlechter Poeten und schulmeisterte den Text. Was mich betrifft, so amüsirte mich diese Oper ganz außerordentlich. Mich erheiterte das bunte Mährchen, das der kunstbegabte Dichter so lieblich und kindlichschlicht entfaltete, mich ergötzte der anmuthige Kontrast vom ernsten Abendlande und dem heitern Orient, und wie die verwunderlichsten Bilder, in loser Verknüpfung, abentheuerlich dahingaukelten, regte sich in mir der Geist der blühenden Romantik.

Es ist immer ein ungeheurer Spektakel in Berlin, wenn eine neue Oper gegeben wird, und hier kam noch der Umstand hinzu, daß der Musikdirektor Schneider und der Geheimrath Ritter Koreff so allgemein bekannt sind. Letztern verlieren wir bald, da er sich schon längst zu einer großen Reise ins Ausland vorbereitet. Das ist ein Verlust für unsre Stadt, da dieser Mann sich auszeichnet durch gesellige Tugenden, angenehme Persönlichkeit und Großartigkeit der Gesinnung.

Was man in Berlin singt, das wissen Sie jetzt, und ich komme zur Frage: Was spricht man in Berlin?

Ich habe vorsätzlich erst vom Singen gesprochen, da ich überzeugt bin, daß die Menschen erst gesungen haben, ehe sie sprechen lernten, so wie die metrische Sprache der Prosa voranging. Wirklich, ich glaube, daß Adam und Eva sich in schmelzenden Adagios Liebeserklärungen machten und in Rezitativen ausschimpften. Ob Adam auch zu letztern den Takt schlug? Wahrscheinlich. Dieses Taktschlagen ist bey unserm Berliner Pöbel, durch Tradizion, noch geblieben, obschon das Singen dabey außer Gebrauch kam. Wie die Kanarienvögel zwitscherten unsre Ureltern in den Thälern Kaschimirs. Wie haben wir uns ausgebildet! Ob die Vögel einst ebenfalls zum Sprechen gelangen werden? Die Hunde und die Schweine sind auf gutem Wege; ihr Bellen und Grunzen ist ein Uebergang vom Singen zum ordentlichen Sprechen. Erstere werden reden die Sprache von *Oc*, die andern die Sprache von *Oui*. Die Bären sind gegen uns übrigen Deutsche in der Cultur noch sehr zurückgeblieben, und obschon sie in der Tanzkunst mit uns wetteifern, so ist ihr Brummen, wenn wir es mit andern deutschen Mundarten vergleichen, durchaus noch keine Sprache zu nennen. Die Esel und die Schafe hatten es einst schon bis zum Sprechen gebracht, hatten ihre klassische Literatur, hielten vortreffliche Reden über die reine Eselhaftigkeit im geschlossenen Hammelthume, über die Idee eines Schafskopfs und über die Herrlichkeit des Altböckischen. Aber wie es nach dem Kreislauf der Dinge zu geschehen pflegt, sie sind in der Cultur wieder so tief gesunken, daß sie ihre Sprache verloren, und bloß das gemüthliche »I–A« und das kindlich-fromme »Bäh« behielten.

Wie komme ich aber vom I–A der Langohrigen und vom Bäh der Dickwolligen zu den Werken von Sir Walter Scott? Denn von diesen muß ich jetzt sprechen, weil ganz Berlin davon spricht, weil sie »der Jungfernkranz« der Lesewelt sind, weil man sie überall liest, bewundert, bekritelt, herunterreißt und wiederliest. Von der Gräfin bis zum Nähmädchen, vom Grafen bis zum Laufjungen, liest alles die Romane des großen Schotten; besonders unsre gefühlvollen Damen. Diese legen sich nieder mit »Waverley«, stehen auf mit »Robin dem Rothen«, und haben den ganzen Tag den »Zwerg« in den Fingern. Der Roman »Kennilworth« hat gar besonders *furore* gemacht. Da hier sehr wenige mit vollkommner Kenntniß des Englischen gesegnet sind, so muß sich der größte Theil unserer Lesewelt mit französischen und deutschen Uebersetzungen behelfen. Daran fehlt es auch nicht. Von dem letzten scottischen Roman: »Der Pirat« sind vier Uebersetzungen auf einmal angekündigt. Zwey davon kommen hier heraus; die der Frau von Montenglaut bey Schlesinger, und die des Doktor Spieker bey Dunker und Humblot. Die dritte Uebersetzung ist die von Lotz in Hamburg, und die vierte wird in der Taschenausgabe der Gebr. Schumann in Zwickau enthalten seyn. Daß es bey solchen Umständen an einiger Reibung nicht fehlen wird, ist voraus zu sehen. Frau von Hohenhausen ist jetzt mit der Uebersetzung des scottischen Ivanhoe beschäftigt, und von der trefflichen Uebersetzerinn Byrons können wir auch eine treffliche Uebersetzung Scotts erwarten. Ich glaube sogar, daß diese noch vorzüglicher ausfallen wird, da in dem sanften, für reine Ideale empfänglichen Gemüthe der schönen Frau die frömmig-heitern, unverzerrten Gestalten des freundlichen Schotten sich weit klarer abspiegeln werden, als die düstern Höllenbilder des mürrischen, herzkranken Engländers. In keine schönern und zartern Hände konnte die schöne, zarte Rebecka gerathen, und die gefühlvolle Dichterinn braucht hier nur mit dem Herzen zu übersetzen.

Auf eine ausgezeichnete Weise wurde Scotts Name kürzlich hier gefeyert. Bey einem Feste war eine glänzende Maskerade, wo die meisten Helden der scottischen Romane in ihrer charakteristischen Aeußerlichkeit erschienen. Von dieser Festlichkeit und diesen Bildern sprach man hier wieder acht Tage lang. Besonders trug man sich damit herum, daß der Sohn von Walter Scott, der sich just hier befindet, als schottischer Hochländer gekleidet, und, ganz wie es jenes Costüm verlangt, nacktbeinig, ohne Hosen, bloß ein Schurz tragend, das bis auf die Mitte der Lenden reichte, bey diesem glänzenden

Feste paradirte. Dieser junge Mensch, ein englischer Husarenoffizier, wird hier sehr gefeyert, und genießt hier den Ruhm seines Vaters.

Wo sind die Söhne Schillers? Wo sind die Söhne unserer großen Dichter, die, wenn auch nicht ohne Hosen, doch vielleicht ohne Hemd herumgehn? Wo sind endlich unsre großen Dichter selbst? Still, still, das ist eine *partie honteuse.*

Ich will nicht ungerecht seyn und hier unerwähnt lassen die Verehrung, die man hier dem Namen Göthe zollt, der deutsche Dichter, von dem man hier am meisten spricht. Aber Hand aufs Herz, mag das feine, weltkluge Betragen unseres Göthe nicht das meiste dazu beygetragen haben, daß seine äußere Stellung so glänzend ist und daß er in so hohem Maße die Affekzion unserer Großen genießt? Fern sey es von mir, den alten Herrn eines kleinlichen Charakters zu zeihen. Göthe ist ein großer Mann in einem seidnen Rock. Am großartigsten hat er sich noch kürzlich bewiesen gegen seine kunstsinnigen Landsleute, die ihm im edeln Weichbilde Frankfurts ein Monument setzen wollten, und ganz Deutschland zu Geldbeyträgen aufforderten. Hier wurde über diesen Gegenstand erstaunlich viel diskutirt, und meine Wenigkeit schrieb folgendes mit Beyfall beehrte Sonett:

Hört zu, ihr deutschen Männer, Mädchen, Frauen,
Und sammelt Subskribenten unverdrossen;
Die Bürger Frankfurts haben jetzt beschlossen:
Ein Ehrendenkmal Göthen zu erbauen.

»Zur Meßzeit wird der fremde Krämer schauen« –
So denken sie – »daß Wir des Manns Genossen,
Daß Unserm Miste solche Blum' entsprossen,
Und blindlings wird man Uns im Handel trauen.«

O, laßt dem Dichter seine Lorbeerreiser,
Ihr Handelsherrn! Behaltet euer Geld.
Ein Denkmal hat sich Göthe selbst gesetzt.

Im Windelnschmutz war er euch nah, doch jetzt
Trennt euch von Göthe eine ganze Welt,
Euch, die ein Flüßlein trennt vom Sachsenhäuser!

Der große Mann machte, wie bekannt ist, allen Diskussionen dadurch ein Ende, daß er seinen Landsleuten mit der Erklärung: »er sey gar kein Frankfurter« das Frankfurter Bürgerrecht zurückschickte.

Letzteres soll seitdem – um frankfurtisch zu sprechen – 99 Prozent im Werthe gesunken seyn, und die Frankfurter Juden haben jetzt bessere Aussicht zu dieser schönen Akquisizion. Aber – um wieder frankfurtisch zu sprechen – stehen die Rothschilde und die Bethmänner nicht längst *al pari?* Der Kaufmann hat in der ganzen Welt dieselbe Religion. Sein Komptoir ist seine Kirche, sein Schreibpult ist sein Betstuhl, sein Memorial ist seine Bibel, sein Waarenlager ist sein Allerheiligstes, die Börsenglocke ist seine Betglocke, sein Gold ist sein Gott, der Credit ist sein Glauben.

Ich habe hier Gelegenheit, von zwey Neuigkeiten zu sprechen: erstens von der neuen Börsenhalle, die nach dem Vorbilde der Hamburger eingerichtet ist und vor einigen Wochen eröffnet wurde, und zweitens von dem alten, neu aufgewärmten Projekte der Judenbekehrung. Aber ich übergehe beides, da ich in der neuen Halle noch nicht war, und die Juden ein gar zu trauriger Gegenstand sind. Ich werde freylich am Ende auf dieselben zurückkommen müssen, wenn ich von ihrem neuen Kultus spreche, der von Berlin besonders ausgegangen ist. Ich kann es jetzt noch nicht, weil ich es immer versäumt habe, dem neuen mosaischen Gottesdienste einmal beyzuwohnen. Auch über die neue Liturgie, die schon längst in der Domkirche eingeführt und Hauptgegenstand des Stadtgespräches ist, will ich nicht schreiben, weil sonst mein Brief zu einem Buche anschwellen würde. Sie hat eine Menge Gegner. Schleyermacher nennt man als den vorzüglichsten. Ich habe unlängst einer seiner Predigten beygewohnt, wo er mit der Kraft eines Luthers sprach, und wo es nicht an verblümten Ausfällen gegen die Liturgie fehlte. Ich muß gestehen, keine sonderlich gottseligen Gefühle werden durch seine Predigten in mir erregt; aber ich finde mich im bessern Sinne dadurch erbaut, erkräftigt, und wie durch Stachelworte aufgegeißelt vom weichen Flaumenbette des schlaffen Indifferentismus. Dieser Mann braucht nur das schwarze Kirchengewand abzuwerfen, und er steht da als Priester der Wahrheit.

Ungemeines Aufsehen erregten die heftigen Ausfälle gegen die hiesige theologische Fakultät in der Anzeige der Schrift: »Gegen die De-Wettische Aktensammlung« (in der Vossischen Zeitung) und in der Entgegnung auf die Erklärung der Fakultät (ebendas.). Als Verfasser jener Schrift nennt man allgemein Beckedorff. Aus wessen Feder jene Anzeige und Entgegnung geflossen ist, weiß man nicht genau. Einige nennen Kamptz, andere Beckedorff selbst, andere Klindworth, andere Buchholz, andere Andere. Die Hand eines gewandten Diplomaten ist in jenen Aufsätzen nicht zu verkennen. Wie man sagt, ist Schleyermacher mit einer Entgegnung beschäftigt, und es wird dem gewaltigen Sprecher leicht werden, seinen Antagonisten nieder zu reden. Daß die theologische Fakultät auf solche Angriffe antworten muß, versteht sich von selbst, und das ganze Publikum sieht mit gespannter Erwartung dieser großen Antwort entgegen.

Man ist hier sehr gespannt auf die zwey Supplementbände zum Brockhausischen Conversazionslexikon, aus dem sehr natürlichen Grunde, weil sie, laut dem Inhaltsverzeichnisse der Ankündigung, die Biographieen einer Menge öffentlicher Charaktere enthalten werden, die, theils in Berlin, theils im Auslande lebend, gewöhnliche Gegenstände der hiesigen Conversazion sind. So eben erhalte ich die erste Lieferung von A bis Bomz (ausgegeben den 1. März 1822), und falle mit Begierde auf die Artikel: Albrecht (Geh. Kabinetsrath), Alopäus, Altenstein, Ançillon, Prinz August (v. Preußen) etc. Unter den Namen, die unsere dortigen Freunde interessiren möchten, nenne ich: Akkum, Arndt, Begasse, Benzenberg und Beugnot, der brave Franzose, der den Bewohnern des Großherzth. Berg, trotz seiner haßerregenden Stellung, so manche schöne Beweise eines edeln und großen Charakters gegeben hat, und jetzt in Frankreich so wacker kämpft für Wahrheit und Recht.

Die Maßregeln gegen den Brockhausischen Verlag sind noch immer in Wirksamkeit. Brockhaus war vorigen Sommer hier, und suchte seine Differenzen mit unserer Regierung auszugleichen. Seine Bemühungen müssen fruchtlos gewesen seyn.

Brockhaus ist ein Mann von angenehmer Persönlichkeit. Seine äußere Repräsentazion, sein scharfblickender Ernst und seine feste Freymüthigkeit lassen in ihm jenen Mann erkennen, der die Wissenschaften und den Meinungskampf nicht mit gewöhnlichen Buchhändler-Augen betrachtet.

Die griechischen Angelegenheiten sind hier, wie überall, tüchtig durch gesprochen worden, und das Griechenfeuer ist ziemlich erloschen. Die Jugend zeigte sich am meisten enthousiastisch für Hellas; alte, vernünftigere Leute schüttelten die grauen Köpfe. Gar besonders glüheten und flammten die Philologen. Es muß den Griechen sehr viel geholfen haben, daß sie von unsern Tyrteen auf eine so poetische Weise erinnert wurden an die Tage von Marathon, Salamis und Platäa. Unser Professor Zeune, der, wie der Optikus Amuel bemerkt, nicht allein Brillen trägt, sondern auch Brillen zu beurtheilen weiß, hatte sich am meisten thätig gezeigt. Der Hauptmann Fabeck, der, wie Sie aus öffentlichen Blättern ersehn hatten, von hier aus, ohne viel Tyrteische Lieder zu singen, nach Griechenland gereist ist, soll dort ganz erstaunliche Thaten verrichtet haben, und ist, um auf seinen Lorbeern zu ruhen, wieder nach Deutschland zurückgekommen.

Es ist jetzt bestimmt, daß das Kleistische Schauspiel: »Der Prinz von Homburg, oder die Schlacht bey Fehrbellin« nicht auf unserer Bühne erscheinen wird, und zwar, wie ich höre, weil eine edle Dame glaubt, daß ihr Ahnherr in einer unedeln Gestalt darin erscheine. Dieses Stück ist noch immer ein Erisapfel in unsern ästhetischen Gesellschaften. Was mich betrifft, so stimme ich dafür, daß es gleichsam vom Genius der Poesie selbst geschrieben ist, und daß es mehr Werth hat, als all jene Farcen und Spektakelstücke und Houwaldsche Rühreier, die man uns täglich auftischt. Anna Boleyn, die Tragödie des sehr talentvollen Dichters Gehe, der sich jetzt just hier befindet, wird einstudirt. Herr Rellstab hat unserer Intendanz ein Trauerspiel angeboten, das den Titel führen wird: »Karl der Kühne von Burgund«. Ob dieses Stück angenommen worden, weiß ich nicht.

Es wurde hier viel darüber geschwatzt, als man hörte, daß bey Willmanns in Frankfurt der neue Hoffmannsche Roman: »Meister Floh und seine Gesellen« auf Requisizion unserer Regierung konfiszirt worden sey. Letztere hatte nämlich erfahren: das fünfte Kapitel dieses Romans persiflire die Commission, welche die Untersuchung der demagogischen Umtriebe leitet. Daß unserer Regierung an solchen Persiflagen wenig gelegen sey, hatte sie längst bewiesen, da, unter ihren Augen, hier in Berlin, bey Reimer, der Jean-Paulsche »Komet«, mit Erlaubniß der Zensur gedruckt wurde, und wie Ihnen vielleicht bekannt ist, in der Vorrede zum zweiten Theile dieses Romans die Umtriebeuntersuchungen aufs heilloseste lächerlich gemacht werden. Bey unserm Hoffmann mochte man aber höheren Ortes gegründetes Recht gehabt haben, einen ähnlichen Spaß übel zu nehmen. Durch das Zutrauen des Königs war der Kammergerichtsrath Hoffmann selbst Mitglied jener Untersuchungscommission; Er wenigstens durfte durch keine unzeitigen Späße das Ansehn derselben zu schwächen suchen, ohne eine tadelhafte Unziemlichkeit zu begehen. Hoffmann ist daher jetzt zur Rechenschaft gezogen worden; »der Floh« wird aber jetzt mit einigen Abänderungen gedruckt werden. Hoffmann ist jetzt krank und leidet an einem schlimmen Nasenübel.

In meinen nächsten Briefen schreibe ich Ihnen vielleicht mehr über diesen Schriftsteller, den ich zu sehr liebe und verehre, um schonend von ihm zu sprechen.

Herr von Savigny wird diesen Sommer Instituzionen lesen. Die Possenreißer, die vorm Brandenburger Thor ihr Wesen trieben, haben schlechte Geschäfte gemacht und sind längst abgereist. Blondin ist hier, und wird reiten und springen. Der Kopfabschneider Schuhmann erfüllt die Berliner mit Verwunderung und Entsetzen. Aber Bosko, Bosko, Bartholomäo Bosko sollten Sie sehen! Das ist ein ächter Schüler Pinettis! der kann zerbrochene Uhren noch schneller kuriren, als der Uhrmacher Labinski, der weiß die Karten zu mischen und Puppen tanzen zu lassen! Schade, daß der Kerl keine Theologie studirt hat. Er ist ein ehemaliger italienischer Offizier, noch sehr jung, männlich, kräftig, trägt anliegende Jacke und Hosen von schwarzem Seidenzeug, und, was die Hauptsache ist, wenn er seine Künste macht, sind seine Arme fast ganz entblößt. Weibliche Augen sollen sich an letztern noch weit mehr als an seinen Kunststücken erbauen. Er ist wirklich ein netter Kerl, das muß man gestehen, wenn man die bewegliche Figur sieht im Scheine einiger fünfzig langen Wachskerzen, die, wie ein funkelnder Lichterwald, vor seinem, mit seltsamen Gauklerapparate besetzten langen Tische aufgepflanzt stehen. Er hat seinen Schauplatz vom Jagorschen Saale nach dem englischen Hause verlegt, und ist noch immer mit erstaunlich vielem Zuspruche gesegnet.

Ich habe gestern im Café-Royal den Kammermusikus gesprochen. Er hat mir eine Menge kleiner Neuigkeiten erzählt, wovon ich die wenigsten im Gedächtniß behielt. Versteht sich, daß die meisten aus der musikalischen Chronique skandaleuse sind. Den 20. ist Prüfung bey Dr. Stöpel, der nach der Logierschen Methode Klavierspielen und Generalbaß lehrt. Graf Brühl wird von seiner Krankheit bald ganz hergestellt seyn. Walter aus Karlsruh wird noch in einer neuen Posse: »Staberles Hochzeit« auftreten. Herr und Madame Wolf geben jetzt Gastrollen in Leipzig und Dresden. Michael Beer hat in Italien eine neue Tragödie geschrieben: »Die Bräute von Arragonien«, und von Meyerbeer wird jetzt in Mailand eine neue Oper gegeben. Spontini komponirt jetzt Koreffs »Sappho«. Mehrere Menschenfreunde wollen hier eine Anstalt für verwahrloste Knaben stiften, ähnlich der des Geheimrath Falk in Weimar. Cosmeli hat in der Schüppelschen Buchhandlung »Harmlose Bemerkungen auf einer Reise durch einen Theil Rußlands und der Türkei« herausgegeben, die so ganz harmlos nicht seyn sollen, weil dieser originelle Kopf überall mit eignen Augen die Dinge sieht, und das Gesehene unverblümt und freysinnig ausspricht. Die Lesebibliotheken werden von Seiten der Polizey einer Revision unterworfen, und sie müssen ihre Kataloge einliefern; alle ganz obscöne Bücher, wie die meisten Romane von Althing, A. v. Schaden u. dergl. werden weggenommen. Letzterer, der jetzt nach Prag gereist ist, hat so eben herausgegeben: »Licht- und Schattenseiten von Berlin«, eine Broschüre, die viele Unwahrheiten enthalten soll und vielen Unwillen erregt. Der Fabrikant Fritsche hat eine neue Art Wachslichter erfunden, die ein Drittel wohlfeiler sind, als die gewöhnlichen. Auch für die nächste Ziehung der Prämien-Staatsschuldscheine werden bedeutende Geschäfte in Promessen gemacht. Das Banquierhaus L. Lipke u. Komp. hat allein schon beynahe 10,000 Stück abgesetzt. Böttiger und Tieck werden hier erwartet. Die geistreiche Fanny Tarnow lebt jetzt hier. Die neue berliner Monathschrift ist seit Januar eingegangen. Der General Menü Menutuli hat aus Italien das Manuskript seines Reisejournals hergeschickt an den Pr. Idler, damit derselbe es zum Druck befördere. Pr. Bopp, dessen Vorlesungen über das Sanskrit noch immer viel Aufsehn erregen, schreibt jetzt ein großes Werk über allgemeine Sprachkunde. Ungefähr dreyßig Studenten, worunter sehr viele Polen, sind, wegen demagogischer Umtriebe, arretirt worden. Schadow hat ein Modell zu einer Statue des großen Friedrichs vollendet. Der Tod des jungen Schadow in Rom hat hier viel Theilnahme erregt. Wilhelm Schadow, der Maler, lieferte neulich ein vortreffliches Bild, die Prinzessinn Wilhelmine mit ihren Kindern darstellend. Wilhelm Hensel wird erst diesen May nach Italien reisen. Kolbe ist beschäftigt mit den Zeichnungen der Glasmalereyen für das Schloß zu Marienburg. Schinkel zeichnet die Skizzen der Dekorazionen zu Spontinis »Milton«. Dieses ist eine schon alte Oper in einem Akte, die hier nächstens zum erstenmal gegeben werden soll. Der Bildhauer Tieck arbeitet am Modell der Statue des Glaubens, welche in einer von den beiden Nischen am Eingang des Doms aufgestellt wird. Rauch ist noch immer beschäftigt mit den Basreliefs zu Bülows Statue; diese und die schon fertige Statue Scharnhorsts werden an beiden Seiten des neuen Wachthauses (zwischen dem Universitätsgebäude und dem Zeughause) aufgestellt.

Die ständischen Arbeiten gehn, dem äußern Anscheine nach, rasch vorwärts. Die Notabeln von Ost- und Westpreußen werden dieser Tage von unserer Regierung entlassen, und alsdann durch die Notabeln unserer sächsischen Provinzen ersetzt werden. Die Notabeln der Rheinprovinzen, sagt man, sollen die letzten seyn, die herberufen werden. Von den Verhandlungen der Notabeln mit der Regierung erfährt man nichts, da sie, wie man sagt, *Juramentum silentii* abgelegt haben.

Unsere Differenzen mit Hessen, wegen Verletzung des Territorialrechts bey dem Prinzessinnraube in Bonn, scheinen nicht beygelegt zu seyn; es will sogar verlauten, als sey unser Gesandte am Kasseler Hofe zurückberufen.

Es wird hier ein neuer sächsischer Gesandte erwartet. Der hiesige portugiesische Gesandte, Graf Lobrau, ist jetzt definitiv von seiner Regierung entlassen; ein neuer portugiesischer Gesandte wird täglich erwartet. Unser preußischer Gesandte für Portugal, Graf v. Flemming, der Neffe des Staatskanzlers, ist noch immer hier. Unsere Gesandten bey dem königl. sächsischen und bey dem großherzoglich darmstädtischen Hofe, Herr v. Jordan und Baron v. Otterstädt, sind ebenfalls noch hier. Ein neuer französischer Gesandte wird hier erwartet.

Von der Heirath des schwedischen Prinzen Oskar mit der schönen Fürstinn Elise Radzivil wird hier viel gesprochen. Von der Verbindung unseres Kronprinzen mit einer deutschen Fürstentochter verlautet nichts weiter. Großen Festlichkeiten sieht man hier entgegen bey Gelegenheit der Vermählung der Prinzessinn Alexandrine*).

Die Assembleen bey den Ministern sind jetzt geschlossen; die einzigen, die noch fortdauern, sind die, welche Dienstags bey dem Fürsten Wittgenstein statt finden. Unser Staatskanzler befindet sich jetzt ganz hergestellt, und ist theils hier, theils in Glienicke.

Zur Ostermesse erscheinen: Jahrbücher der königl. preuß. Universitäten. Der Bibliothekar Spieker giebt das Festspiel: Lalla-Rookh heraus.

Der Riese, der auf der Königstraße zu sehen war, ist jetzt auf der Pfaueninsel.

Devrient ist noch immer nicht ganz hergestellt. Boucher und seine Frau geben jetzt Conzerte in Wien. Maria v. Webers neue Opern heißen: »Euryante«, Text von Helmine v. Chezy, und: »die beiden Pintos«, Text von Hofr. Winkler. Bernhard Romberg ist hier.

Ach Gott! es ist eine schlimme Sache mit Notizenschreiben. Die wichtigsten darf man oft nicht mittheilen, wenn man sie nicht verbürgen kann. Kleine Klatschereyen darf man ebenfalls nicht schreiben; erstens weil sie oft zu tief in Familienverhältnisse eingreifen, und zweitens und hauptsächlich, weil die, welche in Berlin am amüsantesten sind, oft in der Provinz langweilig und läppisch klingen. Um des lieben Himmels Willen, was interessirt es die Damen in Dülmen, wenn ich erzähle, daß jene Tänzerinn jetzt im Dualis

*) Spontini komponirt zu diesen Festlichkeiten: »Das Rosenfest in Kaschimir«, worin zwey Elephanten erscheinen.

sprechen könnte, und jener Lieutenant auffallend falsche Waden und Lenden trägt? Was kümmert's diese Damen, ob ich in jener Tänzerinn eine oder zwey Personen annehme, und ob ich jenen Lieutenant aus 2/3 Watte und 1/3 Fleisch, oder aus 2/3 Fleisch und 1/3 Watte bestehen lasse? Was soll man endlich Notizen über Menschen schreiben, von denen man gar keine Notiz nehmen sollte?

Wie man diesen Winter hier lebte, läßt sich von selbst errathen. Das bedarf keiner besondern Schilderung, da Winterunterhaltungen in jeder Residenz dieselben sind. Oper, Theater, Conzerte. Assembleen, Bälle, Thees (sowohl *dansant* als *médisant*), kleine Maskeraden, Liebhaberey-Komödien, große Redouten u. s. w., das sind wohl unsere vorzüglichsten Abendunterhaltungen im Winter. Es ist hier ungemein viel geselliges Leben, aber es ist in lauter Fetzen zerrissen. Es ist ein Nebeneinander vieler kleinen Kreise, die sich immer mehr zusammen zu ziehen als auszubreiten suchen. Man betrachte nur die verschiedenen Bälle hier; man sollte glauben, Berlin bestände aus lauter Innungen. Der Hof und die Minister, das diplomatische Corps, die Civilbeamten, die Kaufleute, die Offiziere etc. etc., alle geben sie eigene Bälle, worauf nur ein zu ihrem Kreise gehöriges Personal erscheint. Bey einigen Ministern und Gesandten sind die Assembleen eigentlich große Thees, die an bestimmten Tagen in der Woche gegeben werden, und woraus sich, durch einen mehr oder minder großen Zusammenfluß von Gästen, ein wirklicher Ball entwickelt. Alle Bälle der vornehmen Classe streben, mit mehr oder minderm Glücke, den Hofbällen oder fürstlichen Bällen ähnlich zu seyn. Auf letztern herrscht jetzt fast im ganzen gebildeten Europa derselbe Ton, oder vielmehr sie sind den Pariser Bällen nachgebildet. Folglich haben unsere hiesigen Bälle nichts charakteristisches; wie verwunderlich es auch oft aussehen mag, wenn vielleicht ein von seiner Gage lebender Secondelieutenant, und ein, mit Läppchen und Geflitter, mosaikartig aufgeputztes Kommisbrod-Fräulein, sich auf solchen Bällen in entsetzlich vornehmen Formen bewegen, und die rührend-kümmerlichen Gesichter puppenspielmäßig kontrastiren mit dem angeschnallten, steifen Hofkothurn.

Wenig Schnee, und folglich auch fast gar kein Schlittengeklingel und Peitschengeknall hatten wir dieses Jahr. Wie in allen protestantischen Städten spielt hier Weihnachten die Hauptrolle in der großen Winterkomödie. Schon eine Woche vorher ist alles beschäftigt mit Einkauf von Weihnachtsgeschenken. Alle Modemagazine und Bijouterie- und Quinkailleriehandlungen haben ihre schönsten Artikel – wie unsere

Stutzer ihre gelehrten Kenntnisse – leuchtend ausgestellt; auf dem Schloßplatze stehen eine Menge hölzerner Buden mit Putz-, Haushaltung- und Spielsachen; und die beweglichen Berlinerinnen flattern, wie Schmetterlinge, von Laden zu Laden, und kaufen, und schwatzen, und äugeln, und zeigen ihren Geschmack, und zeigen sich selber den lauschenden Anbetern. Aber des Abends geht der Spaß erst recht los; dann sieht man unsere Holden oft mit der ganzen respectiven Familie, mit Vater, Mutter, Tante, Schwesterchen und Brüderchen, von einem Conditorladen nach dem andern wallfahren, als wären es Passionsstazionen. Dort zahlen die lieben Leutchen ihre zwey Courantgroschen Entree und besehen sich *con amore* die »Ausstellung«, eine Menge Zucker- oder Dragéepuppen, die, harmonisch neben einander aufgestellt, rings beleuchtet, und von vier perspectivisch bemalten Wänden eingepfercht, ein hübsches Gemälde bilden. Der Hauptwitz ist nun, daß diese Zuckerpüppchen zuweilen wirkliche, allgemein bekannte Personen vorstellen.

Die Redouten im Opernhause sind sehr schön und großartig. Wenn dergleichen gegeben werden, ist das ganze Parterre mit der Bühne vereinigt, und das giebt einen ungeheuern Saal, der oben durch eine Menge ovaler Lampenleuchter erhellt wird. Diese brennenden Kreise sehen fast aus wie Sonnensysteme, die man in astronomischen Compendien abgebildet findet, sie überraschen und verwirren das Auge des Hinaufschauenden, und gießen ihren blendenden Schimmer auf die buntscheckige, funkelnde Menschenmenge, die, fast die Musik überlärmend, tänzelnd und hüpfend und drängend im Saale hin und her wogt. Jeder muß hier in einem Maskenanzuge erscheinen, und Niemanden ist es erlaubt, unten im großen Tanzsaale die Maske vom Gesicht zu nehmen. Nur in den Gängen und in den Logen des ersten und zweyten Ranges darf man die Larve ablegen. Die niedre Volksklasse bezahlt ein kleines Entree, und kann, von der Gallerie aus, auf all diese Herrlichkeit herabschauen. In der großen königl. Loge sieht man den Hof, größtentheils unmaskirt; dann und wann steigen Glieder desselben in den Saal hinunter und mischen sich in die rauschende Maskenmenge. Fast alle Männer tragen hier nur einfache, seidene Dominos und lange Klapphüte. Dieses läßt sich leicht aus dem großstädtischen Egoismus erklären. Jeder will sich hier amüsiren und nicht als Charaktermaske andern zum Amüsement dienen. Die Damen sind aus demselben Grunde ganz einfach maskirt, meistens als Fledermäuse. Eine Menge *femmes entretenues* und Priesterinnen der ordinairen Venus sieht man in dieser Gestalt herumflirren und Erwerbsintriguen anknüpfen. »Ich kenne dir«, flüstert dort eine solche Vorbeyflirrende. »Ich kenne dir auch«, ist die Antwort. »*Je te connais, beau masque*«, ruft hier eine *Chauve-souris* einem jungen Wüstlinge entgegen. »*Si tu me connais, ma belle, tu n'es pas grand' chose*«, entgegnet der Bösewicht ganz laut, und die blamirte Donna verschwindet wie ein Wind.

Aber was ist daran gelegen, wer unter der Maske steckt? Man will sich freuen, und zur Freude bedarf man nur Menschen. Und Mensch ist man erst recht auf dem Maskenballe, wo die wächserne Larve unsere gewöhnliche Fleischlarve bedeckt, wo das schlichte Du die urgesellschaftliche Vertraulichkeit herstellt, wo ein alle Ansprüche verhüllender Domino die schönste Gleichheit hervorbringt, und wo die schönste Freyheit herrscht – Maskenfreyheit. Für mich hat eine Redoute immer etwas höchst Ergötzliches. Wenn die Pauken donnern und die Trompeten erschmettern, und liebliche Flöten und Geigenstimmen lockend dazwischen tönen: dann stürze ich mich, wie ein toller Schwimmer, in die tosende, buntbeleuchtete Menschenfluth, und tanze, und renne, und scherze, und necke Jeden, und lache, und schwatze, was mir in den Kopf kömmt. Auf der letzten Redoute war ich besonders freudig, ich hätte auf dem Kopfe gehen mögen, ein bachantischer Geist hatte mein ganzes Wesen ergriffen, und wär' mein Todfeind mir in den Weg gekommen, ich hätte ihm gesagt: Morgen wollen wir uns schießen, aber heute will ich dich recht herzlich abküssen. Die reinste Lustigkeit ist die Liebe, Gott ist die Liebe, Gott ist die reinste Lustigkeit! »*Tu es beau! tu es charmant! tu es l'objet de ma flamme! je t'adore, ma belle!*« das waren die Worte, die meine Lippen hundertmal unwillkührlich wiederholten. Und allen Leuten drückte ich die Hand, und zog vor allen hübsch den Hut ab; und alle Menschen waren auch so höflich gegen mich. Nur ein deutscher Jüngling wurde grob, und schimpfte über mein Nachäffen des welschen Babelthums, und donnerte im urteutonischen Bierbaß: »Auf einer teutschen Mummerey soll der Teutsche teutsch sprechen!« O deutscher Jüngling, wie finde ich dich und deine Worte sündlich und läppisch in solchen Momenten, wo meine Seele die ganze Welt mit Liebe umfaßt, wo ich Russen und Türken jauchzend umarmen würde, und wo ich weinend hinsinken möchte an die Bruderbrust des gefesselten Afrikaners! Ich liebe Deutschland und die Deutschen; aber ich liebe nicht minder die Bewohner des übrigen Theils der Erde, deren Zahl vierzig mahl größer ist, als die der Deutschen. Die Liebe giebt dem Menschen seinen Werth. Gott lob! ich bin also vierzig mahl mehr werth als Jene, die sich nicht aus dem Sumpfe der Nazionalselbstsucht hervorwinden können, und die nur Deutschland und Deutsche lieben.

3.

Berlin, den 7. Juni 1822.

Ich habe eben meinen Gallarock, schwarzseidene Hosen und dito Strümpfe angezogen, und melde Ihnen allerfeyerlichst:

die hohe Vermählung Ihrer königl. Hoheit der Prinzessinn Alexandrine mit Sr. königl. Hoheit dem Erb-Groß-Herzoge von Mecklenburg-Schwerin.

Man trug sich damit herum, diese Feyer solle noch etwas länger aufgeschoben werden, und wahrhaftig, Freitag (den 24.) wollte ich selbst nicht recht glauben, daß schon am andern Tage die Trauung statt finden werde. Es ging manchem so. Sonnabendmorgen war es nicht sehr lebhaft auf der Straße. Aber auf den Gesichtern lag Eilfertigkeit und geheimnißvolle Erwartung. Herumlaufende Bedienten, Friseure, Schachteln, Putzmacherinnen u. s. w. Ein schöner Tag, nicht sehr schwül; aber die Menschen schwitzten. Gegen sechs Uhr begann das Wagengerassel.

Ich bin kein Adeliger, kein hoher Staatsbeamte und kein Offizier: folglich bin ich nicht kurfähig und konnte den Vermählungsfeyerlichkeiten auf dem Schlosse selbst nicht beywohnen. Dennoch ging ich nach dem Schloßhof, um mir wenigstens das ganze kurfähige Personal zu beschauen. Ich habe nie so viel prächtige Equipagen beysammen gesehen. Die Bedienten hatten ihre besten Livreen an, und in ihren schreiend hellfarbigen Röcken und kurzen Hosen mit weißen Strümpfen sahen sie aus wie holländische Tulpen. Mancher von ihnen trug mehr Gold und Silber am Leibe als das ganze Hauspersonal des Bürgermeisters von Nordamerika. Aber dem Kutscher des Herzogs von Cumberland gebührt der Preis. Wahrlich, diese Blume der Kutscher auf ihrem Bocke paradiren zu sehen, ist schon allein werth, daß man deßhalb nach Berlin reist. Was ist Salomo in seiner Königspracht, was ist Harun-al-Raschid in seinem Kalifenschmuck, ja was ist der Triumph-Elephant in der Olympia gegen die Herrlichkeit dieses Herrlichen? An minder festlichen Tagen imponirt er schon hinlänglich durch seine ächt chinesische Porcellanhaftigkeit, durch die pendulartigen Bewegungen seines gepuderten, schwerbezopften, mit einem dreyeckigen Wünschelhütchen bedeckten Kopfes, und durch die wunderliche Beweglichkeit seiner Arme beym Pferdelenken. Aber heute trug er ein karmoisinrothes Kleid, das halb Frack, halb Ueberrock war, Hosen von derselben Farbe, alles mit breiten goldnen Tressen besetzt. Sein edles Haupt, kreideweiß gepudert, und mit einem unmenschlich großen schwarzen Haarbeutel geziert, war von einem schwarzen Sammtkäppchen mit langem Schirm bedeckt. Ganz auf gleiche Weise waren die vier Bedienten gekleidet, die hinten auf dem Wagen standen, sich mit brüderlicher Umschlingung einer an dem andern festhielten, und dem gaffenden Publikum vier wackelnde Haarbeutel zeigten. Aber Er trug die gewöhnliche Herrscherwürde im Antlitz, Er dirigirte die sechsspännige Staatskarosse, zerrend zog er die Zügel,

»und rasch hinflogen die Rosse«.

Es war ein furchtbares Menschengewühl auf dem Schloßhofe. Das muß man sagen, die Berlinerinnen sind nicht neugierig. Die zartesten Mägdlein gaben mir Stöße in die Seiten, die ich noch heute fühle. Es war ein Glück, daß ich keine schwangere Frau bin. Ich quetschte mich aber ehrlich durch, und gelangte glücklich ins Portal des Schlosses. Der zurückdrängende Polizeybeamte ließ mich durch, weil ich einen schwarzen Rock trug, und weil er es mir wohl ansah, daß die Fenster meines Logis mit rothseidenen Gardinen behangen sind. Ich konnte jetzt ganz gut die hohen Herren und Damen aussteigen sehen, und mich amüsirten recht sehr die vornehmen Hofkleider und Hofgesichter. Erstere kann ich nicht beschreiben, weil ich zu wenig Schneidergenie bin, und letztere will ich nicht beschreiben, aus stadtvogteylichen Gründen. Zwey hübsche Berlinerinnen, die neben mir standen, bewunderten mit Enthousiasmus die schönen Diamanten, und Goldstickereyen, und Blumen, und Gaze, und Atlasse, und lange Schleppen, und Frisuren. Ich hingegen bewunderte noch mehr die schönen Augen dieser schönen Bewundererinnen, und wurde etwas ärgerlich, als mir von hinten Jemand freundschaftlich auf die Achsel schlug, und mir das rothbäckige Gesichtlein des Kammermusici entgegenleuchtete. Er war in ganz besonderer Bewegung, und hüpfte wie ein Laubfrosch. »Carissime«, quäkte er, »sehen Sie dort die schöne Comtesse? Zypressenwuchs, Hyazintenlocken, der Mund ist Ros' und Nachtigall zu gleicher Zeit, die ganze Frau ist eine Blume, und wie eine arme Blume, die zwischen zwey Blättern Löschpapier gepreßt wird, steht sie da zwischen ihren grauen Tanten. Der Herr Gemahl, der solche Blumen statt Disteln verzehrt, um uns glauben zu machen, er sey kein Esel, mußte heute zu Hause bleiben, hat den Schnupfen, liegt auf dem Sopha, ich habe ihn unterhalten müssen, wir schwatzten zwey Stunden lang von der neuen Liturgie, und die Zunge ist mir ordentlich dünner geworden durch das viele Schwatzen und die Lippen thun mir weh vor lauter Lächeln –« Bey diesen Worten zog sich um die Mundwinkel des Kammermusici ein sauerhöfliches Lächeln, das er mit dem feinen Zünglein wieder fortleckte, und plötzlich rief er: »die Liturgie! die Liturgie! sie wird auf den Flügeln des rothen Adlers dritter Classe von Kirchthurm zu Kirchthurm fliegen, *jusqu'à la tour de notre Dame!* Doch laßt uns etwas Vernünftiges sprechen – betrachten Sie die beiden geputzten Herren, die eben vorgefahren – ein zerquetschtes, eingemachtes Gesichtchen, ein feines Köpfchen mit weichen, baumwollenen Gedanken, buntgestickte Weste, Galanteriedegen, weißseidene, lächelnde Beinchen, und er parlirt französisch, und wenn man es ins Deutsche übersetzt, ist es eine Dummheit – Dagegen der Andre, der Große mit dem Schnurrbart, der Titane, der alle Betthimmel stürmen will! ich wette, er hat so viel Verstand wie der Apoll von Belvedere –« Um den Raisonneur auf andre Gedanken zu bringen, zeigte ich ihm meinen Barbier, der uns gegenüber stand und seinen neuen altdeutschen Rock angezogen hatte. Kirschbraun wurde jetzt das Gesicht des Kammermusici, und er fletschte mit den Zähnen: »O Sanct Marat! so ein Lump will den Freyheitshelden spielen! O Danton, Callot d'Herbois, Robespierre –« Vergebens trällerte ich das Liedchen:

Eine feste Burg, O lieber Gott,
Ist Spandau, u. s. w.

Vergebens, ich hatte das Ding noch verschlimmert, der Mensch gerieth jetzt in seine alten Revoluzionsgeschichten, und schwatzte von nichts als Guillotinen, Laternen, Septembrisiren, bis mir, zu meinem Glück, seine lächerliche Pulverfurcht in den Sinn kam, und ich sagte ihm: Wissen Sie auch, daß gleich im Lustgarten zwölf Kanonen losgeschossen werden? Kaum hatte ich diese Worte ausgesprochen, und verschwunden war der Kammermusikus.

Ich wischte mir den Angstschweiß aus dem Gesicht, als ich den Kerl vom Halse hatte, sah noch die letzten Aussteigenden, machte meinen schönen Nachbarinnen eine mit einem holden Lächeln accompagnirte Verbeugung, und begab mich nach dem Lustgarten. Da standen wirklich zwölf Kanonen aufgepflanzt, die dreymal losgeschossen werden sollten, in dem Augenblick, wo das fürstliche Brautpaar die Ringe wechseln würde. An einem Fenster des Schlosses stand ein Offizier, der den Kanonieren im Lustgarten das Zeichen zum Abfeuern geben sollte. Hier hatte sich eine Menge Menschen versammelt. Auf ihren Gesichtern waren ganz eigne, fast sich widersprechende Gedanken zu lesen.

Es ist einer der schönsten Züge im Charakter der Berliner, daß sie den König und das königliche Haus ganz unbeschreiblich lieben. Die

Prinzen und Prinzessinnen sind hier ein Hauptgegenstand der Unterhaltung in den geringsten Bürgerhäusern. Ein ächter Berliner wird auch nie anders sprechen, als »unsre« Charlotte, »unsre« Alexandrine, »unser« Prinz Karl u. s. w. Sie können sich also vorstellen, wie sehr hier die schöne, leuchtende Alexandrine vom Volke geliebt seyn muß; und aus dieser Liebe können Sie sich auch den Widerspruch erklären, der auf den Gesichtern der Berliner lag, als sie erwartungsvoll nach den hohen Schloßfenstern sahen, wo unsre Alexandrine vermählt wurde. Verdruß durften sie nicht zeigen; denn es war der Ehrentag der geliebten Prinzessinn. Recht freuen konnten sie sich auch nicht; denn sie verloren dieselbe. Neben mir stand ein Mütterchen, auf dessen Gesicht zu lesen war: Jetzt habe ich sie zwar verheurathet, aber sie verläßt mich jetzt. Auf dem Gesichte meines jugendlichen Nachbars stand: Als Herzoginn von Mecklenburg ist sie doch nicht so viel, wie sie als Königinn aller Herzen war. Auf den rothen Lippen einer hübschen Brünette las ich: Ach, wär' ich schon so weit! – Da donnerten plötzlich die Kanonen, die Damen zuckten zusammen, die Glocken läuteten, Staub- und Dampfwolken erhoben sich, die Jungen schrieen, die Leute trabten nach Hause, und die Sonne ging blutroth unter hinter Monbijou.

Besonders lärmig waren die Vermählungsfeyerlichkeiten nicht. Den Morgen nach der Trauung wohnten die hohen Neuvermählten dem Gottesdienste in der Domkirche bey. Sie fuhren in der achtspännigen goldnen Kutsche mit großen Glasfenstern, und wurden von einer gewaltigen Menschenmenge bestaunt. Wenn ich nicht irre, trugen die obigen Bedienten an diesem Tage keine Haarbeutel. Des Abends war Gratulazionskur, und hierauf Polonaisenball im weißen Saale. Den 27. war Mittagstafel im Rittersaale, und des Abends verfügten sich die hohen und höchsten Personen nach dem Opernhause, wo die von Spontini zu diesem Feste eigends komponirte Oper: »Nurmahal, oder das Rosenfest in Kaschimir« gegeben wurde. Es kostete den meisten Leuten viele Mühe, Billetts zu dieser Oper zu erlangen. Ich bekam eins geschenkt; aber ich ging doch nicht hin. Ich hätte es zwar thun sollen, um Ihnen darüber zu referiren. Aber glauben Sie, daß ich mich für meine Korrespondenz aufopfern soll? Mit Grausen denke ich noch an die Olympia, der ich kürzlich, aus einem besondern Grunde, nochmals beywohnen mußte, und die mich mit fast zerschlagenen Gliedern entließ. Ich bin aber zum Kammermusikus gegangen, und fragte ihn, was an der Oper sey? Der antwortete: das beste dran ist, daß kein Schuß drin vorkömmt. Doch kann ich mich hierin auf den Kammermusikus nicht verlassen, denn erstens komponirt er auch, und nach seiner Meinung besser als Spontini, und zweitens hat man ihm weiß gemacht, daß letzterer eine Oper mit obligaten Kanonen schreiben wolle. Man spricht aber überhaupt nicht viel Gutes von der Nurmahal. Ein Meisterstück kann sie nicht seyn. Spontini hat viele Musikstücke seiner ältern Oper hineingeflickt. Dadurch enthält diese Oper freylich sehr gute Stellen, aber das Ganze hat ein zusammengestoppeltes Ansehn, und entbehrt jene Konsequenz und Einheit, die das Hauptverdienst der übrigen spontinischen Opern ist.

Die hohen Neuvermählten wurden mit allgemeinem Aufjauchzen empfangen. Die Pracht, die in diesem Stücke eingewebt ist, soll unvergleichlich seyn. Der Dekorazionsmaler und der Theaterschneider haben sich selbst übertroffen. Der Theaterdichter hat die Verse gemacht, folglich müssen sie gut seyn. Elephanten sind keine zum Vorschein gekommen. Die Staatszeitung vom 4. Juni rügt einen Artikel der magdeburger Zeitung, worin stand, daß zwey Elephanten in der neuen Oper erscheinen sollten, und bemerkt mit shakspearschem Witze: diese Elephanten »sollen sich vorgeblich noch in Magdeburg verhalten.« Hat die magd. Zeitung diese Notiz aus meinem zweyten Briefe geschöpft, so bedauere ich mit tiefem Seelenschmerz, daß Ich Unglücklicher ihr diesen Witzblitz zugezogen. Ich widerrufe, und zwar mit so de- und wehmüthiger Gebehrde, daß die Staatszeitung Thränen der Rührung weinen soll. Ueberhaupt erkläre ich ein für allemal, daß ich bereit bin, alles zu widerrufen, was man von mir verlangt; nur darf es mir nicht viele Mühe kosten. Daß zwey Elephanten im Rosenfest vorkommen würden, hatte ich wirklich selbst gehört. Nachher sagte man mir, es wären nur zwey Kameele, später hieß es, zwey Studenten kämen drin vor, und endlich sollten es Unschuldsengel seyn.

Den 28. war Freyredoute. Schon um halb Neun fuhren Masken nach dem Opernhause.

Ich habe im vorigen Briefe eine hiesige Redoute beschrieben. Sie unterschied sich diesmal nur dadurch, daß keine schwarze Dominos zugelassen wurden, daß alle Anwesende in Schuhen waren, daß man sich um Ein Uhr im Saale demaskiren konnte, und daß die Einlaßbillette und Erfrischungen gratis gegeben wurden. Letzteres war wohl die Hauptsache. Wenn ich nicht den festen Glauben in der Brust trüge, daß die Berliner Muster von Bildung und feinem Betragen sind, und mit Recht auf die Ungeschliffenheit meiner Landsleute verächtlich herabschauen; wenn ich mich nicht bey vielen Gelegenheiten überzeugt hätte, daß der poverste Berliner es im anständigen Hungerleiden sehr weit gebracht hat, und meisterhaft darauf eingeübt ist, den schreienden Magen in die Formen vornehmer Konvenienz einzuzwängen: so hätte ich von den Leuten hier sehr leicht eine ungünstige Meinung fassen können, als ich bey dieser Freyredoute sah, wie sie das Büffet sechs Mann hoch umdrängten, sich Glas nach Glas in den Schlund gossen, sich den Magen mit Kuchen anstopften, und das alles mit einer ungraziösen Gefräßigkeit und heroischen Beharrlichkeit, daß es einem ordentlichen Menschenkinde fast unmöglich war, jene Büffetphalanx zu durchbrechen, um, bey der Schwüle, die im Saale herrschte, mit einem Glase Limonade die Zunge zu kühlen. Der König und der ganze Hof waren auf dieser Redoute. Der Anblick der Neuvermählten entzückte alle Anwesende. Sie glänzte mehr durch ihre Liebenswürdigkeit als durch ihren reichen Diamantenschmuck. Unser König trug ein bläulich-dunkles Domino. Die Prinzen trugen meistens altspanische und ritterliche Tracht.

Ich habe längst bemerkt, daß über die Rangordnung, womit ich Ihnen die hiesigen Begebnisse melde, bloß meine Laune entscheidet, und nicht die Anciennität. Wollte ich letzterer folgen, so hätte ich meinen Brief mit Geheimrath Heims Jubiläum anfangen müssen. Aus den Zeitungen werden Sie hinlänglich erfahren haben, wie man hier diesen verdienten Arzt gefeyert. Zwey ganze Tage sprach man davon in Berlin; das will viel sagen. Ueberall hörte man Anekdoten aus Heims Leben erzählen, von denen einige höchst ergötzlich sind. Die drolligste derselben schien mir die Art, wie er seinen Kutscher mystifizirt, als ihm derselbe einstmals erklärte: er habe ihn jetzt so lange Zeit schon herumgefahren, er wünsche jetzt auch Arzt zu werden, und das Kuriren zu lernen. Mehrere andre Dienstjubiläen fanden ebenfalls statt, und bey Jagor sprangen die Stöpsel der Champagnerflaschen. Ueberhaupt, ehe man sich dessen versieht, haben die Leute hier 50 Jahre abgedient. Das thut das Clima.

Auch eine Dienstmagd hat ihr Jubiläum gehalten, und in der Eleganten ist zu lesen, wie die Jubelmagd gefeyert und besungen wurde. Sogar eine Matrone aus der Unschuldsgasse hat, wie ich gestern höre, ihr Jubiläum gefeyert. Sie wurde mit Rosen und Lilien bekränzt; ein gefühlvoller Porteépéejüngling überreichte ihr ein Kraftsonett, ganz im Geist der gewöhnlichen Jubelpoesie, worin Liebe, Triebe, riebe, schiebe sich reimten, und zwölf Jungfrauen sangen:

»Du Schwerdt an meiner Linken,
Was soll dein heitres Blinken?« etc. etc.

Sie sehen, Theodor Körners Gedichte werden noch immer gesungen. Freylich nicht in den Kreisen des guten Geschmacks, wo man es sich schon laut gestanden: daß es ein besonderes Glück war, daß *Anno* 1814 die Franzosen kein Deutsch verstanden, und nicht lesen konnten jene faden, schalen, flachen, poesielosen Verse, die uns gute Deutsche so sehr enthousiasmirten. Aber diese Befreyungsverse werden noch oft deklamirt und gesungen in jenen gemüthlichen Kränzchen, wo man sich des Winters wärmt an dem unschuldigen Strohfeuer, das in diesen patriotischen Liedern knistert; und wie der greise Schimmel des großen Friedrichs wieder jugendlich sich bäumte, und das ganze Manöver machte, wenn er eine Trompete hörte, so steigt das Hochgefühl mancher Berlinerinn, wenn sie ein Körnersches Lied hört; sie legt die Hand graziöse auf den Busen, quietscht einen bodenlosen Wonneseufzer, erhebt sich muthig wie Johanna von Montfaucon, und spricht: Ich bin eine deutsche Jungfrau.

Ich merke, mein Lieber, Sie sehen mich etwas sauer an wegen des bittern, spottenden Tones, womit ich zuweilen von Dingen spreche, die andern Leuten theuer sind und theuer seyn sollen. Ich kann aber nicht anders. Meine Seele glüht zu sehr für die wahre Freyheit, als daß mich nicht der Unmuth ergreifen sollte, wenn ich unsere winzigen, breitschwatzenden Freyheitshelden in ihrer aschgrauen Armseligkeit betrachte; in meiner Seele lebt zu sehr Liebe für Deutschland und Verehrung deutscher Herrlichkeit, als daß ich einstimmen könnte in das unsinnige Gewäsche jener Pfenningsmenschen, die mit dem Deutschthume kokettiren; und zu mancher Zeit regt sich in mir fast krampfhaft das Gelüste, mit kühner Hand der alten Lüge den Heiligenschein vom Kopfe zu reißen, und den Löwen selbst an der Haut zu zerren, – weil ich einen Esel darunter vermuthe.

Vom Schauspiel will ich Ihnen auch diesmal wenig schreiben. Der Komiker Walter hat hier einigen Beyfall gehabt; was mich betrifft, so kann ich seinen Humor nicht goutiren. Dagegen hat mich Lebrün aus Hamburg, der hier vor kurzem einige Gastrollen gab, wahrhaft entzückt. Er ist einer unserer besten deutschen Komiker, unübertrefflich in jovialen Rollen, und verdient ganz jenen Beyfall, den ihm hier alle Kenner zollten. Karl August Lebrün ist ganz wie zum Schauspieler geboren, die Natur hat ihn mit allen Talenten, die zu diesem Stande gehören, in vollem Maße ausgerüstet, und die Kunst hat dieselben ausgebildet. Aber was soll ich von der Neumann sagen, die alle Berliner bezaubert, und sogar die Rezensenten? Was nicht alles ein schönes Gesicht thut! Es ist ein Glück, daß ich kurzsichtig bin, sonst hätte diese Circe mich eben so in ein graues Thierlein verwandelt, wie einen meiner Freunde. Dieser Unglückliche hat jetzt so lange Ohren, daß das eine in der Vossischen Zeitung, und das andre in der Haude- und Spenerschen zum Vorschein kömmt. Einige Jünglinge hat diese Dame schon toll gemacht; einer derselben ist schon wasserscheu, und macht keine Verse mehr. Jeder fühlt sich glücklich, wenn er der schönen Frau näher kommen kann. Ein Gymnasiast hat sich in dieselbe platonisch verliebt, und hat ihr eine kalligraphische Probe seiner Handschrift zugeschickt. Ihr Mann ist auch Schauspieler, und glänzte wie Glanzleinen in »Cabeljau und Hiebe«. Die gute Frau muß gewiß vom vielen Zuspruch ihrer Bewunderer belästigt werden. Man erzählt: ein kranker Mann, der neben ihr wohnt, habe keine Ruhe gehabt vor all den Menschen, die jeden Augenblick sein Zimmer aufrissen und fragten: »Wohnt hier Madame Neumann?« und er habe endlich auf seine Thüre schreiben lassen: Hier wohnt Madame Neumann nicht.

Man hat sogar die schöne Frau in Eisen gegossen, und verkauft kleine, eiserne Medaillen, worauf ihr Bildniß geprägt ist. Ich sage Ihnen, der Enthousiasmus für die Neumann grassirt hier wie eine Viehseuche. Während ich diese Zeilen schreibe, fühle ich selbst seine Einflüsse. Mir klingen noch die begeisterten Worte in die Ohren, womit gestern ein Graukopf von ihr sprach. Konnte doch Homer uns die Schönheit Helenas nicht stärker schildern, als indem er zeigt, wie Greise bey ihrem Anblick in Entzücken geriethen. Sehr viele Mediziner machen ebenfalls der schönen Frau den Hof, und man nennt sie hier scherzweise »die Medizinische Venus«. Aber was brauche ich so viel zu erzählen, Sie haben ja gewiß unsere Theaterkritiken genau gelesen, und bemerkt, wie sich ordentlich ein Metrum darin bewegt, und zwar das der sapphischen Ode an die Venus. Ja, sie ist eine Venus, oder, wie ein altonaer Kaufmann sagte, eine Venussin. Nur der vermaledeite Setzer wirft zuweilen einen Wespenstachel in die Schaale hymettischen Honigs, die der fromme Rezensent unserer Göttinn opfert. Das nachhelfende Intelligenzblatt (der Titel dieses Blattes ist Ironie) berichtigt folgenden Druckfehler: in der Rezension über das Gastspiel der Mad. Neumann Nr. 63 der Spenerschen Zeitung vom 25. May muß Zeile 26 statt »von leichtbewegten Minnespiel«, »von leichtbewegten Mienenspiel« gelesen werden.

Gestern spielte die schöne Frau in Claurens neuem Lustspiele »der Bräutigam aus Mexiko«. In diesem Stücke gaukelt auf eine höchst anmuthige Weise eine leichte, originelle, fast mährchenhafte Heiterkeit, die jeden Freund froher Laune ansprechen muß. Dieses Stück hat auch vielen gefallen, so wie überhaupt alles, was aus der Feder dieses Schriftstellers kömmt, hier erstaunlichen Beyfall findet. Seine Schriften haben viele Gegner, aber sie erleben eine Auflage nach der andern.

Auf dem Alexanderplatze wird ein Volkstheater errichtet. Ein Mann, der Cerf heißt, hatte ein Privilegium dazu erlangt, ist aber davon abgetreten, und bekömmt ein Abtrittsgeld von 3000 Thaler jährlich. Der ehemalige Schauspieler Bethmann hat die Leitung übernommen. Wie ich höre, ist dem Professor Gubitz die Direkzion des poetischen Theils dieses Theaters angeboten worden. Es wäre zu wünschen, daß sich derselbe diesem Geschäfte unterzöge, da er die Bühne und ihre Oekonomie ganz genau kennt, zu gleicher Zeit berühmt ist als Theaterdichter, Kritiker, und Meister der zeichnenden Künste, und in dieser Vielseitigkeit alles das verbindet, was zu einer solchen Direkzion nothwendig wäre. Aber man zweifelt, daß er sie annehmen wird, da die Redakzion des Gesellschafters, für den er ganz leibt und lebt, ihn zu sehr beschäftigt. Letzteres Blatt hat großen Absatz, ich glaube über 1500 Exemplare, wird hier mit erstaunlich großem Interesse gelesen, und kann wohl das gehaltreichste und beste in ganz Deutschland genannt werden. Gubitz redigirt es mit einem Eifer und einer Gewissenhaftigkeit, die oft an Aengstlichkeit gränzt. Nämlich in seiner Liebe für Korrektheit und Decenz ist er fast zu streng. Doch denken Sie sich hier keinen Pedanten. Es ist ein Mann in seinen besten Jahren, unbefangen, lebensfreudig, enthousiastisch für alles Herrliche, und auch in seiner Persönlichkeit lebt jener heitre, anakreontische Geist, der in seinen Poesieen so charakteristisch hervortritt.

Wir haben hier vor kurzem noch eine Wochenschrift bekommen, die, in der Volkssphäre sich bewegend, vom Lieutenant Leithold, der kürzlich seine Reise nach Brasilien herausgegeben, redigirt wird, »Kuriositäten und Raritäten« betitelt ist, und ein naives Motto führt. »Der Beobachter an der Spree« und »der märksche Bote« sind hier die besten Volksblätter. Letzteres ist mehr für die gebildete Klasse. Ich fand mit Verwunderung, daß ein Theil meines zweyten Briefes aus dem Anzeiger darin nochmals abgedruckt war. Ich bin zwar empfindlich für diese Ehre und für das beygefügte Lob, aber ich wäre schier in groß Malheur dadurch gekommen, wenn nicht die hiesige galante Zensur das gestrichen hätte, was ich von den Berlinerinnen gesagt. Wenn diese Engel letzteres gelesen hätten, wären mir die Blumenkörbchen schockweise an den Kopf geflogen. Doch hätte ich mich auch in diesem Falle nicht nach der Hundebrücke verfügt; das schöne Fräulein Fortuna hat mir längst einen so großen eisernen Korb gegeben, daß ich ihn kaum füllen könnte mit den Körbchen aller Damen der Spreestadt.

Eine Schlange, und zwar eine höchst seltene, ist jetzt für acht Groschen zu sehen, No. 24 unter den Linden. Ich bemerke Ihnen bey dieser Gelegenheit, daß ich dort ausgezogen bin.

Blondin mit seiner Gesellschaft giebt vor dem brandenburger Thore noch immer seine hübschen und vielbesuchten Vorstellungen in der edleren Reitkunst. Er läßt Columbus in Otahaity landen.

Bosko hat endlich auch seine vorletzten, letzten und allerletzten Vorstellungen beendigt, und hat auch einige für die Armen gegeben. Man sagt, er ahmte Boucher nach; das ist aber nicht wahr, Boucher hat ihn, den Jongleur, nachgeahmt.

Die Statüen von Bülow und Scharnhorst werden diese Tage an beiden Seiten der neuen Wache aufgestellt. Sie sind jetzt in Rauchs Atelier zu sehen. Ich habe sie dort schon früher in Augenschein genommen und fand sie schön. Blüchers Bildsäule von Rauch, die in Breslau aufgestellt werden soll, ist jetzt dahin abgegangen.

Die neue Börsenhalle habe ich gesehn. Sie ist herrlich eingerichtet. Eine Menge geräumiger, prächtig dekorirter Zimmer. Alles großartig angelegt. Man sagte mir, daß der edle, kunstsinnige Sohn des großen Mendelsohn, Joseph Mendelsohn, der Schöpfer dieses Instituts sey. Berlin hat lange ein solches entbehrt. Nicht allein Kaufleute, sondern auch Beamte, Gelehrte und Personen aus allen Ständen besuchen die Börsenhalle.

Besonders anziehend ist das Lesezimmer, worin ich über hundert deutsche und ausländische Journale vorfand. Auch unsern westf. Anzeiger sah ich dort. Ein wissenschaftlich gebildeter Mann, Dr. Böhringer, führt die Aufsicht über dieses Zimmer, und weiß sich dem Besucher desselben durch zuvorkommende Artigkeit zu verpflichten.

Josty besorgt die Restaurazion und die Konditorey. Die Aufwärter tragen alle braune Livreen mit goldnen Tressen, und der Portier imponirt besonders durch seinen großen Marschallstab.

Die Bauten unter den Linden, wodurch die Wilhelmstraße verlängert wird, haben raschen Fortgang. Es werden herrliche Säulengänge. Diese Tage wurde auch der Grundstein zu der neuen Brücke gelegt.

In der musikalischen Welt ist es sehr still. Es geht der *capitale de la musique* wie jeder andern *capitale*; man konsumirt in derselben, was in der Provinz produzirt wird. Außer dem jungen Felix Mendelsohn, der, nach dem Urtheile sämmtlicher Musiker, ein musikalisches Wunder ist, und ein zweiter Mozart werden kann, wüßte ich unter den hier lebenden Autochtonen Berlins kein einziges Musikgenie aufzufinden. Die meisten Musiker, die sich hier auszeichnen, sind aus der Provinz oder gar Fremde. Es macht mir ein unaussprechliches Vergnügen, hier erwähnen zu müssen, daß unser Landsmann Joseph Klein, der jüngere Bruder des Komponisten, von dem ich in meinem vorigen Briefe sprach, zu den größten Erwartungen berechtigt. Dieser hat vieles komponirt, das von Kennern gelobt wird. Nächstens werden Liederkomposizionen von ihm erscheinen, die hier großen Beyfall finden, und in vielen Gesellschaften gesungen werden. Es liegt eine überraschende Originalität in den Melodien derselben, sie sprechen jedes Gemüth an, und es ist voraus zu sehen, daß dieser junge Künstler einst einer der berühmtesten deutschen Komponisten wird.

Spontini verläßt uns auf eine lange Zeit. Er reist nach Italien. Er hat seine Olympia nach Wien geschickt, die aber dort nicht aufgeführt wird, weil sie zu viele Kosten verursache.

Die italienische Bouffone haben sich hier nur noch einige Tage aufgehalten.

Unter den Linden sind Wachsfiguren zu sehen.

Auf der Königstraße, Poststraßenecke, werden wilde Thiere und eine Minerva gezeigt.

Fonks Prozeß ist hier ebenfalls ein Thema der öffentlichen Unterhaltung. Die sehr schön geschriebene Broschüre von Kreuser hat hier zuerst die Aufmerksamkeit auf denselben geleitet. Hierauf kamen noch mehrere Broschüren her, die alle für Fonk sprachen. Hierunter zeichnete sich auch aus das Buch vom Freyherrn v. d. Leyen. Diese Bücher, nebst den in der Abendzeitung und im Conversazionsblatte enthaltenen Aufsätzen über den Fonkschen Prozeß, und dem Werke des Angeklagten selbst, verbreiteten hier eine günstige Meinung für Fonk. Personen, die auch heimlich gegen Fonk sind, sprechen doch öffentlich für ihn, und zwar aus Mitleiden gegen den Unglücklichen, der schon so viele Jahre gelitten. In einer Gesellschaft erwähnte ich die fürchterliche Lage seines schuldlosen Weibes und die Leiden ihrer rechtschaffenen, geachteten Familie, und wie ich erzählte, man sage: daß der Cöllner Pöbel Fonks arme, unmündige Kinder insultirt habe, wurde eine Dame ohnmächtig, und ein hübsches Mädchen fing bitterlich an zu weinen, und schluchzte: »Ich weiß, der König begnadigt ihn, wenn er auch verurtheilt wird.« Ich bin ebenfalls überzeugt, daß unser gefühlvoller König sein schönstes und göttlichstes Recht ausüben wird, um so viele gute Menschen nicht elend zu machen; ich wünsche dieses eben so herzlich, wie die Berliner, obschon ich ihre Ansichten über den Prozeß selbst nicht theile. Ueber letztern habe ich erstaunlich viele Meinungen ins Blaue hineinraisoniren hören. Am gründlichsten sprechen darüber die Herrn, die von der ganzen Sache gar nichts wissen. Mein Freund, der bucklichte Auskultator, meint: wenn Er am Rhein wäre, so wollte er die Sache bald aufklären. Ueberhaupt, meint er, das dortige Gerichtsverfahren tauge nichts. »Wozu«, sprach er gestern, »diese Oeffentlichkeit? Was geht es den Peter und den Christoph an, ob Fonk oder ein anderer den Cönen umgebracht. Man übergebe mir die Sache, ich zünde mir die Pfeife an, lese die Akten durch, referire darüber, bey verschlossenen Thüren urtheilt darüber das Collegium und schreitet zum Spruch, und spricht den Kerl frey oder verurtheilt ihn, und es kräht kein Hahn darnach. Wozu diese Jury, diese Gevatter Schneider und Handschuhmacher? Ich glaube, Ich, ein studirter Mann, der die Friesische Logik in Jena gehört, der alle seine juristische Collegien wohl testirt hat, und das Examen bestanden, besitze doch mehr Judicium als solche unwissenschaftliche Menschen? Am Ende meint solch ein Mensch wunders, welch höchst wichtige Person er sey, weil so viel von seinem Ja und Nein abhängt! Und das Schlimmste ist noch dieser Code Napoleon, dieses schlechte Gesetzbuch, das nicht mahl erlaubt, der Magd eine Maulschelle zu geben –« Doch ich will den weisen Auskultator nicht weiter sprechen lassen. Er repräsentirt eine Menge Menschen hier, die für Fonk sind, weil sie gegen das rheinische Gerichtsverfahren sind. Man mißgönnt dasselbe den Rheinländern, und möchte sie gern erlösen von diesen »Fesseln der französischen Tyranney«, wie einst der unvergeßliche Justus Gruner – Gott habe ihn selig – das französische Gesetz nannte. Möge das geliebte Rheinland noch lange diese Fesseln tragen, und noch mit ähnlichen Fesseln belastet werden! Möge am Rhein noch lange blühen jene ächte Freyheitsliebe, die nicht auf Franzosenhaß und Nazionalegoismus basirt ist, jene ächte Kraft und Jugendlichkeit, die nicht aus der Branntweinsflasche quillt, und jene ächte Christusreligion, die nichts gemein hat mit verketzernder Glaubensbrunst oder frömmlender Proselitenmacherey.

Bey unserer Universität giebt's gar nichts neues, außer daß zwey und dreyßig Studenten relegirt worden, wegen unerlaubter Verbindungen. Es ist eine fatale Sache, relegirt zu werden; sogar das bloße Konsiliirtwerden soll sein Unangenehmes haben. Ich glaube aber, daß jenes strenge Urtheil gegen die 32 noch gemildert wird. Ich will durchaus nicht die Verbindungen auf Universitäten vertheidigen; sie sind Reste jenes alten Korporazionswesens, die ich ganz aus unserer Zeit vertilgt sehen möchte. Aber ich gestehe, daß jene Verbindungen nothwendige Folgen sind von unserm akademischen Wesen, oder besser Unwesen, und daß sie wahrscheinlich nicht eher unterdrückt werden, bis das liebenswürdige und vielbeliebte oxfortische Stallfütterungssystem bey unsern Studenten eingeführt ist. Polnische Studirende sieht man jetzt hier höchstens ein halb Dutzend. Man hatte strenge Untersuchungen gegen sie verfügt. Die meisten sind, wie man sagt, ohne besondere Lust wieder zu kommen, von hier abgereist, und ein großer Theil, ich glaube gegen Zwanzig, werden noch in unsern Stadtgefängnissen verwahrt. Die meisten davon sind aus dem russischen Polen, und sollen sich mit demagogischen Umtrieben gegen ihre Regierung befaßt haben.

Man spricht davon, daß Ludw. Tieck bald hieherkommen und Vorlesungen über den Shakespeare halten werde. Am 31. des vorigen Monaths war der Geburtstag des Fürsten Staatskanzlers. Man erwartet hier diese Tage eine hessische Gesandtschaft, die unsere Differenzen mit Hessen, wegen der bekannten Territorialrechtsverletzung, reguliren soll. Eine Commission ist nach Pommern geschickt, um das dortige Sektenwesen zu untersuchen. Der Wollmarkt hat schon angefangen, und eine Menge Gutsbesitzer sind hier, die ihre Wolle zum Verkauf herbringen, und die man hier scherzweise »Woll-(Wohl-)habende« nennt. Sogar die Straßen bekommen Ambizion; die »letzte Straße« will jetzt Dorotheenstraße heißen. Man spricht davon, daß dem großen Friz eine Statüe auf dem Opernplatze errichtet werden soll. Der Tänzerfamilie Kobler ist auf der Chaussee bey Blumberg die Bagage verbrannt. Bey dem Bau der neuen Brücke bedient man sich einer Dampfmaschine.

Literarische Notizen giebt es hier in diesem Augenblick sehr wenige, obschon Berlin ihr Hauptmarktplatz ist. In Hinsicht der Gemüse schreite ich mit meiner Zeit vorwärts. Spargel esse ich jetzt keine mehr und esse jetzt Schoten. Aber in der Literatur bin ich noch zurück geblieben. Ja ich habe noch nicht mahl die falschen Wanderjahre gelesen, die so viel Aufsehn gemacht und noch machen. Dieses Buch hat für Westfalen ein besonderes Interesse, da man jetzt allgemein ausspricht, daß unser Landsmann, Dr. Pustkuchen in Lemgo, ihr Verfasser sey. Ich weiß nicht, warum er dieses Buch desavouiren wollte, da es ihm doch gewiß keine Schande macht. Man hatte sich lange den Kopf zerbrochen, wer der Verf. sey, und nannte allerley Namen. Der Hofrath Schütz machte öffentlich bekannt, daß er es nicht sey. Den Legazionsrath v. Varnhagen nannten einige Stimmen; aber dieser machte dasselbe bekannt. Von letzterm war es auch sehr unwahrscheinlich, da er zu den größten Verehrern Göthes gehört, und Göthe sogar in seinem letzten Heft der Zeitschrift »Kunst und Alterthum am Rhein« selbst erklärte: daß Varnhagen ihn tief begriffen und ihn oft über sich selbst belehrt habe. Wahrlich, nächst dem Gefühle, Göthe selbst zu seyn, kenne ich kein schöneres Gefühl, als wenn einem Göthe, der Mann, der auf der Höhe des Zeitalters steht, ein solches Zeugniß giebt.

Außerdem spricht man von dem deutschen Gil-Blas, den Göthe vor vier Wochen herausgegeben. Dieses Buch ist von einem ehemaligen Bedienten geschrieben. Göthe hat es durchgefeilt und mit einer sehr merkwürdigen Vorrede begleitet. Auch hat dieser kräftige Greis, der Ali Pascha unserer

Literatur, wieder einen Theil seiner Lebensgeschichte herausgegeben. Diese wird, sobald sie vollständig ist, eins der merkwürdigsten Werke bilden, gleichsam ein großes Zeitepos. Denn diese Selbstbiographie ist auch die Biographie der Zeit. Göthe schildert meistens letztere und wie sie auf ihn eingewirkt; statt daß andre Selbstbiographen, z. B. Rousseau, bloß ihre leidige Subjektivität im Auge hatten.

Ein Theil von Göthes Biographie wird aber erst nach seinem Tode erscheinen, da er alle seine weimarschen Verhältnisse, und besonders die, welche den Großherzog betreffen, darin bespricht. Dieser Nachtrag wird wohl das meiste Aufsehn erregen. Wir werden auch bald Memoiren von Byron erhalten, die aber, wie man sagt, eben so wie seine Dramen, mehr Gemüthschilderung als Handlung enthalten sollen. Die Vorrede zu seinen drey neuen Dramen enthält höchst merkwürdige Worte über unsere Zeit und den Revoluzionsstoff, den sie in sich trägt. Man klagt noch sehr über die Gottlosigkeit seiner Gedichte, und der gekrönte Dichter Southey in London nennt Byron und seine Geistesverwandte »die satanische Schule«. Aber Childe-Harold schwingt gewaltig die vergiftete Geißel, womit er den armen Laureaten züchtigt.

Eine andere Selbstbiographie erregt hier viel Interesse. Es sind die »Memoiren von Jakob Casanova de Seignalt«, die Brockhaus in einer deutschen Uebersetzung herausgiebt. Das französische Original ist noch nicht gedruckt, und es schwebt noch ein Dunkel über die Schicksale des Manuskripts. An seiner Aechtheit darf man gar nicht zweifeln. Das *Fragment sur Casanova* in den Werken des Prinzen Charles de Ligne ist ein glaubwürdiges Zeugniß, und dem Buche selbst sieht man gleich an, daß es nicht fabrizirt ist. Meiner Geliebten möchte ich es nicht empfehlen, aber allen meinen Freunden. Italienische Sinnlichkeit haucht uns aus diesem Buche schwül entgegen. Der Held desselben ist ein lebenslustiger, kräftiger Venezianer, der mit allen Hunden gehetzt wird, alle Länder durchschwärmt, mit den ausgezeichnetsten Männern in nahe Berührung kommt, und in noch weit nähere Berührung mit den Frauen. Es ist keine Zeile in diesem Buche, die mit meinen Gefühlen übereinstimmte, aber auch keine Zeile, die ich nicht mit Vergnügen gelesen hätte. Der zweite Theil soll schon heraus seyn, aber er ist hier noch nicht zu bekommen, da, wie ich höre, die Zensur bey dem Brockhausischen Verlag seit gestern wieder in Wirksamkeit getreten ist.

Hier sind in diesem Augenblick wenig gute belletristische Schriften erschienen. Fouqué hat einen neuen Roman herausgegeben, betitelt »der Verfolgte«. In der poetisirenden Welt geht es hier wie in der musikalischen. An Dichtern fehlt es nicht, aber an guten Gedichten. Nächsten Herbst haben wir doch einiges Gute zu erwarten. Köchy (kein Berliner), der uns vor kurzem eine sehr gehaltreiche Schrift über die Bühne geliefert hat, wird nächstens einen Band Gedichte herausgeben, und aus den Proben, die mir davon zu Gesicht gekommen, bin ich zu den größten Erwartungen berechtigt. Es lebt in denselben ein reines Gefühl, eine ungewöhnliche Zartheit, eine tiefe Innigkeit, die durch keine Bitterkeit getrübt wird, mit einem Worte, ächte Poesie. An wahrhaft dramatischen Talenten ist just jetzt kein Ueberfluß, und ich erwarte viel von v. Uechtritz (kein Berliner), einem jungen Dichter, der mehrere Dramen geschrieben, die von Kennern erstaunlich gerühmt werden. Es wird nächstens eins derselben »der heilige Chrysostomus« in Druck erscheinen, und ich glaube, daß es Aufsehn erregen wird. Ich habe Stellen daraus gehört, die des größten Meisters würdig sind.

Ueber Hoffmanns »Meister Floh« versprach ich Ihnen in meinem Vorigen mehreres zu schreiben. Die Untersuchung gegen den Verfasser hat aufgehört. Derselbe kränkelt noch immer. Jenen vielbesprochenen Roman habe ich endlich gelesen. Keine Zeile fand ich darin, die sich auf die demagogischen Umtriebe bezöge. Der Titel des Buches wollte mir anfangs sehr unanständig vorkommen; in Gesellschaft mußten, bey Erwähnung desselben, meine Wangen jungfräulich erröthen, und ich lispelte immer: Hoffmanns Roman, mit Respekt zu sagen. Aber in Knigges »Umgang mit Menschen« (3r Theil, 9s Kap. über die Art mit Thieren umzugehn; das 10. Kap. handelt vom Umgang mit Schriftstellern) fand ich eine Stelle, die sich auf den Umgang mit Flöhen bezog, und woraus ich ersah, daß letztere nicht so unanständig sind wie »gewisse andre kleine Thiere«, die dieser tiefe Kenner der Menschen und Bestien selbst nicht nennt. Durch dieses humanistische Zitat ist Hoffmann geschützt. Ich berufe mich auf das Lied von Mephistopheles:

Es war einmal ein König,
Der hatt' einen großen Floh.

Der Held des Romans ist aber kein Floh, sondern ein Mensch, Namens Peregrinus Tyß, der in einem träumerischen Zustande lebt, und durch Zufall mit dem Beherrscher der Flöhe zusammentrifft, und höchst ergötzliche Gespräche führt. Dieser, Meister Floh genannt, ist ein gar gescheuter Mann, etwas ängstlich, aber doch sehr kriegerisch, und trägt an den dürren Beinen große goldene Stiefel mit diamantenen Sporen, wie auf dem Umschlage des Buches zu sehen ist. Ihn verfolgt eine gewisse Dörtje Elverdink, die, wie man sagt, die Demagogie repräsentiren sollte. Eine schöne Figur ist der Student Georg Pepusch, der eigentlich die Distel Zeherith ist und einst in Famagusta blühte, und der in die Dörtje Elverdink verliebt ist, die aber eigentlich die Prinzessinn Gamahe, die Tochter des Königs Sekakis, ist. Die Kontraste, die auf solche Weise der indische Mythos mit der Alltäglichkeit bildet, sind in diesem Buche nicht so pikant wie im goldnen Topf und in andern Romanen Hoffmanns, worin derselbe naturphilosophische Theatercoup angewandt ist. Ueberhaupt ist die Gemüthswelt, die Hoffmann so herrlich zu schildern versteht, in diesem Romane höchst nüchtern behandelt. Das erste Kapitel desselben ist göttlich, die übrigen sind unerquicklich. Das Buch hat keine Handlung, keinen großen Mittelpunkt, keinen innern Kitt. Wenn der Buchbinder die Blätter desselben willkührlich durcheinander geschossen hätte, würde man es sicher nicht bemerkt haben. Die große Allegorie, worin am Ende alles zusammenfließt, hat mich nicht befriedigt. Mögen Andre sich daran ergötzt haben; ich glaube, daß ein Roman keine Allegorie seyn soll.

Die Strenge und Bitterkeit, womit ich über diesen Roman spreche, rührt eben daher, weil ich Hoffmanns frühere Werke so sehr schätze und liebe. Sie gehören zu den merkwürdigsten, die unsere Zeit hervorgebracht. Alle tragen sie das Gepräge des Außerordentlichen. Jeden müssen die Phantasiestücke ergötzen. In den Elixiren des Teufels liegt das Furchtbarste und Entsetzlichste, das der Geist erdenken kann. Wie schwach ist dagegen *the monk* von Lewis, der dasselbe Thema behandelt. In Göttingen soll ein Student durch diesen Roman toll geworden seyn. In den Nachtstücken ist das Gräßlichste und Grausenvollste überboten. Der Teufel kann so teuflisches Zeug nicht schreiben. Die kleinen Novellen, die meistens unter dem Titel Serapionsbrüder gesammelt sind, und wozu auch Klein Zaches zu rechnen ist, sind nicht so grell, zuweilen sogar lieblich und heiter. Der Theaterdirektor ist ein ziemlich mittelmäßiger Schelm. In dem Elementargeist ist Wasser das Element, und Geist ist gar keiner drin. Aber Prinzessinn Brambilla ist eine gar köstliche Schöne, und wem diese durch ihre Wunderlichkeit nicht den Kopf schwindlicht macht, der hat gar keinen Kopf. Hoffmann ist ganz original. Die, welche ihn Nachahmer von Jean Paul nennen, verstehen weder den einen noch den andern. Beider Dichtungen haben einen entgegengesetzten Charakter. Ein Jean-Paulscher Roman fängt höchst barock und burleske an, und geht so fort, und plötzlich, ehe man sich dessen versieht, taucht hervor eine schöne, reine Gemüthswelt, eine mondbeleuchtete, röthlich blühende Palmeninsel, die, mit all ihrer stillen, duftenden Herrlichkeit, schnell wieder versinkt in die häßlichen, schneidend kreischenden Wogen eines exzentrischen Humors. Der Vorgrund von Hoffmanns Romanen ist gewöhnlich heiter, blühend, oft weichlich rührend, wunderlich-geheimnißvolle Wesen tänzeln vorüber, fromme Gestalten schreiten auf und ab, launige Männlein grüßen freundlich und unerwartet, aus all diesem ergötzlichen Treiben grinzt hervor eine häßlich-verzerrte Alteweiberfratze, die, mit unheimlicher Hastigkeit, ihre allerfatalsten Gesichter schneidet und verschwindet, und wieder freyes Spiel läßt den verscheuchten muntern Figürchen, die wieder ihre drolligsten Sprünge machen, aber das in unsere Seele getretene katzenjammerhafte Gefühl nicht fortgaukeln können.

Ueber die Romane anderer hiesiger Schriftsteller will ich in meinen nächsten Briefen sprechen. Alle tragen denselben Charakter. Es ist der Charakter der deutschen Romane überhaupt. Dieser läßt sich am besten auffassen, wenn man sie vergleicht mit den Romanen anderer Nazionen, z. B. der Franzosen, der Engländer u.s.w. Da sieht man, wie die äußere Stellung der Schriftsteller den Romanen einer Nazion einen eignen Charakter verleiht. Der englische

Schriftsteller reiset, mit einer Lords- oder Apostelequipage, schon durch Honorar bereichert oder noch arm, gleichviel er reiset, stumm und verschlossen beobachtet er die Sitten, die Leidenschaften, das Treiben der Menschen, und in seinen Romanen spiegelt sich ab die wirkliche Welt und das wirkliche Leben, oft heiter, (Goldsmith), oft finster (Smollet), aber immer wahr und treu (Fielding). Der französische Schriftsteller lebt beständig in der Gesellschaft, und zwar in der großen; mag er auch noch so dürftig und titellos seyn. Fürsten und Fürstinnen kajoliren den Notenabschreiber Jean Jacques, und im pariser Salon heißt der Minister *Monsieur* und die Herzoginn *Madame*. Daher lebt in den Romanen der Franzosen jener leichte Gesellschaftston, jene Beweglichkeit und Feinheit und Urbanität, die man nur im Umgang mit Menschen erlangt, und daher jene Familienähnlichkeit der französischen Romane, deren Sprache immer dieselbe scheint, eben weil sie die gesellschaftliche ist. Aber der arme deutsche Schriftsteller, der, weil er meistens schlecht honorirt wird, oder selten Privatvermögen besitzt, kein Geld zum Reisen hat, der wenigstens spät reist, wenn er sich schon in eine Manier hineingeschrieben, der selten einen Stand oder einen Titel hat, der ihm die Gnadenpforten der vornehmen Gesellschaft, die bey uns nicht immer die feine ist, erschleußt, ja der nicht selten einen schwarzen Rock entbehrt, um die Gesellschaft der Mittelklasse zu frequentiren, der arme Deutsche verschließt sich in seine einsamen Dachstube, faselt eine Welt zusammen, und in einer aus ihm selbst wunderlich hervorgegangenen Sprache schreibt er Romane, worin Gestalten und Dinge leben, die herrlich, göttlich, höchstpoetisch sind, aber nirgends existiren. Diesen phantastischen Charakter tragen alle unsre Romane, die guten und die schlechten, von der frühesten Spies-, Cramer- und Vulpius-Zeit bis Arnim, Fouqué, Horn, Hoffmann etc., und dieser Romancharakter hat viel eingewirkt auf den Volkscharakter, und wir Deutschen sind unter allen Nazionen am meisten empfänglich für Mystik, geheime Gesellschaften, Naturphilosophie, Geisterkunde, Liebe, Unsinn und – Poesie!

Ueber Polen.

Geschrieben im Herbst 1822.

I.

Seit einigen Monathen habe ich den preußischen Theil Polens die Kreuz und die Queer durchstreift; in dem russischen Theil bin ich nicht weit gekommen; nach dem östreichischen gar nicht. Von den Menschen hab' ich sehr viele, und aus allen Theilen Polens, kennen gelernt. Diese waren freylich meistens nur Edelleute, und zwar die vornehmsten. Aber wenn auch mein Leib sich bloß in den Kreisen der höheren Gesellschaft, in dem Schloßbann der polnischen Großen, bewegte, so schweifte der Geist doch oft auch in den Hütten des niedern Volks. Hier haben Sie den Standpunkt für die Würdigung meines Urtheils über Polen.

Vom Aeußeren des Landes wüßte ich Ihnen nicht viel Reitzendes mit zu theilen. Hier sind nirgends pikante Felsengruppen, romantische Wasserfälle, Nachtigallen-Gehölze u. s. w.; hier giebt es nur weite Flächen von Ackerland, das meistens gut ist, und dicke, mürrische Fichtenwälder. Polen lebt nur von Ackerbau und Viehzucht; von Fabriken und Industrie giebt es hier fast keine Spur. Den traurigsten Anblick geben die polnischen Dörfer: niedere Ställe von Lehm, mit dünnen Latten oder Binsen bedeckt. In diesen lebt der polnische Bauer mit seinem Vieh und seiner übrigen Familie, erfreut sich seines Daseyns und denkt an nichts weniger, als an die – ästhetischen P u s t k u c h e n. Leugnen läßt es sich indessen nicht, daß der polnische Bauer oft mehr Verstand und Gefühl hat, als der deutsche Bauer in manchen Ländern. Nicht selten fand ich bey dem geringsten Polen jenen originellen Witz (nicht Gemüthswitz, Humor), der bey jedem Anlaß mit wunderlichem Farbenspiel hervor sprudelt, und jenen schwärmerisch-sentimentalen Zug, jenes brillante Aufleuchten eines Ossianschen Naturgefühls, dessen plötzliches Hervorbrechen bey leidenschaftlichen Anlässen eben so unwillkührlich ist, wie das Insgesichtsteigen des Blutes. Der polnische Bauer trägt noch seine Nationaltracht: eine Jacke ohne Aermel, die bis zur Mitte der Schenkel reicht; darüber einen Oberrock mit hellen Schnüren besetzt. Letzterer, gewöhnlich von hellblauer oder grüner Farbe, ist das grobe Original jener feinen Polen-Röcke unserer Elegants. Den Kopf bedeckt ein kleines rundes Hütchen, weißgerändert, oben wie ein abgekappter Kegel spitz zulaufend, und vorn mit bunten Bandschleifen oder mit einigen Pfauenfedern geschmückt. In diesem Costüm sieht man den polnischen Bauer des Sonntags nach der Stadt wandern, um dort ein dreyfaches Geschäft zu verrichten: erstens, sich rasiren zu lassen; zweitens, die Messe zu hören, und drittens, sich voll zu saufen. Den, durch das dritte Geschäft gewiß Seliggewordenen sieht man des

Sonntags, alle Viere ausgestreckt, in einer Straßengosse liegen, sinneberaubt und umgeben von einem Haufen Freunde, die, in wehmüthiger Gruppirung, die Betrachtung zu machen scheinen: daß der Mensch hienieden so wenig vertragen kann! Was ist der Mensch, wenn – drey Kannen Schnaps ihn zu Boden werfen! Aber die Polen haben es doch im Trinken übermenschlich weit gebracht.

Der Bauer ist von gutem Körperbau, starkstämmig, soldatischen Ansehens, und hat gewöhnlich blondes Haar; die Meisten lassen dasselbe lang herunter wallen. Dadurch haben so viele Bauern die *Plica polonica* (Weichselzopf), eine sehr anmuthige Krankheit, womit auch wir hoffentlich einst gesegnet werden, wenn das Lange-Haarthum in den deutschen Gauen allgemeiner wird. Die Unterwürfigkeit des polnischen Bauers gegen den Edelmann ist empörend. Er beugt sich mit dem Kopf fast bis zu den Füßen des gnädigen Herrn, und spricht die Formel: Ich küsse die Füße. Wer den Gehorsam personifizirt haben will, sehe einen polnischen Bauer vor seinem Edelmann stehen; es fehlt nur der wedelnde Hundeschweif. Bey einem solchen Anblick denke ich unwillkührlich: Und Gott erschuf den Menschen nach seinem Ebenbilde! – und es ergreift mich ein unendlicher Schmerz, wenn ich einen Menschen vor einem andern so tief erniedrigt sehe. Nur vor dem Könige soll man sich beugen; bis auf dieses letztere Glaubensgesetz bekenne ich mich ganz zum nordamerikanischen Katechismus. Ich läugne es nicht, daß ich die Bäume der Flur mehr liebe als Stammbäume, daß ich das Menschenrecht mehr achte als das canonische Recht, und daß ich die Gebote der Vernunft höher schätze als dit Abstrakzionen kurzsichtiger Historiker; wenn Sie mich aber fragen: ob der polnische Bauer wirklich unglücklich ist, und ob seine Lage besser wird, wenn jetzt aus den gedrückten Hörigen lauter freye Eigenthümer gemacht werden? so müßte ich lügen, sollte ich diese Frage unbedingt bejahen. Wenn man den Begriff von Glücklichseyn in seiner Relativität auffaßt, und sich wohl merkt, daß es kein Unglück ist, wenn man von Jugend auf gewöhnt ist, den ganzen Tag zu arbeiten und Lebensbequemlichkeiten zu entbehren, die man gar nicht kennt, so muß man gestehen, daß der polnische Bauer im eigentlichen Sinne nicht unglücklich ist: um so mehr, da er gar nichts hat, und folglich in der großen Sorglosigkeit, die ja von Vielen als das höchste Glück geschildert wird, sein Leben dahin lebt. Aber es ist keine Ironie, wenn ich sage, daß, im Fall man jetzt die polnischen Bauern plötzlich zu selbständigen Eigenthümern machte, sie sich gewiß bald in der unbehaglichsten Lage von der Welt befinden und Manche gewiß dadurch in größeres Elend gerathen würden. Bey seiner jetzt zur zweiten Natur gewordenen Sorglosigkeit würde der Bauer sein Eigenthum schlecht verwalten, und träfe ihn ein Unglück, wär' er ganz und gar verloren. Wenn jetzt ein Mißwachs ist, so muß der Edelmann dem Bauer von seinem eigenen Getreide schicken; es wäre ja auch sein eigener Verlust, wenn der Bauer verhungerte oder nicht säen könnte. Er muß ihm aus demselben Grunde ein neues Stück Vieh schicken, wenn der Ochs oder die Kuh des Bauers krepirt ist. Er giebt ihm Holz im Winter, er schickt ihm Aerzte, Arzneien, wenn er oder Einer von der Familie krank ist; kurz, der Edelmann ist der beständige Vormund desselben. Ich habe mich überzeugt, daß diese Vormundschaft von den meisten Edelleuten sehr gewissenhaft und liebreich ausgeübt wird und überhaupt gefunden, daß die Edelleute ihre Bauern milde und gütig behandeln; wenigstens sind die Reste der alten Strenge selten. Viele Edelleute wünschen sogar die Selbständigkeit der Bauern – der größte Mensch, den Polen hervor gebracht hat, und dessen Andenken noch in allen Herzen lebt, Thadäus Kosziusko, war eifriger Beförderer der Bauern-Emancipazion und die Grundsätze eines Lieblings dringen unbemerkt in alle Gemüther. Außerdem ist der Einfluß französischer Lehren, die in Polen leichter als irgendwo Eingang finden, von unberechenbarer Wirkung für den Zustand der Bauern. Sie sehen, daß es mit Letzteren nicht mehr so schlimm steht, und daß ein allmähliges Selbständigwerden derselben wohl zu hoffen ist. Auch die preußische Regierung scheint dies durch zweckmäßige Einrichtungen nach und nach zu erzielen. Möge diese begütigende Allmähligkeit gedeihen; sie ist gewisser, zeitlich nützlicher, als die zerstörungssüchtige Plötzlichkeit. Aber auch das Plötzliche ist zuweilen gut, wie sehr man dagegen eifere. –.

Zwischen dem Bauer und dem Edelmann stehen in Polen die Juden. Diese betragen fast mehr als den vierten Theil der Bevölkerung, treiben alle Gewerbe, und können füglich der dritte Stand Polens genannt werden. Unsere Statistik-Compendienmacher, die an Alles den deutschen, wenigstens den französischen Maaßstab legen, schreiben also mit Unrecht: daß Polen keinen *tiers état* habe, weil dort dieser Stand von den übrigen schroffer abgesondert ist, weil seine Glieder am Mißverständnisse des alten Testaments – Gefallen finden – – – und weil dieselben vom Ideal gemüthlicher Bürgerlichkeit, wie dasselbe in einem Nürnberger Frauen-Taschenbuche, unter dem Bilde reichsstädtischer Philiströsität, so niedlich und sonntäglich schmuck dargestellt wird, äußerlich noch sehr entfernt sind. Sie sehen also, daß die Juden in Polen durch Zahl und Stellung von größerer staatswirthschaftlicher Wichtigkeit sind, als bei uns in Deutschland, und daß, um Gediegenes über dieselben zu sagen, etwas mehr dazu gehört, als die großartige Leihhaus-Anschauung gefühlvoller Romanenschreiber des Nordens, oder der naturphilosophische Tiefsinn geistreicher Ladendiener des Südens. Man sagte mir, daß die Juden des Großherzogthums auf einer niedrigeren Humanitäts-Stufe ständen, als ihre östlicheren Glaubensgenossen; ich will daher nichts Bestimmtes von polnischen Juden überhaupt sprechen, und verweise Sie lieber auf David Friedländers: »Ueber die Verbesserung der Israeliten (Juden) im Königreich Polen; Berlin 1819«. Seit dem Erscheinen dieses Buches, das, bis auf eine zu ungerechte Verkennung der Verdienste und der sittlichen Bedeutung der Rabbinen, mit einer seltenen Wahrheit- und Menschenliebe geschrieben ist, hat sich der Zustand der polnischen Juden wahrscheinlich nicht gar besonders verändert. Im Großherzogthum sollen sie einst, wie noch im übrigen Polen, alle Handwerke ausschließlich getrieben haben; jetzt aber sieht man viele christliche Handwerker aus Deutschland einwandern, und auch die polnischen Bauern scheinen an Handwerken und andern Gewerben mehr Geschmack zu finden. Seltsam aber ist es, daß der gemeine Pole gewöhnlich Schuster oder Bierbrauer und Brandtweinbrenner wird. In der Walischey, einer Vorstadt Posens, fand ich das zweite Haus immer mit einem Schuhmacher-Schilde verziert, und ich dachte an die Stadt Bradfort in Shakspeares »Flurschütz von Wakefield«. Im preußischen Polen erlangen die Juden kein Staatsamt, die sich nicht taufen lassen: im russischen Polen werden auch die Juden zu allen Staats-Aemtern zugelassen, weil man es dort für zweckmäßig hält. Uebrigens ist der Arsenik in den dortigen Bergwerken auch noch nicht zu einer überfrommen Philosophie sublimirt, und die Wölfe in den altpolnischen Wäldern sind noch nicht darauf abgerichtet, mit historischen Citaten zu heulen.

Es wäre zu wünschen, daß unsere Regierung, durch zweckmäßige Mittel, den Juden des Großherzogthums mehr Liebe zum Ackerbau ein zu flößen suchte; denn jüdische Ackerbauer soll es hier nur sehr wenige geben. Im russischen Polen sind sie häufig. Die Abneigung gegen den Pflug soll bey den polnischen Juden daher entstanden seyn, weil sie ehemals den leibeigenen Bauer in einem äußerlich so sehr traurigen Zustande sahen. Hebt sich jetzt der Bauernstand aus seiner Erniedrigung, so werden auch die Juden zum Pflug greifen. –

Bis auf wenige Ausnahmen sind alle Wirthshäuser Polens in den Händen der Juden, und ihre vielen Brandtwein-Brennereien werden dem Lande sehr schädlich, indem die Bauern dadurch zur Völlerei angereitzt werden. Aber ich habe ja schon oben gezeigt, wie das Brandtweintrinken zur Seligmachung der Bauern gehört.

Jeder Edelmann hat einen Juden im Dorf oder in der Stadt, den er Faktor nennt, und der alle seine Commissionen, Ein- und Verkäufe, Erkundigungen u. s. w. ausführt. Eine originelle Einrichtung, welche ganz die Bequemlichkeitsliebe der polnischen Edelleute zeigt. Das Aeußere des polnischen Juden ist schrecklich. Mich überläuft ein Schauder, wenn ich daran denke, wie ich hinter Meseritz zuerst ein polnisches Dorf sah, meistens von Juden bewohnt. Das Wadzecksche Wochenblatt, auch zu physischem Brei gekocht, hätte mich nicht so brechpulverisch anwidern können, als der Anblick jener zerlumpten Schmutzgestalten; und die hochherzige Rede eines für Turnplatz und Vaterland begeisterten Terzianers hätte nicht so zerreißend meine Ohren martern können, als der polnische Juden-Jargon. Dennoch wurde der Ekel bald verdrängt von Mitleid, nachdem ich den Zustand dieser Menschen näher betrachtete, und die schweinestallartigen Löcher sah, worin sie wohnen, mauscheln, beten, schachern und – elend sind. Ihre Sprache ist ein mit Hebräisch durchwirktes, und mit Polnisch façonnirtes Deutsch. Sie sind in sehr frühen Zeiten wegen Religions-Verfolgung aus Deutschland nach Polen eingewandert; denn die Polen haben sich in solchen Fällen immer durch Toleranz ausgezeichnet. Als Frömmlinge einem polnischen Könige riethen, die polnischen Protestanten zum Katholizismus zurück zu zwingen, antwortete derselbe: *»Sum rex populorum sed non conscientiarum!«*

Die Juden brachten zuerst Gewerbe und Handel nach Polen und wurden unter Casimir dem Großen mit bedeutenden Privilegien begünstigt. Sie scheinen dem Adel weit näher gestanden zu haben als den Bauern; denn nach einem alten Gesetze wurde der Jude durch seinen Uebertritt zum Christenthum *eo ipso* in den Adelstand erhoben. Ich weiß nicht, ob und warum dieses Gesetz untergegangen und was etwa mit Bestimmtheit im Werthe gesunken ist.

In jenen frühern Zeiten standen indessen die Juden in Cultur und Geistesausbildung gewiß weit über dem Edelmann, der nur das rauhe Kriegshandwerk trieb, und noch den französischen Firniß entbehrte. Jene aber beschäftigten sich wenigstens immer mit ihren hebräischen Wissenschaft- und Religions-Büchern, um derentwillen eben sie Vaterland und Lebens-Behaglichkeit verlassen. Aber sie sind offenbar mit der europäischen Cultur nicht fortgeschritten und ihre Geisteswelt versumpfte zu einem unerquicklichen Aberglauben, den eine spitzfindige Scholastik in tausenderley wunderliche Formen hinein quetscht.

Dennoch, trotz der barbarischen Pelzmütze, die seinen Kopf bedeckt, und der noch barbarischeren Ideen, die denselben füllen, schätze ich den polnischen Juden weit höher als so manchen deutschen Juden, der seinen Bolivar auf dem Kopf, und seinen Jean Paul im Kopfe trägt. In der schroffen Abgeschlossenheit wurde der Charakter des polnischen Juden ein Ganzes; durch das Einathmen toleranter Luft bekam dieser Charakter den Stempel der Freyheit. Der innere Mensch wurde kein quodlibetartiges Compositum heterogener Gefühle und verkümmerte nicht durch die Einzwängung Frankfurter Judengaßmauern, hochweiser Stadt-Verordnungen und liebreicher Gesetz-Beschränkungen. Der polnische Jude mit seinem schmutzigen Pelze, mit seinem bevölkerten Barte und Knoblauchgeruch und Gemauschel, ist mir noch immer lieber als Mancher in all seiner staatspapiernen Herrlichkeit.

Wie ich bereits oben bemerkt, dürfen Sie in diesem Briefe keine Schilderungen reitzender Naturscenen, herrlicher Kunstwerke u. s. w. erwarten; nur die Menschen, und zwar besonders die nobelste Sorte, die Edelleute, verdienen hier in Polen die Aufmerksamkeit des Reisenden. Und wahrlich, ich sollte denken, wenn man einen kräftigen, ächten polnischen Edelmann, oder eine schöne edle Polinn in ihrem wahren Glanze sieht, so könnte dieses die Seele eben so erfreuen, wie etwa der Anblick einer romantischen Felsenburg, oder einer marmornen Medizäerin. Ich lieferte Ihnen sehr gerne eine Charakterschilderung der polnischen Edelleute, und das gäbe eine sehr kostbare Mosaik-Arbeit von den Adjektiven: gastfrey, stolz, muthig, geschmeidig, falsch (dieses gelbe Steinchen darf nicht fehlen) reitzbar, enthousiastisch, spielsüchtig, lebenslustig, edelmüthig und übermüthig. Aber ich selbst habe zu oft geeifert gegen unsre Broschürenscribler, die, wenn sie einen Pariser Tanzmeister hüpfen sehen, aus dem Stegreif die Charakteristik eines Volkes schreiben, – – – – – – – – und die, wenn sie einen dicken Liverpoler Baumwollnhändler gähnen sahen, auf der Stelle eine Beurtheilung jenes Volkes liefern, – – – – – – – –. Diese allgemeinen Charaktristiken sind die Quelle aller Uebel. Es gehört mehr als ein Menschenalter dazu, um den Charakter eines einzigen Menschen zu begreifen: und aus Millionen einzelnen Menschen besteht eine Nazion. Nur wenn wir die Geschichte eines Menschen, die Geschichte seiner Erziehung und seines Lebens, betrachten, wird es uns möglich, einzelne Hauptzüge seines Charakters aufzufassen.

Bey Menschenklassen, deren einzelne Glieder durch Erziehung und Leben eine gleiche Richtung gewinnen, müssen sich indessen einige hervortretende Charakterzüge bemerken lassen; dies ist bey den polnischen Edelleuten der Fall, und nur von diesem Standpunkte aus läßt sich etwas Allgemeines über ihren Charakter ausmitteln. Die Erziehung selbst wird überall und immer bedingt durch das Lokale, und durch das Temporale, durch den Boden und durch die politische Geschichte. In Polen ist ersteres weit mehr der Fall als irgendwo. Polen liegt zwischen Rußland und – Frankreich. Das noch vor Frankreich liegende Deutschland will ich nicht rechnen, da ein großer Theil der Polen es ungerechter Weise wie einen breiten Sumpf ansah, den man schnell überspringen müsse, um nach dem gebenedeiten Lande zu gelangen, wo die Sitten und die Pomaden am feinsten fabrizirt werden. Den heterogensten Einflüssen war Polen dadurch ausgesetzt. Eindringende Barbarey von Osten, durch die feindlichen Berührungen mit Rußland; eindringende Uebercultur von Westen, durch die freundschaftlichen Berührungen mit Frankreich: daher jene seltsamen Mischungen von Cultur und Barbarey im Charakter und im häuslichen Leben der Polen. Ich sage just nicht, daß alle Barbarey von Osten eingedrungen, ein sehr beträchtlicher Theil mag im Lande selbst vorräthig gewesen seyn; aber in der neuern Zeit war dieses Eindrängen sehr sichtbar. Einen Haupteinfluß übt das Landleben auf den Charakter der polnischen Edelleute. Nur wenige derselben werden in den Städten erzogen; die meisten Knaben bleiben auf den Landgütern ihrer Angehörigen, bis sie erwachsen sind, und durch die nicht gar zu großen Bemühungen eines Hofmeisters, oder durch einen nicht gar zu langen Schulbesuch, oder durch das bloße Walten der lieben Natur, in den Stand gesetzt sind, Kriegsdienste zu nehmen, oder eine Universität zu beziehen, oder von der bärenleckenden Lutetia die Weihe der höchsten Ausbildung zu empfangen. Da nicht Allen hierzu dieselben Mittel zu Gebot stehen, so ist es einleuchtend daß man einen Unterschied machen muß zwischen armen Edelleuten, reichen Edelleuten und Magnaten. Erstere leben oft höchst jämmerlich, fast wie der Bauer, und machen keine besonderen Ansprüche an Cultur. Bey den reichen Edelleuten und den Magnaten ist die Unterscheidung nicht schroff, dem Fremden ist sie sogar sehr wenig bemerkbar. An und für sich selbst ist die Würde eines polnischen Edelmanns *(civis polonus)* bey dem ärmsten wie bey dem reichsten von demselben Umfange und demselben innern Werthe. Aber an die Namen gewisser Familien, die sich immer durch großen Güterbesitz und durch Verdienste um den Staat ausgezeichnet, hat sich die Idee einer höhern Würde geknüpft, und man bezeichnet sie gemeiniglich mit dem Namen Magnaten. Die Chartoriskis, die Radzivils, die Samoyskis, die Sapiehas, die Poniatowskis, die Potockis u. s. w. werden zwar eben so gut als bloße polnische Edelleute betrachtet, wie mancher arme Edelmann, der vielleicht hinterm Pflug geht; dennoch sind sie der höhere Adel *de facto*, wenn auch nicht *de nomine*. Ihr Ansehen ist sogar fester begründet als das von unserm hohen Adel, weil sie selbst sich ihre Würde gegeben, und weil nicht bloß manches geschnürte alte Fräulein, sondern das ganze Volk ihren Stammbaum im Kopfe trägt. Die Benennung Starost findet man jetzt selten, und sie ist ein bloßer Titel geworden. Der Name Graf ist ebenfalls bey den Polen ein bloßer Titel, und es sind nur von Preußen und Oestreich einige derselben vertheilt. Von Adelstolz gegen Bürgerliche wissen die Polen nichts und er kann sich nur in Ländern bilden, wo ein mächtiger, und mit Ansprüchen hervortretender Bürgerstand sich erhebt. Erst dann, wenn der polnische Bauer Güter kaufen wird, und der polnische Jude sich nicht mehr dem Edelmann zuvorkommend erzeigt, möchte sich bey diesem der Adelstolz regen, der also das Emporkommen des Landes beweisen würde. Weil hier die Juden höher als die Bauern gestellt sind, müssen sie zuerst mit diesem Adelstolze collidiren; aber die Sache wird gewiß alsdann einen religiöseren Namen annehmen.

Dieses hier nur flüchtig angedeutete Wesen des polnischen Adels hat, wie man sich denken kann, am meisten beygetragen zu der höchst wunderlichen Gestaltung von Polens politischer Geschichte, und die Einflüsse dieser letztern auf die Erziehung der Polen, und also auf ihren Nazionalcharakter, waren fast noch wichtiger als die oben erwähnten Einflüsse des Bodens. Durch die Idee der Gleichheit entwickelte sich bey den polnischen Edelleuten jener Nazionalstolz, der uns oft so sehr überrascht durch seine Herrlichkeit, der uns oft auch so sehr ärgert durch seine Geringschätzung des Deutschen, und der so sehr contrastirt mit eingeknuteter Bescheidenheit. Durch eben jene Gleichheit entwickelte sich der bekannte großartige Ehrgeitz, der den Geringsten wie den höchsten beseelte, und der oft nach dem Gipfel der Macht strebte: da Polen meistens ein Wahlreich war. Herrschen hieß die süße Frucht, nach der es jedem Polen gelüstete. Nicht durch Geistes-Waffen wollte der Pole sie erbeuten, diese führen nur langsam zum Ziele; ein kühner Schwerdthieb sollte die süße Frucht zum raschen Genuß herunterhauen. Daher aber bey den Polen die Vorliebe für den Militärstand, wozu ihr heftiger und streitlustiger Charakter sie hinzog; daher bey den Polen gute Soldaten und Generale, aber gar wenige seidene Staatsmänner, noch viel weniger zu Ansehen gestiegene Gelehrte. Die Vaterlandsliebe ist bey den Polen das große Gefühl, worin alle anderen Gefühle, wie der Strom in das Weltmeer zusammen fließen; und dennoch trägt dieses Vaterland kein sonderlich reitzendes Aeußere. Ein Franzose, der diese Liebe nicht begreifen konnte, betrachtete eine trübseelige polnische Sumpfgegend, stampfte ein Stück aus dem Boden, und sprach pfiffig und kopfschüttelnd: »Und das nennen die Kerls ein Vaterland!« Aber nicht aus dem Boden selbst, nur aus dem Kampfe um Selbständigkeit, aus historischen Erinnerungen und aus dem Unglück ist bey den Polen diese Vaterlandsliebe entsprossen. Sie flammt jetzt noch immer so glühend wie in den Tagen Kosziuskos: vielleicht noch glühender. Fast bis zur Lächerlichkeit ehren jetzt die Polen Alles, was vaterländisch ist. Wie ein Sterbender, der sich in krampfhafter Angst gegen den Tod sträubt, so empört und sträubt sich ihr Gemüth gegen die Idee der Vernichtung ihrer Nazionalität. Dieses Todeszucken des polnischen Volkskörpers ist ein entsetzlicher Anblick! Aber alle Völker Europas und der ganzen Erde werden diesen Todeskampf überstehen müssen, damit aus dem Tode das Leben, aus der heidnischen Nazionalität die christliche Fraternität hervorgehe. Ich meine hier nicht alles Aufgeben schöner Besonderheiten, worin sich die Liebe am liebsten abspiegelt, sondern jene von uns Deutschen am meisten erstrebte und von unsern edelsten Volkssprechern, Lessing, Herder, Schiller u. s. w. am schönsten ausgesprochene allgemeine Menschenverbrüderung, das Urchristenthum. Von diesem sind die polnischen Edelleute, eben so gut wie wir, noch sehr entfernt. Ein großer Theil lebt noch in den Formen des Katholizismus, ohne leider den großen Geist dieser Formen und ihren jetzigen Uebergang zum Weltgeschichtlichen zu ahnen; ein größerer Theil bekennt sich zur französischen Philosophie. Ich will hier diese gewiß nicht verunglimpfen: es giebt Stunden wo ich sie verehre, und sehr verehre; ich selbst bin gewissermaßen ein Kind derselben. Aber ich glaube doch, es fehlt ihr die Hauptsache – die Liebe. Wo dieser Stern nicht leuchtet, da ist es Nacht, und wenn auch alle Lichter der Encyklopädie ihr Brillantfeuer umhersprühen.

Wenn Vaterland das erste Wort des Polen ist, so ist Freyheit das zweite. Ein schönes Wort! Nächst der Liebe gewiß das schönste. Aber es ist auch nächst der Liebe das Wort, das am meisten mißverstanden wird, und ganz entgegen gesetzten Dingen zur Bezeichnung dienen muß. Hier ist das der Fall. Die Freyheit der meisten Polen ist nicht die göttliche, die washingtonsche; nur ein geringer Theil, nur Männer wie Kosziusko haben letztere begriffen und zu verbreiten gesucht. Viele zwar sprechen enthousiastisch von dieser Freyheit, aber sie machen keine Anstalt ihre Bauern zu emanzipiren. Das Wort Freyheit, das so schön und volltönend in der polnischen Geschichte durchklingt, war nur der Wahlspruch des Adels, der dem Könige so viel Rechte als möglich abzuzwängen suchte, um seine eigne Macht zu vergrößern, und auf solche Weise die Anarchie hervorzurufen. *C'était tout comme chez nous*, wo ebenfalls deutsche Freyheit einst nichts anders hieß, als den Kaiser zum Bettler machen, damit der Adel desto reichlicher schlemmen und desto willkührlicher herrschen konnte; und ein Reich muste untergehen, dessen Voigt auf seinem Stuhle festgebunden war, und endlich nur ein Holzschwerdt in der Hand trug. In der That, die polnische Geschichte ist die Miniaturgeschichte Deutschlands; nur daß in Polen die Großen sich vom Reichs-Oberhaupte nicht so ganz losgerissen und selbständig gemacht hatten, wie bey uns, und daß durch die deutsche Bedächtigkeit doch immer einige Ordnung in die Anarchie hineingelangsamt wurde. Hätte Luther, der Mann Gottes und Katharinas, vor einem Krakauer Reichstage gestanden, so hätte man ihn sicher nicht so ruhig, wie in Augsburg, aussprechen lassen. Jener Grundsatz von der stürmischen Freyheit, die besser seyn mag, als ruhige Knechtschaft, hat dennoch, trotz seiner Herrlichkeit, die Polen ins Verderben gestürzt. Aber es ist auch erstaunlich, wenn man sieht, welche Macht schon das bloße Wort Freyheit auf ihre Gemüther ausübt; sie glühen und flammen, wenn sie hören, daß irgend für die Freyheit gestritten wird; ihre Augen schauen leuchtend nach Griechenland und Südamerika. In Polen selbst aber wird, wie ich oben schon gesagt, unter Niederdrückung der Freyheit bloß die Beschränkung der Adelsrechte verstanden, oder gar die allmählige Ausgleichung der Stände. Wir wissen das besser; die Freyheiten müssen untergehn, wo die allgemeine gesetzliche Freyheit gedeihen soll.

Jetzt aber knien Sie nieder, oder wenigstens ziehen Sie den Hut ab – ich spreche von Polens Weibern. Mein Geist schweift an den Ufern des Ganges, und sucht die zartesten und lieblichsten Blumen, um sie damit zu vergleichen. Aber was sind gegen diese Holden alle Reitze der Mallika, der Kuwalaya, der Oschaddi, der Nagakesarblüthen, der heiligen Lotosblumen, und wie sie alle heißen mögen – Kamalata, Pedma, Kamala, Tamala, Sirischa u. s. w.!! Hätte ich den Pinsel Raphaels, die Melodien Mozarts und die Sprache Calderons, so gelänge es mir vielleicht, Ihnen ein Gefühl in die Brust zu zaubern, das Sie empfinden würden, wenn eine wahre Polinn, eine Weichsel-Aphrodite, vor Ihren hochbegnadigten Augen leibhaftig erschiene. Aber was sind raphaelsche Farbenklekse gegen diese Altar-Bilder der Schönheit, die der lebendige Gott in seinen heitersten Stunden fröhlich hingezeichnet! Was sind mozartsche Klimpereyen gegen die Worte, die gefüllten Bonbons für die Seele, die aus den Rosenlippen dieser Süßen hervorquellen! Was sind alle calderonischen Sterne der Erde und Blumen des Himmels gegen diese Holden, die ich ebenfalls, auf gut calderonisch, Engel der Erde benamse, weil ich die Engel selbst Polinnen des Himmels nenne! Ja, mein Lieber, wer in ihre Gazellen-Augen blickt, glaubt an den Himmel, und wenn er der eifrigste Anhänger des Baron Holbach war; –. Wenn ich über den Charakter der Polinnen sprechen soll, so bemerke ich bloß: sie sind Weiber. Wer will sich anheischig machen, den Charakter dieser letztern zu zeichnen!

Ein sehr werther Weltweiser, der zehn Oktavbände »weibliche Charaktere« geschrieben, hat endlich seine eigne Frau in militärischen Umarmungen gefunden. Ich will hier nicht sagen, die Weiber hätten gar keinen Charakter. Bey Leibe nicht! Sie haben vielmehr jeden Tag einen andern. Diesen immerwährenden Wechsel des Charakters will ich ebenfalls durchaus nicht tadeln. Es ist sogar ein Vorzug. Ein Charakter entsteht durch ein System stereotyper Grundsätze. Sind letztere irrig, so wird das ganze Leben desjenigen Menschen, der sie systematisch in seinem Geiste aufgestellt, nur ein großer, langer Irrthum seyn. Wir loben das, und nennen es »Charakter haben« wenn ein Mensch nach festen Grundsätzen handelt, und bedenken nicht, daß in einem solchen Menschen die Willensfreyheit untergegangen, daß sein Geist nicht fortschreitet, und daß er selbst ein blinder Knecht seiner verjährten Gedanken ist. Wir nennen das auch Consequenz, wenn Jemand dabey bleibt, was er ein für allemal in sich aufgestellt und ausgesprochen hat, und wir sind oft tolerant genug, Narren zu bewundern und Bösewichter zu entschuldigen, wenn sich nur von ihnen sagen läßt: daß sie consequent gehandelt. Diese moralische Selbstunterjochung findet sich aber fast nur bey Männern; im Geiste der Frauen bleibt immer lebendig und in lebendiger Bewegung das Element der Freyheit. Jeden Tag wechseln sie ihre Weltansichten, meistens ohne sich dessen bewußt zu seyn. Sie stehen des Morgens auf wie unbefangene Kinder, bauen des Mittags ein Gedankensystem, das, wie ein Kartenhaus, des Abends wieder zusammen fällt. Haben sie heute schlechte Grundsätze, so wette ich darauf, haben sie morgen die allerbesten. Sie wechseln ihre Meinungen so oft wie ihre Kleider. Wenn in ihrem Geiste just kein herrschender Gedanke steht, so zeigt sich das Allererfreulichste, das Interregnum des Gemüths. Und dieses ist bey den Frauen am reinsten und am stärksten, und führt sie sicherer als die Verstandes-Abstrakzions-Laternen, die uns Männer so oft irre leiten. Glauben Sie nicht etwa, ich wollte hier den *Advocatus diaboli* spielen, und die Weiber noch obendrein preisen wegen jenes Charakter-Mangels, den unsere Gelbschnäbel und Grauschnäbel – die Einen durch Amor, die Andern durch Hymen maltraitirt – mit so vielen Stoßseufzern beklagen. Auch müssen Sie bemerken, daß, bey diesem allgemeinen Ausspruch über die Weiber, die Polinnen hauptsächlich gemeint sind, und die deutschen Frauen so halb und halb ausgenommen werden. Das ganze deutsche Volk hat, durch seinen angeborenen Tiefsinn, ganz besondere Anlage zu einem festen Charakter, und auch den Frauen hat sich ein Anflug davon mitgetheilt, der durch die Zeit sich immer mehr und mehr verdichtet, so daß man bey ältlichen deutschen Damen, sogar bey Frauen aus dem Mittelalter, d. h. bey Vierzigerinnen, eine ziemlich dicke, schuppige Charakterhornhaut vorfindet. Unendlich verschieden sind die Polinnen von den deutschen Frauen. Das slavische Wesen überhaupt, und die polnische Sitte insbesondere, mag dieses hervorgebracht haben. In Hinsicht der Liebenswürdigkeit will ich die Polinn nicht über die Deutsche erheben: sie sind nicht zu vergleichen. Wer will eine Venus von Titian über eine Maria von Correggio setzen? In einem sonnenhellen Blumenthale würde ich mir eine Polinn zur Begleiterinn wählen; in einem mondbeleuchteten Lindengarten wählte ich eine Deutsche. Zu einer Reise durch Spanien, Frankreich und Italien wünschte ich eine Polinn zur Begleiterinn; zu einer Reise durch das Leben wünschte ich eine Deutsche. Muster von Häuslichkeit, Kinder-Erziehung, frommer Demuth und allen jenen stillen Tugenden der deutschen Frauen wird man wenige unter den Polinnen finden. Jene Haus-Tugenden finden sich aber auch bey uns meistens nur im Bürgerstande, und einem Theile des Adels, der sich in Sitten und Ansprüchen dem Bürgerstande angeschlossen. Bey dem übrigen Theile des deutschen Adels werden oft jene Haus-Tugenden in höherem Grade und auf eine weit empfindlichere Weise vermißt, als bey den Frauen des polnischen Adels. Ja, bey diesen ist es doch nie der Fall, daß auf diesen Mangel sogar ein Werth gelegt wird, daß man sich etwas darauf einbildet; wie von so manchen deutschen adligen Damen geschieht, die nicht Geld- oder Geisteskraft genug besitzen, um sich über den Bürgerstand zu erheben, und die sich wenigstens durch Verachtung bürgerlicher Tugenden und Beybehaltung nichtskostender altadliger Gebrechen aus zu zeichnen suchen. Auch die Frauen der Polen sind nicht ahnenstolz, und es fällt keinem polnischen Fräulein ein, sich etwas darauf ein zu bilden, daß vor einigen hundert Jahren ihr wegelagernder Ahnherr, der Raubritter, der verdienten Strafe – entgangen ist.

Das religiöse Gefühl ist bey den deutschen Frauen tiefer als bey den

Polinnen. Diese leben mehr nach außen als nach innen; sie sind heitere Kinder, die sich vor Heiligenbildern bekreuzen, durch das Leben wie durch einen schönen Redouten-Saal gaukeln, und lachen und tanzen, und liebenswürdig sind. Ich möchte wahrlich nicht Leichtfertigkeit, und nicht einmal Leichtsinn nennen jenen leichten Sinn der Polinnen, der so sehr begünstigt wird durch die leichten polnischen Sitten überhaupt, durch den leichten französischen Ton, der sich mit diesen vermischt, durch die leichte französische Sprache, die in Polen mit Vorliebe, und fast wie eine Muttersprache, gesprochen wird, und durch die leichte französische Literatur, deren Dessert, die Romane, von den Polinnen verschlungen werden; und was die Sittenreinheit betrifft, so bin ich überzeugt, daß die Polinnen hierin den deutschen Frauen nicht nach zu stehen brauchen. Die Ausschweifungen einiger polnischen Magnaten-Weiber haben, wegen ihrer Großartigkeit, zu verschiedenen Zeiten viele Augen auf sich gezogen, und unser Pöbel, wie ich schon oben bemerkt, beurtheilt eine ganze Nazion nach den Paar schmutzigen Exemplaren, die ihm davon zu Gesicht gekommen. Außerdem muß man bedenken, daß die Polinnen schön sind, und daß schöne Frauen, aus bekannten Gründen, dem bösen Leumund am meisten ausgesetzt sind, und demselben nie entgehen, wenn sie, wie die Polinnen, freudig dahin leben in leichter, anmuthiger Unbefangenheit. Glauben Sie mir, man ist in Warschau um nichts weniger tugendhaft, wie in Berlin, nur daß die Wogen der Weichsel etwas wilder brausen als die stillen Wasser der seichten Spree.

2.

Von den Weibern gehe ich über zu dem politischen Gemüths-Zustande der Polen, und muß bekennen, daß ich bey diesem exaltirten Volke es immerwährend bemerkte, wie schmerzlich es die Brust des polnischen Edelmanns bewegt, wenn er die Begebenheiten der letzten Zeit überschaut. Auch die Brust des Nicht-Polen wird von Mitgefühl durchdrungen, wenn man sich die politischen Leiden aufzählt, die in einer kleinen Zahl von Jahren die Polen betroffen. Viele unserer Journalisten schaffen sich dieses Gefühl gemächlich vom Halse, indem sie leichthin aussprechen: die Polen haben sich durch ihre Uneinigkeit ihr Schicksal selbst zugezogen, und sind also nicht zu bedauern. Das ist eine thörigte Beschwichtigung. Kein Volk, als ein Ganzes gedacht, verschuldet etwas; sein Treiben entspringt aus einer inneren Nothwendigkeit, und seine Schicksale sind stets Resultate derselben. Dem Forscher offenbart sich der erhabenere Gedanke: daß die Geschichte (Natur, Gott, Vorsehung u. s. w.), wie mit einzelnen Menschen, auch mit ganzen Völkern eigene große Zwecke beabsichtigt, und daß manche Völker leiden müssen, damit das Ganze erhalten werde und blühender fortschreite. Die Polen, ein slavisches Grenzvolk an der Pforte der germanischen Welt, scheinen durch ihre Lage schon ganz besonders dazu bestimmt, gewisse Zwecke in den Weltbegebenheiten zu erfüllen. Ihr moralischer Kampf gegen den Untergang ihrer Nazionalität rief stets Erscheinungen hervor, die dem ganzen Volke einen andern Charakter aufdrücken, und auch auf den Charakter der Nachbar-Völker einwirken müssen.

Der Charakter der Polen war bisher militairisch, wie ich oben schon bemerkte; jeder polnische Edelmann war Soldat und Polen eine große Kriegsschule. Jetzt aber ist dies nicht mehr der Fall, es suchen sehr Wenige Militair-Dienste. Die Jugend Polens verlangt jedoch Beschäftigung, und da haben die Meisten ein anderes Feld erwählt als den Kriegsdienst, nämlich – die Wissenschaften. Ueberall zeigen sich die Spuren dieser neuen Geistesrichtung; durch die Zeit und das Lokal vielfach begünstigt, wird sie in einigen Dezennien, wie schon angedeutet ist, dem ganzen Volks-Charakter eine neue Gestalt verleihen. Noch unlängst haben Sie in Berlin jenen freudigen Zusammenfluß junger Polen gesehen, die mit edler Wißbegier und musterhaftem Fleiße in alle Theile der Wissenschaften eindrangen, besonders die Philosophie an der Quelle, im Hörsaale Hegels, schöpften, und jetzt leider, veranlaßt durch einige unselige Ereignisse, sich von Berlin entfernten. Es ist ein erfreuliches Zeichen, daß die Polen ihre blinde Vorliebe für die französische Literatur allmählig ablegen, die lange übersehene tiefere deutsche Literatur würdigen lernen, und, wie oben erwähnt ist, just dem tiefsinnigsten deutschen Philosophen Geschmack abgewinnen konnten. Letzteres zeigt, daß sie den Geist unserer Zeit begriffen haben, deren Stempel und Tendenz die Wissenschaft ist. Viele Polen lernen jetzt Deutsch, und eine Menge guter deutscher Bücher wird ins Polnische übersetzt. Der Patriotismus hat ebenfalls Theil an diesen Erscheinungen. Die Polen fürchten den gänzlichen Untergang ihrer Nazionalität; sie merken jetzt, wie viel zur Erhaltung derselben durch eine Nazional-Literatur bewirkt wird, und (wie drollig es auch klingt, so ist es doch wahr, was mir viele Polen ernsthaft sagten) in Warschau wird an einer – polnischen Literatur gearbeitet. Es ist nun freylich ein großes Mißverständniß, wenn man glaubt, eine Literatur, die ein aus dem ganzen Volke organisch Hervorgegangenes seyn muß, könne im literarischen Treibhause der Hauptstadt von einer Gelehrten-Gesellschaft zusammen geschrieben werden; aber durch diesen guten Willen ist doch schon ein Anfang gemacht, und Herrliches muß in einer Literatur hervor blühen, wenn sie als eine Vaterlandssache betrachtet wird. Dieser patriotische Sinn muß freylich auf eigene Irrthümer führen, meistens in der Poesie und in der Geschichte. Die Poesie wird das Erhebungs-Kolorit tragen, hoffentlich aber den französischen Zuschnitt verlieren und sich dem Geiste der deutschen Romantik nähern.

Ein geliebter polnischer Freund sagte mir, um mich besonders zu necken: wir haben eben so gut romantische Dichter als Ihr, aber sie sitzen bey uns noch – im Tollhause!

In der Geschichte kann der politische Schmerz die Polen nicht immer zur Unpartheylichkeit führen, und die Geschichte Polens wird sich zu einseitig und zu unverhältnißmäßig aus der Universalgeschichte hervor heben; aber desto mehr wird man auch für Erhaltung Alles desjenigen Sorge tragen, was für die polnische Geschichte wichtig ist, und dieses um so ängstlicher, da man, wegen der heillosen Weise, wie man mit den Büchern der Warschauer Bibliothek im letzten Kriege verfahren, in Sorge ist, alle polnischen Nazional-Denkmale und Urkunden möchten untergehen; deßhalb, scheint es, hat kürzlich ein Samoyski eine Bibliothek für die polnische Geschichte im fernen – Edinburg gegründet. Ich mache Sie aufmerksam auf die vielen neuen Werke, welche nächstens die Pressen Warschaus verlassen, und was die schon vorhandene polnische Literatur betrifft, so verweise ich Sie deßhalb auf das sehr geistreiche Werk von Kaulfuß.

Ich hege die größten Erwartungen von dieser geistigen Umwälzung Polens, und das ganze Volk kommt mir vor, wie ein alter Soldat, der sein erprobtes Schwerdt mit dem Lorbeer an den Nagel hängt, zu den milderen Künsten des Friedens sich wendet, den Geschichten der Vergangenheit nachsinnt, die Kräfte der Natur erforscht und die Sterne mißt, oder gar die Kürze und Länge der Silben, wie wir es bey Carnot sehen. Der Pole wird die Feder eben so gut führen wie die Lanze, und wird sich eben so tapfer zeigen auf dem Gebiete des Wissens, als auf den bekannten Schlachtfeldern. Eben weil die Geister so lange brach lagen, wird die Saat in ihnen desto mannigfaltigere und üppigere Früchte tragen. Bey vielen Völkern Europas ist der Geist, eben durch seine vielen Reibungen, schon ziemlich abgestumpft, und durch den Triumph seines Bestrebens, durch sein Sichselbsterkennen, hat er sich sogar hie und da selbst zerstören müssen. Außerdem werden die Polen von den vielhundertjährigen Geistes-Anstrengungen des übrigen Europa die reinen Resultate in Empfang nehmen, und während diejenigen Völker, welche bisher an dem babylonischen Thurmbau europäischer Cultur mühsam arbeiteten, erschöpft sind, werden unsere neuen Ankömmlinge, mit ihrer slavischen Behendigkeit und noch unerschlafften Rüstigkeit, das Werk weiter fördern. Hierzu kommt noch, daß die wenigsten dieser neuen Arbeiter für Tagelohn handlangern, wie der Fall ist bey uns in Deutschland, wo die Wissenschaften ein Gewerbe und zünftig sind, und wo selbst die Muse eine Milchkuh ist, die so lange für Honorar abgemelkt wird, bis sie reines Wasser giebt. Die Polen, welche sich jetzt auf Wissenschaften und Künste werfen, sind Edelleute, und haben meistens Privat-Vermögen genug, um nicht zu ihrem Lebensunterhalt auf den Ertrag ihrer Kenntnisse und wissenschaftlichen Leistungen angewiesen zu seyn. Unberechenbar ist dieser Vorzug. Herrliches zwar hat schon der Hunger hervor gebracht, aber noch viel Herrlicheres die Liebe. Auch das Lokal begünstigt die geistigen Fortschritte der Polen: nämlich ihre Erziehung auf dem Lande. Das polnische Landleben ist nicht so geräuschlos und einsamlich, wie das unsrige, da die polnischen Edelleute sich auf zehn Stunden weit besuchen, oft Wochen lang mit der sämmtlichen Familie beysammen bleiben, mit wohleingepackten Betten nomadisch herum reisen; so daß es mir vorkam, als sey das ganze Großherzogthum Posen eine große Stadt, wo nur die Häuser etwas meilenweit von einander entfernt stehen, und in mancher Hinsicht sogar eine kleine Stadt, weil die Polen sich Alle kennen, Jeder mit den Familien-Verhältnissen und Angelegenheiten des Andern genau bekannt ist, und diese gar oft, auf kleinstädtische Weise, Gegenstände der Unterhaltung werden. Dennoch ist dieses rauschende Treiben, welches dann und wann auf den polnischen Landgütern herrscht, der Erziehung der Jugend nicht so schädlich, wie das Geräusch der Städte, das sich jeden Augenblick in seinen Tonarten verändert, den Geist der Jugend von der Natur-Anschauung abwendet, durch Mannigfaltigkeit zersplittert und durch Ueberreitz abstumpft. Ja, jene zuweilige Störung im ländlichen Stillleben ist der Jugend sogar heilsam, da sie wieder anregt und aufwühlt, wenn der Geist durch die immerwährende äußere Ruhe versumpfen, oder, wie man es nennt, versauern möchte: eine Gefahr, die bey uns so oft vorhanden. Das frische, freye Landleben in der Jugend hat gewiß am meisten dazu beygetragen, den Polen jenen großen starken Charakter zu verleihen, den sie im Kriege und im Unglück zeigen. Sie bekommen dadurch einen gesunden Geist in einem gesunden Körper; dieses bedarf der Gelehrte eben so gut wie der Soldat. Die Geschichte zeigt uns, wie die meisten Menschen, die etwas Großes gethan, ihre Jugend im Stillleben verbrachten.

Ich habe in der letzten Zeit die Erziehung der Mönche im Mittelalter so sehr lobpreisen gehört; man rühmte die Methode in den Klosterschulen und nannte die daraus hervor gegangenen großen Männer, deren Geist sogar in unserer absonderlich geistreichen Zeit etwas gelten würde; aber man vergaß, daß es nicht die Mönche, sondern die mönchische Eingezogenheit, nicht die Kloster-Schulmethode, sondern die stille Klösterlichkeit selbst war, die jene Geister nährte und stärkte. Wenn man unsere Erziehungs-Institute mit einer Mauer umgäbe, so würde dieses mehr wirken, als alle unsere pädagogischen Systeme, sowohl idealisch-humanistische, als praktisch-Basedowsche. Geschähe dasselbe bey unsern Mädchen-Pensionen, die jetzt so hübsch frey dastehen zwischen dem Schauspielhause und dem Tanzhause, und der Wachtparade gegenüber, so verlören unsere Pensio-närrinnen ihre kaleydoskopartige Phantasterey und neudramatische Wassersuppen-Sentimentalität.

Von den Bewohnern der preußisch polnischen Städte will ich Ihnen nicht viel schreiben; es ist ein Mischvolk von preußischen Beamten, ausgewanderten Deutschen, Wasserpolen, Polen, Juden, Militair u.sw. Die preußischen deutschen Beamten fühlen sich von den polnischen Edelleuten nicht eben zuvorkommend behandelt. Viele deutsche Beamten werden oft, ohne ihren Willen, nach Polen versetzt, suchen aber sobald als möglich wieder heraus zu kommen; Andere sind von häuslichen Verhältnissen in Polen festgehalten. Unter ihnen finden sich auch solche, die sich darin gefallen, daß sie von Deutschland isolirt sind; die sich bestreben, das bischen Wissenschaftlichkeit, das sich ein Beamter, zum Behuf des Examens, erworben haben mußte, so schnell als möglich wieder aus zu gähnen; die ihre Lebensphilosophie auf eine gute Mahlzeit basirt haben, und die, bey ihrer Kanne schlechten Bieres, geifern gegen die polnischen Edelleute, die alle Tage Ungar-Wein trinken und keine Aktenstöße durch zu arbeiten brauchen. Von dem preußischen Militair, das in dieser Gegend liegt, brauche ich nicht viel zu sagen; dieses ist, wie überall, brav, wacker, höflich, treuherzig und ehrlich. Es wird von dem Polen geachtet, weil dieser selbst soldatischen Sinn hat und der Brave alles Brave schätzt; aber von einem näheren Gefühle ist noch nicht die Rede.

Posen, die Hauptstadt des Großherzogthums, hat ein trübsinniges, unerfreuliches Ansehen. Das einzige Anziehende ist, daß sie eine große Menge katholischer Kirchen hat. Aber keine einzige ist schön. Vergebens wallfahrte ich alle Morgen von einer Kirche zur andern, um schöne alte Bilder auf zu suchen. Die alten Gemälde finde ich hier nicht schön, und die einigermaßen schönen sind nicht alt. Die Polen haben die fatale Gewohnheit, ihre Kirchen zu renoviren. Im uralten Dom zu Gnesen, der ehemaligen Hauptstadt Polens, fand ich lauter neue Bilder und neue Verzierungen. Dort interessirte mich nur die figurenreiche, aus Eisen gegossene Kirchenthür, die einst das Thor von Kiew war, welches der siegreiche Boguslaw erbeutete, und worin noch sein Schwerdthieb zu sehen ist. Der Kaiser Napoleon hat sich, als er in Gnesen war, ein Stückchen aus dieser Thür heraus schneiden lassen, und diese hat, durch solche hohe Aufmerksamkeit, noch mehr an Werth gewonnen. In dem Gnesener Dom hörte ich auch, nach der ersten Messe, einen vierstimmigen Gesang, den der heilige Adalbert, der dort begraben liegt, selbst componirt haben soll und der alle Sonntage gesungen wird. Der Dom hier in Posen ist neu, hat wenigstens ein neues Ansehen; und folglich gefiel er mir nicht. Neben demselben liegt der Palast des Erzbischofs, der auch zugleich Erzbischof von Gnesen, und folglich zugleich römischer Cardinal ist, und folglich rothe Strümpfe trägt. Er ist ein sehr gebildeter, französisch-urbaner Mann, weißhaarig und klein. Der hohe Clerus in Polen gehört immer zu den vornehmsten adligen Familien; der niedere Clerus gehört zum Plebs, ist roh, unwissend und rauschliebend.

Ideen-Assoziazion führt mich direkt auf das Theater. Ein schönes Gebäude haben die hiesigen Einwohner den Musen zur Wohnung angewiesen; aber die göttlichen Damen sind nicht eingezogen, und schickten nach Posen bloß ihre Kammerjungfern, die sich mit der Garderobe ihrer Herrschaft putzen und auf den geduldigen Brettern ihr Wesen treiben. Die Eine spreizt sich wie eine Pfau, die Andere flattert wie eine Schnepfe, die Dritte kollert wie ein Truthahn und die Vierte hüpft auf einem Beine wie ein Storch. Das entzückte Publikum aber sperrt ellenweit den Mund auf, der Epaulet-Mensch ruft: Auf Ehre, Melpomene! Thalia! Polyhymnia! Terpsichore!

Auch einen Theater-Rezensenten giebt es hier. Als wenn die unglückliche Stadt nicht genug hätte an dem bloßen Theater! Die trefflichen Rezensionen dieses trefflichen Rezensenten stehen bis jetzt nur in der Posener Stadt-Zeitung, werden aber bald als eine Fortsetzung der Lessingschen Dramaturgie gesammelt erscheinen!! Doch mag seyn, daß mir dieses Provinzial-Theater so schlecht erscheint, weil ich just von Berlin komme, und noch zuletzt die Schröck und die Stich sah. Nein, ich will nicht das ganze Posensche Theater verdammen; ich bekenne sogar, daß es ein ganz ausgezeichnetes Talent, zwey gute Subjekte und einige nicht ganz schlechte besitzt. Das ausgezeichnete Talent, wovon ich hier spreche, ist Demois. Paien. Ihre gewöhnliche Rolle ist die erste

Liebhaberinn. Da ist nicht das weinerliche Lamento und das zierliche Geträtsche jener Gefühlvollen, die sich für die Bühne berufen glauben, weil sie vielleicht im Leben die sentimentale oder kokette Rolle mit einigem Succes gespielt, und die man von den Brettern fortpfeifen möchte, eben weil man sie im einsamen Closet herzlich applaudiren würde. Demois. Paien spielt mit gleichem Glücke auch die heterogensten Rollen, eine »Elisabeth« so gut wie eine »Maria«. Am besten gefiel sie mir jedoch im Lustspiel, in Conversazions-Stücken, und da besonders in jovialen, neckenden Rollen. Sie ergötzte mich königlich als »Pauline« in »Sorgen ohne Noth und Noth ohne Sorge«. Bey Demois. Paien fand ich ein freyes Spielen von innen heraus, eine wohlthuende Sicherheit, eine fortreißende Kühnheit, ja fast Verwegenheit des Spiels, wie wir es nur bey einem ächten, großen Talente gewahren. Ich sah sie ebenfalls mit Entzücken in einigen Männer-Rollen, z. B. in der »Liebeserklärung« und in Wolffs »Cäsario«; nur hätte ich hier eine etwas eckige Bewegung der Arme zu rügen, welchen Fehler ich aber auf Rechnung der Männer setze, die ihr zum Muster dienen. Demois. Paien ist zu gleicher Zeit Sängerinn und Tänzerinn, hat ein günstiges Aeußere, und es wäre Schade, wenn dieses kunstbegabte Mädchen in den Sümpfen herum ziehender Truppen untergehen müßte.

Ein brauchbares Subjekt der Posener Bühne ist Herr Carlsen, er verdirbt keine Rolle; auch muß man Madam Paien eine gute Schauspielerinn nennen. Sie glänzt in den Rollen lächerlicher Alten. Als Geliebte »Schieberles« gefiel sie mir besonders. Sie spielt ebenfalls keck und frey, und hat nicht den gewöhnlichen Fehler derjenigen Schauspielerinnen, die zwar mit vieler Kunst solche Alte-Weiberrollen darstellen, uns aber doch gern merken lassen möchten, daß in der alten Schachtel noch immer eine aimable Frau stecke. Herr Oldenburg, ein schöner Mann, ist als Liebhaber im Lustspiel unerquicklich und ein Muster von Steifheit und Unbeholfenheit; als Held-Liebhaber im Trauerspiel ist er ziemlich erträglich. Es ist nicht zu verkennen, daß er Anlage zum Tragischen hat; aber seinen langen Armen, die bey den Knieen perpendikelartig hin und her fliegen, muß ich alles Schauspieler-Talent durchaus absprechen. Als »Richard« in »Rosamunde« gefiel er mir aber, und ich übersah manchmal den falschen Pathos, weil solcher im Stücke selbst liegt. In diesem Trauerspiel gefiel mir sogar Herr Munsch, als König, am Ende des zweiten Akts in der unübertrefflichen Knall-Effektscene. Herr Munsch pflegt gewöhnlich, wenn er in Leidenschaft geräth, einem Gebell ähnliche Töne aus zu stoßen. Demois. Franz, ebenfalls erste Liebhaberinn, spielt schlecht aus Bescheidenheit; sie hat etwas Sprechendes im Gesicht, nämlich einen Mund. Madam Fabrizius ist ein niedliches Figürchen, und gewiß enchantirend außer dem Theater. Ihr Mann, Herr Fabrizius, hat in dem Lustspiel: »Des Herzogs Befehl«, den großen Fritz so meisterhaft parodirt, daß sich die Polizey hätte drein mischen sollen. Madam Carlsen ist die Frau von Herrn Carlsen. Aber Herr Vogt ist der Komiker: er sagt es ja selbst, denn er macht den Comödien-Zettel. Er ist der Liebling der Gallerie, hat den Grundsatz, daß man eine Rolle wie die andere spielen müsse, und ich sah mit Bewunderung, daß er demselben getreu blieb als »Fels von Felsenburg«, als dummer »Baron« im »Alpenröschen«, als »Spießbürger-Anführer« im »Vogelschießen« u. s. w. Es war immer ein und derselbe Herr Ernst Vogt mit seiner Fistel-Komik. Einen andern Komiker hat Posen kürzlich gewonnen in Herrn Ackermann, von welchem ich den »Staberle« und die »falsche Catalani« mit vielem Vergnügen gesehen. Madam Leutner ist die Direktrice der Posener Bühne, und findet nichts weniger als ihre Rechnung dabey. Vor ihr spielte hier die Köhlersche Truppe, die jetzt in Gnesen ist, und zwar im allerdesolatesten Zustande. Der Anblick dieser armen Waisenkinder der deutschen Kunst, die, ohne Brod und ohne aufmunternde Liebe, in dem fremden, kalten Polen herum irren, erfüllte meine Seele mit Wehmuth. Ich habe sie bey Gnesen, auf einem freyen, mit hohen Eichen romantisch umzäunten Platze, genannt der Waldkrug, spielen sehen; sie führten ein Schauspiel auf, betitelt: »Bianka von Toredo, oder die Bestürmung von Castellnero«, ein großes Ritter-Schauspiel in fünf Aufzügen von Winkler; es wurde viel darin geschossen, und gefochten und geritten, und innig rührten mich die armen, geängstigten Prinzessinnen, deren wirkliche Betrübniß merklich schimmerte durch ihre betrübte Deklamazion, deren häusliche Dürftigkeit sichtbar hervor guckte aus ihrem fürstlichen Goldflitter-Staate, und auf deren Wangen das Elend nicht ganz von der Schminke bedeckt war.

Vor Kurzem spielte hier auch eine polnische Gesellschaft aus Krakau. Für zweyhundert Thaler Abstandsgeld überließ ihr Madam Leutner die Benutzung des Schauspielhauses auf vierzehn Darstellungen. Die Polen gaben meistens Opern. An Parallelen zwischen ihnen und der deutschen Truppe konnte es nicht fehlen. Die Posener von deutscher Zunge gestanden zwar, daß die polnischen Schauspieler schöner spielten, als die deutschen, und schöner sangen, und eine schönere Garderobe führten u. s. w.; aber sie bemerkten doch: die Polen hätten keinen Anstand. Und das ist wahr; es fehlte ihnen jene tradizionelle Theater-Etikette und pompöse, präziöse und graziöse Gravität deutscher Comödianten. Die Polen spielen im Lustspiel, im bürgerlichen Schauspiel und in der Oper nach leichten, französischen Mustern; aber doch mit der originalpolnischen Unbefangenheit. Ich habe leider keine Tragödie von ihnen gesehen. Ich glaube, ihre Hauptforce ist das Sentimentale. Dieses bemerkte ich in einer Vorstellung des »Taschenbuchs« von Kotzebue, das man hier gab unter dem Titel: »Jan Grudczynski, Starost von Rawa«, Schauspiel in drey Akten, nach dem Deutschen von L. A. Dmuszewski. Ich wurde ergriffen von dem hinreißend schmelzenden Klagen-Erguß der Madam Szymkaylowa, welche die »Jadwiga«, Tochter des in Anklagezustand gesetzten Starosts, spielte. Die Sprache des Herrn Wlodek, Liebhaber »Jadwigas«, trug dasselbe sentimentale Colorit. An die Stelle der tabak-schnupfenden Alten war ein schnupfender Haushofmeister, »Tadeusz Telempski«, substituirt, den Herr Zebrowski ziemlich unbedeutend gab. Eine unvergleichliche Anmuth zeigten die polnischen Sängerinnen, und das sonst so rohe Polnische klang mir wie Italienisch, als ich es singen hörte. Madam Skibinska beseligte meine Seele als »Prinzessinn von Navarra«, als »Zetulba« im »Caliphen von Bagdad« und als »Aline«. Eine solche »Aline« habe ich noch nie gehört. In der Scene, da sie ihren Geliebten in den Schlaf singt und die bedrängenden Botschaften erhält, zeigte sie auch ein Spiel, wie es selten bey einer Sängerinn gefunden wird. Sie und ihr heiteres Golkonda werden mir noch lange vor den Augen schweben und in den Ohren klingen. Madam Zawadzka ist eine liebliche »Lorezza«, ein freundlich schönes Mädchenbild. Auch Madam Wlodkowa singt trefflich. Herr Zawadzki singt den »Olivier« ganz vorzüglich, spielt ihn aber schlecht. Herr Romanowski giebt einen guten »Johann«. Herr Szymkaylo ist ein gar köstlicher Bouffon. Aber die Polen haben keinen Anstand! Viel mag der Reitz der Neuheit dazu beygetragen haben, daß mich die polnischen Schauspieler so sehr ergötzt. Bey jeder Vorstellung, die sie gaben, war das Haus gedrängt voll. Alle Polen, die in Posen sind, besuchten aus Patriotismus das Theater. Die meisten polnischen Edelleute, deren Güter nicht gar zu weit von hier entfernt liegen, reisten nach Posen, um polnisch spielen zu sehen. Der erste Rang war gewöhnlich garnirt von polnischen Schönen, die, Blume an Blume gedrängt, heiter beysammen saßen, und vom Parterre aus den herrlichsten Anblick gewährten.

Von Antiquitäten der Stadt Posen und des Großherzogthums überhaupt will ich Ihnen nichts schreiben, da sich jetzt ein weit erfahrenerer Alterthumsforscher, als ich bin, damit beschäftigt, und gewiß bald dem Publikum viel

Interessantes darüber mittheilen wird. Dieser ist der hiesige Professor Maximilian Schottky, der sechs Jahre, in Auftrag unserer Regierung, in Wien zubrachte, um dort deutsche Geschichts- und Sprach-Urkunden zu sammeln. Angetrieben von einem jugendlichen Enthousiasmus für diese Gegenstände, und dabey unterstützt von den gründlichsten gelehrten Kenntnissen, hat Professor Schottky eine literarische Ausbeute mitgebracht, die der deutsche Alterthumsforscher als unschätzbar betrachten kann. Mit einem beyspiellosen Fleiße und einer rastlosen Thätigkeit muß derselbe in Wien gearbeitet haben, da er nicht weniger als sechs und dreyßig dicke, und zwar sehr dicke, und fast sämmtlich schön geschriebene Quartbände Manuskript von dort mitgebracht hat. Außer ganzen Abschriften altdeutscher Gedichte, die gut gewählt und für die Berliner und Breslauer Bibliothek bestimmt sind, enthalten diese Bände auch viele zur Herausgabe schon fertige, große, meistens historische Gedichte und Dichterblüthen des 13ten Jahrhunderts, alle durch Sach- und Sprach-Erklärungen und Handschriften-Vergleichungen gründlich bearbeitet; hiernächst enthalten diese Bände prosaische Auflösungen von einigen Gedichten, die größtentheils dem Sagenkreise des König Arthus angehören, und auch die größere Lesewelt ansprechen können; ferner viele mit Scharfsinn und Umsicht entworfene Zusammenstellungen aus gedruckten und ungedruckten Denkmalen, deren Ueberschriften den meisten und wichtigsten Lebensverhältnissen im ganzen Mittelalter zur Bezeichnung dienen; dann enthalten diese Bände rein geschichtliche Urkunden, worunter eine in den Hauptheilen vollständige Abschrift der Gedenk-Bücher des Kaisers Maximilian I. von 1494–1508, drey starke Quartbände füllend, und eine Sammlung alter Urkunden, aus späterer Zeit, am wichtigsten sind, weil erstere das Leben des großen Kaisers und den Geist seiner Zeit so treu beleuchten, und letztere, die mit der alten Orthographie genau abgeschrieben sind, über viele Familienverhältnisse des östreichischen Hauses Licht verbreiten, und nicht jedem zugänglich sind, dem nicht, wie dem Professor Schottky, aus besonderer Gunst die Archive geöffnet werden. Endlich enthalten diese Bände über anderthalbtausend Lieder, aus alten, verschollenen Sammlungen, aus seltenen fliegenden Blättern, und aus dem Munde des Volkes niedergeschrieben: Materialien zur Geschichte der östreichischen Dichtkunst, dahin einschlagende Lieder und größere Gedichte, Auszüge seltener Werke, interessante mündliche Sagen, Volkssprüche, durchgezeichnete Schriftzüge der östreichischen Fürsten, eine Menge Hexenprozesse in Original-Akten, Nachrichten über Kinderleben, Sitten, Feste und Gebräuche in Oestreich, und eine Menge anderer sehr wichtiger und manchmal wunderlicher Notizen. Zwar von tiefer Kenntniß des Mittelalters und inniger Vertrautheit mit dem Geiste desselben zeugen die oben erwähnten sinnreichen Zusammenstellungen unter verschiedene Rubriken; aber dieses Verfahren entstammt doch eigentlich den Fehlgriffen der Breslauer Schule, welcher Professor Schottky angehört. Nach meiner Ansicht geht die Erkenntniß des ganzen geistigen Lebens im Mittelalter verloren, wenn man seine einzelne Momente in ein bestimmtes Fachwerk einregistrirt; – wie sehr schön und bequem es auch für das größere Publikum seyn mag, wenn man, wie in Schottkys Zusammenstellungen meistens der Fall ist, z. B. unter der Rubrik Ritterthum gleich Alles beysammen findet, was auf Erziehung, Leben, Waffen, Festspiele und andere Angelegenheiten der Ritter Bezug hat; wenn man unter der Frauen-Rubrik alle möglichen Dichter-Fragmente und Notizen beysammen findet, die sich auf das Leben der Frauen im Mittelalter beziehen; wenn dieses eben so der Fall ist bey Jagd, Liebe, Glaube u.s.w. Ueber den Glauben im Mittelalter giebt Professor Schottky (bey Marx in Breslau) nächstens ein Werk heraus, betitelt: »Gott, Christus und Maria.« In der »Zeitschrift für Vergangenheit und Gegenwart« welche Professor Schottky nächstes Jahr (bey Munk in Posen) herausgiebt, werden wir von ihm gewiß viele der schätzbarsten Aufsätze über das Mittelalter und herrliche Resultate seiner Forschungen erhalten, obschon diese Zeitschrift auch einen großen Theil der allergegenwärtigsten Gegenwart umfassen, und zunächst eine literarische Verbindung Ostdeutschlands mit Süd- und Westdeutschland bezwecken soll. Es ist dennoch sehr zu bedauern, daß dieser Gelehrte auf einem Platze lebt, wo ihm die Hülfsmittel fehlen zur Bearbeitung und Herausgabe seiner reichen Materialien-Sammlung. In Posen ist keine Bibliothek; wenigstens keine, die diesen Namen verdiente. Auf der Allee hier, die Berliner Linden in Miniatur, wird jetzt eine Bibliothek gebaut, und, wenn sie fertig ist, mit Büchern allmählig versehen werden, und es wäre schlimm, wenn die Schottkyschen Sammlungen so lange unbearbeitet und dem größern Publikum unzugänglich bleiben müßten. Außerdem muß man im wirklichen Deutschlande leben, wenn man mit einer Arbeit beschäftigt ist, die ein gänzliches Versenken in deutschen Geist und deutsches Wesen nothwendig erfordert. Den deutschen Alterthumsforscher müssen deutsche Eichen umrauschen. Es ist zu befürchten, daß der heiße Enthousiasmus für das Deutsche sich in der sarmatischen Luft abkühle oder verflüchtige. Möge der wackere Schottky jene äußern Anregungen nie entbehren, ohne welche keine ungewöhnliche Arbeit gedeihen kann. Es betrifft diese eine unserer heiligsten und wichtigsten Angelegenheiten, unsere Geschichte. Das Interesse für dieselbe ist zwar jetzt nicht sonderlich rege im Volke. Es ist sogar der Fall, daß gegenwärtig das Studium altdeutscher Kunst und Geschichts-Denkmale im Allgemeinen übel accreditirt ist; eben weil es vor mehreren Jahren als Mode getrieben wurde, weil der Schneider-Patriotismus sich damit breit machte, und weil unberufene Freunde ihm mehr geschadet, als die bittersten Feinde. Möge bald die Zeit kommen, wo man auch dem Mittelalter sein Recht widerfahren läßt, wo kein alberner Apostel seichter Aufklärung ein Inventarium der Schatten-Partieen des großen Gemäldes verfertigt, um seiner lieben Lichtzeit dadurch ein Compliment zu machen; wo kein gelehrter Schulknabe Parallelen zieht zwischen dem Cöllner Dom und dem Pantheon, zwischen dem »Nibelungen-Lied« und der »Odyssee«, wo man die Mittelalter-Herrlichkeiten aus ihrem organischen Zusammenhange erkennt, und nur mit sich selbst vergleicht und das Nibelungen-Lied einen versifizirten Dom und den Cöllner Dom einst einernes Nibelungen-Lied nennt.

Reisebilder.

Erster Theil.

Die Harzreise.

1824.

Nichts ist dauernd, als der Wechsel; nichts beständig, als der Tod. Jeder Schlag des Herzens schlägt uns eine Wunde, und das Leben wäre ein ewiges Verbluten, wenn nicht die Dichtkunst wäre. Sie gewährt uns, was uns die Natur versagt: eine goldene Zeit, die nicht rostet, einen Frühling, der nicht abblüht, wolkenloses Glück und ewige Jugend.

Börne.

Schwarze Röcke, seid'ne Strümpfe,
Weiße, höfliche Manschetten,
Sanfte Reden, Embrassiren –
Ach, wenn sie nur Herzen hätten!

Herzen in der Brust, und Liebe,
Warme Liebe in dem Herzen –
Ach, mich tödtet ihr Gesinge
Von erlog'nen Liebesschmerzen.

Auf die Berge will ich steigen,
Wo die frommen Hütten stehen,
Wo die Brust sich frey erschließet,
Und die freyen Lüfte wehen.

Auf die Berge will ich steigen,
Wo die dunkeln Tannen ragen,
Bäche rauschen, Vögel singen,
Und die stolzen Wolken jagen.

Lebet wohl, Ihr glatten Säle,
Glatte Herren! Glatte Frauen!
Auf die Berge will ich steigen,
Lachend auf Euch niederschauen.

Die Stadt Göttingen, berühmt durch ihre Würste und Universität, gehört dem Könige von Hannover, und enthält 999 Feuerstellen, diverse Kirchen, eine Entbindungsanstalt, eine Sternwarte, einen Karzer, eine Bibliothek und einen Rathskeller, wo das Bier sehr gut ist. Der vorbeyfließende Bach heißt »die Leine«, und dient des Sommers zum Baden; das Wasser ist sehr kalt und an einigen Orten so breit, daß Lüder wirklich einen großen Anlauf nehmen mußte, als er hinüber sprang. Die Stadt selbst ist schön, und gefällt einem am besten, wenn man sie mit dem Rücken ansieht. Sie muß schon sehr lange stehen; denn ich erinnere mich, als ich vor fünf Jahren dort immatrikulirt und bald darauf konsiliirt wurde, hatte sie schon dasselbe graue, altkluge Ansehen, und war schon vollständig eingerichtet mit Schnurren, Pudeln, Dissertazionen, Theedansants, Wäscherinnen, Compendien, Taubenbraten, Guelfenorden, Promozionskutschen, Pfeifenköpfen, Hofräthen, Justizräthen, Relegazionsräthen, Profaxen und anderen Faxen. Einige behaupten sogar, die Stadt sey zur Zeit der Völkerwanderung erbaut worden, jeder deutsche Stamm habe damals ein ungebundenes Exemplar seiner Mitglieder darin zurückgelassen, und davon stammten all die Vandalen, Friesen, Schwaben, Teutonen, Sachsen, Thüringer u. s. w., die noch heut zu Tage in Göttingen, hordenweis, und geschieden durch Farben der Mützen und der Pfeifenquäste, über die Weenderstraße einherziehen, auf den blutigen Wahlstätten der Rasenmühle, des Ritschenkrugs und Bovdens sich ewig unter einander herumschlagen, in Sitten und Gebräuchen noch immer wie zur Zeit der Völkerwanderung dahinleben, und theils durch ihre Duces, welche Haupthähne heißen, theils durch ihr uraltes Gesetzbuch, welches Comment heißt und in den *legibus barbarorum* eine Stelle verdient, regiert werden.

Im Allgemeinen werden die Bewohner Göttingens eingetheilt in Studenten, Professoren, Philister und Vieh; welche vier Stände doch nichts weniger als streng geschieden sind. Der Viehstand ist der bedeutendste. Die Namen aller Studenten und aller ordentlichen und unordentlichen Professoren hier herzuzählen, wäre zu weitläuftig; auch sind mir in diesem Augenblick nicht alle Studentennamen im Gedächtnisse, und unter den Professoren sind manche, die noch gar keinen Namen haben. Die Zahl der göttinger Philister muß sehr groß seyn, wie Sand, oder besser gesagt, wie Koth am Meer; wahrlich, wenn ich sie des Morgens, mit ihren schmutzigen Gesichtern und weißen Rechnungen, vor den Pforten des akademischen Gerichtes aufgepflanzt sah, so mochte ich kaum begreifen, wie Gott nur so viel Lumpenpack erschaffen konnte.

Ausführlicheres über die Stadt Göttingen läßt sich sehr bequem nachlesen in der Topographie derselben von K. F. H. Marx. Obzwar ich gegen den Verfasser, der mein Arzt war und mir viel Liebes erzeigte, die heiligsten Verpflichtungen hege, so kann ich doch sein Werk nicht unbedingt empfehlen, und ich muß tadeln, daß er jener falschen Meinung, als hätten die Göttingerinnen allzugroße Füße, nicht streng genug widerspricht. Ja, ich habe mich sogar seit Jahr und Tag mit einer ernsten Widerlegung dieser Meinung beschäftigt, ich habe deßhalb vergleichende Anatomie gehört, die seltensten Werke auf der Bibliothek excerpirt, auf der Weenderstraße stundenlang die Füße der vorübergehenden Damen studiert, und in der grundgelehrten Abhandlung, so die Resultate dieser Studien enthalten wird, spreche ich 1⁰ von den Füßen überhaupt, 2⁰ von den Füßen bey den Alten, 3⁰ von den Füßen der Elephanten, 4⁰ von den Füßen der Göttingerinnen, 5⁰ stelle ich Alles zusammen, was über diese Füße auf Ullrichs Garten schon gesagt worden, 6⁰ betrachte ich diese Füße in ihrem Zusammenhang, und verbreite mich bey dieser Gelegenheit auch über Waden, Knie u. s. w., und endlich 7⁰, wenn ich nur so großes Papier auftreiben kann, füge ich noch hinzu einige Kupfertafeln mit dem Facsimile göttingischer Damenfüße. –

Es war noch sehr früh, als ich Göttingen verließ, und der gelehrte ** lag gewiß noch im Bette und träumte wie gewöhnlich: er wandle in einem schönen Garten, auf dessen Beeten lauter weiße, mit Citaten beschriebene Papierchen wachsen, die im Sonnenlichte lieblich glänzen, und von denen er hier und da mehrere pflückt, und mühsam in ein neues Beet verpflanzt, während die Nachtigallen mit ihren süßesten Tönen sein altes Herz erfreuen.

Vor dem Weender Thore begegneten mir zwey eingeborne kleine Schulknaben, wovon der Eine zum Andern sagte: »Mit dem Theodor will ich gar nicht mehr umgehen, er ist ein Lumpenkerl, denn gestern wußte er nicht mahl wie der Genitiv von *Mensa* heißt«. So unbedeutend diese Worte klingen, so muß ich sie doch wieder erzählen, ja, ich möchte sie als Stadt-Motto gleich auf das Thor schreiben lassen; denn die Jungen piepen, wie die Alten pfeifen, und jene Worte bezeichnen ganz den engen, trocknen Notizenstolz der hochgelahrten Georgia Augusta.

Auf der Chaussee wehte frische Morgenluft, und die Vögel sangen gar freudig, und auch mir wurde allmählig wieder frisch und freudig zu Muthe. Eine solche Erquickung that Noth. Ich war die letzte Zeit nicht aus dem Pandektenstall herausgekommen, römische Casuisten hatten mir den Geist wie mit einem grauen Spinnweb überzogen, mein Herz war wie eingeklemmt zwischen den eisernen Paragraphen selbstsüchtiger Rechtssysteme, beständig klang es mir noch in den Ohren wie »Tribonian, Justinian, Hermogenian und Dummerjahn«, und ein zärtliches Liebespaar, das unter einem Baume saß, hielt ich gar für eine Corpusjuris-Ausgabe mit verschlungenen Händen. Auf der Landstraße fing es an lebendig zu werden. Milchmädchen zogen vorüber; auch Eseltreiber mit ihren grauen Zöglingen. Hinter Weende begegneten mir der Schäfer und Doris. Dieses ist nicht das idyllische Paar, wovon Geßner singt, sondern es sind wohlbestallte Universitätspedelle, die wachsam aufpassen müssen, daß sich keine Studenten in Bovden duelliren, und daß keine neue Ideen, die noch immer einige Dezennien vor Göttingen Quarantaine halten müssen, von einem spekulirenden Privatdozenten eingeschmuggelt werden. Schäfer grüßte mich sehr kollegialisch; denn er ist ebenfalls Schriftsteller, und hat meiner in seinen halbjährigen Schriften oft erwähnt; wie er mich denn auch außerdem oft citirt hat, und, wenn er mich nicht zu Hause fand, immer so gütig war, die Citation mit Kreide auf meine Stubenthür zu schreiben. Dann und wann rollte auch ein Einspänner vorüber, wohlbepackt mit Studenten, die für die Ferienzeit, oder auch für immer wegreisten. In solch einer Universitätsstadt ist ein beständiges Kommen und Abgehen, alle drey Jahre findet man dort eine neue Studentengenerazion, das ist ein ewiger Menschenstrom, wo eine Semesterwelle die andere fortdrängt, und nur die alten Professoren bleiben stehen in dieser allgemeinen Bewegung, unerschütterlich fest, gleich den Pyramiden Egyptens – nur daß in diesen Universitätspyramiden keine Weisheit verborgen ist.

Aus den Myrtenlauben bey Rauschenwasser sah ich zwey hoffnungsvolle Jünglinge hervorreiten. Ein Weibsbild, das dort sein horizontales Handwerk treibt, gab ihnen bis auf die Landstraße das Geleit, klätschelte mit geübter Hand die mageren Schenkel der Pferde, lachte laut auf, als der eine Reuter ihr hinten, auf die breite Spontaneität einige Galanterien mit der Peitsche überlangte, und schob sich alsdann gen Bovden. Die Jünglinge aber jagten nach Nörten, und johlten gar geistreich, und sangen gar lieblich das Rossinische Lied: »Trink Bier, liebe, liebe Lise!« Diese Töne hörte ich noch lange in der Ferne; doch die holden Sänger selbst verlor ich bald völlig aus dem Gesichte, sintemal sie ihre Pferde, die im Grunde einen deutsch langsamen Charakter zu haben schienen, gar entsetzlich anspornten und vorwärtspeitschten. Nirgends wird die Pferdeschinderey stärker getrieben als in Göttingen, und oft, wenn ich sah, wie solch eine schweißtriefende, lahme Kracke, für das bischen Lebensfutter, von unsern Rauschenwasserrittern abgequält ward, oder wohl gar einen ganzen Wagen voll Studenten fortziehen mußte, so dachte ich auch: »O du armes Thier, gewiß haben deine Voreltern im Paradiese verbotenen Hafer gefressen!«

Im Wirthshause zu Nörten traf ich die beiden Jünglinge wieder. Der eine verzehrte einen Heringsalat, und der andere unterhielt sich mit der gelbledernen Magd, Fusia Canina, auch Trittvogel genannt. Er sagte ihr einige Anständigkeiten, und am Ende wurden sie Handgemein. Um meinen Ranzen zu erleichtern, nahm ich die eingepackten blauen Hosen, die in geschichtlicher Hinsicht sehr merkwürdig sind, wieder heraus und schenkte sie dem kleinen Kellner, den man Colibri nennt. Die Bussenia, die alte Wirthinn, brachte mir unterdessen ein Butterbrod, und beklagte sich, daß ich sie jetzt so selten besuche; denn sie liebt mich sehr.

Hinter Nörten stand die Sonne hoch und glänzend am Himmel. Sie meinte es recht ehrlich mit mir und erwärmte mein Haupt, daß alle unreife Gedanken darin zur Vollreife kamen. Die liebe Wirthshaussonne in Nordheim ist auch nicht zu verachten; ich kehrte hier ein, und fand das Mittagessen schon fertig. Alle Gerichte waren schmackhaft zubereitet, und wollten mir besser behagen, als die abgeschmackten akademischen Gerichte, die salzlosen, ledernen Stockfische mit ihrem alten Kohl, die mir in Göttingen vorgesetzt wurden.

Nachdem ich meinen Magen etwas beschwichtigt hatte, bemerkte ich in derselben Wirthsstube einen Herrn mit zwey Damen, die im Begriff waren abzureisen. Dieser Herr war ganz grün gekleidet, trug sogar eine grüne Brille, die auf seine rothe Kupfernase einen Schein wie Grünspan warf, und sah aus, wie der König Nebukadnezar in seinen spätern Jahren ausgesehen hat, als er, der Sage nach, gleich einem Thiere des Waldes, nichts als Salat aß. Der Grüne wünschte, daß ich ihm ein Hotel in Göttingen empfehlen möchte, und ich rieth ihm, dort von dem ersten besten Studenten das Hotel de Brühbach zu erfragen. Die eine Dame war die Frau Gemahlin, eine gar große, weitläuftige Dame, ein rothes Quadratmeilen-Gesicht mit Grübchen in den Wangen, die wie Spucknäpfe für Liebesgötter aussahen, ein langfleischig herabhängendes Unterkinn, das eine schlechte Fortsetzung des Gesichtes zu seyn schien, und ein hochaufgestapelter Busen, der mit steifen Spitzen und vielzackig festonirten Krägen, wie mit Thürmchen und Bastionen umbaut war. Die andere Dame, die Frau Schwester, bildete ganz den Gegensatz der eben beschriebenen. Stammte jene von Pharaos fetten Kühen, so stammte diese von den magern. Das Gesicht nur ein Mund zwischen zwey Ohren, die Brust trostlos öde, wie die Lüneburger Haide; die ganze ausgekochte Gestalt glich einem Freytisch für arme Theologen. Beide Damen fragten mich zu gleicher Zeit: ob im Hotel de Brühbach auch ordentliche Leute logirten. Ich bejahte es mit gutem Gewissen, und als das holde Kleeblatt abfuhr, grüßte ich nochmals zum Fenster hinaus. Der Sonnenwirth lächelte gar schlau und mochte wohl wissen, daß der Carzer von den Studenten in Göttingen Hotel de Brühbach genannt wird.

Hinter Nordheim wird es schon gebirgig und hier und da treten schöne Anhöhen hervor. Auf dem Wege traf ich meistens Krämer, die nach der Braunschweiger Messe zogen, auch einen Schwarm Frauenzimmer, deren jede ein großes, fast häuserhohes, mit weißem Leinen überzogenes Behältniß auf dem Rücken trug. Darin saßen allerley eingefangene Singvögel, die beständig piepsten und zwitscherten, während ihre Trägerinnen lustig dahinhüpften und schwatzten. Mir kam es gar närrisch vor, wie so ein Vogel den andern zu Markte trägt.

In pechdunkler Nacht kam ich an zu Osterode. Es fehlte mir der Appetit zum Essen, und ich legte mich gleich zu Bette. Ich war müde wie ein Hund und schlief wie ein Gott. Im Traume kam ich wieder nach Göttingen zurück, und zwar nach der dortigen Bibliothek. Ich stand in einer Ecke des juristischen Saals, durchstöberte alte Dissertazionen, vertiefte mich im Lesen, und als ich aufhörte, bemerkte ich zu meiner Verwunderung, daß es Nacht war, und herabhängende Kristall-Leuchter den Saal erhellten. Die nahe Kirchenglocke schlug eben zwölf, die Saalthüre öffnete sich langsam, und herein trat eine stolze, gigantische Frau, ehrfurchtsvoll begleitet von den Mitgliedern und Anhängern der juristischen Facultät. Das Riesenweib, obgleich schon bejahrt, trug dennoch im Antlitz die Züge einer strengen Schönheit, jeder ihrer Blicke verrieth die hohe Titaninn, die gewaltige Themis. Schwert und Wage hielt sie nachlässig zusammen in der einen Hand, in der andern hielt sie eine Pergamentrolle, zwey junge *Doctores juris* trugen die Schleppe ihres grau verblichenen Gewandes; an ihrer rechten Seite sprang windig hin und her der dünne Hofrath Rusticus, der Lykurg Hannovers, und deklamirte aus seinem neuen Gesetzentwurf; an ihrer linken Seite humpelte, gar galant und wohlgelaunt, ihr *Cavaliere servente*, der geheime Justizrath Cujacius, und riß beständig juristische Witze, und lachte selbst darüber so herzlich, daß sogar die ernste Göttinn sich mehrmals lächelnd zu ihm herabbeugte, mit der großen Pergamentrolle ihm auf die Schulter klopfte, und freundlich flüsterte: »Kleiner, loser Schalk, der die Bäume von oben herab beschneidet!« Jeder von den übrigen Herren trat jetzt ebenfalls näher und hatte etwas hin zu bemerken und hin zu lächeln, etwa ein neu ergrübeltes Systemchen, oder Hypotheschen, oder ähnliches Mißgebürtchen des eigenen Köpfchens. Durch die geöffnete Saalthüre traten auch noch mehrere fremde Herren herein, die sich als die andern großen Männer des illustren Ordens kund gaben, meistens eckige, lauernde Gesellen, die mit breiter Selbstzufriedenheit gleich drauf los definirten und distinguirten und über jedes Titelchen eines Pandektentitels disputirten. Und immer kamen noch neue Gestalten herein, alte Rechtsgelehrten, in verschollenen Trachten, mit weißen Allongeperucken und längst vergessenen Gesichtern, und sehr erstaunt, daß man sie, die Hochberühmten des verflossenen Jahrhunderts, nicht sonderlich regardirte; und diese stimmten nun ein, auf ihre Weise, in das allgemeine Schwatzen und Schrillen und Schreyen, das, wie Meeresbrandung, immer verwirrter und lauter, die hohe Göttinn umrauschte, bis diese die Geduld verlor, und in einem Tone des entsetzlichsten Riesenschmerzes plötzlich aufschrie: »Schweigt! schweigt! ich höre die Stimme des theuren Prometheus, die höhnende Kraft und die stumme Gewalt schmieden

den Schuldlosen an den Marterfelsen, und all Euer Geschwätz und Gezänke kann nicht seine Wunden kühlen und seine Fesseln zerbrechen!« So rief die Göttinn, und Thränenbäche stürzten aus ihren Augen, die ganze Versammlung heulte wie von Todesangst ergriffen, die Decke des Saales krachte, die Bücher taumelten herab von ihren Brettern, vergebens trat der alte Münchhausen aus seinem Rahmen hervor, um Ruhe zu gebieten, es tobte und kreischte immer wilder, – und fort, aus diesem drängenden Tollhauslärm rettete ich mich in den historischen Saal, nach jener Gnadenstelle, wo die heiligen Bilder des belvederischen Apolls und der mediceischen Venus neben einander stehen, und ich stürzte zu den Füßen der Schönheitsgöttinn, in ihrem Anblick vergaß ich all das wüste Treiben, dem ich entronnen, meine Augen tranken entzückt das Ebenmaß und die ewige Lieblichkeit ihres hochgebenedeiten Leibes, griechische Ruhe zog durch meine Seele, und über mein Haupt, wie himmlischen Segen, goß seine süßesten Lyraklänge Phöbus Apollo.

Erwachend hörte ich noch immer ein freundliches Klingen. Die Heerden zogen auf die Weide, und es läuteten ihre Glöckchen. Die liebe, goldene Sonne schien durch das Fenster und beleuchtete die Schildereyen an den Wänden des Zimmers. Es waren Bilder aus dem Befreyungskriege, worauf treu dargestellt stand, wie wir alle Helden waren, dann auch Hinrichtungs-Scenen aus der Revoluzionszeit, Ludwig XVI. auf der Guillotine, und ähnliche Kopfabschneidereyen, die man gar nicht ansehen kann, ohne Gott zu danken, daß man ruhig im Bette liegt, und guten Kaffee trinkt und den Kopf noch so recht comfortabel auf den Schultern sitzen hat.

Nachdem ich Kaffee getrunken, mich angezogen, die Inschriften auf den Fensterscheiben gelesen, und alles im Wirthshause berichtigt hatte, verließ ich Osterode.

Diese Stadt hat so und so viel Häuser, verschiedene Einwohner, worunter auch mehrere Seelen, wie in Gottschalcks »Taschenbuch für Harzreisende« genauer nachzulesen ist. Ehe ich die Landstraße einschlug, bestieg ich die Trümmer der uralten Osteroder Burg. Sie bestehen nur noch aus der Hälfte eines großen, dickmaurigen, wie von Krebsschäden angefressenen Thurms. Der Weg nach Clausthal führte mich wieder bergauf, und von einer der ersten Höhen schaute ich nochmals hinab in das Thal, wo Osterode mit seinen rothen Dächern aus den grünen Tannenwäldern hervor guckt, wie eine Moosrose. Die Sonne gab eine gar liebe, kindliche Beleuchtung. Von der erhaltenen Thurmhälfte erblickt man hier die imponirende Rückseite.

Nachdem ich eine Strecke gewandert, traf ich zusammen mit einem reisenden Handwerksburschen, der von Braunschweig kam und mir als ein dortiges Gerücht erzählte: der junge Herzog sey auf dem Wege nach dem gelobten Lande von den Türken gefangen worden, und könne nur gegen ein großes Lösegeld frey kommen. Die große Reise des Herzogs mag diese Sage veranlaßt haben. Das Volk hat noch immer den tradizionell fabelhaften Ideengang, der sich so lieblich ausspricht in seinem »Herzog Ernst«. Der Erzähler jener Neuigkeit war ein Schneidergesell, ein niedlicher, kleiner junger Mensch, so dünn, daß die Sterne durchschimmern konnten, wie durch Ossians Nebelgeister, und im Ganzen eine volksthümlich barocke Mischung von Laune und Wehmuth. Dieses äußerte sich besonders in der drollig rührenden Weise, womit er das wunderbare Volkslied sang: »Ein Käfer auf dem Zaune saß, summ, summ!« Das ist schön bey uns Deutschen; Keiner ist so verrückt, daß er nicht einen noch Verrückteren fände, der ihn versteht. Nur ein Deutscher kann jenes Lied nachempfinden, und sich dabey todtlachen und todtweinen. Wie tief das Goethesche Wort ins Leben des Volks gedrungen, bemerkte ich auch hier. Mein dünner Weggenosse trillerte ebenfalls zuweilen vor sich hin: »Leidvoll und freudvoll, Gedanken sind frey!« Solche Corrupzion des Textes ist beym Volke etwas Gewöhnliches. Er sang auch ein Lied, wo »Lottchen bey dem Grabe ihres Werthers« trauert. Der Schneider zerfloß vor Sentimentalität bey den Worten: »Einsam wein' ich an der Rosenstelle, wo uns oft der späte Mond belauscht! Jammernd irr' ich an der Silberquelle, die uns lieblich Wonne zugerauscht.« Aber bald darauf ging er in Muthwillen über, und erzählte mir: »Wir haben einen Preußen in der Herberge zu Cassel, der eben solche Lieder selbst macht; er kann keinen seligen Stich nähen; hat er einen Groschen in der Tasche, so hat er für zwey Groschen Durst, und wenn er im Thran ist, hält er den Himmel für ein blaues Camisol, und weint wie eine Dachtraufe, und singt ein Lied mit der doppelten Poesie!« Von letzterem Ausdruck wünschte ich eine Erklärung, aber mein Schneiderlein, mit seinen Ziegenhainer Beinchen, hüpfte hin und her und rief beständig: »Die doppelte Poesie ist die doppelte Poesie!« Endlich brachte ich es heraus, daß er doppelt gereimte Gedichte, namentlich Stanzen im Sinne hatte. – Unterdeß, durch die große Bewegung und durch den contrairen Wind, war der Ritter von der Nadel sehr müde geworden. Er machte freylich noch einige große Anstalten zum Gehen und bramarbasirte: »Jetzt will ich den Weg zwischen die Beine nehmen!« Doch bald klagte er, daß er sich Blasen unter die Füße gegangen, und die Welt viel zu weitläuftig sey; und endlich, bey einem Baumstamme, ließ er sich sachte niedersinken, bewegte sein zartes Häuptlein wie ein betrübtes Lämmerschwänzchen, und wehmüthig lächelnd rief er: »Da bin ich armes Schindluderchen schon wieder marode!«

Die Berge wurden hier noch steiler, die Tannenwälder wogten unten wie ein grünes Meer, und am blauen Himmel oben schifften die weißen Wolken. Die Wildheit der Gegend war durch ihre Einheit und Einfachheit gleichsam gezähmt. Wie ein guter Dichter, liebt die Natur keine schroffen Uebergänge. Die Wolken, so bizarr gestaltet sie auch zuweilen erscheinen, tragen ein weißes, oder doch ein mildes, mit dem blauen Himmel und der grünen Erde harmonisch correspondirendes Colorit, so daß alle Farben einer Gegend wie leise Musik in einander schmelzen, und jeder Naturanblick krampfstillend und gemüthberuhigend wirkt. – Der selige Hoffmann würde die Wolken buntscheckig bemalt haben. – Eben wie ein großer Dichter, weiß die Natur auch mit den wenigsten Mitteln die größten Effekte hervor zu bringen. Da sind nur eine Sonne, Bäume, Blumen, Wasser und Liebe. Freylich, fehlt letztere im Herzen des Beschauers, so mag das Ganze wohl einen schlechten Anblick gewähren, und die Sonne hat dann bloß so und so viel Meilen im Durchmesser, und die Bäume sind gut zum Einheizen, und die Blumen werden nach den Staubfäden classifizirt, und das Wasser ist naß.

Ein kleiner Junge, der für seinen kranken Oheim im Walde Reisig suchte, zeigte mir das Dorf Lerbach, dessen kleine Hütten, mit grauen Dächern, sich über eine halbe Stunde durch das Thal hinziehen. »Dort«, sagte er, »wohnen dumme Kropfleute und weiße Mohren«, – mit letzterem Namen werden die Albinos vom Volke benannt. Der kleine Junge stand mit den Bäumen in gar eigenem Einverständniß; er grüßte sie wie gute Bekannte, und sie schienen rauschend seinen Gruß zu erwiedern. Er pfiff wie ein Zeisig, ringsum anworteten zwitschernd die andern Vögel, und ehe ich mich dessen versah, war er mit seinen nackten Füßchen und seinem Bündel Reisig ins Walddickigt fortgesprungen. Die Kinder, dacht' ich, sind jünger als wir, können sich noch erinnern, wie sie ebenfalls Bäume oder Vögel waren, und sind also noch im Stande, dieselben zu verstehen; unsereins aber ist schon alt und hat zu viel Sorgen, Jurisprudenz und schlechte Verse im Kopf. Jene Zeit, wo es anders war, trat mir bey meinem Eintritt in Clausthal wieder recht lebhaft ins Gedächtniß. In dieses nette Bergstädtchen, welches man nicht früher erblickt, als bis man davor steht, gelangte ich, als eben die Glocke zwölf schlug und die Kinder jubelnd aus der Schule kamen. Die lieben Knaben, fast alle rothbäckig, blauäugig und flachshaarig, sprangen und jauchzten, und weckten in mir die wehmüthig heitere Erinnerung, wie ich einst selbst, als ein kleines Bübchen, in einer dumpfkatholischen Klosterschule zu Düsseldorf den ganzen lieben Vormittag von der hölzernen Bank nicht aufstehen durfte, und so viel Latein, Prügel und Geographie ausstehen mußte, und dann ebenfalls unmäßig jauchzte und jubelte, wenn die alte Franziskanerglocke endlich zwölf schlug. Die Kinder sahen an meinem Ranzen, daß ich ein Fremder sey, und grüßten mich recht gastfreundlich. Einer der Knaben erzählte mir, sie hätten eben Religionsunterricht gehabt, und er zeigte mir den Königl. Hannöv. Katechismus, nach welchem man ihnen das Christenthum abfragt. Dieses Büchlein war sehr schlecht gedruckt, und ich fürchte, die Glaubenslehren machen dadurch schon gleich einen unerfreulich löschpapierigen Eindruck auf die Gemüther der Kinder; wie es mir denn auch erschrecklich mißfiel, daß das Ein-mal-Eins, welches doch mit der heiligen Dreyheitslehre bedenklich collidirt, im Katechismus selbst, und zwar auf dem letzten Blatte desselben, abgedruckt ist, und die Kinder dadurch schon frühzeitig zu sündhaften Zweifeln verleitet werden können. Da sind wir im Preußischen viel klüger, und bey unserem Eifer zur Bekehrung jener Leute, die sich so gut aufs Rechnen verstehen, hüten wir uns wohl, das Ein-mal-Eins hinter dem Katechismus abdrucken zu lassen.

In der »Krone« zu Clausthal hielt ich Mittag. Ich bekam frühlingsgrüne Petersiliensuppe, veilchenblauen Kohl, einen Kalbsbraten, groß wie der Chimborasso in Miniatur, so wie auch eine Art geräucherter Heringe, die Bückinge heißen, nach dem Namen ihres Erfinders, Wilhelm Bücking, der 1447 gestorben, und um jener Erfindung willen von Carl V. so verehrt wurde, daß derselbe *anno* 1556 von Middelburg nach Bievlied in Seeland reiste, bloß um dort das Grab dieses großen Mannes zu sehen. Wie herrlich schmeckt doch solch ein Gericht, wenn man die historischen Notizen dazu weiß und es selbst verzehrt! Nur der Kaffee nach Tische wurde mir verleidet, indem sich ein junger Mensch diskursirend zu mir setzte und so entsetzlich schwadronirte, daß die Milch auf dem Tische sauer wurde. Es war ein junger Handlungsbeflissener mit fünf und zwanzig bunten Westen und eben so viel goldenen Petschaften, Ringen, Brustnadeln u. s. w. Er sah aus wie ein Affe, der eine rothe Jacke angezogen hat und nun zu sich selber sagt: Kleider machen Leute. Eine ganze Menge Charaden wußte er auswendig, so wie auch Anekdoten, die er immer da anbrachte, wo sie am wenigsten paßten. Er fragte mich, was es in Göttingen Neues gäbe, und ich erzählte ihm: daß vor meiner Abreise von dort ein Decret des akademischen Senats erschienen, worin bey drey Thaler Strafe verboten wird, den Hunden die Schwänze abzuschneiden, indem die tollen Hunde in den Hundstagen die Schwänze zwischen den Beinen tragen, und man sie dadurch von den Nichttollen unterscheidet, was doch nicht geschehen könnte, wenn sie gar keine Schwänze haben. – Nach Tische machte ich mich auf den Weg, die Gruben, die Silberhütten und die Münze zu besuchen.

In den Silberhütten habe ich, wie oft im Leben, den Silberblick verfehlt. In der Münze traf ich es schon besser, und konnte zusehen, wie das Geld gemacht wird. Freylich, weiter hab' ich es auch nie bringen können. Ich hatte bey solcher Gelegenheit immer das Zusehen, und ich glaube, wenn mahl die Thaler vom Himmel herunter regneten, so bekäme ich davon nur Löcher in den Kopf, während die Kinder Israel die silberne Manna mit lustigem Muthe einsammeln würden. Mit einem Gefühle, worin gar komisch Ehrfurcht und Rührung gemischt waren, betrachtete ich die neugebornen, blanken Thaler, nahm einen, der eben vom Prägstocke kam, in die Hand, und sprach zu ihm: junger Thaler! welche Schicksale erwarten dich! wie viel Gutes und wie viel Böses wirst du stiften! wie wirst du das Laster beschützen und die Tugend flicken, wie wirst du geliebt und dann wieder verwünscht werden! wie wirst du schwelgen, kuppeln, lügen und morden helfen! wie wirst du rastlos umherirren, durch reine und schmutzige Hände, jahrhundertelang, bis du endlich, schuldbeladen und sündenmüd, versammelt wirst zu den Deinen im Schooße Abrahams, der dich einschmelzt und läutert und umbildet zu einem neuen besseren Seyn.

Das Befahren der zwey vorzüglichsten Clausthaler Gruben, der »Dorothea« und »Carolina«, fand ich sehr interessant, und ich muß ausführlich davon erzählen.

Eine halbe Stunde vor der Stadt gelangt man zu zwey großen schwärzlichen Gebäuden. Dort wird man gleich von den Bergleuten in Empfang genommen. Diese tragen dunkle, gewöhnlich stahlblaue, weite, bis über den Bauch herabhängende Jacken, Hosen von ähnlicher Farbe, ein hinten aufgebundenes Schurzfell und kleine grüne Filzhüte, ganz randlos, wie ein abgekappter Kegel. In eine solche Tracht, bloß ohne Hinterleder, wird der Besuchende ebenfalls eingekleidet, und ein Bergmann, ein Steiger, nachdem er sein Grubenlicht angezündet, führt ihn nach einer dunkeln Oeffnung, die wie ein Kaminfegeloch aussieht, steigt bis an die Brust hinab, giebt Regeln, wie man sich an den Leitern festzuhalten habe, und bittet, angstlos zu folgen. Die Sache selbst ist nichts weniger als gefährlich; aber man glaubt es nicht im Anfang, wenn man gar nichts vom Bergwerkswesen versteht. Es giebt schon eine eigene Empfindung, daß man sich ausziehen und die dunkle Delinquententracht anziehen muß. Und nun soll man auf allen Vieren hinab klettern, und das dunkle Loch ist so dunkel, und Gott weiß, wie lang die Leiter seyn mag. Aber bald merkt man doch, daß es nicht eine einzige, in die schwarze Ewigkeit hinablaufende Leiter ist, sondern daß es mehrere von funfzehn bis zwanzig Sprossen sind, deren jede auf ein kleines Brett leitet, worauf man stehen kann, und worin wieder ein neues Loch nach einer neuen Leiter hinabführt. Ich war zuerst in die Carolina gestiegen. Das ist die schmutzigste und unerfreulichste Carolina, die ich je kennen gelernt habe. Die Leitersprossen sind kothig naß. Und von einer Leiter zu andern geht's hinab, und der Steiger voran, und dieser betheuert immer: es sey gar nicht gefährlich, nur müsse man sich mit den Händen fest an den Sprossen halten, und nicht nach den Füßen sehen, und nicht schwindlicht werden, und nur bey Leibe nicht auf das Seitenbrett treten, wo jetzt das schnurrende Tonnenseil heraufgeht, und wo, vor vierzehn Tagen, ein unvorsichtiger Mensch hinunter gestürzt und leider den Hals gebrochen. Da unten ist ein verworrenes Rauschen und Summen, man stößt beständig an Balken und Seile, die in Bewegung sind, um die Tonnen mit geklopften Erzen, oder das hervorgesinterte Wasser, herauf zu winden. Zuweilen gelangt man auch in durchgehauene Gänge, Stollen genannt, wo man das Erz wachsen sieht, und wo der einsame Bergmann den ganzen Tag sitzt und mühsam mit dem Hammer die Erzstücke aus der Wand heraus klopft. Bis in die unterste Tiefe, wo man, wie Einige behaupten, schon hören kann, wie die Leute in Amerika »*Hourrah Lafayette!*« schreien, bin ich nicht gekommen; unter uns gesagt, dort, bis wohin ich kam, schien es mir bereits tief genug: – immerwährendes Brausen und Sausen, unheimliche Maschinenbewegung, unterirdisches Quellengeriesel, von allen Seiten herabtriefendes Wasser, qualmig aufsteigende Erddünste, und das Grubenlicht immer bleicher hinein flimmernd in die einsame Nacht. Wirklich, es war betäubend, das Athmen wurde mir schwer, und mit Mühe hielt ich mich an den glitschrigen Leitersprossen. Ich habe keinen Anflug von sogenannter Angst empfunden, aber, seltsam genug, dort unten in der Tiefe erinnerte ich mich, daß ich im vorigen Jahre, ungefähr um dieselbe Zeit, einen Sturm auf der Nordsee erlebte, und ich meinte jetzt, es sey doch eigentlich recht traulich angenehm, wenn das Schiff hin und her schaukelt, die Winde ihre Trompeterstückchen losblasen, zwischen drein der lustige Matrosenlärmen erschallt, und Alles frisch überschauert wird von Gottes lieber, freyer Luft. Ja, Luft! – Nach Luft schnappend stieg ich einige Dutzend Leitern wieder in die Höhe, und mein Steiger führte mich durch einen schmalen, sehr langen, in den Berg gehauenen Gang nach der Grube Dorothea. Hier ist es luftiger und frischer, und die Leitern sind reiner, aber auch länger und steiler als in der Carolina. Hier wurde mir schon besser zu Muthe, besonders da ich wieder Spuren lebendiger Menschen gewahrte. In der Tiefe zeigten sich nämlich wandelnde Schimmer; Bergleute mit ihren Grubenlichtern kamen allmählig in die Höhe, mit dem Gruße »Glückauf!« und mit demselben Wiedergruße von unserer Seite stiegen sie an uns vorüber; und wie eine befreundet ruhige, und doch zugleich quälend räthselhafte Erinnerung, trafen mich, mit ihren tiefsinnig klaren Blicken, die ernstfrommen, etwas blassen, und vom Grubenlicht geheimnißvoll beleuchteten Gesichter dieser jungen und alten Männer, die in ihren dunkeln, einsamen Bergschachten den ganzen Tag gearbeitet hatten, und sich jetzt hinauf sehnten nach dem lieben Tageslicht, und nach den Augen von Weib und Kind.

Mein Cicerone selbst war eine kreuzehrliche, pudeldeutsche Natur. Mit innerer Freudigkeit zeigte er mir jene Stolle, wo der Herzog von Cambridge, als er die Grube befahren, mit seinem ganzen Gefolge gespeist hat, und wo noch der lange hölzerne Speisetisch steht, so wie auch der große Stuhl von Erz, worauf der Herzog gesessen. Dieser bleibe zum ewigen Andenken stehen, sagte der gute Bergmann, und mit Feuer erzählte er: wie viele Festlichkeiten damals statt gefunden, wie der ganze Stollen mit Lichtern, Blumen und Laubwerk verziert gewesen, wie ein Bergknappe die Zitter gespielt und gesungen, wie der vergnügte, liebe, dicke Herzog sehr viele Gesundheiten ausgetrunken habe, und wie viele Bergleute, und er selbst ganz besonders, sich gern würden todt schlagen lassen für den lieben, dicken Herzog und das ganze Haus Hannover. – Innig rührt es mich jedesmal, wenn ich sehe, wie sich dieses Gefühl der Unterthanstreue in seinen einfachen Naturlauten ausspricht. Es ist ein so schönes Gefühl! Und es ist ein so wahrhaft deutsches Gefühl! Andere Völker mögen gewandter seyn, und witziger und ergötzlicher, aber keines ist so treu, wie das treue deutsche Volk. Wüßte ich nicht, daß die Treue so alt ist, wie die Welt, so würde ich glauben, ein deutsches Herz habe sie erfunden. Deutsche Treue! sie ist keine moderne Adressenfloskel. An Euren Höfen, Ihr deutschen Fürsten, sollte man singen und wieder singen das Lied von dem getreuen Eckart und dem bösen Burgund, der ihm die lieben Kinder tödten lassen, und ihn alsdann doch noch immer treu befunden hat. Ihr habt das treueste Volk, und Ihr irrt, wenn Ihr glaubt, der alte, verständige, treue Hund sey plötzlich toll geworden, und schnappe nach Euern geheiligten Waden.

Wie die deutsche Treue, hatte uns jetzt das kleine Grubenlicht, ohne viel Geflacker, still und sicher geleitet durch das Labyrinth der Schachten und Stollen; wir stiegen hervor aus der dumpfigen Bergnacht, das Sonnenlicht stralt' – Glück auf!

Die meisten Bergarbeiter wohnen in Clausthal und in dem damit verbundenen Bergstädtchen Zellerfeld. Ich besuchte mehrere dieser wackern Leute, betrachtete ihre kleine häusliche Einrichtung, hörte einige ihrer Lieder, die sie mit der Zitter, ihrem Lieblingsinstrumente, gar hübsch begleiten, ließ mir alte Bergmährchen von ihnen erzählen, und auch die Gebete hersagen, die sie in Gemeinschaft zu halten pflegen, ehe sie in den dunkeln Schacht hinunter steigen, und manches gute Gebet habe ich mit gebetet. Ein alter Steiger meinte sogar, ich sollte bey ihnen bleiben und Bergmann werden; und als ich dennoch Abschied nahm, gab er mir einen Auftrag an seinen Bruder, der in der Nähe von Goslar wohnt, und viele Küsse für seine liebe Nichte.

So stillstehend ruhig auch das Leben dieser Leute erscheint, so ist es dennoch ein wahrhaftes, lebendiges Leben. Die steinalte, zitternde Frau, die, dem großen Schranke gegenüber, hinterm Ofen saß, mag dort schon ein Vierteljahrhundert lang gesessen haben, und ihr Denken und Fühlen ist gewiß innig verwachsen mit allen Ecken dieses Ofens und allen Schnitzeleyen dieses Schrankes. Und Schrank und Ofen leben, denn ein Mensch hat ihnen einen Theil seiner Seele eingeflößt.

Nur durch solch tiefes Anschauungsleben, durch die »Unmittelbarkeit« entstand die deutsche Mährchenfabel, deren Eigenthümlichkeit darin besteht, daß nicht nur die Thiere und Pflanzen, sondern auch ganz leblos scheinende Gegenstände sprechen und handeln. Sinnigem, harmlosen Volke, in der stillen, umfriedeten Heimlichkeit seiner niedern Berg- oder Waldhütten, offenbarte sich das innere Leben solcher Gegenstände, diese gewannen einen nothwendigen, consequenten Charakter, eine süße Mischung von phantastischer Laune und rein menschlicher Gesinnung; und so sehen wir im Mährchen, wunderbar und doch als wenn es sich von selbst verstände: Nähnadel und Stecknadel kommen von der Schneiderherberge und verirren sich im Dunkeln; Strohhalm und Kohle wollen über den Bach setzen und verunglücken; Schippe und Besen stehen auf der Treppe und zanken und schmeißen sich; der befragte Spiegel zeigt das Bild der schönsten Frau; sogar die Blutstropfen fangen an zu sprechen, bange, dunkle Worte des besorglichsten Mitleids. – Aus demselben Grunde ist unser Leben in der Kindheit so unendlich bedeutend, in jener Zeit ist uns Alles gleich wichtig, wir hören Alles, wir sehen Alles, bey allen Eindrücken ist Gleichmäßigkeit, statt daß wir späterhin absichtlicher werden, uns mit dem Einzelnen ausschließlicher beschäftigen, das klare Gold der Anschauung für das Papiergeld der Bücherdefinizionen mühsam einwechseln, und an Lebensbreite gewinnen, was wir an Lebenstiefe verlieren. Jetzt sind wir ausgewachsene, vornehme Leute; wir beziehen oft neue Wohnungen, die Magd räumt täglich auf, und verändert nach Gutdünken die Stellung der Möbeln, die uns wenig interessiren, da sie entweder neu sind, oder heute dem Hans, morgen dem Isaak gehören; selbst unsere Kleider bleiben uns fremd, wir wissen kaum, wie viel Knöpfe an dem Rocke sitzen, den wir eben jetzt auf dem Leibe tragen; wir wechseln ja so oft als möglich mit Kleidungsstücken, keines derselben bleibt im Zusammenhange mit unserer inneren und äußeren Geschichte; – kaum vermögen wir uns zu erinnern, wie jene braune Weste aussah, die uns einst so viel Gelächter zugezogen hat, und auf deren breiten Streifen dennoch die liebe Hand der Geliebten so lieblich ruhte!

Die alte Frau, dem großen Schrank gegenüber, hinterm Ofen, trug einen geblümten Rock von verschollenem Zeuge, das Brautkleid ihrer seligen Mutter. Ihr Urenkel, ein als Bergmann gekleideter, blonder, blitzäugiger Knabe, saß zu ihren Füßen und zählte die Blumen ihres Rockes, und sie mag ihm von diesem Rocke wohl schon viele Geschichten erzählt haben, viele ernsthafte, hübsche Geschichten, die der Junge gewiß nicht so bald vergißt, die ihm noch oft vorschweben werden, wenn er bald, als ein erwachsener Mann, in den nächtlichen Stollen der Carolina einsam arbeitet, und die er vielleicht wieder erzählt, wenn die liebe Großmutter längst todt ist, und er selber, ein silberhaariger, erloschener Greis, im Kreise seiner Enkel sitzt, dem großen Schranke gegenüber, hinterm Ofen.

Ich blieb die Nacht ebenfalls in der Krone, wo unterdessen auch der Hofrath B. aus Göttingen angekommen war. Ich hatte das Vergnügen, dem alten Herrn meine Aufwartung zu machen. Als ich mich ins Fremdenbuch einschrieb und im Monath Juli blätterte, fand ich auch den vieltheuern Namen Adalbert von Chamisso, den Biographen des unsterblichen Schlemiehl. Der Wirth erzählte mir: dieser Herr sey in einem unbeschreibbar schlechten Wetter angekommen, und in einem eben so schlechten Wetter wieder abgereist.

Den andern Morgen mußte ich meinen Ranzen nochmals erleichtern, das eingepackte Paar Stiefel warf ich über Bord, und ich hob auf meine

Füße und ging nach Goslar. Ich kam dahin, ohne zu wissen wie. Nur soviel kann ich mich erinnern: ich schlenderte wieder bergauf, bergab; schaute hinunter in manches hübsche Wiesenthal; silberne Wasser brausten, süße Waldvögel zwitscherten, die Heerdenglöckchen läuteten, die mannigfaltig grünen Bäume wurden von der lieben Sonne goldig angestralt, und oben war die blauseidene Decke des Himmels so durchsichtig, daß man tief hinein schauen konnte, bis ins Allerheiligste, wo die Engel zu den Füßen Gottes sitzen, und in den Zügen seines Antlitzes den Generalbaß studieren. Ich aber lebte noch in dem Traum der vorigen Nacht, den ich nicht aus meiner Seele verscheuchen konnte. Es war das alte Mährchen, wie ein Ritter hinab steigt in einen tiefen Brunnen, wo unten die schönste Prinzessinn zu einem starren Zauberschlafe verwünscht ist. Ich selbst war der Ritter, und der Brunnen die dunkle Clausthaler Grube, und plötzlich erschienen viele Lichter, aus allen Seitenlöchern stürzten die wachsamen Zwerglein, schnitten zornige Gesichter, hieben nach mir mit ihren kurzen Schwerdtern, bliesen gellend ins Horn, daß immer mehr und mehre herzu eilten, und es wackelten entsetzlich ihre breiten Häupter. Wie ich darauf zuschlug und das Blut heraus floß, merkte ich erst, daß es die rothblühenden, langbärtigen Distelköpfe waren, die ich den Tag vorher an der Landstraße mit dem Stocke abgeschlagen hatte. Da waren sie auch gleich alle verscheucht, und ich gelangte in einen hellen Prachtsaal; in der Mitte stand, weiß verschleyert, und wie eine Bildsäule starr und regungslos, die Herzgeliebte, und ich küßte ihren Mund, und, beym lebendigen Gott! ich fühlte den beseligenden Hauch ihrer Seele und das süße Beben der lieblichen Lippen. Es war mir, als hörte ich, wie Gott rief: »Es werde Licht!« blendend schoß herab ein Stral des ewigen Lichts; aber in demselben Augenblick wurde es wieder Nacht, und Alles rann chaotisch zusammen in ein wildes, wüstes Meer. Ein wildes, wüstes Meer! über das gährende Wasser jagten ängstlich die Gespenster der Verstorbenen, ihre weißen Todtenhemde flatterten im Winde, hinter ihnen her, hetzend, mit klatschender Peitsche, lief ein buntschekkiger Harlequin, und dieser war ich selbst – und plötzlich, aus den dunkeln Wellen, reckten die Meerungethüme ihre mißgestalteten Häupter, und langten nach mir mit ausgebreiteten Krallen, und vor Entsetzen erwacht' ich.

Wie doch zuweilen die allerschönsten Mährchen verdorben werden! Eigentlich muß der Ritter, wenn er die schlafende Prinzessinn gefunden hat, ein Stück aus ihrem kostbaren Schleyer heraus schneiden; und wenn durch seine Kühnheit ihr Zauberschlaf gebrochen ist, und sie wieder in ihrem Palast auf dem goldenen Stuhle sitzt, muß der Ritter zu ihr treten und sprechen: Meine allerschönste Prinzessinn, kennst du mich? Und dann antwortet sie: Mein allertapferster Ritter, ich kenne dich nicht. Und dieser zeigt ihr alsdann das aus ihrem Schleyer heraus geschnittene Stück, das just in denselben wieder hineinpaßt, und Beide umarmen sich zärtlich, und die Trompeter blasen, und die Hochzeit wird gefeyert.

Es ist wirklich ein eigenes Mißgeschick, daß meine Liebesträume selten ein so schönes Ende nehmen.

Der Name Goslar klingt so erfreulich, und es knüpfen sich daran so viele uralte Kaisererinnerungen, daß ich eine imposante, stattliche Stadt erwartete. Aber so geht es, wenn man die Berühmten in der Nähe besieht! Ich fand ein Nest mit meistens schmalen, labyrinthisch krummen Straßen, allwo mittendurch ein kleines Wasser, wahrscheinlich die Gose, fließt, verfallen und dumpfig, und ein Pflaster, so holprig wie Berliner Hexameter. Nur die Alterthümlichkeiten der Einfassung, nämlich Reste von Mauern, Thürmen und Zinnen, geben der Stadt etwas Pikantes. Einer dieser Thürme, der Zwinger genannt, hat so dicke Mauern, daß ganze Gemächer darin ausgehauen sind. Der Platz vor der Stadt, wo der weitberühmte Schützenhof gehalten wird, ist eine schöne große Wiese, ringsum hohe Berge. Der Markt ist klein, in der Mitte steht ein Springbrunnen, dessen Wasser sich in ein großes Metallbecken ergießt. Bey Feuersbrünsten wird einige Mahl daran geschlagen; es giebt dann einen weitschallenden Ton. Man weiß nichts vom Ursprunge dieses Beckens. Einige sagen, der Teufel habe es einst, zur Nachtzeit, dort auf den Markt hingestellt. Damals waren die Leute noch dumm, und der Teufel war auch dumm, und sie machten sich wechselseitig Geschenke.

Das Rathhaus zu Goslar ist eine weißangestrichene Wachtstube. Das daneben stehende Gildenhaus hat schon ein besseres Ansehen. Ungefähr von der Erde und vom Dach gleich weit entfernt stehen da die Standbilder deutscher Kaiser, räucherig schwarz und zum Theil vergoldet, in der einen Hand das Scepter, in der andern die Weltkugel; sehen aus wie gebratene Universitätspedelle. Einer dieser Kaiser hält ein Schwerdt, statt des Scepters. Ich konnte nicht errathen, was dieser Unterschied sagen soll; und es hat doch gewiß seine Bedeutung, da die Deutschen die merkwürdige Gewohnheit haben, daß sie bey Allem, was sie thun, sich auch etwas denken.

In Gottschalcks »Handbuch« hatte ich von dem uralten Dom und von dem berühmten Kaiserstuhl zu Goslar viel gelesen. Als ich aber Beides besehen wollte, sagte man mir: der Dom sey niedergerissen und der Kaiserstuhl nach Berlin gebracht worden. Wir leben in einer bedeutungschweren Zeit: tausendjährige Dome werden abgebrochen, und Kaiserstühle in die Rumpelkammer geworfen.

Einige Merkwürdigkeiten des seligen Doms sind jetzt in der Stephanskirche aufgestellt. Glasmalereyen, die wunderschön sind, einige schlechte Gemälde, worunter auch ein Lucas Cranach seyn soll, ferner ein hölzerner Christus am Kreuz, und ein heidnischer Opferaltar aus unbekanntem Metall; er hat die Gestalt einer länglich viereckigen Lade, und wird von vier Caryatiden getragen, die, in geduckter Stellung, die Hände stützend über dem Kopfe halten, und unerfreulich häßliche Gesichter schneiden. Indessen noch unerfreulicher ist das dabeystehende, schon erwähnte, große hölzerne Crucifix. Dieser Christuskopf, mit natürlichen Haaren und Dornen und blutbeschmiertem Gesichte, zeigt freylich höchst meisterhaft das Hinsterben eines Menschen, aber nicht eines gottgebornen Heilands. Nur das materielle Leiden ist in dieses Gesicht hinein geschnitzelt, nicht die Poesie des Schmerzes. Solch Bild gehört eher in einen anatomischen Lehrsaal, als in ein Gotteshaus.

Ich logirte in einem Gasthofe nahe dem Markte, wo mir das Mittagessen noch besser geschmeckt haben würde, hätte sich nur nicht der Herr Wirth mit seinem langen, überflüssigen Gesichte und seinen langweiligen Fragen zu mir hin gesetzt; glücklicher Weise ward ich bald erlöst durch die Ankunft eines andern Reisenden, der dieselben Fragen in derselben Ordnung aushalten mußte: *quis? quid? ubi? quibus auxiliis? cur? quomodo? quando?* Dieser Fremde war ein alter, müder, abgetragener Mann, der, wie aus seinen Reden hervorging, die ganze Welt durchwandert, besonders lang auf Batavia gelebt, viel Geld erworben und wieder Alles verloren hatte, und jetzt, nach dreyßigjähriger Abwesenheit, nach Quedlinburg, seiner Vaterstadt, zurückkehrte, – »denn«, setzte er hinzu, »unsere Familie hat dort ihr Erbbegräbniß.« Der Herr Wirth machte die sehr aufgeklärte Bemerkung: daß es doch für die Seele gleichgültig sey, wo unser Leib begraben wird. »Haben Sie es schriftlich?« antwortete der Fremde, und dabey zogen sich unheimlich schlaue Ringe um seine kümmerlichen Lippen und verblichenen Aeugelein. »Aber«, setzte er ängstlich begütigend hinzu, »ich will darum über fremde Gräber doch nichts Böses gesagt haben; – die Türken begraben ihre Todten noch weit schöner als wir, ihre Kirchhöfe sind ordentlich Gärten, und da sitzen sie auf ihren weißen, beturbanten Grabsteinen, unter dem Schatten einer Zypresse, und streichen ihre ernsthaften Bärte, und rauchen ruhig ihren türkischen Tabak aus ihren langen türkischen Pfeifen; – und bey den Chinesen gar ist es eine ordentliche Lust zuzusehen, wie sie auf den Ruhestätten ihrer Todten manierlich herumtänzeln, und beten, und Thee trinken, und die Geige spielen, und die geliebten Gräber gar hübsch zu verzieren wissen mit allerley vergoldetem Lattenwerk, Porzellanfigürchen, Fetzen von buntem Seidenzeug, künstlichen Blumen, und farbigen Laternchen – Alles sehr hübsch – wie weit hab' ich noch bis Quedlinburg?«

Der Kirchhof in Goslar hat mich nicht sehr angesprochen. Desto mehr aber jenes wunderschöne Lockenköpfchen, das bey meiner Ankunft in der Stadt aus einem etwas hohen Parterrefenster lächelnd heraus schaute. Nach Tische suchte ich wieder das liebe Fenster; aber jetzt stand dort nur ein Wasserglas mit weißen Glockenblümchen. Ich kletterte hinauf, nahm die artigen Blümchen aus dem Glase, steckte sie ruhig auf meine Mütze, und kümmerte mich wenig um die aufgesperrten Mäuler, versteinerten Nasen und Glotzaugen, womit die Leute auf der Straße, besonders die alten Weiber, diesem qualifizirten Diebstahle zusahen. Als ich eine Stunde später an demselben Hause vorbey ging, stand die Holde am Fenster, und wie sie die Glockenblümchen auf meiner Mütze gewahrte, wurde sie blutroth und stürzte zurück. Ich hatte jetzt das schöne Antlitz noch genauer gesehen; es war eine süße, durchsichtige Verkörperung von Sommerabendhauch, Mondschein, Nachtigallenlaut und Rosenduft. – Später, als es ganz dunkel geworden, trat sie vor die Thüre. Ich kam – ich näherte mich – sie zieht sich langsam zurück in den dunkeln Hausflur – ich fasse sie bey der Hand und sage: ich bin ein Liebhaber von schönen Blumen und Küssen, und was man mir nicht freywillig giebt, das stehle ich – und ich küßte sie rasch – und wie sie entfliehen will, flüstere ich beschwichtigend: morgen reis' ich fort und komme wohl nie wieder – und ich fühle den geheimen Wiederdruck der lieblichen Lippen und der kleinen Hände – und lachend eile ich von hinnen. Ja, ich muß lachen, wenn ich bedenke, daß ich unbewußt jene Zauberformel ausgesprochen, wodurch unsere Roth- und Blauröcke, öfter als durch ihre schnurrbärtige Liebenswürdigkeit, die Herzen der Frauen bezwingen: »Ich reise morgen fort und komme wohl nie wieder!«

Mein Logis gewährte eine herrliche Aussicht nach dem Rammelsberg. Es war ein schöner Abend. Die Nacht jagte auf ihrem schwarzen Rosse, und die langen Mähnen flatterten im Winde. Ich stand am Fenster und betrachtete den Mond. Giebt es wirklich einen Mann im Monde? Die Slaven sagen, er heiße Clotar, und das Wachsen des Mondes bewirke er durch Wasseraufgießen. Als ich noch klein war, hatte ich gehört: der Mond sey eine Frucht, die, wenn sie reif geworden, vom lieben Gott abgepflückt, und, zu den übrigen Vollmonden, in den großen Schrank gelegt werde, der am Ende der Welt steht, wo sie mit Brettern zugenagelt ist. Als ich größer wurde, bemerkte ich, daß die Welt nicht so eng begrenzt ist, und daß der menschliche Geist die hölzernen Schranken durchbrochen, und mit einem riesigen Petri-Schlüssel, mit der Idee der Unsterblichkeit, alle sieben Himmel aufgeschlossen hat. Unsterblichkeit! schöner Gedanke! wer hat dich zuerst erdacht? War es ein Nürnberger Spießbürger, der, mit weißer Nachtmütze auf dem Kopfe und weißer Tonpfeife im Maule, am lauen Sommerabend vor seiner Hausthüre saß, und recht behaglich meinte: es wäre doch hübsch, wenn er nun so immer fort, ohne daß sein Pfeifchen und sein Lebensathemchen ausgingen, in die liebe Ewigkeit hineinvegetiren könnte! Oder war es ein junger Liebender, der in den Armen seiner Geliebten jenen Unsterblichkeitsgedanken dachte, und ihn dachte, weil er ihn fühlte, und weil er nichts anders fühlen und denken konnte! – Liebe! Unsterblichkeit! – in meiner Brust ward es plötzlich so heiß, daß ich glaubte, die Geographen hätten den Aequator verlegt, und er laufe jetzt gerade durch mein Herz. Und aus meinem Herzen ergossen sich die Gefühle der Liebe, ergossen sich sehnsüchtig in die weite Nacht. Die Blumen im Garten unter meinem Fenster dufteten stärker. Düfte sind die Gefühle der Blumen, und wie das Menschenherz, in der Nacht, wo es sich einsam und unbelauscht glaubt, stärker fühlt, so scheinen auch die Blumen, sinnig verschämt, erst die umhüllende Dunkelheit zu erwarten, um sich gänzlich ihren Gefühlen hinzugeben, und sie auszuhauchen in süßen Düften. – Ergießt Euch, Ihr Düfte meines Herzens! und sucht hinter jenen Bergen die Geliebte meiner Träume! Sie liegt jetzt schon und schläft; zu ihren Füßen knieen Engel, und wenn sie im Schlafe lächelt, so ist es ein Gebet, das die Engel nachbeten; in ihrer Brust liegt der Himmel mit allen seinen Seligkeiten, und wenn sie athmet, so bebt mein Herz in der Ferne; hinter den seidnen Wimpern ihrer Augen ist die Sonne untergegangen, und wenn sie die Augen wieder aufschlägt, so ist es Tag, und die Vögel singen, und die Heerdenglöckchen läuten, und die Berge schimmern in ihren schmaragdenen Kleidern, und ich schnüre den Ranzen und wandre.

In jener Nacht, die ich in Goslar zubrachte, ist mir etwas höchst Seltsames begegnet. Noch immer kann ich nicht ohne Angst daran zurück denken. Ich bin von Natur nicht ängstlich, aber vor Geistern fürchte ich mich fast so sehr wie der Oestreichische Beobachter. Was ist Furcht? Kommt sie aus dem Verstande oder aus dem Gemüth? Ueber diese

Frage disputirte ich so oft mit dem Doctor Saul Ascher, wenn wir zu Berlin, im *Café-Royal*, wo ich lange Zeit meinen Mittagstisch hatte, zufällig zusammen trafen. Er behauptete immer: wir fürchten etwas, weil wir es durch Vernunftschlüsse für furchtbar erkennen. Nur die Vernunft sey eine Kraft, nicht das Gemüth. Während ich gut aß und gut trank, demonstrirte er mir fortwährend die Vorzüge der Vernunft. Gegen das Ende seiner Demonstrazion pflegte er nach seiner Uhr zu sehen, und immer schloß er damit: »Die Vernunft ist das höchste Prinzip!« – Vernunft! Wenn ich jetzt dieses Wort höre, so sehe ich noch immer den Doctor Saul Ascher mit seinen abstrakten Beinen, mit seinem engen, transcendentalgrauen Leibrock, und mit seinem schroffen, frierend kalten Gesichte, das einem Lehrbuche der Geometrie als Kupfertafel dienen konnte. Dieser Mann, tief in den Funfzigern, war eine personifizirte grade Linie. In seinem Streben nach dem Positiven hatte der arme Mann sich alles Herrliche aus dem Leben heraus philosophirt, alle Sonnenstralen, allen Glauben und alle Blumen, und es blieb ihm nichts übrig, als das kalte, positive Grab. Auf den Apoll von Belvedere und auf das Christenthum hatte er eine specielle Malice. Gegen letzteres schrieb er sogar eine Broschüre, worin er dessen Unvernünftigkeit und Unhaltbarkeit bewies. Er hat überhaupt eine ganze Menge Bücher geschrieben, worin immer die Vernunft von ihrer eigenen Vortrefflichkeit renommirt, und wobey es der arme Doctor gewiß ernsthaft genug meinte, und also in dieser Hinsicht alle Achtung verdiente. Darin aber bestand ja eben der Hauptspaß, daß er ein so ernsthaft närrisches Gesicht schnitt, wenn er dasjenige nicht begreifen konnte, was jedes Kind begreift, eben weil es ein Kind ist. Einige Mahle besuchte ich auch den Vernunftdoctor in seinem eigenen Hause, wo ich schöne Mädchen bey ihm fand; denn die Vernunft verbietet nicht die Sinnlichkeit. Als ich ihn einst ebenfalls besuchen wollte, sagte mir sein Bedienter: der Herr Doctor ist eben gestorben. Ich fühlte nicht viel mehr dabey, als wenn er gesagt hätte: der Herr Doctor ist ausgezogen.

Doch zurück nach Goslar. »Das höchste Prinzip ist die Vernunft!« sagte ich beschwichtigend zu mir selbst, als ich ins Bett stieg. Indessen, es half nicht. Ich hatte eben in Varnhagen von Enses »deutsche Erzählungen«, die ich von Clausthal mitgenommen hatte, jene entsetzliche Geschichte gelesen, wie der Sohn, den sein eigener Vater ermorden wollte, in der Nacht von dem Geiste seiner todten Mutter gewarnt wird. Die wunderbare Darstellung dieser Geschichte bewirkte, daß mich während des Lesens ein inneres Grauen durchfröstelte. Auch erregen Gespenstererzählungen ein noch schauerlicheres Gefühl, wenn man sie auf der Reise liest, und zumal des Nachts, in einer Stadt, in einem Hause, in einem Zimmer, wo man noch nie gewesen. Wie viel Gräßliches mag sich schon zugetragen haben auf diesem Flecke, wo du eben liegst? so denkt man unwillkührlich. Ueberdies schien jetzt der Mond so zweydeutig ins Zimmer herein, an der Wand bewegten sich allerley unberufene Schatten, und als ich mich im Bett aufrichtete, um hin zu sehen, erblickte ich –

Es giebt nichts Unheimlicheres, als wenn man, bey Mondschein, das eigene Gesicht zufällig im Spiegel sieht. In demselben Augenblicke schlug eine schwerfällige, gähnende Glocke, und zwar so lang und langsam, daß ich nach dem zwölften Glockenschlage sicher glaubte, es seyen unterdessen volle zwölf Stunden verflossen, und es müßte wieder von vorn anfangen, zwölf zu schlagen. Zwischen dem vorletzten und letzten Glockenschlage schlug noch eine andere Uhr, sehr rasch, fast keifend gell, und vielleicht ärgerlich über die Langsamkeit ihrer Frau Gevatterinn. Als beide eiserne Zungen schwiegen, und tiefe Todesstille im ganzen Hause herrschte, war es mir plötzlich, als hörte ich auf dem Corridor, vor meinem Zimmer, etwas schlottern und schlappen, wie der unsichere Gang eines alten Mannes. Endlich öffnete sich meine Thür, und langsam trat herein der verstorbene Doctor Saul Ascher. Ein kaltes Fieber rieselte mir durch Mark und Bein, ich zitterte wie Espenlaub, und kaum wagte ich, das Gespenst anzusehen. Er sah aus wie sonst, derselbe transcendentalgraue Leibrock, dieselben abstrakten Beine, und dasselbe mathematische Gesicht; nur war dieses etwas gelblicher als sonst, auch der Mund, der sonst zwey Winkel von $22^{1}/_{2}$ Grad bildete, war zusammengekniffen, und die Augenkreise hatten einen größern Radius. Schwankend, und wie sonst sich auf sein spanisches Röhrchen stützend, näherte er sich mir, und in seinem gewöhnlichen mundfaulen Dialekte sprach er freundlich: »Fürchten Sie sich nicht, und glauben Sie nicht, daß ich ein Gespenst sey. Es ist Täuschung Ihrer Phantasie, wenn Sie mich als Gespenst zu sehen glauben. Was ist ein Gespenst? Geben Sie mir eine Definizion? Deduziren Sie mir die Bedingungen der Möglichkeit eines Gespenstes? In welchem vernünftigen einer Analyse der Vernunft, citirte Kants »Kritik der reinen Vernunft«, Die Vernunft, ich sage die Vernunft –« Und nun schritt das Gespenst zu einer Analyse der Vernunft, citirte Kants »Kritik der reinen Vernunft,« 2. Theil, 1. Abschnitt, 2. Buch, 3. Hauptstück, die Unterscheidung von Phänomena und Noumena, construirte alsdann den problematischen Gespensterglauben, setzte einen Syllogismus auf den andern, und schloß mit dem logischen Beweise: daß es durchaus keine Gespenster giebt. Mir unterdessen lief der kalte Schweiß über den Rücken, meine Zähne klapperten wie Kastagnetten, aus Seelenangst nickte ich unbedingte Zustimmung bey jedem Satz, womit der spukende Doctor die Absurdität aller Gespensterfurcht bewies, und derselbe demonstrirte so eifrig, daß er einmal in der Zerstreuung, statt seiner goldenen Uhr, eine Hand voll Würmer aus der Uhrtasche zog, und seinen Irrthum bemerkend, mit possierlich ängstlicher Hastigkeit wieder einsteckte. »Die Vernunft ist das höchste –« da schlug die Glocke Eins, und das Gespenst verschwand.

Von Goslar ging ich den andern Morgen weiter, halb auf Gerathewohl, halb in der Absicht, den Bruder des Clausthaler Bergmanns aufzusuchen. Wieder schönes, liebes Sonntagswetter. Ich bestieg Hügel und Berge, betrachtete, wie die Sonne den Nebel zu verscheuchen suchte, wanderte freudig durch die schauernden Wälder, und um mein träumendes Haupt klingelten die Glockenblümchen von Goslar. In ihren weißen Nachtmänteln standen die Berge, die Tannen rüttelten sich den Schlaf aus den Gliedern, der frische Morgenwind frisirte ihnen die herabhängenden, grünen Haare, die Vöglein hielten Betstunde, das Wiesenthal blitzte wie eine diamantenbesäete Golddecke, und der Hirt schritt darüber hin mit seiner läutenden Heerde. Ich mochte mich wohl eigentlich verirrt haben. Man schlägt immer Seitenwege und Fußsteige ein, und glaubt dadurch näher zum Ziele zu gelangen. Wie im Leben überhaupt, geht's uns auch auf dem Harze. Aber es giebt immer gute Seelen, die uns wieder auf den rechten Weg bringen; sie thun es gern, und finden noch obendrein ein besonderes Vergnügen daran, wenn sie uns mit selbstgefälliger Miene und wohlwollend lauter Stimme bedeuten: welche große Umwege wir gemacht, in welche Abgründe und Sümpfe wir versinken konnten, und welch ein Glück es sey, daß wir so wegkundige Leute, wie sie sind, noch zeitig angetroffen. Einen solchen Berichtiger fand ich unweit der Harzburg. Es war ein wohlgenährter Bürger von Goslar, ein glänzend wampiges, dummkluges Gesicht; er sah aus, als habe er die Viehseuche erfunden. Wir gingen eine Strecke zusammen, und er erzählte mir allerley Spukgeschichten, die hübsch klingen konnten, wenn sie nicht alle darauf hinaus liefen, daß es doch kein wirklicher Spuk gewesen, sondern daß die weiße Gestalt ein Wilddieb war, und daß die wimmernden Stimmen von den eben geworfenen Jungen einer Bache (wilden Sau), und das Geräusch auf dem Boden von der Hauskatze herrührte. Nur wenn der Mensch krank ist, setzte er hinzu, glaubt er Gespenster zu sehen; was aber seine Wenigkeit anbelange, so sey er selten krank, nur zuweilen leide er an

Hautübeln, und dann kurire er sich jedesmal mit nüchternem Speichel. Er machte mich auch aufmerksam auf die Zweckmäßigkeit und Nützlichkeit in der Natur. Die Bäume sind grün, weil grün gut für die Augen ist. Ich gab ihm Recht, und fügte hinzu, daß Gott das Rindvieh erschaffen, weil Fleischsuppen den Menschen stärken, daß er die Esel erschaffen, damit sie den Menschen zu Vergleichungen dienen können, und daß er den Menschen selbst erschaffen, damit er Fleischsuppen essen und kein Esel seyn soll. Mein Begleiter war entzückt, einen Gleichgestimmten gefunden zu haben, sein Antlitz erglänzte noch freudiger, und bey dem Abschiede war er gerührt.

So lange er neben mir ging, war gleichsam die ganze Natur entzaubert, sobald er aber fort war, fingen die Bäume wieder an zu sprechen, und die Sonnenstralen erklangen, und die Wiesenblümchen tanzten, und der blaue Himmel umarmte die grüne Erde. Ja, ich weiß es besser: Gott hat den Menschen erschaffen, damit er die Herrlichkeit der Welt bewundere. Jeder Autor, und sey er noch so groß, wünscht, daß sein Werk gelobt werde. Und in der Bibel, den Memoiren Gottes steht ausdrücklich: daß er die Menschen erschaffen zu seinem Ruhm und Preis.

Nach einem langen Hin- und Herwandern gelangte ich zu der Wohnung des Bruders meines Clausthaler Freundes, übernachtete alldort, und erlebte folgendes schöne Gedicht:

I.

Auf dem Berge steht die Hütte,
Wo der alte Bergmann wohnt;
Dorten rauscht die grüne Tanne,
Und erglänzt der gold'ne Mond.

In der Hütte steht ein Lehnstuhl,
Reich geschnitzt und wunderlich,
Der darauf sitzt, der ist glücklich,
Und der Glückliche bin Ich!

Auf dem Schemel sitzt die Kleine,
Stützt den Arm auf meinen Schooß;
Aeuglein wie zwey blaue Sterne,
Mündlein wie die Purpurros'.

Und die lieben, blauen Sterne
Schau'n mich an so himmelgroß,
Und sie legt den Liljenfinger
Schalkhaft auf die Purpurros'.

Nein, es sieht uns nicht die Mutter,
Denn sie spinnt mit großem Fleiß,
Und der Vater spielt die Zitter,
Und er singt die alte Weis'.

Und die Kleine flüstert leise,
Leise, mit gedämpftem Laut;
Manches wichtige Geheimniß
Hat sie mir schon anvertraut.

»Aber seit die Muhme todt ist,
Können wir ja nicht mehr geh'n
Nach dem Schützenhof zu Goslar,
Und dort ist es gar zu schön.

»Hier dagegen ist es einsam,
Auf der kalten Bergeshöh',
Und des Winters sind wir gänzlich
Wie vergraben in dem Schnee.

»Und ich bin ein banges Mädchen,
Und ich fürcht' mich wie ein Kind
Vor den bösen Bergesgeistern,
Die des Nachts geschäftig sind.«

Plötzlich schweigt die liebe Kleine,
Wie vom eignen Wort erschreckt,
Und sie hat mit beiden Händchen
Ihre Aeugelein bedeckt.

Lauter rauscht die Tanne draußen,
Und das Spinnrad schnarrt und brummt,
Und die Zitter klingt dazwischen,
Und die alte Weise summt:

»Fürcht' dich nicht, du liebes Kindchen,
Vor der bösen Geister Macht;
Tag und Nacht, du liebes Kindchen,
Halten Englein bey dir Wacht!«

II.

Tannenbaum, mit grünen Fingern,
Pocht ans nied're Fensterlein,
Und der Mond, der gelbe Lauscher,
Wirft sein süßes Licht herein.

Vater, Mutter schnarchen leise
In dem nahen Schlafgemach,
Doch wir Beide, selig schwatzend,
Halten uns einander wach.

»Daß du gar zu oft gebetet,
Das zu glauben wird mir schwer,
Jenes Zucken deiner Lippen
Kommt wohl nicht vom Beten her.

»Jenes böse, kalte Zucken,
Das erschreckt mich jedesmal,
Doch die dunkle Angst beschwichtigt
Deiner Augen frommer Stral.

»Auch bezweifl' ich, daß du glaubest,
Was so rechter Glauben heißt,
Glaubst wohl nicht an Gott den Vater,
An den Sohn und heil'gen Geist?«

Ach, mein Kindchen, schon als Knabe,
Als ich saß auf Mutters Schooß,
Glaubte ich an Gott den Vater,
Der da waltet gut und groß;

Der die schöne Erd' erschaffen,
Und die schönen Menschen drauf,

Der den Sonnen, Monden, Sternen
Vorgezeichnet ihren Lauf.

Als ich größer wurde, Kindchen,
Noch vielmehr begriff ich schon,
Und begriff, und ward vernünftig,
Und ich glaub' auch an den Sohn;

An den lieben Sohn, der liebend
Uns die Liebe offenbart,
Und zum Lohne, wie gebräuchlich,
Von dem Volk gekreuzigt ward.

Jetzo, da ich ausgewachsen,
Viel gelesen, viel gereist,
Schwillt mein Herz, und ganz von Herzen
Glaub ich an den heil'gen Geist.

Dieser that die größten Wunder,
Und viel größ're thut er noch;
Er zerbrach die Zwingherrnburgen,
Und zerbrach des Knechtes Joch.

Alte Todeswunden heilt er,
Und erneut das alte Recht:
Alle Menschen, gleichgeboren,
Sind ein adliges Geschlecht.

Er verscheucht die bösen Nebel,
Und das dunkle Hirngespinst,
Das uns Lieb' und Lust verleidet,
Tag und Nacht uns angegrinst.

Tausend Ritter, wohl gewappnet,
Hat der heil'ge Geist erwählt,
Seinen Willen zu erfüllen,
Und er hat sie muthbeseelt.

Ihre theuern Schwerdter blitzen,
Ihre guten Banner weh'n;

Ey, du möchtest wohl, mein Kindchen,
Solche stolze Ritter seh'n?

Nun, so schau mich an, mein Kindchen,
Küsse mich und schaue dreist;
Denn ich selber bin ein solcher
Ritter von dem heil'gen Geist.

III.

Still versteckt der Mond sich draußen
Hinterm grünen Tannenbaum,
Und im Zimmer unsre Lampe
Flackert matt und leuchtet kaum.

Aber meine blauen Sterne
Stralen auf in heller'm Licht,
Und es glüht die Purpurrose,
Und das liebe Mädchen spricht:

»Kleines Völkchen, Wichtelmännchen,
Stehlen unser Brod und Speck,
Abends liegt es noch im Kasten,
Und des Morgens ist es weg.

»Kleines Völkchen, unsre Sahne
Nascht es von der Milch, und läßt
Unbedeckt die Schüssel stehen,
Und die Katze säuft den Rest.

»Und die Katz' ist eine Hexe,
Denn sie schleicht, bey Nacht und Sturm,
Drüben nach dem Geisterberge,
Nach dem altverfall'nen Thurm.

»Dort hat einst ein Schloß gestanden,
Voller Lust und Waffenglanz;
Blanke Ritter, Frau'n und Knappen
Schwangen sich im Fackeltanz.

»Da verwünschte Schloß und Leute
Eine böse Zauberinn,
Nur die Trümmer blieben stehen,
Und die Eulen nisten drinn.

»Doch die sel'ge Muhme sagte:
Wenn man spricht das rechte Wort,
Nächtlich zu der rechten Stunde,
Drüben an dem rechten Ort;

»So verwandeln sich die Trümmer
Wieder in ein helles Schloß,
Und es tanzen wieder lustig
Ritter, Frau'n und Knappentroß;

»Und wer jenes Wort gesprochen,
Dem gehören Schloß und Leut',
Pauken und Trompeten huld'gen
Seiner jungen Herrlichkeit.«

Also blühen Mährchenbilder
Aus des Mundes Röselein,
Und die Augen gießen drüber
Ihren blauen Sternenschein.

Ihre gold'nen Haare wickelt
Mir die Kleine um die Händ',
Giebt den Fingern hübsche Namen,
Lacht und küßt, und schweigt am End'.

Und im stillen Zimmer Alles
Blickt mich an so wohlvertraut;
Tisch und Schrank, mir ist als hätt' ich
Sie schon früher mahl geschaut.

Freundlich ernsthaft schwatzt die Wanduhr,
Und die Zitter, hörbar kaum,
Fängt von selber an zu klingen,
Und ich sitze wie im Traum.

Jetzo ist die rechte Stunde,
Und es ist der rechte Ort;
Ey, was gilts, mit kühnen Lippen
Sprech ich aus das rechte Wort.

Siehst du schon, mein Kind, es dämmert
Und erbebt die Mitternacht,
Bach und Tannen brausen lauter,
Und der alte Berg erwacht.

Zitterklang und Zwergenlieder
Tönen aus des Berges Spalt,
Und es sprießt, wie'n toller Frühling,
Draus hervor ein Blumenwald;

Blumen, kühne Wunderblumen,
Blätter, breit und fabelhaft,
Duftig bunt und hastig regsam,
Wie gedrängt von Leidenschaft.

Rosen, wild wie rothe Flammen,
Sprüh'n aus dem Gewühl hervor;
Liljen, wie kristall'ne Pfeiler,
Schießen himmelhoch empor.

Und die Sterne, groß wie Sonnen,
Schau'n herab mit Sehnsuchtgluth;
In der Liljen Riesenkelche
Strömet ihre Stralenfluth.

Doch wir selber, süßes Kindchen,
Sind verwandelt noch viel mehr;
Fackelglanz und Gold und Seide
Schimmern lustig um uns her.

Du, du wurdest zur Prinzessinn,
Unsre Hütte ward zum Schloß,
Und da jubeln und da tanzen
Ritter, Frau'n und Knappentroß.

Aber Ich, ich hab' erworben
Dich und Alles, Schloß und Leut';
Pauken und Trompeten huld'gen
Meiner jungen Herrlichkeit!

Die Sonne ging auf. Die Nebel flohen, wie Gespenster beym dritten Hahnenschrey. Ich stieg wieder bergauf und bergab, und vor mir schwebte die schöne Sonne, immer neue Schönheiten beleuchtend. Der Geist des Gebirges begünstigte mich ganz offenbar; er wußte wohl, daß so ein Dichtermensch viel Hübsches wiedererzählen kann, und er ließ mich diesen Morgen seinen Harz sehen, wie ihn gewiß nicht Jeder sah. Aber auch mich sah der Harz, wie mich nur Wenige gesehen; in meinen Augenwimpern flimmerten eben so kostbare Perlen, wie in den Gräsern des Thals. Morgenthau der Liebe feuchtete meine Wangen, die rauschenden Tannen verstanden mich, ihre Zweige thaten sich von einander, bewegten sich herauf und herab, gleich stummen Menschen, die mit den Händen ihre Freude bezeigen, und in der Ferne klang's wunderbar geheimnißvoll, wie Glockengeläute einer verlornen Waldkirche. Man sagt, das seyen die Heerdenglöckchen, die im Harz so lieblich, klar und rein gestimmt sind.

Nach dem Stand der Sonne war es Mittag, als ich auf eine solche Heerde stieß, und der Hirt, ein freundlich blonder junger Mensch, sagte mir: der große Berg, an dessen Fuß ich stände, sey der alte, weltberühmte Brocken. Viele Stunden ringsum liegt kein Haus, und ich war froh genug, daß mich der junge Mensch einlud, mit ihm zu essen. Wir setzten uns nieder zu einem *Déjeûner dinatoire*, das aus Käse und Brod bestand; die Schäfchen erhaschten die Krumen, die lieben, blanken Kühlein sprangen um uns herum, und klingelten schelmisch mit ihren Glöckchen, und lachten uns an mit ihren großen, vergnügten Augen. Wir tafelten recht königlich; überhaupt schien mir mein Wirth ein echter König, und weil er bis jetzt der einzige König ist, der mir Brod gegeben hat, so will ich ihn auch königlich besingen.

König ist der Hirtenknabe,
Grüner Hügel ist sein Thron,
Ueber seinem Haupt die Sonne
Ist die schwere, gold'ne Kron'.

Ihm zu Füßen liegen Schafe,
Weiche Schmeichler, rothbekreuzt;

Cavaliere sind die Kälber,
Und sie wandeln stolz gespreizt.

Hofschauspieler sind die Böcklein,
Und die Vögel und die Küh',
Mit den Flöten, mit den Glöcklein,
Sind die Kammermusizi.

Und das klingt und singt so lieblich,
Und so lieblich rauschen drein
Wasserfall und Tannenbäume,
Und der König schlummert ein.

Unterdessen muß regieren
Der Minister, jener Hund,
Dessen knurriges Gebelle
Wiederhallet in der Rund'.

Schläfrig lallt der junge König:
»Das Regieren ist so schwer,
Ach, ich wollt', daß ich zu Hause
Schon bey meiner Kön'ginn wär'!

»In den Armen meiner Kön'ginn
Ruht mein Königshaupt so weich,
Und in ihren lieben Augen
Liegt mein unermeßlich Reich!«

Wir nahmen freundschaftlich Abschied, und fröhlich stieg ich den Berg hinauf. Bald empfing mich eine Waldung himmelhoher Tannen, für die ich, in jeder Hinsicht, Respekt habe. Diesen Bäumen ist nämlich das Wachsen nicht so ganz leicht gemacht worden, und sie haben es sich in der Jugend sauer werden lassen. Der Berg ist hier mit vielen großen Granitblöcken übersäet, und die meisten Bäume mußten mit ihren Wurzeln diese Steine umranken oder sprengen, und mühsam den Boden suchen, woraus sie Nahrung schöpfen können. Hier und da liegen die Steine, gleichsam ein Thor bildend, über einander, und oben darauf stehen die Bäume, die nackten Wurzeln über jene Steinpforte hinziehend, und erst am Fuße derselben den Boden erfassend, so daß sie in der freyen Luft zu wachsen scheinen. Und doch haben sie sich zu jener gewaltigen Höhe empor geschwungen, und, mit den umklammerten Steinen wie zusammengewachsen, stehen sie fester als ihre bequemen Collegen im zahmen Forstboden des flachen Landes. So stehen auch im Leben jene großen Männer, die durch das Ueberwinden früher Hemmungen und Hindernisse sich erst recht gestärkt und befestigt haben. Auf den Zweigen der Tannen kletterten Eichhörnchen und unter denselben spatzierten die gelben Hirsche. Wenn ich solch ein liebes, edles Thier sehe, so kann ich nicht begreifen, wie gebildete Leute Vergnügen daran finden, es zu hetzen und zu tödten. Solch ein Thier war barmherziger als die Menschen, und säugte den schmachtenden Schmerzenreich der heiligen Genovefa.

Allerliebst schossen die goldenen Sonnenlichter durch das dichte Tannengrün. Eine natürliche Treppe bildeten die Baumwurzeln. Ueberall schwellende Moosbänke; denn die Steine sind fußhoch von den schönsten Moosarten, wie mit hellgrünen Sammetpolstern, bewachsen. Liebliche Kühle und träumerisches Quellengemurmel. Hier und da sieht man, wie das Wasser unter den Steinen silberhell hinrieselt und die nackten Baumwurzeln und Fasern bespült. Wenn man sich nach diesem Treiben hinab beugt, so belauscht man gleichsam die geheime Bildungsgeschichte der Pflanzen und das ruhige Herzklopfen des Berges. An manchen Orten sprudelt das Wasser aus den Steinen und Wurzeln stärker hervor und bildet kleine Kaskaden. Da läßt sich gut sitzen. Es murmelt und rauscht so wunderbar, die Vögel singen abgebrochene Sehnsuchtslaute, die Bäume flüstern wie mit tausend Mädchenzungen, wie mit tausend Mädchenaugen schauen uns an die seltsamen Bergblumen, sie strecken nach uns aus die wundersam breiten, drollig gezackten Blätter, spielend flimmern hin und her die lustigen Sonnenstralen, die sinnigen Kräutlein erzählen sich grüne Mährchen, es ist Alles wie verzaubert, es wird immer heimlicher und heimlicher, ein uralter Traum wird lebendig, die Geliebte erscheint – ach, daß sie so schnell wieder verschwindet!

Je höher man den Berg hinauf steigt, desto kürzer, zwerghafter werden die Tannen, sie scheinen immer mehr und mehr zusammen zu schrumpfen, bis nur Heidelbeer- und Rothbeersträuche und Bergkräuter übrig bleiben. Da wird es auch schon fühlbar kälter. Die wunderlichen Gruppen der Granitblöcke werden hier erst recht sichtbar; diese sind oft von erstaunlicher Größe. Das mögen wohl die Spielbälle seyn, die sich die bösen Geister einander zuwerfen in der Walpurgisnacht, wenn hier die Hexen auf Besenstielen und Mistgabeln einhergeritten kommen, und die abentheuerlich verruchte Lust beginnt, wie die glaubhafte Amme es erzählt, und wie es zu schauen ist auf den hübschen Faustbildern des Meister Retzsch. Ja, ein junger Dichter, der auf einer Reise von Berlin nach Göttingen in der ersten Maynacht am Brocken vorbey ritt, bemerkte sogar, wie einige belletristische Damen auf einer Bergecke ihre ästhetische Theegesellschaft hielten, sich gemüthlich die »Abendzeitung« vorlasen, ihre poetischen Ziegenböckchen, die mekkernd den Theetisch umhüpften, als Universalgenies priesen, und über alle Erscheinungen in der deutschen Literatur ihr Endurtheil fällten; doch, als sie auch auf den »Ratkliff« und »Almansor« geriethen, und dem Verfasser alle Frömmigkeit und Christlichkeit absprachen, da sträubte sich das Haar des jungen Mannes, Entsetzen ergriff ihn – ich gab dem Pferde die Sporen und jagte vorüber.

In der That, wenn man die obere Hälfte des Brockens besteigt, kann man sich nicht erwehren, an die ergötzlichen Blocksbergsgeschichten zu denken, und besonders an die große, mystische, deutsche Nazionaltragödie vom Doctor Faust. Mir war immer, als ob der Pferdefuß neben mir hinauf klettere, und Jemand humoristisch Athem schöpfe. Und ich glaube, auch Mephisto muß mit Mühe Athem holen, wenn er seinen Lieblingsberg ersteigt; es ist ein äußerst erschöpfender Weg, und ich war froh, als ich endlich das langersehnte Brockenhaus zu Gesicht bekam.

Dieses Haus, das, wie durch vielfache Abbildungen bekannt ist, bloß aus einem Rez-de-Chaussée besteht, und auf der Spitze des Berges liegt, wurde erst 1800 vom Grafen Stollberg-Wernigerode erbaut, für dessen Rechnung es auch, als Wirthshaus, verwaltet wird. Die Mauern sind erstaunlich dick, wegen des Windes und der Kälte im Winter: das Dach ist niedrig, in der Mitte desselben steht eine thurmartige Warte, und bey dem Hause liegen noch zwey kleine Nebengebäude, wovon das eine, in frühern Zeiten, den Brockenbesuchern zum Obdach diente.

Der Eintritt in das Brockenhaus erregte bey mir eine etwas ungewöhnliche, mährchenhafte Empfindung. Man ist nach einem langen, einsamen Umhersteigen durch Tannen und Klippen plötzlich in ein Wolkenhaus versetzt; Städte, Berge und Wälder blieben unten liegen, und oben findet man eine wunderlich zusammengesetzte, fremde Gesellschaft, von welcher man, wie es an dergleichen Orten natürlich ist, fast wie ein erwarteter Genosse, halb neugierig und halb gleichgültig, empfangen wird. Ich fand das Haus voller Gäste, und wie es einem klugen Manne geziemt, dachte ich schon an die Nacht, an die Unbehaglichkeit eines Strohlagers; mit hinsterbender Stimme verlangte ich gleich Thee, und der Herr Brockenwirth war vernünftig genug einzusehen, daß ich kranker Mensch für die Nacht ein ordentliches Bett haben müsse. Dieses verschaffte er mir in einem engen Zimmerchen, wo schon ein junger Kaufmann, ein langes Brechpulver in einem braunen Oberrock, sich etablirt hatte.

In der Wirthsstube fand ich lauter Leben und Bewegung. Studenten von verschiedenen Universitäten. Die Einen sind kurz vorher angekommen und restauriren sich, Andere bereiten sich zum Abmarsch, schnüren ihre Ranzen, schreiben ihre Namen ins Gedächtnißbuch, erhalten Brockensträuße von den Hausmädchen: da wird in die Wangen gekniffen, gesungen, gesprungen, gejohlt, man fragt, man antwortet, gut Wetter, Fußweg, Prosit, Adieu. Einige der Abgehenden sind auch etwas angesoffen, und diese haben von der schönen Aussicht einen doppelten Genuß, da ein Betrunkener Alles doppelt sieht.

Nachdem ich mich ziemlich rekreirt, bestieg ich die Thurmwarte, und fand daselbst einen kleinen Herrn mit zwey Damen, einer jungen und einer ältlichen. Die junge Dame war sehr schön. Eine herrliche Gestalt, auf dem lockigen Haupte ein helmartiger, schwarzer Atlashut, mit dessen weißen Federn die Winde spielten, die schlanken Glieder von einem schwarzseidenen Mantel so fest umschlossen, daß die edlen Formen hervortraten, und das freye, große Auge ruhig hinabschauend in die freye, große Welt.

Als ich noch ein Knabe war, dachte ich an nichts als an Zauber- und Wundergeschichten, und jede schöne Dame, die Straußfedern auf dem Kopfe trug, hielt ich für eine Elfenköniginn, und bemerkte ich gar, daß die Schleppe ihres Kleides naß war, so hielt ich sie für eine Wassernixe. Jetzt denke ich anders, seit ich aus der Naturgeschichte weiß, daß jene symbolischen Federn von dem dümmsten Vogel herkommen, und daß die Schleppe eines Damenkleides auf sehr natürliche Weise naß werden kann. Hätte ich mit jenen Knabenaugen die erwähnte junge Schöne, in erwähnter Stellung, auf dem Brocken gesehen, so würde ich sicher gedacht haben: das ist die Fee des Berges, und sie hat eben den Zauber ausgesprochen, wodurch dort unten Alles so wunderbar erscheint. Ja, in hohem Grade wunderbar erscheint uns Alles beym ersten Hinabschauen vom Brocken, alle Seiten unseres Geistes empfangen neue Eindrücke, und diese, meistens verschiedenartig, sogar sich widersprechend, verbinden sich in unserer Seele zu einem großen, noch unentworrenen, unverstandenen Gefühl. Gelingt es uns, dieses Gefühl in seinem Begriffe zu erfassen, so erkennen wir den Charakter des Berges. Dieser Charakter ist ganz deutsch, sowohl in Hinsicht seiner Fehler, als auch seiner Vorzüge. Der Brocken ist ein Deutscher. Mit deutscher

Gründlichkeit zeigt er uns, klar und deutlich, wie ein Riesenpanorama, die vielen hundert Städte, Städtchen und Dörfer, die meistens nördlich liegen, und ringsum alle Berge, Wälder, Flüsse, Flächen, unendlich weit. Aber eben dadurch erscheint Alles wie eine scharfgezeichnete, rein illuminirte Spezialkarte, nirgends wird das Auge durch eigentlich schöne Landschaften erfreut; wie es denn immer geschieht, daß wir deutschen Compilatoren, wegen der ehrlichen Genauigkeit, womit wir Alles und Alles hingeben wollen, nie daran denken können, das Einzelne auf eine schöne Weise zu geben. Der Berg hat auch so etwas Deutschruhiges, Verständiges, Tolerantes; eben weil er die Dinge so weit und klar überschauen kann. Und wenn solch ein Berg seine Riesenaugen öffnet, mag er wohl noch etwas mehr sehen, als wir Zwerge, die wir mit unsern blöden Aeuglein auf ihm herum klettern. Viele wollen zwar behaupten, der Brocken sey sehr philiströse, und Claudius sang: »Der Blocksberg ist der lange Herr Philister!« Aber das ist Irrthum. Durch seinen Kahlkopf, den er zuweilen mit einer weißen Nebelkappe bedeckt, giebt er sich zwar einen Anstrich von Philiströsität; aber, wie bey manchen andern großen Deutschen, geschieht es aus purer Ironie. Es ist sogar notorisch, daß der Brocken seine burschikosen, phantastischen Zeiten hat, z. B. die erste Maynacht. Dann wirft er seine Nebelkappe jubelnd in die Lüfte, und wird, eben so gut wie wir Uebrigen, recht echtdeutsch romantisch verrückt.

Ich suchte gleich die schöne Dame in ein Gespräch zu verflechten: denn Naturschönheiten genießt man erst recht, wenn man sich auf der Stelle darüber aussprechen kann. Sie war nicht geistreich, aber aufmerksam sinnig. Wahrhaft vornehme Formen. Ich meine nicht die gewöhnliche, steife, negative Vornehmheit, die genau weiß, was unterlassen werden muß; sondern jene seltnere, freye, positive Vornehmheit, die uns genau sagt, was wir thun dürfen, und die uns, bey aller Unbefangenheit, die höchste gesellige Sicherheit giebt. Ich entwickelte, zu meiner eigenen Verwunderung, viele geographische Kenntnisse, nannte der wißbegierigen Schönen alle Namen der Städte, die vor uns lagen, suchte und zeigte ihr dieselben auf meiner Landkarte, die ich über den Steintisch, der in der Mitte der Thurmplatte steht, mit echter Dozentenmiene ausbreitete. Manche Stadt konnte ich nicht finden, vielleicht weil ich mehr mit den Fingern suchte, als mit den Augen, die sich unterdessen auf dem Gesicht der holden Dame orientirten, und dort schönere Partien fanden, als »Schierke« und »Elend«. Dieses Gesicht gehörte zu denen, die nie reitzen, selten entzücken, und immer gefallen. Ich liebe solche Gesichter, weil sie mein schlimmbewegtes Herz zur Ruhe lächeln.

In welchem Verhältniß der kleine Herr, der die Damen begleitete, zu denselben stehen mochte, konnte ich nicht errathen. Es war eine dünne, merkwürdige Figur. Ein Köpfchen, sparsam bedeckt mit grauen Härchen, die über die kurze Stirn bis an die grünlichen Libellenaugen reichten, die runde Nase weit hervor tretend, dagegen Mund und Kinn sich wieder ängstlich nach den Ohren zurück ziehend. Dieses Gesichtchen schien aus einem zarten, gelblichen Thone zu bestehen, woraus die Bildhauer ihre ersten Modelle kneten; und wenn die schmalen Lippen zusammen kniffen, zogen sich über die Wangen einige tausend halbkreisartige, feine Fältchen. Der kleine Mann sprach kein Wort, und nur dann und wann, wenn die ältere Dame ihm etwas Freundliches zuflüsterte, lächelte er wie ein Mops, der den Schnupfen hat.

Jene ältere Dame war die Mutter der jüngeren, und auch sie besaß die vornehmsten Formen. Ihr Auge verrieth einen krankhaft schwärmerischen Tiefsinn, um ihren Mund lag strenge Frömmigkeit, doch schien mir's, als ob er einst sehr schön gewesen sey, und viel gelacht und viele Küsse empfangen und viele erwiedert habe. Ihr Gesicht glich einem Codex palympsestus, wo, unter der neuschwarzen Mönchsschrift eines Kirchenvatertextes, die halberloschenen Verse eines altgriechischen Liebesdichters hervorlauschen. Beide Damen waren mit ihrem Begleiter dieses Jahr in Italien gewesen, und erzählten mir allerley Schönes von Rom, Florenz und Venedig. Die Mutter erzählte viel von den Raphaelschen Bildern in der Peterskirche; die Tochter mehr von der Oper im Theater Fenice.

Derweilen wir sprachen, begann es zu dämmern: die Luft wurde noch kälter, die Sonne neigte sich tiefer, und die Thurmplatte füllte sich mit Studenten, Handwerksburschen und einigen ehrsamen Bürgerleuten, sammt deren Ehefrauen und Töchtern, die alle den Sonnenuntergang sehen wollten. Es ist ein erhabener Anblick, der die Seele zum Gebet stimmt. Wohl eine Viertelstunde standen Alle ernsthaft schweigend, und sahen, wie der schöne Feuerball im Westen allmählig versank; die Gesichter wurden vom Abendroth angestralt, die Hände falteten sich unwillkührlich; es war, als ständen wir, eine stille Gemeinde, im Schiffe eines Riesendoms, und der Priester erhöbe jetzt den Leib des Herrn, und von der Orgel herab ergösse sich Palestrinas ewiger Choral.

Während ich so in Andacht versunken stehe, höre ich, daß neben mir Jemand ausruft: »Wie ist die Natur doch im Allgemeinen so schön!«

Diese Worte kamen aus der gefühlvollen Brust meines Zimmergenossen, des jungen Kaufmanns. Ich gelangte dadurch wieder zu meiner Werkeltagsstimmung, war jetzt im Stande, den Damen über den

Sonnenuntergang recht viel Artiges zu sagen, und sie ruhig, als wäre nichts passirt, nach ihrem Zimmer zu führen. Sie erlaubten mir auch, sie noch eine Stunde zu unterhalten. Wie die Erde selbst drehte sich unsre Unterhaltung um die Sonne. Die Mutter äußerte: die in Nebel versinkende Sonne habe ausgesehen wie eine glühende Rose, die der galante Himmel herab geworfen in den weitausgebreiteten, weißen Brautschleyer seiner geliebten Erde. Die Tochter lächelte und meinte, der öftere Anblick solcher Naturerscheinungen schwäche ihren Eindruck. Die Mutter berichtigte diese falsche Meinung durch eine Stelle aus Goethes Reisebriefen, und frug mich ob ich den Werther gelesen? Ich glaube wir sprachen auch von Angorakatzen, etruskischen Vasen, türkischen Shawls, Makaroni und Lord Byron, aus dessen Gedichten die ältere Dame einige Sonnenuntergangsstellen, recht hübsch lispelnd und seufzend, rezitirte. Der jüngern Dame, die kein Englisch verstand, und jene Gedichte kennen lernen wollte, empfahl ich die Uebersetzungen meiner schönen, geistreichen Landsmänninn, der Baroninn Elise von Hohenhausen; bey welcher Gelegenheit ich nicht ermangelte, wie ich gegen junge Damen zu thun pflege, über Byrons Gottlosigkeit, Lieblosigkeit, Trostlosigkeit, und der Himmel weiß was noch mehr, zu eifern.

Nach diesem Geschäfte ging ich noch auf dem Brocken spatzieren; denn ganz dunkel wird es dort nie. Der Nebel war nicht stark, und ich betrachtete die Umrisse der beiden Hügel, die man den Hexenaltar und die Teufelskanzel nennt. Ich schoß meine Pistolen ab, doch es gab kein Echo. Plötzlich aber höre ich bekannte Stimmen und fühle mich umarmt und geküßt. Es waren meine Landsleute, die Göttingen vier Tage später verlassen hatten, und bedeutend erstaunt waren, mich ganz allein auf dem Blocksberge wieder zu finden. Da gab es ein Erzählen und Verwundern und Verabreden, ein Lachen und Erinnern, welches freudige Wiedersehen!

Im großen Zimmer wurde eine Abendmahlzeit gehalten. Ein langer Tisch mit zwey Reihen hungriger Studenten. Im Anfange gewöhnliches Universitätsgespräch: Duelle, Duelle und wieder Duelle.

Die Gesellschaft bestand meistens aus Hallensern, und Halle wurde daher Hauptgegenstand der Unterhaltung. Die Fensterscheiben des Hofraths Schütz wurden exegetisch beleuchtet. Dann erzählte man, daß die letzte Cour bey dem König von Cypern sehr glänzend gewesen sey, daß er einen natürlichen Sohn erwählt, daß er sich eine lichtensteinsche Prinzessinn ans linke Bein antrauen lassen, daß er die Staatsmaitresse abgedankt, und daß das ganze gerührte Ministerium vorschriftmäßig geweint habe. Ich brauche wohl nicht zu erwähnen, daß sich dieses auf Hallesche Bierwürden bezieht. Hernach kamen die zwey Chinesen aufs Tapet, die sich vor zwey Jahren in Berlin sehen ließen, und jetzt in Halle zu Privatdozenten der chinesischen Aesthetik abgerichtet werden. Nun wurden Witze gerissen. Man setzte den Fall: ein Deutscher ließe sich in China für Geld sehen; und zu diesem Zwecke wurde ein Anschlagzettel geschmiedet, worin die Mandarinen Tsching-Tschang-Tschung und Hi-Ha-Ho begutachteten, daß es ein echter Deutscher sey, worin ferner seine Kunststücke aufgerechnet wurden, die hauptsächlich in Philosophiren, Tabakrauchen und Geduld bestanden, und worin noch schließlich bemerkt wurde, daß man um zwölf Uhr, welches die Fütterungsstunde sey, keine Hunde mitbringen dürfe, indem diese dem armen Deutschen die besten Brocken weg zu schnappen pflegten.

Ein junger Burschenschafter, der kürzlich zur Purifikazion in Berlin gewesen, sprach viel von dieser Stadt; aber sehr einseitig. Er hatte Wisotzki und das Theater besucht; beide beurtheilte er falsch. »Schnell fertig ist die Jugend mit dem Wort u. s. w.« Er sprach von Garderobeaufwand, Schauspieler- und Schauspielerinnenskandal u. s. w. Der junge Mensch wußte nicht, daß, da in Berlin überhaupt der Schein der Dinge am meisten gilt, was schon die allgemeine Redensart, »man so duhn«, hinlänglich andeutet, dieses Scheinwesen auf den Brettern erst recht floriren muß, und daß daher die Intendanz am meisten zu sorgen hat für die »Farbe des Barts, womit eine Rolle gespielt wird«, für die Treue der Costüme, die von beeidigten Historikern vorgezeichnet, und von wissenschaftlich gebildeten Schneidern genäht werden. Und das ist nothwendig. Denn trüge mahl Maria Stuart eine Schürze, die schon zum Zeitalter der Königinn Anna gehört, so würde gewiß der Banquier Christian Gumpel sich mit Recht beklagen, daß ihm dadurch alle Illusion verloren gehe; und hätte mahl Lord Burleigh aus Versehen die Hosen von Heinrich IV. angezogen, so würde gewiß die Kriegsräthinn von Steinzopf, geb. Lilienthau, diesen Anachronismus den ganzen Abend nicht aus den Augen lassen. Solche täuschende Sorgfalt der Generalintendanz erstreckt sich aber nicht bloß auf Schürzen und Hosen, sondern auch auf die darin verwickelten Personen. So soll künftig der Othello von einem wirklichen Mohren gespielt werden, den Professor Lichtenstein schon zu diesem Behufe aus Afrika verschrieben hat; in Menschenhaß und Reue soll künftig die Eulalia von einem wirklich verlaufenen Weibsbilde, der Peter von einem wirklich dummen Jungen, und der Unbekannte von einem wirklich geheimen Hahnrey gespielt werden, die man alle drey nicht erst aus Afrika zu verschreiben braucht. Hatte nun obenerwähnter junger Mensch die Verhältnisse des Berliner Schauspiels schlecht begriffen, so merkte er noch viel weniger, daß die Spontinische Janitscharenoper, mit ihren Pauken, Elephanten, Trompeten und Tamtams, ein heroisches Mittel ist, um unser erschlafftes Volk kriegerisch zu stärken, ein Mittel, das schon Plato und Cicero staatspfiffig empfohlen haben. Am allerwenigsten begriff der junge Mensch die diplomatische Bedeutung des Ballets. Mit Mühe zeigte ich ihm, wie in Hoguets Füßen mehr Politik sitzt als in Buchholz Kopf, wie alle seine Tanztouren diplomatische Verhandlungen bedeuten, wie jede seiner Bewegungen eine politische Beziehung habe, so z. B. daß er unser Kabinet meint, wenn er, sehnsüchtig vorgebeugt, mit den Händen weitausgreift, daß er den Bundestag meint, wenn er sich hundertmal auf einem Fuße herumdreht, ohne vom Fleck zu kommen, daß er die kleinen Fürsten im Sinne hat, wenn er wie mit gebundenen Beinen herumtrippelt, daß er das Europäische Gleichgewicht bezeichnet, wenn er wie ein Trunkener hin und herschwankt, daß er einen Congreß andeutet, wenn er die gebogenen Arme knäuelartig in einander verschlingt, und endlich, daß er unsern allzugroßen Freund im Osten darstellt, wenn er in allmähliger Entfaltung sich in die Höhe hebt, in dieser Stellung lange ruht, und plötzlich in die erschrecklichsten Sprünge ausbricht. Dem jungen Manne fielen die Schuppen von den Augen, und jetzt merkte er, warum Tänzer besser honorirt werden als große Dichter, warum das Ballet beym diplomatischen Corps ein unerschöpflicher Gegenstand des Gesprächs ist, und warum oft eine schöne Tänzerinn noch privatim von dem Minister unterhalten wird, der sich gewiß Tag und Nacht abmüht, sie für sein politisches Systemchen empfänglich zu machen. Beym Apis! wie groß ist die Zahl der exoterischen, und wie klein die Zahl der esoterischen Theaterbesucher! Da steht das blöde Volk und gafft und bewundert Sprünge und Wendungen, und studiert Anatomie in den Stellungen der Lemiere, und applaudirt die Entrechats der Röhnisch, und schwatzt von Grazie, Harmonie und Lenden – und keiner merkt, daß er in getanzten Chiffern das Schicksal des deutschen Vaterlandes vor Augen hat.

Während solcherley Gespräche hin und her flogen, verlor man doch das Nützliche nicht aus den Augen, und den großen Schüsseln, die mit Fleisch, Kartoffeln u. s. w. ehrlich angefüllt waren, wurde fleißig zugesprochen. Jedoch das Essen war schlecht. Dieses erwähnte ich leichthin gegen meinen Nachbar, der aber, mit einem Accente, woran ich den Schweizer erkannte, gar unhöflich antwortete: daß wir Deutschen wie mit der wahren Freyheit, so auch mit der wahren Genügsamkeit unbekannt seyen. Ich zuckte die Achseln und bemerkte: daß die eigentlichen Fürstenknechte und Leckerkramverfertiger überall Schweizer sind und vorzugsweise so genannt werden, und daß überhaupt die jetzigen schweizerischen Freyheitshelden, die so viel Politisch-Kühnes ins Publikum hineinschwatzen, mir immer vorkommen wie Hasen, die auf öffentlichen Jahrmärkten Pistolen abschießen, alle Kinder und Bauern durch ihre Kühnheit in Erstaunen setzen, und dennoch Hasen sind.

Der Sohn der Alpen hatte es gewiß nicht böse gemeint, »es war ein dicker Mann, folglich ein guter Mann«, sagt Cervantes. Aber mein Nachbar von der andern Seite, ein Greifswalder, war durch jene Aeußerung sehr piquirt; er betheuerte, daß deutsche Thatkraft und Einfältigkeit noch nicht erloschen sey, schlug sich dröhnend auf die Brust, und leerte eine ungeheure Stange Weißbier. Der Schweizer sagte: »Nu! Nu!« Doch, je beschwichtigender er dieses sagte, desto eifriger ging der Greifswalder ins Geschirr. Dieser war ein Mann aus jenen Zeiten, als die Läuse gute Tage hatten und die Friseure zu verhungern fürchteten. Er trug herabhängend langes Haar, ein ritterliches Barett, einen schwarzen, altdeutschen Rock, ein schmutziges Hemd, das zugleich das Amt einer Weste versah, und darunter ein Medaillon mit einem Haarbüschel von Blüchers Schimmel. Er sah aus wie ein Narr in Lebensgröße. Ich mache mir gern einige Bewegung beym Abendessen, und ließ mich daher von ihm in einen patriotischen Streit verflechten. Er war der Meinung, Deutschland müsse in 33 Gauen getheilt werden. Ich hingegen behauptete: es müßten 48 seyn, weil man alsdann ein systematischeres Handbuch über Deutschland schreiben könne, und es doch nothwendig sey, das Leben mit der Wissenschaft zu verbinden. Mein Greifswalder Freund war auch ein deutscher Barde, und, wie er mir vertraute, arbeitete er an einem Nazionalheldengedicht zur Verherrlichung Hermanns und der Hermannsschlacht. Manchen nützlichen Wink gab ich ihm für die Anfertigung dieses Epos. Ich machte ihn darauf aufmerksam, daß er die Sümpfe und Knüppelwege des teutoburger Waldes sehr onomatopöisch durch wäßrige und holprige Verse andeuten könne, und daß es eine patriotische Feinheit wäre, wenn er den Varus und die übrigen Römer lauter Unsinn sprechen ließe. Ich hoffe, dieser Kunstkniff wird ihm, eben so erfolgreich wie andern Berliner Dichtern, bis zur bedenklichsten Illusion gelingen.

An unserem Tische wurde es immer lauter und traulicher, der Wein verdrängte das Bier, die Punschbowlen dampften, es wurde getrunken, smollirt und gesungen. Der alte Landesvater und herrliche Lieder von W. Müller, Rückert, Uhland u. s. w. erschollen. Schöne Methfesselsche

Melodien. Am allerbesten erklangen unseres Arndts deutsche Worte: »Der Gott, der Eisen wachsen ließ, der wollte keine Knechte!« Und draußen brauste es, als ob der alte Berg mitsänge, und einige schwankende Freunde behaupteten sogar, er schüttle freudig sein kahles Haupt, und unser Zimmer werde dadurch hin und her bewegt. Die Flaschen wurden leerer und die Köpfe voller. Der Eine brüllte, der Andere fistulirte, ein Dritter deklamirte aus der »Schuld«, ein Vierter sprach Latein, ein Fünfter predigte von der Mäßigkeit, und ein Sechster stellte sich auf den Stuhl und dozirte: »Meine Herren! Die Erde ist eine runde Walze, die Menschen sind einzelne Stiftchen darauf, scheinbar arglos zerstreut; aber die Walze dreht sich, die Stiftchen stoßen hier und da an und tönen, die einen oft, die andern selten, das giebt eine wunderbare, complizirte Musik, und diese heißt Weltgeschichte. Wir sprechen also erst von der Musik, dann von der Welt und endlich von der Geschichte; letztere aber theilen wir ein in Positiv und spanische Fliegen –« Und so ging's weiter mit Sinn und Unsinn.

Ein gemüthlicher Mecklenburger, der seine Nase im Punschglase hatte, und selig lächelnd den Dampf einschnupfte, machte die Bemerkung: es sey ihm zu Muthe, als stände er wieder vor dem Theaterbüffet in Schwerin! Ein Anderer hielt sein Weinglas wie ein Perspektiv vor die Augen und schien uns aufmerksam damit zu betrachten, während ihm der rothe Wein über die Backen ins hervortretende Maul hinablief. Der Greifswalder, plötzlich begeistert, warf sich an meine Brust und jauchzte: »O, verständest Du mich, ich bin ein Liebender, ich bin ein Glücklicher, ich werde wieder geliebt, und, Gott verdamm' mich! es ist ein gebildetes Mädchen, denn sie hat volle Brüste, und trägt ein weißes Kleid und spielt Clavier!« – Aber der Schweizer weinte, und küßte zärtlich meine Hand und wimmerte beständig: »O Bäbeli! O Bäbeli!«

In diesem verworrenen Treiben, wo die Teller tanzen und die Gläser fliegen lernten, saßen mir gegenüber zwey Jünglinge, schön und blaß wie Marmorbilder, der Eine mehr dem Adonis, der Andere mehr dem Apollo ähnlich. Kaum bemerkbar war der leichte Rosenhauch, den der Wein über ihre Wangen hinwarf. Mit unendlicher Liebe sahen sie sich einander an, als wenn Einer lesen könnte in den Augen des Andern, und in diesen Augen stralte es, als wären einige Lichttropfen hinein gefallen aus jener Schaale voll lodernder Liebe, die ein frommer Engel dort oben von einem Stern zum andern hinüber trägt. Sie sprachen leise, mit sehnsuchtbebender Stimme, und es waren traurige Geschichten, aus denen ein wunderschmerzlicher Ton hervor klang. »Die Lore ist jetzt auch todt!« sagte der Eine und seufzte, und nach einer Pause erzählte er von einem Halleschen Mädchen, das in einen Studenten verliebt war, und als dieser Halle verließ, mit Niemand mehr sprach, und wenig aß, und Tag und Nacht weinte, und immer den Canarienvogel betrachtete, den der Geliebte ihr einst geschenkt hatte. »Der Vogel starb, und bald darauf ist auch die Lore gestorben!« so schloß die Erzählung, und beide Jünglinge schwiegen wieder und seufzten, als wollte ihnen das Herz zerspringen. Endlich sprach der Andere: »Meine Seele ist traurig! Komm mit hinaus in die dunkle Nacht! Einathmen will ich den Hauch der Wolken und die Stralen des Mondes. Genosse meiner Wehmuth! ich liebe Dich, Deine Worte tönen wie Rohrgeflüster, wie gleitende Ströme, sie tönen wieder in meiner Brust, aber meine Seele ist traurig!«

Nun erhoben sich die beiden Jünglinge, Einer schlang den Arm um den Nacken des Andern, und sie verließen das tosende Zimmer. Ich folgte ihnen nach und sah, wie sie in eine dunkle Kammer traten, wie der Eine, statt des Fensters, einen großen Kleiderschrank öffnete, wie Beide vor demselben, mit sehnsüchtig ausgestreckten Armen, stehen blieben und wechselweise sprachen. »Ihr Lüfte der dämmernden Nacht!« rief der Erste, »wie erquickend kühlt Ihr meine Wangen! Wie lieblich spielt Ihr mit meinen flatternden Locken! Ich steh' auf des Berges wolkigem Gipfel, unter mir liegen die schlafenden Städte der Menschen, und blinken die blauen Gewässer. Horch! dort unten im Thale rauschen die Tannen! Dort über die Hügel ziehen, in Nebelgestalten, die Geister der Väter. O, könnt' ich mit Euch jagen, auf dem Wolkenroß, durch die stürmische Nacht, über die rollende See, zu den Sternen hinauf! Aber ach! ich bin beladen mit Leid, und meine Seele ist traurig!« – Der andere Jüngling hatte ebenfalls seine Arme sehnsuchtsvoll nach dem Kleiderschrank ausgestreckt, Thränen stürzten aus seinen Augen, und zu einer gelbledernen Hose, die er für den Mond hielt, sprach er mit wehmüthiger Stimme: »Schön bist du, Tochter des Himmels! Holdselig ist deines Antlitzes Ruhe! Du wandelst einher in Lieblichkeit! Die Sterne folgen deinen blauen Pfaden im Osten. Bey deinem Anblick erfreuen sich die Wolken, und es lichten sich ihre düstern Gestalten. Wer gleicht dir am Himmel, Erzeugte der Nacht? Beschämt, in deiner Gegenwart, sind die Sterne, und wenden ab die grünfunkelnden Augen. Wohin, wenn des Morgens dein Antlitz erbleicht, entfliehst du von deinem Pfade? Hast du gleich mir deine Halle? Wohnst du im Schatten der Wehmuth? Sind deine Schwestern vom Himmel gefallen? Sie, die freudig mit dir die Nacht durchwallten, sind sie nicht mehr? Ja, sie fielen herab, o schönes Licht, und du verbirgst dich oft, sie zu betrauern. Doch einst wird kommen die Nacht, und du, auch du bist vergangen, und hast deine blauen Pfade dort oben verlassen. Dann erheben die Sterne ihre grünen Häupter, die einst deine Gegenwart beschämt, sie werden sich freuen. Doch jetzt bist du gekleidet in deiner Stralenpracht und schaust herab aus den Thoren des Himmels. Zerreißt die Wolken, o Winde, damit die Erzeugte der Nacht hervor zu leuchten vermag, und die buschigen Berge erglänzen und das Meer seine schäumenden Wogen rolle in Licht!«

Ein wohlbekannter, nicht sehr magerer Freund, der mehr getrunken als gegessen hatte, obgleich er auch heute Abend, wie gewöhnlich, eine Porzion Rindfleisch verschlungen, wovon sechs Gardelieutenants und ein unschuldiges Kind satt geworden wären, dieser kam jetzt in allzugutem Humor, d. h. ganz *en* Schwein, vorbeygerannt, schob die beiden elegischen Freunde etwas unsanft in den Schrank hinein, polterte nach der Hausthüre, und wirthschaftete draußen ganz mörderlich. Der Lärm im Saal wurde auch immer verworrener und dumpfer. Die beiden Jünglinge im Schranke jammerten und wimmerten, sie lägen zerschmettert am Fuße des Berges; aus dem Hals strömte ihnen der edle Rothwein, sie überschwemmten sich wechselseitig, und der Eine sprach zum Andern: »Lebe wohl! Ich fühle, daß ich verblute. Warum weckst du mich, Frühlingsluft? Du buhlst und sprichst: ich bethaue dich mit Tropfen des Himmels. Doch die Zeit meines Welkens ist nahe, nahe der Sturm, der meine Blätter herabstört! Morgen wird der Wanderer kommen, kommen der mich sah in meiner Schönheit, ringsum wird sein Auge im Felde mich suchen, und wird mich nicht finden. –« Aber Alles übertobte die wohlbekannte Baßstimme, die draußen vor der Thüre, unter Fluchen und Jauchzen, sich gottlästerlich beklagte: daß auf der ganzen dunkeln Weenderstraße keine einzige Laterne brenne, und man nicht einmal sehen könne, bey wem man die Fensterscheiben eingeschmissen habe.

Ich kann viel vertragen – die Bescheidenheit erlaubt mir nicht, die Bouteillenzahl zu nennen – und ziemlich gut condizionirt gelangte ich nach meinem Schlafzimmer. Der junge Kaufmann lag schon im Bette, mit seiner kreideweißen Nachtmütze und safrangelben Jacke von Gesundheitsflanell. Er schlief noch nicht und suchte ein Gespräch mit mir anzuknüpfen. Er war ein Frankfurt-am-Mayner, und folglich sprach er gleich von den Juden, die alles Gefühl für das Schöne und Edle verloren haben, und die englischen Waaren 25 Prozent unter dem Fabrikpreise verkaufen. Es ergriff mich die Lust, ihn etwas zu mystifiziren; deßhalb sagte ich ihm: ich sey ein Nachtwandler, und müsse im

Voraus um Entschuldigung bitten, für den Fall, daß ich ihn etwa im Schlafe stören möchte. Der arme Mensch hat deßhalb, wie er mir den andern Tag gestand, die ganze Nacht nicht geschlafen, da er die Besorgniß hegte, ich könnte mit meinen Pistolen, die vor meinem Bette lagen, im Nachtwandlerzustande ein Malheur anrichten. Im Grunde war es mir nicht viel besser als ihm gegangen, ich hatte sehr schlecht geschlafen. Wüste, beängstigende Phantasiegebilde. Ein Clavierauszug aus Dantes »Hölle«. Am Ende träumte mir gar, ich sähe die Aufführung einer juristischen Oper, die *Falcidia* geheißen, erbrechtlicher Text von Gans, und Musik von Spontini. Ein toller Traum. Das römische Forum leuchtete prächtig, Serv. Asinius Göschenus als Prätor auf seinem Stuhle, die Toga in stolze Falten werfend, ergoß sich in polternden Recitativen, Marcus Tullius Elversus, als *Prima Donna legataria,* all' seine holde Weiblichkeit offenbarend, sang die liebeschmelzende Bravourarie *quicunque civis romanus,* ziegelroth geschminkte Referendarien brüllten als Chor der Unmündigen, Privatdozenten, als Genien in fleischfarbigen Trikot gekleidet, tanzten ein antejustinianeisches Ballet und bekränzten mit Blumen die zwölf Tafeln, unter Donner und Blitz stieg aus der Erde der beleidigte Geist der römischen Gesetzgebung, hierauf Posaunen, Tamtam, Feuerregen, *cum omni causa.*

Aus diesem Lärmen zog mich der Brockenwirth, indem er mich weckte, um den Sonnenaufgang anzusehen. Auf dem Thurm fand ich schon einige Harrende, die sich die frierenden Hände rieben, Andere, noch den Schlaf in den Augen, taumelten herauf. Endlich stand die stille Gemeinde von gestern Abend wieder ganz versammelt, und schweigend sahen wir, wie am Horizonte die kleine, carmoisinrothe Kugel empor stieg, eine winterlich dämmernde Beleuchtung sich verbreitete, die Berge wie in einem weißwallenden Meere schwammen, und bloß die Spitzen derselben sichtbar hervor traten, so daß man auf einem kleinen Hügel zu stehen glaubte, mitten auf einer überschwemmten Ebene, wo nur hier und da eine trockene Erdscholle hervortritt. Um das Gesehene und Empfundene in Worten fest zu halten, zeichnete ich folgendes Gedicht:

Heller wird es schon im Osten
Durch der Sonne kleines Glimmen,
Weit und breit die Bergesgipfel
In dem Nebelmeere schwimmen.

Hätt' ich Siebenmeilenstiefel,
Lief ich mit der Hast des Windes
Ueber jene Bergesgipfel,
Nach dem Haus des lieben Kindes.

Von dem Bettchen, wo sie schlummert,
Zög' ich leise die Gardinen,
Leise küßt' ich ihre Stirne,
Leise ihres Munds Rubinen.

Und noch leiser wollt' ich flüstern
In die kleinen Liljenohren:
Denk' im Traum, daß wir uns lieben,
Und daß wir uns nie verloren.

Indessen, meine Sehnsucht nach einem Frühstück war ebenfalls groß, und nachdem ich meinen Damen einige Höflichkeiten gesagt, eilte ich hinab, um in der warmen Stube Kaffee zu trinken. Es that Noth; in meinem Magen sah es so nüchtern aus, wie in der Goslarschen Stephanskirche. Aber mit dem arabischen Trank rieselte mir auch der warme Orient durch die Glieder, östliche Rosen umdufteten mich, süße Bulbullieder erklangen, die Studenten verwandelten sich in Kameele, die Brockenhausmädchen, mit ihren Congrevischen Blikken, wurden zu Houris, die Philisternasen wurden Minarets u. s. w.

Das Buch, das neben mir lag, war aber nicht der Koran. Unsinn enthielt es freylich genug. Es war das sogenannte Brockenbuch, worin alle Reisende, die den Berg erstiegen, ihre Namen schreiben, und die Meisten noch einige Gedanken, und in Ermangelung derselben, ihre Gefühle hinzu notiren. Viele drücken sich sogar in Versen aus. In diesem Buche sieht man, welche Greuel entstehen, wenn der große Philistertroß bey gebräuchlichen Gelegenheiten, wie hier auf dem Brocken, sich vorgenommen hat, poetisch zu werden. Der Palast des Prinzen von Pallagonia enthält keine so große Abgeschmacktheiten, wie dieses Buch, wo besonders hervor glänzen die Herren Acciseeinnehmer mit ihren verschimmelten Hochgefühlen, die Comptoirjünglinge mit ihren pathetischen Seelenergüssen, die altdeutschen Revoluzionsdilettanten mit ihren Turngemeinplätzen, die Berliner Schullehrer mit ihren verunglückten Entzückungsphrasen u. s. w. Herr Johannes Hagel will sich auch mahl als Schriftsteller zeigen. Hier wird des Sonnenaufgangs majestätische Pracht beschrieben; dort wird geklagt über schlechtes

Wetter, über getäuschte Erwartungen, über den Nebel, der alle Aussicht versperrt. »Benebelt herauf gekommen und benebelt hinunter gegangen!« ist ein stehender Witz, der hier von Hunderten nachgerissen wird. Das ganze Buch riecht nach Käse, Bier und Tabak; man glaubt einen Roman von Clauren zu lesen.

Während ich nun besagtermaßen Kaffee trank und im Brockenbuche blätterte, trat der Schweizer mit hochrothen Wangen herein, und voller Begeisterung erzählte er von dem erhabenen Anblick, den er oben auf dem Thurm genossen, als das reine, ruhige Licht der Sonne, Sinnbild der Wahrheit, mit den nächtlichen Nebelmassen gekämpft, daß es ausgesehen habe wie eine Geisterschlacht, wo zürnende Riesen ihre langen Schwerdter ausstrecken, geharnischte Ritter, auf bäumenden Rossen, einher jagen, Streitwagen, flatternde Banner, abentheuerliche Thierbildungen aus dem wildesten Gewühle hervor tauchen, bis endlich Alles in den wahnsinnigsten Verzerrungen zusammen kräuselt, blasser und blasser zerrinnt, und spurlos verschwindet. Diese demagogische Naturerscheinung hatte ich versäumt, und ich kann, wenn es zur Untersuchung kommt, eidlich versichern: daß ich von nichts weiß, als vom Geschmack des guten braunen Kaffees. Ach, dieser war sogar Schuld, daß ich meine schöne Dame vergessen, und jetzt stand sie vor der Thür, mit Mutter und Begleiter, im Begriff, den Wagen zu besteigen. Kaum hatte ich noch Zeit, hin zu eilen und ihr zu versichern, daß es kalt sey. Sie schien unwillig, daß ich nicht früher gekommen; doch ich glättete bald die mißmüthigen Falten ihrer schönen Stirn, indem ich ihr eine wunderliche Blume schenkte, die ich den Tag vorher, mit halsbrechender Gefahr, von einer steilen Felsenwand gepflückt hatte. Die Mutter verlangte den Namen der Blume zu wissen, gleichsam als ob sie es unschicklich fände, daß ihre Tochter eine fremde, unbekannte Blume vor die Brust stecke – denn wirklich, die Blume erhielt diesen beneidenswerthen Platz, was sie sich gewiß gestern auf ihrer einsamen Höhe nicht träumen ließ. Der schweigsame Begleiter öffnete jetzt auf einmal den Mund, zählte die Staubfäden der Blume und sagte ganz trocken: sie gehört zur achten Classe.

Es ärgert mich jedesmal, wenn ich sehe, daß man auch Gottes liebe Blumen, eben so wie uns, in Casten getheilt hat, und nach ähnlichen Aeußerlichkeiten, nämlich nach Staubfäden-Verschiedenheit. Soll doch mahl eine Eintheilung statt finden, so folge man dem Vorschlage Theophrasts, der die Blumen mehr nach dem Geiste, nämlich nach ihrem Geruch, eintheilen wollte. Was mich betrifft, so habe ich in der Naturwissenschaft mein eigenes System, und demnach theile ich Alles ein:

in dasjenige, was man essen kann, und in dasjenige, was man nicht essen kann.

Jedoch, der ältern Dame war die geheimnißvolle Natur der Blumen nichts weniger als verschlossen, und unwillkührlich äußerte sie: daß sie von den Blumen, wenn sie noch im Garten oder im Topfe wachsen, recht erfreut werde, daß hingegen ein leises Schmerzgefühl, traumhaft beängstigend, ihre Brust durchzittere, wenn sie eine abgebrochene Blume sehe – da eine solche doch eigentlich eine Leiche sey, und so eine gebrochene, zarte Blumenleiche ihr welkes Köpfchen recht traurig herab hängen lasse, wie ein todtes Kind. Die Dame war fast erschrokken über den trüben Wiederschein ihrer Bemerkung, und es war meine Pflicht, denselben mit einigen Voltaireschen Versen zu verscheuchen. Wie doch ein paar französische Worte uns gleich in die gehörige Convenienzstimmung zurück versetzen können! Wir lachten, Hände wurden geküßt, huldreich wurde gelächelt, die Pferde wieherten, und der Wagen holperte, langsam und beschwerlich, den Berg hinunter.

Nun machten auch die Studenten Anstalt zum Abreisen, die Ranzen wurden geschnürt, die Rechnungen, die über alle Erwartung billig ausfielen, berichtigt, die empfänglichen Hausmädchen, auf deren Gesichtern die Spuren glücklicher Liebe, brachten, wie gebräuchlich ist, die Brockensträußchen, halfen solche auf die Mützen befestigen, wurden dafür mit einigen Küssen oder Groschen honorirt; und so stiegen wir Alle den Berg hinab, indem die Einen, wobey der Schweizer und Greifswalder, den Weg nach Schierke einschlugen, und die Andern, ungefähr zwanzig Mann, wobey auch meine Landsleute und ich, angeführt von einem Wegweiser, durch die sogenannten Schneelöcher hinab zogen nach Ilsenburg.

Das ging über Hals und Kopf. Hallesche Studenten marschiren schneller als die östreichische Landwehr. Ehe ich mich dessen versah, war die kahle Partie des Berges mit den darauf zerstreuten Steingruppen schon hinter uns, und wir kamen durch einen Tannenwald, wie ich ihn den Tag vorher gesehen. Die Sonne goß schon ihre festlichsten Stralen herab und beleuchtete die humoristisch buntgekleideten Burschen, die so munter durch das Dickigt drangen, hier verschwanden, dort wieder zum Vorschein kamen, bey Sumpfstellen über die quergelegten Baumstämme liefen, bey abschüssigen Tiefen an den rankenden Wurzeln kletterten, in den ergötzlichsten Tonarten empor johlten, und eben so lustige Antwort zurück erhielten von den zwitschernden Waldvögeln, von den rauschenden Tannen, von den unsichtbar plätschernden Quellen und von dem schallenden Echo. Wenn frohe Jugend und schöne Natur zusammen kommen, so freuen sie sich wechselseitig.

Je tiefer wir hinab stiegen, desto lieblicher rauschte das unterirdische Gewässer, nur hier und da, unter Gestein und Gestrippe, blinkte es hervor, und schien heimlich zu lauschen, ob es ans Licht treten dürfe, und endlich kam eine kleine Welle entschlossen hervor gesprungen. Nun zeigt sich die gewöhnliche Erscheinung: ein Kühner macht den Anfang, und der große Troß der Zagenden wird plötzlich, zu seinem eigenen Erstaunen, von Muth ergriffen, und eilt, sich mit jenem Ersten zu vereinigen. Eine Menge anderer Quellen hüpften jetzt hastig aus ihrem Versteck, verbanden sich mit der zuerst hervorgesprungenen, und bald bildeten sie zusammen ein schon bedeutendes Bächlein, das in unzähligen Wasserfällen, und in wunderlichen Windungen, das Bergthal hinab rauscht. Das ist nun die Ilse, die liebliche, süße Ilse. Sie zieht sich durch das gesegnete Ilsethal, an dessen beiden Seiten sich die Berge allmählig höher erheben, und diese sind, bis zu ihrem Fuße, meistens mit Buchen, Eichen und gewöhnlichem Blattgesträuche bewachsen, nicht mehr mit Tannen und anderm Nadelholz. Denn jene Blätterholzart wird vorherrschend auf dem »Unterharze«, wie man die Ostseite des Brockens nennt, im Gegensatz zur Westseite desselben, die der »Oberharz« heißt, und wirklich viel höher ist, und also auch viel geeigneter zum Gedeihen der Nadelhölzer.

Es ist unbeschreibbar, mit welcher Fröhlichkeit, Naivität und Anmuth die Ilse sich hinunter stürzt über die abentheuerlich gebildeten Felsstücke, die sie in ihrem Laufe findet, so daß das Wasser hier wild empor zischt oder schäumend überläuft, dort aus allerley Steinspalten, wie aus tollen Gießkannen, in reinen Bögen sich ergießt, und unten wieder über die kleinen Steine hintrippelt, wie ein munteres Mädchen. Ja, die Sage ist wahr, die Ilse ist eine Prinzessinn, die lachend und blühend den Berg hinab läuft. Wie blinkt im Sonnenschein ihr weißes Schaumgewand! Wie flattern im Winde ihre silbernen Busenbänder! Wie funkeln und blitzen ihre Diamanten! Die hohen Buchen stehen dabey gleich ernsten Vätern, die verstohlen lächelnd dem Muthwillen des lieblichen Kindes zusehen; die weißen Birken bewegen sich tantenhaft vergnügt, und doch zugleich ängstlich über die gewagten Sprünge; der stolze Eichbaum schaut drein wie ein verdrießlicher Oheim, der das schöne Wetter bezahlen soll; die Vögelein in den Lüften jubeln ihren Beyfall, die Blumen am Ufer flüstern zärtlich: O, nimm uns mit, nimm uns mit, lieb' Schwesterchen! – aber das lustige Mädchen springt unaufhaltsam weiter, und plötzlich ergreift sie den träumenden Dichter, und es strömt auf mich herab ein Blumenregen von klingenden Stralen und stralenden Klängen, und die Sinne vergehen mir vor lauter Herrlichkeit, und ich höre nur noch die flötensüße Stimme:

Ich bin die Prinzessinn Ilse,
Und wohne im Ilsenstein;
Komm mit nach meinem Schlosse,
Wir wollen selig seyn.

Dein Haupt will ich benetzen
Mit meiner klaren Well',
Du sollst deine Schmerzen vergessen,
Du sorgenkranker Gesell!

In meinen weißen Armen,
An meiner weißen Brust,
Da sollst du liegen und träumen
Von alter Mährchenlust.

Ich will dich küssen und herzen,
Wie ich geherzt und geküßt
Den lieben Kaiser Heinrich,
Der nun gestorben ist.

Es bleiben todt die Todten,
Und nur der Lebendige lebt;
Und ich bin schön und blühend,
Mein lachendes Herze bebt.

Komm in mein Schloß herunter,
In mein kristallenes Schloß,
Da tanzen die Fräulein und Ritter,
Es jubelt der Knappentroß.

Es rauschen die seidenen Schleppen,
Es klirren die Eisenspor'n,
Die Zwerge trompeten und pauken,
Und fideln und blasen das Horn.

Doch dich soll mein Arm umschlingen,
Wie er Kaiser Heinrich umschlang;
Ich hielt ihm zu die Ohren,
Wenn die Trompet' erklang.

Unendlich selig ist das Gefühl, wenn die Erscheinungswelt mit unserer Gemüthswelt zusammenrinnt, und grüne Bäume, Gedanken, Vögelgesang, Wehmuth, Himmelsbläue, Erinnerung und Kräuterduft sich in süßen Arabesken verschlingen. Die Frauen kennen am besten dieses Gefühl, und darum mag auch ein so holdselig ungläubiges Lächeln um ihre Lippen schweben, wenn wir mit Schulstolz unsere logischen Thaten rühmen, wie wir Alles so hübsch eingetheilt in objektiv und subjektiv, wie wir unsere Köpfe apothekenartig mit tausend Schubladen versehen, wo in der einen Vernunft, in der andern Verstand, in der dritten Witz, in der vierten schlechter Witz, und in der fünften gar nichts, nämlich die Idee, enthalten ist.

Wie im Traume fortwandelnd, hatte ich fast nicht bemerkt, daß wir die Tiefe des Ilsethales verlassen, und wieder bergauf stiegen. Dies ging sehr steil und mühsam, und Mancher von uns kam außer Athem. Doch wie unser seliger Vetter, der zu Mölln begraben liegt, dachten wir im Voraus ans Bergabsteigen, und waren um so vergnügter. Endlich gelangten wir auf den Ilsenstein.

Das ist ein ungeheurer Granitfelsen, der sich lang und keck aus der Tiefe erhebt. Von drey Seiten umschließen ihn die hohen, waldbedeckten Berge, aber die vierte, die Nordseite, ist frey, und hier schaut man das unten liegende Ilsenburg und die Ilse, weit hinab ins niedere Land. Auf der thurmartigen Spitze des Felsens steht ein großes, eisernes Kreuz, und zur Noth ist da noch Platz für vier Menschenfüße.

Wie nun die Natur, durch Stellung und Form, den Ilsenstein mit phantastischen Reitzen geschmückt, so hat auch die Sage ihren Rosenschein darüber ausgegossen. Gottschalck berichtet: »Man erzählt, hier habe ein verwünschtes Schloß gestanden, in welchem die reiche, schöne Prinzessinn Ilse gewohnt, die sich noch jetzt jeden Morgen in der Ilse bade; und wer so glücklich ist, den rechten Zeitpunkt zu treffen, werde von ihr in den Felsen, wo ihr Schloß sey, geführt und königlich belohnt!« Andere erzählen von der Liebe des Fräuleins Ilse und des Ritters von Westerberg eine hübsche Geschichte, die einer unserer bekanntesten Dichter romantisch in der »Abendzeitung« besungen hat. Andere wieder erzählen anders: es soll der altsächsische Kaiser Heinrich gewesen seyn, der mit Ilse, der schönen Wasserfee, in ihrer verzauberten Felsenburg die kaiserlichsten Stunden genossen. Ein neuerer Schriftsteller, Herr Niemann, Wohlgeb., der ein Harzreisebuch geschrieben, worin er die Gebirgshöhen, Abweichungen der Magnetnadel, Schulden der Städte und dergleichen mit löblichem Fleiße und genauen Zahlen angegeben, behauptet indeß: »was man von der schönen Prinzessinn Ilse erzählt, gehört dem Fabelreiche an.« So sprechen alle diese Leute, denen eine solche Prinzessinn niemals erschienen ist, wir aber, die wir von schönen Damen besonders begünstigt werden, wissen das besser. Auch Kaiser Heinrich wußte es. Nicht umsonst hingen die altsächsischen Kaiser so sehr an ihrem heimischen Harze. Man blättere nur in der hübschen Lüneburger Chronik, wo die guten, alten Herren, in wunderlich treuherzigen Holzschnitten, abconterfeyt sind, wohl geharnischt, hoch auf ihrem gewappneten Schlachtroß, die heilige Kaiserkrone auf dem theuren Haupte, Scepter und Schwerdt in festen Händen; und auf den lieben, knebelbärtigen Gesichtern kann man deutlich lesen, wie oft sie sich nach den süßen Herzen ihrer Harzprinzessinnen und dem traulichen Rauschen der Harzwälder zurück sehnten, wenn sie in der Fremde weilten, wohl gar in dem zitronen- und giftreichen Welschland, wohin sie und ihre Nachfolger so oft verlockt wurden von dem Wunsche, römische Kaiser zu heißen, einer echtdeutschen Titelsucht, woran Kaiser und Reich zu Grunde gingen.

Ich rathe aber Jedem, der auf der Spitze des Ilsensteins steht, weder an Kaiser und Reich, noch an die schöne Ilse, sondern bloß an seine Füße zu denken. Denn als ich dort stand, in Gedanken verloren, hörte ich plötzlich die unterirdische Musik des Zauberschlosses, und ich sah, wie sich die Berge ringsum auf die Köpfe stellten, und die rothen Ziegeldächer zu Ilsenburg anfingen zu tanzen, und die grünen Bäume in der blauen Luft herum flogen, daß es mir blau und grün vor den Augen wurde, und ich sicher, vom Schwindel erfaßt, in den Abgrund gestürzt wäre, wenn ich mich nicht, in meiner Seelennoth, ans eiserne Kreuz festgeklammert hätte. Daß ich, in so mißlicher Stellung, dieses letztere gethan habe, wird mir gewiß Niemand verdenken.

Die »Harzreise« ist und bleibt Fragment, und die bunten Fäden, die so hübsch hineingesponnen sind, um sich im Ganzen harmonisch zu verschlingen, werden plötzlich, wie von der Scheere der unerbittlichen Parze, abgeschnitten. Vielleicht verwebe ich sie weiter in künftigen Liedern, und was jetzt kärglich verschwiegen ist, wird alsdann vollauf gesagt. Am Ende kommt es auch auf Eins heraus, wann und wo man etwas ausgesprochen hat, wenn man es nur überhaupt einmal ausspricht. Mögen die einzelnen Werke immerhin Fragmente bleiben, wenn sie nur in ihrer Vereinigung ein Ganzes bilden. Durch solche Vereinigung mag hier und da das Mangelhafte ergänzt, das Schroffe ausgeglichen und das Allzuherbe gemildert werden. Dieses würde vielleicht schon bey den ersten Blättern der Harzreise der Fall seyn, und sie könnten wohl einen minder sauern Eindruck hervorbringen, wenn man anderweitig erführe, daß der Unmuth, den ich gegen Göttingen im Allgemeinen hege, obschon er noch größer ist, als ich ihn ausgesprochen, doch lange nicht so groß ist wie die Verehrung, die ich für einige Individuen dort empfinde. Und warum sollte ich es verschweigen, ich meine hier ganz besonders jenen viel theueren Mann, der schon in frühern Zeiten sich so freundlich meiner annahm, mir schon damals eine innige Liebe für das Studium der Geschichte einflößte, mich späterhin in dem Eifer für dasselbe bestärkte, und dadurch meinen Geist auf ruhigere Bahnen führte, meinem Lebensmuthe heilsamere Richtungen anwies, und mir überhaupt jene historischen Tröstungen bereitete, ohne welche ich die qualvollen Erscheinungen des Tages nimmermehr ertragen würde. Ich spreche von Georg Sartorius, dem großen Geschichtsforscher und Menschen, dessen Auge ein klarer Stern ist in unserer dunkeln Zeit, und dessen gastliches Herz offen steht für alle fremde Leiden und Freuden, für die Besorgnisse des Bettlers und des Königs, und für die letzten Seufzer untergehender Völker und ihrer Götter. –

Ich kann nicht umhin, hier ebenfalls anzudeuten: daß der Oberharz, jener Theil des Harzes, den ich bis zum Anfang des Ilsethals beschrieben habe, bey weitem keinen so erfreulichen Anblick, wie der romantisch malerische Unterharz gewährt, und in seiner wildschroffen, tannendüstern Schönheit gar sehr mit demselben kontrastirt; so wie ebenfalls die drey, von der Ilse, von der Bode und von der Selke gebildeten Thäler des Unterharzes gar anmuthig unter einander kontrastiren, wenn man den Charakter jedes Thales zu personifiziren weiß. Es sind drey Frauengestalten, wovon man nicht so leicht zu entscheiden vermag, welche die Schönste sey.

Von der lieben, süßen Ilse und wie süß und lieblich sie mich empfangen, habe ich schon gesagt und gesungen. Die düstere Schöne, die Bode, empfing mich nicht so gnädig, und als ich sie im schmiededunkeln Rübeland zuerst erblickte, schien sie gar mürrisch und verhüllte sich in einen silbergrauen Regenschleyer. Aber mit rascher Liebe warf sie ihn ab, als ich auf die Höhe der Roßtrappe gelangte, ihr Antlitz leuchtete mir entgegen in sonnigster Pracht, aus allen Zügen hauchte eine kolossale Zärtlichkeit, und aus der bezwungenen Felsenbrust drang es hervor wie Sehnsuchtseufzer und schmelzende Laute der Wehmuth. Minder zärtlich, aber fröhlicher, zeigte sich mir die schöne Selke, die schöne, liebenswürdige Dame, deren edle Einfalt und heitere Ruhe alle sentimentale Familiarität entfernt hält, die aber doch durch ein halbverstecktes Lächeln ihren neckenden Sinn verräth; und diesem möchte ich es wohl zuschreiben, daß mich im Selkethal gar mancherley kleines Ungemach heimsuchte, daß ich, indem ich über das Wasser springen wollte, just in die Mitte hineinplumpste, daß nachher, als ich das nasse Fußzeug mit Pantoffeln vertauscht hatte, einer derselben mir abhanden, oder vielmehr abfüßen kam, daß mir ein Windstoß die Mütze entführte, daß mir Walddorne die Beine zerfetzten, u. leider s. w. Doch all dieses Ungemach verzeihe ich gern der schönen Dame, denn sie ist schön. Und jetzt steht sie vor meiner Einbildung mit all ihrem stillen Liebreitz, und scheint zu sagen: wenn ich auch lache, so meine ich es doch gut mit Ihnen, und ich bitte Sie, besingen Sie mich. Die herrliche Bode tritt ebenfalls hervor in meiner Erinnerung, und ihr dunkles Auge spricht: du gleichst mir im Stolz und im Schmerze, und ich will, daß du mich liebst. Auch die schöne Ilse kommt herangesprungen, zierlich und bezaubernd in Miene, Gestalt und Bewegung; sie gleicht ganz dem holden Wesen, das meine Träume beseligt, und ganz, wie Sie, schaut sie mich an, mit unwiderstehlicher Gleichgültigkeit und doch zugleich so innig, so ewig, so durchsichtig wahr – Nun, ich bin Paris, die drey Göttinnen stehen vor mir, und den Apfel gebe ich der schönen Ilse.

Es ist heute der erste May. Wie ein Meer des Lebens ergießt sich der Frühling über die Erde, der weiße Blüthenschaum bleibt an den Bäumen hängen, ein weiter, warmer Nebelglanz verbreitet sich überall. In der Stadt blitzen freudig die Fensterscheiben der Häuser, an den Dächern bauen die Spatzen wieder ihre Nestchen, auf der Straße wandeln die Leute und wundern sich, daß die Luft so angreifend und ihnen selbst so wunderlich zu Muthe ist; die bunten Vierlanderinnen bringen Veilchensträußer; die Waisenkinder, mit ihren blauen Jäckchen und ihren lieben, unehelichen Gesichtchen, ziehen über den Jungfernstieg und freuen sich, als sollten sie heute einen Vater wiederfinden; der Bettler an der Brücke schaut so vergnügt, als hätte er das große Loos gewonnen; sogar den schwarzen, noch ungehenkten Makler, der dort mit seinem spitzbübischen Manufakturwaaren-Gesicht einherläuft, bescheint die Sonne mit ihren tolerantesten Stralen, – ich will hinauswandern vor das Thor.

Es ist der erste May, und ich denke deiner, du schöne Ilse – oder soll ich dich »Agnes« nennen, weil dir dieser Name am besten gefällt? – ich denke deiner, und ich möchte wieder zusehen, wie du leuchtend den Berg hinabläufst. Am liebsten aber möchte ich unten im Thale stehen und dich auffangen in meine Arme. – Es ist ein schöner Tag! Ueberall sehe ich die grüne Farbe, die Farbe der Hoffnung. Ueberall, wie holde Wunder, blühen hervor die Blumen, und auch mein Herz will wieder blühen. Dieses Herz ist auch eine Blume, eine gar wunderliche. Es ist kein bescheidenes Veilchen, keine lachende Rose, keine reine Lilie, oder sonstiges Blümchen, das mit artiger Lieblichkeit den Mädchensinn erfreut, und sich hübsch vor den hübschen Busen stecken läßt, und heute welkt und Morgen wieder blüht. Dieses Herz gleicht mehr jener schweren, abentheuerlichen Blume aus den Wäldern Brasiliens, die, der Sage nach, alle hundert Jahre nur einmal blüht. Ich erinnere mich, daß ich als Knabe eine solche Blume gesehen. Wir hörten in der Nacht einen Schuß, wie von einer Pistole, und am folgenden Morgen erzählten mir die Nachbarskinder, daß es ihre »Aloe« gewesen, die mit solchem Knalle plötzlich aufgeblüht sey. Sie führten mich in ihren Garten, und da sah ich, zu meiner Verwunderung, daß das niedrige, harte Gewächs, mit den närrisch breiten, scharfgezackten Blättern, woran man sich leicht verletzen konnte, jetzt ganz in die Höhe geschossen war, und oben, wie eine goldene Krone, die herrlichste Blüthe trug. Wir Kinder konnten nicht so hoch hinauf sehen, und der alte, schmunzelnde Christian, der uns lieb hatte, baute eine hölzerne Treppe um die Blume herum, und da kletterten wir hinauf, wie die Katzen, und schauten neugierig in den offenen Blumenkelch, woraus die gelben Stralenfäden und wildfremden Düfte mit unerhörter Pracht hervordrangen.

Ja, Agnes, oft und leicht kommt dieses Herz nicht zum Blühen; so viel ich mich erinnere, hat es nur ein einziges Mahl geblüht, und das mag schon lange her seyn, gewiß schon hundert Jahr. Ich glaube, so herrlich auch damals seine Blüthe sich entfaltete, so mußte sie doch aus Mangel an Sonnenschein und Wärme elendiglich verkümmern, wenn sie nicht gar von einem dunkeln Wintersturme gewaltsam zerstört worden. Jetzt aber regt und drängt es sich wieder in meiner Brust, und hörst du plötzlich den Schuß – Mädchen erschrick nicht! ich hab' mich nicht todt geschossen, sondern meine Liebe sprengt ihre Knospe, und schießt empor in stralenden Liedern, in ewigen Dithyramben, in freudigster Sangesfülle.

Ist dir aber diese hohe Liebe zu hoch, Mädchen, so mach es dir bequem, und besteige die hölzerne Treppe, und schaue von dieser hinab in mein blühendes Herz.

Es ist noch früh am Tage, die Sonne hat kaum die Hälfte ihres Weges zurückgelegt, und mein Herz duftet schon so stark, daß es mir betäubend zu Kopfe steigt, daß ich nicht mehr weiß, wo die Ironie aufhört und der Himmel anfängt, daß ich die Luft mit meinen Seufzern bevölkere, und daß ich selbst wieder zerrinnen möchte in süße Atome, in die unerschaffene Gottheit; – wie soll das erst gehen, wenn es Nacht wird, und die Sterne am Himmel erscheinen, »die unglücksel'gen Sterne, die dir sagen können – –«

Es ist der erste May, der lumpigste Ladenschwengel hat heute das Recht, sentimental zu werden, und dem Dichter wolltest du es verwehren?

Reisebilder.

Zweyter Theil.

Die Nordsee.

1826.

Dritte Abtheilung.

M o t t o : Varnhagen von Enses Biographische Denkmale. I. Th. S. 1. 2.

(Geschrieben auf der Insel Norderney.)

– – – Die Eingeborenen sind meistens blutarm und leben vom Fischfang, der erst im nächsten Monath, im Oktober, bey stürmischem Wetter, seinen Anfang nimmt. Viele dieser Insulaner dienen auch als Matrosen auf fremden Kauffahrtheyschiffen und bleiben jahrelang vom Hause entfernt, ohne ihren Angehörigen irgend eine Nachricht von sich zukommen zu lassen. Nicht selten finden sie den Tod auf dem Wasser. Ich habe einige arme Weiber auf der Insel gefunden, deren ganze männliche Familie solcher Weise umgekommen; was sich leicht ereignet, da der Vater mit seinen Söhnen gewöhnlich auf demselben Schiffe zur See fährt.

Das Seefahren hat für diese Menschen einen großen Reitz; und dennoch, glaube ich, daheim ist ihnen allen am wohlsten zu Muthe. Sind sie auch auf ihren Schiffen sogar nach jenen südlichen Ländern gekommen, wo die Sonne blühender und der Mond romantischer leuchtet, so können doch alle Blumen dort nicht den Leck ihres Herzens stopfen, und mitten in der duftigen Heimath des Frühlings sehnen sie sich wieder zurück nach ihrer Sandinsel, nach ihren kleinen Hütten, nach dem flackernden Heerde, wo die Ihrigen, wohlverwahrt in wollenen Jacken, herumkauern, und einen Thee trinken, der sich von gekochtem Seewasser nur durch den Namen unterscheidet, und eine Sprache schwatzen, wovon kaum begreiflich scheint, wie es ihnen selber möglich ist, sie zu verstehen.

Was diese Menschen so fest und genügsam zusammenhält, ist nicht so sehr das innig mystische Gefühl der Liebe, als vielmehr die Gewohnheit, das naturgemäße Ineinander-Hinüberleben, die gemeinschaftliche Unmittelbarkeit. Gleiche Geisteshöhe, oder, besser gesagt, Geistesniedrigkeit, daher gleiche Bedürfnisse und gleiches Streben; gleiche Erfahrungen und Gesinnungen, daher leichtes Verständniß unter einander; und sie sitzen verträglich am Feuer in den kleinen Hütten, rükken zusammen, wenn es kalt wird, an den Augen sehen sie sich ab, was sie denken, die Worte lesen sie sich von den Lippen, ehe sie gesprochen worden, alle gemeinsamen Lebensbeziehungen sind ihnen im Gedächtnisse, und durch einen einzigen Laut, eine einzige Miene, eine einzige stumme Bewegung erregen sie unter einander so viel Lachen, oder Weinen, oder Andacht, wie wir bey unseres Gleichen erst durch lange Exposizionen, Expektorazionen und Deklamazionen hervorbringen können. Denn wir leben im Grunde geistig einsam, durch eine besondere Erziehungsmethode oder zufällig gewählte, besondere Lektüre hat jeder von uns eine verschiedene Charakterrichtung empfangen, jeder von uns, geistig verlarvt, denkt, fühlt und strebt anders als die Andern, und des Mißverständnisses wird so viel, und selbst in weiten Häusern wird das Zusammenleben so schwer, und wir sind überall beengt, überall fremd, und überall in der Fremde.

In jenem Zustande der Gedanken- und Gefühlsgleichheit, wie wir ihn bey unseren Insulanern sehen, lebten oft ganze Völker und haben oft ganze Zeitalter gelebt. Die römisch-christliche Kirche im Mittelalter hat vielleicht einen solchen Zustand in den Korporazionen des ganzen Europa begründen wollen, und nahm deßhalb alle Lebensbeziehungen, alle Kräfte und Erscheinungen, den ganzen physischen und moralischen Menschen unter ihre Vormundschaft. Es läßt sich nicht läugnen, daß viel ruhiges Glück dadurch gegründet ward und das Leben warminniger blühte, und die Künste, wie still hervorgewachsene Blumen, jene Herrlichkeit entfalteten, die wir noch jetzt anstaunen, und mit all unserem hastigen Wissen nicht nachahmen können. Aber der Geist hat seine ewigen Rechte, er läßt sich nicht eindämmen durch Satzungen und nicht einlullen durch Glockengeläute; er zerbrach seinen Kerker und zerriß das eiserne Gängelband, woran ihn die Mutterkirche leitete, und er jagte im Befreyungstaumel über die ganze Erde, erstieg die höchsten Gipfel der Berge, jauchzte vor Uebermuth, gedachte wieder uralter Zweifel, grübelte über die Wunder des Tages, und zählte die Sterne der Nacht. Wir kennen noch nicht die Zahl der Sterne, die Wunder des Tages haben wir noch nicht enträthselt, die alten Zweifel sind mächtig geworden in unserer Seele – ist jetzt mehr Glück darin, als ehemals? Wir wissen, daß diese Frage, wenn sie den großen Haufen betrifft, nicht leicht bejaht werden kann; aber wir wissen auch, daß ein Glück, das wir der Lüge verdanken, kein wahres Glück ist, und daß wir, in den einzelnen zerrissenen Momenten eines gottgleicheren Zustandes, einer höheren Geisteswürde, mehr Glück empfinden können, als in den lang hinvegetirten Jahren eines dumpfen Köhlerglaubens.

Auf jeden Fall war jene Kirchenherrschaft eine Unterjochung der schlimmsten Art. Wer bürgte uns für die gute Absicht, wie ich sie eben ausgesprochen? Wer kann beweisen, daß sich nicht zuweilen eine schlimme Absicht beymischte? Rom wollte immer herrschen, und als seine Legionen fielen, sandte es Dogmen in die Provinzen. Wie eine Riesenspinne saß Rom im Mittelpunkte der lateinischen Welt und überzog sie mit seinem unendlichen Gewebe. Generazionen der Völker lebten darunter ein beruhigtes Leben, indem sie das für einen nahen Himmel hielten, was bloß römisches Gewebe war; nur der höherstrebende Geist, der dieses Gewebe durchschaute, fühlte sich beengt und elend, und wenn er hindurch brechen wollte, erhaschte ihn leicht die schlaue Weberinn, und sog ihm das kühne Blut aus dem Herzen; – und war das Traumglück der blöden Menge nicht zu theuer erkauft für solches Blut? Die Tage der Geistesknechtschaft sind vorüber; alterschwach, zwischen den gebrochenen Pfeilern ihres Colisäums, sitzt die alte Kreuzspinne, und spinnt noch immer das alte Gewebe, aber es ist matt und morsch, und es verfangen sich darin nur Schmetterlinge und Fledermäuse, und nicht mehr die Steinadler des Nordens.

– Es ist doch wirklich belächelnswerth, während ich im Begriff bin, mich so recht wohlwollend über die Absichten der römischen Kirche zu verbreiten, erfaßt mich plötzlich der angewöhnte protestantische Eifer, der ihr immer das Schlimmste zumuthet; und eben dieser Meinungszwiespalt in mir selbst giebt mir wieder ein Bild von der Zerrissenheit der Denkweise unserer Zeit. Was wir gestern bewundert, hassen wir heute, und morgen vielleicht verspotten wir es mit Gleichgültigkeit.

Auf einem gewissen Standpunkte ist alles gleich groß und gleich klein, und an die großen europäischen Zeitverwandlungen werde ich erinnert, indem ich den kleinen Zustand unserer armen Insulaner betrachte. Auch diese stehen an der Grenze einer solchen neuen Zeit, und ihre alte Sinneseinheit und Einfalt wird gestört durch das Gedeihen des hiesigen Seebades, indem sie dessen Gästen täglich etwas Neues ablauschen, was sie nicht mit ihrer altherkömmlichen Lebensweise zu vereinen wissen. Stehen sie des Abends vor den erleuchteten Fenstern des Conversazionshauses, und betrachten dort die Verhandlungen der Herren und Damen, die verständlichen Blicke, die begehrlichen Grimassen, das lüsterne Tanzen, das vergnügte Schmausen, das habsüchtige Spielen u. s. w., so bleibt das für diese Menschen nicht ohne schlimme Folgen, die von dem Geldgewinn, der ihnen durch die Badeanstalt zufließt, nimmermehr aufgewogen werden. Dieses Geld reicht nicht hin für die eindringenden, neuen Bedürfnisse; daher innere Lebensstörung, schlimmer Anreitz, großer Schmerz. Als ich ein Knabe war, fühlte ich immer eine brennende Sehnsucht, wenn schöngebackene Torten, wovon ich nichts bekommen sollte, duftig-offen, bey mir vorübergetragen wurden; späterhin stachelte mich dasselbe Gefühl, wenn ich modisch entblößte, schöne Damen vorbeyspatzieren sah; und ich denke jetzt, die armen Insulaner, die noch in einem Kindheitszustande leben, haben hier oft Gelegenheit zu ähnlichen Empfindungen, und es wäre gut, wenn die Eigenthümer der schönen Torten und Frauen solche etwas mehr verdeckten. Diese vielen unbedeckten Delikatessen, woran jene Leute nur die Augen weiden können, müssen ihren Appetit sehr stark wecken, und wenn die armen Insulanerinnen, in ihrer Schwangerschaft, allerley süßgebackene Gelüste bekommen, und am Ende sogar Kinder zur Welt bringen, die den Badegästen ähnlich sehen, so ist das leicht zu erklären. Ich will hier durchaus auf kein unsittliches Verhältniß anspielen. Die Tugend der Insulanerinnen wird durch ihre Häßlichkeit, und gar besonders durch ihren Fischgeruch, der mir wenigstens unerträglich war, vor der Hand geschützt. Ich würde, wenn ihre Kinder mit badegästlichen Gesichtern zur Welt kommen, vielmehr ein psychologisches Phänomen erkennen, und mir solches durch jene materialistisch-mystischen Gesetze erklären, die Goethe in den Wahlverwandtschaften so schön entwickelt.

Wie viele räthselhafte Naturerscheinungen sich durch jene Gesetze erklären lassen, ist erstaunlich. Als ich voriges Jahr, durch Seesturm, nach einer anderen ostfriesischen Insel verschlagen wurde, sah ich dort in einer Schifferhütte einen schlechten Kupferstich hängen, *la tentation du vieillard* überschrieben, und einen Greis darstellend, der in seinen Studien gestört wird, durch die Erscheinung eines Weibes, das bis an die nackten Hüften aus einer Wolke hervortaucht; und sonderbar! die Tochter des Schiffers hatte dasselbe lüsterne Mopsgesicht, wie das Weib auf jenem Bilde. Um ein anderes Beyspiel zu erwähnen: im Hause eines Geldwechslers, dessen geschäftführende Frau das Gepräge der Münzen immer am sorgfältigsten betrachtet, fand ich, daß die Kinder in ihren Gesichtern eine erstaunliche Aehnlichkeit hatten mit den größten Monarchen Europas, und wenn sie alle beysammen waren und mit einander stritten, glaubte ich einen kleinen Kongreß zu sehen.

Deßhalb ist das Gepräge der Münzen kein gleichgültiger Gegenstand für den Politiker. Da die Leute das Geld so innig lieben und gewiß liebevoll betrachten, so bekommen die Kinder sehr oft die Züge des Landesfürsten, der darauf geprägt ist, und der arme Fürst kommt in den Verdacht, der Vater seiner Unterthanen zu seyn. Die Bourbonen haben ihre guten Gründe, die Napoleonsd'or einzuschmelzen; sie wollen nicht mehr unter ihren Franzosen so viele Napoleonsköpfe sehen. Preußen hat es in der Münzpolitik am weitesten gebracht, man weiß es dort, durch eine verständige Beymischung von Kupfer, so einzurichten, daß die Wangen des Königs auf der neuen Scheidemünze gleich roth werden, und seit einiger Zeit haben daher die Kinder in Preußen ein weit gesünderes Ansehen, als früherhin, und es ist ordentlich eine Freude, wenn man ihre blühenden Silbergroschengesichtchen betrachtet.

Ich habe, indem ich das Sittenverderbniß andeutete, womit die Insulaner hier bedroht sind, die geistliche Schutzwehr, ihre Kirche, unerwähnt gelassen. Wie diese eigentlich aussieht, kann ich nicht genau berichten, da ich noch nicht darin gewesen. Gott weiß, daß ich ein guter Christ bin, und oft sogar im Begriff stehe, sein Haus zu besuchen, aber ich werde immer fatalerweise daran verhindert, es findet sich gewöhnlich ein Schwätzer, der mich auf dem Wege festhält, und gelange ich auch einmal bis an die Pforten des Tempels, so erfaßt mich unversehens eine spaßhafte Stimmung, und dann halte ich es für sündhaft, hineinzutreten. Vorigen Sonntag begegnete mir etwas der Art, indem mir vor der Kirchthür die Stelle aus Goethes Faust in den Kopf kam, wo dieser mit dem Mephistopheles bey einem Kreuze vorübergeht und ihn fragt:

Mephisto, hast Du Eil?
Was schlägst vorm Kreuz die Augen nieder?

Und worauf Mephistopheles antwortet:

Ich weiß es wohl, es ist ein Vorurtheil;
Allein es ist mir mahl zuwider.

Diese Verse sind, so viel ich weiß, in keiner Ausgabe des Fausts gedruckt, und bloß der selige Hofrath Moritz, der sie aus Goethes Manuskript kannte, theilt sie mit in seinem »Philipp Reiser«, einem schon verschollenen Romane, der die Geschichte des Verfassers enthält, oder vielmehr die Geschichte einiger hundert Thaler, die der Verfasser nicht hatte, und wodurch sein ganzes Leben eine Reihe von Entbehrungen und Entsagungen wurde, während doch seine Wünsche nichts weniger als unbescheiden waren, wie z. B. sein Wunsch, nach Weimar zu gehen, und bey dem Dichter des Werthers Bedienter zu werden, unter welchen Bedingungen es auch sey, um nur in der Nähe Desjenigen zu leben, der von allen Menschen auf Erden den stärksten Eindruck auf sein Gemüth gemacht hatte.

Wunderbar! damals schon erregte Goethe eine solche Begeisterung, und doch ist erst »unser drittes nachwachsendes Geschlecht« im Stande, seine wahre Größe zu begreifen.

Aber dieses Geschlecht hat auch Menschen hervorgebracht, in deren Herzen nur faules Wasser sintert, und die daher in den Herzen Anderer alle Springquellen eines frischen Blutes verstopfen möchten, Menschen von erloschener Genußfähigkeit, die das Leben verläumden, und Anderen alle Herrlichkeit dieser Welt verleiden wollen, indem sie solche als die Lockspeisen schildern, die der Böse bloß zu unserer Versuchung hingestellt habe, gleichwie eine pfiffige Hausfrau die Zuckerdose, mit den gezählten Stückchen Zucker, in ihrer Abwesenheit offen stehen läßt, um die Enthaltsamkeit der Magd zu prüfen; und diese Menschen haben einen Tugendpöbel um sich versammelt, und predigen ihm das Kreuz gegen den großen Heiden und gegen seine nackten Göttergestalten, die sie gern durch ihre vermummten dummen Teufel ersetzen möchten.

Das Vermummen ist so recht ihr höchstes Ziel, das Nacktgöttliche ist ihnen fatal, und ein Satyr hat immer seine guten Gründe, wenn er Hosen anzieht und darauf dringt, daß auch Apollo Hosen anziehe. Die Leute nennen ihn dann einen sittlichen Mann, und wissen nicht, daß in dem Clauren-Lächeln eines vermummten Satyrs mehr Anstößiges liegt, als in der ganzen Nacktheit eines Wolfgang Apollo, und daß just in den Zeiten, wo die Menschheit jene Pluderhosen trug, wozu sechzig Ellen Zeug nöthig waren, die Sitten nicht anständiger gewesen sind als jetzt.

Aber werden es mir nicht die Damen übel nehmen, daß ich Hosen, statt Beinkleider, sage? O, über das Feingefühl der Damen! Am Ende werden nur Eunuchen für sie schreiben dürfen, und ihre Geistesdiener im Occident werden so harmlos seyn müssen, wie ihre Leibdiener im Orient.

Hier kommt mir ins Gedächtniß eine Stelle aus Bertholds Tagebuch: »Wenn wir es recht überdenken, so stecken wir doch alle nackt in unseren Kleidern, sagte der Doktor M. zu einer Dame, die ihm eine etwas derbe Aeußerung übel genommen hatte.«

Der hannövrische Adel ist mit Goethe sehr unzufrieden, und behauptet: er verbreite Irreligiosität, und diese könne leicht auch falsche politische Ansichten hervorbringen, und das Volk müsse doch durch den alten Glauben zur alten Bescheidenheit und Mäßigung zurückgeführt werden. Auch hörte ich in der letzten Zeit viel diskutiren: ob Goethe größer sey, als Schiller, oder umgekehrt. Ich stand neulich hinter dem Stuhle einer Dame, der man schon von hinten ihre vier und sechzig Ahnen ansehen konnte, und hörte über jenes Thema einen eifrigen Diskurs zwischen ihr und zwey hannövrischen Nobilis, deren Ahnen schon auf dem Zodiakus von Dendera abgebildet sind, und wovon der Eine, ein langmagerer, quecksilbergefüllter Jüngling, der wie ein Barometer aussah, die Schillersche Tugend und Reinheit pries, während der Andere, ebenfalls ein langaufgeschossener Jüngling, einige

Verse aus der »Würde der Frauen« hinlispelte und dabey so süß lächelte, wie ein Esel, der den Kopf in ein Syrupfaß gesteckt hatte und sich wohlgefällig die Schnautze ableckt. Beide Jünglinge verstärkten ihre Behauptungen beständig mit dem betheuernden Refrain: »Er ist doch größer, Er ist wirklich größer, wahrhaftig, Er ist größer, ich versichere Sie auf Ehre, Er ist größer.« Die Dame war so gütig, auch mich in dieses ästhetische Gespräch zu ziehen, und fragte: »Doktor, was halten Sie von Goethe?« Ich aber legte meine Arme kreuzweis auf die Brust, beugte gläubig das Haupt, und sprach: »La illah ill allah, wamohammed rasul allah!«

Die Dame hatte, ohne es selbst zu wissen, die allerschlaueste Frage gethan. Man kann ja einen Mann nicht geradezu fragen: was denkst du von Himmel und Erde? was sind deine Ansichten über Menschen und Menschenleben? bist du ein vernünftiges Geschöpf, oder ein dummer Teufel? Diese delikaten Fragen liegen aber alle in den unverfänglichen Worten: Was halten Sie von Goethe? Denn, indem uns Allen Goethes Werke vor Augen liegen, so können wir das Urtheil, das Jemand darüber fället, mit dem unsrigen schnell vergleichen, wir bekommen dadurch einen festen Maaßstab, womit wir gleich alle seine Gedanken und Gefühle messen können, und er hat unbewußt sein eignes Urtheil gesprochen. Wie aber Goethe, auf diese Weise, weil er eine gemeinschaftliche Welt ist, die der Betrachtung eines jeden offen liegt, uns das beste Mittel wird, um die Leute kennen zu lernen, so können wir wiederum Goethe selbst am besten kennen lernen, durch sein eignes Urtheil über Gegenstände, die uns allen vor Augen liegen, und worüber uns schon die bedeutendsten Menschen ihre Ansichten mitgetheilt haben. In dieser Hinsicht möchte ich am liebsten auf Goethes italienische Reise hindeuten, indem wir alle, entweder durch eigne Betrachtung oder durch fremde Vermittelung, das Land Italien kennen, und dabey so leicht bemerken, wie jeder dasselbe mit subjektiven Augen ansieht, dieser mit Archenhölzern unmuthigen Augen, die nur das schlimme sehen, jener mit begeisterten Corinnaaugen, die überall nur das Herrliche sehen, während Goethe, mit seinem klaren Griechenauge, Alles sieht, das Dunkle und das Helle, nirgends die Dinge mit seiner Gemüthsstimmung kolorirt, und uns Land und Menschen schildert, in den wahren Umrissen und wahren Farben, womit sie Gott umkleidet.

Das ist ein Verdienst Goethes, das erst spätere Zeiten erkennen werden; denn wir, die wir meist alle krank sind, stecken viel zu sehr in unseren kranken, zerrissenen, romantischen Gefühlen, die wir aus allen Ländern und Zeitaltern zusammengelesen, als daß wir unmittelbar sehen könnten, wie gesund, einheitlich und plastisch sich Goethe in seinen Werken zeigt. Er selbst merkt es eben so wenig; in seiner naiven Unbewußtheit des eignen Vermögens wundert er sich, wenn man ihm »ein gegenständliches Denken« zuschreibt, und indem er durch seine Selbstbiographie uns selbst eine kritische Beyhülfe zum Beurtheilen seiner Werke geben will, liefert er doch keinen Maaßstab der Beurtheilung an und für sich, sondern nur neue Fakta, woraus man ihn beurtheilen kann, wie es ja natürlich ist, daß kein Vogel über sich selbst hinauszufliegen vermag.

Spätere Zeiten werden, außer jenem Vermögen des plastischen Anschauens, Fühlens und Denkens, noch vieles in Goethe entdecken, wovon wir jetzt keine Ahnung haben. Die Werke des Geistes sind ewig feststehend, aber die Kritik ist etwas wandelbares, sie geht hervor aus den Ansichten der Zeit, hat nur für diese ihre Bedeutung, und wenn sie nicht selbst kunstwerthlicher Art ist, wie z. B. die Schlegelsche, so geht sie mit ihrer Zeit zu Grabe. Jedes Zeitalter, wenn es neue Ideen bekömmt, bekömmt auch neue Augen, und sieht gar viel Neues in den alten Geisteswerken. Ein Schubarth sieht jetzt in der Ilias etwas anderes und viel mehr, als sämmtliche Alexandriner; dagegen werden einst Kritiker kommen, die viel mehr als Schubarth in Goethe sehen.

So hätte ich mich dennoch an Goethe festgeschwatzt! Aber solche Abschweifungen sind sehr natürlich, wenn einem, wie auf dieser Insel, beständig das Meergeräusch in die Ohren dröhnt und den Geist nach Belieben stimmt.

Es geht ein starker Nordostwind, und die Hexen haben wieder viel Unheil im Sinne. Man hegt hier nämlich wunderliche Sagen von Hexen, die den Sturm zu beschwören wissen; wie es denn überhaupt auf allen nordischen Meeren viel Aberglauben giebt. Die Seeleute behaupten, manche Insel stehe unter der geheimen Herrschaft ganz besonderer Hexen, und dem bösen Willen derselben sey es zuzuschreiben, wenn den vorbeyfahrenden Schiffen allerley Widerwärtigkeiten begegnen. Als ich voriges Jahr einige Zeit auf der See lag, erzählte mir der Steuermann unseres Schiffes: die Hexen wären besonders mächtig auf der Insel Wight, und suchten jedes Schiff, das bey Tage dort vorbeyfahren wolle, bis zur Nachtzeit aufzuhalten, um es alsdann an Klippen oder an die Insel selbst zu treiben. In solchen Fällen höre man diese Hexen so laut durch die Luft sausen und um das Schiff herumheulen, daß der Klabotermann ihnen nur mit vieler Mühe widerstehen könne. Als ich nun fragte: wer der Klabotermann sey? antwortete der Erzähler sehr ernsthaft: Das ist der gute, unsichtbare Schutzpatron der Schiffe, der da verhütet, daß den treuen und ordentlichen Schiffern Unglück begegne, der da überall selbst nachsieht, und sowohl für die Ordnung, wie für die gute Fahrt sorgt. Der wackere Steuermann versicherte mit etwas heimlicherer Stimme: ich könne ihn selber sehr gut im Schiffsraume hören, wo er die Waaren gern noch besser nachstaue, daher das Knarren der Fässer und Kisten, wenn das Meer hoch gehe, daher bisweilen das Dröhnen unserer Balken und Bretter; oft hämmere der Klabotermann auch außen am Schiffe, und das gelte dann dem Zimmermanne, der dadurch gemahnt werde, eine schadhafte Stelle ungesäumt auszubessern; am liebsten aber setze er sich auf das Bramsegel, zum Zeichen, daß guter Wind wehe oder sich nahe. Auf meine Frage: ob man ihn nicht sehen könne? erhielt ich zur Antwort: Nein, man sähe ihn nicht, auch wünsche keiner ihn zu sehen, da er sich nur dann zeige, wenn keine Rettung mehr vorhanden sey. Einen solchen Fall hatte zwar der gute Steuermann noch nicht selbst erlebt, aber von Andern wollte er wissen: den Klabotermann höre man alsdann vom Bramsegel herab mit den Geistern sprechen, die ihm unterthan sind; doch wenn der Sturm zu stark und das Scheitern unvermeidlich würde, setze er sich auf das Steuer, zeige sich da zum ersten Mahl und verschwinde, indem er das Steuer zerbräche – diejenigen aber, die ihn in diesem furchtbaren Augenblick sähen, fänden unmittelbar darauf den Tod in den Wellen.

Der Schiffscapitain, der dieser Erzählung mit zugehört hatte, lächelte so fein, wie ich seinem rauhen, Wind- und Wetterdienenden Gesichte nicht zugetraut hätte, und nachher versicherte er mir: vor funfzig und gar vor hundert Jahren sey auf dem Meere der Glaube an den Klabotermann so stark gewesen, daß man bey Tische immer auch ein Gedeck für denselben aufgelegt, und von jeder Speise, etwa das Beste, auf seinen Teller gelegt habe, ja, auf einigen Schiffen geschähe das noch jetzt. –

Ich gehe hier oft am Strande spatzieren und gedenke solcher seemännischen Wundersagen. Die anziehendste derselben ist wohl die Geschichte vom fliegenden Holländer, den man im Sturm mit aufgespannten Segeln vorbeyfahren sieht, und der zuweilen ein Boot aussetzt, um den begegnenden Schiffern allerley Briefe mitzugeben, die man nachher nicht zu besorgen weiß, da sie an längst verstorbene Personen adressirt sind. Manchmal gedenke ich auch des alten, lieben Mährchens von dem Fischerknaben, der am Strande den nächtlichen Reigen der Meernixen belauscht hatte, und nachher mit seiner Geige die ganze Welt durchzog, und alle Menschen zauberhaft entzückte, wenn er ihnen die Melodie des Nixenwalzers vorspielte. Diese Sage erzählte mir einst ein lieber Freund, als wir, im Conzerte zu Berlin, solch einen wundermächtigen Knaben, den Felix Mendelssohn-Bartholdi, spielen hörten.

Einen eigenthümlichen Reitz gewährt das Kreuzen um die Insel. Das Wetter muß aber schön seyn, die Wolken müssen sich ungewöhnlich gestalten, und man muß rücklings auf dem Verdecke liegen, und in den Himmel sehen, und allenfalls auch ein Stückchen Himmel im Herzen haben. Die Wellen murmeln alsdann allerley wunderliches Zeug, allerley Worte, woran liebe Erinnerungen flattern, allerley Namen, die, wie süße Ahnung, in der Seele wiederklingen – »Evelina!« Dann kommen auch Schiffe vorbeygefahren, und man grüßt, als ob man sich alle Tage wiedersehen könnte. Nur des Nachts hat das Begegnen fremder Schiffe auf dem Meere etwas Unheimliches; man will sich dann einbilden, die besten Freunde, die wir seit Jahren nicht gesehen, führen schweigend vorbey, und man verlöre sie auf immer.

Ich liebe das Meer, wie meine Seele.

Oft wird mir sogar zu Muthe, als sey das Meer eigentlich meine Seele selbst; und wie es im Meere verborgene Wasserpflanzen giebt, die nur im Augenblick des Aufblühens an dessen Oberfläche heraufschwimmen, und im Augenblick des Verblühens wieder hinabtauchen: so kommen zuweilen auch wunderbare Blumenbilder heraufgeschwommen aus der Tiefe meiner Seele, und duften und leuchten und verschwinden wieder – »Evelina!«

Man sagt, unfern dieser Insel, wo jetzt nichts als Wasser ist, hätten einst die schönsten Dörfer und Städte gestanden, das Meer habe sie plötzlich alle überschwemmt, und bey klarem Wetter sähen die Schiffer noch die leuchtenden Spitzen der versunkenen Kirchthürme, und mancher habe dort, in der Sonntagsfrühe, sogar ein frommes Glockengeläute gehört. Die Geschichte ist wahr; denn das Meer ist meine Seele –

»Eine schöne Welt ist da versunken,
Ihre Trümmer blieben unten stehn,
Lassen sich als goldne Himmelsfunken
Oft im Spiegel meiner Träume sehn.«
(W. Müller.)

Erwachend höre ich dann ein verhallendes Glockengeläute und Gesang heiliger Stimmen – »Evelina!«

Geht man am Strande spatzieren, so gewähren die vorbeyfahrenden

Schiffe einen schönen Anblick. Haben sie die blendend weißen Segel aufgespannt, so sehen sie aus wie vorbeyziehende, große Schwäne. Gar besonders schön ist dieser Anblick, wenn die Sonne hinter dem vorbeysegelnden Schiffe untergeht, und dieses, wie von einer riesigen Glorie, umstrahlt wird.

Die Jagd am Strande soll ebenfalls ein großes Vergnügen gewähren. Was mich betrifft, so weiß ich es nicht sonderlich zu schätzen. Der Sinn für das Edle, Schöne und Gute läßt sich oft durch Erziehung den Menschen beybringen; aber der Sinn für die Jagd liegt im Blute. Wenn die Ahnen, schon seit undenklichen Zeiten, Rehböcke geschossen haben, so findet auch der Enkel ein Vergnügen an dieser legitimen Beschäftigung. Meine Ahnen gehörten aber nicht zu den Jagenden, viel eher zu den Gejagten, und soll ich auf die Nachkömmlinge ihrer ehemaligen Collegen losdrücken, so empört sich dawider mein Blut. Ja, aus Erfahrung weiß ich, daß, nach abgesteckter Mensur, es mir weit leichter wird, auf einen Jäger loszudrücken, der die Zeiten zurückwünscht, wo auch Menschen zur hohen Jagd gehörten. Gottlob, diese Zeiten sind vorüber! Gelüstet es jetzt solche Jäger, wieder einen Menschen zu jagen, so müssen sie ihn dafür bezahlen, wie z. B. den Schnelläufer, den ich vor zwey Jahren in Göttingen sah. Der arme Mensch hatte sich schon in der schwülen Sonntagshitze ziemlich müde gelaufen, als einige hannövrische Junker, die dort Humaniora studierten, ihm ein paar Thaler boten, wenn er den zurückgelegten Weg nochmals laufen wolle; und der Mensch lief, und er war todtblaß und trug eine rothe Jacke, und dicht hinter ihm, im wirbelnden Staube, galoppirten die wohlgenährten, edlen Jünglinge, auf hohen Rossen, deren Hufen zuweilen den gehetzten, keuchenden Menschen trafen, und es war ein Mensch.

Des Versuchs halber, denn ich muß mein Blut besser gewöhnen, ging ich gestern auf die Jagd. Ich schoß nach einigen Möven, die gar zu sicher umherflattern, und doch nicht bestimmt wissen konnten, daß ich schlecht schieße. Ich wollte sie nicht treffen und sie nur warnen, sich ein andermal vor Leuten mit Flinten in Acht zu nehmen; aber mein Schuß ging fehl, und ich hatte das Unglück, eine junge Möve todt zu schießen. Es ist gut, daß es keine alte war; denn was wäre dann aus den armen, kleinen Mövchen geworden, die noch unbefiedert, im Sandneste der großen Dühne liegen, und ohne die Mutter verhungern müßten. Mir ahndete schon vorher, daß mich auf der Jagd ein Mißgeschick treffen würde; ein Hase war mir über den Weg gelaufen.

Gar besonders wunderbar wird mir zu Muthe, wenn ich allein in der Dämmerung am Strande wandle, – hinter mir flache Dühnen, vor mir das wogende, unermeßliche Meer, über mir der Himmel wie eine riesige Kristallkuppel – ich erscheine mir dann selbst sehr ameisenklein, und dennoch dehnt sich meine Seele so weltenweit. Die hohe Einfachheit der Natur, wie sie mich hier umgiebt, zähmt und erhebt mich zu gleicher Zeit, und zwar in stärkerem Grade als jemals eine andere erhabene Umgebung. Nie war mir ein Dom groß genug; meine Seele mit ihrem alten Titanengebet strebte immer höher als die gothischen Pfeiler, und wollte immer hinausbrechen durch das Dach. Auf der Spitze der Roßtrappe haben mir, beym ersten Anblick, die kolossalen Felsen, in ihren kühnen Gruppirungen, ziemlich imponirt; aber dieser Eindruck dauerte nicht lange, meine Seele war nur überrascht, nicht überwältigt, und jene ungeheure Steinmassen wurden in meinen Augen allmählig kleiner, und am Ende erschienen sie mir nur wie geringe Trümmer eines zerschlagenen Riesenpalastes, worin sich meine Seele vielleicht comfortabel befunden hätte.

Mag es immerhin lächerlich klingen, ich kann es dennoch nicht verhehlen, das Mißverhältnis zwischen Körper und Seele quält mich einigermaßen, und hier am Meere, in großartiger Naturumgebung, wird es mir zuweilen recht deutlich, und die Metempsychose ist oft der Gegenstand meines Nachdenkens. Wer kennt die große Gottesironie, die allerley Widersprüche zwischen Seele und Körper hervorzubringen pflegt. Wer kann wissen, in welchem Schneider jetzt die Seele eines Platos, und in welchem Schulmeister die Seele eines Cäsars wohnt! Wer weiß, ob die Seele Gregors VII. nicht in dem Leibe des Großtürken sitzt, und sich unter tausend hätschelnden Weiberhändchen behaglicher fühlt, als einst in ihrer purpurnen Cölibatskutte. Hingegen wie viele Seelen treuer Moslemim aus Alys Zeiten mögen sich jetzt in unseren antihellenischen Cabinettern befinden! Die Seelen der beiden Schächer, die zur Seite des Heilands gekreuzigt worden, sitzen vielleicht jetzt in dicken Consistorialbäuchen und glühen für den orthodoxen Lehrbegriff. Die Seele Dschingischans wohnt vielleicht jetzt in einem Rezensenten, der täglich, ohne es zu wissen, die Seelen seiner treuesten Baschkiren und Kalmücken in einem kritischen Journale niedersäbelt. Wer weiß! wer weiß! die Seele des Pythagoras ist vielleicht in einen armen Candidaten gefahren, der durch das Examen fällt, weil er den pythagoräischen Lehrsatz nicht beweisen konnte, während in seinen Herren Examinatoren die Seelen jener Ochsen wohnen, die einst Pythagoras, aus Freude über die Entdeckung seines Satzes, den ewigen Göttern geopfert hatte. Die Hindus sind so dumm nicht, wie unsere Missionäre glauben, sie ehren die Thiere wegen der menschlichen Seele, die sie in ihnen vermuthen, und wenn sie Lazarethe für invalide Affen stiften, in der Art unserer Akademien, so kann es wohl möglich seyn, daß in jenen Affen die Seelen großer Gelehrten wohnen, da es hingegen bey uns ganz sichtbar ist, daß in einigen großen Gelehrten nur Affenseelen stecken.

Wer doch mit der Allwissenheit des Vergangenen auf das Treiben der Menschen von oben herab sehen könnte! Wenn ich des Nachts am Meere wandelnd, den Wellengesang höre, und allerley Ahnung und Erinnerung in mir erwacht, so ist mir, als habe ich einst solchermaßen von oben herabgesehen und sey vor schwindelndem Schrecken zur Erde heruntergefallen; es ist mir dann auch, als seyen meine Augen so teleskopisch scharf gewesen, daß ich die Sterne in Lebensgröße am Himmel wandeln gesehen, und durch all den wirbelnden Glanz geblendet worden; – wie aus der Tiefe eines Jahrtausends kommen mir dann allerley Gedanken in den Sinn, Gedanken uralter Weisheit, aber sie sind so neblicht, daß ich nicht erkenne, was sie wollen. Nur so viel weiß ich, daß all unser kluges Wissen, Streben und Hervorbringen irgend einem höheren Geiste eben so klein und nichtig erscheinen muß, wie mir jene Spinne erschien, die ich in der göttinger Bibliothek so oft betrachtete. Auf den Folianten der Weltgeschichte saß sie emsig webend, und sie blickte so philosophisch sicher auf ihre Umgebung, und hatte ganz den göttingischen Gelahrtheitsdünkel, und schien stolz zu seyn auf ihre mathematischen Kenntnisse, auf ihre Kunstleistungen, auf ihr einsames Nachdenken – und doch wußte sie nichts von all den Wundern, die in dem Buche stehen, worauf sie geboren worden, worauf sie ihr ganzes Leben verbracht hatte, und worauf sie auch sterben wird, wenn der schleichende *Dr.* L. sie nicht verjagt. Und wer ist der schleichende *Dr.* L.? Seine Seele wohnte vielleicht einst in eben einer solchen Spinne, und jetzt hütet er die Folianten, worauf er einst saß – und wenn er sie auch liest, er erfährt doch nicht ihren wahren Inhalt.

Was mag auf dem Boden einst geschehen seyn, wo ich jetzt wandle? Ein Conrector, der hier badete, wollte behaupten, hier sey einst der Dienst der Hertha, oder, besser gesagt, Forsete, begangen worden, wovon Tacitus so geheimnißvoll spricht. Wenn nur die Berichterstatter, denen Tacitus nacherzählt, sich nicht geirrt, und eine Badekutsche für den heiligen Wagen der Göttinn angesehen haben!

Im Jahre 1819 als ich zu Bonn, in einem und demselben Semester, vier Collegien hörte, worin meistens deutsche Antiquitäten aus der blauesten Zeit tractirt wurden, nämlich 1^0 Geschichte der deutschen Sprache bey Schlegel, der fast drey Monath' lang die barocksten Hypothesen über die Abstammung der Deutschen entwickelte, 2° die Germania des Tacitus bey Arndt, der in den altdeutschen Wäldern jene Tugenden suchte, die er in den Salons der Gegenwart vermißte, 3° germanisches Staatsrecht bey Hüllmann, dessen historische Ansichten noch am wenigsten vague sind, und 4° deutsche Urgeschichte bey Radloff, der am Ende des Semesters noch nicht weiter gekommen war, als bis zur Zeit des Sesostris – damals möchte wohl die Sage von der alten Hertha mich mehr interessirt haben, als jetzt. Ich ließ sie durchaus nicht auf Rügen residiren, und versetzte sie vielmehr nach einer ostfriesischen Insel. Ein junger Gelehrter hat gern seine Privathypothese. Aber auf keinen Fall hätte ich damals geglaubt, daß ich einst am Strande der Nordsee wandeln würde, ohne an die alte Göttinn mit patriotischer Begeisterung zu denken. Es ist wirklich nicht der Fall, und ich denke hier an ganz andre, jüngere Göttinnen. Absonderlich wenn ich am Strande über die schaurige Stelle wandle, wo noch jüngst die schönsten Frauen, gleich Nixen, geschwommen. Denn weder Herren noch Damen baden hier unter einem Schirm, sondern spatzieren in die freye See. Deßhalb sind auch die Badestellen beider Geschlechter von einander geschieden, doch nicht allzuweit, und wer ein gutes Glas führt, kann überall in der Welt viel sehen. Es geht die Sage, ein neuer Aktäon habe auf solche Weise eine badende Diana erblickt, und wunderbar! nicht er, sondern der Gemahl der Schönen, habe dadurch Hörner erworben.

Die Badekutschen, die Droschken der Nordsee, werden hier nur bis ans Wasser geschoben, und bestehen meistens aus viereckigen Holzgestellen mit steifem Leinen überzogen. Jetzt, für die Winterzeit, stehen sie im Conversazionssaale, und führen dort gewiß eben so hölzerne, und steifleinene Gespräche, wie die vornehme Welt, die noch unlängst dort verkehrte.

Wenn ich aber sage, die vornehme Welt, so verstehe ich nicht darunter die guten Bürger Ostfrieslands, ein Volk, das flach und nüchtern ist, wie der Boden, den es bewohnt, das weder singen noch pfeifen kann, aber dennoch ein Talent besitzt, das besser ist als alle Triller und Schnurrpfeifereyen, ein Talent, das den Menschen adelt, und über jene windige Dienstseelen erhebt, die allein edel zu seyn wähnen, ich meine das Talent der Freyheit. Schlägt das Herz für Freyheit, so ist ein solcher Schlag des Herzens eben so gut, wie ein Ritterschlag, und das wissen die freyen Friesen, und sie verdienen ihr Volksepitheton; die Häuptlingsperiode abgerechnet, war die Aristokratie in Ostfriesland niemals vorherrschend, nur sehr wenige adlige Familien haben dort gewohnt, und der Einfluß des hannövrischen Adels, durch Verwaltungs- und

Militärstand, wie er sich jetzt über das Land hinzieht, betrübt manches freye Friesenherz, und überall zeigt sich die Vorliebe für die ehemalige preußische Regierung.

Was aber die allgemeinen deutschen Klagen über hannövrischen Adelstolz betrifft, so kann ich nicht unbedingt einstimmen. Das hannövrische Offiziercorps giebt am wenigsten Anlaß zu solchen Klagen. Freylich, wie in Madagaskar nur Adlige das Recht haben, Metzger zu werden, so hatte früherhin der hannövrische Adel ein analoges Vorrecht, da nur Adlige zum Offizierrange gelangen konnten. Seitdem sich aber in der deutschen Legion so viele Bürgerliche ausgezeichnet, und zu Offizierstellen emporgeschwungen, hat auch jenes üble Gewohnheitsrecht nachgelassen. Ja, das ganze Corps der deutschen Legion hat viel beygetragen zur Milderung alter Vorurtheile, diese Leute sind weit herum in der Welt gewesen, und in der Welt sieht man viel, besonders in England, und sie haben viel gelernt, und es ist eine Freude, ihnen zuzuhören, wenn sie von Portugal, Spanien, Sizilien, den jonischen Inseln, Irland, und anderen weiten Ländern sprechen, wo sie gefochten, und »Vieler Menschen Städte gesehen und Sitten gelernet«, so daß man glaubt, eine Odyssee zu hören, die leider keinen Homer finden wird. Auch ist unter den Offizieren dieses Corps viel freysinnige, englische Sitte geblieben, die mit dem altherkömmlichen hannövrischen Brauch stärker contrastirt, als wir es im übrigen Deutschland glauben wollen, da wir gewöhnlich dem Beyspiele Englands viel Einwirkung auf Hannover zuschreiben. In diesem Lande Hannover sieht man nichts als Stammbäume, woran Pferde gebunden sind, und vor lauter Bäumen bleibt das Land obscur, und trotz allen Pferden kömmt es nicht weiter. Nein, durch diesen hannövrischen Adelswald drang niemals ein Sonnenstrahl brittischer Freyheit, und kein brittischer Freyheitston konnte jemals vernehmbar werden im wiehernden Lärm hannövrischer Rosse.

Die allgemeine Klage über hannövrischen Adelstolz trifft wohl zumeist die liebe Jugend gewisser Familien, die das Land Hannover regieren oder mittelbar zu regieren glauben. Aber auch die edlen Jünglinge würden bald jene Fehler der Art, oder, besser gesagt, jene Unart ablegen, wenn sie ebenfalls etwas in der Welt herumgedrängt würden, oder eine bessere Erziehung genössen. Man schickt sie freylich nach Göttingen, doch da hocken sie beysammen, und sprechen nur von ihren Hunden, Pferden und Ahnen, und hören wenig neuere Geschichte, und wenn sie auch wirklich einmal dergleichen hören, so sind doch unterdessen ihre Sinne befangen durch den Anblick des Grafentisches, der, ein Wahrzeichen Göttingens, nur für hochgeborene Studenten bestimmt ist. Wahrlich, durch eine bessere Erziehung des jungen hannövrischen Adels ließe sich vielen Klagen vorbauen. Aber die Jungen werden wie die Alten. Derselbe Wahn: als wären sie die Blumen der Welt, während wir Anderen bloß das Gras sind; dieselbe Thorheit: mit dem Verdienste der Ahnen den eigenen Unwerth bedecken zu wollen; dieselbe Unwissenheit über das Problematische dieser Verdienste, indem die Wenigsten bedenken, daß die Fürsten selten ihre treuesten und tugendhaftesten Diener, aber sehr oft den Kuppler, den Schmeichler und dergleichen Lieblingsschufte mit adelnder Huld beehrt haben. Die Wenigsten jener Ahnenstolzen können bestimmt angeben, was ihre Ahnen gethan haben, und sie zeigen nur, daß ihr Name in Rüxners Turnierbuch erwähnt sey; – ja, können sie auch nachweisen, daß diese Ahnen etwa als Kreuzritter bey der Eroberung Jerusalems zugegen waren, so sollten sie, ehe sie sich etwas darauf zu Gute thun, auch beweisen, daß jene Ritter ehrlich mitgefochten haben, daß ihre Eisenhosen nicht mit gelber Furcht wattirt worden, und daß unter ihrem rothen Kreuze das Herz eines honetten Mannes gesessen. Gäbe es keine Ilias, sondern bloß ein Namensverzeichniß der Helden, die vor Troja gestanden, und ihre Namen existirten noch jetzt – wie würde sich der Ahnenstolz Derer von Thersites zu blähen wissen! Von der Reinheit des Blutes will ich gar nicht einmal sprechen; Philosophen und Stallknechte haben darüber gar seltsame Gedanken.

Mein Tadel, wie gesagt, treffe zumeist die schlechte Erziehung des hannövrischen Adels und dessen früh eingeprägten Wahn von der Wichtigkeit einiger andressirten Formen. O! wie oft habe ich lachen müssen, wenn ich bemerkte, wie viel man sich auf diese Formen zu Gute that; – als sey es sogar überaus schwer zu erlernen dieses Repräsentiren, dieses Präsentiren, dieses Lächeln ohne Etwas zu sagen, dieses Sagen ohne Etwas zu denken, und all diese adligen Künste, die der gute Bürgersmann als Meerwunder angafft, und die doch jeder französische Tanzmeister besser inne hat, als der deutsche Edelmann, dem sie in der bärenleckenden Lutetia mühsam eingeübt worden, und der sie zu Hause wieder, mit deutscher Gründlichkeit und Schwerfälligkeit, seinen Descendenten überliefert. Dies erinnert mich an die Fabel von dem Bären, der auf Märkten tanzte, seinem führenden Lehrer entlief, zu seinen Mitbären in den Wald zurückkehrte, und ihnen vorprahlte: wie das Tanzen eine so gar schwere Kunst sey, und wie weit er es darin gebracht habe, – und in der That, den Proben, die er von seiner Kunst ablegte, konnten die armen Bestien ihre Bewunderung nicht versagen. Jene Nazion, wie sie Werther nennt, bildete die vornehme Welt, die hier dieses Jahr zu Wasser und zu Lande geglänzt hat, und es waren lauter liebe, liebe Leute, und sie haben alle gut gespielt.

Auch fürstliche Personen gab es hier, und ich muß gestehen, daß diese in ihren Ansprüchen bescheidener waren, als die geringere Noblesse. Ob aber diese Bescheidenheit in den Herzen dieser hohen Personen liegt, oder ob sie durch ihre äußere Stellung hervorgebracht wird, das will ich unentschieden lassen. Ich sage dieses nur in Beziehung auf deutsche mediatisirte Fürsten. Diesen Leuten ist in der letzten Zeit ein großes Unrecht geschehen, indem man sie einer Souverainität beraubte, wozu sie ein eben so gutes Recht haben, wie die größeren Fürsten, wenn man nicht etwa annehmen will, daß dasjenige, was sich nicht durch eigene Kraft erhalten kann, auch kein Recht hat, zu existiren. Für das vielzersplitterte Deutschland war es aber eine Wohlthat, daß diese Anzahl von Sedezdespötchen ihr Regieren einstellen mußten. Es ist schrecklich, wenn man bedenkt wie viele derselben wir armen Deutschen zu ernähren haben. Wenn diese Mediatisirten auch nicht mehr das Zepter führen, so führen sie doch noch immer Löffel, Messer und Gabel, und sie essen keinen Hafer, und auch der Hafer wäre theuer genug. Ich denke, daß wir einmal durch Amerika etwas von dieser Fürstenlast erleichtert werden. Denn, früh oder spät, werden sich doch die Präsidenten dortiger Freystaaten in Souveraine verwandeln, und dann fehlt es diesen Herren an Gemahlinnen, die schon einen legitimen Anstrich haben, sie sind dann froh wenn wir ihnen unsere Prinzessinnen überlassen, und wenn sie sechs nehmen, geben wir ihnen die siebente gratis, und auch unsre Prinzchen können sie späterhin bey ihren Töchtern employiren; – daher haben die mediatisirten Fürsten sehr politisch gehandelt, als sie sich wenigstens das Gleichbürtigkeitsrecht erhielten, und ihre Stammbäume eben so hoch schätzten, wie die Araber die Stammbäume ihrer Pferde, und zwar aus derselben Absicht, indem sie wohl wissen, daß Deutschland von jeher das große Fürstengestüte war, das alle regierenden Nachbarhäuser mit den nöthigen Mutterpferden und Beschälern versehen muß.

In allen Bädern ist es ein altes Gewohnheitsrecht, daß die abgegangenen Gäste von den zurückgebliebenen etwas stark kritisirt werden, und da ich der letzte bin, der noch hier weilt, so durfte ich wohl jenes Recht in vollem Maaße ausüben.

Es ist aber jetzt so öde auf der Insel, daß ich mir vorkomme wie Napoleon auf Sanct Helena. Nur daß ich hier eine Unterhaltung gefunden, die jenem dort fehlte. Es ist nämlich der große Kaiser selbst, womit ich mich hier beschäftige. Ein junger Engländer hat mir das eben erschienene Buch des Maitland mitgetheilt. Dieser Seemann berichtet die Art und Weise, wie Napoleon sich ihm ergab und auf dem Bellerophon sich betrug, bis er, auf Befehl des englischen Ministeriums, an Bord des Northumberland gebracht wurde. Aus diesem Buche ergiebt sich sonnenklar, daß der Kaiser, in romantischem Vertrauen auf brittische Großmuth, und um der Welt endlich Ruhe zu schaffen, zu den Engländern ging, mehr als Gast, denn als Gefangener. Das war ein Fehler, den gewiß kein Anderer, und am allerwenigsten ein Wellington begangen hätte. Die Geschichte aber wird sagen, dieser Fehler ist so schön, so erhaben, so herrlich, daß dazu mehr Seelengröße gehörte, als wir Anderen zu Allen unseren Großthaten erschwingen können.

Die Ursache, weßhalb Cap. Maitland jetzt sein Buch herausgiebt, scheint keine andere zu seyn, als das moralische Reinigungsbedürfniß, das jeder ehrliche Mann fühlt, den ein böses Geschick in eine zweydeutige Handlung verflochten hat. Das Buch selbst ist aber ein unschätzbarer Gewinn für die Gefangenschaftsgeschichte Napoleons, die den letzten Akt seines Lebens bildet, alle Räthsel der früheren Akte wunderbar löst, und wie es eine ächte Tragödie thun soll, die Gemüther erschüttert, reinigt und versöhnt. Der Charakterunterschied der vier Hauptschriftsteller, die uns von dieser Gefangenschaft berichten, besonders wie er sich in Styl und Anschauungsweise bekundet, zeigt sich erst recht durch ihre Zusammenstellung.

Maitland, der sturmkalte, englische Seemann, verzeichnet die Begebenheiten vorurtheilslos und bestimmt, als wären es Naturerscheinungen, die er in sein Loogbook einträgt; Las Cases, ein enthousiastischer Kammerherr, liegt in jeder Zeile, die er schreibt, zu den Füßen des Kaisers, nicht wie ein russischer Sclave, sondern wie ein freyer Franzose, dem die Bewunderung einer unerhörten Heldengröße und Ruhmeswürde unwillkührlich die Kniee beugt; O'Meara, der Arzt, obgleich in Irland geboren, dennoch ganz Engländer, als solcher ein ehemaliger Feind des Kaisers, aber jetzt anerkennend die Majestätsrechte des Unglücks, schreibt freymüthig, schmucklos, thatbeständlich, fast im Lapidarstyl, hingegen kein Styl, sondern ein Stilett ist die spitzige, zustoßende Schreibart des französischen Arztes, Antommarchi, eines Italieners, der ganz besonnentrunken ist von dem Ingrimm und der Poesie seines Landes.

Beide Völker, Britten und Franzosen, lieferten von jeder Seite zwey Männer, gewöhnlichen Geistes, und unbestochen von der herrschenden Macht, und diese Jury hat den Kaiser gerichtet, und verurtheilet: ewig zu leben, ewig bewundert, ewig bedauert.

Es sind schon viele große Männer über diese Erde geschritten, hier und da sehen wir die leuchtenden Spuren ihrer Fußstapfen, und in heiligen Stunden treten sie, wie Nebelgebilde vor unsere Seele; aber ein ebenfalls großer Mann sieht seine Vorgänger weit deutlicher, aus einzelnen Funken ihrer irdischen Lichtspur erkennt er ihr geheimstes Thun, aus einem einzigen hinterlassenen Worte erkennt er alle Falten ihres Herzens; und solchermaßen, in einer mystischen Gemeinschaft, leben die großen Männer aller Zeiten, über die Jahrtausende hinweg nicken sie einander zu, und sehen sich an bedeutungsvoll, und ihre Blicke begegnen sich auf den Gräbern untergegangener Geschlechter, die sich zwischen sie gedrängt hatten, und sie verstehen sich und haben sich lieb. Wir Kleinen aber, die wir nicht so intimen Umgang pflegen können mit den Großen der Vergangenheit, wovon wir nur selten die Spur und Nebelformen sehen, für uns ist es vom höchsten Werthe, wenn wir über einen solchen Großen so viel erfahren, daß es uns leicht wird, ihn ganz lebensklar in unsre Seele aufzunehmen, und dadurch unsre Seele zu erweitern. Ein solcher ist Napoleon Bonaparte. Wir wissen von ihm, von seinem Leben und Streben, mehr als von den andern Großen dieser Erde, und täglich erfahren wir davon noch mehr und mehr. Wir sehen wie das verschüttete Götterbild langsam ausgegraben wird, und mit jeder Schaufel Erdschlamm, die man von ihm abnimmt, wächst unser freudiges Erstaunen über das Ebenmaaß und die Pracht der edlen Formen, die da hervortreten, und die Geistesblitze der Feinde, die das große Bild zerschmettern wollen, dienen nur dazu, es desto glanzvoller zu beleuchten. Solches geschieht namentlich durch die Aeußerungen der Frau von Staël, die in all ihrer Herbheit doch nichts anders sagt, als daß der Kaiser kein Mensch war wie die Andern, und daß sein Geist mit keinem vorhandenen Maaßstab gemessen werden kann.

Ein solcher Geist ist es, worauf Kant hindeutet, wenn er sagt: daß wir uns einen Verstand denken können, der, weil er nicht wie der unsrige diskursiv, sondern intuitiv ist, vom synthetisch Allgemeinen, der Anschauung eines Ganzen als eines solchen, zum Besonderen geht, das ist, von dem Ganzen zu den Theilen. Ja, was wir durch langsames analytisches Nachdenken und lange Schlußfolgen erkennen, das hatte jener Geist im selben Momente angeschaut und tief begriffen. Daher sein Talent die Zeit, die Gegenwart zu verstehen, ihren Geist zu kajoliren, ihn nie zu beleidigen, und immer zu benutzen.

Da aber dieser Geist der Zeit nicht bloß revoluzionär ist, sondern durch den Zusammenfluß beider Ansichten, der revoluzionären und der contrerevoluzionären, gebildet worden, so handelte Napoleon nie ganz revoluzionär und nie ganz contrerevoluzionär, sondern immer im Sinne beider Ansichten, beider Prinzipien, beider Bestrebungen, die in ihm ihre Vereinigung fanden, und demnach handelte er beständig naturgemäß, einfach, groß, nie krampfhaft barsch, immer ruhig milde. Daher intriguirte er nie im Einzelnen, und seine Schläge geschahen immer durch seine Kunst, die Massen zu begreifen und zu lenken. Zur verwickelten, langsamen Intrigue neigen sich kleine, analytische Geister, hingegen synthetische, intuitive Geister wissen auf wunderbar geniale Weise die Mittel, die ihnen die Gegenwart bietet, so zu verbinden, daß sie dieselben zu ihrem Zwecke schnell benutzen können. Erstere scheitern sehr oft, da keine menschliche Klugheit alle Vorfallenheiten des Lebens voraussehen kann und die Verhältnisse des Lebens nie lange stabil sind; letzteren hingegen, den intuitiven Menschen, gelingen ihre Vorsätze am leichtesten, da sie nur einer richtigen Berechnung des Vorhandenen bedürfen, und so schnell handeln, daß dieses, durch die Bewegung der Lebenswogen, keine plötzliche, unvorhergesehene Veränderung erleiden kann.

Es ist ein glückliches Zusammentreffen, daß Napoleon gerade zu einer Zeit gelebt hat, die ganz besonders viel Sinn hat für Geschichte, ihre Erforschung und Darstellung. Es werden uns daher, durch die Memoiren der Zeitgenossen, wenige Notizen über Napoleon vorenthalten werden, und täglich vergrößert sich die Zahl der Geschichtsbücher, die ihn mehr oder minder im Zusammenhang mit der übrigen Welt schildern wollen. Die Ankündigung eines solchen Buches aus Walter Scotts Feder erregt daher die neugierigste Erwartung.

Alle Verehrer Scotts müssen für ihn zittern; denn ein solches Buch kann leicht der russische Feldzug jenes Ruhmes werden, den er mühsam erworben durch eine Reihe historischer Romane, die mehr durch ihr Thema, als durch ihre poetische Kraft, alle Herzen Europas bewegt haben. Dieses Thema ist aber nicht bloß eine elegische Klage über Schottlands volksthümliche Herrlichkeit, die allmählig verdrängt wurde von fremder Sitte, Herrschaft und Denkweise; sondern es ist der große Schmerz über den Verlust der Nazional-Besonderheiten, die in der Allgemeinheit neuerer Cultur verloren gehen, ein Schmerz, der jetzt in den Herzen aller Völker zuckt. Denn Nazionalerinnerungen liegen tiefer in der Menschen Brust, als man gewöhnlich glaubt. Man wage es nur, die alten Bilder wieder auszugraben, und über Nacht blüht hervor auch die alte Liebe mit ihren Blumen. Das ist nicht figürlich gesagt, sondern es ist eine Thatsache: als Bullock vor einigen Jahren ein altheidnisches Steinbild in Mexiko ausgegraben, fand er den andern Tag, daß es nächtlicher Weile mit Blumen bekränzt worden; und doch hatte Spanien, mit Feuer und Schwert, den alten Glauben der Mexikaner zerstört, und seit drey Jahrhunderten ihre Gemüther gar stark umgewühlt und gepflügt und mit Christenthum besäet. Solche Blumen aber blühen auch in den Walter-Scottschen Dichtungen, diese Dichtungen selbst wecken die alten Gefühle, und wie einst in Granada Männer und Weiber mit dem Geheul der Verzweiflung aus den Häusern stürzten, wenn das Lied vom Einzug des Maurenkönigs auf den Straßen erklang, dergestalt, daß bey Todesstrafe verboten wurde, es zu singen: so hat der Ton, der in den Scottschen Dichtungen herrscht, eine ganze Welt schmerzhaft erschüttert. Dieser Ton klingt wieder in den Herzen unseres Adels, der seine Schlösser und Wappen verfallen sieht, er klingt wieder in den Herzen des Bürgers, dem die behaglich enge Weise der Altvordern verdrängt wird durch weite, unerfreuliche Modernität; er klingt wieder in katholischen Domen, woraus der Glaube entflohen, und in rabbinischen Synagogen, woraus sogar die Gläubigen fliehen; er klingt über die ganze Erde, bis in die Banianenwälder Hindostans, wo der seufzende Bramine das Absterben seiner Götter, die Zerstörung ihrer uralten Weltordnung, und den ganzen Sieg der Engländer voraussieht.

Dieser Ton, der gewaltigste, den der schottische Barde auf seiner Riesenharfe anzuschlagen weiß, paßt aber nicht zu dem Kaiserliede von dem Napoleon, dem neuen Manne, dem Manne der neuen Zeit, dem Manne, worin diese neue Zeit so leuchtend sich abspiegelt, daß wir dadurch fast geblendet werden, und unterdessen nimmermehr denken an die verschollene Vergangenheit und ihre verblichene Pracht. Es ist wohl zu vermuthen, daß Scott, seiner Vorneigung gemäß, jenes angedeutete, stabile Element im Charakter Napoleons, die contrerevoluzionäre Seite seines Geistes vorzugsweise auffassen wird, statt daß andere Schriftsteller bloß das revoluzionäre Prinzip in ihm erkennen. Von dieser letzteren Seite würde ihn Byron geschildert haben, der in seinem ganzen Streben den Gegensatz zu Scott bildete, und statt, gleich diesem, den Untergang der alten Formen zu beklagen, sich sogar von denen, die noch stehen geblieben sind, verdrießlich beengt fühlt, sie, mit revoluzionärem Lachen und Zähnefletschen, niederreißen möchte, und in diesem Aerger die heiligsten Blumen des Lebens mit seinem melodischen Gifte beschädigt, und sich, wie ein wahnsinniger Harlekin den Dolch ins Herz stößt, um, mit dem hervorströmenden, schwarzen Blute, Herren und Damen neckisch zu bespritzen.

Wahrlich, in diesem Augenblicke fühle ich sehr lebhaft, daß ich kein

Nachbeter, oder besser gesagt Nachfrevler Byrons bin, mein Blut ist nicht so spleenisch schwarz, meine Bitterkeit kömmt nur aus den Galläpfeln meiner Dinte, und wenn Gift in mir ist, so ist es doch nur Gegengift, Gegengift wider jene Schlangen, die im Schutte der alten Dome und Burgen so bedrohlich lauern. Von allen großen Schriftstellern ist Byron just derjenige, dessen Lectüre mich am unleidlichsten berührt; wohingegen Scott mir, in jedem seiner Werke, das Herz erfreut, beruhigt und erkräftigt. Mich erfreut sogar die Nachahmung derselben, wie wir sie bey W. Alexis, Bronikowski und Cooper finden, welcher erstere, im ironischen Walladmor, seinem Vorbilde am nächsten steht, und uns auch in einer späteren Dichtung so viel Gestalten- und Geistesreichthum gezeigt hat, daß er wohl im Stande wäre, mit poetischer Ursprünglichkeit, die sich nur der scottischen Form bedient, uns die theuersten Momente deutscher Geschichte, in einer Reihe historischer Novellen, vor die Seele zu führen.

Aber keinem wahren Genius lassen sich bestimmte Bahnen vorzeichnen, diese liegen außerhalb aller kritischen Berechnung, und so mag es auch als ein harmloses Gedankenspiel betrachtet werden, wenn ich über W. Scotts Kaisergeschichte mein Vorurtheil aussprach. »Vorurtheil« ist hier der umfassendste Ausdruck. Nur eins läßt sich mit Bestimmtheit sagen: das Buch wird gelesen werden vom Aufgang bis zum Niedergang, und wir Deutschen werden es übersetzen.

Wir haben auch den Segür übersetzt. Nicht wahr, es ist ein hübsches episches Gedicht? Wir Deutschen schreiben auch epische Gedichte, aber die Helden derselben existiren bloß in unserem Kopfe. Hingegen die Helden des französischen Epos sind wirkliche Helden, die viel größere Thaten vollbracht, und viel größere Leiden gelitten, als wir in unseren Dachstübchen ersinnen können. Und wir haben doch viel Phantasie, und die Franzosen haben nur wenig. Vielleicht hat deßhalb der liebe Gott den Franzosen auf eine andere Art nachgeholfen, und sie brauchen nur treu zu erzählen, was sie in den letzten dreyßig Jahren gesehen und gethan, und sie haben eine erlebte Literatur, wie noch kein Volk und keine Zeit sie hervorgebracht. Diese Memoiren von Staatsleuten, Soldaten und edlen Frauen, wie sie in Frankreich täglich erscheinen, bilden einen Sagenkreis, woran die Nachwelt genug zu denken und zu singen hat, und worin, als dessen Mittelpunkt, das Leben des großen Kaisers, wie ein Riesenbaum, emporragt. Die Segürsche Geschichte des Rußlandzuges ist ein Lied, ein französisches Volkslied, das zu diesem Sagenkreise gehört, und, in seinem Tone und Stoffe, den epischen Dichtungen aller Zeiten gleicht und gleich steht.

Ein Heldengeschlecht, das durch den Zauberspruch »Freyheit und Gleichheit« aus dem Boden Frankreichs emporgeschossen, hat, wie im Triumphzug, berauscht von Ruhm und geführt von dem Gotte des Ruhmes selbst, die Welt durchzogen, erschreckt und verherrlicht, tanzt endlich den rasselnden Waffentanz auf den Eisfeldern des Nordens, und diese brechen ein, und die Söhne des Feuers und der Freyheit gehen zu Grunde durch Kälte und Sklaven.

Solche Beschreibung oder Prophezeyung des Untergangs einer Heldenwelt ist Grundton und Stoff der epischen Dichtungen aller Völker. Auf den Felsen von Ellore und anderer indischer Grottentempel steht solche epische Katastrophe eingegraben mit Riesenhieroglyphen, deren Schlüssel im Mahabarata zu finden ist; der Norden hat in nicht minder steinernen Worten, in seiner Edda, diesen Götteruntergang ausgesprochen; das Lied der Nibelungen besingt dasselbe tragische Verderben, und hat, in seinem Schlusse, noch ganz besondere Aehnlichkeit mit der Segürschen Beschreibung des Brandes von Moskau; das Rolandslied von der Schlacht bey Roncisval, dessen Worte verschollen, dessen Sage aber noch nicht erloschen, und noch unlängst von einem der größten Dichter des Vaterlandes, von Immermann, herauf beschworen worden, ist ebenfalls der alte Unglücksgesang; und gar das Lied von Ilion verherrlicht am schönsten das alte Thema, und ist doch nicht großartiger und schmerzlicher als das französische Volkslied, worin Segür den Untergang seiner Heroenwelt besungen hat. Ja, dieses ist ein wahres Epos, Frankreichs Heldenjugend ist der schöne Heros, der früh dahinsinkt, wie wir solches Leid schon sahen in dem Tode Baldurs, Siegfrieds, Rolands und Achilles, die ebenso durch Unglück und Verrath gefallen; und jene Helden, die wir in der Ilias bewundert, wir finden sie wieder im Liede des Segür, wir sehen sie rathschlagen, zanken und kämpfen, wie einst vor dem skäischen Thore, ist auch die Jacke des Königs von Neapel etwas allzubuntscheckig modern, so ist doch sein Schlachtmuth und Uebermuth eben so groß, wie der des Peliden, ein Hektor an Milde und Tapferkeit steht vor uns Prinz Eugèn, der edle Ritter, Ney kämpft wie ein Ajax, Berthier ist ein Nestor ohne Weisheit, Davoust, Darü, Caulaincourt u.s.w., in ihnen wohnen die Seelen des Menelaos, des Odysseus, des Diomedes – nur der Kaiser selbst findet nicht seines Gleichen, in seinem Haupte ist der Olymp des Gedichtes, und wenn ich ihn, in seiner äußeren Herrschererscheinung, mit dem Agamemnon vergleiche, so geschieht das, weil ihn, eben so wie den größten Theil seiner herrlichen Kampfgenossen, ein tragisches Schicksal erwartete, und weil sein Orestes noch lebt.

Wie die Scottschen Dichtungen hat auch das Segürsche Epos einen Ton, der unsere Herzen bezwingt. Aber dieser Ton weckt nicht die Liebe zu längst verschollenen Tagen der Vorzeit, sondern es ist ein Ton, dessen Klangfigur uns die Gegenwart giebt, ein Ton, der uns für eben diese Gegenwart begeistert.

Wir Deutschen sind doch wahre Peter Schlemiehle! Wir haben auch in der letzten Zeit viel gesehen, viel ertragen, z. B. Einquartierung und Adelstolz; und wir haben unser edelstes Blut hingegeben, z. B. an England, das noch jetzt jährlich eine anständige Summe, für abgeschossene deutsche Arme und Beine, ihren ehemaligen Eigenthümern zu bezahlen hat; und wir haben im Kleinen so viel Großes gethan, daß wenn man es zusammenrechnete, die größten Thaten herauskämen, z. B. in Tyrol; und wir haben viel verloren, z. B. unsern Schlagschatten, den Titel des lieben, heiligen, römischen Reichs – und dennoch, mit allen Verlüsten, Opfern, Entbehrungen, Malheurs und Großthaten, hat unsere Literatur kein einziges solcher Denkmäler des Ruhmes gewonnen, wie sie bey unseren Nachbaren, gleich ewigen Trophäen, täglich emporsteigen. Unsere Leipziger Messen haben wenig profitirt durch die Schlacht bey Leipzig. Ein Gothaer, höre ich, will sie noch nachträglich, in epischer Form, besingen; da er aber noch nicht weiß, ob er zu den 100,000 Seelen gehört, die Hildburghausen bekömmt, oder zu den 150,000, die Meiningen bekömmt, oder zu den 160,000, die Altenburg bekömmt, so kann er sein Epos noch nicht anfangen, er müßte denn beginnen: »Singe unsterbliche Seele, Hildburghäusische Seele, – Meining'sche Seele, oder auch Altenburgische Seele, – Gleichviel singe, singe der sündigen Deutschen Erlösung!« Dieser Seelenschacher im Herzen des Vaterlandes und dessen blutende Zerrissenheit, läßt keinen stolzen Sinn, und noch viel weniger ein stolzes Wort aufkommen, unsere schönsten Thaten werden lächerlich durch den dummen Erfolg, und während wir uns unmuthig einhüllen in den Purpurmantel des deutschen Heldenblutes, kömmt ein politischer Schalk und setzt uns die Schellenkappe aufs Haupt.

Eben die Literaturen unserer Nachbaren jenseits des Rheins und des Canals muß man mit unserer Bagatell-Literatur vergleichen, um das Leere und Bedeutungslose unseres Bagatell-Lebens zu begreifen. Da ich selbst mich erst späterhin über dieses Thema, über deutsche Literaturmisere verbreiten will, so liefere ich einen heitern Ersatz durch das Einschalten der folgenden Xenien, die aus der Feder Immermanns, meines hohen Mitstrebenden, geflossen sind. Die Gleichgesinnten danken mir gewiß für die Mittheilung dieser Verse, und bis auf wenige Ausnahmen, die ich mit Sternen bezeichne, will ich sie gern als meine eigne Gesinnung vertreten.

Der poetische Literator.

Laß dein Lächeln, laß dein Flennen, sag' uns ohne Hinterlist,
Wann Hans Sachs das Licht erblickte, Weckherlin gestorben ist.

»Alle Menschen müssen sterben«, spricht das Männlein mit Bedeutung.
Alter Junge, dessengleichen ist uns keine große Zeitung.

Mit vergeß'nen, alten Schwarten schmiert er seine Autorstiefeln,
Daß er dazu heiter weine, frißt er fromm poet'sche Zwiefeln.

* Willst du commentiren, Fränzel, mindestens verschon' den Luther,
Dieser Fisch behagt uns besser, ohne die zerlaß'ne Butter.

Dramatiker.

1.

* »Nimmer schreib' ich mehr Tragödien, mich am Publikum zu rächen!«
Schimpf' uns, wie du willst, mein Guter, aber halte dein Versprechen.

2.

Diesen Reiterlieutnant müsset, Stachelverse, ihr verschonen;
Denn er commandirt Sentenzen und Gefühl' in Escadronen.

3.

Wär' Melpomene ein Mädchen, gut, gefühlvoll und natürlich,
Rieth ich ihr: Heirathe diesen, der so milde und so zierlich.

4.

Seiner vielen Sünden wegen geht der todte Kotzebue
Um in diesem Ungethüme ohne Strümpfe, ohne Schuhe.

Und so kommt zu vollen Ehren tiefe Lehr' aus grauen Jahren,
Daß die Seelen der Verstorb'nen müssen in die Bestien fahren.

Oestliche Poeten.

Groß' *mérite* ist es jetzo, nach Saadis Art zu girren,
Doch mir scheint's *égal* gepudelt, ob wir östlich, westlich irren.

Sonsten sang, beym Mondenscheine, Nachtigall *seu* Philomele;
Wenn jetzt Bülbül flötet, scheint es mir denn doch dieselbe Kehle.

Alter Dichter, Du gemahnst mich, als wie Hamelns Rattenfänger;
Pfeifst nach Morgen, und es folgen all die lieben, kleinen Sänger.

Aus Bequemlichkeit verehren sie die Kühe frommer Inden,
Daß sie den Olympus mögen nächst in jedem Kuhstall finden.

Von den Früchten, die sie aus dem Gartenhain von Schiras stehlen,
Essen sie zu viel, die Armen, und vomiren dann Ghaselen.

*Glockentöne.

Seht den dicken Pastor, dorten unter seiner Thür im Staate,
Läutet mit den Glocken, daß man ihn verehr' in dem Ornate.

Und es kamen, ihn zu schauen, flugs die Blinden und die Lahmen,
Engebrust und Krampf, besonders Hysteriegeplagte Damen.

Weiße Salbe weder heilet, noch verschlimmert irgend Schäden,
Weiße Salbe findest jetzo du in allen Bücherläden.

Geht's so fort, und läßt sich jeder Pfaffe ferner adoriren,
Werd' ich in den Schooß der Kirche ehebaldigst retourniren.

Dort gehorch' ich e i n e m Papste, und verehr' e i n *praesens Numen*,
Aber hier macht sich zum *numen* jeglich ordinirtes *lumen*.

Orbis pictus.

Hätte e i n e n Hals das ganze weltverderbende Gelichter,
Einen Hals, ihr hohen Götter: Priester, Histrionen, Dichter!

In die Kirche ging ich Morgens, um Komödien zu schauen,
Abends ins Theater, um mich an der Predigt zu erbauen.

Selbst der liebe Gott verlieret sehr bey mir an dem Gewichte,
Weil nach ihrem Ebenbilde schnitzen ihn viel tausend Wichte.

Wenn ich Euch gefall', ihr Leute, dünk' ich mich ein Leineweber,
Aber, wenn ich Euch verdrieße, seht, das stärkt mir meine Leber.

»Ganz bewältigt er die Sprache«; ja, es ist, sich todt zu lachen,
Seht nur, was für tolle Sprünge lässet er die Arme machen.

Vieles Schlimme kann ich dulden, aber eins ist mir zum Ekel,
Wenn der nervenschwache Zärtling spielt den genialen Rekel.

* Damals mocht'st du mir gefallen, als du buhltest mit Lucindchen,
Aber, o der frechen Liebschaft! mit Marien wollen sünd'gen.

Erst in England, dann in Spanien, jetzt in Brahmas Finsternissen,
Ueberall umhergestrichen, deutschen Rock und Schuh zerrissen.

Wenn die Damen schreiben, kramen stets sie aus von ihren Schmerzen,
Fausses couches, touchirter Tugend, – ach, die gar zu offnen Herzen!

Laßt die Damen mir zufrieden; daß sie schreiben, find' ich räthlich,
Führt die Frau die Autor-Feder, wird sie wenigstens nicht schädlich.

Glaubt, das Schriftenthum wird gleichen bald den ärgsten Rockenstuben,
Die Gevatterinnen schnacken, und es hören zu die Buben.

Wär' ich Dschingischan, o China, wärst du längst von mir vernichtet,
Dein verdammtes Theegeplätscher hat uns langsam hingerichtet.

Alles setzet sich zur Ruhe, und der Größte wird geduldig,
Streicht gemächlich ein, was früh're Zeiten blieben waren schuldig.

Jene Stadt ist voller Verse, Töne, Statuen, Schilderey'n,
Wursthans steht mit der Trompete an dem Thor, und schreit: »Herein!«

»Diese Reime klingen schändlich, ohne Metrum und Caesuren«;
Wollt in Uniform ihr stecken literarische Panduren? –

»Sag', wie kommst du nur zu Worten, die so grob und ungezogen?«
Freund, im wüsten Marktgedränge braucht man seine Ellenbogen.

»Aber du hast auch bereimet, was unläugbar gut und groß.«
Mischt der Beste sich zum Plebse, duldet er des Plebses Loos.

Wenn die Sommerfliegen schwärmen, tödtet Ihr sie mit den Klappen,
Und nach diesen Reimen werdet schlagen Ihr mit Euren Kappen.

Reisebilder.

Zweyter Theil.

Ideen.

Das Buch Le Grand.

1826.

Das Geschlecht der Oerindur,
Unsres Thrones feste Säule,
Soll bestehn, ob die Natur
Auch damit zu Ende eile.

Müllner.

Evelina
empfange diese Blätter
als
ein Zeichen der Freundschaft und Liebe
des Verfassers

Capitel I.

Sie war liebenswürdig, und Er liebte Sie; Er aber war nicht liebenswürdig, und Sie liebte Ihn nicht. (Altes Stück.)

Madame, kennen Sie das alte Stück? Es ist ein ganz außerordentliches Stück, nur etwas zu sehr melancholisch. Ich hab' mahl die Hauptrolle darin gespielt, und da weinten alle Damen, nur eine Einzige weinte nicht, nicht eine einzige Thräne weinte sie, und das war eben die Pointe des Stücks, die eigentliche Katastrophe –

O diese einzige Thräne! sie quält mich noch immer in Gedanken; der Satan, wenn er meine Seele verderben will, flüstert mir ins Ohr ein Lied von dieser ungeweinten Thräne, ein fatales Lied mit einer noch fataleren Melodie – ach, nur in der Hölle hört man diese Melodie! – – – – – – – – – – – – –.

Wie man im Himmel lebt, Madame, können Sie sich wohl vorstellen, um so eher, da Sie verheurathet sind. Dort amüsirt man sich ganz süperbe, man hat alle mögliche Vergnügungen, man lebt in lauter Lust und Plaisir, so recht wie Gott in Frankreich. Man speist von Morgen bis Abend, und die Küche ist so gut wie die Jagorsche, die gebratenen Gänse fliegen herum mit den Sauceschüsselchen im Schnabel, und fühlen sich geschmeichelt, wenn man sie verzehrt, butterglänzende Torten wachsen wild wie Sonnenblumen, überall Bäche mit Bouillon und Champagner, überall Bäume, woran Servietten flattern, und man speist und wischt sich den Mund, und speist wieder, ohne sich den Magen zu verderben, man singt Psalmen, oder man tändelt und schäkert mit den lieben, zärtlichen Engelein, oder man geht spatzieren auf der grünen Halleluja-Wiese, und die weißwallenden Kleider sitzen sehr bequem, und nichts stört da das Gefühl der Seligkeit, kein Schmerz, kein Mißbehagen, ja sogar, wenn Einer dem Andern zufällig auf die Hühneraugen tritt und *excusez!* ausruft, so lächelt dieser wie verklärt und versichert: dein Tritt, Bruder, schmerzt nicht, sondern *au contraire,* mein Herz fühlt dadurch nur desto süßere Himmelswonne.

Aber von der Hölle, Madame, haben Sie gar keine Idee. Von allen Teufeln kennen Sie vielleicht nur den kleinsten, das Beelzebübchen Amor, den artigen Croupier der Hölle, und diese selbst kennen sie nur aus dem Don Juan, und für diesen Weiberbetrüger, der ein böses Beyspiel giebt, dünkt sie Ihnen niemals heiß genug, obgleich unsere hochlöblichen Theaterdirectionen soviel Flammenspektakel, Feuerregen, Pulver und Colophonium dabey aufgehen lassen, wie es nur irgend ein guter Christ in der Hölle verlangen kann.

Indessen, in der Hölle sieht es viel schlimmer aus, als unsere Theaterdirectoren wissen – sie würden auch sonst nicht so viele schlechte Stücke aufführen lassen – in der Hölle ist es ganz höllisch heiß, und als ich mahl in den Hundstagen dort war, fand ich es nicht zum Aushalten. Sie haben keine Idee von der Hölle, Madame. Wir erlangen dorther wenig offizielle Nachrichten. Daß die armen Seelen da drunten den ganzen Tag all die schlechten Predigten lesen müssen, die hier oben gedruckt werden – das ist Verläumdung. So schlimm ist es nicht in der Hölle, so raffinirte Qualen wird Satan niemals ersinnen. Hingegen Dantes Schilderung ist etwas zu mäßig, im Ganzen allzupoetisch. Mir erschien die Hölle wie eine große bürgerliche Küche, mit einem unendlich langen Ofen, worauf drey Reihen eiserne Töpfe standen, und in diesen saßen die Verdammten und wurden gebraten. In der einen Reihe saßen die christlichen Sünder, und sollte man es wohl glauben! ihre Anzahl war nicht allzuklein, und die Teufel schürten unter ihnen das Feuer mit besonderer Geschäftigkeit. In der anderen Reihe saßen die Juden, die beständig schrieen und von den Teufeln zuweilen geneckt wurden, wie es sich denn gar possierlich ausnahm, als ein dicker, pustender Pfänderverleiher über allzugroße Hitze klagte, und ein Teufelchen ihm einige Eimer kaltes Wasser über den Kopf goß, damit er sähe, daß die Taufe eine wahre erfrischende Wohlthat sey. In der dritten Reihe saßen die Heiden, die, eben so wie die Juden, der Seligkeit nicht theilhaftig werden können, und ewig brennen müssen. Ich hörte, wie einer derselben, dem ein vierschrötiger Teufel neue Kohlen unterlegte, gar unwillig aus dem Topfe hervorrief: »Schone meiner, ich war Sokrates, der Weiseste der Sterblichen, ich habe Wahrheit und Gerechtigkeit gelehrt und mein Leben geopfert für die Tugend.« Aber der vierschrötige, dumme Teufel ließ sich in seinem Geschäfte nicht stören und brummte: »Ey was! alle Heiden müssen brennen, und wegen eines einzigen Menschen dürfen wir keine Ausnahme machen.« – – Ich versichere Sie, Madame, es war eine fürchterliche Hitze, und ein Schreyen, Seufzen, Stöhnen, Quäken, Greinen, Quiriliren – und durch all diese entsetzlichen Töne drang vernehmbar jene fatale Melodie des Liedes von der ungeweinten Thräne.

Capitel II.

Sie war liebenswürdig, und Er liebte Sie; Er aber war nicht liebenswürdig, und Sie liebte Ihn nicht. (Altes Stück.)

Madame! das alte Stück ist eine Tragödie, obschon der Held darin weder ermordet wird, noch sich selbst ermordet. Die Augen der Heldinn sind schön, sehr schön – Madame, riechen Sie nicht Veilchenduft? – sehr schön, und doch so scharfgeschliffen, daß sie mir wie gläserne Dolche durch das Herz drangen, und gewiß aus meinem Rücken wieder herausguckten – aber ich starb doch nicht an diesen meuchelmörderischen Augen. Die Stimme der Heldinn ist auch schön – Madame, hörten Sie nicht eben eine Nachtigall schlagen? – eine schöne, seidne Stimme, ein süßes Gespinnst der sonnigsten Töne, und meine Seele ward darin verstrickt und würgte sich und quälte sich. Ich selbst – es ist der Graf vom Ganges, der jetzt spricht, und die Geschichte spielt in Venedig – ich selbst hatte mahl dergleichen Quälereyen satt, und dachte schon im ersten Akte dem Spiel ein Ende zu machen, und die Schellenkappe mitsammt dem Kopfe herunter zu schießen, und ich ging nach einem Galanterieladen auf der Via Burstah, wo ich ein paar schöne Pistolen in einem Kasten ausgestellt fand – ich erinnere mich dessen noch sehr gut, es standen daneben viel freudige Spielsachen von Perlemutter und Gold, eiserne Herzen an güldenen Kettlein, Porzellantassen mit zärtlichen Devisen, Schnupftabaksdosen mit hübschen Bildern, z. B. die göttliche Geschichte von der Susanna, der Schwanengesang der Leda, der Raub der Sabinerinnen, die Lukrezia, das dicke Tugendmensch, mit dem entblößten Busen, in den sie sich den Dolch nachträglich hineinstößt, die selige Bethmann, *la belle ferronière*, lauter lockende Gesichter – aber ich kaufte doch die Pistolen, ohne viel zu dingen, und dann kauft' ich Kugeln, dann Pulver, und dann ging ich in den Keller des Signor Unbescheiden, und ließ mir Austern und ein Glas Rheinwein vorstellen –

Essen konnt' ich nicht und trinken noch viel weniger. Die heißen Tropfen fielen ins Glas, und im Glas sah ich die liebe Heimath, den blauen, heiligen Ganges, den ewigstrahlenden Himalaya, die riesigen Banianenwälder, in deren weiten Laubgängen die klugen Elephanten und die weißen Pilger ruhig wandelten, seltsam träumerische Blumen sahen mich an, heimlich mahnend, goldne Wundervögel jubelten wild, flimmernde Sonnenstrahlen und süßnärrische Laute von lachenden Affen neckten mich lieblich, aus fernen Pagoden ertönten die frommen

Priestergebete, und dazwischen klang die schmelzend klagende Stimme der Sultaninn von Delhi – in ihrem Teppichgemache rannte sie stürmisch auf und nieder, sie zerriß ihren silbernen Schleyer, sie stieß zu Boden die schwarze Sklavinn mit dem Pfauenwedel, sie weinte, sie tobte, sie schrie – Ich konnte sie aber nicht verstehen, der Keller des Signor Unbescheiden ist 3000 Meilen entfernt vom Harem zu Delhi, und dazu war die schöne Sultaninn schon todt seit 3000 Jahren – und ich trank hastig den Wein, den hellen, freudigen Wein, und doch wurde es in meiner Seele immer dunkler und trauriger – Ich war zum Tode verurtheilt – – – – – – – – – – – – – – – –.

Als ich die Kellertreppe wieder hinaufstieg, hörte ich das Armesünderglöckchen läuten, die Menschenmenge wogte vorüber; ich aber stellte mich an die Ecke der Strada San Giovanni und hielt folgenden Monolog:

In alten Mährchen giebt es gold'ne Schlösser,
Wo Harfen klingen, schöne Jungfrau'n tanzen,
Und schmucke Diener blitzen, und Jasmin
Und Myrth' und Rosen ihren Duft verbreiten –
Und doch ein einziges Entzaubrungswort
Macht all die Herrlichkeit im Nu zerstieben,
Und übrig bleibt nur alter Trümmerschutt
Und krächzend Nachtgevögel und Morast.
So hab' auch ich, mit einem einz'gen Worte,
Die ganze blühende Natur entzaubert.
Da liegt sie nun, leblos und kalt und fahl,
Wie eine aufgeputzte Königsleiche,
Der man die Backenknochen roth gefärbt
Und in die Hand ein Zepter hat gelegt.
Die Lippen aber schauen gelb und welk,
Weil man vergaß sie gleichfalls roth zu schminken,
Und Mäuse springen um die Königsnase,
Und spotten frech des großen, goldnen Zepters. –

Es ist allgemein rezipirt, Madame, daß man einen Monolog hält, ehe man sich todt schießt. Die meisten Menschen benutzen bey solcher Gelegenheit das hamletische »Seyn oder Nichtseyn«. Es ist eine gute Stelle, und ich hätte sie hier auch gern zitirt – aber, jeder ist sich selbst der Nächste, und hat man, wie ich, ebenfalls Tragödien geschrieben, worin solche Lebensabiturienten-Reden enthalten sind, z. B. den unsterblichen »Almansor«, so ist es sehr natürlich, daß man seinen eignen Worten, sogar vor den Shakespearschen, den Vorzug giebt. Auf jeden Fall sind solche Reden ein sehr nützlicher Brauch; man gewinnt dadurch wenigstens Zeit – Und so geschah es, daß ich an der Ecke der Strada San Giovanni etwas lange stehen blieb – und als ich da stand, ein Verurtheilter, der dem Tode geweiht war, da erblickte ich plötzlich Sie!

Sie trug ihr blauseidnes Kleid, und den rosarothen Hut, und ihr Auge sah mich an so mild, so todtbesiegend, so lebenschenkend – Madame, Sie wissen wohl aus der römischen Geschichte, daß, wenn die Vestalinnen im alten Rom auf ihrem Wege einem Verbrecher begegneten, der zur Hinrichtung geführt wurde, so hatten sie das Recht, ihn zu begnadigen, und der arme Schelm blieb am Leben. – Mit einem einzigen Blick hat sie mich vom Tode gerettet, und ich stand vor ihr wie neubelebt, wie geblendet vom Sonnenglanze ihrer Schönheit, und sie ging weiter – und ließ mich am Leben.

Capitel III.

Und sie ließ mich am Leben, und ich lebe, und das ist die Hauptsache.

Mögen Andre das Glück genießen, daß die Geliebte ihr Grabmal mit Blumenkränzen schmückt und mit Thränen der Treue benetzt – O, Weiber! haßt mich, verlacht mich, bekorbt mich! aber laßt mich leben! Das Leben ist gar zu spaßhaft süß; und die Welt ist so lieblich verworren; sie ist der Traum eines weinberauschten Gottes, der sich aus der zechenden Götterversammlung *à la française* fortgeschlichen, und auf einem einsamen Stern sich schlafen gelegt, und selbst nicht weiß, daß er alles das auch erschafft, was er träumt – und die Traumgebilde gestalten sich oft buntscheckig toll, oft auch harmonisch vernünftig – die Ilias, Plato, die Schlacht bey Marathon, Moses, die medizäische Venus, der straßburger Münster, die französische Revoluzion, Hegel, die Dampfschiffe u. s. w. sind einzelne gute Gedanken in diesem schaffenden Gottestraum – aber es wird nicht lange dauern, und der Gott erwacht, und reibt sich die verschlafenen Augen, und lächelt – und unsre Welt ist zerronnen in Nichts, ja, sie hat nie existirt.

Gleichviel! ich lebe. Bin ich auch nur das Schattenbild in einem Traum, so ist auch dieses besser als das kalte, schwarze, leere Nichtseyn des Todes. Das Leben ist der Güter höchstes, und das schlimmste Uebel ist der Tod. Mögen berlinische Gardelieutnants immerhin spötteln und es Feigheit nennen, daß der Prinz von Homburg zurückschaudert, wenn er sein offnes Grab erblickt – Heinrich Kleist hatte dennoch eben so viel Courage wie seine hochbrüstigen, wohlgeschnürten Collegen, und er hat es leider bewiesen. Aber alle kräftige Menschen lieben das Leben. Goethes Egmont scheidet nicht gern »von der freundlichen Gewohnheit des Daseyns und Wirkens.« Immermanns Edwin hängt am Leben »wie'n Kindlein an der Mutter Brüsten«, und obgleich es ihm hart ankömmt, durch fremde Gnade zu leben, so fleht er dennoch um Gnade:

»Weil Leben, Athmen doch das Höchste ist.«

Wenn Odysseus in der Unterwelt den Achilleus als Führer todter Helden sieht, und ihn preist wegen seines Ruhmes bey den Lebendigen und seines Ansehens sogar bey den Todten, anwortet dieser:

»Nicht mir rede vom Tod' ein Trostwort, edler Odysseus!
Lieber ja wollt' ich das Feld als Tagelöhner bestellen
Einem dürftigen Mann, ohn' Erbe und eigenen Wohlstand,
Als die sämmtliche Schaar der geschwundenen Todten beherrschen.«

Ja, als der Major Düvent den großen Israel Löwe auf Pistolen forderte und zu ihm sagte: wenn Sie sich nicht stellen, Herr Löwe, so sind Sie ein Hund! da antwortete dieser: ich will lieber ein lebendiger Hund seyn, als ein todter Löwe! Und er hatte Recht – Ich habe mich oft genug geschlagen, Madame, um dieses sagen zu dürfen – Gottlob! ich lebe! In meinen Adern kocht das rothe Leben, unter meinen Füßen zuckt die Erde, in Liebesgluth umschlinge ich Bäume und Marmorbilder, und sie werden lebendig in meiner Umarmung. Jedes Weib ist mir eine geschenkte Welt, ich schwelge in den Melodien ihres Antlitzes, und mit einem einzigen Blick meines Auges kann ich mehr genießen als Andre, mit ihren sämmtlichen Gliedmaßen, Zeit ihres Lebens. Jeder Augenblick ist mir ja eine Unendlichkeit; ich messe nicht die Zeit mit der brabanter, oder mit der kleinen hamburger Elle, und ich brauche mir von keinem Priester ein zweytes Leben versprechen zu lassen, da ich schon in diesem Leben genug erleben kann, wenn ich rückwärts lebe, im Leben der Vorfahren, und mir die Ewigkeit erobere im Reiche der Vergangenheit.

Und ich lebe! Der große Pulsschlag der Natur bebt auch in meiner Brust, und wenn ich jauchze, antwortet mir ein tausendfältiges Echo. Ich höre tausend Nachtigallen. Der Frühling hat sie gesendet, die Erde aus ihrem Morgenschlummer zu wecken, und die Erde schauert vor Entzücken, ihre Blumen sind die Hymnen, die sie in Begeisterung der

Sonne entgegensingt – die Sonne bewegt sich viel zu langsam, ich möchte ihre Feuerrosse peitschen, damit sie schneller dahinjagen – Aber wenn sie zischend ins Meer hinabsinkt, und die große Nacht heraufsteigt, mit ihrem großen, sehnsüchtigen Auge, O! dann durchbebt mich erst recht die rechte Lust, wie schmeichelnde Mädchen legen sich die Abendlüfte an mein brausendes Herz, und die Sterne winken, und ich erhebe mich, und schwebe über der kleinen Erde und den kleinen Gedanken der Menschen.

Capitel IV.

Aber einst wird kommen der Tag, und die Gluth in meinen Adern ist erloschen, in meiner Brust wohnt der Winter, seine weißen Flocken umflattern spärlich mein Haupt, und seine Nebel verschleyern mein Auge. In verwitterten Gräbern liegen meine Freunde, ich allein bin zurückgeblieben, wie ein einsamer Halm, den der Schnitter vergessen, ein neues Geschlecht ist hervorgeblüht mit neuen Wünschen und neuen Gedanken, voller Verwundrung höre ich neue Namen und neue Lieder, die alten Namen sind verschollen, und ich selbst bin verschollen, vielleicht noch von Wenigen geehrt, von Vielen verhöhnt, und von Niemanden geliebt! Und es springen heran zu mir die rosenwangigen Knaben, und drücken mir die alte Harfe in die zitternde Hand, und sprechen lachend: du hast schon lange geschwiegen, du fauler Graukopf, sing' uns wieder Gesänge von den Träumen deiner Jugend.

Dann ergreif' ich die Harfe, und die alten Freuden und Schmerzen erwachen, die Nebel zerrinnen, Thränen blühen wieder aus meinen todten Augen, es frühlingt wieder in meiner Brust, süße Töne der Wehmuth beben in den Saiten der Harfe, ich sehe wieder den blauen Fluß und die marmornen Paläste, und die schönen Frauen- und Mädchengesichter – und ich singe ein Lied von den Blumen der Brenta.

Es wird mein letztes Lied seyn, die Sterne werden mich anblicken wie in den Nächten meiner Jugend, das verliebte Mondlicht küßt wieder meine Wangen, die Geisterchöre verstorbener Nachtigallen flöten aus der Ferne, schlaftrunken schließen sich meine Augen, meine Seele verhallt wie die Töne meiner Harfe – es duften die Blumen der Brenta.

Ein Baum wird meinen Grabstein beschatten. Ich hätte gern eine Palme, aber diese gedeiht nicht im Norden. Es wird wohl eine Linde seyn, und Sommerabends werden dort die Liebenden sitzen und kosen; der Zeisig, der sich lauschend in den Zweigen wiegt, ist verschwiegen, und meine Linde rauscht traulich über den Häuptern der Glücklichen, die so glücklich sind, daß sie nicht einmal Zeit haben zu lesen, was auf dem weißen Leichensteine geschrieben steht. Wenn aber späterhin der Liebende sein Mädchen verloren hat, dann kommt er wieder zu der wohlbekannten Linde, und seufzt und weint, und betrachtet den Leichenstein, lang und oft und liest darauf die Inschrift: – Er liebte die Blumen der Brenta.

Capitel V.

Madame! ich habe Sie belogen. Ich bin nicht der Graf vom Ganges. Niemals im Leben sah ich den heiligen Strom, niemals die Lotosblumen, die sich in seinen frommen Wellen bespiegeln. Niemals lag ich träumend unter indischen Palmen, niemals lag ich betend vor dem Diamantengott zu Jagernaut, durch den mir doch leicht geholfen wäre. Ich war eben so wenig jemals in Kalkutta wie der Kalkuttenbraten, den ich gestern Mittag gegessen. Aber ich stamme aus Hindostan, und daher fühl' ich mich so wohl in den breiten Sangeswäldern Valmikis, die Heldenleiden des göttlichen Ramo bewegen mein Herz wie ein bekanntes Weh, aus den Blumenliedern Kalidasas blüh'n mir hervor die süßesten Erinnerungen, und als vor einigen Jahren eine gütige Dame in Berlin mir die hübschen Bilder zeigte, die ihr Vater, der lange Zeit Gouverneur in Indien war, von dort mitgebracht, schienen mir die zartgemalten, heiligstillen Gesichter so wohlbekannt, und es war mir, als beschaute ich meine eigne Familiengallerie.

Franz Bopp – Madame, Sie haben gewiß seinen Nalus und sein Conjugazionssystem des Sanskrit gelesen – gab mir manche Auskunft über meine Ahnherren, und ich weiß jetzt genau, daß ich aus dem Haupte Bramahs entsprossen bin, und nicht aus seinen Hühneraugen; ich vermuthe sogar, daß der ganze Mahabarata mit seinen 200,000 Versen bloß ein allegorischer Liebesbrief ist, den mein Urahnherr an meine Ureltermutter geschrieben – O! sie liebten sich sehr, ihre Seelen küßten sich, sie küßten sich mit den Augen, sie waren beide nur ein einziger Kuß –

Eine verzauberte Nachtigall sitzt auf einem rothen Korallenbaum im stillen Ocean, und singt ein Lied von der Liebe meiner Ahnen, neugierig blicken die Perlen aus ihren Muschelzellen, die wunderbaren Wasserblumen schauern vor Wehmuth, die klugen Meerschnecken, mit ihren bunten Porzellanthürmchen auf dem Rücken, kommen herangekrochen, die Seerosen erröthen verschämt, die gelben, spitzigen Meersterne und die tausendfarbigen gläsernen Quabben regen und recken sich, und alles wimmelt und lauscht –

Doch, Madame, dieses Nachtigallenlied ist viel zu groß, um es hierherzusetzen, es ist so groß, wie die Welt selbst, schon die Dedicazion an Anangas, den Gott der Liebe, ist so lang wie sämmtliche Walter-Scottsche Romane, und darauf bezieht sich eine Stelle im Aristophanes, welche zu deutsch heißt:

»Tiotio, tiotio, tiotinx,
»Totototo, totototo, tototinx.«
(Vossisch. Uebers.)

Nein, ich bin nicht geboren in Indien; das Licht der Welt erblickte ich an den Ufern jenes schönen Stromes, wo auf grünen Bergen die Thorheit wächst und im Herbste gepflückt, gekeltert, in Fässer gegossen und ins Ausland geschickt wird – Wahrhaftig, gestern bey Tische hörte ich Jemanden eine Thorheit sprechen, die *Anno* 1811 in einer Weintraube gesessen, welche ich damals selbst auf dem Johannisberge wachsen sah. – Viel Thorheit wird aber auch im Lande selbst consumirt, und die Menschen dort sind wie überall: – sie werden geboren, essen, trinken, schlafen, lachen, weinen, verläumden, sind ängstlich besorgt um die Fortpflanzung ihrer Gattung, suchen zu scheinen, was sie nicht sind, und zu thun, was sie nicht können, lassen sich nicht eher rasiren, als bis sie einen Bart haben, und haben oft einen Bart, ehe sie verständig sind, und wenn sie verständig sind, berauschen sie sich wieder mit weißer und rother Thorheit.

Mon dieu! wenn ich doch so viel Glauben in mir hätte, daß ich Berge versetzen könnte – der Johannisberg wäre just derjenige Berg, den ich mir überall nachkommen ließe. Aber da mein Glaube nicht so stark ist, muß mir die Phantasie helfen, und sie versetzt mich selbst nach dem schönen Rhein.

O, da ist ein schönes Land, voll Lieblichkeit und Sonnenschein. Im blauen Strome spiegeln sich die Bergesufer mit ihren Burgruinen und Waldungen und alterthümlichen Städten – Dort vor der Hausthür' sitzen die Bürgersleute des Sommerabends, und trinken aus großen Kannen, und schwatzen vertraulich: wie der Wein, Gottlob! gedeiht, und wie die Gerichte durchaus öffentlich seyn müssen, und wie die Maria Antoinette so mir nichts dir nichts guillotinirt worden, und wie die Tabaksregie den Tabak vertheuert, und wie alle Menschen gleich sind, und wie der Görres ein Hauptkerl ist.

Ich habe mich nie um dergleichen Gespräche bekümmert, und saß lieber bey den Mädchen am gewölbten Fenster, und lachte über ihr

Lachen, und ließ mich mit Blumen ins Gesicht schlagen, und stellte mich böse, bis sie mir ihre Geheimnisse oder irgend eine andre wichtige Geschichte erzählten. Die schöne Gertrud war bis zum Tollwerden vergnügt, wenn ich mich zu ihr setzte; es war ein Mädchen wie eine flammende Rose, und als sie mir einst um den Hals fiel, glaubte ich, sie würde verbrennen und verduften in meinen Armen. Die schöne Katharine zerfloß in klingender Sanftheit, wenn sie mit mir sprach, und ihre Augen waren von einem so reinen innigen Blau, wie ich es noch nie bey Menschen und Thieren, und nur selten bey Blumen gefunden; man sah gern hinein und konnte sich so recht viel Süßes dabey denken. Aber die schöne Hedwig liebte mich; denn wenn ich zu ihr trat, beugte sie das Haupt zur Erde, so daß die schwarzen Locken über das erröthende Gesicht herabfielen, und die glänzenden Augen wie Sterne aus dunkelem Himmel hervorleuchteten. Ihre verschämten Lippen sprachen kein Wort, und auch ich konnte ihr nichts sagen. Ich hustete, und sie zitterte. Sie ließ mich manchmal durch ihre Schwester bitten, nicht so rasch die Felsen zu besteigen, und nicht im Rheine zu baden, wenn ich mich heiß gelaufen oder getrunken. Ich behorchte mahl ihr andächtiges Gebet vor dem Marienbildchen, das mit Goldflittern geziert und von einem brennenden Lämpchen umflimmert, in einer Nische der Hausflur stand; ich hörte deutlich, wie sie die Muttergottes bat: Ihm das Klettern, Trinken und Baden zu verbieten. Ich hätte mich gewiß in das schöne Mädchen verliebt, wenn sie gleichgültig gegen mich gewesen wäre; und ich war gleichgültig gegen sie, weil ich wußte, daß sie mich liebte – Madame, wenn man von mir geliebt seyn will, muß man mich *en canaille* behandeln.

Die schöne Johanna war die Base der drey Schwestern, und ich setzte mich gern zu ihr. Sie wußte die schönsten Sagen, und wenn sie mit der weißen Hand zum Fenster hinauszeigte, nach den Bergen, wo das alles passirt war, was sie erzählte, so wurde mir ordentlich verzaubert zu Muthe, die alten Ritter stiegen sichtbar aus den Burgruinen und zerhackten sich die eisernen Kleider, die Lore-Ley stand wieder auf der Bergesspitze und sang hinab ihr süß verderbliches Lied, und der Rhein rauschte so vernünftig, beruhigend und doch zugleich neckend schauerlich – und die schöne Johanna sah mich an so seltsam, so heimlich, so räthselhaft traulich, als gehörte sie selbst zu den Mährchen, wovon sie eben erzählte. Sie war ein schlankes, blasses Mädchen, sie war todtkrank und sinnend, ihre Augen waren klar wie die Wahrheit selbst, ihre Lippen fromm gewölbt, in den Zügen ihres Antlitzes lag eine große Geschichte, aber es war eine heilige Geschichte – Etwa eine Liebeslegende? Ich weiß nicht, und ich hatte auch nie den Muth, sie zu fragen. Wenn ich sie lange ansah, wurde ich ruhig und heiter, es ward mir, als sey stiller Sonntag in meinem Herzen und die Engel darin hielten Gottesdienst.

In solchen guten Stunden erzählte ich ihr Geschichten aus meiner Kindheit, und sie hörte immer ernsthaft zu, und seltsam! wenn ich mich nicht mehr auf die Namen besinnen konnte, so erinnerte sie mich daran. Wenn ich sie alsdann mit Verwunderung fragte: woher sie die Namen wisse? so gab sie lächelnd zur Antwort, sie habe sie von den Vögeln erfahren, die an den Fliesen ihres Fensters nisteten – und sie wollte mich gar glauben machen, dieses seyen die nämlichen Vögel, die ich einst als Knabe mit meinem Taschengelde den hartherzigen Bauerjungen abgekauft habe, und dann frey fortfliegen lassen. Ich glaube aber, sie wußte alles, weil sie so blaß war und wirklich bald starb. Sie wußte auch, wann sie sterben würde, und wünschte, daß ich Andernacht den Tag vorher verlassen möchte. Beym Abschied gab sie mir beide Hände – es waren weiße, süße Hände, und rein wie eine Hostie – und sie sprach: du bist sehr gut, und wenn du böse wirst, so denke wieder an die kleine, todte Veronika.

Haben ihr die geschwätzigen Vögel auch diesen Namen verrathen? Ich hatte mir in erinnerungssüchtigen Stunden so oft den Kopf zerbrochen und konnte mich nicht mehr auf den lieben Namen erinnern.

Jetzt, da ich ihn wieder habe, will mir auch die früheste Kindheit wieder im Gedächtnisse hervorblühen, und ich bin wieder ein Kind und spiele mit andern Kindern auf dem Schloßplatze zu Düsseldorf am Rhein.

Capitel VI.

Ja, Madame, dort bin ich geboren, und ich bemerke dieses ausdrücklich für den Fall, daß etwa, nach meinem Tode, sieben Städte – Schilda, Krähwinkel, Polkwitz, Bockum, Dülken, Göttingen und Schöppenstädt – sich um die Ehre streiten, meine Vaterstadt zu seyn. Düsseldorf ist eine Stadt am Rhein, es leben da 16,000 Menschen, und viele hunderttausend Menschen liegen noch außerdem da begraben. Und darunter sind manche, von denen meine Mutter sagt, es wäre besser sie lebten noch, z. B. mein Großvater und mein Oheim, der alte Herr v. Geldern und der junge Herr v. Geldern, die beide so berühmte Doctoren waren, und so viele Menschen vom Tode kurirt, und doch selber sterben mußten. Und die fromme Ursula, die mich als Kind auf den

Armen getragen, liegt auch dort begraben, und es wächst ein Rosenstrauch auf ihrem Grab – Rosenduft liebte sie so sehr im Leben und ihr Herz war lauter Rosenduft und Güte. Auch der alte kluge Kanonikus liegt dort begraben. Gott, wie elend sah er aus, als ich ihn zuletzt sah! Er bestand nur noch aus Geist und Pflastern, und studirte dennoch Tag und Nacht, als wenn er besorgte, die Würmer möchten einige Ideen zu wenig in seinem Kopfe finden. Auch der kleine Wilhelm liegt dort, und daran bin ich schuld. Wir waren Schulkameraden im Franziskanerkloster und spielten auf jener Seite desselben, wo zwischen steinernen Mauern die Düssel fließt, und ich sagte: »Wilhelm! hol doch das Kätzchen, das eben hineingefallen« – und lustig stieg er hinab auf das Brett, das über dem Bach lag, riß das Kätzchen aus dem Wasser, fiel aber selbst hinein, und als man ihn herauszog, war er naß und todt. Das Kätzchen hat noch lange Zeit gelebt.

Die Stadt Düsseldorf ist sehr schön, und wenn man in der Ferne an sie denkt, und zufällig dort geboren ist, wird einem wunderlich zu Muthe. Ich bin dort geboren, und es ist mir, als müßte ich gleich nach Hause gehn. Und wenn ich sage nach Hause gehn, so meine ich die Bolkerstraße und das Haus, worin ich geboren bin. Dieses Haus wird einst sehr merkwürdig seyn, und der alten Frau, die es besitzt, habe ich sagen lassen, daß sie bey Leibe das Haus nicht verkaufen solle. Für das ganze Haus bekäme sie jetzt doch kaum so viel wie schon allein das Trinkgeld betragen wird, das einst die grünverschleyerten, vornehmen Engländerinnen dem Dienstmädchen geben, wenn es ihnen die Stube zeigt, worin ich das Licht der Welt erblickt, und den Hühnerwinkel, worin mich Vater gewöhnlich einsperrte, wenn ich Trauben genascht, und auch die braune Thüre, worauf Mutter mich die Buchstaben mit Kreide schreiben lehrte – ach Gott! Madame, wenn ich ein berühmter Schriftsteller werde, so hat das meiner armen Mutter genug Mühe gekostet.

Aber mein Ruhm schläft jetzt noch in den Marmorbrüchen von Carrara, der Makulatur-Lorbeer, womit man meine Stirne geschmückt, hat seinen Duft noch nicht durch die ganze Welt verbreitet, und wenn jetzt die grünverschleyerten, vornehmen Engländerinnen nach Düsseldorf kommen, so lassen sie das berühmte Haus noch unbesichtigt und gehn direct nach dem Marktplatz, und betrachten die dort in der Mitte stehende, schwarze, kolossale Reuterstatue. Diese soll den Kurfürsten Jan Wilhelm vorstellen. Er trägt einen schwarzen Harnisch, eine tiefherabhängende Allongeperücke – Als Knabe hörte ich die Sage, der Künstler, der diese Statue gegossen, habe während des Gießens mit

Schrecken bemerkt, daß sein Metall nicht dazu ausreiche, und da wären die Bürger der Stadt herbeygelaufen, und hätten ihm ihre silbernen Löffel gebracht, um den Guß zu vollenden – und nun stand ich stundenlang vor dem Reuterbilde, und zerbrach mir den Kopf: wie viel silberne Löffel wohl darin stecken mögen, und wie viel Apfeltörtchen man wohl für all das Silber bekommen könnte? Apfeltörtchen waren nämlich damals meine Passion – jetzt ist es Liebe, Wahrheit, Freyheit und Krebssuppe – und eben unweit des Kurfürstenbildes, an der Theaterecke, stand gewöhnlich der wunderlich gebackene, säbelbeinige Kerl, mit der weißen Schürze und dem umgehängten Korbe voll lieblich dampfender Apfeltörtchen, die er mit einer unwiderstehlichen Diskantstimme anzupreisen wußte – »Die Apfeltörtchen sind ganz frisch, eben aus dem Ofen, riechen so delikat« – Wahrlich, wenn in meinen späteren Jahren der Versucher mir beykommen wollte, so sprach er mit solcher lockenden Diskantstimme, und bey Signora Guilietta wäre ich keine volle zwölf Stunden geblieben, wenn sie nicht den süßen, duftenden Apfeltörtchenton angeschlagen hätte. Und wahrlich, nie würden Apfeltörtchen mich so sehr angereizt haben, hätte der krumme Hermann sie nicht so geheimnißvoll mit seiner weißen Schürze bedeckt – und die Schürzen sind es, welche – doch sie bringen mich ganz aus dem Context, ich sprach ja von der Reuterstatue, die so viel silberne Löffel im Leibe hat, und keine Suppe, und den Kurfürsten Jan Wilhelm darstellt.

Er soll ein braver Herr gewesen seyn, und sehr kunstliebend, und selbst sehr geschickt. Er stiftete die Gemäldegallerie in Düsseldorf, und auf dem dortigen Observatorium zeigt man noch einen überaus künstlichen Einschachtelungsbecher von Holz, den er selbst in seinen Freystunden – er hatte deren täglich vier und zwanzig – geschnitzelt hat.

Damals waren die Fürsten noch keine geplagte Leute wie jetzt, und die Krone war ihnen am Kopfe festgewachsen, und des Nachts zogen sie noch eine Schlafmütze darüber, und schliefen ruhig, und ruhig zu ihren Füßen schliefen die Völker, und wenn diese des Morgens erwachten, so sagten sie: »guten Morgen, Vater!« – und jene antworteten: »guten Morgen, liebe Kinder!«

Aber es wurde plötzlich anders; als wir eines Morgens zu Düsseldorf erwachten, und »guten Morgen, Vater!« sagen wollten, da war der Vater abgereist, und in der ganzen Stadt war nichts als stumpfe Beklemmung, es war überall eine Art Begräbnißstimmung, und die Leute schlichen schweigend nach dem Markte, und lasen den langen papiernen Anschlag auf der Thüre des Rathhauses. Es war ein trübes Wetter, und der dünne Schneider Kilian stand dennoch in seiner Nanquinjacke, die er sonst nur im Hause trug, und die blauwollnen Strümpfe hingen ihm herab, daß die nackten Beinchen betrübt hervorguckten, und seine schmalen Lippen bebten, während er das angeschlagene Placat vor sich hinmurmelte. Ein alter pfälzischer Invalide las etwas lauter, und bey manchem Worte träufelte ihm eine klare Thräne in den weißen, ehrlichen Schnautzbart. Ich stand neben ihm und weinte mit, und frug ihn: warum wir weinten? Und da antwortete er: »der Kurfürst läßt sich bedanken«. Und dann las er wieder, und bey den Worten »für die bewährte Unterthanstreue« »und entbinden Euch Euer Pflichten«, da weinte er noch stärker – Es ist wunderlich anzusehen, wenn so ein alter Mann, mit verblichener Uniform und vernarbtem Soldatengesicht, plötzlich so stark weint. Während wir lasen, wurde auch das kurfürstliche Wappen vom Rathhause heruntergenommen, alles gestaltete sich so beängstigend öde, es war, als ob man eine Sonnenfinsterniß erwarte, die Herren Rathsherren gingen so abgedankt und langsam umher, sogar der allgewaltige Gassenvogt sah aus, als wenn er nichts mehr zu befehlen hätte, und stand da so friedlich-gleichgültig, obgleich der tolle Alouisius sich wieder auf ein Bein stellte und mit närrischer Grimasse die Namen der französischen Generale herschnatterte, während der besoffene, krumme Gumpertz sich in der Gosse herumwälzte und *ça ira, ça ira!* sang.

Ich aber ging nach Hause, und weinte und klagte: »der Kurfürst läßt sich bedanken«. Meine Mutter hatte ihre liebe Noth, ich wußte was ich wußte, ich ließ mir nichts ausreden, ich ging weinend zu Bette, und in der Nacht träumte mir: die Welt habe ein Ende – die schönen Blumengärten und grünen Wiesen wurden wie Teppiche vom Boden aufgenommen und zusammengerollt, der Gassenvogt stieg auf eine hohe Leiter und nahm die Sonne vom Himmel herab, der Schneider Kilian stand dabey und sprach zu sich selber: »ich muß nach Hause gehn und mich hübsch anziehn, denn ich bin todt, und soll noch heute begraben werden« – und es wurde immer dunkler, spärlich schimmerten oben einige Sterne, und auch diese fielen herab wie gelbe Blätter im Herbste, allmählig verschwanden die Menschen, ich armes Kind irrte ängstlich umher, stand endlich vor der Weidenhecke eines wüsten Bauerhofes und sah dort einen Mann, der mit dem Spaten die Erde aufwühlte, und neben ihm ein häßlich hämisches Weib, das etwas wie einen abgeschnittenen Menschenkopf in der Schürze hielt, und das war der Mond, und sie legte ihn ängstlich sorgsam in die offne Grube – und hinter mir stand der pfälzische Invalide und schluchzte und buchstabirte: »der Kurfürst läßt sich bedanken«.

Als ich erwachte, schien die Sonne wieder wie gewöhnlich durch das Fenster, auf der Straße ging die Trommel, und als ich in unsre Wohnstube trat und meinem Vater, der im weißen Pudermantel saß, einen guten Morgen bot, hörte ich, wie der leichtfüßige Friseur ihm während des Frisirens haarklein erzählte: daß heute auf dem Rathhause dem neuen Großherzog Joachim gehuldigt werde, und daß dieser von der besten Familie sey, und die Schwester des Kaisers Napoleon zur Frau bekommen, und auch wirklich viel Anstand besitze, und sein schönes schwarzes Haar in Locken trage, und nächstens seinen Einzug halten und sicher allen Frauenzimmern gefallen müsse. Unterdessen ging das Getrommel, draußen auf der Straße, immer fort, und ich trat vor die Hausthür und besah die einmarschierenden französischen Truppen, das freudige Volk des Ruhmes, das singend und klingend die Welt durchzog, die heiter-ernsten Grenadiergesichter, die Bärenmützen, die dreyfarbigen Kokarden, die blinkenden Bajonette, die Voltigeurs voll Lustigkeit und Point d'honneur, und den allmächtig großen, silbergestickten Tambour-Major, der seinen Stock mit dem vergoldeten Knopf bis an die erste Etage werfen konnte und seine Augen sogar bis zur zweiten Etage – wo ebenfalls schöne Mädchen am Fenster saßen. Ich freute mich, daß wir Einquartierung bekämen – meine Mutter freute sich nicht – und ich eilte nach dem Marktplatz. Da sah es jetzt ganz anders aus, es war, als ob die Welt neu angestrichen worden, ein neues Wappen hing am Rathhause, das Eisengeländer an dessen Balcon war mit gestickten Sammetdecken überhängt, französische Grenadiere standen Schildwache, die alten Herren Rathsherren hatten neue Gesichter angezogen und trugen ihre Sonntagsröcke, und sahen sich an auf französisch und sprachen *bon jour,* aus allen Fenstern guckten Damen, neugierige Bürgersleute und blanke Soldaten füllten den Platz, und ich nebst andern Knaben, wir kletterten auf das große Kurfürstenpferd und schauten davon herab in das bunte Marktgewimmel.

Nachbars-Pitter und der lange Kurz hätten bey dieser Gelegenheit beynah' den Hals gebrochen, und das wäre gut gewesen; denn der Eine entlief nachher seinen Eltern, ging unter die Soldaten, desertirte, und wurde in Mainz todtgeschossen, der Andere aber machte späterhin geographische Untersuchungen in fremden Taschen, wurde deßhalb wirkendes Mitglied einer öffentlichen Spinnanstalt, zerriß die eisernen Bande, die ihn an diese und an das Vaterland fesselten, kam glücklich über das Wasser, und starb in London durch eine allzuenge Cravatte, die sich von selbst zugezogen, als ihm ein königlicher Beamter das Brett unter den Beinen wegriß.

Der lange Kurz sagte uns, daß heute keine Schule sey, wegen der Huldigung. Wir mußten lange warten, bis diese losgelassen wurde. Endlich füllte sich der Balcon des Rathhauses mit bunten Herren, Fahnen und Trompeten, und der Herr Bürgermeister, in seinem berühmten rothen Rock, hielt eine Rede, die sich etwas in die Länge zog, wie Gummi-Elasticum, oder wie eine gestrickte Schlafmütze, in die man einen Stein geworfen – nur nicht den Stein der Weisen – und manche Redensarten konnte ich ganz deutlich vernehmen, z.B. daß man uns glücklich machen wolle – und beym letzten Worte wurden die Trompeten geblasen, und die Fahnen geschwenkt, und die Trommel gerührt, und Vivat gerufen – und während ich selber Vivat rief, hielt ich mich fest an den alten Kurfürsten. Und das that Noth, denn mir wurde ordentlich schwindlich, ich glaubte schon, die Leute ständen auf den Köpfen, weil sich die Welt herumgedreht, das Kurfürstenhaupt mit der Allongeperücke nickte und flüsterte: »halt fest an mir!« – und erst durch das Kanonieren, das jetzt auf dem Walle losging, ernüchterte ich mich, und stieg vom Kurfürstenpferd langsam wieder herab.

Als ich nach Hause ging, sah ich wieder, wie der tolle Alouisius auf einem Beine tanzte, während er die Namen der französischen Generale schnarrte, und wie sich der krumme Gumpertz besoffen in der Gosse herumwälzte und *ça ira, ça ira,* brüllte – und zu meiner Mutter sagte ich: man will uns glücklich machen, und deßhalb ist heute keine Schule.

Capitel VII.

Den andern Tag war die Welt wieder ganz in Ordnung, und es war wieder Schule, nach wie vor, und es wurde wieder auswendig gelernt, nach wie vor – die römischen Könige, die Jahrszahlen, die *nomina* auf *im,* die *verba irregularia,* Griechisch, Hebräisch, Geographie, deutsche Sprache, Kopfrechnen, – Gott! der Kopf schwindelt mir noch davon – alles mußte auswendig gelernt werden. Und manches davon kam mir in der Folge zu Statten. Denn hätte ich nicht die römischen Könige auswendig gewußt, so wäre es mir ja späterhin ganz gleichgültig gewesen, ob Niebuhr bewiesen oder nicht bewiesen hat, daß sie niemals wirklich existirt haben. Und wußte ich nicht jene Jahrszahlen, wie hätte ich mich späterhin zurechtfinden wollen in dem großen Berlin, wo ein Haus dem andern gleicht, wie ein Tropfen Wasser oder wie ein Grenadier dem andern, und wo man seine Bekannten nicht zu finden vermag, wenn man nicht ihre Hausnummer im Kopfe hat; ich dachte mir damals bey jedem Bekannten zugleich eine historische Begebenheit, deren Jahrszahl mit seiner Hausnummer übereinstimmte, so daß ich mich dieser leicht erinnern konnte, wenn ich jener gedachte, und daher kam mir auch immer eine historische Begebenheit in den Sinn, sobald ich einen Bekannten erblickte. So z. B. wenn mir mein Schneider begegnete, dachte ich gleich an die Schlacht bey Marathon, begegnete mir der wohlgeputzte Banquier Christian Gumpel, so dachte ich gleich an die Zerstörung Jerusalems, erblickte ich einen starkverschuldeten portugiesischen Freund, so dachte ich gleich an die Flucht Mahomets, sah ich den Universitätsrichter, einen Mann, dessen strenge Rechtlichkeit bekannt ist, so dachte ich gleich an den Tod Hamans, sobald ich Wadzeck sah, dachte ich gleich an die Cleopatra – Ach, lieber Himmel, das arme Vieh ist jetzt todt, die Thränensäckchen sind vertrocknet, und man kann mit Hamlet sagen: nehmet alles in Allem, es war ein altes Weib, wir werden noch oft seines Gleichen haben! Wie gesagt, die Jahrszahlen sind durchaus nöthig, ich kenne Menschen, die gar nichts als ein paar Jahrszahlen im Kopfe hatten, und damit in Berlin die rechten Häuser zu finden wußten, und jetzt schon ordentliche Professoren sind. Ich aber hatte in der Schule meine Noth mit den vielen Zahlen! Mit dem eigentlichen Rechnen ging es noch schlechter. Am besten begriff ich das Subtrahiren, und da giebt es eine sehr praktische Hauptregel »Vier von drey geht nicht, da muß ich Eins borgen« – ich rathe aber jedem, in solchen Fällen immer einige Groschen mehr zu borgen; denn man kann nicht wissen.

Was aber das Lateinische betrifft, so haben Sie gar keine Idee davon, Madame, wie das verwickelt ist. Den Römern würde gewiß nicht Zeit genug übrig geblieben seyn, die Welt zu erobern, wenn sie das Latein erst hätten lernen sollen. Diese glücklichen Leute wußten schon in der Wiege, welche Nomina den Accusativ auf *im* haben. Ich hingegen mußte sie im Schweiße meines Angesichts auswendig lernen; aber es ist doch immer gut, daß ich sie weiß. Denn hätte ich z. B. den 20sten July 1825, als ich öffentlich in der Aula zu Göttingen lateinisch disputirte – Madame, es war der Mühe werth zuzuhören – hätte ich da *sinapem* statt *sinapim* gesagt, so würden es vielleicht die anwesenden Füchse gemerkt haben, und das wäre für mich eine ewige Schande gewesen. *Vis, buris, sitis, tussis, cucumis, amussis, cannabis, sinapis* – Diese Wörter, die so viel Aufsehen in der Welt gemacht haben, bewirkten dieses, indem sie sich zu einer bestimmten Classe schlugen und dennoch eine Ausnahme blieben; deßhalb achte ich sie sehr, und daß ich sie bey der Hand habe, wenn ich sie etwa plötzlich brauchen sollte, das giebt mir, in manchen trüben Stunden des Lebens, viel innere Beruhigung und Trost. Aber, Madame, die *verba irregularia* – sie unterscheiden sich von den *verbis regularibus* dadurch, daß man bey ihnen noch mehr Prügel bekömmt – sie sind gar entsetzlich schwer. In den dumpfen Bogengängen des Franziskanerklosters, unfern der Schulstube, hing damals ein großer, gekreuzigter Christus von grauem Holze, ein wüstes Bild, das noch jetzt zuweilen des Nachts durch meine Träume schreitet, und mich traurig ansieht mit starren, blutigen Augen – vor diesem Bilde stand ich oft und betete: O du armer, ebenfalls gequälter Gott, wenn es dir nur irgend möglich ist, so sieh doch zu, daß ich die *verba irregularia* im Kopfe behalte.

Vom Griechischen will ich gar nicht sprechen; ich ärgere mich sonst zu viel. Die Mönche im Mittelalter hatten so ganz Unrecht nicht, wenn sie behaupteten, daß das Griechische eine Erfindung des Teufels sey. Gott kennt die Leiden, die ich dabey ausgestanden. Mit dem Hebräischen ging es besser, denn ich hatte immer eine große Vorliebe für die Juden, obgleich sie, bis auf diese Stunde, meinen guten Namen kreuzigen; aber ich konnte es doch im Hebräischen nicht so weit bringen wie meine Taschenuhr, die viel intimen Umgang mit Pfänderverleihern hatte, und dadurch manche jüdische Sitte annahm – z. B. des Sonnabends ging sie nicht – und die heilige Sprache lernte, und sie auch späterhin grammatisch trieb; wie ich denn oft, in schlaflosen Nächten, mit Erstaunen hörte, daß sie beständig vor sich hin pickerte: katal, katalta, katalti – kittel, kittalta, kittalti – – pokat, pokadeti – pikat – pik – pik – –

Indessen, von der deutschen Sprache begriff ich viel mehr, und die ist doch nicht so gar kinderleicht. Denn wir armen Deutschen, die wir schon mit Einquartierungen, Militärpflichten, Kopfsteuern und tausenderley Abgaben genug geplagt sind, wir haben uns noch obendrein den Adelung aufgesackt und quälen uns einander mit dem Accusativ und Dativ. Viel deutsche Sprache lernte ich vom alten Rektor Schallmayer, einem braven geistlichen Herrn, der sich meiner von kindauf annahm. Aber ich lernte auch etwas der Art von dem Professor Schram, einem Manne, der ein Buch über den ewigen Frieden geschrieben hat, und in dessen Classe sich meine Mitbuben am meisten rauften.

Während ich in einem Zuge fort schrieb und allerley dabey dachte, habe ich mich unversehens in die alten Schulgeschichten hineingeschwatzt, und ich ergreife diese Gelegenheit, um Ihnen zu zeigen, Madame, wie es nicht meine Schuld war, wenn ich von der Geographie so wenig lernte, daß ich mich späterhin nicht in der Welt zurecht zu finden wußte. Damals hatten nämlich die Franzosen alle Gränzen verrückt, alle Tage wurden die Länder neu illuminirt, die sonst blau gewesen, wurden jetzt plötzlich grün, manche wurden sogar blutroth, die bestimmten Lehrbuchseelen wurden so sehr vertauscht und vermischt, daß kein Teufel sie mehr erkennen konnte, die Landesprodukte änderten sich ebenfalls, Cichorien und Runkelrüben wuchsen jetzt, wo sonst nur Hasen und hinterherlaufende Landjunker zu sehen waren, auch die Charaktere der Völker änderten sich, die Deutschen wurden gelenkig, die Franzosen machten keine Complimente mehr, die Engländer warfen das Geld nicht mehr zum Fenster hinaus, und die Venezianer waren nicht schlau genug, unter den Fürsten gab es viel Avancement, die alten Könige bekamen neue Uniformen, neue Königthümer wurden gebacken und hatten Absatz wie frische Semmel, manche Potentaten hingegen wurden von Haus und Hof gejagt, und mußten auf andre Art ihr Brod zu verdienen suchen, und einige legten sich daher früh auf ein Handwerk, und machten z.B. Siegellack oder – Madame, diese Periode hat endlich ein Ende, der Athem wollte mir ausgehen – kurz und gut, in solchen Zeiten kann man es in der Geographie nicht weit bringen.

Da hat man es doch besser in der Naturgeschichte, da können nicht so viele Veränderungen vorgehen, und da giebt es bestimmte Kupferstiche von Affen, Kinguruhs, Zebras, Nashornen u.s.w. Weil mir solche Bilder im Gedächtnisse blieben, geschah es in der Folge sehr oft, daß mir manche Menschen beym ersten Anblick gleich wie alte Bekannte vorkamen.

Auch in der Mythologie ging es gut. Ich hatte meine liebe Freude an dem Göttergesindel, das so lustig nackt die Welt regierte. Ich glaube nicht, daß jemals ein Schulknabe im alten Rom die Hauptartikel seines Katechismus, z.B. die Liebschaften der Venus, besser auswendig gelernt hat, als ich. Aufrichtig gestanden, da wir doch einmal die alten Götter auswendig lernen mußten, so hätten wir sie auch behalten sollen, und wir haben vielleicht nicht viel Vortheil bey unserer neurömischen Dreygötterey, oder gar bey unserem jüdischen Eingötzenthum. Vielleicht war jene Mythologie im Grunde nicht so unmoralisch, wie man sie verschrieen hat; es ist z.B. ein sehr anständiger Gedanke des Homers, daß er jener vielbeliebten Venus einen Gemahl zur Seite gab.

Am allerbesten aber erging es mir in der französischen Classe des Abbé Daulnoy eines emigrirten Franzosen, der eine Menge Grammatiken geschrieben und eine rothe Perücke trug, und gar pfiffig umhersprang, wenn er seine *Art poëtique* und seine *Histoire allemande* vortrug – Er war im ganzen Gymnasium der einzige, welcher deutsche Geschichte lehrte. Indessen auch das Französische hat seine Schwierigkeiten, und zur Erlernung desselben gehört viel Einquartierung, viel Getrommel, viel *apprendre par cœur,* und vor Allem darf man keine *Bête allemande* seyn. Da gab es manches saure Wort. Ich erinnere mich noch so gut, als wäre es erst gestern geschehen, daß ich durch *la religion* viel Unannehmlichkeiten erfahren. Wohl sechsmal erging an mich die Frage: *Henry,* wie heißt der Glaube auf französisch? Und sechsmal, und immer weinerlicher antwortete ich: das heißt *le crédit.* Und beym siebenten Mahle, kirschbraun im Gesichte, rief der wüthende Examinator: er heißt *la religion* – und es regnete Prügel und alle Cameraden lachten. Madame! seit der Zeit kann ich das Wort *Religion* nicht erwähnen hören, ohne daß mein Rücken blaß vor Schrecken, und meine Wange roth vor Schaam wird. Und ehrlich gestanden, *le crédit* hat mir im Leben mehr genützt, als *la religion* – In diesem Augenblick fällt mir ein, daß ich dem Löwenwirth in Bologna noch fünf Thaler schuldig bin – Und wahrhaftig, ich mache mich anheischig, dem Löwenwirth noch fünf Thaler extra schuldig zu seyn, wenn ich nur das unglückselige Wort, *la religion,* in diesem Leben nimmer mehr zu hören brauche.

Parbleu Madame! ich habe es im Französischen weit gebracht! Ich verstehe nicht nur *Patois,* sondern sogar adliges Bonnenfranzösisch. Noch unlängst, in einer noblen Gesellschaft, verstand ich fast die Hälfte von dem Diskurs zweyer deutschen Comtessen, wovon jede über vier und sechszig Jahr' und eben so viele Ahnen zählte. Ja, im Café-Royal zu Berlin hörte ich einmal den Monsieur Hans Michel Martens französisch parliren, und verstand jedes Wort, obschon kein Verstand darin war. Man muß den Geist der Sprache kennen, und diesen lernt man am besten durch Trommeln. *Parbleu!* wie viel verdanke ich nicht dem französischen Tambour, der so lange bey uns in Quartier lag, und wie ein Teufel aussah, und doch von Herzen so engelgut war, und so ganz vorzüglich trommelte.

Es war eine kleine, bewegliche Figur mit einem fürchterlichen, schwarzen Schnurrbarte, worunter sich die rothen Lippen trotzig hervorbäumten, während die feurigen Augen hin und her schossen.

Ich kleiner Junge hing an ihm wie eine Klette, und half ihm seine Knöpfe spiegelblank putzen und seine Weste mit Kreide weißen – denn Monsieur Le Grand wollte gerne gefallen – und ich folgte ihm auch auf die Wache, nach dem Appell, nach der Parade – da war nichts als Waffenglanz und Lustigkeit – *les jours de fête sont passés!* Monsieur Le Grand wußte nur wenig gebrochenes Deutsch, nur die Hauptausdrücke – Brod, Kuß, Ehre – doch konnte er sich auf der Trommel sehr gut verständlich machen, z.B. wenn ich nicht wußte, was das Wort *»liberté«* bedeute, so trommelte er den Marseiller Marsch – und ich verstand ihn. Wußte ich nicht die Bedeutung des Worts *»égalité«*, so trommelte er den Marsch *»ça ira, ça ira – – – les aristocrats à la lanterne!«* – und ich verstand ihn. Wußte ich nicht, was *»bêtise«* sey, so trommelte er den Dessauer Marsch, den wir Deutschen, wie auch Goethe berichtet, in der Champagne getrommelt – und ich verstand ihn. Er wollte mir mahl das Wort *»l'Allemagne«* erklären, und er trommelte jene allzueinfache Urmelodie, die man oft an Markttagen bey tanzenden Hunden hört, nämlich *Dum – Dum – Dum* – ich ärgerte mich, aber ich verstand ihn doch.

Auf ähnliche Weise lehrte er mich auch die neuere Geschichte. Ich verstand zwar nicht die Worte, die er sprach, aber da er während des Sprechens beständig trommelte, so wußte ich doch, was er sagen wollte. Im Grunde ist das die beste Lehrmethode. Die Geschichte von der Bestürmung der Bastille, der Tuilerien u.s.w. begreift man erst recht, wenn man weiß, wie bey solchen Gelegenheiten getrommelt wurde. In unseren Schulcompendien liest man bloß: »Ihre Exc. die Baronen und Grafen und hochdero Gemahlinnen wurden geköpft – Ihre Altessen die Herzöge und Prinzen und höchstdero Gemahlinnen wurden geköpft – Ihre Majestät der König und allerhöchstdero Gemahlinn wurden geköpft –« aber wenn man den rothen Guillotinenmarsch trommeln hört, so begreift man dieses erst recht, und man erfährt das Warum und das Wie. Madame, das ist ein gar wunderlicher Marsch! Er durchschauerte mir Mark und Bein, als ich ihn zuerst hörte, und ich war froh, daß ich ihn vergaß – Man vergißt so etwas, wenn man älter wird, ein junger Mann hat jetzt so viel anderes Wissen im Kopf zu behalten – Whist, Boston, genealogische Tabellen, Bundestagsbeschlüsse, Dramaturgie, Liturgie, Vorschneiden – und wirklich, trotz allem Stirnreiben konnte ich mich lange Zeit nicht mehr auf jene gewaltige Melodie besinnen. Aber denken Sie sich, Madame! unlängst sitze ich an der Tafel mit einer ganzen Menagerie von Grafen, Prinzen, Prinzessinnen, Kammerherren, Hofmarschallinnen, Hofschenken, Oberhofmeisterinnen, Hofsilberbewahrern, Hofjägermeisterinnen, und wie diese vornehmen Domestiquen noch außerdem heißen mögen, und ihre Unterdomestiquen liefen hinter ihren Stühlen und schoben ihnen die gefüllten Teller vors Maul – ich aber, der übergangen und übersehen wurde, saß müßig, ohne die mindeste Kinnbackenbeschäftigung, und ich knetete Brodkügelchen, und trommelte vor Langerweile mit den Fingern, und zu meinem Entsetzen trommelte ich plötzlich den rothen, längstvergessenen Guillotinenmarsch.

»Und was geschah?« Madame, diese Leute lassen sich im Essen nicht stören, und wissen nicht, daß andere Leute, wenn sie nichts zu essen haben, plötzlich anfangen zu trommeln, und zwar gar kuriose Märsche, die man längst vergessen glaubte.

Ist nun das Trommeln ein angeborenes Talent, oder hab' ich es frühzeitig ausgebildet, genug, es liegt mir in den Gliedern, in Händen und Füßen, und äußert sich oft unwillkührlich. Unwillkührlich. Zu Berlin saß ich einst im Collegium des Geheimeraths Schmalz, eines Mannes, der den Staat gerettet durch sein Buch über die Schwarzmäntel- und Rothmäntelgefahr – Sie erinnern sich, Madame, aus dem Pausanias, daß einst durch das Geschrey eines Esels ein eben so gefährliches Complott entdeckt wurde, auch wissen Sie aus dem Livius, oder aus Beckers Weltgeschichte, daß die Gänse das Capitol gerettet, und aus dem Sallust wissen Sie ganz genau, daß durch eine geschwätzige Pütaine, die Frau Fulvia, jene fürchterliche Verschwörung des Catilina an den Tag kam – Doch um wieder auf besagten Hammel zu kommen, im Collegium des Herrn Geheimeraths Schmalz hörte ich das Völkerrecht, und es war ein langweiliger Sommernachmittag, und ich saß auf der Bank und hörte immer weniger – der Kopf war mir eingeschlafen – doch plötzlich ward ich aufgeweckt durch das Geräusch meiner eigenen Füße, die wach geblieben waren, und wahrscheinlich zugehört hatten, daß just das Gegentheil vom Völkerrecht vorgetragen und auf Constituzionsgesinnung geschimpft wurde, und meine Füße, die mit ihren kleinen Hühneraugen das Treiben der Welt besser durchschauen, als der Geheimerath mit seinen großen Juno-Augen, diese armen, stummen Füße, unfähig, durch Worte ihre unmaßgebliche Meinung auszusprechen, wollten sich durch Trommeln verständlich machen, und trommelten so stark, daß ich dadurch schier ins Malheur kam.

Verdammte, unbesonnene Füße! sie spielten mir einen ähnlichen Streich, als ich einmal in Göttingen bey Professor Saalfeld hospitirte, und dieser mit seiner steifen Beweglichkeit auf dem Katheder hin und her sprang, und sich echauffirte, um auf den Kaiser Napoleon recht ordentlich schimpfen zu können – nein, arme Füße, ich kann es euch nicht verdenken, daß ihr damals getrommelt, ja ich würde es euch nicht mahl verdacht haben, wenn ihr, in eurer stummen Naivität, euch noch fußtrittdeutlicher ausgesprochen hättet. Wie darf ich, der Schüler Le Grands, den Kaiser schmähen hören? Den Kaiser! den Kaiser! den großen Kaiser!

Denke ich an den großen Kaiser, so wird es in meinem Gedächtnisse wieder recht sommergrün und goldig, eine lange Lindenallee taucht blühend empor, auf den laubigen Zweigen sitzen singende Nachtigallen, der Wasserfall rauscht, auf runden Beeten stehen Blumen und bewegen traumhaft ihre schönen Häupter – ich stand mit ihnen im wunderlichen Verkehr, die geschminkten Tulpen grüßten mich bettelstolz herablassend, die nervenkranken Lilien nickten wehmüthig zärtlich, die trunkenrothen Rosen lachten mir schon von weitem entgegen, die Nachtviolen seufzten – mit den Myrthen und Lorbeeren hatte ich damals noch keine Bekanntschaft, denn sie lockten nicht durch schimmernde Blüthe, aber mit den Reseden, womit ich jetzt so schlecht stehe, war ich ganz besonders intim – Ich spreche vom Hofgarten zu Düsseldorf, wo ich oft auf dem Rasen lag, und andächtig zuhörte, wenn mir Monsieur Le Grand von den Kriegsthaten des großen Kaisers erzählte, und dabey die Märsche schlug, die während jener Thaten getrommelt wurden, so daß ich alles lebendig sah und hörte. Ich sah den Zug über den Simplon – der Kaiser voran und hinterdrein klimmend die braven Grenadiere, während aufgescheuchtes Gevögel sein Krächzen erhebt und die Gletscher in der Ferne donnern – ich sah den Kaiser, die Fahne im Arm, auf der Brücke von Lodi – ich sah den Kaiser im grauen Mantel bey Marengo – ich sah den Kaiser zu Roß in der Schlacht bey den Pyramiden – nichts als Pulverdampf und Mammelucken – ich sah den Kaiser in der Schlacht bey Austerlitz – hui! wie pfiffen die Kugeln über die glatte Eisbahn! – ich sah, ich hörte die Schlacht bey Jena – dum, dum, dum – ich sah, ich hörte die Schlacht bey Eilau, Wagram – – – – – nein, kaum konnt' ich es aushalten! Monsieur Le Grand trommelte, daß fast mein eignes Trommelfell dadurch zerrissen wurde.

Capitel VIII.

Aber, wie ward mir erst, als ich ihn selber sah, mit hochbegnadigten, eignen Augen, ihn selber, Hosiannah! den Kaiser.

Es war eben in der Allee des Hofgartens zu Düsseldorf. Als ich mich durch das gaffende Volk drängte, dachte ich an die Thaten und Schlachten, die mir Monsieur Le Grand vorgetrommelt hatte, mein Herz schlug den Generalmarsch – und dennoch dachte ich zu gleicher Zeit an die Polizeyverordnung, daß man bey fünf Thaler Strafe nicht mitten durch die Allee reiten dürfe. Und der Kaiser mit seinem Gefolge ritt mitten durch die Allee, die schauernden Bäume beugten sich vorwärts, wo er vorbeykam, die Sonnenstrahlen zitterten furchtsam neugierig durch das grüne Laub, und am blauen Himmel oben schwamm sichtbar ein goldner Stern. Der Kaiser trug seine scheinlose grüne Uniform und das kleine, welthistorische Hütchen. Er ritt ein weißes Rößlein, und das ging so ruhig stolz, so sicher, so ausgezeichnet – wär' ich damals Kronprinz von Preußen gewesen, ich hätte dieses Rößlein beneidet. Nachlässig, fast hängend, saß der Kaiser, die eine Hand hielt hoch den Zaum, die andere klopfte gutmüthig den Hals des Pferdchens – Es war eine sonnigmarmorne Hand, eine mächtige Hand, eine von den beiden Händen, die das vielköpfige Ungeheuer der Anarchie gebändigt und den Völkerzweykampf geordnet hatten – und sie klopfte gutmüthig den Hals des Pferdes. Auch das Gesicht hatte jene Farbe, die wir bey marmornen Griechen- und Römerköpfen finden, die Züge desselben waren ebenfalls edelgemessen, wie die der Antiken, und auf diesem Gesichte stand geschrieben: Du sollst keine Götter haben außer mir. Ein Lächeln, das jedes Herz erwärmte und beruhigte, schwebte um die Lippen – und doch wußte man, diese Lippen brauchten nur zu pfeifen – *et la Prusse n'existoit plus* – diese Lippen brauchten nur zu pfeifen – und die ganze Klerisey hatte ausgeklingelt – diese Lippen brauchten nur zu pfeifen – und das ganze heilige römische Reich tanzte. Und diese Lippen lächelten, und auch das Auge lächelte – Es war ein Auge klar wie der Himmel, es konnte lesen im Herzen der Menschen, es sah rasch auf einmal alle Dinge dieser Welt, während wir Anderen sie nur nach einander und nur ihre gefärbten Schatten sehen. Die Stirne war nicht so klar, es nisteten darauf die Geister zukünftiger Schlachten, und es zuckte bisweilen über dieser Stirn, und das waren die schaffenden Gedanken, die großen Siebenmeilenstiefel-Gedanken, womit der Geist des Kaisers unsichtbar über die Welt hinschritt – und ich glaube, jeder dieser Gedanken hätte einem deutschen Schriftsteller, Zeit seines Lebens, vollauf Stoff zum Schreiben gegeben.

Der Kaiser ritt ruhig mitten durch die Allee, kein Polizeydiener widersetzte sich ihm, hinter ihm, stolz auf schnaubenden Rossen, und belastet mit Gold und Geschmeide, ritt sein Gefolge, die Trommeln wirbelten, die Trompeten erklangen, neben mir drehte sich der tolle Alouisius und schnarrte die Namen seiner Generale, unferne brüllte der besoffene Gumpertz, und das Volk rief tausendstimmig: es lebe der Kaiser!

Capitel IX.

Der Kaiser ist todt. Auf einer öden Insel des indischen Meeres ist sein einsames Grab, und Er, dem die Erde zu eng war, liegt ruhig unter dem kleinen Hügel, wo fünf Trauerweiden gramvoll ihre grünen Haare herabhängen lassen und ein frommes Bächlein wehmüthig klagend vorbeyrieselt. Es steht keine Inschrift auf seinem Leichensteine; aber Clio, mit dem gerechten Griffel, schrieb unsichtbare Worte darauf, die wie Geistertöne durch die Jahrtausende klingen werden.

Brittania! dir gehört das Meer. Doch das Meer hat nicht Wasser genug, um von dir abzuwaschen die Schande, die der große Todte dir sterbend vermacht hat. Nicht dein windiger Sir Hudson, nein, du selbst warst der sizilianische Häscher, den die verschworenen Könige gedungen, um an dem Manne des Volkes heimlich abzurächen, was das Volk einst öffentlich an einem der Ihrigen verübt hatte – Und er war dein Gast und hatte sich gesetzt an deinen Heerd –

Bis in die spätesten Zeiten werden die Knaben Frankreichs singen und sagen von der schrecklichen Gastfreundschaft des Bellerophon, und wenn diese Spott- und Thränenlieder den Canal hinüberklingen, so erröthen die Wangen aller ehrsamen Britten. Einst aber wird dieses Lied hinüberklingen, und es giebt kein Brittanien mehr, zu Boden geworfen ist das Volk des Stolzes, Westminsters Grabmäler liegen zertrümmert, vergessen ist der königliche Staub, den sie verschlossen – Und Sanct Helena ist das heilige Grab, wohin die Völker des Orients und Occidents wallfahrten in buntbewimpelten Schiffen, und ihr Herz stärken durch große Erinnerung an die Thaten des weltlichen Heilands, der gelitten unter Hudson Lowe, wie es geschrieben steht in den Evangelien Las Cases, O'Meara und Antommarchi.

Seltsam! die drey größten Widersacher des Kaisers hat schon ein schreckliches Schicksal getroffen: Londonderry hat sich die Kehle abgeschnitten, Ludwig XVIII. ist auf seinem Throne verfault, und Professor Saalfeld ist noch immer Professor in Göttingen.

Capitel X.

Es war ein klarer, fröstelnder Herbsttag, als ein junger Mensch von studentischem Ansehen, durch die Allee des Düsseldorfer Hofgartens langsam wanderte, manchmal, wie aus kindischer Lust, das raschelnde Laub, das den Boden bedeckte, mit den Füßen aufwarf, manchmal aber auch wehmüthig hinaufblickte nach den dürren Bäumen, woran nur noch wenige Goldblätter hingen. Wenn er so hinaufsah, dachte er an die Worte des Glaukos:

»Gleich wie Blätter im Walde, so sind die Geschlechter der Menschen;
Blätter verweht zur Erde der Wind nun, andere treibt dann
Wieder der knospende Wald, wenn neu auflebet der Frühling:
So der Menschen Geschlecht, dies wächst, und jenes verschwindet.«

In frühern Tagen hatte der junge Mensch mit ganz andern Gedanken an eben dieselben Bäume hinaufgesehen, und er war damals ein Knabe, und suchte Vogelnester oder Sommerkäfer, die ihn gar sehr ergötzten, wenn sie lustig dahinsummten, und sich der hübschen Welt erfreuten, und zufrieden waren mit einem saftiggrünen Blättchen, mit einem Tröpfchen Thau, mit einem warmen Sonnenstrahl, und mit dem süßen Kräuterduft. Damals war des Knaben Herz eben so vergnügt wie die flatternden Thierchen. Jetzt aber war sein Herz älter geworden, die kleinen Sonnenstralen waren darin erloschen, alle Blumen waren darin abgestorben, sogar der schöne Traum der Liebe war darin verblichen, im armen Herzen war nichts als Muth und Gram, und damit ich das Schmerzlichste sage – es war mein Herz.

Denselben Tag war ich zur alten Vaterstadt zurückgekehrt, aber ich wollte nicht darin übernachten und sehnte mich nach Godesberg, um zu den Füßen meiner Freundinn mich niederzusetzen und von der kleinen Veronika zu erzählen. Ich hatte die lieben Gräber besucht. Von allen lebenden Freunden und Verwandten hatte ich nur einen Ohm und eine Muhme wiedergefunden. Fand ich auch sonst noch bekannte Gestalten auf der Straße, so kannte mich doch niemand mehr, und die Stadt selbst sah mich an mit fremden Augen, viele Häuser waren unterdessen neu angestrichen worden, aus den Fenstern guckten fremde Gesichter, um die alten Schornsteine flatterten abgelebte Spatzen, alles sah so todt und doch so frisch aus, wie Salat, der auf einem Kirchhofe wächst; wo man sonst Französisch sprach, ward jetzt Preußisch gesprochen, sogar ein kleines preußisches Höfchen hatte sich unterdessen dort angesiedelt, und die Leute trugen Hoftitel, die ehemalige Friseurinn meiner Mutter war Hoffriseurinn geworden, und es gab jetzt dort Hofschneider, Hofschuster, Hofwanzenvertilgerinnen, Hofschnapsladen, die ganze Stadt schien ein Hoflazareth für Hofgeisteskranke. Nur der alte Kurfürst erkannte mich, er stand noch auf dem alten Platz; aber er schien magerer geworden zu seyn. Eben weil er immer mitten auf dem Markte stand, hatte er alle Misere der Zeit mit angesehen, und von solchem Anblick wird man nicht fett. Ich war wie im Traume, und dachte an das Mährchen von den verzauberten Städten, und ich eilte zum Thor hinaus, damit ich nicht zu früh erwachte. Im Hofgarten vermißte ich manchen Baum, und mancher war verkrüppelt, und die vier großen Pappeln, die mir sonst wie grüne Riesen erschienen, waren klein geworden. Einige hübsche Mädchen gingen spatzieren, buntgeputzt, wie wandelnde Tulpen. Und diese Tulpen hatte ich gekannt, als sie noch kleine Zwiebelchen waren; denn ach! es waren ja Nachbarskinder, womit ich einst »Prinzessinn im Thurme« gespielt hatte. Aber die schönen Jungfrauen, die ich einst als blühende Rosen gekannt, sah ich jetzt als verwelkte Rosen, und in manche hohe Stirne, deren Stolz mir einst das Herz entzückte, hatte Saturn mit seiner Sense tiefe Runzeln eingeschnitten. Jetzt erst, aber ach! viel zu spät, entdeckte ich, was der Blick bedeuten sollte, den sie einst dem schon jünglinghaften Knaben zugeworfen; ich hatte unterdessen in der Fremde manche Parallelstellen in schönen Augen bemerkt. Tief bewegte mich das demüthige Hutabnehmen eines Mannes, den ich einst reich und vornehm gesehen, und der seitdem zum Bettler herabgesunken war; wie man denn überall sieht, daß die Menschen, wenn sie einmal im Sinken sind, wie nach dem newtonschen Gesetze, immer entsetzlichschneller und schneller ins Elend herabfallen. Wer mir aber gar nicht verändert schien, das war der kleine Baron, der lustig wie sonst durch den Hofgarten tänzelte, mit der einen Hand den linken Rockschooß in der Höhe haltend, mit der andern Hand sein dünnes Rohrstöckchen hin- und herschwingend; es war noch immer dasselbe freundliche Gesichtchen, dessen Rosenröthe sich nach der Nase hin konzentrirt, es war noch immer das alte Kegelhütchen, es war noch immer das alte Zöpfchen, nur daß aus diesem jetzt einige weiße Härchen, statt der ehemaligen schwarzen Härchen hervorkamen. Aber so vergnügt er auch aussah, so wußte ich dennoch, daß der arme Baron unterdessen viel Kummer ausgestanden hatte, sein Gesichtchen wollte es mir verbergen, aber die weißen Härchen seines Zöpfchens haben es mir hinter seinem Rücken verrathen. Und das Zöpfchen selber hätte es gerne wieder abgeleugnet und wackelte gar wehmüthig lustig.

Ich war nicht müde, aber ich bekam doch Lust, mich noch einmal auf die hölzerne Bank zu setzen, in die ich einst den Namen meines Mädchens eingeschnitten. Ich konnte ihn kaum wiederfinden, es waren so viele neue Namen darüber hingeschnitzelt. Ach! einst war ich auf dieser Bank eingeschlafen und träumte von Glück und Liebe. »Träume sind Schäume.« Auch die alten Kinderspiele kamen mir wieder in den Sinn, auch die alten, hübschen Mährchen; aber ein neues, falsches Spiel und ein neues, häßliches Mährchen klang immer hindurch, und es war die Geschichte von zwey armen Seelen, die einander untreu wurden, und es nachher in der Treulosigkeit so weit brachten, daß sie sogar dem lieben Gotte die Treue brachen. Es ist eine böse Geschichte, und wenn man just nichts besseres zu thun weiß, kann man darüber weinen. O Gott! einst war die Welt so hübsch, und die Vögel sangen dein ewiges Lob, und die kleine Veronika sah mich an, mit stillen Augen, und wir saßen vor der marmornen Statue auf dem Schloßplatz – auf der einen Seite liegt das alte, verwüstete Schloß, worin es spukt und Nachts eine schwarzseidene Dame ohne Kopf, mit langer, rauschender Schleppe, herumwandelt; auf der andern Seite ist ein hohes, weißes Gebäude, in dessen oberen Gemächern die bunten Gemälde mit goldnen Rahmen wunderbar glänzten, und in dessen Untergeschosse so viele tausend mächtige Bücher standen, die ich und die kleine Veronika oft mit Neugier betrachteten, wenn uns die fromme Ursula an die großen Fenster hinanhob – Späterhin, als ich ein großer Knabe geworden, erkletterte ich dort täglich die höchsten Leitersprossen, und holte die höchsten Bücher herab, und las darin so lange, bis ich mich vor nichts mehr, am wenigsten vor Damen ohne Kopf, fürchtete, und ich wurde so gescheut, daß ich alle alte Spiele und Mährchen und Bilder und die kleine Veronika und sogar ihren Namen vergaß.

Während ich aber, auf der alten Bank des Hofgartens sitzend, in die Vergangenheit zurückträumte, hörte ich hinter mir verworrene Menschenstimmen, welche das Schicksal der armen Franzosen beklagten, die, im russischen Kriege als Gefangene nach Sibirien geschleppt, dort mehre lange Jahre, obgleich schon Frieden war, zurückgehalten worden und jetzt erst heimkehrten. Als ich aufsah, erblickte ich wirklich diese Waisenkinder des Ruhmes; durch die Risse ihrer zerlumpten Uniformen lauschte das nackte Elend, in ihren verwitterten Gesichtern lagen tiefe, klagende Augen, und obgleich verstümmelt, ermattet und meistens hinkend, blieben sie doch noch immer in einer Art militärischen Schrittes, und seltsam genug! ein Tambour mit einer Trommel schwankte voran; und mit innerem Grauen ergriff mich die Erinnerung an die Sage von den Soldaten, die des Tags in der Schlacht gefallen und des Nachts wieder vom Schlachtfelde aufstehen und mit dem Tambour an der Spitze nach ihrer Vaterstadt marschieren, und wovon das alte Volkslied singt:

»Er schlug die Trommel auf und nieder,
Sie sind vorm Nachtquartier schon wieder
Ins Gäßlein hell hinaus,

Trallerie, Trallerey, Trallera,
Sie ziehn vor Schätzels Haus.

Da stehen Morgens die Gebeine
In Reih' und Glied, wie Leichensteine,
Die Trommel geht voran,
Trallerie, Trallerey, Trallera,
Daß Sie ihn sehen kann.«

Wahrlich, der arme französische Tambour schien halb verwest aus dem Grabe gestiegen zu seyn, es war nur ein kleiner Schatten in einer schmutzig zerfetzten grauen Capotte, ein verstorben gelbes Gesicht, mit einem großen Schnurrbarte, der wehmüthig herabhing über die verblichenen Lippen, die Augen waren wie verbrannter Zunder, worin nur noch wenige Fünkchen glimmen, und dennoch, an einem einzigen dieser Fünkchen, erkannte ich Monsieur Le Grand.

Er erkannte auch mich, und zog mich nieder auf den Rasen, und da saßen wir wieder wie sonst, als er mir auf der Trommel die französische Sprache und die neuere Geschichte dozirte. Es war noch immer die wohlbekannte, alte Trommel, und ich konnte mich nicht genug wundern, wie er sie vor russischer Habsucht geschützt hatte. Er trommelte jetzt wieder wie sonst, jedoch ohne dabey zu sprechen. Waren aber die Lippen unheimlich zusammengekniffen, so sprachen desto mehr seine Augen, die sieghaft aufleuchteten, indem er die alten Märsche trommelte. Die Pappeln neben uns erzitterten, als er wieder den rothen Guillotinenmarsch erdröhnen ließ. Auch die alten Freyheitskämpfe, die alten Schlachten, die Thaten des Kaisers, trommelte er wie sonst, und es schien, als sey die Trommel selber ein lebendiges Wesen, das sich freute, seine innere Lust aussprechen zu können. Ich hörte wieder den Kanonendonner, das Pfeifen der Kugeln, den Lärm der Schlacht, ich sah wieder den Todesmuth der Garde, ich sah wieder die flatternden Fahnen, ich sah wieder den Kaiser zu Roß – aber allmählig schlich sich ein trüber Ton in jene freudigsten Wirbel, aus der Trommel drangen Laute, worin das wildeste Jauchzen und das entsetzlichste Trauern unheimlich gemischt waren, es schien ein Siegesmarsch und zugleich ein Todtenmarsch, die Augen Le Grands öffneten sich geisterhaft weit, und ich sah darin nichts als ein weites, weißes Eisfeld bedeckt mit Leichen – es war die Schlacht bey der Moskwa.

Ich hätte nie gedacht, daß die alte, harte Trommel so schmerzliche Laute von sich geben könnte, wie jetzt Monsieur Le Grand daraus hervor zu locken wußte. Es waren getrommelte Thränen, und sie tönten immer leiser, und wie ein trübes Echo brachen tiefe Seufzer aus der Brust Le Grands. Und dieser wurde immer matter und gespenstischer, seine dürren Hände zitterten vor Frost, er saß wie im Traume, und bewegte mit seinen Trommelstöcken nur die Luft, und horchte wie auf ferne Stimmen, und endlich schaute er mich an, mit einem tiefen, abgrundtiefen, flehenden Blick – ich verstand ihn – und dann sank sein Haupt herab auf die Trommel.

Monsieur Le Grand hat in diesem Leben nie mehr getrommelt. Auch seine Trommel hat nie mehr einen Ton von sich gegeben, sie sollte keinem Feinde der Freyheit zu einem servilen Zapfenstreich dienen, ich hatte den letzten, flehenden Blick Le Grands sehr gut verstanden, und zog sogleich den Degen aus meinem Stock und zerstach die Trommel.

Capitel XI.

Du sublime au ridicule il n'y a qu'un pas, Madame!

Aber das Leben ist im Grunde so fatal ernsthaft, daß es nicht zu ertragen wäre ohne solche Verbindung des Pathetischen mit dem Komischen. Das wissen unsere Poeten. Die grauenhaftesten Bilder des menschlichen Wahnsinns zeigt uns Aristophanes nur im lachenden Spiegel des Witzes, den großen Denkerschmerz, der seine eigne Nichtigkeit begreift, wagt Goethe nur in den Knittelversen eines Puppenspiels auszusprechen, und die tödtlichste Klage über den Jammer der Welt legt Shakespeare in den Mund eines Narren, während er dessen Schellenkappe ängstlich schüttelt.

Sie haben's alle dem großen Urpoeten abgesehen, der in seiner tausendaktigen Welttragödie den Humor aufs Höchste zu treiben weiß, wie wir es täglich sehen: – nach dem Abgang der Helden kommen die Clowns und Graziosos mit ihren Narrenkolben und Pritschen, nach den blutigen Revoluzionsscenen und Kaiseractionen, kommen wieder herangewatschelt die dicken Bourbonen mit ihren alten abgestandenen Späßchen und zartlegitimen Bonmots, und graziöse hüpft herbey die alte Noblesse mit ihrem verhungerten Lächeln, und hintendrein wallen die frommen Kaputzen mit Lichtern, Kreuzen und Kirchenfahnen; – sogar in das höchste Pathos der Welttragödie pflegen sich komische Züge einzuschleichen, der verzweifelnde Republikaner, der sich wie ein Brutus das Messer ins Herz stieß, hat vielleicht zuvor daran gerochen, ob auch kein Häring damit geschnitten worden, und auf dieser großen

Weltbühne geht es auch außerdem ganz wie auf unseren Lumpenbrettern, auch auf ihr giebt es besoffene Helden, Könige, die ihre Rolle vergessen, Coulissen, die hängen geblieben, hervorschallende Soufleurstimmen, Tänzerinnen, die mit ihrer Lendenpoesie Effekt machen, Costümes, die als Hauptsache glänzen – Und im Himmel oben, im ersten Range, sitzen unterdessen die lieben Engelein, und lorgniren uns Komödianten hier unten, und der liebe Gott sitzt ernsthaft in seiner großen Loge, und langweilt sich vielleicht, oder rechnet nach, daß dieses Theater sich nicht lange mehr halten kann, weil der Eine zu viel Gage und der Andre zu wenig bekommt, und Alle viel zu schlecht spielen.

Du sublime au ridicule il n'y a qu'un pas, Madame! Während ich das Ende des vorigen Capitels schrieb, und Ihnen erzählte, wie Monsieur Le Grand starb, und wie ich das *testamentum militare,* das in seinem letzten Blicke lag, gewissenhaft executirte, da klopfte es an meine Stubenthüre, und herein trat eine arme, alte Frau, die mich freundlich frug: Ob ich ein Doctor sey? Und als ich dies bejahte, bat sie mich recht freundlich, mit ihr nach Hause zu gehen, um dort ihrem Manne die Hühneraugen zu schneiden.

Capitel XII.

Die deutschen Censoren –
– –
Dummköpfe –
– – – – – .

Capitel XIII.

Madame! unter Ledas brütenden Hemisphären lag schon der ganze trojanische Krieg, und Sie können die berühmten Thränen des Priamos nimmermehr verstehen, wenn ich Ihnen nicht erst von den alten Schwaneneyern erzähle. Deßhalb beklagen Sie sich nicht über meine Abschweifungen. In allen vorhergehenden Capiteln ist keine Zeile, die nicht zur Sache gehörte, ich schreibe gedrängt, ich vermeide alles Ueberflüssige, ich übergehe sogar oft das Nothwendige, z. B. ich habe noch nicht einmal ordentlich citirt – ich meine nicht Geister, sondern, im Gegentheil, ich meine Schriftsteller – und doch ist das Citiren alter und neuer Bücher das Hauptvergnügen eines jungen Autors, und so ein paar grundgelehrte Citate zieren den ganzen Menschen. Glauben Sie nur nicht, Madame, es fehle mir an Bekanntschaft mit Büchertiteln. Außerdem kenne ich den Kunstgriff großer Geister, die es verstehen, die Korinthen aus den Semmeln und die Citate aus den Collegienheften herauszupicken; ich weiß auch, woher Bartels den Most holt. Im Nothfall könnte ich bey meinen gelehrten Freunden eine Anleihe von Citaten machen. Mein Freund G. in Berlin ist so zu sagen ein kleiner Rothschild an Citaten, und leiht mir gern einige Millionen, und hat er sie nicht selbst vorräthig, so kann er sie leicht bey einigen andern kosmopolitischen Geistesbanquiers zusammenbringen – Doch, ich brauche jetzt noch keine Anleihe zu machen, ich bin ein Mann, der sich gut steht, ich habe jährlich meine 10,000 Citate zu verzehren, ja, ich habe sogar die Erfindung gemacht, wie man falsche Citate für ächte ausgeben kann. Sollte irgend ein großer, reicher Gelehrter, z. B. Michael Beer, mir dieses Geheimniß abkaufen wollen, so will ich es gerne für 19,000 Thaler Courant abstehen; auch ließe ich mich handeln. Eine andere Erfindung will ich zum Heile der Literatur nicht verschweigen und will sie gratis mittheilen:

Ich halte es nämlich für rathsam, alle obscuren Autoren mit ihrer Hausnummer zu citiren.

Diese »guten Leute und schlechten Musikanten« – so wird im Ponce de Leon das Orchester angeredet – diese obscuren Autoren besitzen doch immer selbst noch ein Exemplärchen ihres längstverschollenen Büchleins, und um dieses aufzutreiben, muß man also ihre Hausnummer wissen. Wollte ich z. B. »Spittas Sangbüchlein für Handwerksburschen« citiren – meine liebe Madame, wo wollten Sie dieses finden? Citire ich aber:

»*vid.* Sangbüchlein für Handwerksburschen, von P. Spitta; Lüneburg, auf der Lünerstraße Nr. 2, rechts um die Ecke« –

so können Sie, Madame, wenn Sie es der Mühe werth halten, das Büchlein auftreiben. Es ist aber nicht der Mühe werth.

Uebrigens, Madame, haben Sie gar keine Idee davon, mit welcher Leichtigkeit ich citiren kann. Ueberall finde ich Gelegenheit, meine tiefe Gelahrtheit anzubringen. Spreche ich z. B. vom Essen, so bemerke ich in einer Note, daß die Römer, Griechen und Hebräer ebenfalls gegessen haben, ich citire all die köstlichen Gerichte, die von der Köchinn des Lucullus bereitet worden – weh mir! daß ich anderthalb Jahrtausend zu spät geboren bin! – ich bemerke auch, daß die gemeinschaftlichen Mahle bey den Griechen so und so hießen, und daß die Spartaner schlechte schwarze Suppen gegessen – Es ist doch gut, daß ich damals noch nicht lebte, ich kann mir nichts entsetzlicheres denken, als wenn ich armer Mensch ein Spartaner geworden wäre, Suppe ist mein Lieblingsgericht –

Madame, ich denke nächstens nach London zu reisen, wenn es aber wirklich wahr ist, daß man dort keine Suppe bekommt, so treibt mich die Sehnsucht bald wieder zurück nach den Suppenfleischtöpfen des Vaterlandes. Ueber das Essen der alten Hebräer könnt' ich weitläuftig mich aussprechen und bis auf die jüdische Küche der neuesten Zeit herabgehen – Ich citire bey dieser Gelegenheit den ganzen Steinweg – Ich könnte auch anführen, wie human sich viele berliner Gelehrte über das Essen der Juden geäußert, ich käme dann auf die anderen Vorzüglichkeiten und Vortrefflichkeiten der Juden, auf die Erfindungen, die man ihnen verdankt, z. B. die Wechsel, das Christenthum – aber halt! letzteres wollen wir ihnen nicht allzuhoch anrechnen, da wir eigentlich noch wenig Gebrauch davon gemacht haben – ich glaube, die Juden selbst haben dabey weniger ihre Rechnung gefunden als bey der Erfindung der Wechsel. Bey Gelegenheit der Juden könnte ich auch Tacitus citiren – er sagt, sie verehrten Esel in ihren Tempeln – und bey Gelegenheit der Esel, welch ein weites Citatenfeld eröffnet sich mir! Wie viel Merkwürdiges läßt sich anführen über antike Esel, im Gegensatz zu den modernen. Wie vernünftig waren jene und ach! wie stupide sind diese. Wie verständig spricht z. B. Bileams Esel,

vid. Pentat. Lib. ----

Madame, ich habe just das Buch nicht bey der Hand und will diese Stelle zum Ausfüllen offen lassen. Dagegen in Hinsicht der Abgeschmacktheit neuerer Esel citire ich:

vid. ----

----

nein, ich will auch diese Stelle offen lassen, sonst werde ich ebenfalls citirt, nämlich *injuriarum*. Die neueren Esel sind große Esel. Die alten Esel, die so hoch in der Cultur standen,

vid. Gesneri: De antiqua honestate asinorum.
(In comment. Götting. T. II. p. 32.)

sie würden sich im Grabe umdrehen, wenn sie hörten, wie man von ihren Nachkommen spricht. Einst war »Esel« ein Ehrenname – bedeutete so viel wie jetzt »Hofrath« »Baron« »Doctor Philosophiae« – Jacob vergleicht damit seinen Sohn Isaschar, Homer vergleicht damit seinen Helden Ajax, und jetzt vergleicht man damit den Herrn v . . . . ! Madame, bey Gelegenheit solcher Esel könnte ich mich tief in die Literaturgeschichte versenken, ich könnte alle große Männer citiren, die verliebt gewesen sind, z. B. den Abelardum, Picum Mirandulanum, Borbonium, Curtesium, Angelum Politianum, Raymundum Lullum und Henricum Heineum. Bey Gelegenheit der Liebe könnte ich wieder alle große Männer citiren, die keinen Tabak geraucht haben, z. B. Cicero, Justinian, Goethe, Hugo, Ich – zufällig sind wir alle fünf auch so halb und halb Juristen. Mabillion konnte nicht einmal den Rauch einer fremden Pfeife vertragen, in seinem *Itinere germanico* klagt er, in Hinsicht der deutschen Wirthshäuser, »*quod molestus ipsi fuerit tabaci grave olentis foetor*«. Dagegen wird andern großen Männern eine Vorliebe für den Tabak zugeschrieben. Raphael Thorus hat einen Hymnus auf den Tabak gedichtet – Madame, Sie wissen vielleicht noch nicht, daß ihn Isaak Elseverius *Anno* 1628 zu Leiden in Quart herausgegeben hat – und Ludovicus Kinschot hat eine Vorrede in Versen dazu geschrieben. Grävius hat sogar ein Sonett auf den Tabak gemacht. Auch der große Boxhornius liebte den Tabak. Bayle, in seinem *Dict. hist. et critiq.* meldet von ihm, er habe sich sagen lassen, daß der große Boxhornius beym Rauchen einen großen Hut mit einem Loch im Vorderrand getragen, in welches er oft die Pfeife gesteckt, damit sie ihn in seinen Studien nicht hindere – Apropos, bey Erwähnung des großen Boxhornius könnte ich auch all die großen Gelehrten citiren, die sich ins Boxhorn jagen ließen und davon liefen. Ich verweise aber bloß auf *Joh. Georg Martius: De fuga literatorum etc. etc. etc.* Wenn wir die Geschichte durchgehen, Madame, so haben alle große Männer einmal in ihrem Leben davon laufen müssen: – Loth, Tarquinius, Moses, Jupiter, Frau von Staël, Nebukadnezar, Benjowsky, Mahomet, die ganze preußische Armee, Gregor VII., Rabbi Jizchak Abarbanel, Rousseau – ich könnte noch sehr viele Namen anführen, z. B. die, welche an der Börse auf dem schwarzen Brette verzeichnet sind.

Sie sehen, Madame, es fehlt mir nicht an Gründlichkeit und Tiefe. Nur mit der Systematie will es noch nicht so recht gehen. Als ein ächter Deutscher hätte ich dieses Buch mit einer Erklärung seines Titels eröffnen müssen, wie es im heiligen römischen Reiche Brauch und Herkommen ist. Phidias hat zwar zu seinem Jupiter keine Vorrede gemacht, eben so wenig, wie auf der medizäischen Venus – ich habe sie von allen Seiten betrachtet – irgend ein Citat gefunden wird; – aber die alten Griechen waren Griechen, unser einer ist ein ehrlicher Deutscher, kann die deutsche Natur nicht ganz verläugnen, und ich muß mich daher noch nachträglich über den Titel meines Buches aussprechen.

Madame, ich spreche demnach:

I. Von den Ideen.

A. Von den Ideen im Allgemeinen.

a. Von vernünftigen Ideen.

b. Von unvernünftigen Ideen.

α. Von den gewöhnlichen Ideen.
β. Von den Ideen, die mit grünem Leder überzogen sind.

Diese werden wieder eingetheilt in – doch das wird sich alles schon finden.

Capitel XIV.

Madame, haben Sie überhaupt eine Idee von einer Idee? Was ist eine Idee? »Es liegen einige gute Ideen in diesem Rock« sagte mein Schneider, indem er mit ernster Anerkennung den Oberrock betrachtete, der sich noch aus meinen berlinisch eleganten Tagen herschreibt, und woraus jetzt ein ehrsamer Schlafrock gemacht werden sollte. Meine Wäscherinn klagt: »Der Pastor S. habe ihrer Tochter Ideen in den Kopf gesetzt, und sie sey dadurch unklug geworden und wolle keine Vernunft mehr annehmen.« Der Kutscher Pattensen brummt bey jeder Gelegenheit: »das ist eine Idee! das ist eine Idee!« Gestern aber wurde er ordentlich verdrießlich, als ich ihn frug: was er sich unter einer Idee vorstelle? Und verdrießlich brummte er: »Nu, nu, eine Idee ist eine Idee! eine Idee ist alles dumme Zeug, was man sich einbildet.« In gleicher Bedeutung wird dieses Wort, als Buchtitel, von dem Hofrath Heeren in Göttingen gebraucht.

Der Kutscher Pattensen ist ein Mann, der auf der weiten lüneburger Heide, in Nacht und Nebel, den Weg zu finden weiß; der Hofrath Heeren ist ein Mann, der ebenfalls mit klugem Instinkt die alten Karavanenwege des Morgenlands auffindet, und dort schon, seit Jahr und Tag, so sicher und geduldig einherwandelt, wie jemals ein Kameel des Alterthums; auf solche Leute kann man sich verlassen, solchen Leuten darf man getrost nachfolgen, und darum habe ich dieses Buch »Ideen« betitelt.

Der Titel des Buches bedeutet daher eben so wenig als der Titel des Verfassers, er ward von demselben nicht aus gelehrtem Hochmuth gewählt, und darf ihm für nichts weniger als Eitelkeit ausgedeutet werden. Nehmen Sie die wehmüthigste Versicherung, Madame, ich bin nicht eitel. Es bedarf dieser Bemerkung, wie Sie mitunter merken werden. Ich bin nicht eitel – Und wüchse ein Wald von Lorbeeren auf meinem Haupte, und ergösse sich ein Meer von Weihrauch in mein junges Herz – ich würde doch nicht eitel werden. Meine Freunde und übrigen Raum- und Zeitgenossen haben treulich dafür gesorgt – Sie wissen, Madame, daß alte Weiber ihre Pflegekinder ein bischen anspucken, wenn man die Schönheit derselben lobt, damit das Lob den lieben Kleinen nicht schade – Sie wissen, Madame, wenn zu Rom der Triumphator, ruhmbekränzt und purpurgeschmückt, auf seinem goldnen Wagen mit weißen Rossen, vom Campo Martii einherfuhr, wie ein Gott hervorragend aus dem feyerlichen Zuge der Lictoren, Musikanten, Tänzer, Priester, Sklaven, Elephanten, Trophäenträger, Consuln, Senatoren, Soldaten: dann sang der Pöbel hintendrein allerley Spottlieder – Und Sie wissen, Madame, daß es im lieben Deutschland viel alte Weiber und Pöbel giebt.

Wie gesagt, Madame, die Ideen, von denen hier die Rede ist, sind von den platonischen eben so weit entfernt wie Athen von Göttingen, und Sie dürfen von dem Buche selbst eben so wenig große Erwartungen hegen, als von dem Verfasser selbst. Wahrlich, wie dieser überhaupt jemals dergleichen Erwartungen erregen konnte, ist mir eben so unbegreiflich als meinen Freunden. Gräfin Julie will die Sache erklären, und versichert: wenn der besagte Verfasser zuweilen etwas wirklich Geistreiches und Neugedachtes ausspreche, so sey dies bloß Verstellung von ihm, und im Grunde sey er eben so dumm wie die Uebrigen. Das ist falsch, ich verstelle mich gar nicht, ich spreche wie mir der Schnabel gewachsen, ich schreibe in aller Unschuld und Einfalt, was mir in den Sinn kommt, und ich bin nicht daran Schuld, wenn das etwas Gescheutes ist. Aber ich habe nun mahl im Schreiben mehr Glück als in der Altonaer Lotterie – ich wollte, der Fall wäre umgekehrt – und da kommt aus meiner Feder mancher Herztreffer, manche Gedankenquaterne, und das thut Gott; – denn ER, der den frömmsten Elohasängern und Erbauungspoeten alle schöne Gedanken und allen Ruhm in der Literatur versagt, damit sie nicht von ihren irdischen Mitcreaturen zu sehr gelobt werden und dadurch des Himmels vergessen, wo ihnen schon von den Engeln das Quartier zurecht gemacht wird: – ER pflegt uns andre, profane, sündhafte, ketzerische Schriftsteller, für die der Himmel doch so gut wie vernagelt ist, desto mehr mit vorzüglichen Gedanken und Menschenruhm zu segnen, und zwar aus göttlicher Gnade und Barmherzigkeit, damit die arme Seele, die doch nun einmahl erschaffen ist, nicht ganz leer ausgehe und wenigstens hienieden auf Erden einen Theil jener Wonne empfinde, die ihr dort oben versagt ist. *vid.* Goethe und die Traktätchenverfasser.

Sie sehen also, Madame, Sie dürfen meine Schriften lesen, diese zeugen von der Gnade und Barmherzigkeit Gottes, ich schreibe im blinden Vertrauen auf dessen Allmacht, ich bin in dieser Hinsicht ein ächt christlicher Schriftsteller, und, um mit Gubitz zu reden, während ich eben diese gegenwärtige Periode anfange, weiß ich noch nicht, wie ich sie schließe und was ich eigentlich sagen soll, und ich verlasse mich dafür auf den lieben Gott. Und wie könnte ich auch schreiben ohne diese fromme Zuversicht, in meinem Zimmer steht jetzt der Bursche aus der Langhoffschen Druckerey und wartet auf Manuskript, das kaumgeborene Wort wandert warm und naß in die Presse, und was ich in diesem Augenblick denke und fühle, kann morgen Mittag schon Makulatur seyn.

Sie haben leicht reden, Madame, wenn Sie mich an das Horazische *nonum prematur in annum* erinnern. Diese Regel mag, wie manche andere der Art, sehr gut in der Theorie gelten, aber in der Praxis taugt sie nichts. Als Horaz dem Autor die berühmte Regel gab, sein Werk neun Jahre im Pult liegen zu lassen, hätte er ihm auch zu gleicher Zeit das Recept geben sollen, wie man neun Jahre ohne Essen zubringen kann. Als Horaz diese Regel ersann, saß er vielleicht an der Tafel des Mäcenas und aß Truthähne mit Trüffeln, Fasanenpudding in Wildpretsauce, Lerchenrippchen mit teltower Rübchen, Pfauenzungen, indianische Vogelnester, und Gott weiß! was noch mehr, und alles umsonst. Aber wir, wir unglücklichen Spätgebornen, wir leben in einer andern Zeit, unsere Mäcenaten haben ganz andere Prinzipien, sie glauben, Autoren und Mispeln gedeihen am besten, wenn sie einige Zeit auf dem Stroh liegen, sie glauben, die Hunde taugten nicht auf der Bilder- und Gedankenjagd, wenn sie zu dick gefüttert würden, ach! und wenn sie ja mahl einen armen Hund füttern, so ist es der unrechte, der die Brocken am wenigsten verdient, z. B. der Dachs, der die Hand leckt, oder der winzige Bologneser, der sich in den duftigen Schooß der Hausdame zu schmiegen weiß, oder der geduldige Pudel, der eine Brodwissenschaft gelernt und apportiren, tanzen und trommeln kann – Während ich dieses schreibe, steht hinter mir mein kleiner Mops und bellt – Schweig nur, Ami, dich hab' ich nicht gemeint, denn du liebst mich und begleitest deinen Herrn in Noth und Gefahr und würdest sterben auf seinem Grabe, eben so treu wie mancher andere deutsche Hund, der in die Fremde verstoßen, vor den Thoren Deutschlands liegt und hungert und wimmert – Entschuldigen Sie, Madame, daß ich eben abschweifte, um meinem armen Hunde eine Ehrenerklärung zu geben, ich komme wieder auf die horazische Regel und ihre Unanwendbarkeit im neunzehnten Jahrhundert, wo die Poeten das Schürzenstipendium der Muse nicht entbehren können – *Ma foi,* Madame! ich könnte es keine 24 Stunden, viel weniger neun Jahre aushalten, mein Magen hat wenig Sinn für Unsterblichkeit, ich hab' mir's überlegt, ich will nur halb unsterblich und ganz satt werden, und wenn Voltaire dreyhundert Jahre seines ewigen Nachruhms für eine gute Verdauung des Essens hingeben möchte, so biete ich das Doppelte für das Essen selbst. Ach! und was für schönes, blühendes Essen giebt es auf dieser Welt! Der Philosoph Pangloß hat Recht: es ist die beste Welt! Aber man muß Geld in dieser besten Welt haben, Geld in der Tasche und nicht Manuskripte im Pult. Der Wirth im König von England, Herr Marr, ist selbst Schriftsteller und kennt auch die horazische Regel, aber ich glaube nicht, daß er mir, wenn ich sie ausüben wollte, neun Jahr' zu essen gäbe.

Im Grunde, warum sollte ich sie auch ausüben? Ich habe des Guten so viel zu schreiben, daß ich nicht lange Federlesens zu machen brauche. So lange mein Herz voll Liebe und der Kopf meiner Nebenmenschen voll Narrheit ist, wird es mir nie an Stoff zum Schreiben fehlen. Und mein Herz wird immer lieben, so lange es Frauen giebt, erkaltet es für die Eine, so erglüht es gleich für die Andere; wie in Frankreich der König nie stirbt, so stirbt auch nie die Königinn in meinem Herzen, und da heißt es: *la reine est morte, vive la reine!* Auf gleiche Weise wird auch die Narrheit meiner Nebenmenschen nie aussterben. Denn es giebt nur eine einzige Klugheit und diese hat ihre bestimmten Grenzen; aber es giebt tausend unermeßliche Narrheiten. Der gelehrte Casuist und Seelsorger Schupp sagt sogar: »in der Welt sind mehr Narren als Menschen –«

vid. Schuppii lehrreiche Schriften, S. 1121.

Bedenkt man, daß der große Schuppius in Hamburg gewohnt hat, so findet man diese statistische Angabe gar nicht übertrieben. Ich befinde mich an demselben Orte, und kann sagen, daß mir ordentlich wohl wird, wenn ich bedenke, all diese Narren, die ich hier sehe, kann ich in meinen Schriften gebrauchen, sie sind baares Honorar, baares Geld. Ich befinde mich jetzt so recht in der Wolle. Der Herr hat mich gesegnet, die Narren sind dieses Jahr ganz besonders gut gerathen, und als guter Wirth consumire ich nur wenige, suche mir die ergiebigsten heraus und bewahre sie für die Zukunft. Man sieht mich oft auf der Promenade und sieht mich lustig und fröhlich. Wie ein reicher Kaufmann, der händereibendvergnügt zwischen den Kisten, Fässern und Ballen seines Waarenlagers umherwandelt, so wandle ich dann unter meinen Leuten. Ihr seyd alle die Meinigen! Ihr seyd mir alle gleich theuer, und ich liebe Euch, wie Ihr selbst Euer Geld liebt, und das will viel sagen. Ich mußte herzlich lachen, als ich jüngst hörte: einer meiner Leute habe sich besorglich geäußert, er wisse nicht, wovon ich einst leben würde – und dennoch ist er selbst ein so capitaler Narr, daß ich von ihm allein schon leben könnte, wie von einem Capitale. Mancher Narr ist mir aber nicht bloß baares Geld, sondern ich habe das baare Geld, das ich aus ihm erschreiben kann, schon zu irgend einem Zwecke bestimmt. So z. B. für einen gewissen, wohlgepolsterten, dicken Millionarrn werde ich mir einen gewissen, wohlgepolsterten Stuhl anschaffen, den die Französinnen *chaise percée* nennen. Für seine dicke Millionärrinn kaufe ich mir ein Pferd. Sehe ich nun den Dicken – ein Kameel kommt eher ins Himmelreich, als daß dieser Mann durch ein Nadelöhr geht – sehe ich nun diesen auf der Promenade heranwatscheln, so wird mir wunderlich zu Muthe, obschon ich ihm ganz unbekannt bin, so grüße ich ihn unwillkührlich, und er grüßt wieder so herzlich, so einladend, daß ich auf der Stelle von seiner Güte Gebrauch machen möchte, und doch in Verlegenheit komme wegen der vielen geputzten Menschen, die just vorbeygehn. Seine Frau Gemahlinn ist gar keine üble Frau – sie hat zwar nur ein einziges Auge, aber es ist dafür desto grüner, ihre Nase ist wie der Thurm, der gen Damaskus schaut, ihr Busen ist groß wie das Meer, und es flattern darauf allerley Bänder, wie Flaggen der Schiffe, die in diesen Meerbusen eingelaufen – man wird seekrank schon durch den bloßen Anblick – ihr Nacken ist gar hübsch und fettgewölbt wie ein – das vergleichende Bild befindet sich etwas tiefer unten – und an der veilchenblauen Gardine, die dieses vergleichende Bild bedeckt, haben gewiß tausend und abermals tausend Seidenwürmchen ihr ganzes Leben versponnen. Sie sehen, Madame, welch ein Roß ich mir anschaffe! Begegnet mir die Frau auf der Promenade, so geht mir ordentlich das Herz auf, es ist mir, als könnt' ich mich schon aufschwingen, ich schwippe mit der Jerte, ich schnappe mit den Fingern, ich schnalze mit der Zunge, ich mache mit den Beinen allerley Reuterbewegungen – hopp! hopp! – burr! burr! – und die liebe Frau sieht mich an so seelenvoll, so verständnißinnig, sie wiehert mit dem Auge, sie sperrt die Nüstern, sie kokettirt mit der Crouppe, sie kourbettirt, setzt sich plötzlich in einen kurzen Hundetrapp – Und ich stehe dann mit gekreuzten Armen, und schaue ihr wohlgefällig nach, und überlege, ob ich sie auf der Stange reiten soll oder auf der Trense, ob ich ihr einen englischen oder einen polnischen Sattel geben soll – u. s. w. – Leute, die mich alsdann stehen sehen, begreifen nicht, was mich bey der Frau so sehr anzieht. Zwischentragende Zungen wollten schon ihren Herrn Gemahl in Unruhe setzen und gaben Winke, als ob ich seine Ehehälfte mit den Augen eines Roué betrachte. Aber meine ehrliche, weichlederne *chaise percée* soll geantwortet haben: er halte mich für einen unschuldigen, sogar etwas schüchternen, jungen Menschen, der ihn mit einer gewissen Benauigkeit ansähe, wie einer, der das Bedürfniß fühlt, sich näher anzuschließen, und doch von einer erröthenden Blödigkeit zurückgehalten wird. Mein edles Roß meinte hingegen: ich hätte ein freyes, unbefangenes, chevaleresques Wesen, und meine zuvorgrüßende Höflichkeit bedeute bloß den Wunsch, einmahl von ihnen zu einem Mittagsessen eingeladen zu werden. –

Sie sehen, Madame, ich kann alle Menschen gebrauchen, und der Adreßkalender ist eigentlich mein Hausinventarium. Ich kann daher auch nie Bankerott werden, denn meine Gläubiger selbst würde ich in Erwerbsquellen verwandeln. Außerdem, wie gesagt, lebe ich wirklich sehr ökonomisch, verdammt ökonomisch. z. B. Während ich dieses schreibe, sitze ich in einer dunkeln, betrübten Stube auf der Düsterstraße – aber, ich ertrage es gern, ich könnte ja, wenn ich nur wollte, im schönsten Garten sitzen, eben so gut wie meine Freunde und Lieben; ich brauchte nur meine Schnapsklienten zu realisiren. Diese letzteren, Madame, bestehen aus verdorbenen Friseuren, heruntergekommenen Kupplern, Speisewirthen, die selbst nichts mehr zu essen haben, lauter Lumpen, die meine Wohnung zu finden wissen, und für ein wirkliches Trinkgeld mir die Chronique scandaleuse ihres Stadtviertels erzählen – Madame, Sie wundern sich, daß ich solches Volk nicht ein für allemahl zur Thür hinauswerfe? – Wo denken Sie hin, Madame! Diese Leute sind meine Blumen. Ich beschreibe sie einst in einem schönen Buche, für dessen Honorar ich mir einen Garten kaufe, und mit ihren rothen, gelben, blauen und buntgesprenkelten Gesichtern erscheinen sie mir jetzt schon wie Blumen dieses Gartens. Was kümmert es mich, daß fremde Nasen behaupten, diese Blumen röchen nur nach Kümmel, Tabak, Käse und Laster! meine eigne Nase, der Schornstein meines Kopfes, worin die Phantasie als Kaminfeger auf und ab steigt, behauptet das Gegentheil, sie riecht an jenen Leuten nichts als den Duft von Rosen, Jasminen, Veilchen, Nelken, Violen – O, wie behaglich werde ich einst des Morgens in meinem Garten sitzen, und den Gesang der Vögel behorchen, und die Glieder wärmen an der lieben Sonne, und einathmen den frischen Hauch des Grünen, und durch den Anblick der Blumen mich erinnern an die alten Lumpen!

Vor der Hand sitze ich aber noch auf der dunkeln Düsterstraße in meinem dunklen Zimmer und begnüge mich in der Mitte desselben den größten Obscuranten des Landes aufzuhängen – »*Mais, est-ce que vous verrez plus clair alors?*« Augenscheinlichement, Madame – doch mißverstehen Sie mich nicht, ich hänge nicht den Mann selbst, sondern nur die kristallne Lampe, die ich für das Honorar, das ich aus ihm erschreibe, mir anschaffen werde. Indessen, ich glaube, es wäre noch besser und es würde plötzlich im ganzen Lande hell werden, wenn man die Obscuranten in Natura aufhinge. Kann man aber die Leute nicht hängen, so muß man sie brandmarken. Ich spreche wieder figürlich, ich brandmarke *in effigie*. Freylich, Herr v. Weiß – er ist weiß und unbescholten wie eine Lilie – hat sich weiß machen lassen, ich hätte in Berlin erzählt, Er sey wirklich gebrandmarkt; der Narr ließ sich deßhalb von der Obrigkeit besehen und schriftlich geben, daß seinem Rücken kein Wappen aufgedruckt sey, dieses negative Wappenzeugniß betrachtete er wie ein Diplom, das ihm Einlaß in die beste Gesellschaft verschaffen müsse, und wunderte sich, als man ihn dennoch hinauswarf, und kreischt jetzt Mord und Zeter über mich armen Menschen, und will mich, mit einer geladenen Pistole, wo er mich findet, todtschießen – Und was glauben Sie wohl, Madame, was ich dagegen thue? Madame, für diesen Narrn, d.h. für das Honorar, das ich aus ihm herausschreiben werde, kaufe ich mir ein gutes Faß Rüdesheimer Rheinwein. Ich erwähne dieses, damit Sie nicht glauben, es sey Schadenfreude, daß ich so lustig aussehe, wenn mir Herr v. Weiß auf der Straße begegnet. Wahrhaftig, ich sehe in ihm nur meinen lieben Rüdesheimer, sobald ich ihn erblicke, wird mir wonnig und angenehm zu Muthe, und ich trällere unwillkührlich: »am Rhein, am Rhein, da wachsen unsre Reben –« »Dies Bildniß ist bezaubernd schön –« »O weiße Dame – –« Mein Rüdesheimer schaut alsdann sehr sauer, und man sollte glauben, er bestände nur aus Gift und Galle – Aber, ich versichere Sie, Madame, es ist ein ächtes Gewächs, findet sich auch das Beglaubigungswappen nicht eingebrannt, so weiß doch der Kenner es zu würdigen, ich werde dieses Fäßchen gar freudig anzapfen, und wenn es allzubedrohlich gährt und auf eine gefährliche Art zerspringen will, so soll es von Amtswegen mit einigen eisernen Reifen gesichert werden.

Sie sehen also, Madame, für mich brauchen Sie nichts zu besorgen. Ich kann alles ruhig ansehn in dieser Welt. Der Herr hat mich gesegnet mit irdischen Gütern, und wenn er mir auch den Wein nicht ganz bequem in den Keller geliefert hat, so erlaubt er mir doch in seinem Weinberge zu arbeiten, ich brauche nur die Trauben zu lesen, zu keltern, zu pressen, zu bütten, und ich habe dann die klare Gottesgabe; und wenn mir auch nicht die Narren gebraten ins Maul fliegen, sondern mir gewöhnlich roh und abgeschmackt entgegenlaufen, so weiß ich sie doch so lange am Spieße herumzudrehen, zu schmoren, zu pfeffern, bis sie mürbe und genießbar werden. Sie sollen Ihre Freude haben, Madame, wenn ich mahl meine große Fete gebe. Madame, Sie sollen meine Küche loben. Sie sollen gestehen, daß ich meine Satrapen eben so pompöse bewirthen kann, wie einst der große Ahasveros, der da König war, von Indien bis zu den Mohren, über hundert und sieben und zwanzig Provinzen. Ganze Hekatomben von Narren werde ich einschlachten. Jener große Philoschnaps, der, wie einst Jupiter, in der Gestalt eines Ochsen, um den Beyfall Europas buhlt, liefert den Ochsenbraten; ein trauriger Trauerspieldichter, der auf den Brettern, die ein traurig persisches Reich bedeuteten, uns einen traurigen Alexander gezeigt hat, liefert meiner Tafel einen ganz vorzüglichen Schweinskopf, wie gewöhnlich sauersüßlächelnd mit einer Zitronenscheibe im Maul, und von der kunstverständigen Köchinn mit Lorbeer-Blättern bedeckt; der Sänger der Korallenlippen, Schwanenhälse, hüpfenden Schneehügelchen, Dingelchen, Wädchen, Mimilichen, Küßchen und Assessorchen, nämlich H. Clauren, oder wie ihn auf der Friedrichstraße die frommen Bernhardinerinnen nennen, »Vater Clauren! unser Clauren!« dieser Aechte liefert mir all jene Gerichte, die er in seinen jährlichen Taschenbordellchen mit der Phantasie einer näscherischen Küchenjungfer, so jettlich zu beschreiben weiß, und er giebt uns noch ein ganz besonderes Extra-Schüsselchen mit einem Zellery-Gemüschen, »wonach einem das Herzchen vor Liebe puppert«; eine kluge, dürre Hofdame, wovon nur der Kopf genießbar ist, liefert uns ein analoges Gericht, nämlich Spargel; und es wird kein Mangel seyn an göttinger Wurst, hamburger Rauchfleisch, pommerschen Gänsebrüsten, Ochsenzungen, gedämpftem Kalbshirn, Rindsmaul, Stockfisch, und allerley Sorten Gelee, berliner Pfannkuchen, wiener Torte, Confitüren –

Madame, ich habe mir schon in Gedanken den Magen überladen! Der Henker hole solche Schlemmerey! Ich kann nicht viel vertragen. Meine Verdauung ist schlecht. Der Schweinskopf wirkt auf mich wie auf das übrige deutsche Publikum – ich muß einen Willibald Alexis-Salat darauf essen, der reinigt – O! der unselige Schweinskopf mit der noch unseligern Sauce, die weder griechisch noch persisch, sondern wie Thee mit grüner Seife schmeckt; – Ruft mir meinen dicken Millionarrn!

Capitel XV.

Madame, ich bemerke eine leichte Wolke des Unmuths auf Ihrer schönen Stirne, und Sie scheinen zu fragen: ob es nicht Unrecht sey, daß ich die Narren solchermaßen zurichte, an den Spieß stecke, zerhacke, spicke, und viele sogar hinschlachte, die ich unverzehrt liegen lassen muß, und die nun den scharfen Schnäbeln der Spaßvögel zum Raube dienen, während die Wittwen und Waisen heulen und jammern –

Madame, c'est la guerre! Ich will Ihnen jetzt das ganze Räthsel lösen: Ich selbst bin zwar keiner von den Vernünftigen, aber ich habe mich zu dieser Parthey geschlagen, und seit 5588 Jahren führen wir Krieg mit den Narren. Die Narren glauben sich von uns beeinträchtigt, indem sie behaupten: es gäbe in der Welt nur eine bestimmte Dosis Vernunft, diese ganze Dosis hätten nun die Vernünftigen, Gott weiß wie! usurpirt, und es sey himmelschreyend, wie oft ein einziger Mensch so viel Vernunft an sich gerissen habe, daß seine Mitbürger und das ganze Land rund um ihn her ganz obscur geworden. Dies ist die geheime Ursache des Krieges, und es ist ein wahrer Vertilgungskrieg. Die Vernünftigen zeigen sich, wie gewöhnlich, als die ruhigsten, mäßigsten und vernünftigsten, sie sitzen festverschanzt in ihren altaristotelischen Werken, haben viel Geschütz, haben auch Munizion genug, denn sie haben ja selbst das Pulver erfunden, und dann und wann werfen sie wohlbewiesene Bomben unter ihre Feinde. Aber leider sind diese letztern allzu zahlreich, und ihr Geschrey ist groß, und täglich verüben sie Gräuel; wie denn wirklich jede Dummheit dem Vernünftigen ein Gräuel ist. Ihre Kriegslisten sind oft von sehr schlauer Art. Einige Häuptlinge der großen Armee hüten sich wohl, die geheime Ursache des Krieges einzugestehen. Sie haben gehört, ein bekannter, falscher Mann, der es in der Falschheit so weit gebracht hatte, daß er am Ende sogar falsche Memoiren schrieb, nämlich Fouché, habe mahl geäußert: *les paroles sont faites pour cacher nos pensées*; und nun machen sie viel Worte, um zu verbergen, daß sie überhaupt keine Gedanken haben, und halten lange Reden und schreiben dicke Bücher, und wenn man sie hört, so preisen sie die alleinseligmachende Quelle der Gedanken, nämlich die Vernunft, und wenn man sie sieht, so treiben sie Mathematik, Logik, Statistik, Maschinen-Verbesserung, Bürgersinn, Stallfütterung u. s. w. – und wie der Affe um so lächerlicher wird, je mehr er sich dem Menschen ähnlich zeigt, so werden auch jene Narren desto lächerlicher, je vernünftiger sie sich gebehrden. Andre Häuptlinge der großen Armee sind offenherziger, und gestehen, daß ihr Vernunfttheil sehr gering ausgefallen, daß sie vielleicht gar nichts von der Vernunft abbekommen; indessen können sie nicht umhin zu versichern, die Vernunft sey sehr sauer und im Grunde von geringem Werthe. Dies mag vielleicht wahr seyn, aber unglücklichermaßen haben sie nicht mahl so viel Vernunft, als dazu gehört, es zu beweisen. Sie greifen daher zu allerley Aushülfe, sie entdecken neue Kräfte in sich, erklären, daß solche eben so wirksam seyen wie die Vernunft, ja in gewissen Nothfällen noch wirksamer, z. B. das Gemüth, der Glauben, die Inspirazion u. s. w., und mit diesem Vernunftsurrogat, mit dieser Runkelrübenvernunft, trösten sie sich. Mich Armen hassen sie aber ganz besonders, indem sie behaupten: ich sey von Haus aus einer der Ihrigen, ich sey ein Abtrünniger, ein Ueberläufer, der die heiligsten Bande zerrissen, ich sey jetzt sogar ein Spion, der heimlich auskundschafte, was sie, die Narren, zusammentreiben, um sie nachher dem Gelächter seiner neuen Genossen Preis zu geben, und ich sey so dumm, nicht mahl einzusehen, daß diese zu gleicher Zeit über mich selbst lachen und mich nimmermehr für ihres Gleichen halten – Und da haben die Narren vollkommen Recht.

Es ist wahr, jene halten mich nicht für ihres Gleichen und mir gilt oft ihr heimliches Gekicher. Ich weiß es sehr gut, aber ich laß mir nichts merken. Mein Herz blutet dann innerlich, und wenn ich allein bin, fließen drob meine Thränen. Ich weiß es sehr gut, meine Stellung ist unnatürlich; alles, was ich thue, ist den Vernünftigen eine Thorheit und den Narren ein Gräuel. Sie hassen mich, und ich fühle die Wahrheit des Spruches: »Stein ist schwer und Sand ist Last, aber der Narren Zorn ist schwerer denn die beide.« Und sie hassen mich nicht mit Unrecht. Es ist vollkommen wahr, ich habe die heiligsten Bande zerrissen, von Gott- und Rechtswegen hätte ich unter den Narren leben und sterben müssen. Und ach! ich hätte es unter diesen Leuten so gut gehabt! Sie würden mich, wenn ich umkehren wollte, noch immer mit offnen Armen empfangen. Sie würden mir an den Augen absehen, was sie mir nur irgend Liebes erweisen könnten. Sie würden mich alle Tage zu Tische laden und des Abends mitnehmen in ihre Theegesellschaften und Clubs, und ich könnte mit ihnen Whist spielen, Tabak rauchen, politisiren, und wenn ich dabey gähnte, hieße es hinter meinem Rücken: »welch schönes Gemüth! eine Seele voll Glauben!« – erlauben Sie mir, Madame, daß ich eine Thräne der Rührung weine – ach! und ich würde Punsch mit ihnen trinken, bis die rechte Inspirazion käme, und dann brächten sie mich in einer Portechaise wieder nach Hause, ängstlich besorgt, daß ich mich nicht erkälte, und der Eine reichte mir schnell die Pantoffeln, der Andre den seidnen Schlafrock, der Dritte die weiße Nachtmütze, und sie machten mich dann zum Professor extraordinarius, oder zum Präsidenten einer Bekehrungsgesellschaft, oder zum Oberkalkulator, oder zum Direktor von römischen Ausgrabungen; – denn ich wäre so recht ein Mann, den man in allen Fächern gebrauchen könnte, sintemal ich die lateinischen Deklinazionen sehr gut von den

Conjugazionen unterscheiden kann, und nicht so leicht wie andre Leute einen preußischen Postillionsstiefel für eine etruscische Vase ansehe. Mein Gemüth, mein Glauben, meine Inspirazion könnten noch außerdem in den Betstunden viel Gutes wirken, nämlich für mich; nun gar mein ausgezeichnet poetisches Talent würde mir gute Dienste leisten bey hohen Geburtstagen und Vermählungen, und es wär' gar nicht übel, wenn ich, in einem großen Nazionalepos, all jene Helden besänge, wovon wir ganz bestimmt wissen, daß aus ihren verwesten Leichnamen Würmer gekrochen sind, die sich für ihre Nachkommen ausgeben.

Manche Leute, die keine geborene Narren und einst mit Vernunft begabt gewesen, sind solcher Vortheile wegen zu den Narren übergegangen, leben bey ihnen ein wahres Schlaraffenleben, die Thorheiten, die ihnen anfänglich noch immer einige Ueberwindung gekostet, sind ihnen jetzt schon zur zweyten Natur geworden, ja sie sind nicht mehr als Heuchler, sondern als wahre Gläubige zu betrachten. Einer derselben, in dessen Kopf noch keine gänzliche Sonnenfinsterniß eingetreten, liebt mich sehr, und jüngsthin, als ich bey ihm allein war, verschloß er die Thüre und sprach zu mir mit ernster Stimme: »O Thor, der du den Weisen spielst und dennoch nicht so viel Verstand hast wie ein Rekrut im Mutterleibe! weißt du denn nicht, daß die Großen des Landes nur denjenigen erhöhen, der sich selbst erniedrigt und ihr Blut für besser rühmt als das seinige. Und nun gar verdirbst du es mit den Frommen des Landes! Ist es denn so überaus schwer, die gnadenseligen Augen zu verdrehen, die gläubigverschränkten Hände in die Rockärmel zu vermuffen, das Haupt wie ein Lamm Gottes herabhängen zu lassen, und auswendiggelernte Bibelsprüche zu wispern! Glaub' mir, keine Hocherlauchte wird dich für deine Gottlosigkeit bezahlen, die Männer der Liebe werden dich hassen, verläumden und verfolgen, und du machst keine Carriere weder im Himmel noch auf Erden!«

Ach! das ist alles wahr! Aber ich hab' nun mahl diese unglückliche Passion für die Vernunft! Ich liebe sie, obgleich sie mich nicht mit Gegenliebe beglückt. Ich gebe ihr Alles, und sie gewährt mir nichts. Ich kann nicht von ihr lassen. Und wie einst der jüdische König Salomon im Hohenliede die christliche Kirche besungen, und zwar unter dem Bilde eines schwarzen, liebeglühenden Mädchens, damit seine Juden nichts merkten; so habe ich in unzähligen Liedern just das Gegentheil, nämlich die Vernunft, besungen, und zwar unter dem Bilde einer weißen, kalten Jungfrau, die mich anzieht und abstößt, mir bald lächelt, bald zürnt, und mir endlich gar den Rücken kehrt. Dieses Geheimniß meiner unglücklichen Liebe, das ich niemanden offenbare, giebt Ihnen,

Madame, einen Maaßstab zur Würdigung meiner Narrheit, Sie sehen daraus, daß solche von außerordentlicher Art ist, und großartig hervorragt über das gewöhnliche närrische Treiben der Menschen. Lesen Sie meinen Ratcliff, meinen Almansor, mein lyrisches Intermezzo – Vernunft! Vernunft! nichts als Vernunft! – und Sie erschrecken ob der Höhe meiner Narrheit. Mit den Worten Agurs, des Sohnes Jake, kann ich sagen: »Ich bin der Allernärrischste und Menschenverstand ist nicht bey mir.« Hoch in die Lüfte hebt sich der Eichwald, hoch über den Eichwald schwingt sich der Adler, hoch über dem Adler ziehen die Wolken, hoch über den Wolken blitzen die Sterne – Madame, wird Ihnen das nicht zu hoch? *eh bien* – hoch über den Sternen schweben die Engel, hoch über den Engeln ragt – nein, Madame, höher kann es meine Narrheit nicht bringen. Sie bringt es hoch genug! Ihr schwindelt vor ihrer eigenen Erhabenheit. Sie macht mich zum Riesen mit Siebenmeilenstiefeln. Mir ist des Mittags zu Muthe, als könnte ich alle Elephanten Hindostans aufessen und mir mit dem straßburger Münster die Zähne stochern; des Abends werde ich so sentimental, daß ich die Milchstraße des Himmels aussaufen möchte, ohne zu bedenken, daß einem die kleinen Fixsterne sehr unverdaulich im Magen liegen bleiben; und des Nachts geht der Spektakel erst recht los, in meinem Kopf giebt's dann einen Congreß von allen Völkern der Gegenwart und Vergangenheit, es kommen die Assyrer, Egypter, Meder, Perser, Hebräer, Philister, Frankfurter, Babilonier, Karthager, Berliner, Römer, Spartaner, Türken, Kümmeltürken – Madame, es wäre zu weitläuftig, wenn ich Ihnen all diese Völker beschreiben wollte, lesen Sie nur den Herodot, den Livius, die Haude- und Spenersche Zeitung, den Curtius, den Cornelius Nepos, den Gesellschafter – Ich will unterdessen frühstücken, es will heute morgen mit dem Schreiben nicht mehr so lustig fortgehn, ich merke, der liebe Gott läßt mich in Stich – Madame, ich fürchte sogar, Sie haben es früher bemerkt als ich – ja, ich merke, die rechte Gotteshülfe ist heute noch gar nicht da gewesen, – Madame, ich will ein neues Capitel anfangen, und Ihnen erzählen, wie ich nach dem Tode Le Grands in Godesberg ankam.

Capitel XVI.

Als ich zu Godesberg ankam, setzte ich mich wieder zu den Füßen meiner schönen Freundinn, – und neben mir legte sich ihr brauner Dachshund – und wir beide sahen hinauf in ihr Auge.

Heiliger Gott! in diesem Auge lag alle Herrlichkeit der Erde und ein ganzer Himmel obendrein. Vor Seligkeit hätte ich sterben können, während ich in jenes Auge blickte, und starb ich in solchem Augenblicke, so flog meine Seele direkt in jenes Auge. O, ich kann jenes Auge nicht beschreiben! Ich will mir einen Poeten, der vor Liebe verrückt worden ist, aus dem Tollhause kommen lassen, damit er aus dem Abgrund des Wahnsinns ein Bild heraufhole, womit ich jenes Auge vergleiche – Unter uns gesagt, ich wäre wohl selbst verrückt genug, daß ich zu einem solchen Geschäfte keines Gehülfen bedürfte. *God d – n!* sagte mahl ein Engländer, wenn Sie einen so recht ruhig von oben bis unten betrachtet, so schmelzen einem die kupfernen Knöpfe des Fracks und das Herz obendrein. *F – e!* sagte ein Franzose, Sie hat Augen vom größten Kaliber, und wenn so ein dreyßigpfünder Blick herausschießt, krach! so ist man verliebt. Da war ein rothköpfiger Advokat aus Mainz, der sagte: ihre Augen sehen aus wie zwey Tassen schwarzen Kaffee – Er wollte etwas sehr Süßes sagen, denn er warf immer unmenschlich viel Zucker in seinen Kaffee – Schlechte Vergleiche – Ich und der braune Dachshund lagen still zu den Füßen der schönen Frau, und schauten und horchten. Sie saß neben einem alten, eisgrauen Soldaten, einer ritterlichen Gestalt mit Quernarben auf der gefurchten Stirne. Sie sprachen beide von den sieben Bergen, die das schöne Abendroth bestrahlte, und von dem blauen Rhein, der unfern, groß und ruhig, vorbeyfluthete – Was kümmerte uns das Siebengebirge, und das Abendroth und der blaue Rhein, und die segelweißen Kähne, die darauf schwammen, und die Musik, die aus einem Kahne erscholl, und der Schafskopf von Student, der darin so schmelzend und lieblich sang – ich und der braune Dachs, wir schauten in das Auge der Freundinn und betrachteten ihr Antlitz, das aus den schwarzen Flechten und Locken, wie der Mond aus dunkeln Wolken, rosigbleich hervorglänzte – Es waren hohe, griechische Gesichtszüge, kühngewölbte Lippen, umspielt von Wehmut, Seligkeit und kindischer Laune, und wenn sie sprach, so wurden die Worte etwas tief, fast seufzend angehaucht und dennoch ungeduldig rasch hervorgestoßen – und wenn sie sprach, und die Rede, wie ein warmer heiterer Blumenregen aus dem schönen Munde herniederflockte – O! dann legte sich das Abendroth über meine Seele, es zogen hindurch mit klingendem Spiel die Erinnerungen der Kindheit, vor allem aber, wie Glöcklein, erklang in mir die Stimme der kleinen Veronika – und ich ergriff die schöne Hand der Freundinn, und drückte sie an meine Augen, bis das Klingen in meiner Seele vorüber war – und dann sprang ich auf und lachte, und der Dachs bellte, und die Stirne des alten Generals furchte sich ernster, und ich setzte mich wieder und ergriff wieder die schöne Hand und küßte sie und erzählte und sprach von der kleinen Veronika.

Capitel XVII.

Madame, Sie wünschen, daß ich erzähle, wie die kleine Veronika ausgesehen hat. Aber ich will nicht. Sie, Madame, können nicht gezwungen werden, weiter zu lesen, als Sie wollen, und ich habe wiederum das Recht, daß ich nur dasjenige zu schreiben brauche, was ich will. Ich will aber jetzt erzählen, wie die schöne Hand aussah, die ich im vorigen Capitel geküßt habe.

Zuvörderst muß ich eingestehen: – ich war nicht werth, diese Hand zu küssen. Es war eine schöne Hand, so zart, durchsichtig, glänzend, süß, duftig, sanft, lieblich – wahrhaftig, ich muß nach der Apotheke schicken, und mir für zwölf Groschen Beywörter kommen lassen.

Auf dem Mittelfinger saß ein Ring mit einer Perle – ich sah nie eine Perle, die eine kläglichere Rolle spielte – auf dem Goldfinger trug sie einen Ring mit einer blauen Antike – ich habe Stunden lang Archäologie daran studirt – auf dem Zeigefinger trug sie einen Diamant – es war ein Talisman, so lange ich ihn sah, war ich glücklich, denn wo er war, war ja auch der Finger, nebst seinen vier Collegen – und mit allen fünf Fingern schlug sie mir oft auf den Mund. Seitdem ich solchermaßen manupolirt worden, glaube ich steif und fest an den Magnetismus. Aber sie schlug nicht hart, und wenn sie schlug, hatte ich es immer verdient durch irgend eine gottlose Redensart, und wenn sie mich geschlagen hatte, so bereuete sie es gleich und nahm einen Kuchen, brach ihn entzwey, und gab mir die eine und dem braunen Dachse die andere Hälfte, und lächelte dann und sprach: »Ihr beide habt keine Religion und werdet nicht selig, und man muß Euch auf dieser Welt mit Kuchen füttern, da für Euch im Himmel kein Tisch gedeckt wird.« So halb und halb hatte sie Recht, ich war damals sehr irreligiös und las den Thomas Paine, das *Système de la nature*, den westfälischen Anzeiger und den Schleiermacher, und ließ mir den Bart und den Verstand wachsen, und wollte unter die Razionalisten gehen. Aber wenn mir die schöne Hand über die Stirne fuhr, blieb mir der Verstand stehen, und süßes Träumen erfüllte mich, und ich glaubte wieder fromme Marienliedchen zu hören, und ich dachte an die kleine Veronika.

Madame, Sie können sich kaum vorstellen, wie hübsch die kleine Veronika aussah, als sie in dem kleinen Särglein lag. Die brennenden

Kerzen, die rund umher standen, warfen ihren Schimmer auf das bleiche, lächelnde Gesichtchen, und auf die rothseidenen Röschen und rauschenden Goldflitterchen, womit das Köpfchen und das weiße Todtenhemdchen verziert war – die fromme Ursula hatte mich Abends in das stille Zimmer geführt, und als ich die kleine Leiche, mit den Lichtern und Blumen, auf dem Tische ausgestellt sah, glaubte ich Anfangs, es sey ein hübsches Heiligenbildchen von Wachs; doch bald erkannte ich das liebe Antlitz, und frug lachend: warum die kleine Veronika so still sey? und die Ursula sagte: das thut der Tod.

Und als sie sagte: das thut der Tod – Doch ich will heute diese Geschichte nicht erzählen, sie würde sich zu sehr in die Länge ziehen, ich müßte auch vorher von der lahmen Elster sprechen, die auf dem Schloßplatz herumhinkte und dreyhundert Jahr' alt war, und ich könnte ordentlich melancholisch werden – Ich bekomme plötzlich Lust, eine andere Geschichte zu erzählen, und die ist lustig, und paßt auch an diesen Ort, denn es ist die eigentliche Geschichte, die in diesem Buche vorgetragen werden sollte.

Capitel XVIII.

In der Brust des Ritters war nichts als Nacht und Schmerz. Die Dolchstiche der Verläumdung hatten ihn gut getroffen, und wie er dahinging über den Sanct Marcusplatz, war ihm zu Muthe, als wollte sein Herz brechen und verbluten. Seine Füße schwankten vor Müdigkeit – das edle Wild war den ganzen Tag gehetzt worden, und es war ein heißer Sommertag – der Schweiß lag auf seiner Stirne, und als er in die Gondel stieg, seufzte er tief. Er saß gedankenlos in dem schwarzen Gondelzimmer, gedankenlos schaukelten ihn die weichen Wellen, und trugen ihn den wohlbekannten Weg hinein in die Brenta – und als er vor dem wohlbekannten Palaste ausstieg, hörte er: Signora Laura sey im Garten.

Sie stand, gelehnt an die Statue des Laokoon, neben dem rothen Rosenbaum, am Ende der Terrasse, unfern von den Trauerweiden, die sich wehmütig herabbeugen über den vorbeyziehenden Fluß. Da stand sie lächelnd, ein weiches Bild der Liebe, umduftet von Rosen. Er aber erwachte, wie aus einem schwarzen Traume, und war plötzlich wie umgewandelt in Milde und Sehnsucht. »Signora Laura!« – sprach er – »ich bin elend und bedrängt von Haß und Noth und Lüge« – und dann stockte er, und stammelte: – »aber ich liebe Euch« – und dann schoß eine freudige Thräne in sein Auge, und mit feuchten Augen und flammenden Lippen rief er: – »sey mein Mädchen, und liebe mich!«

Es liegt ein geheimnißdunkler Schleyer über dieser Stunde, kein Sterblicher weiß, was Signora Laura geantwortet hat, und wenn man ihren guten Engel im Himmel darob befragt, so verhüllt er sich und seufzt und schweigt.

Einsam stand der Ritter noch lange bey der Statue des Laokoon, sein Antlitz war eben so verzerrt und weiß, bewußtlos entblätterte er alle Rosen des Rosenbaums, er zerknickte sogar die jungen Knospen – der Baum hat nie wieder Blüthen getragen – in der Ferne klagte eine wahnsinnige Nachtigall, die Trauerweiden flüsterten ängstlich, dumpf murmelten die kühlen Wellen der Brenta, die Nacht kam heraufgestiegen mit ihrem Mond und ihren Sternen – ein schöner Stern, der schönste von allen, fiel vom Himmel herab.

Capitel XIX.

Vous pleurez, Madame?

O, mögen die Augen, die jetzt so schöne Thränen vergießen, noch lange die Welt mit ihren Stralen erleuchten, und eine warme, liebe Hand möge sie einst zudrücken in der Stunde des Todes! Ein weiches Sterbekissen, Madame, ist auch eine gute Sache in der Stunde des Todes, und möge Ihnen alsdann nicht fehlen; und wenn das schöne, müde Haupt darauf niedersinkt und die schwarzen Locken herabwallen über das verbleichende Antlitz: O, dann möge Ihnen Gott die Thränen vergelten, die für mich geflossen sind – denn ich bin selber der Ritter, für den Sie geweint haben, ich bin selber jener irrende Ritter der Liebe, der Ritter vom gefallenen Stern.

Vous pleurez, Madame?

O, ich kenne diese Thränen! Wozu soll die längere Verstellung? Sie, Madame, sind ja selbst die schöne Frau, die schon in Godesberg so lieblich geweint hat, als ich das trübe Mährchen meines Lebens erzählte – Wie Perlen über Rosen, rollten die schönen Thränen über die schönen Wangen – der Dachs schwieg, das Abendgeläute von Königswinter verhallte, der Rhein murmelte leiser, die Nacht bedeckte die Erde mit ihrem schwarzen Mantel, und ich saß zu Ihren Füßen, Madame, und sah in die Höhe, in den gestirnten Himmel – Im Anfang hielt ich Ihre Augen ebenfalls für zwey Sterne – Aber wie kann man solche schöne Augen mit Sternen verwechseln? Diese kalten Lichter des Himmels können nicht weinen über das Elend eines Menschen, der so elend ist, daß er nicht mehr weinen kann.

Und ich hatte noch besondere Gründe, diese Augen nicht zu verkennen – in diesen Augen wohnte die Seele der kleinen Veronika.

Ich habe nachgerechnet, Madame, Sie sind geboren just an dem Tage, als die kleine Veronika starb. Die Johanna in Andernacht hatte mir vorausgesagt, daß ich in Godesberg die kleine Veronika wiederfinden würde – Und ich habe Sie gleich wieder erkannt – Das war ein schlechter Einfall, Madame, daß Sie damals starben, als die hübschen Spiele erst recht losgehen sollten. Seit die fromme Ursula mir gesagt, »das thut der Tod«, ging ich allein und ernsthaft in der großen Gemäldegallerie umher, die Bilder wollten mir nicht mehr so gut gefallen wie sonst, sie schienen mir plötzlich verblichen zu seyn, nur ein einziges hatte Farbe und Glanz behalten – Sie wissen, Madame, welches Stück ich meine –:

Es ist der Sultan und die Sultaninn von Delhi.

Erinnern Sie sich, Madame, wie wir oft Stunden lang davorstanden, und die fromme Ursula so wunderlich schmunzelte, wenn es den Leuten auffiel, daß die Gesichter auf jenem Bilde mit den unsrigen so viele Aehnlichkeit hatten? Madame, ich finde, daß Sie auf jenem Bilde recht gut getroffen waren, und es ist unbegreiflich, wie der Maler Sie sogar bis auf die Kleidung darstellte, die Sie damals getragen. Man sagt, er sey wahnsinnig gewesen und habe Ihr Bild geträumt. Oder saß seine Seele vielleicht in dem großen, heiligen Affen, der Ihnen damals, wie ein Jokey, aufwartete? – in diesem Falle mußte er sich wohl des silbergrauen Schleyers erinnern, den er einst mit rothem Wein überschüttet und verdorben hat – Ich war froh, daß Sie ihn ablegten, er kleidete Sie nicht sonderlich, wie denn überhaupt die europäische Tracht für Frauenzimmer viel kleidsamer ist, als die indische. Freylich, schöne Frauen sind schön in jeder Tracht. Erinnern Sie sich, Madame, daß ein galanter Bramine – er sah aus wie Ganesa, der Gott mit dem Elephantenrüssel, der auf einer Maus reitet – Ihnen einst das Compliment gemacht hat: die göttliche Maneka, als sie, aus Indrahs goldner Burg, zum königlichen Büßer Wiswamitra hinabgestiegen, sey gewiß nicht schöner gewesen als Sie, Madame!

Sie erinnern sich dessen nicht mehr? Es sind ja kaum 3000 Jahre, seitdem Ihnen dieses gesagt worden, und schöne Frauen pflegen sonst eine zarte Schmeicheley nicht so schnell zu vergessen.

Indessen für Männer ist die indische Tracht weit kleidsamer als die europäische. O, meine rosarothen, lotosgeblümten Pantalons von Delhi! hätte ich Euch getragen, als ich vor Signora Laura stand und um Liebe flehete – das vorige Capitel hätte anders gelautet! Aber, ach! ich trug damals strohgelbe Pantalons, die ein nüchterner Chinese in Nanking gewebt – mein Verderben war hineingewebt – und ich wurde elend.

Oft sitzt ein junger Mensch in einem kleinen deutschen Kaffeestübchen und trinkt ruhig seine Tasse Kaffee, und unterdessen im weiten, fernen China wächst und blüht sein Verderben, und wird dort gesponnen und verwebt, und trotz der hohen, chinesischen Mauer weiß es seinen Weg zu finden zu dem jungen Menschen, der es für ein paar Nanquinhosen hält und diese arglos anzieht und elend wird – Und, Madame, in der kleinen Brust eines Menschen kann sich gar viel Elend verstecken, und so gut versteckt halten, daß der arme Mensch selbst es tagelang nicht fühlt, und guter Dinge ist, und lustig tanzt und pfeift, und trällert – lalarallala, lalarallala, lalaral – la – la – la.

Capitel XX.

> Sie war liebenswürdig, und Er liebte Sie; Er aber war nicht liebenswürdig, und Sie liebte Ihn nicht. (Altes Stück.)

Und wegen dieser dummen Geschichte haben Sie sich todtschießen wollen? Madame, wenn ein Mensch sich todtschießen will, so hat er dazu immer hinlängliche Gründe. Darauf können Sie sich verlassen. Aber ob er selbst diese Gründe kennt, das ist die Frage. Bis auf den letzten Augenblick spielen wir Comödie mit uns selber. Wir maskiren sogar unser Elend, und während wir an einer Brustwunde sterben, klagen wir über Zahnweh.

Madame, Sie wissen gewiß ein Mittel gegen Zahnweh?

Ich aber hatte Zahnweh im Herzen. Das ist ein schlimmstes Uebel, und da hilft sehr gut das Füllen mit Bley und das Zahnpulver, das Barthold Schwarz erfunden hat.

Wie ein Wurm nagte das Elend in meinem Herzen, und nagte – Der arme Chinese trägt keine Schuld, ich habe dieses Elend mit mir zur Welt gebracht. Es lag schon mit mir in der Wiege, und wenn meine Mutter mich wiegte, so wiegte sie es mit, und wenn sie mich in den Schlaf sang, so schlief es mit mir ein, und es erwachte, sobald ich wieder die Augen aufschlug. Als ich größer wurde, wuchs auch das Elend und wurde endlich ganz groß, und zersprengte mein –

Wir wollen von andern Dingen sprechen, vom Jungfernkranz, von Maskenbällen, von Lust und Hochzeitfreude – lalarallala, lalarallala, lalaral – la – la – la. –

Anhang

Zu ›Briefe aus Berlin‹

Boucher, der Sokrates der Violinisten.

Zufällig den Gubitzischen Gesellschafter von 1817 durchblätternd, finde ich im 32ten Blatte, unter der Rubrik: »Zeitung der Ereignisse und Ansichten« folgende Notiz:

> »Ein gewisser Boucher, der jetzt mit seiner Frau Conzerte in Paris giebt, nennt sich den »Sokrates der Violinisten« und das *Journal de Commerce* versichert, daß er sich auch als einen solchen bewähre.« – (Bis hierher der Gesellschafter.)

Wir glücklichen Berliner! Die Weisheit selbst ist zu uns gekommen. –

Sir Harry.

<Erklärung vom 3. Mai 1822>

Mit Bedauern habe ich erfahren, daß zwey Aufsätze von mir, überschrieben »Briefe aus Berlin« (in Nr. 6, 7, 16 u.s.w. des zum »Rheinisch-Westf. Anzeigers« gehörigen »Kunst- und Wissenschaftblattes«) auf eine Art ausgelegt worden, die dem Herrn Baron von Schilling verletzend erscheinen muß; da es nie meine Absicht war, ihn zu kränken, so erkläre ich hiermit, daß es mir herzlich leid ist, wenn ich zufälliger Weise dazu Anlaß gegeben hätte; daß ich alles dahin Gehörige zurück nehme und daß es bloß der Zufall war, wodurch jetzt einige Worte auf den Herrn Baron von Schilling bezogen werden konnten, die ihn nie hätten treffen können, wenn eine Stelle in jenem Briefe gedruckt worden wäre, die aus Delikatesse unterdrückt werden mußte. Dieses kann der geehrte Redakteur jener Zeitschrift bezeugen, und ich fühle mich verpflichtet, durch dieses freymüthige Bekenntniß der Wahrheit allen Stoff zu Mißverständniß und öffentlichem Federkriege fort zu räumen.

Berlin, den 3ten May 1822. H. Heine.

Zu ›Die Harzreise‹

Bruchstücke

<1. Hardenberg>

Es liegen noch viele andre Burgruinen in dieser Gegend. Der Hardenberg bey Nörten ist die schönste. Wenn man auch, wie es sich gebührt, das Herz auf der linken Seite hat, auf der liberalen, so kann man sich doch nicht aller elegischen Gefühle erwehren, beym Anblick der Felsennester jener privilegirten Raubvögel, die auf ihre schwächliche Nachbrut bloß den starken Appetit vererbten. Und so ging es auch mir diesen Morgen. Mein Gemüth war, je mehr ich mich von Göttingen entfernte, allmählig aufgethaut, wieder wie sonst wurde mir romantisch zu Sinn, und wandernd dichtete ich folgendes Lied:

Steiget auf, Ihr alten Träume!
Oeffne dich, du Herzensthor!
Liederwonne, Wehmuthsthränen,
Strömen wunderbar hervor.

Durch die Tannen will ich schweifen,
Wo die muntre Quelle springt,
Wo die stolzen Hirsche wandeln,
Wo die liebe Drossel singt.

Auf die Berge will ich steigen,
Auf die schroffen Felsenhöh'n,
Wo die grauen Schloßruinen
In dem Morgenlichte stehn.

Dorten setz' ich still mich nieder
Und gedenke alter Zeit,
Alter blühender Geschlechter
Und versunk'ner Herrlichkeit.

Gras bedeckt jetzt den Turnierplatz,
Wo gekämpft der stolze Mann,
Der die Besten überwunden
Und des Kampfes Preis gewann.

Epheu rankt an dem Balkone,
Wo die schöne Dame stand,

Die den stolzen Ueberwinder
Mit den Augen überwand.

Ach! den Sieger und die Sieg'rinn
Hat besiegt des Todes Hand. –
Jener dürre Sensenritter
Streckt uns Alle in den Sand!

<2. Bouterwek>

In diesen philosophischen Betrachtungen und Privatgefühlen überraschte mich der Besuch des Hofrath B., der kurz vorher ebenfalls nach Goslar gekommen war. Zu keiner Stunde hätte ich die wohlwollende Gemüthlichkeit dieses Mannes tiefer empfinden können. Ich verehre ihn wegen seines ausgezeichneten, erfolgreichen Scharfsinns; noch mehr aber wegen seiner Bescheidenheit. Ich fand ihn ungemein heiter, frisch und rüstig. Daß er letzteres ist, bewies er jüngst durch sein neues Werk: »Die Religion der Vernunft«, ein Buch, das die Razionalisten so sehr entzückt, die Mystiker ärgert, und das große Publikum in Bewegung setzt. Ich selbst bin zwar in diesem Augenblick ein Mystiker, meiner Gesundheit wegen, indem ich, nach der Vorschrift meines Arztes, alle Anreizungen zum Denken vermeiden soll. Doch verkenne ich nicht den unschätzbaren Werth der razionalistischen Bemühungen eines Paulus, Gurlitt, Krug, Eichhorn, Bouterwek, Wegscheider u.s.w. Zufällig ist es mir selbst höchst ersprießlich, daß diese Leute so manches verjährte Uebel forträumen, besonders den alten Kirchenschutt, worunter so viele Schlangen und böse Dünste. Die Luft wird in Deutschland zu dick und auch zu heiß, und oft fürchte ich zu ersticken, oder von meinen geliebten Mitmystikern, in ihrer Liebeshitze, erwürgt zu werden. Drum will ich auch den guten Razionalisten nichts weniger als böse seyn, wenn sie die Luft etwas gar zu sehr verdünnen und etwas gar zu sehr abkühlen. Im Grunde hat ja die Natur selbst dem Razionalismus seine Grenzen gesteckt; unter der Luftpumpe und am Nordpol kann der Mensch es nicht aushalten.

<3. Bergidylle>

Dieses Lächeln mit einem dumklugen Blick begleitet verscheuchte meine schönen Morgenträume jene bunte freudige Mährchenwelt die mich so luftig umgaukelte, so süße Melodien in meine Ohren hauchte, und mich nekte und streichelte und mein Herz berauschte. Das Alles war wie von bösem Entzaubrungswort verscheucht kam nur gegen Mittag wieder als ich den lieben Berg erreichte wo ich so schöne Stunden genießen sollte. Einige

Verse, die sich darauf beziehen, finde ich in meiner Schreibtafel, und diese will ich hier mittheilen.

»Auf dem Berge steht die Hütte,
Wo der alte... u.s.w.

Weil ich nichts anders hatte schenkte ich dem lieben Kinde, das Bild von Lord Byron, das ich zufällig im Turnister trug. Sie meinte durchaus es sey mein eignes Bild, und es sey gut getroffen; und ich hatte Mühe bis sie mir glaubte es sey ein Griechischer Heiliger. Und bey Gott! ich habe nicht gelogen. ––––

Als das erste Morgenroth durch die kleinen Scheiben schaute, stand ich leise auf, zog mich leise an nahm den Ranze<n> auf den Rücken, trat an das Bettchen wo die liebliche kleine lag betrachtete mit frommer Andacht das wunderbar<e> Wogen und Wallen der weißen, unschuldigen Brüstchen, und auf den Zehen schleichend verließ ich die Hütte. Aber die kleine muste geträumt haben daß ich, um die Bitterkeit des Abschiednehmens zu ersparen, heimlich entweichen wollte und ich hatte kaum die Hütte verlassen, so stürzte mir nach das liebe Mädchen, fliegenden Haars, halbbekleidet, mit den nakten Füßchen durch die Dornen laufend, und athemlos fiel sie in meine Arme. Die erkälteten Brüstchen mit meinem Athem erwärmend trug ich das arme Kind wieder hinauf nach der Hütte, und da stand sie in der Thüre derselben, stum und traurig, wie ein großes Marienbild in einer Nische, und ihre beiden Händchen ergriff ich, und schweigend sah ich lange in die blauen Sterne, und der Geist der Liebe ergriff mich, und ernsthaft gab ich dem lieben Kinde viel gute Lehren für dieses Leben, und schloß damit: Wenn du nie etwas thust wogegen dein kleines Herz sich sträubt so brauchst dich nicht zu fürchten vor den bösen Berggeistern, wenn du niemand beneidest so wirst immer schön und glücklich bleiben, wenn du krank wirst und mit Geduld deine Schmerzen trägst so sind sie halb so schwer, wenn einer kommt der dich heurathen will und er mißfält dir nicht, so heurathe ihn gleich, und ehe dieses geschehen ist rathe ich dir niemand zu küssen, als deine Eltern und dein Lämchen. Für diese gute Lehre gab sie mir einen Kuß und wir schieden.

<4. Ilsenstein>

Als ich, nach dem Herabsteigen vom Ilsenstein, zu Ilsenburg ankam, und im schönen Garten des dortigen Wirthshauses, zur rothen Forelle genannt, recht gut und in guter Gesellschaft zu Mittag speiste, und die Sonne in meinem goldnen Rheinwein ihre lieblichsten Stralen spiegelte, da trank ich die Gesundheit des Juden .... der zu ...... das Kreuz <au>fgefunden, dasselbe der griechischen Kaiserin Helena mittheilte, und auf diese Weise jene

Kreuzver<e>hr<un>g veranlaßte, ohne welche nie ein Kreuz auf <d>en Ilsenstein gesetzt worden wäre, und mein bester <Fr>eund, neml<ich> Ich, den Hals gebrochen hätte. Wer mirs nicht glauben will daß man einen Juden die Auffind<un>g des Kreuzes und die <En>tsteh<un>g d<e>s Kreuzdienstes verdankt, der kann es nachlesen.....

Was verdankt man nicht alles den Juden! Daß man ihnen das Christenthum selbst verdankt, will ich nicht erwähnen, da noch wenig Gebrauch davon gemacht worden ist. Aber die Erfind<un>g der Wechsel, des Agio und des Kreuzes! Ist man ihnen nicht den grösten Dank schuldig? Und doch will ihr deutsches Stiefvaterland ihnen nicht mahl gewähren statt des Handels mit alten Hosen auch mahl zur Abwechslung königl<ich> preuß<ische> Referendaren od<e>r Advokaten zu werden! Der Jude .... soll leben! Die Kaiserin Helena soll leben! Das Kreuz auf dem Ilsenstein soll leben!

Ich will es sogar gelegentlich auf kalderonische Weise besingen. Die Suppe in Ilsenburg war g<an>z vortrefflich! Der Wein war vortrefflich! Und vortrefflich! in der duftenden Rosenlaube saß eine junge Schöne in Lesen vertieft, anmuthig gebeugt, die goldnen Ringellocken wallten herab über das Gesicht, und als sie erröthend aufblickte – welches Gesicht! Welches Auge! Der Engel der die goldne Schale, worin das Feuer der Liebe lodert, von einem Stern zum andern trägt, hat gewiß durch Verschütten einen Lichttropfen fallen lassen in dieses Auge! Als ich näher kam stand sie auf, das schneeweiße Kleid umfloß verrätherisch die harmonischen Glieder, an Gestalt und Grazie schien sie eine Göttinn. Aber zum Unglück fand ich daß meine Göttinn eben in einem Claurenschen Romane gelesen – und in demselben Augenblick war mir als röche die Rosenlaube nach Tabak, Schnaps und Käse, und als hätte ich heimlich bemerkt meine Göttinn trage ein <Pa>ar schmutzige, gelbléderne Postillionshosen.

<5.> Ilsenburg

Ein schönes patriotisches Lied singend zogen wir durch das heitre Ilsenburg und kehrten ein in der rothen Forelle. Bey diesem guten Wirthshause, das für R<e>ch<nun>g d<e>s Grafen Wernigrode administrirt wird, ist ein herrlicher Garten, wo ich liebliche Mädchengesichter und schöne Blumen sah, und mit einigen Hallensern zu Mittag aß und wirklich gute Suppe und guten Wein genoß und des umklammerten Kreuzes gedachte dem ich diese Genüsse verdankte, und hoffentlich in der Folge noch mehrere verdanken werde. Das Ilsenburger Schloß, ein hohes graues uraltes Gebäude aus der sächsischen Kaiserzeit dient jetzt zu einer Salpetersiederey. Die Hallenser verließen uns hier und mit meinen Landsleuten wa<nde>rte ich weiter nach *Wernigrode.* Das dortige Schloß, ein großes, hohes grauweißes Viereck mit einem Anhang von vielen kleinen Gebäuden, nichts weniger als geschmackvoll und regelmäßig, und gleichsam nur des Bedürfnisses wegen leicht hingestelt, erscheint aber eben deßhalb um so wöhnlicher und gemüthlicher, und wenn man es zuerst erblick<t>, wie <es> von seinem Berge, nicht zu hoch und nicht zu niedrig so recht ernstfreundlich und wohlmeinend die Stadt überragt, so macht es einen ganz eignen, stillfreudigen Eindruck. In der Stadt selbst sah es sehr festlich aus, die Häuser waren mit großen Eichenkränzen behängt, die Leute trugen ihre besten bunten Kleider, und schauten so ehrerbietig heiter, und wenn nicht aus ihren Mienen so etwas gar vergnügt politisch-heimliches herausgekukt hätte, so würde ich geglaubt haben ich sey wieder in ein niederrheinisches Städtchen versetzt, an einem schönen Palmsonntag. Die geputzte, dicke Frau Wirthinn zum Baeren, die uns Bier brachte, schien sich in ihrem Fette ganz besonders seelig zu fühlen, und konnte sich nicht genug verwundern wie wir es gar wüßten daß heute die langerwar<te>ten genädigen Herrn Grafen nach dem Schlosse zurückgekommen wären, und ergoß sich in einer weitläuftigen Beschreibung aller stattgefundenen Feyerlichkeiten, Blumenkränze, Reden, Ehrenbogen, Rühr<un>g, Musik u.s.w. Wären meine Landsleute nicht so eilig gewesen so stände ich vielleicht noch jetzt bey der guten Dicken und ließe mir die Wernigroder Feyerlichkeiten erzählen. Wird doch mein Herz überall bewegt durch den Anblick anhänglicher Unterthanstreue, und von so einem vergnügten Harznestchen, das mit povern Feyerlichkeiten die Ankunft seiner mediatisirten Sedezherren verherrlichen will, wird mein Herz wohl nicht minder bewegt als von einer leuchtenden Kaiserstadt mit ihrem jauchzenden Kaiserfest. Doch, ich gesteh es, mein Herz pochte ebenfalls, und vielleicht eben so stark, als ich vorig Jahr im Seebad Ritzebüttel, zusah wie die dortigen hanseatisch freyen Bürger die Ankunft ihres frühern Amtmanns, des Senator *Abendroth*, und ihres hamburger Bürgermeisters, *Bartels*, so würdig und mit selbstbewuster Würde feyerten. Ich erinnere mich, gleichsam ohne Verabred<un>g waren am Abend alle Häuser illuminirt, und die Einwohner standen davor in ihren Sonntagskleidern, und wie die wackern hochweisen Herrn anspruchslos und kordial grüßend vorbey gingen zogen sie alle ehrfurchtvoll freudig die Hüthe und Mützen, und blickten mit besonders herzlicher Liebe auf ihren vorigen Amtman, der so lange Jahre treu und fleißig für sie gesorgt, und ihren Wohlstand geschützt und weidlich befördert. Ich habe viele große Illuminazionen gesehen, aber alle mit ihren Transparenten Pechkränzen, Flammenaltären, und Feuerspektakel, haben mich nicht so tief angesprochen wie die ruhigen, bürgerlichen Lichtchen von Ritzebüttel. –

Im Wernigroder Schloß soll manches Bemerkenswerthe zu sehen seyn; aber wären wir an diesem Tage hinaufgestiegen, so hätte man wahrhaftig glauben können wir wollten die Herren Grafen sehen. Wir gingen deßhalb gleich weiter nach *Elbi<n>grode*. Links scheint es sich zu verflachen, rechts erblickt man die blauen Umrisse des Brockens und seiner Nachbarberge. Die Gegend ist traulich schön, es kommen Bergpässe, sogar ein Stück Landstraße, ebenfals Tannenforste wo die Sonne scheint d<u>rch die gepflanzte<n>

Stämme und die lieben Hirschlein spatzieren gehn. Ich muß immer an die arme, heilige Genovefa denken wenn ich im Walde so ein herrliches frommes Thier mit seinem stolzen Geweihe langsam herumwandeln sehe. Ich gehe drauf zu um es zu küssen und mit ängstigen Sätzen stürzt es fort ins Dunkel; und mit Recht erwartet es nichts Gutes von den Menschen, die gewöhnlich nicht so barmherzig sind wie die Hirschkuh die den Schmerzenreich säugte, von den bösen Menschen, die sogar – ich begreife es nicht wie es möglich ist – ein Vergnügen dran finden so ein wehrlos schönes Thier zu hetzen und zu tödten. »Am Ganges, am Ganges wohnen Menschen.«

Wir kamen in der Nacht an zu Elbingrode. Durch einen spaßhaften Zufall, dessen Erzähl<un>g nicht der Mühe lohnt, logirte ich nicht in demselben Wirthshause mit meinen Landsleuten.

Es war ein grauer Regenmorgen als wir weiter gingen nach dem Rübeland. Von beiden Seiten steigen ungeheure Berge in die Höhe, verwund<er>liche Felsen, an denen man kleine Hölenoef<n>ungen gewahrt, die vom Volke Zwerglöcher genannt werden und zur Zeit der Hunnen den Bewohnern dieser Gegend zum Zufluchtsort gedient haben sollen. Mitten durch dieses Bergthal fließt die *Bode*, ein breites mürrisches Wasser, das unwillig braust wenn es sich hier und da bequemen muß über hohe Steine stürzend und steigend seinen Weg zu nehmen. Längst der Bode ziehn sich die rusigen Häuser von Rübeland, einem Dorfe, das meistens von Eisenarbeitern bewohnt wird. Die dunkeln Schmiedegesichter schauen aus den niedern Fenstern, die Rauchwolgen ziehen aus den Thüren, die Hämmer schmettern, der Ambos dröhnt und die Bode rauscht. Es sind zwey große Hölen in dieser Gegend zu sehen, die Baumannshöle und die Bielhöle. Man sagte uns die erstere sey nicht so gut zu befahren wie die andre. Ich wußte jetzt was fahren heißt und bewog meine Freunde vorzugsweise <die> Bielshöle mit unserem Besuche zu beehren. Der Aufseher derselben wohnt am rechten Ufer der Bode, bey ihm zogen wir Bergman<n>sjacken an, und er geleitete uns über die Brücke nach dem Bielsberge, der am linken Ufer liegt. Der Berg soll seinen Namen haben von dem altdeutschen Götzen Biel, der hier verehrt worden sey. Ich weiß nichts von einem solchen Biel. Vielleicht war es Bileam. Ja vielleicht war es gar sein Esel, dessen hochwohlgeborne Nachkommen noch bis auf heutigem Tage in D<eutsch>land verehrt werden.

Der Leser d<ie>s<e>r Blätter ist hier in Gefahr daß ich zu noch sinnreiche<n> Hypothesen übergehe, indem mir in diesem Augenblick wieder chaotisch alles in das Gedächtniß aufsteigt was ich mit so vielem Fleiße über deutsche Urgeschichte gelesen und vor 5 Jahren zu *Bonn* in den Collegien meiner vieltheuren Lehrer Schlegel, *Arndt*, *Hüllmann*, *Radtlofs* u.s.w. gehört habe; – wobey ich noch nicht schmerzlich genug bedauern kann daß letzterer mit seiner deutschen Urgeschichte nicht weit<er>gekommen ist <als> bis *Sesostris*, welcher, wie den Lesern des *Herodoths* bekannt ist, so große Kriegsreisen gemacht hat, und daher g<e>wiß auch in D<eutsch>land war und folglich zur deutschen Urgeschichte gehört. Gewiß hat sich <au>ch Gott Biel <mi>t *Sesostris* herumgeschlagen. Vielleicht schreibe ich in der Folge eine *Commentatio egyptico-teutonica de pro patria paukereya dei Bilii cum rege Sesostri*, ein stockgelehrtes Werk worinn ich die Schriften *Pesserons*, *Court de Gebelin*, etc nebst deren *Citaten* benutzen, und damit die *Greifswalder Docterwürde* erlangen werde. Auch neuere Schriftsteller, besonders meine speziellen Freunde die sich deßhalb binnen sechs Monath bey mir melden wollen, werde ich in diesem gelehrten Werke *citiren*, und zwar mit ihrer Strasse und Hausnummer, wie es durchaus nöthig ist bey manchen *obscuren Autoren*, die vielleicht nur die einzigen sind die ihr *Opus* besitzen, während der unglückliche Verleger es längst ins Käsearchiv abgeliefert. Außerdem werde ich mein Werk dem Freunde aller patriotischen Anstreng<ung>en, dem Herrn Geheimrath Schma<l>z, Ritter des verdienten Ordens, liebevoll zueignen, und dasselbe noch mit kritisch genauen Zeichnungen verzieren worunter gar b<e>sond<e>rs merkw<ürdig> seyn wird: der Gott Biel in altdeutscher Tracht, der Tempel des Gott Biels wie er ungefähr ausgesehen haben muß wenn er wirklich existirt hat, der Bielsberg mit dem Eingang zur Höle, wo einige hofnungsvolle Söhne Westfalens im Regen stehen und fluchen bis der langsame Führer die Hölenthüre geöffnet, und die Lampen angezündet, und jeden der werthen Herren damit versehen und sie freundlich ersucht langsam hinab zu folgen.

Ich möchte einem 6 groschen geben wer hier statt meiner das Innere der Bielshöle beschriebe. Es fehlt mir wirklich an den dazu gehörigen Sachkenntnissen. Freylich ist es eine bekannte Erscheinung daß man über eine Sache desto besser schreibt, je weniger man davon versteht. (wegen Mangel an Raum kann ich die große Menge hierhergehöriger *Autoren* nicht citiren, und obendrein, zum Behuf der Hausnummern habe ich in diesem Augenbl<ick> das berliner Addreßbuch nicht bey der Hand.)

Ich kann von der Bielshöle nur sagen daß sie weiter ist als das berliner Schauspielhaus, und enger ist als die Seele eines wahren Dichters. Die Bielshöle besteht eigentlich aus einer Verbind<un>g von fünfzehn Hölen, die m<an> ziemlich bequem besehen kann und wo man nur hier und da, auf Leitern herabsteigen oder durchkriechen od<e>r sich durchwinden muß. Ich verstehe mich nur auf eine einzige Steinart – O süßes Herz! – und ich kann also bloß referiren was m<an> mir gesagt hat, nemlich daß sie aus Tropfstein gebildet. Dieser hat an allen Ecken die abentheuerlichsten Gestalten hervorgebracht. Die intressanteste ist »die betende Nonne«. Wirklich es sieht aus als ob d<ie>se von Bildhauerhand relievartig in den Stein gemeißelt worden.

Andere Figuren entsprechen mehr od<e>r minder den Namen womit die Phantasie des Hölenaufsehers sie getauft hat. Hier ist eine spinnende Jungfrau mit fliegenden Haaren, eine Muttergottes mit dem Kinde, Fische, Burgen, Riesen, Kammermädchen, Vögel ja sogar ein Judentempel. In letzterem, unter den versteinerten Juden ist besonders merkwürdig ein Zuckermakler mit dreyeckigem Huth und Reformazions<gesicht>.

Hier und da glaubt man an der Wand versteinerte Wasserfälle zu sehen, auch der Boden bildet hier und dor<t> versteinerte Wellen, und die obern Wölb<un>gen sind meistens wie die eines gothischen Doms. Letzteres mahnte mich ganz besonders an die erste Zeit der christlichen Kirche, wo die frommen Verehrer des ewigen Wortes nur in versteck<t>en Hölen ihre Andacht verrichten durften, und jene mystische Süßigkeit genossen womit jeder verfolgte Glaube seine Bekenner für ihre Opfer tausendfach entschädigt.

Gefühlstörend war es als plötzlich unser Führer eine kanzelartige Höhe erstieg im Predigertone einige Reime hersagte, und nachher mit einem Schlüssel einige Tropfsteinsäulen anschlug, die zwar wie Orgelpfeifen aussahen aber schlecht klangen. Indessen diese Tropfsteinsäulen leiteten mich auf eine Hypothese womit ich die Unzahl derjenige<n> vermehren will die über die Entsteh<un>g d<e>r gotischen Baukunst zu Tage gefördert worden.

Les montagnes du Hartz
1824

Habits noirs, bas de soie,
Manchettes blanches et cérémonieuses,
Discours douceureux, embrassades, . . .
Ah! s'ils avaient seulement des cœurs!

Des cœurs dans le sein, et de l'amour,
De l'amour brûlant dans le cœur . . .
Ah! je suis assourdi par leur ramage,
Ramage mensonger d'amour.

Je veux gravir les montagnes
Où sont de pieuses cabanes,
Où la poitrine respire avec liberté,
Où souffle un air plus libre.

Je veux gravir les montagnes
Où s'élancent les sombres sapins,
Où les ruisseaux murmurent, où les oiseaux chantent,
Où les nuages passent avec fierté.

Adieu, salons polis! dames polies!
Je veux gravir les montagnes
⌈Et laisser sous mes pieds votre fourmilière⌉.

La ville de Gœttingue, célèbre par ses saucissons et par son université, appartient au roi de Hanovre, et contient neuf cent quatre-vingt-dix-neuf feux, diverses églises, une maison d'accouchements, un observatoire, une prison, une ⌈bonne⌉ bibliothèque, et une taverne municipale, où la bière est aussi fort bonne. Le ruisseau qui passe devant la ville s'appelle la *Leine*, et l'on s'y baigne pendant l'été. L'eau en est très-froide et si large en quelques endroits, que ⌈mon ami⌉ Luder dut réellement prendre un furieux élan quand il la franchit d'un saut. La ville en elle-même est belle, et ne plaît jamais autant que lorsqu'on la regarde par le dos. Elle doit exister depuis bien longtemps, car, lorsque j'y fus immatriculé et bientôt après relégué, il y a de cela plus de cinq ans, elle avait déjà le même aspect grisonnant et posé, et elle était déjà complétement pourvue ⌈d'huissiers, de caniches,⌉ de dissertations, de thés dansants, de blanchisseuses, de *compendia*, de pigeons rôtis, d'ordres de Guelfes, de carrosses de promotion, de têtes de pipes, de conseillers auliques, de conseillers de justice, de conseillers de légation et de relégation, ⌈⌈et d'autres farceurs. On trouve même des gens qui prétendent que la ville a été bâtie à l'époque des migrations des peuples, et que chaque tribu allemande y a laissé alors un exemplaire brut de ses membres, et que c'est de là que descendent tous les Vandales, Frisons, Souabes, Teutons, Saxons, Thuringiens, etc., etc., qu'on voit encore aujourd'hui, par hordes et distingués par la couleur de leurs bonnets et de leurs garnitures de pipe, flâner dans la Weender-Strasse à Gœttingue, se battre journellement entre eux sur les sanglants champs de bataille de la Rasenmühle, du Ritschenkrug et de Bovden, races qui ont conservé les mœurs et les usages du temps de la grande migration des peuples, et sont gouvernées en partie par leurs *ducs*, qu'ils appellent *coqs*, en partie par leur code ⌈gothique⌉, qu'on nomme *Comment*, et qui mérite une place *in legibus barbarorum*.

En général, les habitants de Gœttingue sont partagés en étudiants, en professeurs, en philistins et en bétail, quatre états entre lesquels la ligne de démarcation n'est pourtant rien moins que tranchée. Celui du bétail est le plus considérable. Rapporter ici les noms de tous les étudiants et de tous les professeurs ordinaires et ⌈extraordinaires⌉ serait trop long; d'ailleurs, je ne me rappelle pas en ce moment les noms de tous les étudiants, et parmi les professeurs il en est qui n'ont pas⌉⌉ de nom du tout. La quantité de philistins de Gœttingue doit être très-grande, comme le sable, ou, pour mieux dire, comme la boue aux bords de la mer. En vérité, quand je les voyais, le matin, avec leurs figures sales et leurs blancs mémoires à payer, plantés devant la porte du sénat académique, je pouvais à peine comprendre comment Dieu avait pu créer tant de semblables canailles.

On peut lire fort à son aise de plus amples détails sur la ville de Gœttingue dans la topographie de K. F. H. Marx. Quoique j'aie les plus grandes obligations à l'auteur, qui était mon médecin, et ⌈me donnait peu de médecines⌉, je ne puis cependant recommander sans restriction son ouvrage, et je dois le blâmer de ce qu'il n'a pas contredit avec assez de sévérité l'opinion erronée que les dames de Gœttingue ont de très-grands pieds. Pour ma part, je me suis occupé depuis plus d'un an d'une sérieuse réfutation de cette erreur; j'ai suivi, dans ce but, un cours d'anatomie comparée, compulsé ⌈et annoté⌉ les ouvrages les plus rares de la bibliothèque, étudié pendant des heures entières les pieds des dames qui passaient dans la rue de Weend, et, dans la dissertation savante qui contiendra le résultat de ces études, je parle 1° des pieds en général, 2° des pieds chez les anciens, 3° des pieds des éléphants, 4° des pieds des dames de Gœttingue; 5° je récapitule tout ce qui a déjà été dit sur ces pieds au cabaret Ulric; 6° je considère ces pieds dans leurs rapports, et m'étends aussi, à cette occasion, sur le mollet, le genou, *et cætera*, et, enfin, 7° si je puis trouver un format de papier assez grand, je joindrai à ma brochure quelques lithographies, avec le *fac-simile* des pieds des dames de Gœttingue ⌈les plus distinguées⌉.

Il était encore de très-bonne heure quand je quittai Gœttingue, et le savant ⌈Eichhorn⌉ était certainement encore étendu dans son lit, et faisait peut-être son rêve d'ordinaire: qu'il se promenait dans un beau jardin, sur les plates-bandes duquel il ne croissait que de petits papiers blancs chargés de citations, qui brillaient d'un doux éclat au soleil, et dont il cueillait plusieurs çà et là; qu'il transplantait laborieusement dans une planche nouvelle, pendant que les rossignols réjouissaient son vieux cœur de leurs accents les plus doux.

Devant la porte de Weend, je rencontrai deux petits écoliers indigènes, dont l'un disait à l'autre: – Je ne veux plus fréquenter Théodore, c'est un polisson; car, hier il ne savait pas quel était le génitif de *mensa* ... Quelque insignifiants que semblent ces mots, je dois pourtant les rapporter, je voudrais même les faire écrire en forme de devise sur la porte de la ville; car les petits gazouillent comme les vieux sifflent, et ces mots caractérisent tout à fait l'étroit et sec orgueil d'érudition de la très-savante *Georgia Augusta.*

Sur la chaussée soufflait l'air frais du matin; les oiseaux chantaient avec joie, et je sentais peu à peu la jeunesse et la gaieté revenir aussi dans mon âme. J'avais besoin d'un tel rafraîchissement. Je n'étais pas sorti pendant les derniers temps de l'étable des Pandectes; les casuistes romains m'avaient en quelque sorte couvert l'esprit d'une grise toile d'araignée; mon cœur était comme pressé entre les paragraphes de fer des égoïstes systèmes de jurisprudence. Je n'entendais encore à mes oreilles que Tribonien, Justinien, Hermogénien et Béotien...⌈⌉. La route commençait à s'animer. Les laitières passaient, et puis les âniers avec leurs élèves gris. Derrière Weend, je rencontrai Berger et Doris. Il ne s'agit pas là du couple idyllique chanté par Gessner, mais des deux huissiers officiels de l'université, qui doivent avoir l'œil à ce qu'aucun duel d'étudiants n'ait lieu à Bovden, et que de nouvelles idées, qui auraient encore à faire quarantaine pendant quelques lustres aux portes de Gœttingue, n'y soient point introduites en contrebande par quelque ⌈jeune érudit non patenté⌉. Berger me salua d'une façon toute collégiale; car il est écrivain aussi, et il a souvent parlé de moi dans ses écrits semestriels, ⌈la nomenclature des étudiants,⌉ de même qu'il m'a souvent cité, et quand il ne me trouvait pas chez moi, il était toujours assez bon pour écrire avec de la craie la citation sur ma porte. De temps à autre passait un char trainé par un cheval unique, avec une pile d'étudiants qui partaient pour les vacances ou pour toujours. Il y a, dans une pareille université, un croisement continuel d'arrivées et de départs. On y trouve tous les trois ans une nouvelle génération d'étudiants. C'est un éternel fleuve d'hommes, où chaque vague semestrielle chasse l'autre. Les vieux professeurs seuls, dans ce mouvement général, restent solides et inébranlables sur place comme les pyramides d'Égypte, si ce n'est que ces pyramides d'université ne recèlent aucun trésor de sagesse.

A Rauschenwasser, je vis sortir à cheval, des bosquets de myrtes, deux jeunes gens pleins d'avenir. Une femme qui enseigne en ce lieu la philosophie horizontale, leur fit la conduite jusque sur la route, claqua avec une main exercée les maigres croupes des chevaux, et rit aux éclats quand l'un des cavaliers lui rendit⌈, de toute la longueur de son fouet,⌉ sa galanterie ⌈à la même place⌉, puis elle s'en fut dans la direction de Bovden. Les deux jeunes gens filaient sur Nœrten, gloussaient ⌈de grand cœur⌉ à la tyrolienne, et chantèrent fort agréablement ⌈notre air national⌉: *Bois de la bière, ma chère Lise!* J'entendis encore longtemps les joyeux éclats, mais je perdis bientôt entièrement de vue les aimables chanteurs, vu qu'ils fouettaient et éperonnaient d'une manière désespérante leurs chevaux⌈⌉. Nulle part l'écorcherie des chevaux n'est pratiquée plus fortement qu'à Gœttingue, et souvent, en voyant comme une semblable pauvre rosse boîteuse et suante, qui recevait pour toute sa peine une misérable poignée de fourrage, était martyrisée par nos chevaliers de Rauschenwasser, ou forcée de traîner une pleine carrossée d'étudiants, j'ai ⌈dit⌉, ⌈comme Voltaire⌉: – Pauvre animal! sans doute tes ancêtres ont mangé dans le Paradis de l'⌈orge⌉ défendue.

Je retrouvai mes deux jeunes gens à l'auberge de Nœrten. L'un dévorait une salade aux harengs, et l'autre s'entretenait avec la servante au cuir jaune, Fusia Caninia, appelée aussi Hochequeue. Il lui dit quelques gracieusetés, et tous deux en venaient bientôt aux mains. Pour alléger mon havre-sac, j'en retirai un pantalon bleu, fort remarquable sous le rapport historique, et le donnai au petit garçon d'auberge, qu'on nomme Colibri. Pendant ce temps, la Bussenia, la vieille hôtesse, m'apporta de bonnes tartines, et se plaignit de ce qu'elle me voyait si rarement, car elle m'aime beaucoup.

Derrière Nœrten, le soleil était élevé et brillant. Il se conduisit fort poliment avec moi et m'échauffa la tête de manière à m'y faire mûrir toutes les pensées en herbe. L'aimable soleil de l'auberge de Nordheim n'est pas à dédaigner non plus; j'y entrai et trouvai le dîner prêt. Tous les plats étaient préparés d'une façon savoureuse, et me convenaient mieux que la cuisine académique⌈⌉, les éternels stockfisch⌈⌉ de Gœttingue.

Quand mon estomac fut un peu satisfait, je remarquai dans la salle où je me trouvais un monsieur et deux dames qui se préparaient à partir. Ce monsieur était habillé complétement en vert, et portait même des lunettes vertes, qui jetaient sur son nez d'un rouge cuivré, un reflet comme du vert de gris. Il avait tout à fait l'air du roi Nabuchodonosor dans ses dernières années, où, selon la tradition, tel qu'un animal des bois, il ne mangeait plus que de la salade. L'homme vert désira que je lui indiquasse un bon hôtel à Gœttingue, et je lui conseillai de demander au premier étudiant venu l'hôtel de Brühbach. L'une de ses compagnes était madame son épouse, grande et ample femme, rouge figure d'une lieue carrée, avec des fossettes dans les joues qui avaient l'air de crachoirs pour les amours; double menton pendant, à chair longue, qui semblait une mauvaise continuation de la figure; son énorme sein, couvert de raides dentelles et de festons déchiquetés, comme des demi-lunes et des bastions, ressemblait à une forteresse. ⌈Je ne sentis aucune envie d'en faire le siége.⌉ L'autre voyageuse, madame sa sœur, formait le contre-pied complet de la première. Si l'une descendait des ⌈sept⌉ vaches grasses de Pharaon, la seconde descendait à coup sûr des maigres. Sa figure n'était qu'une bouche entre deux oreilles. Son sein était⌈⌉ comme les landes de Lünebourg. Toute sa personne desséchée donnait l'idée d'une table gratuite pour de pauvres étudiants en théologie. Les deux dames me demandèrent⌈⌉ si l'hôtel de Brühbach était habité par des gens comme il faut. Je répondis affirmativement avec la conscience tranquille, et quand l'aimable trio partit, je les saluai encore de la fenêtre. L'⌈auberge⌉ du Soleil rit malignement, elle savait sans doute qu'à Gœttingue les étudiants nomment la prison académique hôtel de Brühbach.

Derrière Nordheim, le sol commence à devenir montagneux, et de belles hauteurs surgissent çà et là. Je rencontrai sur le chemin bon nombre de marchands qui se rendaient à la foire de Brunswick, et un essaim de femmes dont chacune portait sur le dos une cage grande comme une maison, entourée d'une grande toile blanche. Ces cages renfermaient toutes sortes d'oiseaux chanteurs⌈⌉, qui sifflaient et gazouillaient⌈⌉ pendant que les porteuses s'en allaient sautillant et babillant. Je trouvai fort comique de voir que les oiseaux se portassent ainsi au marché les uns les autres.

Il était nuit noire quand j'arrivai à Osterode. L'appétit me manqua, et je me mis tout de suite au lit. J'étais fatigué comme un chien, et je dormis comme un dieu. En songe, je revins à Gœttingue, et m'y retrouvai dans la bibliothèque, ⌈assis⌉ dans un coin de la salle de jurisprudence; j'y feuilletais de vieilles dissertations, je m'enfonçais dans la lecture, et quand je cessai, je remarquai, à mon grand étonnement, qu'il était nuit, et que des lustres en cristal éclairaient la salle. L'horloge de l'église voisine frappa douze coups; la porte de la salle s'ouvrit lentement, et donna passage à une femme orgueilleuse et gigantesque, qu'accompagnaient respectueusement les membres⌈⌉ de la faculté de jurisprudence. La géante, quoique passablement âgée, avait pourtant les traits d'une beauté sévère; chacun de ses regards trahissait la superbe fille des Titans, la puissante Thémis. Elle tenait négligemment d'une main⌈⌉ la balance, et dans l'autre un rouleau de parchemin. Deux jeunes *doctores juris* portaient la queue de sa robe, fanée et grise. A sa droite, bondissait ⌈comme un lévrier⌉ le sec conseiller aulique Rusticus ⌈Bauer⌉, le Lycurgue du Hanovre, lequel déclama quelque chose de son nouveau projet de loi. A la gauche de la déesse, clopinait tout galant et en belle humeur son *cavaliere servente*, le conseiller intime de justice Cujacius Hugo, qui ne cessait de faire des bons mots juridiques, et en riait le premier de si bon cœur, que la grave déesse elle-même se pencha, en riant, vers lui, le frappa sur l'épaule avec son grand rouleau de parchemin, et lui dit amicalement à l'oreille: «Petit mauvais sujet, ⌈qui plaisante si bien et raisonne si mal!⌉» Chacun des autres messieurs eut aussi quelque chose à remarquer, puis à en rire, quelque petit système tout nouvellement rêvassé, une petite hypothèse ou quelque semblable avorton de sa propre petite tête. Arrivèrent aussi par la porte, restée ouverte, beaucoup de messieurs étrangers qui s'annoncèrent comme les autres grands hommes de l'ordre illustre, compagnons anguleux et ⌈pointus⌉ pour la plupart, qui, avec une ample suffisance, se mirent tout de suite à définir, à distinguer, et à disputer sur chaque petit paragraphe des Pandectes. Et toujours arrivaient de nouvelles figures, de vieux savants jurisconsultes, en costumes passés de mode, avec de blanches et longues perruques et des visages oubliés depuis longtemps, et qui s'étonnaient fort qu'on ne fît pas plus d'attention à eux, les illustres du siècle passé. Ils se mêlèrent alors, à leur manière, au bavardage, au glapissement et aux cris universels, qui, toujours plus bruyants et plus confus, comme le grondement de la mer, ⌈étourdirent⌉ la noble déesse jusqu'à ce qu'elle perdît patience, et s'écriât tout d'un coup du ton le plus formidable de son désespoir gigantesque: «Silence! Taisez-vous! J'entends la voix de mon cher Prométhée: la force insultante et la violence muette ⌈de la sainte alliance⌉ ont enchaîné le héros sur un rocher ⌈dans l'Océan⌉, et votre bavardage et vos querelles ne peuvent rafraîchir ses blessures, et briser ses fers!» Ainsi parla la déesse, et des ruisseaux de larmes coulèrent de ses yeux. Toute l'assemblée hurla comme saisie d'une angoisse de mort, la voûte craqua, les livres roulèrent de dessus leurs rayons. Ce fut en vain que le vieux Münchhausen sortit de son cadre pour ordonner le calme; le tumulte et le vacarme devenaient toujours plus épouvantables. Je m'enfuis loin de ce tintamarre de frénétiques, et me réfugiai dans la salle consacrée à l'histoire, à la place d'asile où⌈⌉ l'Apollon du Belvédère et la Vénus de Médicis sont auprès l'une de l'autre, et je tombai aux pieds de la déesse de la beauté. A son aspect, j'oubliai l'affreux vacarme auquel j'étais échappé; mes yeux burent avec ravissement les harmonies et l'éternelle amabilité de ses formes ⌈célestes⌉, le calme grec se répandit dans toute mon âme, et sur ma tête Phébus-Apollon versa⌈⌉ les plus doux accords de sa lyre.

En m'éveillant, j'entendis encore des sons caressants: c'étaient les troupeaux qui partaient pour le pâturage, et faisaient retentir leurs clochettes. La bonne lumière dorée du soleil entrait par la fenêtre, et éclairait les images qui tapissaient les murs de la chambre. C'étaient des tableaux de la dernière guerre ⌈avec la France⌉, où l'on avait fidèlement représenté comme quoi nous fûmes alors tous des héros; puis des scènes d'exécutions du temps de la révolution: Louis XVI sur la guillotine, et autres semblables couperies de têtes qu'on ne peut regarder sans remercier Dieu d'être tranquillement couché dans son lit, de boire de bon café, et d'avoir encore très-confortablement sa tête sur les épaules.

Après avoir pris mon café, m'être habillé, avoir lu les inscriptions sur les vitres des fenêtres et tout réglé dans l'auberge, je quittai Osterode.

Cette ville a tant et tant de maisons, différents habitants, parmi lesquels aussi plusieurs âmes, comme on peut le voir plus exactement dans le *Manuel des Voyageurs du Hartz* par Gottschalck. Avant de reprendre la grande route, je grimpai visiter les ruines de l'ancien château fort d'Osterode. Elles ne consistent plus que dans la moitié d'une grande tour, à murs épais, rongée comme par un cancer. Le chemin de Clausthal me fit encore remonter, et d'une des premières hauteurs je plongeai encore mes regards dans la vallée où Osterode se montre avec ses toits rouges au-dessus des verts ‖ sapins, comme une rose mousseuse. Le soleil l'arrosait d'une ⌈pluie menue de lumière⌉. On aperçoit d'ici le côté le plus imposant de la demi-tour encore debout.

Après avoir marché pendant quelque temps, je rencontrai un jeune artisan qui faisait son compagnonnage. Il venait de Brunswick, et me raconta, comme un bruit de la ville, que le jeune duc avait été fait prisonnier par les Turcs, sur la route de la terre sainte, et ne pouvait être délivré qu'au prix d'une forte rançon. Le long voyage du duc peut avoir donné naissance à ce conte. Le peuple conserve encore aujourd'hui ce tour d'esprit fabuleux traditionnel, qui s'exprime d'une manière si charmante dans son *Duc Ernest*. Le colporteur de cette nouvelle était cette fois un compagnon tailleur, gentil petit jeune homme, mais si mince que la lueur des étoiles aurait pu être aperçue au travers de son corps, comme à travers les fantômes nuageux d'Ossian. Il consistait en un baroque mélange de bonne humeur et de mélancolie. Cette dernière qualité se manifesta surtout dans la façon drôlement touchante dont il chanta l'admirable chanson: *Un hanneton bourdonnait sur la haie, soumm, soumm!* Il y a cela de beau chez nous autres Allemands, qu'il n'y a nul de nous tellement fou qui n'en trouve encore un plus fou pour le comprendre. Il n'y a qu'un Allemand dont la sensibilité puisse s'identifier avec cette chanson au point d'en rire et d'en pleurer à mourir. Je remarquai encore en cette occasion à quelle profondeur la parole de Gœthe a pénétré dans la vie du peuple. Mon mince compagnon de route fredonnait de temps en temps aussi: *Chagrin et joyeux, les pensées sont libres;* ‖puis il chanta une chanson où Charlotte s'afflige au tombeau de son ami Werther. Le tailleur déborda de sentimentalité à ces mots:

Je pleure solitaire près du buisson de roses
Où la lune tardive nous a souvent surpris!
J'erre en gémissant auprès de la source
Dont le murmure nous enivrait d'une douce joie.

Mais bientôt il ⌈s'en dégoûta⌉ et me dit: – Nous avons un Prussien à l'auberge de la maîtrise à Cassel, qui fait lui-même de semblables chansons; il ne peut pas coudre deux points de suite, et quand il a un sou dans sa poche, il a pour deux sous de soif, et quand il est dans l'ivresse, il prend le ciel pour une camisole bleue, et pleure comme une gouttière, et il chante une chanson avec de la poésie double! Je voulus qu'il m'expliquât cette dernière expression, mais mon pauvre petit tailleur ne faisait que sauter çà et là sur ses frêles petites jambes⌉, en répétant: – La poésie double est la double poésie! Enfin je découvris qu'il voulait parler de la versification à rimes doubles, et particulièrement des stances. Cependant le mouvement excessif et le vent qui était contraire avaient beaucoup fatigué le chevalier de l'aiguille. Il fit à la vérité de grands apprêts pour avancer, et trancha du matamore en disant: – Maintenant je vais avaler du chemin. Mais bientôt il se plaignit qu'il lui était venu des cloches aux pieds, que le monde était trop vaste, et enfin, il se laissa doucement couler le long d'un tronc d'arbre, remua sa tendre petite tête comme une petite queue d'agneau affligé, et il s'écriait en riant tristement: – Pauvre bonne rosse que je suis, je suis pourtant déjà las!

Les montagnes devenaient ici plus escarpées, les bois de sapins roulaient sous mes pieds leurs masses comme les flots verts de la mer, et sur ma tête les blancs nuages voguaient dans le ciel bleu. L'aspect sauvage du pays était adouci par son unité et par sa simplicité tout à la fois. La nature, en bon poëte, n'aime pas les transitions trop heurtées. Les nuages, quelque bizarrement contournés qu'ils paraissent parfois, portent un coloris blanc ou d'une teinte claire qui s'harmonise avec le bleu du ciel et le vert de la terre; toutes les couleurs d'un paysage se fondent ensemble comme les sons d'une musique douce, et l'aspect de la nature agit comme un calmant sur le corps et sur l'âme de l'homme. Feu Hoffmann aurait fait des nuages de couleur pie... Telle qu'un grand poëte, la nature sait aussi produire les plus grands effets avec les moindres moyens. Ce ne sont toujours qu'un soleil, des arbres, des fleurs, de l'eau et de l'amour. Sans doute si ce dernier élément ne se trouve pas dans l'âme du spectateur, le tout peut présenter un pauvre aspect, et le soleil n'a plus alors que tant de mille lieues de diamètre, et les arbres sont de bon bois de chauffage, et les fleurs sont classées par leurs étamines, et l'eau n'est qu'une chose humide.

Un petit garçon, qui faisait dans le bois des fagots pour son oncle malade, me montra le village de Lerbach, dont les petites cabanes à toits gris s'étendent dans la vallée sur une longueur de plus d'une demi-lieue. – Il y a là, me dit-il, des goîtreux imbéciles et des nègres blancs... Par ce dernier mot, ⌈il voulait dire⌉ des albinos. Le petit bonhomme était en bonne intelligence avec les arbres; il les saluait comme de braves connaissances, et ceux-ci, par leur murmure, semblaient lui renvoyer son bonjour. Il siffla comme un serin, et tout alentour répondirent en gazouillant les autres oiseaux, et avant que je pusse le voir s'enfuir, d'un saut il avait disparu, nu-pieds, et avec son fagot, dans l'épaisseur du bois. – Les enfants, pensai-je, sont plus jeunes que nous, et peuvent encore se souvenir du temps où eux-mêmes étaient arbres ou oiseaux; ils sont donc encore en état de les comprendre. Nous sommes déjà trop vieux, nous autres, et nous avons dans la tête trop de soucis, de jurisprudence et de mauvais vers. Je me rappelai bien le temps où il en était encore autrement chez moi, et avec cette pensée je cheminai vers Clausthal. J'arrivai dans cette jolie petite ville de montagnes, qu'on n'aperçoit pas avant d'être devant les portes, au coup de midi, au moment où les enfants sortaient joyeusement de l'école. Ces charmants petits garçons, presque tous aux joues rouges, aux yeux bleus et aux cheveux blonds comme le lin, sautaient et criaient de joie, et ils réveillèrent dans mon âme des souvenirs douloureusement riants. Je me reportai au temps où, petit écolier, je ne pouvais, de toute la matinée, bouger de mon banc de bois, dans une ⌈sombre école de couvent catholique⌉ à Dusseldorf, et où il me fallut supporter tant de latin, de férules et de géographie. Alors ma joie et mes cris étaient immodérés aussi quand la vieille cloche des Franciscains sonnait enfin midi. Les enfants de Clausthal virent à mon havre-sac que j'étais étranger, et me saluèrent d'une façon tout hospitalière. L'un des petits garçons me raconta qu'ils venaient de recevoir une leçon de religion, et me montra le catéchisme royal de Hanovre, d'après lequel on les interrogeait sur le christianisme. Ce petit livre était fort mal imprimé, et je crains fort que par cette mauvaise impression les doctrines religieuses ne fissent tout d'abord une impression également fâcheuse sur l'esprit des enfants. Je fus aussi alarmé de voir ⌈la table d'arithmétique⌉ qui forme une inquiétante contradiction avec le dogme de la sainte Trinité, imprimée dans le catéchisme même, à la dernière feuille, ce qui peut inspirer de bonne heure aux enfants des doutes impies. Nous sommes bien plus avisés dans le royaume de Prusse;⌈⌉ nous nous gardons bien de faire imprimer le *Une fois un fait un* derrière le catéchisme.

Je dînai à Clausthal, à l'auberge de *la Couronne*. On me servit une verte soupe printanière au persil, du chou violet, un rôti de veau grand comme le Chimboraço en miniature, et une sorte de harengs fumés qu'on appelle bückinge, du nom de leur inventeur Wilhelm Bücking, mort en 1447, et qui, pour cette invention, fut tenu en si grand honneur par Charles-Quint, qu'en 1556 celui-ci vint de Middelbourg à Bievlied, en Zélande, seulement pour voir la tombe de ce grand homme. Quel admirable goût a un pareil mets, quand on connaît les données historiques qui s'y rapportent⌈⌉! Seulement une fatalité envieuse me ⌈priva de⌉ mon café, parce qu'un jeune homme s'établit auprès de moi pour pérorer, et ⌈tonna d'une façon si orageuse⌉, que le lait tourna dans le vase. C'était un jeune commis voyageur qui portait vingt-cinq gilets de couleurs variées, et autant de cachets, de bagues et d'épingles d'or⌷. Il savait par cœur une foule de charades, ainsi que des anecdotes qu'il citait justement très-mal à propos. Il me demanda ce qu'il y avait de nouveau à Gœttingue, et je lui racontai qu'avant mon départ un décret du sénat académique venait de défendre qu'on coupât la queue aux chiens, sous peine de trois thalers d'amende, attendu que, dans la canicule, les chiens enragés portaient la queue entre les jambes, ce qui les fait distinguer de ceux qui ne le sont pas, et ce qu'on ne pourrait faire s'ils n'avaient pas de queue. Après dîner, je me mis en route pour visiter les fonderies d'argent, la Monnaie et les mines.

Dans les fonderies d'argent, comme souvent dans la vie, ⌈je dus me contenter de la vue seule de l'argent. Je ne fus pas plus heureux⌉ à la Monnaie, où je pus voir comment on fait les écus. A la vérité, je n'ai pu aller plus loin en aucun temps. En pareille occasion, je n'ai jamais eu que la vue, et je crois que, si les thalers pleuvaient du ciel, je n'en attraperais que des trous à la tête, pendant que les enfants d'Israël ramasseraient joyeusement la manne argentine. Avec un sentiment où s'alliaient comiquement le respect et une tendre émotion, je considérai les thalers nouveau-nés et brillants; j'en pris dans la main un qui sortait de dessous le balancier, et lui dis: «Jeune thaler! quelle destinée t'attend! que de bien et de mal tu feras! Combien de fois iras-tu protéger le vice, et raccommoder la vertu⌷! Que d'orgies, ⌈de honteux marchés⌉, de mensonges et de meurtres se feront par toi! Avec quelle rapidité tu courras sans relâche par des mains sales et propres, pendant des siècles, jusqu'à ce qu'enfin, chargé de fautes et fatigué de péchés, tu te réunisses aux tiens dans le sein d'Abraham, qui te fondra, t'épurera, et t'appellera à une nouvelle et meilleure existence.»

Je trouvai fort intéressante la manière de descendre dans les deux mines principales de Clausthal, la Dorothée et la Caroline, et veux vous en faire un récit détaillé.

A une demi-lieue de la ville, on arrive à deux grands édifices noirâtres. Là, on est reçu tout de suite par les mineurs. Ceux-ci portent des jaquettes larges, de couleur foncée, d'ordinaire bleu noirâtre, qui leur tombent sur les cuisses, des pantalons de même couleur, un tablier de peau⌷, et de petits chapeaux de feutre vert, tout à fait sans bords, comme un cône tronqué. Le visiteur est revêtu d'un semblable costume, sauf le tablier, et un mineur, un maître, après avoir allumé sa lampe souterraine, vous conduit à une sombre ouverture qui ressemble à un tuyau de cheminée, y descend le premier jusqu'à la poitrine, vous donne des règles pour vous tenir aux échelles, et vous invite à le suivre sans inquiétude. La chose en elle-même n'est rien moins que dangereuse; mais on ne le croit pas d'abord, quand on ne connaît rien aux mines. On éprouve déjà une impression toute particulière quand il faut se déshabiller, et revêtir comme un sombre costume de criminel. Et maintenant il vous faut aller sur vos quatre membres, et le trou est bien noir, et Dieu sait quelle longueur a l'échelle. Mais bientôt on s'aperçoit que ce n'est pas la seule qui conduise dans la noire éternité, et qu'il y en a beaucoup de quinze à vingt échelons, dont chacune conduit à une petite planche où l'on peut s'arrêter, et où s'ouvre un nouveau trou pour une nouvelle échelle. J'avais commencé par descendre dans la Caroline. C'est la plus sale et la plus maussade Caroline que j'aie jamais connue! Les échelons sont couverts de boue liquide, et l'on va d'une échelle à l'autre, le mineur descendant le premier, et vous assurant toujours qu'il n'y a pas de danger, seulement qu'il faut se tenir ferme aux échelons, ne pas regarder à ses pieds, ne pas gagner le vertige, et prendre garde de mettre le pied sur la planche voisine, le long de laquelle remonte en grondant la corde des tonneaux, et d'où, il y a quinze jours, un homme imprudent a été précipité, et s'est⊓ rompu le cou. Là-bas, au fond, c'est un bruit et un murmure confus; on se frotte continuellement à des poutres et à des cordes en mouvement pour reporter en haut les tonnes remplies de⊓ minerai ou de l'eau qui suinte dans la mine. On arrive, de temps en temps, à des allées transversales nommées galeries, où l'on voit croître le métal, où le mineur solitaire reste tout le jour, occupé à détacher⊓ avec son marteau les morceaux de métal de la galerie. Je ne suis pas descendu jusqu'à la dernière profondeur, où l'on peut déjà, au dire de quelques-uns, entendre les antipodes crier en Amérique: *Hourrah, Lafayette!* Entre nous soit dit, je trouvai déjà assez profond l'endroit jusqu'où j'étais descendu. Ce n'était que murmure et bourdonnement continuels, jeu ⸢mystérieux⸣ de machines, ruissellement de sources souterraines⊓, bouffées de vapeurs terrestres, et la lumière de notre lampe tremblotait, de plus en plus pâle, dans la nuit solitaire. En vérité, c'était étourdissant; la respiration me devenait difficile, et c'est avec peine que je me tenais aux échelons glissants. Je n'ai pas éprouvé d'accès d'inquiétude, mais, chose étrange, à cette profondeur, je me rappelai que, l'année précédente, à peu près à la même époque, j'avais vu une tempête sur la mer du Nord, et je pensais en ce moment qu'il était bien doux de sentir le vaisseau ballotté çà et là, d'entendre les vents exécuter leur fanfare de trompettes, et, au milieu de ce bruit, le tapage amusant des matelots, et tout cela fraîchement baigné par l'air délicieux et libre du ciel. Ah! oui, de l'air! Altéré d'air, je remontai quelques douzaines d'échelles, et mon mineur me conduisit par une étroite et très-longue galerie taillée dans la montagne jusqu'à la mine Dorothée. Là, il fait plus frais et plus gai, les échelles sont aussi plus propres, mais plus longues et plus raides que dans la Caroline. Je m'y trouvai ⸢aussi⸣ plus à mon aise, surtout quand j'y rencontrai beaucoup plus de traces d'hommes vivants. On voyait dans le fond des lumières marcher; des mineurs, avec leurs lampes, remontaient insensiblement jusqu'à nous, en nous saluant par leur amical: *Bonne montée!* recevaient de nous le même souhait, et nous dépassaient. Je fus frappé comme par un souvenir calme et doux, mais singulier et énigmatique, en rencontrant les regards clairs et pensifs, et les figures un peu pâles, mais gravement pieuses de ces hommes jeunes et vieux, mystérieusement éclairées par les lueurs douteuses des lampes. Après avoir travaillé tout le jour dans leurs crevasses sombres et solitaires, ils remontaient alors vers la douce clarté du jour et des yeux de leurs femmes et de leurs enfants.

Mon cicerone lui-même était une brave et loyale nature d'Allemand, fidèle comme un caniche. Ce fut avec un sentiment de félicité intime qu'il me montra la galerie où le duc de Cambridge, le jour où il visita la mine, avait diné avec toute sa suite, et où l'on conserve la longue table du festin, et le grand siége de minerai sur lequel le duc s'est assis. – Cela doit rester comme un souvenir éternel, – me dit le bon mineur, et il me raconta avec enthousiasme tout ce qu'on avait donné de fêtes en cette occasion, comment toute la galerie avait été décorée de lumières, de fleurs et de feuillages, comme quoi un garçon mineur avait pris une guitare et chanté, comment le cher gros duc avait bu beaucoup de santés, et comme tous les mineurs, et lui surtout, se feraient tuer de grand cœur pour le cher gros duc et pour toute la maison de Hanovre.∥

Comme la fidélité allemande, la petite lampe du mineur venait de nous conduire, sans ⌈éclat flamboyant⌉, mais calme et sûre, par le labyrinthe des excavations et des galeries. Nous sortîmes de la pesante nuit souterraine; la lumière du soleil brillait..... Bonne montée!

Presque tous les ouvriers des mines demeurent à Clausthal, et dans la petite ville de Zellerfeld, qui est contiguë. Je visitai plusieurs de ces bonnes gens, j'observai leur arrangement intérieur, j'entendis quelques-uns de leurs chants, qu'ils accompagnent fort joliment avec la guitare, leur instrument favori; je me fis raconter par eux de vieux contes des montagnes, et répéter aussi les prières qu'ils ont coutume de réciter ensemble avant de descendre dans leurs sombres souterrains, et j'ai dit avec eux plus d'une bonne prière. Un vieux maître mineur était même d'avis que je restasse avec eux, et m'engageait à me faire mineur. Lorsque cependant je pris congé d'eux, il me donna une commission pour son frère, qui demeure dans le voisinage de Goslar, et me chargea d'embrasser bien des fois sa chère nièce.

Toute calme et immobile que paraisse la vie de ces gens, c'est pourtant une vie véritable, animée. La femme, vieille et tremblotante, qui était assise derrière le poêle, en face de la grande armoire, avait peut-être passé un quart de siècle à la même place, et ses sentiments et ses idées sont profondément identifiés sans doute avec toutes les angulosités de ce poêle, avec toutes les ciselures de cette armoire. Et, alors, armoire et poêle vivent, car un homme leur a donné une partie de son âme.

⌈Ce n'est que des profondeurs d'une pareille coexistence avec le monde extérieur⌉ qu'ont pu naître les vieux contes de nourrice en Allemagne, dont le propre est de faire parler et agir, non pas seulement les animaux et les plantes, mais aussi une foule d'objets inanimés. C'est à des gens rêveurs et tranquilles que devait se révéler, dans le secret calme et paisible de ces petites cabanes dans les montagnes et dans les bois, la vie intérieure de tous ces objets. Ils leur découvrirent un caractère nécessaire et conséquent, un doux mélange de caprice fantastique et de vrais sentiments humains; et c'est ainsi que nous voyons, dans ces contes, des choses merveilleuses, rapportées comme toutes naturelles. L'aiguille et l'épingle, par exemple, reviennent de la maîtrise des tailleurs, et se perdent dans l'obscurité; le brin de paille et le charbon veulent passer le ruisseau, et chavirent; la pelle et le balai se querellent sur l'escalier, et se battent; le miroir interrogé vous montre l'image de la plus belle femme; des gouttes de sang même commencent à parler, paroles sinistres de la pitié la plus inquiète... C'est la même cause qui fait que notre vie a, dans l'enfance, une importance si infinie. A cette époque, tout nous est significatif: nous entendons tout, nous voyons tout; toutes nos sensations sont de proportions égales, tandis que, plus tard, nous agissons plus de propos délibéré. Oui, plus tard, nous nous vouons plus exclusivement à telle ou telle chose isolée; nous échangeons alors péniblement l'or pur de l'intuition contre le papier-monnaie des définitions des livres, et notre vie gagne en étendue ce qu'elle perd en profondeur. Alors aussi, nous sommes des gens faits et distingués; nous changeons souvent de demeure, la servante y met en ordre et change à volonté la place des meubles, qui nous intéressent peu, ou parce qu'ils sont neufs, ou parce qu'ils appartiennent aujourd'hui à Jean, demain à Isaac. Nos vêtements même nous demeurent étrangers; nous savons à peine combien de boutons sont attachés au frac que nous portons à cette heure. Ces habits, nous les changeons aussi souvent que possible, aucun ne demeure en rapport nécessaire avec notre histoire intime et extérieure. A peine pouvons-nous nous rappeler quel air avait ce gilet brun qui nous a valu jadis tant d'éclats de rire, et sur les larges raies ⌈jaunes⌉ duquel se posa pourtant avec tant de charme la douce main de la bien-aimée!

La vieille femme en face de l'armoire, derrière le poêle, portait une robe à fleurs, d'une étoffe passée, l'habit de noce de sa ⌈grand'-mère⌉. Son arrière-petit-fils, petit garçon blond, aux yeux étincelants, et déjà habillé en mineur, était assis aux pieds de sa bisaïeule, et comptait les fleurs de cette robe, et elle lui a peut-être raconté sur cette robe beaucoup d'historiettes, beaucoup d'historiettes sérieuses et jolies, que l'enfant n'oubliera certainement pas de si tôt, et qui flotteront souvent encore dans son imagination quand, devenu homme, il travaillera solitairement dans les galeries sombres de la Caroline, et il les redira peut-être longtemps après que la bonne grand'-mère sera morte, et que lui-même, vieillard éteint et blanchi, sera assis dans le cercle de ses petits-enfants, en face de la grande armoire, derrière le poêle.

Je couchai à l'auberge de la *Couronne*, où le conseiller aulique ⌈Bouterweck⌉ était arrivé de Gœttingue dans la journée. J'eus le plaisir de faire ma cour au vieillard. Quand je m'inscrivis dans le livre des étrangers, et que je feuilletai le mois de juillet, j'y trouvai le nom bien cher d'Adalbert de Chamisso, le biographe célèbre de l'immortel Pierre Schlemiehl. L'hôte me raconta que ce monsieur était arrivé par un temps effroyable, et était reparti avec un temps pareil.

Le lendemain, je dus alléger encore mon havre-sac; je jetai par-dessus le bord la paire de bottes que j'y avais enfermée; je levai les pieds, et partis pour Goslar. Je me dirigeai sans trop savoir comment. Je me rappelle seulement que je me remis à flâner par monts et par vaux. J'enfonçai souvent mes regards dans de jolies et riantes vallées; les sources argentines murmuraient, les oiseaux des bois gazouillaient délicieusement, les clochettes des troupeaux tintaient, les arbres à la verdure variée étaient dorés par les doux rayons du soleil, et le dais de soie bleue du ciel était si transparent, qu'on pouvait voir au travers bien loin, et jusqu'aux profondeurs du sanctuaire, où les anges sont assis au pied de Dieu, et étudient dans ses yeux la basse fondamentale. Pour moi, je vivais encore dans le songe de la nuit précédente, que je ne pouvais chasser de ma mémoire. C'était le vieux conte du chevalier qui descend dans un puits profond, où la plus belle des princesses est engourdie dans un sommeil enchanté. J'étais moi-même le chevalier, et le puits me paraissait la mine obscure de Clausthal. Tout à coup parurent beaucoup de lumières, et de toutes les crevasses du puits jaillirent les nains vigilants qui me firent des grimaces courroucées, s'escrimèrent contre moi avec leurs petits sabres, tirèrent de leurs cors des sons perçants qui en firent venir sans nombre et sans cesse, et ils remuaient d'une manière effrayante leurs larges têtes. Au moment où je les frappai, le sang coula, et je m'aperçus que c'étaient les têtes des rouges chardons à longue barbe que j'avais abattues avec mon bâton sur la grande route le jour précédent. Tous disparurent effrayés, et j'arrivai dans une salle brillante et splendide. Au milieu, se tenait, couverte d'un voile blanc, la bien-aimée de mon cœur, mais raide et immobile. Je lui baisai la bouche, et, par le Dieu vivant! je sentis le souffle vivifiant de son âme et le doux tressaillement de ses lèvres. Ce fut pour moi comme si j'eusse entendu Dieu dire: – Que la lumière soit!... Un rayon éblouissant de la lumière éternelle vint me frapper; mais au même instant, il fit nuit de nouveau, et tout se précipita, avec le pêle-mêle du chaos, dans une mer furieuse et désordonnée. Quelle furie, quel désordre! Sur l'eau bouillonnante volaient avec terreur les fantômes des morts, leurs blancs suaires flottant au gré du vent. Derrière eux, se précipitait avec colère un arlequin à casaque bariolée, qui les excitait avec un fouet retentissant, et, l'arlequin, c'était encore moi... Mais, tout d'un coup, des flots sombres sortirent, avec leurs têtes difformes, les monstres marins qui allongèrent sur moi leurs griffes ouvertes, et, de frayeur, je m'éveillai.

Comme on gâte quelquefois les plus beaux contes! Selon la tradition véritable, il faut que le chevalier, alors qu'il a trouvé la princesse endormie, coupe un morceau de son voile; et quand, par l'effet de sa hardiesse, le sommeil magique est détruit, et que la belle se retrouve dans son palais, assise sur son siége d'or, il faut que le chevalier se présente devant elle et lui dise: – Mon admirable princesse, me connais-tu? – A quoi elle répond: – Mon très-vaillant chevalier, je ne te connais pas. Et celui-ci lui montre alors le morceau coupé sur son voile et qui s'y rattache parfaitement à l'instant même, et tous deux s'embrassent tendrement, et les trompettes sonnent, et l'on célèbre le mariage.

C'est vraiment un malheur particulier que mes songes d'amour aient rarement une aussi belle fin.

Le nom de Goslar résonne si agréablement, et d'antiques souvenirs impériaux s'y rattachent en si grand nombre, que je m'attendais à voir une ville imposante et magnifique. Mais voilà ce qui arrive quand on voit de près les célébrités! je n'y trouvai qu'un nid à rues étroites, tortueuses comme un labyrinthe. Au milieu, coule un peu d'eau, probablement la Gose; tout est déchu et boueux, et le pavé aussi rocailleux que les hexamètres ⌈des poëtes⌉ de Berlin. Les antiquités de sa clôture, les restes des murs des tours et des créneaux donnent seuls à la ville quelque chose de piquant. Une de ces tours, nommée le *Zwinger*, a des murs tellement épais qu'on y a creusé des appartements entiers. La place devant la ville où se tient le célèbre jeu de l'arquebuse, est une belle grande prairie, ceinte de hautes montagnes. Le marché est petit; au milieu jaillit une fontaine dont l'eau s'épanche dans une grande cuve de métal. En cas d'incendie, on frappe plusieurs coups sur cette cuve, qui rend alors un son retentissant au loin. On ne sait rien de l'origine de cette cuve; quelques-uns disent que le diable l'a autrefois établie, une nuit, sur le marché. A cette époque les gens étaient encore bêtes et le diable bête aussi, et ils se faisaient réciproquement des cadeaux.

La maison de ville de Goslar est un corps de garde badigeonné en blanc. La maison des Guildes, qui est auprès, a déjà meilleure façon. A peu près à égale distance du sol et du toit se détachent les statues des empereurs allemands noircis comme par la fumée et dorés en partie, le globe terrestre dans une main et le sceptre dans l'autre. Ils ont l'air d'huissiers d'université rôtis. L'un de ces empereurs tient une épée au lieu de sceptre. Je n'ai pu deviner ce que veut dire cette différence, qui doit pourtant avoir sans aucun doute un sens, vu que les Allemands ont la remarquable habitude d'avoir une idée dans tout ce qu'ils font.

J'avais lu dans le Manuel de Gottschalck beaucoup de choses sur le dôme antique de Goslar et sur le célèbre trône des empereurs. Quand je voulus voir ces deux objets, on me répondit que le dôme avait été abattu et le trône impérial transporté à Berlin. Nous vivons dans un temps cruellement significatif: des dômes millénaires sont brisés, et des trônes impériaux jetés au garde-meuble.

On montre maintenant dans l'église de Saint-Étienne quelques curiosités du défunt dôme: des vitraux admirables, quelques mauvais tableaux, parmi lesquels il en est un, dit-on, de Lucas Cranach, puis un Christ sur la croix, sculpté en bois, et un autel de sacrifices païen, d'un métal inconnu. Ce dernier objet a la forme d'un long coffre carré, et est supporté par des cariatides accroupies, qui joignent les mains sur la tête, et font une bien laide grimace.⊓

Je logeai auprès du marché, dans une auberge où le dîner m'aurait paru meilleur si M. l'hôte, avec son visage long et superflu, et ses questions ennuyeuses, ne s'était venu asseoir auprès de moi. Heureusement que je fus bientôt délivré par l'arrivée d'un autre voyageur, qui eut à subir le même interrogatoire, toujours dans l'ordre suivant: *Quis? Quid? Ubi? Quibus auxiliis? Cur? Quomodo? Quando?* Cet étranger était un homme vieux, fatigué, usé, qui, à en juger par ses discours, avait parcouru tout le globe, avait surtout longtemps vécu à Batavia, gagné beaucoup d'argent, qu'il avait ensuite perdu, et qui alors revenait, après trente ans d'absence, à Quedlimbourg, sa ville natale: – Car, ajoutait-il; notre famille y a sa sépulture héréditaire. – M. l'aubergiste fit la remarque fort philosophique que le lieu où était enterré notre corps était fort indifférent à l'âme. – Êtes-vous bien sûr de cela? répondit l'étranger; et, en même temps, des courbes douloureusement fines se dessinèrent autour de ses lèvres chagrines et de ses petits yeux éteints. – Mais, reprit-il d'un air ⸢péniblement radouci⸣, je n'ai pas voulu dire pour cela du mal des tombeaux étrangers; ... les Turcs enterrent leurs morts bien plus agréablement que nous autres; leurs cimetières sont de véritables jardins; ils s'y asseyent sur leurs pierres tumulaires blanches et coiffées d'un turban, à l'ombre d'un cyprès, s'y caressent gravement la barbe, et fument tranquillement leur tabac turc dans leurs longues pipes turques... Et les Chinois! c'est un vrai plaisir de voir comme ils dansent cérémonieusement autour des sépultures de leurs morts, comme ils y prient, boivent du thé, jouent du violon, et savent orner les tombes qui leur sont chères avec toutes sortes ⸢d'ouvrages en laque⸣, de figures en porcelaine, de chiffons de soie bariolés, de fleurs artificielles et de lanternes de couleur... Ah! tout cela est très-joli!... Combien ai-je encore d'ici à Quedlimbourg? –

Le cimetière de Goslar m'a plu médiocrement. Mais j'ai été d'autant plus charmé par l'aspect de cette délicieuse petite tête blonde qui, lors de mon entrée dans la ville, regardait en souriant du haut de la fenêtre d'un rez-de-chaussée un peu élevé. Après dîner, je cherchai à retrouver cette chère fenêtre, mais il ne s'y trouva pour le moment qu'un verre d'eau où rafraîchissait un bouquet de blanches clochettes. Je grimpai jusqu'à la fenêtre, enlevai les jolies fleurs, et les mis tranquillement à mon chapeau, sans me soucier le moins du monde des bouches béantes, des nez pétrifiés et des yeux de bœuf avec lesquels les passants et surtout les vieilles femmes regardaient ce vol qualifié. Quand, une heure plus tard, je repassai devant la même maison, la belle était à la fenêtre. En voyant ses clochettes à mon chapeau, elle devint rouge pourpre, et se retira précipitamment. J'avais, cette fois, vu avec plus d'attention cette charmante figure: c'était une douce et transparente incarnation de⊓ clair de lune, de chant de rossignol et de parfum de rose. Plus tard, encore, quand la nuit sombre fut venue, elle vint à la porte de la maison. J'arrive, ... je m'approche;... elle se retire lentement dans le corridor... Je la prends par la main, et lui dis: – Je suis un amateur de belles fleurs et de baisers, et ce qu'on ne me donne pas de bon gré, je le vole. Et je l'embrasse rapidement; ... et, comme elle veut fuir,... je la retiens en lui disant à voix basse: – Demain, je pars, et ne reviendrai jamais... Et je sens en retour la tendre pression⌈⌉ de ses lèvres et de ses douces mains,... et je me sauve en riant. Oui, j'ai bien sujet de rire, quand je pense que, sans le savoir, j'ai prononcé cette formule magique qui sert à nos habits bleus et rouges, plus encore que leur amabilité barbue, à triompher du cœur des femmes: «Je pars demain, et ne reviendrai jamais.»

Mon logis avait une vue magnifique sur le Rammelsberg. Il faisait une belle soirée; la nuit volait sur son coursier noir, dont les longues crinières se jouaient dans le vent; je me mis à la fenêtre et regardai la lune. Y a-t-il réellement un homme dans la lune? Les Slaves disent que cet hommes s'appelle Clotar, et qu'il fait allonger la lune en y versant de l'eau. Quand j'étais tout petit, j'avais entendu dire que la lune était un fruit que le Bon Dieu cueillait quand il était mûr, et qu'il mettait avec les autres pleines lunes dans la grande armoire qui est au bout du monde, à l'endroit où il est fermé par des planches. Quand je devins plus grand, je remarquai que le monde n'est pas borné aussi étroitement, et que l'esprit humain a brisé les barrières de bois, et qu'il a ouvert les sept cieux avec une clef ⌈ingénieuse⌉ qu'on appelle l'idée de l'immortalité. Immortalité! belle idée! quel est celui qui t'inventa? Était-ce un gros bourgeois de Nüremberg, son bonnet blanc sur la tête et la pipe de terre blanche dans la bouche, qui, assis par une tiède soirée d'été devant sa porte, réfléchissait bien à son aise que ce serait pourtant une jolie chose de pouvoir ainsi continuer sans perdre sa bonne petite pipe et son petit souffle de vie, à végéter dans la plus douce éternité! Ou bien était-ce un jeune amant, qui rêva dans les bras de sa maîtresse cette idée d'immortalité, et la rêva, parce qu'il la sentait, et parce qu'il ne pouvait sentir ni penser autre chose... Amour! immortalité! Mon sein devint tout d'un coup si brûlant, que je crus que les géographes avaient déplacé l'équateur, et qu'ils le faisaient passer justement alors dans mon cœur. Et de mon cœur s'épanchèrent les sentiments d'amour, ils s'épanchèrent avec désir dans la vaste nuit. Les fleurs du jardin, sous ma fenêtre, répandaient des parfums plus puissants. Les parfums sont les sentiments des fleurs, et de même que les émotions du cœur humain sont plus profondes dans la nuit, quand il se croit seul et sans témoins, les fleurs semblent aussi, avec la raison de la pudeur, attendre le voile de l'obscurité pour s'abandonner tout entières à leurs sentiments ⌈odoriférants⌉, et les exhaler ⌈dans l'espace⌉... Répandez-vous, parfums de mon cœur! et cherchez derrière ces montagnes ⌈ma bien-aimée⌉. Elle est déjà couchée et endormie: à ses pieds sont agenouillés les anges; et quand elle sourit dans le sommeil, c'est une prière que les anges répètent. Dans son sein est le ciel avec toutes ses félicités, et quand elle respire, mon cœur tressaille au loin. Derrière ses paupières soyeuses s'est couché le soleil, et quand elle rouvrira les yeux, il fera jour, et l'on entendra les oiseaux chanter et les clochettes des troupeaux retentir, et les montagnes étincelleront dans leurs vêtements d'émeraude, et moi j'attacherai mon havre-sac, et je partirai.

Dans cette nuit que je passai à Goslar, il m'est arrivé quelque chose de très-extraordinaire. Je n'y puis penser encore aujourd'hui sans effroi. Je ne suis pas autrement peureux de ma nature, mais je crains les esprits presque autant que *l'Observateur autrichien.* Qu'est-ce que la peur? vient-elle de l'esprit ou de la sensibilité? Je disputais souvent sur cette question avec le docteur Saül Ascher, quand je le rencontrais au Café-Royal à Berlin, où je dînai pendant longtemps. Il soutenait toujours que nous craignons quelque chose, parce que les conclusions de la raison nous le font reconnaître pour effrayant; que la raison seule était une force, et non la sensibilité. Pendant que je mangeais et buvais bien, il me démontrait continuellement les excellences de la raison. A la fin de sa démonstration, il ne manquait jamais de regarder à sa montre et de conclure ainsi: – «La raison est le premier de tous les principes!...» La raison! quand j'entends ces mots aujourd'hui, je vois toujours le docteur Saül Ascher avec ses jambes abstraites, son habit étroit et d'un gris transcendantal, son visage raide et d'un froid glacial, qui aurait pu servir de planche à figures pour un manuel de géométrie. Ce personnage fort avancé dans la cinquantaine était une ligne droite incarnée. Dans sa tendance continuelle vers le positif, le pauvre homme, à force d'analyse, avait perdu toutes les splendeurs de l'existence, tous les rayons de soleil, toutes les fleurs, toute croyance, et il ne lui restait rien que la tombe froide et positive. Il avait à l'endroit de l'Apollon du Belvédère et du christianisme une malice spéciale. Il avait écrit contre le dernier une brochure dans laquelle il démontrait l'absurdité et la fin prochaine de cette religion. Il a surtout fait une foule de livres où la raison s'escrime sans cesse pour prouver sa propre excellence, et comme le pauvre docteur était d'assez bonne foi, il ne méritait que respect sous ce rapport. Mais c'était là ce qui rendait si plaisant et lui faisait faire une figure si sérieusement sotte quand il ne pouvait comprendre ce que comprend un enfant, par cela même qu'il est enfant. Je visitais quelquefois le docteur de la raison chez lui, où je trouvais de jolies filles, car la raison ne défend pas la sensualité. Un jour que j'allais pour lui faire encore une visite, son domestique me dit: – M. le docteur vient de mourir. Cela ne me fit guère plus que s'il m'eût dit: – M. le docteur a délogé.

Mais revenons à Goslar. – Le premier de tous les principes, c'est la raison, me disais-je pour me calmer, quand je me mis au lit. Cependant cette formule resta sans effet. Je venais de lire dans les *Contes allemands* de Varnhagen de Ense, que j'avais emportés de Clausthal, ⌈comme quoi⌉ un fils que son propre père voulait assassiner, fut averti pendant la nuit par l'esprit de sa mère défunte. La merveilleuse composition de cette histoire m'émut pendant la lecture, au point de me donner le frisson. Et puis les histoires de revenants excitent un sentiment de terreur bien autrement grand, quand on les lit en voyage, la nuit, dans une ville,‖ dans une chambre où l'on n'a jamais été. – Que d'horreurs ⌈dans cette maison,⌉ ont déjà pu se passer à la place même où je suis! se dit-on involontairement. En outre la lune jetait une lumière très-douteuse dans la chambre, toutes sortes d'ombres sinistres s'agitaient sur le mur, et quand je me mis sur mon séant dans le lit, pour regarder autour de moi, j'aperçus... Il n'est rien de plus effrayant que de voir tout à coup, par un clair de lune, fortuitement son propre visage dans une glace. Au même instant, sonna une pesante et bâillante horloge, si longtemps et si lentement, que je crus certainement, après le douzième coup, que douze heures pleines avaient eu le loisir de s'écouler pendant ce temps, et que j'allais nécessairement entendre encore sonner douze fois; entre l'avant-dernier et le dernier coup de marteau, une autre horloge tinta, mais vive, claire, ⌈presque grondeuse⌉, et comme impatientée par la lenteur de madame sa commère. Quand les deux langues de fer se turent, et qu'un profond silence de mort régna dans toute la maison, il me sembla tout à coup que j'entendais dans le corridor, devant la porte de ma chambre, quelque chose traîner et chanceler, comme la démarche incertaine d'un vieillard. Enfin, ma porte s'ouvrit, puis entra lentement le défunt docteur Saül Ascher. Une fièvre froide ruissela dans la moelle de tous mes os; je tremblai comme la feuille du peuplier, et à peine osai-je regarder le fantôme. Il avait le même air qu'autrefois, le même habit gris transcendantal, les mêmes jambes abstraites et la même figure mathématique; elle était seulement plus jaune, et sa bouche aussi, qui formait jadis deux angles de 22 degrés et demi, était toute ratatinée: ses yeux décrivaient un orbite plus vaste. Chancelant, et s'appuyant, comme autrefois, sur un jonc d'Espagne, il s'approcha de moi et me dit d'un ton amical, avec son ordinaire dialecte ⌈scorbutique⌉: – «Ne craignez rien, et ne croyez pas que je sois un revenant. C'est une illusion de votre imagination quand vous croyez ne voir que mon spectre. Qu'est-ce qu'un spectre? Donnez-m'en une définition! Déduisez-moi les conditions de la possibilité d'un spectre! Dans quel rapport raisonnable une telle apparition pourrait-elle se trouver avec la raison? La raison, je dis la raison...» Et alors le fantôme commença une analyse de la raison, cita Kant, *Critique de la raison pure*, 2me partie, 1re division, 2me livre, 3me paragraphe, la différence des phénomènes et des noumènes, construisit alors la croyance problématique aux fantômes, entassa syllogismes sur syllogismes, et conclut par la preuve logique qu'il n'existe pas de spectres du tout. Cependant la sueur froide me coulait le long du dos, mes dents claquaient comme des castagnettes; par terreur, je faisais de la tête un signe d'assentiment absolu à chaque passage par lequel le docteur revenant démontrait l'absurdité de la peur des revenants, et il démontrait avec tant de chaleur qu'à la fin, par distraction, au lieu de sa montre d'or, il tira de son gousset une poignée de vers, qu'il y remit‖ avec une inquiète et grotesque précipitation, et en répétant plus vivement: «La raison est le premier… »L'horloge sonna une heure, et le fantôme disparut.

Le lendemain je partis de Goslar, allant moi-même à l'aventure, et en partie dans le dessein de visiter le frère du mineur de Clausthal. Il faisait un beau temps, un temps de dimanche. Je gravis collines et montagnes, j'observai le soleil s'efforçant de dissiper le brouillard, et m'avançai sous les bois⟧, la joie dans le cœur et sur la tête⟧ les ⌈joyeuses⌉ clochettes ⌈de la jeune fille⌉ de Goslar. Les montagnes se montraient dans leurs blancs peignoirs de nuit; les sapins secouaient le sommeil de leurs membres, l'air frais de l'aurore frisait leur verte chevelure⟧; les petits oiseaux chantaient les prières du matin; la prairie du vallon étincelait comme un tapis d'or semé de diamants, et le berger la foulait avec son troupeau sonore. Je courais risque de m'égarer: on prend toujours des chemins de traverse et des sentiers, et l'on croit ainsi arriver plus promptement au but. Les choses se passent pour nous sur le Hartz comme dans la vie; mais il y a toujours de bonnes âmes qui nous remettent dans le droit chemin. Ces braves gens le font volontiers et puis ils trouvent un plaisir particulier à nous expliquer, d'un air satisfait, et en appuyant fortement d'une voix bienveillante, quel grand détour nous avons fait, et dans quels précipices, dans quels marécages nous aurions pu tomber, et quel bonheur ç'a été que nous ayons rencontré encore à temps des gens aussi instruits des chemins qu'ils le sont. Je trouvai un pareil redresseur non loin de la Hartzbourg. C'était un bourgeois bien nourri de Goslar, un visage brillamment joufflu et sottement avisé; il semblait avoir inventé l'épizootie. Nous fîmes un bout de chemin ensemble, et il me raconta toutes sortes d'histoires de revenants, qui auraient pu être charmantes, si elles n'eussent conclu toutes à démontrer qu'au fond il n'y avait pas eu de revenant, mais que la figure blanche était un braconnier, que les voix ⌈hennissantes⌉ appartenaient à des marcassins nouveau-nés, et que le bruit qu'on avait entendu dans ⌈la cave⌉ provenait du chat ⌈mourant⌉. «Ce n'est que lorsque l'homme est malade, ajoutait-il, qu'il croit voir des fantômes.» Quant à lui, il était rarement malade; seulement il avait quelquefois des éruptions cutanées, et alors il se guérissait avec la salive à jeun. Il me fit remarquer le système d'utilité de toutes choses dans la nature: par exemple, les arbres sont verts, parce que le vert est bon pour les yeux. Je lui donnai raison, et j'ajoutai que le Bon Dieu avait créé le gros bétail, parce que le bouillon de viande fortifie l'homme, et mis les ânes sur la terre pour qu'ils pussent servir aux hommes de terme de comparaison, enfin qu'il avait créé l'homme pour qu'il mangeât de bonne soupe, et ne fût point un âne. Mon compagnon fut ravi d'avoir trouvé quelqu'un de son avis; sa face s'épanouit d'une satisfaction plus grande, et, en me quittant, il était ému.

Tant qu'il fut auprès de moi, toute la nature était comme privée de sa magie; mais, à peine était-il parti, que les arbres recommencèrent à parler, les rayons de soleil redevinrent sonores, les fleurs des prairies dansèrent, et le ciel bleu embrassa la terre verdoyante. Oui, je le sais bien mieux, Dieu a créé l'homme pour qu'il admire la magnificence du monde. Tout auteur, quelque grand qu'il soit, désire que son œuvre soit louée. Et dans la Bible, les Mémoires de Dieu, il est dit expressément qu'il a créé les hommes pour sa glorification et pour sa louange.

Après avoir erré longtemps çà et là, j'arrivai à la demeure du frère de mon ami de Clausthal; j'y passai la nuit, où j'eus le bonheur d'être le héros des beaux quatrains que vous allez lire:

I

Sur la montagne est assise la cabane
Où demeure le vieux mineur;
Au-dessus murmure le vert sapin,
Et brille la lune dorée.

Dans la cabane est un fauteuil à bras
Richement et ⌈merveilleusement⌉ ciselé;
Il est heureux, celui qui s'assied dans ce fauteuil,
Et l'heureux mortel c'est moi.

Sur l'escabelle est assise la jeune fille,
La petite appuie son bras sur mes genoux;
Ses yeux sont comme deux étoiles bleues,
Sa bouche comme la rose purpurine.

Et les charmantes étoiles bleues
Me regardent avec toute leur ⌈candeur⌉ céleste;
Et elle met son doigt de lis
Finement sur la rose purpurine.

Non, la mère ne nous voit pas,
Car elle file du lin avec ardeur,
Et le père pince la guitare
Et chante la vieille chanson.

Et la petite raconte tout bas,
Bien bas, et d'une voix étouffée;
Elle m'a déjà confié
Maint secret important.

«Mais depuis que la tante est morte,
Nous ne pouvons plus aller

A la fête des arquebuses de Goslar,
Et là-bas, c'est bien beau.

«Ici, au contraire, tout est triste,
Sur la hauteur froide de la montagne;
Et l'hiver nous sommes tout à fait
Comme enterrés dans la neige.

«Et je suis une fille craintive,
Et j'ai peur comme un enfant
Des méchants esprits de la montagne
Qui travaillent pendant la nuit.»

Tout à coup la petite se tait,
Comme effrayée de ses propres paroles,
Et elle a, de ses deux petites mains,
Couvert ses jolis yeux.

Le sapin murmure plus bruyant au dehors,
Et le rouet ⌈jure⌉ et gronde,
Et la guitare résonne au milieu de ces bruits,
Et la vieille chanson bourdonne:

«Ne crains rien, chère enfant,
De la puissance des méchants esprits;
Jour et nuit, chère enfant,
Les anges ⌈célestes⌉ te gardent.»

II

Le sapin avec ses doigts verts
Frappe aux vitraux de la petite fenêtre,
Et la lune, ⌈aimable⌉ curieuse,
Verse sa jaune lumière dans la chambrette.

Le père et la mère, ronflent doucement
Dans la pièce voisine;
Mais nous deux, jasant comme des bienheureux,
Savons nous tenir éveillés.

«Tu ne me fais pas l'effet
De prier trop souvent, mon ami;

Cette moue de tes lèvres
Ne vient certainement pas de la prière.

«Cette moue méchante et froide
M'effraie à chaque instant;
Pourtant, mon inquiétude est calmée aussitôt
Par le pieux rayon de tes yeux.

«Je doute aussi que tu aies
Ce qui s'appelle avoir la foi; –
N'est-ce pas que tu ne crois pas en Dieu le père,
Ni au Fils, ni au Saint-Esprit?»

Ah! ma chère enfant, quand tout petit
J'étais assis aux genoux de ma mère,
Je croyais déjà en Dieu le père,
Qui plane en haut dans la bonté et la grandeur;

Je croyais en lui qui a créé la belle terre
Et les beaux hommes qui sont dessus,
En lui qui a assigné leur marche
Aux soleils, aux lunes, aux étoiles.

Quand je devins plus grand, ma chère enfant,
Je commençai à comprendre bien davantage,
Et je compris et devins raisonnable,
Et je crus aussi au Fils;

Au fils chéri qui, en aimant,
Nous a révélé l'amour,
Et en récompense, comme c'est l'usage,
A été crucifié par le peuple.

Aujourd'hui, que je suis homme,
Que j'ai beaucoup lu, beaucoup voyagé,
Mon cœur se dilate, et de tout mon cœur
Je crois au Saint-Esprit.

Celui-ci a fait les plus grands miracles,
Et il en fait de plus grands encore à présent;
Il a brisé les donjons de la tyrannie
Et il a brisé le joug de la servitude.

Il guérit de vieilles blessures mortelles,
Et renouvelle le droit primitif:
Que tous les hommes, nés égaux,
Sont une race de nobles.

Il dissipe les méchantes chimères
Et les fantômes ténébreux,
Qui nous gâtaient l'amour et le plaisir,
En nous montrant ⌈à toute heure⌉ leurs faces grimaçantes.

Mille chevaliers, bien harnachés,
Ont été choisis par le Saint-Esprit
Pour accomplir sa volonté,
Et il les a armés d'un fier courage.

Leurs bonnes épées étincellent,
Leurs bonnes bannières flottent.
N'est-ce pas que tu voudrais bien, ma chère enfant,
Voir de ces vaillants chevaliers?

Eh bien, regarde-moi, ma chère enfant!
Embrasse-moi et regarde-moi;
Car, moi-même, je suis un vaillant
Chevalier du Saint-Esprit.

III

Au dehors, la lune se cache en silence
Derrière le vert sapin,
Et dans notre chambrette notre lampe
Flamboie faiblement et éclaire à peine.

Heureusement, mes étoiles bleues
Rayonnent d'une lumière plus claire;
La rose purpurine éclate comme le feu,
Et la bonne jeune fille dit:

«Des follets, de petits follets,
Volent notre pain et notre lard;
La veille il est encore dans le buffet,
Et le lendemain il a disparu.

«Ces petits démons mangent la crème
Sur notre lait, et laissent
Les vases découverts,
Et la chatte boit le reste.

«Et la chatte est une sorcière;
Car elle se glisse, pendant la nuit⌈⌉,
Sur la montagne des revenants,
Où est la vieille tour.

«Il y eut jadis un château
Plein de plaisir et d'éclat d'armures;
De preux chevaliers, des dames et des écuyers
Y tournoyaient dans la danse aux flambeaux.

«Alors une méchante sorcière
Maudit le château et les gens;
Les ruines seules sont restées debout,
Et les hiboux y font leurs nids.

«Pourtant ma défunte tante assurait:
Que si l'on dit la parole juste,
La nuit, à l'heure juste,
Là-haut, à la vraie place,

«Les ruines se changent
De nouveau en un château brillant,
Et l'on y voit gaiement danser
Preux chevaliers, dames et écuyers;

«Et celui-là qui a prononcé ce mot,
Le château et les gens lui appartiennent;
Les timbales et les trompettes célèbrent
Sa jeune magnificence.»

⌈C'est ainsi que parle la bonne jeune fille,
Et ses yeux, les étoiles bleues,
Versent sur son babil les lueurs
De leur azur féerique.⌉

Ses cheveux d'or, la petite
les enlace autour de ma main;

Elle donne de jolis noms à mes doigts,
Rit et les baise, et se tait à la fin.

Et dans cette chambre tranquille
Tout me regarde avec des yeux si familiers.
La table et l'armoire sont comme si je les avais
Vues bien des fois auparavant.

Le tic-tac du coucou a un ton ⟦amical,
Et la guitare, à peine sensible,
Commence à résonner d'elle-même,
Et je me trouve comme dans un songe.

C'est l'heure juste maintenant,
Nous sommes aussi sur la vraie place;
⌈Tu t'étonnerais bien, ma chère enfant,
Si, moi, je prononçais la parole juste...⌉

⌈Et je dis cette parole...⌉ Vois-tu,
⌈Tout devient jour, tout s'agite⌉;
Les sources et les sapins deviennent plus bruyants,
Et la vieille montagne s'éveille.

Le son des mandolines et les chants des nains
Retentissent dans les crevasses de la montagne,
Et comme un insensé printemps
Sort de la terre une forêt de fleurs –

Des fleurs, d'audacieuses fleurs⟧,
Aux feuilles larges et fabuleuses,
Odorantes, diaprées et vivement agitées
Comme par la passion –

Des roses, ardentes comme de rouges flammes,
Jaillissent du milieu de cette végétation;
Des lis, semblables à des piliers de cristal,
S'élancent jusqu'au ciel –

Et les étoiles, grandes comme des soleils,
Jettent en bas des rayons de désir;
Dans le calice gigantesque des lis
Coulent en torrent les flots de ces lumières.

Et nous-mêmes, ma chère enfant,
Sommes métamorphosés bien plus encore:
L'éclat des flambeaux, l'or et la soie
Resplendissent gaiement autour de nous.

Toi, tu es devenue une princesse,
Et ⌈cette⌉ cabane est devenue un château;
Et ici se réjouissent et dansent
Preux chevaliers, dames et écuyers.

Mais moi, j'ai acquis
Toi et tout cela, château et gens;
Les timbales et les trompettes célèbrent
Ma jeune magnificence.

Le soleil se levait. Les brouillards s'évanouirent comme les fantômes au⌈⌉chant du coq. Je me remis en route par monts et par vaux, et devant moi planait le beau soleil, éclairant toujours de nouvelles beautés. L'esprit de la montagne me favorisait visiblement. Il savait bien qu'un voyageur poëte comme moi peut rapporter beaucoup de jolies choses, et il me fit voir, ce matin-là son Hartz, comme certainement peu de gens l'ont vu; mais, en revanche, le Hartz me vit aussi comme m'ont vu très-peu de gens: à mes paupières brillaient des perles ⌈des plus précieuses⌉. ⌈Une rosée sentimentale⌉ humectait mes joues. Les sapins me comprenaient, leurs branches s'écartaient, s'agitaient en haut et en bas, comme des hommes muets qui expriment leur joie avec leurs mains; et dans le lointain retentissaient des sons mystérieux, comme ceux d'une cloche de chapelle perdue dans les bois. On dit que ce sont les clochettes des troupeaux qui, dans le Hartz, sont accordées avec autant de charme, d'éclat et de pureté.

D'après la hauteur du soleil, il était midi quand je rencontrai un de ces troupeaux, et le berger, jeune homme blond, à figure avenante, me dit que la grande montagne au pied de laquelle je me trouvais était le vieux et célèbre Brocken. Il n'existe aucune maison à plusieurs lieues à la ronde, et je fus assez content que le jeune homme m'invitât à manger avec lui. Nous nous assîmes devant un déjeuner dînatoire qui consistait en pain et fromage. Les petits moutons ramassaient les miettes, et les jolies génisses sautaient autour de nous, faisaient gaiement sonner leurs clochettes, et nous souriaient avec de grands yeux⌈⌉. Nous festinâmes comme des rois. Mon hôte surtout me parut un vrai roi, et comme il est jusqu'ici le seul roi qui m'ait donné du pain, je veux, en récompense, le chanter royalement:

Il est roi, le jeune berger;
La verte colline est son trône:

Le soleil sur sa tête
Est sa couronne pesante, sa couronne d'or.

A ses pieds sautillent les moutons,
Doux flatteurs, marqués de croix rouges.
Les veaux sont ses chambellans,
Et se pavanent avec orgueil.

Ses comédiens ordinaires sont les petits boucs;
Et les oiseaux et les vaches,
Avec leurs flûtes et leurs clochettes,
Sont les musiciens de la chapelle royale.

Et tout cela sonne et chante si gentiment,
Si gentiment murmurent de concert
Les cascades et les sapins,
Que le roi se laisse endormir.

Pendant ce temps gouverne
Le ministre, ce mauvais chien
Dont l'aboiement grondeur
Retentit tout alentour.

Dans son sommeil, le jeune roi balbutie:
«Régner est une chose bien difficile.
Ah! déjà je voudrais être
A la maison près de ma reine!

«Dans les bras de ma reine
Ma tête royale repose si mollement!
Et dans ses beaux yeux s'étend
Mon royaume infini.»

Nous prîmes amicalement congé l'un de l'autre, et je me remis à grimper. Bientôt je fus reçu sous les voûtes d'une forêt de pins hauts comme le ciel, et qui m'inspiraient, sous tous les rapports, un grand respect; car ces arbres doivent avoir eu beaucoup de peine à pousser, et leur jeunesse a été laborieuse. La montagne est semée ici de blocs de granit en grand nombre, et les arbres ont été pour la plupart obligés de tourner avec leurs racines ces pierres ou d'en élargir les crevasses, et de chercher péniblement le sol dont ils peuvent tirer leur nourriture. Çà et là sont jetées les pierres, l'une sur l'autre, formant comme un portique, et pardessus se dressent des arbres dont les racines nues descendent du haut de ces portes et n'atteignent la terre qu'au pied des roches, de sorte qu'elles semblent se nourrir d'air pur. Et cependant élancés à cette hauteur immense, et comme grandis avec les pierres qu'ils tiennent embrassées, ils sont plus solides que leurs collègues qui croissent à l'aise dans le sol mou des forêts de la plaine. Ainsi se dressent dans la vie ces grands hommes qui sont devenus forts en surmontant de bonne heure les difficultés et les obstacles. Sur les branches des pins couraient de petits écureuils, et dessous se promenaient les cerfs au poil doré. Quand je vois un tel animal, si gracieux et si noble, je ne puis comprendre comment des gens bien élevés trouvent plaisir à le pourchasser et à le tuer. Un de ces animaux fut plus charitable que les hommes, et allaita le fils⊓ de la sainte Geneviève de Brabant.

Les rayons du soleil perçaient d'une manière joyeuse le vert sombre des pins. Les racines des arbres formaient un escalier naturel. Partout des bancs moelleux; car les pierres sont revêtues, à la hauteur d'un pied, des plus belles espèces de mousses, et semblent⊓ des coussins de velours⊓. On respirait une douce fraîcheur, et l'on entendait le murmure des sources qui jette dans la rêverie. On voit çà et là l'eau sourdre en filets argentés sous les pierres et baigner les racines et les fibrilles dépouillées des arbres. Quand on se penche, en approchant l'oreille, on croit surprendre l'histoire secrète de la formation des plantes, et entendre palpiter le cœur⊓ de la montagne. En plusieurs endroits, l'eau jaillit plus fortement d'entre les pierres et les racines, et forme de petites cascades. C'est là qu'il fait bon s'asseoir. On entend ⌈des sons tout merveilleux⌉: les oiseaux chantent d'amoureuses mélodies, entrecoupées comme par le désir; les arbres babillent comme avec mille langues de jeunes filles⊓; ⌈les fleurs languissantes⌉ étendent vers nous leurs larges feuilles ⌈étrangement découpées⌉; les joyeux rayons du soleil scintillent capricieusement; les⊓ petites orties ⌈violettes⌉ ⌈semblent⌉ se raconter ⌈tout bas⌉ des contes ⌈bleus⌉; tout paraît enchanté, tout devient de plus en plus fabuleux; un vieux rêve surgit dans l'âme; la bien-aimée apparaît... Hélas! quel malheur qu'elle s'évapore si vite!

Plus on monte, et plus les pins se présentent rabougris; et, semblables à des nains, ils se ratatinent par degrés jusqu'à ce qu'il ne reste plus que les ronces, les framboisiers et les bruyères de montagnes. L'air commence à devenir sensiblement plus froid. C'est là seulement qu'on voit bien la bizarrerie des groupes de blocs granitiques. Il en est quelques-uns d'une grandeur stupéfiante. Peut-être sont-ce là les balles que se jettent par passe-temps les méchants esprits dans la nuit ⌈du sabbat⌉, quand les sorcières arrivent galopant en l'air sur des balais et sur des fourches, et que commencent les orgies ténébreuses et maudites comme les raconte notre bonne nourrice⊓, et comme on peut les voir dans les jolis dessins de *Faust* par maître Retzsch.⊓

En effet, lorsqu'on arrive à la partie supérieure du Brocken, on ne peut s'empêcher de penser aux ravissantes histoires du Blocksberg, et surtout à notre grande et mystique tragédie nationale du docteur Faust. Il me semblait toujours voir grimper à côté de moi un pied de cheval, et entendre quelqu'un respirer d'une façon ironique. Et je crois que Méphistophélès lui-même doit respirer avec peine quand il gravit sa montagne favorite: c'est une route horriblement fatigante, et je ne fus pas fâché quand j'aperçus enfin l'auberge du Brocken.

Cette maison, qui est connue par les nombreux dessins qui en ont été faits, ne consiste qu'en un rez-de-chaussée. Elle est située au sommet de la montagne, et fut bâtie en 1800 par le comte de Stolberg-Wernigerode, pour le compte duquel on en administre aussi les produits. Les murs sont d'une épaisseur extraordinaire, à cause du vent et du froid en hiver: le toit est bas; au milieu s'élève un belvédère en forme de tour, et près de la maison sont deux autres petits bâtiments, dont l'un servait, dans des temps plus reculés, d'abri aux visiteurs du Brocken.

L'entrée dans la maison du Brocken produisit sur moi une impression extraordinaire et féerique. Après une longue marche solitaire et tortueuse à travers les pins et les rochers, on se trouve soudainement transporté sous des lambris dans les nuages; les villes, les montagnes et les vallées sont restées au-dessous de vos pieds, et ici, à cette hauteur, l'on trouve une société d'étrangers singulièrement réunis, dont on est reçu, comme il est naturel en semblable lieu, presque comme un convive attendu, moitié avec curiosité, moitié avec indifférence. Je trouvai la maison pleine de monde, et, en homme prudent, je pensai tout d'abord à la nuit, à l'incommodité d'un lit de paille. D'une voix mourante, je demandai tout de suite du thé, et M. l'aubergiste du Brocken fut assez raisonnable pour comprendre qu'étant malade, il me fallait pour la nuit un lit complet. Il m'en procura donc un dans une chambre étroite, où un jeune marchand, espèce de vomitif en longue redingote brune, s'était établi déjà.

Dans la salle commune tout était vie et mouvement. Beaucoup d'étudiants d'universités différentes. Les uns viennent d'arriver, et se restaurent; les autres se préparent à repartir, bouclent les courroies de leurs havre-sacs, écrivent leurs noms dans l'album de la montagne, et ⌈plantent sur leurs bonnets⌉ les bouquets ⟦que chacun reçoit des servantes de la maison. Là, on pince les joues, on chante, on saute, on tyrolise, on interroge, on répond! «Beau temps! bon chemin! ⌈bon voyage⌉! adieu!» Quelques-uns des partants sont un peu trop abreuvés; à ceux-là revient une double jouissance de la belle vue, puisqu'un homme gris voit tout double.

Après m'être un peu refait, je montai à la plate-forme du belvédère, et j'y trouvai un petit monsieur avec deux dames, l'une jeune, l'autre plus âgée. La jeune dame était fort belle. Une admirable figure, et sur sa tête bouclée un chapeau de satin noir en forme de casque, dont les plumes blanches se jouaient avec le vent. Ses membres délicats étaient si étroitement serrés sous un manteau de soie noire, qu'on voyait toutes les belles proportions de ses nobles formes, et son œil grand et pur plongeait dans le grand et pur horizon.

Lorsque j'étais encore tout jeune, je ne pensais qu'aux histoires d'enchantements et de merveilles, et chaque belle dame que je voyais avec des plumes d'autruche sur la tête était pour moi une reine de sylphes, et si je remarquais que le bas de sa robe était mouillé, je la tenais pour une fée ondine. Je pense aujourd'hui tout autrement, depuis que je sais par l'histoire naturelle que ces plumes symboliques viennent du plus sot des oiseaux, et que le bord du vêtement d'une dame peut se mouiller d'une manière toute naturelle. Si j'eusse vu avec mes yeux d'enfant la susdite jeune dame dans la susdite situation sur le Brocken, je me serais certainement dit: «C'est la fée de la montagne, et c'est elle qui vient de dire les mots magiques qui font que tout paraît là-bas si merveilleux.» Oui, tout nous apparaît merveilleux, quand nous regardons pour la première fois du haut du Brocken: toutes les faces de notre esprit reçoivent des impressions nouvelles, différentes pour la plupart, et même contradictoires, qui remplissent notre âme d'un sentiment sublime encore confus et obscur. Mais, si nous parvenons à en débrouiller l'idée nette, nous reconnaissons le caractère de la montagne: Ce caractère est tout allemand sous le rapport des défauts comme sous celui des qualités. Le Brocken est un véritable Allemand. C'est avec une exactitude allemande qu'il nous montre clairement et distinctement, comme dans un panorama colossal, les plusieurs centaines de villes, bourgs et villages, situés pour la plupart au nord, et tout autour, les montagnes, les forêts, les rivières, les plaines, à perte de vue. Mais aussi tout cela prend l'air d'une carte spéciale de géographie sèchement dessinée, coloriée avec pureté; nulle part l'œil n'est réjoui par des paysages véritablement beaux. La même chose nous arrive à nous autres, compilateurs allemands, par suite de cette consciencieuse exactitude avec laquelle nous voulons tout rapporter, sans pouvoir penser jamais à faire ressortir le détail avec un charme particulier. Le Brocken a aussi quelque chose du calme, de l'intelligence et de la tolérance allemandes, parce qu'il peut voir les choses de haut et avec clarté. Et quand une pareille montagne ouvre ses yeux gigantesques, elle peut bien voir un peu mieux que nous autres nains, qui lui grimpons sur le dos, avec notre vue débile. Force gens prétendent que le Brocken tient beaucoup du philistin; et Claudius chanta: «Le Blocksberg est un grand philistin!» mais c'est une erreur. Sa tête chauve, qu'il couvre quelquefois d'un blanc bonnet de nuages, lui donne bien une teinte de philistinerie; mais, comme chez beaucoup d'autres grands Allemands, c'est de sa part ironie toute pure. Il est même notoire que le Brocken a ses époques d'espiéglerie universitaire, ses temps fantastiques, la première nuit de mai, par exemple. Alors il jette, en belle humeur, son bonnet de nuages par-dessus les moulins, et devient, aussi bien que nous autres tous, timbré et complétement romantique.

Je cherchai tout de suite à engager la belle dame dans un entretien: car on ne jouit bien des beautés de la nature que lorsqu'on en parle sur le lieu même. Elle n'avait pas un grand esprit, mais beaucoup de bon sens.

Ses manières étaient vraiment distinguées. Je ne parle pas de cette distinction vulgaire, raide et négative, qui sait exactement ce qu'il faut s'interdire, mais bien de cette distinction plus rare, aisée, positive, qui nous dit juste ce que nous devons faire, et nous donne, avec l'absence de tout embarras, l'abandon le plus complet. Je développai, à mon grand étonnement, de vastes connaissances en géographie; je nommai à la belle, désireuse de s'instruire, les villes qui se trouvaient sous nos yeux, les cherchai et les lui montrai sur ma carte, que je déployai avec une mine toute doctorale sur la table de pierre qui se trouve au milieu du belvédère. Il y eut plus d'une ville que je ne pus trouver, peut-être parce que je la cherchais plus avec le doigt qu'avec mes yeux, qui s'orientaient pendant ce temps sur le visage de la jolie dame, et y trouvaient de plus belles contrées que *Schierke* et *Elend*. Ce visage était de ceux qui n'exaltent jamais, ravissent rarement, et plaisent toujours. J'aime de tels visages, parce que leur sourire calme les fâcheuses impétuosités de mon cœur.

Dans quelle position le petit monsieur qui accompagnait ces dames se trouvait-il vis-à-vis d'elles, je ne pus le deviner. C'était une mince, étonnante figure. Petite tête parcimonieusement garnie de maigres cheveux gris, qui tombaient sur un front déprimé, jusqu'aux yeux verdâtres, semblables à des libellules; nez rond, fort saillant; bouche et menton rentrant au contraire en toute hâte jusqu'aux oreilles. Cette petite figure semblait être faite de cette argile tendre et jaunâtre dont les statuaires se servent pour leurs premières ébauches; et quand les lèvres minces se contractaient, elles tiraient sur les joues quelques milliers de rides en demi-cercle. Le petit bonhomme ne disait pas un mot, et seulement, de temps à autre, quand la dame la plus âgée lui chuchotait quelque chose d'amical, il souriait comme un carlin qui a le cerveau enrhumé.

Cette dame plus âgée était la mère de la jeune, et elle avait aussi les manières les plus comme il faut. Son œil trahissait une profondeur d'âme rêveuse et maladive. Il y avait autour de la bouche quelque chose de rigoureusement dévot, mais je crus voir que cette bouche avait été très-belle autrefois, qu'elle avait beaucoup ri, et reçu et rendu beaucoup de baisers. Son visage ressemblait à un manuscrit palimpseste, où, sous les ⌈pieux et durs⌉ caractères de quelque ⌈bréviaire gothique⌉, apparaissent les vers à demi éteints d'un poëte érotique grec. Les deux dames avaient voyagé, cette année, en Italie avec leur compagnon, et me racontèrent toutes sortes de belles choses de Rome, Florence et Venise. La mère parla beaucoup des tableaux de Raphaël dans l'église de Saint-Pierre; la fille, beaucoup plus de l'opéra au théâtre *della Fenice*.

Pendant que nous causions, le jour commençait à tomber; l'air devint encore plus froid, le soleil s'abaissa de plus en plus, et la plate-forme de la tour se couvrit d'étudiants, de compagnons ouvriers et de quelques respectables bourgeois avec leurs femmes légitimes et leurs filles ⌈bien élevées⌉, lesquels venaient tous voir le coucher du soleil. C'est un aspect sublime, qui porte l'âme à la prière. Tous restèrent bien un quart d'heure dans un silence solennel, à regarder le beau globe de feu qui disparaissait peu à peu à l'occident. Les figures furent enluminées par le pourpre du couchant, les mains se joignirent involontairement; c'était comme si nous eussions été une communauté silencieuse dans la nef d'une cathédrale gigantesque, et que le prêtre élevât alors le corps du Seigneur, et que du haut de l'orgue se répandît le divin choral de Palestrina.

Pendant que je me laisse ainsi absorber par la piété, j'entends quelqu'un s'écrier à côté de moi: – Que la nature est donc belle en général! –

Cette exclamation partait du sensible cœur de mon camarade de chambre, le jeune marchand. Cela me rendit aux dispositions de la vie commune, et je me trouvai alors en état de dire aux dames beaucoup de jolies choses sur le coucher du soleil, et de les conduire à leur chambre aussi tranquillement que si rien ne se fût passé. Elles me permirent aussi de causer encore une heure avec elles. Comme la terre elle-même, notre conversation tourna autour du soleil. La mère prétendit que le soleil qui se perdait dans la vapeur avait l'air d'une rose purpurine que le ciel galant avait jetée d'en haut dans le voile blanc ‖ de la terre, sa fiancée chérie. La fille sourit, et pensait que la vue fréquente de ces beaux phénomènes en affaiblissait l'impression. La mère rectifia cette opinion fausse par un passage des lettres de voyage de Gœthe, et me demanda si j'avais lu *Werther*. Je crois que nous parlâmes aussi de chats angoras, de vases étrusques, de châles turcs, de macaroni et de lord Byron, dont la vieille dame récita quelques couchers de soleil avec un gazouillement et des soupirs fort gracieux. Je recommandai à la jeune, qui ne savait pas l'anglais et voulait connaître ces poésies, la traduction de ma belle et spirituelle compatriote, la baronne Elise de Hohenhausen. Je ⌈n'eus garde non plus⌉ en cette occasion, comme en toutes celles où j'ai à parler de Byron avec de jeunes dames, de me récrier sur l'impiété de ce poëte, ⌈sur ses blasphèmes sceptiques, ses doutes désolants, sa frivolité⌉, et Dieu sait quoi encore.

Cette affaire terminée, je retournai me promener sur le Brocken; car il n'y fait jamais complétement obscur. La vapeur n'était pas très-épaisse, et j'observai les contours des deux collines qu'on nomme l'autel des sorcières et la chaire du diable. Je déchargeai mes pistolets, il n'y avait aucun écho. Mais tout d'un coup, j'entends des voix connues et je me sens enlacé et embrassé. C'étaient mes camarades qui avaient quitté Gœttingue quatre jours plus tard, et qui n'étaient pas peu surpris de me retrouver seul sur le Brocken. Il y eut alors des récits, des étonnements et des projets, des rires et des souvenirs, ⌈et nous nous retrouvâmes en esprit dans notre bonne ville de Gœttingue⌉.‖

On servit le souper dans la grande salle. Une longue table s'étendait avec deux rangées d'étudiants affamés. On commença par la conversation ordinaire des universités. Des duels, puis des duels, puis encore des duels.

La réunion se composait en grande partie d'étudiants de Halle, et Halle devint en conséquence le sujet principal de l'entretien. Les vitres ⌈cassées⌉ des fenêtres du conseiller aulique Schütz furent commentées d'une manière exégétique. On raconta ensuite que la dernière réception de cour du roi de Chypre avait été fort brillante, qu'il avait choisi un fils naturel, qu'il voulait faire un mariage de la jambe gauche avec une princesse de Lichtenstein, qu'il avait renvoyé sa maîtresse d'État officielle, et que tout le ministère ému en avait pleuré, selon les conditions du programme. Je n'ai pas besoin de dire que ceci a rapport à des dignités de cabaret à bière de Halle. On mit ensuite sur le tapis les deux Chinois qui se firent voir l'an passé à Berlin, et ⌈dont on a fait⌉ à Halle des professeurs extraordinaires d'esthétique chinoise. Ce fut alors que vinrent les bons mots. On supposa le cas qu'un Allemand se fît montrer en Chine pour de l'argent, et l'on rédigea à cet effet une affiche où les mandarins Tching-Tchang-Tchoung et Hi-Ha-Ho exprimaient l'avis que c'était un véritable Allemand; puis on y énumérait ses tours d'adresse, qui consistaient surtout à philosopher, fumer du tabac et patienter, et l'on faisait observer ⌈au public chinois⌉ qu'il fallait bien se garder, à midi, heure où l'Allemand prenait sa nourriture, d'amener des chiens, parce que ces animaux volaient d'ordinaire au pauvre Allemand le meilleur lopin.

Un jeune membre de la Burschenschaft, qui était allé récemment se faire purifier à Berlin, parla beaucoup de cette ville, mais presque sous un seul point de vue. Il avait visité ⌈la guinguette de⌉ Wisotzki et le Théâtre du Roi, et les jugeait faussement. «La jeunesse est prompte aux paroles,» ⌈dit Schiller⌉. Il parla de luxe, de costumes et de ⌈frais de coulisses⌉. Le jeune homme ignorait qu'à Berlin l'apparence étant la chose la plus importante‖, ce règne de la fiction doit surtout établir son trône sur les planches, et qu'il faut, en conséquence, que l'intendance ⌈royale des spectacles⌉ prenne bien garde à la couleur de la barbe avec laquelle tel rôle est joué, à la fidélité du costume qui est dessiné par des historiographes assermentés, et cousu par des tailleurs savants. Et cela est bien nécessaire. Car, si Marie Stuart portait par hasard une jupe du temps de la reine Anne, le banquier Christian Gumpel se plaindrait à bon droit qu'on lui ôte toute illusion; et si lord Burleigh avait mis par mégarde les culottes de Henri IV, certainement madame la conseillère de guerre de Steinzopf, née Lilienthau, ne perdrait pas de vue cet anachronisme pendant toute la soirée. Cette recherche d'illusion de la part de l'intendance n'a pas seulement pour objet les jupes et les culottes, mais comprend aussi les personnes qui s'y trouvent enveloppées. Ainsi Othello doit, à l'avenir, être représenté par un nègre véritable, dont le professeur Lichtenstein a fait à cet effet la commande en Afrique. Dans *Misanthropie et Repentir*, le rôle d'Eulalie sera joué désormais par une vraie femme perdue, celui de Pierre par un sot de nature, et l'inconnu par un mari réellement trompé, personnage‖ qu'on n'aura pas besoin cette fois de faire venir d'Afrique. Si le susdit jeune homme avait mal compris le théâtre tragique de Berlin, il avait moins encore deviné que l'Opéra ⌈et la musique⌉ de Spontini, avec cymbales, éléphants, trompettes et tamtams, est un moyen héroïque pour fortifier les nerfs de notre nation amollie, et pour en faire de vigoureux guerriers, moyen que Platon et Cicéron, rusés politiques, avaient déjà recommandé. Ce que le jeune homme entendait le moins, c'était l'importance diplomatique du ballet. Ce fut avec peine que je lui démontrai qu'il y a dans les pieds de Hoguet-⌈Vestris⌉ plus de politique que dans la tête de M. Buchholtz, que toutes ses pirouettes sont des combinaisons diplomatiques, que chacun de ses mouvements a un sens politique; par exemple, qu'il a en vue notre cabinet prussien quand, sentimentalement penché, il étend ses mains le plus loin possible; qu'il veut désigner la diète germanique, quand il tourne cent fois sur un seul pied sans avancer; qu'il fait allusion aux petits princes, quand il sautille comme avec les pieds liés; qu'il montre l'équilibre européen, quand il chancelle comme un homme ivre; qu'il figure un congrès, quand il embrouille ses bras en forme d'écheveau de fil, et, enfin, qu'il représente notre⌈⌉ grand ami de l'Est, quand, par un développement successif, il arrive à une grande hauteur, demeure longtemps tranquille dans cette position, et, soudain, s'élance par bonds effrayants. La berlue du jeune homme se dissipa, et il vit clairement alors pourquoi les danseurs sont mieux rétribués que les grands poëtes, pourquoi le ballet est pour le corps diplomatique un inépuisable sujet d'entretien, et pourquoi souvent une belle danseuse est en outre entretenue pour le compte particulier du ministre, qui s'efforce sans doute jour et nuit de lui faire comprendre son système politique. Par Apis! le nombre des habitués exotériques du théâtre est énorme, mais le nombre des amateurs ésotériques est bien petit! La foule inintelligente s'y presse, bâille et admire des sauts et des tours, étudie l'anatomie dans les poses de madame Lemière, applaudit les entrechats de la Rœhnisch, et babille de grâce, d'harmonie et de reins, tandis qu'aucun d'eux ne s'aperçoit qu'il a dans ces chiffres dansés le sort de la patrie devant les yeux.

Pendant que se croisaient toutes sortes d'entretiens de cette espèce, on ne perdait pourtant pas de vue l'utile, et l'on faisait aussi une conversation animée avec les grands plats loyalement remplis de viandes, ⌈choucroûte,⌉ pommes de terre, etc. Cependant la chère était mauvaise. J'en fis doucement l'observation à mon voisin, qui, avec un accent auquel je reconnus le Suisse, me répondit fort impoliment que, nous autres Allemands, qui ne connaissions pas la véritable liberté, connaissions aussi peu la tempérance ⌈républicaine⌉. Je haussai les épaules, et fis la remarque que les laquais des princes et les pâtissiers sont partout des Suisses, et qu'ils sont spécialement désignés sous ce nom⌈⌉.

Le fils des Alpes n'avait sans doute⌈⌉ aucune mauvaise intention. «C'était un gros homme, par conséquent un bon homme,» dit Cervantes. Mais mon voisin de l'autre côté, prussien de Greifswald, fut très-piqué de cette observation. Il assura que la simplicité et la force allemandes n'étaient pas encore éteintes, se frappa, à s'ébranler, sur la poitrine, et vida là-dessus une énorme cruche de bière blanche. Le Suisse disait: «Allons! allons!» mais plus il prenait le ton conciliant, plus l'homme de Greifswald s'échauffait. Celui-ci appartenait encore à ces temps ⌈patriotiques⌉ où la vermine vivait à souhait, et où les coiffeurs couraient risque de mourir de faim: il portait une longue chevelure tombante, la barrette ⌈d'un écuyer du moyen âge⌉, un habit noir teutonique, une chemise sale qui servait également de gilet, et ⌈par-dessus⌉ un médaillon contenant quelques crins blancs du cheval de Blücher. C'était un ⌈niais⌉ de grandeur naturelle. J'aime assez me donner du mouvement à souper; je me laissai donc engager par lui dans une controverse patriotique. Il pensait que l'Allemagne devait être divisée en trente-trois *gauen* ou vallées. Je soutins, moi, qu'il en fallait quarante-huit, parce qu'on pourrait alors écrire un manuel plus systématique sur l'Allemagne, et qu'il était bien nécessaire de mettre d'accord la vie pratique avec la science. Mon ami de Greifswald était aussi un barde allemand, et il me confia qu'il travaillait à un poëme héroïque national à la louange d'Arminius, et de la bataille de ⌈Teutobourg⌉. Je lui donnai plus d'un bon conseil pour la confection de cette épopée. Je lui fis remarquer qu'il pouvait donner une idée très-onomatopéique des marécages et des chemins raboteux de la forêt de Teutobourg par des vers rocailleux ou flasques, et que ce serait une finesse patriotique de ne prêter à Varus et aux Romains que de véritables sottises. J'espère que cet artifice du métier lui aura réussi comme aux autres poëtes de Berlin, de manière à produire l'illusion la plus ⌈effrayante⌉.

Le bruit et l'intimité croissaient de plus en plus à notre table; le vin chassa la bière, les bols de punch fumèrent; on but, on trinqua, on chanta. ⌈Le grand chant des étudiants⌉ et les poésies de Müller, Ruckert, Uhland et autres, retentirent avec de belles mélodies de Methfessel. Mais ce qui fit le plus d'effet ce furent les paroles de Arndt: «Le dieu qui créa le fer n'a pas voulu d'esclaves!» Des hurlements se faisaient entendre également au dehors, comme si la vieille montagne eût fait aussi sa partie, et quelques amis chancelants prétendaient même qu'elle agitait joyeusement sa tête chauve, et que notre salle en était ébranlée. Les bouteilles se vidèrent et les têtes se remplirent. L'un hennissait, l'autre roucoulait, un troisième déclamait ⌈des vers tragiques⌉, un quatrième parlait latin, un cinquième prêchait la tempérance; un sixième ⌈se posa comme en chaire,⌉ et commença ainsi sa leçon: «Messieurs, la terre est un cylindre, les hommes sont de petites pointes répandues à la surface, en apparence sans dessein; mais le cylindre tourne, les petites pointes sont heurtées çà et là, et rendent une vibration sonore, les unes souvent, d'autres rarement; cela produit une musique merveilleuse, compliquée, qui s'appelle l'histoire universelle. Nous allons donc parler d'abord de la musique, puis de l'univers, enfin de l'histoire. Celle-ci, nous la diviserons en positive et en cantharides...» Et il continua ainsi avec un mélange d'esprit et de folie.

Un sentimental Mecklembourgeois, qui plongeait son nez dans un verre de punch, et en aspirait la vapeur avec un sourire de bienheureux, fit la remarque qu'il se sentait comme devant le buffet du théâtre à Schwerin! un autre tenait devant ses yeux son verre comme une lorgnette, et semblait nous observer attentivement pendant que le vin vermeil lui coulait, le long de ses joues, dans la bouche ouverte. Le Prussien, subitement pris d'enthousiasme, se jeta sur mon sein, et dit avec un épanchement délirant: – Oh! que ne peux-tu me comprendre! Je suis un amoureux, je suis heureux, je suis payé de retour, et Dieu me damne! ma bien-aimée est une personne comme il faut, car elle a une belle gorge, elle porte une robe blanche, et touche du piano. – Pour le Suisse, il pleurait et baisait tendrement mes mains en gémissant sans cesse: – O Bæbeli! ô Bæbeli!

Au milieu de ce désordre, où les assiettes apprenaient à danser, et les verres à voler, deux jeunes gens restaient assis en face de moi. Ils étaient beaux et pâles comme des statues de marbre, l'un ressemblant à Adonis, l'autre plutôt à Apollon. La nuance rosée que le vin avait imprimée à leurs joues était à peine sensible. Ils se regardaient avec une affection immense, comme si l'un eût pu lire dans les yeux de l'autre, et ces yeux rayonnaient comme s'il y fût tombé quelques gouttes lumineuses de cette coupe ⌈flamboyante⌉ que l'ange ⌈de l'amour⌉ porte là-haut d'une étoile à l'autre. Ils parlaient à demi-voix, ⌈avec un accent de mélancolie⌉, et se disaient toujours des histoires dans lesquelles vibrait un son étrangement douloureux. «⌈Lise⌉ est morte aussi maintenant!» dit l'un; et il soupira, et, après une pause, il conta l'aventure d'une jeune fille de Halle qui était devenue amoureuse d'un étudiant, et qui, lorsque celui-ci quitta la ville, ne parla plus à personne, mangeait peu, pleurait jour et nuit, et contemplait sans cesse le serin des Canaries dont son amant lui avait fait don: «L'oiseau mourut, et bientôt ⌈Lise⌉ mourut aussi!» Telle fut la fin du récit, et les deux jouvenceaux recommencèrent à se taire et à soupirer comme si leur cœur allait éclater. Enfin, l'un dit à l'autre: – Mon âme est triste! Sors avec moi dans la nuit obscure, je veux respirer l'haleine des nuages et les rayons de la lune. Compagnon de ma douleur, je t'aime! Tes paroles résonnent à mon oreille comme les murmures des ⌈ruisseaux⌉, comme les torrents qui coulent; elles résonnent toujours dans mon sein, mais mon âme est triste! –

Alors se levèrent les deux jouvenceaux; l'un passa son bras autour du col de l'autre, et ils quittèrent la salle bruyante. Je les suivis et les vis entrer dans une chambre sombre, l'un ouvrir, au lieu de fenêtre, une grande armoire d'habits, et tous les deux se tenir devant cette armoire, les bras sentimentalement étendus; et je les entendis parler tour à tour. – «O vents de la nuit nébuleuse, dit l'un, que votre souffle rafraîchit délicieusement mes joues! Que vous jouez agréablement avec les ondes mobiles de mes cheveux! Je suis sur le sommet nuageux de la montagne: sous mes pieds sont les cités endormies des hommes, et les eaux bleues élèvent leurs regards. Écoute! là-bas dans la vallée bruissent les sapins! là-bas sur la colline glissent en formes nuageuses les esprits de nos pères. Oh! que ne puis-je être emporté avec vous, sur le coursier des nuages, dans la nuit orageuse, sur la mer bondissante jusqu'à la hauteur des étoiles! Mais, hélas! je suis accablé d'un poids de douleur, et mon âme est triste! –»

L'autre jeune homme avait aussi étendu sentimentalement ses bras vers l'armoire aux habits; des larmes ruisselaient de ses yeux, et d'une voix mélancolique il apostropha ainsi une culotte de peau jaune qu'il prit pour la lune: – «Tu es belle, fille du Ciel! Bienfaisant est l'aspect de ton visage calme! tu marches dans la grâce et l'amabilité! Les étoiles suivent ta voie bleuâtre à l'Orient. A ta vue se réjouissent les nuages, et s'éclairent leurs figures assombries. Qui te ressemble dans le ciel, ô fille de la nuit? en ta présence les étoiles sont confondues de honte et détournent leurs ⌈têtes vertes⌉. Où vas-tu t'égarer⌈⌉ quand l'aube pâlit ta face? As-tu, comme moi, ton château? Habites-tu dans l'ombre de la douleur? Tes sœurs sont-elles tombées du ciel? Elles qui traversaient joyeusement la nuit avec toi, ne sont-elles donc plus? Oui! elles sont tombées, et toi, belle lumière! tu te caches souvent pour les pleurer. Mais à la fin viendra la nuit, et toi, tu auras passé aussi, et tu auras quitté là-haut ta voie bleue. Alors les étoiles élèveront leurs têtes vertes; elles que ta présence confondait jadis, elles se réjouiront. Mais aujourd'hui tu es encore vêtue de l'éclat de tes rayons et tu nous regardes par les portes du ciel. Déchirez les nuages, ô vents! afin que la fille de la nuit puisse resplendir, couvrir d'éclat les montagnes boisées, et que la mer roule dans la lumière ses vagues écumantes!»

Un de mes bons amis, chargé d'un embonpoint plus que raisonnable, et qui avait plus bu que mangé, quoiqu'il eût ce soir-là englouti, comme à l'ordinaire, une portion de viande⌈⌉ qui aurait rassasié six lieutenants des gardes et ⌈trois enfants⌉, passa en courant avec une gaieté trop pétulante, c'est-à-dire ⌈en zigzag⌉, culbuta quelque peu durement dans l'armoire les deux amis élégiaques, rebondit jusqu'à la porte de la maison, et y fit un vacarme effroyable. Le vacarme continuait aussi à croître dans la salle avec une confusion toujours plus grande. Les deux jouvenceaux culbutés dans l'armoire s'écriaient en gémissant qu'ils gisaient brisés au pied de la montagne. La noble liqueur vermeille leur ressortait de la bouche, ils s'inondaient réciproquement, et l'un dit à l'autre: «Adieu! je sens que je perds tout mon sang! Pourquoi m'éveilles-tu, souffle du printemps? Tu me caresses, et dis: Je te rafraîchis avec la rosée du ciel. Cependant il est proche le temps où je vais me faner, proche l'ouragan qui me dépouillera de mon feuillage! Demain viendra le voyageur; lui qui m'a vu dans ma beauté, son regard me cherchera dans tout le champ, et ne me trouvera plus...» – Mais tout était dominé par la voix de basse ⌈du gros ami⌉, qui dehors devant la porte, parmi les jurons et les blasphèmes⌈⌉, se plaignait de ce qu'il n'y avait pas dans toute la sombre rue de Weende une seule lanterne allumée, et qu'on ne pouvait pas voir chez qui l'on avait cassé les vitres.

Je puis porter beaucoup... La modestie ne me permet pas de dire le nombre des bouteilles... Enfin j'arrivai assez bien conditionné dans ma chambre à coucher; le jeune marchand était déjà au lit avec son bonnet de coton blanc et sa veste safranée de flanelle de santé. Il ne dormait pas encore, et chercha à entrer en conversation avec moi⌈⌉.

Il me prit envie de le mystifier, et je lui dis que j'étais somnambule et que je devais lui demander d'avance pardon pour le cas où je pourrais troubler son sommeil. Le pauvre homme m'avoua le lendemain qu'il n'avait pu, pour cette raison, fermer l'œil de toute la nuit, parce qu'il craignait que je ne fisse, en état de somnambulisme, quelque malheur avec mes pistolets, placés à côté de mon lit. Au fond, je ne me trouvai guère mieux que lui, car j'avais dormi très-mal. Des images fantastiques, désolantes et oppressives, m'avaient assailli⌈⌉. J'en fus délivré par la voix de l'hôte du Brocken, qui venait m'éveiller pour me faire voir le lever du soleil. Je trouvai déjà sur la tour quelques curieux impatients qui frottaient leurs mains glacées; d'autres, le sommeil encore dans les yeux, montaient en chancelant; enfin toute la paisible communauté de la veille se trouva de nouveau réunie au complet, et nous vîmes avec un religieux silence sortir à l'horizon le petit globe rouge cramoisi. Un jour en demi-teinte, lumière hivernale, se répandit partout. Les montagnes nageaient comme dans une mer à vagues écumeuses, et leurs sommets seuls sortaient du milieu de la vapeur, de sorte qu'on se croyait sur une petite colline au milieu d'une plaine inondée dans laquelle il n'est resté à sec que quelques mamelons. Pour fixer, à l'aide de paroles, cet aspect et mes impressions, je crayonnai le morceau suivant:

Il fait déjà plus clair à l'orient
Par une petite étincelle du soleil;
⌈Au loin, bien loin⌉, les sommets des monts
Nagent dans une mer de vapeurs.

Si j'avais des bottes de sept lieues,
Je courrais avec la rapidité du vent
De sommets en sommets,
Jusqu'à la maison de ma bien-aimée.

Du petit lit où elle sommeille,
Je tirerais doucement les rideaux,
Je baiserais doucement son front,
Doucement les rubis de sa bouche.

Plus doucement encore je voudrais murmurer
Dans ses petites oreilles blanches:

«Pense en songe que nous nous aimons encore,
«Et que nous ne nous sommes jamais perdus.»

Cependant j'éprouvai un sentiment non moins vif pour un déjeuner, et, après avoir dit quelques politesses à mes dames, je me hâtai de redescendre dans la salle⌈⌉ pour boire le café. C'était bien nécessaire, car mon estomac ne ressemblait pas mal à l'église vide de Saint-Étienne à Goslar. Mais, avec le breuvage d'Arabie, l'Orient courut avec sa chaleur par mes veines, ⌈ses parfums⌉ m'enveloppèrent, les doux chants de Bulbul retentirent, les étudiants se métamorphosèrent en chameaux, les servantes du Brocken, avec leurs regards à la Congrève, devinrent des houris, les nez des philistins des minarets, etc., etc.

Le livre placé auprès de moi n'était pourtant pas le Coran. Il est vrai qu'il contient assez de sottises. C'était l'album du Brocken, où tous les voyageurs qui ont gravi la montagne inscrivent leurs noms, que la plupart accompagnent encore de quelques réflexions, à défaut desquelles ils consignent leurs sentiments respectifs. Beaucoup même s'expriment en vers. C'est dans ce livre qu'on voit ⌈ce qui arrive⌉, quand le grand troupeau des philistins a pris dans les occasions d'usage, comme ici sur le Brocken, le parti de se faire poëte. Le palais du prince de Pallagonie ne contient pas d'aussi grotesques absurdités que ce livre, où brillent surtout messieurs les receveurs de l'accise avec leurs nobles sentiments⌈⌉, les garçons de comptoir et leurs pathétiques épanchements de cœur, les vieux teutomanes⌈⌉ avec leurs lieux communs du gymnase patriotique, les maîtres d'école de Berlin avec leurs phrases d'extase avortées, etc.; ⌈M. Pepin⌉ veut se montrer écrivain au moins une fois en sa vie. Ici on décrit la majestueuse magnificence du lever du soleil; là on se plaint du mauvais temps, des désappointements, du brouillard qui voile toute la vue. – Monté avec ivresse et descendu ivre! est un bon mot permanent que se repassent ici des centaines d'inscripteurs.

Enfin, le livre entier exhale une odeur de fromage, de bière et de tabac; on croit lire un roman de M. Clauren.

Pendant que je buvais ainsi mon café, et que je feuilletais dans l'album du Brocken, le Suisse entra, les joues toutes rouges, et nous raconta, bouffi d'enthousiasme, le sublime aspect dont il avait joui sur la tour, quand la pure et calme lumière du soleil, symbole de la vérité, avait combattu avec les vapeurs de la nuit. Il avait cru voir, comme un combat d'esprits, où des géants courroucés avaient tiré leurs longues épées, où s'élançaient des chevaliers bardés de fer sur des chevaux impétueux, des chars de bataille, des bannières flottantes, des animaux fabuleux qui surgissaient au milieu de ce chaos, jusqu'à ce qu'enfin tout eût ⌈tournoyé dans la bagarre la plus fantasque⌉, et, devenant de plus en plus pâle, se fût évanoui complétement. ⌈Cette émeute d'éléments,⌉ cette apparition démagogique, je l'avais manquée, et si l'on fait une enquête à ce sujet, je puis assurer sous serment que je n'ai rien appris, rien connu que le goût d'un excellent café. Hélas! ce café avait été cause que j'avais oublié ma belle dame, qui, à ce moment, était devant la porte avec sa mère et leur compagnon, s'apprêtant à monter en voiture. A peine eus-je encore le temps d'accourir, et de l'assurer qu'il faisait froid. Elle parut mécontente de ce que je n'étais pas venu plus tôt; mais j'aplanis bientôt les plis chagrins de son front, en lui donnant une fleur ⌈admirable⌉ que j'avais cueillie le jour précédent sur une roche escarpée, au risque de me rompre le cou. La mère désira connaître le nom de la fleur, comme si elle eût trouvé inconvenant qu'on attachât une fleur étrangère et inconnue sur le sein de sa fille; car la fleur obtint cette place digne d'envie, sort qu'elle n'avait probablement pas rêvé la veille dans son élévation solitaire. Leur compagnon silencieux ouvrit alors la bouche, compta les étamines de la fleur, et dit très-sèchement: – Elle appartient à la huitième classe.

Je suis chagriné quand je vois partager les jolies fleurs⌈⌉ en castes, tout comme nous, d'après ⌈leurs différences extérieures⌉. S'il faut pourtant une classification, elle devrait se faire d'après le système de Théophraste, qui proposait de les classer selon leur esprit, c'est-à-dire selon leur odeur. Pour moi, j'ai, en histoire naturelle, mon système particulier; en conséquence, ⌈je ne fais que deux catégories⌉: je partage tout en ce qui se mange, et ce qui ne se mange pas.

Cependant la mystérieuse nature des fleurs n'était rien moins que lettre close pour la dame plus âgée, et elle dit involontairement qu'elle avait grand plaisir à voir des fleurs sur pied, dans un jardin ou en pot; mais un sentiment de peine inquiétant ⌈⌉lui faisait tressaillir le cœur à la vue d'une fleur cueillie, parce qu'alors c'était véritablement un cadavre, et qu'un tel cadavre de fleur⌈⌉ semblait pencher tristement sa petite tête flétrie comme un enfant mort. La dame fut presque effrayée par un ⌈triste souvenir⌉ que lui rappelait cette remarque, et je me fis un devoir de détruire cet effet avec quelques vers de Voltaire. Chose étonnante, que quelques mots français nous puissent remettre tout de suite dans une situation d'humeur convenable! Nous rîmes, des mains furent baisées, on rendit des sourires pleins de bienveillance, les chevaux hennirent, et la voiture cahota lentement et pesamment sur la descente de la montagne.

Les étudiants firent alors leurs préparatifs de départ. Les havre-sacs furent bouclés; les comptes, qui parurent, contre toute attente, fort modérés, furent soldés; les servantes hospitalières⌈⌉ apprêtèrent, comme d'usage, les bouquets de fleurs du Brocken, aidèrent à les fixer sur les bonnets, et en furent récompensées par quelques baisers ou par quelques bons groschen; et nous descendîmes tous ensuite la montagne, les uns, parmi lesquels le Suisse et le Prussien de Greifswald, prenant le chemin de Schierke, et une vingtaine d'autres, au nombre desquels mes camarades et moi, s'en furent⌈⌉, conduits par un guide, dans la direction d'Ilsenbourg.

Notre descente se fit à toutes jambes. Des étudiants de Halle marchent plus vite que la landwehr autrichienne. Avant que j'y prisse garde, la partie chenue de la montagne, avec ses groupes de rochers dispersés, était déjà derrière nous, et nous entrâmes sous un bois de pins comme celui que j'avais vu le jour précédent. Le soleil dardait déjà ses plus beaux rayons de fête, et éclairait les joyeux *Burschen* avec leurs costumes bariolés et capricieux, qui pénétraient vivement dans le fourré, disparaissaient ici, reparaissaient plus loin, couraient sur les troncs d'arbres renversés en guise de pont sur les endroits marécageux, se coulaient dans les descentes abruptes, le long des racines rampantes, chantaient les mélodies les plus joviales, et recevaient une réponse aussi gaie des oiseaux gazouilleurs, des sapins murmurants, des invisibles sources babillardes et des échos sonores. Quand la jeunesse joyeuse et la belle nature se rencontrent, elles se mettent réciproquement en belle humeur.

Plus nous descendions, plus les sources souterraines ruisselaient harmonieusement. Ce n'était que de temps à autre que l'une d'elles se montrait furtivement entre les broussailles et les roches, ⌈comme pour voir si elle pouvait se risquer au grand jour⌉, et enfin jaillissait un petit flot qui avait pris sa résolution. Alors arrivait ce qui se passe toujours en telle occasion: le plus hardi commence, et le grand troupeau des timides se sent, à son grand étonnement, soudainement pris de courage et court se joindre au premier téméraire. Une foule d'autres sources se hâtaient déjà de bondir hors de leurs cachettes⌈⌉, et formaient bientôt entre elles un petit ruisseau assez fort qui descend en murmurant dans la vallée de la montagne en faisant d'innombrables chutes et d'admirables détours. C'est alors l'Ilse, l'aimable, la douce Ilse. Elle court au travers d'une riche vallée encaissée des deux côtés par des montagnes qui s'élèvent insensiblement et sont jusqu'à leur base couvertes en grande partie de hêtres, de chênes et d'arbres à large feuillage, et non plus de pins et autres arbres à feuilles aciculaires; car les espèces à feuillage ordinaire prédominent dans le *Hartz inférieur*, comme on appelle le versant oriental du Brocken en opposition avec le versant occidental, nommé le *Hartz supérieur*, qui est réellement beaucoup plus élevé et par conséquent plus propice aux arbres résineux.

On ne saurait décrire l'enjouement, la naïveté, la grâce avec lesquels l'Ilse descend follement sur les groupes bizarres de roches qu'elle rencontre dans son cours. L'eau siffle sauvagement ici, ou se roule en écumant, jaillit plus loin en arcs purs par une foule de crevasses, comme par les yeux d'un arrosoir⌈⌉, et plus bas court, en sautillant, sur les petites pierres comme une jeune fille pimpante. Oui, la tradition a raison, l'Ilse est une princesse qui descend avec le rire et la fraîcheur de la jeunesse les pentes de la montagne. Comme sa blanche robe d'écume éclate au soleil! comme les rubans argentés de son sein voltigent au gré du vent! comme ses diamants étincellent! Les grands hêtres sont debout, près d'elle, comme des pères sérieux qui sourient intérieurement aux espiègleries de l'aimable enfant; les bouleaux blanchâtres se balancent avec la satisfaction de bonnes tantes qui redoutent pourtant les sauts périlleux; le chêne orgueilleux regarde tous ces jeux comme un oncle chagrin qui doit payer les frais de la partie de campagne; les petits oiseaux de l'air applaudissent en chants joyeux, et les fleurs du rivage murmurent tendrement: – Oh! emmène-nous, emmène-nous avec toi, bonne petite sœur!... Mais la folâtre jeune fille s'éloigne en sautant sans relâche, et, tout d'un coup, elle s'empare du poëte rêveur, et il pleut sur moi une cascade de rayons sonores et de sons étincelants, et ma raison s'égare devant toute cette magnificence, et je n'entends plus que cette douce voix flûtée:

Je suis la princesse Ilse,
Et j'habite la roche Ilsenstein.
Viens avec moi dans mon château,
Nous y serons heureux.

Je veux ⌈guérir⌉ ta tête
Avec mes vagues transparentes.
Tu oublieras tes chagrins,
Pauvre garçon malade de soucis!

Dans mes bras blancs ⌈comme la neige⌉,
Sur mon sein blanc ⌈comme la neige⌉,
Tu reposeras et tu rêveras
Le bonheur des vieux contes.

Je veux t'embrasser et te serrer
Comme j'ai serré et embrassé
Le cher empereur Henri,
Qui est mort maintenant.

Les morts sont morts,
Et il n'est que les vivants qui vivent,
Et je suis belle et florissante;
Mon cœur rit et palpite.

⌈Mon cœur rit et palpite...⌉
⌈Viens chez moi⌉, dans mon palais de cristal⌉.
Mes damoiselles et mes chevaliers y dansent;
La troupe des écuyers se livre à la joie.

Les longues robes de soie bruissent,
Les éperons ⌈d'or⌉ résonnent,
Les nains font retentir les timbales,
Jouent du violon et sonnent du cor.

Mais toi, mon bras t'enlacera
Comme il enlaça l'empereur Henri:
De mes mains blanches je lui bouchai les oreilles,
⌈Quand dehors la trompette sonna⌉.

On éprouve un sentiment de volupté infinie quand le monde extérieur se fond avec le monde de notre âme, et que les arbres verts, les pensées, le chant des oiseaux, la mélancolie, le bleu du ciel, les souvenirs et les parfums des plantes s'enlacent en douces arabesques. Les femmes connaissent le mieux ce sentiment; c'est pourquoi un sourire d'une incrédule ⌈amabilité⌉ peut errer sur leurs lèvres, quand nous célébrons, avec un scolastique orgueil, nos hauts faits logiques, et que nous nous vantons d'avoir si joliment divisé tout en objectif et en subjectif, meublé nos têtes, comme une boutique d'apothicaire, de quelques mille tiroirs, dans l'un desquels nous rangeons la raison, dans l'autre l'entendement, dans un troisième le bon sens, dans le quatrième le ⌈sens commun⌉, et dans le cinquième le vide, c'est-à-dire l'idée.

Marchant comme enveloppé par un rêve, je n'avais presque pas remarqué que nous avions quitté le fond de la vallée de l'Ilse, et que nous remontions. Le chemin devint escarpé et fatigant, et plus d'un parmi nous se trouva hors d'haleine. Mais, à l'exemple de feu notre cousin qui est enterré à Mœlln, nous pensions par avance au plaisir de redescendre; cela nous entretenait en bonne humeur. Enfin nous arrivâmes sur l'Ilsenstein.

C'est un énorme rocher de granit qui s'élève longuement et hardiment du fond de l'abîme. Il est entouré de trois côtés par de hautes montagnes couvertes de bois; mais le quatrième, celui du nord, est entièrement dégagé, et l'on voit de là, sous ses pieds, Ilsenbourg et l'Ilse, qui se déroule dans la plaine. Sur la cime la plus élevée du rocher, qui a la forme d'une tour, on a scellé une grande croix de fer, et il y a de plus, au besoin, encore place pour quatre pieds d'homme.

A l'exemple de la nature, qui a revêtu, par sa position et par sa forme, l'Ilsenstein de charmes fantastiques, la tradition n'a pas oublié non plus de le colorer avec son prisme de roses. Gottschalck dit: On raconte qu'il y exista jadis un château enchanté, dans lequel habitait la riche et belle princesse Ilse, laquelle se baigne encore aujourd'hui chaque matin dans l'Ilse, et que celui qui est assez heureux pour saisir le moment favorable, est conduit par elle dans ⌈⌉son château, et royalement récompensé! D'autres rapportent, sur les amours de la belle damoiselle Ilse et du chevalier de Westerberg une jolie histoire, qu'un de nos poëtes les plus connus a⌈⌉ chantée dans l'*Abendzeitung*. D'autres encore redisent que ce fut l'ancien empereur saxon Henri qui passa avec Ilse, la belle fée des eaux, dans son château enchanté des rochers, les heures les plus impériales du monde. Un nouvel écrivain, le très-respectable M. Niemann, qui a écrit dernièrement un livre de voyage du Hartz, dans lequel il a rapporté, avec un zèle louable et des chiffres exacts, la hauteur des montagnes, les variations de l'aiguille aimantée, les dettes des villes, et autres semblables renseignements, prétend néanmoins que «tout ce qu'on raconte sur la belle princesse Ilse est du domaine de la fable.» Ainsi parlent tous ces gens auxquels n'est jamais apparue une semblable princesse; mais nous, qui sommes particulièrement protégés par les belles dames, nous en savons plus qu'eux là-dessus. L'empereur Henri en savait aussi davantage. Ce n'était pas pour rien que les anciens empereurs saxons tenaient tant à leur Hartz chéri. On n'a qu'à feuilleter la belle chronique de Lüneboug, où les braves vieux princes sont représentés au naturel, en admirables estampes sur bois, couverts du harnais, assis sur leurs hauts coursiers de bataille, caparaçonnés de blason, la sainte couronne impériale sur leur tête sacrée, tenant d'une main ferme le sceptre et le glaive. On peut lire clairement sur leurs bonnes figures ⌈barbues⌉, combien ils ont soupiré fréquemment au souvenir tendre de leurs princesses du Hartz, et du murmure intime de leurs forêts du Hartz, quand ils séjournaient à l'étranger, même dans l'Italie, riche de citrons et de poisons, où les attira si souvent⌉ le désir de s'appeler empereurs romains, manie de titres vraiment allemande, qui perdit empereur et empire.

Au surplus, je conseille à quiconque se trouve au sommet de l'Ilsenstein, de ne penser ni aux empereurs ni au saint-empire, ni à la belle Ilse, mais seulement à ses propres pieds. Car au moment où j'y étais, perdu dans mes rêveries, j'entendis tout à coup la musique souterraine du château enchanté, et je vis autour de moi les montagnes se renverser sur la tête, les rouges toits d'Ilsenbourg danser, et les arbres verts faire la ronde dans le ciel bleu, de sorte que tout devint bleu et vert devant mes yeux, et que, certainement, ce vertige m'aurait précipité dans l'abîme, si je ne m'étais, dans ma frayeur, fermement cramponné à la croix de fer⌉.

Le *Voyage dans le Hartz* est et demeure un fragment, et les fils variés que j'y ai entremêlés avec tant de complaisance pour en former un tissu harmonieux, sont coupés tout d'un coup comme par le ciseau de la parque inexorable. Peut-être les rattacherai-je à des chants futurs, et ce que ma discrétion tait aujourd'hui, sera dit alors sans nulle réserve. Après tout, cela revient au même de dire les choses en tel ou tel temps, dans telle forme ou dans telle autre, pourvu qu'on les dise. Il n'y a aucun mal à ce que des ouvrages isolés restent fragments, alors que de leur réunion résulte un ensemble. Par une semblable réunion, on peut compléter çà et là les parties défectueuses, sauver quelques aspérités, et adoucir les passages trop durs...⌉

Je dois faire remarquer que cette partie du Hartz que j'ai décrite jusqu'au commencement de la vallée de l'Ilse est d'un aspect beaucoup moins agréable que le romantique et pittoresque Hartz inférieur, et, dans son âpre beauté, dans sa sombre verdure de sapins, contraste même fort avec cet autre Hartz. De même les trois vallées traversées par l'Ilse, par la Bode et par la Selke, dans le pays inférieur, et nommées d'après ces ⌉ rivières, contrastent entre elles avec beaucoup de charme, quand on sait personnifier le caractère de chaque vallée. Ce sont trois femmes entre lesquelles il est difficile de décider quelle est la plus belle.

J'ai déjà chanté la gentille et douce Ilse et le gentil et doux accueil que j'en ai reçu. La Bode, beauté sombre, m'a accueilli moins gracieusement, et quand je l'aperçus d'abord dans la noire contrée du Rübeland, elle avait l'air boudeur, et s'enveloppa dans un voile de pluie d'un gris argenté; mais elle se hâta de le rejeter avec passion, quand j'arrivai sur la hauteur de la Rosstrappe, et ses traits éclatèrent à mes yeux au milieu d'une magnificence de lumière. Toute sa physionomie respirait une tendresse colossale, et de son sein ▯de rochers s'exhalaient comme des soupirs amoureux et des accents de langueur mélancolique. Moins tendre, mais plus gaie, parut à mes yeux la belle Selke, belle et aimable dame, dont la noble simplicité et le calme serein éloignent toute idée de familiarité sentimentale, mais qui trahit pourtant par un sourire à demi caché quelques dispositions taquines. Ainsi je serais tenté d'attribuer à ces dispositions une foule de petits désagréments que j'essuyai dans la vallée de la Selke; par exemple, voulant sauter le cours d'eau, je suis tombé tout juste au milieu; puis, ayant changé ma chaussure mouillée contre des pantoufles, l'une d'elles se perdit▯; puis le vent emporta ma casquette; puis les ronces me déchirèrent les jambes, puis, ▯etc., etc. En dépit de toutes ces petites contrariétés, je pardonne de grand cœur à la dame, car elle est belle. Aujourd'hui elle s'offre à mon imagination avec tous ses charmes▯, et semble me dire: – Quoique je sois rieuse, je vous veux pourtant du bien; faites-moi des vers, chantez-moi, je vous prie. –

L'imposante Bode se présente aussi à mon souvenir, et ses yeux sombres me disent: – Tu as avec moi une conformité d'orgueil et de douleur, et je veux que tu m'aimes. Arrive aussi en sautillant la jolie Ilse, toute grâce, toute séduction dans la physionomie, dans la tournure et dans le geste: elle ressemble tout à fait à la charmante créature qui vivifie mes songes, et tout comme elle me regarde avec une irrésistible indifférence et pourtant avec tant de profondeur, avec un air si infini, si transparent, si vrai... Eh bien! je suis Pâris, les trois déesses sont devant moi, et je donne la pomme à la belle Ilse!

C'est aujourd'hui le premier mai; comme un océan de vie, le printemps submerge la terre, la blanche écume des jets de fleurs demeure suspendue aux arbres; une immense et chaude splendeur vaporeuse se répand partout; dans la ville, étincellent joyeusement les fenêtres des maisons; les passereaux rebâtissent leurs nids sous les toits; les gens vont par les rues, et admirent que l'air soit si saisissant, et qu'eux-mêmes se trouvent dans une disposition toute singulière, les paysannes bariolées▯ apportent des bouquets de violettes; les enfants trouvés, avec leurs jaquettes bleues et leurs jolies petites figures illégitimes, passent dans le Jungfernstieg, et se réjouissent comme s'ils devaient retrouver aujourd'hui un père; le mendiant, au coin du pont, a l'air aussi ravi que s'il avait gagné le gros lot; il n'est pas jusqu'au courtier mulâtre⌉⌉, dont la ⌈pendable⌉ figure se promène là-bas, qui ne soit coloré par les rayons les plus tolérants du soleil... Il faut que je sorte hors des portes.

C'est le premier mai, et je pense à toi, belle Ilse (ou bien Agnès, car ce nom est celui qui te plaît le plus), et je pense à toi, et je voudrais bien voir encore avec quel éclat scintillant tu descends de la montagne; je voudrais surtout être tout en bas de la vallée et te recevoir dans mes bras. – C'est un beau jour; partout je vois la couleur verte, la couleur de l'espérance. Partout, comme de riantes merveilles, s'épanouissent les fleurs, et mon cœur veut s'épanouir en même temps. Ce cœur est aussi une fleur, une fleur bien singulière. Ce n'est pas une modeste violette, pas une rose riante, pas un lis pur, pas une de ces fleurettes qui réjouissent par leur gentillesse le cœur des jeunes filles, et se laissent placer complaisamment contre le ⌈⌈sein⌉⌉. Ce cœur ressemble plutôt à cette grosse et fabuleuse fleur des forêts du Brésil, qui, selon la tradition, ne fleurit qu'une fois tous les cent ans. Je me souviens d'avoir vu dans mon enfance une semblable fleur. Nous entendîmes dans la nuit comme un coup de pistolet, et le lendemain matin les enfants du voisin me racontèrent que c'était leur aloès qui s'était soudainement épanoui avec une telle détonation. Ils me conduisirent dans leur jardin, et je vis, à ma grande surprise, que la plante basse et dure, avec ses feuilles si extravagamment larges, si dentelées, si aiguës, auxquelles on pouvait facilement se blesser, s'était élancée alors toute en hauteur, et qu'elle portait au faîte de sa tige, comme une couronne d'or, une fleur magnifique. Nous autres enfants ne pouvions pas regarder à une telle hauteur, et le vieil et bon Christian, qui nous aimait, nous fit autour de la plante un escalier de bois sur lequel nous grimpâmes comme des chats, et de là nous contemplâmes curieusement l'intérieur du calice ouvert d'où les jaunes étamines et des parfums sauvagement étranges sortaient avec une magnificence inouïe.

Non, Agnès, ce cœur ne fleurit ni souvent ni facilement. Je ne me souviens que d'une seule fois, et il y a de cela bien longtemps, certainement un siècle. Avec quelque magnificence que sa fleur se déployât alors, je crois pourtant qu'elle eut à souffrir bien cruellement du défaut de soleil et de chaleur, si elle ne fut même pas violemment détruite par un ouragan d'hiver. Aujourd'hui elle s'agite de nouveau et pousse son enveloppe dans mon sein, et quand tu entendras le coup..., ne t'effraie pas, jeune fille! je ne me suis pas brûlé la cervelle, mais c'est mon amour qui fait éclater son bourgeon et détonne en chansons rayonnantes, en dithyrambes éternels, en joyeuses harmonies.

Mais si cet amour élevé est trop haut pour toi, jeune fille, prends tes aises et monte l'escalier de bois pour regarder le calice de mon cœur épanoui.

Nous sommes encore au matin; le soleil a parcouru à peine la moitié de sa carrière, et les parfums de mon cœur sont si énergiques qu'ils me montent à la tête en vapeurs enivrantes, et je ne sais où cesse l'ironie et où le ciel commence. Je peuple l'air de mes soupirs, et je voudrais me dissoudre en délicieux atomes, me perdre dans la divinité incréée... Mais qu'arrivera-t-il quand viendra la nuit et que les étoiles se montreront dans le ciel, les étoiles infortunées qui peuvent te dire...

C'est le premier mai; le plus misérable courtaud de boutique a aujourd'hui le droit d'être sentimental, et ce droit, tu voudrais le refuser au poëte!

Zu ›Die Nordsee. Dritte Abtheilung‹

Bruchstücke

<1. Hannövrische Junker>

Hannövrische Junker = Esel die nur von Pferden sprechen –

<2. Die deutsche Literaturmisere>

Oft, wenn ich die Morning-Chronicle lese, und in jeder Zeile das englische Volk mit seiner Nazionalität erblicke, mit seinem Pferderennen, Boxen, Hahnenkämpfen, Assisen, Parlamentsdebatten u.s.w., dann nehme ich wieder, betrübten Herzens, ein deutsches Blatt zur Hand, und suche darin die Momente eines Volkslebens, und finde nichts als literarische Fraubasereyen und Theatergeklätsche.

Und doch ist es nicht anders zu erwarten. Ist in einem Volke alles öffentliche Leben unterdrückt, so sucht es dennoch Gegenstände für gemeinsame Besprechung, und dazu dienen ihm in Deutschland seine Schriftsteller und Comödianten. Statt Pferderennen haben wir ein Bücherrennen nach der Leipziger Messe. Statt Boxen haben wir Mystiker und Razionalisten, die sich in ihren Pamphlets herumbalgen, bis die Einen zur Vernunft kommen, und den Anderen Hören und Sehen vergeht und der Glauben bey ihnen Eingang findet. Statt Hahnenkämpfe haben wir Journale, worin arme Teufel, die man dafür füttert, sich einander den guten Namen zerreißen, während die Philister freudig ausrufen: sieh! das ist ein Haupthahn! dem dort schwillt der Kamm! der hat einen scharfen Schnabel! das junge Hähnchen muß seine Federn erst ausschreiben, man muß es anspornen u.s.w. In solcher Art haben wir auch unsere öffentlichen Assisen, und das sind die löschpapiernen, sächsischen Literaturzeitungen, worin jeder Dummkopf von seines Gleichen gerichtet wird, nach den Grundsätzen eines literarischen Criminalrechts, das der Abschreckungstheorie huldigt, und, als ein Verbrechen jedes Buch bestraft. Zeigt der Verfasser desselben etwas Geist, so ist das Verbrechen qualifizirt. Kann er aber sein Geistesalibi beweisen, so wird die Strafe gemildert. Freylich, bey dieser literarischen Criminaljustiz ist es ebenfalls ein großes Gebrechen, daß dem richterlichen Ermessen so viel überlassen bleibt, um so mehr, da unsere Bücherrichter, eben so wie Fallstaff, sich ihre Gründe nicht abzwingen lassen, und manchmal selbst geheime Sünder sind und voraussehen, daß sie morgen von denselben Deliquenten gerichtet werden, über die sie heute das Urtheil sprechen. Die Jugend ist in unserer literarischen Criminaljustiz ein bedeutender Milderungsgrund, und mancher alte Schriftsteller wird gelinde beurtheilt, weil man ihn für ein Kind hält. Sogar die in der letzten Zeit aufgekommene Erfahrung, daß junge Menschen, zur Zeit der Entwickelung ihrer Pubertät, ein krankhaftes Gelüste tragen, Brand zu stiften, hat auch in der Aesthetik ihren Einfluß gehabt, und man urtheilt deßhalb gelinder über so manche Flammentragödie, z. B. die Tragödie jenes feurigen Jünglings, der nichts geringeres als den königlichen Palast zu Persepolis in Brand gesteckt hat. Wir haben, um Vergleichungen fortzusetzen, gewissermaßen auch unsere Parlamentsdebatten, und damit meine ich unsre Theaterkritiken; wie denn unser Schauspiel selbst gar füglich das Haus der Gemeinen genannt werden kann, von wegen der vielen Gemeinheiten die darin blühen, von wegen des plattgetretenen französischen Unflats, den unser Publikum, selbst wenn man ihm am selben Abend ein Raupachsches Lustspiel gegeben hat, gar ruhig verzehrt, gleich einer Fliege, die, wenn sie von einem Honigtopfe weggetrieben wird, sich gleich mit dem besten Appetit auf einen Quark setzt und ihre Mahlzeit damit beschließt. Ich habe hier vorzüglich im Sinne Raupachs »Bekehrten«, die ich vorigen Winter zu Hamburg, von den ausgezeichnetsten Schauspielern, aufführen sah, und zwar mit eben so vielem Beyfall, wie »die Schülerschwänke«, ein parfümirtes Quärkchen, das gleich darauf, an demselben Abend, gegeben wurde. Aber auf unserem Theater gedeiht nicht bloß Mist, sondern auch Gift. In der That, höre ich wie in unseren Lustspielen die heiligsten Sitten und Gefühle des Lebens, in einem liederlichen Tone und so leichtfertig sicher abgeleyert werden, daß man am Ende selbst gewöhnt wird, sie als die gleichgültigsten Dinge zu betrachten, höre ich jene kammerdienerliche Liebeserklärungen, die sentimentalen Freundschaftsbündnisse zu gemeinschaftlichem Betrug, die lachenden Plane zur Täuschung der Eltern oder Ehegatten, und wie all diese stereotypen Lustspielmotive heißen mögen, ach! so erfaßt mich inneres Grauen und bodenloser Jammer, und ich schaue, ängstlichen Blickes, nach den armen, unschuldigen Engelköpfchen, denen im Theater dergleichen, gewiß nicht ohne Erfolg, vordeklamirt wird.

Die Klagen über Verfall und Verderbniß des deutschen Lustspiels, wie sie aus ehrlichen Herzen hervorgeseufzt werden, der kritische Eifer Tiecks und Zimmermanns, die bey der Reinigung unsers Theaters ein mühsameres Geschäft haben, als Herkules im Stalle des Augias, da unser Theaterstall gereinigt werden soll während die Ochsen noch darin sind; die Bestrebungen hochbegabter Männer, die ein romantisches Lustspiel begründen möchten, die trefflichste und treffendste Satire, wie z. B. Roberts »Paradiesvogel« – nichts will fruchten, Seufzer, Rathschläge, Versuche, Geißelhiebe, Alles bewegt nur die Luft, und jedes Wort, das man darüber spricht, ist wahrhaft in den Wind geredet.

Unser Oberhaus, die Tragödie, zeigt sich in höherem Glanze. Ich meine hinsichtlich der Coulissen, Dekorazionen und Garderoben. Aber auch hier giebt es ein Ziel. Im Theater der Römer haben Elephanten auf dem Seile getanzt und große Sprünge gemacht; weiter aber konnt' es der Mensch nicht bringen, und das römische Reich ging unter, und bey dieser Gelegenheit auch das römische Theater. Auf unseren Theatern fehlt es in den Tragödien zwar auch nicht an Tanz und Sprüngen, aber diese werden hier von den jungen Tragöden selbst vollbracht; und da es wohl geschah, daß Frauenzimmer durch große Sprünge plötzlich zum Manne geworden, so handelt ein weibisches Poetlein wahrhaft pfiffig, wenn es mit seinen lahmen Jamben recht große Alexandersprünge versucht.

Da aber einmal von deutscher Literaturmisere die Rede ist, und ich jetzt noch nicht gesonnen bin, mich reichlicher darüber zu verbreiten, so mag wohl hier eine fügliche Stelle seyn zum Einschalten der folgenden Xenien, die aus der Feder Immermanns, meines hohen Mitstrebenden, geflossen sind, und die mir derselbe jüngsthin geschenkt hat.

L'île de Norderney
—Écrit en 1826.—

Les indigènes sont, pour la plupart, extrêmement pauvres et vivent de la pêche, qui ne commence⌈⌉qu'au mois d'octobre, par les temps orageux. Beaucoup de ces insulaires servent aussi comme matelots sur les navires de commerce étrangers, et restent pendant des années entières éloignés de chez eux, sans donner de leurs nouvelles à leurs familles. Assez souvent ils trouvent la mort dans les flots. J'ai rencontré dans l'île quelques pauvres femmes, dont toute la parenté masculine avait péri de la sorte. Un pareil malheur arrive d'autant plus souvent, que le chef de la famille aime à s'embarquer sur le même navire avec ses fils⌈, ses neveux et petits-neveux⌉.

La navigation a un grand charme pour ces hommes; et pourtant je crois qu'à la maison ils se sentent tous mieux à l'aise. Lors même qu'ils sont allés, sur leurs vaisseaux, dans ces pays méridionaux où le soleil brille d'un éclat plus joyeux, et où la lune ⌈s'épanouit avec des rayons plus féeriques⌉, même alors toutes les fleurs ⌈de ces contrées heureuses⌉ ne peuvent ⌈charmer les regrets de leur cœur⌉; au milieu de la patrie parfumée du printemps, ils sont saisis de douloureux désirs qui les reportent vers leur île de sable, vers leurs petites cabanes, vers le foyer flamboyant où tous les membres de la famille sont accroupis côte à côte, bien enveloppés dans des camisoles de bure, buvant un thé qui ne diffère que par son nom d'une tiède eau de mer, et parlant un baragouin tel, qu'on s'explique difficilement comment ils peuvent le comprendre eux-mêmes.

Le charme qui rattache ces gens si étroitement ensemble dans leur existence ⌈sobre et⌉ modeste, c'est moins le penchant intime et mystique de l'amour, que le lien de l'habitude, le besoin naturel de vivre les uns de la vie des autres par une espèce de communauté fraternelle de pensée et de sentiment. Une égale hauteur, ou plutôt infimité d'esprit ⌈social⌉, leur donne les mêmes besoins et leur propose un même but; une expérience et des opinions conformes amènent entre eux une entente très-facile; et ils se tiennent en bon accord, assis au coin du feu, où ils rapprochent leurs siéges quand il fait froid. ⌈Quoique muette, la conversation n'est pas moins animée:⌉ chacun lit dans les yeux de l'autre, ⌈et quand ils parlent, ils savent ce que chacun veut dire⌉ avant que les paroles aient quitté ses lèvres. Tous les rapports communs de la vie leur sont présents à la mémoire, et par une seule intonation de la voix, par une seule expression du visage, par un seul geste muet, ils excitent entre eux autant de rires ou de larmes, autant de ⌈joie ou de⌉ recueillement, que nous n'en pouvons provoquer parmi nos semblables que par les plus longues expositions, ⌈démonstrations⌉ et déclamations. Car nous vivons, à tout prendre, intellectuellement solitaires; chacun de nous, grâce à une éducation particulière et à des lectures particulières, la plupart du temps choisies au hasard, a reçu une direction de caractère différente; chacun de nous, moralement travesti, pense, sent et agit autrement que les autres, et les malentendus deviennent si nombreux parmi nous, que, même dans les plus vastes maisons, la vie en commun devient difficile, et que nous sommes partout à l'étroit, partout inconnus l'un à l'autre, et partout comme transportés sur une terre étrangère.

Souvent des peuples entiers, et même des siècles entiers, ont vécu dans un état de communauté de pensées et de sentiments, tel que nous le voyons chez nos ⌈pauvres⌉ insulaires ⌈de Norderney⌉. C'est peut-être un état semblable ⌈d'égalité et d'uniformité d'esprit⌉ que l'Église chrétienne et romaine du moyen âge a voulu fonder dans les corporations de toute l'Europe; et voilà sans doute pourquoi elle prit sous sa tutelle tous les rapports sociaux, toutes les forces et toutes les manifestations de la vie, bref l'homme entier, aussi bien l'homme moral que physique. On ne saurait révoquer en doute que beaucoup de bonheur paisible n'ait été fondé par ce moyen, que l'existence humaine n'ait à cette époque pris un développement plus fervent et plus intime, et qu'en même temps les arts, semblables à des fleurs silencieusement écloses, n'aient déployé alors cette magnificence que nous admirons encore aujourd'hui, et que notre science ⌈inquiète et⌉ précipitée ne saurait imiter. Mais l'esprit a ses droits éternels, il ne se laisse ni ⌈emmaillotter⌉ par des dogmes, ni endormir par des sons de cloche; il vint à rompre ses ⌈langes enfantins⌉, il déchira la lisière de fer à laquelle le menait ⌈sa nourrice, l'église romaine⌉; et dans l'ivresse ⌈et l'orgueil⌉ de la délivrance, il parcourut toutes les régions de la terre, escalada les plus hautes cimes des montagnes, poussa des cris d'allégresse et de victoire, se ressouvint de bien ⌈des aspirations et⌉ des doutes séculaires, et se mit à méditer les merveilles du jour et à compter les étoiles de la nuit. Nous ne connaissons pas encore le nombre de ces astres ⌈qui brillent dans la voûte céleste⌉, ⌈nous n'avons pas encore approfondi les mystères curieux de la terre et de la mer⌉: ⌈cependant beaucoup de vieilles énigmes sont déjà résolues, nous savons beaucoup, nous devinons davantage⌉. Mais réside-t-il maintenant dans notre âme plus de bonheur qu'autrefois? ⌈Nous avouons volontiers⌉ que si nous avions en vue la multitude, nous ne pourrions guère répondre affirmativement à cette question; mais nous ⌈devons aussi faire l'aveu⌉ que le bonheur dû au mensonge n'est pas un bonheur véritable, et que, dans les quelques moments⌈⌉ d'un état d'esprit plus ⌈libre et plus⌉ divin, où l'homme possède toute sa dignité intellectuelle, il peut jouir d'une plus grande somme de bonheur qu'il ne pouvait éprouver pendant les longues années où il a végété dans l'⌈humble et⌉ abrutissante foi du charbonnier.

En tout cas, cette domination de l'Église était un asservissement de la pire espèce. Qui nous garantissait la sincérité de sa bonne intention, telle que je l'ai désignée tout à l'heure? Qui peut prouver qu'il ne s'y soit pas mêlé de temps à autre une intention quelque peu équivoque? Rome a toujours voulu dominer, et lorsque ses légions succombèrent, elle envoya des dogmes dans les provinces. Pareille à une araignée gigantesque, Rome se tenait blottie au centre du monde latin, et enveloppait l'univers de sa toile infinie. Des générations de peuples passaient, à l'abri de cette toile, une vie de ⌈naïve et de béate⌉ quiétude, en prenant pour ⌈la voûte du ciel⌉ ce qui n'était qu'un tissu romain. Seulement les esprits plus pénétrants, et doués d'un plus libre essor, se sentaient oppressés et misérables sous cette toile mensongère, et quand ils voulaient la rompre et s'en échapper, alors la rusée ⌈grande araignée⌉ les attrapait aisément, et suçait le sang le plus intrépide de leur cœur. En vérité, le bonheur imaginaire et brutal de la multitude n'était-il pas acheté trop cher, au prix d'un sang si noble? ⌈Grâce à Dieu!⌉ les jours de la servitude intellectuelle sont passés. Affaiblie par l'âge, la grande araignée porte-croix se tient encore ⌈comme autrefois⌉ abritée entre les piliers crevassés ⌈des ruines⌉ du Colisée; elle tisse toujours, il est vrai, son ancienne toile, mais ce n'est plus qu'un tissu lâche et fragile, et elle n'y prend plus que des papillons et des chauves-souris, mais non pas, comme jadis, les aigles du Nord.

– Quelle ridicule chose que l'habitude! Au moment de me répandre avec une bienveillance entière sur les intentions de l'église romaine, je me sens tout à coup pris de ce zèle batailleur d'un protestant qui s'évertue à lui attribuer toujours les motifs les plus pernicieux. Cette divergence d'opinions en moi-même me donne la mesure de la discordance profonde qui règne dans la manière de penser de notre époque. Ce que nous avons admiré hier, nous le haïssons aujourd'hui, et demain peut-être nous le raillerons avec indifférence.

A un certain point de vue, tout est également grand et également petit, et je me souviens des vastes transformations que les temps ont amenées en Europe, lorsque je considère l'état restreint où vivent nos pauvres insulaires. Ceux-ci se trouvent à leur tour placés au seuil d'un temps nouveau, et leur ancienne unité et simplicité d'esprit est menacée ⌈d'une altération sensible⌉ par la prospérité des bains de mer de cette île; car, dans leurs hôtes étrangers, ils remarquent journellement quelque chose de nouveau, qu'ils ne savent assimiler à leur façon de vivre traditionnelle. Quand, le soir, ils se tiennent devant les fenêtres éclairées de la grande salle de réunion de l'hôtel des bains, et qu'ils y contemplent le commerce entre les messieurs et les dames, cet échange de regards assez intelligibles et de grimaces de secrète convoitise, la danse dévergondée, la cupidité des joueurs, les succulents dîners, etc., etc.; alors il est immanquable qu'un pareil aspect ⌈n'allume dans ces hommes des instincts fatals, et⌉ n'amène des conséquences fâcheuses. Et celles-ci ne sont nullement compensées par les profits pécuniaires que leur procure l'établissement thermal; car l'argent qu'ils gagnent ne suffit pas pour satisfaire les nouveaux besoins qui s'introduisent chez eux. Voilà ce qui fait naître dans leur existence un trouble profond, une excitation pernicieuse et une grande douleur. Lorsque j'étais encore petit garçon, je sentais toujours de brûlants désirs quand je voyais passer devant moi ⌈des marmitons qui portaient,⌉ sur des plateaux découverts, de belles ⌈et séduisantes⌉ tartes qui ne m'étaient pas destinées; plus tard, le même sentiment m'aiguillonnait, quand je voyais se promener devant moi de charmantes dames décolletées⌈⌉ ⌈comme des déesses de l'Olympe⌉; et, en ce moment, je pense que nos pauvres insulaires, qui vivent encore dans un état d'enfance, ont souvent ici l'occasion d'éprouver de semblables sensations: de sorte qu'il serait désirable que les propriétaires des belles tourtes et des belles dames les couvrissent un peu plus soigneusement⌈, quand ils les exposent aux regards de l'innocente multitude⌉. Tant de friandises découvertes, dont les pauvres gens ne peuvent repaître que leurs yeux, doivent éveiller fortement leur appétit; et quand les ⌈bonnes⌉ femmes insulaires se sentent venir, dans leur grossesse, toutes sortes d'envies délicates, et qu'à la fin elles mettent même au monde des enfants qui ressemblent singulièrement aux baigneurs de la saison, on ne doit pas trop s'étonner de ⌈pareils accidents⌉. Je ne veux ici aucunement faire allusion à une possibilité de relations immorales. Non; la vertu des ⌈insulaires femelles⌉ est préalablement assez garantie par leur laideur, et surtout par leur odeur de poisson, qui m'était du moins à moi tout à fait insupportable. Si leurs enfants viennent parfois au monde avec des visages de baigneurs, j'y vois plutôt un phénomène psychologique; et je me l'explique par ces lois à la fois matérialistes et mystiques, que Gœthe a si bien développées dans les *Affinités électives*.

C'est chose remarquable combien de phénomènes énigmatiques de la nature peuvent s'expliquer par les lois dont je viens de parler. Lorsque, l'année dernière, je fus jeté par une tempête sur une autre île de la Frise orientale, j'y remarquai, dans la cabane d'un batelier, une méchante gravure suspendue à la muraille, et intitulée *la Tentation du vieillard;* elle représentait un ⌈bonhomme aux cheveux blancs⌉, dérangé dans ses études par l'apparition d'une femme qui sortait d'un nuage jusqu'à ses hanches nues; et, circonstance singulière! je vis que la fille du batelier avait la même face lubrique que la femme sur cette image. Je citerai encore un exemple du même genre. Dans la maison d'un changeur, où la femme du chef tenait elle-même le comptoir et regardait toujours avec une attention particulière l'empreinte des monnaies, je trouvai que les enfants avaient tous dans leurs figures une ressemblance surprenante avec les plus grands monarques de l'Europe; et quand ils étaient réunis et se disputaient ensemble, je croyais voir un petit congrès.

Voilà pourquoi l'empreinte des monnaies n'est pas une affaire insignifiante pour les hommes d'État. Puisque les gens ont pour l'argent une affection si intime, et qu'ils le contemplent toujours avec une singulière tendresse, les enfants prennent souvent les traits du souverain dont l'effigie y est empreinte, et le pauvre prince se voit alors soupçonné d'être le père de ses sujets. Les Bourbons ont leurs bonnes raisons pour refondre les napoléons; ils désirent ne plus voir parmi leurs Français tant de têtes napoléoniennes. La Prusse est l'État le plus avancé dans la politique numismatique: par un judicieux alliage de cuivre, on sait s'y prendre de manière que les joues du roi sur les petites monnaies nouvelles, deviennent tout de suite rouges, et c'est la raison pourquoi depuis quelque temps les enfants, en Prusse, ont une mine bien mieux portante qu'auparavant, à tel point que c'est un vrai plaisir de regarder leurs florissantes petites figures de *silbergros*.

En mentionnant la corruption de mœurs dont sont menacés les habitants de cette île, j'ai passé sous silence le rempart spirituel qu'ils possèdent ⌈contre le mal⌉, c'est-à-dire leur église. Quel aspect elle offre, je ne saurais le dire exactement, parce que je n'y ai pas encore mis le pied. Dieu sait que je suis bon chrétien, et que souvent je suis même sur le point de visiter sa maison, mais je me vois toujours fatalement empêché d'exécuter mon dessein; il se trouve ordinairement sur mon chemin quelque bavard qui me retient, et quand même je parviens une fois jusqu'aux portes du temple, ⌈il m'arrive le malheur que justement ici⌉ quelque idée plaisante, ⌈quelque grosse bouffonnerie⌉ me passe par la tête, et ⌈dans une telle disposition d'esprit⌉ je regarde ⌈comme inconvenant, sinon⌉ comme un péché, d'entrer dans le sanctuaire. Dimanche passé, il m'arriva quelque chose de pareil: près du seuil de l'église, je me rappelai⌈, sans savoir comment,⌉ certains passages du *Faust* de Gœthe, où celui-ci passe avec Méphistophélès devant une croix, et lui demande:

«Méphisto, es-tu pressé?
Pourquoi baisses-tu les yeux devant la croix?»

A quoi Méphistophélès répond:

«Je sais bien que c'est un préjugé;
Mais c'est plus fort que moi, la chose me répugne.»

Ces vers ne sont imprimés, que je sache, dans aucune édition de *Faust*, et ils n'étaient connus que de feu le conseiller de la cour Moritz, qui les avait lus dans le manuscrit de Gœthe, et qui les communiqua dans son roman, de *Philippe Reiser*. Ce roman déjà complétement oublié, contenait l'histoire de l'auteur, ou plutôt l'histoire de quelques cent thalers que l'auteur n'avait pas, et par le manque desquels sa vie entière ne devint qu'une suite de privations et de désenchantements. Cependant les prétentions du malheureux n'étaient rien moins qu'immodestes; par exemple, ⌈encore jeune homme⌉ il avait le désir de se rendre à Weimar et de se faire le domestique de l'auteur de *Werther*, à quelques conditions que ce fût, dans le seul but de vivre dans le voisinage de celui qui, d'entre tous les hommes sur terre, avait produit sur son âme la plus forte impression.

Chose étonnante! déjà à cette époque, Gœthe excitait un pareil enthousiasme, et pourtant ce n'est que notre troisième génération qui se trouve en état de comprendre sa véritable grandeur.

Mais cette génération a produit en même temps des hommes du cœur desquels ne suinte que de l'eau pourrie, et qui par conséquent voudraient aussi obstruer dans le cœur d'autrui toutes les sources jaillissantes d'un sang frais ⌈et juvénile⌉; des hommes aux sensations ⌈et aux jouissances⌉ éteintes, qui calomnient la vie et cherchent à dégoûter les autres de toutes les magnificences de ce monde. Dans ce but, ils dépeignent les ⌈plaisirs terrestres⌉ comme des appâts étalés par l'esprit du mal pour nous induire en tentation, de la même manière qu'une rusée maîtresse de maison laisse parfois exposé, pendant son absence, le sucrier avec les petits morceaux de sucre soigneusement comptés, afin d'éprouver l'abstinence de la servante.⌈⌉

. . . .

. . . .

⌈Dans ce moment tous les baigneurs ont déjà déserté l'île. Le bruit de la mer bourdonne sans cesse dans mes oreilles;⌉ il souffle un vent de nord-est très-violent, et les sorcières méditent sans doute bien des tours de malice. On se raconte ici de singulières légendes au sujet des sorcières qui savent évoquer la tempête, et il règne en général beaucoup de superstition sur ces côtes de la mer du Nord. Les marins prétendent que plusieurs îles sont sous la domination secrète de certaines sorcières, à la méchanceté desquelles il faut attribuer les nombreux ⌈sinistres et⌉ revers qui arrivent aux vaisseaux navigateurs dans ces parages. Lorsque, l'année dernière, je me trouvai en mer pendant quelque temps, le pilote de notre bâtiment me raconta que les sorcières étaient surtout puissantes dans l'île de Wight, et que, si un vaisseau voulait y passer pendant le jour, elles chercheraient à le retenir jusqu'au soir, pour le faire chavirer ⌈sur les dunes⌉ ou pour le jeter contre les récifs ⌈dans l'obscurité⌉. Alors pendant la nuit, dit-il, on entend les sorcières traverser l'air en bruissant et en poussant des mugissements autour du navire ⌈qui est ballotté d'une manière si effroyable⌉ que le *klabotermann* lui-même ne peut qu'à grand'peine résister ⌈au manége de la troupe infernale⌉. Comme je demandai qui était le *klabotermann*, le narrateur me raconta d'un ton très-sérieux: «C'est le bon et invisible patron des vaisseaux, qui empêche qu'il n'arrive un malheur aux marins honnêtes et ⌈sobres⌉; il regarde lui-même partout si les choses sont en bon ordre, et il a soin d'assurer une heureuse traversée.» Le ⟦pilote ⌈à qui je dois ce renseignement,⌉ ajouta d'une voix mystérieuse: «Vous pouvez l'entendre très-bien vous-même dans l'intérieur du navire, où il s'occupe d'arrimer mieux les marchandises; c'est ce qui cause le craquement des tonneaux et des caisses, quand la mer est houleuse, ainsi que le bruit sourd qui se fait par moments dans les planches et les poutres ⌈de la carène⌉; parfois aussi le *klabotermann* donne des coups de marteau à l'extérieur du bâtiment, et c'est pour avertir le charpentier d'aller sans retard réparer ⌈quelques planches⌉ endommagées; mais il aime surtout à se percher sur le mât de perroquet, pour indiquer qu'un vent favorable souffle ou doit souffler bientôt.» A ma question, si l'on ne pouvait voir le *klabotermann*, le marin répondit: «Non, on ne le voit pas, et personne ne désire le voir, parce qu'il ne se montre qu'au moment où il n'y a plus aucun moyen de salut.» Le brave homme avoua, il est vrai, qu'il ne s'était pas trouvé lui-même en un pareil cas, mais il prétendit savoir ⌈de la bouche de quelques-uns de ses confrères⌉ qu'on entendait alors le *klabotermann* parler, du haut du mât de perroquet, aux esprits ⌈des eaux⌉ qui lui sont soumis, et qu'au moment où la tempête devenait trop forte et le naufrage imminent, il se plaçait sur le timon du gouvernail, et se montrant alors pour la première fois ⌈aux yeux de l'équipage⌉, il disparaissait en brisant ⌈en mille éclats⌉ le gouvernail; mais ceux qui le voyaient dans ce moment terrible, ajouta le pilote, trouvaient aussitôt la mort dans les flots.

Le capitaine du navire, qui avait écouté cette narration, se prit à sourire malicieusement et d'un air plus fin que je ne l'en aurais cru capable d'après son visage ⌈rude et hâlé⌉, et il m'assura que la croyance au *klabotermann* avait été si forte en mer il y a cinquante⟦ ans, qu'alors, aux heures des repas, on mettait toujours à table un couvert à son intention, qu'on allait jusqu'à ⌈faire semblant de⌉ lui servir de chaque mets ce qu'il y avait de plus succulent, et que, même sur quelques vaisseaux, pareille chose se pratiquait encore aujourd'hui. –

Je me promène souvent ici au bord de la mer, et je songe à ces contes merveilleux, que les marins ⌈se transmettent d'âge en âge⌉. Le plus ⌈effrayant⌉ de ces contes est sans doute l'histoire du *Hollandais volant* que l'on voit passer pendant la tempête, cinglant à toutes voiles, et qui par moments met une chaloupe à l'eau, pour charger les ⌈navires⌉ qu'il rencontre de toutes sortes de lettres, qu'ensuite on ne sait faire parvenir en mains propres, parce qu'elles sont adressées à des personnes mortes depuis bien longtemps. Quelquefois aussi je songe à la vieille et charmante légende du jeune pêcheur qui avait épié au bord de la mer la ronde nocturne des nixes, et qui plus tard parcourait le monde entier avec son violon, et mettait partout les hommes en extase, en leur jouant la ravissante mélodie de la valse des ondines.⟦

Ce qui offre un charme particulier, c'est de croiser autour de l'île. Mais il faut que le temps soit beau, que les nuages ⌈en défilant⌉ prennent des formes fantastiques, et que l'on se trouve soi-même étendu sur le dos dans l'embarcation, pour contempler le ciel ⸢à son aise⸣; il faut aussi⸢, si c'est possible,⸣ que l'on ait un peu de ciel dans le cœur. Alors les vagues murmurent à nos oreilles toutes sortes de refrains étranges, toutes sortes de ⸢mystérieuses⸣ paroles qui éveillent des souvenirs chéris, toutes sortes de noms qui résonnent dans l'âme comme de doux pressentiments. – «Evelina!» Puis des navires viennent à passer, et ⸢les voyageurs se saluent amicalement⸣, comme s'ils devaient se revoir tous les jours. Seulement la nuit, il y a quelque chose d'inquiétant à rencontrer en mer des vaisseaux étrangers; l'on s'imagine alors voir passer là en silence ses meilleurs amis, dont on a été depuis longtemps séparé, et que maintenant, vous semble-t-il, l'on perd à tout jamais.

J'aime la mer comme mon âme.

Souvent il me paraît même que la mer est véritablement mon âme. En effet, ainsi que dans la mer il y a des plantes aquatiques cachées, qui ne se montrent à sa surface qu'au moment où elles s'épanouissent, et qui s'y enfoncent de nouveau lorsqu'elles se fanent: ainsi surgissent parfois des profondeurs de mon âme de merveilleuses images de fleurs, ⸢de fleurs aux yeux bleus et aux lèvres vermeilles, lis de pudeur et roses de beauté,⸣ qui répandent leurs parfums⸢⸣ et disparaissent de nouveau – «Evelina!»

On dit que non loin de l'île, où il n'y a rien que de l'eau aujourd'hui, se trouvaient autrefois les plus belles villes et bourgades, mais qu'un jour la mer les submergea toutes subitement, et que les bateliers voient encore, par des temps clairs ⸢et calmes⸣, les flèches étincelantes des églises englouties par les flots; plus d'un prétend y avoir entendu par des matinées de dimanche retentir le pieux carillon des cloches. La légende est vraie, car la mer est mon âme⸢ – et je peux dire comme mon ami Muller⸣:

«Un monde charmant est englouti là;
Les débris sont restés debout dans le fond,
Et ils apparaissent souvent dans le miroir de mes rêves
Comme des étincelles d'or ⸢merveilleuses⸣ –

– Et parfois en m'éveillant j'entends de lointains sons de cloche et des chants sacrés, et le nom «Evelina!»

Lorsqu'on se promène sur le rivage, les navires qui passent présentent un aspect ravissant. Avec leurs blanches voiles déployées, ils ont l'air de gigantesques cygnes qui nagent. Ce spectacle est surtout magnifique quand le soleil se couche derrière le bâtiment flottant, où celui-ci paraît entouré d'une⸢⸣ auréole céleste.

La chasse le long de la côte procure également, dit-on, un très-grand plaisir, que, pour ma part, cependant, je ne sais pas beaucoup apprécier. L'homme peut acquérir par l'éducation le sentiment du noble, du beau et du bon; mais le goût pour la chasse ⸢est une qualité héréditaire qui⸣ repose dans le sang. Quand les ancêtres d'une famille ont de temps immémorial tiré sur des chevreuils ou sur d'autres pauvres bêtes, le petit-fils trouve aussi du plaisir à cette ⌈noble⌉ occupation. Comme mes aïeux à moi n'ont pas été du côté de ceux qui chassaient, mais plutôt de ceux qui étaient pourchassés, je sens toujours mon sang se révolter quand je dois tirer sur les descendants des anciens collègues de mes pères. Je sais même par expérience acquise sur le terrain, que, s'il le faut, il m'en coûte beauoup moins de tirer sur un chasseur capable de regretter les temps où les hommes aussi faisaient partie des divertissements de la haute vénerie. Grâce à Dieu ces temps sont passés! S'il prend de nos jours envie à de pareils veneurs de chasser encore un homme, ils sont forcés de le payer, comme ils ont dû le faire, par exemple, pour le coureur que je vis à Gœttingue il y a deux ans. Le pauvre diable s'était déjà assez fatigué à courir par la chaleur accablante d'un jour de dimanche, lorsque plusieurs jeunes gentilshommes du Hanovre, qui faisaient leurs humanités ⌈à l'université de Gœttingue⌉, lui offrirent quelques écus pour l'engager à parcourir encore une fois le chemin qu'il avait fait. ⌈La condition était dure, mais l'homme était pauvre.⌉ Et l'homme courut; il était pâle comme la mort, et il portait une jaquette rouge; et sur ses talons galopaient, dans un tourbillon de poussière, les nobles jeunes gens, bien nourris ⌈et rayonnants de satisfaction⌉, sur des magnifiques coursiers dont les sabots atteignaient par moments l'homme pourchassé et haletant; et c'était un homme!

A titre d'essai, car il faut que j'aguerisse un peu mon sang ⌈roturier⌉, j'allai hier à la chasse. Je tirai sur quelques mouettes qui voltigeaient près de moi avec trop d'assurance, car ⌈ces étourdies⌉ ne pouvaient point savoir positivement que j'étais un mauvais chasseur. Je ne voulais pas les atteindre, je voulais seulement les avertir d'être une autre fois mieux sur leurs gardes devant des hommes armés de fusils; mais mon coup manqua, et j'eus ainsi le malheur de tuer une jeune mouette. Heureusement ce n'en était pas une vieille; car qu'est-ce que seraient devenues les pauvres petites mouettes qui, nues ⌈et faibles⌉, sont encore couchées dans leur nid de sable sur la grande dune, et qui sans leur mère périraient de faim? J'avais déjà eu le pressentiment qu'il m'arriverait un malheur à la chasse; un lièvre était venu traverser mon chemin.

Je me sens surtout agité de singuliers sentiments, quand je me promène seul, au crépuscule du soir, le long du rivage, – derrière moi ⌈la plaine mamelonnée⌉ des dunes, devant moi la mer houleuse et immense, et au-dessus de ma tête le ciel, comme une gigantesque coupole de cristal. Je me parais alors à moi-même petit comme une fourmi, et cependant mon âme s'étend et devient vaste comme le monde. La simplicité sublime de la nature, telle qu'elle m'environne ici, me dompte et m'élève en même temps, avec un effet si puissant que je n'en ai jamais éprouvé de semblable dans une autre enceinte grandiose. Jamais cathédrale ou basilique n'a été pour moi assez vaste; mon âme avec son antique prière de Titan s'élançait toujours plus haut que les piliers gothiques, et elle tendait toujours à percer le dôme ⌈pour se répandre dans l'espace⌉. Sur le pic de la montagne de *Rosstrappe*, les colosses de rochers qui m'entouraient par groupes hardis, m'ont au premier aspect assez imposé; mais cette impression ne dura pas longtemps, mon âme ne fut que surprise au lieu d'être domptée, et ces prodigieuses masses de pierre se rétrécirent insensiblement à mes yeux, de telle sorte qu'à la fin elles ne me semblèrent plus que les ruines de quelque ⌈chétif⌉ palais dans lequel⌈, s'il était encore debout,⌉ mon âme se trouverait ⌈trop étroitement hébergée⌉.⊓

Quand je me promène la nuit au bord de la mer, et que j'écoute le chant des vagues qui éveille en moi toutes sortes de souvenirs et de pressentiments, il me semble que j'ai été autrefois placé sur une hauteur ⌈céleste où mon âme embrassait la connaissance entière du passé,⌉ mais que, saisi de vertige et d'effroi, je suis tombé sur la terre. Je crois me rappeler aussi dans de semblables moments que mes yeux étaient jadis ⌈si perçants et si clairvoyants⌉, que j'ai vu cheminer les étoiles en grandeur naturelle le long de la voûte des cieux et que parfois j'ai été ébloui par tout cet éclat tournoyant. Comme du fond des siècles, surgissent alors dans mon esprit toutes sortes de pensées, des pensées de sagesse ⌈primitive et fatidique⌉, mais elles sont si nébuleuses que je ne puis reconnaître ce qu'elles veulent me dire. Je sais seulement que toute notre science humaine, nos aspirations et nos efforts, doivent paraître, aux yeux de quelque esprit supérieur, aussi petits et aussi nuls que m'a semblé cette araignée que je contemplais souvent dans la bibliothèque de Gœttingue. Sur un in-folio de l'histoire universelle, elle se tenait blottie en filant assidûment sa toile, et elle regardait son entourage avec une assurance philosophique, avec toute la morgue érudite ⌈des professeurs de l'université⌉, et elle aussi était fière de ses connaissances mathématiques, de ses travaux savants et de ses élucubrations solitaires. – Et pourtant elle ne savait rien de toutes les merveilles renfermées dans le livre sur lequel elle était née, sur lequel elle avait passé toute sa vie, et sur lequel elle mourra aussi, si le vieux ⌈Stiefel, le bibliothécaire,⌉ ne vient pas ⌈un jour⌉ à pas de loups ⌈l'assaillir subitement et⌉ la chasser ⌈de son domaine⌉.⊓

Un ⌈grand connaisseur de l'archéologie germanique⌉ qui se trouvait dernièrement ⌈aux bains de Norderney⌉, prétendit qu'on avait jadis célébré en ce lieu le culte de Hertha ou plutôt de Forsète, dont Tacite parle d'une façon si mystérieuse. Pourvu que les anciens correspondants des journaux romains, d'après lesquels Tacite a fait son récit, ne se soient pas trompés en prenant par hasard une voiture de baigneur pour le char sacré de la déesse!⊓

Les voitures de l'établissement des bains, ces fiacres de la mer du Nord, ne vont ici que jusqu'au bord de l'eau, et consistent pour la plupart simplement en quatre pieux de bois, tendus de toile cirée. A présent, pour la saison d'hiver, elles sont remisées dans le salon, et elles y tiennent sans doute entre elles des conversations aussi sèches et aussi gommées, que le beau monde qui naguère se prélassait encore dans ces salles.

Quand je dis le beau monde, je n'entends point désigner par là les bons bourgeois de la Frise orientale, ce peuple aussi ⟦prosaïque que le sol qu'il habite, et qui ne sait ni chanter ni gazouiller, mais qui possède cependant un talent supérieur à tous les ⌈fredons de la poésie⌉, un talent qui ennoblit l'homme et l'élève au-dessus de ces ⌈hobereaux et gentillâtres⌉ qui s'imaginent seuls être nobles; je veux dire le talent de la liberté.⟦ A l'exception de la période du règne des chefs héréditaires, ⌈les frisons étaient toujours libres,⌉ l'aristocratie ne fut jamais prédominante dans la Frise; de tout temps très-peu de familles nobles ont habité ce pays, et l'influence de la noblesse hanovrienne, qui s'y répand actuellement, grâce aux emplois militaires et administratifs remis entre leurs mains, attriste plus d'un libre cœur frison.⟦

Les plaintes générales qui s'élèvent contre l'orgueil nobiliaire de l'aristocratie hanovrienne, concernent surtout l'aimable jeunesse de certaines familles qui gouvernent le pays de Hanovre, ou qui croient du moins le gouverner indirectement. Mais ces nobles jeunes gens corrigeraient bientôt leurs ⌈défauts de race⌉, ⟦s'ils jouissaient d'une meilleure éducation, et qu'ils apprissent aussi un peu ce qui se passe chez d'autres peuples. On les envoie, il est vrai, à Gœttingue; mais là ⌈ils se renferment dans leur cercle aristocratique⌉, et ne parlent que de leurs chiens, de leurs chevaux et de leurs aïeux; ils fréquentent très-peu les cours d'histoire moderne, et lors même qu'ils y assistent, leur esprit est prévenu et fasciné par l'aspect de la *table des comtes*, cette place à part qui est réservée exclusivement aux étudiants de haute naissance. Cette table des comtes caractérise bien ⌈l'esprit servile de⌉ l'université de Gœttingue. Vraiment, par une meilleure éducation de la jeunesse hanovrienne, on pourrait écarter bien des griefs. Mais les jeunes deviennent comme les vieux;⟦ ⌈c'est la même outrecuidance,⌉ c'est la même folie: de vouloir couvrir le manque de mérite propre par celui des ancêtres; la même illusion sur ⌈les mérites de ces aïeux⌉, ⌈qui, surtout dans le pays d'Hanovre, ont parfois dû leur élévation par leurs bassesses de courtisans et par la prostitution de leurs nobles épouses, courtisanes éhontées, comme les Schulenbourg, les Kielmansegge et les Platen⌉. Très-peu de ces jeunes gens, orgueilleux de leurs arbres généalogiques, seraient en état d'indiquer exactement ce que leurs aïeux ont fait ⌈de bon et d'honorable⌉, et ils se bornent à montrer que leur nom se trouve inscrit dans le *Livre des tournois* de Ruxner⟦. Si, au lieu de l'*Iliade*, nous avions seulement une nomenclature des héros qui ont campé devant Troie, et que l'un ou l'autre de ces noms existât encore aujourd'hui, – combien l'orgueil aristocratique de messire de Thersite ne saurait-il pas se gonfler! Quant à la pureté du sang, je n'en veux pas parler du tout; les philosophes et les palefreniers ont là-dessus des pensées bien drôles.⟦

Il y avait également ici cette année des personnes princières, et je dois avouer que ces ⌈sérénissimes personnages⌉, dans leurs prétentions, étaient plus modestes que la noblesse inférieure. Mais si cette modestie réside dans le cœur de ces ⌈princes⌉, ou si elle est seulement produite par leur ⌈déchéance et leur fausse⌉ position actuelle, c'est ce que je ne déciderai point. Je ne dis cela toutefois qu'à l'égard des princes allemands médiatisés. On a fait dans les derniers temps un grand tort à ces malheureux, en les dépouillant d'une souveraineté à laquelle ils avaient autant de droit que les autres princes plus puissants qu'eux, à moins qu'on ne veuille admettre que ce qui ne peut se maintenir par sa propre force n'a pas le droit d'exister. Mais, pour l'Allemagne tant morcelée, ce fut un bienfait, de voir bon nombre de ces ⌈tout petits despotes forcés de descendre de leurs tout petits trônes⌉. ⌈Le nombre des princes souverains qui nous reste est encore assez grand, et je ne comprends pas comment mes pauvres Allemands peuvent nourrir tout ce tas de principicules⌉. ⌈⌈J'espère que l'Amérique nous débarrassera un jour, du moins en partie, de ce fardeau⌉⌉. Car tôt ou tard les présidents des États libres de là-bas se transformeront sans doute en autant de souverains, et alors ces messieurs manqueront d'épouses revêtues d'avance d'un certain vernis légitime, et ils seront contents de nous voir leur céder nos princesses. ⌈Loin de nous y opposer,⌉ nous leur donnerons sur chaque demi-douzaine la septième *gratis*, et nos chers petits princes pourront trouver plus tard également de l'emploi chez les filles de ces nouveaux monarques de l'Amérique. Pour cette raison, les princes médiatisés de l'Allemagne ont agi très-prudemment, en se réservant du moins le droit d'égalité de rang par rapport à la naissance; ⌈et dans l'ordre social des familles souveraines de l'Europe, sinon dans l'ordre politique de puissance réelle, ils sont les égaux des princes régnants⌉. ⌈Oui, ils se sont réservé ce privilège,⌉ parce qu'ils savaient que l'Allemagne a été de tout temps le grand haras princier, destiné à pourvoir toutes les maisons souveraines qui l'avoisinent du nombre requis de cavales et d'étalons de haute lignée.

Partout où l'on prend les eaux, c'est un droit coutumier pour les hôtes restants de critiquer un peu vertement ceux qui sont partis; et comme je suis le dernier qui séjourne encore ici, j'ai sans doute pu me permettre d'exercer ce droit dans toute sa plénitude.

⌈. . . . .
. . . .⌉

Mais l'île est maintenant si déserte que je me semble à moi-même solitaire, comme Napoléon sur Sainte-Hélène. Seulement j'ai trouvé ici un sujet de distraction qui manquait à Napoléon ⌈dans sa solitude⌉; car ⌈ce sont les récits sur⌉ le grand empereur lui-même, dont je m'occupe ici. Un jeune Anglais m'a communiqué le livre du capitaine Maitland, qui vient de paraître. Ce marin raconte en détail comment Napoléon s'est rendu à lui, et comment il s'est comporté sur le *Bellérophon*, jusqu'au jour où, sur l'ordre du ministère anglais, il fut conduit à bord du *Northumberland*. Il résulte de ce livre, d'une façon claire comme le soleil, que l'Empereur, avec une confiance romantique dans la générosité de la Grande-Bretagne, et animé du désir de donner enfin le repos au monde, se rendit au milieu des Anglais plutôt comme hôte que comme prisonnier. Ce fut une faute dans laquelle aucun autre ne serait tombé, et certes moins que tout autre ⌈le feld-maréchal⌉ Wellington. Mais l'histoire dira que cette faute était bien belle, bien admirable, bien sublime, et que pour la commettre il a fallu à Napoléon plus de grandeur d'âme que nous autres nous n'en pouvons jamais déployer pour aucun de nos hauts faits.

La raison pour laquelle le capitaine Maitland publie aujourd'hui son livre ne paraît pas autre que ce besoin d'ablution morale qu'éprouve tout homme d'honneur que son mauvais sort a impliqué dans une affaire équivoque. Le livre, en lui-même, est un document précieux pour l'histoire de la captivité de Napoléon, qui forme le dernier acte de sa vie, acte qui explique admirablement les énigmes des précédents, et, comme le doit faire une véritable tragédie, apitoie; purifie et réconcilie l'âme. La différence de caractère des quatre écrivains qui nous redisent cette captivité, surtout telle que cette différence se manifeste dans le style et dans l'appréciation des faits, se révèle par la comparaison.

Maitland, l'impassible marin anglais, consigne les événements sans prévention et avec ponctualité, comme si ce fussent des faits météorologiques qu'il inscrivît sur le livre de Loch de son vaisseau. Las Cases, chambellan enthousiaste, se met, à chaque ligne qu'il écrit, aux pieds de l'empereur, non comme un mougik russe, mais comme un Français libre, auquel l'admiration d'une grandeur héroïque et la dignité d'une gloire inouïe font involontairement plier le genou. O'Méara le médecin, Irlandais de naissance, tout anglais au fond, et comme tel, ancien ennemi de Napoléon, mais reconnaissant enfin les droits impériaux du malheur, écrit franchement, sans art, avec la seule force du fait, presque en style lapidaire. Tout au contraire, elle n'est pas un style, mais bien un stylet, la manière acérée et poignante du docteur Antommarchi, le médecin français né en Italie et imbu⌷ de la colère et de la poésie de son pays natal.

Les deux peuples anglais et français ont fourni de chaque côté deux hommes d'esprit ordinaire et non corrompus par le pouvoir régnant, et ce jury a jugé l'empereur, et son verdict est: «Immortel, éternellement admiré, éternellement regretté.»

Beaucoup de grands hommes ont déjà passé sur cette terre; nous voyons çà et là les traces brillantes de leurs pieds, et aux heures solennelles ils apparaissent à notre âme comme de vaporeuses images; mais l'homme grand comme eux voit bien plus distinctement ses prédécesseurs. A quelques étincelles qui sont restées de leurs pas lumineux⌷, il reconnaît leur action la plus secrète: la tradition d'une seule de leurs paroles lui découvre tous les replis de leur cœur; et c'est ainsi que vivent, dans une intimité mystérieuse, les grands hommes de tous les temps. Ils se saluent au-dessus des siècles, échangent entre eux des regards significatifs, et leurs yeux se rencontrent sur les tombeaux des générations⸣ qui se sont pressées dans les temps qui les séparent, et ils se comprennent et s'aiment. Pour nous autres petits, qui ne pouvons avoir des relations aussi intimes avec les grands hommes du passé, dont nous n'apercevons que très-rarement les vestiges et les formes nuageuses, il est d'un prix inestimable d'apprendre sur un tel géant assez de choses pour qu'il nous soit facile de le concevoir ⌈avec toute sa grandeur⌉ dans notre âme, qui s'élargit par cette conception. Napoléon Bonaparte est pour nous un tel homme. Nous savons sur lui, sur sa vie et sur ses actes, plus que sur les autres grands de la terre, et chaque jour nous en apprenons davantage. Nous voyons déterrer lentement cette statue divine engloutie, et à chaque pelletée du limon terrestre dont on la dégage, s'accroît notre joyeux étonnement sur les proportions et sur la magnificence des nobles formes qui se découvrent, et les foudres de ces ennemis qui voudraient broyer cette grande figure, ne servent qu'à l'éclairer d'un jour plus brillant. C'est ce qui arrive surtout à madame de Staël, qui, dans toute son aigreur, ne dit pourtant pas autre chose, sinon que l'empereur n'était pas un homme comme les autres, et que son esprit ne peut être apprécié avec aucune des mesures ordinaires.

C'est d'un esprit semblable que Kant veut parler, quand il dit que nous pouvons nous figurer une intelligence qui, n'étant pas comme la nôtre, d'une nature discursive, mais bien intuitive, va de la généralité synthétique, de la contemplation du tout⌈, à l'analyse des parties⌉. Or, ce que nous ne reconnaissons que par les longues analyses de la réflexion, et après des séries entières de conséquences, cet esprit l'avait envisagé et complétement embrassé dans le même instant. De là, le don qu'il eut de comprendre ⌈son siècle⌉, d'en cajoler l'esprit, de ne jamais le blesser trop et de l'utiliser sans cesse.

Comme d'ailleurs l'esprit de ce siècle n'est pas seulement révolutionnaire, mais qu'il a été formé par le concours des deux esprits opposés, de celui de la révolution et de celui de la contre-révolution, Napoléon n'a jamais agi tout à fait, ni en révolutionnaire, ni en contre-révolutionnaire, mais toujours dans le sens des deux esprits, des deux principes, des deux tendances, qui se réunissaient en lui. Son action fut donc toujours simple et grande; jamais d'une rudesse convulsive, mais calme comme la nature. Aussi n'intrigua-t-il jamais en détail, et ses coups furent toujours dirigés par son art de comprendre les masses et de les conduire. Ce sont les esprits petits et analytiques qui ont du goût pour les intrigues embrouillées et lentes, tandis que les esprits synthétiques et intuitifs savent, ⌈d'une manière prodigieuse⌉, combiner les moyens que leur offre le présent de telle sorte qu'ils puissent en tirer tout de suite parti pour leur but. Les premiers échouent très-souvent, parce qu'aucune prudence humaine ne peut prévoir tous les hasards de la vie, et que les circonstances n'ont jamais une longue stabilité. Les hommes intuitifs, au contraire, font réussir leurs projets très-facilement, parce qu'ils n'ont besoin que de se rendre un compte exact du présent, et qu'ils agissent si promptement que le moment ne peut éprouver, du mouvement des flots de la vie, aucune variation soudaine, imprévue.

C'est pour nous une bonne fortune que Napoléon ait justement vécu à une époque qui a une vocation particulière pour l'histoire ⌈et pour les recherches de documents⌉; au moyen des mémoires des contemporains, il nous restera peu de chose à connaître sur Napoléon, et chaque jour s'accroît le nombre des écrits historiques destinés à le représenter, plus ou moins en rapport avec le reste du monde. L'annonce d'un semblable livre de la plume de Walter Scott excite en conséquence la curiosité la plus impatiente.

Tous les admirateurs de Scott doivent trembler pour lui, car un pareil livre peut devenir la campagne de Russie de cette gloire qu'il a laborieusement acquise, par une suite de romans historiques qui ont remué tous les cœurs de l'Europe plus par leur sujet que par leur force poétique. Ce sujet n'est pas seulement une plainte élégiaque sur la magnificence nationale de l'Écosse dépossédée peu à peu par des mœurs, par une domination et des idées étrangères; mais c'est la grande douleur qu'excite la perte des originalités nationales qui disparaissent dans l'uniformité de la civilisation moderne, douleur dont tressaillent tous les peuples d'Europe; car les souvenirs nationaux ont, dans le sein des hommes, des racines plus profondes qu'on ne le croit communément. Qu'on essaie seulement de déterrer les vieilles statues, et le vieil amour éclôt en une nuit avec ses fleurs. Ceci n'est pas une figure de langage, mais un fait réel. Quand Bulloc déterra, il y a quelques années, une ancienne idole païenne à Mexico, il trouva le lendemain que cette statue de pierre avait été couronnée de fleurs pendant la nuit. Et pourtant l'Espagne avait détruit avec le fer et le feu les vieilles croyances dans le cœur des Mexicains, et depuis trois siècles elle avait retourné et labouré les âmes qu'elle ensemençait avec du christianisme. Ce sont de semblables fleurs qui s'épanouissent aussi dans les compositions de Walter Scott. Ces compositions elles-mêmes réveillent les anciens sentiments, et de même que jadis à Grenade, les hommes et les femmes se précipitaient hors de leurs maisons avec des hurlements de désespoir quand résonnait dans les rues la chanson de l'entrée du roi maure, au point qu'il fut défendu, sous peine de mort, de la chanter, ainsi le ton qui règne dans les compositions de Scott a douloureusement ému tout un monde. Ce ton vibre dans les cœurs de notre noblesse qui voit tomber ses châteaux et son blason; il résonne dans le cœur du bourgeois dont la vie intime et étroite de ses aïeux est envahie par une *modernité* vague et incommode; il retentit dans les cathédrales catholiques d'où la croyance s'est enfuie, et dans les synagogues des rabbins que désertent les croyants; il retentit en échos sur toute la terre, jusque dans les bois ⌈odoriférants⌉ de l'Indostan, où le Bramin ⌈déplore⌉ en soupirant l'agonie de ses dieux, la destruction de leur antique et saint empire, et la victoire complète des Anglais.

Mais ce ton, le plus puissant de tous, que le barde écossais fait rendre à sa harpe gigantesque, n'est pas celui qui convient au chant impérial de

Napoléon, l'homme nouveau, l'homme des temps modernes, l'homme où s'est réfléchi avec tant d'éclat ce temps nouveau, que nous en sommes presque éblouis et que nous oublions volontiers le passé déchu et ses lueurs éteintes. Il est probable que Scott, fidèle à sa prédilection, saisira de préférence l'élément stable du caractère de Napoléon, le côté contre-révolutionnaire de son esprit, tandis que d'autres écrivains n'apprécient en lui que le principe révolutionnaire.⌈⌉

Mais on ne peut tracer d'avance ses voies au véritable génie: elles sont en dehors de tout calcul critique, et l'on peut regarder comme un innocent jeu d'esprit le prononcé de mon jugement anticipé, ⌈ou plutôt ma prédiction hasardée,⌉ sur l'histoire de l'Empereur, de Walter Scott. On ne peut prédire avec certitude qu'une seule chose; le livre sera lu ⌈en Angleterre comme en France⌉, et nous autres Allemands nous ne manquerons pas de le traduire.

Nous avons aussi traduit Ségur. N'est-ce pas que c'est là un beau poëme épique, ce livre de Ségur? Nous autres Allemands, nous écrivons aussi des poëmes épiques, mais les héros n'existent que dans notre imagination. Les héros de l'épopée française sont au contraire des héros véritables, qui ont accompli des actions bien plus grandes, et éprouvé des souffrances bien plus cruelles que nous n'en pouvons rêver dans nos mansardes ⌈littéraires⌉. Et cependant, nous avons beaucoup d'imagination et les Français n'en ont guère. Peut-être le Bon Dieu a-t-il, à cause de cela, accordé aux Français une compensation d'un autre genre. Il leur suffit de raconter fidèlement ce qu'ils ont vu et fait pendant les trente dernières années, et ils ont une littérature ⌈personnelle⌉, comme aucun peuple et aucun siècle n'en a encore produit; ces mémoires d'hommes d'État, de soldats et de nobles femmes qu'on publie chaque jour en France, forment un cycle de traditions qui donnera à la postérité suffisamment à réfléchir et à chanter, et rayonnera autour de la vie du grand empereur, laquelle s'élèvera au centre comme ⌈une colonne⌉ gigantesque. L'histoire de la campagne de Russie par Ségur est un chant, un chant national français qui appartient à ce cycle de traditions, et qui, pour le ton comme pour le sujet, ressemble aux chants épiques de tous les temps, et ne leur est pas inférieur. ⌈Une race héroïque évoquée⌉ sur le sol de France par la formule magique: *liberté! égalité!* a, comme dans une marche triomphale, enivrée de gloire, et conduite par le dieu même de la gloire, parcouru le monde, le monde épouvanté et exalté par ses hauts faits. Elle danse enfin sa bruyante pyrrhique sur les champs de glaces du Nord qui se brisent sous ses pieds, et les fils du feu et de la liberté périssent par le froid et par les mains des serfs barbares.

C'est toujours une semblable description de l'écroulement ⌈ou de la ruine⌉ longtemps prophétisée d'un monde héroïque qui fait le sujet des épopées de tous les peuples. Sur les rochers d'Ellore et dans d'autres grottes sacrées⌈⌉ sont gravées de pareilles catastrophes épiques, en hiéroglyphes gigantesques, dont la clef se trouve dans le mahabarata. Le Nord a, dans un langage non moins lapidaire, dans son Edda, également raconté la chute des dieux. Le chant des Niebelungen célèbre la même fatalité, et sa fin offre même une ressemblance particulière avec la description de l'incendie de Moscou, par Ségur. Le chant de Roland à Roncevaux, dont les paroles se sont éteintes ⌈dans le tumulte des siècles⌉, mais dont la tradition vit encore, et qui, naguère, a été rappelé à la vie par la magique conjuration d'un des plus grands poëtes de la patrie allemande, Karl Immermann; ce chant est toujours la même histoire de malheur. Et le chant d'Ilion; combien le vieux thème s'y montre éclatant et magnifique! et pourtant il n'est ni plus sublime, ni plus douloureux que le chant national français où Ségur a déploré la ruine de la grande armée. Oui, c'est là une véritable épopée; la jeunesse héroïque de France est le beau héros qui périt d'une mort prématurée, malheur ⌈et désolation⌉ que nous avons déjà vus dans la mort de Baldour, de Siegfried, de Roland et d'Achille, qui tombèrent aussi victimes du destin et de la trahison; et ces héros que nous avons admirés dans *l'Iliade*, nous les retrouvons dans le poëme de Ségur, nous les voyons délibérer, se quereller et combattre comme autrefois devant les portes de Scée: – quoique la casaque du roi de Naples ait quelque chose de trop ⟦bariolé, son courage dans les combats et sa témérité sont aussi grands que chez le fils de Pélée; le prince Eugène, noble champion, nous apparaît comme un Hector de douceur et de bravoure, Ney combat comme Ajax, Berthier est un Nestor moins la sagesse, Davoust, Daru, Caulaincourt, font revivre Ménélas, Ulysse et Diomède. L'empereur seul ne trouve pas de semblable; dans sa tête est l'Olympe du poëme, et si, comme chef suprême, je le comparais à Agamemnon, c'est parce qu'un destin tragique l'attendait au retour, ainsi que la plupart de ses grands compagnons de gloire.⟧

Comme les compositions de Scott, l'épopée de Ségur a un son qui nous subjugue le cœur. Mais ce son n'éveille pas l'amour pour ⌈les magnificences du passé⌉, c'est un son dont le présent seul nous donne l'accord, un son qui nous enflamme pour ce temps actuel.

Pour nous, pauvres Allemands, nous sommes de véritables *Pierre Schlemiehl*: nous avons aussi, dans ces derniers temps, beaucoup vu, beaucoup souffert, par exemple les logements militaires et l'orgueil de la noblesse, et nous avons donné le plus pur de notre sang, à l'Angleterre par exemple, qui, encore maintenant, pour des jambes et des bras allemands emportés, paie à leurs ci-devant propriétaires une assez grosse rente viagère; et nous avons fait en détail beaucoup de grandes choses, car si l'on additionnait nos petites actions, elles donneraient un fort total de hauts faits, comme par exemple en Tyrol; et nous avons beaucoup perdu, par exemple notre ombre, le nom du cher Saint-Empire romain... Et pourtant, avec toutes ces pertes, ces sacrifices, ces privations et ces hauts faits, notre littérature n'a pas acquis un seul de ces monuments de gloire comme ceux qui, chez nos voisins, surgissent chaque jour, semblables à des trophées éternels. Nos foires littéraires de Leipzig ont peu profité de la bataille de Leipzig.....⟧

Appendice

Les pages précédentes ont été écrites en 1826, et l'année suivante elles furent imprimées dans le second volume de la version allemande des *Reisebilder*. En 1828 parut l'*Histoire de Napoléon Bonaparte*, par Walter Scott, et, à ma grande douleur, je vis que mon pronosticon sur ce livre s'était réalisé; aussi fit-il un fiasco complet, et depuis ce triste événement, l'étoile littéraire du grand inconnu s'est éclipsée. L'excès de travail qu'il s'était imposé pour faire face aux exigences de ses créanciers avait miné la santé de Walter Scott; néanmoins il s'évertuait à écrire encore quelques romans ennuyeux, presque insipides, et peu de temps après il mourut. A l'époque où paraissait son livre sur Napoléon, ce blasphème en douze volumes, je me trouvais à Munich, où je publiais une Revue mensuelle nommée les *Annales politiques*; c'est pour ce journal que j'écrivis l'article ou plutôt la boutade suivante que plus tard, en 1830, j'ai fait paraître dans les *Reisebilder*. Dans l'ancienne édition française de ce livre, ce morceau faisait partie d'une série de fragments intitulés l'*Angleterre*; aujourd'hui je me suis avisé de l'intercaler à l'endroit qu'il occupait dans l'édition allemande.

Pauvre Walter Scott! si tu avais été riche, tu n'aurais pas écrit ce livre, et tu ne serais pas devenu le pauvre Walter Scott! Mais les curateurs de la faillite Constable s'assemblèrent, calculèrent et recalculèrent, et, après de longues soustractions et divisions, secouèrent la tête,... et il ne resta plus au pauvre Walter Scott que des lauriers et des dettes. Alors, l'extraordinaire se fit. Le chantre de grandes actions voulut s'essayer aussi une fois dans l'héroïsme; il se décida à une *cessio bonorum*, le laurier du grand inconnu fut mis à l'enchère pour payer de grandes dettes trop connues,... et c'est ainsi que naquit dans une précipitation affamée, par une inspiration banqueroutière, la *Vie de Napoléon*, livre qui devait être bien payé par les besoins du public curieux en général, et du ministère anglais en particulier.

Louez-le, le bon bourgeois! Louez-le, vous tous, philistins du globe terrestre entier! Va le louer, toi, chère vertu des épiciers, qui sacrifies tout pour payer les billets à l'échéance... Seulement n'exigez pas que je le loue aussi, moi.

Chose admirable! l'empereur mort est encore, dans le tombeau, le fléau des Anglais, et c'est par lui que le plus grand poëte de la Grande-Bretagne vient de perdre son laurier.

C'était le plus grand poëte de la Grande-Bretagne, qu'on dise et qu'on objecte ce qu'on voudra. Il est vrai que les critiques de ses romans épluchèrent sa grandeur et lui reprochèrent de trop s'étendre, de se perdre dans les détails, de ne composer de grandes figures que par la réunion d'une infinité de petits traits, et d'avoir besoin d'une foule d'accessoires pour produire les grands effets... Mais, pour dire la vérité, il ressemblait à un millionnaire qui aurait toute sa fortune en petite monnaie et serait obligé de se faire suivre par trois ou quatre voitures de sous et de centimes quand il aurait à payer de grosses sommes. Et cependant, à ceux qui voudraient se plaindre de ce procédé insolite et de l'ennui de ramasser et de compter tant de pièces, il pourrait répondre: qu'après tout, il paie toujours la somme exigée, et qu'il est au fond aussi solvable et tout aussi riche qu'un autre qui n'aurait que de purs lingots d'or; qu'il a même l'avantage de la facilité dans l'échange, puisque cet autre ne saurait que faire de ses lingots au grand marché aux légumes, où ils n'ont aucun cours, tandis que toutes les fruitières prendront des deux mains quand on leur offrira des sous et des centimes. Aujourd'hui, cette richesse populaire du poëte anglais est finie, et lui dont la monnaie était si courante qu'elle était reçue avec un égal intérêt par la duchesse et par la ravaudeuse, il est présentement devenu le pauvre Walter Scott. Son destin rappelle la tradition des fées de nos montagnes, bienfaisantes avec malice, qui donnent aux pauvres gens des espèces qui demeurent brillantes et profitables tant qu'on les emploie bien, mais qui se changent dans leurs mains en une vaine poussière dès qu'on les veut appliquer à un usage indigne. Nous ouvrons sac par sac le nouvel envoi de Walter Scott, et voyez! au lieu de bonnes petites pièces scintillantes et gaies, nous ne trouvons plus rien que poussière et toujours poussière. Il a été puni par les fées du Parnasse, par les muses, qui, ainsi que toutes les femmes au noble cœur, sont napoléonistes passionnées, et sont doublement révoltées par l'abus de ces trésors d'esprit, dont elles avaient fait don au grand poëte.

Le mérite et la tendance de l'œuvre de Scott ont été appréciés dans tous les journaux de l'Europe. Ce ne furent pas seulement les Français indignés, mais aussi les compatriotes consternés de l'auteur qui ont prononcé sur lui la sentence de condamnation. Les Allemands ont dû aussi s'associer à ce mécontentement. Le *Litteratur-Blatt* de Stuttgard a parlé avec un feu d'indignation mal contenu, les *Annales de Critique scientifique* de Berlin se sont exprimées avec un calme froid, et le critique, auquel ce calme coûtait d'autant moins que le héros du livre lui doit être moins cher, caractérise l'ouvrage dans cet excellent passage:

«Il n'y a dans ce récit ni fond, ni couleur, ni ordre, ni vivacité. Ce puissant sujet, perdu dans une confusion, non pas profonde, mais toute superficielle, se traîne mollement incertain, indécis et sans relief du caractère qui lui est propre. Aucun événement n'apparaît avec sa physionomie particulière; on n'aperçoit nulle part les points culminants, aucun fait n'est clair et ne ressort dans sa nécessité; le lien n'est qu'extérieur, la portée et le sens en sont à peine soupçonnés. Une semblable manière doit éteindre toute lumière de l'histoire, et elle-même tourne ainsi au conte, non pas merveilleux, mais vulgaire. Les réflexions et les aperçus qui se mêlent au récit sont à l'avenant. Notre monde de lecteurs est depuis longtemps trop fort pour une préparation philosophique aussi mince. Les maigres proportions d'une morale qui se prend à des faits isolés ne suffisent nulle part...»

Ces défauts, et d'autres pires encore, que relève avec une grande perspicacité le critique berlinois Varnhagen de Ense, je les pardonnerais de grand cœur à Walter Scott; nous sommes tous des mortels, et le meilleur de nous peut, d'aventure, écrire un mauvais livre. On dit alors que cela est au-dessous de la critique, et c'est une affaire finie. Mais c'est une chose fort remarquable que, dans ce nouvel ouvrage, nous ne retrouvions pas du tout le beau style de Scott. C'est en vain qu'au travers de ce récit trivial et pâle, se voient éparpillés de temps à autre quelques mots rouges, verts ou bleus, en vain que les lambeaux brillants des poëtes sont destinés à couvrir une nudité prosaïque, en vain que toute l'arche de Noé est mise au pillage pour fournir des comparaisons animales, en vain même que la parole de Dieu est invoquée pour protéger de sottes pensées. Il est plus remarquable encore que Walter Scott n'a pas réussi une seule fois à mettre à profit son talent de portraitiste pour saisir au moins l'extérieur de Napoléon. Walter Scott n'a rien appris de ces beaux tableaux qui représentent l'empereur entouré de ses généraux et de ses hommes d'État, et pourtant quiconque les observe sans prévention, est frappé de ce calme tragique, de la modération antique des traits de cette figure, qui contrastent d'une manière si sublime, si divine, avec les figures modernes, agitées par les passions pittoresques du jour. Mais si le poëte écossais n'a pu comprendre la figure de l'empereur, il pouvait encore moins comprendre son caractère, et je lui pardonne de blasphémer un dieu qu'il ne connaît pas. Il me faut aussi lui pardonner de tenir por duieu son Wellington, et d'avoir, dans son apothéose, un tel accès d'adoration que, tout habile qu'il soit dans les métaphores animales, il ne sait plus à quelle bête le comparer.

Mais si je suis tolérant à l'égard de Walter Scott, si je lui pardonne le vide, les erreurs, les calomnies et les sottises de son livre, et même l'ennui qu'il m'a causé, je ne puis consentir à lui en pardonner la tendance; et cette tendance n'est pas moins que la justification du ministère anglais, au sujet du crime de Sainte-Hélène. – Dans ce procès entre le ministère anglais et l'opinion publique, comme dit le critique de Berlin, Walter Scott fait l'office d'avocat; il amalgame les chicanes du métier avec son talent poétique pour embrouiller le fait et l'histoire, et ses clients, qui sont en même temps ses patrons, auront bien dû, en outre de ses honoraires, lui glisser encore dans la main quelque petit pour-boire.

Les Anglais n'avaient fait que tuer Napoléon, mais Walter Scott l'a vendu. C'est un véritable tour d'Écossais, un tour de pur caractère national, et l'on voit que la cupidité écossaise est toujours la même vieille et sordide cupidité, et qu'elle n'a pas changé depuis la journée de Naseby où, pour la somme de quatre cent mille livres sterling, les Écossais vendirent à ses bourreaux anglais leur propre roi, qui s'était fié à leur protection. Ce roi est le même Charles Stuart que chantent aujourd'hui si magnifiquement les bardes de la Calédonie. L'Anglais tue, mais l'Écossais vend et chante.

Le ministère anglais a ouvert dans ce but, à son avocat, les archives du *foreign-office*, et celui-ci a consciencieusement utilisé, dans le neuvième volume de son ouvrage, les actes qui pouvaient jeter un jour favorable sur son parti, et une ombre fâcheuse sur les adversaires de ses clients. Aussi ce neuvième volume, quoiqu'il ne le cède nullement aux précédents, en platitude artistique, acquiert cependant un certain intérêt: on s'attend à des pièces importantes, et comme on n'en trouve aucune, c'est une preuve qu'il n'y en avait pas qui parlât en faveur du ministère anglais, et ce contenu négatif du livre est un résultat important.

Tout le butin que fournissent les archives anglaises se borne à quelques communications assez peu croyables du très-honorable sir Hudson Lowe et de ses mirmidons.⌈ Je ne veux point examiner le fond de ces rapports; ils peuvent être vrais, puisque le baron Stürmer, l'un des trois comparses de la grande tragédie, l'a constaté; mais je ne vois pas, même dans ce cas, ce qu'on prouverait par là, si ce n'est que sir Hudson Lowe n'était pas le seul gredin à Sainte-Hélène. C'est avec des ressources de cette espèce et de pitoyables suggestions que Walter Scott traite l'histoire de la détention de Napoléon, et il s'efforce de nous persuader que l'ex-empereur, c'est ainsi que le nomme l'ex-poëte, ne pouvait rien faire de plus sensé, que de se livrer aux Anglais, quoiqu'il ait dû prévoir sa déportation à Sainte-Hélène; qu'ensuite il y a été traité d'une façon toute charmante, parce qu'il avait à manger et à boire à souhait, et qu'enfin il est mort frais et dispos, et en bon chrétien, d'un cancer à l'estomac.

Walter Scott, en faisant ainsi prévoir à l'empereur jusqu'où s'étendrait la générosité des Anglais, jusqu'à Sainte-Hélène, le justifie du reproche vulgaire de s'être laissé tellement exalter par la sublimité tragique de son malheur, qu'il prit les Anglais civilisés pour des barbares Perses, et les cuisines de beef-steaks de Saint-James pour le foyer d'un grand roi, et fit ainsi une sottise héroïque. Walter Scott fait en même temps de l'empereur le plus grand poëte qui ait jamais existé, quand il nous insinue très-sérieusement que tous ces écrits mémorables qui rapportent ses souffrances à Sainte-Hélène ont été, tous et sans exception, dictés par lui-même.

Je ne puis me défendre de remarquer ici que cette partie du livre de Walter Scott, tout comme les écrits mêmes dont il parle, surtout les mémoires d'O'Meara et le récit du capitaine Maitland, me rappellent quelquefois l'histoire la plus bouffonne du monde, de sorte que l'indignation la plus douloureuse de mon âme veut tout d'un coup tourner au rire fou. Cette histoire n'est autre que les *Aventures de Lemuel Gulliver*, livre qui m'a bien fait rire quand j'étais jeune garçon, et où l'on peut lire si comiquement comme quoi les petits Lilliputiens ne savent que faire de leur grand prisonnier, comment ils grimpent par milliers sur son corps et l'attachent bien ferme avec une foule de cordes grosses comme des cheveux, quels immenses apprêts ils font pour lui bâtir tout exprès une grande maison, et comme ils se plaignent de l'énorme quantité de vivres qu'il leur faut lui fournir chaque jour, comme ils ne cessent de le noircir dans le conseil de l'État, et de déplorer qu'il coûte tant au pays, comme ils seraient bien aises de le tuer, mais comme ils le craindaient encore après sa mort, parce que son cadavre pourrait produire la peste, comment enfin ils se décident pour la générosité la plus glorieuse, et lui laissent son titre, se contentant de lui vouloir crever les yeux, etc., etc. A la vérité, Lilliput est partout où un grand homme tombe au milieu de petits hommes qui sont infatigables à le tourmenter de la manière la plus mesquine, et pour lesquels il est en retour une cause de tourments et de souffrances; mais si le doyen Swift avait écrit son livre de notre temps, on ne verrait dans son miroir, exactement poli, que l'histoire de la captivité de l'empereur, et l'on reconnaîtrait jusqu'à la couleur des habits et du visage des nains qui l'ont martyrisé.

Il n'y a que la fin du conte de Sainte-Hélène qui soit différente: l'empereur meurt d'un cancer à l'estomac, et Walter Scott nous assure que c'est la seule cause de sa mort. Je ne veux pas le contredire là-dessus; la chose n'est pas impossible. Il est possible qu'un homme qu'on vient de tendre sur le chevalet de la torture meure tout à coup fort naturellement d'apoplexie. Mais les méchantes langues diront que ce sont les bourreaux qui l'ont tué. Et voyez! les méchantes langues se sont mis dans la tête de considérer la chose tout autrement que le bon Walter Scott. Quand ce brave homme, qui d'ailleurs est fort érudit dans les choses de la Bible, et cite volontiers l'Évangile, ne voit dans cette révolte des éléments, dans cet ouragan qui éclata à la mort de Napoléon, qu'un événement qui arriva aussi à la mort de Cromwell, le monde a, sur ce sujet, ses idées particulières. Il regarde la mort de Napoléon comme le forfait le plus révoltant; l'explosion de notre douleur devient de l'adoration. C'est en vain que Walter Scott se fait l'*advocatus diaboli*, la canonisation de l'empereur mort est proclamée par tous les nobles cœurs; tous les nobles cœurs de l'Europe ⌈,notre chère patrie,⌉ méprisent ses petits bourreaux et le grand barde qui, par son livre, s'est fait leur complice; les muses inspireront de meilleurs poëtes pour célébrer leur héros favori, et, si les hommes viennent un jour à se taire, les pierres parleront, et le rocher du martyr de Sainte-Hélène se dressera horrible du milieu des mers, et racontera aux siècles sa légende ⌈impériale⌉.

<Bruchstück zum Goetheabschnitt in »L'île de Norderney«>

<...> culottes bouffantes pour lesquel<le>s il fallait soixante aunes d'étoffe, les mœurs n'étaient guère plus décentes que maintenant.

Mais les dames ne m'en voudront-elles pas de ce que je dis culottes, au lieu d'⌈«inexpressibles»⌉? Oh, les sentiments délicats des dames! A la fin, il n'y aura plus que les eunuques qui pourront écrire pour elles, et les serviteurs de leur esprit en Occident auront besoin d'être aussi innocents que les serviteurs de leur corps en Orient.

Je me souviens à cette occasion du passage suivant du *mémorial* de Berthold: «Si nous y réfléchissons bien, nous sommes pourtant tous entièrement nus dans nos habits, dit le docteur M. à une dame qui s'était formalisée d'une de ses expressions parfois un peu ⸢brusques⸣.» –

L'aristocratie hanovrienne est très mécontente de Gœthe, et lui reproche de répandre l'irreligion ⸢par ses écrits⸣. Les sentiments irreligieux, ⸢prétendent ces nobles accusateurs⸣, pourraient facilement produire aussi des fausses opinions ⸢incrédules⸣ en matière politique, tandis qu'il faudrait bien plutôt ramener le peuple par la vieille foi aux vieilles traditions de modestie et de modération. J'ai beaucoup aussi entendu discuter dans ces derniers temps le question si Gœthe est plus grand que Schiller, ou Schiller plus grand que Gœthe. Je me trouvai l'autre jour placé ⸢près de⸣ la chaise d'une dame en qui l'on pouvait déjà par derrière reconnaître ses soixante-quatre quartiers de noblesse, et j'entendis se dérouler sur le thème en question une conversation animée entre elle et deux jeunes nobles du Hanovre, dont les ancêtres se trouvaient déjà représentés sur le zodiaque de Dendhéra. L'un des interlocuteurs, jeune homme efflanqué et rempli de vif-argent, qui avait l'air d'un baromètre, exaltait la vertu et la pureté de Schiller; l'autre, de taille non moins élancée et juvénile, ⸢soutenait cet éloge en⸣ récitant d'une voix grêle quelques vers du ⸢poème de Schiller intitulé⸣: *la dignité des femmes.* ⸢Le noble déclamateur⸣ souriait aussi doucereusement qu'un âne qui se lèche⸢⸣ le museau, après avoir plongé sa tête dans un tonneau de sirop. Les deux jouvenceaux renforçaient leurs assertions continuellement par ce⸢⸣ refrain: «Il est pourtant plus grand, il est réellement plus grand, vraiment il est plus grand, je vous assure sur mon honneur qu'il est plus grand.» La dame eut la bonté de vouloir m'engager également dans cet entretien esthétique, et elle me demanda: «M^r^. le docteur, que pensez-vous de Gœthe?» Mais je posai mes bras en croix sur ma poitrine, j'inclinai pieusement ma tête, et dis: *«La illah il allah, wamohammed rasul allah!»*

La dame avait fait, sans s'en douter elle-même, la question la plus rusée. Car on ne saurait guère demander directement à quelqu'un: Que pensez-vous du ciel et de la terre? quelles sont vos opinions sur les hommes et sur la vie humaine? êtes-vous un être raisonnable ou un imbécile? Mais toutes ces questions délicates sont contenues dans ces simples mots: Que pensez-vous de Gœthe? En effet, comme les œuvres de Gœthe sont sous les yeux de tout le monde, nous pouvons toujours comparer sur le champ le jugement que quelqu'un en porte, avec notre propre avis sur ces matières; nous obtenons de cette façon une mesure certaine pour apprécier tous ses sentiments et toutes ses pensées, et il a prononcé à son insu son propre jugement. Mais si Gœthe devient ainsi notre meilleur moyen pour apprendre à connaître les gens, puisqu'il constitue un monde commun qui est ouvert à l'observation de chacun de nous: nous pouvons aussi le mieux apprendre à connaître Gœthe lui-même par son⸢⸣ jugement sur les objets qui se trouvent sous nos yeux, et sur lesquels les hommes les plus considérables nous ont déjà donné leur opinion. Sous ce rapport, j'indiquerai de préférence comme un exemple la relation de Gœthe sur son voyage en Italie, attendu que nous possédons tous, soit par nos propres observations, soit par celles d'autres voyageurs, une certaine connaissance ⌈de ce pays⌉. Or, nous avons pu remarquer ⌈assez souvent⌉, combien chacun envisage l'Italie de son point de vue personnel, si bien que l'un, avec des yeux moroses à la façon d'Archenholz, n'y voit que du mal, et que l'autre, avec les yeux enthousiastes d'une Corinne, n'aperçoit partout que des choses magnifiques; tandis que Gœthe, avec son œil d'Hellène ⌈clair et⌉ serein, voit tout, l'ombre aussi bien que la lumière, qu'il ne colore nulle part les choses d'après la disposition particulière de son esprit, et qu'il nous dépeint le pays et les hommes avec les contours et les couleurs véritables⌈⌉.

C'est là un des mérites de Gœthe, que la postérité seule pourra apprécier; car nous, qui sommes pour la plupart ⌈moralement⌉ malades, nous nous trouvons beaucoup trop enfoncés dans nos sentiments maladifs, tourmentés et romantiques, tels que nous les avons recueillis dans tous les pays et dans tous les temps, pour que nous puissions reconnaître d'une manière immédiate à quel degré Gœthe se montre dans ses œuvres sain, ⌈harmonieux et plastique⌉. Lui-même ne s'en aperçoit pas davantage; au contraire, ignorant sa propre puissance, il s'étonne naïvement quand on lui attribue une manière de penser *objective*, et tout en comptant nous fournir par son autobiographie les moyens critiques de juger ses ouvrages, il n'y donne cependant aucune règle absolue de jugement, mais seulement de nouveaux faits propres à nous aider tout au plus à le juger ⌈par déduction⌉: ce qui d'ailleurs est peu étonnant, puisque nul oiseau ne saurait, ⌈comme on dit⌉, s'élancer par son vol au-dessus de lui-même. – –

⌈– – – Me voilà à mon tour plongé dans Gœthe, malgré que j'en aie. Mais de pareilles digressions⌉

Zu ›Ideen. Das Buch Le Grand‹

Bruchstücke

<1. Der Harfner>

Die alte Harfe liegt im hohen Gras. Der Harfner ist gestorben. Die talentvollen Affen kommen herab von den Bäumen und klimpern drauf, – die Eule sitzt mürrisch rezensirend – die Nachtigall singt der Rose ihr Lied; sobald es g<an>z dunkel wird, überwältigt sie die Liebe und sie stürzt auf den Rosenstrauch, und zerrissen von Dornen verblutet sie – der Mond geht auf – der Nachtwind säuselt in den Saiten <der> Harfe – die Affen glauben es sey der tote Harfner und entfliehen.

<2. Clauren>

Clauren ist jetzt in D<eutsch>land so berühmt daß man in keinem Bordell eingelassen wird wenn m<an> ihn nicht gelesen hat—

<3. Religion>

M<an> hat mir vorgeworfen: ich hätte keine Religion. Nein, ich hab sie alle, ich glaube d<a>ß Brama etc

Es ist wahr, vom Himmel hab ich nie viel gehalten und aus wichtigen Gründen: = wenn ich auf dem Rücken lag im Graß und an die Herrlichkeiten des Himmels dachte, dacht ich oft warum fällt nicht mahl etwas davon herunter, z.B. ein<e> goldne Urkette, ein Stück Kuchen etc statt dessen fällt nur Wasser herunter—wäßrichter Himmel—

Le Tambour Legrand. Idées.

Écrit en 1826.

I

> Elle était aimable et il l'aimait; mais lui, il n'était pas aimable et elle ne l'aimait pas.
>
> *Ancienne pièce de théâtre.*

Madame, connaissez-vous cette vieille pièce? c'est une pièce tout à fait distinguée, seulement un peu trop mélancolique. J'y ai une fois joué le rôle principal, et toutes les dames pleuraient. Une seule ne pleura point, elle ne versa pas une larme, et ce fut là justement la pointe de la pièce, la véritable catastrophe.

Oh! cette seule larme! elle me tourmente toujours, elle fait l'objet de toutes mes pensées. Satan, lorsqu'il veut perdre mon âme, me murmure à l'oreille un chant malicieux sur cette larme qui n'a pas été pleurée, une fatale chanson,

avec une mélodie encore plus fatale. – Ah! ce n'est que dans l'enfer qu'on entend cette mélodie. . . . .
. . . .

Vous pouvez vous figurer comment on vit dans le ciel, madame, d'autant plus que vous êtes mariée. Là, on s'amuse d'une façon vraiment exquise, on a tous les divertissements possibles, on passe ses jours dans la joie et les plaisirs, absolument comme Dieu en France. On dîne du matin au soir, ⟦les ⸢volailles⸣ rôties volent çà et là, la saucière au bec, et se sentent très-flattées lorsqu'on ⸢veut bien les prendre⸣; des tourtes au beurre, dorées, poussent droites comme des tournesols; partout des ruisseaux de bouillon et du vin de Champagne; partout des arbres auxquels flottent des serviettes; on mange, on s'essuie la bouche, et l'on mange de nouveau sans fatiguer son estomac. On chante des psaumes, ou l'on joue et l'on badine avec les tendres petits anges, ou l'on va se promener sur la verte prairie de l'Alléluia, et les belles robes blanches flottantes vous habillent commodément, vous parent à merveille, et rien ne trouble votre sérénité. Nulle douleur, pas un déplaisir, même lorsqu'un autre marche par hasard sur les cors de vos pieds, et vous dit: – Excusez! vous lui répondez en souriant et avec satisfaction: – Tu ne m'as point fait mal, frère; au contraire, mon corps en a ressenti une plus douce et plus céleste volupté.

Mais de l'enfer, madame, vous n'en avez aucune idée. De tous les diables vous ne connaissez que le plus petit, le gentil croupier de l'enfer. L'enfer, vous ne le connaissez que d'après l'opéra de Don Juan, et il ne vous paraît jamais assez brûlant pour ce trompeur de femmes, qui donne un si mauvais exemple, bien que nos honorables directeurs de théâtre emploient en sa faveur autant de ⸢flammes bleues⸣, de pluies de feu, de poudre et de colophonium que peut en désirer un bon chrétien en enfer.

Cependant, en enfer, les choses vont beaucoup plus mal que ne se le figurent les directeurs de théâtre⟧. Il y règne une chaleur infernale, et dans les jours caniculaires où je le visitai, c'était à ne pas la supporter. Vous ne pouvez avoir une idée de l'enfer, madame; nous en recevons peu de nouvelles officielles. – Mais que les pauvres âmes qui sont là-bas soient obligées de lire tous les mauvais sermons qu'on imprime en haut, ceci est une calomnie. La vie de damné n'est pas aussi dure, Satan n'inventera jamais des tortures aussi raffinées. En revanche, la peinture du Dante est trop modérée dans son ensemble, elle est par trop poétique. L'enfer se présenta à moi comme une grande cuisine bourgeoise, avec un poêle immense sur lequel se trouvaient trois rangées de pots de fer, et dans ces pots étaient les damnés. Ils y cuisaient.

Dans la première rangée étaient les pécheurs chrétiens, et, le croirait-on? leur nombre n'était pas trop petit, et les diables attisaient le feu sous eux avec une activité toute particulière. Dans une autre rangée étaient les juifs, qui criaient sans cesse, et que les diables taquinaient de temps en temps, comme ⸢il arriva⸣ à un gros prêteur sur gages tout essoufflé, qui se plaignait de cette chaleur insupportable, et sur lequel un petit diable versa quelques seaux d'eau glacée, afin qu'il vît que le baptême est un bienfait rafraîchissant. Dans la troisième rangée étaient les païens qui, ainsi que les juifs, ne peuvent prendre part à la félicité éternelle, et qui doivent brûler éternellement. J'entendis un de ceux-ci, sous lequel un diable ⌈à quatre griffes⌉ mettait de nouveaux charbons, s'écrier du fond de son pot: – Épargnez-moi; j'étais Socrate, le plus sage des mortels! J'ai enseigné la vérité et la justice, et j'ai sacrifié ma vie pour la vertu! Mais le ⌈butor de diable⌉ ne se laissait pas troubler dans son office, et murmurait: – Bah! il faut que tous les païens brûlent, et nous ne pouvons pas faire d'exception pour un seul homme. – Je vous assure, madame, que c'était une chaleur épouvantable, et des cris, des soupirs, des gémissements, des contorsions, des grincements, des hurlements à faire frémir... Et à travers tous ces bruits effroyables, on entendait distinctement cette fatale mélodie de la chanson sur la larme qui n'a pas été pleurée.

II

Madame, l'ancienne pièce de théâtre que j'ai citée est une tragédie, bien que le héros n'y soit pas égorgé, et ⌈qu'il n'y égorge pas ⌉. Les yeux de l'héroïne sont beaux, très-beaux... Madame, ne sentez-vous pas l'odeur de violette? Ses yeux sont si beaux et si bien aiguisés, qu'ils me pénétrèrent dans le cœur comme des poignards⌈⌉, et sortirent certainement par le dos, regardant de l'autre côté. – Mais je ne mourus pas de ces yeux assassins. La voix de l'héroïne est aussi très-belle... Madame, n'entendez-vous pas chanter un rossignol? Une belle voix, une voix soyeuse, un doux tissu des tons les plus ⌈ravissants⌉, et mon âme en fut enveloppée, et s'étrangla et se tourmenta. Moi-même (c'est le comte du Gange qui parle maintenant, et l'histoire se passe à Venise), moi-même je me sentis plus d'une fois las de tous ces tourments, et je pensais déjà à mettre fin à l'histoire dès le premier acte, et à me faire sauter mon bonnet de fou avec la tête. Je me rendis à cet effet dans un magasin de nouveautés situé strada Bursta, où je trouvai une paire de beaux pistolets exposés dans la montre. Je m'en souviens encore très-bien, ils étaient placés à côté de riants joujoux en nacre et or, de cœurs de fer suspendus à des chaînes d'or, de tasses de porcelaine avec de tendres devises, de tabatières à jolies peintures: par exemple, la divine histoire de Susanne, ⌈Léda avec le cygne⌉, l'enlèvement des Sabines, Lucrèce, grosse vertu, le sein nu, et se frappant avec un poignard, après coup,⌈⌉ la belle Féronnière, enfin tous visages séducteurs... Mais je n'en achetai pas moins les pistolets, sans beaucoup marchander, j'achetai aussi de la poudre et des balles; je m'en fus ensuite à la taverne du signor ⌈Zampetto⌉, et me fis apporter des huîtres et un grand verre de vin du Rhin.

Je ne pouvais manger, je pouvais encore moins boire. Des larmes brûlantes

tombèrent dans le verre, et dans ce verre je vis ma douce patrie, le Gange sacré aux eaux bleues, l'Himalaya éternellement resplendissant, les gigantesques forêts ⌈de bananiers⌉, ⌈où⌉ passaient avec calme les prudents éléphants et les blancs pèlerins; des fleurs, étranges ⌈comme les produits d'un rêve⌉, me regardaient avec une pitié secrète, de merveilleux oiseaux au plumage d'or criaient leur joie, les rayons du soleil⌈⌉ et les singes lutins ⌈se jouaient autour de moi⌉, des lointaines pagodes arrivaient les pieuses harmonies des prières sacerdotales, et, au travers de ces bruits, dominait la voix douloureusement plaintive de la sultane de Delhi... Sur les tapis de son harem elle courait comme une folle, déchirait ⌈ses⌉ voiles d'argent, culbutait l'esclave ⌈noir⌉ qui tient l'éventail de paon, pleurait, tempêtait, criait... Mais je ne pouvais la comprendre: la taverne du signor ⌈Zampetto⌉ est éloignée de trois mille lieues du harem de Delhi, et puis la belle sultane était morte depuis trois mille ans... Et je bus coup sur coup, je bus ce vin, lumineux et rayonnant, et cependant il fit de plus en plus sombre dans mon âme, qui devint toujours plus triste... Je fus condamné à mort. . . . .
. . . .
. . . .
. . . .

Quand je remontai l'escalier de la taverne, j'entendis sonner la cloche des suppliciés; les flots de la foule s'écoulaient dans la rue; mais, moi, je me mis au coin de la strada San-Giovanni, et récitai le monologue suivant:

Dans les vieux contes il y a des châteaux d'or,
Où résonnent les harpes, où dansent les ⌈⌉jeunes filles,
Où brillent les riches livrées, où le jasmin,
Et le myrte et la rose épandent leurs parfums...
Et pourtant une seule parole de désenchantement
Fait en un instant tomber tout cet éclat en poudre,
Et il ne reste rien que de vieilles ruines,
⌈⌉Des oiseaux nocturnes et des marécages.
C'est ainsi que moi, par une seule parole,
J'ai désenchanté toute la nature fleurie.
Elle est maintenant étendue, inanimée, froide et livide
Comme le cadavre paré d'un roi,
Auquel on a fardé les os des joues
Et mis encore un sceptre dans la main.
Mais les lèvres sont jaunes et fanées,
Parce qu'on a oublié de les peindre également en rouge;
Et les souris s'ébattent autour du nez royal,
Et insultent insolemment au grand sceptre.

Il est généralement reçu, madame, qu'on se tient un monologue avant que de se brûler la cervelle. La plupart des hommes profitent, dans cette occasion, de celui de Hamlet: *Être ou n'être pas*. C'est un bon passage, et je l'aurais volontiers cité ici; mais chacun se préfère: et quand on a écrit, comme moi, des tragédies où se trouvent de tels discours d'adieux⌈⌉, comme, par exemple, dans mon immortelle tragédie d'*Almanzor*, il est bien naturel que l'on donne la préférence à ses propres vers, même sur ceux de Shakspeare. Dans tous les cas, ces sortes de sermons sont un usage très-louable. On gagne au moins du temps par là. – C'est ainsi que je m'arrêtai quelque temps au coin de la strada San-Giovanni, et lorsque j'étais là, comme un criminel condamné à mourir, tout à coup je la vis venir, elle!

Elle portait une robe de soie bleu de ciel, et son chapeau rose; et ses yeux me regardaient si doucement, son regard chassait si bien la mort, il donnait si bien la vie!... Madame, vous avez lu dans l'histoire romaine que, dans la vieille Rome, lorsque les vestales rencontraient sur leur chemin un criminel que l'on conduisait au supplice, elles avaient droit de lui faire grâce, et le pauvre malheureux conservait sa vie... D'un seul regard elle m'avait sauvé de la mort, et j'étais devant elle, animé d'une nouvelle existence, et comme ébloui de l'éclat de sa beauté... Elle passa et me laissa vivre.

III

Elle me laissa vivre, et je vis, et c'est l'affaire principale.

Que d'autres ⌈jouissent de la pensée⌉ que leur bien-aimée viendra orner leur tombeau de fleurs et l'arroser de ses larmes. – O femmes! haïssez-moi, riez de moi, bafouez-moi, mais laissez-moi vivre. La vie est trop follement douce, et le monde est si agréablement sens dessus dessous! C'est le rêve d'un dieu pris de vin, qui s'échappe, ⌈sans prendre congé⌉, du banquet divin, et s'en va dormir dans une étoile solitaire, ignorant qu'il crée tout ce qu'il rêve... Et les images de son rêve se présentent, tantôt avec une extravagance bigarrée, tantôt harmonieusement raisonnables... L'Iliade, Platon, la bataille de Marathon⌈⌉, la Vénus de Médicis, le Münster de Strasbourg, la révolution française, Hégel, les bateaux à vapeur, sont de bonnes pensées détachées de ce grand rêve du dieu... Mais cela ne durera pas longtemps: le dieu se réveillera; il frottera ses paupières endormies; il sourira, et notre monde s'écroulera dans le néant... Il n'aura jamais existé.

N'importe; je vis. Ne serais-je ⌈qu'une ombre, qu'une image d'un songe⌉, cela vaut encore mieux que le ⌈froid noir, et le vide néant⌉ de la mort. La vie est le plus grand de tous les biens; et le pire de tous les maux, c'est la mort. Que les lieutenants des gardes de Berlin en rient et traitent de lâche le prince de Hombourg parce qu'il recule devant sa tombe ouverte... Henri Kleist avait autant de courage que ses camarades bombés et bien lacés, et malheureusement il l'a prouvé. Mais tous les esprits vigoureux aiment la vie.

L'Egmont de Goëthe ne se sépare pas volontiers «des amicales habitudes de l'existence.» L'Edwin d'Immermann tient à la vie «comme un petit enfant se tient au sein de sa mère,» et bien qu'il lui semble dur d'exister par la grâce d'autrui, il demande cependant grâce:

Car vivre, respirer est après tout le bien suprême.

Quand Ulysse trouve Achille dans les enfers, à la tête de la phalange des héros morts, et qu'il lui vante sa renommée parmi les vivants et sa gloire parmi les morts, celui-ci répond:

⌈Ne me parle pas de la mort pour me consoler⌉, Odysseus!
J'aimerais mieux labourer les champs comme un journalier,
⌈Etre un pauvre homme⌉ sans patrimoine et sans héritage,
Que de commander à tous les morts qui ont disparu de la terre!

⌈⌉

Dieu merci, je vis! Dans mes veines fermente la rouge liqueur de la vie, sous mes pieds tressaille la terre; j'embrasse dans une ardeur amoureuse les arbres et les statues de pierre, et ils s'animent sous mes baisers. Chaque femme est pour moi le don d'un monde entier; je nage dans les mélodies enchanteresses de ses traits, et d'un seul de mes regards je la possède plus que d'autres avec toute leur puissance pendant toute leur vie. Car chaque instant est pour moi une éternité. Je ne mesure point le temps avec l'aune de Brabant ni avec la petite aune de Hambourg, et n'ai point besoin de me faire promettre par un prêtre une seconde vie, puisque j'ai déjà assez à jouir en celle-ci, quand je vis en arrière, dans la vie des ancêtres, et que je me conquiers une éternité dans l'empire du passé.

Je vis! L'artère de la nature fait battre ma poitrine, et quand je ⌈respire avec joie⌉, des milliers d'échos me répondent. J'entends les voix de mille rossignols. Le printemps les envoie pour tirer la terre de son sommeil⌈⌉, et la terre frissonne de plaisir; ses fleurs sont des hymnes que, dans son enthousiasme, elle chante au soleil... Le soleil se meut trop lentement; je voudrais fouetter ses chevaux de feu afin qu'ils s'élançassent avec plus d'ardeur. Mais lorsqu'il se plonge dans la mer⌈⌉, et que la puissante nuit s'élève avec ses yeux pleins de désirs, oh! alors un bonheur inouï me pénètre... Les vents du soir se jouent contre mon cœur ⌈rugissant⌉ comme des jeunes filles caressantes; les astres m'appellent à eux, et je m'élève, et je m'élance au-dessus de cette petite terre et des petites pensées des hommes...

IV

Mais un jour viendra, et le feu sera éteint dans mes veines. L'hiver habitera dans mon sein, et ses blancs et rares flocons voltigeront autour de ma tête et ses brouillards voileront mes yeux. Mes amis reposeront dans des tombeaux ⌈moussus⌉, je serai resté seul, comme un épi solitaire qu'a oublié le moissonneur. Cependant une nouvelle génération a surgi avec de nouveaux vœux et de nouvelles idées. J'entends avec étonnement retentir de nouveaux noms et de nouveaux chants, les vieux noms sont oubliés, moi-même je suis oublié, tout au plus honoré encore par un petit nombre, je suis un objet de moquerie pour beaucoup, et ne suis aimé par personne! Alors accourent les enfants aux joues de rose, ils mettent ma vieille harpe dans mes mains tremblantes et disent en riant: Il y a déjà bien longtemps que tu te tais, grison paresseux, chante-nous encore les songes de ta jeunesse.

Alors je saisis la harpe, et les vieilles joies et les vieilles douleurs se réveillent, les brouillards se fondent, les larmes reviennent fleurir sur mes paupières, le printemps est revenu dans mon sein, de doux accents de mélancolie vibrent dans les cordes de la harpe, je revois le fleuve bleu et les palais de marbre, et les beaux visages de femmes et de jeunes filles, et je chante les fleurs de la Brenta.

Ce sera mon dernier chant, les étoiles me contempleront comme dans les nuits de ma jeunesse, la lune amoureuse imprime encore ses baisers sur mes joues, les esprits des rossignols morts sanglotent dans le lointain, mes yeux se ferment ⌈dans l'ivresse⌉, mon âme s'échappe comme une vibration de ma harpe,... ⌈je respire⌉ les parfums des fleurs de la Brenta.

Un arbre ombragera ma pierre tumulaire. J'aimerais assez un palmier, mais les palmes ne réussissent pas dans le Nord. Ce sera sans doute un tilleul, et dans les soirs d'été les amants s'y réuniront et causeront. Le serin qui se bercera dans les branches en écoutant est discret, et mon tilleul murmure amicalement sur les têtes des heureux qui sont si heureux, qu'ils n'ont pas même le temps de lire ce qui est écrit sur la blanche tombe. Mais si plus tard, l'amant perd sa maîtresse, il revient sous le tilleul⌈⌉, soupire et pleure, regarde la pierre funéraire longtemps et souvent, et y lit cette inscription: – il aima les fleurs de la Brenta.

V

Madame, je vous ai trompé; je ne suis point le comte du Gange. Jamais de ma vie je n'ai vu le fleuve sacré, jamais les fleurs de lotus qui se mirent dans ses flots pieux. Jamais je n'ai rêvé étendu sous les palmiers de l'Inde, jamais je ne me suis prosterné en prière devant le dieu de Jagernaut, ⌈dont les diamants sont si respectables⌉. J'ai été aussi peu ⌈dans l'Inde⌉ que le ⌈karrick indien⌉ que j'ai mangé hier⌈⌉. Mais je suis originaire de l'Hindoustan, et c'est pourquoi je me sens comme chez moi dans les immenses forêts mélodieuses de Valmiki; les souffrances héroïques du divin Ramo remuent mon cœur comme une douleur connue; dans les chants de⌈⌉ Kalidasa s'épanouissent pour moi les plus doux souvenirs; et, il y a quelques années, quand une excellente dame me montra à Berlin les charmants dessins ⌈qu'elle⌉ avait rapportés de l'Inde, ces figures délicatement peintes et si saintement calmes me parurent si connues, que c'était comme si je considérais la suite des portraits de ma propre famille.

Franz Bopp, madame (vous avez sans doute lu son Nalus et son système de conjugaisons du sanscrit), m'a donné beaucoup de renseignements sur mes ancêtres, et je sais aujourd'hui positivement que je suis sorti de la tête de Bramah, et non des cors de ses pieds; je présume même que le Mahabarata tout entier, avec ses deux cent mille vers, n'est qu'un amoureux poulet allégorique que mon millième aïeul a écrit à ma millième aïeule... Oh! ils s'aimaient beaucoup, leurs âmes se donnaient des baisers, ils se couvraient de baisers avec les yeux, ils n'étaient à deux qu'un seul baiser...

Un rossignol enchanté est perché sur un rouge arbre de corail dans le silencieux Océan, et chante une chanson sur l'amour de mes aïeux; les perles regardent du fond de leurs coquilles, les merveilleuses fleurs marines frissonnent de tendresse, les prudents limaçons, avec leur petite tour de porcelaine ⌈⌈sur le dos, arrivent en rampant,⌉⌉ les jaunes étoiles de mer et les mollusques diaprés s'agitent et s'étendent, et tout cela fourmille, ⌈remue⌉ et écoute...

Cependant, madame, ce chant de rossignol est beaucoup trop long pour le rapporter ici: il est aussi étendu que le monde lui-même; la seule dédicace à Anangas, dieu de l'amour, est aussi longue que tous les romans de Walter Scott ensemble, et c'est à cela que fait allusion ce passage d'Aristophane, qui se traduit en allemand:

«Tiotio, tiotio, tiotinx,
Totototo, totototo, tototinx.»
– *Traduction de Voss.* –

Non! je ne suis pas né dans l'Inde. J'ai vu le jour sur les rives de ce beau fleuve où la folie pousse sur de vertes montagnes; on la cueille en automne, on la presse, on la met ⌈en cave,⌉ en tonneaux, et on l'envoie à l'étranger. En vérité j'entendis hier, à table, quelqu'un dire une folie qui a été en l'an 1811 dans une grappe de raisin que moi-même je vis alors pousser sur le Johannisberg. – Mais on consomme aussi beaucoup de folies dans le pays même, et les hommes y sont comme partout. Ils naissent, mangent, boivent, ⌈⌈rient, pleurent, calomnient, sont très-affairés de la reproduction de leur espèce, cherchent à paraître ce qu'ils ne sont pas, et à faire ce qu'ils ne peuvent pas, ne se font pas raser avant d'avoir de la barbe, et ils ont souvent de la barbe avant d'avoir du jugement, et quand ils ont le jugement, ils s'enivrent avec de la folie blanche et rouge.

Mon Dieu, si j'avais assez de foi pour transporter les montagnes, le Johannisberg serait justement celle que j'emmènerais toujours à ma suite. Mais puisque ma foi n'est pas assez forte, il faut que mon imagination vienne à mon aide, et qu'elle me transporte moi-même sur les bords du Rhin.

Oh! c'est là un beau pays, plein de grâce, et échauffé par un brillant soleil.

Les montagnes se mirent dans des flots bleus ⌈et étincelants⌉, avec leurs vieilles ruines de châteaux, leurs forêts et leurs cités ⌈gothiques⌉. Là les bons bourgeois se tiennent sur le seuil de leurs portes, au déclin d'un jour d'été; ils boivent dans de grandes cruches, et causent amicalement entre eux, devisant du vin qui viendra bien, des tribunaux dont les audiences doivent rester publiques, de la décapitation ⟦de Marie-Antoinette, de la ⌈cherté du tabac, des exactions de la régie⌉, se disant que les hommes sont égaux, et que Goerres est un fameux compère.

Je ne me suis jamais occupé de tous ces discours. J'aimais mieux prendre place sous l'ogive de la fenêtre, près des jeunes filles, rire de leur rire, me faire jeter leurs fleurs au visage, et jouer le fâché jusqu'à ce qu'elles m'eussent conté leurs secrets ou d'autres importantes histoires. La belle Gertrude, comme elle se réjouissait quand je venais m'asseoir auprès d'elle! C'était une fille qui ressemblait à une rose ⌈épanouie⌉, et lorsqu'elle se jeta un jour à mon cou, je crus qu'elle allait brûler et s'évaporer dans mes bras. La belle Catherine, que sa douceur avait d'harmonie quand elle me parlait, et que ses yeux étaient d'un bleu pur et intime, d'un bleu que je n'ai jamais trouvé ni dans les hommes ni dans les animaux, et bien rarement dans les fleurs!⟦ On pouvait, en regardant ces yeux, rêver à tant de choses tendres! Mais la belle Hedwige m'aimait; car, dès que je m'approchais d'elle, sa tête s'inclinait vers la terre, et sa chevelure noire, tombant sur son visage, qui rougissait, ne laissait voir que ses yeux brillants comme des étoiles qui percent un ciel sombre. Ses lèvres pudibondes ne prononçaient pas un mot, et moi je ne pouvais non plus rien dire. Je toussais, elle tremblait. Quelquefois elle me faisait dire par ⌈ses sœurs⌉ de ne pas gravir si rapidement les rochers, et de ne pas me baigner dans le Rhin quand j'avais chaud et quand j'avais bu. J'écoutais un jour sa pieuse prière devant la petite image de la Vierge ornée de clinquants d'or, et éclairée par une lampe qui brûlait dans une niche au-dessus de la porte, je l'entendais distinctement qui priait la mère de Dieu de *lui* défendre de grimper, de se baigner et de boire. Je serais certainement devenu amoureux de cette belle fille, si elle avait été indifférente, mais je fus indifférent, parce qu'elle m'aimait... Madame, lorsqu'on veut se faire aimer de moi, il faut me traiter ⌈comme un chien⌉.

La belle Johanna était la cousine des trois sœurs, et je venais m'asseoir avec plaisir auprès d'elle. Elle savait les plus belles légendes, et lorsque, de sa main blanche, elle désignait, par la fenêtre, les montagnes où s'étaient passées toutes ces choses qu'elle racontait, j'étais tout à fait sous le prestige: les vieux chevaliers sortaient distinctement des ruines de leurs châteaux, et ⌈leurs habits de fer retentissaient sous les coups qu'ils se portaient⌉; la⌈ fée du Rhin, la belle⌉ Loreley, apparaissait sur le sommet de la montagne, et chantait sa douce et dangereuse chanson, et le Rhin murmurait d'un ton si grave, si calme, et à la fois si effrayant⟦, et la belle Johanna me regardait si singulièrement, ⟦d'un air si intime et si mystérieux, qu'elle semblait appartenir elle-même au monde fantastique dont elle contait les merveilles. C'était une fille pâle et élancée; elle était mortellement malade, et toujours rêveuse; ses yeux étaient clairs comme la vérité elle-même, ses lèvres pieusement arrondies, et, dans les traits de son visage, on lisait une grande histoire, mais c'était une sainte histoire! Quelque légende d'amour? Je l'ignore, et je n'eus pas le courage de la lui demander. Quand je la contemplais longtemps, je devenais serein et tranquille: c'était comme un paisible dimanche dans mon cœur⌈⌉.

En de tels moments, je lui contais des historiettes de mon enfance, et elle m'écoutait toujours sérieusement; et, chose étrange! lorsque je ne pouvais me rappeler les noms, elle m'en faisait souvenir. Et lorsque je lui demandais avec étonnement d'où elle savait ces noms, elle me répondait en souriant qu'elle les avait appris des oiseaux qui ⌈venaient becqueter⌉ aux vitres de sa croisée, et elle voulait me faire croire que c'étaient les mêmes oiseaux que, dans mon enfance, j'avais achetés de mes épargnes aux impitoyables petits paysans qui les dénichaient, et que j'avais rendus à la liberté. Mais je crois qu'elle savait tout parce qu'elle était si pâle; et véritablement elle mourut bientôt. Elle savait aussi quand elle mourrait, et elle voulait que je ⌈la⌉ quittasse auparavant. En nous séparant, elle me donna ses deux mains ... C'étaient de blanches, de douces mains, et pures comme une hostie ... Et elle me dit: – Tu es bon, mais quand ⌈tu deviendras méchant⌉, songe à la petite Véronique qui est morte.

Les oiseaux babillards lui avaient-ils aussi trahi ce nom? Je m'étais souvent cassé la tête dans mes heures⌈⌉ de souvenir, je n'avais jamais pu retrouver ce cher petit nom.

Maintenant que je l'ai retrouvé, ma première enfance refleurit avec toute sa fraîcheur dans ma mémoire. Je suis redevenu un enfant, et je joue avec d'autres enfants sur la place du château, à Dusseldorf, au bord du Rhin.

VI

Oui, madame, là je suis né, et je fais expressément cette remarque pour le cas où, après ma mort, sept villes, – Schilda, Kraehwinkel, Polkwitz, Bockum, Dülken, Gœttingue et Schœppenstaedt, – se disputeraient l'honneur d'être ma patrie.

Dusseldorf est une ville sur le Rhin, où vivent seize mille personnes, où se trouvent en outre enterrées quelques centaines de mille autres personnes, et parmi ces dernières, comme disait ma mère, il s'en trouve qui feraient mieux de vivre; par exemple, mon grand-père et mon oncle, le vieux baron de Geldern, et le jeune baron de Geldern, qui étaient tous deux des docteurs si célèbres, qui guérirent tant de gens, et qui se virent cependant forcés de mourir eux-mêmes. Et la pieuse Ursule, qui me portait enfant sur ses bras, elle y est aussi enterrée, et un rosier pousse sur sa tombe ... Elle aimait tant l'odeur des roses dans sa vie, et son cœur n'était que douceur et parfum de roses! Le vieux et prudent chanoine est aussi là-bas, enterré. Dieu! quelle mine chétive il avait lorsque je le vis pour la dernière fois! Il n'était plus qu'esprit et emplâtre; cependant il étudiait jour et nuit, comme s'il eût craint que les vers trouvassent quelques idées de moins dans son cerveau. Et toi, petit Wilhelm, tu reposes aussi là, et moi j'en suis cause. Nous étions camarades d'école dans le cloître des Franciscains, et nous ⌈passions le temps à⌉ jouer de ce côté du cloître où la Düssel coule entre des murs de pierre, et je dis: «Wilhelm, va donc chercher ce petit chat qui vient de tomber dans la rivière.» – Et joyeusement, il mit le pied sur la planche qui traversait le ruisseau, tira le petit chat de l'eau; mais il y tomba lui-même, et lorsqu'on le retrouva, il était mouillé et mort... Le petit chat a vécu encore bien longtemps.

La ville de Dusseldorf est très-belle; et lorsqu'on y pense de loin, et que par hasard on y est né, on éprouve un singulier sentiment. Moi j'y suis né, et il me semble alors que j'ai besoin de retourner tout de suite dans ma patrie. Et quand je dis la patrie, je parle de la rue de Bolker et de la maison où j'ai vu le jour. Cette maison sera un jour très-remarquable, et j'ai fait dire à la vieille femme qui la possède, qu'elle ne la vende pas pour rien au monde. Elle n'obtiendrait pas aujourd'hui, pour toute sa maison, les profits que feront les servantes seulement avec les nobles anglaises voilées de vert, qui viendront voir la chambre où je vis pour la première fois la lumière, et le poulailler où mon père m'enfermait lorsque j'avais volé des raisins, et la porte brune sur laquelle ma mère m'apprenait à écrire les lettres avec de la craie... Ah! mon Dieu, madame, si ⌈je suis devenu un grand écrivain⌉, il en a coûté assez de peines à ma pauvre mère.

Mais ma renommée dort encore dans un bloc de marbre de Carrare. Le ⌈jeune⌉ laurier dont on a orné mon front n'a pas encore répandu son parfum dans l'univers, et quand les nobles anglaises voilées de vert viennent à Dusseldorf, elles passent sans s'arrêter devant la célèbre maison, et vont directement à la place du Marché, regarder la noire et colossale statue équestre qui s'élève au milieu. Cette statue est censée représenter l'électeur Jean Wilhelm. Il porte une armure noire et une longue perruque pendante... Dans mon enfance, j'ai entendu conter que l'artiste chargé de fondre cette statue ayant remarqué avec effroi, pendant l'opération, que la quantité du métal n'était pas suffisante, les bourgeois de la ville étaient alors accourus et avaient apporté leurs cuillers d'argent pour compléter la fonte... Et moi, je m'arrêtais souvent des heures entières devant l'image de ce cavalier, et je me cassais la tête à calculer combien de cuillers d'argent pouvaient avoir été jetées là dedans, et combien de tourtes aux pommes on aurait pu se procurer pour le prix de toutes ces cuillers. Les tourtes aux pommes étaient alors ma passion... Maintenant c'est l'amour, la vérité, la liberté et la soupe ⌈à la tortue⌉... Et non loin de la statue de l'électeur, au coin du théâtre, se tenait d'ordinaire un drôle singulièrement pétri, aux jambes en forme de sabre, avec un tablier blanc, et portant suspendue devant lui une corbeille remplie de ces savoureuses tourtes aux pommes, qu'il savait vanter avec une voix de soprano et d'un accent irrésistible: – Les tourtes sont toutes fraîches sorties du four. ⌈Sentez, sentez les tourtes!...⌉ Vraiment, dans mes années de maturité, chaque fois que le tentateur a voulu me surprendre, il a emprunté cette voix séduisante... Je n'aurais jamais passé douze heures chez la signora Giulietta, si elle n'avait pris ce doux et odorant accent des tourtes aux pommes. Et en vérité les tourtes aux pommes ne m'auraient pas aussi fortement tenté, si le cagneux Hermann ne les avait pas si mystérieusement couvertes de son tablier blanc. Ce sont les tabliers qui..... Mais les tabliers m'entraîneraient hors de mon texte. Je parlais de la statue équestre qui avait tant de cuillers d'argent dans le ventre et pas de soupe, et qui représente l'électeur Jean Wilhelm.

Ce dut être un brave seigneur, aimant beaucoup les arts, et lui-même très-habile. Il fonda la galerie de tableaux de Dusseldorf; et à l'observatoire on montre encore une coupe en bois qu'il a artistement ciselée dans ses heures de loisir... Il en avait vingt-quatre par journée.

Dans ce temps-là, les princes n'étaient pas des personnages tourmentés comme ils le sont aujourd'hui. La couronne leur poussait sur la tête, et y tenait fermement. La nuit ils mettaient un bonnet de coton pardessus et dormaient tranquillement, et tranquillement à leurs pieds dormaient les peuples; et quand ceux-ci se réveillaient le matin, ils disaient: – Bonjour! père. Et les princes répondaient: – Bonjour! chers enfants.

Mais tout à coup les choses changèrent. Un matin, à Dusseldorf, lorsque nous nous réveillâmes, et que nous voulûmes dire: – Bonjour, père! le père était parti, et dans toute la ville régnait une sourde stupéfaction. Tout le monde avait une mine funèbre, et les gens s'en allaient silencieusement sur le marché, et y lisaient un long papier, affiché sur la porte de la maison de ville. Le temps était sombre, et cependant le mince tailleur Kilian portait sa veste de nankin, qu'on ne lui voyait jamais qu'au logis, et ses bas de laine bleue tombaient sur ses talons, de manière à laisser passer tristement ses petites jambes nues; et ses lèvres minces tremblaient, tandis qu'il lisait le papier affiché sur cette porte. Un vieil invalide du Palatinat lisait à peu près à haute voix, et, ⌈à chaque mot⌉, une larme bien claire découlait sur sa blanche et loyale moustache. J'étais près de lui et je pleurais avec lui, et je lui demandai pourquoi nous pleurions. Il me répondit: – L'électeur remercie ses sujets de leur loyal attachement pour lui. Puis il continua de lire, et à ces mots: «et il les dégage de leur serment de fidélité», il se mit à pleurer encore plus fort. C'est une chose inexprimable, que de voir ainsi pleurer si fort tout à coup un vieil homme, avec un uniforme passé et un visage de soldat couvert de cicatrices. Pendant que nous lisions, on enleva l'écusson électoral qui décorait l'hôtel de ville. Tout prit un aspect inquiétant et désolé: on eût dit qu'on s'attendait à une éclipse. MM. les conseillers municipaux se promenaient lentement avec des figures dégommées; même le tout-puissant commissaire de police semblait n'avoir rien à interdire, et regardait tout avec une indifférence pacifique, quoique le fou Aloïsius ⌈dansât⌉, selon son habitude, sur ⌈sa jambe droite⌉ en faisant des grimaces et psalmodiant les noms des généraux français. Pendant ce temps l'ivrogne ⌈⌈Gumpertz se vautrait dans le ruisseau et chantait: ⌈«Marlborough s'en va-t-en guerre.»⌉

Pour moi, je m'en allai à la maison, où je me mis à pleurer en disant: L'électeur nous remercie. Ma mère ⌈chercha tendrement⌉ à me calmer, moi je savais ce que je savais, je ne me laissai pas persuader; j'allai me coucher en pleurant, et dans la nuit je rêvai que le monde allait finir. Les beaux jardins de fleurs et les prairies vertes étaient enlevées de la terre et roulées comme des tapis; le commissaire de police était monté sur une haute échelle, et décrochait le soleil ⌈comme un réverbère⌉; le tailleur Kilian était là tout proche, et il se disait: – Il faut que j'aille à la maison et que je fasse une belle toilette, car je suis mort et on va m'enterrer aujourd'hui. Et le ciel devenait de plus en plus sombre, quelques étoiles brillaient parcimonieusement, et encore tombèrent-elles sur la terre, comme des feuilles jaunies dans l'automne; peu à peu tous les hommes disparaissaient; moi, pauvre enfant, j'errais de côté et d'autre avec inquiétude. Je m'arrêtai enfin près ⌈⌈d'une métairie⌈⌈, et je vis un homme qui remuait la terre avec une pelle, et auprès de lui une laide femme⌈⌈ qui portait dans son tablier quelque chose de semblable à une tête d'homme coupée. C'était la lune; elle la plaça avec soin⌈⌈ dans la fosse ouverte, et derrière moi j'entendis le vieil invalide qui sanglotait et qui épelait ces mots: «L'électeur remercie ses sujets.»

Lorsque je me réveillai, le soleil reparaissait comme d'ordinaire sur la fenêtre, dans la rue on entendait les tambours, et lorsque j'entrai dans la chambre de mon père pour lui donner le bonjour, je le trouvai en manteau à poudrer, et j'entendis son perruquier qui lui ⌈disait⌉ que ce matin même on devait prêter serment au nouveau grand-duc Joachim, dans la maison de ville; que celui-ci était de la meilleure famille, qu'il avait épousé la sœur de l'empereur Napoléon; qu'il avait vraiment bonne tournure avec ses belles boucles de cheveux noirs, qu'il ferait bientôt son entrée et plairait certainement à toutes les femmes. Pendant ce temps le tambour se faisait toujours entendre dans rue; je sortis devant la porte de la maison, et je vis la marche des troupes françaises, ce joyeux peuple de la gloire qui traversa le monde en chantant et en faisant sonner sa musique, les visages graves et sereins des grenadiers, les bonnets d'ours, les cocardes tricolores, les baïonnettes étincelantes, les voltigeurs pleins de jovialité et de point d'honneur, et le grand ⌈et immense⌉ tambour-major tout brodé d'argent qui savait lancer sa canne à pomme dorée jusqu'au premier étage, et ses regards jusqu'au second aux jeunes filles qui regardaient par les croisées. Je me réjouis de voir que nous aurions des soldats logés à la maison (ce qui ne réjouissait pas ma mère), et je courus à la place du marché. Elle avait un aspect tout différent. Il semblait que l'univers eût été badigeonné à neuf. Un nouvel écusson était appendu à la maison de ville, le balcon était recouvert de draperies de velours brodé, des grenadiers français montaient la garde, messieurs les vieux conseillers avaient revêtu des visages ⌈réintégrés⌉ et leurs habits des dimanches; ils se regardaient à la française et se disaient: *bonjour!* De toutes les fenêtres regardaient les dames; des bourgeois curieux et des soldats bien luisants couvraient la place; et moi, ainsi que d'autres enfants nous grimpâmes sur le grand cheval de l'électeur pour regarder à notre aise toute cette foule tumultueuse du marché.

Pierre, le fils du voisin, et le ⌈long Kurz⌉ faillirent se casser le cou dans cette circonstance, et c'eût été une bonne affaire; car l'un s'enfuit plus tard de la maison de ses parents, s'en alla avec les soldats, déserta, et fut fusillé à Mayence. L'autre fit des ⌈découvertes⌉ géographiques dans les poches d'autrui, fut nommé en cette considération membre actif d'une filature de correction, rompit un jour les chaînes qui l'attachaient à cette maison et à la patrie, passa la mer, et mourut à Londres par l'effet d'une cravate trop étroite, qui se serra d'elle-même quand un fonctionnaire royal retira la planche qui lui soutenait les pieds.

Le ⌈long Kurz⌉ nous dit qu'il n'y aurait pas d'école ce jour-là à cause de la prestation de serment. Il nous fallut longtemps attendre que le serment parût. Enfin le balcon se remplit de messieurs bariolés, de drapeaux, de trompettes, et M. le bourgmestre, dans son célèbre habit rouge, lut un discours qui s'allongeait comme ⌈un bonnet de coton tricoté dans lequel on jette une pierre... mais non pas la pierre philosophale. J'entendis ⌈les derniers mots⌉: il dit distinctement qu'on voulait nous rendre heureux; et, à ces mots, les trompettes sonnèrent, les drapeaux s'agitèrent, les tambours roulèrent, et les *vivat* retentirent de toutes parts. Et moi-même je criai *vivat*, tout en m'accrochant de toutes mes forces ⌈à la perruque⌉ du vieil électeur. Cette précaution était nécessaire, car la tête me tournait; je croyais déjà voir tous ces gens marcher sur la tête, parce que le monde s'était renversé, lorsque le vieil électeur me dit tout bas: – Tiens-toi ferme ⌈à la vieille perruque⌉. Et ce ne fut qu'au bruit du canon qui résonnait sur le rempart que je revins à moi, et je descendis lentement du cheval électoral.

En revenant à la maison, je revis le fou Aloïsius qui dansait sur une jambe en psalmodiant les noms des généraux français, et l'ivrogne Gumpertz courir les rues en hennissant: – ⌈«Marlborough s'en va-t-en guerre!»⌉ Je dis à ma mère: – On veut nous rendre heureux, c'est pourquoi il n'y a pas d'école.

VII

Le jour suivant le monde était rentré dans l'ordre, et l'école était ouverte comme auparavant, et, comme auparavant, on y apprenait par cœur les rois de Rome, les dates chronologiques, les *nomina* en *im*, les verbes irréguliers, le grec, l'hébreu, la géographie, la langue allemande et le calcul ⊓... Dieu! la tête m'en tourne encore. Tout cela, il fallait l'apprendre par cœur. Toutefois plus d'une de ces choses me servit beaucoup dans la suite. Car si je n'avais pas su par cœur l'histoire des rois de Rome, il m'eût été plus tard fort indifférent de savoir si Niebuhr a prouvé ou n'a pas prouvé qu'ils n'ont jamais existé; et si je n'avais pas su les dates chronologiques, comment aurais-je pu me retrouver par la suite dans la grande ville de Berlin, où toutes les maisons se ressemblent comme des gouttes d'eau, ou comme des grenadiers les uns aux autres, et où l'on ne peut trouver ses connaissances si l'on n'a leurs numéros dans la tête? A chaque visite, je songeais à un événement historique dont la date correspondît avec le numéro de la maison⊓; aussi chaque personne me rappelait-elle un fait de l'histoire. Par exemple, quand mon tailleur me rencontrait, je pensais à la bataille de Marathon; si je voyais en grande parure le banquier Christian Gumpel, la destruction de Jérusalem me revenait tout de suite en mémoire; en apercevant un de mes amis⊓ fortement endetté, je songeais à la fuite de Mahomet; en voyant le commissaire de l'université, homme dont la sévère droiture est bien connue, je pensais à la ⌈pendaison⌉ d'Aman,⊓ ⌈etc., etc⌉. Comme je l'ai dit, la chronologie est la science la plus utile. Je connais des hommes qui n'avaient dans la tête que quelques dates, et qui s'en servaient adroitement pour trouver certaines maisons à Berlin, et qui sont aujourd'hui professeurs ordinaires. Pour moi, la science des chiffres faisait mon grand embarras à l'école. Le calcul proprement dit allait encore plus mal. ⌈Je comprenais peu l'addition⌉; la soustraction, ⌈en arithmétique, allait déjà mieux⌉: il y a dans cette opération une règle principale: «Quatre de trois ne se peut; il faut emprunter une dizaine...» Mais je conseille à chacun, dans ce cas, d'emprunter toujours quelques sous de plus, car on ne sait ce qui peut arriver.

Pour le latin, vous ne pouvez vous faire une idée, madame, de la complication de cette chose. Si les Romains avaient été obligés d'apprendre d'abord le latin, ils n'auraient pas eu de temps de reste pour conquérir le monde. Ce peuple heureux savait déjà au berceau quels substantifs prennent *im* à l'accusatif; moi, au contraire, il me fallait l'apprendre à la sueur de mon front. Mais il est toujours bon que je le sache; car, par exemple, si en soutenant, le 20 juillet 1825, dans la grande salle publique, une thèse latine à Gœttingue (madame, cela valait la peine d'être entendu), j'avais dit *sinapem* au lieu de *sinapim*, quelques pédants nouveaux débarqués qui écoutaient l'auraient peut-être remarqué, et c'eût été pour moi une honte éternelle. *Vis*, *buris*,⊓ *tussis*, *cucumis*, *amussis*, *cannabis*, *sinapis*... Ces mots, qui ont fait si grande sensation dans le monde, en sont redevables à ce qu'ils appartenaient à une classe déterminée, et formaient cependant une exception. C'est pourquoi je les estime fort; et les avoir toujours sous ma main quand j'en ai besoin, me donne, dans bien des moments tristes de la vie, du calme et une grande consolation.

Mais, madame, les verbes irréguliers sont horriblement difficiles: ils se distinguent des verbes réguliers en ce qu'ils nous attirent beaucoup plus de coups. Sous les sombres arcades du cloître des Franciscains, non loin de la classe, pendait alors un grand crucifix de bois peint en gris, une image de désolation qui ⌈s'approche encore quelquefois de moi⌉ dans mes rêves, et qui me regarde tristement, avec ses yeux fixes et sanglants. Je m'arrêtais souvent devant cette image, et je priais: – O toi, pauvre Dieu, également tourmenté, si cela t'est possible, fais donc, ô mon Dieu, que je retienne les verbes irréguliers dans ma mémoire!

Du grec, je ne veux pas seulement en parler. ‖Les moines du moyen âge n'avaient pas tout à fait tort lorsqu'ils prétendaient que le grec est une invention du diable. Dieu connaît les souffrances que j'en ai éprouvées. Avec l'hébreu, cela allait mieux, car j'ai eu toujours une grande préférence pour les juifs, bien qu'ils aient crucifié jusqu'à cette heure ma réputation; mais je ne m'accommodais pas avec l'hébreu aussi bien que ma montre, qui avait beaucoup de relations intimes avec les prêteurs sur gages, et qui a dû s'accoutumer ⌈dans ses longs séjours chez eux⌉, aux mœurs juives. Par exemple, elle ne marchait pas le samedi, et elle apprit la langue sacrée, et elle l'apprit grammaticalement. Je l'entendis plus tard avec surprise pendant plus d'une insomnie répéter continuellement:‖ – pokat, pokadeti, pikat... pik pik...

Pourtant je compris beaucoup mieux la langue allemande, et ce n'est pas un jeu d'enfant, car nous autres pauvres Allemands, qui sommes déjà accablés de logements militaires, de services militaires, d'impôts personnels et de mille autres corvées, il nous faut encore nous charger d'Adelung et nous tourmenter avec l'accusatif et le datif. J'appris beaucoup d'allemand du vieux recteur Schallmayer, brave ecclésiastique qui s'intéressa à moi dès mon enfance. Mais je reçus aussi quelques bonnes leçons du professeur Schram, homme qui a écrit un livre sur la paix éternelle et dans la classe duquel mes camarades se gourmaient le plus.

En écrivant tout d'un trait et en pensant à toutes sortes de choses, je vous ai rapporté, sans le vouloir, toutes les vieilles histoires de l'école, et je saisis cette occasion pour vous démontrer‖ que ce ne fut pas ma faute si j'appris alors si peu de géographie que je n'ai pu, dans la suite, bien m'orienter dans le monde. A cette époque les Français avaient bouleversé toutes les frontières. Tous les jours les pays étaient enluminés de nouveau; ceux qui étaient bleus auparavant devinrent tout d'un coup verts, beaucoup se couvrirent même d'un rouge de sang; les âmes, dont le manuel donnait le nombre exact, furent tant de fois troquées et mêlées, que le diable n'aurait pu les reconnaître. Les produits des pays changèrent également. La chicorée à café et les betteraves à sucre poussèrent là où l'on ne voyait auparavant que des lièvres et des gentillâtres qui couraient après. Les caractères des peuples se modifièrent aussi; les Allemands se donnèrent de l'aisance, les Français ne firent plus de cérémonies, les Anglais ne jetèrent plus l'argent par les fenêtres, et les Vénitiens cessèrent d'être les plus rusés. Il y eut beaucoup d'avancement parmi les princes, les anciens rois reçurent de nouveaux uniformes. On pétrit de nouvelles royautés qui eurent autant de débit que les petits pains tout chauds; plusieurs potentats au contraire furent mis à la porte de leur pays, et durent chercher à gagner leur pain d'une autre manière. Quelques-uns même apprirent d'avance un métier, et, par exemple, firent de la cire à cacheter, ou bien⌈⌉... Bref, en des temps pareils, on ne peut se pousser bien loin dans la géographie.

On est en meilleure position relativement à l'histoire naturelle. Il ne peut arriver là autant de changements; d'ailleurs il y a des gravures bien précises de singes, cangourous, zèbres, rhinocéros, etc., etc. Comme ces sortes d'images me sont restées dans la mémoire, il arriva très-souvent par la suite que beaucoup d'hommes m'ont, à la première vue, semblé de vieilles connaissances.

La mythologie alla bien aussi. J'avais beaucoup de plaisir à connaître ⌈ces beaux dieux⌉ tout nus, qui gouvernaient si joyeusement le monde. Je ne crois pas que jamais dans l'ancienne Rome un écolier ait su par cœur mieux que moi les principaux articles de son catéchisme, les amours de Vénus, par exemple. Pour parler franchement, puisque nous devions apprendre par cœur les anciens dieux, nous aurions aussi dû les conserver, et nous n'avons peut-être pas trouvé grand avantage à ⌈nos dieux modernes, tristes et ennuyeux⌉. Peut-être cette mythologie n'était-elle pas au fond aussi immorale qu'on a affecté de le dire. Par exemple, c'est une idée fort décente d'Homère d'avoir pourvu d'un mari cette Vénus qui eut tant d'adorateurs.

Mais je me trouvai tout à fait bien dans la classe de français de l'abbé Daulnoy, émigré français qui avait écrit une foule de grammaires et portait une perruque rouge, et qui se démenait d'une façon toute comique quand il expliquait son *Art poétique* et son *Histoire allemande*. C'était dans toute l'école le seul qui enseignât l'histoire d'Allemagne. Pourtant le français a bien ses difficultés aussi, et pour l'apprendre, il faut beaucoup de logements militaires, beaucoup de tambours,⌈⌉ et avant tout il ne faut pas être une *bête allemande*⌈, comme disaient nos maîtres de langue aux grosses épaulettes d'or⌉.⌈⌉

Parbleu! madame, j'ai poussé très-loin le français! Je comprends non-seulement le patois, mais encore le français des cuisiniers et de la noblesse allemande. Dernièrement encore, dans une noble société, j'ai compris la moitié de la conversation de deux comtesses allemandes, dont chacune comptait plus de soixante-quatre ans et autant d'aïeux. Oui, au café Royal à Berlin, j'entendis une fois M. Hans-Michel Martens parler français, et j'ai compris chaque mot quoiqu'il n'y eût pas de sens. Il faut connaître l'esprit de la langue, et cet esprit on l'apprend parfaitement à l'aide du tambour.

Parbleu! que ne dois-je pas au tambour français qui logea si longtemps chez mon père, par billet de logement, qui avait la mine d'un diable, et qui était bon comme un ange, et surtout qui tambourinait si bien!

C'était une petite figure mobile, avec une noire et terrible moustache, sous laquelle s'avançaient fièrement deux grosses lèvres rouges, tandis que ses yeux de feu tiraillaient de tous côtés.

Moi, petit enfant, je tenais à lui comme un grateron, et je l'aidais à rendre ses boutons luisants comme des miroirs, et à blanchir son gilet avec de la craie; car M. Legrand voulait plaire. – Et je le suivais au corps de garde, à l'appel, à la parade... Ce n'était alors que joie et ⌈retentissement⌉ des armes... Les jours de fête sont passés.

M. Legrand ne savait que des lambeaux d'allemand, seulement les expressions principales: – Du pain... Un baiser... Honneur... Mais il savait parfaitement se faire comprendre sur sa caisse. Ainsi, quand je ne savais pas ce que signifiait le mot *liberté*, il me tambourinait la *Marseillaise*, et je comprenais. Si j'ignorais la signification du mot *égalité*, il me jouait la marche: *Ça ira, ça ira! les aristocrates à la lanterne!* et je comprenais. J'ignorais le mot SOTTISE, il jouait la marche de *Dessau*, que nous autres Allemands, ⌈pendant la révolution,⌉ nous avons tambourinée en Champagne⌈⌉, et je comprenais. Il voulut un jour m'expliquer le mot *Allemagne*, et il joua cette simple et primitive mélodie que l'on joue, les jours de foire, devant des chiens dansants, et qui retentit ainsi: *Dum, dum, dum*[1]*!* Je me fâchai; mais je compris cependant.

Il m'enseigna de la même manière l'histoire moderne. Je ne comprenais pas, il est vrai, les mots qu'il me disait; mais comme il tambourinait toujours en parlant, je savais ce qu'il voulait dire. Au fond, c'est la meilleure méthode d'enseignement. On comprend très-bien l'histoire de la prise de la Bastille, des Tuileries, etc., quand on sait ce que les tambours dirent en ces occasions. Dans notre compendium scolaire, on lit seulement:

«Leurs excellences les barons et comtes et mesdames leurs épouses furent décapitées.

«Leurs altesses les ducs et princes et leurs altesses leurs épouses furent décapitées.

«Sa majesté le roi et la reine son épouse furent décapités.»

Mais lorsqu'on entend retentir le roulement de la sanglante marche de la guillotine, on comprend parfaitement toutes ces choses, et l'on en sent les raisons. Madame, c'est une marche terrible. Elle me faisait frissonner jusqu'à la moelle des os, lorsque je l'entendais, et je fus très-satisfait lorsque je l'oubliai. On oublie ces choses-là en vieillissant. Les jeunes gens ont maintenant tant de choses à retenir dans leurs têtes! Whist, boston, blason, protocoles de la diète, dramaturgie, liturgie⌈, danser⌉, découper à table! ⌈et vraiment j'aurais beaucoup de peine à retenir longtemps une mélodie⌉. Mais pensez donc, madame! Un jour j'étais assis à table avec toute une ménagerie de comtes, ⌈de marquis, de princes, de chambellans, de gentilshommes de la

[1] *Dumm*, en allemand, signifie *bête*.

chambre, d'échansons, de grands maîtres de la cour, d'officiers de bouche et de vénerie⌉, comme se nomment tous ces domestiques de distinction, et leurs sous-domestiques s'empressaient derrière leurs chaises, et leur présentaient les assiettes pleines. Moi, qui passais inaperçu, j'étais assis tout désœuvré, sans la moindre occupation pour mes mâchoires, pétrissant de la mie de pain et tambourinant des doigts par ennui. Tout à coup, à mon grand ⌈étonnement⌉, je tambourine la sanglante marche de la guillotine, oubliée depuis si longtemps!

– Et qu'arriva-t-il?

Madame, ces gens ne se laissent pas troubler dans leur repas, et ne savent pas que d'autres gens quand ils n'ont rien à manger se mettent tout à coup à tambouriner de ces marches qu'on croyait tout à fait oubliées.

Est-ce un talent inné en moi que celui du tambour, ou l'ai-je perfectionné de bonne heure? Bref, il est dans tout mon corps, dans tous mes membres, dans mes mains, dans mes pieds, et il se fait jour involontairement.⌈⌉ J'étais une fois assis à Berlin au cours du conseiller intime Schmalz, homme qui a sauvé l'État par son livre sur le danger des manteaux noirs et des manteaux rouges... Vous vous rappelez, madame, avoir lu dans Pausanias qu'un complot aussi dangereux fut jadis découvert par les cris d'un âne; vous savez aussi par Tite-Live, ou par le manuel de Becker, que les oies ont sauvé le Capitole, et par Salluste qu'une courtisane bavarde, madame Fulvia, éventa cette terrible conspiration de Catilina... Cependant, pour revenir à mon susdit mouton, je suivais au cours du conseiller intime Schmalz des explications du droit des nations, cela par une ennuyeuse après-midi de l'été, et j'étais assis sur le banc, et j'entendais toujours de moins en moins... Ma tête était endormie... quand soudain je suis réveillé par le bruit de mes propres pieds, qui étaient restés éveillés, et avaient probablement entendu qu'on professait justement l'opposé du droit des nations, et qu'on insultait aux idées ⌈libérales⌉;⌈⌉ et mes pieds, ⌈indignés⌉, ces pauvres pieds, muets, incapables d'exprimer par des paroles leur opinion, voulurent se faire comprendre en tambourinant, et tambourinèrent si fort qu'il m'en arriva presque malheur.

Jeunes imprudents! pieds étourdis! ils me jouèrent un semblable tour un jour qu'à Gœttingue j'assistais à une leçon du professeur Saalfeld, qui, dans sa raide mobilité sautait de côté et d'autre dans sa chaire, et s'échauffait, afin de pouvoir injurier avec chaleur l'empereur Napoléon... Non, pauvres pieds, je ne puis vous en vouloir, et je ne vous saurais même pas mauvais gré si vous vous étiez exprimés plus ⌈énergiquement⌉; ⌈mais avec quelle ardeur on vous entendit tambouriner sur le parquet!⌉ Moi, l'élève de Legrand, pouvais-je entendre injurier l'empereur! l'empereur! l'empereur! le grand empereur!

Dès que je pense au grand empereur, ma mémoire se charge d'images dorées et vertes comme ⌈le printemps⌉; une longue allée de tilleuls⌈⌉ s'élève subitement devant moi, sous les branches touffues chantent de joyeux rossignols, une chute d'eau murmure; sur des parterres arrondis, des fleurs ⌈éclatantes⌉ courbent d'un air ⌈pensif⌉ leurs ⌈petites⌉ têtes;⊓ les tulipes⊓ semblent me saluer ⌈fièrement⌉ dans leur balancement, les lis⊓ se penchent d'un air mélancolique⊓, les roses⊓ me sourient⊓, la ⌈violette⌉ soupire⊓... je suis transporté dans le jardin de la cour à Dusseldorf, où j'étais si souvent couché sur le gazon écoutant pieusement M. Legrand, qui me racontait les faits héroïques du grand empereur, et me tambourinait les marches qui avaient accompagné ces faits; si bien que je voyais et que j'entendais tout en réalité... Je vis ainsi la marche à travers le Simplon..., l'empereur en avant et derrière ses braves grenadiers, qui grimpent, tandis que les oiseaux de proie effrayés s'envolent avec un croassement, et que les glaciers tonnent dans l'éloignement... Je vis l'empereur, le drapeau à la main, sur le pont de Lodi... Je vis l'empereur en manteau gris, à Marengo... Je vis l'empereur à cheval, à la bataille des Pyramides... Rien que fumée de poudre, que Mamelucks!... Je vis l'empereur à la bataille d'Austerlitz... Oh! comme les balles sifflaient sur la plaine glacée!... Je vis, j'entendis la bataille d'Iéna: *Dum! dum! dum!*... Je vis et j'entendis les batailles d'Eylau, de Wagram... Non, je pus à peine le soutenir! M. Legrand tambourinait de manière à déchirer mon propre tympan.

VIII

Mais que devins-je, lorsque je le vis lui-même, de mes propres yeux⊓, lui en personne, hosannah! l'empereur?

Il venait d'entrer dans cette même allée du jardin de la cour à Dusseldorf. En me pressant à travers la foule ébahie, je songeais aux faits et aux batailles que M. Legrand m'avait tant tambourinés; mon cœur battait la générale, ... et cependant, et en même temps, je pensais à l'ordonnance de police qui défend de passer à cheval dans les allées, sous peine de 5 thalers d'amende. Et l'empereur avec sa suite chevauchait au beau milieu de l'allée; les arbres, interdits, se courbaient en avant, à mesure qu'il avançait, les rayons du soleil dardaient en tremblotant et d'un air de curiosité à travers le vert feuillage; et sur le ciel bleu, on voyait distinctement étinceler une étoile d'or. L'empereur portait son simple uniforme vert, et le petit chapeau historique. Il montait un petit coursier blanc, et le cheval marchait si fier, si paisible, si sûrement, d'une manière si distinguée... Si j'avais été alors le prince royal de Prusse, j'aurais envié le sort de ce petit cheval. L'empereur se penchait négligemment sur sa selle, presque sans tenue; d'une main il tenait sa bride élevée, de l'autre il frappait amicalement le cou du petit cheval... C'était une main de marbre qui éclatait au soleil, une main puissante, une de ces deux mains qui avaient dompté l'anarchie, le monstre aux mille têtes, et réglé le duel des peuples; et elle frappait bonnement le cou de ce cheval. Sa figure avait aussi cette couleur que nous trouvons dans les têtes de marbre des statues grecques et romaines; les traits étaient noblement réguliers comme ces figures antiques, et dans ses traits on lisait: «Tu n'auras pas d'autre Dieu que moi.» Un sourire qui échauffait et donnait le calme voltigeait sur ses lèvres, et cependant on savait que ces lèvres n'avaient qu'à siffler, ET LA PRUSSE N'EXISTAIT PLUS. Elles n'avaient qu'à siffler ces lèvres, et le ⌈Vatican s'écroulait⌉. Elles n'avaient qu'à siffler, et tout le saint empire romain entrait en danse. Et ces lèvres souriaient, et l'œil souriait aussi. C'était un œil clair comme le ciel, il pouvait lire dans le cœur des hommes; il voyait rapidement, d'un regard, toutes les choses de ce monde, tandis que nous, nous ne les voyons que l'une après l'autre, et que souvent nous n'en apercevons que les ombres colorées. Le front n'était pas aussi serein: ⌈là planait le génie des batailles⌉; ⌈⌉là se rassemblaient ces pensées aux bottes de sept lieues, avec lesquelles le génie de l'empereur traversait⌈⌉ le monde, et je crois que chacune de ces pensées eût fourni à un écrivain allemand de l'étoffe pour écrire sa vie durant.

L'empereur chevauchait paisiblement au milieu de l'allée. Aucun agent de police ne lui disputait le passage. Derrière lui, montée sur des chevaux écumants, chargée d'or et de ⌈plumes⌉, galopait sa suite. Les tambours retentissaient, les trompettes sonnaient. Près de moi dansait le fou Aloïsius, qui psalmodiait les noms de ses généraux; plus loin, l'ivrogne Gumperz beuglait son Marlborough, et le peuple criait de ses mille voix: – Vive l'empereur!

IX

L'empereur est mort! Sur une petite île⌈⌉ de la mer des Indes est sa tombe solitaire, et LUI pour qui la terre était trop étroite, il repose tranquillement sous un chétif monticule, où cinq saules pleureurs laissent pendre avec désespoir leur longue chevelure verte, où un pieux ruisselet s'écoule en laissant échapper un plaintif murmure. On ne voit pas d'inscription sur sa pierre tumulaire; mais Clio y a gravé ⌈en caractères invisibles⌉ des paroles qui⌈⌉ retentiront dans les siècles les plus reculés.

Grande-Bretagne! à toi appartient la mer; mais la mer n'a pas assez d'eau pour laver la honte que cet illustre défunt t'a léguée en mourant. Ce n'est pas ton⌈⌉ sir Hudson, c'est toi qui fus le sbire sicilien que les rois conjurés apostèrent pour venger secrètement sur cet homme venu du peuple ce que ⌈les peuples⌉ avaient exercé publiquement à l'égard d'un des leurs. – Et il était ton hôte, et il s'était assis à ton foyer!

Jusque dans les siècles les plus reculés, les enfants en France chanteront et rediront la terrible hospitalité du *Bellérophon*, et lorsque ces chants d'ironie et de larmes retentiront au delà du canal, les joues de tous les honnêtes Anglais se couvriront de rougeur. Mais un jour viendra où ce chant se fera entendre, et alors il n'y aura plus d'Angleterre. Il sera couché dans la poussière le peuple de l'orgueil; les tombes de Westminster seront en ruines ⌈et dispersées⌉; la royale poussière qu'elles renferment, ⌈livrée aux vents et⌉ oubliée. Et Sainte-Hélène sera le Saint-Sépulcre où les peuples de l'Orient et de l'Occident viendront en pèlerinage sur des vaisseaux ‖pavoisés, et leur cœur se fortifiera par le grand souvenir du Christ temporel qui a souffert sous Hudson Lowe, ainsi qu'il est écrit dans les évangiles de Las Cases, O'Méara et Antommarchi.

Chose remarquable! les trois plus grands adversaires de l'empereur ont éprouvé un sort également misérable. Londonderry s'est coupé la gorge; Louis XVIII a pourri sur son trône, et le professeur Saalfeld est toujours professeur à Gœttingue.

X

C'était par un clair et froid jour d'automne. Un jeune homme, ayant l'aspect d'un étudiant, se promenait lentement dans les allées du jardin de la cour à Dusseldorf. Quelquefois, comme par humeur enfantine, il repoussait du pied les feuilles ⌈roulées⌉ qui couvraient le sol; mais d'autres fois il levait douloureusement les yeux vers les branches desséchées des arbres qui soutenaient encore quelques petites feuilles jaunies. Cette vue lui rappelait les paroles de Glaucus:

> Comme les feuilles dans les bois, ainsi vont les races des hommes;
> Le vent jette à terre et dessèche les feuilles, et au printemps
> ⌈Il vient d'autres feuilles, d'autres bourgeons⌉;
> Ainsi la race humaine! celui-là vient, l'autre passe.

En des jours écoulés le jeune homme avait levé ses regards sur ces arbres avec d'autres pensées: c'était alors un petit garçon, cherchant des nids d'oiseaux et des hannetons, qui lui plaisaient fort lorsqu'ils bourdonnaient‖ et se réjouissaient de cette belle vie, contents d'une savoureuse feuille verte, d'une goutte de rosée, d'un chaud rayon de soleil et de la douce odeur des herbes. Dans ce temps-là, le cœur de l'enfant était aussi joyeux que ces légers insectes. Depuis, son cœur était devenu vieux: le soleil n'y pénétrait plus, les fleurs ⌈n'y répandaient plus de parfum⌉; le doux rêve de l'amour y était même effacé. Dans ce pauvre cœur ne se trouvait plus rien que courage et chagrin, et pour tout dire, pour dire ce qu'il y a de plus douloureux, ce cœur, c'était le mien.

Ce même jour, j'étais revenu dans ma vieille ville natale; mais je ne voulais pas y passer la nuit, et mes désirs m'appelaient à Godesberg, pour m'asseoir aux pieds de mon amie, et parler de la petite Véronique. J'étais venu visiter mes chers tombeaux. De tous mes amis, de tous mes parents je n'avais plus retrouvé ⌈personne⌉: ils étaient morts ou ils avaient quitté la ville. Si je retrouvais d'anciennes figures dans les rues, elles ne me reconnaissaient pas, et la ville elle-même semblait me regarder avec des yeux étrangers. Un grand nombre de maisons avaient été repeintes; des visages nouveaux se montraient aux croisées; autour des vieilles cheminées voltigeaient des moineaux décrépits. Tout semblait aussi mort et cependant aussi frais que les herbes qui poussent dans un cimetière! Où jadis on parlait français, on entendait la langue prussienne; une petite cour prussienne s'était même nichée en ce lieu, et les gens portaient des titres singuliers. ⌈Le coiffeur⌉ de ma mère était devenu le coiffeur de la cour. On voyait surtout des tailleurs de cour, des cordonniers de cour, des cabaretiers de la cour⌈⌉. Toute la ville semblait un hôpital pour des fous de la cour. Le vieil électeur seul me reconnut. Il était toujours à son ancienne place, mais il semblait devenu plus maigre; c'est que, sur cette place, il avait vu toutes les misères du temps, et qu'un pareil aspect n'engraisse pas. J'étais comme au milieu d'un rêve, et je pensais à la légende des villes enchantées. Je courus à la porte de la ville pour ne pas m'éveiller trop tôt. Il manquait plus d'un arbre au jardin de la cour, plus d'un était pourri, et les quatre grands peupliers, qui m'apparaissaient autrefois comme des géants verts, étaient devenus petits. Quelques jolies filles se promenaient, parées, bariolées et semblables à des tulipes ambulantes. Je les avais connues, ces tulipes, quand elles n'étaient que de petits ognons. Nous étions enfants du même voisinage, et j'avais joué avec elles au jeu de *Madame monte à sa tour*. Mais les belles filles, que j'avais vues comme des boutons de roses, hélas! elles étaient devenues des roses fanées, et sur plus d'un front élevé dont la fierté charmait mon cœur, Saturne avait découpé avec sa faux de profondes rides⌈⌉. L'humble salut d'un homme que j'avais connu riche et distingué, et qui était tombé jusqu'à la condition de mendiant, m'émut profondément. Comme partout, dès que les hommes sont en train de tomber, ils subissent les lois de Newton, et gravitent vers la misère avec une rapidité toujours croissante. Un seul personnage paraissait peu changé. C'était le petit baron, qui sautillait gaiement, comme jadis, le long du jardin de la cour, levant d'une main la basque de son habit, et agitant de l'autre sa mince canne de jonc. Il avait toujours la même petite figure amicale, dont les couleurs s'étaient concentrées sur le nez; c'était aussi le petit chapeau ⌈rond⌉, la petite queue d'autrefois, seulement de petits cheveux blancs avaient remplacé les petits cheveux noirs dont elle se composait; mais, quelle que fût sa gaieté apparente, j'appris cependant que le pauvre baron avait essuyé beaucoup de traverses. Son visage avait beau vouloir le cacher, les petits cheveux blancs de sa petite queue le trahissaient par derrière; mais la petite queue elle-même semblait cependant vouloir dissimuler, tant elle frétillait avec aisance.

Je n'étais pas fatigué, mais j'éprouvai l'envie de m'asseoir encore une fois sur le banc de bois où jadis j'avais gravé le nom de la jeune fille que j'aimais.

J'eus peine à retrouver ces lettres, tant on y avait inscrit de nouveaux noms. Hélas! un jour je m'étais endormi sur ce banc, et j'y avais rêvé d'amour et de bonheur; «les songes sont des mensonges.» Les anciens jeux de mon enfance revinrent tous à ma pensée, et les anciennes et belles légendes; mais un jeu nouveau et faux, une nouvelle et affreuse légende se mêlait à tous ces souvenirs. C'était l'histoire de deux pauvres âmes qui devinrent infidèles l'une et l'autre, et qui poussèrent dans la suite la déloyauté au point de trahir le bon Dieu même. C'est une fâcheuse histoire, et quand on n'a rien de mieux à faire, on pourrait bien en pleurer. O Dieu! autrefois la terre était si belle, et les oiseaux chantaient tes louanges éternelles, et la petite Véronique me regardait d'un œil tranquille, et nous allions nous asseoir devant la statue de marbre, sur la place du château... D'un côté s'élevait le vieux château dévasté, où il revient des spectres, où, la nuit, se promène une dame sans tête, vêtue de soie noire avec une longue queue flottante; de l'autre côté est un grand édifice blanchi, dont les appartements supérieurs sont remplis de tableaux ⊓aux cadres éclatants, et en bas sont rangés des milliers de livres⊓ que moi et la petite Véronique nous examinions avec curiosité, lorsque la pieuse Ursule nous élevait sur ses bras à la hauteur des fenêtres... Plus tard, ayant grandi, je gravis les hautes échelles, je descendis les livres⊓, et j'y lus si longtemps que je ne craignis plus rien, surtout fort peu les femmes sans tête; et je devins si savant, que j'oubliai tous les anciens jeux, et les légendes, et les images, et la petite Véronique, et même jusqu'à son nom.

Tandis qu'assis sur le vieux banc du jardin de la cour, je rétrogradais en rêvant dans le passé, j'entendis derrière moi des voix confuses qui s'apitoyaient sur le sort des pauvres Français pris dans la guerre de Russie, qui avaient été traînés comme prisonniers en Sibérie, qu'on y avait retenus plusieurs années, bien que la paix fût faite, et qui s'en revenaient seulement alors dans leur patrie. Lorsque je levai les yeux, j'aperçus en effet ces orphelins de la gloire. La misère nue apparaissait à travers les trous de leurs uniformes déchirés; mais avec leurs visages défaits, leurs yeux enfoncés et plaintifs, dans leur démarche chancelante, et quoique mutilés et boitant pour la plupart, ils gardaient cependant toujours la marche et le pas militaire, et, chose bizarre! un tambour avec sa caisse marchait se traînant à leur tête. Ma première pensée se reporta avec une terreur secrète à l'histoire merveilleuse des soldats qui, tombés le jour dans les combats, se lèvent à minuit sur les champs de bataille et reprennent, tambour en tête, la route de leur pays; à cette vieille et triste chanson populaire:

⌈A minuit⌉, les ossements se lèvent,
Tous ces morts reprennent leurs rangs⊓,
Le tambour battant marche en tête,
Tran, tran, trall, trall, trall,
Ils passent la maison de la belle⊓.

Vraiment le pauvre tambour français semblait sortir à demi consumé de la tombe. Ce n'était qu'une petite ombre couverte d'une capote grise, sale et ⌈grasse⌉; un visage jaune et mort, avec une grande moustache qui tombait douloureusement sur des lèvres livides; les yeux semblaient des tisons éteints où pointaient encore quelques étincelles, et cependant, à une seule de ces étincelles, je reconnus M. Legrand.

Il me reconnut aussi; il m'attira près de lui sur le gazon, et nous nous y retrouvâmes assis comme jadis, lorsqu'il me professait sur le tambour la langue française et l'histoire moderne. C'était toujours la vieille caisse bien connue, et je ne pouvais assez admirer comment il avait pu la défendre contre la rapacité russe. Il tambourina encore comme autrefois, sans parler toutefois. Mais si les lèvres restaient sévèrement serrées, ses yeux, qui brillaient d'un air vainqueur lorsqu'il jouait les anciennes marches, ne s'exprimaient qu'avec plus d'éloquence. Les peupliers près de nous tremblèrent lorsqu'il fit de nouveau retentir la sanglante marche de la guillotine. Il tambourina aussi comme autrefois les vieux combats de la liberté, les anciennes batailles, les exploits de l'empereur, et il semblait que la caisse fût un être animé qui se réjouissait d'exprimer son bonheur intime. J'entendis de nouveau le grondement du canon, le sifflement des balles, le bruit des armes; je revis le courage héroïque de la garde, les drapeaux ⌈tricolores⌉, je revis l'empereur à cheval... Mais insensiblement se glissa un ton sinistre au milieu de tous ces joyeux roulements; du fond du tambour s'échappaient des sons où l'allégresse la plus vive et le deuil le plus profond étaient confondus; il semblait que ce fût à la fois une marche triomphale et une marche funèbre; les yeux de Legrand s'ouvraient largement comme des yeux de spectre, et j'y voyais un vaste champ de glaces, blanc et uni, et couvert de cadavres... Il battait la bataille de la Moskowa.

Je n'aurais jamais pensé que cette vieille et rude caisse de tambour pût rendre des accents aussi plaintifs que ceux qu'en tirait en ce moment M. Legrand. C'étaient des larmes tambourinées, et elles résonnèrent toujours plus doucement, et, comme un sombre écho, elles se répétèrent en profonds soupirs dans la poitrine de Legrand. Et celui-ci devint de plus en plus faible; il prit de plus en plus l'apparence d'un spectre, ses minces mains tremblaient de froid; il semblait rêver, et n'agitait plus que l'air avec ses baguettes. Enfin il tendit l'oreille, comme pour écouter des voix dans l'éloignement, puis me regarda d'un œil profond, inquiet et suppliant... Je le compris... Puis, sa tête tomba sur le tambour.

M. Legrand n'a plus jamais battu le tambour dans cette vie. Son tambour n'a plus rendu un seul son dans ce monde. Il ne devait pas servir à rallier les ennemis de la liberté... J'avais très-bien compris le dernier regard, le regard suppliant de Legrand. Je tirai aussitôt l'épée que je porte dans ma canne, et je perçai la peau du tambour.

XI

Du sublime au ridicule il n'y a qu'un pas, madame!

Mais la vie est si fatalement sérieuse, qu'elle ne serait pas supportable sans cette alliance du pathétique et du comique. Nos poëtes savent cela. Aristophane ne nous montre les plus épouvantables images du délire humain que dans le riant miroir de la raillerie; le grand désespoir du penseur qui comprend sa propre nullité, Goëthe ne se hasarde à le montrer que dans les vers burlesques d'un jeu de marionnettes, et Shakspeare place les plus tristes complaintes sur les malheurs de l'humanité dans la bouche d'un fou, pendant qu'il fait sonner ⌈joyeusement⌉ ses grelots.

Ils ont tous pris modèle sur le grand poëte primitif, qui, dans sa tragédie universelle aux mille actes, a poussé à l'extrême cet HUMOR, comme nous le voyons tous les jours. Après le départ des héros viennent les Clowns et les Graciosos, avec leurs bonnets de fous et leur marotte; après les scènes sanglantes ⌈de la république et les hauts faits⌉ de l'empereur, ⌈reparaissent⌉ les gros Bourbons, ⌈avec leurs vieilles facéties légitimes et leurs mauvais bons mots⌉, et gracieusement gambade la vieille noblesse avec son sourire affamé, et, derrière, les ⌈dévots hypocrites⌉, avec leurs cierges, leurs croix et leurs bannières.Même dans le plus sublime de la tragédie du monde, se glissent des traits comiques; et le républicain désespéré qui se plonge, comme Brutus, un couteau dans le cœur, s'est peut-être assuré auparavant que la lame ne sentait pas le hareng. Sur cette grande scène du monde, tout va comme sur nos misérables planches de théâtre: là il y a aussi des héros ivrognes, des rois qui ne savent pas leur rôle, des coulisses qui restent en l'air, des souffleurs qui soufflent trop haut⌈⌉, des costumes qui sont l'affaire principale... Et au ciel, là-haut, au premier rang, est assise, pendant ce temps, la bonne compagnie des anges qui nous lorgnent, nous autres comédiens, et le bon Dieu se tient gravement dans sa grande loge, qui s'y ennuie peut-être, ou bien qui calcule que ce théâtre ne peut durer longtemps, parce que certains acteurs ont trop de gages, et d'autres trop peu, et aussi parce qu'ils jouent tous trop mal.

Du sublime au ridicule, madame, il n'y a qu'un pas. Tandis que j'écrivais la fin du chapitre précédent, et que je vous racontais comment mourut M. Legrand, et comment j'exécutai fidèlement le *testamentum militare* que j'avais lu dans son dernier regard, on frappa à la porte de ma chambre, et une pauvre vieille femme entra en me demandant amicalement si je n'étais pas docteur. Sur ma réponse affirmative, elle me pria fort amicalement encore de me rendre chez elle pour couper les cors des pieds à son mari.

XII

Les censeurs allemands – imbéciles – – – – – – – – – – – – – – – – – – –.

XIII

Madame, sous les chaleureux hémisphères de Léda se couvait déjà toute la guerre de Troie, et jamais vous ne pourrez comprendre les célèbres larmes de Priam, si je ne vous raconte d'abord la vieille histoire des œufs de cygne. C'est pourquoi je vous engage à ne pas vous plaindre de mes digressions. Il n'y a dans les chapitres précédents pas une seule ligne qui ne se rapporte à notre histoire; j'écris serré, j'évite le superflu, je me prive même souvent du nécessaire; par exemple, je n'ai pas cité une fois convenablement (je ne dirai pas des esprits, je veux parler au contraire des écrivains), et pourtant les citations des écrivains anciens et nouveaux sont le plaisir favori d'un jeune auteur, et quelques citations bien savantes parent bien leur homme. N'allez pourtant pas croire, madame, que c'est chez moi faute de connaître assez de titres de livres. Je possède d'ailleurs les finesses des grands esprits qui s'entendent très bien à dépiquer les raisins dans le *baba*, et les citations dans les cahiers de collége⌈⌉. En cas de besoin, je pourrais faire un emprunt de citations auprès de mes savants amis. Mon ami Gans est, pour ainsi dire, un petit Rothschild, en fait de citations, et il m'en prêterait de bon cœur quelques millions, et s'il ne les avait pas chez lui, il pourrait facilement les emprunter chez quelques autres capitalistes intellectuels. Cependant je n'ai pas besoin, pour le moment, de faire un emprunt, je suis un homme solide; j'ai mes dix mille citations à manger par an; j'ai même trouvé le moyen de passer, comme de bon aloi, des citations fausses. Si quelque grand et riche savant, Michael Beer, ⌈de Berlin,⌉ par exemple, veut m'acheter ce secret, je le lui céderai volontiers pour 19,000 thalers courant; je consentirai même à en rabattre. Dans l'intérêt de la littérature, je ne veux pas taire une autre invention, et vais la publier gratis:

Je dis donc que je regarde comme chose utile de citer tous les auteurs inconnus avec le numéro de leur maison.

Ces «braves gens et détestables musiciens» (c'est ainsi que Ponce de Léon apostrophe l'orchestre), ces pauvres auteurs possèdent toujours au moins un petit exemplaire de leur livre oublié depuis longtemps, et pour retrouver ce livre, il faut bien qu'on sache le numéro de leur maison. Si je veux, par exemple, citer le *Petit Livre de Chants pour les Compagnons de métiers, par Spitta*, comment feriez-vous pour le trouver, vous, madame? Mais si je cite ainsi, Vid. *Petit Livre de Chants pour les Compagnons de métiers, par*

M. Spitta; Lünebourg, Lüner-Strasse, n° 2, à droite, ⌈*à côté de l'épicier*⌉, vous pouvez, madame, si vous trouvez que cela en vaille la peine, déterrer ce petit livre; mais cela n'en vaut pas la peine.

D'ailleurs, madame, vous n'avez pas d'idée de ma facilité à citer. Partout je trouve occasion de placer ma profonde érudition. Parlé-je, par exemple, de manger, je remarque dans une note que les Romains, les Grecs et les Hébreux ont mangé aussi; je cite tous les plats succulents apprêtés par la cuisinière de Lucullus..... Malheur à moi d'être né ⌈près de dix-huit siècles trop tard⌉!... Je remarque également que les repas en commun, chez les Grecs, s'appelaient de telle ou telle façon, et que les Spartiates ont mangé de mauvaises soupes noires... Il est bon pour moi cependant de n'avoir pas encore vécu dans ce temps-là;... je ne connais pas de pensée plus affreuse que celle d'être devenu, moi, pauvre homme, un Spartiate, car la soupe est mon mets favori... Madame, j'ai l'intention de faire bientôt un voyage à Londres; mais s'il est vrai qu'on n'y mange pas de soupe, le mal du pays me ramènera bientôt près du pot au feu de la patrie. Quant à la cuisine des anciens Hébreux, je pourrais m'étendre avec prolixité, et redescendre jusqu'à la cuisine judaïque des temps modernes...; je citerais, à cette occasion, toute la rue ⌈de la Juiverie⌉... Je pourrais encore rapporter avec quelle tolérance beaucoup de savants Berlinois se sont exprimés sur la table des Juifs; j'arriverais aux autres avantages et excellences des Juifs, aux inventions dont on leur est redevable, par exemple, les lettres de change, le christianisme... Mais, halte-là! Il ne faut pas trop élever leur mérite à l'égard de l'invention du christianisme, parce que nous l'avons véritablement encore peu pratiquée... Je crois que les Juifs eux-mêmes y ont moins trouvé leur compte qu'à l'invention des lettres de change. Je pourrais, à l'occasion des Juifs, citer aussi Tacite. Il dit qu'ils adoraient des ânes dans leurs temples, et, à propos des ânes, quel vaste champ de citations s'ouvre devant moi! Que de choses remarquables on peut dire sur les ânes antiques opposés aux modernes! Combien raisonnables étaient ceux-là, et que ceux-ci sont stupides! avec quel bon sens parle, par exemple, l'âne de ⌈Baarlam, fils de Boër⌉:

Vid. Pentat., lib. . . . . . .

Madame, je n'ai pas précisément le livre sous la main, et je laisse la place en blanc. Mais pour l'insipide insignifiance des ânes modernes, je puis citer:

Vid. . . . .

. . . .

Non, je veux laisser aussi en blanc cette citation; autrement je serais cité à mon tour, mais pour cause de diffamation. Les ânes modernes sont des⌈⌉ ânes. Les ânes antiques, qui avaient un si haut degré de civilisation,

Vid. Gesneri: *De antiqua Honestate Asinorum.*

– In comment: Gœtting. t. II, p. 32. –

se retourneraient dans leur tombeau, s'ils entendaient comme on parle de leurs descendants. Jadis le mot *âne* était un titre d'honneur, et avait autant de valeur qu'à présent conseiller aulique, baron, docteur en philosophie, etc. Jacob compare à un âne son fils Isaschar, Homère son héros Ajax, tandis qu'aujourd'hui on compare à cet animal M. S⌈tuhr⌉, qui veut se tuer pour un désespoir d'amour!... Madame, à propos de semblables ânes, je pourrais m'enfoncer bien avant dans la littérature, citer tous les grands hommes qui ont été amoureux; par exemple Abailardus, Picus Mirandulanus, Borbonius, Curtesius, Angelus Politianus, Raymundus Lullus et Henricus Heineus... A propos de l'amour, je pourrais encore citer tous les grands hommes qui n'ont pas fumé de tabac, par exemple, Cicéron, Justinien, Goëthe, ⌈Justizrath⌉ Hugo, moi... Nous nous trouvons par hasard tous les cinq quelque peu jurisconsultes. Mabillon ne pouvait supporter la fumée d'une pipe étrangère, et, dans son *Iter Germanicum*, il se plaint en parlant des auberges allemandes: *Quod molestus ipsi fuerit tabaci grave olentis foetor*. En revanche, on attribue à d'autres grands hommes une prédilection pour le tabac. Raphaël Thorus a écrit un hymne sur le tabac (vous ne savez peut-être pas, madame, qu'Isaac Elseverius l'a imprimé à Leide, *anno* 1628, format in-4°), et Ludovicus Kinschot y a fait une préface en vers. Graevius a même fait un sonnet sur le tabac. Le grand Boxhornius aimait le tabac. Bayle, dans son *Dictionnaire critique et historique*, rapporte de lui qu'il s'était laissé dire que le grand Boxhornius avait, pour fumer, un grand chapeau avec un trou dans le bord de devant, par elquel il faisait souvent passer sa pipe, afin qu'elle ne l'incommodât pas alors qu'il étudiait⌉. . . . .

. . . .

Vous voyez, madame, que je ne manque ni de solidité ni de profondeur. Seulement, je ne suis pas encore très à mon aise avec la systématique. En véritable Allemand, j'aurais dû commencer ce livre par une explication de son titre, comme il est d'usage et de tradition dans le saint empire romain. Il est vrai que Phidias n'a pas fait de préface à son Jupiter, pas plus qu'on ne trouve de citiation sur la Vénus de Médicis, que j'ai considérée sous toutes les faces... Mais les anciens Grecs étaient des Grecs, et nous sommes, nous autres, d'honnêtes Allemands; nous ne pouvons renier tout à fait la nature allemande, et il me faut donc m'expliquer, après coup, sur le mot *Idées* que j'ai écrit sur le titre de mon livre.

Madame, je parlerai donc

1° Des idées,

A. Des idées en général,

α. Des idées raisonnables,

β. Des idées déraisonnables,

a. Des idées ordinaires,

b. Des idées reliées en ⌈cuir de cochon⌉.

Ces sections seront subdivisées en...; mais tout cela se trouvera en temps et lieu.

XIV

Madame, avant tout, avez-vous l'idée d'une idée? Qu'est-ce qu'une idée? Il y a quelques bonnes idées dans cet habit, me disait mon tailleur en considérant avec un sérieux regard de connaisseur la redingote qui date de mes jours d'élégance à Berlin, et dont on devrait maintenant faire une respectable robe de chambre. Ma blanchisseuse se plaint de ce que le pasteur S⌈trauch⌉ a mis des idées dans la tête de sa fille, qu'elle en est devenue folle et ne veut plus entendre raison. Le cocher Pattensen grommèle en toute occasion ces mots: – C'est une idée, c'est une idée! Mais, hier, il s'est fâché bien fort quand je lui ai demandé ce qu'il se figurait par une idée. Et, dans sa mauvaise humeur, il grommelait: – «Eh bien, eh bien, une idée est une idée! Une idée, c'est une bêtise qu'on se fourre dans sa tête...» C'est dans ce sens que ce mot est employé comme titre d'un livre par M. le conseiller aulique Heeren, à Gœttingue.

Le cocher Pattensen est un homme qui, dans les vastes landes de Lunebourg, sait trouver son chemin la nuit et par le brouillard. Le conseiller aulique Heeren est un homme dont l'instinct, également subtil, retrouve les anciens chemins des caravanes de l'Orient, et qui les parcourt depuis un demi-siècle avec la même sûreté et la même patience qu'un chameau de l'antiquité. On peut se fier à de telles gens, on peut les suivre en toute assurance, et c'est pourquoi j'ai intitulé ce livre: «Idées.»

Le titre du livre signifie donc aussi peu que le titre de l'auteur. Celui-ci ne l'a pas choisi par suite d'un orgueil d'érudit, et ce titre ne doit nullement le faire accuser de vanité. Recevez-en l'assurance la plus douloureuse, madame, je ne suis pas vain. Cette remarque est nécessaire, comme vous le verrez plus bas; je ne suis point vain, et il pousserait un bois de lauriers sur ma tête, et une mer d'encens inonderait mon jeune cœur, que je ne deviendrais point vain pour cela. Mes amis et autres contemporains ont soigneusement pourvu à détruire ce vice. Vous savez, madame, que les vieilles commères ⌈dénigrent⌉ d'ordinaire un peu leurs enfants chéris, quand on les loue de leur beauté, afin que la louange ne gâte pas les chères petites créatures... Vous savez, madame, qu'à Rome, lorsque le triomphateur, arrivant du Champ-de-Mars, couronné de gloire, revêtu de la pourpre, faisait son entrée sur un char d'or, traîné par des coursiers blancs, et dominait, comme un dieu, le cortége solennel des licteurs, musiciens, danseurs, prêtres, esclaves, éléphants, porte-trophées, consuls, sénateurs, soldats; la canaille chantait derrière lui des ⌈fescennes⌉, des satyres ⌈insultantes⌉; et vous savez, madame, qu'il y a beaucoup de vieilles commères et de canaille dans notre chère Allemagne.

Vous comprenez bien, madame: les idées dont il est question ici sont aussi éloignées des idées platoniques, qu'Athènes l'est de Gœttingue, et vous pouvez attendre aussi peu de bien de ce livre que de l'auteur lui-même. En vérité, que celui-ci ait pu faire concevoir de telles espérances, cela est inconcevable pour moi comme pour mes amis. La comtesse Julie prétend expliquer la chose, et assure que, lorsqu'il arrive au susdit auteur de dire quelque chose de vraiment spirituel et de vraiment neuf, ce n'est que feinte de sa part, et qu'au fond il est aussi sot que les autres. Cela est faux; je ne dissimule pas, je parle selon la nature de mon bec, j'écris en toute innocence, en toute simplicité ce qui me vient à l'esprit, et ce n'est pas ma faute si cela a le sens commun. Mais j'ai, en littérature, eu toujours plus de bonheur qu'à la loterie d'Altona (je voudrais que ce fût l'inverse), et il me sort souvent de la plume maint ambe de sentiments, maint quaterne de pensées, et c'est Dieu qui fait cela; car LUI, qui refuse aux pieux chantres d'Éloha et aux poëtes édifiants, les belles pensées et la gloire littéraire, pour qu'ils ne soient pas trop loués par ⌈la créature⌉, ce qui leur ferait oublier le ciel où les anges leur préparent déjà des logements..... LUI nous gratifie, nous autres écrivains profanes, pécheurs et hérétiques, pour lesquels le ciel reste fermé, IL nous gratifie d'autant plus de pensées remarquables et de gloire terrestre, le tout par grâce et miséricorde divines, afin que notre pauvre âme⌈⌉ne s'en aille pas tout à fait à jeun, et goûte sur cette terre un peu de ces délices qui lui sont refusées en haut.

Vid. Goëthe et ⌈la Société des bons livres⌉.

Vous voyez donc, madame, que vous pouvez ⌈sans danger⌉ lire mes écrits, qui témoignent précisément de la grâce et de la miséricorde de Dieu. J'écris dans une confiance aveugle en sa toute-puissance, je suis sous ce rapport un écrivain tout à fait ⌈religieux⌉, et pour ⌈avouer la vérité⌉, au moment où je commence cette période, je ne sais pas encore comment je la terminerai, et ce que je dois dire, et j'en laisse le soin au bon Dieu. Et counnent aussi pourrais-je écrire sans cette pieuse confiance ⌈dans la volonté divine⌉! Dans ma chambre se tient maintenant l'apprenti de l'imprimeur Langhoff, qui attend de la copie; la parole à peine née court, brûlante et humide, vers la presse, et ce que je pense, ce que je sens en cet instant, peut, ce soir, être déjà de la maculature.

Il vous est bien facile, madame, de me rappeler le *nonum⌈que⌉ prematur in annum* d'Horace. Cette règle peut, comme tant d'autres, être fort bonne en théorie, mais, en pratique, elle ne vaut rien. Quand Horace donnait à l'auteur sa fameuse règle de laisser un ouvrage dormir pendant neuf ans dans le secrétaire, il aurait dû lui donner en même temps une recette pour vivre neuf ans sans manger. Quand Horace imagina cette règle, il était peut-être assis à la table de Mécène, et mangeait des chapons truffés, du pudding de faisan à la sauce de venaison, des ⌈alouettes persanes⌉ aux navets de Teltow, des langues de paon, des nids d'oiseaux indiens, et Dieu sait quoi encore, et tout cela gratis. Mais nous, infortunés tard-venus, nous vivons dans un autre temps; nos Mécènes ont des principes tout autres: ils croient que les auteurs et les nèfles se bonifient quand on les laisse pendant quelque temps sur la paille; ils croient encore que les chiens ⌈littéraires⌉ ne valent rien pour la chasse aux images et aux idées quand ils sont trop gras; et quand par hasard ils nourrissent bien un pauvre chien, c'est, hélas! celui qui le mérite le moins, le bichon, par exemple, qui lèche la main, ou le petit épagneul bolonais, qui sait se blottir dans le sein parfumé de la dame de la maison, ou le caniche patient,‖qui sait rapporter, danser et battre le tambour... Au moment où j'écris ces lignes, mon petit carlin se dresse derrière moi et aboie... – Tais-toi, mon ami, je n'ai pas voulu parler de toi; car tu m'aimes, et tu accompagnerais ton maître dans l'infortune et au milieu des dangers, et tu mourrais sur sa tombe aussi fidèlement que maint autre chien allemand qui, exilé sur la terre étrangère, se couche devant les portes de l'Allemagne, y gémit et meurt... Pardonnez-moi, madame, si j'ai fait une digression pour faire une réparation à mon pauvre chien; je reviens à la règle d'Horace et à son impraticabilité dans le dix-neuvième siècle, où les poëtes ⌈doivent manger⌉... Ma foi, madame, je ne pourrais y tenir vingt-quatre heures, encore moins attendre neuf ans: mon estomac a peu de goût pour l'immortalité. Tout bien considéré, je ne veux être immortel qu'à demi, et avoir un dîner tout entier; et si Voltaire consentait à céder, pour la bonne digestion d'un dîner, trois cents ans de sa gloire éternelle, moi, j'offre le double pour le dîner même. Hélas! et quels beaux, quels appétissants dîners on peut faire en ce monde! Le philosophe Pangloss a raison: c'est le meilleur des mondes possibles! Mais il faut avoir de l'argent dans ce meilleur des mondes, de l'argent dans sa poche, et non pas un manuscrit dans son secrétaire. L'aubergiste du *Roi-d'Angleterre*‖ est lui-même un écrivain, et connaît la règle d'Horace, mais je ne crois pas qu'il me donnât à manger pendant neuf ans, si je voulais l'appliquer, cette règle.

Au fond, pourquoi l'appliquerais-je! j'ai tant de bonnes choses à écrire, que je n'ai pas besoin de choisir longtemps. Tant que mon cœur sera plein d'amour, et la tête de mon prochain pleine de sottises, je ne manquerai pas de matière pour écrire. Et mon cœur ne cessera d'aimer tant qu'il existera des femmes; s'il se refroidit pour celle-ci, il s'enflammera pour celle-là, et comme, en France, le roi ne meurt jamais, ainsi jamais ne meurt la reine en mon cœur, et j'y entends crier: La reine est morte! vive la reine! Il en est de même de la sottise de mon prochain, laquelle ne périra jamais; car il n'y a qu'une sagesse, et celle-ci a des limites déterminées, mais il y a mille folies incommensurables. Le savant casuiste et confesseur Schupp va même jusqu'à dire: «Il y a dans le monde plus de sots que d'hommes...»

Vid. Schuppii docta Opera, p. 1121.

Quand on se rappelle que le grand Schuppius a vécu à Hambourg, on ne trouve point exagérée cette donnée statistique. J'habite la même ville, et puis dire que j'éprouve une satisfaction complète quand je pense que de tous ces sots que je vois ici, je puis tirer parti dans mes ouvrages; ce sont des honoraires comptant, de l'or en lingots. Je me trouve maintenant en pleine récolte. Le Seigneur m'a béni; les sots ont abondamment rendu cette année, et en bon économe, je n'en consomme que peu à la fois, je choisis la plus belle espèce, et la mets en réserve pour l'avenir. On me voit souvent à la promenade, gai et de belle humeur. Tel qu'un riche négociant, qui, de ravissement, se frotte les mains en passant entre les rangs de caisses, de tonnes et de ballots de son magasin, je me promène au milieu de mon monde. Vous êtes tous à moi, vous m'êtes tous également chers, et je vous aime comme vous aimez votre argent, ce qui est beaucoup dire. J'ai ri de bien bon cœur en apprenant dernièrement qu'un de mes ⌈sots⌉ avait dit avec inquiétude qu'il ne savait comment je ferais pour vivre...; et pourtant, il est lui-même un sot tellement capital que je pourrais déjà vivre sur lui seul comme sur un capital consolidé. Il y a maint sot de cette espèce qui n'est pas seulement pour moi de l'argent comptant, mais j'ai destiné à un usage déterminé l'argent qu'il peut me rapporter. Par exemple avec le prix d'un certain ⌈millionnaire⌉ gras et bien rembourré, je me ferai faire un certain siége bien coussiné que les Françaises nomment chaise percée. Pour sa grosse ⌈millionnaire⌉, j'aurai un cheval. Quand je vois le gros..... (un chameau entrerait plutôt dans le royaume des cieux que cet homme ne passerait par un trou d'aiguille), quand je le vois se dandiner pesamment à la promenade, je deviens d'une humeur singulière, et quoique je lui sois totalement inconnu, je le salue involontairement, et il me rend mon salut d'un air si cordial, si engageant, que je mettrais sur-le-champ sa bonté à profit, si ce n'était l'embarras que me causent tous ces hommes endimanchés qui passent. Madame son épouse n'est pas une femme à dédaigner: ... elle n'a qu'un œil, mais il n'en est que plus vert. Son nez est comme la tour qui regarde vers Damas. Son sein est grand comme la mer, et il y flotte toutes sortes de rubans comme les banderoles des vaisseaux qui ⌈flottent sur cette mer⌉ ... On sent le mal de mer rien qu'à la voir. Sa nuque est grasse et bombée comme un ... (L'image comparative se trouve un peu plus bas.) Et pour tisser le rideau violet qui couvre cette image comparative, des milliers de vers à soie ont filé toute leur vie. Vous voyez, madame, quel cheval je puis me donner! Quand je rencontrai la dame à la promenade, le cœur me bondit tout à fait; il me semble que j'enfourche, je fais siffler le fouet, claquer les doigts, j'appelle de la langue, je m'aide des jambes... Hopp! hopp!... burr! burr!... et l'excellente créature me regarde avec tant d'âme, d'un air si intelligent, elle hennit des yeux, souffle avec les naseaux, coquette de la croupe, fait des courbettes, et prend tout d'un coup le petit trot... Et moi, les bras croisés, de la regarder complaisamment, et de délibérer si je dois la conduire en bride ou avec le filet, lui donner une selle anglaise ou une selle polonaise, etc., etc. Les gens qui me voient ainsi ne comprennent pas ce qui, dans cette femme, peut me charmer ainsi. Des langues rapporteuses voulaient déjà inquiéter monsieur son époux, et lui donner à entendre que je regardais sa compagne avec les yeux d'un roué. Mais ma respectable et douillette chaise percée a répondu, dit-on, qu'il me tenait pour un jeune homme innocent et même un peu timide, qui le regardait avec une ⌈certaine bénignité⌉, comme quelqu'un qui sentirait le besoin de se mettre à l'aise avec lui, et qu'un embarras un peu gauche retiendrait. Mon noble coursier pensait au contraire que j'avais l'air aisé⌈⌉ et cavalier, et que ma politesse prévenante annonçait seulement le désir d'être invité une fois à dîner chez eux.

Vous voyez, madame, que je puis utiliser tous les hommes, que l'almanach des adresses est, à vrai dire, l'inventaire de mon actif. Je ne puis non plus, et par la même raison, faire banqueroute, car je changerais en sources de produits mes créanciers eux-mêmes. En outre, comme je l'ai dit, je vis réellement avec beaucoup d'économie, une désespérante économie. Par exemple, au moment où j'écris ceci, je suis logé dans une chambre sombre et triste de la rue des Ténèbres, mais je m'en accommode volontiers; d'ailleurs, je pourrais, si je voulais, m'établir dans le plus beau jardin tout aussi bien que mes amis et cousins: je n'aurais qu'à réaliser mes ⌈pratiques du matin⌉. Ceux-ci, madame, se composent de coiffeurs ⌈défrisés⌉, d'entremetteurs déchus, de restaurateurs qui eux-mêmes n'ont plus rien à manger, tous véritables canailles qui savent fort bien trouver ma maison, et pour un pourboire comptant me racontent la chronique scandaleuse de leur quartier. Vous vous étonnez, madame, que je n'aie pas jeté, une fois pour toutes, à la porte une telle engeance?... Mais à quoi pensez-vous, madame? Ces gens-là sont mes fleurs. Je les décrirai un jour dans un beau livre qui me rapportera de quoi acheter un beau jardin; et dans leurs visages rouges, jaunes, bleus et panachés, je crois déjà voir les fleurs de ce jardin. Que m'importe que le nez d'autrui prétende que ces fleurs ne sentent que l'eau-de-vie, le tabac, le fromage et le vice! Mon nez, à moi, qui est la cheminée de ma tête, où l'imagination monte et descend en guise de ramoneur, soutient le contraire, et ne trouve à ces gens que l'odeur de rose, de jasmin, de violette, d'œillet, de giroflée... Oh! que je me trouverai bien le matin dans mon jardin, écoutant le chant des oiseaux, réchauffant mes membres au doux soleil, respirant la fraîche haleine de la verdure, et à l'aspect des fleurs, me rappelant mes canailles du matin!

Pour le moment je suis encore logé dans la sombre rue des Ténèbres, dans ma sombre chambrette, et je me contente d'accrocher au milieu le plus grand obscurant du pays. – *Mais,* ⌈*y verrez-vous*⌉ *plus clair alors?* – ⌈A l'instant même⌉, madame... Mais ne vous y trompez pas, ce n'est pas l'homme en personne que je pends, mais seulement la lampe de cristal ⌈qu'il me rapporte⌉. Cependant, je crois que ce serait mieux, et qu'il se ferait soudain une grande clarté dans le pays, si l'on pendait *in natura* les obscurants.⌈

. . . .

. . . .

. . . .⌉

⌈Madame, il me prend une subite et grande envie de déjeuner, car depuis sept heures je suis assis à écrire, et il commence à faire froid dans mon estomac et dans ma tête. Je ne me sens plus ce matin aussi heureusement en train d'écrire; je remarque que le bon Dieu m'abandonne... Madame, je crains que vous ne l'ayez remarqué encore plus tôt que moi... Oui, je m'aperçois que l'assistance divine ne m'a pas encore soutenu une seule fois ce matin... Madame, je vais déjeuner, et après déjeuner je commencerai un nouveau chapitre, et vous raconterai comment, après la mort de Legrand, j'arrivai à Godesberg.

J'ai une faim colossale. Il me semble que je pourrais dévorer à mon déjeuner tous les éléphants de l'Indostan, et que le Munster de Strasbourg pourrait me servir de cure-dent. J'ai toujours plus faim le matin que l'après-midi. Mais le soir il me prend une soif si sentimentale, que je humerais volontiers toute la voie lactée du ciel.⌉

XV

En arrivant à Godesberg, je m'assis aux pieds de ma belle amie, et près de moi se coucha son grand chien brun; et tous deux, nous regardions dans ses yeux.

Grand Dieu! dans ces yeux se trouvaient toute la félicité de la terre et un ciel tout entier. J'aurais pu mourir de bonheur en contemplant ces yeux, et si j'étais mort dans ce moment, mon âme se serait envolée droit sous ces paupières. Non, je ne puis décrire ces yeux! Je veux faire venir de la maison des fous un poëte dont la tête s'est dérangée par amour, afin qu'il me cherche dans l'abîme de sa folie une image à laquelle je puisse comparer ces yeux... Soit dit entre nous, je suis moi-même assez fou pour n'avoir pas besoin d'aide en cette affaire.

Godd–m! quand elle vous regarde, disait un jour un Anglais, ainsi tranquillement du haut en bas, ses regards feraient fondre les boutons de cuivre de l'habit et le cœur tout ensemble.

F–e! disait un ⌈officier⌉ français, ce sont des yeux du plus gros calibre, qui vous lancent des regards de trente-six; et quand cela vous touche, crac! vous tombez amoureux. Il y avait là un avocat de Mayence, à cheveux rouges, qui dit: Ses yeux ont l'air de deux tasses de café noir. Il croyait dire quelque chose de très-doux, parce qu'il mettait toujours une horrible quantité de sucre dans son café.

Mauvaises comparaisons!

Moi et le chien brun, nous étions silencieusement assis aux pieds de la belle dame; nous la regardions et nous écoutions. Elle était assise près d'un vieux soldat grisonnant, une figure chevaleresque, dont le ⌈redoutable⌉ front était couvert de cicatrices. Ils parlaient tous deux des sept montagnes que colorait d'une teinte rouge le soleil couchant, et devant lesquelles les flots bleus du Rhin passaient majestueusement et paisiblement. Que nous importaient les sept montagnes, et le soleil couchant et les flots bleus du Rhin, et les barques aux voiles blanches qui flottaient à leur surface, et la musique qui retentissait sur une de ces embarcations, et l'étudiant ⌈moutonnier⌉ qui chantait si ⌈amoureusement⌉ sur cette barque... Moi et le chien brun nous regardions dans l'œil de notre amie, nous admirions son visage qui brillait au milieu de ses tresses et de ses boucles noires, comme la lune lorsqu'elle se montre rose et argentée au milieu des nuages sombres. C'étaient de grands traits grecs, des lèvres hardiment arrondies, empreintes de mélancolie, de tendresse et de gaieté enfantine, et lorsqu'elle parlait, les paroles retentissaient profondément, comme des soupirs, et s'échappaient cependant vivement et avec impatience. Et quand elle parla, et que les paroles tombèrent de sa bouche comme une chaude et riante pluie de fleurs, oh! alors, les rayons rouges du soir colorèrent mon âme, les souvenirs de mon enfance défilèrent tous, musique en tête; enfin, par-dessus tout, la voix de la gentille Véronique retentissait comme le son d'une clochette; je pris la main de la belle amie, et je la pressai contre mes yeux jusqu'à ce que ces accords se turent dans mon âme. Puis, je me levai en riant, le chien en aboyant, et le front du vieux général, de s'assombrir davantage.

Et je m'assis de nouveau, je repris la petite main, je la baisai, et je me mis à parler de la petite Véronique.

XVI

Madame, vous désirez que je vous décrive la tournure de la petite Véronique; mais je ne veux pas. Vous, madame, on ne peut pas vous forcer de lire dans ce livre une ligne de plus que vous ne voulez; moi, de mon côté, j'ai le droit de n'écrire que ce qui me plaît. Il me plaît donc de vous décrire en ce moment la belle main que j'ai baisée dans le précédent chapitre.

Avant tout, je dois en convenir, je n'étais pas digne de baiser cette main. C'était une belle main, si tendre, si transparente, si éclatante, si douce, si parfumée, si soyeuse, si veloutée... En vérité, j'ai envie d'envoyer chez l'apothicaire chercher pour dix sous d'épithètes.

Au doigt du milieu, était un anneau avec une perle... Je n'ai jamais vu perle jouer un si misérable rôle! A l'annulaire, elle avait un anneau avec une antique bleue sur laquelle j'ai étudié l'archéologie pendant des heures entières. A l'index elle portait un diamant; c'était un talisman: tant que je le voyais, j'étais heureux, car là où il était était aussi le doigt, conjointement avec ses quatre collègues. Et souvent avec les cinq doigts elle me frappait la bouche. Depuis que j'ai été ainsi manipulé, je crois fort et ferme au magnétisme. Mais elle ne frappait pas fort, et je l'avais toujours mérité par quelque parole impie. Quand elle m'avait frappé, elle s'en repentait aussitôt; elle prenait un gâteau, le rompait en deux, m'en donnait une moitié, et donnait l'autre moitié au chien brun, en disant avec un doux sourire: – Vous deux, vous n'avez pas de religion, et vous ne serez pas élus; aussi faut-il vous donner des gâteaux dans ce monde, car il n'y aura pas de table mise pour vous dans le ciel. – Elle avait un peu raison; j'étais alors très-irréligieux; je lisais Thomas Payne, le Système de la Nature, l'Indicateur westphalien et Schleiermacher; je me laissais pousser la barbe et la raison, et je voulais m'enrôler parmi les rationalistes. Mais lorsque la belle main passait sur mon front, ma raison s'arrêtait, je me sentais rempli de doux rêves, je croyais entendre chanter des cantiques, et je pensais à la petite Véronique.

Madame, vous ne pouvez pas vous figurer combien Véronique paraissait jolie dans son petit cercueil. Les cierges allumés qui étaient dressés autour d'elle, jetaient leur clarté sur son petit visage pâle et souriant, et sur les rosettes de soie rouge et les feuilles de clinquant d'or dont sa petite tête et sa petite chemise mortuaire étaient ornées. La pieuse Ursule m'avait conduit le soir dans cette chambre tranquille, et en voyant ce petit cercueil, les cierges et les fleurs disposés sur la table, je crus d'abord que c'était une belle image de sainte en cire; mais bientôt, je reconnus cette figure chérie, et je demandai en riant pourquoi la petite Véronique était si tranquille? Et Ursule me répondit: – C'est la mort qui fait cela.

Lorsqu'elle dit: – C'est la mort qui fait cela... Mais je ne veux pas conter à présent cette histoire, elle traînerait trop en longueur. Il me faudrait parler d'abord de la pie boiteuse qui sautillait sur la place du château et qui avait plus de trois cents ans, et tout cela me rendrait mélancolique.

Il me prend envie de conter une autre histoire. Elle est fort intéressante et convient parfaitement à cette place; car c'est précisément l'histoire que je voulais conter en commençant.

XVII

Ce n'était que ténèbres et douleur dans le sein du chevalier. Le dard de la calomnie ne l'avait que trop bien frappé, et comme il traversait la place San-Marco, il lui sembla que son cœur allait répandre du sang et se briser. Ses jambes chancelaient de lassitude⌷; et il faisait une lourde journée d'été. La sueur coulait de son front, et lorsqu'il entra dans la gondole il soupira profondément. Il resta assis machinalement dans la chambre noire de la gondole, ⌈regarda d'un air distrait les vagues molles⌉ des lagunes, qui le transportèrent dans un lieu bien connu sur la Brenta, et lorsqu'il descendit devant ce palais, qu'il connaissait si bien, il entendit qu'on lui disait: – La signora Laura est dans le jardin.

Elle était debout, appuyée contre la statue de Laocoon, près d'une touffe de roses rouges, à l'extrémité de la terrasse, non loin des saules pleureurs qui se penchent mélancoliquement sur le fleuve: elle était là, riante et douce image de l'amour, ⌈entourée de roses⌉. Pour lui, il s'éveilla comme d'un mauvais rêve, et se trouva plongé dans les délices et les désirs.

– Signora Laura, dit-il, je suis un infortuné poursuivi par la haine, la misère et le mensonge. Puis il hésita et balbutia: – Mais je vous aime. Puis une larme de joie roula dans ses yeux, et les yeux humides, les lèvres brûlantes, il s'écria: – Sois à moi! aime-moi!

Un voile mystérieux a été jeté sur cette heure. Nul mortel ne sait ce que la signora Laura a répondu, et lorsqu'on interroge à ce sujet son bon ange gardien dans le ciel, il se couvre la tête, soupire et se tait.

Le chevalier resta longtemps seul près de la statue de Laocoon. Sa figure était blanche et défaite comme elle. Il effeuillait machinalement toutes les roses, et brisa même les jeunes boutons... L'arbre n'a plus jamais porté de fleurs... Au loin, un rossignol ⌈malade⌉ faisait entendre des mélodies plaintives; les saules étaient ⌈agités⌉; les vagues ⌈noires⌉ de la Brenta murmuraient sourdement; la nuit s'éleva dans le ciel avec sa lune et ses étoiles, et une belle étoile, la plus belle de toutes, tomba le long du ciel et disparut.

XVIII

Vous pleurez, madame?

Oh! puissent ces yeux, qui versent de si belles larmes, éclairer encore longtemps le monde de leurs rayons, et puisse une tendre main les fermer un jour, à l'heure de la mort! Un doux oreiller est encore une bonne chose à l'heure de la mort, madame, et puisse-t-il ne pas vous manquer; et, lorsque votre belle tête fatiguée s'y affaissera, et que vos cheveux noirs se répandront sur vos ⌈joues pâles⌉, veuille alors Dieu vous rendre les pleurs qui ont coulé pour moi...; car je suis moi-même le chevalier pour qui vous avez pleuré, je suis moi-même le chevalier errant de l'amour, le chevalier de l'étoile tombée.

Vous pleurez, madame!

Oh, je connais ces larmes! Pourquoi feindre plus longtemps? Vous, madame, vous êtes vous-même la belle dame qui a déjà pleuré si amèrement à Godesberg, au récit de ce conte triste de ma vie... Comme des perles sur des roses coulaient vos pleurs sur vos joues... Le chien brun restait immobile; *l'angelus* tintait à Kœnigswinter; le Rhin murmurait plus doucement; la nuit couvrait la terre avec son manteau noir; et j'étais assis à vos pieds, madame, regardant le ciel étoilé. Un moment, je pris vos yeux pour deux étoiles. Mais comment peut-on confondre de si beaux yeux avec des étoiles? Ces froides lumières du ciel ne peuvent pas pleurer sur la misère d'un homme, d'un homme qui est si misérable qu'il n'a plus de larmes.

Et j'avais encore des raisons particulières pour ne pas méconnaître ces yeux. Dans ces yeux, habitait l'âme de la petite Véronique.

J'ai calculé, madame, que vous êtes née juste le jour où mourut la petite

Véronique. Johanna d'Andernacht m'avait promis que je retrouverais la petite Véronique à Godesberg,... et je vous ai aussitôt reconnue. Ç'a été jadis une mauvaise pensée à vous, madame, de mourir, lorsque nos jolis jeux commençaient à aller si bien. Depuis que la pieuse Ursule m'avait dit: – C'est la mort qui fait cela, – je me promenais seul et gravement dans la grande galerie de tableaux; mais ces figures ne me plaisent plus autant qu'autrefois: elles me semblaient tout à fait décolorées. Un seul tableau avait conservé son coloris et son éclat... Vous savez, madame, de quel tableau je parle.

C'est celui du sultan et de la sultane de Delhi.

Vous souvenez-vous, madame, comme nous nous arrêtions durant des heures entières devant ce tableau? Et comme la pieuse Ursule ⌈ricanait⌉ d'une manière singulière, lorsque les gens remarquaient que les figures du tableau ressemblaient tant aux nôtres? Madame, je trouve que vous étiez fort ressemblante, et il est inconcevable que le peintre ait saisi jusqu'au costume que vous portiez alors à Delhi. On dit qu'il était fou, et qu'il avait rêvé cette image. Ou bien son âme resida-t-elle donc jadis dans ce grand singe sacré, qui se tenait derrière vous comme un jockey? En ce cas, il dut se souvenir de ce voile gris d'argent sur lequel il répandit du vin, et qu'il tacha. Je fus content de le voir enlever: il ne vous habillait pas très-bien. En général le costume de l'Europe ⌈vous⌉ va mieux que le costume indien... Sans doute les jolies femmes sont jolies dans tous les costumes.....

Vous souvenez-vous, madame, qu'un galant Bramin (il ressemblait à Ganesa, le dieu à la trompe d'éléphant, monté sur une souris) vous fit un jour ce compliment: – La divine Manèca, lorsqu'elle descendit de la cité d'or d'Indrah auprès du roi⌈⌉ Wiswamitra, n'était certainement pas plus belle que vous, madame.

Vous ne vous en souvenez plus! Trois mille ans se sont à peine écoulés depuis que cela vous a été dit, et les jolies femmes d'ordinaire n'oublient pas si vite un tendre compliment.

Quant aux hommes, le costume indien leur sied mieux que le costume d'Europe. O mes pantalons de Delhi, mes pantalons couleur de rose, brodés de fleurs de lotus! si je vous avais portés lorsque j'étais aux genoux de la signora Laura, et que je la suppliais de m'aimer, le précédent chapitre eût fini autrement. Mais, hélas! je portais alors des pantalons couleur de paille, qu'un prosaïque Chinois avait tissus à Nankin... Ma perte y était tissue... Et je fus malheureux.

Souvent un jeune homme est assis à la table d'un petit café allemand; il boit tranquillement sa tasse de café, et, pendant ce temps, dans le lointain empire de la Chine, pousse et fleurit son malheur; on le tisse, on le ⌈teint⌉, et, en dépit de la grande muraille, il trouve son chemin jusqu'au jeune homme, qui le prend pour un pantalon de Nankin, qui le passe innocemment, et qui devient infortuné pour le reste de sa vie... Oui, madame, une grande infortune peut se nicher dans le cœur étroit de l'homme, et s'y cacher si bien, que le pauvre homme n'en sent rien pendant des jours entiers, et il va, il vient, il siffle, il chante, tra la la, tra la la, la la!

XIX

– Elle était aimable et il l'aimait; mais lui, il n'était pas aimable et elle ne l'aimait pas.
– *Ancienne pièce de théâtre.* –

– Et c'est à cause de cette sotte histoire que vous avez voulu vous brûler la cervelle?

– Madame, lorsqu'un homme veut se brûler la cervelle, il a toujours de bonnes raisons, vous pouvez le croire· Mais connaît-il lui-même ces raisons? C'est là une question. Jusqu'au dernier moment, nous jouons la comédie avec nous-mêmes. Nous masquons notre misère, et tandis que nous expirons d'une blessure à la poitrine, nous nous plaignons d'un mal de dents.

Madame, vous avez certainement un remède pour le mal de dents?

Moi, j'avais un mal de dents dans le cœur. C'est un terrible mal, et le meilleur remède, c'est le plomb et la poudre noire, qui a été inventée par Barthold Schwartz.

Le mal, comme un ver, rongeait et dévorait mon cœur... Ce n'est pas la faute du pauvre Chinois: j'avais moi-même apporté ce mal au monde. Il germait déjà dans mon berceau, et lorsque ma mère me berçait, il se berçait avec moi, et quand elle chantait pour m'endormir, il s'endormait avec moi, et il se réveillait dès que j'ouvrais les yeux. Lorsque je devins plus grand, mon mal grandit, et enfin brisa mon...

Parlons d'autres choses, de couronnes de fleurs, de jeunes filles, de bals masqués, de plaisirs et de joies... Tralla la, tralla la la, la la la, – la, – la, – la...

Vorworte und Anmerkungen

Anmerkung. <zu »Reisebilder. Erster Theil«, I. Aufl.>

Obschon ich mich bey der Correctur dieses Bandes unsäglich abmühte, so sind doch gewiß viele Errata stehen geblieben, und ich würde sie auch gern nachträglich verbessern, wenn ich sie nur in diesem Augenblick gleich aufzufinden wüßte. Zufällig sehe ich eben auf S. 123, Z. 7 v. u. steht »erwämte« statt: »erwärmte.« Auf S. 217, Z. 8 v. u. steht »Angeli« statt: »Wurm.« Ehrlich gestanden, Ersteren habe ich niemals gesehen und die gewiß sehr bedeutende Namensverwechselung ist zufällig. S. 53, Z. 4 v. ob. steht »Bettlerwort« statt: »Bettelwort.« Letzteres ist der bessere Ausdruck. – Die übrigen Verbesserungen sollen nachgeliefert werden im zweyten Theile der Reisebilder, welcher noch außerdem recht viel Hübsches enthalten wird, z. B. abgebrochene Erzählungen, halbe Ansichten der Hauptstädte Nord-Deutschlands, sogar Bemerkungen über polnische Wälder und deutsche Literatur u. s. w. – Saumseligen Freunden, die noch immer Mspte von mir zurückhalten und vielleicht von gedruckten Bitten stärker gerührt werden, als von geschriebenen, wird recht liebevoll angedeutet: daß Briefe und Paquete, mit der Aufschrift »an Heinrich Heine, *Dr. Jur.*, per Adresse der Herren Hoffmann und Campe in Hamburg« jederzeit richtig an mich befördert werden.

Anmerkung. <zu »Reisebilder. Zweyter Theil«, I. Aufl.>

Ein Schriftsteller ist oft übel daran; allerhöchstäußere Bedingnisse können verlangen, daß ein Buch, welches er in die Welt schicken will, über 20 Druckbogen enthalte, während er mit seinen guten »Ideen« nur die Hälfte zu füllen vermag. Hannövrischer Adel und Briefe aus Berlin werden dann als Ballast mitgenommen. So kann es auch geschehen, daß im zweyten Theile der Reisebilder nicht alles geliefert wird, was in der Schlußnote des ersten Theiles versprochen worden, z. B. die Druckfehler; und diese mögen erst im dritten Theile ihre Stelle finden. Freunde des Verfassers, die ihm Mittheilungen zu machen haben, werden auf jene Schlußnote noch ganz besonders hingewiesen.

Vorrede. <Deutsche Version der »Préface«>

Es wird immer eine schwer zu lösende Frage seyn, wie man einen deutschen Schriftsteller ins Französische übersetzen soll. Soll man hie und da Gedanken und Bilder ausscheiden, wenn diese nicht dem zivilisirten Geschmacke der

Franzosen zusagen, und ihnen als eine widerwärtige, ja sogar lächerliche Ueberladung erscheinen könnten? Oder soll man den deutschen Wilden, in all seiner Originalität, phantastisch bemalt mit Wortspielen und belastet mit schwerpoetischen Zierrathen, mitten unter die literärische Beau-monde der Hauptstadt auftreten lassen? Was mich betrifft, so glaube ich, man muß die deutschen Wilden nicht zu zahmen Franzosen übersetzen, und mich selber gebe ich hier in meiner ursprünglichen Barbarey. Nur für eins habe ich Sorge getragen: wenn ich hier auch keine Handschuhe trage, so sind doch meine Hände ganz rein gewaschen, und Ihr dürft mir freundschaftlich die Hand reichen. Auch meine Waffen dürft Ihr betasten, das Schwert, die Axt, sogar den Köcher worin die Pfeile; ich habe die Spitzen derselben abgebrochen, wie wir Wilden zu thun pflegen, wenn wir irgend einem heiligen Orte nahe kommen. Unter uns gesagt, jene Spitzen waren nicht bloß scharf, sondern auch vergiftet; jetzt sind diese Pfeile ganz harmlos und ungefährlich, und Ihr könnt Euch an ihren bunten Flugfedern ergötzen und Eure Kinder könnten sie gar als Spielzeug gebrauchen.

Ich will die wilde, tatuirte Sprechart verlassen und mich französisch civilisirt ausdrücken:

Styl, Gedankenfolge, Uebergänge, Absprünge, Wunderlichkeiten des Ausdrucks, kurz der ganze Charakter des deutschen Originals, ist, so weit als möglich war, in dieser französischen Uebersetzung der Reisebilder wörtlich wiedergegeben worden. Der Geschmack, die Eleganz, die Annehmlichkeit, die Grazie ist ohne Erbarmen überall der Worttreue geopfert. Es ist jetzt ein deutsches Buch in französischer Sprache, und macht gar kein Anspruch dran dem französischen Publikum zu gefallen, sondern dasselbe mit einer fremden Originalität bekannt zu machen; kurz, es will nicht ergötzen sondern belehren. In dieser Weise haben auch wir Deutschen die ausländischen Schriftsteller übersetzt, und es hat uns gefruchtet: wir gewannen neue Anschauungsweisen, neue Wortformen, neue Sprachwendungen. Es dürfte Euch nicht schaden ähnlichem Gewinne nachzustreben.

Bezweckte ich aber zunächst Euch mit dem Charakter dieses ausländischen Buches bekannt zu machen, so war mir minder dran gelegen Euch dessen ganzen Inhalt zu bescheeren; einestheils, weil manches, auf lauter Örtlichkeiten, Zeitanspielungen, Wortwitzen und sonstigen Spezialitäten beruhend, im französischen gar nicht wiederzugeben war, anderntheils weil manches, gegen bestimmte Personen und Verhältnisse aufs feindlichste gerichtet, in einer französischen Wiederholung zu den widerwärtigsten Mißverständnissen führen könnte. Ich habe daher in diesem Bande viele große Stücke, manchmal ganze Capitel ausgeschieden, und ich werde im folgenden Bande noch viel mehr ausscheiden müssen. Damit jedoch die Leser, welche Original und Uebersetzung vergleichen wollten, mich ob mancher Ausscheidungen keiner unzeitigen Conzessionen bezüchtigen mögen, will ich mich darüber ganz bestimmt aussprechen.

Mit Ausnahme einiger Druckbogen am Ende des 2ten Bands, ist dieses Buch vor der Juliusrevoluzion geschrieben. Zu jener Zeit hatte die politische Unterdrückung in Deutschland ein allgemeines Verstummen bewirkt, die Geister waren versunken in eine Letargie der Verzweiflung, und der Mann, der damals noch zu sprechen wagte, mußte um so leidenschaftlicher sprechen, jemehr er an den Sieg der Freyheit verzagte und je tückiger die Parthey der Priesterschaft und der Aristokrazie gegen ihn, den einzelnen Mann, agirte. Ich gebrauche die Ausdrücke Priesterschaft und Aristokrazie nur aus Gewohnheit, denn ich hatte mich zu jener Zeit immer dieser Ausdrücke bedient, als ich, der einzelne Mann, gegen die vereinigten Champions der Vergangenheit die erwähnte Polemik führte. Diese Ausdrücke waren allgemein verständlich, und ehrlich gesagt ich lebte damals noch von der Terminologie von 1789 und machte einen sehr großen Luxus von Tiraden gegen Clerus und Adel oder wie ich sie eben nannte, Priesterschaft und Aristokrazie. Ich bin aber seitdem weiter gekommen, und meine guten Deutschen, die, durch die Kanonen des Julius aufgeweckt, in meine Fußstapfen getreten und die Sprache von 1789 oder gar von 1793 reden, sind jetzt so weit von mir entfernt, daß ich ihnen aus dem Gesichtskreis entschwunden und daß sie glauben ich sey zurückgeblieben. Ich werde, in der odiosesten Weise des Moderantismus beschuldigt, und sie zeihen mich einer Verbindung mit den Aristokraten, und ich sehe schon den Tag herandämmern, wo man mich auch des Einverständnisses mit der Priesterschaft anklagen wird. Die Sache besteht aber im Grunde darin, daß <ich> unter dem Wort Aristokrazie nicht mehr den Adel der Geburt verstehe, sondern alle diejenigen welche, gleichviel wie sie sich nennen, das Volk ausbeuten. Die schöne Formel welche wir, wie so viel Treffliches, den Saint-Simonisten verdanken *«exploitation de l'homme par l'homme»* führt uns weiter als alle Deklamazionen über Vorrechte der Geburt. Auch unser alter Feldruf *«écrasez l'infame!»* ist durch bessere Wahlsprüche ersetzt worden. Es gilt nicht mehr gewaltsam die alte Kirche zu zerstören, sondern es gilt eine neue zu stiften, und weit entfernt das Priesterthum zu vernichten, wollen wir jetzt selber Priester werden.

Für Deutschland freylich ist die Periode der Negazionen noch nicht beendigt, ja, sie hat erst recht begonnen. Für Frankreich scheint sie aber zu Ende zu seyn, wenigstens will mich bedünken, es sey hier nicht viel Altes mehr zu zerstören übrig geblieben, und man dürfte sich vielmehr positiven Bestrebungen hingeben. Während ich also die letzte Ausgabe der Reisebilder unverändert in deutscher Sprache wieder abdrucken ließ, unterdrückte ich hingegen in dieser französischen Ausgabe so viel als möglich die politischen Veleitäten, die in Frankreich nicht mehr zeitgemäß sind.

Préface

Ce sera toujours une question difficile à résoudre, que celle de savoir comment on doit traduire en français un écrivain allemand. Doit-on élaguer çà et là des pensées et des images, quand elles ne répondent pas au goût civilisé des Français et lorsqu'elles pourraient leur paraître une exagération désagréable ou même ridicule? ou bien faut-il introduire le sauvage Allemand dans le beau monde ⌈parisien⌉ avec toute son originalité d'outre-Rhin, fantastiquement colorié de ⌈germanismes⌉ et surchargé d'ornements par trop ⌈romantiques⌉? Selon mon avis, je ne crois pas qu'on doive traduire le sauvage allemand en français apprivoisé, et je me présente ici moi-même dans ma barbarie native⌈, à l'instar des Charruas, à qui vous avez fait, l'été dernier, un accueil si bénévole⌉. ⌈Et moi aussi je suis un guerrier comme l'était le grand Tacuabé. Il est mort aujourd'hui, et sa dépouille mortelle reste précieusement conservée au Jardin des Plantes, dans le musée zoologique, ce Panthéon du règne animal.

Ce livre est un théâtre d'exhibition. Entrez, n'ayez nulle crainte. Je ne suis pas si méchant que j'en ai l'air. Je n'ai peint mon visage de si farouches couleurs que pour mieux effrayer mes ennemis dans la bataille. Au fond je suis doux comme un agneau. Rassurez-vous donc,⌉ et donnez-moi la main. Mes armes aussi, vous pouvez les toucher, ⟦même le carquois et les flèches, car j'en ai émoussé la pointe, ainsi que nous avons coutume de le faire, nous autres sauvages, quand nous approchons d'un lieu consacré. Entre nous soit dit, ces flèches n'étaient pas seulement acérées, mais bien empoisonnées aussi. Aujourd'hui elles sont tout à fait bénignes et inoffensives, et vous pouvez vous amuser à en regarder les plumes diaprées; vos enfants pourraient même s'en servir en guise de jouet.

Je vais quitter le langage tatoué⟧ et m'exprimer en français⟧.

Le style, l'enchaînement des pensées, les transitions, les ⌈brusques saillies⌉, les étrangetés d'expression, bref, tout le caractère de l'original allemand a été, autant que possible, reproduit mot à mot dans cette traduction française des *Reisebilder*. Le goût, l'élégance, l'agrément, la grâce, ont été impitoyablement sacrifiés partout à la fidélité littérale. C'est maintenant un livre allemand en langue française, lequel livre n'a pas la prétention de plaire au public français, mais bien de faire connaître à ce public une originalité étrangère. Enfin, je ⌈veux instruire, sinon amuser⌉. C'est de cette manière que nous avons, nous autres Allemands, traduit les écrivains étrangers, et cela nous a profité: nous y avons gagné des points de vue, des formes de mots et des tours de langage nouveaux. Une semblable acquisition ne saurait vous nuire.

Après m'être proposé, avant tout, de vous faire faire connaissance avec le caractère de ce livre exotique, il m'importait moins de vous l'offrir tout entier, d'abord parce que plusieurs passages, ne reposant que sur des allusions à des localités et à des époques, sur des jeux de mots et autres spécialités de ce genre, ne pouvaient être reproduits en français; en second lieu, parce que plusieurs parties, dirigées de la manière la plus hostile contre des personnes et contre des situations ⌈inconnues dans ce pays⌉, pourraient, répétées en français, donner lieu aux malentendus les plus désagréables. C'est ainsi que j'ai supprimé ⌈un morceau principal, dans lequel il y avait une description de l'île de Norderney et de la noblesse allemande. La section de l'*Angleterre* a été raccourcie de plus de moitié; tout cela se rapportait à la politique d'alors. Dans la section *Italie*, qui a été écrite en 1828, les mêmes motifs m'ont fait renoncer à plusieurs chapitres. Il est cependant vrai de dire qu'il m'aurait fallu sacrifier toute cette section, si je m'étais laissé arrêter par de semblables considérations pour ce qui touche l'église catholique. Seulement je n'ai pu me dispenser d'en retrancher une partie fort acerbe, qui se ressentait par trop de ce zèle de protestant, zèle morose qui n'est pas de bon goût dans la joyeuse France. En Allemagne un tel zèle n'était nullement déplacé; car, en ma qualité de protestant, je pouvais porter aux obscurantistes et aux tartufes en général, aux pharisiens autant qu'aux saducéens allemands, des coups beaucoup mieux assurés que si j'eusse parlé comme philosophe⌉. Cependant, pour que les lecteurs qui voudraient comparer l'original et la traduction, ne puissent, à cause de ces retranchements, m'accuser de concessions inopportunes, je veux m'expliquer nettement à cet égard.

Ce livre a été, à l'exception de quelques feuilles, écrit avant la révolution de juillet. A cette époque, en Allemagne, l'oppression politique avait établi un mutisme universel; les esprits étaient tombés dans une léthargie de désespoir, et l'homme qui, alors, osa parler encore, dut se prononcer avec d'autant plus de passion qu'il désespérait de la victoire de la liberté, et que le parti de la prêtrise et de l'aristocratie se déchaînait davantage contre lui⌈⌉. J'emploie les expressions *prêtrise* et *aristocratie*, par habitude seulement, car je m'étais toujours servi à cette époque de ces mots, quand, seul, je soutenais cette polémique contre les champions du passé. Ces mots étaient compris de tout le monde, et, je dois l'avouer, je vivais encore alors de la terminologie de 1789, et j'étalais un grand luxe de tirades contre le clergé et la noblesse, ou, comme je les ai appelés, contre la prêtrise et l'aristocratie; mais j'ai marché depuis plus loin ⌈dans la voie du progrès⌉, et mes bons Allemands qui, éveillés par le canon de juillet, ont suivi mes traces, et parlent à présent le langage de 1789, ou même de 1793, sont encore si éloignés de moi, qu'ils m'ont perdu de vue et me croient resté en arrière. Je suis accusé de modérantisme, d'intelligence avec les aristocrates, et je vois déjà poindre le jour où je vais être prévenu de connivence avec la prêtrise. Le fait réel est qu'aujourd'hui, sous le mot aristocratie, je ne comprends pas seulement la noblesse de naissance, mais tous ceux, quelque nom qu'ils portent, qui vivent aux dépens du peuple. La belle formule que nous devons, ainsi que beaucoup d'excellentes choses, aux Saint-Simoniens, *l'exploitation de l'homme par l'homme*, nous conduit bien par delà toutes les déclamations sur les privilèges de la naissance. Notre vieux cri de guerre ⌈contre le sacerdoce⌉ a été également remplacé par une meilleure devise. Il ne s'agit plus de détruire violemment la vieille église, mais bien d'en édifier une nouvelle, et bien loin de vouloir anéantir la prêtrise, c'est nous-mêmes qui voulons aujourd'hui nous faire prêtres.

Pour l'Allemagne, sans doute, la période des négations n'est pas encore finie; elle ne fait même que commencer. En France, elle paraît au contraire toucher à sa fin; au moins, il me semble qu'il⌈⌉ faudrait plutôt ici se livrer à des tendances positives⌈, et réédifier tout ce que le passé nous a légué de bon et de beau⌉.

⌈Par une espèce de superstition littéraire, j'ai laissé à mon livre son titre allemand. Sous ce nom de *Reisebilder*, il a fait son chemin dans le monde (beaucoup plus que l'auteur lui-même), et j'ai désiré qu'il conservât ce nom heureux dans l'édition française.⌉

Henri Heine.

Paris, ce 20 mai 1834.

Au Rédacteur.

Paris, 10 janvier 1853.

Monsieur,

J'ai trouvé dans votre Numero du 7 janvier le résumé d'une note explicative de M. Eugène Renduel. Je suis bien peiné que vous n'ayez pas donné en entier cette note que M. Renduel, lorsqu'il m'a fait la dernière fois l'honneur de venir me voir, avait rédigée sous mes yeux, et qui devait en même temps servir à m'épargner la fastidieuse besogne de m'adresser au public en mon propre nom. Je ne veux pas dire que les faits que contient ce résumé ne soient pas vrais; mais les deux principaux faits, tout en étant vrais dans le fond, sont énoncés d'une manière si vague, qu'ils pourraient donner lieu à des commentaires erronés et très fâcheux. 1° Il est vrai que j'avais autorisé M. Renduel à traiter dans mon intérêt pour une édition in-12 de mon ouvrage *Reisebilder* (Tableaux de voyage), dont il était l'éditeur originaire; cependant, comme on pourrait, faute d'autre indication, s'imaginer que cette autorisation eût été donnée tout récemment, je cours risque d'avoir l'air d'un étourdi qui le lendemain ne se souvient plus du mandat qu'il a donné la veille. Or il y a déjà longtemps que j'avais prié M. Renduel de me trouver un éditeur pour une édition in-12 des *Reisebilder*, en l'autorisant à traiter à ce sujet avec un libraire de Paris. J'avais donné cette autorisation à M. Renduel quelque temps avant la révolution de Février, et depuis cette époque, comme vous savez, beaucoup de choses sont tombées dans l'oubli, et chez plus d'un d'entre nous la mémoire s'est affaiblie. 2° Il est vrai, comme il est dit à la fin du résumé, que «M. Heine restera désormais le seul propriétaire de ses œuvres.» C'est tout à fait vrai; seulement le mot *désormais* pourrait faire croire que cette propriété ne m'appartenait pas auparavant, et dans ce cas j'aurais encore l'air d'un étourneau qui s'engage à la légère dans des poursuites judiciaires. Je passerais pour un amateur de procès, moi qui n'ai jamais eu un procès de ma vie, quoique je sois moi-même jurisconsulte et même docteur en droit, *utriusque juris doctor*, promu à cette dignité par le doyen de la Faculté de Droit à Gœttingue, l'illustrissime et savantissime professeur Hugo, qui à cette solennelle occasion m'a, dans le plus beau discours latin, fait le compliment que je serais un jour un grand légiste, un vrai Papinien. Je ne suis pas devenu un Papinien, mais je connais assez la jurisprudence pour savoir qu'il faut éviter les procès, et je me serais bien gardé d'en intenter un à l'occasion de la réimpression des *Reisebilder*, si en outre de mes droits matériels je n'avais pas à défendre mes intérêts moraux. En m'entendant à l'amiable avec M. Renduel, j'ai fait bon marché des intérêts matériels; je n'ai accepté de lui aucune rétribution pour l'édition dont il a concédé la publication à M. Lecou; j'ai renoncé en faveur des indigens à toute indemnité sous ce rapport, et M. Renduel, de son côté, s'est noblement engagé à payer une certaine somme, stipulée d'un commun accord, aux pauvres d'un village situé près de son château, et dont il m'avait dépeint la détresse. Quant aux intérêts moraux, je ne les aurais pas abandonnés aussi facilement; j'avais à démontrer qu'un auteur reste à tout temps de sa vie maître de retoucher pour une nouvelle édition un ouvrage émané de sa plume à une époque antérieure. C'est, selon mon opinion (qui différerait peut-être de celle de Papinien), un droit imprescriptible et inaliénable. J'avais bien besoin de revendiquer ce droit à l'occasion d'une réimpression des *Reisebilder*, quiont été écrits il y a plus de vingt ans, et où se trouvent quelques passages entachés d'une impiété si crue que j'en ressens un véritable remords. J'ai eu l'intention de purifier ce livre par une nouvelle édition, en en retranchant les passages scabreux ou en les neutralisant par des notes réfutatives, et un aveu sincère, comme je l'ai fait dans des éditions récentes de mes livres en Allemagne. Vous comprenez alors quel tort m'a fait la réimpression des *Reisebilder*, qui a été faite à mon insu et sans ma participation; c'est un tort irréparable et qui me compromet autant dans le ciel que sur la terre.

J'attends, Monsieur, de votre haute loyauté et de la sympathie que vous avez prouvée pour les intérêts des littérateurs, la publication immédiate de cette lettre. Recevez d'avance mes remerciments et agréez l'expression sincère de ma considération très distinguée.

Henri Heine.

<I.> Préface de la dernière édition des Reisebilder.

Die ältere im Jahr 1841 erschienene französische Ausgabe der Reisebilder war durch Anord<n>ung der einzelnen Stücke und durch große Auslassungen sehr verschieden von der deutschen Original-Ausgabe. Dies war ein Gebrechen, dem ich in der heutigen neuen Ausgabe abzuhelfen suchte; <die> Folge der Stücke ist hier chronologisch wie in der deutschen Original-Ausgabe und viele Stücke dieser letzteren, die ich früher ausschied, sind heute aufgenommen worden. Dagegen habe ich mit größerem Eifer an mehreren Orten die Auswüchse getilgt welche von jugendlicher Ueberspann<un>g zeugten und jetzt nicht mehr zeitgemäßig und aufregend nützlich sind. Schon in der Vorrede von 1846 bemerkte ich wie schon damals die grellsten revoluzionären Ergüsse in der franzö<si>schen Ausgabe des Buches ausgemerzt worden. Da im Jahr 1853 ohne mein Vorwissen ein neuer unveränderter Abdruck desselben veranstaltet worden, so bin ich, leichtbegreiflicherweise, nothgezwungen keine allzu merkliche neue Milderungen vorzunehmen und mit großer Bekümmerniß denke ich an die vielen thörigten wie gottlosen Stellen, an das giftige Unkraut, das im Buche fortwuchert – Um es auszureuten müßte man den ganzen Geistes-Wald worin sie wurzeln umhacken, und ach! solche gedruckte Wälder sind nicht so leicht umzuhauen wie eine gewöhnliche Götzen-Eiche. Sie sollen ewig stehen bleiben, blühende Denkmäler unserer Verirungen und die Jugend mag sich nächtlich darin herumtummeln und ihre Spiele treiben mit den spukenden Driaden Satyren und sonstigen Heidenböcken der Sinnenlust! Ich falte andachtsvoll meine Hände, wie alte Sünder thun, wenn ihnen nichts andres übrig bleibt wie die Reue und Entsagung.

Momentanen Nothwendigkeiten gehorchend habe ich bey der franzö<sischen> Gesammtausgabe meiner Werke nicht chronologisch verfahren können. Die Reisebilder hätte<n> die Reihe eröffnen müssen. An diese schließt sich chronologisch das Buch *De la France* das ich mit größ<er>en Ausscheidungen und noch größeren Zusätzen hoffentlich schon im nächsten Monath erscheinen lasse. Es ergänzt das Buch *Lutèçe*, das eine spätere Periode behandelt und leider früher als sein Vorgänger in der französischen Gesammtausgabe dem großen Publiko geliefert werden mußte. Ich sage dem großen Publiko, denn keine meiner Produkzionen hat jemals in so hohem Grade die Aufmerksamkeit der Menge in Anspruch genommen. Seine Vogue hat mich schier erschreckt. Vierzehn Tage lang beschäftigte sich ganz Paris mit diesem Buche. Vierzehn Tage! Kann die Eitelkeit eines Poeten mehr begehren? Ja, es wird mir unheimlich zu Muthe wenn ich daran denke, daß solche ungeheure Successe auch durch große Avanien abgebüßt zu werden pflegen! Ich habe so manchen Triumphator gesehen, auf dessen belorbertes Haupt unversehens ein ignobles Geschirr ausgegossen worden.

<II. Préface de la dernière édition des Reisebilder.>

Indem ich dem französischen Leser dieses Buch überreiche, muß ich ihn mit der Bitte behelligen bey der Lektüre desselben nie zu vergessen wo und wann es geschrieben worden. Wenn er Ort und Zeit der Entstehung und Erscheinung dieses Buchs nicht beständig berücksichtigt, würde er nicht im Stande seyn die Verdienste desselben zu würdigen, und er könnte manchmal so gar den besten Willen des Verfassers mißdeuten. Zur Erleichterung eines wechselseitigen Verständnisses bemerke ich daher ausdrücklich, dieses Buch ist nicht von einem Franzosen, sondern von einem Deutschen auf deutschem Boden zum größten Theil während den Jahren 1826 und 28 geschrieben worden; nur zwey kleine Fragmente sind Produkte einer späteren Zeit. Das ganze Buch gehört also einer Periode welche in Deutschland die Periode nach dem Freyheitskriege und hier in Frankreich die Restaurazion genannt wird.

Wer das deutsche Leben jener Zeit mit dem gleichzeitigen Leben der Franzosen vergleicht, kann sich über die Verschiedenheit welche hier hervortritt nicht genug wundern und wird einsehen daß man die dortigen Verhältnisse keineswegs mit den hiesigen vergleichen kann: der Rhein schied damals nicht bloß zwey Länder sondern auch zwey Welten von entgegengesetzter Temperatur: die Sonne machte ein ganz anderes Gesicht jenseits dieses Flusses wie diesseits bey Euch, die deutschen Wolken waren noch grauer geworden, die Nachtigallen verstummten, dagegen bellten die Hunde weit lauter – die Eichen rauschten sehr kleinmüthig, die Rosen sahen aus als hätten sie den Schnupfen, alles Leben schien auf immer versumpft – überall Stagnazion Lethargie und Gähnen. Bey Euch hingegen in Frankreich, zumal am Ufer der Seine, scheint damals alles gegrünt und geblüht und Knospen getrieben zu haben, die im Begriff aufzuspringen und ganz neue unerhörte Düfte verbreiten sollten. Ihr hattet eine Niederlage erlitten auf den Schlachtfeldern der brutalen Gewalt und da Ihr an dergleichen nicht gewohnt waret, sondern vielmehr zwanzig Jahr lang beständig auch im Waffenspiel alle Trümpfe und Triumpfe genossen hattet, so konntet Ihr diesen Unfall nicht, wie wir in solchen Fällen zu thun pflegten, mit christlichem Gleichmuth ertragen, es wurmte Euch ganz besonders daß Ihr von Kämpfern überrumpelt worden, die Ihr so oft zu Euren Füßen gesehen, und im Unmuth über solches Mißgeschick suchtet Ihr Ersatz oder Beschäftigung oder Zerstreuung im Gebiete der Intelligenz, die alten Soldaten hingen den Säbel an den Nagel und widmeten ihre Kräfte, ihre Tapferkeit, ihre Leidenschaft allen Zweigen der Industrie, der Wissenschaft und der Kunst, und man darf behaupten daß während jener Friedenszeit der Restaurazion der französische Genius sich am prachtvollsten entwickelt und jenen Nazionalreichthum und jene jugendlich frische Literatur hervorgebracht hat, deren Früchte die Welt in Erstaunen setzte<n>. Nach der Juliusrevoluzion schwand jene Verve, die Ausbeutung der Natur wurde minder uneigennützig betriebe<n>, durch eine materialistische Nazional-Oeconomie wurden die großmüthigen Elans der Jugend sehr abgekühlt, im Leben wie in der Literatur, wo kaum noch zwey oder drey große neue Namen hervortreten. Die Tyranney unter dem schrecklichen Wütherich Ludwig XVIII und dem Menschenfresser Carl X hatte nicht die französische Lebensfreude dämpfen können, ich glaube durch die Opposizion mit dem aufgedrängten greisen Bourbonenthum kam die Nazion erst recht zum Bewußtseyn ihrer unverwüstlichen Jugendlichkeit, die paar Jesuiten und Landjunker waren eine wahre Wohlthat für die Witzlust der Badeaux und der Chansonniers, auch für das Tiradentalent der Volkstribunen – die Freyheit gährte bey Euch unter allen Classen allen Costumen und Disciplinen – die Censur schadet wenig in einem Lande wo man viel spricht – das trällerte und schäumte wie Champagner – gesteht, *c'etait le bon temps*, Ihr habt damals viel gelacht und waret froh und glücklich.

Das außerordentliche Aufblühen Frankreichs gleich nach den unglücklichen Feldzügen von 1813 und 1814 ist ein Phenomen, dessen die Weltgeschichte wenige Analogien bietet. Gewöhnlich kommt ein solcher Aufschwung nach einem großen Siege, wie z. B. bey den Griechen nach der Befreyung von der persischen Invasion; bey den Franzosen hat vielleicht eben das beleidigte Nazionalgefühl die höchste Kraftentwicklung gefördert, ihr Point-d'honneur kam ins Spiel und dann auch ist durch die wunderbare Elastizität des gallischen Charakters das Unerhörteste zu erklären. Bey uns Deutschen nahmen die Dinge eine ganz andre Wendung und ein eben so abnormales Phenomen bietet sich hier unserer Betrachtung. Hier, nach einem Nazionalsiege und einer Befreyung vom fremden Joche hätte man einen ungeheuren Aufschwung erwarten sollen, doch eben das Gegentheil fand statt, und wie ich schon oben angedeutet, bey uns herrschte damals die blödeste Verdrossenheit, Mißmuth, Abgespanntheit in allen Erscheinungen des öffentlichen und Privatlebens. Die Gründe liegen sehr verborgen und man muß nicht Alles der politischen Reakzion zuschreiben welche jetzt einbrach. Eine Hauptursache unserer Apathie war wohl, daß wir uns gleich übernommen hatten, in unseren Anstrengungen vor und während dem Befreyungskriege; zur Zeit der Napoleonischen Herrschaft in Deutschland, in den langen Tagen unserer politischen Schmach, namentlich seit den Niederlagen von Jena und Austerlitz, hatte sich der deutsche Geist ins Gebiete der Wissenschaft, der Philosophie und der Poesie geflüchtet, er war gleichsam ins Traumreich des Gedankens und der Romantik emigrirt, unsere größten Denker und Dichter schufen damals ihre Meisterwerke, mit wenigen Ausnah<m>en sind keine große deutsche Autoren seitdem aufgetreten, und die Erzeugnisse jener Perioden bilden den Canon unserer großen Literatur. Einer solchen Anstrengu<n>g mußte wohl eine literarische Erschlaffung folgen wie wir sie während der Restaurazionszeit erlebt. Dann auch hatte man das Recht einigermaßen ermüdet zu seyn, wenn man, sey es auch in Verbindung mit einer Million verbündeter Barbaren, einen Giganten wie Napoleon Bonaparte von seiner kolossalen Höhe herabgestürzt hat; wir konnten kaum mehr zu Athem kommen, wir waren von der Anstrengung wie an allen Gliedern gebrochen und bedurften einige Muße um uns bey Bier und Tabak gehörig auszuruhen. Große Elastizität ist keine hervortretende Eigenschaft der germanischen Natur, die Söhne Hermans und Thusneldes legten sich auf ihre Bärenhäute, leckten vergnügt die junge Brut, erzählten von ihren Großthaten und viele fingen sogar an zu schnarrchen, sorglos vertrauend auf Gott und die von ihm eingesetzte hohe Obrigkeit, unsre 36 Monarchen.

Soll ich die Wahrheit sagen, so muß ich gestehen daß die Erwachenden sehr mißmüthig waren als sie sahen wie wenig ihre lieben Fürsten das große Vertrauen verdienten und wie schlecht sie die Opfer lohnten die ihnen kurz vorher gebracht worden. Denn im Grunde nicht eigentlich ob der paar Handvoll Erdäpfel welche ihnen die Franzosen fraßen, sondern wegen der schlechten Behandlung welche ihre Fürsten von Napoleon erduldeten hatten sich die Deutschen gegen letzteren geschlagen. Es war in der That ein jammervoller Anblick für ein deutsches Gemüth, wenn wir sahen wie der französische Feuer-Kopf, gleich einem übermüthigen *gamin de Paris* welcher die *Portière* nergelt, unsre geliebten Landesväter alles mögliche Herzleid zufügte, wie er ihnen sogar die nöthige Nachtruhe nicht gönnte und manchmal wenn sie sich dessen am wenigsten versahen, plötzlich mit einigen 100,000 Mitgamins, vor den Thoren ihrer Hauptstädte stand und so schrecklich klingelte, daß unseren gekrönten Piplats Hören und Sehen verging. Sie hatten vielleicht eben vorher eingenommen, lagen im Schweiße, hatten sich bequem die friedliche Nachtmütze über die Ohren und die Krone gezogen und gähnten seelenruhig – da wurden sie aufgeschreckt von der fürchterlichen Stimme, von der gellenden Geklingel und Gepolter vor dem Thor –, auf die Gefahr hin den Schnupfen zu bekommen, mußten sie aufstehen, sie mußten sich schnell in ihre Uniform werfen und aufmachen – Und was wollte von ihnen der Mensch? Er wollte ein Büschel von den ehrwürdigen Haaren unserer Landesväter, und der schlechte Spaß hatte kein Ende. Heute hieß <es>: *roi de Prusse donne moi une mêche de tes cheveux!* morgen hieß es: *roi d'Hannovre donne moi de tes cheveux!* übermorgen verlangte er die ganze Perücke eines deutschen Potentaten – sie mußten Haare lassen, er kostete ihnen die Haare vom Kopf und wir konnten sie mit ihrer Glatze nicht ansehen ohne zu weinen. Sie weinten mit uns und in ihrer Noth und ihrer Angst versprachen sie ihren Völkern alle möglichen Constituzionen, Freyheit und Gleichheit, die schönsten Dinge, damit sie ihnen jenen fatalen Stöhrenfried vom Halse schaffen möchten. Das thaten wir auch, aber obgleich wir es auch umsonst gethan hätten, so war es doch betrübsam, ja beleidigend daß unsre Landesväter als wir sie vom Napoleonischen Joche befreyt hatten, ihre schönen Versprechungen unerfüllt ließen. Manche von uns ärgerten sich, daß man sie zum Narren gehalten und beganne<n> zu murren, schriftlich und mündlich; sie wurden eingesteckt oder destituirt, oder zu lebenslänglicher Untersuchung verurtheilt, viele flohen; Andre schwiegen, oder versteckten sich in eine<r> religiösen Resignazion, in dem Glauben, und wurden Mystiker und Pietisten. Eine widerwärtige Reakzion trat gegen allen Liberalismus, gegen jede heitre und freye Manifestazionen des Lebens. Die Frömmeley hatte gute Tage und der Obscurantismus herrschte sowohl im protestantischen wie im katholischen Kirchenwesen. Die Gentilhommerie, das Gespenst der Feudalzeit, erhob sich aus seinem Sarg und wollte seine vergilbtesten Pergamente wieder geltend machen. Ueberall Censur. Und der Deutsche, der nicht wie der Franzose, durch die Mündlichkeit viel kommunizirt, kann nicht so leicht die Presse entbehren. Censur von der schlimmsten Art war die Angst vor dem eignen Wort. Die Gelehrten verklausulirten sich mehr als je in ihre <s>cholastischen Formeln, in ihre sogenannte Wissenschaftssprache, welche die Schergen der Polizey nicht verstand<en>, ja sogar manchmal für Exorzismusworte hielten wodurch der revoluzionäre Geist gebannt werden könne, wie es z. B. dem preußischen Minister Altenstein erging, der den Hegel in so hohem Grade nicht verstand, daß er ihn protegirte. In der Literatur sah es am kläglichsten aus. Auf der Bühne blühten der larmoyante H<o>uwald, der erzprosaische Müllner, der seichte Herr Raupach und die fette Madame Birch-Pfeifer. Die Roma<n>-leser versah mit seinen Taschenbordellchen Herr Clauren, Me Schoppenhauer mit ihren Entsagungsromanen, van der Velde mit seinen matten Nachahmungen Walter Scotts. In den Eichen- und Lindenwäldern der Lyrik zwitscherte die schwäbische Schule, die armen Zeisige der Gedankenlosigkeit. Nur in den Tavernen der Universitäten wehte noch ein freyer Hauch, der Flügelschlag der Begeisterung, hier erloschen nie die Tradizionen der wahren Humanität. Aus der Studentenwelt sollte auch das Buch hervorgehn, welches den deutschen Geist aus seiner Schlafsucht weckte, Leben und Literatur wohlthätig erfrischte und dem alten Apathie ein Ende machte; auch trug seine Sprache das Merkmal der burschikosen Oposizion gegen das Hergebrachte, gegen den Schlendrian, gegen das akademische Zopfthum, gegen das Philisterthum in allen seinen Erscheinungen. In dieser Beziehung ward es auch Prototyp einer Denk- und Schreibweise, die bey dem Autor erst einige Jahre später ganz zur Entwicklung kam und alsdann das sogenannte Junge Deutschland ins Leben rief.

Dieser Autor bin ich selbst und ich rede von den Reisebildern, die in der That wie ein Gewitter einschlug<en> in die Zeit der Fäulniß und Trauer.

Apparat

Briefe aus Berlin

Entstehung und Aufnahme

Als der junge Heine in der zweiten Märzhälfte 1821 in Berlin eintraf, um sich dort als ›Studiosus juris‹ immatrikulieren zu lassen (4. April), sah er sich zum erstenmal in seinem Leben in ein typisches Großstadtmilieu versetzt. Düsseldorf, Bonn, Göttingen, ja selbst Hamburg mußten ihm neben einer Haupt- und Residenzstadt wie Berlin, die damals etwa 200000 Einwohner zählte, plötzlich wie zurückgebliebene und ereignislose Kleinstädte erscheinen. Wo gab es in diesen Jahren ein solches Theater- und Gesellschaftsleben? Wo sah man soviel berühmte Leute in einer Stadt versammelt? Wo fand man größere lukullische Genüsse als bei Jagor und Josty? Sein Studium beschäftigte Heine darum bald nur noch in zweiter Linie. Er ging zwar in einige Vorlesungen von Johann Christian Hasse, Theodor Anton Schmalz, Friedrich von Savigny, Georg Wilhelm Friedrich Hegel, Franz Bopp, Friedrich August Wolf und Friedrich von Raumer, sah jedoch im rein Akademischen bloß eine schöne Nebensache. Welche Kollegs er wirklich von Anfang bis Ende gehört hat, läßt sich nicht mehr definitiv ermitteln, da beim Archiv der Berliner Humboldt-Universität nur der Immatrikulationsvermerk und das Abgangszeugnis vorliegen. Im großen und ganzen scheint ihn das Professoren- und Studentenmilieu relativ kaltgelassen zu haben. Um so intensiver widmete sich Heine dem literarischen, musikalischen und im weiteren Sinne ›geselligen‹ Leben. So frequentierte er den Salon Elise von Hohenhausens, wo er aus seinen Gedichten vorlas und als ›deutscher Byron‹ bewundert wurde, speiste u. a. mit Friedrich Apollonius von Maltitz, August Wilhelm von Schilling, Ernst Christian August Keller, Eduard Gans, Friedrich Wilhelm Gubitz und Georg Klindworth im Café royal, verbrachte seine Donnerstagabende manchmal bei Philipp Veit, wo er Moses Moser, Leopold Zunz und Immanuel Wohlwill kennenlernte, verkehrte im Salon Rahels und Varnhagen von Enses, wurde am 4. August 1822 Mitglied des ›Vereins für Kultur und Wissenschaft der Juden‹ und schloß sich einem Kreis junger Dichter um Christian Dietrich Grabbe, Karl Köchy, Friedrich von Uechtritz und Ludwig Robert an. Nimmt man noch seine häufigen Theater- und Redoutenbesuche hinzu, muß Heines Gesamteindruck von Berlin ein erregender und verwirrender gewesen sein. Halb neugierig, halb angereizt gab er sich allem hin, was diese Stadt an Geselligkeit, Kunst, Wissenschaft, interessanten Charakteren, Restaurants und Straßenleben zu bieten hatte.

Doch er genoß nicht nur. Als höchst agiler und impressionabler Schriftsteller begann er schon nach wenigen Monaten den Plan zu fassen, diese Eindrücke in einer Reihe von Zeitungskorrespondenzen zu verarbeiten. Und zwar wandte er sich dabei zuerst an den als ›liberal‹ bekannten Leipziger Verleger Friedrich Arnold Brockhaus und ließ ihm im Herbst 1821 durch Georg Klindworth, der zeitweilig für den Brockhausischen Verlag gearbeitet hatte, einen »Brief über das hiesige Theater« für das »Literarische Conversations-Blatt« zugehen. Heine hatte bereits 1820 mit Brockhaus anzuknüpfen versucht, wie aus einem Brief vom 7. November 1820 hervorgeht, in dem er Brockhaus den Verlag seiner ersten Gedichtsammlung anträgt. Im Sommer 1821 ergab sich für ihn sogar die Gelegenheit, Brockhaus in Berlin persönlich kennenzulernen (vgl. seinen Brief an Brockhaus vom 1. Februar 1822). Bei dem erwähnten »Brief über das hiesige Theater« kann es sich nur um einen Aufsatz über den Weber-Spontini-Streit gehandelt haben, der im Sommer 1821 fast alle deutschen Zeitungen beschäftigte. Daß sich Heine dabei einen Mittler wie Klindworth aussuchte, den er im Café royal kennengelernt hatte (vgl. Erläuterung zu 30,32), erwies sich als ein Mißgriff. Dieser Mann muß erst ein Liberaler gewesen sein, ging jedoch im Herbst 1821 ins konservative Lager über und wurde zu einem ›agent provocateur‹ und Denunzianten im Dienste der Reaktion. Wie willig Klindworth die Aufträge der Berliner Polizei ausführte, beweist die üble Rolle, die er im Frühjahr 1822 in der »Meister-Floh«-Affäre spielte (vgl. Erläuterung zu 32,1). Daß er aus diesem Gesinnungswechsel kein Hehl machte, geht aus seinen Angriffen auf Brockhaus in der »Allgemeinen Zeitung« vom 9. und 31. Dezember 1821 hervor, auf die letzterer in der Nr. 98 des »Literarischen Conversations-Blatts« vom 27. April 1822 eine scharfe Entgegnung brachte.

Aufgrund der Klindworth-Affäre scheint es recht fraglich, ob Heines Theaterbrief überhaupt an die richtige Adresse gekommen ist. Doch selbst wenn Brockhaus den besagten Theaterbrief erhalten haben sollte, wird er sicher gezögert haben, ein politisch so brisantes Thema wie den Spontini-Weber-Streit in sein »Literarisches Conversations-Blatt« aufzunehmen, das wegen seiner liberalen Tendenzen von den preußischen Behörden einer besonders scharfen Rezensur unterworfen wurde, bevor es in Berlin verkauft werden durfte (vgl. Erläuterung zu 18,22). Heine wandte sich daher am 1. Februar 1822 noch einmal direkt an Brockhaus, schickte ihm seinen inzwischen bei Friedrich Maurer in Berlin erschienenen Gedichtband zu, erinnerte ihn an ihr persönliches Zusammentreffen in Berlin und forderte ihn zugleich auf, ihm eine kurze Notiz über seinen Theaterbrief zukommen zu lassen. Auf meinen Brief über das hiesige Theater, *heißt es hier,* welchen ich Ihnen durch Dr. Klindworth (!!!) zuschickte, habe ich keine Antwort erhalten, und muß zweifeln ob letzterer Ihnen denselben zukommen ließ *(vgl. dazu auch Richard Salomon, »Aus Heines Frühzeit: Ein unbekannter Brief und ein verlorenes Manuskript«. In: MLN 58, 1943, S. 329–334).*

Als sich Brockhaus auf diesen Brief nicht rührte, scheint Heine diese Angelegenheit als erledigt betrachtet zu haben. Wahrscheinlich war diese Anfrage überhaupt nur als eine Art Rückversicherung gedacht. Denn in der Zwischenzeit hatte sich für ihn die Möglichkeit ergeben, seine Korrespondenzberichte aus Berlin im »Kunst- und Wissenschaftsblatt« des »Rheinisch-Westfälischen Anzeigers« unterzubringen, mit dem er schon seit 1819 in Verbindung stand (vgl. Erläuterung zu 9,3). Dr. Heinrich Schultz, der Herausgeber dieser Zeitung, der sich seit 1822 Schulz nannte, scheint am 5. Januar 1822 bei Heine angefragt zu haben, ob er nicht Lust habe, einige Briefe aus der Residenz für seinen »Anzeiger« zu schreiben. Solche Korrespondenz, berichte waren im »Rheinisch-Westfälischen Anzeiger« durchaus üblich- ja Schulz hatte schon 1820 »alle Freunde« seines Blattes öffentlich gebeten, ihm doch Berichte zu schicken, in denen »die Sitten einzelner Gegenden charakterisiert oder herrschende Mißstände, Vorurtheile, Verirrungen aller Art bezeichnet werden« (»Rheinisch-Westfälischer Anzeiger«, 1820, Nr. 1 vom 1. Januar, Sp. 17f.). Diese liberale Tendenz war jedoch inzwischen durch die strikte Durchführung der »Karlsbader Beschlüsse« (1819) stark eingeschränkt worden. Dennoch hatte man in dieser Zeitung etwas mehr Freiheit, über die Berliner Skandälchen zu berichten, als man sie in Berlin zugestanden bekam. Nicht für das angesehene Brockhausische »Conversations-Blatt« schreiben zu können, sondern einen Korrespondenzbericht für den Hammer »Anzeiger« zu liefern, war für Heine natürlich ein Abstieg, der ihn sicher arg gewurmt hat. Doch andererseits konnte er in dieser Zeitung vor einem Publikum auftreten, unter dem sich einige seiner wichtigsten Verwandten und Bekannten befanden, was ihm zweifellos eine gewisse Kompensation bot. Außerdem wurde der »Anzeiger«, der als die wichtigste rheinländisch-preußische Zeitung galt, auch von seinen meist aus dem Rheinland oder Westfalen stammenden Freunden des Hohenhausen-Kreises in Berlin regelmäßig gelesen.

Welche genaueren Absprachen zwischen Heine und Schulz getroffen wurden, läßt sich heute nicht mehr genau ermitteln, da sich von dem diesbezüglichen Briefwechsel nichts erhalten hat. Man weiß also weder, wie umfangreich das Ganze geplant war, noch welches Honorar Heine dafür bekam. Wahrscheinlich wurde er gebeten, etwa alle 4 bis 6 Wochen einen Brief zu schicken, und zwar weniger über das Theater als über das allgemeine Gesellschaftsleben (vgl. 9,39). Reine Theaterberichte brachte der »Rheinisch-Westfälische Anzeiger« als Regionalblatt nur aus Münster, Aachen oder Köln. In der Themenwahl sollte Heine sicher Dinge bevorzugen, die für die Leser dieser Gegenden von besonderem Interesse waren. Daß er sich daran gehalten hat, zeigen die häufigen Erwähnungen von Landsleuten aus Rheinland-Westfalen (vgl. 17,24, 18,23, 28,26, 31,4–5, 34,33 und 47,11). Genaueres hierzu findet sich bei Gerd Heinemann, »Die Beziehungen des jungen Heine zu Zeitschriften im Rheinland und in Westfalen«, Diss. Bonn 1972, masch., S. 213ff.

Heines 1. »Brief aus Berlin«, der das Datum vom 26. Januar 1822 trägt, erschien am 8. und 15. Februar in den Nummern 6 und 7 des »Kunst- und Wissenschaftsblatts«, und zwar in den Spalten 81–88 und 103–110. Beide Beiträge, die hauptsächlich Nachrichten aus dem Berichtszeitraum vom 5. bis 26. Januar enthalten, weisen keine Zensurstriche auf und sind mit »....e« unterzeichnet. Der Herausgeber Schulz scheint lediglich an den vielen Namensnennungen Anstoß genommen zu haben, worauf Heine zu Beginn seines 2. Briefes anspielt (vgl. 19,12–13). Eine solche Offenheit war damals ungewöhnlich und verwickelte Heine in die Schilling-Affäre (vgl. weiter unten und die Erläuterung zu 17,21). Außerdem trug ihm diese Forschheit einen höhnischen Angriff von seiten Köchys ein (vgl. weiter unten und die Erläuterung zu 50,40).

Der 2. »Brief aus Berlin« vom 16. März 1822 erschien am 12., 19., 26. April und 3. Mai in den Nummern 16, 17, 18 und 19 des »Kunst- und Wissenschaftsblatts«, und zwar in den Spalten 242–250, 262–268, 276–282 und 296–301. In den Namensnennungen legte sich Heine auch diesmal keine Beschränkungen oder Rücksichtnahmen auf. Dennoch muß Schulz mit diesem Manuskript recht liberal verfahren sein. Heine schreibt darüber am 15. Juni 1822 an Ernst Christian August Keller, der ebenfalls für den »Rheinisch-Westfälischen Anzeiger« arbeitete: Außer den Benzenbergschen Witz hatte mir Schulz im vorigen Briefe wenig gestrichen. *Wirkliche Zensurstriche finden sich nur in dem Abschnitt über Spontini, wo vom* Unwillen *gewisser Berliner Kreise gegen dessen »Olympia« und die Begeisterung des Hofes über dieses Werk die Rede ist (vgl. Erläuterung zu 25,33–34). In diesen Partien scheint es sich um wiederverwendete Abschnitte aus jenem Theaterbrief zu handeln, den Heine ursprünglich für das »Literarische Conversations-Blatt« geschrieben hatte (vgl. Salomon, »Aus Heines Frühzeit«, S. 334). Wie will man sonst erklären, daß Heine einmal* Ende des vorigen Sommers *(24,27) und dann* diesen Sommer *(25,35) schreibt, als er auf den Spontini-Weber-Streit zu sprechen kommt? Obendrein läßt sich anhand der Nachrichtenkette feststellen, daß Heine jene Abschnitte, die in der dritten Fortsetzung dieses Briefes erscheinen und dem sogenannten ›Kammermusikus‹ (vgl. Erläuterung zu 17,36–37) in den Mund gelegt sind, erst nach dem 16. März 1822 abgeschickt sein müssen, da sie zum Teil Meldungen enthalten, die sich auf Tagesereignisse beziehen oder aus Zeitungen stammen, von denen Heine frühestens zwischen dem 20. und 24. März Notiz genommen haben kann.*

Der 3. »Brief aus Berlin« vom 7. Juni 1822 erschien am 28. Juni, 5., 12. und 19. Juli in den Nummern 27, 28, 29 und 30 des »Kunst- und Wissenschaftsblatts«, und zwar in den Spalten 417–421, 435–439, 451–457 und 472–478. Diesmal war Heine über die Streichungen recht aufgebracht. Er schreibt darüber am 1. September 1822 an Keller: In meinem 3ten Briefe aus Berlin ist auf unverzeihliche Weise geschnitten worden. Schulz schreibt es sey die Censur gewesen. Nicht allein daß jener Brief, die Spuren meiner krankhaften Stimmung tragend, unerquicklich ausfiel; muste die Censurscheere noch verursachen daß ich Unsinn sprach. *Heine meint damit die Zensurstriche in jenen Abschnitten, in denen auf das Berliner Stadtgefängnis und die Französische Revolution angespielt wird (Sp. 420). Hier sind die Streichungen allerdings so gravierend, daß ein unsinniger Wortsalat entsteht (vgl. die Lesarten zu 39,29–40,27). Außerdem hat der Zensor in Hamm höchstwahrscheinlich auch bei den Namensnennungen eingegriffen und den »Herzog von Cumberland« zu* einer fremden Herrschaft *abgewandelt (38,26–27), also genau das getan, was Heine zu Anfang seines 2. Briefes erbittert angegriffen hatte (vgl. 19,17–32). Schulz war obendrein so frei gewesen, dem Ganzen diesmal zwei Fußnoten beizugeben. In Spalte 474, wo Heine über das Memoirenwerk Casanovas spricht und frischweg behauptet:* Meiner Geliebten möchte ich es nicht empfehlen, aber allen meinen Freunden, *was sogar hinter der Kühnheit des »Gesellschafters« zurücksteht (vgl. Erläuterung zu 50,19–20), heißt es in einer Fußnote: »Ich nicht! – D. H.« (Sp. 474). An anderer Stelle, wo Heine über E. T. A. Hoffmann schreibt* Derselbe kränkelt noch immer, *findet sich die Fußnote: »Ist bekanntlich seitdem gestorben. D. H.« (Sp. 475). Bei den Meldungen bloßer Tagesereignisse läßt sich auch hier feststellen, daß Heine das Ganze in zwei oder mehreren Schüben geschickt haben muß, da sich in den letzten beiden Fortsetzungen Nachrichten finden, die ihm erst nach dem 7. Juni 1822, dem offiziellen Datum dieses Briefes, bekanntgeworden sein können. Aufgrund eines Briefes vom 15. Juni 1822 an Ernst Christian August Keller wissen wir, daß er den Schlußabschnitt dieses Berichtes erst am 14. Juni nach Hamm geschickt hat.*

Nach diesem Briefe mit den beiden Fußnoten hören Heines Korrespondenzberichte plötzlich auf. Ursprünglich hatte er sicher noch ein paar weitere geplant. So spricht er im 2. und 3. Brief ausdrücklich von meinen nächsten Briefen *(vgl. 32,17 und 52,38–39). Ja, am 1. September 1822 teilt er seinem Freunde Keller aus Gnesen mit, daß er noch etwa* 2 Briefe *für den »Rheinisch-Westfälischen Anzeiger« zu schreiben gedenke. Im selben Briefe heißt es, daß ihm* Dr. Schulz vor 4 Wochen *geschrieben habe, im Oktober höchstwahrscheinlich nach Berlin zu kommen. Daß Schulz wirklich Ende Oktober in Berlin war, geht aus einer kurzen Notiz im »Anzeiger« hervor (vgl. Nr. 84 vom 18. Oktober, Sp. 2013), in der er sich wegen einer dringenden Berlin-Reise für vier Wochen von seinen Lesern verabschiedet (über die Gründe dieser Reise vgl. die Erläuterung zu 34,5). Bei ihrem Zusammentreffen in Berlin müssen sich Schulz und Heine darüber geeinigt haben, die Berichtserie aus Berlin einfach abzubrechen. Wahrscheinlich war Heine nach seiner Polenreise im August/September 1822 die Lust daran vergangen, weiterhin über Berlin zu berichten. Obendrein hatte er in seinen ersten drei »Briefen aus Berlin« schon alles Wichtige gesagt. Und was im Frühjahr aus politischen Gründen unterdrückt werden mußte, wäre auch jetzt dem Rotstift des Zen-*

sors zum Opfer gefallen. Als Notlösung wären lediglich Theaterberichte in Frage gekommen. Doch damit hätte er dem Ganzen den Charakter der üblichen Konvenienzkorrespondenz gegeben – und gegen die hatte er sich deutlich genug ausgesprochen (vgl. 9,29). Außerdem gab es im Sommer und Frühherbst sowieso nicht viel aus Berlin zu berichten. Wer Rang und Namen hatte, verbrachte diese Zeit auf seinen Gütern oder in Badeorten. Und so verrät schon der Schluß des 3. Briefes, in dem Heine ein zusammenfassendes Bild der literarischen Szene zu entwerfen versucht, eine gewisse Abrundungstendenz. Ähnliches läßt sich später bei der Abfassung der »Nordsee III« beobachten. Statt also einen 4. »Brief aus Berlin« zu schreiben, setzte sich Heine Ende Oktober hin und begann, seine in Polen empfangenen Eindrücke aufs Papier zu bringen.

Und als dieser Aufsatz fertig war, schickte er ihn nicht an Schulz, sondern brachte ihn zu Gubitz, der in Berlin den »Gesellschafter« herausgab. Das Rheinland war ihm inzwischen doch etwas ferner gerückt. Heine publizierte daher sein nächstes Werk lieber in Berlin, so zwiespältig ihm diese Stadt und ihre Gesellschaft auch vorkamen.

Welche Wirkung die »Briefe aus Berlin« auf Heines Zeitgenossen hatten, ist schwer zu bestimmen. Heine war schließlich im Frühjahr 1822 noch eine relativ unbekannte Größe. Um so erstaunlicher ist es, daß dieses Werk dennoch einen gewissen Widerhall fand. So notiert sich etwa Varnhagen von Ense am 20. Februar 1822 in sein Tagebuch: »Im westphälischen Anzeiger stehen sehr dreiste Korrespondenznachrichten aus Berlin; es heißt darin z. B., ›ich sah bei der Parade sehr viele mich anekelnde aristokratische Gesichter‹« (»Blätter aus der preußischen Geschichte«, Leipzig 1868f., II,39). Er meint damit die Stelle Zwar hier und da sieht man ein aufgeblasenes, dumm-stolzes Aristokratengesicht aus der Menge hervorglotzen, *die am 26. Januar in Spalte 85 erschienen war. Am 12. März notiert er sich: »Der junge Heine, Verfasser des Berliner Berichts im Westphälischen Anzeiger, welcher von Berlin weggewiesen werden sollte, ist noch hier« (»Blätter« II,61). Vermutlich liegt dieser Meldung nur ein Gerücht zugrunde, denn für irgendwelche polizeilichen Ermittlungen gegen Heine hat sich bis heute kein Quellenbeleg finden lassen. Man weiß lediglich von einem polizeilichen Verhör, dem sich Heine bei seinem zweiten Berliner Aufenthalt im April 1824 beim Staatsrat Christoph Ludwig Friedrich Schultz unterziehen mußte (vgl. Werner/Houben Nr. 109). Doch diese peinliche Befragung braucht nicht den »Briefen aus Berlin«, sondern kann ebensogut der Schrift »Über Polen« gegolten haben.*

Auch in den damaligen Zeitungen werden Heines »Briefe aus Berlin« ab und zu erwähnt. Besonders günstig äußern sich selbstverständlich die rheinisch-westfälischen Blätter darüber. So werden Heines Berichte im Mindener »Sonntagsblatt« als durchgehend »humoristisch« gelobt (Nr. 46 vom 17. November 1822). Im »Rheinisch-Westfälischen Anzeiger« schreibt ein gewisser »Selmar« (d. i. Karl Bernhard Garve, 1763–1841), daß er die »so anziehend geschriebenen ›Briefe aus Berlin‹«, die von dem »jungen genialen Dichter Harri Heine« herrühren sollen, trotz des »harten Urtheils über des edlen Körners schöne Lieder« dennoch »mit Vielen so gerne gelesen« habe (»Kunst- und Wissenschaftsblatt«, 1822, Nr. 43 vom 11. Oktober, Sp. 676). Von den verschiedenen Berliner Zeitungen haben nur zwei von Heines »Briefen« Notiz genommen. So heißt es am 21. August 1822 in der Nr. 133 des »Gesellschafters« unter der Rubrik »Aus Rheinland und Westphalen«: »Das ›Kunst- und Wissenschaftsblatt‹, dem ›Rh. Westphälsch. Anzeiger‹ beigegeben, wird durch letzteren gehalten. Die jüngsten Blätter desselben sind gern und viel gelesen, wegen der darin enthaltenen humoristischen Briefe aus Berlin. R.« Möglicherweise geht diese Notiz auf Heine selber zurück, der sich damals recht gut mit Gubitz stand. Die andere Erwähnung findet sich im »Brandenburger Erzähler«, einer Beilage zum »Märkischen Boten«, wo es in der Nr. 177 vom 18. Mai heißt: »Das Interesse, welches die Leser an dem, im westphälischen Anzeiger ohnlängst erschienenen, ersten Briefe aus Berlin genommen, veranlaßt uns, den, im gedachten Blatte ebenfalls befindlichen zweiten Brief, datirt vom 16ten März d. J., unsern Lesern zur Unterhaltung mitzutheilen. D. R.« (Sp. 1). Danach folgt in Spalte 1–4 die vierte Fortsetzung des 2. Briefes, die der »Rheinisch-Westfälische Anzeiger« in der Nr. 19 vom 3. Mai in den Spalten 296–301 gebracht hatte (vgl. DHA 35,8–37,40). Von den Herausgebern oder der Zensur wurden dabei vor allem die Wörter Sekondelieutnant *und* Kommisbrod-Fräulein *gestrichen, die gegen die allgemeine Achtung des Adels und des Militärs verstießen. Die Stelle* Die reinste Lustigkeit ist die Liebe, Gott ist die Liebe, Gott ist die reinste Lustigkeit *erscheint aus religiösen Gründen im »Brandenburger Erzähler« nur in der Form »Die reinste Lustigkeit ist die Liebe«. Heine erwähnt diesen Nachdruck in seinem 3. Briefe vom 12. Juli und bedankt sich ausdrücklich für die* hiesige galante Zensur *(vgl. Erläuterung zu 46,8–9).*

Das wirklich Erregende an diesen »Briefen« wird jedoch für viele die Offenheit in der Namensnennung gewesen sein, die in den Jahren nach den »Karlsbader Beschlüssen« relativ selten anzutreffen ist. So schreibt der Anonymus »L.-d.«, hinter dem sich sicher Leopold von Hohenhausen verbirgt, in der Nr. 16 der Zeitung »Westphalen und Rheinland« vom 20. April 1822: »Die in den neuesten Stücken des ›Rheinisch-Westphälischen Anzeigers‹ enthaltenen ›Briefe aus Berlin‹ von H. (Heine etwa?) haben hinsichtlich mancher gewagten Ansichten und Behauptungen Sensation erregt; besonders ist die Namen-Nennung mancher bekannten Personen darin und deren Zusammenstellung mit den Erscheinungen des Tages aufgefallen; auch soll darüber von dem ebenfalls darin genannten Freiherrn von Schilling mit dem Verf. ein Schriftwechsel stattgefunden haben« (vgl. dazu Werner Deetjen, »Neue Heinefunde«. In: ZDPh 44, 1912, S. 478f.). Über besagten Schilling hatte Heine im 1. Briefe lediglich geschrieben: Bemerken Sie den

Elegant, der sich so leicht bewegt, kurländisch lispelt *bis* Das ist der Baron von Schilling, der im Mindener Sonntagsblatte »die lieben Teutsenkel« so sehr touchirt hat *(Nr. 7 vom 15. Februar, Sp. 108, und DHA 17,19–22). Außerdem ist noch an anderer Stelle von einem* Elegant mit zwölf bunten Westen *die Rede, der ebenfalls* lispelt *(Sp. 103 und DHA 13,42–43). Schilling, der von Natur aus sehr streitlustig war (vgl. sein Schreiben über das Duellwesen im »Intelligenzblatt« der »Eleganten«, 1821, Nr. 22 vom 2. Oktober, Sp. 1), fühlte sich durch diese beiden Stellen in seiner Ehre angegriffen und ließ sich nur mit Mühe wieder beruhigen. Dabei hatte Heine jede böse Absicht ferngelegen. Schließlich muß ihm ein Mann wie Schilling, der ein glühender Verehrer Napoleons war und sich über die* lieben Teutsenkel *mokiert hatte, politisch gar nicht so unsympathisch gewesen sein (über Schillings Aufsatz »Nordwestliche Galläpfel« in der Nr. 1 vom 1. Januar des Mindener »Sonntagsblatts« und die Anspielung auf die besagten* Teutsenkel *vgl. die Erläuterung zu 17,21–22). Um daher weiteren Mißverständnissen aus dem Wege zu gehen, schrieb Heine Ende März 1822 an Schulz, vor dem Druck des 2. »Briefes« auf jeden Fall den Absatz über Schillings »Sizilianische Vesper« herauszustreichen, da dieser Mann jede Bemerkung über seine Person sofort übelnehme. Doch für diese Streichung werden nicht nur persönliche, sondern auch politische Gründe maßgebend gewesen sein. Denn seit 1820 war in den Zeitungen ständig von sizilianisch-neapolitanischen Unruhen die Rede, wodurch ein Geschichtsdrama über die »Sizilianische Vesper«, das sich mit der Volkserhebung vom 30. März 1282 gegen Karl I. von Anjou beschäftigte, von vornherein in den Verdacht eines revolutionären Pamphlets geriet. Und das wird Schillings Drama auch gewesen sein. Man weiß sogar, daß er in Gesellschaft die Unterdrücker des neapolitanischen Volkes als »Schlächterhunde« bezeichnet hat und dadurch in Gefahr geriet, aus Berlin ausgewiesen zu werden (vgl. Varnhagen, »Blätter«, II,45, Eintragung vom 26. Februar 1822). Vielleicht war es deshalb nicht ungefährlich, auf ein solches Werk überhaupt hinzuweisen. Heines Wunsch auf Streichung dieser Stelle hat Schulz jedenfalls ohne weiteres entsprochen, obwohl sich dadurch der Abdruck des 2. »Briefes« um zwei Wochen verzögerte. Doch trotz dieser Vorsichtsmaßnahme gab es beim Erscheinen des 2. »Briefes« zwischen Heine und Schilling einen noch größeren Krach als zuvor. Diesmal nämlich scheint Schilling die beiden Ausdrücke* altes Weib *und* ächte Klatschlise *(Sp. 243 und DHA 19,36) auf sich bezogen zu haben. Gemäß seiner Veranlagung forderte er daraufhin Heine zum Duell heraus, wie Gubitz behauptet (»Erlebnisse«, Berlin 1868, II,272). Da sich jedoch Heine in dieser Angelegenheit wirklich unschuldig fühlte, setzte er sich am 30. April 1822 hin und schrieb Schilling einen langen Brief, in dem er alle Mißverständnisse aufzuhellen versuchte.* Hören Sie, *heißt es hier*, in meinem 2ten Briefe, als ich unter den literarischen Novitäten von Ihrer Sizilianischen Vesper sprach (Sie erinnern sich daß ich dieses längst beabsichtigte) nahm ich Gelegenheit auch über Sie zu sprechen, damit man wenigstens aus dieser Stelle ersehen könne daß ich nie dran dachte mir über Ihre Persönlichkeit kränkende Ausfälle zu erlauben. Ich hatte jenen Brief schon seit 14 Tage abgeschickt, als mich der Ihnen vielleicht bekannte Herr Symansky auf der Königsstraße begegnete, und mir erzählte daß man sich in der Stadt damit herumtrüge: Heine habe mit dem Baron Schilling über einige Ausdrücke im Anzeiger Händel bekommen, Schilling habe sich mit ihm eine Stunde lang im Kaffe-Royal eingeschlossen, und Heine habe am Ende dieses Gespräches sich anheischich gemacht im Anzeiger seine Beleidigung zurückzunehmen. Ich sagte dem Hrn Syman<s>ky: daß es mir nie einfiel Baron Schilling beleidigen zu wollen, daß wir uns nie gezankt, daß Baron S mir nur ein Billet geschrieben, worin er sich gekränkt fühlt, daß ich ihm ebenfalls über dieses Gekränktfühlen unaufgefordert ein versöhnendes Billet geschrieben, kurz daß die ganze Geschichte wie sie in der Stadt erzählt werde eine Lüge sey. – Sie fühlen selbst, Baron, daß ich, weil solche Gerüchte im Publikum herumliefen, es nicht rathsam hielt ein einziges Wort über B Schilling drucken zu lassen; es war unter meiner Würde einem solchen Gerüchte öffentlich zu widersprechen; und ich begnügte mich dem Redakteur des Rh Westfälischen Anzeigers, Dr H. Schulz in Hamm, jene Mißverständnisse anzudeuten, und ihn zu ersuchen, wenn es noch geschehen könne, in meinem 2ten Brief, die ganze Stelle wo von Ihnen die Rede ist, auszustreichen. Sie sehen also, Baron, daß jene Witze im Anfange meines zweiten Briefes durchaus nicht Sie, von dem ich in der Mitte des Briefes so herzlich sprach, treffen konnten. *Um Schilling vollends zu beruhigen, ließ Heine sogar noch in der Beilage »Der Bemerker« zur Nr. 85 des »Gesellschafters« vom 29. Mai 1822 eine öffentliche Erklärung einrücken, in der er sein Bedauern darüber ausspricht, daß zwei seiner »Briefe aus Berlin«* auf eine Art ausgelegt worden *seien,* die dem Herrn Baron von Schilling verletzend erscheinen muß *(vgl. den Text dieser »Erklärung« im Anhang zu den »Briefen aus Berlin« 225,17–32). Schilling nahm daraufhin zwar seine Duellforderung zurück, ließ jedoch in der Nr. 88 des »Zuschauers« vom 23. Juli 1822 ein »Traumbild« abdrucken, in dem er sich über Heines frühe Lyrik lustig macht (S. 1f.). Und zwar greift er hier vor allem dessen byronistische Zerrissenheit an. Durch diese Modekrankheit, heißt es höhnisch, sei Heine manchmal in einer Stimmung, in der ihm selbst die »Zeitungen aus Hamburg« und die »süßen Makronen des Zuckerbäckers« keinen Spaß mehr machten.*

Ebenso enragiert war Karl Georg Köchy, einer der engsten Freunde des Barons von Schilling, über Heines »Briefe aus Berlin«, der in der Nr. 90 des »Literarischen Conversations-Blatts« vom 18. April 1822 hinter dem Schutzschild der Anonymität Heine verdächtigte, mit seiner lobenden Beschreibung des Café royal nach der »Speckseite des Honorars« geschielt zu haben (S. 359f.). Dieser Angriff bezieht sich auf eine Äußerung in Spalte 107 der Nr. 7 vom 15. Februar (vgl. DHA 17,1–7). Heine erwähnt diese Sticheleien zuerst in einem Schreiben an Keller vom 27. April. In einem Brief vom 15. Juni an denselben erklärt er, daß er sich für den hämischen Ausfall in seinem 3. »Brief aus Berlin« mit einem übertriebenen Lob Köchys revanchieren wolle, was er dann auch tat (vgl. 50,40–51,3).

Von Heines engeren Freunden und Bekannten haben sich sonst nur wenige zu den »Briefen aus Berlin« geäußert. Friedrich Steinmann bezeichnet sie 1828 in seiner kurzen Heine-Biographie in den »Beiheften zu den Allgemeinen Unterhaltungs-Blättern« als »interessant«, wenn auch etwas zu kurz geraten (Nr. 1, Erste Juli-Hälfte, S. 13). Heinrich Laube betont im 5. Band seiner »Reisenovellen« (1837), daß Heine in diesen »Briefen« in den frühen zwanziger Jahren unter dem Eindruck der »Berliner Schärfe« eine »Art Schießpulver-Literatur« erfunden habe (S. 358). Was sich sonst noch findet, betrifft meist nur Nebensächliches. Das gleiche gilt für spätere Erwähnungen in der Sekundärliteratur, in der die »Briefe aus Berlin« fast immer als belanglos abgetan werden (vgl. Jost Hermand, »Heines ›Briefe aus Berlin‹. Politische Tendenz und feuilletonistische Form«. In: »Gestaltungsgeschichte und Gesellschaftsgeschichte«, hrsg. von Helmut Kreuzer, Stuttgart 1969, S. 288ff.). Lediglich Strodtmann und Elster machen hier eine Ausnahme, die sie als »Vorläufer der Reisebilder« zu rechtfertigen versuchen (Strodtmann I,217 und Elster[1] I,35).

Auch Heine selbst hat später von diesen »Briefen« keine besonders hohe Meinung gehabt. Das zeigt die Art und Weise, wie er sie 1827 in seinem zweiten »Reisebilder«-Band wiederverwandte. Um über die berüchtigte Zwanzigbogengrenze hinauszukommen, hing er hier an »Nordsee I+II« und das »Buch Le Grand«, die zusammen nur 296 Seiten ausmachen, einfach drei Teilstücke seiner Berliner »Briefe« an, die auf den Seiten 297 bis 326 erscheinen. Und zwar handelt es sich dabei um die Jungfernkranz-Geschichte, die Maskenball-Episode und die Beschreibung der Hochzeitsfeierlichkeiten. Damit dieses Verfahren nicht allzu willkürlich wirkt, schließt er das »Buch Le Grand«, das die Seiten 129 bis 296 umfaßt, mit dem überleitenden Schlußsatz: Wir wollen von andern Dingen sprechen, von Jungfernkranz, von Maskenbällen, von Lust und Hochzeitsfreude – lalarallala, lalarallala, lalaral – la – la – la.

Doch selbst diese Lösung muß Heine höchst ungenügend vorgekommen sein. Er schreibt daher in einer kurzen Anmerkung: Ein Schriftsteller ist oft übel daran; allerhöchstäußere Bedingnisse können verlangen, daß ein Buch, welches er in die Welt schicken will, über 20 Druckbogen enthalte, während er mit seinen guten »Ideen« nur die Hälfte zu füllen vermag. Hannövrischer Adel und Briefe aus Berlin werden dann als Ballast mitgenommen *(S. 327). Auch in einem Schreiben an Varnhagen vom 24. Oktober 1826 heißt es im Hinblick auf die angehängten »Briefe aus Berlin«:* Mißverstehen Sie mich nicht, dies ist bloß eine Form um mit besserer Bequemlichkeit alles zu sagen was ich will, ich schreibe die Briefe eigentlich jetzt, und benutze dazu einen Theil des äußern Gerüstes der Briefe die ich wirklich im J 1822 im westfälischen Anzeiger drucken ließ. *Als jedoch der Band erschien, zeigte sich, daß Heine gar nicht soviel geändert hatte. Er schälte eigentlich nur drei Episoden heraus, die er den Spalten 144–147, 296–302 und 417–421 entnahm, und änderte die Überschriften von 26. Januar, 16. März und 7. Juni in 1. März, 16. März und 8. Mai. In der ersten Episode, der Jungfernkranz-Geschichte, ist außer einer Bemerkung über Friedrich Wilhelm III. (vgl. Lesart zu 22,31–36) und einigen geringfügigen stilistischen Änderungen der Text fast der gleiche geblieben. Auch die zweite Episode, die Maskenball-Geschichte, ist nur ganz minimal überarbeitet worden. Lediglich im 3. »Brief«, der Beschreibung der Vermählungsfeierlichkeiten, finden sich ein paar Erweiterungen (vgl.* »Lesarten« *39,29–40,27). Ob Heine dabei auf seine ursprünglichen Notizen zurückgegriffen hat, um die bereits erwähnten Zensurlücken auszufüllen, oder ob es sich hier um Neubildungen handelt, ist heute nicht mehr festzustellen.*

Als das Ganze erschienen war, bemerkte er am 9. Juni 1827 brieflich an Moses Moser, daß er nur das »Buch Le Grand« und die Gedichte für gelungen halte, während er die »Nordsee III« und die »Briefe aus Berlin« als Futter für die Menge *eingestreut habe. Heine teilte daher Varnhagen schon am 16. Juni 1830 seinen festen Entschluß mit, bei einer Neuauflage von Rb II die »Briefe aus Berlin« einfach* wegzuschmeißen. *Das gleiche betont er im »Schlußwort« seiner »Englischen Fragmente« vom 29. November 1830, wo er die »Briefe aus Berlin« als das* zinnerne Ende *des* 2. Reisebilder-Bandes *bezeichnet, das er nur aus äußerer Bedrängnis und Zeitnot in den Guß hineingeworfen habe, um die nötige Bogenzahl zu erreichen.*

In den Rezensionen dieses Bandes, die sich meist auf die Gedichte und das »Buch Le Grand« konzentrieren, werden die »Briefe aus Berlin« fast immer stillschweigend übergangen. Gelobt werden sie eigentlich nur von Ludwig Robert, der sie in der Nr. 48 des »Literatur-Blatts« zum Stuttgarter »Morgenblatt« vom 15. Juni 1827 als »besonnen und doch so begeisterungsvoll« charakterisiert (S. 190). In der Nr. 89 der »Leipziger Literatur-Zeitung« vom 14. April 1830 ist im Hinblick auf die Berliner »Briefe« von »komischem Pathos« und »vielen frappanten Zeichnungen des Volkslebens« die Rede (S. 711). »a.« (d. i. Willibald Alexis) schreibt in der Nr. 93 des »Berliner Conversations-Blatt für Poesie, Literatur und Kritik« vom 11. Mai 1827: »Daß der Dichter zum Schluß seine Correspondenz aus Berlin mit abdrucken lassen, geht, nach Berliner Redensart, über den Spaß« (S. 372). Noch negativer drückte sich der Rezensent »75« in der Nr. 16 der »Blätter für literarische Unterhaltung« vom 18. Januar 1828 aus. Er schrieb: »Die ›Briefe aus Berlin‹, die das Buch beschließen, sind eine müßige Zugabe, die besser weggeblieben wäre; sie sind überexaltirt geschrieben und werden daher oft sehr matt« (S. 61).

Als Heine daher 1831 die Zweitauflage seines 2. Reisebilder-Bandes *vor-*

bereitete, ordnete er den Inhalt der beiden ersten Bände in einer Weise um, daß er auf die »Briefe aus Berlin« verzichten konnte (vgl. den Abschnitt über die Entstehung der »Reisebilder II« 721,16). Daß dadurch der Schluß seines »Buch Le Grand« mit dem Hinweis auf die folgenden Maskenbälle, den Jungfernkranz und die Hochzeitsfreude etwas in der Luft hängenblieb, scheint ihn nicht gestört zu haben.

In den nächsten zwanzig Jahren ist es um die »Briefe aus Berlin« absolut still. Weder in dem ersten noch in dem zweiten Plan zu einer Gesamtausgabe seiner Werke werden sie erwähnt (vgl. die Briefe an Campe vom 12. November 1846 und vom 7. Juni 1848). Doch ganz vergessen scheint Heine sie nicht zu haben. Denn in seinem letzten Entwurf einer vollständigen Werkausgabe, den er Campe in einem Brief vom 18. März 1852 unterbreitete, sind sie auf einmal wieder da. Und zwar sollten sie hier im Band 13 neben dem »Almansor«, der »Manfred«-Übersetzung, der »Vorrede zum Don Quixote«, der »Reise nach Polen«, der »Vorrede zu Kahldorfs Adelsbriefen« und der »Kritik über Menzel« abgedruckt werden. Ob Heine dabei nur die drei Stücke aus der 1. Auflage des 2. Reisebilder-Bandes oder das Gesamte im Auge hatte, läßt sich heute nicht mehr eruieren.

Elster[1] hat sich in seiner Heine-Ausgabe für die drei Stücke entschieden und den Hauptteil des Textes in den Apparat verwiesen. Walzel und die an ihn anschließenden Ausgaben nehmen eine unkritische Kontamination von J und D vor, indem sie gewisse redaktionelle Änderungen Heines in D wieder rückgängig machen. Für das in dieser Ausgabe vorgenommene Verfahren vgl. den Abschnitt »Überlieferung«. Der Text von D erscheint als Haupttext, der ergänzende Text von J wird in einer etwas kleineren Drucktype (9'/11') gesetzt.

Literatur:

a) Heine und Berlin.

Joseph Lehmann, »H. Heine in Berlin, in den Jahren 1821–1823«. In: »Magazin für die Literatur des Auslandes« 37, 1868, Nr. 12 vom 21. März, S. 169 bis 171; Gustav Karpeles, »Heinrich Heine in Berlin«. In: G. K., »Heinrich Heine und seine Zeitgenossen«, Berlin 1888. S. 1–19; Georg Malkowsky, »Heinrich Heine und Berlin«. In: »Der Bär« 25, 1899, S. 808–809; Hermann Gilow, »Mit Heinrich Heine im Jahre 1822 ›Unter den Linden‹«. In: »Mitteilungen des Vereins für die Geschichte Berlins« 25, 1908, S. 168–170; Gustav Karpeles, »Heine in der Konditorei«. In: »Berliner Tageblatt«, 1909, Nr. 345 vom 11. Juli; »Heinrich Heine als Berliner Student«. In: »Breslauer Zeitung«, 1910, Nr. 678 vom 27. September; Tony Kellen, »Heine in Berlin (1821)«. In: »Berliner Börsen-Courier«, 1921, Nr. 471 vom 8. Oktober; Joachim Krueger, »Heine und Berlin«, Berlin 1956; K. Brammer, »Heinrich

Heines Berliner Impressionen«. In: »Berliner Blätter« 11, 1961, Heft 3, S. 31–33; Walther G. Oschilewski, »Heinrich Heine«. In: W. O., »Berühmte Deutsche in Berlin«, Berlin 1965, S. 68–82.

b) Heines »Briefe aus Berlin«.

Akira Matsushita, »Heine no ›Berlin Dayori‹ ni tsuite« (Über Heines ›Briefe aus Berlin‹). In: »Gakugeigakubu Kiyo« (Berichte der Universität Miyazaki), Nr. 6, 1958, S. 40–56; Jost Hermand, »Heines ›Briefe aus Berlin‹. Politische Tendenz und feuilletonistische Form«. In: »Gestaltungsgeschichte und Gesellschaftsgeschichte«, hrsg. von Helmut Kreuzer, Stuttgart 1969, S. 284–305.

Überlieferung

J Briefe aus Berlin. *In: »Rheinisch-Westfälischer Anzeiger«, 1822, Beilage: »Kunst- und Wissenschaftsblatt; der Wissenschaft, der Kunst und der Erheiterung des Lebens geweiht.«*

Nr. 6 vom 8. Februar, Sp. 80–88 (Erster Brief. Berlin, den 26. Januar 1822.).

Nr. 7 vom 15. Februar, Sp. 103–110 (Erster Brief. Berlin, den 26. Januar 1822.).

Nr. 16 vom 12. April, Sp. 242–250 (Zweiter Brief. Berlin, den 16. März 1822.).

Nr. 17 vom 19. April, Sp. 262–268 (Zweiter Brief. Berlin, den 16. März 1822.).

Nr. 18 vom 26. April, Sp. 276–282 (Zweiter Brief. Berlin, den 16. März 1822.).

Nr. 19 vom 3. Mai, Sp. 296–301 (Zweiter Brief. Berlin, den 16. März 1822.).

Nr. 27 vom 28. Juni, Sp. 417–421 (Dritter Brief. Berlin, den 7. Juni 1822.).

Nr. 28 vom 5. Juli, Sp. 435–439 (Dritter Brief. Berlin, den 7. Juni 1822.).

Nr. 29 vom 12. Juli, Sp. 451–457 (Dritter Brief. Berlin, den 7. Juni 1822.).

Nr. 30 vom 19. Juli, Sp. 472–478 (Dritter Brief. Berlin, den 7. Juni 1822.).

Jeweils unterzeichnet mit »....e.*« Die einzelnen Teilstücke werden mit folgenden Verweisen aneinandergereiht: »Fortsetzung folgt« (Sp. 88, 250, 268, 282, 421, 439, 457), »Fortsetzung« (Sp. 262, 276, 296, 435, 451) und »Schluß« (Sp. 103, 472). Stärkere Eingriffe des Herausgebers bzw. der Druckerei zeigen sich besonders im Bereich der Absatzregelungen, Sperrungen und der unter »Restitutionen« aufgeführten orthographischen Veränderungen. Im Spaltensatz des RWA (J) wird die Zahl der Absätze erheblich reduziert. Andererseits deutet die Verwendung von Punkt und Gedankenstrich auf Absätze in der Druckvorlage hin. Außerdem sind im Zeitschriftendruck durchweg Namen, Titel und akzentuierte Wörter durch Sperrung markiert. In beiden Fällen wird nach der ursprünglichen Intention Heines verfahren. Im Bereich der Orthographie wird vor allem die ey- und c-Schreibung restituiert.*

D Briefe aus Berlin. I. 1822. *In: H. Heine,* Reisebilder. Zweyter Theil, *Hamburg 1827, S. 297–326. Zur Druckbeschreibung vgl. »Nordsee III«, »Überlieferung« (732,4–10).*
Die aus J herausgelösten Episoden werden in der von Heine redigierten Form und unter Weglassung der von ihm ausgeschiedenen Passagen (vgl. »Lesarten«) abgedruckt. Der übrige Text vor, zwischen und nach den Episoden folgt J. Die Daten der Briefe, die sich ja auf den Gesamttext beziehen, entsprechen J. Das Motto von D wurde dem gesamten Text vorangestellt. Zu weiteren Einzelheiten vgl. »Entstehung und Aufnahme«.

»Der Brandenburger Erzähler, oder: Uebersicht der jüngsten Zeitereignisse. (Unentgeltliche Beilage zum Märkischen Boten.)«, 1822. Nr. 177 vom 18. Mai, Sp. 1–4, unterzeichnet mit ». . . . e.« Enthält: Vorbemerkung der Redaktion (vgl. »Entstehung und Aufnahme« 367,15–19) und Textabschnitt Wie man diesen Winter hier lebte *bis* die nur Deutschland und Deutsche lieben *(35,8–28; 376,15–33; 35,35–36,16; 376,40–377,12; 36,17–37,40). Über die Zensurstriche vgl. »Entstehung und Aufnahme« (367, 22–29) und die Erläuterungen zu 46,5–9. Gedruckt nach: J Sp. 296–301.*

Lesarten

8 Seltsam *bis* Homburg] *nicht in J*
10,24 Boulevard] Boulevardt *J* 27 Baisers] Besees *J* 30 Bückinge] Bücklinge *J*
13,42 zwölf] zwölz *J*
14,40 Café-Royal] Kaffe-Royal *J*
15,10 Café de Commerce] Kaffe de Kommerce *J* 18 Café-Royal] Kaffe-Royal *J* 33 *capitale de la musique*] *Capitale de la Musique J*

16,2 Cortez] Kortez *J* 19 Café-Royal] Kaffe-Royal *J* 37 Staël] Stael *J*
17,1 Café-Royal] Kaffe-Royal *J* 6 Caféhaus] Kaffehaus *J* 23 Maltitz] Maltiz *J* 26 Carte] Charte *J* 39 Koreff] Coreff *J* 41 Koreffs] Coreffs *J*
18,16 Fouqué] Fouque *J* 21 Sanskrit] Samskrit *J* 23 Görres'] Görres *J* 28 Floh,] Floh *J* 35 worden] werden *J*
20,35 Sie] sie *J* 39 Mendelsohn] Mendelson *J*
21,1 Sie] sie *J* Maria von Webers] M. v. Webers *J* Maria von Weber's *D* 3 oder] oder kurzweg *J* 6 Königs-Thore] Königs-Thore gehen *J* selbst,] selbst *J* 10 *Marlborough s'en va-t-en guerre*] *Malborough s'en va t'-en guerre J Marlborough s'en va-t'-en guerre D* Länder] Lander *J* 11 in die Nacht] in der Nacht *J* 12 das] folgendes *J* 17 Hochzeitfreude] Liebesfreude *J* 23 Myrth'] Myrth *J* Thymian] Tymian *J* 29 schöner, u.s.w.] schöner u.s.w. *J* 33 Schuljugend,] Schuljugend *J* zwitschernd,] zwitschernd *J* bey meinem] meinem *J*, *D* 33–34 vorbeyzieht] vorbeizieht *J* 36 heraufsingen] hinaufsingen *J* 37 Myrth'] Myrth *J* Thymian] Tymian *J* 40 nicht] nichts *J* ***li] -li *J* steig'] steig *J*
22,7 ruf'] ruf *J* 8 einmal] mal *J* anfangen«,] anfangen« *J* 9–10 bis ich selbst vor unsäglichen Qualen wie ein Wurm mich winde] bis ich mich selbst vor unsäglichen Qualen wie ein Wurm winde *J* 11 »Hilf Samiel!«] Hilf Samiel! *J* 15 Boucher] Boucher *J* Bouchér, der sich den Sokrates der Violinisten nennt, *D* Concerte] Konzerte *J* 19 forcirtem] forzirtem *J* lispelt] lispelte *D* 20 schene] schöne *J* 21 schene] schöne *J* greife nach] greife *J* 25 Thiergarten. *Absatz*] Thiergarten. – *J* 26 Sie hierher kommen] Sie mal herkommen *J* 27 Vorfrühlingstagen,] Vorfrühlingstagen *J* 28 links] links *J* 29 Louise] Louise *J* 31 spatzieren] spazieren *J* 31–36 Es ist eine schöne, edle, ehrfurchtgebietende Gestalt *bis* nur selten nach Berlin kömmt] *nicht in J* 36–37 Die schönen Königskinder sieht man ebenfalls zu dieser Zeit im Thiergarten, so wie auch den ganzen] Auch die schönen Königskinder können Sie dort sehen, und den ganzen *J* 39 zwey] zwei *J* 40 Offiziere] Offizire *J* Officiere *D* vorbey] vorbei *J*
23,1 selten schönere] nirgends schönre *J* 6 zwey] zwei *J* vorbey] vorbei *J* 8 Karl] Karl *J* 10 vorbeyfliegt] vorbeifliegt *J* Alexandrine] Alexandrine *J* 14 entgegenleuchten] entgegen leuchten *J* 21 Und nun den ganzen Tag verläßt mich nicht das vermaledeite Lied.] Und nun verläßt mich das vermaledeite Lied den ganzen Tag nicht. *J* 22 bey] bei *J* 23 Heinsius] Heinsius *J* Dessert] Desert *J* 25 hier] dort *J* 28–29 der Jägerchor] das Jägerchor *J* 30 Fähndrich,] Fähndrich *J* Abwechselung,] Abwechselung *J* hineingebrüllt,] hineingebrüllt; *J* 33 Variazionen] Variationen *D* 35 Tode] Tod *J* 36 schönsten Borussinn] Geliebten *J* schönsten Borussin *D* 38 hätschelt] häschelt *J* 40 Tankred] Tankret *J*
24,1 vielen Leiden] viel Leiden *J* 37 Milderhauptmann] Mildelhauptmann *J*
25,35 Sie] sie *J*
26,32 gefurchte] gefurchtete *J*

27,8 »Aucassin und Nicolette«] »Aukassin und Nikolette« *J* 14 das] daß *J*
30,20 Ausfällen] Ausfallen *J* 23 Flaumenbette] Pflaumenbette *J* 30 Beckedorff] Beckendorf *J* 31 Kamptz] Kampz *J* Beckedorff] Beckendorf *J*
31,3 Alopäus] Alopeus *J* 26 Tyrteische] Tyteische *J* 39 Rellstab] Röllstab *J*
32,2 persiflire] persifflire *J* 4 Persiflagen] Persifflagen *J* 35 Gauklerapparate] Gaukleraparate *J* 38 Café-Royal] Kaffe-Royal *J*
33,4 Mailand] Mayland *J* 15–16 Broschüre] Brochüre *J* 21 10, 000] 10000 *J* 25 Sanskrit] Samskrit *J*
34,8 Kasseler] Casseler *J* 12 Portugal] Portugall *J* 31 Euryante] Euriante *J*
35,8 lebte] lebte *J* Das] Dies *J* 10 Conzerte] Konzerte *J* Concerte *D* 11 *médisant*] *medisant J*, *D* 11–12 Liebhaberey-Komödien] Liebhabereikomödien *J* Liebhaberei-Komödien *D* 18 Corps] Korps *J* Civilbeamten] Zivilbeamten *J* 19 Offiziere] Officiere *D* 20 Bey] Bei *J* 24 Classe] Klasse *J* 30 Secondelieutenant] Sekondelieutenant *J* 34–35 Hofkothurn. *Absatz* Wenig Schnee,] Hofkothurn. – Ein einziger allen Ständen gemeinsamer Ball gibt es hier seit einiger Zeit, nämlich die Subskripzionsbälle, oder die scherzhaft »unmaskirte Maskeraden« genannten Bälle im Konzertsaale des neuen Schauspielhauses. Der König und der Hof beehren dieselben mit ihrer Gegenwart, letzterer eröffnet sie gewöhnlich, und für ein geringes Entree kann jeder anständige Mensch daran Theil nehmen. Ueber diese Bälle und die Hoffestlichkeiten spricht sehr schön die geist- und gemüthreiche Baronin Caroline Fouqué in ihren Briefen über Berlin, die ich, wegen der Tiefe der Anschauung, die darin herrscht, ihnen nicht genug empfehlen kann. Dieses Jahr fielen die Subskripzionsbälle nicht so glänzend aus, wie voriges Jahr, da sie damals noch den Reiz der Neuheit hatten. Die Bälle der großen Staatsbeamten hingegen waren diesen Winter besonders brillant. Meine Wohnung liegt zwischen lauter Fürsten- und Ministerhotels, und ich habe deshalb oft des Abends nicht arbeiten können vor all dem Wagengerassel, und Pferdegetrampel und Lermen. Da war zuweilen die ganze Straße gesperrt von lauter Equipagen; die unzähligen Laternchen der Wagen beleuchteten die gallonirten Rothröcke, die rufend und fluchend dazwischen herumliefen, und aus den Balle-Etagefenstern des Hotels, wo die Musik rauschte, gossen kristallene Kronleuchter ihr freudiges Brillantlicht. *Absatz* Wenig Schnee *J* 36 allen] allen großen *J* 39 Bijouterie-] Bijoutrie- *J*
36,7 respectiven] respektiven *J* Familie,] Familie; *J*, *D* 9 Conditorladen] Konditorladen *J* wallfahren] wallfahrten *D* 9–10 Passionsstazionen] Passionsstationen *D* 10–11 zwey Courantgroschen Entree] zwei Kourantgroschen Entree, *J* 11 »Ausstellung«] Ausstellung *J* 12 Dragéepuppen] Drageepuppen *J* 13 perspectivisch] perspektivisch *J* 16–17 vorstellen. *Absatz* Die Redouten] vorstellen. Ich habe eine Menge dieser Konditorladen mit durchgewandert, da ich nichts ergötzlicheres kenne, als unbemerkt zuzuschauen, wie sich die Berlinerinnen freuen, wie diese gefühlvolle Busen vor Entzücken stürmisch wallen, und diese naiven Seelen himmelhoch aufjauch-

zen: Neh, des ist schehne! Bei Fuchs waren in der heurigen Ausstellung Bilder aus Lalla-Rookh, wie man sie vorig Jahr auf dem bekannten Hoffeste im Schlosse sah. Es war mir unmöglich, von dieser Herrlichkeit bei Fuchs etwas zu sehen, da die holden Damenköpfchen eine undurchdringliche Mauer bildeten vor dem viereckigen Zuckergemälde. Ich will Sie nicht langweilen, mein Lieber, mit der Beurtheilung der Ausstellung bei allen Konditoren; der Kriegsrath Karl Müchler, der, wie man sagt, berliner Korrespondent in der Eleganten Welt ist, hat bereits in diesem Blatte eine solche Rezension geliefert. *Absatz* Von den Redouten im Jagorschen Saale läßt sich nichts erhebliches sagen, außer daß bei denselben die schöne Einrichtung getroffen ist: daß es Jedem, der sich dort zu Tode zu ennuyiren fürchtet, ganz unverwehrt bleibt, sich wieder zu entfernen. Die Redouten *J* 17 Opernhause] Opernhause *J* schön] herrlich *J* 18 dergleichen] diese *J* Parterre] Parterre des Opernhauses *J* 19 das giebt] dieses bildet *J* 21 Compendien] Kompendien *J* 22 findet] sieht *J* 24 überlärmend] überrauschend *J* 25 hüpfend] hüpsend *D* 25–28 hin und her wogt. Jeder *bis* nehmen. Nur in] hin- und herwogt. Es ist bemerkenswerth, daß auf den hiesigen Redouten Jeder in einem Maskenzuge erscheinen muß, und es ist charakteristisch: daß es Niemanden erlaubt ist, unten im großen Tanzsaale die Maske vom Gesicht zu nehmen. Ich weiß nicht, in welchen Städten dieses auch der Fall wäre. Aber in *J* 28 des ersten und zweyten] des 1sten und 2ten *J* 30 Gallerie aus] Gallerie *J* 33–34 Maskenmenge. Fast alle Männer tragen hier nur] Maskenmenge. Diese besteht aus Menschen von allen Ständen. Schwer ist hier zu entscheiden, ob der Kerl ein Prinz oder Schneidergesell ist; an der äußern Repräsentazion würde dieses wohl zu erkennen seyn, nimmermehr an dem Anzuge. Denn 11/12 Theile der Männer tragen alle *J* 35 Dieses] Letzteres *J* 39 Priesterinnen] Prieterinnen *D* ordinairen Venus] *Venus vulgivaga J*

37,1 Vorbeyflirrende] Vorbeiflirrende *J* 2 *connais*] *connois J Chauve-souris*] *Chauve souris J* 3 *connais*] *connois J* 3–4 *n'es pas grand'chose*] *tu né's pas grand'chose J tu n'ès pas grande chose D* 5–6 Wind. *Absatz* Aber] Wind. Aber 6 wer] wer *J* 9 Du] Du *J* 10 verhüllender] verhüllendes *J* 13 Ergötzliches] ergötzliches *J* 18 letzten] vorletzten *J* 19 Kopfe] Kopf *J* 20 wär'] wär *J* 23 *es beau*] *ès beau D* 24 *es charmant*] *ès charmant D es l'objet*] *ès l'objet D* 24–25 *belle!«* das] *belle! tu es bon garçon! tu es charmant!«* das *J* 30 teutschen] deutschen *J* Mummerey] Mummerei *J* Teutsche teutsch] Deutsche deutsch *J* 33 Russen] Franzosen *J* 37 giebt] gibt *J* 39 Nazionalselbstsucht] Nationalselbstsucht *D*

38,2 den 7. Juni] den 8. May *D* 3 schwarzseidene] schwarzseidne *J* dito Strümpfe] Strümpfe *J* 4 allerfeyerlichst] allerfeierlichst *J* 6 Alexandrine] Alexandrine *J* 7–9 Mecklenburg-Schwerin. *Absatz* Man trug sich damit herum, diese Feyer solle noch etwas länger aufgeschoben werden] Mecklenburg-Schwerin. *Absatz* Die ausführliche Beschreibung der Hochzeitfeierlichkeiten selbst lasen Sie gewiß schon in der Vossischen oder Haude- und

Spenerschen Zeitung und was ich darüber zu sagen habe, wird also sehr wenig seyn. Es hat aber auch noch einen andern wichtigen Grund, warum ich sehr wenig darüber sage, und das ist: weil ich wirklich wenig davon gesehen. Da ich oft mehr den Geist als die Notiz referire, so hat das so sehr viel nicht zu bedeuten. Ich hatte mich auch nicht genug vorbereitet, sehr viele Notizen einzusammeln. Es war freilich schon sehr lange vorher bestimmt, daß am 25. die Vermählung jener hohen Personen statt finden sollte. Aber man trug sich damit herum, daß solche noch etwas länger aufgeschoben werde *J* 9 Freitag (den 24.)] vorigen Freitag *D* selbst] es noch *J* 10–11 statt finden werde] statt fände *J* 11 Sonnabendmorgen] Sonnabend-morgen *J* 12 lag Eilfertigkeit] lag eine Eilfertigkeit *J* 14 Tag,] Tag; *J* 15 sechs] 6 *J* 16–17 Wagengerassel. *Absatz* Ich bin] Wagengeroll. – Ich bin *J* 17 Offizier] Officier *D* 18 kurfähig] kurfähig, *J* 19 beywohnen] beiwohnen *J* Dennoch] Doch *J* 21 beysammen] beisammen *J* 26–27 des Herzogs von Cumberland] einer fremden Herrschaft *J* 27 gebührt] gebühret *J* 29 reist] reiset *J* reis't *D* 30 Raschid] Radschid *J* 33 Porcellanhaftigkeit] Porzellanhaftigkeit *J* 34 schwerbezopften] schwerbezöpften *J* dreyeckigen] dreieckigen *J* 36 beym] beim *J* 36–37 karmoisinrothes] karmosinrothes *J*

39,1 bedeckt] bedeckt. – *J* 6–10 Staatskarosse, zerrend zog er die Zügel, *Absatz* »und rasch hinflogen die Rosse«. *Absatz* Es] Staatskarosse, und *Absatz* zerrend zog er die Zügel, »und rasch hinflogen die Rosse.« *Absatz* Es *J* 12 Seiten] Weichen *J* 14 Portal] Innere *J* 17 behangen] behängt *J* 17–18 ganz gut] sehr gut *J* 19 kann] k a n n *J* 21 will] w i l l *J* stadtvogteylichen] stadtvogteilichen *J* zwey] zwei *J* 22–23 bewunderten mit Enthousiasmus] konnten nicht genug bewundern *J* 24–26 Ich hingegen *bis* als mir] Ich sah fast beständig nach den blauen Augen dieser schönen Geschöpfe, und ich wurde etwas ärgerlich, als mir *J* 39,29–40,27 Laubfrosch. »Carissime«, quäkte er *bis* Kanonen losgeschossen werden? Kaum] Laubfrosch. – Carissime, quäkte er, ich sehe, Sie haben Sinn für das Schöne: – – – – Um mich von ihm zu befreien, zeigte ich ihm meinen Barbier, der uns gegenüber stand und heute seinen neuen altdeutschen Rock angezogen hatte. Dem Kammermusiko wurde das Gesicht kirschbraun vor Ärger, und er fletschte mit den Zähnen: »o Sankt Marat! so ein Lumpenkerl gibt sich für einen – – – –« Dadurch hatte ich das Ding noch schlimmer gemacht, und fiel ihm nun in die Rede: Wissen Sie auch, im Lustgarten werden gleich zwölf Kanonen losgeschossen? Kaum *J*

40,6 zerquetschtes] zerquetsches *D* 15 Kammermusici,] Kammermusici *J*, *D* 29–30 als ich den Kerl vom Halse hatte] als mir der Kerl vom Halse war *J* 30 Aussteigenden] Austeigenden *J*, *D* 31 accompagnirte] akkompagnirte *J* 32 Da] Hier *J* 33 dreymal] dreimal *J* 34 wo] wenn *J*

41,2 wird auch] wird *J* 3 »unsre«] u n s r e *J* »unsre«] u n s r e *J* 3–4 »unser«] u n s e r *J* 4 Karl] Carl *D* Karl u.s.w. Sie können] Karl u.s.w. Der Berliner lebt gleichsam in die königl. Familie hinein, alle Glieder derselben kommen

ihm wie gute Bekannte vor, er kennt den besondern Charakter eines jeden, und ist immer entzückt, neue schöne Seiten desselben zu bemerken. So wissen die Berliner z. B., daß der Kronprinz sehr witzig ist, und deshalb kursirt jeder gute Einfall gleich unter dem Namen des Kronprinzen, und einem Herkules mit der schlagenden Witzkeule werden die Witze aller übrigen Herkulesse zugeschrieben. Sie können *J* 5 vom Volke geliebt] ein Gegenstand der Volksliebe *J* 6 Widerspruch] Widersprnch *D* 8 unsre] unsre *J* 12 verheurathet] verheirathet *J* 14 Königinn aller Herzen] Himmelskönigin *J* Königin aller Herzen *D* 15 Lippen] Wangen *J* 16 wär'] wär *J* 30 Kaschimir] Cachemir *J* 31 Billetts] Billets 33 Ihnen] ihnen *J*
42,18 de-] deh- *J*
43,25 Porte-épéejüngling] Portd'epéejüngling *J* 43 quietscht] quitscht *J*
44,1 Montfaucon] Montfaukon *J* 15 auch] aus *J* 34 Cabeljau] Cabiljau *J*
45,8 sapphischen] saphischen *J* 38 Decenz] Deçenz *J*
47,4 *capitale*] *Capitale J* 5 *capitale*] *Capitale J* 33 Aufsätzen] Aufsätze *J*
48,16 juristischen Collegien] juristische Kollegien *J*
49,7 Tieck] Tiek *J*
51,43 Handlung] Haltung *J*
53,18 erschleußt] verschleußt *J*

Restitutionen

Absätze eingeführt nach: **9**,15 geschlagen! 19 will. **10**,24 Josty! **11**,11 werden. **13**,4 bleiben? **14**,23 Militair. **15**,20 Hätte! 33 Musique. **16**,2 Olympia. 31 Kutscher. 34 Attrakzion. 42 pikanteres. **20**,21 wird. **24**,30 mag. **25**,20 Lobe. **26**,20 soll. **27**,18 Romantik. 27 Berlin? **29**,2 Vaters. **31**,12 Seyn. **32**,16 Nasenübel. **33**,41 aufgestellt. **34**,5 haben. 8 zurückgerufen. 16 erwartet. 21 Alexandrine*). 25 Glienike. 27 heraus. 29 Pfaueninsel. **42**,6 ist. 24 seyn. 40 Opernhause. **43**,20 Clima. **45**,15 werden. 42 hervortritt. **46**,14 Spreestadt. 17 bin. 20 landen. 24 nachgeahmt. 29 abgegangen. 35 Börsenhalle. 40 verpflichten. 43 Marschallstab. **47**,3 gelegt. 19 wird. 22 verursache. 24 aufgehalten. 25 sehen. 27 gezeigt. **49**,39 giebt. **50**,18 züchtigt. 35 ist. **51**,9 sind. **52**,5 soll. 37 können.
Kursivschreibung eingeführt: **43**,34 *Anno*
Sperrung aufgehoben: **9**,24 nicht **10**,24 Josty **11**,8 Dome 10 Dompfaffen 14 Theremin **12**,14 die Linden **13**,2 Eunike 2 Milder 29 Dummer Junge **14**,13 Wandelnde Blumen 30 Zelter **15**,10 Jagor 38 Fuchs **16**,1 Augen 6 Langhans 37 von Staël 42 von Pradt **17**,2 Beyermann 9 Cosmeli 12 Wolf 16 Hoffmann 16 Kater Murr 17 von Lüttwitz 21 von Schilling 23 von Maltitz 24 Hartmann vom Rheine 32 Gans 36 Hellwig 39 Spontini 39 Koreff 41 Koreffs 41 Schneider 43 Bernhard Kleins 43 Bohrer **18**,1 Boucher 1 Freischütz 2 Fischer 3 Graf Brühl 7 Antonin 8 Adam Müller 9 Houwald 9 Wolt-

mann 11 Blüchers 11 Scharnhorsts 11 Rauch 13 Kuhns 14 Wach 15 Stich 16 Karoline Fouqué 18 Prinz Karl von Mecklenburg 18 Staatskanzler 19 Rust 19 Bopp 23 Görres' 27 Hoffmann 29 Gubitz 32 Blum 35 Walter 37 Neumann 37 Stich 38 Julius von Voß 40 Heinrich von Kleists 41 Grillparzer **19**,1 den 2 er 27 deutsch 28 Boileau **20**,18 Boucher 32 Escudero 32 Baillots 38 Seidler 38 Drouets 39 Mendelsohn **24**,21–22 antispontinische Parthey 29 Gluckisten 29 Piccinisten 37 Milderhauptmann 37 Schulz 38 Seidler 41 verstorbenen Webers 41 Spontini **25**,18 Gluck 30 Welscher 31 deutsch 36 Olympia 42 sanfte **26**,5 Karl Maria v. Weber 5 Freischütz 8 Weber 9 Förster 10 Elephanten 10 Weber 12 Spontini 12 Förster 17 Dresden 17 Kassel 19 Wien 22 Gubitz 24 Erste 35 Kalabresen 39 Bernhard Klein 40 Dido **27**,4 Klein 4 Cöllner 6 Schneider 7 Koreffs 21 Schneider 21 Koreff 26 singt 27 spricht **28**,4 Altböckischen 6 Bäh 9 Sir Walter Scott 21–22 von Montenglaut 22 Spieker 23 Lotz 24 Schumann 26 von Hohenhausen 40–41 Sohn von Walter Scott **29**,8 Göthe 10 Göthe 26 wir 27 Unserm 28 Uns im Handel 34 nah 35 Göthe 36 Sachsenhäuser **30**,17 Schleyermacher 30 Beckedorff 31 Kamptz 31 Beckedorff 32 Klindworth 32 Buchholz 34 Schleyermacher **31**,1 Bomz 2 Albrecht 3 Alopäus 3 Altenstein 3 Ançillon 3 Prinz August 4 Akkum 5 Arndt 5 Begasse 5 Benzenberg 5 Beugnot 9 Brockhausischen 10 Brockhaus 13 Brockhaus 23 Zeune 24 Amuel 25 Fabeck 30 Kleistische 37 Houwaldsche Rühreier 38 Gehe 39 Rellstab 43 Hoffmannsche **32**,5 Reimer 5–6 Jean-Paulsche 6 »Komet« 9 Hoffmann 11 Hoffmann 12 Er 20 von Savigny 20 Possenreißer 22 Blondin 23 Schuhmann 24 Bartholomäo Bosko 26 Labinski 38 Kammermusikus 41 Dr. Stöpel 41–42 Logierschen 42 Brühl 43 Walter **33**,2 Wolf 2 Beer 4 Meyerbeer 4 Spontini 5 Koreffs 7 Falk 7 Cosmeli 13 Althing 13 A. v. Schaden 17 Fritsche 21 Böttiger 21 Tieck 22 Fanny Tarnow 23 Menü Menutuli 24 Pr. Idler 25 Pr. Bopp 28 Schadow 29 Schadow 30 Wilhelm Schadow 31 Wilhelmine 32 Hensel 33 Kolbe 34 Schinkel 34 Spontinis 35 »Milton« 36 Tieck 38 Rauch 42 ständischen 43 Ost- 43 Westpreußen **34**,1–2 sächsischen 2 Rheinprovinzen 6 Hessen 7 Bonn 8 Kasseler 9–10 portugiesische 10 Lobrau 12 Flemming 13 sächsischen 14 darmstädtischen Jordan 15 Otterstädt 15 französischer 17 schwedischen 17 Oskar 17–18 Fürstinn Radzivil 18–19 Kronprinzen 21 Prinzessinn Alexandrine 22 Assembleen 23 Fürsten Wittgenstein 24 Staatskanzler 27 Spieker 30 Devrient 30 Boucher 31 Wien 31 Webers 32 Chezy 32 Winkler 33 Romberg 40 Dülmen 42 Spontini **41**,23–24 goldnen Kutsche 29 Spontini **42**,16 meinem **43**,10 Heims 13 Heims 18 Jagor 21 Dienstmagd 21 Eleganten 32 Theodor Körners **44**,16 Walter 17 Lebrün 20 Lebrün 23 Neumann 39 nicht 42 Neumann **45**,11 Intelligenzblatt 15 von leichtbewegten Minnespiel 24 Cerf 26 Bethmann 27 Gubitz 37 Gubitz 38 Decenz **46**,1 Leithold 18 Blondin 21 Bosko 23 Boucher 25 Bülow 25 Scharnhorst 26 Rauchs 28 Blüchers 30 Börsenhalle 33 Joseph Mendelsohn 38 Dr. Böhringer 41 Josty **47**,4 *capitale de la musique* 5 *capitale* 6 Felix Mendelsohn 7 Mozart 8 hier lebenden 12 Joseph Klein 20 Spontini 27 Fonks

29 Kreuser 32 v. d. Leyen 35 gegen **48**,19 ja 19 nein 23 gegen 26 unvergeßliche **49**,1 sieht 5 russischen 7 Tieck 8 Shakespeare 9 Staatskanzlers 16 letzte 18 Kobler 25 Wanderjahre 28 Pustkuchen 31 Schütz 32 v. Varnhagen 34 Göthe 40 deutschen Gil-Blas **50**,1 Rousseau 11 Byron 15 Southey 17 Childe-Harold 20 Casanova 20 Brockhaus 37 Fouqué 40 Köchy **51**,4 v. Uechtritz 9 Hoffmanns 12 Keine Zeile 16 Knigges 27–28 Peregrinus Tyß 33 Dörtje Elverdink 35 Georg Pepusch 39 goldnen Topf **52**,9 Phantasiestücke 10 Elixiren des Teufels 11 Lewis 13 Nachtstücken 15 Serapionsbrüder 16 Klein Zaches 17 Theaterdirektor 18 Elementargeist 19 Brambilla 22 Jean-Paul 43 englische **53**,5 (Goldsmith) 5 (Smollet) 6 (Fielding) 6 französische 7 titellos 8 Jean Jacques 14 deutsche 25 Spies 25 Cramer 25 Vulpius 26 Arnim 26 Fouqué 26 Horn 26 Hoffmann

Bindestrich weggelassen: **21**,5 Hallischen 5 Oranienburger 6 Brandenburger 6 Köpniker

Kleinschreibung eingeführt: **10**,7 **15**,41 paar

Apostroph aufgehoben: **14**,6 erbaun 8 Fraun **46**,28 Blüchers **47**,28 40 Fonks **49**,34 **50**,7 Göthes **13**,17 Hermanns **51**,9 15 40 **52**,7 29 Hoffmanns **39**,14 **48**,4 ins **17**,43 Kleins **51**,16 Knigges **18**,13 Kuhns **46**,26 Rauchs **13**,17 Thusneldas **21**,1 Webers **20**,9 **32**,22 **49**,3 abgereist **13**,24 aufgelöst **26**,19–20 **31**,27 **33**,14 gereist **24**,27 **28**,11 13 liest **38**,29 **47**,20 **53**,16 reist **33**,6 verwahrloste **23**,4 verwahrloster **28**,12 wiederliest

c *in* z: **22**,40 **35**,19 Offiziere **38**,17 Offizier **35**,10 Conzert

h *eingefügt:* **10**,17 **12**,13 **15**,5 43 **17**,23 26 35 **37**,37 38 **48**,20 **49**,25 mahl **20**,39 Mahle **10**,5 andermahl

i *in* ie: **11**,20 Gieb **17**,33 **18**,27 **34**,27 **46**,18 **49**,21 39 giebt **17**,36 giebts **50**,21 herausgiebt

i *in* y: **49**,30 allerley **9**,22 42 **12**,2 35 **13**,19 **14**,30 42 **15**,1 12 **18**,27 32 **19**,28 35 36 **20**,14 15 24 **26**,13 **27**,33 **28**,22 22 24 37 43 **31**,31 42 **32**,5 8 41 **34**,7 13 14 20 22 **42**,34 39 **43**,1 18 **45**,3 **46**,16 **48**,11 33 43 **49**,18 19 **50**,34 **51**,14 **53**,17 bey **9**,33 **11**,33 **14**,42 beym **19**,12 **29**,18 **44**,16 **45**,21 **47**,15 Beyfall **46**,7 beygefügte **34**,7 beygelegt **14**,7 **16**,26 beysammen **29**,10 beytragen **29**,16 Geldbeyträgern **41**,35 beywohnen **30**,14 beyzuwohnen 19 beygewohnt **41**,23 wohnten <...> bey **17**,29 **19**,5 **27**,34 dabey **12**,10 nebenbey **12**,24 **20**,2 vorbey **14**,41 vorbeygehen **15**,34 vorbeygehn **10**,41 wobey **50**,13 drey **33**,27 dreyßig **17**,17 feyerliche **38**,18 **41**,21 Vermählungsfeyerlichkeiten **26**,8 **28**,36 **29**,2 **43**,11 22 24 gefeyert **48**,13 frey **52**,34 freyes **37**,12 **44**,6 Freyheit **44**,8 Freyheitshelden **48**,29 Freyheitsliebe **37**,12 Maskenfreyheit **47**,32 Freyherrn **11**,35 **30**,11 **42**,3 **43**,32 freylich **31**,14 Freymüthigkeit **42**,25 Freyredoute **33**,11 freysinnig **12**,2 5 befreyt **43**,37 Befreyungsverse **34**,36 Klatschereyen **15**,1 34 37 **46**,41 Konditorey **35**,11–12 Liebhabereykomödien **48**,32 Proselitenmacherey **33**,33 Glasmalereyen **33**,32 **45**,14 May **19**,3 **24**,21 **25**,19 24 **26**,7 Parthey **24**,23 Partheykampf **24**,25 partheylos

24,27 Parteykampf **25**,29 Gegenparthey **16**,17 **33**,12 Polizey **39**,15 Polizeybeamte **18**,28 Sticheleyen **39**,23 Stickereyen **48**,25 Tyranney **9**,27 vielerley **9**,40 **10**,22 **11**,4 10 **12**,25 **13**,25 28 **15**,1 **16**,12 21 **27**,2 **28**,21 **30**,6 39 **34**,43 **35**,2 **42**,13 21 23 23 **43**,12 **48**,33 zwey

in *in* inn: **16**,15 Berlinerinn **23**,36 Borussinn **28**,34 Dichterinn **12**,31 Freundinn **34**,17 Fürstinn **16**,7 Göttinn **41**,13 **53**,9 Herzoginn **41**,14 Königinn **33**,31 **34**,21 **38**,5 **41**,10 **51**,37 Prinzessinn **34**,7 Prinzessinnraube **15**,22 Schauspielerinn **35**,2 Tänzerinn **28**,27 Uebersetzerinn **21**,36 Wäscherinn **16**,10 Wagenlenkerinn **21**,34 Wirthinn

k *in* c: **43**,20 Clima **27**,4 Cöllner **48**,16 Collegien **13**,5 7 26 **48**,12 Collegium **32**,2–3 **49**,11 Commission **30**,43 Conversazion **18**,22 **47**,33 Conversazionsblatte **30**,40 Conversazionslexikon **20**,18 22 38 39 Conzert **18**,1 **34**,31 Conzerte **13**,10 **28**,42 Costüm **30**,5 Credit **27**,40 **28**,5 Cultur **51**,40 Theatercoup **32**,11–12 Untersuchungscommission

s *in* ß: **16**,34 **28**,6 42 **43**,8 **50**,5 bloß **38**,28–29 deßhalb

t *in* th: **33**,22 Monathschrift

tion *in* zion: **23**,33 Variazionen **36**,9–10 Passionsstazionen **40**,23 Revoluzionsgeschichten

u *in* ou: **18**,6 Enthousiast **25**,6 **26**,3 Enthousiasten **31**,19 enthousiastisch **39**,22–23 Enthousiasmus

y *in* i: **40**,5 beiden

z *in* c: **31**,36 Farcen **43**,9 Anciennität **44**,26 Circe **48**,17 Judicium

z *in* tz: **19**,38 reitzbar **11**,7–8 spatzieren **13**,41 Spatziergangszeit **13**,38 Lieblingsspatziergang

Erläuterungen

Folgende Werke werden in den Sacherläuterungen nur in abgekürzter Form zitiert: »Blätter« = Karl August Varnhagen von Ense, »Blätter aus der preußischen Geschichte«, Leipzig 1868f.; Brockhaus = Heinrich Eduard Brockhaus, »Friedrich Arnold Brockhaus«, Leipzig 1881; Eisenberg = Ludwig Eisenberg, »Großes biographisches Lexikon der Deutschen Bühne im 19. Jahrhundert«, Leipzig 1903; Fetting = Hugo Fetting, »Die Geschichte der deutschen Staatsoper«, Berlin 1955; Geiger = Ludwig Geiger, »Berlin 1688–1840. Geschichte des geistigen Lebens der preußischen Hauptstadt«, Berlin 1895; Gubitz = Friedrich Wilhelm Gubitz, »Erlebnisse«, Berlin 1868; Heinemann = Gerd Heinemann, »Die Beziehungen des jungen Heine zu Zeitschriften im Rheinland und in Westfalen«, Diss. Bonn 1972, masch.;

Korth = <Johann Wilhelm> D<avid> Korth, »Neuestes topographisch-statistisches Gemälde von Berlin und dessen Umgebungen«, Berlin 1821; Parthey = Gustav Parthey, »Jugenderinnerungen«, hrsg. von Ernst Friedel, Berlin 1907; RWA = »Rheinisch-Westfälischer Anzeiger«; Salomon = Ludwig Salomon, »Geschichte des deutschen Zeitungswesens«, Oldenburg und Leipzig 1906; »Spenersche« = »Berlinische Nachrichten von Staats- und gelehrten Sachen. Im Verlage der Haude- und Spenerschen Buchhandlung«; Vehse = Eduard Vehse, »Geschichte des preußischen Hofs und Adels«, Hamburg 1851; »Vossische« = »Königlich privilegierte Berlinische Zeitung von Staats- und gelehrten Sachen«; Weber = Max Maria von Weber, »Carl Maria von Weber«, Leipzig 1864; Weiglin = Paul Weiglin, »Berliner Biedermeier«, Bielefeld und Leipzig ²1941.

7 Briefe aus Berlin] *literarische Charakteristiken Berlins in Brief- oder Essayform gibt es spätestens seit den achtziger Jahren des 18. Jahrhunderts, als Berlin zum erstenmal zu einem wichtigen politischen und kulturellen Zentrum aufstieg. Und zwar bediente man sich schon damals weitgehend der Briefform wie in Johann Friedels »Briefe über die Galanterien von Berlin, auf einer Reise gesammelt von einem oesterreichischen Offizier« (1782), Carlo Antonio Pilatis »Briefe aus Berlin, über verschiedene Paradoxe dieses Zeitalters« (1784), Johann Daniel Rumpfs »Berlin oder Darstellung der interessantesten Gegenstände dieser Residenz« (1793–1794) oder Wolf Davidsons »Briefe über Berlin« (1798). Viele dieser Städtebilder erschienen als anonyme Pamphlete à la Johann Caspar Riesbecks »Briefe eines reisenden Franzosen« (1783) und gaben neben der Beschreibung der wichtigsten Sehenswürdigkeiten und Kuriosa auch ›aufklärende‹ Einblicke in die skandalösen Moral- und Sozialverhältnisse der spätfeudalistischen Gesellschaft unter Friedrich II. und Friedrich Wilhelm II. Wohl die meiste Ähnlichkeit mit Heines »Briefen aus Berlin« hat der Berlinabschnitt in Johann Andreas Georg Friedrich Rebmanns »Kosmopolitischen Wanderungen durch einen Theil Deutschlands« (1793), der ebenfalls mit einem Spaziergang durch die Stadt beginnt, dann das Straßenleben, die Oper, die Statuen usw. beschreibt, jedoch gegen Ende in einer moralischen Verurteilung der großstädtischen Ausschweifung und Unnatur gipfelt und dem Bild der Paläste das Bild der friedlichen Hütten entgegenstellt (Brief 6–14). Diese aufklärerische Note geht nach 1800 allmählich verloren. Was jetzt an Städtebildern und Städtecharakteristiken erscheint, sind vorwiegend mit erotischen Kuriosa durchsetzte Sehenswürdigkeitskataloge. Ein gutes Beispiel dafür bietet das von Heine erwähnte Buch »Berlins Licht- und Schattenseiten« (1822) von Adolf von Schaden (vgl. Erläuterung zu 33,15), wo zwar auch in provozierender Weise von Duellen, Polizei, Theaterintrigen und Prostituierten die Rede ist, das Ganze aber keine aufklärerische Absicht mehr hat, sondern in eine pittoresk-triviale Skandalgeschichte entartet.*

Neben diesen meist in Buchform zusammengefaßten »Briefen« entwickelt sich seit 1800 auch die für eine bestimmte Zeitung geschriebene Artikelserie über Berlin, die entweder katalogisierend aneinanderreiht oder drei bis vier Themen von aktuellem Interesse in essayistischer Form behandelt. Während Heine ein Großteil der spätaufklärerischen Berlinberichte höchstwahrscheinlich unbekannt war, hat er sich diese Art von »Briefen aus Berlin« sehr genau angesehen, entweder um sich zu informieren oder um langweilige Wiederholungen zu vermeiden. Von besonderer Wichtigkeit waren dabei für ihn 1) Elise von Hohenhausens »Briefe aus der Residenz« in den Nummern 45–50 und 52–53 des Mindener »Sonntagsblatts« (1820) vom 5., 12., 19., 26. November und 3., 10., 24., 31. Dezember und ihre »Briefe aus Berlin« in den Nummern 87 und 88 der Dresdner »Abend-Zeitung« (1821) vom 11. und 12. April, die im Ton anspruchsloser Plaudereien über Maskenbälle, neue Theaterstücke, die üblichen Sehenswürdigkeiten, private Lesezirkel, Jean-Paul- und Walter-Scott-Romane u. a. gehalten sind (vgl. auch Erläuterung zu 28,26); 2) Karoline de la Motte Fouqués »Briefe über Berlin« in Nr. 105–110 des »Freimüthigen« (1821) über Opern, Empfänge und Maskenbälle (vgl. Erläuterung zu 376,21); 3) die anonym erschienenen »Briefe von Freimund« (d. i. Otto Koch, 1794–1875) in den Nummern 33–37 des »Kunst- und Wissenschaftsblatts« des RWA vom 1., 8., 15., 19. und 26. September 1820, wo in planloser Aneinanderreihung von Vergnügungsorten, Theater, Polizei, Konditoreien usw. die Rede ist. – Doch nicht nur diese essayartigen Zusammenfassungen, auch die vielen Korrespondenznachrichten »Aus Berlin«, die in fast allen größeren Zeitungen dieser Jahre regelmäßig auftauchen, muß Heine sorgfältig studiert haben, bevor er an die Abfassung seiner eigenen »Briefe aus Berlin« ging (vgl. die Erläuterungen zu 9,28–29). Hier handelt es sich meist um periodische Theaterberichte, Meldungen aus dem Hof- und Gesellschaftsleben, Listen von neuen Ordensträgern, Nachrichten über Verbrechen oder unzusammenhängende Kuriosa, die weitgehend von pensionierten Beamten, ehrgeizigen Schulmännern oder jungen Literaten verfaßt wurden.

In seinem Versuch, ein möglichst differenziertes Bild des Berliner Kultur- und Gesellschaftslebens zu liefern, verbindet Heine alle diese Formen – die Anekdote, den Reisebericht, das Feuilleton, den Essay, die bloße Nachrichtenreihe und den journalistischen Witz – zu einem weitgespannten Zivilisationsbericht. Von der unmittelbaren Verarbeitung aktueller Eindrücke ausgehend, entwirft er ein buntes und freimütiges Panorama von Stadt, Gesellschaft, Hof, Theater, Universität, Straßenleben, Maskeraden, Vergnügungen, Restaurants, Konzerten, neuen Bauten, literarischen und musikalischen Novitäten, das lediglich durch die kultursoziologische Betrachtungsweise zusammengehalten wird. Statt katalogartig registrierte Fakten aneinanderzureihen, bekennt er sich zur freien Assoziazion der Ideen *(vgl. Erläuterung zu 9,38–39) und damit zu einer dynamischen, anti-esoterischen Form von Schriftstellerei, was bereits auf seinen späteren Kampf gegen die* Kunstperiode *vorausweist.*

Daß Heine diese Briefe nicht fortgesetzt hat, hängt nicht nur mit seiner unsystematischen Art und der Wirkung der Polenreise zusammen, sondern geht auch auf seine verschärfte Haltung Preußen gegenüber zurück. Seit dem neuen Juden-Edikt vom 18. August 1822 (vgl. Erläuterung zu 60,23), das seinem Traum einer akademischen Karriere in Berlin ein jähes Ende setzte, nennt er Berlin nur noch das falsche Nest *(an Karl Immermann, 14. Januar 1823) oder klagt, daß er hier überhaupt keine* Freunde *mehr habe (an Christian Sethe, 21. Januar 1823). Er schreibt daher am 4. Mai 1823 an Maximilian Schottky:* Wie ich gegenwärtig über das geistige Berlin denke, darf ich jetzt nicht drucken lassen. *Auch in den folgenden Jahren findet man in seinen Briefen immer wieder scharfe Affektentladungen gegen Berlin, gegen das* ästhetische Theegewäsche in der Hauptstadt der Brennen *(an Rudolf Christiani, 26. Januar 1824) und* unsre ästhetische Leute in Berlin *(an Moses Moser, 19. März 1824). Heine setzte daher trotz der Überschrift »Briefe aus Berlin. I.«, wie es in Rb II*[1] *heißt, diese Briefreihe nicht fort. Lediglich am Anfang der »Reise von München nach Genua« (Kap. II–III) fallen ein paar ironische Bemerkungen über Berlin. Ansonsten äußerte er sich über Berlin nur mit großer Zurückhaltung, schon aus Rücksicht auf den Varnhagen-Kreis und seinen Verleger Campe, der einen Großteil seiner Produktion in Preußen absetzte. Obendrein scheint er in diesen Jahren die Lust an weiteren Städtecharakteristiken verloren zu haben. Selbst »Die Stadt Lucca« ist kein eigentliches Städtebild; und auch die mehrfach geplanten »Briefe über Hamburg« blieben ungeschrieben. Wirklich scharf zieht er gegen Preußen erst in der Einleitung zu »Kahldorf über den Adel« (1831) und dann in der Vorrede zu »Französische Zustände« (1833) vom Leder. Was Heine unterließ, haben dann im jungdeutschen Lager Leute wie Friedrich Steinmann in seinen »Briefen aus Berlin« (1832) und Eduard Beurmann in seinen »Vertrauten Briefen über Preußens Hauptstadt« (1837) fortzusetzen versucht.*

8,5 Seltsam! – Wenn ich der Dey von Tunis wäre, </> Schlüg' ich, bey so zweydeut'gem Vorfall, Lärm] *aus Kleists »Prinz von Homburg« (V, 2), der 1821 zum erstenmal in den von Tieck herausgegebenen »Hinterlassenen Schriften« und dann noch einmal 1822 unter dem Titel »Die Schlacht bei Fehrbellin« in Wien und Berlin erschienen war. Worte des Kurfürsten, als er davon hört, daß Kottwitz mit seinen zwölf Schwadronen im Anmarsch auf Berlin ist, um den Prinzen nötigenfalls mit Gewalt aus seiner Haft zu befreien.*

9,3 Ihr sehr lieber Brief vom 5. d. M.] *verschollen. Der Angeredete ist Dr. Heinrich Schulz (1780–1844), Verlagsbuchhändler in Hamm und Herausgeber des »Rheinisch-Westfälischen Anzeigers«, in dem Heine schon drei Gedichte und seinen Aufsatz »Die Romantik« veröffentlicht hatte. Über den allgemeinen Kurs des RWA vgl. Salomon III, 54ff. und Heinemann S. 214f.*

9,7 Der September 1821] *Heine will im Leser den Eindruck erwecken, als sei er eben frisch aus Westfalen in Berlin eingetroffen. In Wirklichkeit war er* *nicht im September 1821, sondern im September 1820 auf dem Weg von Düsseldorf nach Göttingen durch Westfalen gewandert (vgl. den Brief vom 9. November 1820 an Friedrich von Beughem und vom 29. Oktober 1820 an Friedrich Steinmann und Johann Baptist Rousseau).*

9,*8* Die schönen Thäler um Hagen] *vgl. die höchst ironische Schilderung Hagens im »Wintermärchen« (Caput VIII–X).*

9,*9* der freundliche Overweg in Unna] *dieser Name ist belegt als »Overweg, Gastwirth zu Unna« in der Subskribentenliste von Wilhelm Tappes »Die Alterthümer der deutschen Baukunst in der Stadt Soest«, Essen 1823, II,X. Auch im »Wintermärchen« wird noch einmal ein Gasthaus in Unna erwähnt (Caput X).*

9,*9* die angenehmen Tage in Hamm] *vgl. Brief vom 29. Oktober 1820 an Steinmann und Rousseau:* Ich habe mehrere Tage in Hamm zugebracht; dort habe ich auch endlich die persönliche Bekanntschaft von Dr. Schulz gemacht. Mit seinem Associé habe ich mich auch ziemlich befreundet durch manchen vergnügten Spaziergang, den wir zusammen machten. *Er bedauert nur, daß beide keinen rechten Sinn für seine Gedichte hätten.*

9,*9–10* der herrliche Friz v. B.] *Heine hatte seinem Bonner Studienfreund Friedrich von Beughem (geb. 1796) bereits in einem Brief vom 15. Juli 1820 seinen Besuch in Hamm angekündigt, wo B. seit Sommer 1820 als Referendar beim Oberlandesgericht tätig war. Von Heines frühen Gedichten beziehen sich drei auf Beughem (»Oben auf dem Rolandseck«, »Mein Fritz lebt nun im Vaterland der Schinken« und »Um Mitternacht war schon die Burg erstiegen«, vgl. DHA Bd. 1).*

9,*10* Sie] *Dr. Heinrich Schulz (vgl. Erläuterung zu 9,3).*

9,*10* W.] *Gottlieb Augustin Wundermann (geb. 1791), Mitherausgeber des RWA.*

9,*10* die Alterthümer in Soest] *bis Soest wanderte Heine* per pe<de>m. *Dort blieb er* die Nacht und den folgenden Tag *(vgl. Brief vom 9. November 1820 an Friedrich von Beughem), um Christian Sethe, einen anderen Bonner Studienfreund, zu besuchen. Heines Interesse an* Alterthümern *geht vor allem auf den Einfluß der Romantik, der Burschenschaft, der Vorlesungen von Arndt, Radlof, Hüllmann (vgl. Erläuterung zu 153,37) und den persönlichen Umgang mit Helfrich Bernhard Hundeshagen (1789–1849) zurück, der im Sommer 1820 in Bonn ein Kolleg über mittelalterliche Baukunst gehalten hatte (vgl. Strodtmann I,74). Vielleicht haben ihn auch Overweg und Schulz auf die Soester* Alterthümer *hingewiesen. Über letzteren schreibt Heine am 27. April 1822 an Ernst Christian August Keller:* Von Schulz hab ich Brief gehabt, er ist ganz in Alterthumsforschungen versunken. *Der RWA brachte daher in diesen Jahren ständig Berichte über ›vaterländische‹, d. h. rheinisch-westfälische Altertümer.*

9,*10–11* die Paderborner Heide] *vgl. das Gedicht »Gespräch auf der Paderborner Heide«. Erstdruck in »Gesellschafter«, 1821, Nr. 76 vom 12. Mai, S. 353.*

9,*13* die alten Sachsen, die am spätesten Glauben und Germanenthum einbüßten] *die Sachsen wurden in den Jahren 772 bis 804 von Karl dem Großen unterworfen und zwangschristianisiert. Als ehemaliger Burschenschafter sympathisiert Heine in seiner Frühzeit oft mit diesem Kampf gegen staatliche Bevormundung und religiöse Intoleranz.*

9,*14–15* wie ein uralter Stein mir zuruft: Wandrer, steh, hier hat Armin den Varus geschlagen!] *in der Schlacht im Teutoburger Wald (9. n. Chr.) besiegte Arminius (Hermann) die Römer unter Quinctilius Varus. Im Gegensatz zum »Wintermärchen« (Caput XI) wird dieser Kampf hier noch völlig unironisch gesehen. Von Heines Begeisterung für Arminius, die im Frühjahr 1823 noch recht lebendig war, erzählt Levin Braunhardt (vgl. Werner/Houben Nr. 60). Heine wendet sich an dieser Stelle direkt an die Leser des RWA, da 1821 in Lemgo gerade das Buch »Wo Hermann den Varus schlug« von Christian Gottlieb Clostermeyer erschienen war, das Schulz im »Kunst- und Wissenschaftsblatt« des RWA vom 5. April 1822 ausführlich rezensiert hatte (Sp. 225–240). Sprachlich handelt es sich bei der Heine-Stelle um eine Anspielung auf die berühmte Grabschrift bei Thermopylae, die Schiller in seiner Elegie »Der Spaziergang« (V. 96ff.) mit den Worten wiedergibt: »Eurer Taten Verdienst meldet der rührende Stein: </> ›Wanderer, kommst du nach Sparta, verkünde dorten, du habest </> Uns hier liegen gesehen, wie das Gesetz es befahl‹«.*

9,*16* zu Fuß] *vgl. den Brief vom 9. November 1820 an Friedrich von Beughem.*

9,*16–17* in östreichischen Landwehrtagemärschen] *eine vom Berufsmilitär verachtete Reservetruppe, die im Gegensatz zur preußischen Landwehr besonders langsam marschierte (vgl. auch »Harzreise« 130,30).*

9,*17–18* die biedere Ehrlichkeit und anspruchslose Tüchtigkeit seiner Bewohner] *Heine will sich hier nicht nur bei seinen westfälischen Lesern einschmeicheln. Viele seiner besten Studienfreunde waren Westfalen, die er zwar schwerfälliger, aber zugleich treuer als die leichtlebigen Rheinländer empfand. In Göttingen war er sogar Mitglied der »Guestphalia«. Erst im »Wintermärchen« (Caput XI) äußert er sich etwas ironischer über die Westfalen.*

9,*21* aus der Residenz] *d. h. aus Berlin. Die Grafschaft Mark (mit Soest und Hamm) und die Grafschaft Ravensberg (mit Bielefeld) waren seit 1666 preußisch. Seit 1803 gehörten auch die Bistümer Münster und Paderborn, seit 1815 der Rest Westfalens zu Preußen.*

9,*26* was darf es nicht wissen?] *Anspielung auf die verschärften Zensurvorschriften seit den Karlsbader Beschlüssen von 1819 (vgl. »Dokumente zur deutschen Verfassungsgeschichte«, hrsg. von Ernst Rudolf Huber, Stuttgart 1961, I,92ff. und Salomon III,244ff.). Heine kommt daher mehrfach auf die Eingriffe der Zensur zurück (vgl. u. a. »Floh«-Affäre 18,27–28, 32,1, 51,9, Brockhaus 18,22, 31,9, 50,34, Kleist 18,40, 31,30, Görres 18,23, Leihbibliotheken 33,11).*

9,27 so wenig als möglich vom Theater] *die meisten Zeitungen beschränkten sich aus Angst vor der Zensur fast ausschließlich auf Berichte über das Berliner Theaterleben (vgl. Salomon III,239ff.). Daß hinter diesem Theater- und Musikkult eine bewußte Entpolitisierungsabsicht stand, erkannte keiner deutlicher als Varnhagen, der am 22. Mai 1822 in sein Tagebuch schreibt: »Stille in der Politik <...> Das Publikum ist hauptsächlich mit Theater beschäftigt, mit den Vermählungsfesten, Paraden u.s.w. Nicht ohne Bedeutung und Wirkung sind hier die Schauspiele zu einer großen kostbaren Staatsanstalt erhoben, sie geben unendliche Beschäftigung für alle Klassen, der Hof und die Prinzen nehmen thätig daran Theil. Die Leute vergessen die Politik, und statt von Ministern unterhalten sie sich von Mad. Neumann, von Mad. Stich, von Herrn Wolf und Herrn Blume« (»Blätter« II,124). Auch Tieck in »Musikalische Freuden und Leiden« (1824) und Immermann in »Die Epigonen« (1836) klagen über den inhaltslosen Kunstenthusiasmus in Berlin. Heine macht sich über diesen eunuchenhaften Theaterkult, der eine politische Bewußtseinsbildung verhindern sollte, vor allem in der »Romantischen Schule« lustig (Buch II,2). In diesem Punkt müssen Schulz und Heine einer Meinung gewesen sein, da der RWA in diesen Jahren auch sonst kaum Theaterberichte brachte.*

9,28 Abendzeitung] *die Dresdner »Abend-Zeitung«, 1817 von Theodor Hell (d. i. Carl Gottfried Theodor Winkler) und Friedrich Kind gegründet, brachte regelmäßig Theater- und Opernberichte aus Berlin, in denen eine höchst unkritische Haltung herrscht. Für den in Heines »Briefen aus Berlin« behandelten Zeitraum vgl. für das Jahr 1821 vor allem die Nummern 160–162, 244–246, 267–268, 272–274, 285–286, 299–301, 309–313, für das Jahr 1822 die Nummern 4–5, 60–63, 78–80, 108–110, 166–168, 171–172.*

9,28 im Morgenblatte] *gemeint ist das in Stuttgart erscheinende Cottasche »Morgenblatt für gebildete Stände«. Hier finden sich die mit Heines Berichten parallel laufenden »Korrespondenz-Nachrichten«, die zum Teil von Ernst Woldemar (d. i. Heinrich Hermann) und Adolf Müllner stammen, für das Jahr 1822 in den Nummern 3, 5, 10–11, 13–14, 46, 58, 68, 72, 85, 88, 101, 117–118, 135, 138, 140, 149, 161, 176, 192, 197.*

9,28–29 im Wiener Conversazionsblatte] *gemeint ist das »Conversationsblatt«, erst von Franz Gräffer, dann von Ignaz Castelli herausgegeben, das in Wien zwischen 1819 und Ende 1821 erschien. Eine in Briefform geschriebene »Korrespondenznachricht« über Berliner Kunst, Architektur und Theater von Johann Langer findet sich dort in Nr. 89 vom 7. November 1821 auf S. 1066f.*

9,31 Jagor] *ein von Heine vielfach erwähntes Restaurant (vgl. Erläuterung zu 15,10).*

9,33 Spontini] *Gasparo Luigi Pacifico Spontini (1774–1851) war von 1820 bis 1841 Hofkomponist und Generalmusikdirektor in Berlin. Als Vertreter der spätbarocken Huldigungs- und Ausstattungsoper (»Vestalin« 1807, »Fer-*

nand Cortez« 1809) hatte er erst Kaiser Napoleon I. gedient und war dann 1820 von Friedrich Wilhelm III., der in der Musik vor allem das »Heroische« und »Kriegerische« liebte (Vehse VI,257), nach Berlin verpflichtet worden, um dort die Opernkultur des Ancien régime zu restaurieren (vgl. Wilhelm Altmann, »Spontini an der Berliner Oper«. In: »Sammelbände der internationalen Musikgesellschaft« 4, 1902/03, S. 244–292). Obwohl sich Graf Karl Friedrich von Brühl, der Intendant der Berliner Theater, als Vertreter einer mehr deutsch-romantischen Richtung gegen dieses Engagement ausgesprochen hatte (vgl. Erläuterung zu 18,5–6), stieg Spontini schnell zum erklärten Liebling der Hofkreise auf und fand vor allem in Herzog Karl von Mecklenburg-Strelitz (vgl. Erläuterung zu 18,18) und in Generalmajor Wilhelm von Witzleben (vgl. Erläuterung zu 25,19), die dem König besonders nahe standen, einflußreiche Gönner.

9,33 beym letzten Ordensfest] *im Jahre 1822 fand das alljährliche Krönungs- und Ordensfest, mit dem die Karneval- und Ballsaison eröffnet wurde, am 20. Januar statt. Eine Beschreibung dieses Festes und eine Liste der Ordensträger findet sich u. a. in folgenden Blättern: »Allgemeine Preußische Staats-Zeitung«, 1822, Nr. 10 vom 22. Januar, Sp. 77–80; »Vossische«, 1822, Nr. 10 vom 22. Januar; »Spenersche«, 1822, Nr. 10 vom 22. Januar; »Elegante«, 1822, Nr. 37 vom 21. Februar, Sp. 295. Die meisten Orden gingen an hohe Offiziere oder Adlige. Daß Spontini den roten Adlerorden 3. Klasse erhielt, empörte sowohl die bürgerlichen Liberalen als auch die konservativen Adelskreise, die in Spontini lediglich einen ›italienischen Kapellmeister‹ sahen (vgl. »Blätter« II,15, Eintragung vom 20. Januar 1822).*

9,34 keine Systematie] *einer der frühesten Belege für Heines entschiedene Abneigung gegen numerierte Schemata oder äußerliche Systematisierungen (vgl. auch die Erläuterungen zu 9,38–39 und 74,20), an deren Stelle er lieber treffende Beispiele oder ironische Parallelisierungen, wie die Zusammenstellung von Jagors Trüffeleis und Spontinis grüner Samtjacke, verwendet.*

9,36 Savigny] *Friedrich Karl von Savigny (1779–1861), Hauptvertreter der historischen Rechtsschule, war seit 1810 Professor in Berlin. Heines negative Einstellung Savigny gegenüber geht wahrscheinlich auf den Einfluß des Varnhagen-Kreises und der jungen Hegelianer, vor allem Eduard Gans, zurück. Varnhagen notiert sich über ihn: »Den ächten Liberalen gilt er längst für einen tückischen Schleicher, voll Falschheit und Herrschsucht« (»Blätter« III,58). Heine blieb auch später bei seinem negativen Urteil über Savigny (vgl. »Die Bäder von Lucca«, Kap. V, und den Essay »Ludwig Marcus«, DHA Bd. 10, wo er ihn als* Lakai des altrömischen Rechts *anprangert).*

9,36 den Possenreißern] *seit 1821 befand sich auf dem Exerzierplatz vor dem Brandenburger Tor ein ständiger Zirkus, dessen Mitglieder aus Reklamegründen in bunten Aufzügen durch die Stadt zogen. Die gleiche ironisierende Zusammenstellung wie in 32,20–21.*

9,37–38 der Giustinianischen Gallerie] *eine ursprünglich Vincenzo Giustiniani*

(1564–1637) gehörende Gemäldesammlung, die Friedrich Wilhelm III. 1815 aus französischem Besitz für das Neue Museum angekauft hatte und die seit 1818 in einem Saale der Universität ausgestellt war.

9,38–39 Assoziazion der Ideen] *einer der Lieblingsausdrücke Heines (vgl. die Briefe an Karl Simrock vom 26. Mai 1826, an Joseph Klein zu Weihnachten 1825 und die Erläuterungen zum Titel von »Ideen. Das Buch Le Grand« 169). Auch Adolf von Schaden gebraucht in seinem »Kritischen Bockssprung von Dresden nach Prag« (1822) zur Charakterisierung seines Stils den Begriff »Ideenassoziation« (S. 27).*

9,43 *Commencez par le commencement*] *›Fangen Sie mit dem Anfang an‹, d. h. mit dem Allgemeinsten, der Topographie.*

10,1–2 eben an der Post auf der Königstraße abgestiegen] *Heine war bereits am 20. März 1821 in Berlin eingetroffen, will jedoch im Leser das Gefühl eines frischen Eindrucks erwecken (vgl. Erläuterung zu 9,7). Die Alte Post, 1702 bis 1704 von Andreas Schlüter gebaut, befand sich in der Königstraße Nr. 60 und wurde 1889 abgerissen.*

10,3 dem schwarzen Adler auf der Poststraße] *die Poststraße führt von der Königstraße zum Mühldamm. Der Schwarze Adler war ein Gasthof erster Klasse und trug die Hausnummer 30.*

10,4–5 der schwarze Adler auf der Königstraße] *Wortspiel. Mit dem schwarzen Adler ist hier das Symboltier des preußischen Staates und zugleich der höchste Orden gemeint, der vom König verliehen wurde.*

10,8 auf der langen Brücke] *die Lange Brücke, 1692–1695 von Johann Arnold Nering (1659–1695) gebaut, war ursprünglich viel länger und überspannte ein weites, sumpfiges Gelände.*

10,9 Ironie] *vgl. die Bemerkungen über die Ironie als* Erfindung der Berliner *in »Reise von München nach Genua« (Kap. III).*

10,10 die große Statue des großen Kurfürsten] *bezieht sich auf die von Andreas Schlüter (1664–1714) entworfene Reiterstatue des Kurfürsten Friedrich Wilhelm (1620–1688). Der Guß begann am 22. Oktober 1700; die fertige Statue wurde am 12. Juli 1703 auf der Langen Brücke enthüllt. Die gefesselten Sklaven sind Gesellenarbeiten, da Schlüter in dieser Zeit bereits bei Friedrich I. (1657–1713) in Ungnade gefallen war. Das Denkmal steht heute im Hof des Charlottenburger Schlosses, der Originalsockel im Bode-Museum.*

10,14 der Statue des Kurfürsten Johann Wilhelm] *gemeint ist das von Gabriel von Grupello (1644–1730) entworfene Reiterdenkmal des Kurfürsten Johann Wilhelm von Pfalz-Neuburg, genannt Jan Wellem (1658–1716), das durch den Einfluß der Düsseldorfer Rubenssammlung wesentlich ›barocker‹ ausfiel und 1711 aufgestellt wurde (vgl. auch »Buch Le Grand«, Kap. VI).*

10,20 Schloßplatz] *an der Südseite des Schlosses.*

10,20–21 das Schloß] *wurde ab 1699 unter Schlüters Leitung aus mehreren ungleichartigen Bauten zu einem einheitlichen Komplex zusammengefaßt, ein Umgestaltungsprozeß, der erst unter Johann Friedrich Eosander (um*

1670–1729) und Martin Heinrich Böhme (gest. 1725) im Jahre 1716 seinen Abschluß fand. Das Ganze wurde im 2. Weltkrieg stark beschädigt und später abgerissen.

10,23 die Breite-Straße] *zwischen Schloßplatz und Fischmarkt.*

10,23 die Brüderstraße] *zwischen Stechbahn und Petrikirche, parallel zur Breiten Straße.*

10,24 die Stechbahn] *am Schloßplatz. Ihr Name geht auf die Ritterspiele zurück, die hier noch im frühen 16. Jahrhundert abgehalten wurden.*

10,24 Josty] *bekannte Konditorei an der Stechbahn 1, die dem Schweizer Johann Josty gehörte (vgl. »Harzreise«, Erläuterung zu 123,2). Neben Stehely erstes Berliner Lokal mit Zeitungen, in dem sich die bürgerlichen Liberalen trafen. Auch Varnhagen schreibt regelmäßig in sein Tagebuch: »Bei Josty eingesprochen« (vgl. Geiger II,544 und Gustav Karpeles, »Heine in der Konditorei«. In: »Berliner Tageblatt«, 1909, Nr. 346 vom 11. Juli).*

10,27 Baisers] *das gleiche Bild gebraucht Heine im »Gesang der Okeaniden«:* Ich koste noch süßere Josty-Baisers *(»Nordsee II«, Nr. 5).*

10,29–30 Doch das Gute wird immer den Sieg über das Schöne behaupten] *noch in »Geständnisse« (DHA Bd. 15) heißt es:* Gutsein ist besser denn Schönheit.

10,30–31 Enkel der Brennen] *soviel wie Brandenburger, abgeleitet vom alten Brennaburg = Brandenburg. In einem Brief an Rudolf Christiani vom 26. Januar 1824 spricht Heine ironisch von Berlin als der* Hauptstadt der Brennen.

10,32–35 Fort, fort von hier, </> Das Auge sieht die Türe offen, </> Es schwelgt das Herz in Seligkeit] *parodistische Verdrehung von Schillers »Lied von der Glocke« (V. 76f.): »Das Auge sieht den Himmel offen, / Es schwelgt das Herz in Seligkeit.« Ebenso ironisch zitiert in »Die Bäder von Lucca« (Kap. IX).*

10,37–38 Lustgarten] *der unter dem Kurfürsten Friedrich Wilhelm angelegte Schloßgarten war 1715 vom Soldatenkönig in einen Exerzier- und Paradeplatz umgewandelt worden.*

10,40 eine Marmorstatue] *gemeint ist das Denkmal des Fürsten Leopold I. von Anhalt-Dessau, des ›Alten Dessauers‹ (1676–1747), von Johann Gottfried Schadow (1764–1850), das seit 1800 an der Südwestecke des Lustgartens stand, bis es 1828 auf den Wilhelmsplatz überführt wurde.*

10,42 durchaus nicht idealisirt] *der Realismus Schadows stieß sowohl bei den Klassikern als auch bei den Romantikern auf Widerspruch. Man denke an Goethes »Einleitung in die Propyläen« (1798), wo er den »echten gesetzgebenden Künstler«, der nach »Kunstwahrheit« strebt, weit über den »gesetzlosen« Künstler stellt, der in seinem »blinden Triebe« nur die »Naturwirklichkeit« ins Auge faßt, und an August Wilhelm Schlegels Aufsatz »Über die berlinische Kunstausstellung von 1802«. In: »Werke«, Leipzig 1846, IX, 162–179. Schadow verteidigte sich gegen Goethe 1801 in der »Eunomia« (vgl. »Aufsätze und Briefe«, Düsseldorf ^{2}1864, S. 44ff.).*

10,42–43 auf dem Wilhelmsplatze] *wo die Mohrenstraße auf die Wilhelmstraße stößt.*

10,43 Keith] *Jacob Keith (1696–1758), preußischer Feldmarschall, gefallen bei Hochkirch, dessen von Jean-Pierre-Antoine Tassaert (1727–1788) geschaffene Statue 1786 aufgestellt wurde.*

10,43 Ziethen] *Hans Joachim von Zieten (1699–1786), preußischer Reitergeneral. Dieses 1794 enthüllte Denkmal ging aus der Hand Gottfried Schadows hervor.*

11,1 Seidlitz] *Friedrich Wilhelm von Seidlitz (1721–1773), preußischer Reitergeneral, als Sieger der Schlacht von Roßbach bekannt. Das ihn verewigende Standbild von Tassaert wurde 1781 aufgestellt.*

11,1 Schwerin] *Kurt Christoph Graf von Schwerin (1684–1757), preußischer Generalfeldmarschall, gefallen bei Prag. Seine Statue wurde von François Gaspard (1710—1761) angefangen, von Sigisbert-Michel François (1728–1811) vollendet und 1769 aufgestellt. Wie der Statue Winterfeldts warf man ihr lange Zeit eine stillose Vermischung friederizianischer und römischer Elemente vor.*

11,1 Winterfeld] *Hans Karl von Winterfeldt (1707–1757), preußischer General, gefallen bei Moys. Seine Statue, die Johann David Räntz (1729–1783) und Johann Lorenz Räntz (1733–1776) geschaffen hatten, wurde 1776 aufgestellt.*

11,2 Domkirche] *der 1750 eingeweihte Bau von Johann Boumann d. Ält. (1706–1776) wurde zwischen 1817 und 1820 von Karl Friedrich Schinkel (1781–1841) durch viereckige Fenster, eine neue Fassade und zwei zusätzliche Türmchen ins Klassizistische umstilisiert (vgl. »Briefe von Freimund« in der Nr. 35 des »Kunst- und Wissenschaftsblatts« des RWA, 1820, Nr. 75 vom 15. September, Sp. 538f.).*

11,6–7 der große Philolog W.] *gemeint ist Friedrich August Wolf (1759–1824), der seit 1810 als Professor für Philologie und Pädagogik an der Berliner Universität lehrte und durch seine Horaz-Übersetzungen und seine »Prolegomena ad Homerum« (1795) berühmt geworden war. Heine hat in Berlin nicht nur seine Kollegs gehört, sondern ihn auch persönlich kennengelernt (vgl. seinen Brief an Goethe vom 1. Oktober 1824). Daß Wolf im April 1824 sogar mit Goethe über Heine gesprochen haben muß, geht aus einem Brief Heines an Rudolf Christiani vom 26. Mai 1825 hervor.*

11,7 dem hier durchreisenden Orientalisten H.] *bezieht sich auf Joseph von Hammer-Purgstall (1774–1856), den bekannten Übersetzer des »Diwān« von Hāfis (1812–1813), der sich im Juli 1821 für einige Zeit in Berlin aufgehalten hatte (vgl. J. v. H.-P., »Erinnerungen aus meinem Leben«, hrsg. von Reinhart Bachofen von Echt, Wien 1940, S. 267f.).*

11,9 der gelehrte Witzbold] *Wolf war allgemein für seinen schlagfertigen Witz berühmt (vgl. ADB XCIII,747 und Parthey II,220).*

11,10 Dompfaffen] *im Sinne abgerichteter Singvögel gemeint. Ironische Umschreibung für die Willfährigkeit mancher Pastoren, sich der vom König ver-*

ordneten ›Neuen Liturgie‹ anzupassen (vgl. die Erläuterungen zu 11,14, 30,14–15 und 40,3).

11,*11* Luther und Melanchton] *wahrscheinlich als Witz gemeint. In der Nr. 31 des »Zuschauers« vom 13. März 1821 findet sich die Anekdote, daß in der einen Nische Luther, in der anderen Wegener aufgestellt werde (Lutter und Wegener war ein bekanntes Weinlokal in der Charlottenstraße 32, das vor allem durch E. T. A. Hoffmann berühmt wurde). Nach einem Bericht der »Abend-Zeitung« arbeitete damals der Bildhauer Christian Friedrich Tieck (1776–1851) an den Statuen des Glaubens und der Religion für die Nischen neben dem Haupteingange des von Schinkel umgebauten Doms (vgl. Beilage »Artistisches Notizenblatt«, Nr. 5 vom 6. März, S. 20). Vgl. auch die Erläuterung zu 33,36.*

11,*12–13* das wunderschöne Bild von Begasse] *gemeint ist das Altarbild »Ausgießung des Heiligen Geistes über die Apostel« (1821) von Karl Begas (1794 bis 1854), das Friedrich Wilhelm III. für 8000 Taler in Auftrag gegeben hatte und das damals von vielen Zeitungen überschwenglich gepriesen wurde (vgl. Friedrich Förster, »Die Ausgießung des Heiligen Geistes. Ein Gemälde von Begasse«. In: »Neue Berliner Monatsschrift« 1, 1821, S. 517–522; »Sonntagsblatt«, 1821, Nr. 28 vom 15. Juli, S. 223; »Das neue Altargemälde von Begasse im Berliner Dom«. In: »Vossische«, 1821, Nr. 89 vom 26. Juli; »Gesellschafter«, 1821, Nr. 135 vom 24. August, S. 631f.). Da Begas einige Zeit in Paris gelebt hatte, wurde er in diesen Jahren allgemein Begasse genannt.*

11,*14* Theremin] *Franz Theremin (1780–1846) war seit 1814 Hof- und Domprediger, der einen besonders gefühlsbetonten Vortragsstil kultivierte (vgl. seine gesammelten Predigten, die zwischen 1817 und 1841 in 9 Bänden unter dem Titel »Kreuz und Christi« erschienen). Da er sich im Januar 1822 der Einführung der Neuen Liturgie widersetzte, kam er wie Schleiermacher (vgl. Erläuterung zu 30,17–18) zeitweilig unter Polizeiaufsicht. Nachdem sich Theremin 1823 dem königlichen Gebot unterworfen hatte, wurde er 1824 Oberkonsistorialrat.*

11,*14* Paulusianer] *Anhänger des Heidelberger Theologen Heinrich Eberhard Gottlob Paulus (1761–1851), der als Vertreter der natürlichen oder psychologisch-pragmatischen Wundererklärung von den orthodoxen Lutheranern oft als ›freisinnig‹ angegriffen wurde. In seiner Zeitschrift »Sophronizon« war 1819 im ersten Jahrgang der sensationelle Aufsatz »Wie ward Fritz Stolberg ein Unfreier?« von Johann Heinrich Voss erschienen, den Heine wiederholt als eine mutige Tat gelobt hat (zu Paulus vgl. auch das Bruchstück »Bouterwek« 227,24, das Zeitgedicht Nr. 18 »Kirchenrat Prometheus« und die Ausführungen über den* Chef der deutschen Rationalisten *in der »Romantischen Schule«, Buch II,1).*

11,*17* die Börse] *am Lustgarten, 1801 von Friedrich Becherer (1746–1823) errichtet und im späteren 19. Jahrhundert durch einen Neubau ersetzt.*

11,*25–26* die Herren dort mit den großen Federhüten] *der preußische Uni-*

formkult war geradezu sprichwörtlich (vgl. Varnhagens Ausspruch »In Preußen ist eine Militairuniform über alles«, »Blätter« I,13).

11,32 dumm-stolzes Aristokratengesicht] *diese Stelle wurde von Varnhagen als besonders »dreist« empfunden (vgl. »Blätter« II,39 und »Entstehung und Aufnahme« 366,24).*

11,36 der ehemalige schroffe Kastengeist] *die Alleinherrschaft des Adels im Offizierskorps wurde erst 1813 durch die von Scharnhorst durchgeführte preußische Heeresreform aufgehoben. Seitdem konnten auch Bürgerliche Offiziere werden, obwohl die höheren Chargen auch weiterhin fast ausschließlich dem Adel vorbehalten blieben.*

11,37 daß jeder Preuße, wenigstens ein Jahr, Soldat seyn muß] *nicht ohne Ironie gesagt. Seit Hermann von Boyens (1771–1848) Wehrgesetzen vom 3. September 1814 gab es zwar in Preußen die allgemeine Wehrpflicht, der sich jedoch Adlige und Theologen leicht entziehen konnten (vgl. die Klagen im RWA, 1820, Nr. 35 vom 29. August, Sp. 752f. und in »Westphalen und Rheinland«, 1822, Nr. 8 vom 23. Februar, S. 61ff.).*

11,40–41 vor der Gefahr der Verweichlichung] *vgl. damit auch die Stelle in der »Harzreise« (122,4), wo sich Heine über die forcierten Mittel lustig macht, ein* erschlafftes Volk *wieder* kriegerisch zu stärken.

11,41 In manchen Staaten] *die meisten deutschen Bundesländer hatten keine allgemeine Wehrpflicht.*

12,4 genialen Auskultatoren] *vielleicht Friedrich von Uechtritz (1800–1875) gemeint, der seit dem 27. Oktober 1821 als Auskultator und Referendar in der Berliner Justizverwaltung tätig war (vgl. Erläuterung zu 51,4). Auskultatoren waren Beisitzer eines Kollegiums, die noch kein Recht zur Meinungsäußerung hatten.*

12,7 Doch vorwärts!] *wahrscheinlich Anspielung auf Gebhard Leberecht von Blücher, den berühmten ›Marschall Vorwärts‹ (1742–1819), der in der Neujahrsnacht des Jahres 1814 die berühmte Rheinüberquerung bei Caub befehligt hatte (vgl. auch Uhlands Gedicht »Vorwärts«, das Heine in der »Romantischen Schule«, Buch III,5, zitiert).*

12,10 die Hundebrücke] *statt der hölzernen Hundebrücke baute Schinkel zwischen 1822 und 1824 die heute noch bestehende 32 Meter breite Schloßbrücke, deren Pfeiler und Bogen aus Sandstein sind und die mit eisernen Geländern verziert wurde.*

12,14 die Linden!] *Hauptstraße Berlins, zwischen Lustgarten und Brandenburger Tor, 1,3 km lang, 60 Meter breit, mit Linden und Kastanien bepflanzt. Über ihr Aussehen zu Beginn der zwanziger Jahre vgl. Georg Voß, »Die Straße Unter den Linden um das Jahr 1822. Bilderreihe in der Privatsammlung des Hofkunsthändlers Louis Meder«. In: »Mitteilungen des Vereins für die Geschichte Berlins« 25, 1908, S. 72–109 und Winfried Löschburg, »Unter den Linden. Gesichter und Geschichten einer berühmten Straße«, Berlin 1972, S. 90–126. Zeitgenössische Schilderungen bieten die »Briefe von Freimund«*

in der Nr. 35 des »Kunst- und Wissenschaftsblatts« des RWA, 1820, Nr. 75 vom 15. September, Sp. 538–541 und Korth S. 14ff.

12,16–17 Zeughaus] *1695 von Johann Arnold Nering begonnen, 1699 von Martin Grünberg (1655–1707) und Andreas Schlüter fortgesetzt, 1706 von Jean de Bodt (1670–1745) vollendet.*

12,17 das neue Wachthaus] *1816–1818 nach den Entwürfen Schinkels als römisches Castrum im dorischen Stil gebaut.*

12,17 die Universität] *das 1754–1764 nach den Plänen Georg von Knobelsdorffs (1699–1753) von Johann Boumann d. Ält. errichtete Palais des Prinzen Heinrich (1726–1802), des Bruders von Friedrich II., wurde erst 1809 für Universitätszwecke umgebaut.*

12,17 Akademie] *ein 1687–1690 von Johann Arnold Nering aufgeführter Bau, der in der Mitte des 19. Jahrhunderts abgerissen wurde. Heute steht dort die Staatsbibliothek.*

12,17–18 das Königliche Palais] *ein 1690 von Johann Arnold Nering erbautes und 1732 von Philipp Gerlach (1679–1748) umgebautes Palais, das seit 1734 von Mitgliedern der königlichen Familie bewohnt wurde.*

12,18 das Opernhaus] *1741–1743 von Georg von Knobelsdorff für Friedrich II. errichtet.*

12,18 die Bibliothek] *1775–1780 nach dem Vorbild der Winterreitschule der Wiener Hofburg und nach Plänen Georg Christian Ungers (1743–1804) von Johann Boumann d. Ält. gebaut.*

12,19 Ueberall verzierende Statuen] *die Schlußsteine innerhalb der Fensterbögen und die Trophäengruppen auf der Attika des Zeughauses sind von Schlüter; die Balustradenfiguren der Bibliothek wirken dagegen recht minderwertig.*

12,21 Schloßplatz] *wohl der Opernplatz gemeint.*

12,23 Unser König] *Friedrich Wilhelm III. (1770–1840) regierte seit 1797. In seinem Auftreten betonte er eine äußerste Bescheidenheit. Er trug meist einen »langen, eng anschließenden aber bequemen, grauen Militairüberrock <...> ohne alle Auszeichnungen, auch ohne Epauletten«. Wenn er ausfuhr, setzte er sich eine »ebenso bequeme militairische Mütze« auf und bediente sich einer »unscheinbaren gelben Kalesche«, die von einem »einfach gekleideten Hofkutscher« gelenkt wurde (vgl. Vehse VI,248ff.). In ähnlicher Weise erscheint er auf manchen Porträts von Franz Krüger (1797–1857).*

12,23 Hut ab!] *nicht ganz ohne Ironie, da sich zwei Jahre vorher die Berliner unter den Linden geweigert hatten, bei der Vorbeifahrt des Königs die Hüte abzunehmen (vgl. »Blätter« I,115, Eintragung vom 4. April 1820). Zugleich eine Anspielung auf die berühmte Szene im »Wilhelm Tell«.*

12,30–31 »Es war der beste Ehemann«] *seine Ehe mit Königin Luise (1776 bis 1810) galt allgemein als Musterehe. Um so enttäuschter waren die Berliner, als Friedrich Wilhelm III. 1824 mit der jungen Gräfin Auguste von Harrach (1800–1873) eine zweite Ehe einging.*

12,41–42 der vorüberziehenden Soldaten] *vgl. die Zeilen* Es dringen die soldatesken Töne </> Bis in die Aula der Musensöhne *in Heines Gedicht »Die Menge tut es«.*

12,42 Nymphen] *in der griechischen Mythologie jungfräuliche Naturgottheiten. Schon im 18. Jahrhundert im Soldaten- und Studentenjargon als Deckname für Prostituierte gebräuchlich (vgl. Korth S. 505).*

13,2 die Eunike] *Johanna Eunike (1798–1856), eine der beliebtesten Sängerinnen des Berliner Opernensembles. Sang als jugendlicher Sopran den Olivier in Boieldieus »Johann von Paris«, die Zerline in Mozarts »Don Giovanni«, das Ännchen in Webers »Freischütz« und die Undine in der gleichnamigen Oper von Hoffmann, der ihr am 2. März 1820 in dem »Sonett für Johanna Eunike« seine Ehrerbietung darbrachte.*

13,2 als Seraphim] *wohl Druckfehler oder Versehen Heines. In den Jahren 1821–1822 ist im Repertoire der Berliner Oper kein Seraphim nachweisbar. Soll wahrscheinlich ›Cherubin‹ heißen. Jedenfalls lobt der »Freimüthige« (1821), Nr. 39 in seiner Beilage »Zeitung für Theater und Musik« die Eunike als hervorragenden Cherubin in Mozarts »Hochzeit des Figaro« (S. 153). Vielleicht hat Heine sie sogar am 30. Januar 1822 in dieser Rolle gehört.*

13,2 die Milder als Iphegeneya] *Anna Milder-Hauptmann (1785–1838) war eine der berühmtesten Sängerinnen dieser Ära und trat seit 1816 an der Berliner Oper vor allem als tragisch-empfindsame Gluck- und Spontini-Heroine auf. Cherubini hat seine »Faniska«, Beethoven seinen »Fidelio«, Bernhard Klein seine »Dido« für sie komponiert. 1822 sang sie in der Karnevalszeit die »Iphigenie in Tauris« (21. Januar) und die »Iphigenie in Aulis« (11. Februar) von Gluck.*

13,3 *Apollini et Musis*] *›Dem Apollo und den Musen‹; heute durch ›Dem deutschen Volke‹ ersetzt.*

13,7 das sind keine Philister] *in Berlin wurden viel weniger altdeutsche Röcke als in Bonn oder Göttingen getragen (vgl. Korth S. 363). »Die altdeutschen Röcke werden häufig abgelegt«, schreibt Varnhagen schon am 5. April 1820 (»Blätter« I,117). Auch in den »Briefen von Freimund« heißt es: »Die Studenten kleiden und benehmen sich gefälliger als an anderen Orten« (vgl. »Kunst- und Wissenschaftsblatt« Nr. 36 des RWA, 1820, Nr. 76 vom 19. September, Sp. 554). Staatsdienern war es laut königlicher Kabinettsordre bereits seit März 1820 verboten, altdeutsche Tracht anzulegen (vgl. Max von Boehn, »Biedermeier«, Berlin 1911, S. 557ff.).*

13,7–8 Der hohe Hut *à la Bolivar*] *Simón Bolivar (1783–1830) gehörte zu den wichtigsten Führern in den verschiedenen Unabhängigkeitskriegen der südamerikanischen Staaten gegen die Spanier. Sein Hut war ein Mittelding zwischen Sombrero und Zylinder. Auch Heine trug 1822 zu schwarzem Frack und hoher, weißer Krawatte einen Bolivar, wie Carl Wilhelm Wesermann berichtet (vgl. Werner/Houben Nr. 51).*

13,9 die rothe Mütze und der Flausch] *burschenschaftliches Kostüm, wie es*

Heine in Bonn getragen hatte. Vgl. »Romantische Schule«: Ich trug damals einen weißen Flauschrock, eine rothe Mütze« *(Buch II,1). Auch Friedrich Steinmann berichtet von Heines »Mütze von brennendrother Farbe« und seinem Rock aus »Flausch« (Werner/Houben Nr. 21).*

13,*10–11* mancher sentimentale Barbiergesell] *vgl. die Stelle, wo von* meinem Barbier, der uns gegenüberstand und seinen altdeutschen Rock angezogen hatte, *die Rede ist (40,13).*

13,*13* Kurländer] *Studenten aus dem lettischen Teilgebiet der russischen Ostseeprovinzen.*

13,*14* Polen] *Studenten aus dem preußischen und russischen Teil Polens, das 1815 seine kurzlebige Selbständigkeit wieder verloren hatte (vgl. die Hinweise auf das weitere Schicksal dieser polnischen Studenten in 33,27 und 48,43).*

13,*16* Sarmaten] *antiker Name für alle Völkerstämme zwischen Weichsel und Karpathen. Hier wahrscheinlich auch als Synonym für »arme Landjunker« gebraucht. In diesem Sinne verwendet es E. Karoli (vgl. »Einiges über Polen«. In: »Gesellschafter«, 1821, Nr. 67 vom 27. April, S. 310).*

13,*17* den Söhnen Hermanns und Thusneldas] *klopstockisierende oder burschenschaftlich gesinnte Studenten.*

13,*21* Deutscher!] *in diesen Jahren bei Heine häufig starke Affektentladungen gegen burschenschaftliche oder nationalistische Gesinnungen, die wie bei Friedrich Ludwig Jahn (1778–1852) auf ein Bramarbasieren mit dem Worte ›deutsch‹ hinauslaufen (vgl. auch 37,28 und 44,11). An Christian Sethe schreibt Heine am 14. April 1822:* Alles was deutsch ist, ist mir zuwider. Alles Deutsche wirkt auf mich wie ein Brechpulver. *Noch schärfer reagierte er gegen den burschenschaftlichen Antisemitismus, wie er von Jakob Friedrich Fries (1773 bis 1843) und Christian Rühs (1781–1820) propagiert wurde. So heißt es in einem Brief an Moses Moser vom 23. August 1823:* Wär ich ein Deutscher – und ich bin kein Deutscher, siehe Rühs, Fries a. v. O.

13,*21* Zusammenleben] *Heine war in Bonn und Göttingen Mitglied der Burschenschaft gewesen, hielt sich jedoch in Berlin von diesen Kreisen zurück.*

13,*22* Die Landsmannschaften sind aufgehoben] *seit den Karlsbader Beschlüssen (1819) waren die Burschenschaften und Landsmannschaften weitgehend in die Illegalität gedrängt worden.*

13,*23* Arminia] *die Arminia oder der »Bund der Herminen« war im Sommer 1820 gegründet worden, geriet jedoch schon im Sommer 1821 wegen ihrer Beziehung zur »Polonia« (vgl. Erläuterung zu 33,27) in Schwierigkeiten und wurde im Frühjahr 1822 durch Massenrelegationen liquidiert. Näheres hierzu bei Max Lenz, »Geschichte der Königlichen Friedrich-Wilhelms-Universität zu Berlin«, Halle 1910, II,1,150ff.*

13,*24* Wenige Duelle] *die Berliner Studenten galten als besonders fleißig. So schreibt Ludwig Feuerbach über diese Jahre: »An Trinkgelage, an Duelle, an gemeinschaftliche Fahrten usw. ist hier gar nicht zu denken; auf keiner* *anderen Universität herrscht wohl solch allgemeiner Fleiß, solcher Sinn für etwas Höheres als bloße Studentengeschichten, solches Streben nach der Wissenschaft, solche Ruhe und Stille wie hier. Wahre Kneipen sind andere Universitäten gegen das hiesige Arbeitshaus« (zit. in Friedrich Nippold, »Richard Rothe. Ein christliches Lebensbild«, Wittenberg 1873, I,150f.). Heine hatte in Berlin nur ein Duell, und zwar im Sommer 1822 (vgl. Strodtmann I,191f.).*

13,25 Liebschütz und Febus] *Varnhagen notiert sich am 29. November 1821: »Zweikampf zwischen zwei jüdischen Studenten hier; der eine hat sich aufgerannt« (»Blätter« I,369). Die »Elegante«, 1821, Nr. 244, berichtet am 13. Dezember »Aus Berlin«: »Vor einigen Tagen fand hier wieder ein Zweikampf zwischen zwei Studenten Statt, beide Bekenner des mosaischen Gesetzes. Der Streit entstand um die Verwechselung eines Platzes in einer Vorlesung, indem beide auf die nämliche Nummer berechtigt zu seyn behaupteten. Der rechtmäßige Besitzer des bestrittenen Platzes legitimirte sich durch Vorzeigung der darauf lautenden Nummer, that dies aber mit einem beleidigenden Zusatz. Diese Unartigkeit sollte und mußte mit Blut abgewaschen werden, man foderte sich, und schlug sich mit krummen Säbeln. Der Eine der Duellanten gerieth dabei in solche Wuth, daß er, nach dem Säbel des Andern greifend, ehe die Sekundanten dieses kampfwidrige Benehmen hindern konnten, blindlings sich den Säbel seines Gegners in den Leib rannte; er wurde in der Leber dergestalt verwundet, daß er einige Stunden darauf gestorben ist« (Sp. 1951).*

13,26 Collegium der Semiotik] *Lehre von den Krankheitsanzeichen, die im Wintersemester 1821/1822 von Prof. Christoph Wilhelm Hufeland (1762 bis 1836) gelesen wurde.*

13,28–29 beide hatten diese Nummer vom Professor erhalten] *nach Bezahlung der Kolleggebühren erhielt jeder Student damals von seinem Professor eine Platznummer.*

13,29 Dummer Junge!] *die übliche Duellherausforderung (vgl. § 50 des Jenaer Comments und die Zeilen aus Heines Nachlaßgedicht »Duelle«:* Es muß sich schlagen der Student, </> Den man einen dummen Jungen nennt*).*

13,33 dem jüdischen Gottesacker] *befand sich in der Oranienburgerstr. 26.*

13,38 Lessing] *von Heine stets lobend erwähnt (vgl. seinen Brief an Christian Sethe vom 14. April 1822, wo er Lessing, Herder und Schiller als seine Lieblingsschriftsteller bezeichnet). Die gleiche Zusammenstellung begegnet in »Über Polen« (65,19). Am ausführlichsten wird seine Haltung zu Lessing in der »Romantischen Schule« dargestellt (Buch 1). Auch in der Nr. 10 des »Morgenblatts« vom 11. Januar 1822 findet sich in einer Korrespondenznachricht aus Berlin ein ähnlicher Übergang von einer blutigen Duellaffäre zur toleranten Haltung eines Lessing (S. 39).*

13,39 der große Friz] *gemeint ist Friedrich II. (1712–1786), der durch das göttliche* Er *leicht ins Ironische gezogen wird.*

13,40 Aber ist die Gegenwart nicht auch herrlich?] *in der Konditorei G. Lange, Oberwallstraße 6, war vor Weihnachten eine weit über 300 Figuren umfassende ›Ausstellung‹ gewesen (vgl. Erläuterung zu 36,11), bei welcher der Zuckerbäcker J. F. L. Weyde und der Maler Peter Lüttke (1759–1831) unter dem Titel »Sonst und Jetzt, oder: es kann doch nicht immer so bleiben« die Gegenwart mit der Zeit Friedrichs II. konfrontiert hatten (vgl. dazu den Bericht in der Nr. 10 der »Eleganten« vom 14. Januar 1822, Sp. 79f.).*

13,42 den Elegant mit zwölf bunten Westen] *nach den Modekupfern der Zeit trug man unter dem schwarzen Überrock à la Anglaise gern farbige Westen aus Seide, Samt oder Kaschmir, die zum Teil Knöpfe aus echten Steinen hatten. In der »Harzreise« erwähnt Heine sogar einen Handlungsbeflissenen mit* fünfundzwanzig bunten Westen *(vgl. 92,35). Da Heine den Begriff* Elegant *wenige Seiten später (vgl. 17,19) auf den Baron von Schilling anwendet, fühlte sich letzterer auch von dieser Stelle getroffen (vgl. »Entstehung und Aufnahme« 367,42–369,36 und die »Erklärung vom 3. Mai 1822« 225,17–32).*

14,12 Ein Dichter] *wahrscheinlich E. T. A. Hoffmann gemeint, der in seiner »Geschichte vom verlorenen Spiegelbilde« (1815) anläßlich eines florentinischen Künstlerfestes schreibt: »Die Frauen waren in bunten leuchtenden Gewändern, jede auf andere Art ganz fantastisch gekleidet, so daß sie erschienen wie liebliche wandelnde Blumen« (Harich VI,28).*

14,15 Federhüte] *waren damals ebenso stark in Mode wie turbanähnliche Kopfbedeckungen.*

14,16 Türkenschawls] *wurden meist lose um die Schultern oder über den Arm hängend getragen, da man wegen der weiten Kleiderärmel keine Mäntel überziehen konnte. Auch in der »Harzreise« erwähnt (vgl. 120,11).*

14,20 ein wandelndes Paradies] *der gleiche Ausdruck findet sich in einem Brief an Maximilian Schottky vom 4. Mai 1823.*

14,26 Akademie-Uhr] *befand sich direkt über dem Eingang und war die »einzig richtig gehende Stadtuhr« Berlins (vgl. Korth S. 23).*

14,29 die Singakademie] *die Konzerte der Singakademie fanden seit 1793 im großen runden Saale der Akademie statt. Das Gebäude der Singakademie, das heutige Maxim-Gorki-Theater, wurde erst zwischen 1825 und 1827 gebaut.*

14,30 Professor Zelter] *Karl Friedrich Zelter (1758–1832), der seit 1800 die Berliner Singakademie leitete, galt wegen seiner urwüchsigen Knorrigkeit allgemein als ein ›Original‹.*

14,33 eine Art Hundezeichen] *als ironischer Kontrast zu den folgenden Ordenserwähnungen ins Spiel gebracht. Die Berliner Prostituierten flanierten gern Unter den Linden und im Kastanienwäldchen neben der Universität (vgl. Hans Ostwald, »Das Berliner Dirnentum«, Bd. 2, »Die freie Prostitution im Vormärz«, Leipzig o. J., S. 27). Schulz, der in der Bordellfrage liberal dachte und sogar die Broschüre »Ideen über die Frage: ob Freudenmädchen* *vom Staate zu dulden sind?« (1822) von Fr. Walter (d. i. Heinrich Wilhelm Löst) verlegte, hatte sich im Herbst 1821 im RWA nachdrücklich für eine gewisse Uniformierung dieser ›Damen‹ eingesetzt (Nr. 70 vom 31. August, Sp. 1642). Heines Protest gegen die angedrohten* Hundezeichen *läßt sich daher auch als Replik auf Schulz interpretieren.*

14,40 Café-Royal] *das Café royal, wo Heine zeitweilig seinen Mittagstisch hatte (vgl. 17,1–30), befand sich Unter den Linden 33, Ecke Charlottenstraße und wird noch in der »Stadt Lucca« (Kap. XII) für sein gutes Essen gepriesen.*

14,43 *Hôtel de Rome] Unter den Linden 39, ebenfalls Ecke Charlottenstraße.*

14,43 *Hôtel de Petersbourg] Unter den Linden 31, zwischen Charlotten- und Friedrichstraße.*

15,1–2 die Konditorey von Teichmann] *A. P. Teichmann, Unter den Linden 29, befand sich nur zwei Häuser weiter. War bekannt wegen der französischen Zeitungen, die dort auslagen (vgl. »Blätter« I,156).*

15,5 die große Friedrichstraße] *ist genau 3,3 km lang und erstreckt sich als die längste Straße der Innenstadt vom Oranienburger bis zum Hallischen Tor. Schon im 18. Jahrhundert wurde sie wegen ihrer Länge die »Große Friedrichstraße« genannt (vgl. Georg Friedrich Rebmann, »Kosmopolitische Wanderungen durch einen Teil Deutschlands«, 1793, hrsg. von Hedwig Voegt, Frankfurt/Main 1968, S. 85).*

15,6 die Idee der Unendlichkeit] *versteckte Ironie gegen Hegels Ideenspekulationen (vgl. auch 16,29, 28,3 und die Erläuterungen zum Titel von »Ideen. Das Buch Le Grand«).*

15,9–10 Sala Tarone] *J. Sala-Tarone, italienische Wein- und Delikatessenhandlung, Unter den Linden 32. Hoffmann erwähnt sie in seiner Novelle »Die Fermate« (1815); in Fontanes »Schach von Wuthenow« (1883) spielt das 3. Kapitel im Weinkeller von Sala-Tarone.*

15,10 Café de Commerce] *damit ist wahrscheinlich das Café Gerold Unter den Linden 25 gemeint.*

15,10 Jagor] *befand sich Unter den Linden 23 und galt als vornehmstes Restaurant Berlins, in dem der Adel und die Gardeoffiziere verkehrten (vgl. »Blätter« I,144). Wird noch im »Buch Le Grand« (Kap. I) als Gourmet-Restaurant erwähnt (vgl. 171,20). Wie bei Heine heißt es schon in den »Briefen von Freimund« leicht abschätzig über Jagor: »Hr. Jagor führt den Titel Hoftrakteur im Schilde, und macht ihm alle Ehre, was die Pracht der Säle, den Reichthum und die Eleganz des Tischgeräths und die äußerst prompte Bedienung betrifft; allein die Speisen fand ich bloß theurer, nicht besser, als bei Camilli und Leveque, bei welchen man ganz vorzüglich bewirthet wird« (vgl. »Kunst- und Wissenschaftsblatt«* Nr. *37 des RWA, 1820, Nr. 78 vom 26. September, Sp. 571).*

15,10 Eine Sonne] *ursprünglich war dieses Restaurant ein Gasthaus »Zur Sonne« gewesen, dessen goldenes Firmenschild über der Tür Jagor einfach beibehalten hatte.*

15,*13* das Roß des Darius Hystaspis] *bezieht sich auf eine Stelle in Herodots »Historien« (III,86), wo der Hengst des Darius Hystaspes beim Geruch seiner Lieblingsstute zu wiehern beginnt und seinem Besitzer dadurch das lang erhoffte Königreich zufällt. Unter seiner Herrschaft (521–485), die im Zeichen einer zarathustrischen Sonnenreligion stand, vollzog sich die Restauration des jüdischen Staates, der unter seinem Vorgänger Kambyses (529 bis 522) schwer gelitten hatte.*

15,*13* Ihr modernen Peruaner] *Anspielung auf den Sonnenkult der Inkas, der hier ironisch mit der Anbetung der Jagorschen ›Sonne‹ gleichgesetzt wird.*

15,*18–19* den Säckel des Fortunatus] *unversiegbarer Geldbeutel (vgl. Joseph Görres, »Die teutschen Volksbücher«, Heidelberg 1807, Nr. 11, »Fortunatus mit seinem Seckel und Wunschhütlein«, S. 71–82, und die Rolle von Fortunati Glücksäckel in Chamissos »Peter Schlemihl«, 1814).*

15,22 die Schauspielerinn Stich] *Auguste Stich, geb. Düring, spätere Crelinger (1795–1865) war als Schülerin Ifflands seit 1812 im Königlichen Theater tätig und zeichnete sich vor allem in Shakespeares Frauenrollen aus. Näheres über sie bei Eisenberg S. 167ff. und Rudolf Genée, »Hundert Jahre des königlichen Schauspiels in Berlin. 1786–1886«, Berlin 1886, S. 135ff. Heine erwähnt sie auch später lobend in »Über Polen« (vgl. 74,36) und in »Die Bäder von Lucca« (Kap. IX).*

15,22 der Theolog Neander] *Johann August Wilhelm Neander (1789–1850) wurde 1813 als evangelischer Kirchenhistoriker an die Berliner Universität berufen. War bei den Studenten recht beliebt, galt aber allgemein als sehr zerstreut. In seinen Schriften vertritt er eine Entwicklungstheologie, die im Gegensatz zu einer bloß rationalistisch-moralistischen Religiosität steht (vgl. Walter Ellinger, »150 Jahre Theologische Fakultät Berlin«, Berlin 1960, S. 22ff.). In der »Stadt Lucca« (Kap. XII) mokiert sich Heine höchst drastisch über Neanders ›Frömmelei‹, die er bei einem getauften Juden als besonders peinlich empfindet.*

15,22–23 der Violinist Boucher] *Alexandre-Jean Boucher (1770–1861) war Kammermusikus des Königs von Spanien und galt als einer der sensationellsten Geiger vor Paganini. Seine 9 Konzerte, die er 1821 in Berlin gab (28. April, 8. Mai, 6. und 17. Juni, 8. Juli, 11. September, 5. und 18. Oktober, 2. Dezember), hatten einen wahren Boucher-Rummel ausgelöst. Die Zeitungskritiker waren anfänglich recht scharf mit ihm umgesprungen. So wird in der Nr. 57 der »Vossischen« vom 12. Mai 1821 neben der geigerischen Meisterschaft vor allem auf die »sanguinische Laune« und die »ohrzerreißende Fratze« seines Spiels hingewiesen. In der Nr. 69 der »Vossischen« vom 9. Juni 1821 heißt es, daß Boucher der »erste Violinspieler« sein könnte, wenn »er es nicht vorzöge, der Bizarrste zu seyn«. In der Nr. 52 der »Spenerschen« vom 1. Mai 1821 wird er als ein »musikalischer Callot« mit einer »chamäleontischen Natur« angegriffen, der einen »St. Veits Tanz« aufführe und seine Geige so »maltraitiere«, daß sie »hunderte von falschen Tönen« hervorbringe. Als* *jedoch Boucher für seine militärischen Kompositionen von Friedrich Wilhelm III. öffentlich belobigt wurde, fingen auch die Zeitungen an, Boucher als ein Genie hinzustellen (vgl. »Vossische«, 1821, Nr. 84 vom 14. Juli).*

15,23 als Julie] *die Stich spielte damals gerade die Julia in Shakespeares »Romeo und Julia«, das am 27. Januar, 6. und 17. Februar und 9. März 1822 gegeben wurde. Heine erinnert sich ihrer Julie noch in »Die Bäder von Lucca« (Kap. IX). Er muß sie auch als Constance in Shakespeares »König Johann« gesehen haben, wie aus dem gleichnamigen Abschnitt in »Shakespeares Mädchen und Frauen« (DHA Bd. 10) hervorgeht.*

15,26 *Grace is in all her steps*] *aus der Szene in Miltons »Paradise Lost« (VIII,488f.), wo Adam zum erstenmal Eva erblickt. Die Originalstelle lautet: »Grace was in all her steps.«*

15,29 die Gnostiker] *Anhänger eines mystischen Erlösungsglaubens in der Spätantike (vgl. Neanders Buch »Genetische Entwicklung der vornehmsten gnostischen Systeme«, das 1818 in Berlin erschienen war und mit den gnostischen Elementen bei Philo beginnt. Die folgenden Gnostiker werden alle in den drei ersten Abschnitten dieses Buches behandelt).*

15,30 Basilides] *syrischer Gnostiker (um 120–140), der in Alexandria lehrte (Neander S. 28ff.).*

15,30 Valentinus] *vermutlich jüdischer Abstammung. Wirkte erst in Alexandria, dann um 136 in Rom und starb um 160 (Neander S. 92ff.).*

15,30 Bardesanes] *syrischer Dichter und Philosoph (154–222), der in Edessa in Mesopotamien lebte (Neander S. 190ff.).*

15,30 Carpokrates] *Gnostiker in Alexandria im 2. Jahrhundert (Neander S. 355ff.).*

15,30 Markus] *Gnostiker (2. Jahrhundert), vermutlich aus Palästina (Neander S. 168ff.).*

15,31 Aehnlichkeit mit dem Kaiser Napoleon] *Boucher besaß nicht nur eine erstaunliche Ähnlichkeit mit Napoleon, sondern strich sie in jeder Weise durch Haltung, Blick und Gebärden heraus (vgl. »Spenersche«, 1821, Nr. 52 vom 1. Mai und »Elegante«, 1821, Nr. 105 vom 29. Mai, Sp. 839). Auch Zelter betont in einem Brief vom 30. April 1821 an Goethe Bouchers auffallende »Ähnlichkeit mit Napoleon«.*

15,32 Sokrates der Violinisten] *vgl. hierzu die Notiz »Boucher, der Sokrates der Violinisten«, die Heine am 15. Dezember 1821 in der Nr. 150 des »Zuschauers« einrücken ließ (225,4–14).*

15,32–33 scharrt ein rasendes Geld zusammen] *seine 9 Konzerte im Jahre 1821 waren durch geschickte Inserate, bizarre Tricks und die Napoleon-Imitationen immer zum Bersten voll. Selbst ›klassische‹ Stücke spielte er z. T. mit der Violine auf dem Kopf oder hinter dem Rücken. Zelter schrieb daher am 31. Oktober 1821 resigniert an Goethe: »Wer ein Konzert voll haben will, muß den Boucher dabei haben.«*

15,33 nennt Berlin aus Dankbarkeit *la capitale de la musique*] *in einem vor-*

läufigen Abschiedsbrief in der Nr. 114 der »Spenerschen« vom 22. September 1821 verteidigte sich Boucher gegen den Vorwurf der »charlatanerie«, »qui n'est pas dans mon caractère«, und nannte die Berliner »dignes habitans de la véritable capitale de la musique«. Fast der gleiche Text erschien in der Nr. 114 der »Vossischen« vom 22. September 1821.

15,35 Lebeufve] *le Beufve, Unter den Linden 20, vornehme Konditorei.*

15,36–37 Hier wohnt die vornehmste Welt Berlins] *in diesem Teil der Linden gab es weniger Restaurants als feudale Stadtpaläste. Nach dem Berliner Adreß-Kalender dieser Jahre wohnten hier vor allem pensionierte Generale oder Mitglieder des brandenburgischen, kurländischen oder mecklenburgischen Hochadels.*

15,37–38 die Konditorey von Fuchs] *J. H. Fuchs, Unter den Linden 8, hatte sich vor allem durch seine ›Ausstellungen‹ (vgl. Erläuterung zu 377,1) einen Namen gemacht. Bei ihm waren fast alle Räume, selbst an den Decken, mit Spiegeln ausgelegt. Ein Raum hatte das Aussehen einer Weinlaube, andere waren mit Galerien von Landschafts- und Blumenstücken aus Zuckerwerk oder Marzipan dekoriert (vgl. »Kunst- und Wissenschaftsblatt«, Nr. 37 des RWA, 1820, Nr. 78 vom 26. September, Sp. 572f. und Elise von Hohenhausens »Briefe aus der Residenz« im »Sonntagsblatt«, 1820, Nr. 49 vom 3. Dezember, S. 390).*

16,2 Spontinis Cortez oder Olympia] *ausgesprochene Ausstattungsopern (vgl. Erläuterungen zu 4,33 und 25,36).*

16,3–4 Hier werden Boulevards gebaut] *vgl. Erläuterung zu 47,1.*

16,4 Wilhelmstraße] *letzte Querstraße der Linden vor dem Brandenburger Tor.*

16,4 der Letzten-Straße] *zweite Parallelstraße der Linden nach Norden, die spätere Dorotheenstraße (vgl. Erläuterung zu 49,16).*

16,5 das Brandenburger Thor] *Hauptwerk von Carl Gotthard Langhans (1732–1808), das 1789–1793 nach Motiven der Propyläen in Athen erbaut wurde. Die Säulen sind nicht rein dorisch, sondern ruhen nach jonischer Art auf Basen.*

16,6 Viktoria] *6 Meter hohes Vierergespann, das Gottfried Schadow um 1790 entworfen hatte. Wurde 1807 von den Franzosen nach Paris gebracht, kam jedoch 1814 wieder nach Berlin zurück, wo man es unter dem Adler mit einem Eisernen Kreuz schmückte und der Stadt zuwandte.*

16,11 der berühmte Thiergarten] *ursprünglich königliches Wildgehege, das unter Friedrich II. durch Knobelsdorff in einen Park umgeschaffen wurde. Unter Friedrich Wilhelm III. durch den Gartendirektor Peter Joseph Lenné (1789–1866) weiter verschönert.*

16,12 die breite Chaussee nach Charlottenburg] *führte zum Charlottenburger Schloß, wo sich die königliche Familie oft aufhielt.*

16,12–13 zwey kolossale Statuen] *Herkules und Apoll, die schon im 18. Jahrhundert durch einen »Frömmler« aus »heiliger Andacht verstümmelt« worden waren (vgl. Rebmann, »Kosmopolitische Wanderungen«, S. 93).*

Trotzdem erregte sich der Turnvater Jahn noch immer über die »undeutsche Nacktheit« dieser Figuren (vgl. »Deutsches Volksthum«, Berlin[2] 1817, S. 185).

16,*14–15* es hat sich gewiß schon manche schwangere Berlinerinn dran versehen] *ein ähnlicher Witz im Hinblick auf Goethes »Wahlverwandtschaften«, vor allem auf die Szene II,8, findet sich in »Nordsee III« (vgl. Erläuterung zu 144,11–12). Auch E. T. A. Hoffmann liebt solche Witze (vgl. »Meister Floh«, Harich III,447).*

16,*19* Droschken] *seit 1815 gab es in Berlin 32 Droschken, über deren Langsamkeit oft Witze gerissen wurden (vgl. Weiglin S. 3).*

16,*27* Wie das unter den Linden wogt!] *das Straßenleben, die Maskenbälle (vgl. 37,15–16), wie überhaupt das öffentliche Auftreten vieler Menschen wird von Heine nie als bedrückend, sondern stets als demokratisches Miteinander aufgefaßt.*

16,*29* die Idee eines Mittagessens] *Ausdruck eines spontanen Materialismus, der sich gegen die Abstraktheit der Hegelschen Ideenspekulationen wendet (vgl. auch die Erläuterung zu 15,6). Dazu paßt das Porträt jenes »blassen Jünglings«, der sich bei Jagor gegen die »Ueberbeine abstrakter Theorien« ereifert, von dem Ludwig Robert in seinen »Promenaden eines Berliners in seiner Vaterstadt« (1824) berichtet, und mit dem sicher Heine gemeint ist (vgl. »Gedichte«, Mannheim 1838, II,128).*

16,*35–36* neu, schön und regelmäßig] *der Stadtkern von Berlin war nicht so winkelig und mittelalterlich wie in Düsseldorf, Frankfurt oder Hamburg, sondern hatte ein weitgehend klassizistisches Aussehen. Ähnliche Bemerkungen finden sich in Heines »Reise von München nach Genua«:* Der durchreisende Fremde sieht nur die langgestreckten, uniformen Häuser, die langen, breiten Straßen *und* Die Stadt enthält so wenig Alterthümlichkeit und ist so neu *(Kap. II).*

16,*37* Frau von Staël] *Germaine de Staël-Holstein (1766–1817) war von Napoleon des Landes verwiesen worden und hatte eine ausgedehnte Tour durch Deutschland gemacht. Die zitierte Stelle aus ihrem Buch »De l'Allemagne« (1810) steht im 17. Kapitel und lautet in der Übersetzung der deutschen Erstausgabe von 1814: »Berlin, diese ganz moderne Stadt, so schön sie immer seyn mag, bringt keine feierliche, ernste Wirkung hervor, sie trägt das Gepräge weder der Geschichte des Landes noch des Characters der Einwohner; und die prächtigen neu aufgebauten Gebäude scheinen bloß für die bequeme Vereinigung der Vergnügungen und der Industrie bestimmt zu seyn.« Wie Heine vermißte auch sie die ›Altertümlichkeiten‹.*

16,*42* Herr von Pradt] *Dominique-Georges de Pradt (1759–1837), ein politischer Opportunist und zugleich Erzbischof von Malines, verließ nach dem Sturz Napoleons Frankreich und lebte zeitweilig in Warschau und Magdeburg. Varnhagen lobt ihn mehrfach als »kühn« (»Blätter« I,180, II,39 u. ö.). Seine Schriften erschienen in deutscher Übersetzung z. T. bei Brockhaus und waren in Preußen fast alle verboten. Pradt äußert sich häufig über Preußen,* *so in »L'Europe après le congrès d'Aix-la-Chapelle« (1819, S. 76–88) und in »La Prusse et sa neutralité« (1800). Heine denkt hier vielleicht an die Stelle in »Du congrès du Vienne« (1815), wo die Häuser in Berlin mit schmalen Hosenbändern verglichen werden (Kap. XIV).*

17,2 Beyermann] *der Besitzer des Café royal (vgl. Erläuterung zu 14,40). Friedrich Apollonius von Maltitz nennt darum das Café royal später einfach das »Beyermannsche Kaffeehaus« (Werner/Houben Nr. 93).*

17,9 der berühmte Cosmeli] *Michael Kosmeli (1773–1844), den Jean Paul als Modell für seinen »Luftschiffer Giannozzo« verwandte, war Jurist, Arzt und Reiseschriftsteller. Seine Bücher sind bewußt unsystematisch geschrieben. Vgl. seine »Harmlosen Bemerkungen auf einer Reise über Petersburg, Moskau, Kiew nach Jassy« (1822) und seine »Rhapsodischen Briefe auf einer Reise in die Krim und die Türkei« (1815), wo sich die Äußerung findet: »Je bunter, je mehr à la mosaique Ihre Briefe ausfallen, desto lieber werde ich sie lesen« (S. 2). Vgl. auch Erläuterung zu 33,7.*

17,10 Peter Schlemiehl] *Anspielung auf die Siebenmeilenstiefel in »Peter Schlemihl's wundersamer Geschichte« (1814) von Chamisso.*

17,12-13 Wolf, der den Homer zerrissen hat] *Wolf (vgl. Erläuterung zu 11,6–7) vertrat die Theorie, daß die Homerischen Epen von mehreren Dichtern und aus verschiedenen Zeiten stammen. Goethe, der ihn sehr hoch schätzte, hat ihn mehrfach in metrischen Fragen um Rat gebeten. Schiller gebraucht in seinen »Xenien« von 1797 im Hinblick auf Homer einmal die Formulierung: »Nun da der Wolf ihn zerriß.«*

17,16 der Kammergerichtsrath Hoffmann] *eine persönliche Bekanntschaft Heines mit Hoffmann ist nicht nachzuweisen (vgl. Wilhelm Siebert, »Heinrich Heines Beziehungen zu E. T. A. Hoffmann«, Beiträge zur deutschen Literaturwissenschaft 7, Marburg 1908, S. 2f.). Hoffmann war seit 1816 Regierungsrat am Kammergericht in Berlin. Der »Kater Murr« erschien 1820–1822.*

17,17 Baron von Lüttwitz] *Ferdinand Moritz Freiherr von Lüttwitz (1773 bis 1831), pensionierter Offizier, Schriftsteller und leidenschaftlicher Spieler, dessen* klassische Rezension des Katers *nur aus wenigen Sätzen besteht: »Kater Murr, 2ter Theil. Wenn man die Lebensansichten Kater Murrs im allgemeinen, vorzüglich aber dessen S e e l e n b e l a u s c h u n g e n, die schöne Hälfte des menschlichen Geschlechts betreffend, von Seite 41 an liest, so überzeugt man sich, daß es dem Verstorbenen Ernst war, vor seinem leiblichen Tode ein Gedächtniß sich zu stiften, das bleibend seyn sollte. Wahrscheinlich wird seine Erwartung nicht getäuscht werden, denn die Art und Weise, wie Er den Frauen, d. h. den s i n n i g e n, v e r s t ä n d i g e n und g e i s t r e i c h e n unter ihnen, die durch Liebe, Convenienz oder Indifferenz die Bande der Ehe zu knüpfen berufen waren, den Spiegel der Wahrheit vor die Seele hält, ist klassisch und muß seinen Nachruhm ihm sichern. Was seine Meinung über Philisterei ausspricht, beruht auf Erfahrungen, und jeder bekehrte*

Philister wird ihm beipflichten. Unbegreiflich aber ist es, daß dieser philosophische Kater den großen Mißgriff thun konnte, seiner Gattung das Prädikat Philister zuzutheilen, da es durchaus andern vierbeinigen Creaturen, die da paffen und stoßen, zukommt; Philister übrigens nie kratzen. Frd. Baron v. Lüttwitz« (vgl. »Vossische«, 1822, Nr. 6 vom 12. Januar).

17,*21* der Baron von Schilling] *August Wilhelm Heinrich von Schilling (geb. 1793), den auch Varnhagen häufig erwähnt (»Blätter« I,139, II,43, 45, 91, 101, 118, 140), war Russe, Napoleon-Schwärmer und Kritiker des Hofes. Er fühlte sich durch diese Stelle – wie auch durch den Hinweis auf den anonymen* Elegant *13,42 – in seiner Ehre angegriffen und forderte Heine zum Duell heraus. Heine entschuldigte sich nicht nur brieflich (30. April 1822), sondern ließ auch eine am 3. Mai geschriebene »Erklärung« im »Gesellschafter« einrücken (vgl. »Entstehung und Aufnahme« 367,42–369,36 und den Text dieser »Erklärung« 225,17–32).*

17,*21–22* der im Mindener Sonntagsblatte »die lieben Teutsenkel« so sehr touchirt hat] *Schilling hatte in der Nr. 1 vom 6. Januar 1822 unter dem Titel »Nordwestliche Galläpfel, nebst unschuldigern Gedankenfrüchten« (S. 3) folgendes geschrieben: »Die nachgewachsenen Deutsch-Jünglinge heutiger Zeit erinnern sich noch immer gern der kräftigen Altvordern, welche bekanntlich ihren Fleischbedarf roh verschlangen. Der Enkel Vol-au-vent-Magen können freilich so harte Speise nicht selber verdauen; aber – was thut's? Sie dehnen sich nach ihrer Decke, und zwingen wenigstens Andre zu der historisch-ehrwürdigen Mahlzeit: nämlich – die mit ihnen Umgang pflegen! Darum bewahren sie sich denn auch – (wie z. B. die Schuhmacher, – sonst ehrliche Leute! blos zum Gedächtniß des h. Crispin, fortwährend Leder stehlen –) aller Kultur Hohn sprechend, möglichst roh. Irdischer Gewinn ist dabei wahrscheinlich selten! Denn wer solch' rohes Fleisch nur halbweg genießen will, muß es freilich (nach den besten Kochbüchern) durch Klopfen und Schlagen zart und verdaulich machen! Die Tartaren pflegen es zwar mürbe zu reiten; doch scheint dies Rezept rein klimatisch zu seyn: denn als ein berühmter, längst begrabener Reiter nach zehn Jahren von dem Universalrücken des heil. röm. Reichs absaß; waren die lieben Teuts-Enkel eben noch einmal so roh und zähe als vordem, – ja! steinhart – geworden; weswegen man auch vorzugsweise damit die Thüren des wälschen Babel einschmiß!« (vgl. Werner Deetjen, »Neue Heinefunde«. In: ZDPh 44, 1912, S. 478f.).*

17,*23* Baron von Maltitz] *Friedrich Apollonius Freiherr von Maltitz (1795–1870), russischer Diplomat (Legationssekretär), Schriftsteller und Mitglied des Varnhagen-Kreises (vgl. »Blätter« I,314). Noch am 26. März 1856 erinnert sich Maltitz in einem Brief an Varnhagen an das Zusammentreffen mit Heine im Beyermannschen Kaffeehause (Werner/Houben Nr. 93).*

17,*24* Ihr Antagonist Hartmann vom Rheine] *Heines Freund Ernst Christian August Keller (1797–1879) schrieb unter dem Pseudonym ›Hartmann vom*

Rheine‹ häufig im RWA. Heine, der Keller wahrscheinlich bei den Hohenhausens kennengelernt hat, nennt ihn auch in seinen Briefen an ihn Hartmann du Rhin (15. Juni 1822) oder Hartmann vom Rhein (1. September 1822). Keller lebte damals als Regierungsreferendar in Potsdam und war gerade im »Kunst- und Wissenschaftsblatt« des RWA in Fragen der Gewerbefreiheit gegen den Herausgeber Schulz aufgetreten. Schulz hatte in mehreren Beiträgen zum RWA die Einführung der allgemeinen Gewerbefreiheit als Verherrlichung des nacktesten Egoismus angeprangert und dafür die Tugenden einer historisch gewachsenen Ordnung gepredigt (vgl. u. a. »Kunst- und Wissenschaftsblatt«, 1821, Nr. 14 vom 16. April, Sp. 209–213 und RWA, 1821, Nr. 33 vom 24. April, Sp. 763–771). Keller war dagegen in seinem Beitrag »Ueber Gewerbefreiheit. An den Herrn Herausgeber« (»Kunst- und Wissenschaftsblatt«, 1822, Nr. 2 vom 11. Januar, Sp. 25–32), der mit »Hartmann vom Rheine« unterzeichnet ist, im Sinne der Adam Smithschen Wirtschaftstheorien für die »Grundsätze der natürlichen Freiheit aller Gewerbe« (Sp. 25) eingetreten und hatte das »krampfhafte Festhalten an dem, was da gewesen und nicht mehr ist«, schärfstens verurteilt (Sp. 32). Keller war überhaupt nach Benzenberg (vgl. Erläuterung zu 31,5) der weitaus liberalste Beiträger zum RWA und wandte sich dort wiederholt gegen den mit der allgemeinen Wehrpflicht verbundenen Militarismus und setzte sich für aufgeklärten Kosmopolitismus, allgemeine Pressefreiheit und die »bürgerliche Gleichstellung der Mosaiten« ein (RWA, 1821, Nr. 11 vom 16. März, Sp. 165–169). Daß Heines Verhältnis zu Keller später erkaltete, hängt sicher damit zusammen, daß Keller für dessen byronistische Weltschmerzpose kein Verständnis hatte und daher die Lyrik Heines nicht goutierte (vgl. Heines Brief an Keller vom 1. September 1822). Obendrein scheint Keller auch Heines 1. »Brief aus Berlin« kritisch beurteilt zu haben (vgl. Heines Brief an Keller vom 27. April 1822). Einen guten Einblick in Kellers Gedankenwelt erhält man bei Heinemann S. 273 ff.

17,28 as music on the waters] Zitat aus einer Geisterszene des Byronschen »Manfred« (I,1). In den Byron-Übersetzungen Heines wird diese Stelle mit Wie Harfentöne auf dem Wasser wiedergegeben. Dasselbe Bild erscheint später noch einmal in den »Florentinischen Nächten« als wie geheimnisvolles Flüstern auf dem Wasser (1. Nacht).

17,32 Herr Gans] Eduard Gans (1798–1839) hatte sich als Hegel-Schüler und Gegner der Historischen Rechtsschule, wie sie von Savigny vertreten wurde, 1820 in Berlin habilitiert. In seinem »Erbrecht« (1824) wandte er sich polemisch gegen die »mikrologische« Forschungsweise der Historischen Rechtsschule und bezeichnete sie als »rückwärtsgerichtet« (I, XX, XIV). Persönlicher vertraut wurde Heine mit Gans erst im Sommer 1822 (vgl. den Brief an Keller vom 1. September 1822). Heine traf ihn nicht nur im Café royal, sondern auch im Salon Elise von Hohenhausens (vgl. Werner/Houben Nr. 44) und an den Donnerstagabenden im Salon von Philipp Veit, wo Heine *auch Zunz und Moser kennenlernte (vgl. Joseph Lehmann, »Heine in Berlin, in den Jahren 1821–1823«. In: »Magazin für die Literatur des Auslandes«, 1868, Nr. 12 vom 21. März, S. 169–171).*

17,33 Er schüttelt das graue ehrwürdige Haupt] *Gans war damals erst 24 Jahre alt, erschien aber Heine als der Inbegriff einer stupenden Gelehrsamkeit. Ähnliche Witze über ihn stehen im »Buch Le Grand« (Kap. XIII).*

17,36–37 Herr Kammermusikus] *wahrscheinlich eine fiktive Figur. Da sich Heine nicht über Politik auslassen kann, schon gar nicht mit Gans, der für seine radikalen Ansichten bekannt war, läßt er eine völlig neutrale Figur die üblichen Theaterneuigkeiten aufzählen. Ein ähnlicher Trick findet sich im RWA schon vorher. So schreibt ein anonymer Korrespondent aus Minden: »Ich stehe jetzt mit meinem jungen Freunde* Kurzweil *in Verbindung; der bringt mir Tagesneuigkeiten, und zu den Korrespondenznachrichten manchen guten Stoff« (»Kunst- und Wissenschaftsblatt«, 1821, Nr. 12 vom 23. März, Sp. 102). Ebenso fiktiv ist sicher der »Kammermusikus«, den Leopold von Hohenhausen in Anlehung an Heine in seinen Berliner Korrespondenzberichten erwähnt (vgl. »Sonntagsblatt«, 1822, Nr. 46 vom 17. November, S. 372).*

17,38 Die neue Oper von Hellwig] *Ludwig Hellwig (1773–1838) war Komponist und Domorganist in Berlin. Seine Oper »Die Bergknappen« nach einem Text von Theodor Körner, der zuerst in »Dramatische Beyträge« (1815) erschienen war, wurde nur zweimal gegeben (15. und 23. Januar). Trotz guter Besetzung (Milder-Hauptmann, Eunike, Blume) erwies sich das Ganze als ein Mißerfolg. Die »Elegante«, 1822, Nr. 75 vom 18. April nennt das Werk »matt« (Sp. 598f.).*

17,39–40 Spontini komponirt jetzt eine Oper, wozu ihm Koreff den Text geschrieben] *aus diesem Plan wurde nichts. Heines Vermutung beruht auf einer Meldung der »Vossischen«, 1822, Nr. 6 vom 12. Januar, daß Spontini mit der »Composition einer Preußischen National-Oper« beschäftigt sei, »wozu der Geheimerath Koreff das Gedicht gegeben«. Koreff kannte Spontini schon von Paris her und hatte 1805 zu dessen »Vestalin« ein Begleitgedicht »An die Königin Luise« verfaßt (vgl. Friedrich von Oppeln-Bronikowski, »David Ferdinand Koreff«, Berlin ²1928, S. 120). Seine Beziehungen zu Spontini blieben auch später recht herzlich. So hat er am 12. Juni 1821 in der »Vossischen« eine überaus lobende Rezension der »Olympia« veröffentlicht. Doch der Text einer »Preußischen National-Oper«, die sich der Hof von Spontini erhoffte, blieb ungeschrieben.*

17,41 Koreffs Aucassin und Nicolette] *David Johann Ferdinand Koreff (1783–1851) war als Arzt, Schriftsteller, Diplomat und Vertrauter Hardenbergs eine der farbigsten Gestalten der Berliner Gesellschaft (vgl. Erläuterung zu 27,22). Der Text von »Aucassin und Nicolette oder: die Liebe aus der guten alten Zeit nach einer Sage eines provenzalischen Troubadours« war bereits in »Berlinischer Taschenkalender auf das Schalt-Jahr 1820« (S. 221–298) und »Berlinischer Taschenkalender auf das Gemein-Jahr 1821« (S. 131–190)* *erschienen. Schon am 3. August 1821 liest man in der »Vossischen« von einer baldigen Aufführung dieses Werks. Die Premiere erfolgte jedoch erst am 26. Februar 1822 (vgl. Erläuterung zu 27,7–8).*

17,41–42 wozu Schneider die Musik setzt] *Georg Abraham Schneider (1770–1839), ursprünglich Waldhornvirtuose, war seit April 1820 musikalischer Direktor der königlichen Schauspiele in Berlin.*

17,43 Bernhard Kleins Dido] *Bernhard Joseph Klein (1793–1832) war seit 1820 Universitätsmusikdirektor in Berlin. Den Text der »Dido«, einer heroischen Oper im Stile Glucks, hatte Ludwig Rellstab (1799–1860) geschrieben (vgl. Ludwig Rellstab, »Aus meinem Leben«, Berlin 1861, I,268f.). Die Premiere fand erst am 15. Oktober 1823 statt. Heine war mit Klein, der aus Köln stammte, persönlich bekannt (vgl. Strodtmann I,143).*

17,43 Die Bohrer] *der Geiger Anton Bohrer (1783–1852) und der Cellist Maximilian Bohrer (1785–1867), die bereits am 18. und 29. November und am 17. Dezember 1821 in Berlin aufgetreten waren, gaben am 5. Februar ein großes Konzert im Saale des königlichen Schauspielhauses. Wie Boucher machten sie sich bei den Hofkreisen durch militärische Themen beliebt (vgl. Erläuterung zu 15,22–23) und erhielten führende Stellungen in der königlichen Kapelle. Anton Bohrer wurde Konzertmeister (vgl. den Bericht über ihre Berliner Konzerte in der »Eleganten«, 1822, Nr. 72 vom 13. April, Sp. 574f.).*

18,1 Boucher] *vgl. Erläuterung zu 15,22–23. Nach einem Abstecher nach Polen (vgl. den Bericht »Aus Posen. Im December 1821«. In: »Der Freimüthige«, 1822, Nr. 8 vom 14. Januar) gab Boucher mit seiner Frau Celeste, die ihn auf Klavier und Harfe zugleich begleitete, am 24. Januar in Berlin wiederum eins seiner »letzten Konzerte«, das mehrfach dramatisch angekündigt wurde (vgl. »Spenersche«, 1822, Nr. 8 vom 17. Januar) und das ihm die Summe von 929 Talern einbrachte.*

18,1–2 Wenn der Freischütz gegeben wird] *die Uraufführung hatte am 18. Juni 1821 stattgefunden. Aufgrund seines enormen Erfolges wurde der »Freischütz« schon 1821 siebzehnmal wiederholt. Im Winter und Frühjahr 1822 gab es den »Freischütz« am 2., 6., 24., 26. Januar, am 6., 17. Februar, am 1., 11., 26. März und 7., 13., 30. April. Auch die »Spenersche« berichtet in der Nr. 9 vom 19. Januar, der Nr. 12 vom 26. Januar, der Nr. 42 vom 6. April und der Nr. 45 vom 13. April, wie schwer es sei, Karten zum »Freischütz« zu bekommen. Über die Ursachen dieses Erfolges vgl. die Erläuterung zu 21,1.*

18,2 Der Bassist Fischer] *Joseph Fischer (1780–1862) war von 1814 bis 1818 Sänger im Berliner Opernensemble gewesen. Da er sich am 20. Februar 1818 geweigert hatte, in der »Hochzeit des Figaro« eine Arie da capo zu singen und sich obendrein in der »Vossischen« öffentlich über das Geräusch beim Umblättern der Textbücher beschwert hatte, war er nach großen Krawallen entlassen worden (vgl. die Beilage »Bemerker« Nr. 3 zum »Gesellschafter«,*

1818, Nr. 44 vom 18. März, Gubitz II,88ff. und Parthey II,90f.). 1821 hatte er an der Münchener Oper eine neue Anstellung gefunden, wurde aber auch dort wegen persönlicher Manieriertheiten bald ausgepfiffen (vgl. den Brief Börnes vom 26. Oktober 1821 an Jeanette Wohl). Fischer versuchte daher im Frühjahr 1822 in Berlin wieder Fuß zu fassen, was ihm aber nicht gelang.

18,*3* Graf Brühl] *Karl Friedrich Graf von Brühl (1772–1837) war von 1815 bis 1828 Generalintendant der königlichen Schauspiele in Berlin. Anfang Januar 1822 hatte er sich nach einer Jagdpartie in einem umstürzenden Wagen eine Verletzung zugezogen.*

18,*5–6* der Enthousiast ist für deutsche Kunst und Art] *Brühl hatte als Intendant einen schweren Stand, da der König Possen (Kotzebue) und Ausstattungsopern mit Ballett (Spontini) bevorzugte (vgl. Gubitz II, 118ff.). Seit 1816 hatte er mehrfach versucht, Carl Maria von Weber für Berlin zu gewinnen (vgl. Fetting S. 87f.), scheiterte jedoch am Widerstand Friedrich Wilhelms III., dem alle deutsch-nationalen Bestrebungen mißfielen und der sich energisch für die Restauration der ›barocken‹ Hofoper einsetzte, was zu dem berühmten Spontini-Weber-Streit führte (vgl. Erläuterungen zu 21,1–26,37).*

18,*7* Der Tänzer Antonin] *nicht zu ermitteln. Trat wahrscheinlich nicht auf, da keine der lokalen Zeitungen über ihn berichtet.*

18,*8* Adam Müller] *Adam Heinrich Müller (1779–1829), Publizist und Staatsrechtler, war seit 1816 österreichischer Generalkonsul für Sachsen. Reiste am 6. Januar wieder ab (vgl. »Blätter« II,6).*

18,*9* der Tragödienverfertiger Houwald] *Ernst Christoph von Houwalds (1778–1845) Drama »Das Bild« hatte Heine am 23. Juni 1821 in seiner Berliner Uraufführung gesehen. Das »Bild« und Houwalds »Fluch und Segen« waren wegen ihrer Rührseligkeit große Bühnenerfolge in Berlin. Auch andere Zeitungen spotten damals über Houwald (vgl. »Der Zuschauer«, 1821, Nr. 78 vom 30. Juni).*

18,*9* Madame Woltmann] *die Schriftstellerin Karoline von Woltmann, geb. Stosch (1782–1847) war von 1805 bis 1817 mit dem Historiker Karl Ludwig von Woltmann (1770–1817) verheiratet gewesen. In dieser Zeit lebte sie meist in Prag. Erst 1826 siedelte sie nach Berlin über. Sie schrieb damals gerade an der Fortsetzung der Memoiren ihres Mannes, die unter dem Titel »Memoiren des Freiherrn von S-a« (1815–1816) erschienen waren. Ihre Fortsetzung kam 1827 in Berlin heraus.*

18,*11* Rauch] *Christian Daniel Rauch (1777–1857) arbeitete damals nicht nur an den Statuen von Scharnhorst und Bülow, die im Sommer 1822 neben der Schinkelschen Wache aufgestellt wurden (vgl. Erläuterung zu 46,25), sondern auch an einem Blücher, der für Breslau bestimmt war (vgl. 46,28).*

18,*12* Die Opern, die Karneval gegeben werden] *der Karneval fing 1822 am 20. Januar mit dem Krönungs- und Ordensfest an und dauerte bis zum 19. Februar. Nach alter Tradition wurden in dieser Zeit vor allem große Festopern* *gegeben (vgl. Rebmann, »Kosmopolitische Wanderungen«, 9. Brief). Die Vorankündigungen erschienen u. a. in der »Spenerschen«, 1821, Nr. 155 vom 27. Dezember und der »Eleganten«, 1822, Nr. 12 vom 17. Januar, Sp. 96. Von den dort verzeichneten wurden nur die »Olympia«, die »Vestalin«, der »Cortez« von Spontini, die »Iphigenie in Aulis«, die »Iphigenie in Tauris«, die »Alkeste« von Gluck, die »Bajaderen« von Charles-Simon Catel und der »Othello« von Rossini aufgeführt. Die »Armide« von Gluck, die »Horazier und Kurazier« von Cimarosa, der »Oedip zu Colonas« von Antonio Maria Gaspare Sacchini und der »Titus« von Mozart wurden nicht gegeben.*

18,13 Doktor Kuhns Tragödie] *Friedrich August Kuhn (1784–1829), der Herausgeber des »Freimüthigen«, hatte einige Szenen seiner Tragödie »Die Damascener« bereits in der Beilage »Zeitung für Theater und Musik« des »Freimüthigen«, 1821, Nr. 38 vom 22. September, S. 149–151 und Nr. 39 vom 29. September, S. 154f. abdrucken lassen. Eine öffentliche Aufführung der »Damascener« fand nicht statt. 1822 waren die beiden einzigen Trauerspielpremieren in Berlin »Die Grabrosen« von Friedrich von Voß (2. Oktober) und »Die Erdennacht« von Ernst von Raupach (29. Dezember), da sich Friedrich Wilhelm III. in Tragödien langweilte.*

18,14 Wach] *von Wilhelm Wach (1787–1845) befinden sich zwei Altarbilder, die »Auferstehung« und das »Abendmahl«, in der lutherischen Peter-und-Paul-Kirche in Moskau. Hier ist die vom König bestellte »Auferstehung« gemeint (vgl. »Gesellschafter«, 1822, Nr. 46 vom 22. März, S. 224). Die gleiche Meldung findet sich in der Dresdner »Abend-Zeitung«, 1822, Nr. 1 vom 1. Januar, S. 4.*

18,15 Die Stich] *war am 27. Januar 1822 nach längerer Pause wieder mit großem Applaus als Julia aufgetreten (vgl. Erläuterung zu 15,23). Von einem Kind aus dieser Zeit ist nichts bekannt. Ihre beiden Töchter, Bertha und Clara, waren 1818 und 1820 zur Welt gekommen.*

18,16 Karoline Fouqué] *die Frau (1773–1831) des »Undine«-Dichters, geb. von Briest. Vorabdrucke ihres Romans »Vergangenheit und Gegenwart. Ein Roman in Briefen, herausgegeben von Caroline Baronin de la Motte Fouqué« (1822), waren bereits im Juli 1821 in Nr. 117, S. 465–468; Nr. 118, S. 470–472; Nr. 119, S. 475f. und Nr. 120, S. 477–479 des »Freimüthigen« erschienen. In der »Bücher-Anzeige« des »Freimüthigen« vom 3. Dezember 1821 heißt es: »Dieses in jeder Hinsicht höchst interessante neue Produkt der genialen Verfasserinn ist, wie der Titel sagt, nicht ganz aus ihrer Feder geflossen, und Jeder, der den Styl der Frau Baronin kennt, wird gleich finden: daß nur die Briefe des Adolphs von ihr verfaßt, hingegen die Briefe der Sophie von einem Andern geschrieben sind« (Nr. 193). Inhaltlich handelt es sich um den Briefwechsel einer Tante mit ihrem Neffen, wobei die Tante die Vergangenheit, der Neffe die Gegenwart symbolisiert. Neben adligen Liebesaffären und dem üblichen Hofklatsch überwiegen höchst reaktionäre Stellungnahmen gegen die Ideen der Französischen Revolution.*

18,*18* Prinz Karl von Mecklenburg] *Karl Friedrich August Herzog von Mecklenburg-Strelitz (1785–1837), der Bruder der verstorbenen Königin Luise, war als Mitglied des preußischen Staatsrates mit dem Fürsten Wittgenstein einer der entschiedensten Gegner der Verfassungsbestrebungen und der ›demagogischen‹ Umtriebe unter den Studenten. Da er bei einer Hofaufführung des Goethischen »Faust« als Mephistopheles auftrat, kursierte im Volksmund der Zweizeiler über ihn: »Als Fürst, als Mensch, als Feldherr schofel, / Erträglich nur als Mephistophel« (vgl. Parthey II,294). Über seine arrogant-reaktionäre Art vgl. auch »Blätter« I,27, 87, 144.*

18,*18* Der Staatskanzler] *gemeint ist Karl August Fürst von Hardenberg (1750 bis 1822), der an der Bleichwassersucht litt und am 26. November des gleichen Jahres starb.*

18,*19* Rust] *Johann Nepomuk Rust (1775–1840) war seit 1816 Professor für Chirurgie in Berlin und wurde nach der Entlassung Koreffs (vgl. Erläuterung zu 27,22) Hardenbergs Leibarzt.*

18,*19* Doktor Bopp] *Franz Bopp (1791–1867), der Begründer der vergleichenden Grammatik der indoeuropäischen Sprachen, war von 1821 bis 1864 Professor für orientalische Literatur und allgemeine Sprachkunde in Berlin. Im Sommersemester 1822 las er erstmals »Arabische Grammatik« und »Sanskrit-Grammatik«, im Wintersemester 1822/23 »Hebräische Grammatik«, »Arabische Grammatik« und »Erklärung des sanskritischen Gedichtes Nalus«. An der »Nalus«-Interpretation hat Heine als Hörer teilgenommen (vgl. »Buch Le Grand«, Kap. V). Der Text der offiziellen Ernennung Bopps zum ordentlichen Professor steht in der »Allgemeinen Preußischen Staats-Zeitung«, 1822, Nr. 5 vom 10. Januar, Sp. 33.*

18,*21–22* Vom Brockhausischen Conversazionsblatte] *über den langjährigen Kampf, den der Leipziger Verleger Brockhaus mit der preußischen Regierung führte, vgl. Brockhaus III,159ff. Vor allem das »Literarische Conversations-Blatt« wurde immer wieder konfisziert; aber auch viele der historischen und zeitgeschichtlichen Bücher, die bei Brockhaus erschienen, durften in Preußen nicht ausgeliefert werden. Hardenberg versuchte zwar immer wieder, für Brockhaus einzutreten, doch Ultras wie Wittgenstein, Schuckmann und Kamptz erwiesen sich als stärker (vgl. die weiteren Hinweise auf Maßnahmen gegen Brockhaus 31,9 und 50,34).*

18,*23* Von Görres' neuester Schrift] *Joseph Görres (1776–1848) hatte schon oft Schwierigkeiten mit der preußischen Regierung gehabt. Sein Buch »In Sachen der Rheinprovinzen und in eigener Angelegenheit« (1822) gibt einen dokumentarisch belegten Bericht, der u. a. seine Korrespondenz mit Hardenberg enthält, in der er seine Weigerung begründet, den »Rheinischen Merkur« in eine »Königlich Preußische privilegierte Zeitung« umzuwandeln (S. 36). Dieses Buch wurde daher schon am 3. Januar 1822, sofort nach seinem Erscheinen, für Preußen verboten. Varnhagen behauptet, daß man trotzdem viel darüber diskutiert habe (vgl. »Blätter« II,1f.).*

18,25 Der Junge] *gemeint ist der fünfundzwanzigjährige Stiefelputzer Leschke, der seine »Mutter mit fünf Schlägen eines Hammers« umbrachte (vgl. »Magdeburgische Zeitung«, 1822, Nr. 6 vom 15. Januar).*

18,26 Die mystischen Umtriebe in Hinterpommern] *das mystische Sektiererwesen wurde weitgehend durch den Streit um die ›Neue Liturgie‹ (vgl. Erläuterung zu 30,14–15) ausgelöst und verbreitete sich schnell in allen preußischen Provinzen. In Pommern handelte es sich vor allem um die Kreise um den Baron Hans Ernst von Kottwitz (1757 1843) und die Familien Below und Senfft-Pilsach. Zur Auseinandertreibung der sich zusammenrottenden Bauern wurde im Frühjahr 1822 eine Schwadron Husaren eingesetzt (vgl. »Blätter« II,86).*

18,27–28 »Der Floh«] *wurde zwischen August und Dezember 1821 geschrieben. Hoffmann hatte einige* politische Sticheleien *schon bei Lutter und Wegener (vgl. Erläuterung zu 11,11) zum Besten gegeben (vgl. Wilhelm Dorow, »Erlebtes aus den Jahren 1790–1827«, Leipzig 1845, III,298f.). Auch Varnhagen hatte von diesen Anspielungen gehört (vgl. seine Bemerkungen über den »geharnischten Floh« in »Blätter« II,11, Eintragung vom 14. Januar 1822). Die Zensurbehörden sorgten jedoch dafür, daß diese* Sticheleien *vor dem Druck des »Meister Floh« durch Streichung ganzer Abschnitte getilgt wurden (vgl. Erläuterung zu 32,1).*

18,29 Professor Gubitz] *Friedrich Wilhelm Gubitz (1786–1870) war seit 1808 Professor für Holzschneidekunst an der Berliner Kunstakademie und gab zugleich den »Gesellschafter« heraus. Heine hatte ihn schon im Frühjahr 1821 kennengelernt (vgl. Gubitz II,260). Gubitz akzeptierte nicht nur eine Reihe von Gedichten, Teile des »Almansor«, die Schrift »Über Polen« und die 1. Fassung der »Harzreise« für den »Gesellschafter«, sondern vermittelte auch die Herausgabe von Heines »Gedichten« (1821) bei der Maurerschen Buchhandlung.*

18,29–30 Uebersetzungen aus dem Neugriechischen] *eine Probe davon, das »Lied des einsam Liebenden. Nach dem Neugriechischen«, war schon in der Nr. 175 des »Gesellschafters« vom 2. November 1818 erschienen (S. 699).*

18,30–31 Vignetten zu dem »Feldzug Suwarows gegen die Türken«] *Fürst Alexander Wassiljewitsch Suworow (1730–1800) siegte 1789 im 2. Türkenkrieg Katharinas II. bei Focsani und Martinesti und eroberte im Dezember 1790 die Festung Ismaïl, wodurch das gesamte Nordufer des Schwarzen Meeres in die Hände der Russen fiel. Das Buch, auf das hier angespielt wird, ist offenbar nie erschienen. Jedenfalls bedauert Friedrich von Smitt in seinem Werk »Suworow's Leben und Heerzüge« (1833), daß es immer noch keine Darstellung der Suworowschen Feldzüge gegen die Türken gebe (S. LI).*

18,32 C. L. Blum] *Karl Ludwig Blum (1796–1869), Geograph, Statistiker und Schriftsteller. Seine »Klagen Griechenlands«, ein Kranz von 18 Sonetten, erschienen 1822 bei Ernst Heinrich Georg Christiani, Breite Straße 1 (vgl. die Rezension im »Zuschauer«, 1822, Nr. 28 vom 5. März und Nr. 29 vom 7. März).*

Griechenlieder waren seit 1821, dem Beginn des griechischen Freiheitskampfes gegen die Türken, allgemein beliebt (vgl. Erläuterung zu 31,22).

18,*33–34* Der Künstlerverein in der Akademie] *stand seit 1814 unter der Leitung von Gottfried Schadow und veranstaltete Konzerte und Ausstellungen. Das »Morgenblatt« berichtet in der Nr. 72 vom 25. März 1822 über ihn: »Der Künstlerverein, eine Privatversammlung, wozu Dichter, Künstler und Musiker mit ihren Familien gehören, gibt im Lokale des Akademie-Gebäudes, musikalische, dramatische und pantomimische Aufführungen, auch mit vielem Glück lebendige Gemälde« (S. 288). Heine meint wahrscheinlich die »Dramatisch-musikalische Akademie«, die am 2. Dezember 1821 unter Mitwirkung von Boucher, Wolff, Eunike, Milder-Hauptmann, Seidler und Blume zugunsten brandgeschädigter Familien in Pritzwalk veranstaltet wurde und eine Einnahme von 2270 Talern ergab.*

18,*35* Der Hofschauspieler Walter] *Johann Walter (1772–1845) wirkte ab 1814 am Karlsruher Hoftheater, reiste jedoch seit 1822 hauptsächlich als Imitator und Darsteller der Bäuerleschen Staberliaden herum (vgl. Goedeke XI,2, S. 12 und Eduard Devrient, »Geschichte der deutschen Schauspielkunst«, Berlin 1905, II,212).*

18,*36* »Staberles Reiseabentheuer«] *beruht auf der Komödie »Die Reise nach Paris, oder: Wiesels komische Abentheuer« (1816) von Adolph Bäuerle, die Carl Carl (1787–1854), der erste große Staberl, in die Staberliade »Staberles Reiseabentheuer« umgearbeitet hatte. Inhalt: Staberl reist als Bedienter mit seinem Herrn, den er für ein Frauenzimmer hält, von Wien nach Frankfurt am Main und verliebt sich unterwegs in ihn. Die Premiere fand am 29. Januar 1822 im königlichen Schauspielhaus statt. Wegen seines großen Erfolges wurde das Stück zwischen dem 29. Januar und dem 7. April elfmal wiederholt. Über Zelters Begeisterung vgl. seinen Brief an Goethe vom 1. Februar 1822.*

18,*37* Die Neumann soll im März wieder herkommen] *Amalie Neumann, geb. Morstadt (1800–1884) war wie Walter ein Mitglied des Karlsruher Hoftheaters und hatte schon im Sommer 1821 ein erfolgreiches Gastspiel in Berlin gegeben. Damals war sie als Eboli in »Don Carlos«, als Luise in »Kabale und Liebe«, als Maria Stuart und in mehreren Lustspielrollen aufgetreten. Über den Neumann-Rummel im April 1822 vgl. 44,23–45,16.*

18,*37* die Stich] *vgl. Erläuterung zu 15,22. Die Stich ging zu Gastspielen nach Hamburg und spielte dort die Jungfrau von Orleans, Maria Stuart, Julia, Donna Diana, Preciosa, Eboli und andere Rollen (vgl. die Berichte im »Gesellschafter«, 1822, Nr. 81 vom 22. Mai, S. 384 und Nr. 87 vom 1. Juni, S. 411f.).*

18,*38* Julius von Voß] *Julius von Voß (1768–1832), preußischer Offizier und Vielschreiber, hatte gerade mit seinem Singspiel »Der Stralower Fischzug« (mit Musik von Georg Abraham Schneider), das am 28. Oktober 1821 in Berlin uraufgeführt worden war, einen großen Erfolg gehabt (vgl. den Bericht im »Morgenblatt«, 1822, Nr. 3 vom 3. Januar, S. 12).*

18,39 »Der neue Markt«] *ein Stück mit diesem Titel ist nie erschienen. Vielleicht handelt es sich um eine Vorankündigung des Einakters »Die Weihnachtsausstellung«, der 1823 in den »Neueren Lustspielen« von Voß herauskam (S. 215–240).*

18,39 »Quintus Messis«] *der »Quintin Messis« von Voß, der auf die Novelle »Magdalena, die Kunstbegeisterte« in seinen »Erzählungen von schönen, deutschen Mädchen für schöne, deutsche Mädchen« (1819) zurückgeht, ist ein Künstlerdrama im Gefolge von Kinds »Van Dyck's Landleben« (1817) und Oehlenschlägers »Correggio« (1816). Ein junger Schmied verliebt sich hier in eine schöne Malerstochter und wird Maler, um sie zu erringen. Die Premiere fand am 30. Januar statt. Das Stück wurde viermal wiederholt (5., 9., 14. und 23. Februar). Pius Wolff spielte den Messis, die Stich die Magdalena. Im »Gesellschafter« lobte es Gubitz in der Nr. 21 vom 6. Februar 1822, S. 99f. Gedruckt erschien es im 2. Band von Vossens »Neueren Lustspielen« Berlin 1825, S. 1–66.*

18,40–41 Kleists: »Prinz von Homburg« wird nicht gegeben werden] *die Prinzessin Maria Anna von Preußen, geb. Hessen-Homburg, verwahrte sich gegen eine Aufführung (vgl. Erläuterung zu 31,32).*

18,41 Grillparzer] *da sich die Berliner Intendanz auf Drängen des Königs Tragödien gegenüber sehr zurückhaltend verhielt (vgl. Erläuterung zu 18,13), wurde das Manuskript der »Argonauten« returniert. Die Wiener Uraufführung des »Goldenen Vließ«, von dem die »Argonauten« die 2. Abteilung bilden, hatte am 26. und 27. März 1821 stattgefunden.*

19,6 König Midas hat Eselsohren!] *Anspielung auf eine Episode in Ovids »Metamorphosen« (XI,172–193). Apoll läßt dort dem phrygischen König Midas Eselsohren wachsen, da er die Flöte des Pan der Lyra des Apoll vorgezogen hatte. Obwohl Midas darauf seine Ohren in einem Tuch verbirgt, verrät doch ein flüsterndes Rohr seine Schmach.*

19,11 Ihr sehr werthes Schreiben] *verschollen.*

19,13 bestimmte Persönlichkeiten] *Heine ist in bezug auf die Nennung von Namen viel offenherziger als andere Korrespondenten (vgl. »Entstehung und Aufnahme« 364,7), ja schreckt nicht einmal vor der Erwähnung kontroverser Gestalten wie Spontini, Savigny, Theremin, Görres, dem Grafen Brühl, dem Prinzen Karl oder den Mitgliedern seines engsten Freundeskreises zurück. Die »Elegante« spricht z. B. von Napoleon nur als einem »allgemein bekannten bedeutenden Mann«, Nr. 89 vom 7. Mai 1822, Sp. 712.*

19,20 einer großen norddeutschen Macht] *ein ähnlicher Spott über diese durchsichtige Verschleierungstechnik findet sich in der Brockenhausszene der »Harzreise« 122,9–24.*

19,23 einem großen norddeutschen Juristen] *bezieht sich auf Savigny (vgl. die Erläuterung zu 9,36). Über Savignys gepflegten »Christuskopf« vgl. Parthey II,236.*

19,28 ich denke darüber wie Boileau] *Nicolas Boileau-Despréaux (1636–1711)* *verteidigt sich in seinem »Discours sur la Satire« und in seiner 9. Satire gegen den Vorwurf, zu viele Personen namentlich angegriffen zu haben, und beruft sich auf die Freimütigkeit der Antike in der Personalsatire. Auch in seinen Gesprächen mit Eduard Wedekind im Sommer 1824 betont Heine ausdrücklich, daß die persönliche Satire wieder eingeführt werden sollte (Werner/Houben Nr. 116). Wie ungehemmt er sich auf diesem Gebiet fühlte, beweisen seine späteren Satiren auf Platen, Börne und August Wilhelm Schlegel.*

19,35–36 wie ein altes Weib, wie eine ächte Klatschlise] *vgl. dazu die Bemerkungen zur Schilling-Affäre in »Entstehung und Aufnahme« 368,35 ff.*

19,37 Krähwinkel] *ein Begriff Jean Pauls, der durch Kotzebues »Die deutschen Kleinstädter« (1803), die in Krähwinkel spielen, popularisiert wurde. Im Berliner Opernhaus hatte es am 12. Januar 1822 gerade eine Aufführung der »Falschen Primadonna in Krähwinkel« von Julius von Voß nach Motiven von Adolph Bäuerle gegeben. Auch Adolf von Schaden nennt in »Berlins Licht- und Schattenseiten« (1822) die Hauptstadt Preußens ein »Krähwinkel« (S. 22).*

19,41–42 von allem weiblichen Umgange abgeschlossen] *Heine klagt am 29. Oktober 1820 an Friedrich Steinmann und Johann Baptist Rousseau, daß er in Göttingen* wie ein Abgeschiedener *lebe.*

19,43 weibliche Untreue] *seit der Hochzeit Amalies am 15. August 1821 (vgl. Erläuterung zu* Evelina, *170) waren Heines Klagen in dieser Hinsicht wieder intensiver geworden.*

20,7 ans königl. preuß. Landrecht] *Savigny hatte im Sommersemester 1821 über das »Allgemeine Preußische Landrecht« gelesen, das als Inbegriff des Reaktionären galt (vgl. die Erläuterung zu 48,14).*

20,9 Eugen v. B.] *den jungen polnischen Edelmann Eugen von Breza (1802 bis 1860) hatte Heine bei Varnhagens, im Kolleg Hegels oder im Café Stehely kennengelernt (vgl. Strodtmann I,186 und den Abschnitt »Entstehung und Aufnahme« der Schrift »Über Polen« 476,40). Breza scheint noch weniger als Heine studiert zu haben (vgl. das Gedicht aus dem Zyklus »Die Heimkehr«, Nr. 66:* Such' ihn nicht im Kollegium*). Als er die leidenschaftliche Gunst der Herzogin Friederike von Cumberland (1778–1841) auf sich zog und sich obendrein in der »Polonia« betätigte, wie aus einem Brief vom 26. März 1822 des Berliner Universitätsrichters an den Polizei- und Innenminister Kaspar Friedrich von Schuckmann (1755–1834) hervorgeht (vgl. Heinemann S. 35 und die Akte des Deutschen Zentralarchivs, Hist. Abtl. II, Merseburg, Rep. XVII, Gen. Nr. 43, vol. 2, fol. 8), entzog sich Breza der drohenden Verhaftung, indem er am 14. März 1822 Berlin fluchtartig verließ. Varnhagen schreibt fälschlich, daß Breza »ausgewiesen« worden sei (vgl. »Blätter« II,35, 63). Wie sehr Heine über diesen Verlust betrübt war, geht aus einem Brief an Christian Sethe vom 14. April 1822 hervor. Über die Erstfassung des Gedichts »An Eugen von Breza«, das in der Nr. 23 der »Rheinischen Erholungsblätter« vom 20. März 1822 erschien und worin Heine unumwunden von seiner inni-*

gen Verbundenheit mit dem geliebten Eugen *spricht, vgl. Gerd Heinemann, »Heine und August Gebauer«. In: HJb 11, 1972, S. 112ff. Näheres zu Breza selbst findet sich bei Manfred Laubert, »Heines Jugendfreund Eugen von Breza«. In: »Euphorion« 27, 1926, S. 390ff. und Adolf Nowaczyński, »Heine u Brezów«. In: A. N., »Warta nad Wartą«, Poznań 1937, S. 107–114.*

20,*13* ein schönes, reines Blumenleben] *einen ähnlichen Ausdruck gebraucht Heine in einem Brief an Wilhelm* Smets *(1796–1848) vom 24. Dezember 1821:* Ich glaub', ich war damals *<vor 2000 Jahren>* eine Wasserlilie, und hatte eine Liebschaft mit einem kleinen herzigen Veilchen. *Diese Blumenromantik ist sowohl von E. T. A. Hoffmann als auch von Hegels Geschichtsphilosophie beeinflußt, der das Indische, das Heine in dieser Zeit besonders liebte, immer wieder als »Blumenleben« charakterisiert (vgl. »Vorlesungen über die Philosophie der Geschichte«, Stuttgart ³1949, II,193).*

20,*18* sein aller-aller-allerletztes Conzert] *Boucher gab zwischen April 1821 und Februar 1822 insgesamt 15 Konzerte in Berlin (vgl. »Elegante«, 1822, Nr. 89 vom 7. Mai, Sp. 712). Fast alle waren als »letzte« Konzerte annonciert. So schreibt Zelter am 13. Oktober 1821 an Goethe: »Am Donnerstag hat Boucher abermalen das nächste seiner letzten Konzerte gegeben.« In der »Spenerschen« kündigte er am 2. Juni 1821 bereits das »dritte und letzte« seiner Konzerte an (Nr. 66). In der Nr. 110 der »Vossischen« vom 13. September 1821 ließ er eine Aufforderung zum »aller-allerletzten Konzert« abdrucken.*

20,*20 la capitale de la musique*] *vgl. Erläuterung zu 15,33.*

20,*25* Wer nennt die Fidler] *parodistisch nach Schillers »Die Kraniche des Ibykus« (V. 89f., 94–96): »Wer zählt die Völker, nennt die Namen, / Die gastlich hier zusammenkamen / ... Von allen Inseln kamen sie / Und horchen von dem Schaugerüste / Des Chores grauser Melodie.« Den Zeitungsannoncen zufolge gab es fast jeden Abend Konzertveranstaltungen im Jagorschen Saale, im Saal des königlichen Schauspielhauses, im Akademiesaal, in Kirchen usw. Übrigens zitiert auch die »Vossische« in ihrer Nr. 73 vom 19. Juni 1821 bei einem Auftreten Bouchers Schillers »Kraniche des Ibykus« in komischer Verdrehung.*

20,*32* Escudero] *Pedro Escudero (1791–1868) war ein Schüler von Pierre-Marie-François de Sales Baillot (1771–1842) und spielte am 21. Februar im Saal des königlichen Schauspielhauses Werke von Baillot und Giovanni Battista Viotti. Über den mangelnden Anklang, den er fand, vgl. die »Vossische«, 1822, Nr. 24 vom 23. Februar.*

20,*34* das italienische Messer] *Anspielung auf die italienische Gepflogenheit, junge Chorknaben vor dem Stimmbruch zu kastrieren, um ihre Sopranstimmen zu erhalten.*

20,*38* das Conzert der Seidler] *Karoline Seidler, geb. Wranitzki (1790–1872) war von 1816 bis 1838 Sängerin an der Berliner Oper (vgl. Eisenberg S. 956f.). Damals sang sie vor allem jugendlich-sentimentale Rollen wie die Rosine,*

Agathe, Susanne und Pamina. Sie gab im Winter 1822 zwei große Konzerte im Saal des königlichen Schauspielhauses, am 25. Februar und am 7. März. Der »Gesellschafter« berichtete über ihr Konzert am 7. März in seiner Nr. 49 vom 27. März, S. 236. Bei diesem Konzert sang sie vor allem Werke von Ferdinando Paer, Meyerbeer und Mozart.

20,38–39 Drouets Conzert] *Louis-François-Philippe Drouet (1792–1873) war der 1. Flötenspieler des Königs von Frankreich. Seine Konzerte fanden am 16. und 28. März im Saal des königlichen Schauspielhauses statt. Der »Gesellschafter« lobt zwar seine »Nettigkeit« und unübertreffliche Virtuosität, vermißt jedoch das »Gefühl« (Nr. 71 vom 4. Mai 1822, S. 336).*

20,39 der junge Mendelsohn] *Felix Mendelssohn-Bartholdy (1809–1847), der Lieblingsschüler Zelters, hatte 1818 mit 9 Jahren zum erstenmal bei einem Privatkonzert etwas auf dem Klavier vorgetragen. In dem Konzert von Drouet vom 28. März wirkte er trotz der Ankündigungen in der »Spenerschen«, 1822, Nr. 35 vom 21. März und Nr. 36 vom 23. März nicht mit. Die »Freie Fantasie auf dem Pianoforte von Herrn Felix Mendelsohn«, die er dort vortragen sollte, wurde durch eine Flötenfantasie von Drouet ersetzt (vgl. »Spenersche« 1822, Nr. 37 vom 26. März). Er trat dafür am 31. März in einem Konzert mit Aloys Schmitt (1788–1866) auf und spielte mit ihm ein Konzert für zwei Klaviere von Jan Ladislaus Dussek (1760–1812). Persönlich lernte ihn Heine erst im März 1829 in Berlin kennen.*

21,1 Webers »Freischütz«] *Carl Maria von Weber (1786–1826) war damals Kapellmeister in Dresden. Über die Bemühungen, ihn nach Berlin zu holen, und den Erfolg seines »Freischütz« vgl. die Erläuterungen zu 18,5–6 und 26,6. Der »Freischütz« errang nicht nur wegen seiner musikalischen Qualität, sondern auch wegen seines deutsch-romantischen Gehalts in ganz Deutschland schnell eine unerhörte Popularität. Börne schreibt am 26. April 1822 an Jeanette Wohl von »dem schrecklichen Lärm, den sie überall davon machen, weil es ein echt deutsches Werk« sei. Zelter schreibt am 20. August 1821 über den Erfolg des »Freischütz« an Goethe: »Die Kinder und Weiber sind toll und voll davon.« Die »Elegante« bezeichnet in ihrer Nr. 34 vom 16. Februar 1822 seine Melodien als »Eigenthum des Volks« (Sp. 270). Wilhelmine Bardua schreibt: »Solchen Erfolg hat wohl selten eine Oper gehabt. Es herrschte eine förmliche Freischütz-Manie. In jedem Hause, in jeder Gesellschaft wurde aus der Oper musiziert, die Straßenjungen pfiffen die Melodien, die Orgeln spielten den ›Jungfernkranz‹ <...> wohin man sah und hörte: Freischütz!« (In: »Die Schwestern Bardua«, hrsg. von J. Werner, Leipzig 1929, S. 80f.). Ähnliche Äußerungen finden sich bei Karoline Bauer, »Aus meinem Bühnenleben«, Berlin ^{2}1876, I,304f.*

21,3 »das Lied der Brautjungfern«] *der ›Jungfernkranz‹ (III,4) hatte den größten Erfolg aller Weberschen Melodien. Schon die »Vossische« hebt in ihrer Nr. 77 vom 28. Juni 1821 die »Naivität, Unschuld, Neuheit dieser kleinen Composition« hervor. Im Winter 1821/22 war dieses Lied bereits zu einem* *echten Schlager geworden. Börne schreibt damals aus Frankfurt: »Unsere jungen Mädchen husten schon vierzehn Tage und können die Kehle nicht frei bekommen von dem süßen Liede: ›Wir winden dir den Jungfernkranz mit veilchenblauer Seide‹« (Rippmann I, 1118).*

21,5–7 vom Hallischen *bis* nach dem Köpniker Thore gehen] *das heißt in allen Himmelsrichtungen quer durch Berlin.*

21,9 in den Göthischen Elegien] *von dem Lied »Marlborough s'en va-t-en guerre« (Marlborough zieht in den Krieg) heißt es in Goethes »Römischen Elegien«: »So verfolgte das Liedchen ›Malbrough‹ den reisenden Briten« (II,9ff.).*

21,11–12 verfolgt durch das Lied] *wie leid ihm dieses Lied war, geht aus folgender parodistischer Verdrehung in einem Brief an Rudolf Christiani vom 7. März 1824 hervor:* Was ist des Deutschen Vaterland, </> Mit veilchenblauer Seide? </> Ist's Preußenland ist's Schwabenland, </> Mit Lust und Liebesfreude? </> Chor: Schönes, grünes Vaterland etc.etc.etc. *Das gleiche Lied verfolgt ihn noch 1840 in der Bretagne (vgl. »Lutezia« 19).*

21,40 Bey ***li] *nicht zu entschlüsseln.*

22,11 »Hilf Samiel!«] *ruft Kaspar in der Wolfschluchtszene am Ende des 2. Aktes. ›Samiel‹ bedeutet auf türkisch an sich soviel wie »furchtbarer, erschlaffender Südwind« (vgl. Friedrich Kind, »Freischütz-Buch«, Leipzig 1843, S. 61), meint hier jedoch Teufel oder Herr der Geister.*

22,27 um halb eins] *der König pflegte um 2 Uhr zu Mittag zu essen und vorher einen Spaziergang durch den Tiergarten zu machen (Vehse VI,250).*

22,29 unserer seligen Louise] *der Luisenaltar im Tiergarten stammt von Gottfried Schadow und war von den Anwohnern dieses Viertels der Königin Luise (1776–1810) im Jahre 1809 bei ihrer Rückkehr nach Berlin gestiftet worden.*

22,31 unser König] *vgl. Erläuterung zu 12,23.*

22,36 Die schönen Königskinder] *gemeint sind die Prinzen Friedrich Wilhelm, Wilhelm, Karl und Albrecht und die Prinzessinnen Charlotte Alexandra, Alexandrine und Luise. Lediglich Charlotte Alexandra (1798–1860), die 1817 den Zarewitsch Nikolaus von Rußland (1796–1855) geheiratet hatte, lebte damals nicht mehr in Berlin.*

23,6 die zwey ältern Königssöhne] *der Kronprinz Friedrich Wilhelm (1795 bis 1861), der spätere König Friedrich Wilhelm IV, und Prinz Wilhelm (1797–1888), der spätere Kaiser Wilhelm I.*

23,8 Prinz Karl] *Friedrich Karl Alexander (1801–1883).*

23,10 Alexandrine] *Friederike Wilhelmine Alexandrine (1803–1892).*

23,13 Zauberspiegel alter Mährchen] *der ganze Abschnitt wirkt wie eine Schilderung der ritterlichen Welt in den Romanen Fouqués, als solle das Feudale ins märchenhaft Anachronistische verfremdet werden. Noch in den »Bädern von Lucca« wird die* englische Freundin hoch zu Roß *mit einem* romantischen Märchenbild *verglichen (Kap. III).*

23,*17–19* Engelstimmen *bis* Alteweiberstimme] *dieselbe ironisierende Kontrastwirkung wie in 9,36 und 14,33.*

23,*20* Wir winden dir den Jungfernkranz] *Alexandrine war seit dem 24. September 1820 mit Paul Friedrich von Mecklenburg-Schwerin verlobt (vgl. die Beschreibung der Hochzeit in 38,2–41,30).*

23,*23* vom Sänger Heinsius] *das Berliner Adreßbuch von 1820 verzeichnet drei verschiedene Träger dieses Namens: D. N. Heinsius, Musikus, Judengasse 11; F. W. Heinsius, Musikus, Grenadierstr. 15; W. Heinsius, Musiklehrer, Charlottenstr. 13.*

23,*28–29* Das Kasparlied und der Jägerchor] *»Hier im ird'schen Jammertal« (I,7) und »Was gleicht wohl auf Erden dem Jägervergnügen« (III,6).*

23,*37* Ich liebe dir] *die übliche Verwechslung von Dativ und Akkusativ in der Berliner Umgangssprache.*

23,*37* Lawise] *berlinisch für Luise.*

23,*39–40* »die Katharre«] *berlinisch für Gitarre.*

23,*40* »die Kravatte« aus Tankred] *gemeint ist die berühmte Cavatine »Di tanti palpiti e tante pene dolce mio bene spero mercè« (vgl. auch »Die Bäder von Lucca«, Kap. VI) aus dem 1. Aufzug von Rossinis »Tancredi«, dessen Uraufführung am 6. Februar 1813 in La Fenice in Venedig Rossinis internationalen Ruhm begründet hatte. Seit der Berliner Premiere am 5. Januar 1818 war auch hier die Cavatine »Di tanti palpiti« zu einem Schlager geworden.*

24,*14–15 Mais toujours perdrix?*] *›Aber immer Rebhuhn?‹ Dieser Ausspruch wird Heinrich IV. zugeschrieben, der seinem Beichtvater, der ihn wegen seiner Liebschaften tadelte, jeden Tag Rebhühner vorsetzen ließ, um ihn von der Notwendigkeit der Abwechslung zu überzeugen. Den gleichen Ausdruck gebrauchen Börne in seinen Theaterrezensionen (Rippmann I,521) und Adolf von Schaden in seinem »Kritischen Bockssprung von Dresden nach Prag« (1822, S. 6).*

24,*18* gute Billette] *vgl. Erläuterung zu 18,1–2.*

24,*19* In Wien, Dresden, Hamburg macht er ebenfalls *furore*] *Die Wiener Premiere war am 3. Oktober 1821. Berichte darüber bringen die »Elegante«, 1822, Nr. 89 vom 7. Mai, Sp. 712; der »Gesellschafter«, 1822, Nr. 47 vom 23. März, S. 228 und die »Vossische«, die in ihrer Nr. 4 vom 8. Januar 1822 schreibt: »Es hat die Oper in Wien wie in Berlin furore gemacht.« Die Dresdner Erstaufführung des »Freischütz« war am 26. Januar 1822. Vgl. die Rezension in der »Eleganten«, 1822, Nr. 29 vom 9. Februar, Sp. 231f. Über die Hamburger »Freischütz«-Premiere am 5. Februar 1822 berichtet der »Gesellschafter«, 1822, Nr. 34 vom 1. März, S. 163f. und die »Elegante«, 1822, Nr. 97 vom 18. Mai, Sp. 775f.*

24,*21* die antispontinische Parthey] *gemeint sind die bürgerlichen Liberalen, die Spontini als Vertreter der barocken Hof- und Huldigungsoper empfanden (vgl. Philipp Spitta, »Spontini in Berlin«. In: Ph. Sp., »Zur Musik«, Berlin 1892, S. 291–355).*

24,23 von Liberalen und Ultras] *höchst sarkastisch gemeint. Diesen* Parthey-kampf *gab es sehr wohl. So spricht Varnhagen in seinem Tagebuch ständig von den Liberalen und den Ultras in Berlin. Korth schreibt 1821, daß man in den Berliner Cafés auf »Royalisten, Demagogen, Servile, Republikaner, Ultras, Reformer und Jakobiner« stoße (S. 527). Auch in den Zeitungen, besonders in den Berichten aus Paris, war fast täglich vom Gegensatz der Liberalen und Ultras die Rede (vgl. »Elegante«, 1822, Nr. 1 vom 1. Januar, Sp. 8).*

24,25–26 die königliche Macht *bis* in der Mitte steht] *bewußt ›beschönigend‹ ausgedrückt. Jedermann wußte, daß die Hofkreise den »Freischütz« verachteten und die Spontini-Opern favorisierten.*

24,27 Ende des vorigen Sommers] *der Kampf der Weber- und Spontini-Anhänger, der deutlich politische Obertöne hatte, war nach den Premieren der »Olympia« (14. Mai 1821) und des »Freischütz« (18. Juni 1821) zum Ausbruch gekommen.*

24,29 Streit der Gluckisten und Piccinisten] *Nicola Piccinni oder Piccini (1728–1800) versuchte in den siebziger Jahren des 18. Jahrhunderts Christoph Willibald Gluck (1714–1787) und seine Opern von der Pariser Bühne zu verdrängen, unterlag jedoch. In diesem Sinne wurde in Berlin auch der Erfolg des »Freischütz« als ein Sieg des Deutschen über das ›Welsche‹ empfunden. Brühl hatte nämlich die »Freischütz«-Premiere bewußt auf den 18. Juni, den Jahrestag der Schlacht von Belle Alliance, gelegt, um das Ganze als einen Triumph der deutschen Kunst über den ›Franzosen‹ Spontini hinzustellen. Heine dagegen läßt sich nicht von diesen chauvinistischen Gefühlen mitreißen, sondern betrachtet diesen Streit mehr als einen Kampf der Bürgerlichen mit den Ultras bei Hofe. Auch Varnhagen deutet den Erfolg des »Freischütz« als »sichtbarste Opposition gegen Spontini und die ihm gewogene Hofparthei« (»Blätter« I,327).*

24,33–34 den Geist mancher Notizen] *d. h. die kulturpolitischen Aspekte dieser scheinbar rein ästhetischen Phänomene.*

24,37 Die Milderhauptmann] *vgl. Erläuterung zu 13,2.*

24,37 die Schulz] *Josephine Schul(t)z(e), geb. Killitschky (1790–1880), eine der Hauptstützen Spontinis, war vor allem für ihre Koloraturen und langen Triller berühmt (vgl. Fetting S. 85 und Eisenberg S. 939 f.).*

24,38 die Seidler] *vgl. Erläuterung zu 20,38.*

24,37–38 unübertrefflich <. . .> vortrefflich <. . .> trefflich] *die übliche Art, berühmte Bühnenstars zu loben (vgl. »Gesellschafter«, 1822, Nr. 77 vom 15. Mai, S. 365).*

24,38 die Oper] *die Berliner Oper galt in diesen Jahren allgemein als das beste Opernhaus Deutschlands.*

24,41 des verstorbenen Webers] *gemeint ist Bernhard Anselm Weber (1766 bis 1821), der Vorgänger Spontinis, der die Gluckschen Opern auf der Berliner Bühne eingeführt hatte.*

25,*3–4* seit der völligen Trennung der Oper von dem Schauspiel] *Spontini hatte von Anfang an Schwierigkeiten mit Brühl. Er wurde daher am 26. September 1821, nach dem Erfolg des »Freischütz«, durch eine königliche Dienstinstruktion (abgedruckt bei Carl Robert, »Gasparo Luigi Pacifico Spontini«, Berlin 1883, S. 22–24) als Generalmusikdirektor mit Brühl auf eine Stufe gestellt, um solche ›Entgleisungen‹ ins Deutsch-Romantische in Zukunft zu verhindern. Brühl war seitdem nur noch für die Schauspiele, Spontini für alle musikalischen Darbietungen verantwortlich. Das Wiener »Conversationsblatt« schreibt in seiner Nr. 89 vom 7. November 1821: »Es scheint mit dieser neuen Einrichtung nicht Jedermann zufrieden zu seyn, und es haben sich Partheyen für und gegen Spontini erklärt« (S. 1067). Vgl. zu diesem Kompetenzstreit auch Wilhelm Altmann, »Spontini an der Berliner Oper«. In: »Sammelbände der internationalen Musikgesellschaft« 4, 1902/03, S. 255ff.*

25,*6–7* für seine eignen großen Produkte] *Spontini dirigierte fast ausschließlich seine eigenen Werke.*

25,*14* fremde Stimmen] *gemeint sind die Äußerungen der Hofpartei und ihrer Schreiberlinge in den Berliner Zeitungen (vgl. Fetting S. 92). Um Spontini ein besseres Image zu geben, wurde bei Paraden und Hofbällen vorwiegend Spontinische Musik gespielt.*

25,*16* Spontini ist der größte aller lebenden Komponisten] *solche Äußerungen sind in den Berliner Zeitungen ständig zu finden. Vgl. den Aufsatz »Spontini und die moderne dramatische Musik«. In: »Der Freimüthige«, 1822, Nr. 55 vom 5. April, S. 217–219. Besonders seine »Olympia« wurde auf eine geradezu überschwengliche Weise gefeiert. Vgl. »Der Zuschauer«, 1821, Nr. 63 vom 26. Mai; die Beilage »Zeitung für Theater und Musik« des »Freimüthigen«, 1821, Nr. 20 vom 9. Mai, S. 77–79, und die »Spenersche«, 1821, Nr. 65 vom 31. Mai, Nr. 66 vom 2. Juni und Nr. 67 vom 5. Juni. Am servilsten erwies sich die »Vossische«. Hier wird die »Olympia« in folgenden Nummern gepriesen: Nr. 64 vom 29. Mai (»herrlicher genialer Spontini«); Nr. 70 vom 12. Juni (von Koreff verfaßt); Nr. 71 vom 14. Juni; Nr. 73 vom 19. Juni; Nr. 74 vom 21. Juni (wo Spontinis »Objektivität« mit der Goethes verglichen wird); Nr. 76 vom 26. Juni; Nr. 78 vom 30. Juni und Nr. 6 vom 12. Januar 1822, wo die »Olympia« nochmals als »Riesenwerk« hingestellt wird.*

25,*19* die Wände der Paläste] *die eifrigsten Spontini-Verehrer waren Friedrich Wilhelm III., der Herzog Karl von Mecklenburg-Strelitz, der Generalmajor Wilhelm von Witzleben und andere Hofadlige.*

25,*33–34* der Unwille Vieler – – –] *Zensurlücke. Wahrscheinlich standen hier noch ›dreistere‹ Äußerungen über Spontinis »Olympia«, über sein enormes Gehalt oder seine Günstlingsposition bei Hofe, die in Preußen nicht abgedruckt werden durften. So schreibt Varnhagen schon am 24. Mai 1821: »Es wird versichert, der König habe durch Kabinettsbefehl verboten, in die hiesigen Zeitungen tadelnde Rezensionen von Spontini's Olympia aufzunehmen« (»Blätter« I,312). Auch in der »Olympia«-Rezension des »Gesell-*

schafters«, die von Gubitz stammt, finden sich 7 Zensurlücken (Nr. 85 vom 28. Mai 1821, S. 395f. und Nr. 90 vom 6. Juni, S. 419f.). Hier wird vor allem die »unklare« Handlung und der »übertriebene Prunk« gerügt. Lediglich eine sächsische Zeitung wie die »Elegante« konnte es sich leisten, an Spontinis »Olympia« die »Effektsucherei« und den »über alle Gränzen schweifenden Affekt« zu tadeln (Nr.109 vom 4. Juni 1821, Sp. 872 und Nr. 110 vom 5. Juni, Sp. 879).

25,35 Lärm] *Spontini liebte große Chöre, Massenszenen und gewaltige dramatische Steigerungen. Im Triumphmarsch der »Olympia« wurden 34 Trompeter eingesetzt und sogar ein echter Elefant auf die Bühne geführt. Nichtberlinische Blätter heben diese Aspekte viel stärker hervor. Vgl. die Dresdner »Abend-Zeitung«, 1822, Nr. 109 vom 7. Mai, wo von einem »brausenden Orkan« und »ohrzerreißenden Dissonanzen« die Rede ist (S. 436).*

25,35 diesen Sommer] *Heine meint hier den Sommer von 1821. Höchstwahrscheinlich ist dieser Abschnitt schon im Herbst 1821 entstanden (vgl. »Entstehung und Aufnahme« 362,3–43).*

25,36 als Spontinis Olympia auf unsrer Bühne zuerst erschien] *die Uraufführung, der 42 lange Proben voraufgegangen waren, fand am 14. Mai 1821 statt. Die Hauptrollen sangen die Milder-Hauptmann und die Schulz. Die Übertragung des Textes ins Deutsche hatte auf Befehl des Königs E. T. A. Hoffmann übernehmen müssen, der Spontini recht ambivalent gegenüberstand. Durch das Massenaufgebot an Chören, Tänzern und Statisterie, das der königlichen Kasse 20000 Taler gekostet hatte, war dem Ganzen wenigstens ein Achtungserfolg beschieden. Varnhagen schreibt darüber am 15. Mai 1821 in sein Tagebuch: »Großer Beifall des Königs und des Hofes < . . . > Das Publikum ist nur zum Theil in dieser Richtung, der überwiegende Theil ist widerspenstig gegen den Geschmack des Königs, findet die Oper bloßen Lärm, Spontini'n ohne Verdienst, und beseufzt dessen Wirksamkeit, Ansehen und Besoldung« (»Blätter« I,307).*

25,37 in Hamm] *der Ort, wo der RWA erschien.*

25,39 im neuen Schauspielhause] *das von Carl Gotthard Langhans gebaute alte Schauspielhaus war 1817 abgebrannt. Der zwischen 1819 und 1821 entstandene Neubau stammt von Schinkel. Er wurde am 26. Mai 1821 mit einem von Goethe verfaßten »Prolog«, mit Goethes »Iphigenie« und dem Ballett »Die Rosen-Fee« von Georg Abraham Schneider eröffnet (vgl. den Bericht in der »Spenerschen«, 1821, Nr. 64 vom 29. Mai).*

25,39 die Haltbarkeit der Mauern] *von Anfang an wurde viel Kritik an der schlechten Akustik, den zu engen Sitzen und den baufälligen Mauern laut (vgl. die kritischen Bemerkungen in der »Eleganten«, 1821, Nr. 145 vom 27. Juli, Sp. 1159f. und Nr. 146 vom 28. Juli, Sp. 1167f.).*

25,40 Ein anderer Witzling] *der gleiche Witz findet sich im »Literarischen Conversations-Blatt«, 1822, Nr. 57 vom 8. März: »Man trägt sich in Berlin* *mit einem Witzwort, wonach Jemand, der nach der Olympia aus dem Opernhause heraustrat, als der Zapfenstreich geschlagen wurde, seufzend sagte: ›Gottlob, nun höre ich doch wieder einmal eine sanfte Musik‹« (S. 226). Fast dieselbe Anekdote wird von Zelter überliefert (vgl. Friedrich Kind, »Freischütz-Buch«, Leipzig 1843, S. 160).*

25,43 den großen Elephanten] *auch der »Zuschauer«, 1822, Nr. 3 vom 5. Januar, witzelt in ähnlicher Weise. Heine bezieht sich auf diesen Elefanten noch einmal in 34,43, 38,30–31 und in der »Harzreise« 122,4.*

26,5 Kurz darauf] *Weber war am 4. Mai 1821 in Berlin angekommen und hatte fünf Tage später mit den Proben zum »Freischütz« begonnen.*

26,5–6 sein Freischütz wurde im neuen Theater aufgeführt] *Brühl wollte das neue Theater ursprünglich mit dem »Freischütz« eröffnen (vgl. Erläuterung zu 25,39), doch der Hof entschied sich für Goethes »Iphigenie«. Daher verlegte Brühl die Premiere auf den 18. Juni (vgl. Erläuterung zu 24,29). Die Hauptrollen sangen die Seidler (Agathe), die Eunike (Ännchen), Blume (Kaspar) und Stümer (Max). Unter dem Premierenpublikum befanden sich hauptsächlich die Vertreter des ›geistigen‹ Berlin (Varnhagen, Hoffmann, Gubitz, Felix Mendelssohn, Heine u. a.), während die Uniformen fast völlig fehlten (vgl. Fetting S. 95ff.). Heine soll in sarkastischer Weise über den Text von Friedrich Kind gesagt haben: »Er wolle es sich einmal gefallen lassen, ›kindische‹ Verse für Byrons ›Childe Harold‹ einzutauschen« (Weber II,312f.).*

26,6 entzückte das Publikum] *der Erfolg war überwältigend. Weber schrieb am 21. Juni 1821 an Kind: »Viktoria können wir schießen. Der Freyschütz hat ins Schwarze getroffen <...> Die zweite Vorstellung ging ebenso trefflich wie die erste und der Enthusiasmus war abermals groß« (vgl. »Freischütz-Buch«, Leipzig 1843, S. 161). Die erste enthusiastische Rezension schrieb E. T. A. Hoffmann am 21. Juni 1821 in der »Vossischen« (Harich XII,405ff.). Über die Schwierigkeiten, Karten zu den folgenden Aufführungen des »Freischütz« zu bekommen, vgl. die Erläuterung zu 18,1–2 und 24,18.*

26,8 aufs herrlichste gefeyert] *vgl. den ausführlichen Bericht über die »Freischütz«-Premiere bei Weber II,312ff. Nach stürmischen Ovationen, Kränzen, Jubelrufen und Gedichten wurde zu Ehren Webers im Jagorschen Saale eine Ehrentafel abgehalten, an der Hoffmann, Gubitz, Rellstab, Pius Wolff u. a. teilnahmen (vgl. Gubitz II,197ff.).*

26,8–9 In einem recht schönen Gedichte] *Friedrich Förster (1791–1868), ein Berliner Philosoph und Zeitschriftenherausgeber, der dem Lützowschen Freikorps angehört hatte und 1817 wegen seiner demokratischen Gesinnung aus dem preußischen Staatsdienst entlassen worden war, ließ am Schluß der Oper Flugblätter mit einem Gedicht auf das Publikum niederregnen, das allgemein als offener Angriff gegen Spontini aufgefaßt wurde. Der Text dieses Gedichtes lautet nach dem Abdruck der Dresdner »Abend-Zeitung« (1821), Nr. 151 vom 25. Juni:*

»Dem Herrn Kapellmeister C. M. v. Weber.
Berlin am Tage von Belle Alliance 1821.

Das Hurrah jauchzet, die Büchse knallt,
Willkommen, Du Freischütz, im duftenden Wald!
Wir winden zum Kranze das grüne Reiß
Und reichen Dir freudig den rühmlichen Preis.

Du sangst uns Lützow's verwegene Jagd,
Da haben wir immer nach Dir gefragt.
Willkommen! willkommen in unserm Hain,
Du sollst uns der trefflichste Jäger seyn.

So laß Dir's gefallen auf unserm Revier,
›Hier bleiben!‹ so rufen, so bitten wir;
Und wenn es auch keinen Elefanten gilt,
Du jagst wohl nach anderem, edleren Wild!«

Als Spontini davon hörte, schäumte er vor Wut. Varnhagen notiert sich am 2. Juli 1821: »Herr von Spontini nennt seine Gegner, namentlich Herrn Dr. Förster, der vom Elephanten schlecht gesprochen, unbedenklich Jakobiner« (»Blätter« I,334). Weber war über diesen anzüglichen Scherz, der ihm jede Anstellungsmöglichkeit verdarb, ebenso tief betroffen. Beim anschließenden Ehrenbankett verfiel er in eine »schauerlich düstere Stimmung«, die Gubitz durch ein scherzhaftes Gegengedicht aufzuheitern versuchte (Gubitz II,198f.).

26,*11* den andern Tag im Intelligenzblatte] *Webers Erklärung in der Nr. 147 des »Berliner Intelligenz-Blatt, zum Nutzen und Besten des Publici« vom 20. Juni 1821 lautet: »Nicht versagen kann ich es meinem tief ergriffenen Gemüth, den innigsten Dank auszusprechen, den die mit wahrhaft überschwenglicher Güte und Nachsicht gespendete Theilnahme der edlen Bewohner Berlins bey der Aufführung meiner Oper: der Freyschütz, in mir erweckt. Von ganzem Herzen zolle ich den freudig schuldigen Tribut einer in allen Theilen so vollkommen abgerundeten Darstellung und dem wahrhaft herzlichen Eifer, den sowohl die verehrten Solo-Sängerinnen und Sänger als die treffliche Kapelle und das thätige Chor-Personale beseelte, so wie auch die geschmackvolle Ausstattung von Seiten des Herrn Grafen Brühl und die Wirkung der scenischen Anordnungen nicht vergessen werden darf. Stets werde ich eingedenk seyn, daß alles dieses mir nur doppelt die Pflicht auferlegt, mit reinem Streben weiter auf der Kunstbahn mich zu versuchen. Je mehr ich mir aber dieser Reinheit meines Strebens bewußt bin, je schmerzlicher mußte mir der einzige bittere Tropfen seyn, der in den Freudenbecher fiel. Ich würde den Beyfall eines solchen Publikums nicht verdienen, wenn ich nicht zu hoch zu ehren wüßte, was hoch zu ehren ist. Ein Witzspiel, das einem berühmten Mann kaum ein Nadelstich seyn kann, muß in dieser Weise für mich gesprochen, mich selbst mehr verwunden, als ein Dolchstich.*

Und wahrlich bey der Vergleichung mit dem Elephanten könnten meine armen Eulen und andere harmlosen Geschöpfchen sehr zu kurz kommen. Berlin, den 19ten Juny 1821. Carl Maria von Weber« (S. 3372f.). Auch die »Vossische« und die »Spenersche« brachten diese Erklärung in den Nummern 74 vom 21. Juni 1821, wenn auch ohne den letzten Satz. Andere Zuschriften über das Förster-Gedicht wurden von der Zensur unterdrückt (vgl. »Elegante«, 1821, Nr. 138 vom 17. Juli, Sp. 1103f.).

26,*16* Weber verließ uns] *die 2. und 3. Aufführung des »Freischütz«, die Weber selbst dirigierte, waren am 20. und 22. Juni. Nach einem öffentlichen Konzert am 25. Juni im Saal des königlichen Schauspielhauses verließ Weber am 30. Juni Berlin und kehrte nach Dresden zurück.*

26,*17* erhielt dort einen glänzenden Ruf] *Weber erhielt im August 1821 einen Ruf nach Kassel, bei einem Gehalt von 2500 Talern die Direktion der dortigen Oper zu übernehmen. Als man daraufhin sein Gehalt in Dresden von 1500 auf 1800 Taler erhöhte, empfahl er Louis Spohr nach Kassel.*

26,*18–19* wird dort einem guten General ohne Soldaten verglichen] *über Webers Schwierigkeiten im Winter 1821/22 an der Dresdner Oper, wo er ebenfalls gegen eine italienisierende Hofpartei anzukämpfen hatte, vgl. Weber II,340ff.*

26,*19–20* ist jetzt nach Wien gereist] *Weber verließ Dresden am 10. Februar und hielt sich bis zum 21. März in Wien auf.*

26,*20* wo eine neue komische Oper von ihm gegeben werden soll] *sein »Freischütz« wurde im Winter 1821/22 in Wien ebenso umjubelt wie in Berlin (vgl. Erläuterung zu 24,19). Domenico Barjaba bestellte darauf bei Weber eine neue Oper »im Style des Freischützen« für das Wiener Kärntnertor-Theater (vgl. Weber II,352). Weber schlug ihm in Wien die »Euryanthe« nach einem Text von Helmina von Chézy vor.*

26,*22* die große Rezension] *Gubitz' »Freischütz«-Rezension erschien im »Gesellschafter«, 1821, Nr. 105 vom 2. Juli, S. 487f., in Nr. 106 vom 4. Juli, S. 491f. und in der Beilage zur selben Nummer auf S. 493. Und zwar betont Gubitz vor allem die »deutschen« (S. 492) und die »romantischen« (S. 493) Elemente. Weber forderte ihn daraufhin auf, ein Opernlibretto für ihn zu schreiben (Gubitz II,189ff.).*

26,*26* Webers Aeußere] *Wilhelmine Bardua schreibt: »Er war ein schmächtiger Mann, hinkte ein wenig, hatte schmale Schultern, einen langen Hals, große Augen mit breiten Augendeckeln« (»Die Schwestern Bardua«, Leipzig 1929, S. 81). Noch unvorteilhafter klingt die Beschreibung, die Caroline Pichler von Weber gibt (»Denkwürdigkeiten aus meinem Leben«, München 1914, II,150).*

26,*35* Kalabresen] *Bewohner des süditalienischen Kalabrien, die als besonders wild und räuberisch galten.*

26,*37* die Vestalin, Cortez und Olympia] *die Hauptwerke Spontinis, die 1822 alle drei im Karneval gegeben wurden: der »Cortez« am 18. Januar, die*

»Olympia« am 25. Januar, am 8. und 18. Februar und die »Vestalin« am 15. Februar.

26,38 Von den hiesigen Komponisten] *auch in der Nr. 30 der »Vossischen« erschien am 9. März 1822 ein Aufsatz »Die Komponisten in Berlin«, in dem die lokalen Talente, und zwar besonders Bernhard Joseph Klein, herausgestrichen wurden.*

26,39 Bernhard Klein] *vgl. Erläuterung zu 17,43.*

26,39 einige schöne Komposizionen] *Klein komponierte als Universitätsgesanglehrer und Leiter der ›Jüngeren Liedertafel‹ hauptsächlich Lieder, Chöre und geistliche Gesänge in Anknüpfung an die Thibautsche Reformbewegung.*

26,40 Dido] *vgl. Erläuterung zu 17,43.*

27,6 G. A. Schneider] *vgl. Erläuterung zu 17,41–42.*

27,7–8 Koreffs »Aucassin und Nicolette«] *vgl. Erläuterung zu 17,41. Die Uraufführung fand am 26. Februar 1822 im Opernhaus statt. Die Aufnahme war nicht besonders günstig (vgl. die vernichtende Besprechung in der »Spenerschen«, 1822, Nr. 37 vom 26. März). Varnhagen, ein Jugendfreund Koreffs, notierte sich am 26. Februar: »Koreffs's Oper ›Aucassin und Nicolette‹ heute mit leidlichem Beifall zum erstenmale aufgeführt; man sagte, die Musik rühre zum Theil vom General von Witzleben her« (»Blätter« II,45). Von der 2. Aufführung am 15. März schreibt er, sie habe »fast ganz mißfallen« (II,69). Die 3. und letzte Aufführung wurde am 24. März gegeben. Heine war dagegen von diesem Werk hingerissen und schrieb ein lobendes Sonett darauf, das in der Nr. 32 vom 14. März 1822 unter dem Titel »Aucassin und Nicolette, oder: die Liebe aus der guten alten Zeit. (An J. F. Koreff.)« im »Zuschauer« erschien.*

27,13–14 das bunte Mährchen] *der Text ist eine freie Bearbeitung des altfranzösischen Epos »Aucassin et Nicolette«, von dem 1808 eine neue Ausgabe in den Méonschen »Fabliaux et contes« erschienen war, als Koreff noch in Paris lebte. Die Handlung mit ihren räuberischen Sarazenen, rührenden Wiedererkennungsszenen, Minnefesten, Bajaderentänzen, Hirtenidyllen und von Sehnsucht verzehrten Troubadouren ist äußerst farbig und hat sicher einen großen Einfluß auf Heines frühe Lyrik gehabt (vgl. Heinrich Uhlendahl, »Fünf Kapitel über Heinrich Heine und E. T. A. Hoffmann«, Berlin 1919, S. 79ff.).*

27,22 Letztern verlieren wir bald] *da Koreff den Staatskanzler Hardenberg vor den gesundheitsschädlichen Exzessen mit Friederike Hähnel (gest. 1871), dessen damaliger Mätresse, gewarnt hatte und zugleich im Verdachte stand, ein Verhältnis mit der Frau des Staatskanzlers, der Fürstin Charlotte (1772 bis 1854), zu unterhalten, wurde er von Hardenberg in eine untergeordnete Stellung des Kultusministeriums versetzt. Koreff verließ daraufhin am 23. April 1822 Berlin, ging zuerst nach Dresden, wollte dann mit Spontini nach Italien reisen, wählte aber schließlich Paris als sein neues Domizil.*

27,*29* daß die Menschen erst gesungen haben] *geht auf eine Theorie Johann Georg Hamanns zurück (vgl. Äußerungen wie »Die älteste Sprache war Musik«. In: »Schriften«, Berlin 1821–1843, VII,16).*
27,*35* Kaschimirs] *galt lange als der Ort des biblischen Paradieses und damit der Urheimat der Menschheit (vgl. Erläuterung zu 34,42).*
27,*39* die Sprache von Oc] *für «ja» sagte man in Südfrankreich »oc«, in Nordfrankreich »oïl«. In diesen und den folgenden Bemerkungen machen sich Ironisierungen zeitgenössischer Wissenschaftstheorien bemerkbar.*
28,*2–3* im geschlossenen Hammelthume] *Anspielung auf Johann Gottlieb Fichtes Buch »Der geschloßne Handelsstaat« (1800).*
28,*3* die Idee eines Schafskopfs] *wiederum Ironisierung von Hegels Neigung zur totalen Begrifflichkeit (vgl. Erläuterungen zu 15,6 und 16,29).*
28,*3–4* die Herrlichkeit des Altböckischen] *Prof. Philipp August Böckh (1785 bis 1867) hatte im Wintersemester 1821/22 »Griechische Altertümer« gelesen (vgl. auch Erläuterung zu 45,8).*
28,*9* den Werken von Sir Walter Scott] *Scott war damals in Deutschland so beliebt, daß zwischen 1822 und 1827 67 Übersetzungen seiner Romane erschienen.*
28,*14* Diese legen sich nieder mit »Waverley«] *Scotts »Waverley« war 1814, der »Rob Roy« 1817, »The Black Dwarf« 1816 erschienen. »Rob Roy« und »The Black Dwarf« kamen 1822 in Berlin in der Schlesingerschen Buchhandlung auf englisch heraus.*
28,*16* »Kennilworth« hat gar besonders *furore* gemacht] *war 1821 in Berlin bei Duncker und Humblot erschienen. Wie beim »Freischütz« interessiert sich Heine auch hier vor allem für den wirkungsgeschichtlichen Aspekt (vgl. Erläuterung zu 21,3).*
28,*20* »Der Pirat«] *das Original erschien in England 1821/22. Der Held dieses Romans ist der gute Schurke Captain Cleveland, der beinahe untergeht, nach seiner Rettung begnadigt wird und schließlich ehrenvoll stirbt. Auch die »Elegante« schreibt in ihrer Nr. 32 vom 14. Februar 1822 über den »Piraten«: »In Deutschland ist man eifrigst mit Bearbeitung desselben beschäftigt; wir kennen* d r e i *Übersetzungen, welche davon angezeigt sind« (Sp. 256).*
28,*21–22* Frau von Montenglaut] *Artemisia Henriette Marianne Montenglaut geb. Cronstain (1767–1838), Schriftstellerin, Übersetzerin und Schauspielerin. Ihre Übersetzung erschien im Herbst 1822 in Berlin.*
28,*22* Doktor Spieker] *Samuel Heinrich Spiker (1786–1858) war Bibliothekar an der königlichen Bibliothek in Berlin, übersetzte Shakespeare, Scott und Irving und gab ab 1827 die »Spenersche« heraus. Seine »Pirat«-Übertragung veröffentlichte er 1822 in Berlin.*
28,*23* Lotz] *Hans Georg Lotz (1784–1844), Hamburger Schriftsteller und Journalist, dessen Übersetzung des »Pirat« 1822 bei Kollmann in Leipzig erschien.*
28,*23* die vierte] *gemeint ist die 1823 erschienene Taschenausgabe des »See-*

räuber« bei Friedrich August Gottlob Schumann in Zwickau, die Heinrich Döring (1789–1862) übersetzt hatte.

28,26 Frau von Hohenhausen] *Elise von Hohenhausen, geb. Ochs (1789 bis 1857), Schriftstellerin und Übersetzerin, war 1820 mit ihrem Mann, dem preußischen Regierungsrat Leopold von Hohenhausen (1779–1848), dem Gründer des »Sonntagsblatts«, von Minden nach Berlin gekommen und führte dort bis zum März 1824 Unter den Linden 59 einen literarischen Salon, in dem neben Heine auch Varnhagen, Chamisso, Gans, Lazarus Bendavid, Koreff, Wilhelm Hensel, Friedrich Apollonius von Maltitz, Fouqué, Rahel, Friederike Robert, Fanny Tarnow, Amalie von Helvig und Helmina von Chézy verkehrten. Heine kannte sie seit dem Herbst 1821 und überreichte ihr am 23. November 1821 ein Widmungsexemplar seiner »Gedichte«. Wie häufig er in ihrem Salon verkehrte, geht aus seinen Briefen aus dieser Zeit hervor (an Keller am 27. April, 15. Juni und 1. September 1822, an Moser am 9. Januar 1824). Noch in der »Harzreise« nennt er sie voller Dankbarkeit* meine schöne, geistreiche Landsmänninn *(vgl. 120,14–16). In ihrem Dienstagskränzchen trug er zum erstenmal aus dem »Lyrischen Intermezzo«, »Almansor« und »Ratcliff« vor. Durch ihre vielen Zeitungsartikel, vor allem im »Gesellschafter«, im RWA, im Stuttgarter »Morgenblatt«, in der Dresdner »Abend-Zeitung« und im Mindener »Sonntagsblatt«, wurde Elise von Hohenhausen in diesen Jahren auch als Schriftstellerin recht bekannt. Heine lobt sie hier also nicht nur als seine literarische Freundin und Gleichgesinnte, die ihn den anderen Teilnehmern ihres Kreises als den »deutschen Byron« vorgestellt hatte (vgl. Strodtmann I,161f., Felix Melchior, »Heinrich Heines Verhältnis zu Lord Byron«, Berlin 1903, S. 7ff., Heinemann S. 318–326 und Werner/Houben Nr. 44), sondern auch als eine in Rheinland-Westfalen, dem Lesebereich des RWA, allgemein bekannte Persönlichkeit. Schulz hatte sie schon 1819 in der Nr. 92 des RWA als unsere »rühmlichst bekannte Landsmännin« ausgezeichnet. Wohl die beste Studie zu ihrem Leben und Werk bietet Fritz Hackenberg, »Elise von Hohenhausen. Eine westfälische Dichterin und Übersetzerin«. In: »Zeitschrift für vaterländische Geschichte und Altertumskunde« 73, 1915, S. 115–172.*

28,26–27 mit der Uebersetzung des scottischen Ivanhoe beschäftigt] *ihre Übersetzung von Scotts »Ivanhoe« (1819) wurde bereits im Sommer 1822 abgeschlossen (vgl. Heines Brief an Keller vom 1. September 1822). Sie erschien im Herbst des gleichen Jahres bei Schumann in Zwickau.*

28,27 der trefflichen Uebersetzerinn Byrons] *Elise von Hohenhausen hatte als eine der ersten Byron ins Deutsche übertragen, und zwar den »Korsar«, der 1820 in Altona herausgekommen war. Ihre Übersetzungen von Byron-Gedichten und Teilen des »Childe Harold« erschienen u. a. in der »Abend-Zeitung«, 1819, Nr. 245 vom 13. Oktober, im »Sonntagsblatt«, 1820, Nr. 21 vom 21. Mai und im »Kunst- und Wissenschaftsblatt« des RWA, 1820, Nr. 10 vom 6. Mai und Nr. 12 vom 3. Juni.*

28,33 die schöne, zarte Rebecka] *die Tochter Isaaks, die den verwundeten Ivanhoe nach dem Turnier pflegt. Später muß sie sich der Leidenschaft des bösen Tempelritters widersetzen, wird von ihm entführt und als Hexe angeklagt. Ivanhoe verteidigt sie jedoch in einem Gottesgericht und rettet so ihr Leben.*

28,37 Bei einem Feste] *gemeint ist der Maskenball beim Herzog Karl von Mecklenburg-Strelitz in Kostümen des »Kenilworth« von Walter Scott (vgl. die Ankündigung dieses Balls im Mindener »Sonntagsblatt«, 1822, Nr. 10 vom 10. März, S. 79). Solche Scott-Feste waren damals allgemein beliebt (vgl. Max von Boehn, »Biedermeier«, Berlin 1911, S. 335f.).*

28,40–41 der Sohn von Walter Scott] *Scotts Sohn Walter (1801–1847) war von Mitte Februar 1822 bis März 1823 zu seiner Ausbildung in Berlin und trat bei dem erwähnten Maskenball in der Tracht eines schottischen Hochländers auf (vgl. den Bericht im »Morgenblatt«, 1822, Nr. 135 vom 6. Juni, S. 540). Das »Sonntagsblatt« schrieb am 31. März 1822 in einer Korrespondenznotiz aus Berlin: »Ein Sohn des Dichters Scott war hier anwesend, und erschien unter den Gebilden seines Vaters zum Erstaunen aller Damen in seiner Bergschottentracht« (Nr. 13, S. 103). Wie* gefeiert *der junge Scott in Berlin wurde, geht aus seinen Briefen vom 22. Februar und 5. März 1822 an seinen Vater hervor (National Library of Scotland, »Catalogue of Manuscripts acquired since 1925«, II,311), wo er von seinen Einladungen beim König, beim Herzog von Cumberland, bei Wittgenstein usw. berichtet.*

29,3 die Söhne Schillers] *Karl Friedrich Ludwig Schiller (1793–1857) war im württembergischen Forstdienst tätig; Ernst Friedrich Wilhelm Schiller (1796–1841) war Jurist. Als Bekenntnis zu einer nationalstaatlichen Literatur gemeint, die auf falsche Ausländerei verzichten kann.*

29,5 unsre großen Dichter] *wirkt wie ein Vorklang des letzten Abschnitts der »Nordsee III«, wo von der gegenwärtigen* Bagatell-Literatur *die Rede ist (164,34).*

29,5–6 *partie honteuse*] *ein ›Pudendum‹, von dem man nicht spricht.*

29,7–8 die Verehrung, die man hier dem Namen Göthe zollt] *im Gegensatz zu der verbreiteten Geringschätzung Goethes in den zwanziger Jahren war Berlin eine Hochburg des Goethe-Kults geblieben (vgl. die Goethe-Verehrung Zelters, Rahels, Bettinas, Varnhagens, Hegels, Wolfs, Brühls, Wilhelm von Humboldts, der Hofkreise, vor allem des Herzogs Karl von Mecklenburg-Strelitz). Dazu paßt, daß man die Einweihung des neuen Schauspielhauses mit Goethes »Iphigenie« gefeiert hatte (vgl. Erläuterung zu 25,39). Auch die Zeitungen loben ständig Goethe und vergleichen ihn mit Spontini (»Vossische«, 1821, Nr. 74 vom 21. Juni). In der »Spenerschen« heißt es einmal über Spontinis »Olympia«: »Wäre Goethe geneigt, von seinem Olympos herab, dies Meisterwerk schauen zu wollen; er würde gerührt und beglückt, den schönsten Zweig aus seiner Krone brechen, und dem Spontini zur Belohnung reichen« (Nr. 1 vom 15. Januar 1822).*

29,9–10 das feine, weltkluge Betragen] *Goethe war durch seine Ablehnung der deutsch-romantischen und burschenschaftlichen Einheitsbestrebungen nach 1815 zum Liebling der Adelskreise geworden. Trotz aller ästhetischen Hochachtung vor seinen Werken empfand ihn deshalb der frühe Heine in mancher Hinsicht durchaus als einen Vertreter des Ancien régime. Daß er auf das Widmungsexemplar seiner »Gedichte« nicht geantwortet hatte, erboste ihn noch mehr. Wedekind gegenüber nennt er daher Goethe 1824 abschätzig einen »alten Herrn« (Werner/Houben Nr. 116). Daß er solche kritischen Äußerungen nicht drucken ließ, hängt mit seiner Rücksicht auf den Varnhagen-Kreis zusammen (vgl. Jost Hermand, »Werthers Harzreise«. In: J. H., »Von Mainz nach Weimar. 1793–1819«, Stuttgart 1969, S. 129–151).*

29,14–15 seine kunstsinnigen Landsleute] *1819 hatte sich in Frankfurt ein Verein zur Errichtung eines Goethe-Denkmals gebildet, das aus einer Halle mit einem Brustbild Goethes und Darstellungen aus seinen Werken bestehen sollte. Da sich zuwenig Anteilnahme zeigte, verlief das Ganze im Sande. Erst 1822 versuchte man diese Idee wieder zu beleben (vgl. »Sonntagsblatt«, 1822, Nr. 1 vom 6. Januar, S. 2 und K. M. Heigelin, »Entwurf zu Göthe's Denkmal«. In der Beilage »Artistisches Notizenblatt« zur »Abend-Zeitung«, 1822, Nr. 2 vom 17. Januar, S. 5ff.). Goethe brachte dem Plane anfänglich freundliche Teilnahme entgegen, bis ihn Art und Umfang des Projekts, wie auch das Abraten seiner Weimarer Freunde von dieser Idee entfremdeten.*

29,20 Hört zu, ihr deutschen Männer] *Heine hatte dieses Sonett unter der Überschrift »Das projektierte Denkmal Göthe's zu Frankfurt am Main« schon in der Nr. 82 des »Zuschauers« vom 10. Juli 1821 veröffentlicht. Die hier wiedergegebene Fassung verschärft* Boden *zu* Mist, Windeln *zu* Windelschmutz. *Die Wut gegen die Frankfurter Krämerwelt geht sicher auf die Zeit seiner kaufmännischen Lehre in Frankfurt (1815) zurück.*

29,36 Sachsenhäuser] *Bewohner des Stadtteils Sachsenhausen auf dem linken Mainufer.*

29,39–40 »er sey gar kein Frankfurter«] *Goethe war auf eigenen Antrag am 9. Dezember 1817 aus dem Frankfurter Bürgerverband entlassen worden.*

29,42 die Frankfurter Juden] *statt der erhofften Bürgerrechtsverleihung wurde 1824 das alte Edikt von 1616 wieder restauriert.*

30,1 die Rothschilde und die Bethmänner] *Frankfurter Bankhäuser, denen um 1822 Amschel Mayer von Rothschild (1773–1855) und Simon Moritz von Bethmann (1768–1826) vorstanden.*

30,1 *al pari*] *auf gleicher Stufe stehend (Börsenausdruck).*

30,2 Der Kaufmann] *solche Invektiven gegen die Krämerwelt finden sich bei Heine ständig (vgl. schon 11,18). Goethe schreibt dagegen in der »Italienischen Reise«: »Die vielen Kaufmannsgesichter freuten mich beisammen. Ein absichtliches, wohlbehagliches Dasein drückt sich recht lebhaft aus« (11. September 1787).*

30,5 der Credit ist sein Glauben] *die satirische Gleichsetzung von Religion* *und Geschäft verwendet Heine häufig. Vgl. die höhnische Bemerkung im »Buch Le Grand«, daß er schon als Kind in der Schule ständig* le crédit *und* la religion *verwechselt habe (190,14–15).*

30,7 der neuen Börsenhalle] *wurde am 6. März 1822 eröffnet. Heine interessierte sich vor allem für das Lesezimmer, das Joseph Mendelssohn (1770 bis 1848) gestiftet hatte und in dem über 100 deutsche und ausländische Journale auslagen. Auch Varnhagen schreibt am 6. April 1822: »Die hiesige Börsenhalle wird äußerst zahlreich besucht, besonders wegen der öffentlichen Blätter, die nirgends so zahlreich sind« (»Blätter« II,88).*

30,9 Projekte der Judenbekehrung] *Heine meint die Bestrebungen, die im Winter 1821/22 zur Gründung der »Gesellschaft zur Beförderung des Christenthums unter den Juden« führten (vgl. auch »Buch Le Grand« 214,37 und »Die Stadt Lucca«, Kap. XII). Der Verein stand unter dem Protektorat des Königs, des Generalmajors Wilhelm von Witzleben, des Hofpredigers Franz Theremin und des Staatsrats Georg Heinrich Ludwig Nicolovius. Zu seinen 12 Direktoren gehörten hauptsächlich Ultras wie Ancillon, Beckedorff, Schmalz u. a. Das Statut der Gesellschaft wurde am 1. Februar 1822 festgelegt und erschien in der »Eleganten«, 1822, Nr. 61 vom 26. März, Sp. 487 und im »Adreß-Kalender für die Königl. Haupt- und Residenz-Städte Berlin und Potsdam auf das Jahr 1823«, Berlin 1823, S. 265f. Dieses Projekt wird auch sonst in den Zeitungen häufig diskutiert (vgl. »Elegante«, 1822, Nr. 60 vom 25. März, Sp. 479f. und »Morgenblatt«, 1822, Nr. 88 vom 12. April, S. 352). Am heftigsten war die Diskussion natürlich in Berlin. So schreibt Varnhagen am 2. März 1822: »Die Leute sprechen scharf und bitter gegen den Judenbekehrungsverein, gegen Witzleben's Theilnahme u. s. w. Der König hat 20,000 Rthlr. dazu gegeben« (»Blätter« II,49).*

30,12 von ihrem neuen Kultus] *Heine meint den Tempelverein, der eine Modernisierung des jüdischen Gottesdienstes anstrebte (vgl. Ludwig Geiger, »Geschichte der Juden in Berlin«, Berlin 1871, I,164ff.) und sich der Unterstützung des reichen Bankiers Jakob Herz Beer (1769–1825) erfreute. In Hamburg hatte Heine mehrfach den Predigten dieses neuisraelitischen Tempelvereins beigewohnt; in Berlin interessierte er sich mehr für den »Verein für Kultur und Wissenschaft der Juden«, dem er am 4. August 1822 als volles Mitglied beitrat. Friedrich Wilhelm III. ließ jedoch aus Abneigung gegen alles Sektierertum, das seinen zentralistischen Vorstellungen widersprach, den Berliner Reformtempel im April 1823 wieder schließen.*

30,14–15 die neue Liturgie] *hängt ebenfalls mit den zentralistischen Bemühungen des Königs zusammen und sollte die Rheinlande stärker mit Preußen verbinden, womit Friedrich Wilhelm III. vor allem auf den Widerstand der orthodoxen Lutheraner stieß. Sie wurde daher 1816 erst einmal für die Potsdamer Garnisonkirche und später für den Berliner Dom eingeführt. 1822 ließ der König in der Nicolaischen Buchhandlung in Berlin die Schrift »Die neue Liturgie zum Hauptgottesdienst an Sonn- und Festtagen und zur*

Abendmahlsfeier für die königl. preuß. Armee, so wie für die hiesige Hof- und Domgemeinde« herausgeben, welche neues Öl ins Feuer goß (vgl. »Elegante«, 1822, Nr. 60 vom 25. März, Sp. 479). Und zwar wird hier im Sinne der allgemeinen Restauration eine Einschränkung der Predigt und ein verstärkter Gebrauch von Leuchten, Meßgewändern, lateinischen Hymnen, ja selbst der Privatbeichte empfohlen, die es seit dem Edikt von 1733 in Preußen nicht mehr gegeben hatte. Trotz der ständigen Repressionen von seiten des Königs (vgl. Erläuterung zu 40,3) gelang es der Regierung erst im April 1829, die neue Liturgie in allen Berliner Kirchen einzuführen.

30,17–18 Schleyermacher] *Friedrich Ernst Daniel Schleiermacher (1768 bis 1834) war seit 1810 Professor für protestantische Theologie in Berlin. Wegen seiner liberalen Gesinnung hatte er von Anfang an Schwierigkeiten mit der Zensur und den Behörden und wurde von den Ultras als Demagoge verdächtigt. Obwohl er bereits 1814 aus dem Unterrichtsdepartment entlassen wurde, trat er immer wieder gegen Schuckmann, Wittgenstein und Kamptz auf. Besonders energisch wandte er sich gegen den Judenbekehrungsverein (vgl. »Blätter« II,66), die Absetzung de Wettes (vgl. Erläuterung zu 30,26), die Maßregelung Hoffmanns in der »Meister-Floh«-Affäre (vgl. Erläuterung zu 51,10) und vor allem die neue Liturgie. Noch 1824 und 1827 brachte er Streitschriften gegen das Recht des Landesherren in liturgischen Fragen heraus, die ihm zeitweilig Stadtarrest eintrugen. Heine packt hier ein besonders heißes Eisen an, über das die anderen Zeitungen nur selten berichten.*

30,21 keine sonderlich gottseligen Gefühle] *Heine wohnte wahrscheinlich der Predigt vom 17. Februar 1822 gegen die neue Liturgie bei. Schleiermacher trat in dieser Zeit fast ausschließlich rationalistisch-polemisch auf. Vgl. die Tagebucheintragung von Wilhelmine Bardua vom 1. Mai 1822: »Schleiermacher predigte geistreich und gelehrt, wie immer, aber ich habe von dem, was er sagte, wenig in mein Gemüt aufgenommen. Seine Predigten sind mir zu kalt und wissenschaftlich; sie sind eigentlich theologische Abhandlungen, gewiß mit klugem Geist durchdacht, aber doch mehr für den Verstand, die Überlegung eingerichtet, als das sie das Herz befriedigen« (»Die Schwestern Bardua«, Leipzig 1929, S. 87).*

30,26 die heftigen Ausfälle] *Wilhelm Martin Leberecht de Wette (1780 bis 1849), der seit 1810 in Berlin Professor für protestantische Theologie war, hatte am 23. April 1819 an die Mutter Sands, des Kotzebue-Mörders, einen Trostbrief geschrieben, in dem er dessen Tat zwar als einen Irrtum, aber einen Irrtum aus Überzeugung bezeichnet hatte. Die »Allgemeine Preußische Staats-Zeitung« hatte darauf am 9. Juli 1819 ihn und Schleiermacher als die eigentlichen Väter des deutschen Jakobinismus angeprangert. Am 18. September 1819 war er vom König entlassen worden, obwohl sich Schleiermacher energisch für ihn eingesetzt hatte. Als sich de Wette daraufhin in der Schrift »Actensammlung über die Entlassung des Professors D. de Wette vom theologischen Lehramt zu Berlin. Zur Berichtigung des öffentlichen Urtheils* *von ihm selbst herausgegeben« (1820) zu verteidigen suchte, gingen der Fürst Wittgenstein, der Polizeidirektor Kamptz und der Unterrichtsminister Altenstein zur Gegenkampagne über und beauftragten höchstwahrscheinlich Beckedorff, eine Antwort zu verfassen (vgl. Max Lenz, »Geschichte der königlichen Friedrich-Wilhelms-Universität zu Berlin«, Halle 1910, II,1 S. 61ff., 88ff.). Der volle Titel dieser anonymen Gegenschrift, die 1820 in Berlin in der Maurerschen Buchhandlung erschien, lautete: »Gegen die Aktensammlung, welche der Prof. Dr. de Wette über seine Entlassung vom theologischen Lehramte zu Berlin zur Berichtigung des öffentlichen Urtheils herausgegeben hat.« Diese Schrift wird in der von Heine erwähnten Anzeige in der »Vossischen«, 1822, Nr. 22 vom 19. Februar, als ein »scharfsinniges, wohldurchdachtes und zeitgemäßes Erzeugniß« hingestellt, das immer noch nicht genug verbreitet sei. Der anonyme Verfasser schließt seine »Anzeige« mit folgenden Angriffen auf die theologische Fakultät und damit indirekt auf Schleiermacher: »Es ist gewiß nicht zu erwarten, daß das ärgerliche Benehmen der einen theologischen Fakultät, die dem ausscheidenden Hrn. de Wette eine ordentliche Belobigung nachzuschicken sich erlaubte, in Deutschland Nachahmer finden könnte; aber wäre das auch wider Verhoffen der Fall, so wüßte man darum nicht weniger, was man von Hrn. de Wette zu denken hat, sondern man wüßte auch noch dazu, was man von solchen Fakultäten zu halten hätte.«*

30,28 in der Entgegnung] *sie lautete folgendermaßen: »Erklärung. Es geschieht gewiß in Uebereinstimmung mit dem ganzen verständigen Publikum, wenn wir hierdurch erklären, daß es tief unter der Würde einer theologischen Fakultät ist, sich mit dem anonymen Verfasser einer Flugschrift und noch weniger mit dem anonymen Recensenten einer solchen in öffentliche Erläuterungen einzulassen. Berlin, den 21ten Februar. Die theologische Fakultät. Dr. Neander, Königl. Konsistorialrath und ordentl. Professor der Theologie, z. Z. Dekan« (in »Vossische«, 1822, Nr. 24 vom 23. Februar). Der anonyme Verfasser der ersten Anzeige antwortete darauf zwei Tage später: »Unsere Anzeige der gründlich durchdachten und trefflich abgefaßten Schrift <...> hatte hauptsächlich nur die Absicht, einem irregeleiteten Publikum den wahren Standpunkt zu zeigen, aus welchem es die Grundsätze einer Parthey zu betrachten hat, die nicht müde wird, ihre schlechte Sache für blöde Augen zu beschönigen <...> Die angeführte Schrift ist gewiß das kräftigste Gegenmittel gegen das Gift der de Wette'schen Lehre und ihres verruchten Anhangs.« Im weiteren Verlauf wird die theologische Fakultät und damit indirekt nochmals Schleiermacher angegriffen und der Verfasser der Gegenschrift als zwar »ungenannt, aber doch keineswegs unbekannt« bezeichnet (vgl. »Vossische«, 1822, Nr. 26 vom 28. Februar).*

30,31 Kamptz] *Carl Christoph Albert von Kamptz (1769–1849) war seit 1817 Direktor des preußischen Polizeiministeriums und beteiligte sich maßgeblich an den Demagogenverfolgungen. Beim Wartburgfest (1817) hatten die Stu-*

denten seinen »Codex der Gendarmerie« in die Flammen geworfen. In den frühen zwanziger Jahren beschäftigte er sich hauptsächlich mit Zensurangelegenheiten (vgl. Erläuterung zu 32,1).

30,31 Beckedorff] *Georg Philipp Ludwig von Beckedorff (1778–1858) war ursprünglich Theologe und Prinzenerzieher und veröffentlichte 1819 die Schrift »An die deutsche Jugend. Rede über der Leiche des ermordeten August von Kotzebue«, die ihm die Berufung in den preußischen Staatsdienst eintrug. Kurz darauf wurde er Mitglied des Oberzensurkollegiums und Generalbevollmächtigter der Berliner Universität. Die Studenten haßten ihn als einen »Hauptultra« und bezeichneten ihn als einen »Mensch publicae infamiae« (vgl. »Blätter« I,57, 193). Varnhagen hält ihn schon im Juni 1820 für den Verfasser der Schrift gegen de Wette (vgl. »Blätter« I,165) und betrachtet auch die Anzeige in der »Vossischen« als ein Produkt Beckedorffs (»Blätter« II,39). Der 2. Artikel gegen die theologische Fakultät vom 28. Februar geht nach seiner Meinung auf einen Befehl des Ministers von Schuckmann zurück (vgl. »Blätter« II,46). Über die kühle Abfuhr von seiten der theologischen Fakultät schreibt er am 25. Februar: »Herr Dr. Schleiermacher, überzeugt, daß man ihn blos zu falschen oder doch kühnen Schritten reizen will, um einen Anlaß zu haben ihn abzusetzen, will nichts auf die Zeitungsangriffe antworten« (»Blätter« II,44). Da der Fall schnell zum Stadtgespräch wurde, verbot das Oberzensurkollegium am 5. März, weitere Artikel in Sachen de Wette in die Zeitungen aufzunehmen. Hardenberg war von Anfang an gegen die Zeitungsangriffe auf Schleiermacher gewesen, doch sein Einfluß war auch in diesem Punkte wesentlich schwächer als der der Hofultras (vgl. »Blätter« II,58).*

30,32 Klindworth] *Georg Klindworth (1797–1882) war erst liberaler Publizist, dann ›agent provocateur‹ und Zensurspezialist im Dienste von Kamptz (vgl. »Entstehung und Aufnahme« 362,19 und Brockhaus III,276ff.). Über seine Rolle in der »Meister-Floh«-Affäre vgl. die Erläuterung zu 32,1. Nach Meinung von Friedrich Apollonius von Maltitz gehörte er zu der Gruppe im Beyermannschen Kaffeehaus (Werner/Houben Nr. 93), wo ihn Heine wahrscheinlich im Sommer 1821 kennengelernt hat.*

30,32 Buchholz] *Paul Ferdinand Friedrich Buchholz (1768–1843), Schriftsteller und Herausgeber des »Historischen Taschenbuchs«, der als Privatgelehrter in Berlin wohnte (vgl. Heines abfällige Bemerkung über ihn in der »Harzreise« 122,9).*

30,39 die zwey Supplementbände] *gemeint ist die »Erste Abtheilung des ersten Bandes oder des Hauptwerkes Elften Bandes erste Hälfte«, die im Frühjahr 1822 als »Neue Folge. In zwei Bänden« zum Brockhausischen »Conversations-Lexikon« erschien. Diesen Bänden ging von vornherein der Ruf des ›Liberalen‹ voraus, der sich dann auch bestätigte. So wird etwa im 1. Band ein Konservativer wie Beckedorff zu jenen gerechnet, »die den ultraliberalen Ideen nicht günstig sind, die er jedoch, wie einige meinen,* *zuweilen mit auch in einer Monarchie vollkommen zulässigen ächt liberalen Grundsätzen verwechseln möchte« (I,1 S. 281).*

31,1 von A bis Bomz] *die erste Lieferung umfaßte die Buchstaben A bis Bombelles. Der RWA brachte in seiner Nr. 27 vom 2. April 1822 eine Anzeige dieser Lieferung mit einer Liste aller Stichwörter (Sp. 645–649).*

31,2 Albrecht] *Daniel Ludwig Albrecht (1765–1835), Ultra, Kabinettsrat und besonderer Vertrauter von Friedrich Wilhelm III. (»Lexikon« I,1 S. 54f.).*

31,3 Alopäus] *David Graf von Alopäus (1769–1831), russischer Gesandter und bevollmächtigter Minister am Hofe zu Berlin (»Lexikon« I,1 S. 73).*

31,3 Altenstein] *Karl Freiherr vom Stein zum Altenstein (1770–1840) war von 1817 bis 1838 Minister für geistliche, Universitäts- und Medizinalangelegenheiten (»Lexikon« I,1 S. 78f.).*

31,3 Ançillon] *Johann Peter Friedrich Ancillon (1767–1837), Erzultra, Prinzenerzieher und Staatsrat, der 1832 Außenminister wurde. Brockhaus charakterisiert ihn als »eifrigen Anhänger des Königthums« und »entschiedensten Gegner des revolutionären und jacobinischen Geistes« (»Lexikon« I,1 S. 99ff.).*

31,3 Prinz August] *August Friedrich Wilhelm Heinrich (1779–1843), hochdekorierter Feldherr in den Kriegen von 1813–1815 und Besitzer des »größten Privatvermögens im ganzen preußischen Staat« (»Lexikon« I,1 S. 202).*

31,4 unsere dortigen Freunde] *die Rheinländer und Westfalen.*

31,4 Akkum] *Friedrich Accum (1769–1838), geborener Westfale und Chemiker, der wesentlich an der Verbreitung der Gasbeleuchtung beteiligt war. Das »Morgenblatt« berichtet in der Nr. 5 vom 5. Januar 1822, daß er sich auf dem Wege von London nach Berlin befinde (S. 20). (»Lexikon« I,1 S. 12f.).*

31,5 Arndt] *Ernst Moritz Arndt (1769–1860) war seit 1818 Professor für Geschichte in Bonn, wo ihn Heine 1819 hörte, bis er 1820 wegen ›demagogischer Umtriebe‹ von seinem Amte suspendiert wurde, was von Brockhaus verurteilt wird (»Lexikon« I,1 S. 163f.).*

31,5 Begasse] *ein aus Köln stammender Historien- und Genremaler (vgl. Erläuterung zu 11,12–13). Brockhaus warnt ihn, sich der restaurativ-nazarenischen Schule anzuschließen (»Lexikon« I,1 S. 286f.).*

31,5 Benzenberg] *Johann Friedrich Benzenberg (1777–1846) stammte aus Schöller bei Düsseldorf. Nachdem er am Düsseldorfer Lyceum Physik unterrichtet hatte, betätigte er sich als publizistischer Mitarbeiter des RWA, des »Rheinischen Merkurs« und des »Deutschen Beobachters«, bis er wegen seiner liberalen Tendenzen allmählich in Schwierigkeiten geriet. Schulz, der ihn am 12. Januar 1821 im RWA noch öffentlich aufgefordert hatte, seinem »Witze den vollen Zügel zu lassen« (Nr. 4, Sp. 71), scheint sich zuerst von ihm zurückgezogen zu haben. Benzenberg bezeichnete daher am 6. Mai 1821 den RWA im Mindener »Sonntagsblatt« als »ledern« und »philisterhaft« (Nr. 18, S. 142). Mit der preußischen Regierung verdarb es sich Benzenberg vor allem durch seine Biographie von Friedrich Wilhelm III., die im Mai 1821* *in der von Brockhaus herausgegebenen Sammlung »Zeitgenossen« erschien (Neue Folge, Bd. 1, S. 1–216) und die trotz aller Loyalität den König an sein in den Befreiungskriegen gegebenes Verfassungsversprechen erinnerte, was damals fast als Majestätsverbrechen galt (vgl. Julius Heyderhoff, »Johann Friedrich Benzenberg, der erste Rheinische Liberale«, Düsseldorf 1909, S. 166ff.). Diese Publikation brachte Brockhaus zum erstenmal in ernste Schwierigkeiten mit der preußischen Zensur (vgl. Erläuterung zu 18,22 und H. H. Houben, »Verbotene Literatur«, Berlin 1924, I,62–65). Einen von Benzenberg übernommenen Witz in Heines »Briefen aus Berlin« strich Schulz daher lieber weg (vgl. Heines Brief an Keller vom 15. Juni 1822). Brockhaus stellt Benzenberg als »Schrecken der Philister« hin und betont vor allem seine »selbstgefällige Keckheit und geniale Derbheit« (»Lexikon« I,1 S. 307f.).*

31,*5* Beugnot] *Jacques-Claude Graf Beugnot (1761–1835) war erst Anhänger Napoleons und stellte sich dann in den Dienst der Restauration. Von 1809 bis 1813 hatte er als großherzoglich-bergischer Finanzminister in Düsseldorf residiert (»Lexikon« I,1 S. 337).*

31,*9* Die Maßregeln gegen den Brockhausischen Verlag] *seit Juni 1821 waren alle Brockhausischen Verlagsprodukte in Preußen einer scharfen Rezensur unterworfen. Am 9. Dezember wurde dem Verlag mitgeteilt, daß die gegen ihn erlassene Verfügung nicht zurückgenommen werden könne (vgl. Brockhaus III,215). Vgl. auch die Erläuterungen zu 18,22 und 50,34.*

31,*10* Brockhaus] *Friedrich Arnold Brockhaus (1772–1823), Leipziger Verleger, der wie später Campe wegen seiner liberalen Verlagsprodukte ständig mit der Zensur zu kämpfen hatte. Obwohl er in einem Brief vom 28. November 1820 den Druck von Heines Gedichten abgelehnt hatte, was Heine sicher sehr gekränkt haben muß, lobt er ihn hier als einen der wenigen aufrechten Liberalen. Über sein persönliches Zusammentreffen mit Brockhaus in Berlin im Sommer 1821 vgl. »Entstehung und Aufnahme« (362,10–12).*

31,*17* Die griechischen Angelegenheiten] *am 13. Januar 1821 hatte der griechische Unabhängigkeitskrieg gegen die Türken angefangen, der von reaktionären Blättern wie dem »Österreichischen Beobachter« scharf verurteilt wurde. In Preußen hatte das Polizeiministerium Befehl gegeben, »die Sache der Griechen« in den Provinzblättern »nicht zu günstig und aufregend« darzustellen (vgl. »Blätter« II,115, Eintragung vom 10. Mai 1822). Im RWA wird in den Nummern 18 vom 1. März und 20 vom 8. März 1822 positiv zum griechischen Freiheitskampf Stellung genommen.*

31,*18–19* Die Jugend zeigte sich am meisten enthousiastisch] *wie schon zur Zeit der Französischen Revolution verbanden sich die liberalen Hoffnungen wiederum mit der klassischen Bildung (vgl. Hölderlins »Hyperion«, 1797/99). Nicht nur die studentische Jugend, sondern auch Schilling, Karl Ludwig Blum, Amalie von Helvig, Ludwig Rellstab, Schaden, der Buchhändler Georg Andreas Reimer und Gubitz schwärmten in Berlin, vor allem nach der am 27. Januar 1822 erfolgten Unabhängigkeitserklärung, für die Sache der*

Griechen. Ab 1826, als der griechische Sieg bereits vorauszusehen war, beteiligten sich auch die Professoren und die Damen der höchsten Gesellschaft an dieser Griechenschwärmerei.

31,22 Tyrteen] *Kriegsdichter, nach dem spartanischen Dichter Tyrtaeus.*

31,22–23 die Tage von Marathon, Salamis und Platäa] *an diesen Orten schlugen die Griechen 490, 449 und 479 v. Chr. entscheidende Schlachten gegen die Perser.*

31,23 Professor Zeune] *Johann August Zeune (1778–1853), preußisch-patriotisch und altdeutsch eingestellter Germanist und Blindenlehrer an der Berliner Universität. Im Sommersemester 1821 las er »Über das Nibelungenlied und andere altdeutsche Gedichte«, im Wintersemester 1821/22 nochmals »Über das Nibelungenlied«. Nach anfänglicher Begeisterung hatte Zeune die Sammlungen zugunsten der aufständischen Griechen als gesetzwidrig erklärt. Heine setzt später in den »Lobgesängen auf König Ludwig« das* Zeunische *mit dem* Jakob-Grimmischen *gleich.*

31,23–24 der Optikus Amuel] *Joseph Amuel (1785–1849) war Fabrikant optischer und landwirtschaftlicher Geräte und hatte sein Geschäft in der Königsstraße 26. Besonders bekannt waren seine »periskopischen Brillen« (vgl. »Gesellschafter«, 1818, Nr. 176 vom 4. November, S. 704).*

31,25 Der Hauptmann Fabeck] *das Berliner Adreßbuch von 1820 verzeichnet nur einen Carl Friedrich Wilhelm von Fabeck (1788–1870), Major im Regiment Alexander. Vielleicht ist hier einer seiner Brüder, Friedrich Wilhelm (1784–1865) oder Carl Ferdinand (1787–1867), gemeint, die als preußische Offiziere 1820 bzw. 1811 den aktiven Dienst quittiert hatten.*

31,30–31 »Der Prinz von Homburg, oder die Schlacht bey Fehrbellin«] *war 1822 in Wien und Berlin in einem Separatdruck als »Die Schlacht bei Fehrbellin« erschienen. Galt in preußischen Adelskreisen als ein schmähliches Stück der Todesfurcht, die mit der Haltung eines Offiziers nicht vereinbar ist. Da es in der österreichischen Armee einige Prinzen von Homburg gab und auch in Preußen noch Homburgs existierten, durfte das Stück nicht unter dem Titel »Der Prinz von Homburg« erscheinen (vgl. Erläuterung zu 175,39).*

31,32 eine edle Dame] *gemeint ist die Prinzessin Maria Anna von Preußen, eine geborene Hessen-Homburg (1785–1846), die als des Königs Schwägerin vom Tode der Königin Luise (1810) bis zur Wiederverheiratung des Königs (1824) die ›erste Dame‹ des Hofes war (vgl. Erläuterung zu 18,40). Wegen ihres Einspruchs wurde das Werk erst am 25. Juli 1828 in Berlin in einer verharmlosenden Bearbeitung von Ludwig Robert aufgeführt, doch schon nach drei Aufführungen vom König wieder verboten.*

31,35 vom Genius der Poesie selbst geschrieben] *vermutlich Anlehnung an Tieck, der in der Vorrede zu Kleists »Hinterlassenen Schriften« (1821) schreibt: »Aus diesem Werke mußte man mit Recht die größten Hoffnungen schöpfen, daß in Kleist ein neuer Genius unsre Bühne betreten würde« (S. LXIII). Auch der von Tieck zitierte Karl Wilhelm Solger spricht vom*

»wahren Genie des Dichters« (S. LXXVIII). Nicht minder überzeugt waren Varnhagen, Ludwig Robert und Elise von Hohenhausen von Kleists Genialität. Ähnlich äußert sich das »Literarische Conversations-Blatt«, 1822, Nr. 6 vom 8. Januar, S. 22 und Nr. 113 vom 15. Mai 1822, S. 449ff. Über eine Aufführung des »Prinzen von Homburg« in Hamburg im April 1822 schreibt die »Elegante« in ihrer Nr. 106 vom 3. Juni: »Die ganze Genialität des Verfassers bekundete sich aufs herrlichste darin« (Sp. 847).

31,36 all jene Farcen und Spektakelstücke] *nach dem Tode der Königin Luise, die Schillers Tragödien geliebt hatte, wurde der Spielplan stark dem Geschmack Friedrich Wilhelms III. angepaßt (vgl. Erläuterung zu 18,13). Was er bevorzugte, waren Komödien von Kotzebue, Bäuerle, Iffland oder Bearbeitungen französischer Lustspiele von Lebrun und Blum. Sein Lieblingsstück waren Kotzebues »Sieben Mädchen in Uniform« (Vehse VI,259). In der Oper sah er am liebsten die Spektakelopern Spontinis mit viel Marschmusik, großen Chören und Ballett.*

31,37 Houwaldsche Rühreier] *die von Zacharias Werner und Adolf Müllner entwickelte Schicksalsdramatik wurde von Houwald (vgl. Erläuterung zu 18,9) aus dem Tragischen immer stärker ins Weinerliche herabgezogen. In Berlin wurden damals gerade seine Dramen »Das Bild« und »Fluch und Segen« gegeben.*

31,37 Anna Boleyn] *Eduard Heinrich Gehe (1793–1850) war Advokat, Zensor und Schriftsteller in Dresden. Seine »Anna Boleyn« wurde in Berlin nicht gespielt, sondern kam erst 1823 in Dresden auf die Bühne, wo sie von Tieck vernichtend verrissen wurde (vgl. »Abend-Zeitung«, 1823, Nr. 17 vom 20. Januar, S. 68).*

31,39 Herr Rellstab] *Ludwig Rellstab (1799–1860) war Theaterkritiker, Romanschriftsteller und Herausgeber der Zeitschrift »Iris«. Sein »Karl der Kühne von Burgund« wurde nicht aufgeführt, wie überhaupt Tragödien, bei denen sich Friedrich Wilhelm III. langweilte, in diesen Jahren wenig Chancen hatten, in den Spielplan aufgenommen zu werden.*

31,43–**32**,1 »Meister Floh und seine Gesellen«] *Heine vermengt hier den Titel »Meister Floh« mit dem Titel »Meister Martin der Küfner und seine Gesellen« (1818), da er das neue Werk nur vom Hörensagen kannte.*

32,1 auf Requisizion unserer Regierung] *die* politischen Sticheleien *(vgl. Erläuterung zu 18,27–28) waren inzwischen durch einen Hinweis des Barons Friedrich von Otterstedt, des preußischen Gesandten in Darmstadt (vgl. »Blätter« II,16) auch der Regierung zu Ohren gekommen. Kamptz hatte daraufhin sofort Klindworth (vgl. Erläuterung zu 30,32) mit einer Extrapost nach Frankfurt geschickt, um das Manuskript zur Prüfung nach Berlin zurückzuholen (vgl. »Blätter« II,20, Eintragung vom 29. Januar 1822, und Georg Ellinger, »Das Disziplinarverfahren gegen E. T. A. Hoffmann. Nach den Akten des Geheimen Staatsarchivs«. In: »Deutsche Rundschau« 128, 1906, S. 79ff.).*

32,*2* das fünfte Kapitel] *Heine hat wahrscheinlich durch Varnhagen davon Wind bekommen (vgl. »Blätter« II,8). Die Knarrpanti-Episode, in der die Untersuchungen gegen ›demagogische Umtriebe‹ persifliert werden, befand sich am Ende des 4. und Anfang des 5. Kapitels, wurde jedoch durch Kamptz oder Klindworth gestrichen. Da Kamptz, die Hauptzielscheibe dieser Satire, stotterte, nennt ihn Hoffmann Knarrpanti. Wenige Jahre später wurde er als Pascha Karabatatschi karikiert (vgl. »Blätter« IV,100, 20. August 1826).*

32,*2–3* die Commission] *es gab zwei Untersuchungskommissionen: die Immediat-Justizkommission (gegründet Oktober 1819) und die Ministerialkommission (gegründet Dezember 1819), die im März 1821 der Immediat-Kommission übergeordnet wurde und wesentlich schärfer verfuhr.*

32,*5–6* der Jean-Paulsche »Komet«] *erschien zwischen 1820 und 1822 in drei Bänden. Die Vorrede zum 2. Teil ist eine selbständige Satire gegen die Demagogenverfolgungen in Form eines kommentierten Briefwechsels zwischen Dr. Jean Paul Friedrich Richter und dem Herrn Polizeidirektor Saalpater über die angeblichen Umtriebe des sogenannten ›Traumgeberordens‹. Diese Vorrede erschien zuerst im »Morgenblatt« (1820), in den Nummern 170–177, vom 17. bis 25. Juli, in der Therese Huber jedoch allzu deutliche Anspielungen wie »Berlin« und »preußisch« gestrichen hatte. Ende August 1820 passierte sie in Berlin ungehindert die preußische Zensur, wie Reimer am 2. September 1820 erleichtert an Jean Paul berichtete. In Österreich wurde der »Komet« aufgrund dieser Vorrede verboten.*

32,*11–12* Mitglied jener Untersuchungscommission] *Hoffmann gehörte als Kammergerichtsrat zur Immediat-Kommission, legte jedoch sein Amt im Sommer 1821 nieder.*

32,*15* mit einigen Abänderungen] *nach Entfernung der beanstandeten Stellen wurde der »Meister Floh« für den Druck freigegeben und erschien im April 1822 (vgl. Erläuterungen zu 51,9–11). Das Verfahren gegen Hoffmann lief jedoch weiter.*

32,*16* leidet an einem schlimmen Nasenübel] *Hoffmann litt bekanntlich an der Rückenmarksdarre, die man damals als »Nervenübel« bezeichnete (vgl. Wilhelm Dorow, »Denkschriften und Briefe zur Charakteristik der Welt und Literatur«, Berlin 1839, III,20). Dazu kam jedoch kurz vor seinem Tode ein* Nasenübel *(wahrscheinlich ein gebrochenes Nasenbein), das er sich durch einen Sturz zugezogen hatte, wie aus einem Brief vom 4. Juli 1822 von Carl Wilhelm Salice-Contessa an Julius Eduard Hitzig hervorgeht.*

32,*17* In meinen nächsten Briefen] *Heine schrieb nur noch einen (vgl. »Entstehung und Aufnahme« 365,27–39).*

32,*17–18* mehr über diesen Schriftsteller] *vgl. 51,9–52,37.*

32,*20* Herr von Savigny wird diesen Sommer Instituzionen lesen] *Savigny las im Sommersemester 1822 »Geschichte und Institutionen des Römischen Rechts«. Die Institutionen sind ein Teil des »Corpus juris civilis«, einer um 530 entstandenen Sammlung der altrömischen Zivilrechtsgesetze.*

32,20–21 Possenreißer] *über ihr Auftreten und ihre Zusammenstellung mit Savigny vgl. Erläuterungen zu 9,34–36.*

32,22 Blondin] *F. E. Blondin, Direktor einer Kunstreitergesellschaft, die jeden abend im Circus vor dem Brandenburger Tor auftrat (vgl. auch Erläuterung zu 46,20). Die erste Vorstellung war am 7. April 1822 (vgl. die »Anzeige« in der »Spenerschen«, 1822, Nr. 48 vom 20. April). Auch die »Elegante« berichtet zweimal über Blondin, und zwar in der Nr. 69 vom 6. April 1822, Sp. 552 und der Nr. 131 vom 8. Juli, Sp. 1048.*

32,23 Der Kopfabschneider Schuhmann] *bekannter Taschenspieler und Zauberkünstler, der sein »Mechanisches Theater« in der Französischen Straße 37 hatte, wo er täglich Geistererscheinungen veranstaltete und mit abgeschnittenen Köpfen hantierte. Auch die »Elegante« berichtet über ihn und hebt den starken Beifall der Berliner hervor (vgl. Nr. 24 vom 2. Februar 1822, Sp. 192 und Nr. 51 vom 12. März, Sp. 408).*

32,24 Bosko] *Bartolommeo Bosco (1793–1863) aus Turin bereiste als einer der berühmtesten Taschenspieler dieser Jahre seit 1814 ganz Europa. Er warf Uhren zum Fenster hinaus, die man dann im Saale wiederfand, glänzte in Kartenkunststücken und veranstaltete mechanische, chemische, magnetische und arithmetische Belustigungen aller Art (vgl. die vielen Bücher über ihn: »Der neue Döbler und Bosco«, 1846; »Bosco, der Zauberkünstler«, 1850; »Der alte Bosco und seine Kunst«, um 1860). Seine 1. »mechanisch-physikalische Vorstellung« in Berlin fand am 25. Januar im Jagorschen Saale statt. Aufgrund seines sensationellen Erfolges gab er später auch Vorstellungen beim Fürsten Wittgenstein, im Saal des königlichen Schauspielhauses und im königlichen Konzertsaal in Potsdam. Die Berliner Zeitungen sind voller Lob über ihn (vgl. »Gesellschafter«, 1822, Nr. 13 vom 23. Januar, S. 64 und »Der Freimüthige«, 1822, Nr. 27 vom 15. Februar, S. 108). Auch auswärtige Blätter berichteten laufend über den Bosco-Rummel in Berlin (vgl. »Elegante«, 1822, Nr. 38 vom 22. Februar, Sp. 303 und »Morgenblatt«, 1822, Nr. 68 vom 20. März, S. 272 und Nr. 85 vom 9. April, S. 339f.).*

32,25 ein ächter Schüler Pinettis] *auch die »Elegante«, 1822, Nr. 26 vom 5. Februar schreibt, daß sich Bosco als der »einzige echte Schüler Pinetti's« ausgibt (Sp. 208). Joseph Pinetti (1750–1800) war unter Friedrich Wilhelm II. in Berlin Hofphysikus gewesen und hatte im Döbbelinschen Theater in der Behrenstraße seine vielbesuchten Vorstellungen gegeben.*

32,26 der Uhrmacher Labinski] *nicht im Berliner »Adreßbuch« von 1820. Vermutlich meint Heine den Gold- und Silberschmied J. F. Labitzky, Neue Roßstraße 7.*

32,31 Weibliche Augen] *auch August Kuhn schreibt im »Freimüthigen«, 1822, Nr. 19 vom 1. Februar über Bosco: »Der Künstler agirt mit unbekleideten, indeß – wie einige Damen in meiner Nähe sich zuflüsterten – recht hübschen Armen« (S. 76).*

32,36–37 vom Jagorschen Saale nach dem englischen Hause verlegt] *der*

Jagorsche Konzertsaal war während des Neubaus des königlichen Schauspielhauses in Mode gekommen. Das Englische Haus befand sich in der Mohrenstraße 49. Über die am 10. März erfolgte Verlegung berichten die »Vossische«, 1822, Nr. 30 vom 9. März und die »Spenersche«, 1822, Nr. 33 vom 16. März.
32,38 Kammermusikus] *über die Funktion dieser Gestalt vgl. die Erläuterung zu 17,36–37.*
32,41 Den 20. ist Prüfung bey Dr. Stöpel] *Franz David Christoph Stöpel (1794 bis 1836), Musikschriftsteller und Musiklehrer, hatte am 1. Oktober 1821 in der Krausenstraße 41 eine »Akademie für musikalischen Unterricht« eröffnet (vgl. die Eröffnungsanzeigen in der »Spenerschen«, 1821, Nr. 99 vom 18. August und der »Vossischen«, 1821, Nr. 113 vom 20. September). Stöpel hielt gleichzeitig musikgeschichtliche Vorlesungen in Berlin (vgl. »Elegante«, 1821, Nr. 245 vom 14. Dezember, Sp. 1959). Die hier gemeinte Prüfung fand am 20. März 1822 statt.*
32,41–42 nach der Logierschen Methode] *Stöpel war 1821 von der preußischen Regierung nach London geschickt worden, um die Logiersche Methode (gemeinsamer Unterricht an mehreren Klavieren) zu studieren. Johann Bernhard Logier (1777–1846) hatte oft 20 Schüler auf einmal unterrichtet (vgl. den Bericht in der »Eleganten«, 1821, Nr. 174 vom 6. September, Sp. 1392).*
32,42 Graf Brühl] *vgl. Erläuterungen zu 18,3–6.*
32,43 Walter] *vgl. Erläuterung zu 18,35.* »Staberles Hochzeit« *von Adolph Bäuerle wurde am 29. Januar 1814 in Wien uraufgeführt und erschien 1820 in Bäuerles »Komischem Theater« (Bd. 2, S. 1–98) im Druck. Der schmächtige Parapluiemacher Staberle macht hier die martialische, aber reiche Witwe Quintel heiratstoll, indem er sich als forscher Soldat aufspielt. In Berlin wurde diese Posse zuerst am 20. März 1822 im königlichen Schauspielhaus gegeben und dann zweimal, am 23. und 31. März, wiederholt.*
33,1–2 Herr und Madame Wolf] *damals wohl das berühmteste Schauspielerehepaar in Deutschland. Pius Alexander Wolff (1782–1828) war erst in Weimar durch Goethe gefördert worden und dann 1816 als Schauspieler, Dramatiker und Regisseur nach Berlin gegangen, wo er sich vor allem für die Werke Goethes, Schillers und Calderons einsetzte. Amalie Wolff, geb. Malcolmi (1780–1851) war eine der berühmtesten Iphigenien dieser Jahre. In Leipzig spielte er von Ende März bis Anfang April u. a. den Posa in »Don Carlos«, sie die Elisabeth in »Maria Stuart« und die Lady Milford in »Kabale und Liebe« (vgl. »Gesellschafter«, 1822, Nr. 57 vom 10. April, S. 276). In Dresden traten sie in »Maria Stuart«, Grillparzers »Sappho«, Houwalds »Bild«, Goethes »Iphigenie«, Schillers »Don Carlos« und einer Reihe von Komödien auf (vgl. die Berichte im »Gesellschafter«, 1822, Nr. 71 vom 4. Mai, S. 336, Nr. 77 vom 15. Mai, S. 365 und Nr. 82 vom 24. Mai, S. 388 und im »Freimüthigen«, 1822, Nr. 70 vom 2. Mai, S. 280, Nr. 71 vom 3. Mai, S. 284 und Nr. 72 vom 6. Mai, S. 288 von Helmina von Chézy).*
33,2–3 Michael Beer hat in Italien eine neue Tragödie geschrieben] *Michael*

Beer (1800–1833) war ein Bruder von Giacomo Meyerbeer. Am 8. Dezember 1819 hatte das Berliner Theater seine »Klytämnestra« gegeben. »Die Bräute von Aragonien«, eine Mischung aus Schillers »Braut von Messina« und Goethes »Braut von Korinth«, wurden in Berlin nicht gespielt (vgl. Heines Bemerkungen über dieses Stück in seiner Rezension des »Struensee« von Beer, DHA Bd. 10). Im Druck erschienen sie 1823 bei Brockhaus in Leipzig.

33,4 Meyerbeer] *Giacomo Meyerbeer (1791–1864) hatte damals Berlin bereits verlassen. Bei der 1821 in Mailand uraufgeführten Oper handelt es sich um »L'Esule di Granada«.*

33,4–5 Spontini komponirt jetzt Koreffs »Sappho«] *auch aus diesem Plan wurde nichts, da Koreff bald darauf Berlin verließ (vgl. Erläuterung zu 27,22) und Spontini höchst langsam im Komponieren war (vgl. Friedrich von Oppeln-Bronikowski, »David Ferdinand Koreff«, Berlin* ^{2}*1928, S. 127). Der Text zu seiner nächsten Oper »Nurmahal« stammt von Karl Alexander Herklots (vgl. Erläuterung zu 42,10). Trotz der Gespräche, die Spontini noch am 16. Juni 1830 mit Goethe über die Möglichkeit einer Sappho-Oper führte (vgl. MGG XII,1082), hat er diesen Plan nicht ausgeführt.*

33,6–7 Geheimrath Falk] *Johannes Daniel Falk (1768–1826), Schriftsteller und Leiter einer Erziehungsanstalt für verwaiste Kinder in Weimar.*

33,7 Cosmeli] *vgl. Erläuterung zu 17,9. Heine meint das Buch »Harmlose Bemerkungen auf einer Reise über Petersburg, Moskau, Kiew nach Jassy«, das im Frühjahr 1822 in der Schüppelschen Buchhandlung, Am Wasser 10, herauskam. Enthält viel Freisinniges: Äußerungen gegen höfische Schmeichler (S. 39ff.), Antiklerikales (S. 2, 50, 130ff., 231), Bemerkungen über lesbische Liebe (S. 62), Invektiven gegen Goethe (S. 78f.), die Behauptung, daß die Kultur nicht vom Adel, sondern vom Mittelstand ausgehe (S. 99) und ähnliches. Auch Ernst Woldemar (d. i. Heinrich Hermann) fand in seiner Rezension dieses Buches im »Gesellschafter«, 1822, Nr. 102 vom 28. Juni, das Ganze nicht »gerade immer harmlos« (S. 484).*

33,13 Althing] *Pseudonym für den Reise- und Romanschriftsteller Christian August Fischer (1771–1829), der durch seine erotischen und derb-komischen Hannchen- und Gustchen-Romane (»Hannchens Hin- und Herzüge, nebst der Geschichte dreyer Hochzeitsnächte«, 1800, »Gustchens Geschichte«, 1805, u. a.) bekannt geworden war.*

33,13 A. v. Schaden] *Johann Nepomuk Adolf von Schaden (1791–1840), Reise- und Romanschriftsteller, der patriotisch anfing (»Körners Tod«, 1817) und dann zu erotisierenden Romanen (»Der deutsche Don Juan«, 1820; »Die spanische Johanna«, 1820; »Das Blumenmädchen, oder seltsame Schicksale und Liebschaften einer reizenden Berlinerin der neuesten Zeit«, 1821 u. a.) überging. Wie Clauren gebraucht Schaden ständig Bilder wie »das herrliche Fleisch«, »gerundete Hüften«, die »wollüstige, wellenähnliche Form der Glieder« und dergleichen, die den biedermeierlichen Ultras als ›obszön‹ erschienen.*

33,*14* u. dergl.] *wahrscheinlich meint Heine hier die Berliner Lokalautoren Johann Christian Siede (1765–1806) und Julius von Voß (1768–1832).*
33,*15* »Licht- und Schattenseiten von Berlin«] *Schadens »Berlins Licht- und Schattenseiten, nach einem mehrjährigen Aufenthalte an Ort und Stelle skizziert« erschienen im Frühjahr 1822 in Dessau. In witzelnd-verharmlosender Weise wird hier von Stutzern, Freudenmädchen, Duellen, Gerichtsverfahren, Spontini-Opern und ähnlichem berichtet. Obwohl Schaden im Vorwort (S. VII) ausdrücklich beteuert, nur die reine Wahrheit wiedergegeben zu haben, war der Unwille über seine lügenhaften Aufschneidereien allgemein. So schreibt die »Magdeburgische Zeitung«, 1822, Nr. 60 vom 21. Mai, in einem Bericht aus Berlin: »Der Schriftsteller Adolph von Schaden hat durch Herausgabe seines kleinen Werks: ›Berlins Licht- und Schattenseiten‹ hier vielen Unwillen erregt; indem er darin manche Unwahrheiten ausgesprochen hat«. Ähnlich drückte sich der »Zuschauer« aus (vgl. die Nummern 61 vom 21. Mai 1822 und 62 vom 23. Mai). Julius von Voß, der auf S. 158ff. angegriffen wird, verteidigte sich in der Nr. 84 des »Freimüthigen« vom 27. Mai 1822 gegen die Schadenschen Verunglimpfungen (S. 336).*
33,*17* Der Fabrikant Fritsche] *laut Adreßbuch von 1820 J. Fritsche, Fabrikant, Wilhelmstraße 144.*
33,*19* Prämien-Staatsschuldscheine] *eine Art staatlicher Lotterie, mit der man die Kriegsschulden abzutragen versuchte. Die 1. Ziehung war am 1. Juli 1821, die 2. zwischen dem 2. bis 12. Januar 1822. Heine meint hier die 3. Ziehung, die am 14. Mai auf den 1. Juli und die folgenden Tage festgesetzt wurde (vgl. »Allgemeine Preußische Staats-Zeitung«, 1822, Nr. 60 vom 18. Mai, Sp. 591ff.).*
33,*20* Banquierhaus L. Lipke] *der Berliner Bankier Leonhard Lipke, Behrenstraße 33, stand in »lebhafter Geschäftsverbindung« mit Salomon Heine (vgl. Gubitz II,265). Auch Heine benutzte das Bankhaus Lipke in seinen eigenen Geldangelegenheiten.*
33,*21* Böttiger] *Karl August Böttiger (1760–1835), Philologe, Archäologe und Mitherausgeber des »Neuen teutschen Merkur«, der 1806 von Weimar nach Dresden übergesiedelt war.*
33,*21* Tieck] *Johann Ludwig Tieck (1773–1853) lebte zwischen 1819 und 1840 in Dresden. Nach Varnhagen traf er am 6. Juni 1822 in Berlin ein (»Blätter« II,134).*
33,*22* Fanny Tarnow] *Franziska Christiane Johanne Friederike, gen. Fanny Tarnow (1779–1862) lebte zwischen 1820 und 1829 in Dresden, unternahm jedoch viele Reisen. Nach Strodtmann gehörte Fanny Tarnow zum Hohenhausen-Kreis in Berlin (I,162), wo sie Heine vielleicht sogar persönlich kennengelernt hat. Bettina schreibt am 26. März 1822 an Achim von Arnim, daß Fanny Tarnow gerade in Berlin sei und mit Amalie von Helvig, Koreff, Varnhagen u. a. verkehre.*
33,*22* Die neue berliner Monathschrift] *die »Neue Berliner Monatschrift für*

Philosophie, Geschichte, Literatur und Kunst«, herausgegeben von Friedrich Förster, war 1821 in zwölf Heften erschienen und hatte dann ihr Erscheinen eingestellt.

33,23 Der General Menü Menutuli] *der preußische General Freiherr Heinrich von Minutoli war 1820/21 in Begleitung eines wissenschaftlichen Assistenten und eines Malers durch Ägypten gereist. Um die Beschreibung dieser Reise in würdiger Form zu publizieren, bat er im Frühjahr 1822 den König um eine Druckunterstützung von 5000 Talern (vgl. »Blätter« II,132). Das Buch erschien erst 1825 unter dem Titel: »Reise zum Tempel des Jupiter Ammon in der lybischen Wüste und nach Ober-Aegypten in den Jahren 1820 und 1821. Von Heinrich Freiherr von Minutoli (Königl. Preuß. General-Lieutnant). Nach den Tagebüchern desselben herausgegeben von Dr. E. H. Toelken, Prof. der Kunstgeschichte und Mythologie a. d. Universität zu Berlin. Im Auszuge mitgetheilt von August Rücker«.*

33,24 Pr. Idler] *Christian Ludwig Ideler (1766–1846) war seit 1821 Professor für Astronomie in Berlin.*

33,25 Pr. Bopp] *vgl. Erläuterung zu 18,19. Bopp hielt im Sommersemester 1822 eine Vorlesung über »Sanskrit-Grammatik«. Die 1. Abteilung seiner »Vergleichenden Grammatik des Sanskrit, Zend, Griechischen, Lateinischen, Litauischen, Gotischen und Deutschen« erschien erst 1833.*

33,27 Ungefähr dreyßig Studenten] *vgl. Erläuterung zu 13,23. Die Verfolgung der »Arminia« hatte auch Verdacht auf die beiden geheimen polnischen Studentenverbindungen, die Burschenschaft »Polonia« und die »Gesellschaft der Freunde«, eine Tochterverbindung der Warschauer »Panta Koina«, gelenkt (vgl. Manfred Laubert, »Die ersten polnischen Studentenverbindungen in Berlin und ihre Beziehungen zur deutschen Burschenschaft«. In: »Zeitschrift für osteuropäische Geschichte« 4, 1914, S. 513–574). Varnhagen notiert sich am 14. Februar 1822: »Alle Polen sind hier in Verdacht« (»Blätter« II,35). Am 28. Februar schreibt er: »Es finden beinahe täglich Verhaftungen von Studenten und anderen jungen Leuten statt« (»Blätter« II,47).*

33,28 Schadow] *trotz mancher Pläne kam Johann Gottfried Schadow (1764 bis 1850) über die Entwurfsphase nicht hinaus. Das große Denkmal von Friedrich II. Unter den Linden wurde später von Rauch ausgeführt. Hier ist das Modell zu einer Statue in halber Lebensgröße gemeint, das Friedrich mit seinen zwei Windspielen zeigt (vgl. »Gesellschafter«, 1822, Nr. 46 vom 22. März, S. 224, dem auch die nächsten 4 Meldungen entnommen sind).*

33,29 Der Tod des jungen Schadow] *Rudolf Schadow (1786–1822), Gottfrieds älterer Sohn, hatte in Rom unter Antonio Canova und Bertel Thorvaldsen Bildhauerei studiert und war dort am 31. Januar 1822 an Lungenentzündung gestorben. Berichte darüber finden sich in der »Spenerschen«, 1822, Nr. 23 vom 21. Februar, der »Abend-Zeitung«, 1822, Beilage »Artistisches Notizenblatt«, Nr. 5 vom 6. März, S. 20 und im »Gesellschafter«, 1822, Nr. 46 vom 22. März, S. 223.*

33,30 Wilhelm Schadow] *Wilhelm Schadow (1789–1862), Gottfrieds jüngerer Sohn, war in Rom Mitglied der Nazarener-Gilde geworden und lehrte seit 1819 als Professor für Malerei an der Berliner Kunstakademie. Bei dem erwähnten Bild handelt es sich um ein Porträt der Prinzessin Maria Anna von Preußen mit ihren Kindern (vgl. »Gesellschafter«, 1822, Nr. 46 vom 22. März, S. 224). Da Maria Anna die Frau des Prinzen Wilhelm (1783–1851) war, nennt Heine sie versehentlich Wilhelmine.*

33,32 Wilhelm Hensel] *Wilhelm Hensel (1794–1861), Dichter und Maler, hatte 1821 die künstlerische Leitung des Festspiels »Lalla Rookh« (vgl. Erläuterung zu 34,27) übernommen, von der Friedrich Wilhelm III. so befriedigt war, daß er Hensel ein fünfjähriges Reisestipendium nach Rom bewilligte, das dieser 1823 antrat (vgl. »Gesellschafter«, 1822, Nr. 46 vom 22. März, S. 224).*

33,32 Kolbe] *Carl Wilhelm Kolbe d. Jüng. (1781–1853) wurde als Maler von der romantisierenden Richtung Tiecks und Fouqués beieinflußt. Er erhielt 1822 von der preußischen Regierung den Auftrag, die Kartons zu den Glasfenstern des großen Remtersaals der Marienburg zu entwerfen, was ihn von 1822 bis 1827 beschäftigte (vgl. »Gesellschafter«, 1822, Nr. 46 vom 22. März, S. 224).*

33,34 Schinkel] *Karl Friedrich Schinkel (1781–1841) war nicht nur für seine Bauten und Gemälde, sondern auch für seine Theaterdekorationen berühmt. Spontini arbeitete damals an einer Neufassung seines »Milton« von 1804, legte jedoch diesen Plan – wie seine »Sappho« – wieder beiseite. Auch die »Abend-Zeitung« berichtet in ihrer Beilage »Artistisches Notizenblatt«, Nr. 5 vom 6. März 1822, daß Spontinis »Milton« demnächst mit Dekorationen von Schinkel gegeben werde (S. 20). Dem Hof erschien jedoch der »Milton«, dessen Hauptfigur an einem Königsmord teilgenommen hatte, als Festoper für die kommenden Vermählungsfeierlichkeiten ungeeignet. Man einigte sich daher auf die »Nurmahal«, die in ihrer exotischen Ferne im ideologisch Unverbindlichen bleibt (vgl. Erläuterung zu 41,30).*

33,36 Der Bildhauer Tieck] *Christian Friedrich Tieck (1776–1851) war nach langen Aufenthalten in Italien 1819 Mitglied der Berliner Kunstakademie geworden und hatte den plastischen Schmuck des neuen Schauspielhauses übernommen. 1822/23 schuf er die beiden allegorischen Figuren für die neue Fassade der Domkirche (vgl. Erläuterung zu 11,11).*

33,38 Rauch] *vgl. Erläuterung zu 18,11. Sein Atelier war in der staatlichen Bildhauerwerkstatt in der Klosterstraße, wo auch Schadow und Tieck arbeiteten.*

33,39 Bülows Statue] *Friedrich Wilhelm Graf von Bülow (1755–1816), preußischer General, der durch seine Siege in den Befreiungskriegen bekannt wurde.*

33,39 Statue Scharnhorsts] *Gerhard Johann David von Scharnhorst (1755 bis 1813), preußischer General und Heeresreformator. Über die Aufstellung der beiden Statuen vgl. Erläuterung zu 46,25.*

33,*43* Die Notabeln] *die Einberufung der Landstände, welche die Hofultras gegen den auf ein liberaleres Repräsentationssystem pochenden Hardenberg durchgesetzt hatten, sollte von der versprochenen Verfassung ablenken. Die märkischen, die im Januar 1822 nach Berlin kamen, machten den Anfang. Im Februar folgten die pommerschen, Ende März die ost- und westpreußischen, Anfang April die sächsischen, Ende April die schlesischen. Die rheinisch-westfälischen, zu denen auch Schulz gehörte, kamen erst im Oktober.*

34,*5 Juramentum silentii*] *Varnhagen schreibt am 25. März 1822: »Die hieher berufenen Notabeln werden, so sagt man, zum Geheimhalten der Verhandlungen eidlich verpflichtet« (»Blätter« II,75). Heine ist der erste, der im RWA über die Verhandlungen mit den Provinzdelegationen berichtet. Als Schulz am 18. Oktober im RWA seine Reise nach Berlin anzeigt (Nr. 84), gibt er seinen Lesern wegen des* Juramentum silentii *keine Gründe für diese Reise an.*

34,*6* Unsere Differenzen mit Hessen] *die Herzogin Marie Friederike von Anhalt-Bernburg (1768–1839), die geistesgestörte Schwester des Kurfürsten Wilhelm II. von Hessen (1777–1848), war nachts von einem kurhessischen Offizier aus dem preußischen Bonn nach Hanau entführt worden, wo ihr Vermögen unter die Verwaltung eines von Wilhelm II. ernannten Kurators gestellt wurde. Daraufhin hatte Preußen die diplomatischen Beziehungen zu Hessen abgebrochen.*

34,*9* ein neuer sächsischer Gesandte] *es handelte sich um Johann Friedrich Le Maistre (1790–1874), der im Frühjahr 1822 Johannes von Minkwitz (1787–1857) als sächsischen Gesandten ablöste.*

34,*9–10* Der hiesige portugiesische Gesandte] *Graf Joachim Lobo da Silveira von Oriola verlor Anfang 1822 im Zuge von Regierungsumwälzungen seinen Posten und kaufte sich bei Lukow ein Gut, wurde jedoch im November 1823 wieder in seinem Amt bestätigt.*

34,*11* ein neuer portugiesischer Gesandte] *gemeint ist Antonio de Oliveira, der am 13. Mai in Berlin eintraf, aber nach Schweden weiterreiste (vgl. »Blätter« II,118).*

34,*12* Graf v. Flemming] *Johann Friedrich August Detlev Graf von Flemming (1785–1827), ein Neffe Hardenbergs, war erst Gesandter in Brasilien und dann am neapolitanischen Hofe. Er und Otterstedt waren nach Berlin gekommen, um vom König den Roten Adlerorden 3. Klasse entgegenzunehmen und sich wie Jordan nach einem höheren Posten umzusehen.*

34,*14* Herr v. Jordan] *Johann Ludwig von Jordan (1773–1848), ein 1816 geadelter Karrierebeamter, der seit 1819 die preußische Mission am sächsischen Hof vertrat. Jordan war am 20. Januar in Berlin eingetroffen und wollte sich als Ultra um den preußischen Gesandtschaftsposten in London bewerben (vgl. »Blätter« I,335). Er blieb jedoch bis 1848 Gesandter in Dresden.*

34,*15* Baron v. Otterstädt] *Friedrich von Otterstedt (1769–1850), preußischer Gesandter an den Höfen von Darmstadt und Bieberich, der als Erzultra in* *seinen Berichten nach Berlin den »wahrhaft teuflischen Geist« der hessischen »Demagogen« in den dunkelsten Farben schilderte (vgl. Heinrich von Treitschke, »Deutsche Geschichte im 19. Jahrhundert«, Leipzig 1879ff., III,61). Otterstedt gab den Anstoß zu der »Meister-Floh«-Affäre (vgl. Erläuterung zu 32,1) und wollte als skrupelloser Karrieremacher Polizeiminister werden (vgl. »Blätter« II,9, 12,16 u. ö.).*

34,*15–16* Ein neuer französischer Gesandte] *gemeint ist der Baron François-Maximilien de Rayneval (1778–1836), der im Juli 1822 in Berlin eintraf (vgl. »Blätter« II,161).*

34,*17* Von der Heirath des schwedischen Prinzen Oskar] *Kronprinz Oskar von Schweden (1799–1859) traf erst am 29. November 1822 in Berlin ein und blieb bis zum 5. Dezember. Aus der Heirat mit Elise Radziwiłł (1803–1834), der Tochter des preußischen Statthalters des Großherzogtums Posen, wurde nichts. Vorher war viel von einer Verbindung des Prinzen Wilhelm mit der schönen Elise die Rede gewesen, die jedoch von Friedrich Wilhelm III. wegen Unebenbürtigkeit verhindert wurde.*

34,*18–19* Von der Verbindung unseres Kronprinzen] *die Verbindung mit der Prinzessin Elisabeth von Bayern (1801–1873) scheiterte anfänglich an der Konfessionsfrage, so daß im März 1822 die bereits stattgefundene Verlobung rückgängig gemacht wurde. Nach Überwindung aller Schwierigkeiten kam es am 29. November 1823 schließlich doch zur Eheschließung.*

34,*20–21* Vermählung der Prinzessinn Alexandrine] *wurde anfänglich ebenfalls mehrfach verschoben und fand erst am 25. Mai 1822 statt (vgl. Erläuterung zu 38,8–9).*

34,*23* bey dem Fürsten Wittgenstein] *Wilhelm Ludwig Georg Fürst zu Sayn-Wittgenstein-Hohenstein (1770–1851), Ultra, seit 1814 preußischer Polizeiminister und Haupt der reaktionären Absolutisten. Seine Wohnung war in der Behrenstraße 68.*

34,*24* Unser Staatskanzler] *vgl. Erläuterung zu 18,18.*

34,*25* theils hier, theils in Glienicke] *Hardenberg wohnte in der Leipziger Straße 55. In seinem Sommerpalais in Glienicke herrschte seine Mätresse Friederike Hähnel, was in Berlin zu viel Klatsch Anlaß gab (vgl. auch Erläuterung zu 27,22).*

34,*26* Jahrbücher] *das »Jahrbuch der königl. preuß. Universitäten. Erstes Bändchen. 1821–1822« erschien erst 1824.*

34,*27* Spieker] *vgl. Erläuterung zu 28,22.*

34,*27* Lalla-Rookh] *»Lalla Rookh« (1817), eine Verserzählung des irischen Dichters Thomas Moore (1779–1852), wurde am 27. Januar 1821 anläßlich des Besuches des russischen Thronfolgers Nikolaus und seiner Gemahlin, der preußischen Prinzessin Charlotte Alexandra vor 3000 geladenen Gästen von den Mitgliedern des Hofes unter Anteilnahme aller preußischen Prinzen als aufwendiger Festzug dargestellt. Dieser Zug bestand aus 186 Figuren in indischen und bucharischen Kostümen und bewegte sich durch das gesamte*

Königliche Schauspiele.

Montag, den 14. May 1821.

Zum Erstenmale:

Olimpia.

Große Oper in 3 Abtheilungen, nach dem Französischen des Dieulafoy und Brifaut, bearbeitet von E. T. A. Hoffmann. Musik von Spontini. Ballets von Telle. Die scenische Einrichtung ist vom Regisseur Beschort, so wie die Anordnung der Aufzüge und Märsche von Hoguet.

Personen:

Cassander, Sohn Antipater's, König von Macedonien	Hr. Bader.
Antigonus, Feldherr des Alexander und König eines Reichs in Asien	Hr. Blume.
Statira, Wittwe Alexander's, unter dem Namen: Arsana	Mad. Milder.
Olimpia, Statira's und Alexander's Tochter, unter dem Namen: Amenais	Mad. Schulz.
Der Hierophant, Oberpriester im Tempel der Diana	Hr. Hillebrand.
Ein Priester	Hr. Devrient d. jüng.
Offiziere. Priester und Priesterinnen.	
Tempeldiener. Eingeweihte.	
Große des Reichs. Krieger.	
Bachanten. Amazonen. Volk rc.	

Die Solotänze werden ausgeführt von den Königl. Solotänzern Hoguet, Const. Telle; den Damen Lemiere, Lequine, Gern, Gemmel, Vestris, Röntsch und Lamperv.

Die Decoration der ersten Abtheilung ist von den Königl. Decorations-Malern Gerst und Köhler; die Decoration der zweiten Abtheilung vom Königl. Decorations-Maler C. Gropius; die erste Decoration der dritten Abtheilung von Gropius, und die zweite Decoration von Gerst und Köhler, sämmtlich nach Angabe und Zeichnungen des Gr. Ober-Bauraths Schinkel ausgeführt.

Von dieser Oper sind im Opernhause für 4 Gr. gedruckte Bücher zu haben.

Königliche Schauspiele.

Montag, den 18. Juny 1821.

Im Schauspielhause.

Zum Erstenmale:

Der Freischütz.

Oper in 3 Abtheilungen (zum Theil nach dem Volksmährchen: Der Freischütz), von F. Kind. Musik von Carl Maria v. Weber.

Personen:

Ottokar, regierender Graf			Hr. Rebenstein.
Cuno, gräflicher Erbförster			Hr. Wauer.
Agathe, seine Tochter			Mad. Seidler.
Annchen, eine junge Verwandte			Mlle. Joh. Eunike
Caspar, erster } Jägerbursch			Hr. Blume.
Max, zweiter } Jägerbursch			Hr. Stümer.
Samiel, der schwarze Jäger			Hr. Hillebrand.
Ein Eremit			Hr. Gern.
Kilian, ein reicher Bauer			Hr. Wiedemann.
Brautjungfern			Mlle. Henr. Reinwald rc.
Jäger und Gefolge des Grafen	Hr. Michaelis.	Hr. Tifchow.	Hr. Buggenhagen rc.
Landleute und Musikanten.			
Erscheinungen.			

Scene: In Böhmen. Zeit: kurz nach Beendigung des dreißigjährigen Krieges.

Die sämmtlich neuen Decorationen sind von dem Königl. Decorations-Maler Herrn Gropius gezeichnet und gemalt.

Arienbücher sind das Stück für 4 Groschen an der Kasse zu haben.

Theaterzettel von G. Spontinis Oper »Olympia« und C. M. v. Webers »Freischütz«, beide 1821 in Berlin uraufgeführt. Heine schildert in den »Briefen aus Berlin« die sich daran anschließende scharfe kulturpolitische Kontroverse (vgl. S. 21 ff. und Erläuterungen).

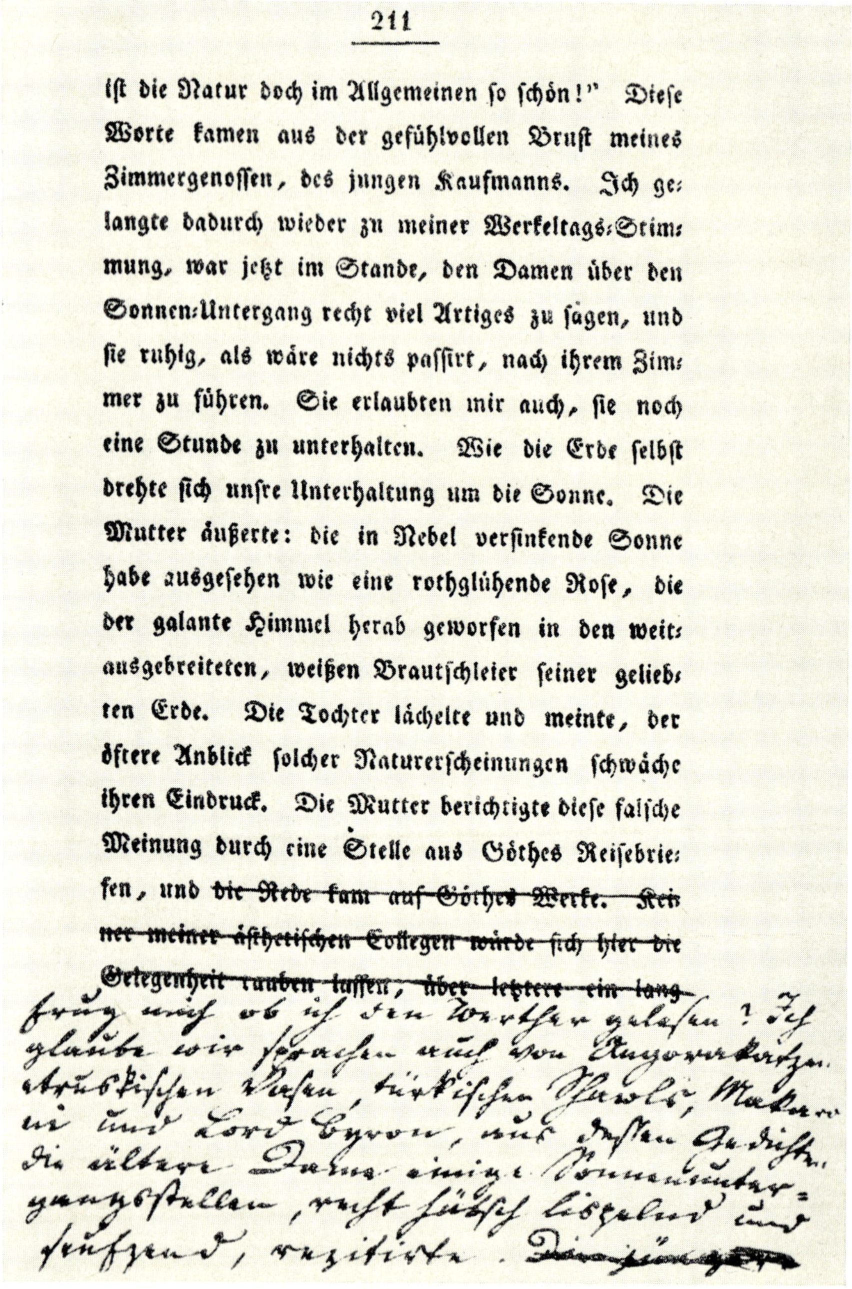

211

ist die Natur doch im Allgemeinen so schön!" Diese Worte kamen aus der gefühlvollen Brust meines Zimmergenossen, des jungen Kaufmanns. Ich gelangte dadurch wieder zu meiner Werkeltags-Stimmung, war jetzt im Stande, den Damen über den Sonnen-Untergang recht viel Artiges zu sagen, und sie ruhig, als wäre nichts passirt, nach ihrem Zimmer zu führen. Sie erlaubten mir auch, sie noch eine Stunde zu unterhalten. Wie die Erde selbst drehte sich unsre Unterhaltung um die Sonne. Die Mutter äußerte: die in Nebel versinkende Sonne habe ausgesehen wie eine rothglühende Rose, die der galante Himmel herab geworfen in den weitausgebreiteten, weißen Brautschleier seiner geliebten Erde. Die Tochter lächelte und meinte, der öftere Anblick solcher Naturerscheinungen schwäche ihren Eindruck. Die Mutter berichtigte diese falsche Meinung durch eine Stelle aus Göthes Reisebriefen, und ~~die Rede kam auf Göthes Werke. Keiner meiner ästhetischen Collegen würde sich hier die Gelegenheit rauben lassen, über letztere ein lang~~ frug mich ob ich den Werther gelesen? Ich glaube wir sprachen auch von Angorakatzen, etruskischen Vasen, türkischen Shawls, Makkaroni und Lord Byron, aus dessen Gedichten die ältere Dame einige Sonnenuntergangsstellen, recht hübsch lispelnd und seufzend, rezitirte. ~~Die jüngere~~

Seite 211 aus dem Korrekturexemplar von »Reisebilder I« (Bibliothèque Nationale, Paris). Heines Gespräch mit Mutter und Tochter Lindheimer auf dem Brocken (vgl. S. 119, 36 ff. und die Erläuterung zu S. 117, 15).

Die »Walpurgisnacht« aus den Faustillustrationen des Dresdner Malers Moritz Retzsch (1779–1857). Heine verweist darauf in der Brockenszene der »Harzreise« S. 116 (aus: »Umrisse zu Goethes Faust«, Stuttgart [1884]; erste Auflage 1816).

Eigenhändiger Entwurf zur Fortsetzung der »Harzreise« (Heine-Institut Düsseldorf). Anspielung auf Heines erstes Bonner Studiensemester (vgl. S. 231, 35 ff.).

Heinrich Heine, Porträtzeichnung von Wilhelm Hensel, 1829. Unterschrieben mit: »Eh bien, cet homme c'est moi! H. Heine« (Neue Nationalgalerie, Berlin).

— 10 —

NAMEN DER LYCEISTEN.

Philosophische Classe.

BAASEL, *Joh.* aus Angermund.

BEESEN, *Swib.* aus Kaiserswerth.

BREWER, *Wilhelm*, aus Düsseldorf.

DITGES, *Herrm. Joseph*, idem.

HEINE, *Harr.* id.

HEISTER, *Felix*, id.

HEISTER, *Joseph*, id.

HELLINGRATH, *Aug.* aus Gerresheim.

LOTTNER, *August*, aus Düsseldorf.

NOLDEN, *Heinr.* id.

v. SCHORLEMER, *Clemens*, aus Hellinghausen.

v. SCHORLEMER, *Fried.* id.

SOMMERS, *Pet.* aus Düsseldorf.

Erste Classe.

BAUER, *Wilhelm*, aus Düsseldorf.

BENDER, *Wilh.* id.

BOYMANNS, *Ludw.* id.

BOEKEM, *Joh.* id.

BREWER, *Hein.* id.

HAGDORN, *Franz*, aus Düsseldorf.

SCHILMANN, *Joh.* id.

SCHORN, *Joh.* id.

SETHE, *Christ.* aus Cleve.

VOIGT, *Joh.* aus Düsseldorf.

Harry Heine in der gedruckten Schülerliste des Düsseldorfer Lyceums, Philosophische Klasse von 1812/13. Illustration zum Schulkapitel des »Buchs Le Grand« (S. 186 ff.).

Friederike Robert (1795–1832), Porträtzeichnung von Wilhelm Hensel. Anregung zur »Madame« des »Buchs Le Grand« (vgl. Erläuterung zu S. 171, 6).

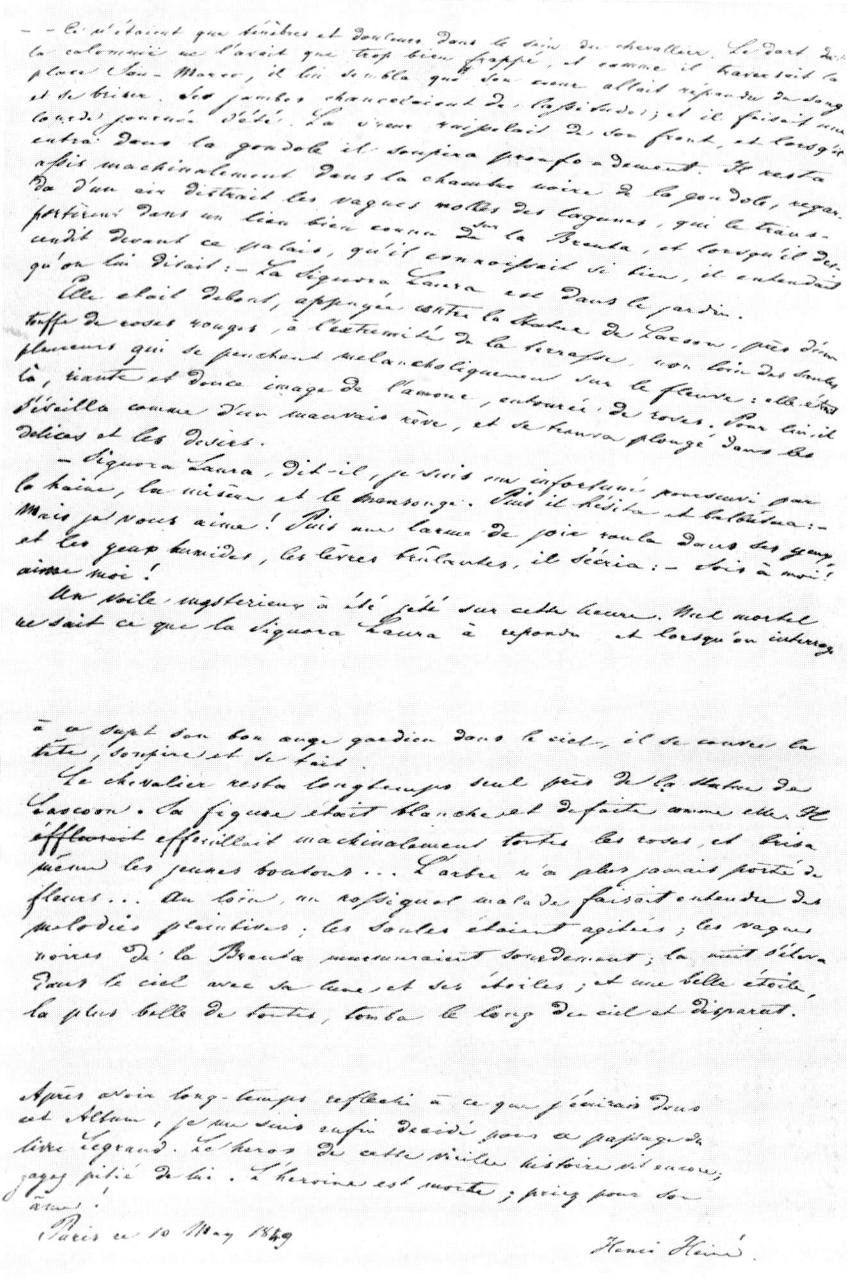

— Ce n'étaient que ténèbres et douleurs dans le sein du chevalier. Le dard de la calomnie ne l'avait que trop bien frappé, et comme il traversait la place Saint-Marc, il lui sembla que son cœur allait se fendre et se briser. Ses jambes chancelaient de lassitude; et il faisait une lourde journée d'été. La sueur ruisselait de son front, et lorsqu'il entra dans la gondole il soupira profondément. Il resta assis machinalement dans la chambre noire de la gondole, regarda d'un air distrait les vagues molles des lagunes, qui le transportèrent dans un lieu bien connu sur la Brenta, et lorsqu'il descendit devant ce palais, qu'il connaissait si bien, il entendit qu'on lui disait: — La signora Laura est dans le jardin.

Elle était debout, appuyée contre la statue de Laocoon, près d'une touffe de roses rouges, à l'extrémité de la terrasse, non loin des saules pleureurs qui se penchent mélancoliquement sur le fleuve: elle était là, riante et douce image de l'amour, entourée de roses. Pour lui il s'éveilla comme d'un mauvais rêve, et se trouva plongé dans les délices et les désirs.

— Signora Laura, dit-il, je suis un infortuné poursuivi par la haine, la misère et le mensonge. Puis il hésita et balbutia: — Mais je vous aime! Puis une larme de joie roula dans ses yeux et les yeux humides, les lèvres brûlantes, il s'écria: — Sois à moi! aimez moi!

Un voile mystérieux a été jeté sur cette heure. Nul mortel ne sait ce que la signora Laura a répondu et lorsqu'on interroge

à ce sujet son bon ange gardien dans le ciel, il se couvre la tête, soupire et se tait.

Le chevalier resta longtemps seul près de la statue de Laocoon. Sa figure était blanche et défaite comme elle. Il ~~effleurait~~ effeuillait machinalement toutes les roses, et brisa même les jeunes boutons... L'arbre n'a plus jamais porté de fleurs... Au loin, un rossignol malade faisait entendre des mélodies plaintives; les saules étaient agités; les vagues noires de la Brenta murmuraient sourdement; la nuit s'éleva dans le ciel avec sa lune et ses étoiles; et une belle étoile, la plus belle de toutes, tomba le long du ciel et disparut.

Après avoir long-temps réfléchi à ce que j'écrirais dans cet Album, je me suis enfin décidé pour ce passage du livre Legrand. Le héros de cette vieille histoire vit encore; ayez pitié de lui. L'héroïne est morte; priez pour son âme!

Paris ce 10 May 1849

Henri Heine.

Vorder- und Rückseite eines Albumblatts für Heines Kusine Cécile von 1839 (irrtümlich 1849). Französische Version des 18. Kapitels vom »Buch Le Grand« mit Hinweis auf die Rolle Amalie Heines in der Liebesthematik dieses Werks (Heine-Institut Düsseldorf).

3. Stockwerk des Berliner Stadtschlosses bis zum Weißen Saale. Die letzte Szene gipfelte im »Rosenfest von Kaschimir«, das Spontini später in seine »Nurmahal« einarbeitete (vgl. Erläuterung zu 41,30). Die künstlerische Oberleitung hatte Wilhelm Hensel (vgl. Erläuterung zu 33,32). Spontini komponierte die Musik, Spiker dichtete die begleitenden Romanzen dazu. Brühl entwarf die Kostüme, Schinkel die Dekorationen. Eine Beschreibung und der Text des Ganzen finden sich in der »Neuen Berliner Monatschrift« 1, 1821, S. 318–343. Im Frühjahr 1822 wurde dieser Festzug noch einmal in einem Prachtwerk »Lalla Rûkh. Ein Festspiel mit Gesang und Tanz«, herausgegeben von Brühl und Spiker, verewigt, ein solches Gefallen hatte Friedrich Wilhelm III. daran gehabt (vgl. Weiglin S. 34 und Spitta, »Spontini in Berlin«, S. 305f.).

34,*28* Der Riese] *vgl. die Meldung der »Magdeburgischen Zeitung«, 1822, Nr. 26 vom 2. März: »Der Riese aus Pommern (Demmin), welcher eine zeitlang hier für Geld zu sehen war, ist dem Besitzer von des Königs Majestät für eine ansehnliche Summe Geldes abgekauft, und ihm auf der Pfaueninsel eine Wohnung angewiesen worden«. Der Riese war 22 Jahre alt und über 2 Meter groß. Friedrich Wilhelm III., der sich selber gern auf der Pfaueninsel aufhielt, die der königlichen Familie gehörte, liebte solche harmlosen Belustigungen.*

34,*30* Devrient] *Ludwig Devrient (1784–1832), Schauspieler und Freund Hoffmanns, spielte in Berlin seit 1815 Rollen wie den Franz Moor, Richard III. und King Lear. Seine irrational-genialische Natur war häufig durch Krankheiten bedroht.*

34,*30–31* Boucher und seine Frau geben jetzt Conzerte in Wien] *vgl. die Berichte in der »Eleganten«, 1822, Nr. 71 vom 12. April, Sp. 567 und Nr. 89 vom 7. Mai, Sp. 712.*

34,*31* »Euryante«] *die Aufführung der »Euryanthe« in Berlin wurde von Spontini hintertrieben. Ihre Premiere fand am 15. Oktober 1823 im Wiener Kärntnertor-Theater statt (vgl. Erläuterung zu 26,20). In Berlin wurde sie erst 1825 mit größtem Erfolg aufgeführt, der jedoch zum »Theil bloße Partheisache« war, wie Varnhagen schreibt (»Blätter« III,431).*

34,*32* Helmine v. Chezy] *Wilhelmine Christiane von Chézy, geb. von Klencke (1783–1856), die Textdichterin, war häufig in Berlin, wo sie Heine wahrscheinlich im Hohenhausen-Zirkel (vgl. Erläuterung zu 28,26) kennenlernte.*

34,*32* »die beiden Pintos«] *diese Komposition wurde von Weber, der 1826 starb, nicht mehr abgeschlossen. Der Text stammt von Carl Gottfried Theodor Winkler (1775–1856), der seit 1817 die »Abend-Zeitung« herausgab und unter dem Pseudonym Theodor Hell schrieb.*

34,*33* Bernhard Romberg] *Bernhard Romberg (1767–1841), Komponist, Kapellmeister und berühmter Cellist aus Münster. Auch die »Vossische«, 1822, Nr. 39 vom 30. März berichtet von seiner Ankunft in Berlin. In der »Spenerschen« heißt es am 2. April 1822 in der Nr. 40, daß er momentan* *durch »häusliche Angelegenheiten« verhindert sei, ein öffentliches Konzert zu geben. Auf seinen am 10. November 1821 verstorbenen Vetter Andreas Romberg waren im Mindener »Sonntagsblatt«, 1821, Nr. 50 vom 16. Dezember, S. 399 und im RWA, 1822, Beilage »Kunst- und Wissenschaftsblatt«, Nr. 9 vom 1. März, Sp. 129–136 lange Nekrologe erschienen.*

34,34–35 Die wichtigsten darf man oft nicht mittheilen] *vgl. die Erläuterungen zu 9,26.*

34,39–40 die Damen in Dülmen] *wahrscheinlich sind damit die seit 1811 säkularisierten Augustinerinnen in Dülmen bei Münster gemeint, zu denen auch die stigmatisierte Anna Katherina Emmerich (1774–1824) gehörte, deren Gesichte Clemens Brentano 1818–1824 aufzeichnete. Der RWA hatte sich 1821 öfters mit der Emmerich beschäftigt. Der letzte Bericht über die »Nonne zu Dülmen« war in den Nummern 58 und 59 vom 20. und 24. Juli erschienen (Sp. 1351–1353 und 1374–1376).*

34,40–**35**,1 im Dualis sprechen könnte] *schwanger ist.*

34,42 »Das Rosenfest in Kaschimir«] *der endgültige Titel lautete: »Nurmahal oder das Rosenfest von Kaschimir«, was der Berliner Volksmund in »Nur-mich-mal oder der Hosenrest von Kasimir« verdrehte (vgl. Erläuterung zu 41,30).*

34,43 zwey Elephanten] *d. h. mit noch mehr Aufwand als die »Olympia« (vgl. Erläuterung zu 25,43).*

35,1 falsche Waden] *wurden damals vor allem von Gardeoffizieren gern getragen.*

35,14–15 ein Nebeneinander vieler kleinen Kreise] *Heine meint die scharfen Kastengrenzen zwischen Hof, Adel, Militär, Verwaltung, höherem Bürgertum, Handwerkern, Schutzverwandten und Juden, denen er immer wieder das Ideal des demokratischen Miteinanders entgegensetzt (vgl. Erläuterung zu 16,27). Eine Ausnahme in dieser Hinsicht bildeten nur die Literatur- und Kunstzirkel (Hohenhausen, Varnhagen u. a.), wo man sich über die Standesgrenzen hinwegsetzte.*

36,1–2 dem Schloßplatze] *vgl. Erläuterung zu 10,20. Hier und in der Breiten Straße wurde alljährlich der große Weihnachtsmarkt abgehalten (vgl. Korth S. 45f.).*

36,11 die »Ausstellung«] *die Weihnachtsausstellungen der Berliner Konditoreien von Mitte Dezember bis Anfang Januar waren in ganz Deutschland berühmt. Julius von Voß schrieb 1822 sogar eine Komödie »Die Weihnachtsausstellung«. Die aufwendigsten Ausstellungen, die oft Hunderte von Figuren in Marzipan oder Tragant umfaßten, sah man bei Josty (Stechbahn 1), Teichmann (Unter den Linden 29), Grunow (Unter den Linden 20), Fuchs (Unter den Linden 8) und Lange (Oberwallstraße 6).*

36,17 Die Redouten im Opernhause] *im Winter 1821/22 wurden im Opernhause 6 Redouten veranstaltet (am 22., 29. Januar und am 5., 9., 12., 19. Februar).*

36,25–26 Jeder muß hier in einem Maskenanzuge erscheinen] *vgl. Erläuterung zu 42,25. Die nötigen Kostüme konnte man in Leihanstalten bekommen (vgl. »Spenersche«, 1822, Nr. 8 vom 17. Januar).*

36,29–30 ein kleines Entree] *der Eintritt kostete 2/3 Taler.*

36,38–39 *femmes entretenues* und Priesterinnen der ordinairen Venus] *ausgehaltene Frauen und Prostituierte. Nach Mitternacht zogen sich der Hof, der Adel und das höhere Bürgertum meist aus dem wilden Treiben zurück und überließen der ›Unterwelt‹ das Feld (vgl. Korth S. 25, 506 und Hans Ostwald, »Das Berliner Dirnentum«, Leipzig o. J., V,16ff.).*

37,2 eine *Chauve-souris*] *Fledermaus, das übliche Ballkostüm für Frauen.*

37,28 ein deutscher Jüngling] *vgl. Erläuterung zu 13,21. Heines ursprüngliche Begeisterung für die burschenschaftlichen Ideale schlägt in dieser Zeit, vor allem wegen der verstärkt antifranzösischen und antisemitischen Affekte der meisten Jahn- und Arndt-Anhänger, immer wieder in Haß oder Ironie um (vgl. auch 13,21, »Über Polen« 58,11–12 und »Harzreise« 123,15–30).*

37,30–31 »Auf einer teutschen Mummerey soll der Teutsche teutsch sprechen!«] *ganz im Sinne des Buches »Deutsches Volksthum« von Friedrich Ludwig Jahn, wo es über den Gebrauch des Französischen heißt: »Diese Sprache hat Deine Männer bethört, Deine Jünglinge verführt, Deine Weiber entehrt. – – – Deutsche <...> lasset Lutetiens stehende Lache in Ruhe!« Berlin ²1817, S. 157). Ähnlich äußert sich Ernst Moritz Arndt in seiner Schrift »Ueber Sitte, Mode und Kleidertracht«, Frankfurt 1814, S. 49).*

38,5–6 Prinzessinn Alexandrine] *vgl. Erläuterung 23,10.*

38,6–7 dem Erb-Groß-Herzoge von Mecklenburg-Schwerin] *gemeint ist Paul Friedrich von Mecklenburg-Schwerin (1800–1842).*

38,8–9 noch etwas länger aufgeschoben werden] *es war »keine wahre Neigung« im Spiel, wie Varnhagen am 25. Mai 1822 schreibt (»Blätter« II,126). Vgl. auch »Aus der preußischen Hof- und diplomatischen Gesellschaft«, hrsg. von A. v. Boguslawski, Stuttgart 1903, S. 12.*

38,25–26 des Bürgermeisters von Nordamerika] *Heine sah in dieser Zeit in Amerika noch den idealen Freiheits- und Gleichheitsstaat und gab im Winter 1822/23 anderen den Rat, nach Amerika auszuwandern (Werner/Houben Nr. 60). Auch manche der Mitglieder des »Vereins für Kultur und Wissenschaft der Juden« trugen sich mit solchen Auswanderungsplänen. In »Nordsee III« tritt schon eine gewisse Ernüchterung in diesem Punkte ein (vgl. 157,19).*

38,26–27 des Herzogs von Cumberland] *gemeint ist der 5. Sohn (1771–1851) Georgs III. von England, der spätere König Ernst August von Hannover, der seit 1799 den Titel des Duke of Cumberland führte und 1819 England verlassen mußte, weil ihm das englische Parlament wegen seines anspruchsvollen Auftretens und seiner erzkonservativen Gesinnung seine Apanage nicht vergrößern wollte. Da er mit Friederike (vgl. Erläuterung zu 20,9), einer Schwester der Königin Luise, verheiratet war, zog er nach Berlin und verkehrte dort vor allem mit Ultras wie Wittgenstein und Karl von Mecklen-*

burg-Strelitz. Sein hochfahrendes Wesen kam auch bei der Vermählung Alexandrines zum Durchbruch, an der er nicht teilnahm, weil er dem Großherzog Friedrich Franz I. von Mecklenburg-Schwerin (1756–1837), dem Großvater des Bräutigams, den Vortritt nicht gönnte (vgl. »Blätter« II,126).

38,30 Harun-al-Raschid] *ein Kalif von Bagdad (765–809), der in »1001 Nacht« fälschlicherweise als gerechter und weiser Fürst dargestellt wird.*

38,30–31 der Triumph-Elephant] *vgl. Erläuterung zu 25,43.*

38,34–35 Wünschelhütchen] *die Kenntnis der Deutschen Volksbücher verdankt Heine u. a. Görres (vgl. Erläuterung zu 15,18–19).*

39,5 Er] *an sich Attribut des Göttlichen, das hier wie im Hinblick auf Friedrich II. (vgl. 13,40) ironisch verwendet wird.*

39,8 »und rasch hinflogen die Rosse«] *vgl. »Odyssee«, III,484 u. ö.*

39,21 aus stadtvogteylichen Gründen] *auf der Stadtvogtei, Molkenmarkt 1, saßen damals eine Reihe der verhafteten Studenten (vgl. Erläuterungen zu 48,33–43). »Wer die Wahrheit weiß und sagt sie frei,/ Der kommt bei uns in die Stadtvogtei«, hieß die Berliner Version eines Studentenliedes von August Daniel von Binzer (1793–1868).*

39,28 des Kammermusici] *vgl. Erläuterung zu 17,36–37.*

40,2 die Liturgie!] *vgl. Erläuterung zu 30,14–15.*

40,2–3 auf den Flügeln des rothen Adlers dritter Classe] *widerstrebende Pastoren wurden durch Friedrich Wilhelm III. durch die Verleihung des Roten Adlerordens dritter Klasse gefügig gemacht. Heine war 1832 schwer enttäuscht, als sogar der ›aufrechte‹ Schleiermacher (vgl. Erläuterung zu 30,17–18) diesen Orden akzeptierte (vgl. die Vorrede zu »Französische Zustände«, DHA Bd. 12).*

40,4 *jusqu'à la tour de notre Dame!*] *»Jusqu'aux tours de Notre Dame!« soll Napoleon bei seiner Landung am 1. März 1815 an der südfranzösischen Küste gesagt haben (vgl. Pierre-Alexandre-Édouard Fleury de Chaboulon, »Mémoires«, London 1820, I,159).*

40,5 die beiden geputzten Herren] *nicht aufzuschlüsseln. Ähnliche Kontrasttechnik wie in der »Harzreise« 87,11–25.*

40,13 meinen Barbier] *vgl. Erläuterung zu 13,10–11. In der »Reise von München nach Genua« heißt es später, daß jetzt sogar die Barbiere ihre altdeutschen Röcke ablegen (Kap. III).*

40,16 O Sanct Marat!] *Jean-Paul Marat (1744–1793), einer der volkstümlichsten Führer der Jakobiner und Herausgeber des »Ami du peuple«, wurde im Auftrage der Girondisten von Charlotte Corday ermordet und stieg so zum Heiligen der Revolution auf.*

40,16–17 Danton] *Georges-Jacques Danton (1759–1794), Haupt des rechten Jakobinerflügels.*

40,17 Callot d'Herbois] *Jean-Marie Collot d'Herbois (1750–1796), Schauspieler, Dramatiker und Mitglied des Wohlfahrtsausschusses.*

40,17 Robespierre] *Maximilien Robespierre (1758-1794), Führer der Jakobiner.*

40,*19* Eine feste Burg] *parodistisch nach Luthers Lied »Ein feste Burg ist unser Gott«. In Spandau befand sich schon damals eine als Gefängnis dienende Festung.*

40,24 Septembrisiren] *Danton und Marat hatten sich zwischen dem 2. und 7. September 1792 ihrer politischen Gegner entledigt. Danach wurde der Begriff ›Septembrisieren‹ zum Schlagwort für massenweise Ermordung politischer Widersacher.*

40,26 zwölf Kanonen] *genau nach dem offiziellen Programm.*

41,3 Charlotte] *gemeint ist Charlotte Alexandra, die ältere Schwester Alexandrines (vgl. Erläuterung zu 22,36).*

41,4 Prinz Karl] *vgl. Erläuterung zu 23,8.*

41,5 vom Volke geliebt seyn muß] *zu den enthusiastischsten Verehrern Alexandrines gehörte der mit Heine bekannte Privatdozent Peter Feddersen Stuhr (1787–1851), der dem König brieflich von der Vermählung Alexandrines abgeraten hatte (vgl. »Blätter« II,92). Über ihn schreibt Heine am 15. Juni 1822 ironisch an Keller:* Letzterer hat sich nicht todt geschossen.

41,*19* Monbijou] *eine 1708 von Eosander erbaute gräfliche Villa, die 1788 von Unger für Königin Friederike erweitert wurde. 1822 wohnte dort Karl von Mecklenburg-Strelitz.*

41,*21* Besonders lärmig waren die Vermählungsfeyerlichkeiten nicht] *Varnhagen schreibt am 25. Mai 1822: »Geringer Antheil im Volke, auch deswegen gering, weil bekannt ist, daß keine wahre Neigung im Spiel« (»Blätter« II,126).*

41,27 im weißen Saale] *der weiße Saal befand sich im 3. Stockwerk des Flügels an der Schloßfreiheit und war mit zwölf Marmorbildern der brandenburgischen Kurfürsten und großen Kronleuchtern aus Bergkristall ausgestattet.*

41,27 im Rittersaale] *war neben dem weißen Saal der prächtigste, befand sich ebenfalls im 3. Stockwerk an der Lustgartenseite und diente entweder als Speise- oder als Thronsaal.*

41,*30* »Nurmahal, oder das Rosenfest in Kaschimir«] *ein Festspiel, zu dem Spontini einige Stücke aus »Lalla Rookh« und anderen älteren Kompositionen wiederverwandte, nachdem er die Pläne zu einer preußischen Nationaloper, einer »Sappho« und einem »Milton« wieder fallengelassen hatte (vgl. Erläuterungen zu 17,39–40 und 33,4–5). Die »Nurmahal« ist eine typische Verwandlungs- und Zauberoper, die mit großen Wiedererkennens- und Vergebungsszenen schließt. Bei der Premiere sang die Seidler die Nurmahal, die Milder-Hauptmann die Namuna. Lobende Besprechungen finden sich in der »Vossischen«, 1822, Nr. 68 vom 6. Juni, der »Spenerschen«, 1822, Nr. 65 vom 30. Mai und in der »Eleganten«, 1822, Nr. 201 vom 14. Oktober, Sp. 1607f. und Nr. 203 vom 17. Oktober, Sp. 1622f. Etwas kühler äußerte sich der »Gesellschafter«, 1822, Nr. 89 vom 5. Juni, S. 420.*

41,*30–31* Es kostete den meisten Leuten viele Mühe, Billetts zu dieser Oper zu erlangen] *bewußt ironisch gemeint. Die »Spenersche« schreibt nämlich noch am 25. Mai, zwei Tage vor der Premiere, daß immer noch genügend Billets zu haben seien (Nr. 63). Heine ergreift damit wieder für Weber Partei, zu dessen »Freischütz« nie Billetts zu haben waren (vgl. Erläuterung zu 18,1–2).*

41,*35* nochmals beiwohnen mußte] *die »Olympia« wurde in diesen Wochen nur am 8. und 26. April gegeben.*

41,*38* daß kein Schuß drin vorkömmt] *Anspielung auf die Schüsse im »Freischütz«. Um im Publikum keine ›revolutionären‹ Gefühle aufkommen zu lassen, durfte daher bei manchen Aufführungen des »Freischütz« nur mit Zauberbolzen geschossen werden.*

42,*9* Der Dekorazionsmaler] *die Dekorationen wurden unter Anleitung von Schinkel von Carl Wilhelm Gropius (1793–1870) und Johann Carl Gerst (1792–1854) angefertigt.*

42,*9* der Theaterschneider] *war ein Herr G. Zucker.*

42,*10* Der Theaterdichter] *gemeint ist Karl Alexander Herklots (1756–1830), der sich als Bearbeiter, Übersetzer, Librettist und Gelegenheitsdichter betätigte.*

42,*11–12* Die Staatszeitung vom 4. Juni rügt einen Artikel der magdeburger Zeitung] *die »Magdeburgische Zeitung« hatte in der Nr. 62 vom 25. Mai geschrieben: »In der großen Spontinischen Oper, ›die Rosen-Fee‹, kommen auch unter andern 2 Elephanten vor, und erfordert solche überhaupt einen nicht unbedeutenden Kostenaufwand«. (Die falsche Titelangabe beruht auf einer Verwechslung mit dem Ballett »Die Rosenfee« von Georg Abraham Schneider, das am 26. Mai 1821 in Berlin uraufgeführt worden war.) Die »Allgemeine Preußische Staats-Zeitung« hatte daraufhin in ihrer Beilage zu Nr. 67 vom 4. Juni geschrieben: »Nach einem in der Magdeburger Zeitung befindlichen, von Berlin aus datirten Artikel sollen in der großen Spontinischen Oper ›die Rosen-Fee‹, welche einen nicht unbedeutenden Kosten-Aufwand erfordert habe, unter anderem auch zwei Elephanten vorkommen; allein einmal existirt eine solche Oper gar nicht, und dann sind die beiden Elephanten, die in dem wahrscheinlich gemeinten lyrischen Drama, Nurmahal oder das Rosenfest von Caschmir, haben vorkommen sollen, nicht erschienen, sondern sollen sich vorgeblich noch in Magdeburg verhalten« (Sp. 672).*

42,*15–16* aus meinem zweyten Briefe] *Anlaß zu dieser kleinen Kontroverse war vielleicht die Notiz im 2. Briefe 34,42–43.*

42,*25* Den 28. war Freyredoute] *fand am 28. Mai 1822, den Tag nach der »Nurmahal«-Premiere, statt. Die »Bekanntmachung«, durch die Heines Beschreibung bestätigt wird, erfolgte in der Nr. 62 der »Allgemeinen Preußischen Staats-Zeitung« vom 23. Mai: »Bei der am 28sten d. M. auf Allerhöchsten Befehl im Königl. Oper-Hause zu gebenden Frei-Redoute werden vorzüglich anständige Charakter-Masken gewünscht. Bunte Chauve-souris und bunte Domino's sind gestattet. Alle schwarze Domino's und Chauve-souris, werden, so wie das Erscheinen in Stiefeln, verbeten. Besondere Biletts* *zu den Logen werden nicht ausgegeben, sondern es steht den Masken frei, überall ungehindert Platz zu nehmen. Während des Aufenthalts in den Logen steht es Jedem frei, sich zu demaskieren; während der Anwesenheit im Saale nur erst von Ein Uhr an. Die im Saale selbst angebotenen Erfrischungen werden unentgeltlich gereicht. gez. Graf Brühl« (Sp. 611).*

42,41–42 mit einer ungraziösen Gefräßigkeit] *vgl. einen ähnlichen Bericht über das Gedränge bei der Freiredoute in der »Eleganten«, 1822, Nr. 115 vom 15. Juni, Sp. 918f.*

43,8 bloß meine Laune entscheidet] *vgl. Erläuterung zu 9,34.*

43,9–10 Geheimrath Heims Jubiläum] *Ernst Ludwig Heim (1747–1834), einer der populärsten Ärzte Berlins, der in der Markgrafenstraße 61 wohnte, feierte am 15. April 1822 sein goldenes Doktorjubiläum. Er erhielt vom König den Roten Adlerorden zweiter Klasse; Friedrich Schulz veranstaltete eine »Laterna Magica« mit allen Heimschen Lebensstationen; seine Kollegen schenkten ihm ein Faß Rheinwein. Das Festmahl, bei dem auch Hardenberg und Prinz August anwesend waren, fand am 15. April bei Jagor statt (vgl. Weiglin S. 105ff. und »Der alte Heim«, hrsg. von Georg Wilhelm Keßler, Leipzig ^{2}1846, S. 408–430).*

43,10 Aus den Zeitungen] *vgl. die Beschreibung der Feierlichkeiten in der »Vossischen«, 1822, Nr. 46 vom 16. April und Nr. 47 vom 18. April; der »Spenerschen«, 1822, Nr. 46 vom 16. April, Nr. 47 vom 18. April und Nr. 50 vom 25. April; der »Allgemeinen Preußischen Staats-Zeitung«, 1822, Nr. 47 vom 18. April, Sp. 481f.; des »Gesellschafters«, 1822, Nr. 65 vom 24. April, S. 307f.; der »Abend-Zeitung«, 1822, Beilage »Artistisches Notizenblatt«, Nr. 8 vom 27. April, S. 32; der »Eleganten«, 1822, Nr. 85 vom 2. Mai, Sp. 679f. und Nr. 86 vom 3. Mai, Sp. 687f.*

43,21 eine Dienstmagd] *Luise Petermann (geb. 1750) hatte 50 Jahre bei der Familie Nicolai-Parthey gedient und feierte ihr Jubiläum am 2. April. Über die Feier, die Geschenke und ein ihr gewidmetes Gedicht vgl. den Bericht der »Eleganten«, 1822, Nr. 98 vom 20. Mai, Sp. 784 und Nr. 99 vom 21. Mai, Sp. 790f.*

43,22–23 eine Matrone aus der Unschuldsgasse] *Hinweise auf Prostituierte, denen die anderen Zeitungen meist aus dem Wege gehen, finden sich bei Heine häufig (vgl. Erläuterungen zu 14,33 und 86,9). Hier als Ironisierung des herrschenden Idealismus ins Spiel gebracht, der besonders bei jungen Offizieren und burschenschaftlich gesinnten Studenten grassierte. So feiert Jahn immer wieder die Keuschheit der »alten Jungfern und Jungfrau-Matronen« (vgl. »Deutsches Volksthum«, Berlin ^{2}1817, S. 200).*

43,24–25 Porte-épéejüngling] *junger Offizier.*

43,29 Du Schwerdt an meiner Linken] *Anfang des »Schwerdtliedes« von Theodor Körner (1791–1813), das 1814 in »Leyer und Schwerdt« erschienen war (S. 84ff.). Von Heine in erotisch-parodistischer Weise verwendet, was der schwülstigen Brautmystik dieses Gedichtes sehr entgegenkommt. Schon* *bei Körner, wenn auch noch völlig naiv gemeint, sehnt sich das Schwert »zum Streite« und klirrt frohlockend »in der Scheide«. Daß Heine dieses Gedicht auch sonst gern parodierte, ist durch einen Bericht Carl Wilhelm Wesermanns belegt (vgl. Werner/Houben Nr. 51).*

43,32 Theodor Körners Gedichte] *waren Heine wegen ihres Chauvinismus und idealistischen Schwulsts zeit seines Lebens verhaßt (vgl. »Zeitgedichte«, Nr. VII und »Wintermärchen«, Caput III).*

43,37–38 in jenen gemüthlichen Kränzchen] *bewußter Spott auf die »Frauenvereine«, die sich in den Jahren 1809 bis 1815 der Pflege patriotischer Liebestätigkeit gewidmet hatten und auch in den frühen zwanziger Jahren noch immer das Andenken an die ›großen Tage‹ aufrechtzuerhalten suchten (vgl. Korth S. 417). So hatte der Berliner »Frauen- und Mädchen-Verein« am 23. August 1821 zur Erinnerung an die Schlacht bei Groß-Beeren im Tiergarten eine große Feier veranstaltet, deren Ehrengast ein 94jähriger Leutnant war (vgl. »Vossische«, 1821, Nr. 103 vom 28. August). Die gleiche ironische Parallelisierung von* Frauenvereinen *und* schlechten Befreiungsgedichten *findet sich in der »Reise von München nach Genua« (Kap. X).*

43,40 der greise Schimmel des großen Friedrichs] *Anekdoten über Friedrich II. erschienen in diesen Jahren ständig in den Berliner Zeitungen. Hier nicht patriotisch gemeint, sondern im Kontext der ironisierten Erotik zu verstehen.*

44,1 Johanna von Montfaucon] *Hauptgestalt des gleichnamigen Stückes von Kotzebue, das zuerst im 6. Band der »Neuen Schauspiele« (1800) erschienen war. Als die Tugendhafteste aller Frauen verteidigt sie ihre Ehre bis zum letzten, bis sie ihrem Kind zuliebe umfällt und in die Ehe mit dem schurkischen Gattenmörder Lasarra einwilligt (V,4).*

44,1–2 Ich bin eine deutsche Jungfrau] *wiederum als Parodie auf den klopstockisierenden und burschenschaftlichen Idealismus gemeint. So hatte Friedrich Ludwig Jahn ausdrücklich gefordert: »Klopstocks Lied einer Deutschen Jungfrau sollte jedes Deutsche Mägdchen auswendig wissen« (»Deutsches Volksthum«, S. 203). Er meint damit Klopstocks »Vaterlandslied. Zum Singen für Johanna Elisabeth von Wintheim« mit der berühmten Zeile »Ich bin ein deutsches Mädchen!« (»Oden«, Leipzig 1798, I,300). Auch in Körners »Leyer und Schwerdt« wird das »deutsche Mädchen« besungen (S. 78). Ebenso enthusiastisch ereifert sich Körner über »die deutsche Jungfrau« in Adolf von Schadens Drama »Theodor Körners Tod« (Berlin 1817, S. 43), worauf auch dort das »Schwerdtlied« angestimmt wird.*

44,5 Ich kann aber nicht anders] *Anklang an den bekannten Ausspruch Luthers auf dem Reichstag zu Worms (1521).*

44,11 die mit dem Deutschthume kokettiren] *die gleiche Unterscheidung zwischen wahrer Freiheitssehnsucht und bloßer Deutschtümelei wie in 37,28–40.*

44,16 Walter] *vgl. Erläuterung zu 18,35. Die »Vossische«, 1822, Nr. 19 vom 12. Februar lobt ihn sehr. Heine sieht jedoch in diesen Staberliaden eine platte Situationskomik.*

44,17 Lebrün aus Hamburg] *Carl August Lebrun (1792–1842), Schauspieler und Theaterleiter in Hamburg, galt als einer der geistreichsten Komiker dieser Jahre. Er begann sein Gastspiel in Berlin am 24. April 1822 und spielte u. a. den van den Husen in »Armuth und Edelsinn« (Kotzebue), den Kammerdiener Wind in »Verlegenheit und List« (Kotzebue), den Rittmeister von Dorl in »Der Educationsrath« (Kotzebue), den Dumper in »Er mengt sich in alles« (Jünger), den Johann in »Maske für Maske« (Jünger) und den Baron Gluthen in »Das letzte Mittel« (Weißenthurn). Die »Vossische« lobt ihn zwar, stößt sich aber an den zu stark hervorgehobenen »Zweideutigkeiten« (Nr. 51 vom 27. April 1822). Die »Elegante« nennt ihn »matt« (Nr. 32 vom 14. Februar 1822, Sp. 255). Varnhagen notiert sich dagegen am 2. Mai zustimmend: »Während hier alles sich so kirchenfromm anläßt, macht heute der Schauspieler Lebrun aus Hamburg im ›Edukationsrath‹ den salbungsvollen Predigerton auf das Täuschendste vor dem Publikum nach, unter schallendem Gelächter und Beifall« (»Blätter« II,112). Heine lernte Lebrun im Juli 1823 in Hamburg auch persönlich kennen.*

44,23 was soll ich von der Neumann sagen] *vgl. Erläuterung zu 18,37. Sie traf Anfang Mai in Berlin ein und reiste am 2. Juli wieder ab. In dieser Zeit trat sie insgesamt 36 mal auf und spielte u. a. die Baronin von Helmbach in »Stille Wasser sind tief« (Schröder), die Margarethe in »Die Hagestolzen« (Iffland), die Zerline im »Don Giovanni«, die Luise in »Kabale und Liebe«, die Eboli im »Don Carlos«, die Stuart in »Maria Stuart«, die Baronin Waldhüll in »Das letzte Mittel« (Weißenthurn), die Beatrice in der »Braut von Messina«, die Fanchon in »Fanchon« (Himmel), das Suschen in »Der Bräutigam aus Mexiko« (Clauren), die Bertha in »Die Ahnfrau«, das Lottchen in »Die Versöhnung« (Kotzebue), das Clärchen in »Der Verräther« (Holbein), die Mariane in »Die Geschwister«, die Lisbeth in »Peter und Paul« (Castelli), das Lottchen im »Vogelschießen« (Clauren), die Diana in »Donna Diana« (Moreto), die Sophie in »Hans Görgens Brautfahrt« (Kuhn), die Rosina in »Jurist und Bauer« (Rautenstrauch) und die Caroline in »Die Nachtwandlerin« (Scribe). Vgl. die enthusiastischen Berichte über ihr Gastspiel im »Freimüthigen«, 1822, Nr. 83 vom 24. Mai, S. 332; der »Eleganten«, 1822, Nr. 132 vom 9. Juli, Sp. 1055f.; dem »Gesellschafter«, 1822, Nr. 77 vom 15. Mai, S. 364 und Nr. 85 vom 29. Mai, S. 400; im »Zuschauer«, 1822, Nr. 60 vom 18. Mai; der »Abend-Zeitung«, 1822, Nr. 168 vom 15. Juli, S. 671 und der Beilage »Wegweiser im Gebiete der Künste und Wissenschaften«, Nr. 63 vom 7. August, S. 249f.; der »Spenerschen«, 1822, Nr. 57 vom 11. Mai, Nr. 58 vom 14. Mai, Nr. 63 vom 25. Mai, Nr. 65 vom 30. Mai, Nr. 66 vom 1. Juni, Nr. 68 vom 6. Juni, Nr. 69 vom 8. Juni, Nr. 76 vom 25. Juni; der »Vossischen«, 1822, Nr. 56 vom 9. Mai, Nr. 58 vom 14. Mai, Nr. 59 vom 16. Mai, Nr. 65 vom 30. Mai, Nr. 66 vom 1. Juni.*

44,26 diese Circe] *fast alle Rezensionen heben ihre sinnlich-erotische Anziehungs- und Verwandlungskraft hervor. Das zeigt sich besonders in den*

Gedichten auf die Neumann, die in den Berliner Zeitungen erschienen (vgl. u. a. die »Spenersche«, 1822, Nr. 58 vom 14. Mai, Nr. 68 vom 6. Juni, Nr. 70 vom 11. Juni, den »Freimüthigen«, 1822, Nr. 90 vom 6. Juni, S. 357 und die »Vossische«, 1822, Nr. 56 vom 9. Mai).

44,26 graues Thierlein verwandelt] *d. h. in einen Esel. Damit ist sicher jemand gemeint, der sowohl in der »Vossischen« als auch in der »Spenerschen« anonyme Gedichte auf die Neumann veröffentlicht hatte.*

44,31–32 Ein Gymnasiast] *August Kuhn, der Herausgeber des »Freimüthigen«, sammelte in einem ausgehängten Kästchen Beiträge und Gedichte auf die Neumann und behauptete, daß sich unter dem Einfluß der Neumann selbst »Tertianer und Dilettanten« der Theaterkritik zugewandt hätten (vgl. »Morgenblatt«, 1822, Nr. 192 vom 12. August, S. 768).*

44,33 Ihr Mann] *Karl Neumann (um 1788–1823), mit dem sie seit 1816 verheiratet war, gehörte ebenfalls dem Karlsruher Schauspielensemble an.*

44,34 »Cabeljau und Hiebe«] *offenbar eine Travestie auf Schillers »Kabale und Liebe«.*

44,36 Man erzählt] *entweder fiktiv oder aus mündlichen Quellen. Die Zeitungen berichten nichts dergleichen.*

44,40–41 kleine, eiserne Medaillen] *die »Elegante« berichtet in ihrer Nr. 141 vom 21. Juli 1821, also nach dem ersten Gastspiel der Neumann in Berlin, daß Prof. Leonhard Posch (1750–1831) ein Medaillon von Mad. Neumann modelliert habe, das unter Glas und Rahmen für einen Taler bei ihm zu haben sei (Sp. 1127).*

45,2 Homer] *Anspielung auf die berühmte Szene in der »Ilias« (3. Gesang, V,146f.), die Lessing im »Laokoon« (22. Kapitel) aufgreift. Auch die »Abend-Zeitung« schrieb in ihrer Nr. 168 vom 15. Juli von der »alten Garde« ihrer Bewunderer: »Selbst Herzen, aus denen das Alter längst jeden Funken von Bewunderung verwischt zu haben schien, wurden von ihrem Anblick entzündet und schlugen ihr entgegen« (S. 671).*

45,5 »die Medizinische Venus«] *ironische Verdrehung aus Mediceische Venus. Auch die »Elegante« berichtet in ihrer Nr. 136 vom 15. Juli 1822 aus Berlin, daß die Neumann besonders von Medizinern umschwärmt werde und daß ihr »vier schon bejahrte Jünger Aeskulaps« als Abschiedsgeschenk ihren letzten Haarschmuck geopfert hätten (Sp. 1085ff.).*

45,8 der sapphischen Ode an die Venus] *im Vorwort zu »Sappho's Oden« (1815) schreibt Anton Möbius, daß das sapphische Vers- und Taktmaß – nach Böckh – eine »viel größere Sinnlichkeit« ausdrücke als das ihrer aeolischen Vorgänger (S. 13).*

45,8–9 ein altonaer Kaufmann sagte, eine Venussin] *vielleicht Anspielung auf den »Schwan Venusin« in Klopstocks Ode »Thuiskon« (vgl. »Oden«, Leipzig 1798, I,215).*

45,10 hymettischen Honigs] *der im Gebirge Hymettos bei Athen gewonnene Honig galt im Altertum als besonders süßduftend.*

45,*11* Intelligenzblatt] *das »Berliner Intelligenz-Blatt« (vgl. Erläuterung zu 26,11) war ein reines Annoncenblatt. Das Datum der hier erwähnten Berichtigung läßt sich nicht mehr ermitteln, da sich von den Monaten April und Mai 1822 des »Berliner Intelligenz-Blatts« kein Exemplar erhalten hat.*
45,*13–14* der Spenerschen Zeitung] *die »Spenersche« hatte in ihrer Nr. 63 vom 25. Mai von ihrer »geistreichen Physiognomie« geschrieben, die von »sprechenden Augen und leicht bewegten Minnenspiel belebt« werde. Auch andere Zeitungskorrespondenten bringen gern Hinweise auf »possierliche Druckfehler« (vgl. RWA, 1822, Nr. 16 vom 22. Februar, Sp. 374f. und »Abend-Zeitung«, 1822, Nr. 178 vom 26. Juli, S. 711). Die »Spenersche« war für ihre vielen Druckfehler besonders berüchtigt (vgl. Eduard Beurmann, »Vertraute Briefe über Preußens Hauptstadt«, Stuttgart 1837, I,189).*
45,*16–17* »der Bräutigam aus Mexiko«] *Carl Gottlieb Samuel Heun (1771 bis 1854) schrieb unter dem Pseudonym H. Clauren. Sein »Bräutigam aus Mexiko«, nach seiner Erzählung »Die Kartoffeln in der Schale«, wurde mit der Neumann als Suschen am 6. Juni im königlichen Schauspielhaus uraufgeführt. Rein vordergründig handelt es sich bei diesem Stück um eine witzige Brautsuche. Der reiche Don Alonso Mantequilla aus Mexiko sucht ein echtes »deutsches Mädchen«, das er in der verarmten Hauptmannstochter Suschen, einem typischen Aschenputtel, findet, dessen Vater in den Befreiungskriegen gefallen ist und das in seinen Augen sogar die beiden Salonprimadonnen Isabella und Euphrosine aussticht. Doch Heine wird nicht nur die* leichte, originelle, fast mährchenhafte Heiterkeit *gefallen haben, sondern auch die satirische Darstellung des Adels und der Spott über die preußischen Finanzverhältnisse, über die Clauren als Herausgeber der »Allgemeinen Preußischen Staats-Zeitung« bestens Bescheid wußte. Der »Zuschauer« äußert sich daher in seiner Nr. 72 vom 15. Juni recht kritisch über dieses Stück. Der »Gesellschafter« lobt dagegen gerade den »satyrischen Ausfall auf bedeutsame Verhältnisse« (Nr. 97 vom 19. Juni 1822, S. 464). Auch die »Abend-Zeitung«, 1822, Nr. 261 vom 31. Oktober hebt die »reichlichen Anspielungen auf Zeitverhältnisse« hervor (S. 1044). Varnhagen notiert sich am 20. Juni 1822, daß die »dreistesten Anspielungen auf unsre Finanzzustände« dem König sehr mißfallen hätten (»Blätter« II,147). Heines Lob ist daher sicher ernst gemeint. Um so schärfer verurteilt er später Claurens süßlich-erotische Novellen (vgl. »Harzreise« 129,5, »Nordsee III« 146,14 und »Buch Le Grand« 212,15).*
45,*23* wird ein Volkstheater errichtet] *Pläne für ein drittes Theater bestanden in Berlin schon seit 1815, doch aus Angst vor der Konkurrenz hatten Graf Brühl und die königlichen Ministerien bisher jede Konzession verweigert. Erst Raphael Friedrich Cerf (1782–1845), einem früheren Pferdehändler, der weder lesen noch schreiben konnte, war es am 13. Mai 1822 gelungen, von Friedrich Wilhelm III. eine Konzession zu erwerben, die er am 20. Juli an ein Finanzkonsortium weitergab, zu dem unter anderen Joseph Mendelssohn und Jakob Herz Beer gehörten (vgl. den Gründungsbericht im »Gesellschaf-*

ter«, 1822, Nr. 85 vom 29. Mai, S. 400). Das von ihnen gegründete Königstädtische Theater am Alexanderplatz wurde jedoch wegen baulicher Verzögerungen erst am 4. August 1824 eröffnet.

45,26 Bethmann] *Heinrich Eduard Bethmann (1774–1857), der Mann der berühmten Schauspielerin Friederike Bethmann-Unzelmann (vgl. »Buch Le Grand« 173,28), der sich seit 1815 von der Bühne zurückgezogen hatte, übernahm die künstlerische Leitung.*

45,27 Professor Gubitz] *vgl. Erläuterung zu 18,29. Gubitz hatte sich auch als Theaterdichter betätigt. Am 3. Juli 1822 führte das königliche Schauspiel seine Komödie »Die Talentprobe« auf.*

45,33 die Redakzion des Gesellschafters] *Gubitz leitete den »Gesellschafter« seit 1817. Heine stattet ihm hier seinen Dank ab, da Gubitz viele seiner Frühwerke im »Gesellschafter« abgedruckt hatte (vgl. Erläuterung zu 18,29).*

45,37–38 die oft an Aengstlichkeit gränzt] *im »Gesellschafter« herrschte ein wesentlich liberalerer Ton als in der »Vossischen« oder »Spenerschen«. Dennoch mußte Gubitz bei Talenten wie dem jungen Heine ab und zu zum Rotstift greifen, um nicht mit der Zensur in Schwierigkeiten zu geraten (vgl. »Entstehung und Aufnahme« der »Harzreise« 530,2–9). Heine nannte diese Methode in einem späteren Brief an Gubitz vom 9. März 1824 das* Gubitzen.

45,42 in seinen Poesieen] *die erste Sammlung seiner Gedichte war in seinen zweibändigen* Schriften *von 1816 herausgekommen. Späteres erschien verstreut im »Gesellschafter« (vgl. Goedeke IX,438 ff.).*

45,43 eine Wochenschrift] *der ehemalige Husaren-Rittmeister Theodor von Leithold (1771–1826), der gerade sein Buch »Meine Ausflucht nach Brasilien, oder Reise von Berlin nach Rio de Janeiro und von dort zurück« (1822) herausgebracht hatte, gründete Anfang April das Wochenblatt »Raritäten und Curiositäten« (vgl. die Anzeigen in der »Spenerschen«, 1822, Nr. 38 vom 28. März und in der »Eleganten«, 1822, Nr. 93 vom 13. Mai, Sp. 744). Das* naive Motto *lautet: »Vom Brod leb' ich wie ihr, ich schmecke Kummer,/ Ich fühle Mangel und bedarf der Freunde« (Shakespeare).*

46,3–4 »Der Beobachter an der Spree«] *ebenfalls ein Wochenblatt, herausgegeben von Carl August Wilhelm Schmidt, erschien 1822 im 21. Jahrgang und brachte hauptsächlich Anekdoten, Kurzgeschichten, Kuriosa, Lokalereignisse und die wöchentliche Totenliste.*

46,4 »der märksche Bote«] *kam 1822 im 4. Jahrgang heraus und unterscheidet sich kaum vom »Beobachter«.*

46,5–6 ein Theil meines zweyten Briefes] *die fragliche Stelle erschien in »Der Brandenburger Erzähler, oder: Übersicht über die jüngsten Zeitereignisse«, einer Beilage zum »Märkischen Boten«, 1822, Nr. 177 vom 18. Mai, Sp. 1–4 (vgl. »Entstehung und Aufnahme« 367,13–29 und »Überlieferung« 374,23–30).*

46,7 das beygefügte Lob] *der Text dieser lobenden Bemerkung wird in »Entstehung und Aufnahme« zitiert (vgl. 367,15–19).*

46,8–9 die hiesige galante Zensur] *gestrichen wurden die Stelle mit dem*

Sekondelieutnant *und dem* Komisbrot-Fräulein *und der Satz* Gott ist die Liebe, Gott ist die reinste Lustigkeit *(vgl. »Entstehung und Aufnahme« 367,22–27).*

46,*12* Hundebrücke] *vgl. Erläuterung zu 12,10.*

46,*15* Eine Schlange] *es handelte sich um eine lebendige, 18 Fuß lange Königs- oder Abgottsschlange aus Java, die bis zum 27. Juli Unter den Linden 24 zu sehen war. Auch andere Zeitungen berichten über dieses Ungetüm (vgl. »Vossische«, 1822, Nr. 75 vom 22. Juni; »Spenersche«, 1822, Nr. 75 vom 22. Juni, Nr. 82 vom 9. Juli, Nr. 84 vom 13. Juli; »Elegante«, 1822, Nr. 154 vom 9. August, Sp. 1231).*

46,*17* daß ich dort ausgezogen bin] *Heine hatte bis zum März in der Behrenstraße 71 gewohnt (vgl. Erläuterung zu 376,26) und war dann nach kurzen Aufenthalten in Taubenstraße 32 und Unter den Linden 24 Anfang Juni in die Mauerstraße 51 gezogen.*

46,*18* Blondin] *vgl. Erläuterung zu 32,22.*

46,*20* Er läßt Columbus in Otahaity landen] *die »Spenersche« brachte in ihrer Nr. 69 vom 8. Juni 1822 die Anzeige, daß am 9. Juni bei Blondin folgende »pantomimische Vorstellung« stattfinde: »Der Triumph des Herkules, oder die Wilden bei der Ankunft des Columbus auf der Insel Otahayti, Musik brillant von Boieldieu«.*

46,*21* Bosko] *vgl. Erläuterung zu 32,24. Bosco hielt sich fünf Monate in Berlin auf und gab seine letzte Vorstellung am 17. Mai. Der Erlös der drei letzten Vorstellungen vom 15., 16. und 17. Mai war für Wohltätigkeitszwecke bestimmt (vgl. die Ankündigung der »Spenerschen«, 1822, Nr. 58 vom 14. Mai).*

46,*23* Boucher] *vgl. Erläuterung zu 15,22–23.*

46,*25* Die Statüen von Bülow und Scharnhorst] *vgl. Erläuterung zu 18,11 und 33,39. Sie wurden am 18. Juni 1822 enthüllt und fanden ungeteilte Zustimmung (vgl. »Blätter« II,146 und den Bericht der »Eleganten«, 1822, Nr. 136 vom 15. Juli, Sp. 1038).*

46,*28* Blüchers Bildsäule] *vgl. Erläuterung zu 18,11.*

46,*30* Die neue Börsenhalle] *vgl. Erläuterung zu 30,7.*

46,*38* Dr. Böhringer] *August Böhringer (1792–1846), Lyriker und Bibliothekar. Heine schreibt am 28. November 1823 aus Lüneburg an Moser:* O Böhringer! Böhringer! laß mich mit dir tauschen, *d. h. dauernd so viele Zeitungen um mich haben.*

46,*41* Josty] *vgl. Erläuterung zu 10,24.*

47,*1* Die Bauten unter den Linden] *vgl. 47,1. An der Ecke Wilhelmstraße baute Schinkel gerade Säulengänge mit einer geschmackvollen Ladenstraße dahinter (vgl. »Morgenblatt«, 1822, Nr. 3 vom 3. Januar, S. 12).*

47,*3* der Grundstein zu der neuen Brücke] *vgl. Erläuterung zu 12,10. Die Grundsteinlegung zur Schinkelschen Schloßbrücke war am 29. Mai 1822 (vgl. »Spenersche«, 1822, Nr. 65 vom 30. Mai).*

47,4 *capitale de la musique*] *Ausspruch Bouchers (vgl. Erläuterung zu 15,33).*
47,6 Felix Mendelsohn] *vgl. Erläuterung zu 20,39.*
47,11 unser Landsmann] *Josef Klein (1802–1862), ein aus Köln stammender Pianist und Liederkomponist, der mit Heine befreundet war und einige seiner Gedichte vertonte. Über seine Kompositionen, in denen er sich der gleichen Thibautschen Einfachheit befleißigte wie sein Bruder Bernhard, vgl. Parthey II,192ff. Strodtmann behauptet, daß Heine damals den Operntext »Die Bataver« für ihn verfaßte, »welchen derselbe zu komponieren begann, aber später samt der Komposition verlor« (I,143). Heine forderte Klein noch Weihnachten 1825 brieflich auf, für ihn zu komponieren.*
47,20 Spontini verläßt uns auf eine lange Zeit] *Spontini verließ Berlin am 9. Juni 1822, ging über Dresden nach Wien, reiste anschließend nach Italien in seine Vaterstadt Cesi und kehrte erst am 26. Januar 1823 nach Berlin zurück. Eine Aufführung seiner »Olympia« in Wien kam nicht zustande (vgl. »Elegante«, 1822, Nr. 203 vom 17. Oktober, Sp. 1623).*
47,23 italienische Bouffone] *die »Vossische« bringt in ihrer Nr. 72 vom 15. Juni 1822 folgende Anzeige: »Heute Sonnabend den 15ten d. M. werden sich im Apollo-Saal die erst hier angekommenen Italienischen Sänger mit Begleitung eines gut besetzten Orchesters von Saiten-Instrumenten zum erstenmal hören lassen.«*
47,25 Wachsfiguren] *Marco Padovani aus Triest eröffnete am 13. Juni 1822 Unter den Linden 34 (neben dem Café Royal) ein Kabinett »auserlesener Wachsfiguren« (vgl. »Vossische«, 1822, Nr. 71 vom 13. Juni und »Elegante«, 1822, Nr. 135 vom 13. Juli, Sp. 1079).*
47,26 wilde Thiere] *gemeint ist die »Menagerie von mehr als 170 Exemplaren der schönsten, seltensten und wildesten Thiere« der Herren Henri Martin (geb. 1793) und Hermann van Acken (vgl. »Spenersche«, 1822, Nr. 85 vom 16. Juli und Nr. 96 vom 10. August).*
47,26–27 eine Minerva] *nicht zu ermitteln.*
47,28 Fonks Prozeß] *der Prozeß gegen den des Mordes angeklagten Kölner Kaufmann Peter Anton Fonk (um 1781–1832) zog sich jahrelang hin und war der berühmteste Skandalprozeß dieser Jahre (vgl. das Brockhausische »Conversations-Lexikon«, Leipzig 1834, IV, S. 162ff.). Fonk wurde beschuldigt, seinen Handlungsgehilfen Wilhelm Cönen in der Nacht vom 19. zum 20. November 1816 wegen geschäftlicher Kontroversen umgebracht zu haben. Nach zweimaligen Untersuchungen hatte am 22. April 1822 die dritte und öffentliche Verhandlung gegen Fonk in Trier begonnen, bei der ihn die Geschworenen am 9. Juni 1822 mit 7 zu 5 Stimmen für schuldig erklärten, worauf der Assisenhof die Todesstrafe aussprach. Ausführliche Berichte über diesen Fall bringen der RWA, 1822, Nr. 15 vom 19. Februar, Sp. 336f., Nr. 17 vom 26. Februar, Sp. 392f., Nr. 28 vom 5. April, Sp. 662–667, Nr. 29 vom 9. April, Sp. 680–684, Nr. 34 vom 26. April, Sp. 807–813 u. ö., der »Zuschauer«, 1822, Nr. 59 vom 16. Mai, der »Gesellschafter«, 1822, Nr. 139*

vom 31. August, S. 657ff. und die »Elegante«, 1822, Nr. 172 vom 3. September, Sp. 1375f. und Nr. 191 vom 30. September, Sp. 1526f.

47,29 Broschüre von Kreuser] *gemeint ist die Verteidigungsschrift »Ueber Peter Anton Fonk und das Gerücht von Cönens Ermordung. Ein Wort an meine Mitbürger« von Johann Peter Balthasar Kreuser (1795–1870), der Lehrer am Jesuitengymnasium in Köln war.*

47,30 noch mehrere Broschüren] *die berühmteste dieser Verteidigungsschriften war Peter von Kobbes »Erste Stimme aus Nordteutschland über Fonks Unschuld nebst gelegentlichen Bemerkungen über die Geschworenen-Gerichte« (1822). Über weitere Broschüren dieser Art vgl. RWA, 1822, Nr. 37 vom 7. Mai, Sp. 881–884.*

47,31–32 das Buch vom Freiherrn v. d. Leyen] *gemeint ist die Schrift von Gustav Franz von der Leyen, einem preußischen Justizbeamten: »Ueber die Ermordung des Wilhelm Cönen, nebst einer Beleuchtung der gegen den Faßbinder Christian Hamacher aufgestellten Thatsachen und Zeugenaussagen« (1820), von der Varnhagen am 8. Juli 1820 schreibt: »Freimüthige Schrift in Düsseldorf erschienen von einem von der Leyen; er sagt das Kühnste« (»Blätter« I,165).*

47,32 in der Abendzeitung] *Heine meint die drei Aufsätze von Helmina von Chézy in der Beilage »Wegweiser im Gebiete der Künste und Wissenschaften« zur »Abend-Zeitung«, 1822, Nr. 9 vom 30. Januar, S. 33ff., Nr. 17 vom 27. Februar, S. 60f. und Nr. 61 vom 31. Juli, S. 241ff., in denen sie unter Hinweis auf die Broschüre von Kreuser für Fonks Unschuld eintritt.*

47,33 im Conversazionsblatte] *gemeint ist der Aufsatz »Fonk's Prozeß« in »Literarisches Conversations-Blatt«, 1822, Nr. 134 vom 11. Juni, S. 533ff., Nr. 135 vom 12. Juni, S. 539f., Nr. 136 vom 13. Juni, S. 543f., Nr. 138 vom 15. Juni, Nr. 549ff. und Nr. 139 vom 17. Juni, S. 553ff., der sich u. a. mit dem Buch von der Leyens beschäftigt.*

47,34 dem Werke des Angeklagten selbst] *sein Titel lautet »Der Kampf für Recht und Wahrheit in dem fünfjährigen Criminalprozeß gegen P. A. Fonk in Cöln, von ihm selbst herausgegeben und seinen Mitbürgern zur Beherzigung gewidmet« (1822).*

47,34–35 eine günstige Meinung für Fonk] *Heine schreibt am 15. Juni 1822 an Keller:* Hier ist man für Fonk, wie Sie wohl denken können. *Um die Bevölkerung gegen die rheinischen Geschworenengerichte aufzuhetzen (vgl. Erläuterung zu 48,14), wurde das Ganze von Regierungskreisen zu einer rührseligen Angelegenheit hochgespielt.*

47,42 der König begnadigt ihn] *Friedrich Wilhelm III. begnadigte Fonk am 10. August 1823.*

48,9 den Peter und den Christoph an] *im Sinne von Hinz und Kunz gemeint.*

48,14 Wozu diese Jury] *die rheinische Justiz mit ihren von Napoleon eingeführten Geschworenengerichten galt in Berlin als »revolutionär« (vgl. »Blätter« I,51). Varnhagen beschuldigt daher den Hof und den Justiz-*

minister Friedrich Leopold von Kircheisen (1749–1825), »bei der Gelegenheit von Fonk's Verurtheilung die Geschworenengerichte in dem schlechtesten Lichte zu zeigen« (»Blätter« II,149, Eintragung vom 23. Juni 1822). Diese Kreise wollten auch in den Rheinlanden wieder das »Allgemeine Preußische Landrecht« (vgl. Erläuterung zu 20,7) einführen, nach dem die Rechtssprechung ausschließlich Sache der vom Staate eingesetzten Justizbeamten ist. Heine ist offenbar auch von der Unschuld Fonks überzeugt, sympathisiert aber dennoch mit der liberaleren Form der Geschworenengerichte.

48,15 die Friesische Logik] *Jakob Friedrich Fries (1773–1843), bekannter Antisemit (vgl. Erläuterung zu 13,21) und Professor für Philosophie in Jena, war zwischen 1819 und 1824 wegen seiner Teilnahme am Wartburgfest und anderer ›demagogischer Umtriebe‹ vom Lehrberuf suspendiert worden und zu einem Idol der burschenschaftlich-studentischen Jugend aufgestiegen. Sein »System der Logik« (1811, ²1819) war ein allgemein gebrauchtes Lehrbuch.*

48,20 dieser Code Napoleon] *gemeint ist der »Code civil«, das französische bürgerliche Gesetzbuch von 1804, das Napoleon auch in den Rheinlanden eingeführt hatte.*

48,25–26 der unvergeßliche Justus Gruner] *das Adjektiv* unvergeßlich *ist in diesem Zusammenhang höchst ironisch gemeint. Justus von Gruner (1777 bis 1820) war als Polizeipräsident von Berlin und als Generalgouverneur des Großherzogtums Berg (1813–1815) einer der unversöhnlichsten Feinde Napoleons gewesen und hatte 1809 den »Tugendbund« zur Verbreitung chauvinistisch-antifranzösischer Gesinnung gegründet. Über seine Unbeliebtheit bei den liberalen Rheinländern vgl. Paul Holzhausen, »Heinrich Heine und Napoleon I.«, Frankfurt/Main 1903, S. 73.*

48,29 jene ächte Freyheitsliebe] *die gleiche Stellungnahme gegen den nationalistischen Ungeist der ehemaligen Turner und Befreiungskrieger wie in 13,21 und 37,28.*

48,33–34 zwey und dreyßig Studenten relegirt worden] *vgl. Erläuterung zu 33,27. Am 30. Mai 1822 war am Schwarzen Brett der Berliner Universität ein Anschlag über die Relegation von 32 Arminen wegen ›demagogischer Umtriebe‹ erschienen (vgl. Oskar Franz Scheuer, »Heinrich Heine als Student«, Bonn 1922, S. 41).*

48,35 das bloße Konsiliirtwerden] *Heine hatte im Frühjahr 1821 in Göttingen wegen einer Duell-Affäre das Consilium abeundi erhalten. Im Gegensatz zur Relegation, die sich nicht wieder aufheben ließ, galt das Consilium abeundi meist nur für ein oder zwei Semester. Heine konnte sich daher im Frühjahr 1824 ohne weiteres wieder an der Göttinger Universität immatrikulieren lassen.*

48,38 Reste jenes alten Korporazionswesens] *vgl. den Anfang der »Harzreise« 84,1–12.*

48,42–43 oxfortische Stallfütterungssystem] *die Colleges in Oxford sind in feste Wohn- und Studiengemeinschaften gegliedert, worin die liberalen*

Studenten dieser Jahre einen Affront gegen die ›akademische Freiheit‹ sahen.

48,43 Polnische Studirende] *vgl. Erläuterung zu 33,27. Aufgrund einer Intervention der russischen Regierung waren in Berlin die »Polonia« und die »Gesellschaft der Freunde« verboten worden.*

49,7 Tieck] *vgl. Erläuterung zu 33,21.*

49,9 des Fürsten Staatskanzlers] *Hardenberg war am 31. Mai 1822 72 Jahre alt geworden. Er starb noch im gleichen Jahr am 26. November in Genua.*

49,10 unsere Differenzen mit Hessen] *vgl. Erläuterung zu 34,6.*

49,11 Eine Commission] *vgl. Erläuterung zu 18,26. Die Unruhen in Pommern dauerten noch an und sollten nach dem Einsatz von Militär jetzt auf gütliche Weise beigelegt werden.*

49,13 Der Wollmarkt] *fand meist Ende Juni statt. 1822 war es für die Gutsbesitzer wegen der angespannten Finanzlage schwierig, ihre Wolle an den Mann zu bringen. Man teilte die Käufer und Verkäufer scherzhaft in »Wohlhabende (Wollhabende) und Wollüstlinge (diejenigen, die Wolle kaufen, oder ein Gelüst nach Wolle haben)« ein (vgl. schon »Elegante«, 1821, Nr. 138 vom 17. Juli, Sp. 1103). Als literarisches Thema wurde der Wollmarkt in der Komödie »Der Wollmarkt« (1824) von H. Clauren und in der Volksszene »Auf dem Wollmarkte« von Adolf Glaßbrenner (»Berliner Volksleben«, Leipzig 1851, III,225 ff.) behandelt.*

49,16 »letzte Straße«] *laut königlicher Kabinettsordre wurde die Letzte Straße am 25. April 1822 in Dorotheenstraße umbenannt (vgl. »Vossische« und »Spenersche« in ihren Nummern 62 vom 23. Mai 1822).*

49,17 dem großen Friz] *vgl. Erläuterung zu 33,28. Der Plan zerschlug sich wieder. Das später von Rauch ausgeführte Reiterdenkmal wurde Unter den Linden aufgestellt.*

49,18 Tänzerfamilie Kobler] *Franz Kobler und seine Familie vom Wiener Hoftheater waren für ihre Pantomimen und getanzten Divertissements bekannt (vgl. »Abend-Zeitung«, 1822, Nr. 285 vom 28. November, S. 1140 und Nr. 287 vom 30. November, S. 1148). Berichte über das Unglück auf der Chaussee zwischen Blumenberg und Berlin, bei dem ihre Garderoben, Instrumente und ein reiches Kabinett an mechanischen, physikalischen, optischen und hydraulischen Apparaten verbrannten, stehen in der »Spenerschen«, 1822, Nr. 66 vom 1. Juni und der »Magdeburgischen Zeitung«, 1822, Nr. 68 vom 8. Juni.*

49,19 Bey dem Bau der neuen Brücke] *vgl. Erläuterung zu 12,10.*

49,25 die falschen Wanderjahre] *Johann Friedrich Wilhelm Pustkuchen-Glanzow (1793–1834), ein evangelischer Theologe und Publizist, greift in seinem anonym herausgegebenen Roman »Wilhelm Meisters Wanderjahre« (1822 ff.), der ein Jahr nach dem 1. Teil der echten »Wanderjahre« erschien, Goethe als virtuoses Formtalent an, das weder echte Gefühle noch erhabene Ideen besitze. Vor allem seine männlichen Charaktere findet er zu unbeständig* *und verführerisch, wodurch Goethe ein »Liebling der Damen« geworden sei (I,174). Heine hält hier noch stark mit seinem Urteil zurück. Wesentlich schärfer zieht er dagegen über Pustkuchen in »Über Polen« her (vgl. 57,21).*

49,31 Der Hofrath Schütz] *entweder ein Druckfehler oder eine Verwechslung Heines. Er meint nämlich nicht den Hallenser Literaturwissenschaftler und Hofrath Christian Gottfried Schütz (1747–1832), der auch in der »Harzreise« als* Hofrath Schütz *erwähnt wird (vgl. 120,35), sondern den Weimarer Hofrat Stefan Schütze (1771–1839), der am 6. Februar 1822 in der Nr. 21 des »Gesellschafters« folgende Anzeige veröffentlicht hatte: »Da man mich in Berlin, wie ich höre, fast allgemein für den Verfasser der falschen ›Wanderjahre‹ hält, so glaub' ich der Wahrheit schuldig zu seyn, hiermit ausdrücklich zu erklären, daß ich nicht der Verfasser bin. Weimar, den 12. Januar 1822. St. Schütze« (S. 101).*

49,32 Legazionsrath v. Varnhagen] *Karl August Varnhagen von Ense (1785 bis 1858), Gatte Rahels, Schriftsteller, Goethe-Verehrer und pensionierter Diplomat, in dessen Salon Heine damals verkehrte. Seine »Erklärung« gegen das Gerücht, daß er der Verfasser der falschen Wanderjahre sei, steht im »Bemerker« Nr. 7, der Beilage zum »Gesellschafter« vom 24. April 1822, S. 311.*

49,34 Göthe] *Varnhagen hatte am 13. Juni 1821 im »Gesellschafter« einen Aufsatz über Goethes »Wilhelm Meisters Wanderjahre« abdrucken lassen. Goethes Antwort erschien unter dem Titel »Geneigte Theilnahme an den Wanderjahren« im »Morgenblatt« vom 21. März 1822 und in »Kunst und Alterthum« 3, 1822, S. 3. Es heißt hier: »Ein tiefsinniger und fühlender Mann, V. v. E., der meinen Lebensgang schon längst aufmerksam beobachtend, mich über mich selbst seit Jahren belehrte.«*

49,40 dem deutschen Gil-Blas] *erschien als »Der deutsche Gilblas, eingeführt von Göthe. Oder Leben, Wanderungen und Schicksale Joh. Christ. Sachses, eines Thüringers. Von ihm selbst verfaßt« (1822). Das Vorwort (S. III–XIV) ließ Goethe auch in der Nr. 115 des »Morgenblatts« (1822) abdrucken. Johann Christoph Sachse (1761/62–1822) war seit 1800 Bibliotheksbedienter in Weimar und zugleich ein Protegé Goethes. Ob Goethe das Ganze wirklich stilistisch überarbeitet hat, ist ungewiß. Im Vorwort nennt ihn Goethe einen »Naturprosaisten«, dessen Leben »merkwürdig« sei, da der »Umgetriebene« an »mancherlei neueren Weltereignissen« teilgenommen habe.*

49,43–**50**,1 der Ali Pascha unserer Literatur] *nicht nur im Sinne von »grand old man« gemeint. Der am 5. Februar verstorbene Ali Pascha von Janina (1742–1822) war der Führer einer Räuberbande gewesen, der über Albanien, Epirus, Thessalien und das südliche Makedonien geherrscht hatte und allgemein als ein alter, böser, skrupelloser Tyrann angesehen wurde (vgl. das Brockhausische »Conversations-Lexikon«, 1822, I,1, S. 68–71). Besonders der »Gesellschafter« zieht ständig über Ali Pascha her (vgl. Nr. 168 vom 18. Oktober 1820, S. 743; Nr. 23 vom 9. Februar 1821, S. 106f.; Nr. 113 vom*

16. Juli 1821, S. 520ff. und Nr. 163 vom 12. Oktober 1821, S. 760, wo er als »alter, frecher Sünder« und »moralisches Ungeheuer« angeprangert wird). Ähnliches findet sich im Mindener »Sonntagsblatt«, 1821, Nr. 48 vom 2. Dezember, S. 381f. und im »Freimüthigen«, 1821, Nr. 3 vom 4. Januar, S. 9ff.

50,1 einen Theil seiner Lebensgeschichte] *gemeint ist die »Kampagne in Frankreich«, die 1822 unter dem Titel »Aus meinem Leben. Von Goethe, Zweiter Abtheilung Fünfter Theil« erschien.*

50,5 Rousseau] *Heine meint hier Rousseaus »Confessions« (1782).*

50,9 Dieser Nachtrag] *wurde nicht mehr ausgeführt. Goethe schließt bekanntlich »Dichtung und Wahrheit« mit seiner Berufung nach Weimar.*

50,10–11 Memoiren von Byron] *sind nie erschienen, da sie von seiner Familie nach seinem Tod vernichtet wurden.*

50,11 seine Dramen] *Heine denkt hier vor allem an den »Manfred«, von dem er einzelne Stücke übersetzt hatte, die 1821 im »Gesellschafter« erschienen waren.*

50,12–13 Die Vorrede zu seinen drey neuen Dramen] *der Band »Sardanapalus. The Two Foscari. Cain« (1821) enthält keine Vorrede. Heine meint den Appendix zu »The Two Foscari« (S. 325–329), in dem Byron Shelley gegen Southey verteidigt. Southey hatte behauptet, daß Shelleys und Byrons Werke jenen ›satanischen‹ Geist atmeten, der zur Französischen Revolution geführt habe. Southey verlangt daher eine viel strengere Zensur. Byron stellt dagegen die Französische Revolution als ein notwendiges Ereignis hin und sieht auch für England eine Revolution voraus.*

50,15 die Gottlosigkeit seiner Gedichte] *gehörte zu den Hauptvorwürfen Southeys, da sich Byron so eng mit dem erklärten Atheisten Shelley liiert hatte (vgl. den Bericht über die Byron-Southey-Kontroverse im »Literarischen Conversations-Blatt«, 1822, Nr. 75 vom 30. März, S. 299f.). Selbst Heine ereifert sich später einmal ironisch über Byrons Gottlosigkeit (vgl. die Szene mit den beiden Damen auf dem Brocken in »Harzreise« 120,17).*

50,15 der gekrönte Dichter Southey] *Robert Southey (1774–1843), der sich von sehr liberalen zu sehr konservativen Anschauungen entwickelt hatte, war seit 1813 Poeta laureatus. In der Vorrede von »A Vision of Judgment« (1821), einer Apotheose Georgs III., wird gegen Byron und seine Anhänger der Begriff »Satanic School« gebraucht. Byron verteidigte sich gegen diese Vorwürfe in seiner Parodie »The Vision of Judgment« (1822) und in dem bereits erwähnten Appendix zu »The Two Foscari«, wo er Southey als »that poor insane creature«, »a hireling«, »a turncoat« und »an arrogant scribbler« anprangert.*

50,17 Childe-Harold] *der Held von Byrons »Childe Harold's Pilgrimage« (1811–1817). Hier als Synonym für Byron verwandt.*

50,19–20 »Memoiren von Jakob Casanova de Seignalt«] *die »Mémoires écrits par lui-même« von Giovanni Giacomo Casanova, Chevalier de Seingalt*

(1725–1798) erschienen zuerst in der zwölfbändigen deutschen Fassung als »Aus den Memoiren des Venetianers J. Casanova d. S., oder sein Leben, wie er es zu Dux in Böhmen niederschrieb. Nach dem Orig.-Manuskript bearb. v. W. v. Schütz« (1822–1828) bei Brockhaus in Leipzig. Obwohl Schütz die erotischen Partien stark gekürzt hatte, stieß dies Werk ständig auf Zensurschwierigkeiten. Lediglich der »Gesellschafter« schrieb über Vorabdrucke, die Anfang 1822 in der »Urania« erschienen waren: »Eine originellere und unterhaltendere Lektüre haben wir lange nicht gefunden <...> Jedes Frauenzimmer kann sie lesen«, ja rühmte sogar die »feurige, nachhaltende Sinnlichkeit« (Nr. 39 vom 9. März 1822, S. 188). Andere Zeitungen äußerten sich wesentlich zurückhaltender. So heißt es im RWA über den 1. Band: »Die Jugend und das andere Geschlecht sollte man wenigstens billig im Voraus davor warnen« (1822, Nr. 7 vom 22. Januar, Sp. 137). Das französische Original erschien erst zwischen 1826 und 1828, wurde jedoch auch leicht gekürzt.

50,23 Das *Fragment sur Casanova*] *Charles Joseph Fürst de Ligne (1735 bis 1814) war Diplomat und österreichischer Feldmarschall. Sein Casanova-Essay erschien in seinen »Œuvres posthumes« (1817).*

50,26 meinen Freunden] *Schulz hat hier im RWA die Fußnote angebracht: »Ich nicht! – D. H.«*

50,27–28 Der Held desselben] *Casanova hatte als Offizier, Musiker, Wunderarzt, Staatsbeamter und Alchimist Italien, Frankreich, Rußland, Deutschland, Österreich, Spanien und die Schweiz bereist.*

50,34 die Zensur bey dem Brockhausischen Verlag] *vgl. Erläuterung zu 18,22 und 31,9. Die preußische Rezensur aller Brockhausischen Verlagsprodukte war am 9. Mai 1822 auf Anraten Hardenbergs aufgehoben worden, wurde aber am 18. Mai auf Drängen von Kamptz wieder eingeführt, »weil in den meisten in seinem Verlage erscheinenden Schriften«, wie er sagte, »eine sehr schlechte Gesinnung herrscht« (vgl. »Blätter« I,308, Eintragung vom 18. Mai 1822).*

50,37–38 »der Verfolgte«] *die süßliche Rittersage »Der Verfolgte« von Friedrich de la Motte Fouqué (1777–1843), in der es um die wechselhaften Schicksale von Engelschall und Siegaminne geht, erschien 1821 in drei Teilen in Berlin.*

50,40 Köchy] *Karl Georg Köchy (1800–1880), Lyriker und Theaterdichter. Seine Schrift »Ueber die deutsche Bühne«, in der er sich für ein gehobenes Bildungstheater und eine Aufwertung des Schauspielerstandes einsetzt, war 1821 bei Duncker und Humblot in Berlin erschienen. Seine »Poetischen Werke« kamen erst 1832 in Braunschweig heraus. Köchy war mit Schilling befreundet und hatte Heine kurz zuvor im »Literarischen Conversations-Blatt« (1822), Nr. 90 vom 18. April, S. 359f. angegriffen (vgl. »Entstehung und Aufnahme« 369,37–43). Heine schrieb darauf am 15. Juni 1822 an Keller:* Der Ausfall gegen mich im C<onversations> Bl<at>t war von einem meiner

Freunde, Namens Köchy, und alles was ich dagegen thun werde, ist: daß ich diesen jungen Mann im 3ten Briefe tüchtig lobe.

51,*4* v. Uechtritz] *Friedrich von Uechtritz (1800–1875) war am 27. Oktober 1821 als Auskultator nach Berlin gekommen und wurde später Landgerichtsrat in Düsseldorf. Sein Drama »Chrysostomus« hatte er im Februar 1822 beendet (vgl. »Erinnerungen an Friedrich von Uechtritz und seine Zeit in Briefen von ihm und an ihn«, Leipzig 1884, S. 33). Der Druck erfolgte noch im gleichen Jahr in Brandenburg. Vielleicht lobt ihn Heine hier nur, weil er mit Köchy befreundet war. Schon in einem Brief an Immermann vom 21. Januar 1823 spricht er sich recht abschätzig über Uechtritz aus. Noch schärfer verurteilt er ihn im »Buch Le Grand« 212,8 und in der 1. Fassung der »Nordsee III« 282,5–6.*

51,*9* »Meister Floh«] *vgl. Erläuterungen zu 31,43–32,18.*

51,*10* Die Untersuchung *bis* hat aufgehört] *Das Disziplinarverfahren gegen Hoffmann schwebte noch immer. Der Polizeiminister Schuckmann hatte inzwischen beim König beantragt, Hoffmann das Schreiben zu verbieten und ihn nach Insterburg zu versetzen (vgl. »Blätter« II,29).*

51,*11* kränkelt noch immer] *Hoffmann starb am 22. Juni 1822. Schulz, der Herausgeber des RWA, gab daher dem Text die Fußnote bei: »Ist bekanntlich seitdem gestorben. D. H.«*

51,*12* Keine Zeile fand ich darin] *die Knarrpanti-Episode am Ende des 4. und Anfang des 5. Kapitels war von der Zensur gestrichen worden (vgl. Erläuterung zu 32,2). Auch andere Zeitungen, die nichts über diese Streichungen wußten, waren über die Harmlosigkeit des »Meister Floh« leicht enttäuscht. So findet die »Abend-Zeitung« in ihrer Nr. 132 vom 3. Juni 1822 »keine einzige Stelle«, die als »Motiv für eine weiter zu spinnende politische Satyre anzunehmen ist« (S. 528). In der Nr. 40 ihrer Beilage »Wegweiser im Gebiete der Künste und Wissenschaften« vom 18. Mai 1822 heißt es: »Warum hat man nur diesem trefflichen Meister Floh, ehe er aus der Buchdruckerpresse entsprungen ist, bereits so viel übles nachgesagt? Und er ist doch das harmloseste Thierchen auf der Welt« (S. 152). Ähnliches schreibt die »Elegante«, 1822, Nr. 154 vom 9. August, Sp. 1231.*

51,*16* Knigges »Umgang mit Menschen«] *in Adolf von Knigges (1752–1796) »Umgang mit Menschen« heißt es im 6. Paragraphen des 9. Kapitels: »Niemand schämt sich, zu bekennen, daß er Flöhe habe; Läuse hingegen darf kein Mensch von Erziehung mit sich führen, und doch ist beides Ungeziefer, und an Geselligkeit geben die letzteren den ersteren nichts nach <...> Indessen scheinen manche Thiere in besserem Rufe zu stehen als andre.« Das 10. Kapitel heißt »Über das Verhältnis zwischen Schriftsteller und Leser«.*

51,*24* Es war einmal ein König] *aus der Szene »Auerbachs Keller« in Goethes »Faust«.*

51,*33* Dörtje] *daß Dörtje die* Demagogie *repräsentieren soll, ist eine Fehlinterpretation, da Heine nicht wissen konnte, daß die politisch ›anstößigen‹*

Stellen vor der Drucklegung getilgt worden waren (vgl. Erläuterung zu 32,2).

51,38 der indische Mythos] *war von großem Einfluß auf die Konzeption des »Buchs Le Grand« (vgl. »Entstehung und Aufnahme« 785,37–786,5).*

51,39 im goldnen Topf] *erschien als 3. Band der »Fantasiestücke« im Herbst 1814.*

51,42–43 Das erste Kapitel desselben ist göttlich] *vor allem die Jugendgeschichte von Peregrinus Tyß dürfte Heine angezogen haben, da sie sich in vielem mit Heines eigenen Erlebnissen berührt. Auch Tyß hat eine Aversion gegen systematisches Lernen, versetzt sich in Gedanken gern nach Indien und wird als kaufmännischer Lehrling mit Geschäftsaufträgen, denen er nicht gewachsen ist, nach Hamburg geschickt.*

52,2 willkührlich durcheinander geschossen] *Anspielung auf Hoffmanns »Kater Murr«, der auf der Fiktion beruht, daß das Ganze mit zufälligen Makulaturblättern durchschossen ist.*

52,3 Die große Allegorie] *im Gegensatz zur Realistik des 1. Kapitels wird in den folgenden Kapiteln ständig mit zwei Erzählschichten operiert, die erst am Schluß allegorisch aufeinander bezogen werden.*

52,9 das Gepräge des Außerordentlichen] *Heine setzt sich hier bewußt von Varnhagen ab, der wie Goethe Hoffmanns Werke als abstrus verurteilte. Etwas kritischer wird Heines Urteil über Hoffmann erst in der »Romantischen Schule« (Buch II,4).*

52,9 Phantasiestücke] *die »Fantasiestücke in Callot's Manier« erschienen zwischen 1814 und 1815 in 4 Bänden.*

52,10 den Elixiren des Teufels] *kamen 1815–1816 heraus.*

52,11 *the monk* von Lewis] *antikirchlicher Schauerroman (1795) von Matthew Gregory Lewis (1775–1818).*

52,13 den Nachtstücken] *2 Bände, Berlin 1817.*

52,15 Serapionsbrüder] *4 Bände, Berlin 1819–1821.*

52,16 Klein Zaches] *»Klein Zaches genannt Zinnober«, Berlin 1819.*

52,17 Der Theaterdirektor] *»Seltsame Leiden eines Theater-Direktors«, Berlin 1819.*

52,18 Elementargeist] *eine Nachahmung des »Diable amoureux« (1772) von Jacques Cazotte, die 1822 im »Taschenbuch zum geselligen Vergnügen« erschien. Übrigens handelt es sich bei der zauberisch schönen Aurora nicht um einen Wassergeist, sondern um eine Salamandrin, einen Feuergeist.*

52,19 Prinzessinn Brambilla] *war 1821 in Breslau erschienen und galt allgemein als ein absolut wirres Buch. Heine war »auf Jahrzehnte hinaus« der einzige in Deutschland, der dieses Werk »gebührend zu würdigen« wußte (vgl. Heinrich Uhlendahl, »Fünf Kapitel über Heinrich Heine und E.T.A. Hoffmann«, Berlin 1919, S. 51).*

52,22 Nachahmer von Jean Paul] *da ihn Jean Paul mit seiner Vorrede zu den »Fantasiestücken« in die Literatur eingeführt hatte, galt Hoffmann als* *sein Protegé (vgl. die Rezension der »Fantasiestücke« in »Allgemeine musikalische Zeitung«, 1814, Nr. 33, Sp. 541–550).*

52,24 höchst barock] *Heine spricht noch in der »Romantischen Schule« von Jean Pauls* barocker Darstellungsart *(Buch III,3).*

52,33 Alteweiberfratze] *das bekannteste Beispiel dafür ist das Apfelweib am Schwarzen Tor in »Der goldne Topf«.*

52,38–39 in meinen nächsten Briefen] *Heine beabsichtigte ursprünglich noch zwei weitere Briefe zu schreiben (vgl. »Entstehung und Aufnahme« 365,27).*

52,43–**53**,1 Der englische Schriftsteller reiset] *das Klischee vom reisenden Briten wird schon im 18. Jahrhundert gern verwandt.*

53,5 Goldsmith] *Oliver Goldsmith (1728–1774), der Autor des »Vicar of Wakefield«.*

53,5 Smollet] *Tobias George Smollett (1721–1771).*

53,6 Fielding] *Henry Fielding (1707–1754), den Heine auch in der »Romantischen Schule« lobt (Buch III,4).*

53,6–7 Der französische Schriftsteller lebt beständig in der Gesellschaft] *jeder Form des extremen Individualismus oder Kastengeistes (vgl. Erläuterung zu 35,14–15) stellt Heine schon hier das Ideal der wahren Geselligkeit, des demokratischen Miteinanders entgegen (vgl. Erläuterung zu 16,27).*

53,8 den Notenabschreiber Jean Jacques] *Jean-Jacques Rousseau war schon von der Akademie gekrönt, als er sich immer noch als Notenschreiber empfahl, weil er von der Literatur nicht leben wollte.*

53,14 der arme deutsche Schriftsteller] *in seiner völkerpsychologischen Betrachtungsweise ist dieser Abschnitt stark von Madame de Staëls Buch »De l'Allemagne« (1810) beeinflußt. Auch sie hebt bei den deutschen Schriftstellern immer wieder die Zurückgezogenheit, die Armut, die Neigung zum Phantastischen und den Mangel an »Lebenskenntnis« hervor (I,2).*

53,25 Spies] *Christian Heinrich Spiess (1755–1799), Verfasser von Schauerromanen.*

53,25 Cramer] *Karl Gottlob Cramer (1758–1817) schrieb ebenfalls Schauer-, Ritter- und Räuberromane.*

53,25 Vulpius] *Christian August Vulpius (1762–1827) war durch seine Räuberromane »Rinaldo Rinaldini« (1797–1800) und »Orlando Orlandini« (1802) berühmt geworden.*

53,26 Arnim] *Achim von Arnim (1781–1831) wird von Heine gern als Erzähler von Gespenstergeschichten erwähnt, am ausführlichsten wohl in der »Romantischen Schule« (Buch III,2).*

53,26 Fouqué] *Heine denkt hier sicher an Ritterromane wie »Der Verfolgte« (vgl. Erläuterung zu 50,36–37).*

53,26 Horn] *Franz Christoph Horn (1781–1837), über dessen pedantische Shakespeare-Kommentare sich Heine mehrfach mokierte (vgl. den Immermannschen Spottvers in »Nordsee III« 165,5, »Atta Troll«, Caput XVIII u.ö.), lebte seit 1809 als Privatgelehrter und Schriftsteller in Berlin. Von seinen*

Romanen wurden damals vor allem »Guiscardo, der Dichter oder das Ideal« (1801) und »Kampf und Sieg« (1811) gelesen.
53,*29* Poesie!] *wie am Schluß von »Nordsee III« (vgl. 164,34) wird all das als* Bagatell-Literatur *hingestellt, der es an großen, nationalen Inhalten mangele.*

Erläuterungen zu den Lesarten

376,*16* Subskripzionsbälle] *die Opernhausbälle waren Maskeraden nach Pariser Muster. Bei den Subskriptionsbällen im Konzertsaale des neuen Schauspielhauses, den sogenannten Brühlschen Bällen, die am 2., 9., 16. Februar und 4. März 1822 stattfanden, gab es dagegen keinen Maskenzwang.*
376,*19* ein geringes Entree] *der Eintritt kostete 2 Taler, 16 Groschen.*
376,*21* Caroline Fouqué] *vgl. Erläuterung zu 18,16. Ihre »Briefe über Berlin«, die über Redouten, Gesellschaften, Spontini-Opern und den Lalla-Rookh-Festzug berichten, erschienen 1821 im »Freimüthigen« (vgl. Nr. 105 vom 2. Juli, S. 417–419; Nr. 106 vom 3. Juli, S. 423f.; Nr. 107 vom 5. Juli, S. 425; Nr. 108 vom 6. Juli, S. 430–432; Nr. 109 vom 9. Juli, S. 433–435 und Nr. 110 vom 10. Juli, S. 437–439).*
376,*26* Meine Wohnung] *Heine wohnte vom Herbst 1821 bis zum Frühjahr 1822 in der Behrenstraße 71, wo die Amtswohnungen der meisten Minister waren.*
377,*1* Bei Fuchs] *die »Lalla-Rookh«-Ausstellung war im Winter 1821/22 bei weitem die erfolgreichste (vgl. die Beschreibung in der »Spenerschen«, 1821, Nr. 153 vom 22. Dezember).*
377,*7* Müchler] *Karl Friedrich Müchler (1763–1857), preußischer Staatsbeamter und Unterhaltungsschriftsteller.*
377,*7–8* in der Eleganten Welt] *die erwähnten Korrespondenznachrichten finden sich in den Nummern 10 vom 14. Januar, Sp. 79f. und 11 vom 15. Januar, Sp. 87f.*
377,*9* im Jagorschen Saale] *galt als steifes Adelslokal (vgl. Erläuterung zu 19,10). Eine der Jagorschen Redouten fand am 12. Januar 1822 statt.*
377,*42* Die ausführliche Beschreibung] *das Programm der Vermählung brachte die »Allgemeine Preußische Staats-Zeitung« in ihrer Nr. 64 vom 28. Mai 1822, Sp. 627–630. Ausführliche Beschreibungen finden sich in der »Vossischen«, 1822, Nr. 64 vom 28. Mai, der »Spenerschen«, 1822, Nr. 64 vom 28. Mai und der »Magdeburgischen Zeitung«, 1822, Nr. 65 vom 1. Juni.*
379,*3* der Kronprinz] *galt allgemein als geistreich (vgl. noch Heines Vorrede zu »Französische Zustände«, DHA Bd. 12).*

Anhang

Boucher, der Sokrates der Violinisten

Entstehung und Aufnahme

Der französische Geiger Alexandre-Jean Boucher (vgl. »Briefe aus Berlin«, Erläuterung zu 15,22–23) hatte es durch raffinierte Propaganda und geschickte Taschenspielertricks verstanden, das Berliner Publikum so für sich einzunehmen, daß man ihn als die Hauptattraktion der musikalischen Saison betrachtete und seine 9 Konzerte, die er 1821 in Berlin gab, zu Bombenerfolgen wurden (vgl. Erläuterung zu 18,1, 20,18 und 46,23). Heine, der sich in seinen späteren »Briefen aus Berlin« mehrfach über Boucher mokiert und vor allem seine Geldgier hervorhebt (vgl. 15,32–33), findet es daher fast grotesk, daß die französische Presse schon im Jahre 1817 auf diesen »Sokrates der Violinisten« hereingefallen ist.

Überlieferung

Boucher, der Sokrates der Violinisten. *In: »Der Zuschauer. Zeitblatt für Belehrung und Aufheiterung.« 1821, Nr. 150 vom 15. Dezember, S. 4. Unterzeichnet mit* Sir Harry.

Erläuterungen

225,6 den Gubitzschen Gesellschafter von 1817 durchblätternd] *Heine unterhielt damals einen recht engen Kontakt mit Gubitz (vgl. Erläuterung zu 18,29), der in seinem »Gesellschafter« seit dem Sommer 1821 eine Reihe kleinerer Beiträge und Gedichte Heines gebracht hatte. Die von Heine zitierte Stelle in der Nr. 32 des »Gesellschafters« vom 24. Februar 1817 lautet ohne die von Heine vorgenommene Kürzung: »Ein gewisser Boucher, der jetzt mit seiner Frau Conzerte in Paris giebt, nennt sich den ›Sokrates der Violinisten‹ und das Journal de Commerce versichert, daß er sich auch als einen solchen bewähre. – Es ist ein ächtnationaler Ausdruck, da die Weisheit der Franzosen immer gleich einem vorübergehenden Klange ist!« (S. 128).*

225,9 mit seiner Frau] *Madame Boucher war eine gefeierte Pianistin und Harfenistin und trat häufig mit ihrem Mann zusammen auf (vgl. Erläuterung zu 18,1).*

225,10 das *Journal de Commerce* versichert] *der anonyme Konzertbericht im »Journal du Commerce« vom 8. Februar 1817, auf den sich diese Stelle bezieht, lautet folgendermaßen: »Le concert donné hier par M. et Mme Boucher, dans la salle Favard, a été très – agréable. M. Boucher avait promis de prouver qu'il est le Socrate des violons, et a tenu parole: il a joué avec beaucoup de sagesse un concerto de Viotti, et y a fait preuve d'un talent admirable, par la pureté de ses sons, la largesse, la légèreté, la grâce, la fermeté et la précision de son jeu« (S. 2).*

225,14 Sir Harry] *bis zu seiner Taufe im Jahre 1825 hieß Heine bekanntlich Harry mit Vornamen. Auch sein Gedicht »Bamberg und Würzburg«, das in der Nr. 93 vom 4. August 1821 des »Zuschauers« erschienen war, ist mit »Sir Harry« unterzeichnet. Zwei andere Beiträge im »Zuschauer« (vgl. Nr. 78 vom 30. Juni und Nr. 82 vom 10. Juli 1821) tragen die Unterschrift »-rry«.*

<Erklärung vom 3. Mai 1822>

Entstehung und Aufnahme

Mit dieser »Erklärung« versucht Heine den streitlustigen Baron Wilhelm von Schilling (vgl. »Briefe aus Berlin«, Erläuterung zu 17,21), dem er schon am 30. April 1822 einen begütigenden Brief geschickt hatte, noch einmal davon zu überzeugen, daß sich die Ausdrücke altes Weib *und* ächte Klatschlise *aus dem 2. Brief seiner Berlin-Berichte (vgl. 19,36) nicht auf den ›verehrten Herrn Baron‹ beziehen. Über die komplizierte Vorgeschichte dieser »Erklärung« vgl. den Abschnitt »Entstehung und Aufnahme« seiner »Briefe aus Berlin« 367,30–369,36. Dort wird auch beschrieben, daß Schilling diese »Erklärung« zwar als öffentliche Genugtuung akzeptierte, jedoch seinem Ärger über Heine in einem weiteren Spottgedichte Luft zu machen versuchte.*

Überlieferung

<Erklärung vom 3. Mai 1822>. In: »Der Bemerker«, Nr. 9, Beilage zu »Der Gesellschafter oder Blätter für Geist und Herz«, 1822, Nr. 85 vom 29. Mai, S. 402. Unterzeichnet mit H. Heine.

Lesarten

Restitutionen: i in *y* **225**,*19 zwey 32 May.*

Erläuterungen

225,27–28 eine Stelle in jenem Briefe] *damit ist der lobende Hinweis auf Schillings »Sizilianische Vesper« gemeint, den Heine in letzter Minute vor der Drucklegung tilgen ließ, um keine weiteren Mißverständnisse heraufzubeschwören und eventuellen politischen Komplikationen aus dem Wege zu gehen (vgl. »Entstehung und Aufnahme« der »Briefe aus Berlin« 368,15–32).*

225,29 der geehrte Redakteur] *Dr. Heinrich Schulz, der Herausgeber des »Rheinisch-Westfälischen Anzeigers« (vgl. »Briefe aus Berlin«, Erläuterung zu 9,3).*

Ueber Polen

Entstehung und Aufnahme

Heines Interesse an Polen hat mehrere Gründe. Einmal seine Anteilnahme am Schicksal aller ethnischen oder religiösen Minderheiten, die wie die Polen, Italiener, Neger oder Juden im Zustand der Unterdrückung oder Fremdherrschaft lebten. Die Polen hatten seit den berüchtigten polnischen Teilungen (1772, 1773 und 1795), deren Veranlasser und Nutznießer Habsburg, Preußen und Rußland waren, unter solchen Zwangsmaßnahmen besonders zu leiden gehabt. Lediglich unter Napoleon war ihnen in Form des Großherzogtums Warschau (1807–1815) noch einmal eine kurzlebige Selbständigkeit zugestanden worden, die sie jedoch auf dem Wiener Kongreß (1815) wieder verloren. Durch diesen Verlust an nationaler Identität stiegen sie in den zwanziger Jahren zu einem Mitleidsobjekt aller national-liberalen Strömungen auf. Zu diesem Motiv kommt bei Heine noch das unmittelbare Interesse am Schicksal der polnischen Juden hinzu, das vor allem durch seinen Beitritt zum »Verein für Kultur und Wissenschaft der Juden« geweckt wurde, zu dessen Mitgliedern eine ganze Reihe aus Polen eingewanderter Juden wie Isaac Levin Auerbach, Joel Abraham List, Elieser Sinai Kirschbaum, Joseph Perl u. a. gehörten (vgl. Gustav Karpeles, »Heine und seine Zeitgenossen«, Berlin 1888, S. 13 und Hanns Günther Reissner, »Eduard Gans. Ein Leben im Vormärz«, Tübingen 1965, S. 94 ff.). Außerdem war Heine in Berlin mit vielen Intellektuellen und Schriftstellern wie Adalbert von Chamisso, Eduard Gans, Gotthilf August von Maltitz, Johann Daniel Symanski, dem Herausgeber des »Zuschauers«, und Friedrich Wilhelm Gubitz, dem Herausgeber des »Gesellschafters«, in Kontakt gekommen, die aus ihrer Sympathie für die Sache der Polen kein Hehl machten. Viertens erlebte Heine als Student an der Berliner Universität, wie rücksichtslos man dort den Liberalismus der polnischen Studenten bekämpfte, die sich in der »Polonia« und der »Gesellschaft der Freunde«, einer Tochterverbindung der Warschauer »Panta Koina«, zusammengeschlossen hatten, worauf er schon in seinen »Briefen aus Berlin« anspielt (vgl. Erläuterungen zu 13,14, 33,27 und 48,43).

Doch der fünfte und wichtigste Grund seines Interesses an Polen wird wohl die kurze, aber innige Freundschaft mit Eugeniusz Breza (1802–1860) gewesen sein, den er entweder im Kolleg Hegels, im Café Stehely oder bei Varnhagens kennenlernte (vgl. Manfred Laubert, »Heines Jugendfreund Eugen von Breza«. In: »Euphorion« 27, 1926, S. 390–397 und Adolf Nowa-

czyński, »Heine u Brezów«. In: A. N., »Warta nad Wartą«, Poznań 1937, S. 107–114). Als Breza um Ostern 1822 aus politischen, vielleicht auch aus persönlichen Gründen aus Berlin verwiesen wurde (vgl. Erläuterung zu 20,9), beklagte Heine diesen Verlust in seinen »Briefen aus Berlin« mit recht bewegten Worten (vgl. 20,9–12). Breza hatte sich nach seiner Ausweisung auf das Gut seines Vaters in der Nähe Gnesens zurückgezogen, war jedoch seinen liberalen und semitophilen Idealen treu geblieben. Dafür sprechen seine vielen auf französisch, deutsch und polnisch verfaßten Schriften, die er nach 1831 im Pariser Exil verfaßte und zu denen u. a. die von ihm herausgegebene »Gallerie der ausgezeichnetsten Israeliten aller Jahrhunderte« (1835) gehört, zu der Richard Otto Spazier in der 2. Lieferung auch ein Kapitel über Heine beisteuerte (S. 108–120).

Im Sommer 1822 scheint er Heine brieflich eingeladen zu haben, ihn doch einmal in den Herbstferien auf dem Gute seines Vaters zu besuchen. Obwohl sich Heine in dieser Zeit recht unwohl fühlte, hat er diese Einladung spontan angenommen. Er schreibt darüber am 1. September 1822 rückblickend an Ernst Christian August Keller: Ich sollte nach Dresden und Töplitz reisen um meine Gesundheit herzustellen. Aber meine wilde Natur trieb mich nach den Wäldern Polens. Ich wollte das Land kennen lernen und einige befreundete Polen wiedersehen. *Heine verließ Berlin wahrscheinlich am 7. August 1822 und fuhr mit der Postkutsche über Vogeldorf, Müncheberg, Frankfurt, Drossen, Zielenzig, Meseritz, Schilln, Pinne, Bythin nach Posen, wofür man damals 2 Tage brauchte. Den Beweis dafür liefert das »Posener Intelligenz-Blatt«, das in seiner Nr. 65 vom 14. August unter der Überschrift »Angekommene Fremde vom 9. August« berichtet: »Hr. Student Heine aus Berlin, reist durch nach Gnesen, l<ogiert> in Nr. 251 Breslauerstraße«. Heine ist also sofort nach Gnesen durchgefahren, um seinen Freund Breza wiederzusehen. Die Brezas wohnten damals auf zwei Gütern im Kreise Wongrowitz (Wągrowiec) nordöstlich von Gnesen (Gniezno). Eugeniusz war zu seinem Vater Stanisław (1752–1847), der zur Zeit des Großherzogtums Warschau eine bedeutende Rolle in der inneren Verwaltung gespielt hatte, auf das Gut Świątków zurückgekehrt. Eugeniusz' Schwester Julie lebte mit ihrem Mann, dem Grafen Eustachy Wołłowicz (1784–1847), nicht weit entfernt auf dem Gut Działyń. Ein anderer Schwager von Eugeniusz, nämlich Ludwik Mycielski (1799–1831), besaß das Gut Kobylopole in derselben Gegend. Heine blieb auf diesen Gütern bis zum 14. August. Das geht wiederum aus dem »Posener Intelligenz-Blatt« hervor, das in seiner Nr. 67 vom 21. August unter der Überschrift »Angekommene Fremde vom 15. August« die Meldung bringt: »Hr. Privatgelehrter Heine aus Dzyalyn, Hr. Student v. Breza aus Dzyalyn, l<ogieren> in Nr. 165 Wilhelmstraße.« Danach haben sich ihre Wege für einige Zeit getrennt. Breza scheint in den folgenden Tagen einen kurzen Abstecher nach Berlin gemacht zu haben. Auch das läßt sich durch eine Notiz aus dem »Posener Intelligenz-Blatt« belegen, wo es in der Nr. 69 vom 28. August 1822 unter*

»Angekommene Fremde vom 22. August 1822« heißt: »Hr. von Breza, Privatgelehrter aus Berlin«. Heine hatte sich unterdessen in Posen umgesehen und auf Empfehlung von Gubitz Kontakte mit Julius Maximilian Schottky aufgenommen, von dem in seinem späteren Aufsatz ausführlich die Rede ist (vgl. 78,1–79,31). Welche der von ihm beschriebenen deutschen Theaterstücke er in dieser Zeit gesehen hat, läßt sich nicht mehr ermitteln, da sich vom Jahrgang 1822 der »Zeitung des Großherzogthums Posen«, die als einziges Blatt solche Theaterannoncen brachte, in öffentlichen Bibliotheken kein Exemplar mehr feststellen läßt. Am 31. August hat Heine in Posen eine Aufführung des »Johann von Paris« von Boieldieu gesehen, die von der Krakauer Theatergruppe, die damals gerade in Posen gastierte, nur an diesem Tage gegeben wurde. Am nächsten Tage muß er mit Breza nach Gnesen gefahren sein, da sein Brief vom 1. September an Ernst Christian August Keller aus Gnesen abgeschickt ist. Was Heine hier interessierte, war vor allem der Dom (vgl. 74,1–12) und eine Aufführung der Köhlerschen Schauspielgruppe (vgl. 76,20–30). Dem Brief an Keller zufolge muß er bereits am 2. September wieder nach Posen zurückgefahren sein. Er schreibt nämlich hier: Ich schwärme in dieser Gegend hin und her. Morgen reise ich wieder nach Posen um einige Alterthümer und die Copien altdeutscher Manuskripte, die Pr<ofessor> Schotky von Wien mitgebracht, nochmals zu beschauen. In 3–4 Wochen bin ich wieder in Berlin. *Da jedoch die von Heine erwähnte Aufführung des »Kalifen von Bagdad« von Boieldieu, in der ihn vor allem Madame Skibińska als Zetulba begeisterte (vgl. 77,16–18), am 1. September stattgefunden hat, ist entweder das Datum seines Briefes aus Gnesen falsch, oder die Aufführung des »Kalifen von Bagdad« wurde auf den 2. oder 3. September verschoben, wofür sich jedoch in der »Gazeta Wielkiego Xięstwa Poznańskiego«, der polnischen Parallelausgabe der »Zeitung des Großherzogthums Posen«, die über alle diese Aufführungen ausführlich berichtet, kein Hinweis findet. Doch sei dem, wie es wolle. Heine kam auf jeden Fall Anfang September wieder nach Posen zurück, besuchte* nochmals *Schottky, sah am 12. September die »Aline, Königin von Golkonda« von Berton (vgl. Erläuterung zu 77,18) und anschließend sicher noch einige weitere Aufführungen der Leutnerschen Truppe, von denen er in seinem späteren Aufsatz acht erwähnt (vgl. Erläuterungen zu 74,37–76,16).*

Was er sonst von Polen gesehen hat, läßt sich heute nicht mehr ermitteln. Heine selbst behauptet, noch einen kurzen Abstecher in den russischen Theil *gemacht zu haben (vgl. 57,2). Nach dem* östreichischen *kam er nicht (vgl. 57,3), da es ihm dazu wohl an Zeit und Geld mangelte. Aus diesem Grunde ist Heines Behauptung, daß er anläßlich seiner Polenreise mit* dem großen Rabbi Manasse ben Naphtali zu Krakau verkehrte, *die am Schluß des 4. Bandes seiner Börne-Denkschrift auftaucht, sicher ebenso fiktiv wie jene gespenstische Szene aus dem Krakauer Lazarett, von der er im 5. Kapitel der »Stadt Lucca« berichtet. Mit dem Rabbi Naphtali ist wahrscheinlich jener Frank-*

furter Rabbi gemeint, der aus Posen stammte und ein berühmter Talmudgelehrter war, wie man in den Heine wohlvertrauten »Jüdischen Merckwürdigkeiten« (1714 ff.) von Johann Jacob Schudt nachlesen kann (I,211, II,70 ff., 113, 196, 382 f.).

Da nach dem Brief an Keller vom 1. September aus den folgenden Wochen keine Heine-Briefe überliefert sind, läßt sich nicht genau ermitteln, wann er wieder nach Berlin zurückgekehrt ist. Wahrscheinlich zwischen dem 25. und 28. September (was einen Abstecher nach Krakau schon aus Zeitgründen höchst unwahrscheinlich macht), da Heine am 29. September an einer Sitzung des Berliner »Vereins für Kultur und Wissenschaft der Juden« teilgenommen hat. Den Aufsatz selbst muß Heine zwischen Ende Oktober und Ende Dezember geschrieben haben (vgl. Erläuterung zu 55), um die in Polen empfangenen Eindrücke so frisch wie möglich zu verarbeiten. Er bricht aus diesem Grunde sogar seine »Briefe aus Berlin« einfach ab (vgl. »Entstehung und Aufnahme« 365,40) und faßt sein gesamtes Notizenmaterial in einem knapp gehaltenen Aufsatz zusammen. Anstatt wie in seinen »Briefen aus Berlin« ein weitgefächertes Gesellschaftspanorama zu entfalten, geht Heine diesmal wesentlich systematischer vor und schildert unter 1. die Bauern, die Juden, die Edelleute und die polnischen Frauen, unter 2. die politischen Verhältnisse, die Literatur, die Sprache, die Erziehung, die Altertümer von Gnesen, die Hauptstadt Posen, das deutsche und polnische Theater daselbst und die Tätigkeit von Schottky. Im einzelnen stützt er sich dabei wiederum auf raffinierte Ideenassoziationen und Kontrastvergleiche (vgl. Ernst Josef Krzywon, »Heinrich Heine und Polen«, Diss. München 1971, S. 45 ff.). Dennoch wirkt das Ganze nicht so unterhaltsam und dahergeplaudert wie die »Briefe aus Berlin«, sondern eher wie ein gesellschaftspolitisches Resümee, bei dem das Ernsthafte und Analytische die Oberhand behalten. Aus diesem Grunde charakterisiert Heine diese Schrift auch später nie als ›Reisebild‹, sondern stets als mein Memoir über Polen *(an Schottky vom 4. Mai 1823) oder als* meinen kleinen Aufsatz über Polen *(an Carl Otfried Müller vom 11. März 1825).*

Die Niederschrift erfolgte scheinbar unter besonders ungünstigen Umständen. Heine war in diesen Monaten ernsthaft krank, fühlte sich aber dennoch von einer inneren Verpflichtung gedrängt. Er nennt daher das Ganze am 21. Januar 1823 in einem Brief an Christian Sethe jenen Aufsatz, den ich für Breza und unter dem Wasser der Sturzbäder geschrieben. *Als der fertige Text vom 17. bis 29. Januar in den Nummern 10 bis 17 des Berliner »Gesellschafters« erschien, und zwar unter dem schlichten Titel »Ueber Polen«, war Heine der erste, der mit diesem Aufsatz nicht zufrieden war. So schreibt er am 7. April 1823 an Immanuel Wohlwill, einen Freund aus dem »Verein«:* Daß Dir mein Memoir über Polen gefallen, das ist sehr edel von Dir. Von allen Seiten hat man meiner scharfen Auffassung Polens großes Lob gezollt; nur ich selbst kann in dieses Lob nicht einstimmen. Ich war diesen Winter, und bin noch jetzt, in einem so elenden Zustande, um etwas Gutes zu Tag zu fördern. *Überhaupt war seine Mißstimmung in dieser Zeit besonders stark. Nicht nur seine Krankheit quälte ihn, sondern auch die am 18. August 1822 verabschiedeten preußischen Gesetze, nach denen Juden der Zutritt zu akademischen und Schulämtern wieder einmal untersagt worden war. Obendrein war er über die vielen Texteingriffe von seiten Gubitz' und der Zensur verärgert. Er schreibt darüber an Sethe am 21. Januar, also nach den ersten drei Fortsetzungen, daß Gubitz das Ganze* auf schändliche Weise mit Surrogatwitzen verändert *und die Zensur es außerdem* tüchtig zusammengestrichen *habe (vgl. dazu die entschuldigenden Äußerungen von Gubitz in seinen »Erlebnissen«, Berlin 1868, II,262).*

Mit dem großen Lob, *das man seiner* scharfen Auffassung Polens *gezollt habe, können nur die Aussagen seiner liberalen Berliner Freunde gemeint sein. Auch bei manchen seiner späteren Göttinger Professoren scheint diese Schrift Anklang gefunden zu haben (vgl. die Äußerungen über Sartorius in dem Brief an Moses Moser vom 14. Dezember 1825 und den Brief an Carl Otfried Müller vom 11. März 1825). Ebenso positiv war die Reaktion von Friedrich Steinmann (vgl. »Beihefte zu den Allgemeinen Unterhaltungsblättern. Den Lokalinteressen Rheinland-Westphalens geweiht«, 1828, Nr. 1, Erste Juni-Hälfte, S. 13) und Heinrich Laube, der im 5. Bande seiner »Reisenovellen« erklärt: »Dieser Artikel ist bescheiden und schüchtern mit .... e unterzeichnet, trägt aber alle Keime der Reisebilder, sogar die artigsten Knospen derselben, und wo es an der späteren springenden Genialität fehlt, da entschuldigt eine noch jugendlich-sorgfältige Ordnung im Stoffe, ein komisch-würdevolles Trachten nach ernsthafter Gründlichkeit <...> Auch Censurstriche finden sich schon vor, obwohl sich der junge Heine sehr sorgsam und bedächtig anstellt; Genies kommen immer mit Oppositionszähnen auf die Welt« (»Reisenovellen«, Bd. 5, Mannheim 1837, S. 359 ff.).*

Ein öffentliches Lob dieses Aufsatzes findet sich im Jahr 1823 nur eins, und zwar im »Journal für Literatur, Kunst und Mode«, wo der Herausgeber Edmund Ost in der Nr. 8 kurz, aber pointiert, erklärt: »Ein Aufsatz ›über Polen‹, geschrieben im Herbst 1822, verräth einen scharfen Beobachter und einen ebenso scharfen Stylisten. Einige Spitzen im Ausdruck haben sich, wahrscheinlich auf dem Wege zur Censur und zurück, in Gedankenstriche von mehreren Zeilen verwandelt. Die Nr. 12 kam bei der Versendung gar nicht mit« (S. 60). Ost meint damit die Zensurstriche auf den Seiten 50, 54 und 61 des »Gesellschafters«. In der Nr. 6 des »Bemerkers«, einer Beilage zum »Gesellschafter«, Nr. 37 vom 5. März 1823 griff Gubitz dieses Lob dankbar auf und betonte, daß das fehlende Blatt wahrscheinlich nur durch einen Zufall verloren gegangen sei (S. 177).

Doch neben diesen lobenden Erwähnungen gibt es natürlich auch scharfe Gegenstimmen. Von Heines Berliner Freunden scheint nur Moses Moser dieser Aufsatz nicht gefallen zu haben (vgl. Heines Brief an ihn vom 14. De-

zember 1825). Um so erboster waren die konservativen Adelskreise in Berlin. So schreibt Heine am 21. Januar 1823 an Christian Sethe: Dieser Aufs<atz> hat mich bey den Baronen und Grafen sehr verhaßt gemacht; auch höhern Ortes bin ich schon hinlänglich angeschwärzt. *Doch die schärfsten Reaktionen kamen nicht aus Berlin, sondern aus Polen. Da ist erst einmal ein Brief von einem gewissen »F«, den Gubitz in der Nr. 5 des »Bemerkers«, der Beilage zur Nr. 33 des »Gesellschafters« vom 26. Februar 1823, auf den Seiten 157 und 158 unter dem Titel »Schreiben an den Herausgeber, den Aufsatz über Polen im 15ten, 16ten und 17ten Blatte des ›Gesellschafters‹ betreffend« abdruckte und der zu den Posen- und Gnesenabschnitten bei Heine kritisch Stellung bezieht. Neben der Unterschrift »F« findet sich der Zusatz »Posen, den 16. Februar 1823«. Und zwar wirft dieser Anonymus dem »Herrn ----e« vor, ein verschrobener »Alterthümler« und »nicht eben sehr aufmerksamer Reisender« zu sein (S. 157), der ständig »gemeine und unedle Ausdrücke« benutze, »die Ohr und Gefühl gleich stark beleidigen« (S. 158). Ansonsten erschöpft sich dieser Brief in kleinlichen Richtigstellungen und Rechthabereien, die im einzelnen in den »Erläuterungen« aufgezählt werden.*

Fast die gleichen Vorwürfe finden sich in einer langen Artikelserie, die zwischen dem 12. Februar und dem 29. März unter dem Titel »Quousque tandem ....« in den Nummern 13 bis 26 der »Zeitung des Großherzogthums Posen« erschien und überhaupt nicht unterzeichnet ist. Ihr Autor, der wahrscheinlich mit dem Briefschreiber »F« identisch ist, kann nur Idzi Stefan Raabski, der etwas verbissene und kleinliche Redakteur der in Posen erscheinenden »Zeitung des Großherzogthums Posen«, sein, wie aus einer der letzten Fortsetzungen unzweideutig hervorgeht (nähere Angaben zu seiner Person finden sich in der Erläuterung zu 74,30). Und zwar druckt Raabski zuerst einzelne Abschnitte des Heineschen Textes mit korrigierenden Fußnoten ab und geht dann allmählich zu einem eigenen Gegenaufsatz über. Im einzelnen gliedert sich seine Artikelserie folgendermaßen: Nr. 13 vom 12. Februar, S. 126–128 bringt Heines Text Posen, die Hauptstadt des Großherzogthums <...> alle Sonntage gesungen wird *(73,35–74,12) und Fußnoten 1–9; Nr. 14 vom 15. Februar, S. 139f. bringt Heines Text* Der Dom hier in Posen <...> unwissend und rauschliebend *(74,12–19) und Fußnoten 10–14; Nr. 15 vom 19. Februar, S. 147–150 bringt Heines Text* Ideen-Assoziazion <...> den herrlichsten Anblick gewährte *(74,20–77,35) und Fußnoten 15–40; Nr. 16 vom 22. Februar, S. 159–162 bringt Heines Text* Von Antiquitäten <...>Nibelungenlied nennt *(77,38–80,3) und Fußnoten 41–59; Nr. 18 vom 1. März, S. 187f. bringt Heines Text* Von den Bewohnern <...> ist noch nicht die Rede *(73,15–34) und Fußnoten 60–68; Nr. 19 vom 5. März, S. 201f. und Nr. 20 vom 8. März, S. 213 bringen einige kursorische Bemerkungen zum Anfang von Heines Aufsatz; Nr. 21 vom 12. März, S. 226f. und Nr. 22 vom 15. März, S. 238f. bringen eine Verteidigung des polnischen Bauern; Nr. 23 vom 19. März, S. 248 beschäftigt sich mit Judenproblemen; Nr. 25 vom 26. März,*

S. 268 f. geht auf die Frage des Wahlreichs ein; Nr. 26 vom 29. März, S. 276 bis 278 stellt Betrachtungen zur allgemeinen politischen Situation in Polen an.

In manchen Kleinigkeiten hat Raabski durchaus recht (vgl. die Hinweise auf seine Korrekturen in den »Erläuterungen«). Daß jedoch sein Aufsatz so polemisch ausgefallen ist, hat andere Gründe als die der bloßen Rechthaberei. Erst einmal fühlte sich Raabski persönlich beleidigt, da Heine sowohl die »Posener Zeitung« als auch seine Funktion als Theaterrezensent lächerlich gemacht hatte (vgl. 74,30–34). Außerdem war er empört über das Lob Schottkys, der seit Ostern 1822 Professor für deutsche Sprache und Literatur am Posener Marien-Gymnasium war und sich der Erforschung des deutschen Mittelalters widmete. Wahrscheinlich hat Raabski zu Anfang geglaubt, daß der Aufsatz »Über Polen« von Schottky selber stamme. Einen solchen Verdacht hatte er nämlich schon einmal gehabt, als im November 1822 in der Nr. 138 der »Allgemeinen Preußischen Staats-Zeitung« eine sehr lobende, aber anonyme Notiz über Schottkys Arbeiten und Pläne in Posen erschienen war, die in Wirklichkeit von H. Clauren, dem Herausgeber dieses Blattes, stammte. Und zwar hatte Raabski bereits damals die Unverschämtheit besessen, diesen Verdacht im Dezember 1822 in der Nr. 93 der »Zeitung des Großherzogthums Posen« öffentlich auszusprechen (vgl. Manfred Laubert, »Julius Max Schottky. Ein deutscher Lehrer in Posen«. In: »Aus dem Posener Lande« 1, 1906/07, S. 71 ff.). Aufgrund dieses Vorfalls goß natürlich Heines Aufsatz »Über Polen« neues Öl in die Flamme. Raabski sah sich darin nicht nur persönlich beleidigt, sondern empfand das Ganze als einen erneuten Angriff Schottkys auf seine nationalpolnische Ehre. Er witterte daher in dem anonymen Verfasser erst Schottky selber und dann einen von Schottky beeinflußten oder mit ihm gleichempfindenden Altertumsforscher, der sich nur für »gothische Baue« und die »graueste Vorzeit« des deutschen Mittelalters zu interessieren scheine (S. 127), obwohl sich Heine an vielen Stellen ausgesprochen positiv über Polen äußert. Andererseits spürt Raabski deutlich genug, daß es sich bei dem Verfasser dieser Schrift um einen Juden handeln muß. Er spart daher nicht mit massiven antisemitischen Äußerungen, um Herrn ». . . . e« auch in diesem Punkte in den Dreck zu ziehen (S. 248). An anderen Stellen nennt er seinen anonymen Gegner eine »garstige Schmeißfliegennatur« (S. 227), die alles nur mit »beflügelter Eile« berühre (S. 126) und schließlich ein bloßes »Machwerk« (S. 126), einen »Galimathias«, einen schäbigen »Lügen- und Lästerplunder« produziere (S. 201). Daß Edmund Ost diesen Aufsatz im »Journal für Literatur, Kunst und Mode« einer lobenden Erwähnung würdig fand, empfindet Raabski als geradezu skandalös (S. 238 f., 269). Ja, er beschwert sich, daß der Zensor hier nicht schärfer eingegriffen habe. Daß er sich überhaupt so ausführlich mit Heines Aufsatz auseinandersetzt, begründet er an der Stelle, wo er vom Fußnotenkommentar zu einem eigenen Gegenaufsatz übergeht, folgendermaßen: »Nachdem wir uns leider einmal auf Einzelheiten eingelassen haben, dürfen wir, ohne uns einer allzugroßen Verletzung einer gewissen Gleichförmigkeit schuldig zu machen, unsern berichtigenden Kommentar nicht abbrechen, bis wir den Augiasstall ganz ausgeräumt haben, wollen uns damit aber in Zukunft möglichst kurz zu fassen suchen, um die Leser nicht zu ermüden. Zugleich wünschen wir dem unseligsten Dünkel, der anmaßendsten Ueberschäzzung eines eingebildeten Werthes nicht neue Nahrung zu geben durch den Anschein, als legten wir einigen Werth auf solche unreife Urtheile, da wir uns die Mühe geben, sie zu widerlegen. Daher dürfen wir es nicht verhehlen, daß wir dabei sehr wenig an den Verfasser, aber destomehr an das lesende Publikum denken, für das die Nutzanwendung nahe genug liegt. Was kann nämlich mehr geeignet seyn, ein verständiges Mißtrauen gegen Korrespondenznachrichten und Reisebeschreibungen aus der Fremde einzuflößen, als die Aufdeckung so grober Unwahrheiten an Ort und Stelle? Wenn ein Bewohner der Hauptstadt sich nicht entblödet, über zwanzig und dreißig Meilen von jener entfernt liegende Gegenden derselben Monarchie, einen solchen Galimathias ins Blaue hineinzuschreiben und seinem Publikum für baare Wahrheit aufzutischen – lieber Himmel! was für lächerliche Mährchen mögen uns die Tagebücher unserer Reisenden aus Senuaar und Darfur, aus China und Vandiemensland, von den Patachos und Irokesen, über die Spanier und Griechen aufheften! <...> Wäre es nicht viel besser, all' solchen Lügen- und Lästerplunder in den Ofen zu werfen, als auch nur eine Stunde damit zu verderben, um sich aus fremden Hirngespinsten und Verläumdungen im eigenen Kopfe Fratzen zusammenzusetzen, die in der Wirklichkeit nimmermehr existiren?« (S. 201).

Raabski argumentiert in diesem und den folgenden Abschnitten ausdrücklich vom Standpunkt der polnischen Handwerker, Bürger und Bauern aus und beschuldigt Heine, sich lediglich in den Kreisen des polnischen Adels bewegt zu haben, wo man ohnehin nur deutsch oder französisch spreche. Er schreibt: »Indem der Reisende uns ›den Standpunkt für die Würdigung seines Urtheils über Polen‹ giebt, thut er ganz gewaltig vornehm. ›Sein Leib hat sich blos in dem Schloßbanne der polnischen Großen bewegt‹, d. h. er hat mit ihnen gut gegessen und getrunken. Wäre er ganz, auch mit seiner Seele unter ihnen gewesen, so würde er sich seine Ecken etwas abgeschliffen und feine Lebensart gelernt haben, wofür die höhere Gesellschaft die beste Schule ist. Daß der Reisende sie wenigstens nicht benutzt hat, beweisen uns sein absprechendes Wesen und die gemeinen Plattheiten von denen seine Sprache starrt. Aber kein Wunder! ›sein Geist schweifte ja oft in die Hütten des niederen Volkes‹. Das würden wir ihm gern glauben, wenn wir nur wüßten, wie der Geist ohne den Leib dahin hat kommen können <...> Wahrscheinlich haben ihn also die mächtig schlagenden Flügel seiner sich selbst überfliegenden Phantasie dahin getragen, wohin sein Leib nicht kam. Wir schließen das aus dem phantasiereichen Gemälde von ›dem originellen Witze, dem schwärmerisch-sentimentalen Zuge, dem brillantnen Aufleuchten eines ossianschen Naturgefühls‹ des polnischen Landmanns. Wir wollen dem nicht geradezu *widersprechen, aber möchten doch gern hinter das Geheimniß kommen, wie der Geist, der weder Ohren noch Zunge hat, zu dieser Offenbarung gelangt ist, zumal der Geist eines Fremden, dessen Ohr die Töne des rohen Polnischen unverständlich sind, und dessen Zunge mit den Bauern nicht drei Worte sprechen kann« (S. 201 f.).*

So spricht kein polnischer ›Liberaler‹! Dies sind eher die Gefühle eines verbohrten Lokalpatrioten, der in diesem Schottky-Freunde eine unlautere Konkurrenz wittert. »Bewahre der Himmel«, heißt es an anderer Stelle, »daß dergleichen gelehrte Männer (unser Reisender soll nämlich auch ein Gelehrter und zwar vor der Hand ein Privatgelehrter seyn) als Lehrer der deutschen Sprache, besonders in dem kalten Polen, angestellt würden!« (S. 149). Daß Heine solche Pläne in dieser Zeit gar nicht so fern lagen, beweist die briefliche Äußerung vom 1. September 1822 an Keller, die er ihm aus Gnesen zukommen ließ: Ich hoffe später im Stande zu seyn den Katheder zu besteigen und der unmündigen Jugend die Vorzeit im Lichte der Wahrheit zu zeigen. *Ja, die gleiche Idee schimmert noch einmal in dem Brief vom 7. April 1823 an Immanuel Wohlwill durch, wo es u. a. heißt:* Mein Oheim hatte mir noch 2 Jahr zum Studiren zugesetzt, und ich habe nicht nöthig meinem früheren Plane gemäß in Sarmazien eine Professur zu suchen. *Um also einen solchen Gegner von vornherein zur Strecke zu bringen, drang Raabski nachdrücklich auf eine Bekanntmachung seines Namens und schrieb in der Fußnote 45: »Dafür, wie für das Uebermaaß von Vorwitz in dem ganzen Reiseberichte, gebührt dem verlarvten Reisenden die Beschämung und Strafe, daß sein Name öffentlich genannt werde; und Hrn. Schottky, der ihn nothwendig kennen muß, gebührt die Genugthuung, diese Strafe selbst zu vollstrecken. Das ist er s i c h , das ist er mehr noch dem in allen seinen Ständen angegriffenen und verletzten Publikum schuldig, in dessen Mitte er jetzt lebt, als dessen Organ wir diese Aufforderung an ihn ergehen lassen« (S. 160 f.). Darauf gab Schottky in der Nr. 17 der »Zeitung des Großherzogthums Posen« vom 26. Februar die »Erklärung« ab, daß er auf anonyme Zuschriften nicht antworte und sich der Verfasser der »Quousque-tandem«-Serie erst einmal selber enthüllen möge (S. 176). Raabski tat das in der Nr. 18 vom 1. März mit folgender Gegenerklärung, in der er sich selbst als den Autor dieser Artikelserie ausgibt: »Wenn Herr Professor Schottky über das von ihm gesuchte Organ des Publikums noch in Zweifel seyn sollte, so kann er dasselbe auf der ersten Seite einer jeden Nummer unserer Zeitung unter dem Titel genannt finden, wo nach gesetzlichen Bestimmungen der Name des Redakteurs zu lesen ist. Derselbe wohnt Büttelgasse Nro. 154« (S. 188).*

Auf diese Weise wurde eine Riesenaffäre daraus, die vor allem für Schottky peinliche Konsequenzen hatte (vgl. Adolf Warschauer, »Heinrich Heine in Posen«, Posen 1911, S. 12 ff.; Manfred Laubert, »Julius Max Schottky. Ein deutscher Lehrer in Posen«. In: »Aus dem Posener Lande« 1, 1906/07, S. 71 bis 74, 80–82; ders., »Studien zur Geschichte der Provinz Posen«, Posen 1908,

S. 234 ff.). Schottky wurde wahrscheinlich auch von den Berliner Behörden aufgefordert, den Namen des Verfassers der Schrift »Ueber Polen« preiszugeben. Laubert zitiert nämlich in seinen »Studien« aus einem Brief Schottkys an den Minister Altenstein, in dem er zwar diese Schrift mit »in großer Übereilung und unbegreiflichem Leichtsinn« geschrieben charakterisiert, jedoch den Namen Heines nicht nennt. Heine war das Ganze höchst widerwärtig, und er schrieb am 4. Mai 1823 an Schottky: mit Unwillen und Ekel erfüllte mich die gemeine, unter gesitteten Menschen unerhörte Weise wie der Schmierer jener Blätter bey dieser Gelegenheit auch Sie, guter Schottky, mit Koth bespritzte. Ich stelle es Ihnen ganz frey meinen Namen zu nennen; ich würde es selbst gethan haben wenn ich es nicht unter meiner Würde gehalten hätte von dem Schimpfen eines obskuren Skriblers nur im mindesten Notiz zu nehmen.

Auch sonst nimmt Heine in seinen Briefen aus dieser Zeit mehrfach auf die »Quousque-tandem«-Serie Bezug. So schreibt er am 7. April 1823 über sein Polen-Memoire an Wohlwill: Dieser Aufsatz hat das ganze Großh<erzogtum> Posen in Bewegung gesetzt, in den Posener Blättern ist schon 3 mahl so viel als der Aufsatz beträgt darüber geschrieben, d. h. geschimpft worden, und zwar von den dortigen Deutschen, die es mir nicht verzeihen wollen daß ich sie so treu geschildert und die Juden zum tiers état Polens erhoben. *In dem Brief an Schottky vom 4. Mai 1823 heißt es:* Ich habe mit lachender Gleichgültigkeit den dummen Brief gelesen der im Gesellschafter gegen mein Memoir über Polen abgedruckt war; daß in den Posener Zeitungsblättern noch fischweibrigere Schimpfreden gegen mich geführt worden, hörte ich bald darauf, und habe mir diese Tage jene Blätter zu verschaffen gewußt. Daß ich hierbey ebenfals nur die Achsel zuckte, können Sie sich wohl vorstellen. *Ja, am 24. Mai 1824 kommt er in einem Brief an Rudolf Christiani noch einmal auf jenen* Redakteur der posener Zeitung *zu sprechen, der behauptet habe, daß er* kein Deutsch verstände.

Die ganze Affäre hatte inzwischen solche Kreise gezogen, daß sich sogar Josef von Zerboni di Sposetti, der preußische Oberpräsident des Großherzogtums Posen, im Berliner Kultusministerium verantworten mußte, wo man sich am nationalpolnischen Ton der Raabskischen Artikelserie gestoßen hatte (vgl. Warschauer, »Heinrich Heine in Posen«, S. 15). Wahrscheinlich hat der Kultusminister Altenstein sogar den Namen Heines herausbekommen, und zwar durch die mit den Brezas verwandten Wołłowicz' (vgl. Laubert, »Julius Max Schottky«, S. 74). Ob sich jedoch das Verhör, dem Heine im April 1824 in Berlin unterworfen wurde (vgl. Werner/Houben Nr. 109), direkt auf diese Affäre bezieht oder noch auf die »Briefe aus Berlin« zurückgeht, ist ungewiß.

Daß Heine diesen Aufsatz – trotz seiner anfänglichen Nörgelei – auch später noch ganz lesenswert fand, beweist die schlichte Tatsache, daß er ihn 1825 in Göttingen Sartorius zum Lesen gab. Kurze Zeit darauf faßte er sogar den Plan, ihn in den 1. Band der »Reisebilder« aufzunehmen. Das Memoir über Polen wird ganz umgearbeitet und vermehrt, *schreibt er am 19. Dezember 1825 an Moser. Doch in letzter Minute scheint Heine diese Idee wieder aufgegeben zu haben. Dasselbe geschah noch einmal im nächsten Jahr. So schreibt er am 24. Oktober 1826 an Varnhagen, daß der 2. Teil der »Reisebilder« neben der 2. und 3. Abteilung der »Nordsee«, den »Briefen aus Berlin«, einem »Fragment aus meinem Leben« auch* das Ihnen bekannte Memoire über Polen *enthalten werde. Offenbar hat er sogar Material für diese Neubearbeitung gesammelt. Jedenfalls schreibt Campe am 25. Dezember 1826 an Heine: »Beiliegend übersende ich Ihnen, mein lieber Heine! einige Polnische Werke. Gebe der Himmel, daß Sie darin finden was Sie suchen.« Doch auch diesmal entschied er sich später für eine andere Textzusammenstellung.*

Danach ist in Heines Gesprächen und Briefen jahrzehntelang von dieser Schrift keine Rede mehr. Weder im 1. noch im 2. Plan zu einer Gesamtausgabe seiner Werke wird sie erwähnt (vgl. die Briefe an Campe vom 12. November 1846 und 7. Juli 1848). Erst im dritten und letzten Plan, den Heine am 18. März 1852 Campe unterbreitete, taucht auf einmal im 13. Band neben dem »Almansor«, den »Byron-Übersetzungen«, den »Berliner Briefen« und der »Vorrede zu Kahldorfs Adelsbriefen« als Nr. 5 auch die »Reise nach Polen« wieder auf. Heine schreibt dazu höchst lakonisch: Ein sehr frühjugendlicher und sehr vergubitzter Aufsatz aus dem Gesellschafter, der stark restaurirt werden muß; der Schwanz, welcher von altdeutschen Gedichten handelt, muß ganz abgeschnitten werden! *In diesen Jahren schämte sich Heine wahrscheinlich seiner frühen ›altgermanistischen‹ Schwärmereien. Obendrein war Schottky inzwischen fast so etwas wie eine Witzfigur geworden, über den sich vor allem Karl Gutzkow in einer langen Artikelserie lustig gemacht hatte, wo er als linkisch-skurriler Notizensammler und Projektemacher angeprangert wird, der sich nur für alberne Nebensächlichkeiten interessiere (vgl. Karl Gutzkow, »Julius Max Schottky, Professor«. In: »Elegante«, 1834, Nr. 27 vom 7. Februar, S. 105 f. bis Nr. 38 vom 22. Februar, S. 149 f.).*

Diesem Wunsche soll hier entsprochen werden, indem der Schlußabsatz in einer etwas kleineren Drucktype (9·/11·) gesetzt wird. An eine ›Restaurierung‹ des Textes kann jedoch nicht herangegangen werden, da uns zu diesem Werke keinerlei Handschriften überliefert sind. Und so müssen auch die Gubitzschen Surogatwitze, *falls diese nicht überhaupt eine Erfindung Heines sind, weiterhin als ›unerkannt‹ mitabgedruckt werden.*

Literatur:

a) Heine und Polen.

Gustav Karpeles, »Heine und die Polen«. In: »Pester Loyd«, 1907, Nr. 152 vom 27. Juni; Adolf Warschauer, »Heinrich Heine in Posen«, Posen 1911; Hans Knudsen, »Heinrich Heine und die Polen«. In: »Posener Zeitung«,

1917, vom 19. April; Karl Konrad, »Heinrich Heine in der Provinz Posen«. In: »Ostland-Kultur«, Beilage zu »Ostland«, 1928, Nr. 28 vom 28. September, S. 113 f.; Maria Kofta, »Henryk Heine a sprawy polskie«. In: »Przegląd Zachodni«, 1955, Nr. 7/8, S. 455–481 – dasselbe deutsch als »Heinrich Heine und die polnische Frage«. In: »Weimarer Beiträge« 6, 1960, S. 506–531; »Heinrich Heine und die Polen«. In: »Jenseits der Oder« 7, 1956, Nr. 3, S. 4 f.; Roman Karst, »Heine und Polen«. In: »Neue Deutsche Literatur« 4, 1956, Heft 8, S. 79–89; Stanisław Wilczek, »Sprawy polskie v twórczości Henryka Heinego«. In: »Zeszyty Naukowe Wyższej Szkoły Pedagogicznej«, 1956, Heft 1, S. 155–175; Maciej Żurowski, »Heine i Polska«. In: »Polska«, 1956, Nr. 8, S. 19; Stanisław Gierowski, »Heine o Polsce i Polakach«. In: »Nowiny Tygodnia«, 1957, Nr. 48, S. 2 f.; Anna Milska, »Heine a Polska«. In: A. M., »Henryk Heine«, Warszawa 1957, S. 207–227 – dasselbe deutsch als »Heine über Polen«. In: »Sinn und Form« 8, 1956, Heft 1, S. 66–77; S. Wilkowicz, »Henryk Heine o polskim narodzie i polskich świątyniach, o religiach i Watykanie«. In: »Nasze Posłannictwo«, 1957, Nr. 1/3, S. 10–12; Wacław Kubacki, »Heine i Polska«. In: »Przegląd humanistyczny«, 1965, Heft 2, S. 1–21, Heft 3, S. 41–61 – dasselbe deutsch als »Heine und Polen«. In: HJb 5, 1966, S. 90–106; Ernst Josef Krzywon, »Heinrich Heine und Polen. Ein Beitrag zur Poetik der politischen Dichtung zwischen Romantik und Realismus«, Diss. München 1971.

b) Heines Schrift ›Über Polen‹.

Hans Knudsen, »Zu Heinrich Heines Aufsatz ›Über Polen‹«. In: »Zeitschrift für Bücherfreunde«, N. F. 9, 1917/18, Heft 1, Beiblatt 64–67; Akira Matsushita, »Heine no ›Poland Ron‹«. In: »Gakugaigakubu Kiyo« 7, 1959, S. 41–54.

Überlieferung

J Ueber Polen. Geschrieben im Herbst 1822. *In: »Der Gesellschafter oder Blätter für Geist und Herz«, 1823.*

Nr. 10 vom 17. Januar, S. 49–51.
Nr. 11 vom 18. Januar, S. 53–55.
Nr. 12 vom 20. Januar, S. 58–59.
Nr. 13 vom 22. Januar, S. 61–63.
Nr. 14 vom 24. Januar, S. 65–67.
Nr. 15 vom 25. Januar, S. 74–75.
Nr. 16 vom 27. Januar, S. 78–79.
Nr. 17 vom 29. Januar, S. 81–82.

Am Schluß des Ganzen (S. 82) mit ». . . . e.« unterzeichnet. Die einzelnen Teilstücke werden mit folgenden Verweisen aneinandergereiht: »Die Fortsetzung folgt« (S. 51, 55, 59, 63, 67, 75), »Fortsetzung« (S. 61, 78), »Der Schluß folgt« (S. 79) und »Schluß« (S. 81). Der Gesamtabdruck ist durch die Ziffern 1. (S. 49) und 2. (S. 65) unterteilt. Irrtümlich wird bereits die erste Fortsetzung des 1. Teils mit 2. eingeleitet (S. 53). Zu den Zensurstrichen und den von Heine erwähnten Surogatwitzen *des Herausgebers vgl. »Entstehung und Aufnahme« (480,5–9 und 486,35). Orthographische Restitutionen sind vor allem bei der ey-, inn- und zion-Schreibung vorgenommen worden. Die Absatzregelung erfolgt entsprechend dem im Überlieferungsteil der »Briefe aus Berlin« beschriebenen Verfahren (vgl. 374,4–9).*

»Quousque tandem . . . .« In: »Zeitung des Großherzogthums Posen«, 1823. Nr. 13 vom 12. Februar, S. 126–128; Nr. 14 vom 15. Februar, S. 138 bis 140; Nr. 15 vom 19. Februar, S. 147–150; Nr. 16 vom 22. Februar, S. 159–162; Nr. 18 vom 1. März, S. 187–188. Enthält: 73,35–74,12; 74,12 bis 19; 74,20–77,35; 77,38–80,3; 73,15–34. Über die dem Ganzen beigegebenen redaktionellen Vorbemerkungen, Fußnoten und essayistischen Begleittexte von seiten des Herausgebers vgl. »Entstehung und Aufnahme« (481,18–484,38). Gedruckt nach: J.

Lesarten

57,5 östreichischen] österreichischen *J* 33 Polen-Röcke] Pol-Röcke *J* **61**,9 Wadzecksche] W-ksche *J* 18 façonnirtes] faconnirtes *J* **62**,30 gähnen] jähnen 31 –.] – *J* **64**,2 *de facto*] *de factu J* 9 Oestreich] Oesterreich 23 Nazionalcharakter] Nationalcharacter *J* 36 Charakter] Charater *J* **66**,3 *C'était*] *C'étoit J* **67**,16 stereotyper] stereotiper *J* **69**,10 Dessert] Desert *J* **70**,13 Kriegsschule] Kriegschule *J* Fall] Full *J* **71**,24 Kaulfuß] Kaulfus *J* **75**,32 den] dem *J* **76**,5 sollen.] sollen(?). *J* **77**,6 von] vou *J* 39 erfahrenerer] erfahrener *J* **78**,1–2 23–24 Maximilian] Maxmilian *J* 37 Oestreich] Oesterreich *J*

Restitutionen

Absätze eingeführt nach: **58**,6 gebracht. **61**,2 gehört. 24 *conscientiarum!«* 31 ist. **62**,37 aufzufassen. **65**,30 umhersprühen. **68**,39 ist. **70**,10 müssen. **71**,7 nähern. 10 Tollhause! 24 Kaulfuß. **72**,40 verbrachten. **74**,19 rauschliebend. 29 Terpsichore! **76**,30 war.

Apostroph aufgehoben: **76**,4 drein **71**,35 Europas **60**,8 Friedländers **70**,31 ins **77**,11 »Jad- wigas« **65**,8 Kosziuskos **75**,24 »Schieberles« **60**,22 Shakspeares **71**,22 Warschaus **75**,15 Wolffs

c *in* z: **74**,32 Rezensenten 32 Rezensionen 30 Theater-Rezensenten

ch *in* g: **68**,31 **74**,18 adligen **68**,35 altadliger

ck *in* k: **77**,12 tabakschnupfenden

e *in* ä: **58**,22 läugne

f *in* ff: **77**,24 trefflich **74**,31 32 trefflichen **75**,37 unübertrefflichen

i *in* y: **63**,11–12 15 16 Barbarey **57**,24 25 28 **58**,17 40 **60**,34 **62**,38 40 **63**,31 34 **64**,8 14 24 35 36 39 **65**,6 **66**,11 **67**,13 28 **68**,4 9 10 11 24 26 29 40 **69**,29 **71**,10 30 35 **72**,6 34 **73**,11 27 **75**,10 13 32 **76**,20 **77**,21 29 **79**,8 10 12 bey **68**,34 Beybehaltung **64**,20 **72**,35 **77**,28 beygetragen **72**,18 **77**,34–35 **79**,4 7 beysammen **78**,7–8 beyspiellosen **67**,23 **76**,16 **78**,5 dabey **58**,4 **77**,7 **78**,24 drey **57**,38 dreyfaches **78**,9 dreyßig **73**,11 **75**,24 frey **58**,28 **72**,34 freye **76**,21 freyen **75**,11 freyes **62**,24 gastfrey **62**,7 **65**,31 35 38 39 **66**,4 16 19 20 23 26 **67**,29 Freyheit **66**,25 Freyheiten **57**,7 **70**,37 **71**,4 freylich **73**,14 Phantasterey **76**,4 Polizey **61**,40 tausenderley **71**,12 Unpartheylichkeit **67**,21 Willensfreyheit **74**,38 zwey **76**,32 zweyhundert

in *in* inn: **68**,18 20 Begleiterinn **75**,1 39–40 Liebhaberinn **62**,19 **66**,36 **68**,15 18 20 Polinn **75**,18 **77**,21 Sängerinn **75**,23 Schauspielerinn 18 Tänzerinn

Komma eingefügt nach: **60**,38 Juden, **64**,10 nichts,

s *in* ß: **71**,19 23 deßhalb

stst *in* st: **66**,11 selbständig **58**,38 selbständigen **59**,14 **65**,5 Selbständigkeit **59**,22 Selbständigwerden

t *in* th: **57**,3 Monathen **71**,12 Unpartheylichkeit

tion *in* zion: **58**,25 Abstrakzionen **59**,17 Bauern-Emanzipazion **75**,8 Conversazions-Stücken **76**,27 Deklamazion **74**,20 Ideen-Assoziazion **62**,34 **69**,16 Nazion **64**,23 Nazionalcharakter **71**,18 Nazional-Denkmale **65**,13 15 **70**,8 33–34 Nazionalität 34–35 Nazional-Literatur **64**,25 Nazionalstolz **76**,39 tradizionelle **67**,38 Verstandes-Abstrakzions-Laternen

u *in* ou: **62**,25 **65**,38 enthousiastisch **78**,4 **79**,28 Enthousiasmus

y *in* i: **71**,30 Silben

z *in* tz: **60**,40 angereitzt **77**,28 Reitz **62**,15 reitzender **57**,12 Reitzendes **72**,30 Ueberreitz

Erläuterungen

Folgende Werke werden in den Sacherläuterungen nur in abgekürzter Form zitiert: F = F., »Schreiben an den Herausgeber, den Aufsatz über Polen im 15ten, 16ten und 17ten Blatte des ›Gesellschafters‹ betreffend«. In: »Bemerker«, Nr. 5, Beilage zum »Gesellschafter«, 1823, Nr. 33 vom 26. Februar, S. 157f.; Karoli = E. Karoli, »Einiges über Polen«. In: »Gesellschafter«, 1821, Nr. 67 vom 27. April, S. 309–311, Nr. 68 vom 28. April, S. 313–315 und Nr. 69 vom 30. April, S. 317–319; Laubert = Manfred Laubert, »Studien zur Geschichte der Provinz Posen in der ersten Hälfte des neunzehnten Jahrhunderts«, Posen 1908; Raabski = <Idzi Stefan Raabski>, »Quousque tandem. . . .«. *In: »Zeitung des Großherzogthums Posen«, 1823, Nr. 13 vom 12. Februar bis Nr. 26 vom 29. März; Rhode = »Geschichte der Stadt Posen«, hrsg. von Gotthold Rhode, Neudettelsau 1953; Johann Jacob Schudt, »Jüdische Merckwürdigkeiten«, Frankfurt und Leipzig 1714ff.*

55 Ueber Polen] *von einer wirklichen Polenliteratur kann man in Deutschland erst seit den vielen Sympathieerklärungen anläßlich der polnischen Teilungen von 1772, 1773 und 1795 sprechen. Und zwar stehen dabei meist zwei Gesichtspunkte im Vordergrund. Einmal weist man auf den rücksichtslosen Egoismus der großen Magnaten und die Versklavung des Bauernstandes hin (Herder, Forster), die nach einer durchgreifenden Sozialreform verlangt. Andererseits sympathisiert man im Zeichen der Menschenrechtserklärungen der jungen nordamerikanischen Republik und der Französischen Revolution mit dem verzweifelten Freiheitskampf ebenderselben Adligen gegen Rußland, Habsburg und Preußen, was oft zu einer seltsamen Mischung von Mitleid und Anklage führt. Genau gesehen, lassen sich viele dieser Schriften auch als indirekte Aussagen über Deutschland verstehen. Neben gefühlsmäßig-spontanen Äußerungen, wie in den Gedichten von Zacharias Werner, Johann Andreas Georg Friedrich Rebmann, Gottlieb Conrad Pfeffel, Christian Friedrich Daniel Schubart und anderen, entwickelt sich dabei seit 1772 der Typ des aufklärerischen Reiseberichts, der zu einer wahren Flut an Polen-Broschüren führt (vgl. Robert F. Arnold, »Geschichte der Deutschen Polenliteratur«, Halle 1900, S. 73ff.). Einen rein informatorischen Charakter haben Johann Bernoullis »Reisen durch Brandenburg, Pommern, Preußen, Curland, Rußland und Pohlen in den Jahren 1777 und 1778« (1779f.) und Johann Philipp von Carosis »Reisen durch verschiedene polnische Provinzen mineralischen und anderen Inhalts« (1781–1784), die in Anton Friedrich Büschings politisch-statistischer Manier geschrieben sind. Mehr ins ›Liberale‹ tendieren dagegen folgende Schriften, die genau dem Typ des aufklärerischen Reiseberichtes entsprechen: »Einige Briefe über Polen und Preußen, geschrieben* *im Sommer 1791«. In: »Berlinische Monatsschrift« 18, 1791, S. 162–192, 19, 1792, S. 545–603 und 20, 1792, S. 166–181; Friedrich Zöllner, »Briefe über Schlesien, Krakau, Wieliczka und die Grafschaft Glatz auf einer Reise im Jahr 1791 geschrieben«, 1792f.; <Johann Josef Kausch>, »Nachrichten über Polen«, 1793; <Joachim Christoph Friedrich Schulz>, »Reise eines Livländers von Riga über Polen, nach Warschau, durch Südpreußen über Breslau <...> nach Botzen in Tyrol«, 1795–1797; Johann Gottfried Seume, »Einige Nachrichten über die Vorfälle in Polen im Jahre 1794«, 1796; Georg Christoph Lichtenberg, »Auch ein paar Worte über Polen«. In: »Vermischte Schriften«, Göttingen 1803, V, 173ff.*

Nach 1800 tritt dieser aufklärerische Kosmopolitismus allmählich in den Hintergrund und weicht einem durch Romantik und Befreiungskriege angefachten Deutschheitskult, der für das Schicksal anderer Nationen keine große Anteilnahme mehr aufbringt. Die Berichte über Polen bekommen dadurch einen recht arroganten Ton oder verschwinden völlig. Obendrein wurde die bisherige Polensympathie nach 1815 auch von den Regierungen, die lediglich auf die Restaurierung des dynastischen Prinzips bedacht waren und jeder nationalen Regung von vornherein feindlich gegenüberstanden, nicht mehr gern gesehen. Heine packt also mit seinem Polen-Aufsatz, der sich sowohl gegen den Chauvinismus der Burschenschafter als auch die Ancien-régime-Vorstellungen der preußischen Regierung wendet, ein höchst heißes Eisen an. Er schreibt darüber an Keller am 1. September 1822: Deutsche, die Polen durchreist haben <...> haben gewöhnlich die Polen durch die deutsche Brille betrachtet, oder sie trugen Nationalvorurtheile in der Brust. *Er wurde in dieser Haltung wohl von Gubitz unterstützt, der offenbar recht polenfreundlich eingestellt war und bereits zwei Polen-Aufsätze, wenn auch weniger gefährlichen Inhalts, in seinem »Gesellschafter« abgedruckt hatte, und zwar im April 1821 die Bemerkungen »Einiges über Polen« von E. Karoli und am 17. Oktober 1821 den Aufsatz »Die Alterthümer Posens« von Johann Gustav Büsching (Nr. 166, S. 776). Überhaupt war der Ton im »Gesellschafter« wesentlich liberaler als in der »Spenerschen«, »Vossischen« oder »Allgemeinen Preußischen Staats-Zeitung«, was sich u.a. in der Stellungnahme zum Spontini-Weber-Streit äußert (vgl. »Briefe aus Berlin«, Erläuterung zu 26,22).*

Heines politische Haltung Polen gegenüber ist daher für diese Jahre relativ selbständig und kühn. Man schwärmte zwar für den Freiheitskampf der Griechen (vgl. »Briefe aus Berlin« 31,17–22), aber für die Polen regte sich kaum eine Stimme. Eine regelrechte Polenbegeisterung bricht in Deutschland erst nach dem gescheiterten Aufstand von 1830/31 aus, wo so unterschiedliche Schriftsteller wie Uhland, Harring, Platen, Grillparzer, Mosen, Holtei, Schwab, Chamisso, Lenau, Börne, Spazier, Laube und andere zur Polenfrage Stellung nahmen. Auch Heine äußert sich 1832 in der »Vorrede« der »Französischen Zustände« voller Abscheu *über die* gemeine *und* meuchlerische *Haltung der Preußen den heldenmütigen Polen gegenüber. Doch dann wurde er in seinem Urteil etwas zurückhaltender. So bezeichnet er sich zwar in seinem Börne-Buch von 1840 noch immer als den,* dessen Herz am frühesten für Polen schlug, und der lange schon vor der polnischen Revolution für dieses heldenmütige Volk sprach und litt *(Buch III), macht sich aber zugleich über die deutsche Polen-Sentimentalität lustig, die ihm wie ein schwächlicher Ersatz für ein mangelndes eigenes Revolutionsbewußtsein erscheint.*

55 Geschrieben im Herbst 1822] *wahrscheinlich zwischen Oktober und Dezember 1822 verfaßt (vgl. »Entstehung und Aufnahme« 479,11–36).*

57,3 Seit einigen Monathen] *gemeint sind die Monate August und September 1822 (vgl. »Entstehung und Aufnahme« 477,20–479,11).*

57,3 den preußischen Theil Polens] *seit dem Wiener Kongreß (1815) umfaßte der preußische Teil Polens die Gebiete Westpreußen, Danzig und das Großherzogtum Posen, das in Personalunion mit der preußischen Krone verbunden war. Der preußische Oberpräsident war Josef von Zerboni di Sposetti, der persönliche Statthalter des Königs der polnische Fürst Antoni Radziwiłł, die beide einen polenfreundlichen Kurs vertraten und auf ausgleichende Versöhnung der verschiedenen Bevölkerungsgruppen bedacht waren. Zu den Scharfmachern gehörten dagegen der Berliner Polizeiminister Kaspar Friedrich von Schuckmann und der preußische Militärbefehlshaber in Posen, General Karl von Roeder.*

57,3–4 die Kreuz und die Queer] *Heine pendelte von Mitte August bis Mitte September 1822 mehrfach zwischen Posen, Gnesen und den Gütern der Familie Breza hin und her (vgl. »Entstehung und Aufnahme« 477,25–479,11).*

57,4 in dem russischen Theil] *das sogenannte ›Kongreßpolen‹, das als Königreich Polen mit dem Zarenreich in Personalunion verbunden war. Da sich die Güter der Brezas nahe an der russischen Grenze befanden, liegt ein Abstecher in diesen Teil durchaus im Bereich der Möglichkeiten.*

57,5 nach dem östreichischen gar nicht] *Heines spätere Behauptung, daß er bei seiner Polenreise auch Krakau besucht habe, ist wohl eine Fiktion (vgl. »Entstehung und Aufnahme« 478,38–479,4).*

57,6 aus allen Theilen Polens] *durch die Brezas lernte er wahrscheinlich mehrere Adelsfamilien kennen, die auch in den anderen Teilen Polens Güter besaßen. Außerdem sah er im Posener Theater eine Krakauer Theatergruppe (vgl. 76,31–77,36).*

57,8–9 in dem Schloßbann der polnischen Großen] *einen Großteil seiner Zeit verbrachte Heine auf den Gütern der Brezas (vgl. »Entstehung und Aufnahme« 477,27–39). Da er selber kein Polnisch konnte, waren seine Kontakte mit polnischen Bauern und Bürgern sicher begrenzt, was ihm Raabski zum schwerwiegenden Vorwurf macht (S. 201f.). Andererseits sprachen damals viele Polen – wie auch Raabski – deutsch, so daß Heine bei seinen Beobachtungen nicht nur auf den bloßen Augenschein angewiesen war.*

57,*10* Hier haben Sie] *dieses* Hier *bedeutet nicht, daß Heine seinen Polen-Essay schon in Posen oder Gnesen angefangen hat, sondern soll den Eindruck einer brieflich abgefaßten Korrespondenznachricht erwecken. Mit dem* Sie *ist Gubitz, der Herausgeber des Berliner »Gesellschafters«, gemeint.*

57,*13* nirgends pikante Felsengruppen] *mit dieser Äußerung will sich Heine von vornherein vom Typ des empfindsamen oder romantischen Reiseberichts absetzen und auf das Sachliche seiner Schilderung verweisen.*

57,*15–16* dicke, mürrische Fichtenwälder] *ein ähnliches Bild verwendet er in der »Reise von München nach Genua« (Kap. XVIII). Laube greift später gerade dieses Beispiel heraus, um Heines Charakterisierungskunst zu loben (»Reisenovellen«, V, 360).*

57,*21* ästhetischen Pustkuchen] *im Sinne von ›literarischem Klatsch‹ gemeint. Johann Friedrich Wilhelm Pustkuchen-Glanzow (1793–1834) war gerade mit den ersten drei Bänden seiner ›falschen Wanderjahre‹ herausgekommen und hatte damit einen literarischen Skandal ersten Ranges vom Zaune gebrochen (vgl. »Briefe aus Berlin«, Erläuterungen zu 49,25–32).*

57,*22* der polnische Bauer] *der polnische Bauer galt seit dem 18. Jahrhundert als Inbegriff des Schmutzes und der Niedrigkeit. Josef II. soll über ihn gesagt haben: »Der Bauer ist ein Unglücklicher, der nichts als das Äußere eines Menschen und das physische Leben besitzt« (Zit. in Clemens Brandenburger und Manfred Laubert, »Polnische Geschichte«, Berlin 1927, S. 113). Über die Lage der polnischen Bauern im Großherzogtum Posen zwischen 1815 und 1830 vgl. Laubert, S. 93 f. Auch in seinem Brief an Keller vom 1. September 1822 schreibt Heine vom* elenden Zustand der polnischen Bauern, *die* wie das Vieh leben. *Raabski, dem alles Polnische eo ipso verehrenswert erscheint, ist empört, daß Heine auf sein »ausschweifendes Gemälde der Genialität unseres Landmannes, ein noch ausschweifenderes Zerrbild seiner Sinnlichkeit und Herabwürdigung folgen läßt« (S. 227).*

57,*27* eines Ossianschen Naturgefühls] *der Begriff ›ossianisch‹ geht auf die zwischen 1760 und 1763 veröffentlichten drei Liedersammlungen zurück, die der schottische Dichter James Macpherson (1736–1796) als Übersetzungen des legendären gälischen Dichters Ossian ausgegeben hatte. In Deutschland war dieser Begriff seit Herder zum klischeehaften Schlagwort alles Düsteren, Stürmischen und Gefühlvoll-Übersteigerten geworden (vgl. »Harzreise«, Erläuterungen zu 90,10 und 125,7–126,25).*

57,*32–33* von hellblauer oder grüner Farbe] *Raabski schreibt, daß die »dunkelblauen« vorherrschen und erst »tiefer in Polen dunkelbraunen Platz machen« (S. 227).*

57,*33* jener feinen Polen-Röcke unserer Elegants] *möglicherweise trug der aus Rußland stammende Schilling, den Heine in seinen »Briefen aus Berlin« zweimal als* Elegant *bezeichnet (vgl. 13,42 und 17,21), einen solchen* Polen-Rock.

57,*34* ein kleines rundes Hütchen] *Raabski behauptet: »Wir <sehen> bei* *den polnischen Bauern nur Hüte mit einem niedrigen, sich dem Schädel anschließenden rund gewölbten Kopfe und einem horizontalen sehr breiten Rande, dessen äußerster Saum vom Alter bisweilen verschießt und fahl wird. Von einer weißen Einfassung ist nicht die Rede« (S. 227). Allerdings beschreibt Heine ja an dieser Stelle nur den Sonntagshut der polnischen Bauern.*

58,9–10 die *Plica polonica* (Weichselzopf)] *durch grobe Unreinlichkeit verursachte Verfilzung der Kopfhaare (vgl. auch Karoli S. 314). Raabski betont, daß die polnischen Bauern gar keine so langen Haare hätten, und erklärt: »Der widerliche Wicksel- oder Wichtelzopf, nach der bekannten abgenutzten Schreibart hier noch Weichselzopf genannt, scheint blos darum zu paradiren, um den Stachel des Witzes auch an langhaarigen Altdeutschen zu versuchen« (S. 238).*

58,11–12 das Lange-Haarthum in den deutschen Gauen] *stehender Witz über die altdeutschen Burschenschafter und Jahn-Anhänger, die gern mit ihrem schulterlangen Haar paradierten und von einer deutschen Gau-Verfassung träumten (vgl. die Bemerkungen über den Studenten aus Greifswald in der »Harzreise« 123,10–28).*

58,14–15 Ich küsse die Füße] *auch Karoli äußert sich über den Fuß- oder Kniekuß der polnischen Bauern (S. 314). Raabski hebt dagegen neben der »patriarchalischen Treuherzigkeit« gerade den »ächt männlichen Freimuth« der polnischen Bauern hervor. »Die Redensart ›ich küsse Ihnen die Füße‹«, schreibt er, »gehört nicht einmal dem Bauern an, sondern den gebildeten Ständen, als Ausdruck der Höflichkeit, zumal gegen Frauen«* (S. 227).

58,16–17 es fehlt nur der wedelnde Hundeschweif] *an dieser Stelle schreibt Raabski empört: »Pfui, schämen Sie sich!« (S. 227).*

58,21–22 bekenne ich mich ganz zum nordamerikanischen Katechismus] *Heine meint damit die Grundsätze der ›Menschenrechte‹, wie sie in der am 4. Juli 1776 verkündeten Unabhängigkeitserklärung der nordamerikanischen Kolonien enthalten sind. Seine positive Einstellung Amerika gegenüber geht schon aus den »Briefen aus Berlin« hervor (vgl. Erläuterung zu 38,25–26). Vor allem nach dem Eintritt in den »Verein für Kultur und Wissenschaft der Juden« hat er mit Elieser Sinai Kirschbaum mehrfach den Gedanken einer »Auswanderung der Juden nach den Vereinigten Staaten« propagiert (vgl. Hanns Günther Reissner, »Eduard Gans. Ein Leben im Vormärz«, Tübingen 1965, S. 84, 99f.).*

58,24 das canonische Recht] *das katholische Kirchenrecht.*

58,28 lauter freye Eigenthümer] *die Leibeigenschaft war im Großherzogtum Warschau schon am 22. Juli 1807 aufgehoben worden. Für Preußisch-Polen wurde diese Aufhebung am 3. Mai 1815 nochmals ausdrücklich bestätigt. Um Massenkündigungen der Bauern von seiten der Gutsherren und damit ein allgemeines Chaos zu vermeiden, erließ die Berliner Regierung 1819 ein Gesetz, das jede beliebige Kündigung der Bauern durch die Grundherren unter Strafe stellte. Daß viele Bauern durch die Aufhebung der patriarchalischen*

Zustände erst einmal in noch größeres Elend als zuvor gerieten, betont schon Karoli (S. 314). Auch Heine weist recht besonnen auf die Problematik einer solchen ›Revolution von oben‹ hin (vgl. den Dialog zwischen Flyns und Babe in seiner Rezension von Beers »Struensee«, 1828, DHA Bd. 10). Außerdem spürt er genau, daß manche dieser Gesetze von der preußischen Regierung nur erlassen wurden, um damit die Macht des polnischen Adels, dem eigentlichen Träger des nationalen Widerstandes, zu brechen. In diesen Abschnitten muß selbst Raabski einiges richtig Beobachtete zugeben. Doch andererseits streicht er unermüdlich »Fleiß, Ordnungsliebe, Nüchternheit, gute Wirthschaft und Wohlstand« dieser »achtbaren Volksklasse« hervor, und zwar gerade da, wo sie im Zustand »freier Eigenthümer« lebe (S. 238).

59,*13* Reste der alten Strenge] *gerade die Aufklärer des 18. Jahrhunderts hatten immer wieder die Härte der Grundherren gegen ihre Bauern hervorgehoben (vgl. Robert F. Arnold, »Geschichte der Deutschen Polenliteratur«, Halle 1900, S. 84ff.).*

59,*16* Thadäus Kosziusko] *Tadeusz Kościuszko (1746–1817), polnischer General, der im amerikanischen Unabhängigkeitskrieg mitgekämpft hat und von 1778 bis 1783 Adjutant Washingtons war. 1794 übernahm er die Führung im polnischen Volksaufstand, unterlag jedoch den numerisch weit überlegenen russischen Streitkräften. Emigrierte später nach Amerika, Frankreich und der Schweiz.*

59,*18–19* der Einfluß französischer Lehren] *gemeint sind die Ideen der französischen Aufklärung, die schon früh in Polen an Einfluß gewannen, und die Wirkung des »Code Napoléon«, den das Großherzogtum Warschau zwischen 1807 und 1815 eingeführt hatte.*

59,*23* durch zweckmäßige Einrichtungen] *damals waren gerade die preußischen ›Regulierungsgesetze‹ in Vorbereitung, die am 8. April 1823 verkündet wurden. Ihre Ausführungsbestimmungen sahen eine zwölfjährige Übergangszeit von den bisher geleisteten Hand- und Spanndiensten bis zum Zustand der völligen Selbständigkeit vor und verboten zugleich den Adligen den Erwerb abgelösten Bauernlandes, das sogenannte ›Bauernlegen‹.*

59,*26* auch das Plötzliche ist zuweilen gut] *die folgende Zensurlücke enthielt möglicherweise Anspielungen auf den südamerikanischen oder griechischen Freiheitskampf, in denen das Problem der großen Landbesitzer ebenfalls eine wichtige Rolle spielte.*

59,*28* die Juden] *mit ihren Problemen war Heine wahrscheinlich schon durch den »Verein für Kultur und Wissenschaft der Juden« in Berlin vertraut (vgl. »Entstehung und Aufnahme« 476,23–26).*

59,*29* den vierten Theil der Bevölkerung] *über diese Äußerung war Raabski besonders empört. Er schreibt: »Nach der von der hiesigen Königl. Regierung 1821 offiziell publizirten Uebersicht ihres Verwaltungsbezirks zählt der Posener Regierungsbezirk unter 599,172 Köpfen 39,683 Juden. Ist das der vierte oder der funfzehnte Theil? Im Herzogthum Warschau zählte man auf*

3,774,262 Einwohner 246,000 Juden. Woher hat nun Hr. . . . . e seine Zählung?« (S. 248). Dennoch hat Heine nicht ganz Unrecht, da er vielleicht nur an die Städte dachte. In Posen gab es 1818 57,5% Katholiken, 21,5% Protestanten und 21% Juden (vgl. Jacob Jacobson, »Zur Geschichte der Juden in Posen«. In: Rhode S. 250). Bei Schudt heißt es über Polen: »Da grimmelts und wimmelts allenthalben mit Juden in Städten/Flecken und Dörffern« (I, 209).

59,29–30 treiben alle Gewerbe] *Raabski behauptet, daß sie meist »Kaufleute, Krämer, Wechsler, Schneider, Posamentierer, Riemer, Tapezierer« usw. seien, das heißt Berufe wählten, die keine »große Körperkraft erfordern« (S. 248). Im Vergleich zu den deutschen Zunftregeln war das relativ liberal. Karoli schreibt über die polnischen Juden: »Handel und Gewerbe <liegen> beinahe ganz in ihren Händen« (S. 314). Auch Jacob Jacobson betont, daß $^4/_5$ aller Posener Kaufleute Juden waren (S. 250).*

59,30 der dritte Stand Polens] *die gleiche Formulierung findet sich bei Friedrich Rühs (»Ueber die Ansprüche der Juden auf das deutsche Bürgerrecht«, Berlin ^{2}1816, S. 29). Unter nationalpolnischer Perspektive schreibt Raabski empört: »Wir <müssen> die Ehre, sie als dritten Stand anzuerkennen, ablehnen«. Ja, er setzt sogar noch höhnisch hinzu, daß er »Hr. . . . . e« nicht um sein »Wohlgefallen an ›bevölkerten Bärten und Knoblauchgeruch‹« beneide (S. 248). Heine äußert sich über diesen Vorwurf in seinem Brief vom 7. April 1823 an Immanuel Wohlwill.*

59,36–37 Nürnberger Frauen-Taschenbuche] *Das »Frauentaschenbuch« wurde seit 1815 von Fouqué in Nürnberg herausgegeben. Die in ihm abgedruckten Geschichten und beigegebenen Stiche legen den Nachdruck auf eine ›altdeutsche‹ Spießbürgerlichkeit.*

60,2–3 Leihhaus-Anschauung gefühlvoller Romanenschreiber des Nordens] *die Figur des edlen Juden taucht bereits in Christian Fürchtegott Gellerts »Leben der Schwedischen Gräfin von G.« (1746) auf. Die romantischen Autoren (Hoffmann, Brentano, Arnim) betonen dagegen mehr das Gespenstisch-Exotische am Judentum und schmücken es mit ›erborgten‹ Farben aus.*

60,8–9 Friedländers: »Ueber die Verbesserung der Israeliten (Juden) im Königreich Polen; Berlin 1819«] *David Friedländer (1750–1834), ein jüdischer Schriftsteller und Seidenfabrikant in Berlin, war Heine als Mitglied des jüdischen ›Kulturvereins‹ bekannt, dem Friedländer seit 1821 angehörte. Der genaue Titel des erwähnten Buches lautet: »Ueber die Verbesserung der Israeliten im Königreich Pohlen. Ein von der Regierung daselbst im Jahr 1816 abgefordertes Gutachten. Berlin 1819.«*

60,10–11 ungerechte Verkennung] *Friedländer wirft den Rabbinern vor, daß sie zu isoliert leben und sich nur mit »leeren und spitzfündigen Spekulationen« abgeben (S. 22ff.).*

60,12 mit einer seltenen Wahrheit- und Menschenliebe] *als praktischer Aufklärer tritt Friedländer im Gefolge von Moses Mendelssohn für durchgreifende Bildungs- und Erziehungsreformen unter den Juden ein. Gegen alle*

Vorurteile des »Aberglaubens« (S. XLVII), denen die Chassidim und Talmudisten anhängen, fordert er eine aktive Teilnahme am »Fortschritt« der Menschheit, der schließlich in der »Freyheit des Geistes« kulminieren solle (S. LIII).

60,*15* alle Handwerke] *»Die Israeliten in Pohlen«, schreibt Friedländer, »haben seit Jahrhunderten die Freyheit gehabt, Handwerke und manche andre bürgerliche Nahrung zu treiben. Es wird sogar allgemein angenommen, daß sie gewiße Handwerke und Gewerbe fast ausschließend getrieben haben und noch treiben« (S. 6). Von Heine als indirekte Spitze gegen die preußischen Judengesetze vorgebracht.*

60,*16* viele christliche Handwerker] *Raabski belehrt ihn, daß die deutschen Handwerker schon seit dem 11. Jahrhundert in Polen eingewandert seien (S. 268).*

60,*20* der Walischey] *ein Posener Vorort auf dem rechten Wartheufer.*

60,*22–23* in Shakspeares »Flurschütz von Wakefield«] *Heine meint das pseudoshakespearesche Drama »George Green, der Flurschütz von Wakefield« (»George a Greene. The Pinner of Wakefield« von Robert Greene, 1599), das in »Altenglisches Theater. Oder Supplemente zum Shakspear. Übersetzt und herausgegeben von Ludwig Tieck« (Berlin 1811, I,159ff.) erschienen war und dort als ein Werk Shakespeares bezeichnet wird (I, S. XIX). In der Stadt Bradford, »wo alle die lustigen Schuhmacher wohnen« (S. 221), durfte niemand mit einem Stab über der Schulter durch die Straßen gehen, um nicht den Zorn der Handwerker auf sich zu ziehen.*

60,*23* kein Staatsamt] *das preußische Gesetz vom 11. März 1812, das auch Juden die Zulassung zu Staatsämtern erlaubte, war durch eine königliche Kabinettsordre vom 18. August 1822 wieder aufgehoben worden.*

60,*27* zu einer überfrommen Philosophie sublimirt] *wahrscheinlich Anspielung auf den frömmelnden Geist des sogenannten ›Judenbekehrungs-Vereins‹, der gerade in Berlin sein Unwesen trieb (vgl. »Briefe aus Berlin«, Erläuterung zu 30,9).*

60,*28* in den altpolnischen Wäldern] *möglicherweise bewußte Parallelisierung mit den »Altdeutschen Wäldern«, einer Sammlung mittelalterlicher deutscher Texte, welche die Brüder Grimm 1813–1816 herausgegeben hatten.*

60,*28–29* mit historischen Citaten zu heulen] *satirische Anspielung auf den Konservativismus der historischen Rechtsschule Savignys, die alle reaktionären Privilegien mit alten Zitaten zu belegen versuchte (vgl. Heines Bemerkungen über Savigny in »Briefe aus Berlin«, Erläuterung zu 9,36 und 19,23).*

60,*31* mehr Liebe zum Ackerbau] *dasselbe hatte schon Friedländer vorgeschlagen: »Es ist keinem Zweifel unterworfen, daß bey der freygestellten Erwerbung des Landeigenthums, auch Ackerbau und Viehzucht mit Erfolg in den nächsten Jahren von ihnen betrieben wird« (S. 15f.). Raabski bezweifelt diese Möglichkeit und findet, daß der Ackerbau dem »ganzen Wesen der jüdischen Eigenthümlichkeit zuwider« sei (S. 248).*

60,*38–39* alle Wirthshäuser Polens in den Händen der Juden] *wird bestätigt durch Schudt (I,212) und die »Studien« von Laubert (S. 94).*
61,*3–4* den er Faktor nennt] *über die Rolle dieser jüdischen Faktoren schreibt Schudt: »Sie sind der Herren beste <...> Diener, die ihnen alles nach Wunsch ausrichten. Kömmt eine unumgängliche Noth/daß man Geld/Pferde/Carossen etc. bald benöthiget/dieses alles wird ein Jude in dem Augenblick dem Herrn schaffen« (I,213).*
61,*8* hinter Meseritz] *Meseritz an der Obra, einem Nebenfluß der Warthe, liegt kurz hinter der preußischen Grenze direkt an der Poststraße Berlin-Posen (vgl. »Entstehung und Aufnahme« 477,22).*
61,*9* Das Wadzecksche Wochenblatt] *gemeint ist das »Berlinische Wochenblatt für den gebildeten Bürger und denkenden Landmann«, das von Friedrich Franz Daniel Wadzeck (1762–1823), einem bekannten Philanthropen und Lehrer der Physik beim Berliner Kadettenkorps, herausgegeben wurde und weitgehend seichtes Geplaudere, Anekdoten, Rätsel und drittrangige Gedichte enthält, worauf Heine noch einmal im »Buch Le Grand« (187,11) anspielt (vgl. auch die Artikel über Wadzeck im »Sonntagsblatt«, 1820, Nr. 8 vom 20. Februar, S. 63 und im »Freimüthigen«, 1822, Nr. 125 vom 6. August, S. 500 und Nr. 126 vom 8. August, S. 504).*
61,*10* brechpulverisch] *den gleichen Ausdruck gebraucht Heine in einem Brief vom 14. April 1822 an Christian Sethe über die Deutschen.*
61,*13* Terzianers] *wahrscheinlich Anspielung auf Wilhelm Wackernagel (1806–1869), der als vierzehnjähriger Tertianer am 27. November 1819 in einem Brief an seinen Bruder Philipp eine Teilung Deutschlands in 14 Kreise vorgeschlagen hatte. Der junge Wackernagel hatte daraufhin eine dreitägige Gefängnisstrafe erhalten, die er in der Berliner Stadtvogtei (vgl. »Briefe aus Berlin«, Erläuterung zu 39,21) absitzen mußte. Sein Fall war damals schnell stadtbekannt geworden und durch alle Berliner Zeitungen gegangen (vgl. Rudolf Wackernagel, »Wilhelm Wackernagels Jugendjahre. 1806–1823«, Basel 1885, S. 10f., 18f.). Auch in Heines »Zeitgedichten« findet sich noch einmal eine Anspielung auf den* kecksten Tertianer, *der* Absagebriefe schrieb an Tyrannen *(Nr. 19 »Simplicissimus I«).*
61,*21–22* Als Frömmlinge einem polnischen Könige riethen] *schon Zygmunt I. weigerte sich 1526 gegen das Luthertum einzuschreiten. Zygmunt August erließ 1569 das Lubliner Dekret, das den Protestanten die freie Ausübung des Augsburgischen Bekenntnisses zusicherte. Ähnlich tolerant verhielten sich später Stefan I. Batory (1576–1586) und Władysław IV. (1632–1648).*
61,*23–24 Sum rex populorum sed non conscientiarum!*] *in der »Pohlnischen Chronicke« (1727) von Samuel Friedrich Lauterbach wird dieser Ausspruch Stefan I. Batory zugeschrieben (S. 476).*
61,*26* unter Casimir dem Großen] *Kazimierz Wielki (1310–1370) war der letzte Herrscher der Piasten, der wegen seiner Bemühungen, das Los der niederen Klassen zu verbessern, vom Adel als ›Bauernkönig‹ verspottet wurde.*

61,26–27 mit bedeutenden Privilegien begünstigt] *Kazimierz Wielki bestätigte am 9. Oktober 1334 die den Juden am 16. August 1264 von Bolesław Wstydliwy (1226–1279) verliehenen Privilegien. Diese Privilegien gehörten damals zu den liberalsten in ganz Europa und bewirkten, daß viele Juden nach Polen einwanderten (vgl. Schudt I,209ff. und Philipp Bloch, »Die General-Privilegien der polnischen Judenschaft«. In: »Zeitschrift der Historischen Gesellschaft für die Provinz Posen« 6, 1891, S. 69–105, 139–174, 387–416).*

61,27–28 Sie scheinen dem Adel weit näher gestanden zu haben als den Bauern] *auch dagegen protestiert Raabski scharf und behauptet, daß die Juden keine »wahre Kultur« besäßen, sondern »ohne Vaterland« in »tödtendem Egoismus« dahinlebten (S. 248).*

61,28 nach einem alten Gesetze] *Schudt schreibt dazu: »Die Juden haben es in Pohlen so weit gebracht/daß sie auch zum Adel-Standt gelangen können/ dann wenn ein Jude will geadelt seyn/ so muß er vor allen Dingen sich zu dem Christlichen Glauben bekennen« (I,212). Auch Bloch bestätigt, daß sich nach dem Paragraphen 43 des am 13. August 1453 von Kazimierz IV. erlassenen Statuts in Polen der Brauch eingebürgert habe, jeden Juden, der über einen gewissen Grundbesitz verfügte, bei der Taufe automatisch in den Adelsstand zu erheben (S. 389).*

61,39–40 spitzfindige Scholastik] *ähnlich wie Friedländer, der die »Spitzfündigkeit« der Talmud-Anhänger (S. 22ff.) und den Aberglauben der »Chassidim« (S. 38ff.) ebenfalls verwirft und für ein Fortschreiten mit der europäischen Kultur eintritt (vgl. auch Erläuterungen zu 60, 8–12).*

62,4 seinen Bolivar] *Hut in der Art, wie ihn der südamerikanische Revolutionär Bolivar trug (vgl. »Briefe aus Berlin« 13,7–8).*

62,4 seinen Jean Paul] *wahrscheinlich eine Anspielung auf Leopold Zunz, den Heine im Berliner ›Kulturverein‹ kennengelernt hatte und der ein großer Jean-Paul-Verehrer war (vgl. Hanns Günther Reissner, »Der Berliner ›Wissenschaftszirkel‹ (1816/17) – Jean Pauls Einfluß auf den Stil von Leopold Zunz«. In: »Bulletin des Leo Baeck Instituts« 6, 1963, Nr. 22).*

62,9 durch die Einzwängung Frankfurter Judengaßmauern] *Heine war im Herbst 1815 kaufmännischer Volontär in Frankfurt gewesen und hatte dort die Zustände im Ghetto kennengelernt. Im Gegensatz zu Düsseldorf hatte sich hier die alte Ghetto-Ordnung besonders lange gehalten. Eine ausführliche Schilderung dieser Zustände bietet später das 2. Kapitel des »Rabbi von Bacherach«, wo allerdings die ›poetische‹ Ausmalung im Sinne Scotts den politischen Ingrimm, mit dem etwa Börne diese Zustände sah, weitgehend in den Hintergrund drängt.*

62,13 seiner staatspapiernen Herrlichkeit] *als Invektive gegen die reichen Juden gemeint, deren Besitz vor allem in Wert- und Staatspapieren bestand.*

62,21–22 einer marmornen Medizäerin] *eine Nachbildung der mediceischen Venus stand in Göttingen, auf die Heine auch in der »Harzreise« anspielt (89,10).*

62,24–25 dieses gelbe Steinchen] *gelb hier im Sinne von diffamierend, brandmarkend gemeint. Schon im Mittelalter wurden verächtliche Berufe und Minoritäten wie Dirnen und Juden zum Tragen gelber Abzeichen oder Kleider verurteilt. Raabski ist natürlich empört über diese Äußerung und bezeichnet den Adel als den »vorzüglichsten Theil« der Nation, an dem kein »falsch« sei (S. 269). Über Heines Hochschätzung des polnischen Edelmanns, der* verdient, daß man ihn achte, *vgl. auch seinen Brief an Keller vom 1. September 1822.*

63,12 die feindlichen Berührungen mit Rußland] *Hinweis auf die drei polnischen Teilungen (1772, 1773 und 1795), bei denen sich Rußland, zum Teil in blutigen Unterdrückungsfeldzügen (1794), über die Hälfte Polens einverleibte.*

63,13–14 die freundschaftlichen Berührungen mit Frankreich] *schon im 18. Jahrhundert war der französische Einfluß der dominierende. Noch stärker wurde er zur Zeit des von Napoleon geschaffenen Großherzogtums Warschau (1807–1815).*

63,14–15 jene seltsamen Mischungen von Cultur und Barbarey] *den gleichen Eindruck hatte schon Georg Forster, der am 18. Juni 1786 aus Wilna an Lichtenberg schreibt, daß sich die polnischen Sitten nur als ein »Mischmasch von sarmatischer und fast neuseeländischer Rohheit und französischer Superfeinheit« charakterisieren ließen.*

63,26 Lutetia] *alter Name für Paris.*

63,31 Magnaten] *Raabski findet diese Rangabstufungen unerheblich. »Wie kann jetzt noch von Magnaten die Rede seyn«, schreibt er, »wo der Reichste wie der Aermste in gleichem Grade ohne politische Bedeutsamkeit, in einerlei Dunkel zurückgetreten ist?« (S. 269).*

63,33–34 die Würde eines polnischen Edelmanns *(civis polonus)*] *seit dem Krakauer Privileg von 1386, das dem Adel absolute Steuerfreiheit und Gerichtshoheit zusicherte, war der Adel allmählich zu einer selbstherrlichen Führungsmacht emporgestiegen, dessen Konföderationen sich häufig stärker als das jeweilige Königtum erwiesen.*

63,39 Die Chartoriskis] *waren seit 1623 Reichsfürsten und besaßen große Ländereien in Galizien und um Posen. Wegen ihres großen Einflusses hießen sie im 18. Jahrhundert schlichtweg ›die Familie‹. Adam Jerzy Fürst Czartoryski (1770–1861) war im Großherzogtum Warschau einer der Führer der frankophilen Bewegung gewesen und übernahm im Polenaufstand von 1830 für kurze Zeit die Regierung (vgl. Laubert S. 12ff.).*

63,39 die Radzivils] *waren seit 1515 Reichsfürsten und besaßen neben vielen Besitztümern in Ost- und Südpolen auch das Gut Przygodzice bei Posen. Das Oberhaupt der Familie war damals Antoni Fürst Radziwiłł (1775–1833), der mit Prinzessin Luise (1770–1836), einer Schwester des Prinzen Louis Ferdinand von Preußen (1772–1806), verheiratet war und seit 1815 als preußischer Statthalter in Posen residierte. Seine Tochter Elise (1803–1834)* *war die Jugendliebe des Prinzen Wilhelm von Preußen, des späteren Kaisers Wilhelm I. (vgl. »Briefe aus Berlin«, Erläuterungen zu 34,17).*

63,39 die Samoyskis] *zu den bekanntesten Mitgliedern dieser Familie gehören Jan Zamoyski (1542–1605), der sich in den Türkenkriegen als Feldherr auszeichnete, und Adam Zamoyski (1716–1792), der unter Stanisław August Poniatowski, dem letzten polnischen Könige, die Stellung eines Kanzlers innehatte.*

63,39–40 die Sapiehas] *waren seit 1699 Reichsfürsten und gruppierten sich 1823 um den jungen Leon Fürst Sapieha (1802–1878).*

63,40 die Poniatowskis] *waren seit 1764 Reichsfürsten. Stanisław August Poniatowski regierte als letzter polnischer König von 1764–1795. Józef Fürst Poniatowski (1763–1813), ein Neffe dieses Königs, leitete die polnische Armee unter Napoleon und fand nach der Schlacht bei Leipzig den Tod.*

63,40 die Potockis] *galten im 18. Jahrhundert aufgrund ihres politischen Einflusses als ›die Partei‹. Stanisław Potocki (1757–1821) war im Großherzogtum Warschau in der Regierung gewesen und im russischen Kongreßpolen Erziehungsminister geblieben (vgl. Laubert S. 7).*

64,6 Die Benennung Starost] *Staroste waren Edelleute im Besitze eines königlichen Lehens, die gleichzeitig die Gerichtsbarkeit ausübten. Nach der letzten polnischen Teilung (1795) starb dieser Titel allmählich aus.*

64,31 ein Wahlreich] *nach dem Aussterben der Jaggelionen (1386–1572) war Polen bis 1772 eine Wahlmonarchie. Die freie Wahl des Herrschers erfolgte durch den gesamten Adel auf dem Felde um Wola bei Warschau. Als erster König wurde 1573 Heinrich von Valois (1551–1589) gewählt, der jedoch schon 1574 als Heinrich III. den französischen Thron bestieg.*

64,33–34 ein kühner Schwerdthieb] *Raabski bezweifelt diesen kriegerischen Ehrgeiz und betont, daß sich weder König Michael Wiśniowiecki (1669–1673) noch Johann Sobieski (1674–1696) oder Stanisław August Poniatowski den Thron erstritten hätten. Er führt den »soldatischen Geist« der Polen nicht auf das Machtstreben, sondern auf die »offenen feindlichen Gränzen« zurück (S. 269).*

65,12–13 Dieses Todeszucken des polnischen Volkskörpers] *auch in der »Harzreise« spricht Heine von den* Seufzern untergehender Völker, *was sich auf ein Buch von Sartorius über die Ostgoten bezieht (vgl. Erläuterung zu 135,23).*

65,19 Lessing, Herder, Schiller] *auch in einem Brief an Christian Sethe vom 14. April 1822 nennt er diese drei seine Lieblingsdichter.*

65,27 ich selbst bin gewissermaßen ein Kind derselben] *bezieht sich auf seine Düsseldorfer Gymnasiumszeit, wo er früh zur Montesquieu- und Voltaire-Lektüre angehalten wurde.*

65,29 der Encyklopädie] *gemeint ist die von Diderot und d'Alembert herausgegebene »Encyclopédie« (1751–1780), eins der Hauptwerke der französischen Aufklärung.*

65,*36* die washingtonsche] *im Sinne einer alle Menschen, d. h. auch die Kleinbürger und Bauern umfassenden Freiheit gemeint (vgl. auch die Erläuterung zu 38,25–26).*
65,*37* Kosziusko] *vgl. Erläuterung zu 59,16.*
66,*2* um seine eigne Macht zu vergrößern] *vgl. Erläuterung zu 63,33–34.*
66,*13–14* Katharinas] *Luther heiratete 1525 Katharina von Bora (1499–1552), eine ehemalige Nonne.*
66,*15* wie in Augsburg] *im Verlauf des Prozesses, den die katholische Kirche nach dem Wittenberger Thesenanschlag eröffnete, wurde Luther im Oktober 1518 in Augsburg vernommen.*
66,*21–22* nach Griechenland und Südamerika] *der Unabhängigkeitskampf der Griechen, auf den Heine schon in den »Briefen aus Berlin« zu sprechen kommt (vgl. 31,17), war 1821 ausgebrochen. Brasilien hatte sich 1821 als unabhängiges Kaisertum von Portugal gelöst. Im gleichen Jahre waren La Plata, Uruguay, Chile und Bolivien Freistaaten geworden. Mexiko folgte 1823.*
66,*28* von Polens Weibern] *den ganzen nächsten Abschnitt findet Raabski voller »widerlich süßlicher Empfindelei« (S. 276). Vielleicht sind hier einige der Gubitzschen* Surogatwitze *eingeflossen, von denen Heine am 21. Januar 1823 in einem Brief an Christian Sethe spricht.*
66,*28–29* an den Ufern des Ganges] *Anspielungen auf Indien, die auf Anregungen von August Wilhelm Schlegel, E. T. A. Hoffmann, Franz Bopp und Hegel zurückgehen, verwendet Heine in diesen Jahren ständig (vgl. die Hinweise auf den Ganges im »Lyrischen Intermezzo«, Nr. IX, in der »Heimkehr«, Nr. VII, im »Friederiken«-Zyklus der »Neuen Gedichte« und im »Buch Le Grand« 173,35–37). Vor allem Frauen werden von ihm gern mit der indischen Vorstellung des stillen* Blumenlebens *in Beziehung gesetzt.*
66,*30–33* Mallika, Kuwalaya, Oschaddi, Nagakesarblüthen, Lotosblumen *bis* Kamalata, Pedma, Kamala, Tamala, Sirischa] *indische Blumennamen, die in dem Buch »Sakuntala oder der entscheidende Ring. Aus den Ursprachen Sanskrit und Prakrit ins Englische und aus diesem ins Deutsche übersetzt mit Erläuterungen von Georg Forster, Mainz und Leipzig 1791« erwähnt und zum Teil erläutert werden (I, 665). Die frisch aufgeblühte Mallika steht für Sakuntala. Die Kuwalaya, eine blaue Wasserlilie, wird mit Sakuntalas Fingerspitzen verglichen. Oschaddi ist ein Heilkraut, das bei Mondschein aufblüht. Der wohlriechende Blütenstaub des Nagakesarbaumes wird in Lotosblättern aufbewahrt. Die Sirischa ist eine Akazienart. Die Kamalata, Pedma, Kamala und Tamala werden in Forsters Register als Synonyme der heiligen Lotosblume aufgezählt.*
67,*6* des Baron Holbach] *Paul Henri Dietrich Baron d'Holbach (1723–1789) war einer der Enzyklopädisten und Verfasser des »Système de la nature« (1770), der wegen seiner materialistischen Theorien allgemein als der große Antipode aller empfindsamen Gefühlsphilosophien galt.*
67,*10* Ein sehr werther Weltweiser] *nicht zu ermitteln.*

68,16 eine Venus von Titian] *galt schon im 18. Jahrhundert als Inbegriff der sinnlichen Schönheit.*

68,16–17 eine Maria von Correggio] *ebenso sprichwörtlich für alles Innige und Gefühlvolle.*

68,21–22 Muster von Häuslichkeit] *vgl. zum Folgenden die Charakteristik der deutschen Frauen in Madame de Staëls »De l'Allemagne« (I,3).*

69,1–2 sie sind heitere Kinder] *Ähnliches schreibt schon Karoli (S. 309ff.).*

69,31–32 die Begebenheiten der letzten Zeit] *nochmalige Anspielung auf die polnischen Teilungen und die endgültige Liquidierung Polens auf dem Wiener Kongreß (1815).*

70,20–21 jenen freudigen Zusammenfluß junger Polen] *vgl. die Hinweise auf die »Polonia«, der auch Breza angehörte, in »Briefe aus Berlin« (13,14 und 33,27).*

70,23 im Hörsaale Hegels] *vielleicht hat Heine dort den jungen Breza kennengelernt (vgl. »Entstehung und Aufnahme« 476,41).*

70,24 durch einige unselige Ereignisse] *gemeint sind die Massenrelegationen polnischer Studenten nach dem Verbot der »Polonia« und der »Gesellschaft der Freunde« im Frühsommer 1822, die auch Breza zwangen, Berlin zu verlassen (vgl. »Briefe aus Berlin«, Erläuterung zu 48,43).*

70,28 dem tiefsinnigsten deutschen Philosophen] *während sich Heine in den »Briefen aus Berlin« noch über Hegels abstrakte Ideenspekulationen leicht mokiert (vgl. 15,6, 16,29 und 28,3), bezieht er hier, vielleicht unter dem Einfluß von Gans, den er wenige Wochen vor seiner Polenreise näher kennenlernte, eine positivere Haltung Hegel gegenüber. Wahrscheinlich hat Heine Ende Oktober 1822 Hegel sogar persönlich besucht und dann im Sommersemester 1823 dessen Vorlesung über die »Philosophie der Geschichte« belegt. Was Heine daher in diesem Abschnitt über* Volks-Charakter *und* Wissenschaft *sagt, hat bereits einen leicht hegelianischen Anstrich.*

70,31–32 eine Menge guter deutscher Bücher wird ins Polnische übersetzt] *vgl. dazu die ausführlichen Berichte in der »Eleganten«, 1821, Nr. 101 vom 24. Mai, Sp. 807f. und Nr. 102 vom 25. Mai, Sp. 815f.; 1822, Nr. 63 vom 29. März, Sp. 503f. und Nr. 64 vom 30. März, Sp. 512.*

70,36–37 in Warschau wird an einer – polnischen Literatur gearbeitet] *in den frühen zwanziger Jahren beginnt die ›romantische Epoche‹ der polnischen Literatur, die von der Warschauer »Gesellschaft der Freunde der Wissenschaften« nachdrücklich gefördert wurde (vgl. »Elegante«, 1822, Nr. 64 vom 30. März, Sp. 512). Unter ihrem Einfluß wandten sich viele der jungen polnischen Dichter vom französischen Klassizismus ab und griffen deutsche (Herder, Goethe, Schiller, die Brüder Schlegel) und englische (Byron, Scott) Anregungen auf. Eine wichtige Mittlerrolle spielte dabei die Schrift »O klasyczności i romantyczności« (»Über Klassizismus und Romantismus«, 1818) von Kazimierz Brodsiński (1791–1835), die vor allem Adam Mickiewicz (1798–1855), Juliusz Słowacki (1809–1849) und Zygmunt Krasiński (1812* *bis 1859) beeinflußte. 1822 erschien das erste Gedichtbändchen (»Poezje«) von Mickiewicz. Im Gegensatz zur deutschen Romantik meldet sich dabei neben dem Streben nach Volkstümlichkeit und nationaler Identität auch eine starke Freiheitssehnsucht.*

70,*38–39* ein aus dem ganzen Volke organisch Hervorgegangenes] *von Herder angeregte Vorstellung, wie sie dann in der Romantik auch von Brentano, Arnim, Görres, Tieck, den Brüdern Grimm und anderen vertreten wurde.*

71,*8* Ein geliebter polnischer Freund] *wohl Breza gemeint.*

71,*16–17* wie man mit den Büchern der Warschauer Bibliothek im letzten Kriege verfahren] *Raabski schreibt hier: »Das heillose Verfahren mit der von den Gebrüdern Zaluski gestifteten Nationalbibliothek gehört nicht in den letzten Krieg, sondern in die Geschichte des Aufstandes von 1794, da Suwarow nach dem Sturm von Praga und der Einnahme von Warschau die Bücher durch Kosaken in Futtersäcken in die Fourgons tragen und transportiren ließ, so daß die kostbaren Werke auf dem Wege nach Petersburg grausam versplittert und zerrissen wurden« (S. 277).*

71,*19–20* eine Bibliothek für die polnische Geschichte] *Adam Jerzy Fürst Czartoryski (1770–1861), das Haupt der polnischen Emigrationsaristokratie in Paris, schickte 1820 seinen Neffen, den jungen Konstanty Zamoyski (1804 bis 1880), an die Universität Edinburgh, um dort Politik und Volkswirtschaft zu studieren. Dieser Zamoyski schenkte 1821 der dortigen Bibliothek 180 Bücher über polnische Geschichte und polnische Literatur, eine Sammlung, die den Namen »Bibliotheca Polonica et Lithuana« erhielt (vgl. »A History of the Society of Writers«, Edinburgh 1890, S. LXXV). Raabski spricht lediglich vom »jungen Grafen Zamoyski«, vermutet jedoch andere Gründe hinter der Errichtung dieser Bibliothek (S. 277).*

71,*23–24* das sehr geistreiche Werk von Kaulfuß] *gemeint ist das Buch »Ueber den Geist der polnischen Sprache. Eine Einleitung in die polnische Literär-Geschichte für Deutsche« (Halle 1804) von Johann Samuel Philipp Kaulfuß (um 1780–1832), das den Wohlklang und die Biegsamkeit der polnischen Sprache an Beispielen aus der polnischen Lyrik des 18. Jahrhunderts zu beweisen versucht. Kaulfuß war bis 1824 Professor für Philosophie und Geschichte und zugleich Direktor des Posener Mariengymnasiums und damit unmittelbarer Vorgesetzter von Schottky. Um dem Einfluß des Französischen entgegenzutreten, hatte Kaulfuß 1816 in einer öffentlichen Rede »Warum ist die deutsche Sprache und Literatur als Hilfsmittel zur Fortbildung der französischen vorzuziehen?« das Deutsche als die Sprache hingestellt, die sich zur »Bildung des Geistes und des Herzens« besser als alle anderen Sprachen der Welt eigne (vgl. Laubert S. 81f.). Seitdem war in Posen ein recht lebhafter Sprachenstreit ausgebrochen. Am Mariengymnasium überwog auf Druck der Regierung, die jeder weiteren Spannung aus dem Wege zu gehen versuchte, das Polnische. Gewisse konservative preußische Adelskreise setzten sich dagegen für eine zwangsweise Durchsetzung des Deutschen ein. Auch*

Goethe verfaßte einen »Vorschlag zur Einführung der deutschen Sprache in Polen« (Sophienausgabe, Abtl. II, Bd. 42,2, S. 18–23), den er jedoch nicht publizierte. Raabski schreibt in diesem Zusammenhang lediglich, daß er das Werk von Kaulfuß als veraltet empfinde, da es nur bis 1800 gehe (S. 277).

71,30–31 Carnot] *Lazare-Nicolas-Marguerite Carnot (1753–1823) war 1793 Mitglied des Wohlfahrtsausschusses gewesen und schloß sich dann Napoleon an, der ihn während der 100 Tage mit dem Amt des Innenministers betraute. 1815 wurde er von den Bourbonen verbannt. Er ging zuerst nach Warschau, das er wegen seiner liberalen Anschauungen wieder verlassen mußte (vgl. Laubert S. 90f.), und ließ sich schließlich in Magdeburg nieder. Außer dem komischen Heldengedicht »Don Quichotte« (1820) verfaßte er dort vor allem mathematische Arbeiten. Heine wurde vielleicht durch das Buch »Das Leben L. N. M. Carnots« von Wilhelm Körte auf ihn aufmerksam, das 1820 in Leipzig bei Brockhaus erschien und Carnot als einen aufrechten, freien Bürger hinstellt, dessen politisches Ideal eine Synthese von Monarchie und Republik sei.*

73,10 praktisch-Basedowsche] *Johann Bernhard Basedow (1723–1790), einer der hervorragendsten pädagogischen Reformer der Aufklärung, hatte 1774 das ›Philanthropinum‹ in Dessau gegründet.*

73,17 Wasserpolen] *so bezeichnete man jene Polen, die in den westlichen Grenzgebieten wohnten und einen mit Deutsch durchsetzten polnischen Dialekt sprachen.*

73,35 Posen] *das heutige Poznań, war 1815 zur Hauptstadt des Großherzogtums Posen geworden, in dem der preußische Oberpräsident und der polnische Statthalter residierten.*

73,36–37 eine große Menge katholischer Kirchen] *einschließlich der Klöster waren es etwa 40. Ein genaueres Verzeichnis findet sich bei Rhode (S. 224).*

73,37 Aber keine einzige ist schön] *Heine vermißt hier wie in Berlin die* Alterthümer *(vgl. »Briefe aus Berlin«, Erläuterung zu 16,35–36). Auch <Johann Gustav> Büsching, der Lehrer Schottkys, schreibt unter dem Titel »Die Alterthümer Posens« in der Nr. 166 des »Gesellschafters« vom 17. Oktober 1821: »Der Dom zu Posen ist ein neu aufgeführtes Gebäude. Was daran vielleicht alt, läßt sich gar nicht mehr unterscheiden <...> Auch die übrigen Kirchen, welche ich besah, gewährten mir gar keine Ausbeute in irgend einer Hinsicht« (S. 776). Raabski nennt dagegen die Stadtpfarrkirche St. Stanislaw »ein edles, seiner italienischen Meister würdiges Werk« und streicht auch die Schönheiten der Marienkirche und der alten Johanniskirche heraus (S. 127).*

74,1 die fatale Gewohnheit, ihre Kirchen zu renoviren] *Raabski entschuldigt das damit, daß der 1431 begonnene Dom im 18. Jahrhundert vom Blitz getroffen und die Dominikanerkirche 1803 abgebrannt seien (S. 127).*

74,1–2 Im uralten Dom zu Gnesen] *der 965 angefangene Dom, der später verfiel, wurde im 17. Jahrhundert durch Erzbischof Matthias Łubienski (gest.*

1652) aus den Ruinen wieder aufgeführt (vgl. auch die Hinweise auf den Gnesener Dom in den ersten beiden Kapiteln des »Schnabelewopski«, DHA Bd. 5).

74,*2* der ehemaligen Hauptstadt Polens] *Gnesen, das heutige Gniezno, wo sich Bolesław I. Chrobry 1025 zum ersten polnischen König krönen ließ, blieb bis 1320 Krönungsstadt des polnischen Reiches. Später übernahmen Krakau und Warschau die Hauptstadtfunktion.*

74,*3–4* die figurenreiche, aus Eisen gegossene Kirchenthür] *Raabski betont, daß es sich hier nicht um ein Eisen-, sondern um ein Bronzetor handele, das obendrein viel zu klein sei, um jemals das* Thor von Kiew *gewesen zu sein (S. 128). Die gleiche Korrektur nimmt F vor (S. 157).*

74,*5* der siegreiche Boguslaw] *Heine meint hier den König Bolesław I. Chrobry, der von 992 bis 1025 regierte. Nachdem er die polnische Westgrenze gegen Kaiser Heinrich II. (1001–1024) verteidigt hatte, gelang es ihm im Jahre 1018 im Osten bis nach Kiew vorzustoßen. Raabski (S. 128) und F (S. 157) weisen beide voller Hohn auf die Heinesche Namenverdrehung hin.*

74,*5–6* sein Schwerdthieb] *Raabski schreibt: »Ein Schwerdthieb ist daran nicht zu sehen; auch erwähnt die Tradition nicht der Scharte in der Thür, sondern in des Königs Säbel, der davon den Namen Szczerbiec, der Schartige, erhielt und zur feierlichen Umgürtung der Könige von Polen bei ihrer Krönung bestimmt« war (S. 128). Auch F widerspricht in diesem Punkt (S. 157).*

74,*6* Kaiser Napoleon] *Raabski hält das für eine Legende. Nach seiner Meinung hat Napoleon den Dom zu Gnesen nie gesehen. Obendrein fragt er empört: »Wes Geistes Kind ist denn aber der Verfasser, daß Napoleons Aufmerksamkeit in seinen Augen den Werth des Gebildes erhöht?« (S. 128). Hier irrt jedoch Raabski. Napoleon hat sich nachweislich am 15. Juli 1807 in Gnesen aufgehalten, was Heine sicher von Brezas erfahren hat (vgl. Adolf Warschauer, »Geschichte der Stadt Gnesen«. In: »Zeitschrift der Historischen Gesellschaft für die Provinz Posen« 30, 1918, S. 296).*

74,*10* einen vierstimmigen Gesang] *nach Raabski war dieser Gesang einstimmig. Er schreibt: »Weil dieses uralte polnische Lied: Bogarodzica dziewica, Bogiem sławiona, etwa von vier Geistlichen vorgetragen wurde, glaubt er, daß es vierstimmig ist?« (S. 128). Vgl. auch F, S. 157.*

74,*10* der heilige Adalbert] *Adalbert (um 955–997), ein Freund und Berater des jungen Otto III. (980–1002), erlitt 997 bei Missionsversuchen im pruzzischen Samland den Märtyrertod. Bolesław I. ließ ihn im Jahr 1000 im Dom zu Gnesen beisetzen. Auch zu Anfang des »Schnabelewopski« kommt Heine noch einmal auf dieses Grabmal zu sprechen.*

74,*11* alle Sonntage] *Raabski fügt hier kleinlich hinzu: »Auch alle Feiertage wird er gesungen« (S. 128).*

74,*12* Der Dom hier in Posen ist neu] *die Posener Peter-und-Paul-Kathedrale war im 18. Jahrhundert wegen Einsturzgefahr geschlossen worden. Durch die späteren Wiederherstellungsarbeiten hatte sie ein weitgehend klassizistisches*

Aussehen bekommen (vgl. Bernhard Stasiewski, »Zur Geschichte der katholischen Kirche in Posen«. In: Rhode S. 201 ff.).

74,13–14 der Palast des Erzbischofs] *lag direkt neben dem Dom und war seit 1821 Sitz des Erzbischofs von Posen-Gnesen.*

74,15 zugleich römischer Cardinal ist] *Tymoteusz Gorzeński (1743–1825) war seit 1809 Bischof von Posen, seit 1821 Erzbischof der vereinigten Diözese Posen-Gnesen. Von einer Kardinalswürde ist nichts bekannt. Raabski schreibt: »Was aber den Reisenden irre gemacht hat, ist eben der Römische Purpur, welchen Papst Benedikt XIV. dem Erzbischofe Adam Ignatz Komorowski für ihn und seine Nachfolger auf ewige Zeiten verlieh. Der Römische Purpur, zwar eins von den Insignien der Kardinalswürde, ist jedoch die Würde noch nicht selbst« (S. 139).*

74,17 Der hohe Clerus] *Raabski behauptet, daß nicht alle hohen Kleriker Adlige seien, sondern daß es auch »Domherren vi doctoratus« gebe (S. 139).*

74,18 der niedere Clerus] *das gleiche sagt Karoli (S. 314). Raabski betont dagegen, daß der niedere Klerus in Polen nicht schlechter sei als der niedere Klerus in anderen Ländern (S. 140).*

74,20 Ideen-Assoziazion] *schon in den »Briefen aus Berlin« häufig gebrauchtes Stilmittel (vgl. Erläuterung zu 9,38–39). Raabski wittert hinter diesem ironischen Übergang eine antichristliche, d.h. jüdische Gesinnung und rät dem »jungen Herrn« nach »Jericho zu gehen, bis ihm der Bart wachse« (S. 147).*

74,20–21 Ein schönes Gebäude] *das Theater am Wilhelmsplatz war 1804 nach Plänen von Friedrich Gilly (1772–1800) gebaut worden und faßte 1000 Personen.*

74,22 die göttlichen Damen] *gemeint sind die Musen Melpomene, Thalia, Polyhymnia und Terpsichore.*

74,25–27 eine Pfau, Schnepfe, Truthahn, Storch] *Raabski findet diesen Vergleich vom nationalpolnischen Standpunkte aus sehr treffend, da es sich bei den »genannten Vögeln« sämtlich um »ausländische« handele (S. 147). Die Form* eine Pfau *ist bei Grimm (VII, 1628) belegt, wenn auch nur mit viel älteren Beispielen.*

74,27 Das entzückte Publikum] *Raabski findet das Publikum von den Aufführungen der miserablen Wanderbühnen gar nicht so entzückt und weist darauf hin, daß die »leeren Sitze im Parterre und Logen« die Theaterleitung in »schreiende Noth« gestürzt hätten (S. 148).*

74,30 Auch einen Theater-Recensenten giebt es hier] *damit ist Idzi Stefan Raabski (1778–1847) gemeint, ein Präfekturassessor a. D., der seit 1820 Redakteur der »Zeitung des Großherzogthums Posen« war und als guter Cellist und Tenor den Theaterteil der Zeitung fast ausschließlich selber bestritt (vgl. auch »Entstehung und Aufnahme« 481,21–26).*

74,32–33 der Posener Stadt-Zeitung] *hierzu schreibt Raabski empört: »Sie führt mit Bewilligung der hohen Behörde die Aufschrift: Zeitung des Großherzogthums Posen« (S. 148). 1794 war sie ursprünglich als »Posener Zei-*

tung« gegründet worden. Ihren späteren Namen erhielt sie 1815. Sie erschien zweimal wöchentlich im Verlag Georg Jakob Decker in Posen und gehörte dem Rittmeister a. D. Friedrich Philipp Rosenstiel in Berlin. Ihre polnische Ausgabe hieß »Gazeta Wielkiego Xięstwa Poznańskiego«. Beide erschienen in ungefähr 250 Exemplaren (vgl. Laubert S. 214ff.). Warschauer nennt diese Zeitung das »einzig bedeutendere öffentliche Organ in der Provinz Posen« zu dieser Zeit (vgl. Adolf Warschauer, »Heinrich Heine in Posen«, Posen 1911, S. 5).

74,36 die Schröck] *Sophie Luise Schröck, geb. Mühl (1777–1846) war die Nachfolgerin der berühmten Bethmann im Berliner Schauspielensemble, die meist eifersüchtige oder eitle Frauenzimmer spielte. Heine hat sie u. a. in Claurens »Bräutigam aus Mexiko« gesehen (vgl. »Briefe aus Berlin« 45,16–17).*

74,36 die Stich] *damals die bekannteste Berliner Schauspielerin (vgl. »Briefe aus Berlin«, Erläuterung zu 15,22). Heine hat sie u. a. in Shakespeares »Romeo und Julia« gesehen (vgl. 15,23).*

74,40 Demois. Paien] *gemeint ist Marie Paien, deren Lebensdaten nicht zu ermitteln sind. – Der Stil der folgenden Schauspielercharakterisierungen verrät deutlich den Einfluß Börnes (vgl. Paul Santkin, »Ludwig Börnes Einfluß auf Heinrich Heine«, Diss. Bonn. 1913, S. 37).*

75,7 eine »Elisabeth« so gut wie eine »Maria«] *die beiden Antagonistinnen in Schillers »Maria Stuart«.*

75,9–10 als »Pauline« in »Sorgen ohne Noth und Noth ohne Sorge«] *»Sorgen ohne Noth und Noth ohne Sorge« ist ein Lustspiel in fünf Aufzügen von August Kotzebue, das 1810 in Leipzig erschienen war. Die Pauline ist hier das muntere Kammerkätzchen der gefühlvollen Heloise, die mit dem ahnenstolzen Baron Pelz auf Pelzendorf verlobt ist, dann jedoch einen wackeren Bürgerlichen heiratet.*

75,14–15 in der »Liebeserklärung«] *die »Liebeserklärung« ist ein Lustspiel in zwei Aufzügen von Franz August von Kurländer (1777–1836), dessen Berliner Erstaufführung am 6. November 1821 war. Gedruckt erschien es in »Lustspiele oder dramatischer Almanach für das Jahr 1822« (Leipzig 1822). Wahrscheinlich hat die Paien in diesem Stück den siebzehnjährigen Ernst von Helm gespielt, einen knabenhaft-schüchternen Typ, der im Rahmen einer konventionellen Verwechslungskomödie eine Liebesprobe durchstehen muß.*

75,15 in Wolffs »Cäsario«] *der »Cäsario« ist ein Lustspiel in fünf Aufzügen von Pius Alexander Wolff (vgl. »Briefe aus Berlin«, Erläuterung zu 33,1–2), das am 29. November 1810 in Berlin uraufgeführt wurde und 1823 im 1. Band seiner »Dramatischen Spiele« im Druck erschien. Es gibt zwei Hosenrollen in diesem Stück. Sowohl Julie als auch ihre Dienerin Lisette verkleiden sich als Männer, geben sich als Cäsario und Panthino aus und werben zum Schein um andere Mädchen, um deren Freier eifersüchtig zu machen. Erst im 4. Akt kehren sie als bekehrte Spröde wieder zu ihren Frauenkleidern zurück. Demois. Paien hat ihrem Rollenfach gemäß wahrscheinlich die Lisette gespielt.*

75,19–20 in den Sümpfen herum ziehender Truppen untergehen müßte] *F meint dazu: »Uebrigens darf er für seine Favorite nicht in Noth ohne Sorgen und Sorgen ohne Noth seyn, sie geht in keinem Sumpfe unter, dazu ist sie zu leicht!« (S. 157).*

75,21 Herr Carlsen] *nicht zu ermitteln.*

75,22 Madam Paien] *nicht zu ermitteln.*

75,23–24 Als Geliebte »Schieberles«] *nicht zu ermitteln.*

75,28 Herr Oldenburg] *Ferdinand August Oldenburg (1799–1868), der vorher in Magdeburg und Braunschweig aufgetreten war (vgl. »Braunschweigisches Archiv«, 1907, Nr. 8, S. 85–90).*

75,34 Als »Richard« in »Rosamunde«] *die »Rosamunde« ist ein Trauerspiel in fünf Aufzügen von Theodor Körner (1791–1813), das 1815 uraufgeführt wurde. Richard, der Graf von Poitou und Guienne, ist der leidenschaftliche, leicht verführbare, aber edle Sohn Heinrich II. von England, der sich erst gegen seinen Vater empört, aber dann seine Verfehlung bitter bereut. Über Heines Abneigung gegen Körners geschraubtes Pathos vgl. »Briefe aus Berlin«, Erläuterung zu 43,32.*

75,36 Herr Munsch] *nicht zu ermitteln.*

75,36–37 als König, am Ende des zweiten Akts in der unübertrefflichen Knall-Effektscene] *gemeint ist der 10. und 11. Auftritt des 2. Aktes, wo Richard bei nächtlichem Fackellicht gegen seinen Rivalen bei Rosamunde das Schwert zieht – und in ihm seinen Vater Heinrich erkennt. Zugleich wird Rosamunde durch diesen Zusammenstoß darüber aufgeklärt, daß ihr langjähriger Geliebter und Vater ihrer Kinder der König Heinrich II. von England ist.*

75,39 Demois. Franz] *nicht zu ermitteln.*

76,1–3 Madam Fabrizius *und* Herr Fabrizius] *beide hatten vorher zur Köhlerschen Truppe (vgl. Erläuterung zu 76,16–17) gehört.*

76,3 »Des Herzogs Befehl«] *»Des Königs Befehl« ist ein Lustspiel in vier Aufzügen von Carl Toepfer (1792–1871), das aus Zensurgründen anfänglich an vielen Orten unter dem Titel »Des Herzogs Befehl« gegeben wurde. Die Uraufführung dieses Stücks hatte am 14. April 1821 in Wien stattgefunden; der erste Druck erfolgte 1834. Das Ganze ist ein friederizianisches Anekdotendrama, in dem Friedrich II. einem seiner Protegés, der gegen das Duellgesetz verstoßen hat, die übliche Festungsstrafe erläßt und ihn statt dessen zum Festungskommandanten ernennt.*

76,5 Madam Carlsen *und* Herr Carlsen] *nicht zu ermitteln.*

76,6 Herr Vogt] *gemeint ist Ernst Vogt (um 1788–1852), der seit 1820 in Posen auftrat, dann in 2. Ehe Caroline Leutner (vgl. 76,15) heiratete und 1828 die Leitung des Posener Theaters übernahm (vgl. Laubert S. 143 ff.). Vogt war von Anfang an als Komiker und Regisseur die Hauptstütze der Leutnerschen Truppe. Johann Motty hielt ihn für einen ausgezeichneten Komödianten (vgl. »Przechadzki po mieście« <Spaziergang durch die Stadt>, Posen 1888–1891, I,63, II,54).*

76,9–10 als »Fels von Felsenburg«] *vielleicht ist damit Pelz auf Pelzendorf, der leicht komische, ahnenstolze Ritter in Kotzebues »Sorgen ohne Noth und Noth ohne Sorge« gemeint (vgl. Erläuterung zu 75,9–10).*

76,10 als dummer »Baron« im »Alpenröschen«] *»Das Alpen-Röslein, das Patent und der Shawl« ist ein Schauspiel in 3 Teilen nach einer Erzählung von Clauren von Franz Ignaz von Holbein (1779–1855), das 1822 in Pest im Druck erschienen war. Der* dumme »Baron« *ist der alberne Rentheim, dessen einziges Charakteristikum seine »beschränkten Geisteskräfte« sind (S. 60).*

76,10–11 als »Spießbürger-Anführer« im »Vogelschießen«] *»Das Vogelschießen« ist ein Lustspiel in 5 Akten von H. Clauren, das am 20. Dezember 1819 in Berlin uraufgeführt worden war. Die Buchausgabe erfolgte 1822 in Dresden. Mit dem* Spießbürger-Anführer *ist der Rentschreiber und Schützenkönig Trampel gemeint, ein »Original von einem komischen Kauz«, wie es im Text heißt (S. 11).*

76,13 Herrn Ackermann] *nicht zu ermitteln.*

76,13–14 den »Staberle«] *der Staberle war seit 1813 eine beliebte Figur in vielen Komödien Adolph Bäuerles (1786–1859), die häufig imitiert wurde. Heine hatte kurz zuvor den Schauspieler Johann Walter als Staberle gesehen (vgl. »Briefe aus Berlin« 18,35).*

76,14 die »falsche Catalani«] *»Die falsche Catalani« oder »Die falsche Primadonna in Krähwinkel« ist eine Posse mit Gesang in 2 Akten von Bäuerle, die am 18. Dezember 1818 in Wien aufgeführt wurde und 1820 in Pest im Druck erschien. Angelica Catalani (um 1780–1849), eine der größten Sängerinnen dieser Ära, war am 8. und 10. November 1819 auf einer ihrer Tourneen in Posen aufgetreten. Herr Ackermann kann in dem Bäuerle-Stück nur Herrn Lustig gespielt haben, der die falsche Catalani darstellt.*

76,15 Madam Leutner] *Caroline Leutner hatte im Sommer 1820 von den preußischen Behörden die Spielerlaubnis für Posen erhalten und dort – nach der Trennung von ihrem 1. Mann – eine Gruppe von Schauspielern und Sängern angeheuert, mit denen sie dreimal in der Woche im Theater auftrat. Da das Niveau dieses Ensembles recht niedrig war, spielte sie bald vor halbleerem Haus (vgl. Erläuterung zu 74,27) und konnte sich finanziell kaum über Wasser halten (vgl. Laubert S. 124ff.). Der Posener Oberpräsident Zerboni, der ihr die Spielerlaubnis gegeben hatte, schrieb daher nach Berlin: »Ihre Gesellschaft ist ein zusammengerafftes, elendes, unsittliches, die Geduld der Behörde und des Publicums ermüdendes Personale« (zit. in Laubert S. 127). Da die Mitglieder dieser Truppe ständig wechselten, ist es geradezu unmöglich, die in diesem Abschnitt angeführten Schauspieler näher zu identifizieren. Selbst das »Taschenbuch für Schauspieler und Schauspielfreunde auf das Jahr 1822« (Wien 1822) führt unter den Mitgliedern der Leutnerschen Truppe (S. 453–455) außer Ernst Vogt keinen einzigen der von Heine erwähnten Namen an.*

76,16–17 die Köhlersche Truppe] *die von D. Köhler und seiner Frau Hen-*

riette Köhler, geb. Bißler geleitete Truppe, die aus der Pichlerschen Truppe hervorgegangen war (vgl. Immermanns Aufsatz »Münster im März«. In: »Eos«, 1820, Nr. 21, S. 84), hatte sich im Frühjahr und Sommer 1822 vorübergehend in Posen aufgehalten und war dann nach Gnesen weitergezogen (vgl. Laubert S. 124).

76,23 »Bianka von Toredo, oder die Bestürmung von Castellnero«] *ein Stück von Theodor Winkler (1775–1856), dem Herausgeber der Dresdner »Abend-Zeitung«, das am 13. März 1806 in Dresden uraufgeführt wurde und 1808 in Leipzig im Druck erschien. Die beiden* Prinzessinnen *sind Bianca und Isabelle, die in den Befreiungskämpfen der Sizilianer gegen Kaiser Heinrich VI. aus einer bedrängten Situation in die andere geraten.* Geschossen und gefochten *wird vor allem in den Szenen III,8 bis V,6.*

76,31 eine polnische Gesellschaft] *gemeint ist die Krakauer Truppe unter Kazimierz Skibiński (1786–1858), die von der preußischen Regierung keine Aufführungserlaubnis erhalten hatte, denen aber Caroline Leutner aus Geldnot für ein Viertel des Reingewinns dennoch acht Vorstellungen einräumte. Als sie 750 Taler in bar vorausverlangte, streckte Idzi Stefan Raabski dem verzweifelten Skibiński 350 Taler aus eigener Tasche vor (vgl. Laubert S. 157ff.). Zu diesem Gastspiel sind daher die Fußnoten der Raabskischen »Quousque tandem«-Serie besonders ausführlich (S. 148–150). Ebenso wortreich sind seine Besprechungen dieses Gastspiels in der »Gazeta Wielkiego Xięstwa Posnańskiego«, der polnischen Parallelausgabe der »Zeitung des Großherzogthums Posen« (vgl. Nr. 70 vom 31. August 1822, S. 741; Nr. 71 vom 4. September, S. 749; Nr. 72 vom 7. September, S. 761; Nr. 73 vom 11. September, S. 772; Nr. 74 vom 14. September, S. 784), während er sich dort zu den Aufführungen der Leutnerschen Truppe überhaupt nicht äußert. Skibiński beschreibt dieses Gastspiel in seinen Memoiren »Pamietnik aktora. 1786–1858«, die 1912 von M. Rulikowski in Warschau herausgegeben wurden.*

76,33 vierzehn Darstellungen] *es handelte sich nur um 8 Darstellungen. Eine neunte wurde zugunsten der Armen gegeben (vgl. Raabski S. 148). Doch auch hier hat Heine nicht ganz unrecht, wenn man noch einige der Possen und Einakter dazurechnet, die Skibiński vor oder nach seinen Hauptveranstaltungen aufführen ließ.*

76,34 meistens Opern] *außer dem »Jan Grudcynki«, einer Bearbeitung des Kotzebueschen »Taschenbuchs«, gab die Skibińskische Truppe am 31. August den »Johann von Paris« (»Jan z Paryża«) von François-Adrien Boieldieu, am 1. September den »Kalifen von Bagdad« (»Kalif z Bagdadu«) von Boieldieu und die Komödie »Zmyslone niewiniątko«, am 4. September die polnische Nationaloper »Krakowiacy i Górale« (»Die Krakauer und die Goralen«) von Wojciech Bogusławski (1757–1829) mit der Musik von Józef Stefani (1800–1876), am 5. September die gleiche Oper mit der Musik von Karol Kazimierz Kurpiński (1785–1857), am 7. September die »Angiolina« von Antonio Salieri (1750–1825), am 8. September die Oper »Kościuszko nad*

Sekwaną« von Dutkiewicz und die Komödie »Dwie taiemnice«, am 11. September den »Tancredi« von Giacchino Rossini und am 12. September die »Aline, Königin von Golkonda« (»Alina Królowa Golkondy«) von Henri-Montan Berton (1767–1844). Von diesen Aufführungen hat Heine die Kotzebue-Bearbeitung, die beiden Boieldieu-Opern und die »Aline« von Berton gesehen, ist also mindestens bis zum 13. September in Posen geblieben (vgl. »Entstehung und Aufnahme« 478,30).

76,*38–39* hätten keinen Anstand] *hier widerspricht Raabski natürlich entschieden und streicht die »edle Haltung« und den »würdevollen Anstand« der Polen heraus (S. 149).*

77,*5* des »Taschenbuchs« von Kotzebue] *»Das Taschenbuch« ist ein Drama in 3 Aufzügen von Kotzebue, das 1818 in Leipzig erschienen war. Sein Hauptheld ist der Graf von Thurgau, der auch nach der Besetzung durch fremde Truppen seinem König die Treue hält und vorübergehend ins Gefängnis geworfen wird.*

77,*7–8* L. A. Dmuszewski] *gemeint ist der polnische Schauspieler und Dramatiker Louis Adam Dmuszewski (1782–1848). Der polnische Originaltitel seiner Kotzebue-Bearbeitung lautet »Jan Grudzyński, Starosta Rawski«.*

77,*9* Madam Szymkaylowa] *die Frau von Jan Szymkaylo, eine berühmte Tragödin (vgl. Hans Knudsen, »Zu Heinrich Heines Aufsatz ›Über Polen‹«. In: »Zeitschrift für Bücherfreunde«, N.F. 9, 1917/18, Heft 1, Sp. 66), die in diesem Drama ihre große Szene im 10. Auftritt des 2. Aktes hat, wo sie von der Verhaftung ihres Vaters hört und in erbitterte Klagen ausbricht. Auch die Jugendgeliebte von Schnabelewopski nennt Heine später Jadwiga.*

77,*10–11* Herrn Wlodek] *gemeint ist Simon Włodek (1796–1829), der den Vetter des Starosten spielte, der sich aus Liebe zu Jadwiga bis zum Vaterlandsverräter erniedrigt, nur um damit das Leben ihres Vaters zu retten. Auch in der Kotzebueschen Fassung handelt es sich bei dieser Rolle (Eduard von Mildau) um einen edlen und zugleich hochsentimentalen Charakter. Gerade das Spiel von Włodek fand Raabski weniger gut als das der anderen (S. 149). Außerdem vermißt er bei der Besprechung der polnischen Sänger den Komiker Skibiński und den Tenor Zaleski.*

77,*13–14* Herr Zebrowski] *nicht zu ermitteln. Dem alten Telempski entspricht bei Kotzebue die ständig tabakschnupfende Frau Quirl, die Wärterin der schönen Amalie, die bei Dmuszewski Jadwiga heißt. Raabski fand, daß seine Darstellung »wenig zu wünschen übrig ließ« (S. 149).*

77,*15* das sonst so rohe Polnische] *altes Klischee, gegen das schon 1755 Lorenz Christoph Mizler von Kolof (1711–1778) in seinem Aufsatz »Über die polnische Sprache« anzukämpfen versuchte. Er schreibt dort: »Die meisten stecken in dem Vorurtheil, daß ein polnisches Gedicht nicht so schön als ein französisches oder deutsches sein könnte, weil ihnen die Sprache selbst rauh vorkommt«. Dagegen behauptet er, »daß man im Polnischen so schön als im Französischen oder Deutschen schreiben kann« (»Warschauer*

Bibliothek«, 1755, S. 331). Selbstverständlich verteidigt auch Raabski das Polnische in einer langen Anmerkung mit Hinweisen auf Ignacy Krasicki, Adam Stanisław Naruszewicz und Julian Ursyn Niemcewicz als eine erlesene Sprache der Wissenschaften, der Universitäten und des feineren Umgangs (S. 149f.).

77,*16* Madam Skibinska] *Jozefa Skibińska, geb. Piotrowska (1794–1834) war seit 1814 mit Kazimierz Skibiński verheiratet und durch ihre Gastspiele in ganz Polen bekannt (vgl. Knudsen Sp. 66).*

77,*17* als »Prinzessin von Navarra«] *die Prinzessin von Navarra ist die Verlobte des Dauphins in der Oper »Jean de Paris« von François-Adrien Boieldieu (1775–1834), der als Bürger Johann unbekannt durch die Lande reist und mit ihr in einer Herberge in den Pyrenäen zusammentrifft. Der »Johann von Paris«, der 1812 in Paris uraufgeführt wurde, stand 1821 und 1822 auch auf dem Programm der Berliner Oper.*

77,*17* als »Zetulba«] *die weibliche Hauptgestalt in Boieldieus »Le Calif de Bagdad«, der 1800 in Paris uraufgeführt worden war.*

77,*18* als »Aline«] *die Titelrolle von Henri-Montan Bertons »Aline, reine de Golconde«, deren Uraufführung im September 1803 in Paris stattgefunden hatte. Heine hat die »Aline« wahrscheinlich im Herbst 1821 auf dem Berliner Theater als Ballett gesehen.*

77,*19* in der Scene] *gemeint ist die Schlußszene (Nr. 7) des 2. Aktes, in der Saint-Phar durch einen wohlriechenden Duft und die Lieder Alines (die er einst in der Provence als einfache Schäferin geliebt hat und der er jetzt in Indien als Königin von Golkonda wiederbegegnet) in einen tranceartigen Schlaf versenkt wird, während Osmin und Usbeck, zwei Hofbeamte, die Königin, die zwischen Politik und Liebe hin und her gerissen wird, mit den Schreckensbotschaften eines gefährlichen Fakiraufstandes bedrängen. Am Schluß der Szene gruppiert sich das Volk von Golkonda um die Königin und eilt mit dem Ruf »Aux armes! Aux armes!« zum Streite (vgl. »Aline, reine de Golconda, opéra en trois actes. Paroles de MM. Vial et Faviers. Musique de H. Berton«, Paris 1803, S. 23–26). Heine wird neben dem Gesang und dem Spiel von Madam Skibińska sicher auch von der indischen Szenerie des Ganzen angezogen worden sein (vgl. seine Beschreibung der polnischen Frauen 66,28–33).*

77,*23* Madam Zawadzka] *nicht zu ermitteln.*

77,*23* eine liebliche »Lorezza«] *Lorezza ist die Wirtstochter in der Pyrenäenherberge im »Johann von Paris«.*

77,*24* Madam Wlodkowa] *nicht zu ermitteln.*

77,*24* Herr Zawadzki] *nicht zu ermitteln.*

77,*25* den »Olivier«] *Olivier ist der Page des Dauphin im »Johann von Paris«.*

77,*25–26* Herr Romanowski] *nicht zu ermitteln.*

77,*26* Herr Szymkaylo] *Jan Szymkaylo (1793–1840), vgl. Knudsen, Sp. 66.*

77,*30–31* aus Patriotismus] *da es 1820 und 1821 keine polnischen Theater-*

aufführungen in Posen gegeben hatte, schlugen die Wellen der Begeisterung begreiflicherweise hoch. Um keine nationalen Regungen zu erwecken, stand der Spielplan des Posener Theaters unter der scharfen Kontrolle von Kamptz in Berlin (über die Tätigkeit von Kamptz vgl. »Briefe aus Berlin«, Erläuterung zu 30,31). Skibińskis Truppe durfte daher wegen ihres Erfolges erst wieder 1825 in Posen auftreten (vgl. Laubert S. 134ff.). Auch Schottky schrieb 1824 besorgt an Schuckmann in Berlin, daß man solche Erfolge in Zukunft verhindern solle (zit. bei Laubert S. 139). Über die allgemeinen Unterschiede zwischen den deutschen und den polnischen Theatertruppen vgl. Ernst Josef Krzywon, »Heinrich Heine und Polen«, Diss. München 1971, S. 106ff.

78,1–2 Professor Maximilian Schottky] *Julius Maximilian Schottky (1794 bis 1849) hatte 6 Jahre mit Unterstützung und im Auftrage der königlich preußischen Ministerien in österreichischen Archiven und Bibliotheken mittelalterliche Texte gesammelt und war seit Ostern 1822 in Posen als Professor für deutsche Literatur am Posener Mariengymnasium, der einzigen höheren Lehranstalt im Großherzogthum Posen, angestellt. Seine Berufung erfolgte auf ausdrücklichen Wunsch des Berliner Kultusministers Altenstein, der Schottky am 13. Juli 1822 auch an Antoni Radziwiłł brieflich wärmstens empfahl. Aufgrund seiner romantischen Begeisterung für deutsche Altertümer geriet Schottky jedoch schnell in einen scharfen Gegensatz zu den nationalpolnischen Kreisen in Posen, vor allem zu Raabski (vgl. »Entstehung und Aufnahme« 482,8–485,13). Auch am Gymnasium hatte Schottky einen schweren Stand, da seine Schüler einen »preußischen Spion« in ihm vermuteten und ihm eines Tages eine »Pulvermine« unters Katheder legten (vgl. Karl Gutzkow, »Julius Max Schottky, Professor«. In: »Elegante«, 1834, Nr. 27 vom 7. Februar, S. 105 bis Nr. 38 vom 22. Februar, S. 150. Zitat auf S. 111). Wegen dieser Spannungen wurde Schottky Ostern 1824 wieder nach Berlin zurückberufen und hatte seitdem eine helle Wut auf alles Polnische (vgl. Laubert, »Julius Max Schottky. Ein deutscher Lehrer in Posen 1822/24«. In: »Aus dem Posener Lande« 1, 1906/07, S. 71–74, 80–82). Heine war wahrscheinlich durch eine Vermittlung von Gubitz mit Schottky bekannt geworden und hat in Posen genaue Einblicke in dessen Manuskriptabschriften genommen. Ob die beiden auch in Gnesen zusammen waren, da Schottky in »Vorzeit und Gegenwart« (1823) über einen kurzen Abstecher nach Gnesen im Herbst 1822 berichtet (S. 189), läßt sich nicht mehr ermitteln. Doch Heine interessierte sich wohl nicht nur für seine Sammlungen (vgl. den Brief an Keller vom 1. September 1822), sondern auch für sein persönliches Schicksal, wie aus seinem Brief an Schottky vom 4. Mai 1823 hervorgeht. Schottkys spätere Lebensschicksale verlieren sich weitgehend im Dunkeln. Aufgrund seiner unsystematischen Sammelwut und wohl auch einiger Manuskriptdiebstähle erhielt er nirgends eine feste Anstellung und sank schließlich zu einem skurrilen Winkeljournalisten herab (vgl. Wilhelm Chezy, »Erinnerungen aus meinem Leben«, Schaffhausen 1864, II,190ff.).*

78,*13* diese Bände] *da ein Großteil der Schottkyschen Manuskriptabschriften im Laufe seines unsteten Lebens verloren ging, hat sich in der Wiener Hofbibliothek, wo sich der Schottkysche Nachlaß befindet, nur ein kümmerlicher Restbestand von dem erhalten, was Schottky seit seiner Studienzeit in den verschiedensten Bibliotheken kopiert hat (vgl. »Tabulae Codicum Manu Scriptorum in Bibliotheca Palatina Vindobonensi«, Graz 1965, Bd. 7/8, S. 261 ff.). Hier werden als größere Konvolute angeführt: »Reise-Nachrichten über den österreichischen Kaiser-Staat« (Nr. 13767), Akten zum Leben Ferdinands I. (Nr. 13775), »Sammlung zum österreichischen Landrechte« (Nr. 13777), »Beiträge zur Geschichte des deutschen Ordens« (Nr. 13783), »Volkslieder und Volksmärchen, gedruckte und ungedruckte, gesammelt in Österreich und Baiern« (Nr. 13785), »Ueber deutsche Schimpfworte« (Nr. 13786), »Andeutungen über die Kunst des deutschen Mittelalters« (Nr. 13796), Akten zum Leben Albrechts III. (Nr. 13799), Akten zur Regierungsgeschichte Kaiser Friedrichs III. (Nr. 13801), »Auszüge und Nachweisungen über eine Reihe von gedruckten Liedersammlungen des XVI. bis XVIII. Jahrhunderts, welche sich ums Jahr 1820 in der k. k. Hofbibliothek (und in anderen Bibliotheken Wiens) befanden« (Nr. 13802), »Stellen deutscher Dichter des Mittelalters über österreichische Regenten und Verhältnisse« (Nr. 13819), »Das kaiserlich-königliche Lustschloß Laxenburg« (Nr. 13821) und »Collectaneen zur Geschichte und Rechtswissenschaft des österreichischen Privat-Rechts« (Nr. 13920).*

78,*30–31* über anderthalbtausend Lieder] *der 1. Band der »Österreichischen Volkslieder« war 1819 von Schottky und Franz Ziska in Pest herausgegeben worden. Ein angekündigter 2. Band erschien nicht. Das Material dazu befindet sich heute in der Handschriften-Abteilung der Wiener Hofbibliothek (vgl. Nr. 13785). Einen guten Einblick in diese Sammlung gibt der von Emil Karl Blümml herausgegebene Band »Schottky's Volksliedernachlaß« (1912).*

78,*38–39* von tiefer Kenntniß des Mittelalters] *Raabski lehnt diese Mittelalterschwärmerei radikal ab. Er sieht in dieser Epoche vornehmlich die »düstern Schatten der Unwissenheit, des Aberglaubens, der Rohheit, der Sklaverei, der Rechtslosigkeit« usw. (S. 162).*

78,*42* der Breslauer Schule] *Schottky studierte in Breslau zuerst Jura, wurde aber dann durch Büsching und von der Hagen in seinem Interesse an altdeutscher Literatur bestärkt. Friedrich Heinrich von der Hagen (1780–1856) war von 1811 bis 1821 in Breslau Professor für deutsche Sprache und Literatur und ging dann nach Berlin. Zu den von ihm z. T. noch höchst unkritisch edierten Texten gehören vor allem das »Nibelungenlied«, die »Kudrun«, der »König Rother« und die Gedichte der Minnesänger. Johann Gustav Büsching (1783–1829) war seit 1817 Professor für Altertumswissenschaften in Breslau und gab mit von der Hagen die »Deutschen Gedichte des Mittelalters« (1808–1825) und den »Literarischen Grundriß zur Geschichte der* *deutschen Poesie von den ältesten Zeiten bis zum 16. Jahrhundert« (1812) heraus.*

79,*10–11* »Gott, Christus und Maria«] *erschien nicht.*

79,*11* »Zeitschrift für Vergangenheit und Gegenwart«] *sie kam 1823 unter dem Titel »Vorzeit und Gegenwart. Ein periodisches Werk für Geschichte, Literatur, Kunst und Dichtung« in Posen bei Julius Adolf Munk heraus und enthielt Proben mittelalterlicher Dichtungen, Übersetzungen englischer und polnischer Volkslieder, Aufsätze und eigene Gedichte Schottkys. Das 1. Heft wurde am 12. Oktober 1822 und am 1. Januar 1823 in der »Zeitung des Großherzogthums Posen« angekündigt. Insgesamt erschienen nur 3 Hefte (vgl. Adolf Warschauer, »Eine verschollene Posener Zeitschrift«. In: »Zeitschrift der Historischen Gesellschaft für die Provinz Posen«, 1890, V,423ff., 1891, VI,446ff. und 1892, VII,102).*

79 ,*21* wird jetzt eine Bibliothek gebaut] *gemeint ist die Raczyński-Bibliothek am ehemaligen Wilhelmsplatz, die nach ihrer Fertigstellung am 22. Februar 1829 von Eduard Raczyński (1786–1845), einem Verwandten Brezas, der Stadt Posen übergeben wurde.*

79,*27–28* Den deutschen Alterthumsforscher müssen deutsche Eichen umrauschen] *offenbar wollte Heine mit solchen Äußerungen Schottkys Anstellungsgesuche in Berlin unterstützen. Ein Beiträger des »Rheinisch-Westfälischen Anzeigers«, in dem die Altertumskunde einen beträchtlichen Raum einnimmt, griff diese Anregung schon am 18. März 1823 auf und schrieb in der Nr. 22: »Schottki, vielleicht der größte Sammler deutscher Alterthümer, muß in Sarmatien die Gymnasiumsschüler unterrichten. Für solche Männer ist Versorgung in einer Akademie an ihrer Stelle, damit sie ganz ihrem Werke leben«. Auf diese Stelle bezieht sich Heine in seinem Brief an Schottky vom 4. Mai 1823, wo er schreibt:* Es muß Ihnen jetzt nicht mehr so drückend seyn daß Sie von Deutschland abgeschnitten sind; dieses letztere wird zwar in Deutschland, besonders am Rhein und in Westfalen, wo Sie jetzt viele Freunde haben, vielfach bedauert; doch meistens aus patriotischem Eigennutze, wie kürzlich im Westfälischen Anzeiger, wo heftig geklagt ward daß der Mann, der am rüstigsten für deutsche Geschichte arbeiten könnte, jetzt in Sarmazien junge Bären dressiren muß. Was ich über diesen Punkt im Gesellschafter aussprach war nichts mehr als deutsche Schuldigkeit, ich habe in zweckmäßigen Privatmittheilungen besseres darüber gesagt, und Sie werden in der Folge sehen wie alles was Sie betrifft oder betreffen kann mir am Herzen liegt.

79,*35* übel accreditirt ist] *vgl. schon die »Briefe aus Berlin«, wo Heine denselben Unmut über die chauvinistische Verzerrung dieser durchaus legitimen Bestrebungen äußert (13,21, 37,28 und 44,11).*

79,*42–43* zwischen dem »Nibelungen-Lied« und der »Odyssee«] *bereits Johannes von Müller (1752–1809) hatte behauptet, daß aus dem »Nibelungenlied« einmal die deutsche »Ilias« werden könnte. Ähnliche Gedanken* *finden sich in dem Aufsatz über das »Nibelungenlied«, den Friedrich Steinmann in seinem Buch »Heinrich Heine. Denkwürdigkeiten und Erlebnisse aus meinem Zusammenleben mit ihm« (1857) als ein Werk Heines abdruckt und der mit dem Satz »Es ist unsere Ilias« schließt. In der »Romantischen Schule« spottet Heine dagegen über die in den frühen zwanziger Jahren grassierende Mode, das »Nibelungenlied« ständig mit der »Ilias« zu vergleichen (Buch III,1).*

80,2 einen versifizirten Dom] *derselbe Vergleich findet sich in dem Gedicht »Das Nibelungenlied« Johann Baptist Rousseaus, dessen Abdruck im »Rheinisch-Westfälischen Anzeiger« Heine im Herbst 1820 bei seinem Besuch in Hamm vermittelt hatte (vgl. »Kunst- und Wissenschaftsblatt«, Nr. 43 des »Rheinisch-Westfälischen Anzeigers«, 1820, vom 3. November, Sp. 659). Auch in der »Romantischen Schule« spricht Heine noch einmal von den* gereimten Quadern *des »Nibelungenlieds« (Buch III,1).*

Die Harzreise

Entstehung und Aufnahme

Die »Harzreise« ist zum größten Teil während Heines zweitem Göttinger Aufenthalt 1824/25 entstanden. Nachdem Heine am 19. Mai 1823 Berlin verlassen hatte, ging er zu seinen Eltern nach Lüneburg, verbrachte den Juli und August in Hamburg und an der Nordsee und wohnte dann wieder vom September 1823 bis Anfang 1824 in Lüneburg. Am 24. Januar 1824 traf er in Göttingen ein, ließ sich dort am 30. Januar immatrikulieren und nahm sich vor, fern aller literarischen und gesellschaftlichen Anregungen endlich sein Studium mit der Erringung des juristischen Doktorgrades abzuschließen. So schreibt er schon am 2. Februar an Moses Moser: Ich lebe jetzt ganz in meiner Jurisprudenz. *Am 30. März versichert er seiner Schwester Charlotte:* Meine Muse trägt einen Maulkorb, damit sie mich beym juristischen Strohdreschen mit Ihren Melodien nicht störe. *Lediglich die Osterferien verbrachte Heine in Berlin, um sein leicht getrübtes Verhältnis zu Varnhagen zu bereinigen und seine Freunde vom jüdischen Kulturverein wiederzusehen. Dabei fuhr er beidemal durch den Harz, wie aus Schilderungen dieser Reise in Briefen an Moser vom 4. April und an seine Schwester Charlotte vom 8. Mai hervorgeht.*

Am 3. Mai begann in Göttingen das Sommersemester, in dem Heine vor allem »Pandekten« bei Georg Jakob Friedrich Meister hörte (vgl. Erläuterung zu 84,21–22). Außerdem trieb er recht intensive Quellenstudien zu seinem »Rabbi von Bacherach«. Da sich die Aussicht auf eine Professur durch die 1823 erfolgte Aufhebung des preußischen Judenedikts arg verdüstert hatte, litt Heine in dieser Zeit an einer besonders hartnäckigen Hypochondrie. Ständig hin- und hergerissen von der Notwendigkeit des juristischen Brotstudiums und einem erstarkenden dichterischen Selbstbewußtsein, fühlte er sich in Göttingen nicht nur verkannt, sondern geradezu eingekerkert. Schon am 29. Februar 1824 schimpft er daher in einem Brief an Rudolf Christiani erbittert über dieses Nest-Göttingen. *Seiner Schwester gegenüber nennt er am 31. Juli 1825 die Göttinger Universität einen* gelehrten Kuhstall. *Schließlich gab es hier kaum jemanden, der ihn literarisch anregte oder ihm wenigstens die nötige Anerkennung spendete, deren Heine in dieser Zeit so dringend bedurfte. Ein dürftiger Ersatz dafür war der Freundeskreis der »Guestphalia«, eines landsmannschaftlichen Klubs, der seine Kneipe in der Landwehrschenke hatte, aber sich auch häufig im ›Ulrich‹ traf (vgl. Oskar Franz*

Scheuer, »Heinrich Heine als Student«, Berlin 1922, S. 50 ff. und die Erläuterung zu 84,39). Eine besondere Genugtuung bereitete ihm dabei die Bewunderung, die ihm der junge Eduard Wedekind (1805–1885) entgegenbrachte, mit dem er sich im Sommer 1824 viel über Literatur unterhielt, wie aus dessen Tagebuch hervorgeht (vgl. »Studentenleben in der Biedermeierzeit. Ein Tagebuch aus dem Jahre 1824«, hrsg. von H. H. Houben, Göttingen 1927). Mit dieser Gruppe unternahm Heine im Sommer 1824 auch kürzere Ausflüge nach Kassel und Nörten. Ja, Wedekind mag ihn sogar dazu angeregt haben, in den Herbstferien eine Wanderung durch den Harz zu machen und anschließend Goethe in Weimar zu besuchen, da er ein Jahr vorher, am 17. September 1823, ebenfalls eine Visite bei Goethe abgestattet hatte.

An sich wollte Heine schon immer einmal durch den Harz wandern. So schreibt er bereits am 4. Februar 1821 an Friedrich Steinmann, nachdem er in Göttingen das Consilium abeundi erhalten hatte: Ich will eine Fußreise nach dem Harz machen <...> Dies soll in vier Wochen geschehen. *Doch damals hatte Heine diese Reise unterlassen und war statt dessen zur Fortsetzung seines Studiums nach Berlin gegangen. Erst als sich im Winter 1822/23 sein Gesundheitszustand arg verschlechterte und er vom Arzt eine Sturzbadkur verschrieben bekam (vgl. »Entstehung und Aufnahme« von »Über Polen« 479,36), scheint er auch das kräftigende Fußwandern wieder ins Auge gefaßt zu haben. Jedenfalls schreibt Heine am 1. April 1823 an Immanuel Wohlwill:* Mein Arzt giebt mir Hoffnung daß mich das Reisen, besonders das Fußreisen, herstellen wird. *Ähnliches scheint ihm im Sommer 1824 sein Göttinger Arzt, der in der »Harzreise« erwähnte Karl Friedrich Heinrich Marx (vgl. Erläuterung zu 84,26), geraten zu haben. Heine schreibt nämlich in seinem Vorstellungsbrief an Goethe, den er ihm am 1. Oktober 1824 bei seiner Ankunft in Weimar überbringen ließ:* Außerdem bin ich auch krank, machte deßhalb vor 3 Wochen eine Gesundheitsreise nach dem Harze.

Warum er sich für diese Fußwanderung den Harz aussuchte, läßt sich leicht erklären. Einmal war der Harz die einzige interessante Gegend in der Nähe Göttingens, zweitens war eine solche Reise nicht besonders kostspielig. Obendrein gehörte es in Göttingen zum guten Ton, daß man in den Pfingst- oder Herbstferien eine Tour zum Brocken machte. Johann Friedrich Ludwig Hausmann (1782–1859), einer der Göttinger Professoren, hielt sogar seit 1810 an der Universität öffentliche Vorlesungen über die Vorzüge einer solchen Harzwanderung. Ebenso nachdrücklich setzt sich »Der Göttinger Student« (1813) für solche Reisen ein: »Wer in Göttingen studirte und nicht etwa aus der Nähe des Harzes herstammt, muß sich schämen, wenn er diese merkwürdigen norddeutschen Gebirge <die Harzberge> nicht besucht hat, da er ihnen doch so nahe war! Vorzüglich in den Pfingstferien pflegen sich Gesellschaften von Studenten zu vereinigen, oft 12 bis 20 Mann stark, und treten mit einem kleinen Tornister, worin etwas reine Wäsche, mit einer Pfeife, einer Schnabsflasche, in leichter Kleidung zu Fuß die Reise an. Der

Herr Professor Hausmann pflegt jeden Sommer öffentlich eine belehrende Vorlesung für die Harzreisenden zu halten; wer diese nicht hören konnte, muß sich aus Gottschalcks Werk über den Harz belehren. Binnen 8 Tagen pflegen die Reisenden zwar ermüdet, aber an Kenntnissen gestärkt, zurückzukehren. Man bestimmt die Reisekosten gewöhnlich auf 3 Louisd'or« (S. 130 f.).

Im Gegensatz zu solchen Gemeinschaftswanderungen entschloß sich Heine, diese Reise allein zu machen. Als Wanderführer begleitete ihn die 2. Auflage von Friedrich Gottschalcks »Taschenbuch für Reisende in den Harz« (1817), in dem Ende August/Anfang September als eine besonders günstige Reisezeit empfohlen wird (S. 27). Wahrscheinlich brach er am 12. oder 13. September 1824 morgens in Göttingen auf und marschierte den ersten Tag über Weende, Rauschenwasser, Nörten, Northeim nach Osterode, wo er übernachtete. Am nächsten Tag ging er weiter über Lerbach nach Clausthal-Zellerfeld. Dort hat er möglicherweise zwei Tage verbracht, um sich einen genauen Einblick in das Hütten- und Volksleben dieser Bergwerksstadt zu verschaffen. Wie lange er sich in Goslar aufgehalten hat, ist ebenfalls unklar, da er die Sehenswürdigkeiten dieser Stadt recht ausführlich beschreibt. Am 18. September hat er wahrscheinlich Goslar wieder verlassen und ist über Oker die ›alte Straße‹ steil bergan zu den Stiefmutterklippen hinaufgestiegen. Von dort scheint er in Richtung Harzburg abgeirrt zu sein, bis ihn ein Goslarer Bürger wieder auf die ›alte Straße‹ zurückbrachte (vgl. 105,31). Auf dem Ausläufer des Spitzenberges zwischen den beiden Trogtälern stand damals nicht weit von der ›alten Straße‹ ein Zechenhaus. Hier oder im Ahrendsberger Forsthaus, das früher ebenfalls ein Zechenhaus war, könnte nach Gustav Adolf Erich Bogeng der Bruder des Bergmanns aus Clausthal gewohnt haben, bei dem Heine übernachtet haben will (vgl. H. Heine, »Reisebilder«, hrsg. von G. A. E. Bogeng, Hamburg 1922, S. XXVI). Von dort aus ist er am Morgen des 19. September zum Brocken aufgestiegen. Die Beschreibung des Brockenhauses und der Besucher entspricht genau den Fakten. Nach der Brocken-Besucher-Liste, die im »Wernigerödischen Intelligenz-Blatt« erschien (vgl. Erläuterung zu 116,37), hat Heine die Nacht vom 19. zum 20. September auf dem Brocken verbracht. Verse scheint er in das »Brocken-Stammbuch« keine geschrieben zu haben. Der Jahrgang 1824 ist zwar verloren, aber der literarisch gebildete C. E. Nehse, der 1850 eine Auswahl aus den Eintragungen des »Brocken-Stammbuchs« publizierte (vgl. Erläuterung zu 128,26), hätte sich Verse von Heine sicher nicht entgehen lassen.

Am 20. September stieg Heine mit Göttinger Studienfreunden, die er auf dem Brocken getroffen hatte (vgl. 120,25), und einigen Hallenser Studenten über die Schneelöcher ins Ilsethal nach Ilsenburg und Wernigerode herab. Am 21. September marschierte man bis Elbingerode (vgl. 231,10). Am nächsten Tag ging es über Rübeland nach Eisleben. Danach trennten sich wohl die Wege der einzelnen Mitglieder dieser Gruppe. Am 27. September war Heine *in Halle, am 28. besuchte er Adolf Müllner in Weißenfels, was durch einen Brief an Müllner vom 21. Juni 1826 belegt ist. Am 29./30. September wanderte er über Naumburg nach Jena. Am 1. Oktober traf er in Weimar ein, wo er am folgenden Tage seine berühmte, aber seltsam mystifizierte Visite bei Goethe machte, der ihm freundliche Grüße an den Göttinger Professor Sartorius auftrug (vgl. den Brief an Rudolf Christiani vom 26. Mai 1825). Am 3. Oktober ging er weiter nach Erfurt und besuchte anschließend Gotha, Eisenach und die Wartburg (vgl. die Erwähnung der Wartburg im 2. Buch seiner Börne-Schrift). Danach wandte er sich nach Norden und kam über Kassel wahrscheinlich am 11. Oktober wieder in Göttingen an, wo er »den ihn einholenden Commilitonen gegenüber ganz unverhohlen seinen Verdruß darüber freien Lauf« ließ, »daß Se. Exzellenz <Goethe> ihn eigentlich ungebührlich kalt empfangen habe«, wie es in der Einleitung zu Karl Johann Philipp Spittas »Psalter und Harfe« heißt (Gotha 1890, S. IL), die sich auf briefliche Äußerungen von Adolf Peters an Spitta stützt (vgl. Werner/Houben Nr. 152). Über den Gesamteffekt dieser Reise schreibt Heine am 25. Oktober 1824 an Moses Moser:* Sie war mir sehr heilsam, und ich fühle mich durch diese Reise sehr gestärkt. Ich habe zu Fuß und meistens allein den ganzen Harz durchwandert, über schöne Berge, durch schöne Wälder und Thäler bin ich gekommen und habe wieder mahl frey geathmet. Ueber Eisleben, Halle, Jena, Weimar, Ehrfurt, Gotha, Eisennach, und Kassel bin ich wieder zurückgereist, ebenfals immer zu Fuß. Ich habe viel herrliches und Liebes erlebt, und wenn nicht die Jurisprudenz gespenstisch mit mir gewandert wäre, so hätte ich wohl die Welt sehr schön gefunden. Auch die Sorgen krochen mir nach. *Ähnlich heißt es in einem Brief vom 26. Mai 1825 an Rudolf Christiani:* Den Herbst machte ich eine Fußreise nach dem Harz den ich die Kreuz und Quer durchstreifte, besuchte den Brocken, so wie auch Göthe auf meine Rückreise über Weimar. Ich reiste nemlich über Eisleben, Halle, Jena, Weimar, Erfurth, Gotha, Eisennacht und Kassel hierher wieder zurück. Viel Schönes habe ich auf dieser Reise gesehen, und unvergeßlich bleiben mir die Thäler der Bode und Selke. Wenn ich gut haushalte kann ich mein ganzes Leben lang meine Gedichte mit Harzbäumen ausstaffiren.

Wie nach seiner Polenreise scheint Heine sofort nach der Rückkehr damit begonnen zu haben, seine Erlebnisse schriftlich zu fixieren. Obwohl das Wintersemester schon am 18. Oktober wieder anfing, und Heine sich fest vorgenommen hatte, Vorlesungen bei Anton Bauer, Gustav Hugo und Georg Jakob Friedrich Meister zu belegen, um endlich sein juristisches Studium abzuschließen (vgl. den Brief an Moses Moser vom 30. Oktober 1824), hat er sich erst einmal ganz seiner »Harzreise« gewidmet. So hören wir schon in einem Brief vom 25. Oktober an Moser, daß er mit der Niederschrift bereits angefangen habe. Da Moser der Polen-Aufsatz nicht gefallen hatte, schreibt Heine begütigend: Es sollen auch Verse drin vorkommen die Dir gefallen, schöne, edle Gefühle und dergl Gemüthskehricht. *Bereits am 30. Oktober heißt es in einem Brief an Moser:* Ich habe jetzt meine »Harzreise« schon zur Hälfte geschrieben, und will nicht abbrechen. Diese schreibe ich in einem lebendigen Enthousiastischen Styl, und es würde mir nicht allein nach einer Unterbrechung schwer werden wieder hineinzugerathen, sondern auch würde es mir schwer fallen aus diesem Styl in die trockne gelehrten Anzeige Prosa überzugehen. *Heine bittet daher Moser inständig, doch die ihm angetragene Rezension des Boppschen Buches »Ardschuna's Reise zu Indra's Himmel« zu übernehmen. Danach schweigt Heine eine Weile über dieses Projekt. Erst am 11. Januar 1825 hören wir wiederum in einem Brief an Moser:* Meine Harzreise habe ich längst, seit Ende Nov<ember>, fertig gemacht so weit es mir wegen meines Zeitmangels möglich war. *Um welchen Teil es sich dabei gehandelt haben muß, werden wir später sehen.*

Beschäftigen wir uns erst einmal mit der Form dieses Werkes und den literarischen Einflüssen, die auf es eingewirkt haben, wobei die speziellere Vorgeschichte der ›Harzreisen‹ dem Stichwort Harzreise *im Rahmen der Sacherläuterungen vorbehalten bleibt. Wichtig ist schon die Entscheidung zur Reisebeschreibung überhaupt. Nach der relativen Wirkungslosigkeit seiner beiden Dramen wählt Heine hier eine Form, die zwar im Sinne der normativ-humanistischen Ästhetik immer noch zu den niederen gehörte, aber doch ästhetisch im Aufsteigen begriffen war und eine wesentlich größere Wirkung versprach. Selbst der recht konservative Friedrich Bouterwek, den Heine in dieser Zeit durchaus schätzte (vgl. »Studentenleben in der Biedermeierzeit«, hrsg. von H. H. Houben, Göttingen 1927, S. 67), hatte in seiner »Geschichte der poetischen Nationalliteratur« geschrieben, daß die Reisewerke allmählich eine »ästhetische Cultur erhalten« hätten, »von der sie vorher weit entfernt waren« (Berlin 1819, II,519). Und zwar legt sich Heine dabei weder auf die pittoreske oder empfindsame noch auf die enzyklopädische Reisebeschreibung fest (vgl. Friedrich Sengle, »Biedermeierzeit«, Stuttgart 1972, Bd. 2, »Die Reisebeschreibung«), sondern wählt eine Mischform aus Empirie und Fiktion, in der er auf allen Registern der Reisebeschreibungs-Technik spielen kann. So bringt er zwar auch die üblichen Veduten, topographischen Details, sagenkundlichen Erläuterungen, historischen Rückblicke, pittoresken Szenerien, aber doch mit einer Frische und punktuellen Intensität, durch die das Ganze nie in den trocken-gelehrsamen Stil der üblichen Hand- und Taschenbücher zurückfällt. Seine Vorbilder sind überhaupt stärker im Belletristischen als im engeren Bereich der Reisebilder zu suchen. Was man dabei bisher von deutscher Seite an Einflüssen in den Vordergrund gerückt hat, ist vor allem die klassisch-romantische Tradition (vgl. Kurt Müller, »Über den Einfluß der klassischen Literatur auf die Reiseschilderungen«, Leipzig 1904; Wilhelm Opfermann, »Das Verhältnis zur Landschaft in den jungdeutschen Reisebildern und in der deutschen Reiseliteratur seit 1750«, Diss. Frankfurt 1922 u. a.). Daran ist sicher manches Richtige. So hat Heine Goethes Reisebeschreibungen sehr genau gekannt (vgl. »Harzreise« 120,9 und 128,32–33). Aus dem*

Bereich der Romantik läßt sich ein gewisser Einfluß von Arnims »Hollins Liebeleben« (1802, vgl. 117,15 und 120,9), Jean Pauls »Flegeljahren« (1804/05, vgl. 113,26), Kerners »Reiseschatten« (1811, vgl. 83,1, 91,21 und 129,37–38), Brentanos »Der Philister vor, in und nach der Geschichte« (1811, vgl. 84,21 und 106,1) und im weiteren Sinne E. T. A. Hoffmanns (vgl. 91,14) konstatieren (über weitere Details hierzu vgl. Erich Loewenthal, »Studien zu Heines ›Reisebildern‹«, Berlin 1922).

Doch dazu gesellt sich selbstverständlich der Einfluß mancher älteren und ausländischen Werke. Man kann dabei bis Cervantes zurückgehen, dessen »Don Quixote« schon zu dieser Zeit zu Heines Lieblingsromanen gehörte (vgl. 123,9). Um sich vor der Langweiligkeit abgedroschener Romanfabeln zu retten, *heißt es später in seiner »Einleitung zum ›Don Quichotte‹«,* flüchtete man sich für einige Zeit in die uralte, ursprüngliche Form der Reisebeschreibung. *Knapper kann man auch Heines eigenes Programm im Hinblick auf die Prosa kaum umreißen, jedenfalls für die zwanziger Jahre. Ebenso einflußreich auf die Konzeption der »Harzreise« war sicher der antihypochondrische Reiseroman des 18. Jahrhunderts. Man denke an Sternes »Sentimental Journey Through France and Italy« (1768), deren Fragmentarismus, Ironie, persönliche Intimität und anekdotische Struktur für Heine in vieler Hinsicht vorbildlich war. Schließlich ist auch dieses Werk voller Stimmungsskizzen, Bonmots, privater Namensnennungen und beschreibt obendrein nur den ersten Teil der von Sterne unternommenen Reise, was ebensogut für Heines »Harzreise« gilt; ganz zu schweigen von den versteckten Liebeserklärungen für Eliza, der Frau eines anderen, die den kaum verhüllten erotischen Wunschvorstellungen bei Heine entsprechen (über Heines Kenntnis von Sternes Werken vgl. den Brief an Moses Moser vom 30. September 1823 und die Studien von Stefan Vacano, »Heine und Sterne«, Bern 1907, und John C. Ransmeier, »Heines ›Reisebilder‹ und Laurence Sterne«. In: »Archiv für das Studium der neueren Sprachen und Literaturen« 118, 1907, S. 289–317). Als zweites Werk dieser Art wäre Moritz August von Thümmels »Reise in die mittäglichen Provinzen von Frankreich« (1791–1805) zu nennen, das die gleiche antihypochondrische und gesundheitsfördernde Grundstimmung besitzt und wie Heines »Harzreise« mit eingelegten Gedichten ausstaffiert ist (über mögliche Einflüsse dieses ›Romans‹ vgl. die Erläuterungen zu 106,26 und 110,7). Im selben Zusammenhang könnte man auf die »Œuvres mêlées en prose et en vers« (Wien und Dresden 1807) des Fürsten Charles Joseph de Ligne hinweisen, die in ihren ersten beiden Bänden ebenfalls Reiseberichte aus verschiedenen Ländern Europas bringen, die von einem sternesierenden »enthousiasme de la nature« (I,166) zeugen, und deren Prosa ebenfalls mit eingelegten Gedichten untermischt ist, was fälschlicherweise oft als spezifisch ›romantisch‹ hingestellt wird.*

Aus der zeitgenössischen englischen und amerikanischen Literatur haben vor allem Byron und Irving auf die »Harzreise« eingewirkt. Bei Byron wäre hier in erster Linie das Reiseepos »Childe Harold's Pilgrimage« (1811–1817) zu erwähnen. Doch auch den »Manfred« (1817) kannte Heine gut, dessen Titelheld wegen einer unglücklichen Liebe verzweifelt durch die Alpen irrt, was in einem scharfen Kontrast zu der pastoralen Friedlichkeit der Älpler steht (über Heines Verhältnis zu Byron vgl. »Briefe aus Berlin« 50,10–17, »Harzreise« 120,11, die Paralipomena zur »Harzreise« 228,7–8 und dann den Bruch mit Byron in »Nordsee III« 162,1–7). Doch noch wichtiger als der Einfluß von Byron wird bei der Niederschrift der »Harzreise« der von Washington Irving gewesen sein (vgl. Walter A. Reichert, »Washington Irving's Influence in German Literature«. In: MLR 52, 1957, S. 540f. und Loewenthal S. 18). Von ihm waren damals gerade drei Reisebeschreibungen herausgekommen, die in ganz Europa großes Aufsehen erregten: »The Sketch-Book by Geoffroy Crayon« (1819–1820), »Bracebridge Hall or the Humorists« (1822) und »Tales of a Traveller« (1824). Wohl der stärkste Einfluß auf Heine ging dabei von »Bracebridge Hall« aus, das 1823 in Berlin in der Übersetzung von Samuel Heinrich Spiker unter dem Titel »Bracebridge-Hall oder die Charaktere« erschienen war. Spiker nennt dieses Buch in seiner Vorrede eine »Reihe einzelner Schilderungen«, welche direkt »aus dem Leben gegriffen« seien (I,XIf.). Irving selbst betont, daß er sich auf »Charaktere« und »Skizzen« beschränke und sich ansonsten völlig dem freien Assoziieren überlasse (I,7,17). Obendrein schreibt er, daß er als »geborener Republikaner« bei seinen Streifereien durch England »nichts von der knechtischen Verehrung für Rang und Titel empfinde«, die bei den niedriggeborenen Bewohnern dieses Landes anzutreffen sei (I,138). Er reiht daher in seinen Reisebeschreibungen in lockerer Folge Anekdoten, Naturbeschreibungen, Gedichte, Philister-Satiren, geschichtliche Reminiszenzen, Lokalsagen und launig-witzige Situationen aneinander, die zwar etwas harmloser als Heines »Harzreise« wirken, aber doch schon viel von deren Geist vorwegnehmen. Indem hier ein republikanisch gesinnter Amerikaner durch das feudalistische England wandert, das das Land seiner Väter ist und das ihm doch selber fremd erscheint, wo man seine Sprache und doch nicht seine Sprache spricht, wo ihm das Landleben besser als die geschäftig-philisterhaften Städte gefällt, muß sich notwendig eine innere Verwandtschaft mit Heines Intentionen einstellen. Übrigens durchreiste Irving 1823 mit dem Gottschalck in der Hand auch den Harz und hatte hier in manchem ähnliche Eindrücke wie Heine (vgl. seine »Notebooks«, Bd. 3, 1819–1827, hrsg. von Walter A. Reichert, Madison 1970, S. 191ff.). Über die Anklänge von Heines »Harzreise« an Irvings »Bracebridge-Hall« vgl. die Erläuterungen zu 104,9–10, 129,4 und 136,25.

An topographischen Darstellungen benutzte Heine für die »Harzreise« Bücher von Gottschalck (vgl. Erläuterung zu 89,31–32), Niemann (vgl. Erläuterung zu 134,2) und Marx (vgl. Erläuterung zu 84,26). Außerdem entlieh er während der Niederschrift folgende Bücher aus der Göttinger Bibliothek: am 4. November Johann Gottfried Ludwig Kosegartens »Nala. Eine Indische

Dichtung von Wjasa. Aus dem Sanskrit im Versmaße der Urschrift übersetzt«, Jena 1820; am 16. November Caspar Friedrich Gottschalcks »Die Ritterburgen und Bergschlösser Deutschlands«, Bd. 3–5, Halle 1810 ff.; am 30. November »The Works of Ossian, the Son of Fingal. Translated from the Gaelic Language by James Macpherson«, London 1765; am 2. Dezember Charles Joseph de Lignes »Œuvres mêlées en prose et en vers«, Bd. 1–4, Wien und Dresden 1807. Ab Mitte Dezember entlieh Heine wieder Bücher zur Situation der Juden im Mittelalter, d. h. kehrte zu seinen »Rabbi«-Studien zurück.

Damit bestätigt sich genau das, was Heine in seinen Briefen vom 25. und 30. Oktober 1824 und 11. Januar 1825 an Moses Moser geschrieben hat, nämlich daß die Niederschrift der ersten Fassung der »Harzreise« in den Zeitraum von Mitte Oktober bis Anfang Dezember 1824 fällt. Nach dem Abschluß schwankte Heine erst einmal eine Weile, was er mit dem Manuskript machen sollte. Dem Brief vom 25. Oktober an Moser zufolge wollte er es erst an den Gubitzschen »Gesellschafter« schicken, in dem 1823 die Schrift »Über Polen« und im Sommer 1824 eine Reihe von Gedichten erschienen waren. Entgegen dieser ersten Absicht schickte er jedoch das Manuskript im Dezember an seinen Onkel Henry in Hamburg, um den verschiedenen Angehörigen seiner Familie ein möglichst umfassendes Bild seiner gegenwärtigen Situation zu geben. Ich habe sie <*die »Harzreise«*> vorigen Monath an meinen Onkel Henry Heine geschickt, *schreibt er am 11. Januar 1825 an Moser,* um ihm und den Weibern ein Privatvergnügen damit zu machen. Sie enthält viel Schönes, besonders eine neue Sorte Verse, wird, wenn ich sie von Hamburg zurückerhalte, gedruckt werden, wird sehr gefallen und ist im Grunde ein zusammengewürfeltes Lappenwerk. *Ebenso geringschätzig äußert sich Heine über die »Harzreise« in einem Brief vom 1. Juli 1825 an Moser:* Nochmals wiederhole ich Dir daß Du auf die Lektüre meiner Harzreise nicht begierig zu seyn brauchst. Ich schrieb sie aus pekuniären und ähnlichen Gründen. *Was in diesen Zeilen mehr als Entschuldigung für den nichtgeschriebenen »Rabbi« wirkt, von dem sich seine jüdischen Freunde in Berlin so viel versprachen, klingt in einem Brief an Rudolf Christiani vom 26. Mai 1825 eher wie ein bewußtes Understatement, um damit seinem Partner ein Lob zu entlocken:* Meine Harzreise habe ich, wie Sie schon in Erfahrung gebracht haben, Anfangs diesen Winter geschrieben. Aber leider konnte ich kaum bis zur Hälfte damit zu Stande kommen, weil ich damals, wie den ganzen Winter hindurch, mich höchst elend befand. Wenn ich daher bedenke, zu welcher trübseeligen Zeit ich dieses Reisefragment geschrieben, so muß ich zweifeln ob etwas Gutes daraus geworden <...> Ich kann wahrlich nicht ohne Besorgniß Ihrem Urtheil darüber entgegen sehen, und ich wünschte im Grunde Sie bekämen das Opus nie zu Gesicht. Sie finden darinn viele alte Witze von mir, mit schlechten neuen Witzen bunt untermischt, nachläßige, unkünstlerische Prosa, unbeholfene Naturschilderungen, verunglückter Enthousiasmus; aber das bitt ich mir aus – die Verse darin sind göttlich.

Aus einem Brief an Moser vom 1. April 1825 geht hervor, daß das Manuskript zu diesem Zeitpunkt immer noch bei Onkel Henry war, Heine es aber bereits angemahnt hatte. Außerdem erfährt man hier, daß er die »Harzreise« gern an das Stuttgarter »Morgenblatt« gegeben hätte (was bei dem Ansehen dieser Zeitung nicht gerade für eine Geringschätzung dieses Werks von seiten Heines spricht), sich aber jetzt mehr oder weniger gezwungen sehe, es im nächsten Jahrgang der »Rheinblüthen« erscheinen zu lassen. Er schreibt zwar an Moser, daß er die »Harzreise« nur sehr ungern *in die »Rheinblüthen« gebe, da ihm das Almanachwesen* im höchsten Grade zuwieder *sei, er jedoch nicht das Talent habe,* schönen Weibern etwas abzuschlagen. *Die »Rheinblüthen« wurden von dem Karlsruher Buchhändler Gottlieb Braun herausgegeben, einem Bruder der schönen Friederike, die mit Ludwig Robert, dem Bruder Rahels, verheiratet war. Die Roberts hatten ihn schon 1823 (vgl. den Brief an Ludwig Robert vom 27. November 1823) und dann noch einmal im April 1824 in Berlin um einen Beitrag für den nächsten Jahrgang der »Rheinblüthen« gebeten. Heine, den eine schwärmerische Neigung zu Friederike erfaßt hatte, schickte ihr daraufhin am 27. Mai 1824 sechs Gedichte und versicherte ihr zugleich:* Ich verspreche Ihnen auch schriftlich für den folgenden Jahrgang des Almanachs etwas recht gutes Großes zu liefern und ich bin wohl der Mann, der es vermag *(vgl. auch den Brief an Moses Moser vom 27. Mai 1824). Friederike fühlte sich daher völlig berechtigt, Heine am 18. Februar 1825 an sein Versprechen zu erinnern. Heine scheint sich diesem Wunsch sofort gefügt zu haben, ja versuchte sogar am 24. Februar 1825 auch Immermann anzuregen, doch etwas für die »Rheinblüthen« zu schreiben.* Ich bin eigentlich kein Freund der Almanachsliteratur, *heißt es dort,* Doch die wunderschöne Me Robert <. . .> interessirt sich sehr für diesen Almanach, und mahnt mich daran daß ich ihr Hoffnung gemacht meines Freund Immermanns Mitwirkung für diesen Almanach zu gewinnen. *Und so schreibt Heine am 4. März 1825 an Ludwig Robert:* Sagen Sie daher unserer lieben Türkinn <*Friederike*>: erstens daß ich Sie und sie liebe, zweitens daß ich sie in Hinsicht der Rheinblüthen gewiß nicht im Stich lassen werde. Wie sauer es mir wird dieses Versprechen zu erfüllen, davon haben Sie keinen Begriff. Von meiner Abneigung gegen die Almanachsliteratur überhaupt will ich gar nicht sprechen <. . .> Ich will nur erwähnen daß ich, wegen meines Kopfübels, das jetzt erst allmählig verschwindet, seit einem Jahre wenig bedeutendes schreiben konnte <. . .> Das Hübscheste was ich unterdessen schrieb ist die Beschreibung einer »Harzreise« die ich vorigen Herbst gemacht, eine Mischung von Naturschilderung, Witz, Poesie und Waschington Irvingscher Beobachtung. Eine Novelle <*der »Rabbi von Bacherach«?*>, die ich für die Rheinblüthen angefangen – liegt halb fertig, und wird auch wohl nicht fertig werden <. . .> Kann ich also die Novelle, wie ich voraussehe, nicht fertig bekommen, so schicke ich Ihnen in 5 Wochen meine »Harzreise« die etwa 3 bis 3½ Druckbogen der Rheinblüthen beträgt, und wovon ich überzeugt bin daß

Sie sie eben so gern lesen werden wie ich sie ungern schicke. Nemlich diese neue Disposizion vereitelt mir manche wichtige Absicht und macht es nöthig daß ich in meinem Manuskript manches ändre und auslasse. Ich würde es früher einsenden wenn ich es nicht erst von meiner Familie, der ich es zur Winterlektüre mitgetheilt, zurückkommen lassen müßte. *Zugleich erinnert er ihn daran, ihm damals in Berlin im April 1824 ein* Honorar von 4 Carolin per Druckbogen angebothen *zu haben.*

In den nächsten Wochen scheint Heine noch etwas am Manuskript herumgefeilt zu haben. Wieviel er dabei geändert hat, läßt sich nicht mehr ermitteln. In seinem Brief vom 19. April 1825 an Friederike Robert heißt es lediglich: Das Manuskript meiner Harzreise, 80 Seiten des gegenwärtigen Postpapiers betragend, liegt zur Absendung nach Carlsruhe bereit, aber ich möchte gar zu gern es noch 3 Wochen hier behalten zur Feile und zu kleinen Veränderungen, die ich in diesem Augenblick, wo ich mehr als je in meinem juristischen Quark stecke, nicht machen möchte. *Heine stand damals kurz vor der Taufe und Promotion und konnte sich daher der »Harzreise« nicht mehr so intensiv widmen, wie er gern gewollt hätte. Daß es sich bei den Änderungsversuchen vor allem um eine bessere Integration der »Bergidylle« in den Erzählverlauf gehandelt haben muß (vgl. das Bruchstück zur »Bergidylle« 227,36 bis 228,33 und die Erläuterungen dazu), geht aus folgendem Brief vom 15. Mai 1825 an Friederike Robert hervor:* Möge es <*das Manuskript*> Ihren Beyfall erlangen. Ich habe es so viel als möglich für die Rheinblüthen zugestutzt. Vieles mußt ich streichen; und zur Füllung mancher Lücke, besonders am Ende der großen Gedichte, fehlte mir die Muße. Doch ist dieses nicht bemerkbar. Erscheint die Persifflage des Ballets etwas zu stark, so erlaube ich gern die ganze Parthie, die damit zusammenhängt und die ich mit Bleystift bezeichnet, ausfallen zu lassen. Muß aus ähnlichem, politischen N o t h w e n d i g k e i t s grunde irgend eine andre Stelle meines Manuskripts wegbleiben, so bitte ich die Lücke mit den üblichen Strichen zu füllen. Außerdem bitte ich aber die Redakzion der Rheinblüthen bey Leibe keine eigenmächtigen Verändrungen oder Auslassungen aus ästhetischen Gründen in meiner Harzreise zu gestatten. Denn, da diese im subjektivsten Style geschrieben ist, mit meinem Namen in der Welt erscheint, und mich also als Mensch und Dichter verantwortlich macht, so kann ich dabey eine fremde Willkührlichkeit nicht <...> gleichgültig ansehen. *Anschließend betont er noch einmal ausdrücklich, daß die* Verse *in seiner »Harzreise«* wunderschön *seien. Falls bereits ein anderes Manuskript vorliege oder man seine »Harzreise« wegen der genannten Bedingungen* nicht abdrucken lassen *könne, schlägt er vor, das Manuskript* ohne großen Zeitverlust *wieder nach Göttingen zurückzusenden. An Sonderdrucken erbittet er sich* einige bloße Abdrucke der Reise und 4 ganze Exemplare der Rheinblüthen.

Danach ist es erst einmal eine Weile still um die »Harzreise«. Am 1. Juli 1825 schreibt Heine an Moser, daß er bald Geld aus Karlsruhe erwarte und somit endlich seine Schulden abzahlen könne. Zugleich schickt er ihm eine Abschrift der »Bergidylle«, bittet ihn jedoch, sie vor dem Erscheinen der »Rheinblüthen« noch niemandem zu zeigen. Am 1. September 1825 heißt es in einem Brief an Christian Sethe, daß er ihm seine »Harzreise« im nächsten Monath *zu schicken hoffe. Als Heine vier Wochen später immer noch kein Exemplar davon in den Händen hatte, schrieb er am 8. Oktober 1825 erbittert aus Lüneburg an Moses Moser:* Mit Begierde hasche ich nach allen Buchhändler-Anzeigen um zu erfahren ob die »Rheinblüthen« erschienen. Sie bleiben wirklich lange aus und ich bin im Begriff an Roberts zu schreiben und zu fragen welche Bewanntniß es damit hat. Gewissenlosigkeit ohne Gleichen wär es wenn der Almanach ausbliebe ohne daß mir Anzeige davon gemacht wird. Ich lasse in diesem Fall das Manuskript zurückkommen und auf der Stelle drucken. – Sogar über schöne Frauen muß ich mich ärgern! *Er führte diesen Plan auch aus und fragte schon am 12. Oktober bei Friederike an, ob denn der leidige Almanach am Ende gar nicht erschiene.* Dieses wäre mir nun jetzt recht fatal, *fährt er fort,* indem meine Einsendung, die Harzreise, wegen ihres vielfältig die Gegenwart anspielenden Inhalts, eigentlich als Novität gedruckt werden muste. *Außerdem drückt er die Befürchtung aus, daß einige seiner* laxen Freunde <. . .> welche das Manuskript der Harzreise in Händen gehabt und Stücke draus abgeschrieben, *ihm den bösen* Streich spielen *könnten,* solche korumpirt abdrucken zu lassen. *Falls also der Almanach nicht erscheinen sollte, bittet er Friederike händeringend, ihm das Manuskript* g l e i c h p e r f a h r e n d e P o s t *an seine Lüneburger Adresse zu schicken.*

Und es kam, wie er befürchtet hatte: die »Rheinblüthen« erschienen nicht. Heine erhielt sein Manuskript zurück und schrieb am 9. Januar 1826 empört an Moser, daß man ihn um den Ruhm von 1825 geprellt *habe. Aufgrund dieser Situation kehrte er zu seinem ursprünglichen Plan zurück, die »Harzreise« dem »Gesellschafter« anzubieten. Heine schrieb daher am 23. November 1825 nach Berlin an Gubitz:* Beyfolgendes Manuskript: »Harzreise von H. Heine, Geschrieben im Herbste 1824« schicke ich Ihnen für den Gesellschafter, und ich bin überzeugt, daß es Ihnen, besonders die 2te Hälfte, außerordentlich gefallen wird. Ich habe dasselbe mit großem Fleiße geschrieben, alsdann, wie sich bey guten Sachen gebührt, ein Jahr liegen lassen, jetzt wieder durch und durch gefeilt, und ich finde, daß es wegen des Stoffes und dessen leichte Behandlung ganz für unsre Zeitschrift geeignet ist <. . .> Daß Sie, lieber Professor, mir nichts in meinem Opus ändern oder verbessern, ist eine alte Bedingung, die ich wieder erneuere. *Falls die Zensur dennoch eingreifen sollte, verlangt Heine die* gebräuchlichen Querstriche. Am meisten fürchte ich für die Balletwitze, *heißt es weiter,* werden diese gestrichen, so wünsche ich, daß auch das Vorhergehende wegfalle. *Außerdem bittet er Gubitz inständig, das Ganze doch schon vor Weihnachten herauszubringen, ihm 25 Sonderdrucke zu schicken und ihm* 12 Thaler *Honorar pro Bogen zu bezahlen. Sein Hauptwunsch bleibt jedoch, für eine möglichst liberale* Censur *zu sorgen! Daß er nach den Erfahrungen mit der Schrift »Über Polen« in diesem Punkte Gubitz nicht recht traute, geht auch aus einem Brief an Rudolf Christiani vom 6. Dezember 1825 hervor, wo es u. a heißt:* Die Harzreise ist jetzt an Gubitz abgegangen, und ich bin neugierig wie viel Tannenbäume mir die Censur auf dem Oberharze streichen wird. *Zur gleichen Zeit scheint Heine an einem* Seitenstück *zur »Harzreise« gearbeitet zu haben, in dem er seine* Reise im untern Harze *zu beschreiben gedachte, wie man aus dem obengenannten Brief an Gubitz erfährt. Aus alter Anhänglichkeit an Friederike Robert wollte Heine diese Erzählung im nächsten Jahrgang der »Rheinblüthen« abdrucken lassen. Da jedoch die »Rheinblüthen« auch 1827 nicht zustande kamen, gab Heine diesen Plan bald wieder auf (vgl. das Bruchstück zu dem Abschnitt »Ilsenstein« 228,36–229,26, das Fortsetzungsfragment »Ilsenburg« 229,31–233,13 und die Erläuterungen dazu).*

Als die »Harzreise« Anfang Januar immer noch nicht erschienen war, schrieb Heine am 9. Januar 1826 wütend an Moser: Der Lump von Gubitz hat trotz seines schriftlichen Zusagens die Harzreise noch nicht im Gesellschafter abgedruckt. Der Lump soll nie eine Zeile mehr von mir erhalten. *Und als sie endlich vom 20. Januar bis 11. Februar in 14 Fortsetzungen im »Gesellschafter« erschien, erwiesen sich Heines Befürchtungen im Hinblick auf Gubitz und die Zensur nur allzu begründet. Voller Empörung nannte er daher in einem Brief vom 14. Februar 1826 an Moser diesen Abdruck die* schändlich mißhandelte Harzreise. *Gubitz hat für diese Mißhandlung später allein den Zensor verantwortlich gemacht. Er schreibt in seinen »Erlebnissen«: »Die ›Harzreise‹ wurde von dem Censor gleich in den ersten Abtheilungen an mehreren Stellen durchkreuzt; ich ließ den Satz wieder ›ablegen‹ – wie es in den Druckereien heißt – und dann mit dem Kreuziger wegen seiner Kreuzverschwendung zu unterhandeln, erreichte ich das Möglichste, doch erst mit ministerieller Entscheidung, und brachte das Ganze glücklich genug über die geistige Thorsperre hinweg. Es konnte nun aber erst im Anfange des Jahres 1826 (Bl. 11–24) erscheinen« (Berlin 1868, II,290). Heine scheint ihm jedoch diese Entschuldigung nicht geglaubt zu haben. Da Zensoren nur strichen, aber nicht änderten, schob er alle Textverderbungen Gubitz in die Schuhe und hat nach dem Erscheinen der »Harzreise« jede Beziehung zu dem Herausgeber des »Gesellschafters« abgebrochen.*

Wie sah nun diese »Gesellschafter«-Fassung aus? Sie beginnt mit dem Gedicht Schwarze Röcke, seid'ne Strümpfe *und setzt dann mit dem Satz* Morgens sechs Uhr verließ ich Osterode *89,29 ein. Der gesamte Göttingenabschnitt und die Schilderung der Reiseerlebnisse des ersten Tages (Weende, Rauschenwasser, Nörten, Northeim) existierten damals noch nicht und wurden erst im Frühjahr 1826 geschrieben. Den Abschluß des Ganzen bildet die Szene auf dem Ilsenstein (bis 134,32), während der Abschnitt 134,35 bis 138,11 erst in Rb I¹ auftaucht. Eigentliche Zensurstriche, wie sie Heine gefor-*

dert hatte, finden sich nirgends. Dafür ist an vielen Stellen direkt in den Text eingegriffen worden (vgl. »Lesarten«). Wie Heine befürchtet hatte, schwächte Gubitz auf Verlangen des Zensors (oder um der Zensur zuvorzukommen) vor allem die Ballettwitze bis zur Unkenntlichkeit ab. Außer in diesem Abschnitt hat Gubitz noch an mindestens 23 weiteren Stellen eingegriffen, um politische Anspielungen, bestimmte Persönlichkeiten oder moralisch anstößige Formulierungen zu unterdrücken. So wurden aus dem Bundestag *(122,12) »etwas Anderes«, aus* Doktor Saul Ascher *(103,1) »Doctor S. A.«, aus* Läuse *(123,16) »gewisse Thierchen« u. a.*

Eine der wenigen unmittelbaren Reaktionen auf diesen Abdruck der »Harzreise« ist der Beitrag, den Carl Dörne, der vermeintliche Schneidergeselle, der Heine auf dem Weg von Osterode nach Lerbach begleitet hatte (vgl. 90,1–91,4), kurz darauf im »Gesellschafter« einrücken ließ, worin er sich als ein recht gebildeter und witziger Handlungsreisender entpuppt. Und zwar druckte Gubitz diesen Beitrag unter dem Titel »Reise von Osterode nach Clausthal. (Seitenstück zu H. Heine's ›Harzreise‹.)« in der Nr. 26 des »Bemerkers«, einer Beilage zur Nr. 138 des »Gesellschafters« vom 30. August 1826 ab. Hier heißt es: »Im Herbst 1824 kehrte ich von einer Geschäfts-Reise von Osterode nach Clausthal zurück. Durch eine Flasche Serons de Salvanette, die ich bei meinem alten Freunde St. getrunken, waren meine Lebensgeister dergestalt exaltirt, daß man mich hätte für ausgelassen halten können. Etwa auf der Hälfte des Weges traf ich mit einem jungen Manne zusammen, den ich genau beschreibe, damit er sich überzeugt, daß ich ihn wirklich damals gesehen. Er war etwa 5 Fuß 6 Zoll groß, konnte 25–27 Jahr alt seyn, hatte blonde Haare, blaue Augen, eine einnehmende Gesichtsbildung, war schlank von Gestalt, trug einen braunen Ueberrock, gelbe Pantalons, gestreifte Weste, schwarzes Halstuch und hatte eine grüne Kappe auf dem Kopfe und einen Tornister von grüner Wachsleinwand auf dem Rücken. Der Serons de Salvanette war lediglich schuld daran, daß ich den Reisenden sogleich nach der ersten Begrüßung anredete, und nach Namen, Stand und Woher und Wohin fragte. Der Fremde sah mich mit einem sardonischen Lächeln von der Seite an, nannte sich Peregrinus und sagte, er sey ein Cosmopolit, der auf Kosten des türkischen Kaisers reise, um Rekruten an zu werben. ›Haben Sie Lust?‹ fragte er mich. – ›Bleibe im Lande und nähre dich redlich!‹ erwiederte ich, und dankte sehr. Um indessen Gleiches mit Gleichem zu vergelten, gab ich mich für einen Schneidergesellen aus und erzählte dem türkischen Geschäftsträger: daß ich von B. komme, woselbst sich ein Gerücht verbreitet, daß der junge Landesherr auf einer Reise nach dem gelobten Lande von den Türken gefangen sey, und ein ungeheures Lösegeld bezahlen solle. Herr Peregrinus versprach, sich dieserhalb bei dem Sultan zu verwenden, und erzählte mir von dem großen Einflusse, den er bei Sr. Hoheit habe.

Unter dergleichen Gesprächen setzten wir unsere Reise fort, und um meine angefangene Rolle durch zu führen, sang ich allerlei Volkslieder, und ließ es an Corruptionen des Textes nicht fehlen, bewegte mich auch überhaupt ganz im Geiste eines reisenden Handwerksburschen. Ich vertraute dem Gefährten, daß ich ein hübsches Sümmchen bei mir trage, Mutterpfennige, es mir daher um so angenehmer sey, einen mannhaften Gesellschafter gefunden zu haben, auf den ich mich, falls wir von Räubern sollten angefallen werden, verlassen könnte. Der Ungläubige versicherte mich unbedenklich seines Schutzes. ›Hier will es mit den Räubern nicht viel sagen‹, fuhr er fort; ›aber Sie sollten nach der Türkei kommen, da kann man fast keinen Fuß vor den andern setzen, ohne auf große bewaffnete Räuberschaaren zu stoßen; jeder Reisende führt daher, in jenen Gegenden, zu seinem Schutze Kanonen von schwerem Caliber mit sich, und kommt dessenungeachtet oft kaum mit dem Leben davon‹. – Ich bezeigte dem Geschäftsträger Sr. Hoheit mein Erstaunen und lobte beiläufig die deutsche Polizei, deren Thätigkeit es gelungen, daß ein armer Reisender ganze Stunden Weges zurück zu legen im Stande sey, ohne gerade von Räubern ausgeplündert zu werden. ›Was wollten wir machen‹ – fuhr ich fort – ›wenn hinter jedem Busche und aus jedem Graben mehrere gefährliche Kerle hervor sprängen und sich von dem erschrockenen Wanderer Alles ausbäten, wie der Bettler in Gellert's Fabel?‹ – ›Haben Sie Gellert gelesen?‹ fragte mich mein Begleiter. – ›Ja!‹ erwiederte ich; ›ich habe in meiner Jugend Lesen und Schreiben gelernt, meine Lehrjahre bei dem Schneidermeister Sander zu Halberstadt im lichten Graben ausgestanden und seitdem bei mehreren Meistern in Cassel und Braunschweig gearbeitet, um den eigentlichen Charakter der männlichen Kleidung weg zu kriegen, welcher oft schwerer zu studiren ist, als des Mannes Charakter, der den Rock trägt‹. – Hier sah mich Herr Peregrinus wieder von der Seite an, wurde nach und nach einsylbiger und verstummte endlich gar. – Er hatte überhaupt eine hofmännische Kälte an sich, die mich immer in einiger Entfernung von ihm hielt, und um den Scherz zu enden, klagte ich über Müdigkeit, ließ mich auf einen Baumstamm nieder und lud meinen Begleiter ein, ein Gleiches zu thun. Der aber antwortete, wie ich vermuthet hatte: es bliebe ihm für heute keine Zeit zur Ruhe übrig, lüftete seine Kappe und ging seines Weges, mich zum baldigen Nachkommen einladend. –

Ich hätte dieses kleine Reise-Abentheuer für immer der Vergessenheit übergeben, der ›Gesellschafter‹ Bl. 11 von diesem Jahre mag's verantworten, daß ich's erzähle. In dem bezeichneten Blatte las ich nämlich zu meiner größten Ueberraschung die ›Harzreise von H. Heine im Herbst 1824‹, und fand mich darin als den reisenden Schneidergesellen mit vielem Humor abconterfeyt. Zu meiner Beruhigung habe ich aus der besagten ›Harzreise‹ ersehen, daß mein damaliger Begleiter nicht Peregrinus, sondern H. Heine heißt, daß er kein Geschäftsträger Sr. Hoheit, sondern ein Jurist ist, der von Göttingen kommt und, wie er selbst sagt, zu viel Jurisprudenz und schlechte Verse (wahrscheinlich von Andern) im Kopfe hat. – Meine Wenigkeit beschreibt Hr. Heine in seiner ›Harzreise‹ folgendermaßen:

›Auf dem Wege von Osterode nach Clausthal traf ich mit einem reisenden

Schneidergesellen zusammen. Es war ein niedlicher kleiner junger Mensch, so dünn, daß die Sterne durchschimmern konnten, wie durch Ossians Nebelgeister, und im Ganzen eine volksthümlich barokke Mischung von Laune und Wehmuth.‹

Das Wahre an der Sache ist, daß ich mir selbst etwas mehr Corpulenz wünschte. Die Wehmuth streich' ich aber, mit Hrn. Heine's Erlaubniß, und berufe mich dieserhalb auf das ganze Clausthal.

Was nun die doppelte Poesie anbetrifft, die ich einem Kameraden zu Cassel beimaß, und von welcher Hr. Heine glaubt, daß ich darunter doppelt gereimte Verse oder Stanzen verstanden, so muß ich zur Steuer der Wahrheit bekennen, daß ich daran nicht dachte, vielmehr nur sagen wollte: der Kamerad ist von Natur ein Dichter und wenn er getrunken hat, sieht er Alles doppelt und dichtet also mit der doppelten Poesie. – Die Redensarten, welche mir Hr. Heine in den Mund legt, sind wörtlich richtig und gehörten mit zu meiner Rolle. Hr. Heine und ich haben uns hiernach auf eine spashafte Weise getäuscht.

Nun Scherz bei Seite! Ich versichere Hrn. Heine, daß, ob ich gleich zu seiner ›Harzreise‹ einige Haare hergeben müssen, ich ihn dessenungeachtet nicht im geringsten anfeinde, vielmehr seine humoristische Beschreibung mit wahrem Vergnügen gelesen habe.

Ich schließe mit der Bemerkung, daß ich den jungen Kaufmann mit seinen 25 bunten Westen und eben so vielen goldenen Pettschaften, Ringen, Brustnadeln u. s. w., welcher sich Hrn. Heine in der Krone zu Clausthal aufgedrungen, sehr gut kenne, und versichern kann, daß derselbe seine Persons-Beschreibung sehr ungnädig vermerken würde. Er liest aber keine Journale, eben weil er so viele Westen, Ringe und Brustnadeln trägt, und seines so erschrecklich zusammengesetzten Anzuges wegen keine Zeit zum Lesen übrig hat; nur zum Fragen nimmt er sich welche. Ich verrathe dem Handlungs-Beflissenen nichts, sondern wünsche nur, daß ich mit dem Hrn. Heine noch einmal zusammen treffen möge, um demselben meinen persönlichen Dank für den Genuß ab zu statten, welchen ich durch Lesung seiner humoristischen ›Harzreise‹ gehabt, und um den Verfasser zu überzeugen, daß ich mit der löblichen Schneiderzunft in gar keiner Verbindung stehe.

O .... *Carl D ... e.« (S. 693 f.).*

Heine las diesen Beitrag schon kurz nach seinem Erscheinen und schrieb am 6. Oktober 1826 an Friedrich Merckel: Den Schneidergesellen hat mir Christiani zu lesen gegeben; hat mich ziemlich amüsirt.

Durch alle diese Erfahrungen gewitzigt, faßte Heine bereits im Herbst 1825 den Plan, seine Gedichte und Prosawerke in Zukunft nicht mehr den terminlichen Unsicherheiten, Redakteureingriffen und Zensurverstümmelungen der gängigen Zeitungen und Zeitschriften auszusetzen, sondern in geschlossenen Sammelbänden zusammenzufassen. Er hoffte, sich damit nicht nur ›freier‹ aussprechen zu können (da Bücher über 320 Seiten keiner staat-

lichen Vorzensur unterlagen), sondern sich zugleich einen weithin anerkannten Namen in der Schriftstellerwelt zu verschaffen. Der erste Plan zu einer solchen Sammelpublikation, damals noch Wanderbuch *genannt, taucht in einem Brief vom 14. Dezember 1825 an Moses Moser auf, wo er u. a. schreibt:* Ich habe nemlich Lust nächsten Ostern unter dem Titel »Wanderbuch, 1ter Theil« folgende Piezen drucken zu lassen: 1°. Ein neues Intermezzo, etwa 80 kleine Gedichte, meist Reisebilder, und wovon Du schon 33 kennst, 2°. Die Harzreise, die Du dieser Tage im Gesellschafter schon sehen wirst, aber nicht vollständig. 3°. Das Dir bekannte Memoir über Polen, völlig umgearbeitet und bevorwortet. 4°. Die Seebilder, wovon Du einen Theil beykommend erhältst. *Und zwar bittet er Moser, den Hoffmann-Freund und -Biographen Julius Eduard Hitzig (1780–1849) als Fürsprecher für dieses Projekt zu gewinnen. Heine hatte nämlich damals noch vor, dieses Buch bei dem Berliner Verleger Ferdinand Dümmler (1777–1846) unterzubringen, der 1823 seine »Tragödien nebst lyrischem Intermezzo« verlegt hatte. Um endlich auch finanziell auf eigenen Füßen stehen zu können, forderte er mindestens* 2 Louisd'or für den Bogen. *Ja, er spricht in diesem Brief bereits von einem* 2ten und 3ten Theil des Wanderbuchs, *in denen er* eine neue Sorte Reisebilder, Briefe über Hamburg, und den Rabbi *unterzubringen gedenke. Ähnliche Ansichten erläutert Heine noch einmal an Moser in einem Brief vom 9. Januar 1826. Nach Strodtmann fand jedoch Dümmler die von Heine gestellten Honorarforderungen zu exorbitant und lehnte den Verlag des geplanten »Wanderbuches« ab (I,429). Doch Ende Januar 1826 lernte Heine, der im November 1825 nach Hamburg übergesiedelt war, den dortigen Buchhändler und Verleger Julius Campe kennen und fand in ihm einen wesentlich wagemutigeren und einsatzfreudigeren Verlegertyp als in Ferdinand Dümmler in Berlin. Campe (geb. 1792) war nur fünf Jahre älter als Heine, hatte sich als Mitglied der Lützowschen freiwilligen Jäger früh politisch engagiert und besaß zugleich einen guten Sinn für das Praktische und Realisierbare, der Heine später oft von Nutzen sein sollte (vgl. Strodtmann I,429). Wie spontan sich die Beziehung zwischen dem Verleger und seinem wichtigsten Autor entwickelte und wie es schon am zweiten Tage ihrer Bekanntschaft zur vertraglichen Absprache über den 1. »Reisebilder«-Band kam, hat später Campe auf höchst amüsante und wohl etwas anekdotisch ausgeschmückte Weise selbst geschildert (vgl. Werner/Houben Nr. 171). Diesem Bericht zufolge scheint sich Heine Ende Januar oder Anfang Februar 1826 endgültig für den Begriff »Reisebilder« entschieden zu haben. Der Titel »Wanderbuch« klang ihm vielleicht doch noch zu ›romantisch‹. Die Prägung »Reisebild« ist höchstwahrscheinlich Heines eigene Erfindung (vgl. Grimm VIII,724), was in der Nr. 155 vom 7. August 1827 des »Berliner Conversations-Blatts« ausdrücklich hervorgehoben wird (S. 617). Als anregender Impuls käme hier lediglich die Verwendung des Begriffs »Reisebildchen« in den »Promenaden eines Berliners in seiner Vaterstadt« von Ludwig Robert in Frage, die 1824 im*

Stuttgarter »Morgenblatt« erschienen waren (Nr. 218–235 vom 6. Juni bis 6. Juli). Da in diesen »Promenaden« indirekt auf Heine angespielt wird, wäre eine solche Anregung nicht ganz ausgeschlossen. Doch sei dem, wie es wolle. Was Heine 1826 mit dem Begriff »Reisebild« ins Auge faßte, war ein möglichst lockerer Gestaltungsrahmen, in dem er sowohl Gedichte als auch Aufsätze, Briefe, Reisebeschreibungen, satirische Xenien und Übersetzungen unterbringen konnte. Das Verbindende sollte lediglich die zeitgeschichtliche Bezogenheit und persönliche Frische sein, die in den Almanachen dieser Jahre nur allzu oft den üblichen fiktionalen Klischees geopfert wurden.

Die Zusammenstellung und Überarbeitung der einzelnen Teile von Rb I^1 währte etwa von Mitte Februar bis März/April 1826. Der erste, den Heine am 14. Februar davon unterrichtete, war Moses Moser. Am 24. Februar schreibt er an Moser, daß das neue Büchlein bereits im Prozeß des Gedruck<t>werden<s> sei. Da Rb I^1 jedoch erst Mitte Mai erschien, ist anzunehmen, daß Heine noch bis in den April an den Druckvorlagen gearbeitet hat. Besonders intensiv scheint er sich in dieser Zeit den Änderungen und Erweiterungen der »Harzreise« gewidmet zu haben. Den Göttingenabschnitt hat er sicher erst in diesen Monaten geschrieben (vgl. den Brief an Joseph Lehmann vom 26. Mai 1826). Auch die Maitag-Phantasie am Schluß, die ja nicht im Harz, sondern in Hamburg spielt, ist nach dem Urteil Johann Peter Lysers erst im Frühjahr 1826 entstanden (vgl. »Berliner Figaro«, 1832, Nr. 106 vom 5. Mai, S. 422 f.).

Gedruckt wurde dieser Band bei der Langhoffschen Buchdruckerei in Hamburg (vgl. noch »Wintermärchen«, Caput XXI), und zwar in 1500 Exemplaren, die in den Buchhandlungen pro Band 1 Taler und 16 Groschen kosteten. Auf dem Titelblatt stand »Reisebilder von H. Heine. Erster Theil, Hamburg, bey Hoffmann und Campe. 1826«. Er enthielt die »Heimkehr«, »Götterdämmerung«, das »Ratkliff«-Gedicht, »Donna Clara«, das »Almansor«-Gedicht, »Die Wallfahrt nach Kevlaar«, »Die Harzreise« und »Die Nordsee. Erste Abtheilung« (über die genaueren Details vgl. den Abschnitt »Überlieferung« 536,66 ff.). Entgegen dem Wunsche von Campe ergab das Ganze nicht 400 Seiten (25 Bogen), sondern nur 301 Seiten, mußte also dem Paragraphen des Gesetzes zufolge dem Zensor zur Vorzensur vorgelegt werden (vgl. Ute Radlik, »Heine in der Zensur der Restaurationsepoche«. In: »Zur Literatur der Restaurationsepoche«, hrsg. von Jost Hermand und Manfred Windfuhr, Stuttgart 1970, S. 476). Diese Vorzensur wurde von Friedrich Ludwig Hoffmann (1790–1871), einem Hamburger Publizisten und Advokaten, der seit 1822 auch das Amt des Zensors innehatte, durchgeführt. Da Hoffmann einige Stellen beanstandete, versuchte Campe den Hamburger Oberzensor und Senatssyndikus Jacob Albrecht von Sienen (1768–1837) von der ›Harmlosigkeit‹ dieses Bandes zu überzeugen, was ihm durch einige geschickte Winkelzüge auch gelang. Welche Tricks er dabei anwandte, läßt sich leider nicht mehr ermitteln. Daß Campe überhaupt in diesen Zensur-

vorgang eingegriffen hat, geht lediglich aus seinem Brief vom 20. Februar 1837 an Heine hervor, wo er auf den eben verstorbenen Sienen zu sprechen kommt und stolz behauptet, daß er ihm damals beim Druck von Rb I^1 eine »göttliche Nase« gedreht habe.

Nachdem die Luft endlich rein war, erfolgte die Auslieferung von Rb I^1 kurz nach dem 10. Mai. Heine gab sich diesmal alle Mühe, sein neues Buch unter die Leute zu bringen und für günstige Rezensionen zu sorgen. So schreibt er am 14. Mai 1826 an Varnhagen: Ich mußte etwas herausgeben, und da dachte ich, wenn das Buch auch kein allgemeines Interesse anspricht und auch kein großes Werk ist so ist doch alles was drinn ist, auf keinen Fall schlecht zu nennen. Dann auch mißfiel mir die Harzreise im Gesellschafter so sehr daß es mich anreitzte sie umzuarbeiten und in anständigerer Gestalt erscheinen zu lassen. Sie ist völlig umgearbeitet. *Zugleich ließ er Varnhagen mit diesem Brief einige Exemplare von Rb I^1 zugehen und bat ihn zum Besten dieses Buches darüber zu verfügen. Außerdem erkundigte er sich nach Roberts Adresse in Paris, den er ebenfalls bitten wolle, etwas für sein Buch zu tun. Am 22. Mai schickte Heine eins der Widmungsexemplare an Julius Eduard Hitzig. An seinen Freund Joseph Lehmann in Berlin schreibt er am 26. Mai:* Vielleicht gefällt's Ihnen auch, daß ich jetzt die Harzreise, die im ledernen Gesellschafter in so trister Gestalt erschien, ehrlich durchgearbeitet, und mit illustren Gedanken illustrirt, verbessert und erweitert, und mit Vor- und Nachschwanz versehen habe. Ja, lieber Lehmann, die Zeiten sind schlecht, ich muß etwas für meinen Ruhm sorgen, indem ich jetzt so halb und halb davon leben muß, und vorzüglich weil der Lorbeer der meine Stirn umkränzt, doch manchem Lump, der mich mit Koth bewerfen möchte, eine heilige Scheu einflößt. Darum sollen Sie, lieber Lehmann, wieder etwas für diesen Ruhm wirken, und ich wünschte sehr daß Sie Sorge trügen für mein neues Büchlein. *Einen ähnlichen Tenor hat Heines Brief an Karl Simrock vom gleichen Tage:* Anbey mein neuestes Büchlein ganz frisch wie es aus der Presse kömmt. Aus dem Inhalt siehst Du daß es nicht auf die Neugier berechnet ist, und daß es nicht bloß das Interesse des Tages erregen will <. . .> Bleib mir nur gewogen, und, wo es Noth thut, hülfreich. Willst Du über den ersten Band der Reisebilder etwas öffentlich sagen, so wär es mir ganz besonders lieb, da ich Dir ein bedeutendes Urtheil über mich zutraue, und Du auch leichter als Andre meine Weise verstehst. <. . .> Ich hoffe Du bist damit zufrieden daß ich die Harzreise umgearbeitet und in einer anständigen Gestalt erscheinen lasse. Sie sah im Gesellschafter so muffig aus und so trist, daß ich es als eine Ehrensache betrachte sie in einem besseren Aufzuge dem Publiko zu präsentiren. *Im gleichen Monat verschickte Heine Widmungsexemplare von Rb I^1 an Ludwig Börne, Eduard Gans, Johann Wolfgang Goethe, Leopold Zunz und die Familie seines Onkels Salomon (vgl. die genauere Beschreibung dieses Bandes in DHA Bd. 1). Am 7. Juni sandte er ein Exemplar an Wilhelm Müller, am 21. Juni eins an Adolf Müllner.*

Welche unmittelbare Wirkung dieser Band gehabt hat, läßt sich an folgenden Tatsachen ablesen. Die staatlichen Zensurbehörden haben sich für Rb I^1 kaum interessiert, da es sich hier auf den ersten Blick um bloße »Reisebilder« handelte und Hoffmann und Campe zu dieser Zeit noch als ein ›harmloser‹ Verlag galt (vgl. H. H. Houben, »Verbotene Literatur«, Berlin 1924, I,386). Lediglich in Österreich war der Band für einige Zeit verboten und mußte über die Leipziger Messe eingeschmuggelt werden, wie wir aus einem Brief Campes an Heine vom 20. Juli 1827 erfahren. Wirklich erbittert waren scheinbar nur die Göttinger Professoren. Sie bewirkten, daß der Band Rb I^1 für Göttingen verboten wurde und selbst in den dortigen Leihbibliotheken nicht aufgestellt werden durfte (vgl. »Die Universität Göttingen«. In: »Deutsche Jahrbücher«, 1841, Nr. 133 vom 3. Dezember, S. 529). Erst am 10. Dezember 1835, als der Frankfurter Bundestag seinen berüchtigten Beschluß zur Ächtung der jungdeutschen Literatur erließ, geriet auch Rb I^1 auf die Liste der nicht gerade offiziell verbotenen, aber doch ›verfolgten‹ Literatur. Am 18. Oktober 1836 erschien Rb I^1 zusammen mit den anderen »Reisebildern« zum erstenmal im »Index librorum prohibitorum« (vgl. »La Phalange«, Bd. 1, 1836, Nr. 13, Sp. 131).

Zu einem wirklichen Skandal, der sich mit der Schilling-Affäre anläßlich der Veröffentlichung der »Briefe aus Berlin« vergleichen läßt, kam es bei diesem Bande nur durch Heines beiläufige Erwähnung eines schwarzen, noch ungehenkten Maklers *in Hamburg (vgl. 136,36), in dem sich der Hamburger Manufakturwarenmakler Joseph Meyer Friedländer (1777–1846), ein Neffe von Jonathan Friedländer, des Gatten von Heines Cousine Amalie, wiederzuerkennen glaubte. Man hat später vermutet, daß dieser Joseph Friedländer im Frühjahr 1819 an dem Bankrott des Geschäftshauses »Harry Heine & Comp.« nicht ganz unbeteiligt gewesen sei, und sich Heine durch diese Porträtierung an Friedländer rächen wollte (vgl. »Allgemeine Zeitung des Judenthums«, 1854, Nr. 47 vom 20. November, S. 591). Ob diese Absicht auf Heines Seite wirklich bestand, läßt sich heute nicht mehr ermitteln. Jedenfalls kam Friedländer sofort nach dem Erscheinen des Buches in Campes Laden und bezeichnete es als ein grundschlechtes, gemeines Machwerk, dessen gesamte Auflage er am liebsten aufkaufen würde (vgl. Eduard Beurmann, »Skizzen aus den Hanse-Städten«, Hanau 1835, S. 216f.). Kurz danach rempelte er Heine in Hamburg auf offener Straße an, versuchte ihm eine Ohrfeige zu geben und erregte so einen Volksauflauf. Auf diese Weise wurde ein solcher Skandal daraus, daß sich die Hausierer schon anschickten, Friedländers Bild zum Preise von einem Schilling das Stück auf der Straße zu verkaufen. Heine ging deshalb sofort zur Stadtverwaltung und leitete eine Klage gegen Friedländer ein. Rosa Maria Assing, eine Schwester Varnhagens, berichtet darüber am 15. Juni 1826: »Heine hat hier eine sehr ärgerliche Geschichte gehabt; er kam sie uns zu erzählen. Er wurde nämlich am hellen Tage von einem Menschen angegriffen, als er über den Burstah ging. Es war ein Makler in Manufakturwaren, der eine Stelle in Heines Reisebildern auf sich bezogen. Heine versichert, den Menschen, den er einen jüdischen Mauschel nannte, nie gekannt zu haben, und meint, er sei von andern aufgehetzt worden, die ihm eingeredet, er sei in jener Stelle gemeint. Heine hat ihn vor der Polizei verklagt, worauf jener alles geleugnet hat, und so nahm die Sache, die Heine auf sich beruhen läßt, für diesen ein sehr klägliches und unritterliches Ende« (vgl. Werner/Houben Nr. 180). Wie sehr Heine diese Affäre erregt hat, da Friedländer offenbar einen gewissen Anhang bei seinen jüdischen Mitbürgern hatte und dadurch Heines nicht gerade starke Position in Hamburg erheblich zu gefährden drohte, geht noch aus einem Brief vom 14. Oktober 1826 an Moses Moser hervor:* Daß ein stinkiger Jude in Hamburg überall herumgelogen hat er habe mich geprügelt, wirst Du gehört haben. Der Schweinhund hat mich bloß auf der Straße angegriffen, ein Mensch den ich nie im Leben gesprochen habe. Jenen Angriff (er hat mich kaum an den Rockschoß gefaßt und das Volksgewühl des Burstahs hat ihn gleich fortgedrängt) jenes Attentat, jenen Conat hat der Kerl noch obendrein abgeleugnet als ich ihn deßhalb bey der Polizey verklagte. Dies war mir a<lles> was ich wünschte. Er sagte aus ich hätte i<hn> wegen eines Grolls von 1815 (ich war damals noch gar nicht in Hamburg) in meinen Schriften angegriffen und nachher auf der Straße. – Die Geschichte wurde von infamen Schurken hinlänglich benutzt *(vgl. auch den Brief an Friedrich Merckel vom 6. Oktober 1826). Heine fühlte sich überhaupt in diesen Monaten ständig von Feinden umgeben und verfolgt. So warf er eine Sendung Pfefferkuchen, die ihm Campe mit dem Zusatz »Vom Professor Hugo in Göttingen« überschicken ließ, sofort ins Feuer, weil er glaubte, seine Göttinger Feinde wollten ihn damit vergiften (vgl. Werner/Houben Nr. 178).*

*Neu angefacht wurde diese Unruhe durch das seltsame »Kurier-Reise-Bild«, das in der Nr. 135 vom 6. November 1826 des »Mitternachtblatts« erschien und von Adolf Müllner stammt, wie aus einem Brief Campes an Heine vom 25. Dezember 1826 hervorgeht. Und zwar lautet der Text dieser feuilletonistischen Skizze: »Ein beliebter humoristischer Schriftsteller in H.... schilderte in einer seiner Schriften einen Maitag, der ihm alles in dem freundlichsten Lichte gezeigt hatte, und schloß die Beschreibung mit den Worten: ›Sogar den schwarzen, noch ungehenkten Makler, der dort mit seinem spitzbübischen Manufakturwaaren-Gesicht einherläuft, bescheint die Sonne mit ihren tolerantesten Strahlen‹. Ein Makler des Ortes bezog diese Worte auf sich, und fiel den Schriftsteller auf offener Straße mit Thätlichkeiten an. Die Sache machte Aufsehen, und wurde auch in der weit entfernten Residenzstadt M. bekannt. ›Was? rief ein reicher und talentvoller Maler-Dilettant aus, mit diesem einzigen Pinselstriche hat der Autor ein lebendes Original so getroffen, daß es sich selber erkannte? D a s Gesicht muß ich sehen!‹ Er nahm auf der Stelle Extrapost, reis'te nach H.... und hatte sich kaum in dem Gasthofe zum *** einquartiert, als er auch schon den Kellner* *fragte: ›Kennen Sie den schwarzen Makler mit dem Manufakturwaaren-Gesichte?‹ Der Gefragte zögerte zwar mit der Antwort, weil er nicht wußte, wen er vor sich hatte; aber er konnte sich eines Lächelns nicht enthalten, welches die Frage deutlich bejahete. ›Hier ist ein Maxd'or; Sie erhalten doppelt soviel, wenn Sie mir noch heute Gelegenheit verschaffen, diesen Mann zu sehen.‹ – Nichts wird leichter seyn, erwiederte der Kellner mit einer dankbaren Verbeugung; wenn Ew. Gnaden ihn zu sprechen wünschen. – ›Nichts da von Sprechen, sehen will ich ihn, von Gesicht, weiter nichts, hier oder anderswo, das gilt gleich, nur bei Tage und sobald als möglich‹. Der Kellner verbeugte sich noch tiefer und verließ das Zimmer nicht ohne Verwunderung über das seltsame Gelüst des Fremden, den er nach der Beschaffenheit seiner Kleidung, seines Reisewagens und der Livrée des Bedienten nicht füglich für einen Maler halten konnte. Aber wenige Minuten kam er mit froher Hast zurück: ›Ew. Gnaden dürfen sich nur an das Fenster bemühen, der Schwarze kommt eben die Straße herauf, ich will ihn anreden und einige Augenblicke aufhalten‹. Gesagt, gethan. ›Getroffen! rief der Maler, so wahr Gott lebt, getroffen mit dem einzigen Federzuge!‹ Als der Kellner wieder in das Zimmer trat, um seinen Doppel-Maxd'or zu empfangen, stand das Manufakturwaaren-Gesicht schon auf dem Papier in seinen Hauptzügen, und jener empfing mit dem versprochenen Lohn auch gleich den Auftrag, Postpferde zur Rückreise zu bestellen. Einige Wochen nach seiner Zurückkunft hatte der Schnell-Portrait-Maler große Gesellschaft bei sich, man kam wieder auf die Geschichte mit dem Makler und dem Humoristen zu sprechen, und ein Rechtsgelehrter meinte, sie würde dem Makler übel bekommen, da er doch unmöglich beweisen könnte, daß der Humorist eben ihn gemeint habe. ›Das kann er gar nicht leugnen‹, sagte der Maler; ›sobald das Original sich selbst producirt, muß jede Jury den Copisten für schuldig erkennen‹. Er holte das inzwischen ausgeführte Bild herbei, und – nicht bloß aus Artigkeit gegen ihren Wirth – gestanden alle, daß wenn er getroffen habe, der Humorist den animum injurandi schwerlich würde ablehnen können. Das Bild gilt in M. für eines der Ausdrucksvollsten dieses Künstlers, und heißt wegen jener schnellen Reise das Kurier-Reise-Bild« (S. 540).*

Nachdem Heine diese Skizze gelesen hatte, schrieb er am 16. November 1826 an Friedrich Merckel: Es macht mir Spaß und setzt mich dennoch in die allergrößte Verlegenheit. *Schließlich mußte Friedländer annehmen, daß auch diese Skizze von Heine stamme, was seinen Zorn aufs neue zur Weißglut brachte. Heine schreibt daher schon in diesem Brief besorgt an Merckel:* Hab nur den schwarzen Ungehenkten (das klingt ungefähr wie der große Unbekannte) recht im Auge und schreib mir gleich, wenn Du einem schlechten Witze des Kerls auf der Spur bist! *Dieselbe Anfrage* in Betreff des schwarzen *wiederholt er in einem Brief an Merckel vom 9. Dezember. Inzwischen hatte nämlich Heine in einem Brief von Campe vom 28. November folgendes gehört: »Wegen des Ungehenkten habe ich mich bemüht und gefunden, daß der Mensch der* E r n s t e n *Meinung lebt, daß* S i e *den Aufsatz im Mittern Bl. veranlaßten. Er ist auf das* H ö c h s t e *erzürnt und hat alle Schwüre des Alten T. auf sich geladen wenn er sich nicht auf das Entschiedenste an Ihnen rächte. – – 3 Jahre will* e r *gern ins Zuchthaus gehen, wenn ihm sein Vorhaben gelungen!« Campe forderte daher Heine auf, in »einem hiesigen Blatt« etwas zu Friedländers »Beruhigung zu schreiben«. Das tat Heine jedoch nicht. Campe rief daraufhin den Hamburger Polizeisenator Amandus August Abendroth um Vermittlung an (vgl. seinen Brief an Heine vom 25. Dezember 1826), was scheinbar auf Friedländer einen gewissen Eindruck machte und ihn von weiteren unbedachten Schritten zurückhielt (vgl. Strodtmann I,462 f. und Walter Wadepuhl, »Heine und Friedrich Merckel«. In: W. W., »Heine-Studien«, Weimar 1956, S. 50 f.). Und so schrieb Heine am 10. Januar 1827 aufatmend an Merckel:* Es ist gut daß mir Campe in Betreff des Schwarzen einige Ruhe geschafft hat. *Dennoch konnte er es nicht unterlassen, im »Buch Le Grand« noch einmal einen versteckten Angriff gegen Friedländer anzubringen (vgl. Erläuterung zu 210,37–38).*

Sonst ist über die unmittelbare Wirkung von Rb I^1 nicht viel zu berichten. Am meisten hat sich Heine wohl über das Lob Rahels und Varnhagens gefreut (vgl. den Brief an Varnhagen vom 29. Juli 1826). Überhaupt scheint neben Hamburg dieses Buch in Berlin die meiste Sensation gemacht zu haben. So notiert sich Varnhagen am 21. Juni 1826 in sein Tagebuch: »Heine's ›Reisebilder‹, in Hamburg gedruckt, machen wegen ihrer fast unglaublichen Keckheit großes Aufsehen hier« (»Blätter aus der preußischen Geschichte«, Leipzig 1868 f., IV,84). An Friedrich Merckel schreibt Heine am 16. August 1826: Mein Bruder schreibt mir, daß in Berlin die »Reisebilder« noch immer stark gelesen und bekrittelt werden; im ganzen würde ich gekreuzigt. *Privat scheint dagegen Heine nur wenige beifällige Zuschriften bekommen zu haben. Das einzig Tröstliche in dieser Situation war für ihn der* enorme Absatz, *den dieses Buch im Herbst 1826 hatte (vgl. den Brief an Immermann vom 14. Oktober 1826). An Varnhagen schreibt Heine am 24. Oktober 1826 voller Stolz:* Das Buch hat viel Spektakel gemacht und viel Absatz gefunden. Mein Verleger hat mir sicher versprochen daß bald eine 2te Auflage nöthig sey. *Doch dazu sollte es nicht so schnell kommen. Campe hatte zwar allein in Hamburg 500 Exemplare von Rb I^1 verkauft, was z. T. mit der Friedländer-Affäre zusammenhängt, aber schon im Spätherbst 1826 ließ der Absatz merklich nach, wie überhaupt das persönliche Echo von Freunden und Feinden gar nicht die Lautstärke besaß, wie sich das Campe und Heine in ihren Bestseller-Träumen ausgemalt hatten.*

Um so lauter war der kritische Widerhall in den Zeitschriften und Tagesblättern. Recht positiv beurteilte man allgemein die Gedichte (vgl. den Abschnitt »Entstehung und Aufnahme« zum »Buch der Lieder«, DHA Bd. 1), während man der Prosa der »Harzreise« weitgehend ratlos gegenüberstand. Die wohlwollend-liberalen Kritiker legten den Akzent entweder auf das

›Humoristische‹ oder die ›subjektive Originalität‹; die stilkonservativen Kreise erregten sich dagegen über das Formlose, Ironisch-Zersetzende, Obszöne, Undeutsche und Unorganische dieser Art von Prosa (vgl. Jost Hermand, »Heines frühe Kritiker«. In: »Der Dichter und seine Zeit«, hrsg. von Wolfgang Paulsen, Heidelberg 1970, S. 113–133).

Die erste Rezension erschien in der Nr. 123 vom 22. Juni 1826 des Berliner »Freimüthigen«, wo <August> Kuhn – nach einigen abfälligen Bemerkungen über die Gedichte – die »Harzreise« in einem Satz abfertigte: »Die nach diesen – sit venia verbo – Gedichten folgende Erzählung: ›Die Harzreise‹, ist etwas barock, voll Abschweifungen und Anzüglichkeiten, und stand, wenn wir nicht irren, zum Theil im Gesellschafter« (S. 492). Die erste ausführliche Besprechung, die mit »W.« unterzeichnet ist, kam in der Nr. 103 vom 30. Juni 1826 unter der Überschrift »Reisebilder von H. Heine. Erster Theil« im Berliner »Gesellschafter« heraus (S. 520). Gubitz behauptete später, daß ihr Verfasser der unter dem Pseudonym ›Ernst Woldemar‹ schreibende Dr. Heinrich Hermann sei (vgl. »Erlebnisse«, Berlin 1868, II,290). Doch das muß ein Erinnerungsirrtum sein. Daß diese Rezension nur von Varnhagen stammen kann (den Heine in seinem Brief vom 14. Mai 1826 indirekt um eine Besprechung angegangen war), beweist ihr Wiederabdruck in Varnhagens Sammelband »Zur Geschichtsschreibung und Litteratur. Berichte und Beurtheilungen. Aus den Jahrbüchern für wissenschaftliche Kritik und anderen Zeitschriften gesammelt« (Hamburg 1833, S. 583–587). Hier heißt es voller Verständnis und Anteilnahme: »Will ich aufrichtig sein, so muß ich, bei mancher Mißempfindung, die mir der Verfasser bereitet, doch bekennen, daß mir sein Buch von Anfang bis zu Ende Unterhaltung gewährt, mich in Spannung und Eifer versetzt, überrascht, zuweilen besänftigt und gerührt und sehr oft, was vielleicht nicht das Schlimmste ist, laut lachen gemacht hat. Der Humor unseres Autors hat in Wahrheit viel Eignes und Einziges; wenn die Tiefe und das Licht seiner Gedankenbilder oft an die Vorzüge Jean Paul's erinnern, manches Dunkel und manche Verwilderung seiner Gefühlsart an die glänzenden Fehler Byron's, so gehört dagegen andres Ausgezeichnete nur ihm allein und läßt sich nur mit dem, was er selbst früher in solcher Art gegeben, in Vergleich stellen; dahin rechnen wir die ganz eigenthümliche Mischung von zartestem Gefühl und bitterstem Hohn, die einzige Verbindung von unbarmherzigem, scharf einbohrendem, ja giftigem Witz und von einschmeichelnder Süßigkeit des Vortrags, lebhaftem zugleich und mildem Redefluß, der durch nichts gehemmt, durch nichts getrieben scheint und gleichmüthig über alles, was ihm in die Quere kommt, leicht dahin wallt. Auch dürfen wir als eine Eigenheit unsres Autors nicht übersehn, daß er mit gleicher Natürlichkeit – oder Fertigkeit, wenn man will – sich in beiden Formen, in Prosa und in Versen, bewegt, was bisher noch von keinem Geisteskinde seiner Art gesagt werden konnte. Er ist in der That nicht bloß ein Dichter, wie jeder Humorist im Allgemeinen es heißen kann, sondern auch in *dem engeren Wortsinne, in welchem die meisten Humoristen es nicht sind. Dies ist ein Vorzug, der noch sehr weit führen kann. Aber wo viel Licht ist, ist auch viel Schatten, pflegt man zu sagen, will man vom Lobe zum Tadel übergehn, und so möchten auch wir gern das Sprüchwort uns zur Brücke machen, wenn sie uns nicht gleich unhaltbar würde! Denn das ist eben das Eigne, die Kunst, das Glück, oder auch der Nachtheil jedes Autors dieser Art, daß die Elemente seiner Darstellungsweise nicht nebeneinander zum Sortiren, Auswählen und Absondern daliegen, sondern untereinander verflochten und verwachsen, ineinander gemischt und gebunden sind, und ihre Scheidung nicht ohne Zerstörung des Vorhandenen geschehn kann. Der Schatten, welchen wir nachweisen möchten, steht hier ganz im Lichte, das Licht, von dem wir geredet, ganz im Schatten, wenn wir so reden dürfen! Ohne Frage, die Wagnisse des Verfassers gehn bis zum Frevelhaften, seine Freiheiten bis zur Frechheit – die zwar selbst schon längst in unsrer Litteratur die göttliche heißt, seit Friedrich Schlegel in der Lucinde und im Athenäum sie so getauft und geweiht! – sein Muthwille wird Ausgelassenheit, seine Willkür verschmäht auch das Gemeine nicht, wenn sie unerwartet damit die Erwartung necken, durch einen Satz dorthin die gespannte Einbildungskraft plötzlich kann abschnappen lassen. Allein gerade in diese Wendungen und Sprünge windet sich der Gedanke mit ein, springt der Witz mit, und wir müssen – gleich dem Indier, der in dem unreinsten Gethier, das vom geweihten Tempelbrote genascht, nun den Behälter des Geweihten verehrt – noch in der unangenehmsten Gestalt den darin verkörperten Geist anerkennen. Dies gilt jedoch einzig nur dann, wenn wirklich die Vereinigung eine wahre ist; zeigt sie sich als eine scheinbare, treffen wir die Frevelhaftigkeit und Frechheit, die im Geleit der höheren Macht höchstens unser Achselzucken erfahren dürfen, einmal für sich allein, ohne jenes Geleit, dann kennen wir auch keine Schonung, sondern fallen darüber grimmig her und reißen die Ungebühr in Stükken. Einige der Gebilde unseres Autors können durchaus kein besseres Schicksal erwarten, sie überschreiten jedes Maß, und ohne alle Noth; er wird selbst am besten wissen, was er sich selber zu Ehren und seinem Buche zum Frommen aus demselben hätte weglassen sollen«* (S. 583–585). *Nach diesen allgemeinen Ausführungen und einigen Bemerkungen über die Gedichte heißt es über die Prosa von* Rb I[1]: *»Die dritte Abtheilung enthält die Harzreise, welche, wie mehrere der Gedichte, zum Theil schon im Gesellschafter abgedruckt erschienen ist; sie hat aber Zusätze und Ergänzungen erhalten. Der Verfasser geht von Göttingen aus und besucht den Harz, hat aber dabei beständig auch Berlin vor der Seele. Diesen Zusammenhang von reichen, treffenden Naturbildern, feinen Beobachtungen, schalkhaften, witzigen, beißenden Scherzen, persönlichen Feindseligkeiten, weichen Gefühlen, reizenden Liedern, tollen Fratzen, unglaublichen Verwegenheiten u. s. w. können wir hier nicht zergliedern; wir überlassen dem Leser selbst, daran sich ärgerlich und liebevoll, wie er kann, zu ergötzen; nur bemerken wir, daß das Vernunftgespenst ein* *wahres Meisterstück tiefsinniger Laune, und daß die Ehrenrettung eines im Text irrig verunglimpften Schauspielers in ihrer Art einzig ist« (S. 586). In der »Gesellschafter«-Fassung dieser Rezension findet sich am Schluß noch der schmeichelnde Zusatz: »Ein zweiter Theil des pikanten Buches soll nächstens nachfolgen. Unsere Neugier kann nur mit Verlangen dessen Erscheinung entgegen sehen« (S. 520).* Für das was Sie, lieber Varnh<agen>, *schrieb ihm Heine am 24. Oktober 1826,* zum Besten meiner Reiseb<ilder> gethan, danke ich herzlich <. . .> Ich hab Sie im Gesellschafter sehr gut erkannt.

Ebenso freundlich äußerte sich Joseph Lehmann, den Heine in einem Brief vom 26. Mai 1826 um eine Rezension gebeten hatte, über Rb I^1 *in Nr. 79 vom 3. Juli 1826, S. 314 f. und Nr. 80 vom 5. Juli, S. 318 f. der »Berliner Schnellpost«. Daß der mit »A-.« unterzeichnende Rezensent mit »Anselmi«, dem Schriftstellerpseudonym Joseph Lehmanns, identisch sein muß, geht aus der Rezension von Rb II in Nr. 77 vom 15. Mai 1827, S. 305–307 der »Berliner Schnellpost« hervor, die mit »A-e-i« unterzeichnet ist. Bei Lehmann heißt es ähnlich wie bei Varnhagen: »Seitdem vor einigen Jahren des Verfassers ›Tragödien nebst einem lyrischen Intermezzo‹ (Berlin, 1822, bei F. Dümmler) erschienen, haben sich viele und mancherlei Stimmen über denselben erhoben; hier freundliche und dort feindliche; hier manchmal verschwenderische U e b e r schätzungen und dort oft vornehme G e r i n g schätzungen. Der Verfasser hat sich, wie uns scheint, um beides nicht sonderlich bekümmert; er ist seinen eigenen Weg fortgeschritten, und daran hat er wohlgethan, besonders wenn das Fortschreiten, wie bei ihm sichtbarlich, ein V o r schreiten ist. Sein neuestes Werk wird ebenfalls – und wohl noch mehr als die früheren – hier entschiedene Bewunderer und dort entschiedene Widersacher finden; der Verfasser hat zu viel poetisches Talent, als daß er nicht die Ersteren, und zu viel Witz, als daß er nicht die Letzteren zu allen Zeiten sich erwecken sollte. Er theilt das Loos aller Schriftsteller, denen der Himmel die fatale Capacität verliehen hat, über das Thun und Treiben der Menschen ihren Humor frei walten zu lassen: Bannstrahl und Seligsprechung ergehen über sie von Pabst und Gegenpabst: von dem critischen und unkritischen Heere der Beurtheiler« (S. 314 f.). Nach langen Ausführungen über die Lieder und Romanzen geht Lehmann zur »Harzreise« über, von der, wie es heißt, »bereits einige Bruchstücke in einer Berliner Zeitschrift einmal abgedruckt waren. In jenen Bruchstücken selbst findet sich jedoch auch noch Manches ergänzt, was in dem Journale nur theilweise gegeben werden konnte, oder was vielleicht der Berlinische Redakteur, aus gesellschaftlichen Rücksichten zu zerstückeln für gut fand. Besonders witzig ist die neu hinzugekommene Einleitung mit ihrer spaßhaften Beschreibung der ernsten Georgia Augusta. Ein Glück ist es für den Verfasser, daß er, wie wir gehört haben, bereits vor längerer Zeit in Göttingen promovirt hat; jetzt würde ihm die gelehrte Hanoveranerin schwerlich den Doctor-Hut summa cum laude aufsetzen« (S. 318). Der Schlußsatz lautet noch lobender als bei Varnhagen:*

»Schreitet das zweite Bändchen der ›Reisebilder‹, das wir, einer Anmerkung nach, bald zu erwarten haben, der Qualität nach progressiv so fort, als dieses erste, so ist die deutsche Litteratur um ein Werk bereichert, das sich dem Besten, was unsere Zeit (freilich eine arme, an wahrhaft dichterischen Erzeugnissen eben nicht fruchtbare) Poetisches hervorgebracht hat, an die Seite stellen darf« (S. 319). Heine dankte ihm diese Theilnahme *an den* armen Reisebildern *in einem Brief vom 16. Dezember 1826.*

Die kurze Anzeige von Rb I[1], die am 4. Juli 1826 in der »Staats und Gelehrten Zeitung des Hamburgischen unpartheyischen Correspondenten« erschien, stammt wahrscheinlich von Friedrich Gottlieb Zimmermann, mit dem Heine damals auf recht gutem Fuße stand (vgl. Erläuterung zu 282,33) und der sich später in der gleichen Zeitung über Rb II sehr ähnlich äußerte (vgl. »Entstehung und Aufnahme« von Rb II 718,5–9). Sie lautet: »Der geistreiche Verfasser ist bereits durch seine im J. 1822 erschienenen Jugendgedichte, so wie durch seine Tragödieen, nebst einem lyrischen Intermezzo (Berlin 1823) der heimischen Litteratur bekannt. Man hat ihn, seine Originalität verkennend, den Deutschen Byron nennen wollen. Die Selbstständigkeit seines poetischen Lebens wird aus diesem neuesten Erzeugniß seines Geistes zur Evidenz hervorleuchten. Es ist ein die Erscheinungen der äußeren und innern Welt lebhaft und tief auffassendes Gemüth, dessen Betrachtungen stets in scharfer Ironie gegen sich selbst, wie in der Spitze eines Epigramms ihren Ausgang nehmen. Acht und achtzig Gedichte, als ›Heimkehr‹ betitelt, schließen sich an das lyrische Intermezzo an und scheinen dieser Form der Darstellung, so wie der Gedankenwelt, in welcher sie noch athmen, Lebewohl sagen zu wollen. Andere Gedichte gemischter Gattung reihen sich an. Den größeren Theil dieses Bandes nimmt ›die Harzreise‹ ein, von Göttingen aus bis zum Ilsenstein; eine Gallerie voll wunderseltsamer Bilder, zu welchen Natur und Menschentreiben gesessen haben, wie sie sich in der reichbewegten Seele des Dichters abspiegelten. Alle Schilderungen sind nach dem Leben, der bizarren Gegenwart, nemlich. Die erste Abtheilung einer Liederreihe, unter der Aufschrift: ›die Nordsee‹ führt den Leser in ein neues Reich der Reflexion und zu einer neuen Art der Auffassung und Gestaltung, die den Uebergang zu einer neuen Periode dieses reichen Dichterlebens bilden wird «(S. 6 f.).

*Die nächste Rezension erschien am 20. August 1826 im 28. »Literaturblatt« der »Rheinischen Flora« und ist mit »8« unterzeichnet, wohinter sich Heines früherer Studienfreund Johann Baptist Rousseau verbirgt (S. 103). Hier heißt es über die Prosa von Rb I[1]: »Die ›H a r z r e i s e‹ ist zwar nur Fragment, aber dessen ungeachtet ein in sich abgerundetes scharfes Ganze, das von Witz und Laune sprudelt und selbst bei Austheilung der bittersten Sarkasmen ein gefälliges Ansehn behauptet. Wir haben uns an dieser überaus humoristischen Darstellung, wie an wenig ähnlichen Produkten der neuern Literatur, sehr erbaut«. Auch der Rezensent »***« der Hamburger »Biene«, die von Friedrich Gottlieb Zimmermann und Laurids Kruse herausgegeben wurde, rechnet* *in der Nr. 110 vom 14. September 1826 die »Reisebilder von Heine« unter »die besseren Erscheinungen in der Unterhaltungslektüre« (Sp. 898).*

Um so negativer äußert sich dagegen der Rezensent »Vir« der »Jenaischen Allgemeinen Literatur-Zeitung«, hinter dem sich Amalie Henriette Caroline von Voigt (1776–1840) verbirgt, in der Nr. 176 vom September über den ersten »Reisebilder«-Band (Sp. 447 f.). Hier werden Heine nicht nur »unreine Töne« und »unreife Gedanken« vorgeworfen, sondern sein Sinn für Satire überhaupt in Frage gestellt. »Bey aller Schärfe des Verstandes«, schreibt Frau »Vir«, »womit er die Albernheiten demagogischer Umtriebe, sowie deren Aufspürer, steifer Professoren, herumschlendernder Studenten, überspannter und hohler Dichterlinge durchschaut, kann er doch nicht verhindern, daß man ihn kommen sieht, und seinen Streichen ausweicht. Es ist zuviel Erzwungenes darin, der Witz ist seicht, der Spaß trivial, ja gemein oder manierirt« (Sp. 448). Nicht weniger glimpflich springt der Rezensent »A.« in Nr. 194 vom 29. September, S. 779 f., Nr. 195 vom 30. September, S. 783 f. und Nr. 200 vom 7. Oktober, S. 803 f. der Frankfurter »Iris« mit dem ersten »Reisebilder«-Band um. Hier wimmelt es nur so von abfälligen Adjektiven wie pseudogeistreich, studentisch, aberwitzig, sentimental, forciert, sarkastisch, frivol und hypergenial, um die gefährliche »Sanskülottencourage« dieses Autors ins rechte Licht zu rücken (S. 779). Noch am besten gefällt diesem Rezensenten die »Harzreise«, von der er den gesamten Göttingenabschnitt (83,1–86,8) als Zitat wiedergibt. Doch selbst an diesem Passus wird die »Frechheit« und »derbe Frivolität« gerügt (S. 803). »Herrn H. auf diesem Wege zu sehen«, heißt es, »kann, wer die Spuren unverkennbaren Talents in seinem Büchlein würdigt, nur mit Schmerz, nicht ohne einige Entrüstung, bemerken« (S. 804). Gegen Schluß wird Heine obendrein unbarmherzig als »Geniefresser« charakterisiert, der »über kurz oder lang, breit und geplatzt im Wege liegen und den überschnappten Athem ausblasen wird« (S. 804). Hier wird selbst die »Harzreise« als »platt« und »trivial« abgekanzelt. Ein solches unfertiges und buntscheckiges »Brouillon« als »Dichtung« anzubieten, findet der Verfasser geradezu empörend. Er schließt daher mit dem Stoßseufzer: »Der Himmel bewahre Herrn Hs. Commilitonen, daß sie nicht alle so ihre Harz- und andere Reisen sogleich beschreiben und herausgeben, sonst fangen zuletzt noch die Sekundaner an, ihre deutschen Aufsätze drucken zu lassen« (S. 804). Über die Wirkung dieser Rezension vgl. den mit »S.« unterzeichneten Aufsatz »Die Zeitschrift ›Iris‹« in der Nr. 47 vom 22. November 1856 im »Frankfurter Museum« (S. 373 f.). An Friedrich Merckel, der Heine diese Rezension zugeschickt hatte, schrieb er am 17. Oktober 1826: Deine Götterbothin hat mir wenig Kummer gemacht. Ich weiß daß solche Blätter gegen mich losgesudelt werden m ü s s e n.

Recht freundlich ist dagegen die kurze Rezension in der Nr. 46 vom 12. November 1826 des Mindener »Sonntagsblatts« gehalten (S. 366 f.), wo es heißt: »Der prosaische Theil des Buches besteht aus der bereits im Gesell-

schafter erschienenen Harzreise, die aber hier beträchtlich vermehrt wurde. Man gewahrt hier überall ein oft ergötzendes, oft auch den Sinn für Harmonie verletzendes Gemisch von Gelehrsamkeit, Sentimentalität, Humor und Derbheit; einige Portaits sind genialisch <. . .> Das Theater einer nordischen Hauptstadt schilderte der Dichter bis in die kleinsten Verhältnisse mit sehr viel Witz und Laune, jedoch mit einer so scharfen Feder, wie sie sonst nur ein Anonymus sich zu führen getraute; aber gern folgt man dem Dichter aus allen verworrenen Intriguen der Städte in die freie Natur auf den Bergen, wovon er gelungene Schilderungen giebt« (S. 367).

Die Rezension in der Nr. 139 vom 15. November 1826 des »Mitternachtblatts« (S. 554–556), deren Verfasser nach Heines Brief vom 16. November 1826 an Friedrich Merckel nur Adolf Müllner sein kann (vgl. Hirth IV,144), ist dagegen rein negativ. In diesen Schnöditäten, *wie Heine sie nennt, wird an Rb* I^1 *kein gutes Haar gelassen. Müllner betont zwar auch das »Humoristische«, wendet es aber in den Einzelcharakterisierungen kaum an. Von der »Harzreise« heißt es lediglich mit einem Hinweis auf 127,7–21, daß Heine in diesem Abschnitt ins »Abgeschmackte und Aberwitzige« ausschweife (S. 355). Ebenso oberflächlich ist die nichtunterzeichnete Rezension in der Nr. 307 vom Dezember der »Allgemeinen Literatur-Zeitung« (Sp. 799 f.). Hier liest man über die »Harzreise«: »Zuweilen kommen recht geniale Ansichten, recht wackere Empfindungen vor, aber auch wieder ganz unerträgliche Gemeinheiten, ganz ungehöriger Witz und eine allzustudentenhafte Laune. Des Vfs Haß gegen Göttingen, das er ›berühmt durch seine Würste und seine Universität‹ nennt und dessen Bewohner er in ›Studenten, Professoren, Philister und Vieh‹ eintheilt, kann man sich aus dem Consilio abeundi erklären, welches ihm da zu Theil geworden ist. Einzelnes ist aber in dieser Reihe von Scenen wirklich sehr schön und wahrhaft humoristisch« (Sp. 800). Das gleiche gilt für die mit »-f.-« unterzeichnete Kurzrezension in der aus dem Jahre 1826 stammenden, aber undatierten Nr. 82 der »Originalien« (Sp. 649 bis 651), in der nach lobenden Äußerungen über die Lyrik an der Prosa nur ihre »scharfe Seite« hervorgehoben wird (Sp. 650). Dennoch gibt der Rezensent am Schluß unumwunden zu, daß dieses »Büchlein die gewichtige Gunst des Publicums in hohem Grade erlangt hat und verdient« (Sp. 651).*

Einem Totalverriß kommt dagegen die mit »5« unterzeichnete Rezension in der Nr. 10 vom 11. Januar 1827 der Brockhausischen »Blätter für literarische Unterhaltung« gleich (S. 38 f.). Hier wird Heine vorgeworfen, sich durch eine Bevorzugung der »kothigsten Hohlwege«, durch »kühne Sprünge« und »Bizarrerie« eine »gewisse Anerkennung« erzwungen zu haben (S. 38). Von der »Harzreise« heißt es: »In <ihr> zeigt sich der Verf., obgleich sie mit einem guten Gedichte anfängt, zum erstenmal als Prosaist. Von dem aphoristischen Dichter ließ sich nicht anders erwarten, als daß er auch hier aphoristische Sprünge machen werde. Der Bericht, wiewol hier und da, z. B. bei Gelegenheit des Volksmärchens, nicht ohne Innigkeit, ist im Ganzen zu stark *mit gesuchten Witzeleien gespickt; auch der Hauptton hat sich vom Jeanpaulisieren noch nicht frei gemacht. Uebrigens stoßen wir im Fortgange auf manchen guten Gedanken <...> Der Witz wird indessen häufig so derb, daß der Humor entweicht. Die Ausfälle sind so stark, daß es nicht zu verwundern wäre, wenn sie hier und da einen erfolgreichen Anstoß fänden. So wahr die Rast des Wanderlebens oben geschildert ist, sind doch die gemeinen Ausbrüche der satyrischen Laune zuweilen das Gefühl beleidigend, und der Vorwurf der vom Verf. gerügten Studentenroheit fällt auf ihn selbst zurück« (S. 39). Recht positiv, wenn auch knapp und oberflächlich sind die Hinweise auf die »Reisebilder« in der »Eleganten« (Nr. 18 vom 25. Januar 1827, S. 144) und im Dresdner »Merkur« (Nr. 16 vom 5. Februar 1827, S. 63).*

Mehr nach dem Herzen Heines war dagegen die Rezension Immermanns in den Nummern 95–98 vom Mai der »Jahrbücher für wissenschaftliche Kritik« (Sp. 760–776), von der Heine am 1. Juni 1827 an Friedrich Merckel schreibt: Sorge daß sie dort recht unter die Leute komme, etwa durch partiellen Abdruck an einem angemessenen Ort. *Auch hier werden wiederum die Gedichte besonders ausführlich behandelt. Und zwar rechtfertigt Immermann dabei sogar die Heinesche Willkür und Fessellosigkeit, die er aus der modernen Subjektivität erklärt, die jeden Schulzusammenhang weit hinter sich gelassen habe. »Dieser Dichter«, heißt es im weiteren Verlauf, »hat die widersprechendsten Beurtheilungen erfahren. Manchen schien er nur die oft gehörten lyrischen Klänge zu wiederholen, Andern kam er wie ein Musterbild der Rohheit und Verzerrung vor; es gab aber auch deren, die in ihm den Dichter sahen, vieles von dem Geleisteten bewunderten, und eine reiche Zukunft von ihm hofften. Seine neuste Arbeit soll ihn bei mehreren Beurtheilern zum Humoristen gemacht haben. Wir hören dieses Urtheil nicht gern, es bezeichnet in der Regel das, was man wohl Gegentheil aller poetischen Form nennen kann, und es trifft unsres Erachtens in diesem Sinne H e i n e' n am wenigsten, der sich in den meisten seiner Erzeugnisse grade sehr geformt zeigt« (Sp. 767). Die Prosa beurteilt Immermann dagegen nicht so günstig: »In der H a r z r e i s e haben besonders die Rückblicke auf Göttingen Anstoß erregt. Den Gedanken derselben tadeln wir nicht, vielmehr ist es richtig gefühlt, daß der Dichter seinem Naturgemälde durch den Contrast mit der Lehranstalt, die ihm zum Sinnbilde trocknen abgestorbnen Wissens geworden ist, Glanz zu geben gesucht hat. Die grünen Wälder, die sonnigen Berge sollten sich von diesem braunen Hintergrunde heben; seine Farbe sollte zwischen den muntern bunten Gestalten hervorblicken. Allein der Dichter hat sich selbst hier wieder um den Effect betrogen, sein Unmuth hat ihn verführt, recht breit und ausführlich zu malen. Hier war Maß und Grazie vor allem nothwendig, und man vermißt sie ungern in den Scherzen. Reiner gehalten würde das Mittel vortrefflich gewirkt haben. So wie es jetzt dasteht, schwächt und tödtet es meistens die bessern Partien. Ueberhaupt findet sich in der Harzreise zu viel nüchterne Reflexion, die Darstellung wird zwar an einzelnen Punkten zur* runden, poetischen Gestalt, jene Punkte stehen aber zu isolirt da, und so wohl sich auch der Mittelpunkt dieses Gedichts erkennen läßt, so hat der Dichter es dennoch nicht vermocht, den geistigen Verband in allen Theilen durchschimmern zu lassen. Zuweilen finden sich Anklänge von Jean Paul, ja selbst vom verstorbenen Hoffmann, welche beide wohl nicht Muster der Darstellung werden sollten« (Sp. 773).

Die kurze, ungezeichnete Besprechung in der Nr. 134 vom 25. Mai 1827 der »Leipziger Literatur-Zeitung« (Sp. 1071 f.) wirft Heine dagegen nur »Gemeinheit« und »gesuchte Originalität« vor. Vor allem das Bild der gebratenen Universitätspedelle (99,34) erregt ihren Ärger. Als ein »zwar sehr und mit Recht angefochtenes Buch«, aber doch eins, was »zu dem interessantesten und pikantesten unter der neusten Literatur gehört«, bezeichnet es ein anonymer Rezensent in der Nr. 227 vom 16. November 1827 des »Berliner Conversations-Blatts« (S. 908). Ja, in der Nr. 76 vom 22. September 1827 der Dresdner »Abend-Zeitung« wird schon von F. Bergmann auf den öffentlichen Meinungsstreit um Heines Rb I^1 hingewiesen (S. 302), so bekannt war dieses Werk inzwischen geworden.

Im Jahre 1828 werden die Rezensionen allmählich spärlicher. Ein mit »48« unterzeichneter Nachzügler findet sich im »Literatur-Blatt« der »Allgemeinen Unterhaltungs-Blätter«, und zwar der Nr. 1 der ersten Januar-Hälfte (S. 19 f.). »Man täuscht sich sehr«, heißt es hier, »wenn man diese Reisebilder für eine gewöhnliche Reisebeschreibung hält, wie sie jede Messe zu Dutzenden zu Tage fördert – geistlos, Altes und Bekanntes als neu auftischend und den Leser mit Kleinigkeiten und Lapalien jeder Art regalirend. Vielmehr ist dieses Buch ein ganz neues Genre in unsrer Literatur, das sich eine eigene Bahn vorgeschrieben und darauf selbständig und nachahmungslos vorwärts wandelt« (S. 19). In dem Paragraphen über die »Harzreise« wird nur der Göttingenabschnitt kommentarlos referiert. Auch Heines früherer Studienfreund Friedrich Steinmann bringt in der ersten Julihälfte des gleichen Jahres in der Nr. 1 der »Beihefte« der »Allgemeinen Unterhaltungs-Blätter« im Rahmen eines längeren Heine-Aufsatzes (S. 5–19) eine kurze Charakteristik der »Harzreise«. »Mit klarer Anschauung und Auffassung«, heißt es bei ihm, »gibt der Dichter Alles, was er auf dieser Reise geschaut, wieder, verwebt mit Reflexionen, Raisonnements, Gedankenspielen, Einfällen, welche theils auf seine durch Forschung und Studium gegründete Ansicht des Lebens sich stützen, theils zufällige und augenblickliche Ereignisse sind. Der Unmuth und Haß, den er gegen Göttingen hegt, sind auf der ganzen Reise seine treuen Begleiter; ihnen muß er als solchen Freiheit zugestehn, und überall brechen dieser Groll und Ingrimm unverholen und mit lauter Stimme hervor« (S. 17).

Im gleichen Jahr erschien auch die erste ausländische Rezension von Rb I und Rb II, und zwar im 2. Band der »Foreign Quarterly Review« (S. 370 f.). Neben einer Übersetzung des bereits berühmt-berüchtigten Göttingenabschnitts (83,26–85,3) finden sich hier manche hellsichtigen Beobachtungen:

»Both prose and verse of this author are lively and entertaining, nor does it seem improbable that he may one day make a considerable figure in the world; for, although these volumes have apparently been written with the utmost carelessness and non-chalance, yet passages occur here and there, which prove that Mr. Heine is perfectly able to adopt a higher tone, when he thinks proper to use the requisite exertion« (S. 370). Am besten gefallen dem anonymen Rezensenten, hinter dem sich Robert Pearse Gillies (1788–1858) verbirgt, die »excellent descriptions« der »Harzreise«, die der Autor auf geschickte Weise mit »humorous sketches of character« untermische (S. 371).

Dies scheint die letzte der Einzelbesprechungen gewesen zu sein. Ab 1831, das heißt nach dem Erscheinen von Rb IV, wird die »Harzreise« nur noch in Sammelbesprechungen aller vier »Reisebilder« erwähnt, worauf wir später zurückkommen werden. Aufs Ganze gesehen, konnte Heine mit der Rezeption des 1. »Reisebilder«-Bandes zwischen 1826 und 1828 durchaus zufrieden sein. Gerade wegen der vielen Verrisse war Heine durch diesen Band mit einem Schlage in die vorderste Reihe der literarischen Berühmtheiten gerückt. Trotz aller kritischen Stimmen hatten selbst die Konservativen das Gefühl, es hier mit einer poetischen Potenz ersten Ranges zu tun zu haben, was selbst der anfänglich so negativ eingeschätzten »Harzreise« allmählich zu einer ungewöhnlichen Popularität verhalf. Vor allem auf den Göttingenabschnitt und die Besichtigung der Bergwerke in Clausthal wird ständig hingewiesen (vgl. »Rheinische Flora«, Nr. 121 vom 3. August 1826, S. 481; »Gesellschafter«, Nr. 174 vom 1. November 1826, S. 377 f.; »Hermione«, Nr. 25 vom 18. Juli 1827, Sp. 399 u. a.). Der Göttingenabschnitt taucht bereits 1826 in den »Lesefrüchten vom Felde der neuesten Literatur« (Bd. 2, 21. Stück, S. 321 bis 323) auf und wird später auch in die »Humoristische Perlenschnur. Chrestomathie der gelungensten Stellen aus den besten humoristischen Schriftstellern« (Stuttgart 1836, I,49–57) und in das »Handbuch der deutschen Prosa von Gottsched bis auf die neueste Zeit. Historisch geordnete Sammlung von Musterstücken aus den vorzüglichsten Prosaikern« (Zürich 1846, II,877–882) aufgenommen (vgl. die Liste der Nachdrucke in dem Abschnitt »Überlieferung« 565,11–566,40).

Trotz dieses heftigen Meinungsstreits entwickelte sich der Verkauf von Rb I^1 nicht so, wie sich Campe das gedacht hatte. Er vermißte vor allem Nachbestellungen aus dem Süden. Campe drängte daher Heine schon am 9. August 1826 und dann noch einmal am 27. September 1826, doch möglichst bald den 2. »Reisebilder«-Band abzuschließen, um das allgemeine Interesse an dieser Serie wachzuhalten. Am 16. Juni 1827 schreibt er an Heine, daß er von Rb I^1 immer noch 650 Exemplare auf Lager habe und an »eine neue Auflage <. . .> vor der Hand noch nicht zu denken« sei. In einem Brief vom 4. Februar 1828 macht Campe eine Neuauflage von Rb I^1 von der sofortigen Fertigstellung von Rb III abhängig. Am 2. Juni 1828 meldet er Heine, daß der Vorrat von Rb I^1 jetzt bis auf eine Restauflage von 350 Exemplaren *zusammengeschmolzen sei, und stellt ihm erneut eine Neuauflage in Aussicht. Doch dann scheint er seine Meinung wieder geändert zu haben. So schreibt er am 21. Oktober 1828 an Heine, daß die 1. Auflage fast vergriffen sei und er den Plan habe, von der 2. Auflage so viele Exemplare auf ordinärem Papier nachzudrucken, wie er noch von Rb II auf Lager habe, das heißt etwa 400 Stück, und dann beide Bände als geschlossene Partie verbilligt abzugeben. Auch dieses Projekt scheint sich schnell zerschlagen zu haben. Campe fragte daher erst am 2. Juli 1829 bei der Piererschen Hofbuchdruckerei an, ob man dort gewillt sei, den Druck der 2. Auflage von Rb I zu übernehmen und ob vom Altenburger Zensor Schwierigkeiten zu erwarten seien. Da jedoch die 1. Auflage noch bis zum Februar 1830 reichte, machte er ein wirklich definitives Angebot an Pierer erst am 14. März 1830. »Heines Reisebilder 1ster Band«, heißt es in diesem Brief, »müßen neu gedruckt werden. Haben Sie Lust zu dieser Arbeit, und besitzen Sie ein zweckmäßiges Papier? Die Auflage wird sehr stark 2000 bis 2500 und die eine Hälfte welche ganz n e u ist und als 2te Abtheilung des 1ten Theils 1ster Aufl erscheint wird 1500 Mal aufgelegt.«*

Campe scheint also in der Zwischenzeit mit Heine über eine Neugestaltung dieses Bandes verhandelt zu haben. Denn er schreibt auch am 12. Februar 1830 an Immermann, daß er eine Neuauflage von Rb I ohne die darin enthaltenen Gedichte vorsehe, die inzwischen im »Buch der Lieder« wiedererschienen seien, und daß dafür der Bericht über England neu hinzukomme. Er scheint also Heine, der Ende März 1830 nach Wandsbek übergesiedelt war, in den folgenden Monaten ständig um Änderungen gebeten zu haben, um eine wirkliche Neuheit auf den Markt bringen zu können. Als Heine zögerte, stellte er ihm Ende Mai einfach einen Termin, wie aus einem Brief Campes vom 3. Juni 1830 an Pierer hervorgeht: »Heine will sich heute erklären, wann er uns sein Mspt behändigen wird. Wir haben ihm eine kurze Frist gestattet; kann er bisdahin sein Versprechen nicht erfüllen, dann wird das Buch wie früheres gedruckt«.

Als Heine die Druckvorlage schließlich ablieferte, waren die Änderungen nicht so tiefgreifend, wie sich Campe das vielleicht gewünscht hatte (vgl. die mit DH bezeichneten Lesarten). Weggefallen sind vor allem die Gedichte »Götterdämmerung«, »Ratcliff«, »Donna Clara«, »Almansor« und »Die Wallfahrt nach Kevlaar« (Rb I, S. 81–112), die an sich mit dem Begriff ›Reisebild‹ nichts zu tun hatten. Neu aufgenommen ist dagegen die 2. Abteilung der Nordsee-Gedichte aus der 1. Aufl. von Rb II, um die versartigen Nordseeabschnitte alle in einem Band zu bringen. Aus dem »Heimkehr«-Zyklus tilgte er die Nrn. 35, 56, 57, 62, 70, 71, 72, 76, 77, 78 und 84, die mit ihren allzudeutlichen erotischen Anspielungen (Schwanenbusen, wundgeküßte Lippen, zärtlichem Pressen, sündige Begier, Schlafgemach *u. a.) den Zorn der Kritik herausgefordert hatten. Ähnlich verfuhr Heine bei der Redaktion der »Harzreise«. Auch hier wurde vor allem Irreligiöses, Antifeuda-*

listisches und Erotisches gestrichen, um die durch den Platen-Streit erregten Gemüter (vgl. »Entstehung und Aufnahme« von Rb III) nicht noch weiter gegen sich aufzubringen. Anderes wurde dagegen rein aus stilistischen Gründen verändert, wodurch der Text der »Harzreise« nicht nur verlor, sondern auch gewann (über die Details dieser Bearbeitung vgl. die »Lesarten«). Heines Handexemplar dieser Neufassung ging 1831 in den Besitz des damals ebenfalls in Wandsbek wohnenden und mit Heine befreundeten Malers Johann Peter Lyser (1803–1870) über, der später auch eine Illustration zur »Harzreise« entwarf (vgl. Lysers Bericht über diese Schenkung in »Der Komet«, 1831, Beilage »Zeitung für Reisen und Reisende«, Nr. 49 vom 9. Dezember, Sp. 386 und das Vorwort von Friedrich Hirth zur Faksimile-Ausgabe dieses Bandes, S. 11–29). Eine genaue Beschreibung dieser Änderungen findet sich in einem Brief Heines aus Wandsbek an Varnhagen vom 16. Juni 1830, wo es heißt: Die Verändrung, die ich drin vornahm, ist gewiß ein Zeugniß meiner inneren Demuth und meiner Liebe für das Bessere; ich habe nemlich unter den 88 Liedern der Heimkehr diejenigen ausgeschieden, die den Schwachen im Lande als anstößig erscheinen könnten und ersetzte sie aufs Tugendhafteste; die folgenden spanischen Romanzen und die grellen Jamben unterdrückte ich ganz; in der Harzreise habe ich ebenfalls alles allzu herbe ausgemerzt; und somit den gewonnenen Platz mit der 2ten Abtheilung der Seebilder gefüllt. Das Buch gewinnt dadurch an Symetrie und Präsentirbarkeit. *Wirklich ›neu‹ an diesem Bande ist eigentlich nur das kurze* Vorwort, *das sich jedoch weitgehend auf das 1827 erschienene »Buch der Lieder« bezieht.*

Heine scheint seine Druckvorlage zwischen dem 3. und 6. Juni 1830 an Campe ausgehändigt zu haben. Denn Campe schreibt am 6. Juni an die Piersche Hofbuchdruckerei: »Beifolgend empfangen Sie das Druckmaterial zu Heine's Reisebildern 1ster Bd. Der Schluß folgt mit nächster Post. Sie wißen, daß dieser Theil seit Februar fehlt, der Verkauf des Ganzen ist also bis zu deßen Erscheinung gestöhrt. Daher liegt uns alles an deßen ungesäumter Beendigung u. bitten für diesen Theil aufzubieten was Ihre Kräfte gestatten. Die Aenderungen welche beabsichtigt sind, mußten unterbleiben deswegen folgt es wie es war mit wenigen Weglaßungen«. Er bittet, den Satz in etwa vier Wochen abzuschließen. Als Auflagenhöhe setzt er 2500 Exemplare fest, davon sollen 2200 auf einfaches, 300 auf feineres Papier gedruckt werden. 1500 Exemplare sollen sofort in Altenburg geheftet und von dort aus verschickt werden. Die Zeilenbreite bittet er dem Satzspiegel von Rb II anzupassen. Am 15. Juni verspricht er Pierer, daß die Vorrede und der Titel bald folgen werden. Als er das gewünschte Vorwort am 20. Juni endlich erhielt, wie aus einem Brief an Pierer hervorgeht, war er offenbar höchst unzufrieden damit. Dieses Vorwort ging daher erst nach einer erneuten Rücksprache mit Heine, bei der Campe nicht mehr zu ermittelnde Änderungen durchzusetzen versuchte, am 22. Juni nach Altenburg ab. Kurz darauf hat Heine ein neues

Vorwort geschrieben, das Campe am 27. Juni mit der lakonischen Anweisung »Das früher gesandte fällt weg« an Pierer weiterleitete (vgl. den Text dieses »Vorworts« in DHA Bd. 1).

Der Druck des Ganzen fand nach mehrmaligem Drängen Campes am 3. August statt. Am 11. August bestätigte Campe, die Aushängebogen der Neuauflage vollständig erhalten zu haben, und bat die Druckerei, ihm doch das Manuskript zurückzusenden, um sich eine Übersicht über die vorgenommenen Änderungen zu verschaffen. Am 21. August erfolgte der Versand. 1600 Exemplare gingen nach Leipzig an Reclam ab, der die weitere Verteilung übernommen hatte. Campe selbst ließ sich 400 geheftete und 500 ungeheftete Exemplare schicken. Heine erhielt für diese Neuauflage 30 Frd'or, die ihm Campe schon am 5. März 1827 brieflich zugesichert hatte.

Wie alle Zweitauflagen erlebte dieser Band nur wenige Rezensionen. Diesmal war es der »Gesellschafter« in seiner Nr. 162 vom 6. Oktober 1830, der die erste Besprechung brachte (S. 800). Und zwar stammte sie von Varnhagen, worauf nicht nur die Chiffre »-n.«, mit der das Ganze unterzeichnet ist, sondern auch inhaltliche Übereinstimmungen mit der ersten »Gesellschafter«-Rezension hindeuten. In ihr heißt es: »Eine seltne Begünstigung für einen neueren deutschen Dichter, daß seine Werke binnen so kurzer Frist zur zweiten Auflage kommen! Indeß war bei Heine diese Gunst wohl vorauszusetzen, da er seine Leser durch mancherlei wirksamen Reiz leicht gewinnt, und sie durch wirkliches Verdienst, durch Geist und Tiefe, noch festhält, wenn die scharfe Würze schon verdunstet oder der Witz veraltet ist <. . .> Das große Talent dieses Dichters ist wohl allgemein anerkannt, auch von denen sogar, die mit der Art, wie er selbiges gebraucht, nicht ganz zufrieden sind. Wirklich wüßten wir unter den jüngern Schriftstellern dieser Gattung keinen, der neben ihn, geschweige denn über ihn zu stellen wäre. Auch versteht er seine Zeit, kennt ihren Gehalt und ihre Gebrechen, und giebt ihr die Süßigkeiten und Bitterkeiten, deren sie bedarf, ohne viel zu achten, was sie dafür in manchen Individuen ihm für Gesichter schneidet.« Anschließend geht Varnhagen ausführlich auf die Änderungen ein, durch die das Ganze an Mißwüchsen, aber nicht an Schärfe verloren habe. »Die empfindsame, auf ihre Weiblichkeit sich viel einbildende Dame«, schreibt er, »mag auch fernerhin das Buch ihren Töchtern nicht vorlesen; der blöde keusche Jüngling, der jedes Buch verabscheut, was er nicht in seinem Theecirkel vorlesen oder auf die Toilette seiner süßen Angebeteten legen darf, lasse nach wie vor von diesen Reisebildern ab.« Heine bedankte sich für diese Rezension in einem Brief an Varnhagen vom 19. November 1830.

Der zweite Rezensent von Rb I^2 war Johann Peter Lyser, der in der Nr. 132 vom 3. November der »Originalien« eine recht kenntnisreiche Besprechung brachte (Sp. 1052f.). Er schreibt in freundschaftlicher Gesinnung: »Erfreulich ist es, zu sehen, wie strenge H e i n e im Ganzen mit sich selbst verfahren ist – oft vielleicht zu strenge, wenn auch manchmal wieder nicht strenge genug. Aber wir würden es uns auch sehr verbitten, schon jetzt eine Ausgabe letzter Hand von ihm zu empfangen. Aufrichtig gestanden, ich wünschte eine solche nie von Heine – Er darf nicht alt werden! Seine Jugend ist zu schön – und verblüht sie einmal, so kann er nichts Besseres thun, als sich mit ihr begraben lassen. Es wird sich dann schon ein Freund finden, der seinen Genius erkannt hat, und es weiß, was dessen würdig ist – das wird er der Nachwelt übergeben, das andere mag immerhin vergessen werden von Rechtswegen. Aber daß Ihr mir kein Jota von der Harzreise nehmt! – Die ersten Blätter derselben liefern die ergötzlichste Musterkarte aller Verrücktheiten, wie sie in den gelehrten Eulen-Nestern des 19ten Jahrhunderts ausgebrütet werden; wo hingegen die schöne Berg-Idylle noch in dem Herzen guter Menschen fortklingen wird wie eine großartig-liebliche Naturweise, wenn es auch schon so weit gekommen ist, daß man den Blocksberg mit Dampf- und Rutschwägen befährt« (Sp. 1052).

Die »Allgemeinen Unterhaltungs-Blätter« brachten am 15. Oktober 1830 die kurze Anzeige, daß die 2. Auflage vom 1. Teile der »Reisebilder« von Heine »eben ausgegeben« sei (S. 183). In der Beilage »Wegweiser im Gebiete der Künste und Wissenschaften« zur Dresdner »Abend-Zeitung«, Nr. 20 vom 9. März 1831, findet sich im Rahmen einer Kurzrezension von Theodor Hell die Behauptung, daß man in diesem Bande »alles unverändert wiederfinde, wie es die erste Auflage bot« (S. 78). Etwas ausführlicher äußerte sich der anonyme Rezensent in der Nr. 25 der »Eleganten« vom 4. Februar 1831 (Sp. 200). Hier heißt es voller Hochachtung: »Von den Reisebildern des geistreichen H. Heine ist vor kurzem des ersten Theils zweite Auflage (Hamburg, bei Hoffmann) erschienen, ein Beweis, daß der Geschmack des lesenden Publicums bei weitem nicht so verdorben ist, wie man gemeiniglich klagen hört. Man gebe nur das Gute und Bessere, und es wird gewiß nicht unerkannt und ungeschätzt bleiben. Je seltener aber ein solches Talent ist, wie Heine's, um so mehr verdient die Aufmerksamkeit des Publicums darauf gelenkt zu werden. Besonders wird die originelle Mischung von Heiterkeit und Ernst, von Laune und Rührung, von Tiefe und scherzender Leichtigkeit in Betrachtung mancher Lebenserscheinungen dem sinnigen Leser zusagen. Das Aeußere des Buchs ist sehr nett und sauber.« Auch die »Didaskalia« brachte in ihren Nummern 47 und 48 vom 16. und 17. Februar 1831 eine recht lobende Rezension von Rb I², die leider ebenfalls nicht unterzeichnet ist.

Doch fast noch wichtiger als diese Einzelbesprechungen sind die Gesamtrezensionen der »Reisebilder«, die 1831 – nach dem Erscheinen des 4. Teils – einsetzen. Aus der Fülle der Rezensionen, Aufsätze und Erwähnungen dieser Art kann hier nur eine Auslese geboten werden, und zwar unter Verzicht auf die französische Presse, deren Behandlung dem Kommentarteil zu den französischen Übersetzungen der »Reisebilder« vorbehalten bleibt. Die englische Presse reagierte nach dem Erscheinen der »Englischen Fragmente« auf Heines

»Reisebilder« weitgehend negativ. Obwohl der Rezensent der »Foreign Quarterly Review« zugeben muß, daß manche Partien der »Reisebilder« durchaus »liveliness and poetical beauty of style« besitzen, wird hier Heine Irreligiosität und ein Übermaß an satirischer Übertreibung vorgeworfen (Bd. 10, August 1832, S. 161 f.). Von den deutschen Zeitungen, die aus dieser Rezension Auszüge brachten, stimmte das »Literarische Notizen-Blatt« (Nr. 51 vom 25. September 1832, S. 202 f. und Nr. 52 vom 29. September, S. 206 f.) dem englischen Rezensenten zu, während die »Blätter für literarische Unterhaltung« (Nr. 300 vom 26. Oktober 1832, S. 1266 f.) Heine gegen seinen englischen Widersacher verteidigten. Ebenso abfällig äußert sich der Rezensent der »Edinburgh Review« im Oktober 1832 über Heines »Reisebilder« (Bd. 56, Nr. 111, S. 47 ff.). Auch er beanstandet die »questionable political notoriety« dieser Bände (S. 48) und läßt nur das Gefühlsmäßige und Idyllische gelten. »Give him«, heißt es hier, »some little section of the panorama of life to depict, some passing emotion, the memory of some almost forgotten feeling, to call up, and it is wonderful with what brevity, and what truth, he places it before us« (S. 48). Noch schärfer drückt sich der anonyme Kritiker des »Athenaeum« aus, der Heine als einen moralisch höchst bedenklichen und politisch verworrenen Schreiberling diffamiert (Nr. 278 vom 23. Februar 1833, S. 115 f.). Solch einen Autor sollte man nicht empfehlen, heißt es an einer Stelle, »nor do we wish ever to see him translated« (S. 115).

Nicht minder trüb ist es um die deutschen Sammelbesprechungen der »Reisebilder« bestellt. Rein negativ äußert sich am 5. März 1831 der Rezensent der Münchner »Eos« über diese Bände (Nr. 37, S. 149–151), was auch für alle sonstigen Erwähnungen Heines innerhalb dieser ultrakonservativen Zeitung gilt. Der Rezensent »153« der »Blätter für literarische Unterhaltung« hebt in den Nummern 298 vom 25. Oktober 1831 (S. 1289 f.) und 299 vom 26. Oktober (S. 1293–1295) lediglich das »humoristische« Element in den »Reisebildern« hervor und warnt Heine, sich weiterhin in einer »schneidenden Satyre« zu üben, »der die Liebe fehlt« (S. 1294). Heines früherer Freund Johann Baptist Rousseau schreibt 1832 in seinen »Kunststudien« über den »prosaischen Theil« der »Reisebilder«: »An Witz und Laune fehlt es zwar nicht, und die bittersten Sarkasmen werden ausgesprudelt, aber so oft auf Kosten des Heiligen und Ehrwürdigen, daß der Eindruck des Ganzen ein höchst fataler wird« (S. 257). Daß Heine mit seinen »Reisebildern« trotzdem solche Erfolge habe, führt er auf die allgemeine »Armuth der Deutschen an humoristischen Schilderungen« zurück (S. 258). Noch schärfer zieht der anonyme Rezensent des Stuttgarter »Morgenblatts«, hinter dem sich Wolfgang Menzel verbirgt, über Heines »Reisebilder« her (Beilage »Literatur-Blatt«, Nr. 5 vom 11. Januar 1833, S. 17–19). Statt wie im Mittelalter in Zeiten der Wirren auf die »Gnade Gottes« zu vertrauen, gefalle es heute Typen wie Heine, »beständig mit der Welt zu hadern, wie mit einem geizigen Onkel, der dem lüderlichen Neffen nicht genug Geld zu seinen Verschwendungen geben *will«. »In unsrer Zeit«, heißt es hier, »herrscht die Eitelkeit, der man den philosophischen Namen der Subjektivität gibt, um sie zu beschönigen. Die Welt soll sich nach uns richten, nicht wir nach ihr <. . .> Daher die zahllosen und groben Ungerechtigkeiten unsrer modernen Hypochonder, die wie Börne und Heine, nach dem Vorgang Byrons, nicht selten über unschuldige, ja heilige Dinge spotten, und sich, wenn nicht aus Affektation, dann in reinem Wahnwitz, gerade darin gefallen« (S. 18). Die »Didaskalia« lobt zwar am 1. Juli 1833 die »Reisebilder«, beschränkt sich aber auf eine Akzentuierung des »rein Humoristischen« (Nr. 179, S. 2). Zu einem lebhaften Verfechter der Heineschen »Reisebilder« wirft sich dagegen 1834 Ludolf Wienbarg in seinen »Aesthetischen Feldzügen« auf, in denen er die bedeutendsten Prosaschriften der jüngsten Vergangenheit erblickt (S. 284). Besonders hervorgehoben wird dabei die Frische und der Phantasiereichtum der »Harzreise« (S. 186 f.). Im Widerspruch dazu stellt Theodor Mundt in seinen »Schriften in bunter Reihe zur Anregung und Unterhaltung« die Prosa Börnes weit über die Prosa der Heineschen »Reisebilder« (1834, Heft 1, S. 145). Der Rezensent »106« des »Repertorium der gesammten deutschen Literatur« bleibt dagegen im Bereich nichtssagender Allgemeinheiten (1834, Bd. 1, Heft 2, Nr. 2 vom 30. Januar, S. 151). Danach werden Sammelbesprechungen oder Aufsätze über die »Reisebilder« immer spärlicher.*

1838 findet sich noch einmal eine Charakteristik dieser Werke aus der Feder Arnold Ruges (1802–1880) in den »Hallischen Jahrbüchern«, bei der vor allem die bloße Genialität und Witzigkeit Heines angeprangert wird, in denen sich eine negative »Freiheitssucht« und eine frivol-französische Liederlichkeit manifestierten (Nr. 26 vom 30. Januar, Sp. 205 ff.). Ebenso kritisch drückt sich im gleichen Jahre Melchior Meyr (1810–1871) über Heines »Reisebilder« aus (vgl. »H. Heine's Reisebilder«. In: M. M., »Ueber die poetischen Richtungen unserer Zeit«, Erlangen 1838, S. 27–50). Obwohl er Heine für einen der »bedeutendsten« unter den jungen Dichtern hält (S. 27), spricht er ihm jedes ernsthafte Bemühen um die »Wahrheit« ab. Am verdrießlichsten findet er in Heines Prosa das »ewige Kokettieren« mit der »Herzenszerrissenheit«, die »frevelhafte Entweihung des Heiligen« und die moralische »Gesinnungslosigkeit« (S. 32 f.). Aufgrund zutiefst konservativer Gesinnung wird hier Heine letztlich jeder poetische Rang abgesprochen, was auch durch die etwas versöhnlicher klingenden Schlußabsätze in Meyrs Aufsatz nicht wieder aufgehoben wird.

Noch schärfer zieht Wolfgang Menzel 1840 in der »Deutschen Vierteljahrs-Schrift« über die »Bastardgattung« des heinesierenden »Reisebildes« her (3. Heft, S. 256). Menzel versteht darunter »alle jene politisierenden, sentimentalen, frömmelnden oder gotteslästerlichen, spiritualistisch liederlichen oder plump mit dem Fleisch hanthierenden Schildereien und Sudeleien aller Art in kleinem Rahmen«, wo man mit »elegant aufgeputzten und mit einem gewissen spiritualistischen Materialismus überhauchten Puppen die Discus-

sionen über die sogenannten socialen Fragen plappern« läßt (S. 256). Ähnlich äußert sich 1844 ein anonymer Kritiker der »Blätter für literarische Unterhaltung« vom 21. November, der Heine als einen »echt jüdischen Großhändler mit Witz und Geist« bezeichnet, dem in seinen »Reisebildern« aber auch gar nichts »heilig« sei (Nr. 326, S. 1303).

In allen diesen Rezensionen zeigt sich nur allzu deutlich, daß Heine durch seine »Reisebilder« weit über Deutschland hinaus zu einem der führenden Schriftsteller seiner Zeit geworden war. Lediglich die in den späten dreißiger Jahren einsetzende Wirkung des »Buchs der Lieder« läßt sich mit diesem Erfolg vergleichen. Heine wird daher in Büchern, Zeitungen und Zeitschriften von 1829/30 ab fast immer als der »Verfasser der Reisebilder« erwähnt, zitiert oder vorgestellt (vgl. »Abend-Zeitung«, 1829, Nr. 282 vom 25. November, S. 1127; »Schlesische Provinzialblätter«, 1830, Literarische Beilage, 2. Stück vom Februar, S. 69; August Lewald, »Album aus Paris«, Hamburg 1832, I,67; »Das Ausland«, 1833, Nr. 146 vom 26. Mai, S. 584; »Neues allgemeines Repertorium der neuesten in- und ausländischen Literatur«, Bd. 4, 1833, Nr. 21 vom 1. November, S. 219; »Abend-Zeitung«, 1836, Nr. 100 vom 26. April, S. 398; »Mitternachtzeitung«, 1838, Nr. 74 vom 8. Mai, S. 589; »Telegraph für Deutschland«, 1839, Nr. 103 vom Juni, S. 817; »Mainzer Unterhaltungsblätter«, 1839, Nr. 293 vom 22. Oktober, S. 1172; »Europa«, Bd. 1, 1839, S. 374; »Frankfurter Konversationsblatt«, 1840, Nr. 242 vom 1. September, S. 966; »Der rheinische Telegraph«, 1840, Nr. 82 vom 11. Oktober, S. 325; »Jahreszeiten«, 1844, Bd. 2, Juli–Dezember, Sp. 1162 u. a.).

Auch die jährlich erscheinende Reiseliteratur wird ab 1827/28 weitgehend am Maßstab ›Heine‹ gemessen. So spricht Willibald Alexis in der Nr. 149 vom 30. Juli 1827 des »Berliner Conversations-Blatts« von »reflectierenden Reisebeschreibungen, die gegenwärtig in H. H e i n e einen talentvollen Repräsentanten gefunden haben« (S. 593). Im »Literaturblatt« der »Allgemeinen Unterhaltungs-Blätter« werden 1828 sowohl die »Cisalpinischen Blätter« (Nr. 13 vom 10. August, S. 22) als auch die »Novellen« von Daniel Leßmann (Nr. 17 vom 10. Oktober, S. 117) als »Pendant« zu Heines »Reisebildern« hingestellt. Das gleiche Urteil wird in diesem Blatt über Harro Harrings »Fahrten eines Friesen in Dänemark usw.«, München 1828, gefällt (Nr. 4 vom 15. März 1829, S. 116). In der Beilage »Wegweiser im Gebiete der Künste und Wissenschaften« zur »Abend-Zeitung« vergleicht Theodor Hell 1831 die »Reisebilder« von A<ugust> G<ottlob> Eberhard mit denen von Heine (Nr. 27 vom 2. April, S. 106). In der Nr. 160 der »Blätter für literarische Unterhaltung« vom 9. Juni 1831 heißt es im Hinblick auf den Heine-Imitator Harring: »So wenig Achtung wir auch vor dem christlich-israelitischen Dichter des ›Buches der Lieder‹ und der ›Reisebilder‹ haben; daß er eine Schule gestiftet hat, können wir nicht leugnen« (S. 702). Georg Friedrich Blaul gibt in seiner Erzählung »Die Montgolfiere«, die schon durch ihren Untertitel »Eine Reihe nächtlicher Reisebilder« auf Heine verweist, diese

Nachahmungsabsicht selber zu (vgl. »Der deutsche Horizont«, 1831, Nr. 78 vom 15. Dezember, Sp. 622). Im »Gesellschafter« heißt es 1832 in einer Rezension der »Reise-Skizzen« von August Kahlert: »Die Anzahl derjenigen Bücher, welche eigentlich nur pikante Reise-Bemerkungen enthalten, ist seit Heine's ›Harzreise‹ nicht wenig angewachsen, weitläufige topographische Abhandlungen schreibt man dagegen so wenig, als man sie aus freien Stücken liest« (Nr. 176 vom 2. November, S. 875f.). 1834 werden im »Berliner Figaro« die »Reiseblüthen aus der Oberwelt« von Eduard Boas, in denen Heine mehrfach auftaucht, mit den »Reisebildern« verglichen (Nr. 243 vom 18. Oktober, S. 2f.). In den »Blättern für literarische Unterhaltung« wird Boas 1835 zu den »Miniatur-Heine's« gezählt, dessen »Reiseblüten« ein Produkt der »liederlichen und schamlosen« neuen »Reisebilder«-Schule seien (Nr. 192 vom 11. Juli, S. 791). Auch Ludolf Wienbargs Schrift über »Holland in den Jahren 1831 und 1832« wird 1834 von den Wiener »Jahrbüchern der Literatur« als Heine-Nachahmung bezeichnet (Bd. 68, Oktober–Dezember, S. 160ff.). Das gleiche Los hat Theodor Mundts »Madonna«, die 1835 im »Repertorium der gesammten deutschen Literatur« als ein Werk bezeichnet wird, in dem der Autor à la Heines »Reisebilder« die »Gegenwart mit starker Faust packt und mit kritischem oder unkritischem Messer an ihr hanthiert« (Bd. 5, 1. Heft, Nr. 10 vom 31. Mai, S. 72f.). In den »Blättern für literarische Unterhaltung« werden 1835 auch die »Reiseskizzen aus Deutschland, Dänemark und Schweden« von Friedrich Mayer (Nr. 361 vom 27. Dezember, S. 1491f.) und die »Bilder aus München« von Georg Friedrich Blaul als Beispiele »jener Reisebilder« vorgeführt, »wie sie uns die Heine'sche Schule zu Dutzenden« beschert hat (Nr. 226 vom 14. August, S. 931). Eine solche Literatur des »dolce far niente« empfindet der Rezensent dieses Blattes als »reine Negation« (S. 1492). Auch Laubes »Reisenovellen« werden 1837 in der »Europa« in die Heine-Schule eingeordnet (Bd. 4, S. 88). »Wer zählt ihre Namen alle«, heißt es hier ein Jahr später, »die durch den beispiellosen Succeß der Reisebilder ermuthigt, ihre Reiseschatten, Reiseskizzen, Reisetableaux, Taschenbücher einer Reise etc. dem Publikum übergaben« (Bd. 1, S. 38). 1838 vermißt der Rezensent der »Baltischen Blätter« in den Landschaftsschilderungen von Alexis jenen »pikanten« Ton, den man seit Heine gewöhnt sei (Nr. 20 vom 3. Februar, S. 79). Die »Humoristischen Reisebilder von Usedom« von Wilhelm Meinhold werden dagegen in den »Blättern für literarische Unterhaltung« gerade deshalb gelobt, weil sie »nichts von der Koketterie Heine's« an sich haben (Nr. 55 vom 24. Februar, S. 224). Von der »Reise in Savoyen und Piemont« von Jakob Daniel Hoffmann heißt es im gleichen Blatt: »Manches davon ist Heinisch, nur daß statt des Spottes Ernst und Gottbegeisterung der Charakter dieser Poesie ist« (Nr. 128 vom 8. Mai 1838, S. 520). Der »Telegraph für Deutschland« interpretiert 1838 diese Nachahmungswut als ein untrügliches »Kennzeichen des Originellen und Genialen« in Heines »Reisebildern« (Nr. 103 vom Juni, S. 818). »Nach seinen Reise-

bildern gestaltete sich ein ganzer Literaturzweig«, schreibt die »Elegante« kurz darauf (Nr. 105 vom 3. August, S. 598). Auch die ersten Schriften von Charles Sealsfield werden vom »Telegraph« in diese Schule einbezogen (Nr. 156 vom September 1839, S. 1241). »Der rheinische Telegraph« schreibt 1840 lapidar: »Was das moderne Reisebild betrifft, so ist das ein eigenes Misch-Genre zwischen erzählender und beschreibender Dichtung. Heine besitzt auch hier das Verdienst oder das Glück, den Ton, nach dem eine ganze Generation gerungen hat, zuerst angeschlagen zu haben, und steht so als Vertreter eines ganzen Häufleins sentimentaler, ironischer, publicistischer, socialer, culturhistorischer, artistischer Touristen, als Erfinder der bis zum Schlotterhaftigen bequemen Form der Aquarelle, Skizzen, Scenen, Bilder, Blicke, in der Literatur da« (Nr. 34 vom 26. April, S. 134). Unter seinen Nachahmern werden vor allem Laube, Pückler-Muskau, Mundt, Lewald, Glaßbrenner, Alexis, Kolloff u. a. aufgezählt, von denen jedoch keiner die »eigenthümlich ungezogene Grazie« Heines erreicht habe (S. 134). Die »Blätter für literarische Unterhaltung« nennen 1840 das »Buch der Wanderungen« von Ernst von der Haide ein Werk »Heine'scher Art« (Nr. 149 vom 28. Mai, S. 599). »Wenn man jetzt Reiseskizzen oder Beschreibungen bringt«, heißt es im gleichen Jahr in »Unser Planet«, »muß man piquant und anziehend schreiben und nicht im trockenen Kanzleistyle, der seit Heine unmöglich noch ansprechen kann« (Nr. 122 vom Juli, S. 488). Einen scharfen Angriff gegen dieses »Haschen nach Geistreichseyn, dieses lügenhafte Indiehöheschrauben der Empfindung, diese Verweichlichung, Ueberreiztheit und namentlich diese gänzliche Resignation in die eigene moralische Gesunkenheit« bringen dagegen 1840 die »Literarischen und Kritischen Blätter der Börsen-Halle« (Nr. 1859 vom 3. August, S. 697 ff.). Auch in den »Hallischen Jahrbüchern« wird 1840/41 der »Reisebilderklatsch« der Heine-Schule von A<ndreas> Wellmann und Robert Prutz einer scharfen Kritik unterzogen (Nr. 307 vom 23. Dezember 1840, S. 2455 und Nr. 34 vom 9. Februar 1841, S. 134). 1842 rügt der »Gesellschafter«, daß die meisten Reiseschriftsteller weit hinter ihrem »hohen Vorbilde Heine« zurückblieben (Nr. 29 vom 17. Februar, S. 137). Die »Blätter für literarische Unterhaltung« bedauern 1843, daß durch Heines »Reisebilder« ein »Schriftstellerwesen« entstanden sei, das dem Liberalistischen zuliebe alles Poetische verdrängt habe (Nr. 304 vom 31. Oktober, S. 1218). Statt »bequemer Sudeleien« im Stile der heinesierenden »Reiseskizzen« von Otto Koch wird hier Erhabenheit und Idealität gefordert (Nr. 179 vom 28. Juni 1843, S. 714).

Aus dieser Übersicht geht deutlich hervor, daß der Höhepunkt der »Reisebilder«-Nachahmungen in die ›jungdeutsche‹ Periode zwischen 1830 und 1835 fällt und sich danach die Gegenstimmen allmählich verstärken. Und zwar kam diese Kritik sowohl von links, von den Junghegelianern der »Hallischen Jahrbücher«, als auch von den Reaktionären im konservativen Lager. Hier war es vor allem Wolfgang Menzel, der Heine als den »Stammvater der

Commis-voyageurs-Literatur« diffamierte, die schnell von allen »reisenden Judenjungen« imitiert worden sei (vgl. »Die Eisenbahn«, 1838, Nr. 53 vom 1. Dezember, S. 208). Wie überhaupt die ständigen Erwähnungen der »Reisebilder« bei vielen Dichtern und Journalisten einen ungewöhnlich affektgeladenen Neid hervorriefen. Heine sei »eitel und hochmüthig« durch diesen Erfolg geworden, liest man immer wieder (vgl. »Der Komet«, 1835, Beilage für Literatur, Nr. 48 vom 4. Dezember, Sp. 379). Andere warfen Heine vor, daß er seit seiner Übersiedlung nach Paris die »Frische« seiner ersten »Reisebilder« verloren habe und zu einem kalten »Manieristen« geworden sei (vgl. »Der Freimüthige«, 1835, Nr. 170 vom 27. August, S. 683 f. und »Freimüthiges Abendblatt«, 1840, Nr. 1133 vom 18. September, Sp. 759). Einen guten Einblick in diese Situation gibt Helmut Koopmanns Aufsatz »Heinrich Heine in Deutschland«. In: »Nationalismus in Germanistik und Dichtung«, hrsg. von Benno von Wiese und Rudolf Henß, Berlin 1967, S. 312–333.

Doch trotz dieser enormen Wirkung in der zeitgenössischen Presse ging es mit dem Verkauf der 2. Auflage von Rb I nach 1830 recht langsam voran. Campe schreibt daher am 25. Juni 1833 etwas resigniert an Heine, daß ihm die »Reisebilder« ein guter Beweis für die These seien, daß in Deutschland zwar »viel gelesen, aber wenig gekauft« werde. Auch die Versendung der kompletten Zweitauflage aller vier »Reisebilder«-Bände führte 1833 nicht zu den von Campe erhofften sensationellen Verkaufserfolgen. Campe teilt deshalb Heine am 23. Oktober 1835 mit, daß die 3. Auflage von Rb I wohl noch bis 1837 warten müsse, bittet ihn jedoch schon jetzt um eine genaue Durchsicht und eventuelle Korrekturvorschläge. Am 2. Januar 1836 fragt er bei Heine um ein naturgetreues Porträt für die 3. Auflage an. Heine geht jedoch in seiner Antwort vom 14. März 1836 auf diese Vorschläge nur zögernd ein, da er nach dem Verbot der Jungdeutschen von der preußischen Censur *allzu harte Eingriffe befürchtet. Am 20. Mai und 4. Oktober 1836 bittet ihn Campe nochmals brieflich um eine Porträt-Lithographie und die nötigen Textveränderungen für die bald fällige Neuauflage von Rb I. Noch dringender schreibt er am 17. Mai 1837: »Der 1te Theil der Reisebilder muß in einigen Monaten gedruckt werden: die Correcturen dafür erwarte ich«. Heine antwortet darauf am 18. Juli 1837:* Liebster Campe, in Rennes habe ich den 1sten Theil der Reisebilder vorgenommen, um die 3te Auflage für Sie zu bereiten, und hierbey schicke ich Ihnen auch das darauf bezügliche Druckfehlerverzeichniß, woraus Sie ersehen, daß man mir seit meiner Abwesenheit in meinen Büchern die von den Originalen abweichendste Interpunktion druckt; ich habe nur das wenigste redressiren können, aber ich bitte Sie sehr, sehen Sie darauf, daß meine Interpunkzion nicht willkührlich von den Drukkern geändert wird. Haben Sie zur 3ten Aufl<age> des 1ten Reisebildertheils auch eine kleine Vorrede nöthig, so sagen Sie es mir. *Am 29. Juli bestätigte Campe diese Sendung mit den Zeilen: »Die Correcturen für den Reisebilder Band 1r habe ich empfangen, u werde das was Sie wünschen beachten lassen.*

Wollen Sie ein Vorwort dazu geben, mir ist es ganz Recht«. Die Sache mit dem Vorwort unterblieb jedoch.

Campe hatte inzwischen am 18. Mai 1837 an die Piererschе Hofbuchdruckerei geschrieben: »Auch der 1te Band der Reisebilder ist auf der Neige und muß in 2 Monaten in die Preße. Fragen Sie Ihren Censor, was er thun will; – will er in diesem Harmlosen Theile streichen, dann gehen wir auch damit nach anderer Richtung weil wir uns von diesem zum 3ten Male gedruckten Theile: nicht ein Jotha nehmen laßen werden u sollten wir auch in Stuttgart drucken laßen müßen!« Doch dieser Druck kam weder in Altenburg noch in Stuttgart zustande, da gerade in dieser Zeit die Zensurmaßnahmen in aller Schärfe gehandhabt wurden und Campe obendrein noch ein paar Exemplare der 2. Auflage auf Lager hatte. Campe schreibt daher erst am 29. August 1839 wieder an Heine: »Der 1te Theil der Reisebilder geht auf die Neige; ich gab Order ihn in Leipzig neu aufzulegen. Was die von Ihnen gerühmte Königl. Sächs. Censur meinte, besagt der mir eben behändigte Zettel des Censors, den ich Ihnen im Origine sende.« Auf dem beigefügten Zettel steht: »Ich darf das Imprimatur zu Heine ertheilen, doch soll er der gewöhnlichen Censur unterliegen, und daher einige Stellen mußten nach dieser wegfallen, z. B. Seite 189 u 193 das roth Angestrichene vor allem.« Damit sind die Stellen über die Halleschen Bierstaaten (120,36–121,1) und das preußische Hofopernballett (122,7–33) gemeint, die schon beim 1. Abdruck der »Harzreise« im »Gesellschafter« nur in stark zensierter Form erscheinen konnten. Heine schreibt darauf am 30. September 1839 – unter Nichtbeachtung seiner 1837 an Campe geschickten Korrekturvorschläge – sich bei der Neuauflage einfach an den Text der 2ten Aufl. *zu halten und auf eine neue Vorrede zu verzichten. Auf diesen Brief antwortet Campe am 18. November 1839, daß er das Manuskript der 3. Aufl. von Rb I an drei Orten dem Zensor vorgelegt habe, aber überall auf Widerstände gestoßen sei, besonders in Leipzig. Um sich nicht weiter mit der Zensur herumschlagen zu müssen, verspricht er Heine, das Ganze jetzt auf eigene Gefahr in Hamburg ohne Zensor drucken zu lassen, um ihm ein Zeichen seiner unbedingten Loyalität zu geben. Die Anfang 1840 ausgelieferte 3. Auflage trägt daher keinen Druckereivermerk. Textlich hält sie sich eng an die 2. Auflage, berücksichtigt jedoch die von Heine geschickten Korrekturvorschläge (vgl. »Lesarten«). Sie scheint sehr schnell und von ungeübten Druckern hergestellt worden zu sein, da sie wesentlich mehr Druckfehler enthält als die bisherigen Auflagen.*

Eine neue Auflage wurde erst acht Jahre später wieder fällig. Campe schreibt am 15. März 1848 an Heine: »Der 1te Theil der Reisebilder <ist> vergriffen – soll ich <. . .> neu drucken lassen oder beabsichtigen Sie Aenderungen dafür?« Heine antwortete am 26. April 1848, daß er noch immer die alte Gesinnung habe und daher an seinen Büchern nichts zu ändern brauche. Er erinnert jedoch Campe ausdrücklich daran, dem Neudruck die 2. und nicht die 1. Auflage von Rb I zugrunde zu legen. Der Druck erfolgte diesmal bei *der H. G. Voigtschen Buchdruckerei in Hamburg. Zensurschwierigkeiten ergaben sich in diesem Jahr (1848!) keine. 500 Exemplare wurden im Juli 1848 beim Buchbinder Nicolai, 300 Exemplare beim Buchbinder C. D. E. Kleißen gebunden.*

Da von allen Prosaschriften Heines die »Harzreise« noch immer die populärste war, erwog Campe 1851, von dieser Schrift einen marktgängigen Separatdruck zu veranstalten. Er schreibt darüber am 2. November an Heine: »Nun denke ich, daß ich die H a r z r e i s e , en miniatur, drucken laße, das könnte für die Reisenden das ›Sentimental Journey‹ werden – was meinen Sie dazu?« Heine riet jedoch in seinem Antwortbrief vom 17. November dringend davon ab, um nicht von der damals geplanten Gesamtausgabe seiner Werke abzulenken, in der die »Harzreise« den 1. Band eröffnen sollte. Campe blieb jedoch hartnäckig und schrieb Heine am 26. November, daß gerade ein solcher Separatdruck einen guten Werbedienst für die »Gesammelten Werke« leisten würde. Obendrein wies er darauf hin, daß sich ein solches Bändchen vorzüglich als »ein kleines Geschenk« eignen würde. Heine antwortete darauf am 8. Dezember etwas resigniert: Mit der Harzreise können Sie es machen nach Belieben. Es ist mir freylich schmerzhaft, daß es die Umstände mir nicht erlauben, durch eine neue Einleitung das Büchlein der jetzigen Generazion vorzuführen. Ich muß Zeit und Kräfte zu dringendern Bedürfnissen anwenden. *Und Campe beruhigte ihn sofort am 11. Dezember mit den Zeilen: »Eine Vorrede zu der kleinen Harzreise, eilt nicht, da ich sie erst im nächsten Jahre, etwa zu Ostern, in petto halte, um damit zu Beginn der Reisezeit hervor zutreten«. Doch so schnell wurde aus diesem Projekt noch nichts. Der Druck erfolgte erst im Herbst 1852 in Halle bei Heinrich Wilhelm Schmidt. Heine scheint die Aushängebogen oder ein Vorausexemplar dieser Ausgabe im November 1852 erhalten zu haben, denn er schreibt am 25. dieses Monats an Campe:* Ich kann Ihnen über die neue Ausgabe der »Harzreise« nichts sagen, da ich sie des feinen Drucks wegen noch nicht mit eignen Augen untersuchen konnte. Ich hoffe, daß Sie bey diesem Abdruck die z w e y t e Auflage der Reisebilder benutzt haben; indem diese sorgsam von mir revidirt und verbessert wurde; ist es nicht geschehen, so vergessen Sie nicht diesen Umstand bey Gelegenheit eines spätern Abdrucks, namentlich beim Abdruck der Gesammtausgabe, im Fall ich dieselbe mortis causa nicht selber leiten würde.

Auf dem Titelblatt dieser Separatausgabe erscheint das Jahr 1853 als Erscheinungsdatum. Wahrscheinlich hatte Campe einen guten Verkaufserfolg damit, denn er ließ schon im nächsten Jahr eine zweite Auflage dieser Ausgabe folgen. Die 93 Abweichungen der Fassung von 1854 greifen nicht in den Text ein, sondern betreffen nur Orthographisches.

Die 5. und letzte Auflage von Rb I, die zu Heines Lebzeiten erschien, wurde 1856 bei Trömner & Dietrich, vormals Heinrich Hotop, in Kassel gedruckt. Auch sie beruht textlich wie Rb I⁴ auf der 2. Auflage von Rb I und zeigt keine Eingriffe Heines mehr.

Seit der Mitte der vierziger Jahre machte sich Heine zugleich Gedanken, an welcher Stelle und in welcher Form die »Harzreise« einmal in seinen »Gesammelten Werken« erscheinen solle. Er hielt dabei in allen drei Plänen, die er in Briefen vom 12. November 1846, 7. Juni 1848 und 18. März 1852 an Campe entwickelte, beharrlich daran fest, den 1. Band einer solchen Gesamtausgabe mit der »Harzreise« zu eröffnen, die er noch in den fünfziger Jahren als seinen eigentlichen Durchbruch zu größerer Publikumswirksamkeit empfand. Und zwar betonte Heine mehrfach – wie in den Briefen an Campe vom 30. September 1839 und 25. November 1852 – daß man sich bei dieser Ausgabe an die 2. Auflage von Rb I halten solle. Dieser Text wird daher unter teilweiser Berücksichtigung der von Heine stammenden Korrekturen für die 3. Auflage (vgl. »Überlieferung«) und aller anderen relevanten Überlieferungsträger auch der vorliegenden Ausgabe zugrunde gelegt.

Literatur:

a) Heine und Göttingen.

Adolf Strodtmann, »Aus Heine's Studentenzeit«. In: »Neue Monatshefte für Dichtkunst und Kritik« 5, 1877, S. 307–328; Ernst Eckstein, »Aus Heinrich Heines Studentenzeit in Göttingen«. In: »Göttinger Zeitung« 37, 1899, Nr. 11 608 vom 13. Dezember; E. Brieke, »Heinrich Heine und Göttingen vor 100 Jahren«. In: »Die Spinnstube« 5, 1928, H. 9, S. 121–124; vgl. auch Wilhelm/Galley, Nr. 943–949, 3030.

b) Heine und der Harz.

Heinrich Pröhle, »Heinrich Heine und der Harz«. In: »Vossische Zeitung«, 1887, Nr. 8, 10 und 12; ders., »Heinrich Heine und der Harz«, Harzburg 1888; Gustav Adolf Erich Bogeng, »Der Brockenbesuch Heines und das Brokkenbuch«. In: »Vierteljahrsschrift für angewandte Bücherkunde« 3, 1920/22, S. 125–128; Paul Körner, »Heine und der Harz«. In: »Der Harz« 27, 1924, S. 453–455; Carl von Maixdorff, »Heine und der Harz«. In: »Der Harz«, 1928, S. 151–153; vgl. auch Wilhelm/Galley, Nr. 963–969.

c) Heines »Die Harzreise«.

Hans Hofmann, »Zu Heines Harzreise«. In: »Euphorion« 6, 1899, S. 97–112; »Zu Heines ›Harzreise‹«. In: »Kölnische Zeitung«, 1903, Nr. 1098 vom 22. November; B. J. Vos, »Notes on Heine«. In: MLN 23, 1908, S. 25–29, 39–43; Henry James Forman, »In the Footprints of Heine«, London 1910; P. R. Kolbe, »Notes on Göttingen and the ›Harzreise‹«. In: MLN 31, 1916, S. 311 bis 314; Franz Grosse, »Heinrich Heines ›Harzreise‹«. In: »Der Harz« 27, 1924, S. 168 f.; C. H. Ibershoff, »Concerning a passage in Heine's Harzreise«. In: »Philological Quarterly« 4, 1925, S. 239–244; Orlo Williams, »The Heine of the Harzreise«. In: »Cornhill Magazine« 59, 1925, S. 407–422; C. H. Ibershoff, »Heine's Harzreise once more«. In: »Philological Quarterly« 5, 1926, S. 54 f.; B. J. Vos, »Two Notes on Heine's ›Harzreise‹«. In: MLN 42, 1927, S. 241 f.; Françoise Bogaerts, »Hauptmotive der Harzreise«, Diss. Brüssel masch. 1935; Oto Bihalij-Merin, »›Put po Harcu‹ delo mladog Hajnea«. In: »Književne novine«, 1949, Nr. 50 vom 13. Dezember; S. B. Čudakow, »›Prolog‹ k ›Putesestviju na Garc‹ G. Gejne«. In: »Inostrannye jazyki v skole«, 1953, H. 1, S. 58–64; Joachim Müller, »Heinrich Heine und seine ›Harzreise‹«. In: »Deutsche Sprache und Literatur« Bd. 6, Berlin 1954, S. 49–77; Elise Riesel, »Sprache und Stil von Heines ›Harzreise‹«. In: »Deutschunterricht« 9, 1956, S. 11–18, 79–95; Jeffrey L. Sammons, »Heine's Composition: Die Harzreise«. In: HJb 6, 1967, S. 40–47; Jost Hermand, »Werthers Harzreise«. In: J. H., »Von Mainz nach Weimar. 1793–1919«, Stuttgart 1969, S. 129–151; Helge Hultberg, »Heines ›Die Harzreise‹«. In: HJb 9, 1970, S. 58 bis 69; Renate Möhrmann, »Der naive und der sentimentalische Reisende. Ein Vergleich von Eichendorffs ›Taugenichts‹ und Heines ›Harzreise‹«. In: HJb 10, 1971, S. 5–15; Carl Cerny, »Phantastische Wanderung. Heines Harzreise im Jahre 1824«. In: »Die Zeit«, 1971, Nr. 10 vom 5. März, S. 50; Otto W. Johnston, »The Quest for Bonaparte in Heine's ›Harzreise‹«. In: »Revue des langues vivantes« 37, 1971, S. 176–180; Norbert Altenhofer, »Harzreise in die Zeit«, Düsseldorf 1972; vgl. auch Wilhelm/Galley, Nr. 3021–3041 und Seifert, Nr. 2020–2026.

d) Heines »Reisebilder«.

Eduard Ebner, »Heines Reisebilder und Reiselyrik«. In: E. E., »Deutsche Dichter auf Reisen«, Nürnberg 1913, S. 113–142; Erich Loewenthal, »Studien zu Heines ›Reisebildern‹«, Berlin und Leipzig 1922; Guenter Tschich, »Der Impressionismus im Prosastil von Heines ›Reisebildern‹«, Diss. Kiel 1928, masch.; Z. Serapionova, »Rannjaja proza Gejne«. In: »Literatura i marksizm«, 1930, Nr. 3, S. 24–49; Eberhard Mucha, »Die Formen der jungdeutschen Reiseliteratur«, Diss. FU Berlin, 1955, masch.; Manfred Link, »Der Reisebericht als literarische Kunstform von Goethe bis Heine«, Köln 1963; Karl Emmerich, »Heinrich Heines ›Reisebilder‹«, Diss. Humboldt-Universität Berlin, 1965; Manfred Windfuhr, »Heinrich Heine«, Stuttgart 1969, S. 61 ff.; vgl. auch Wilhelm/Galley, Nr. 3131–3148 und Seifert, Nr. 2082–2095.

Überlieferung

H² *vgl. den Abschnitt »Überlieferung« zum Bruchstück »Ilsenstein« (649,8)*

J Harzreise; von H. Heine. (Geschrieben im Herbst 1824.) *In: »Der Gesellschafter oder Blätter für Geist und Herz«, 1826.*
Nr. 11 vom 20. Januar, S. 53–55.
Nr. 12 vom 21. Januar, S. 58f.
Nr. 13 vom 23. Januar, S. 61–63.
Nr. 14 vom 25. Januar, S. 66f.
Nr. 15 vom 27. Januar, S. 74f.
Nr. 16 vom 28. Januar, S. 77–79.
Nr. 17 vom 30. Januar, S. 81–83.
Nr. 18 vom 1. Februar, S. 85–87.
Nr. 19 vom 3. Februar, S. 93–95.
Nr. 20 vom 4. Februar, S. 97–99.
Nr. 21 vom 6. Februar, S. 101f.
Nr. 22 vom 8. Februar, S. 109–111.
Nr. 23 vom 10. Februar, S. 114f.
Nr. 24 vom 11. Februar, S. 117f.
Das Ganze ist in zwei »Mittheilungen« gegliedert: »I.« *(83,1–24 und 89,27–113,4) und* »II.« *(113,6–134,32). Die einzelnen Teilstücke werden mit folgenden Verweisen aneinandergereiht: »Die Fortsetzung folgt« (S. 55, 59, 63, 67, 75, 87, 95, 99, 102, 114), »Fortsetzung« (S. 58, 61, 66, 74, 77, 93, 97, 101, 109, 111), »Der Schluß der ersten Mittheilung folgt« (S. 79), »Schluß der ersten Mittheilung« (S. 81), »Die zweite Mittheilung folgt« (S. 83), »Der Schluß folgt« (S. 115) und »Schluß« (S. 117). Über die inhaltlichen Eingriffe von seiten des Herausgebers bzw. Zensors vgl. »Entstehung und Aufnahme« (530,1–9). Wegen des Spaltensatzes wurde die Zahl der Absätze erheblich reduziert. Im Bereich des Orthographischen tritt die ey-Schreibung zugunsten der ei-Schreibung zurück. Bei Verben mit Präfixen besteht die Tendenz zur Getrenntschreibung, bei Komposita zur Getrenntschreibung mit Bindestrich.*

*D*¹ Die Harzreise. 1824. *In:* Reisebilder von H. Heine. Erster Theil. Hamburg, bey Hoffmann und Campe. 1826.
Die einzelnen Teile dieses Bandes sind: »Die Heimkehr« (S. 1–80), »Götterdämmerung« (S. 81–85), »Ratkliff« (S. 86–91), »Donna Clara« (S. 92–96), »Almansor« (S. 97–103), »Die Wallfahrt nach Kevlaar« (S. 104–110), »Die Harzreise« (S. 111–260), »Die Nordsee. Erste Abtheilung« (S. 261–300) und »Anmerkung« (S. 301). Der erst im Frühjahr 1826 geschriebene Anfang (83,26–89,26) und der angehängte Schluß-

abschnitt (134,35–137,40) wurden nach Manuskript, der Hauptteil mit Änderungen nach J gesetzt. Dafür sprechen die Beibehaltung der Kompositaschreibung und weiterer Druckidentitäten von J und D^1 (vgl. »Lesarten«). Zum Teil wurde die ey-Schreibung wieder eingeführt.

DH Die Harzreise. 1824. *In: Handexemplar Heines, das als Druckvorlage für D^2 (Rb I^2) diente.*
Dieser Band besteht aus den Aushängebogen zu D^1 (Rb I^1) unter Weglassung der Seiten 81–112 und den Aushängebogen zur »Nordsee II« aus Rb II^1. Daß es sich um Aushängebogen handelt, ist erkennbar an zahlreichen unkorrigierten Druckfehlern vom Typ zn, Banmstamme *(S. 136f.). Enthält viele eigenhändige Korrekturen, Streichungen und Zusätze Heines für die 2. Auflage (D^2). Setzervermerke finden sich auf den Seiten 147 und 218 (»Harzreise«) und 10 (»Nordsee II«). Am 19. April 1831 schenkte Heine dieses Exemplar mit handschriftlicher Widmung Johann Peter Lyser, der auf den Seiten 113, 114, 117, 118, 142, 187 und 190 eine Reihe handschriftlicher Zusätze vornahm (vgl. »Entstehung und Aufnahme«, 550,5–12). Nach verschiedenen Zwischenbesitzern ging dieser Band in den Besitz Salman Schockens über und befindet sich heute in der Bibliothèque Nationale in Paris (Nr. 5525). 1920 und 1947 gab Friedrich Hirth mit einem erläuternden Vorwort Faksimile-Ausgaben dieses Exemplars heraus.*

D^2 Die Harzreise. (1824). *In:* Reisebilder von H. Heine. Erster Theil. Zweyte Auflage. Hamburg, bey Hoffmann und Campe. 1830.
Die einzelnen Teile dieses Bandes sind: »Vorwort« (S. V–VI), »Die Heimkehr« (S. 1–84), »Die Harzreise« (S. 85–238), »Die Nordsee. Erste Abtheilung« (S. 243-280) und »Die Nordsee. Zweyte Abtheilung« (S. 281–318). Die in J und D^1 auftretende Getrenntschreibung wird in D^2 weitgehend aufgehoben. Aus verschiedenen Belegen geht eindeutig hervor, daß zwischen DH und D^2 noch ein weiterer Korrekturgang Heines erfolgte.

D^3 Die Harzreise. (1824). *In:* Reisebilder von H. Heine. Erster Theil. Dritte Auflage. Hamburg, bey Hoffmann und Campe. 1840.
Im Aufbau und Umfang der einzelnen Werke ist dieser Band mit D^2 identisch. Ein Teil der Varianten zwischen D^2 und D^3 beruht auf dem am 28. Juli 1837 an Campe gesandten Korrekturverzeichnis. Von Heine stammende Verbesserungen und Streichungen wurden daher bei der Textherstellung berücksichtigt. Im Bereich der Interpunktionsänderungen macht sich eine stärkere Untergliederung längerer Satzperioden bemerkbar. Soweit es sich dabei um Tendenzen handelt, die sich von der Interpunktionsweise des frühen Heine entfernen (wie Eliminierungen von

Satzzeichen bei Appositionen und Nebensätzen), wurden sie nicht übernommen. Der andere Teil der in D^3 auftretenden Varianten geht eindeutig auf Setzereingriffe zurück, wodurch sich viele neue Druckfehler einschlichen (vgl. »Entstehung und Aufnahme« 559,31–36). Bei den Restitutionen handelt es sich vor allem um Reduzierungen im Apostrophgebrauch und die Wiedereinführung der ey- und inn-Schreibung. Zu weiteren Details der »Reisebilder«-Überlieferung vgl. Jochen Zinke, »Autortext und Fremdeingriff«, Hamburg 1972, Kap. 13.

»Die Clausthaler Gruben: Dorothea und Carolina«. In: »Lesefrüchte vom Felde der neuesten Literatur, gesammelt, herausgegeben und verlegt von J<ohann> J<oseph> C<hristian> Pappe«, 1826, Bd. 2, 20. Stück, S. 318–320. Enthält: 93,30–96,24 und 97,19–30. Gedruckt nach: D^1 (144,15–152,7 und 154,12–155,7).

»Einiges aus einer Harzreise, von Göttingen aus« In: Ebd., Bd. 2, 21. Stück, S. 321–328. Enthält: 83,26–89,26, 567,29–38, 89,27–40 und 226,8–227,7. Gedruckt nach: D^1 (114,9–134,12).

»Gedankenspäne«. In: »Eos, Blicke auf Welt und Kunst«, 1827, 11. Jg., Nr. 156 vom 29. September, S. 633f. Enthält: 83,26–84,36 (mit vielen Abschwächungen, Änderungen und Auslassungen. Göttingen erscheint nur als »N***«). Gedruckt nach: D^1 (114,9–118,2).

»Lesefrüchte. Streckverse von H. Heine. (Aus dessen Briefen und Schriften)«. In: »Allgemeine Unterhaltungs-Blätter zur Verbreitung des Schönen, Guten und Nützlichen«, 1828, Bd. 4, Heft 9, S. 203. Enthält: 96,25–40. Gedruckt nach: D^1 (152,8–153,7).

»Lesefrüchte. Streckverse von H. Heine. (Aus dessen Briefen und Schriften)«. In: Ebd., 1828, Heft 12, S. 282. Enthält: 129,34–39 und 102,21–26. Gedruckt nach: D^1 (238,8–15 und 169,3–9).

»H. Heine. Aus den Reisebildern«. In: »Humoristische Perlenschnur. Chrestomathie der gelungensten Stellen aus den besten humoristischen Schriftstellern«, Stuttgart 1836, Bd. 1, Nr. 14, S. 49–57. Enthält: 83,26 bis 89,16. Gedruckt nach: D^1 (114,9–130,9).

»Heinrich Heine. (1799.) 1. Aus den ›Reisebildern‹. a. Die Wanderung auf den Brocken. b. Der Brocken«. In: »Drei Bücher Deutscher Prosa in Sprach- und Stylproben, von Ulphilas bis auf die Gegenwart. (360–1837.)«, hrsg. von Heinrich Künzel, Frankfurt am Main 1838, Bd. 3, 2. Abtl.,

Nr. 132, S. 443–446. Enthält: a. 113,6–32, 114,29–116,29; b. 117,32 bis 118,22. Gedruckt nach: D¹ *(a. 193,1–194,17, 196,5–201,14; b. 204,10 bis 206,10).*

»Grubenfahrt im Harz (1824)«. In: »Die deutsche Prosa von Mosheim bis auf unsere Tage«, hrsg. von Gustav Schwab, Stuttgart 1843, 2. Teil, S. 781 bis 786. Enthält: 93,27–97,30. Gedruckt nach: D¹ *144,11–155,7.*

»Anthologie aus den Werken von H. Heine«. In: »Familien-Bibliothek der Deutschen Classiker«, Hildburghausen und Amsterdam 1846, 26. Supplementband, S. 72–75. Enthält: 93,27–96,6. Gedruckt nach: D¹ *(144,11–151,3).*

»Heinrich Heine. a. Göttingen. b. Die Clausthaler Silbergruben«. In: »Handbuch der deutschen Prosa von Gottsched bis auf die neueste Zeit. Historisch geordnete Sammlung von Musterstücken«, hrsg. von Heinrich Kurz, Zürich 1846, 2. Abtl., Sp. 877–884. Enthält: a. 83,26–86,8 und 87,39–89,16; b. 93,27–97,30. Gedruckt nach: D³ *(a. 88,9–96,2 und 101,6–105,7; b. 117,11–129,6).*

Die Harzreise. 1824. *In:* Reisebilder von H. Heine. Erster Theil. Vierte Auflage. Hamburg. Hoffmann und Campe. 1848. *Der Aufbau dieses Bandes gliedert sich folgendermaßen: »Vorwort« (S. V–VI), »Die Heimkehr« (S. 7–90), »Die Harzreise« (S. 91–244), »Die Nordsee. Erste Abtheilung« (S. 249–286) und »Die Nordsee. Zweite Abtheilung« (S. 287–324). Der Text der »Harzreise« folgt* D².

Die Harzreise. Hamburg, Hoffmann und Campe, 1853. *Über den Druck dieser Separatausgabe vgl. »Entstehung und Aufnahme« (560,5–39). Der Text folgt* D².

Die Harzreise. Hamburg, Hoffmann und Campe, 1854. *Weitgehend identisch mit der vorhergehenden Ausgabe.*

Die Harzreise. 1824. *In:* Reisebilder von H. Heine. Erster Theil. Fünfte Auflage. Hamburg. Hoffmann und Campe. 1856. *Der Aufbau dieses Bandes gliedert sich folgendermaßen: »Vorwort« (S. V–VI), »Die Heimkehr« (S. 1–82), »Die Harzreise« (S. 83–236), »Die Nordsee. Erste Abtheilung« (S. 241–278) und »Die Nordsee. Zweite Abtheilung« (S. 279–316). Der Text der »Harzreise« folgt* D².

Lesarten

81 Die Harzreise. 1824.] Harzreise; von H. Heine. (Geschrieben im Herbst 1824.) I. *J* Die Harzreise. (1824.) D^{2-3}

82 Nichts ist dauernd *bis* Börne.] *nicht in J*

83,2 Weiße,] Weiße *J*, D^1 9 Liebesschmerzen.] Liebesschmerzen! *J* 13 frey] frei *J* 14 freyen] freien *J* 17 dunkeln] dunklen D^3 21 Säle,] Säle! D^1 22 Glatte Frauen!] glatte Frauen! *J* 83,26–89,28 *nicht in J* 29–30 vorbeyfließende] verbeyfließende D^1 30 »die Leine,«] »die Leine« D^1 31 kalt] kalt, D^1

84,13 Göttingens] Göttingen's D^1 18 Studentennamen] Studentenamen D^2 21 Koth] Dreck D^1 Koth *DH* 30 Füße,] Füße D^3 32 beschäftigt] beschäfftigt D^1 36 enthalten wird,] enthält, D^1 enthalten wird, *DH*

85,3 göttingischer] göttingscher D^1 17 piepen,] piepsen D^1 piepen *DH* 29 an] schon an D^1 an *DH* 34 noch] doch D^1

86,3 Abgehen] Abgehn D^1 8 Universitätspyramiden] Universitäts-Pyramiden D^1 keine] nicht immer D^1 keine *DH* 16 Rossinische] Rossini'sche D^{2-3} 19 deutsch langsamen] deutsch-langsamen D^1 38 erwärmte] erwämte D^1

87,4 wurden. *Absatz*] wurden. D^{1-2} 19 vielzackig] vierzackig D^3 20 umbaut war. Die andere] umbaut war, und einer Festung glich, die gewiß eben so wenig wie jene anderen Festungen, von denen Philipp von Macedonien spricht, einem mit Gold beladenen Esel widerstehen würde. Die andere D^{1-2} 23 öde,] öde D^1 24 ganze] ganze, D^1 37 ihre] die D^3

88,11 Themis.] Themis, D^{1-2} 14 Gewandes;] Gewandes, D^{1-2} 28 kund gaben] kundgaben D^1 lauernde] laurende D^1

89,8 fort,] fort D^{2-3} 15 Segen] Seegen D^1 21 Befreyungskriege] Befreiungskriege D^{1-3} 26–27 sitzen hat. Nachdem] sitzen hat. Auch hingen noch an der Wand Abeillard und Heloise, einige französische Tugenden, nämlich leere Mädchengesichter, worunter sehr kalligraphisch *la prudence, la timidité, la pitié etc.* geschrieben war, und endlich eine Madonna, so schön, so lieblich, so hingebend fromm, daß ich das Original, das dem Maler dazu gesessen hat, aufsuchen und zu meinem Weibe machen möchte. Freylich, so bald ich mal mit dieser Madonna verheirathet wäre, würde ich sie bitten, allen fernern Umgang mit dem heiligen Geiste aufzugeben, indem es mir gar nicht lieb seyn möchte, wenn mein Kopf, durch Vermittlung meiner Frau, einen Heiligenschein, oder irgend eine andre Verzierung gewönne. *Absatz* Nachdem D^1; *in DH gestrichen.* 28 Fensterscheiben] Fensterscheibeu D^3 27–29 Nachdem ich *bis* Osterode. *Absatz*] Morgens sechs Uhr verließ ich Osterode. *J* 30 so und so viel] mehrere *J* 31 Gottschalcks] Gottschalk's *J*, D^{1-2} Gottschalks D^3 32 nachzulesen] nach zu lesen *J* 40 Rückseite. *Absatz* Nachdem] Rückseite. Wie doch solch grau verwittert Stück Ruine einen eigenen Zauber ausgießt über eine ganze Landschaft, und sie unendlich mehr verschönert, als all die neuen, blanken Gebäude mit ihrer jugendlichen Herrlichkeit! Auch länger als diese pflegt sich solche Ruine zu erhalten, trotz ihres morsch verfallenden Ansehns. Wie den Burgen geht's auch den alten Geschlechtern selbst. *Absatz* Nachdem *J Bruchstück* <1. Hardenberg> *in DH gestrichen; vgl.* 226,8 *bis* 227,7

90,1 gewandert] gegangen *J*, D^1 gewandert *DH* 2 kam] kam, *J*, D^1 14 bey] bei *J* 17 dabey] dabei *J*, D^{2-3} todtweinen. Wie tief] todtweinen. Der Schneider sang noch viele andere Volkslieder, in welchen lauter »schwarzbraune Augen« leuchteten, und also den süddeutschen Ursprung verriethen. Ich kenne nur ein einziges Volkslied, worin sich norddeutsche »blaue Augen« befinden, und dieses (es steht im »Wunderhorn«) scheint mir nicht einmal echt. Ist aber Süddeutschland die Heimath des Volksliedes, so ist Norddeutschland die Heimath des Volksmährchens, einer eben so schönen Blume, die ich auf dieser Reise so oft antreffe. Die Lyrik gehört dem Süden, die Epik dem Norden. Beiden gehört Goethe. Wie tief *J* Goethesche] Goethe'sche D^{2-3} 19 ebenfalls zuweilen] zuweilen *J* 20 beym] bei'm *J* bey'm D^{1-3} 21 bey] bei *J* 23 bey] bei *J* Rosenstelle] Rosenquelle *J*, D^1 Rosenstelle *DH* 29 zwey] zwei *J* 36 Unterdeß,] Unterdeß D^{2-3} Bewegung] Bewegung, *J* und durch den contrairen Wind,] *nicht in J*

91,1 bey] bei *J* 8 Dichter,] Dichter *J*, D^1 12 in einander] ineinander D^1 13 Naturanblick] Natur-Anblick D^1 15 haben. –] haben. *J* Dichter,] Dichter *J*, D^1 19 bloß] blos D^{1-3} 21 classifizirt,] classifizirt *J* 22 naß. *Absatz*] naß. – *J* naß. – **! – *Absatz* naß. D^1 *Absatz DH* 24 Lerbach] Lerrbach *J*, D^{1-3} 26 Kropfleute] Kropf-Leute D^1 Mohren,« –] Mohren!« – *J* Mohren.« – D^1 37 bey] bei *J* 91,14–92,7 Die lieben Knaben *bis* zwölf schlug.] Mit Rührung betrachtete ich die lieben Knaben, die fast alle rothbäckig, blauäugig und flachshaarig waren, und ich erinnerte mich, wie ich einst selbst, als ein drei Käse hohes Bübchen, im alten Franziskaner-Kloster zu Düsseldorf, den ganzen Tag auf der hölzernen Bank saß, und so viel Latein, Prügel und Geographie ausstehen mußte, und mich unsäglich freute, wenn die Glocke zwölf schlug. *J* Die lieben Knaben, fast alle rothbäckig, blauäugig und flachshaarig, jubelten und jauchzten, und weckten in mir die wehmüthig heitere Erinnerung, wie ich einst selbst, als ein kleines Bübchen, in einer dumpfkatholischen Klosterschule zu Düsseldorf den ganzen lieben Vormittag von der hölzernen Bank nicht aufstehen durfte, und so viel Latein, Prügel und Geographie ausstehen mußte, und dann ebenfalls unmäßig jauchzte und jubelte, wenn die alte Franziskanerglocke endlich zwölf schlug. D^1 *Text DH*

92,8 Ranzen] Tornister *J* 10 Religionsunterricht] Religions-Unterricht *J*, D^1 13–14 unerfreulich löschpapierigen] unerfreulichen *J*, D^1 unerfreulich löschpapierigen *DH* unfreundlich löschpapierigen D^3 15 mißfiel] misfiel D^3 16 heiligen Dreyheitslehre] Glaubenslehre *J* Katechismus] Catechismus *J*, D^1 19 im Preußischen viel] in andern Ländern *J* bey] bei *J* 21 dem] den D^1

23 In der »Krone« zu Clausthal] im Gasthof zu Clausthal, »die Krone«, *J* 26 Bückinge] Bücklinge *J* Bücking D^{3} 29 bloß] blos D^{2-3} 30 solch] so *J* 31 verzehrt!] verzehrt; D^{3} 33 zu mir setzte] zu mir setzte *J*, D^{1} zu setzte *DH Text* D^{2} 34 daß] daß mir *J*, D^{1} 36 Ringen,] Ringen D^{3} 39 Anekdoten] Anecdoten D^{1}

93,2 bey drey] bei drei *J* 3 abzuschneiden] ab zu schneiden *J* 5 Nicht-tollen] Nicht-Tollen *J*, D^{1} 9–29 In den Silberhütten *bis* davon erzählen.] Ich mußte doch sehen, wie es wächst und wie es gekocht wird, jenes zaubermächtige Metall, wovon oft der Oheim zu viel und der Neffe zu wenig hat. Ich habe bald bemerkt, daß es leichter ist, die blanken Thaler aus zu geben, als sie aus den Bergen zu hauen, sie zu gießen und zu prägen. Es war mir höchst interessant, die zwei vorzüglichsten Clausthaler Gruben, die Carolina und die Dorothea, zu befahren. *J* 9 ich,] ich D^{3} 11 Freylich] Freilich D^{2-3} 16 Gefühle,] Gefühle D^{3} 23 rastlos] rostlos D^{3} 25 Deinen] Deinigen D^{1-2} Abrahams] Abraham's D^{2-3} 26 Seyn.] Seyn, vielleicht gar zu einem unschuldigen Theelöffelchen, womit einst mein eignes Ur-Urenkelchen sein liebes Breysüppchen zurechtmatscht. D^{1}*; in DH gestrichen.* 30 zwey] zwei *J* 33 gewöhnlich] gewöhnliche D^{3} 38 Kaminfegeloch] Kaminfegerloch *J* 40 festzuhalten] fest zu halten *J*, D^{1} habe] hat *J* bittet,] bittet D^{1-3}

94,2 versteht] weiß *J* 4 Delinquententracht] Delinquenten-Tracht *J*, D^{1} 7 einzige,] einzige *J* 8–10 deren jede *bis* hinabführt.] die auf ein kleines Brett führen, auf dem man sicher stehen kann, und worin wieder ein neues Loch nach einer neuen Leiter hinabführt. *J* deren jede auf ein kleines Brett führt, worauf man stehen kann, und worin wieder ein neues Loch nach einer neuen Leiter leitet. D^{1-2} 12 kothig naß] kothignaß *J*, D^{1} 16 schwindlicht] schwindlich D^{1} schwindlicht *DH* 18 Tagen,] Tagen D^{2-3} 22 Wasser,] Wasser D^{3} 30 Maschinenbewegung] Maschienen-Bewegung *J* Maschinen-Bewegung D^{1} unterirdisches] unterirdische D^{3} Quellengeriesel] Quellen-Geriesel *J*, D^{1} 31–32 Erddünste,] Erddünste *J* 34 glitschrigen] glittschrigen *J* 37 Jahre] Jahr *J*, D^{1} Nordsee] Nord-See *J*, D^{1} 39–40 Trompeterstückchen] Trompeter-Stückchen *J*, D^{1} 40 zwischen drein] zwischendrein *J* Matrosenlärmen] Matrosen-Lärmen *J*, D^{1}

95,1 erschallt,] erschallt *J* 3 Höhe,] Höhe D^{3} 5 Hier] Dort *J* 6 Hier] In dieser Grube *J* schon] auch *J*, D^{1-2} 7 wieder] dort wieder *J* 9 Höhe,] Höhe D^{3} 10 Wiedergruße] Wiedergruß D^{3} 13 Blicken,] Blicken *J* 14 dieser jungen und alten] dieser, theils jungen, theils alten *J*, D^{1} *Text DH* 16 hatten] haben *J* 17–22 Mein Cicerone *bis* gesessen.] Mein Steiger zeigte mir auch jene Stolle, wo der Herzog von Cambridge mit seinem Gefolge gespeist, als er die Grube befuhr. Noch steht dort der lange, hölzerne Tisch, woran er köstlich getafelt, und der große Stuhl von Erz, worauf er gesessen hat. *J* 24 damals statt gefunden,] zur Ehre des Herzogs statt fanden, *J* damals stattgefunden, D^{1} 25 gewesen] war *J* 26 gespielt und gesungen] spielte und sang *J* 26–27 der vergnügte, liebe, dicke Herzog] der liebe, dicke Herzog vergnügt gewesen, und *J* der vergnügte liebe, dicke Herzog D^{1-2} *Text* D^3 27 ausgetrunken] getrunken *J* 28 Bergleute,] Bergleute D^3 28–29 todt schlagen] todtschlagen *J* todschlagen D^1 37 Adressenfloskel] Adressen-Floskel *J*, D^1 38 von dem *bis* dem] vom getreuen Eckart und vom *J*, D^1 von dem getreuen Eckart und dem *DH* 39 lassen] ließ *J* 39–40 ihn alsdann] ihn J

96,1 glaubt,] glaubt: *J*, D^1 2 toll geworden, *bis* Waden.] toll geworden! *J* toll geworden, und schnappe nach Euern geheiligten Waden. $D^{1,3}$ 3 Treue,] Treue *J*, D^1 6 stralt'] strahlt *J* strahlt' D^{1-3} 7 Bergarbeiter] Berg-Arbeiter *J*, D^1 10 Lieblingsinstrumente] Lieblings-Instrumente *J*, D^1 11 gar hübsch begleiten] begleiten *J* 14 mit gebetet] mitgebetet *J* meinte] wünschte *J* 15 bey] bei *J* werden;] werden, »denn ich hätte viel Herz«; *J* 16 für] an *J* 20 Schranke] Kasten *J* 21 Vierteljahrhundert] Viertel-Jahrhundert *J*, D^1 lang] beständig *J* 22–23 und allen] und *J* 23 Schrankes] Kastens *J* Schrank] Kasten *J* 24 eingeflößt. *Absatz*] eingeflößt. – *J* 26 Mährchenfabel] Mährchen-Fabel *J*, D^1 35 Schneiderherberge] Schneider-Herberge *J*, D^1 35–36 Dunkeln;] Dunkeln, *J* 40 demselben] gleichem *J*

97,2 bey] bei *J* 5 Bücherdefinizionen] Bücher-Definitionen *J*, D^1 Bücherdefinitionen D^{2-3} 7 ausgewachsene, vornehme] vornehme *J* 8 auf,] auf *J* 9 Möbeln] Möbel *J* 10 sind,] sind *J* 19 Schrank] Kasten *J* 23–24 Geschichten] Geschichtchen D^{1-2} 25 noch] noch so D^3 25–26 so bald *bis* nächtlichen] sobald vergißt und woran er oft denken wird, wenn er größer geworden und in den nächtigen *J* 28 ist,] ist *J* 29 Schranke] Kasten *J* 33 machen.] machen; er gedachte ebenfalls, den andern Tag, nach Goslar zu reisen. *J* machen; er gedachte ebenfalls den andern Tag nach Goslar zu reisen. D^1, *in DH gestrichen* 34 einschrieb] eiuschrieb D^3 37 angekommen,] angekommen *J* 39 Ranzen] Tornister *J* nochmals erleichtern] erleichtern *J*

98,1 dahin] dorthin *J* 2 soviel] so viel *J*, D^1 erinnern:] erinnern, *J* bergab;] bergab *J*, D^1 4–5 läuteten,] läuteten und *J* 7 ins] in's *J*, D^{1-2} 8 sitzen,] sitzen *J* 9 den Generalbaß] Generalbaß *J* 10 studieren] studiren *J* 17 mehre] mehrere *J* 17–18 herzu eilten] hinzu eilten *J* 19–20 rothblühenden] rothaufblühenden *J* 21–22 auch gleich] auch *J* 22 und ich] ich *J* Prachtsaal;] Prachtsaal, *J* 23 verschleyert,] verschleiert *J* 24 beym] bei'm *J* bey'm D^{1-3} 28–36 wieder Nacht, *bis* erwacht' ich. *Absatz*] wüste, chaotische Nacht. – *J* 32 Peitsche,] Peitsche *J*, D^{2-3} 33 plötzlich,] plötzlich *J*, D^{2-3} 34 Wellen,] Wellen D^3 38–39 gefunden hat] gefunden *J* 39 Schleyer] Schleier *J*, D^1 heraus schneiden] herausschneiden D^3

99,4 Schleyer] Schleier *J* 5 das] welches *J* hineinpaßt] hinein paßt *J* Beide] Beyde D^{1-3} 6 Trompeter] Trompeten D^3 7 gefeyert. *Absatz*] gefeyert. – *J* gefeiert. *Absatz* D^{1-3} 8–9 Liebesträume selten] Träume nie *J* 11 Kaisererinnerungen] Kaiser-Erinnerungen *J*, D^1 12–13 es, wenn *bis* ein Nest] es den weitberühmten Männern, wenn man sie in der Nähe besieht! Ein Nest *J* 16 die Alterthümlichkeiten] das Alterthümliche *J* 17 geben] giebt *J* 23 Bey] bei *J* 24 giebt dann] giebt *J* Ursprunge] Ursprung *J* 27 Geschenke.] Geschenke. Jetzt sind Beide klüger geworden, es heißt Geld für Seele und Seele für Geld, und der Teufel berechnet sogar den Diskonto. *J* 29–30 Das daneben stehende Gildenhaus] Nebenbei steht das Gildenhaus; dieses *J* 31 da] dort *J* 33 Weltkugel;] Weltkugel, *J* 34 Universitätspedelle] Universitäts-Pedelle *J*, D^1 36 seine] seine besondere *J* 37 bey] bei *J* 38 denken. *Absatz*] denken. *J* **100**,2 Berlin] einer Residenz *J* worden. Wir] worden. So wird einst der Wanderer nach Europa kommen und vergebens nach Deutschland fragen. Allerlei Freunde werden es eingesteckt und fortgeschleppt haben, unter hohen Sätteln oder mit Schiffsschnäbeln. Wir *J* worden. So wird *bis* fragen. Unsre lanzenkundigen Freunde *bis* haben, unter ihren hohen Sätteln. Wir D^1, *in DH gestrichen* 3 Zeit:] Zeit; *J*, D^1 4 geworfen. *Absatz*] geworfen! *J* 8 hölzerner] hölzener D^1 Opferaltar] Opfer-Altar *J*, D^1 9 er hat *bis* viereckigen] er sieht aus wie eine länglich viereckige *J* 11 halten,] halten *J* 12 schneiden.] schneiden, ungefähr wie das gelehrte Knackwurstmännlein, das auf der – – – – ger Bibliothek herum buckelt. *J* unerfreulicher] erfreulicher D^3 13 erwähnte,] erwähnte D^{2-3} Crucifix] Cruzifix *J* Christuskopf,] Christuskopf D^{2-3} 14 Gesichte] Gesicht *J* 17 hinein geschnitzelt] hineingeschnitzelt D^3 18 Gotteshaus.] Gotteshaus. Die kunsterfahrene Frau Küsterin, die mich herum führte, zeigte mir noch, als ganz besondere Rarität, ein vieleckiges, wohlgehobeltes, schwarzes, mit weißen Zahlen bedecktes Stück Holz, das ampelartig in der Mitte der Kirche hängt. O, wie glänzend zeigt sich hier der Erfindungsgeist in der protestantischen Kirche! Denn, wer sollte dies denken! die Zahlen auf jenem Stück Holze sind die Psalm-Nummern, die gewöhnlich mit Kreide auf einer schwarzen Tafel verzeichnet werden und auf den ästhetischen Sinn etwas nüchtern wirken, aber jetzt, durch obige Erfindung, sogar zur Zierde der Kirche dienen, und die dort so oft vermißten Raphaelschen Bilder hinlänglich ersetzen!! *J* Gotteshaus. Die *bis* auf besagtem Stück Holze sind die Psalm-Nummern, welche *bis* werden, und *bis* die so oft darin vermißten *bis* ersetzen. Solche Fortschritte freuen mich unendlich, da ich, der ich Protestant und zwar Lutheraner bin, immer tief betrübt worden, wenn katholische Gegner das leere, gottverlassene Ansehen protestantischer Kirchen bespötteln konnten. D^1, *in DH gestrichen* 19 Markte] Markt *J*, D^3 21–22 langweiligen] langen überflüssigen *J* 22 hin gesetzt] gesetzt *J* 23 Reisenden] Fremden *J* 25 *quomodo*] *quo modo* D^3 100,25–101,11 *quando?* Dieser *bis* schaute. Nach] *quando? Absatz* Bei meiner Ankunft in der Stadt hatte ich ein wunderschönes Lockenköpfchen bemerkt, das lächelnd aus einem etwas hohen Parterre-Fenster heraus schaute. Nach *J* 26 der,] der D^3 28 Alles] alles D^1 dreyßigjähriger] dreyzigjähriger D^1 dreysigjähriger *J*, D^{2-3} 29 Abwesenheit,] Abwesenheit D^1 30 denn,] denn D^1 unsere] unsre D^1 35 Aeugelein] Aeuglein D^3 Aber,] Aber D^1 36 Böses] böses D^1 40 Tabak] Tabak, D^1 **101**,1 langen] laugen D^3 4 wissen] wissen, D^1 5 Porzellanfigürchen] Porzelan-Figürchen D^1 10 Parterrefenster] Parterre-Fenster D^1 13 artigen] hübschen *J* 14 Mütze,] Mütze *J* 16 Diebstahle] Diebstahl *J* 17 vorbey] vorbei *J* 19 gewahrte] sah *J* 21 Sommerabendhauch] Sommer-Abendhauch *J*, D^1 23 Thüre] Thür *J* 24 dunkeln] dunklen *J*, D^1 bey] bei *J* 26 freywillig] freiwillig *J*, D^1 31 wodurch] durch welche *J* 32 schnurrbärtige] schnurbärtige *J*, D^1 33 fort] fort, *J*, D^1 35–36 Rammelsberg] Rammesberg D^{1-2} 38 und] uud D^1 40 Wasseraufgießen] Wasser-Aufgießen *J*, D^1

102,1 der] Der D^1 sey] wäre *J* 2 abgepflückt, und,] abgepflückt und *J* 2–3 den großen Schrank] einen großen Kasten *J* 3–35 werde, der *bis* wandre.] werde. Dieser soll am Ende der Welt stehen, wo sie mit Brettern zugenagelt ist. Wie die Sterne so liebevoll schimmerten, erinnerte ich mich auch, daß, als ich noch klein war, man mir sagte: wenn ich mit den Fingern nach den Sternen zeige, könnte ich einem Engel das Auge ausstechen. Als ich größer wurde, sagte man mir: auf den Sternen wohnten die Seelen der Verstorbenen; und dabei hörte ich viel von Unsterblichkeit. Unsterblichkeit! In meiner von mancherlei Gefühlen bestürmten Brust wurde es plötzlich so heiß, daß ich glaubte, die Geographen hätten den Aequator verlegt, und er laufe jetzt gerade durch mein Herz. Und seltsam! obschon dasjenige Stück des Herzens, worin die Liebe saß, längst abgebrannt ist, so war es mir doch, als fühlte ich wieder darin den alten, glühenden Brand, wie man oft in einem Gliede, das längst amputirt worden ist, zu gewissen Zeiten noch immer Schmerzen zu verspüren glaubt. *J* 5 begrenzt] begränzt D^1 15 Unsterblichkeitsgedanken] Unsterblichkeits-Gedanken D^1 19 gerade] grade D^1 32 und] uud D^3 34 schmaragdenen] schmaragdnen D^1 35 wandre.] *Danach in J und* D^1 *Bruchstück* <2. Bouterwek>; *in DH gestrichen; vgl. 227,12–33.* 38 von Natur nicht] nicht von Natur *J* ängstlich, aber] ängstlich, und Gott weiß, daß ich niemals eine sonderliche Beängstigung empfunden habe, wenn z. B. eine blanke Klinge mit meiner Nase Bekanntschaft zu machen versuchte, oder wenn ich mich etwa des Nachts in einem verrufenen Walde verirrte, oder wenn mich im Conzert ein gähnender Lieutnant zu verschlingen drohte – aber *J* ängstlich, *bis* sonderliche Beklemmung empfunden *bis* mich des Nachts *bis* drohte – aber D^1, *in DH gestrichen.* 39 der Oestreichische Beobachter] mancher politische Beobachter und Wortführer *J* Furcht?] Furcht! D^3

103,1 Saul Ascher] S. A.... *J* 2 *Café-Royal*] *Caffé royal J Café royal* D^{1-3} 7 nach] oft nach *J* 10 Saul Ascher] S. A.... *J* 12 Gesichte] Gesicht *J* 14 Linie.] Linie, und bildete dadurch einen Gegensatz zu mir, der ich damals nur in der Hogarthschen Wellenlinie lebte. *J*, D^1, *in DH gestrichen.* 14 seinem] einem D^1 Positiven] Positiven, D^1 17 kalte,] kalte *J* von] vom *J*, D^1 18 specielle] spezielle *J*, D^1 Malice] Malize *J* 20 bewies] beweisen wollte *J* 21 geschrieben] geschieben D^1 21–22 Vortrefflichkeit] Vortreflichkeit *J* 22 wobey] wobei *J* 26 den] diesen *J* 27 Vernunftdoctor] Vernunft-Doctor *J*, D^1 bey] bei *J* 29 Bedienter] Diener *J* 30 dabey] dabei *J* 31 ausgezogen. *Absatz*] ausgezogen. – *J* ausgezogen. – *Absatz* D^1 ausgezogen. *Absatz DH* 39 während des Lesens] bei dem Lesen *J* 40 Gespenstererzählungen] Gespenster-Erzählungen *J*, D^1

104,3 auf] anf D^3 6 allerley] allerlei *J* Bett] Bette *J*, D^1 7 ich –] ich –. *J* 8 bey] bei *J* 9 eigene] eigne D^1 Augenblicke] Augenblick *J*, D^1 12 zwölf] vier und zwanzig *J*, D^1 zwölf *DH* 13 anfangen,] anfangen D^1 20 Thür] Thüre D^1 Saul Ascher] S. A.... *J* 22 ich,] ich D^{1-3} anzusehen] an zu sehen *J* 24 Beine,] Beine *J* Gesicht;] Gesicht: D^3 dieses] dieses jetzt *J*, D^1 27 größern] größeren *J*, D^1 28 näherte er sich mir,] näherte sich mir der spukende Doctor, *J* 35 Vernunft –«] Vernunft« *J*, D^1 36–37 »Kritik *bis* 3. Hauptstück] »Kritik der reinen Vernunft« 2ten Theil, 1ster Abschnitt, 2tes Buch, 3tes Hauptstück *J*, D^1 39 andern,] andern *J* 40 Gespenster] Geister *J*, D^1 Gespenster *DH*

105,2 Kastagnetten] Kastanietten *J*, D^1 Kastagnietten *DH* Kastagnetten D^2 5 einmal] zuweilen *J* 6 und,] und *J* 7 wieder] sie wieder *J* 8 höchste –»] höchste –« – *J* die Glocke Eins] es ein Uhr *J* 10–11 Gerathewohl] Geradewohl *J* 11–12 aufzusuchen] auf zu suchen *J* 13 betrachtete,] betrachtete D^{1-3} 18 herabhängenden] herab hängenden *J* 23 giebt] gibt D^{2-3} 24 gern,] gern *J* 29 Leute,] Leute D^3 32 habe] wenn *J* erfunden] erfunden habe *J* 33 Spukgeschichten] Spuckgeschichten D^3 35 Spuk] Spuck D^3 sondern] sondern, D^{1-3} 36 Wilddieb] Wildieb D^3 37 Sau),] Sau) *J* 105,39–106,1 krank, *bis* dann] krank, und wenn es mal der Fall, so *J*

106,4 Recht,] Recht D^3 hinzu,] hinzu: *J*, D^1 5 Fleischsuppen] Fleischsuppe D^3 6 den] dem *J*, D^1 8 entzückt,] entzückt D^1 9–10 sein *bis* freudiger] sein freudiges Antlitz glänzte *J* 10 bey] bei *J* Abschiede] Abschied *J* gerührt. *Absatz*] gerührt. *J* 12 war,] war D^1 14 besser:] besser; *J*, D^{1-2} 17 Werk] Werk, D^3 Und in] In *J* 20–21 übernachtete *bis* folgendes] und erlebte dort folgendes *J* 24 I.] I *J* 38 zwey] zwei *J*

107,19 schön.] schön.« D^{2-3} 21 »Hier] Hier *J* 24 Schnee.] Schnee.« D^{2-3} 26 »Und] Und *J* 32 eignen] eig'nen *J*, D^1 33 beiden] beyden D^{1-3}

108,4 bey] bei *J* 11 gelbe] stille *J* 16 Beide] Beyde D^{1-3} 22 her.] her.« D^{2-3} 24 »Jenes] Jenes *J* 27 Stral.] Strahl.« D^2 Strahl. *J*, D^{1-3} 29 »Auch] Auch *J* 32 Geist?«] Geist?« – *J*, D^1

109,1 Sternen] Sternen, D^{1-3} 5 vielmehr] viel mehr *J*, D^1 6 begriff,] begriff *J* 17 Glaub] Glaub' *J*, D^1 20 noch;] noch, *J* 32 angegrinst.] angegrinzt. *J*, D^1 angegrinst. *DH* 34 Ritter,] Ritter D^3 wohl gewappnet] wohlgewappnet *J*, D^1 40 weh'n;] weh'n! *J*, D^{1-2}

110,4 schau] schau' D^1 19 glüht die Purpurrose,] glüh'n die Purpurröslein, *J* glühn die Purpurröslein, D^1 glüht die Purpurrose, *DH* 22 »Kleines] Kleines *J* 27 Sahne] Sahne, *J* 28 Milch,] Milch *J* 32 »Und] Und *J* 33 schleicht, bey] schleicht bei *J* Sturm,] Sturm *J* 37 »Dort] Dort *J* 40 Fackeltanz.] Fackeltanz.« D^2

111,1 »Da] Da *J* 3 blieben] bleiben D^3 4 drinn.] d'rin. D^{1-3} 6 »Doch] Doch *J* 9 Ort;] Ort;« D^2 11 »So] So *J* 14 Knappentroß;] Knappentroß;« D^2 16 »Und] Und *J* 24 Sternenschein.] Sternenschein, D^3 33 ist] ist, *J* hätt'] hätt D^3 34 früher mahl] früherhin *J* früher mal D^{1-3} 37 Zitter,] Zitter D^{2-3}

112,3–5 Ey, was gilts, *bis* dämmert] Staunen würdest du, mein Kindchen, </> Spräch' ich aus das rechte Wort. </> Sprech' ich jenes Wort, so dämmert *J*, D^{1-2} 14 Blumenwald;] Blumenwald. *J* 23 kristall'ne] crystall'ne *J* krystall'ne D^{1-3} 26 Sterne,] Sterne D^{3} 37 Unsre] Diese *J*, D^{1-2} 39 Ritter,] Ritter D^{3}

113,1 erworben] erworben D^{2-3} 2 Alles,] Alles D^{3} 4–6 Herrlichkeit! *Absatz* Die] Herrlichkeit! *Absatz* II. *Absatz* Die *J* 6 beym] bei'm *J* bey'm D^{1-3} 7 Hahnenschrey] Hahnenschrei *J* 9 offenbar;] offenbar: *J*, D^{1} 10 Dichtermensch] Dichtermensch, wie ich bin, *J* wiedererzählen] wieder erzählen D^{2-3} 12 gesehen;] gesehen, D^{2-3} 14 Thals.] Thals, D^{3} Liebe *bis* Wangen,] Liebe strömte aus meinem Herzen, *J* 18 verlornen] verlorenen *J* 19 seyen] sind *J* 26 *Déjeûner dinatoire*] *Dejeuner dinatoire J*, D^{1} *Dejeneur dinatoire* D^{2-3} 27 Krumen,] Krumen, und *J* 29 Glöckchen] Glöcklein *J* 32 besingen.] besingen: *J*

114,22 bey] bei *J*, D^{3} wär'!«] wär'! *J*, D^{1} 24 »In] In *J* 30 hinauf] hinab *J* 31 Hinsicht] Rücksicht *J* 33–34 mit vielen *bis* übersäet] mit ungeheuern Steinen und Granitblöcken besäet *J* 35 umranken] umranken, *J* 37 über einander,] über einander *J*

115,2–3 bequemen] bequemeren *J* 3 zahmen] zahmeren *J* Forstboden des flachen Landes] Forstboden dortunten *J* 11 Genovefa. *Absatz*] Genovefa. *J* 18 bespült] bespühlt *J* 25 Mädchenzungen] Mädchen-Zungen *J*, D^{1} Mädchenaugen] Mädchen-Augen *J*, D^{1} 26 stecken] steckten *J*, D^{1-3} 28–29 grüne Mährchen] Mährchen *J* 29 verzaubert,] verzaubert; *J* 33 sie scheinen] scheinen *J* 34 Rothbeersträuche] Rothbeer-Sträuche *J*, D^{1} 38 Walpurgisnacht] Walpurgis-Nacht *J*, D^{1}

116,2 Dichter,] Dichter D^{3} 4 vorbey] vorbei *J*, D^{3} bemerkte sogar, wie einige] erkannte sogar einige *J* Damen] Damen, die *J* 5 Theegesellschaft] Thee-Gesellschaft *J*, D^{1} hielten, sich gemüthlich die] hielten und sich die *J* 6 vorlasen,] vorlasen, und *J* 7 Universalgenies] Universal-Genies *J*, D^{1} 12 vorüber. *Absatz*] vorüber. – *J* 13 besteigt] ersteigt *J* 14 Blocksbergsgeschichten] Blocksberg-Geschichten *J*, D^{1} 15–16 Nazionaltragödie] National-Tragödie *J*, D^{1} Nationaltragödie D^{2-3} 16 Doctor] Docter D^{1} 18 Und ich] Und wirklich, ich *J* 23 Retz-de-Chaussee] Parterre *J*, D^{1-2} besteht,] besteht D^{3} 26 Winter:] Winter; *J* 28 bey] bei *J*, D^{1} zwey] zwei *J*, D^{1} 29 frühern] früheren D^{3} 30 bey] bei *J*, D^{1} 33 blieben] bleiben *J* 35 welcher] der *J* 38 Manne] Manue D^{3} 40 genug] genug, *J*, D^{2-3} 116,40–117,1 einzusehen] ein zu sehen *J*

117,4 Oberrock] Oberrocke *J* 4–5 hatte. *Absatz* In] hatte. In *J*, D^{1} hatte. *Absatzzeichen*[1] In *DH* 6 verschiedenen] vielen *J* 8–9 erhalten *bis* Hausmädchen:] die Hausmädchen bringen Brockensträuße; *J* erhalten Brocken-

---

[1] *am unteren Seitenrand Absatzzeichen wiederholt; daneben* (1) bedeutet (a) den Ab (b) eine neue Zeile. *DH*

sträuße von den Hausmädchen; D^1 12 etwas angesoffen] angetrunken *J* 14 ziemlich] etwas *J*, D^1 ziemlich *DH* 14–15 bestieg *bis* daselbst] stieg ich zur Thurmwarte hinauf, und fand dort *J* 15 zwey] zwei *J* 15–16 Damen *bis* schön.] Damen, wovon die Eine ältlich, die andere jung und schön. *J* 19 edlen] edeln *J* 22–25 war, dachte *bis* Wassernixe.] war, habe ich jede schöne Dame, die Straußfedern auf dem Kopfe trug, für eine Elfen-Königin gehalten, und jede schöne Dame, bei der ich bemerkte, daß die Schleppe ihres Kleides naß war, hielt ich für eine Wasser-Nixe. *J* war, dachte ich an nichts als an Zauber- und Wundergeschichten, und jede schöne Dame, die Straußfedern auf dem Kopfe trug, hielt ich für eine Elfen-Königin, und jede schöne Dame, bey der ich bemerkte, daß die Schleppe ihres Kleides naß war, hielt ich für eine Wasser-Nixe. D^1 war, dachte ich an nichts als an Zauber- und Wundergeschichten, und jede schöne Dame, die Straußfedern auf dem Kopfe trug, hielt ich für eine Elfen-Königin, und bemerkte ich gar, daß die Schleppe ihres Kleides naß war, so hielt ich sie für eine Wasser-Nixe. *DH Text* D^2 28 eines] eiues D^3 Weise] Weiße D^2 29 Knabenaugen] Knaben-Augen *J*, D^1 31 das] es *J* 33 beym] bei'm *J* bey'm D^{1-3} 34 Geistes] Geiste D^2

118,1 Riesenpanorama] Riesen-Panorama *J*, D^1 3 ringsum] ringsrum D^1 5 eigentlich] eigentliche, *J* 6 denn immer] immer *J*, D^1 denn immer *DH* 11 Riesenaugen] Riesen-Augen *J*, D^1 13 wollen zwar] wollen *J* 15 das] dieses *J* 17 bey] bei *J* 20 z. B.] zum Beispiel *J*, D^1 Maynacht] Mai-Nacht *J*, D^1 Mainacht D^{2-3} 23 verflechten:] verflechten; *J*, D^1 27 die genau weiß,] die darin besteht, daß man genau weiß, *J* die uns genau sagt, D^1 die genau weiß, *DH* 29 bey] bei *J*, D^{2-3} 33 zeigte] eigte D^2 34–35 Dozentenmiene] Dozenten-Miene *J*, D^1 37 Gesicht] Gesichte D^3 38 Partien] Partieen *J*, D^1 39 entzücken,] entzücken *J* 118,40–119,1 lächeln. *Absatz* In] lächeln. Die Dame war noch unverheirathet, obgleich schon in jener Vollblüthe, die zum Ehestand hinlänglich berechtigt. Aber es ist ja eine tägliche Erscheinung, daß es just bei den schönsten Mädchen so schwer hält, daß sie einen Mann bekommen. Dies war schon im Alterthum der Fall, und, wie bekannt ist, die Grazien sind sitzen geblieben. In *J* lächeln. *bis* Erscheinung, just bey den schönsten Mädchen hält es so schwer *bis* ist, alle drey Grazien sind sitzen geblieben. *Absatz* In; *in DH gestrichen.*

119,2 Es war eine] Eine *J* 4 Libellenaugen] Libellen-Augen *J*, D^1 7 Thone] Tone *J*, D^1 bestehen] bestehn D^1 11 nur] uur D^3 Freundliches] freundliches D^3 12–13 hat. *Absatz*] hat. *J* 14–15 krankhaft schwärmerischen] krankhaft-schwärmerischen *J*, D^1 19 Kirchenvatertextes,] Kirchenvater-Textes, *J*, D^1 Kirchenvatertextes D^3 20 Liebesdichters] Liebes-Dichters *J*, D^1 20 Beide] Beyde D^{1-3} 21 dieses Jahr] in diesem Jahr *J* allerley] allerlei *J* 22–23 Raphaelschen] Raphael'schen D^{2-3} 24–25 Fenice. *Absatz* Derweilen] Fenice. Beide waren entzückt von der Kunst der Improvisatoren. Nürnberg war der Damen Vaterstadt; doch von dessen alterthümlichen Herrlichkeiten wußten sie mir wenig zu sagen. Die holdselige Kunst des

Meistergesangs, wovon uns der gute Wagenseil die letzten Klänge erhalten, ist erloschen, und die Bürgerinnen Nürnbergs erbauen sich an welschem Stegreif-Unsinn und Kapaunen-Gesang. O Sanct Sebaldus, was bist du jetzt für ein armer Patron! *Absatz* Während *J* Fenice. Beyde waren *bis* ein armer Patron! *Absatz* Derweilen D^1; *in DH gestrichen.* 25 dämmern:] dämmern; *J*, D^1 28 Ehefrauen] Frauen *J*, D^1 Ehefrauen *DH* alle] Alle *J*, D^1 28–29 Sonnenuntergang] Sonnen-Untergang *J*, D^1 36 daß] wie *J* 37–38 schön!« *Absatz*] schön!« *J*, D^{1-2} 40 Werkeltagsstimmung] Werkeltags-Stimmung *J*, D^1

120,1 Sonnenuntergang] Sonnen-Untergang *J*, D^1 1–2 sie ruhig, als *bis* nach] sie, als wäre nichts passirt, ruhig nach *J* 3–4 unterhalten. Wie die Erde selbst drehte *bis* Die Mutter] unterhalten. Die Mutter *J* 5 glühende] rothglühende *J*, D^{1-2} 7 Brautschleyer] Brautschleier *J*, D^1 6–20 lächelte. *Absatz bis* Nach] lächelte. Letztere erwies mir viele Aufmerksamkeiten, mit den Augen wechselten wir einige Noten, doch unsere respektiven Herzen gaben keine ausgedehnte Vollmacht, die Unterhaltungen wurden abgebrochen und beiderseitig die schönste Gute-Nacht zugewünscht. – Nach *J* lächelte und meinte, der öftere Anblick solcher Naturerscheinungen schwäche ihren Eindruck. Die Mutter berichtigte diese falsche Meinung durch eine Stelle aus Göthes Reisebriefen, und die Rede kam auf Göthes Werke. Keiner meiner ästhetischen Collegen würde sich hier die Gelegenheit rauben lassen, über letztere ein lang und breites Gespräch einzuflechten. Aber ich schreibe nicht gerne was unwahr ist, und wir haben wirklich nicht lange über Göthe gesprochen, indem ich, aus Furcht, daß ich mich, wie ein deutscher Literatus, am Lieblingsthema festschwatzen möchte, das Gespräch auf andre Gegenstände leitete, und so kamen wir auf römische Vasen, Angorakatzen, Lord Byron, Makaroni, türkische Shawls u.s.w. Die ältere Dame lispelte sehr hübsch einige Sonnenuntergangsstellen aus Byrons Gedichten. Der jüngern *bis* eifern. *Absatz* Nach D^1 lächelte. *bis* Reisebriefen, und frug mich ob ich den Werther gelesen? Ich glaube wir sprachen auch von Angorakatzen, etruskischen Vasen, türkischen Shawls, Makaroni und Lord Byron, aus dessen Gedichten die ältere Dame einige Sonnenuntergangsstellen, recht hübsch lispelnd und seufzend, rezitirte. [Die jüngere] Der jüngern Dame, *bis* Nach *DH* 10 mich] mich, D^{2-3} 20 Geschäfte] Geschäft *J* noch] noch etwas *J* 21 stark] zu stark *J* 22 beiden] beyden D^{1-3} Hexenaltar] Hexen-Altar *J*, D^1 23 Teufelskanzel] Teufels-Kanzel *J*, D^1 Pistolen] Pistole D^3 26 verlassen hatten] verlassen *J* 28–29 Erinnern, *bis* Wiedersehen!] Erinnern, und im Geiste waren wir wieder in unserem gelehrten Sibirien, wo die Cultur so groß ist, daß die Bären in den Wirthshäusern angebunden werden, und die Zobel dem Jäger guten Abend wünschen. *J*, D^{1-2} 31 zwey] zwei *J* Anfange] Anfang *J*, D^1 32 Universitätsgespräch] Universitäts-Gespräch *J*, D^1 Duelle. *Absatz*] Duelle. *J*, D^{1-2} 34 der Unterhaltung] des Gesprächs *J*, D^1 der Unterhaltung. *DH* 35 des Hofraths] von Hofrath *J* 36 bey] bei *J* 36–37 gewesen sey] gewesen *J* 37–39 erwählt, *bis* und daß das] erwählt, und daß das *J* 39–40 vorschriftmäßig] vorschriftsmäßig *J*

121,1 Hallesche] Halle'sche D^2 zwey] zwei *J* zwey] zwei *J* 3 Privatdozenten] Privat-Dozenten *J*, D^1 5 Zwecke] Zweck D^1 6 Anschlagzettel] Anschlag-Zettel *J*, D^1 6–7 Tsching-Tschang-Tschung] Tsching-Tsching-Tschung *J*, D^1 Tsching-Tschang-Tschung *DH* 7 begutachteten] begutachten *J* 8 wurden] werden *J* 9–10 bestanden] bestehen *J* 10 wurde] wird *J* 11 Fütterungsstunde] Fütterungstunden *J*, D^1 13 pflegten. *Absatz*] pflegen. – *J* pflegten. – D^1 pflegten. *Absatzzeichen DH* 14 Burschenschafter] Sachse *J* kürzlich zur Purifikazion] kürzlich *J* 16 beide] beyde D^{1-2} 121,17–122,3 Wort u.s.w.« *bis* Janitscharenoper] Wort, und so weiter.« Er hatte nicht bemerkt, daß die Berliner Theater-Repertoire, wodurch die Bühne zur Gesindestube der Musen gemacht wird, wahrhafte Meisterstücke der Ironie sind, und den Namen ihres hochgebornen Verfassers auf die Nachwelt bringen werden. Der junge Mensch begriff auch nicht, daß die Spontinische Janitscharen-Oper *J* Wort u.s.w.« *bis* verschreiben braucht; in der »Macht der Verhältnisse« soll ein wirklicher Schriftsteller, der schon mahl ein paar Maulschellen bekommen, die Rolle des Helden spielen; in der Ahnfrau soll der Künstler, der den Jaromir giebt, schon wirklich einmal geraubt, aber doch wenigstens gestohlen haben; die Lady Macbeth soll von einer Dame gespielt werden, die zwar, wie es Tiek verlangt, von Natur sehr liebevoll ist, aber doch mit dem blutigen Anblick eines meuchelmörderischen Abstechens einigermaßen vertraut ist; und endlich, zur Darstellung gar besonders seichter, witzloser, pöbelhafter Gesellen soll der große Angeli engagirt werden, der große Angeli, der seine Geistesgenossen jedesmal entzückt, wenn er sich erhebt in seiner wahren Größe, hoch, hoch, »jeder Zoll ein Lump!« – Hatte nun *bis* Janitscharen-Oper D^1; *Text aus* D^1 *nach* braucht *bis* Lump! *in DH gestrichen. Text* D^{2-3} 17–18 Garderobeaufwand] Garderobe-Aufwand D^1 18 Schauspielerinnenskandal] Schauspielerinnen-Skandal D^1 20 Redensart,] Redensart D^1 duhn«,] duhn« D^1 23 die »Farbe] »die Farbe D^1 26 mahl] mal D^3 29 mahl] mal D^3 30 IV.] IV D^1 33 Generalintendanz] General-Intendanz D^1

122,3 Spontinische] Spontini'sche D^{1-3} 4 Elephanten, Trompeten und Tamtams,] Elephanten und Trompeten, *J* 5–6 schon Plato und Cicero] schon der verstorbene Philosoph Plato und der bekannte Cicero *J* 7 diplomatische Bedeutung] Bedeutung *J* 8 zeigte ich ihm] machte ich ihm begreiflich *J* Hoguets] Hoguet's *J* sitzt] sitzt, *J* 9 Buchholz] Bucholz D^1 Tanztouren] Tänze *J* 10 wie jede] jede *J* 11 habe] hat *J* unser Kabinet meint] etwas meint *J* unser Kabinet meynt D^1 12 weitausgreift] weit ausgreift *J* den Bundestag meint] etwas Anderes meint *J* den – – – meynt D^1 den Bundestag meynt *DH Text* D^{2-3} 13 herumdreht,] herum dreht, *J* herumdreht D^1 14 die kleinen Fürsten im Sinne hat] gewisse Kleine meint *J* die kleinen Fürsten meynt D^1 die kleinen Fürsten im Sinne hat *DH* wenn er] wenn er, *J* 15 Beinen] Beinen, *J* herumtrippelt] herum trippelt *J* 15–16 Europäische Gleichgewicht]

Gleichgewicht *J* 16 herschwankt] her schwankt *J* 17 einen Congreß] eine Zusammenkunft *J* knäuelartig] knäulartig *J*, D^1 18 verschlingt] schlingt *J* endlich,] endlich *J* 18–19 unsern allzugroßen Freund im Osten] ein großes Reich *J* 19 er] er, *J* in allmähliger Entfaltung] sich allmählig entfaltend, *J* in allmähliger Entfaltuug D^1 20 ruht,] ruht *J* 22 jetzt merkte er] er ahnte jetzt *J* Tänzer] Tänzer in jeder Hinsicht *J* werden] werden, *J*, D^{2-3} 23 beym diplomatischen Corps] bei Vielen *J* bey'm diplomatischen Corps D^{2-3} 24 oft eine] manche *J* 25–27 privatim *bis* machen.] privatim unterhalten wird *J* 27 Beym] Bei'm J Bey'm D^{1-3} Zahl] Zahl, D^{2-3} 27 der] des *J* 28 exoterischen,] exoterischen D^1 der esoterischen Theaterbesucher] des esoterischen Publikums *J* 29–33 blöde Volk *bis* vor Augen hat.] Volk und gafft, und bewundert die Entrechats, und studirt Anatomie an den Bewegungen einer Tänzerin und schwatzt von Grazie, Harmonie und dergleichen, und Keiner merkt, daß er so Wichtiges vor Augen hat. *J* 34 solcherley] solcherlei *J* 35 aus den Augen,] außer Augen, *J* aus den Augen D^3 122,39–123,1 Deutschen *bis* seyen.] Deutschen mit der wahren Freiheit auch die wahre Genügsamkeit nicht kennen. *J*

123,2 Fürstenknechte] Unterthänigen *J* Leckerkramverfertiger] Leckerkram-Verfertiger *J*, D^1 5 vorkommen] vorkommen, *J*, D^1 6–7 abschießen, alle *bis* setzen, und dennoch] abschießen, und doch *J* 7 sind. *Absatz*] sind. *J* 10 jene] dessen *J* 12 sey,] sey und *J* Brust,] Brust *J* 13 Schweizer] Schweitzer D^3 13–14 »Nu! Nu!«] Nu! Nu! *J* 14 Doch,] Doch *J* 16 die Läuse] gewisse Thierchen *J* verhungern] hungern D^1 verhungern *DH* 20 Blüchers] Blücher's D^{2-3} 21 beym] beim *J* bey'm D^{2-3} Abendessen,] Abendessen *J* 23 Meinung] Meynung D^1 28 Nazionalheldengedicht] National-Heldengedichte *J*, D^1 Nationalheldengedicht D^{2-3} 29 Hermannsschlacht] Hermannschlacht *J* 32 wäßrige] wässrige D^{2-3} 37 unserem] unsrem *J* 38 Punschbowlen] Punsch-Bowlen *J*, D^1 40 W. Müller, Rückert, Uhland] Uhland, W. Müller, Rückert *J* Methfesselsche] Methfessel'sche D^{2-3}

124,1 Melodien] Melodieen *J* unseres] unsers *J* 9 »Meine] Meine *J* 15 Fliegen –«] Fliegen –.« *J* 17 hatte,] hatte *J* 19 Theaterbüffet] Theater-Büffet *J*, D^1 20–23 Schwerin! *bis* an meine] Schwerin! Plötzlich begeistert warf sich der Greifswalder an meine *J* 22 Wein über die Backen] Wein, über die Backen, D^1 ins] in's D^{2-3} 25 und,] und *J* verdamm'] verdamme *J* 26 denn sie hat volle Brüste, und trägt] sie hat eine volle Brust, trägt *J* 28 »O Bäbeli! O Bäbeli!«] »O Bäbeli! o Bäbeli!« *J* 30 zwey] zwei *J* 36 Schaale] Schale D^3

125,1 Halleschen] Halle'schen D^{2-3} 6 Erzählung,] Erzählung *J* beide] beyde D^{1-3} 12 traurig!« *Absatz*] traurig!« *J* 13 beiden] beyden D^{1-3} 19 Erste,] Erste; *J* 32 Bey] Bei *J* 33 Anblick] Anblick, o Mond, *J* 35 Beschämt,] Beschämt D^3 ab] fort *J* 37 Pfade] Pfad *J*

126,6–7 Winde, *bis* und die] Winde, daß sie herab zu schauen vermag, die Erzeugte der Nacht, und die *J* 9–30 Ein wohlbekannter *bis* eingeschmissen habe.] *nicht in J* 16 beiden] beyden D^{1-2} 32 Bouteillenzahl] Bouteillen-

Zahl *J*, D^1 33 im] zu *J* 34–35 Gesundheitsflanell] Gesundheits-Flannell *J* Gesundheits-Flanell D^1 36 anzuknüpfen] an zu knüpfen *J* 37 alles] Alles D^{2-3} 38 und] auch *J* Prozent] Procent D^3 39 verkaufen. Es] verkaufen, und er schloß mit der Bemerkung: »Die Empfindung ist doch das schönste Gefühl.« Es *J* ihn] den jungen Mann *J*

127,2 möchte] würde *J* 5 Nachtwandlerzustande] Nachtwandler-Zustande *J*, D^1 7 Phantasiegebilde] Phantasie-Gebilde *J*, D^1 Clavierauszug] Clavier-Auszug *J*, D^1 11 Serv. Asinius Göschenus als Prätor] der Prätor *J* 12 stolze] stolzen *J* 13–14 Marcus Tullius *bis* liebeschmelzende] Pr. N. als Legator sang die schmelzende *J* 15 Bravourarie] Bravour-Arie *J*, D^1 *romanus*,] *romanus; J* 16 Privatdozenten,] Privat-Dozenten *J* Privat-Dozenten, D^1 17 Genien in fleischfarbigen Trikot] Genien (der Accent liegt nicht auf dem J) *J* 18 Ballet] Ballet, *J* 20 Gesetzgebung, hierauf Posaunen] Gesetzgebung, Posaunen *J*, D^1 *Text DH* 23 weckte, *bis* anzusehen.] weckte, damit ich den Sonnen-Aufgang sehen könne. *J* weckte, um den Sonnen-Aufgang anzusehen. D^1 25 herauf. Endlich] herauf; endlich *J* herauf: endlich D^{1-2} 26 versammelt,] versammelt *J* 27 wir,] wir: *J*, D^{1-2} 31 glaubte,] glaubt *J* 32 hervortritt] hervor tritt *J*

128,2 Windes] Windes, *J*, D^1 9 Munds] Mund's D^{1-3} 12 Liljenohren] Liljen-Ohren *J*, D^1 17–18 und nachdem *bis* eilte] und nach einigen Höflichkeiten, die ich meinen Damen sagen mußte, eilte *J* 18 Kaffee] Caffee *J* 19–20 Goslarschen Stephanskirche] Goslarschen Stephans-Kirche *J*, D^1 Goslar'schen Stephanskirche D^{2-3} 22 Bulbullieder] Bulbul-Lieder *J*, D^1 23 Brokkenhausmädchen] Brockenhaus-Mädchen *J*, D^1 Congrevischen] Congrevschen *J*, D^1 24 Philisternasen] Philister-Nasen *J*, D^1 u.s.w. *Absatz*] u.s.w. *J* 28 derselben] dieser *J* 30–31 Philistertroß] Philister-Troß *J*, D^1 31 bey] bei *J* 33 Pallagonia,] Pallagonia *J*, D^1 große Abgeschmacktheiten,] großen Abgeschmacktheiten *J* große Abgeschmacktheiten D^1 große Abgeschmacktheit, D^3 34 Acciseeinnehmer] Accise-Einnehmer *J*, D^1 35 Comptoirjünglinge] Comptoir-Jünglinge *J*, D^1 36 Seelenergüssen] Seelen-Ergüssen *J*, D^1 Revoluzionsdilettanten] Revolutions-Dilettanten *J*, D^1 Revolutionsdilettanten D^{2-3} 37 Turngemeinplätzen] Turn-Gemein-Plätzen D^1 38 Entzükkungsphrasen] Entzückungs-Phrasen *J*, D^1 39 Sonnenaufgangs] Sonnen-Aufgangs *J*, D^1

129,4–6 wird. *bis* Während] wird. Eine Carolina schreibt: daß sie bei dem Ersteigen des Berges nasse Füße bekommen. Eine naive Hannchen hat diese Klage im Sinn, und schreibt lakonisch: auch ich bin bei der Geschichte naß geworden. Während *J* wird. Eine Carolina schreibt: daß sie bey dem Ersteigen des Berges nasse Füße bekommen. Ein naives Hannchen hat diese Klage im Sinn, und schreibt lakonisch: auch ich bin bey der Geschichte naß geworden. *Absatz* Das ganze Buch riecht nach Käse, Bier und Tabak; man glaubt einen Roman von Clauren zu lesen. *Absatz* Während D^1; Eine Carolina *bis* naß geworden. *In DH gestrichen.* 6 Kaffee] Caffee *J* 7 herein,] herein *J*

10 gekämpft] kämpfte *J* 11 ausgesehen habe] aussah *J* 14 wildesten] wilden *J* 16 zerrinnt,] zerrinnt *J* 17 Naturerscheinung] Natur-Erscheinung *J*,D^{1} und ich kann] und kann *J* 19 Kaffees] Caffee's *J* Kaffee's D^{1-3} 21 Begriff,] Begriff D^{1-3} 22 Zeit,] Zeit D^{3} und] uud D^{1} 23 gekommen;] gekommen! D^{3} 33 gehört] gehöre *J* Classe. *Absatz*] Classe. *J* 35 Blumen *bis* getheilt hat,] Blumen in Casten getheilt hat, eben so wie uns, *J* 36 Aeußerlichkeiten, *bis* Soll] Aeußerlichkeiten. Soll *J* Aeußerlichkeiten, nemlich nach Staubfaden-Verschiedenheit. Soll D^{1} 37 statt finden] gelten *J* stattfinden D^{1} Vorschlage] Vorschlag *J* 38 der] welcher *J* 40 eigenes] eignes D^{1}

130,2–3 kann. *Absatz* Jedoch,] kann. Indessen, *J* 3 ältern] älteren *J* 12 Voltaireschen] Voltaire'sche D^{2-3} 13 ein] so ein *J* paar] Paar *J*, D^{1} 14 können!] können? D^{1} 17 hinunter. *Absatz*] hinunter. – *J* 18 Ranzen] Tornister *J* 22 Mützen] Mütze *J* 24 Einen] einen D^{3} wobey] wobei *J* 24–25 Greifswalder] Greifswalder waren *J* 26 wobey] wobei *J* 27 zogen] zog D^{3} 29 Hallesche] Halle'sche D^{2-3} 36 bey] bei *J*

131,1 Quellen] Quellen, *J* 2 wechselseitig. *Absatz*] wechselseitig. – *J* 5 und schien] schien *J* 6 hervorgesprungenen] Hervorgesprungenen *J* 15 beiden] beyden D^{1-3} 16 zu] an *J* 19 »Unterharze«] Unterharze *J* 21 »Oberharz«] Oberharz *J* 22 Nadelhölzer. *Absatz*] Nadelhölzer. *J* 23 Naivität] Naivetät *J*, D^{2-3} 26 allerley] allerlei *J* 32–33 dabey gleich] gleich *J*, D^{1} *Text DH* 37 Soll] muß *J*, D^{1} Soll *DH* Vögelein] Vöglein *J* 38 Beyfall] Beifall *J*, D^{3} 39 lieb'] lieb *J*, D^{1}

132,11 Well'] Well *J* 22 Kaiser] Kayser D^{1-3} 28 Herze bebt.] *Danach in J:* Und bebt mein Herz dort unten, </> Braust oben der Wasserfall, </> Die Eichen und Buchen schauern, </> Es trillert die Nachtigall. 30–32 Komm in *bis* Da tanzen] Komm in mein Schloß herunter, </> In mein kristallenes Schloß, </> Da tanzen D^{3} 31 kristallenes] crystallenes *J* krystallenes D^{1-2} 38 fideln] fiedeln *J*, D^{1}

133,2 Kaiser] Kayser D^{1-3} 6 Unendlich] Unbeschreibbar *J* 7 zusammenrinnt] zusammen rinnt *J* 7–8 Vögelgesang] Vogelgesang *J*, D^{1} 15 Witz,] Witz *J* 18 verlassen,] verließen, *J* verlassen D^{3} 21 Voraus] voraus D^{1} 25 frey,] frei *J*, D^{1} hier schaut man] man schaut *J* 28 da] dort *J* Menschenfüße. *Absatz*] Menschenfüße. *J* 31 Gottschalck] Gottschalk *J*, D^{1-3} 31–32 hier habe ein] daß hier ein *J* 34 und wer so glücklich ist,] wer so glücklich sey, *J* 35–36 belohnt!«] belohnt.« *J* 36 Fräuleins Ilse] Fräulein Ilse *J* 37 Westerberg] Westenberg *J*, D^{1-3} 39 anders:] anders; *J* Kaiser] Kayser D^{1-3} 40 Wasserfee] Wasser-Fee *J*, D^{1}

134,1 kaiserlichsten] kayserlichsten D^{1-3} 2 Wohlgeb.] Wohlgeboren *J* Harzreisebuch] Harzreisenbuch *J* 5 was] Was *J*, D^{1} 7 eine solche] solche *J* 7–8 erschienen ist,] erschienen; *J* 9 Kaiser] Kayser D^{1-3} 10 Kaiser] Kayser D^{1-3} 13 wohl geharnischt] wohlgeharnischt *J*, D^{1} 14 Kaiserkrone] Kayserkrone D^{1-3} theuren] theuern *J* 15 Händen;] Händen: *J* 16–17 Harzprinzessinnen] Harz-Prinzessinnen *J*, D^{1} 17–18 zurück sehnten] zurücksehnten D^1 20 Kaiser] Kayser D^{1-3} 21 Kaiser] Kayser D^{1-3} 22–23 Ilsenstein. *Absatz* Das ist] Ilsenstein. Dieses ist *J* 24 drey] drei *J* 22 Jedem] jedem *aus* jenem H^2 22–24 weder an *bis* denken.] (1) nicht an Kaiser u Reich oder gar (2)° weder /:an Kaiser u Reich.:/ noch an die schöne (a) Ilse zu denken, (b)° /:Ilse,.:/ sondern bloß an (a^1) sich selbst zu denken. (b^1)° seine Füße /:zu denken..:/ H^2 23 Kaiser] Kayser D^{1-3} 24 verloren,] vertieft H^2 vorloren D^3 25 sah,] sah H^2 26 und die] und wie die H^2 27 zu Ilsenburg] von Ilsendorf H^2 27–31 tanzen, *bis* festgeklammert hätte.] (1) tanzen – u hätte ich mich nicht an dem [k] eisernen Kreuze festgehalten, so würde mich sicher der Schwindel in den Abgrund gestürzt haben. Daß ich in dies (2) /:tanzen –:/ u sicher (a) hatt (b) wäre ich, vom Schwindel erfaßt, in den Abgrund gestürzt, wenn ich mich nicht in[1] meiner Seelenangst am eisernen[1] Kreuze festgeklammert hätte. (3) /:tanzen.:/ u die grünen Bäume in der blauen Luft herumflogen, daß es mir grün u blau vor den Augen wurde, u ich /:sicher, vom Schwindel erfaßt, in den Abgrund gestürzt.:/ wäre /:, wenn ich mich nicht in meiner Seelenangst am eisernen Kreuze festgeklammert hätte..:/ H^2 31–32 Daß ich, *bis* gethan habe,] Daß ich dieses letztere[1] that H^2; *über* Daß ich *späterer Ansatz* [Man sieht ich] 32 mir *bis* verdenken.] (1) mir wohl niemand verdenken (2)° /:mir wohl.:/ bey so wichtigen Gründen /:niemand verdenken.:/ (3) /:mir bey so wichtigen Gründen wohl niemand verdenken.:/ H^2 verdenken.] verdenken u es hat mich auch bis auf diese Stunde nicht gereut. H^2 verdenken, und es *bis* gereut. *J Nach diesem Satz bricht die »Gesellschafter«-Fassung der »Harzreise« ab.*

135,7 sauern] sauren D^1 9 ist,] ist D^1 12 meine] meyne D^1 21 dunkeln] dunklen D^1 26 Anblick] Anblick, D^1 27–28 tannendüstern] tannendunklen D^1 tannendüstern *DH* 29 drey] drei D^3 33 Schönste] schönste D^3 36 schmiededunkeln] schmiededunklen D^1 38 Regenschleyer. Aber] Regenschleyer; aber D^{1-2}

136,3 fröhlicher,] fröhlicher D^1 4 heitere] heiter D^2 7 Selkethal] Selkethale D^1 mancherley] mancherlei D^3 12 Walddorne] Wald-Dorne D^1 all] all' D^3 15 meine] meyne D^1 21 ganz,] ganz D^3 23 wahr –] wahr. – D^3 drey] drei D^3 25 May. Wie] May, wie D^{1-2} 27 überall. In] überall, in D^{1-2} 31 Muthe] Muth D^1 ist;] ist, D^{1-2} 32 Veilchensträußer;] Veilchensträußer, D^{1-2} 33 unehelichen] unehlichen D^1 34 wiederfinden;] wiederfinden D^{1-2} 35–36 gewonnen;] gewonnen, D^{1-2}

137,2 zusehen,] zusehen D^1 4 Arme. –] Arme – D^3 11 Morgen] morgen D^1 12 die,] die D^3 21 goldene] goldne D^1 22 nicht] nicht mahl D^{1-2} hinauf sehen] hinaufsehen D^1 25 offenen] offnen D^1 32 dunkeln] dunklen D^1 33 Brust,] Brust D^3 34 Mädchen] Mädchen! D^{1-2} 38 Mädchen,] Mädchen D^3 mach] mach' D^1

138,3 weiß,] weiß D^1 10 Recht,] Recht D^1

---

[1] *nachträglich eingefügt*

Restitutionen

Apostroph aufgehoben: **122**,27 Beym **90**,20 **98**,24 **113**,6 **117**,33 beym **110**,13 Hinterm **96**,20 **97**,19 30 hinterm **108**,40 drauf **112**,14 Draus **114**,10 drein **108**,10 **120**,38 **131**,5 **133**,21 **134**,30 ans **89**,10 Apolls **124**,1 Arndts **92**,20 **121**,2 aufs **127**,8 Dantes **103**,24 Enses **99**,39 Gottschalcks **90**,17 **91**,32 38 **97**,33 **98**,7 17 **103**,33 **104**,5 **117**,8 **123**,4 15 **124**,22 **133**,26 ins **129**,19 Kaffees **104**,36 Kants **119**,34 Palestrinas **129**,37–38 Theophrasts **120**,37–38 lichtensteinsche

ch *in* g: **109**,27 adliges

ck *in* k: **121**,9 Tabakrauchen

h *eliminiert:* **98**,6 **119**,31 angestralt **103**,16 **106**,16 **115**,28 Sonnenstralen **98**,27 **108**,27 Stral **110**,18 **125**,1 **130**,34 **132**,1 **136**,38 Stralen **132**,2 **137**,36 stralenden **137**,25 Stralenfäden **112**,29 Stralenflut **126**,5 Stralenpracht **96**,6 stralt' **124**,35 stralte

h *eingeführt:* **99**,23 **103**,26 **137**,28 Mahl **85**,14 **93**,13 **111**,34 **128**,39 **129**,37 mahl

i *in* ie: **105**,7 possierlich

i *in* y: **105**,33 allerley **89**,21 Befreyungskriege **100**,12 dabeystehende **90**,5 20 frey **117**,20 21 freye **114**,40 freyen **95**,1 freyer **122**,40 Freyheit **123**,4 Freyheitshelden **91**,17 Freylich **90**,37 **100**,15 **128**,26 freylich **100**,6 Glasmalereyen **116**,3 **118**,20 Maynacht **96**,23 Schnitzeleyen **104**,25 zwey **104**,5 zweydeutig

in *in* inn: **120**,15 Baroninn **117**,24 Elfenköniginn **104**,16 Gefatterinn **88**,19–20 37 **89**,3 Göttinn **114**,22 24 Kön'ginn **121**,27 Königinn **121**,30 Kriegsräthinn **120**,15 Landsmänninn **98**,12 38 **99**,2 **112**,36 **120**,38 **131**,29 **132**,5 **133**,33 **134**,6 30Prinzessinn **89**,3 Schönheitsgöttinn **88**,11 Titaninn **86**,34 Wirthinn **111**,2 Zauberinn

Komma eingefügt nach: **87**,40 Essen **89**,18 Weide **93**,28 interessant **96**,30 Waldhütten **105**,8 Eins **118**,19 burschikosen **124**,4 Haupt **125**,26 Leid **130**,15 wieherten **133**,25 frey

l *in* ll: **88**,32 Allongeperucken

ll *in* l: **99**,1 **128**,32 Palast

ou *in* u: Hurrah

s *in* ß: **86**,23 bißchen **84**,32 **127**,2 deßhalb

tion *in* zion: **97**,5 Bücherdefinizionen **126**,32 condizionirt **90**,7 Corrupzion **104**,32 Definizion **123**,28 Nazionalheldengedicht **116**,15–16 Nazionaltragödie **128**,36 Revoluzionsdilettanten **89**,22 Revoluzionszeit **86**,4 Studentengenerazion **90**,7 tradizionell

y *in* i: **87**,25 **99**,5 Beide **68**,27 beide **126**,13 beiden **112**,23 kristall'ne

z *in* tz: **136**,15 Liebreitz **133**,30 Reitzen **118**,29 reitzen **120**,20 spatzieren **115**,7 spatzierten

Erläuterungen

Folgende Werke werden in den Sacherläuterungen nur in abgekürzter Form zitiert: Bräss = Carl B<räss>, »Reise nach dem Brocken«, Braunschweig 1786; Brentano = Clemens Brentano, »Der Philister vor, in und nach der Geschichte«. In: »Werke«, Bd. 2, München 1963; Buchheim = Heinrich Heine, »Die Harzreise«, hrsg. von C. A. Buchheim, Oxford 1886; Dennert = Friedrich Dennert, »Geschichte des Brockens und der Brockenreisen«, Braunschweig 1954; Eckertz = Erich Eckertz, »Heine und sein Witz«, Berlin 1908; Faksimile-Ausgabe = Heinrich Heine, »Reisebilder. 1. Teil«, hrsg. von Friedrich Hirth, <Freudenstadt> 1947; »Der Göttinger Student« = <Wallis>, »Der Göttinger Student oder Bemerkungen, Rathschläge und Belehrungen über Göttingen und das Studenten-Leben auf der Georgia Augusta«, Göttingen 1813; Gottschalck = Friedrich Gottschalck, »Taschenbuch für Reisende in den Harz«, Magdeburg ^{2}1817; Hercynia = »Hercynia. Ein Führer durch den Harz«, Quedlinburg um 1830; Hermand = Jost Hermand, »Werthers Harzreise«. In: J. H., »Von Mainz nach Weimar«, Stuttgart 1969; Heyse = Gustav Heyse, »Beiträge zur Kenntnis des Harzes«, Harzburg ^{2}1874; Horstig = Carl Gottlieb Horstig, »Tageblätter unsrer Reise in und um den Harz«, Dresden 1805; Hugo = Gustav Hugo, »Lehrbuch der Geschichte des Römischen Rechts bis auf Justinian«, Berlin ^{8}1822; Kluge = Friedrich Kluge, »Deutsche Studentensprache«, Straßburg 1895; Kolbe = P. R. Kolbe, »Notes on Göttingen and the ›Harzreise‹«. In: MLN 31, 1916, S. 311–314; Mücke = Georg Mücke, »Heinrich Heines Beziehungen zum deutschen Mittelalter«, Berlin 1908; Marcus = Friedrich Marcus, »Jean Paul und Heinrich Heine«, Marburg 1919; Marx = Karl Friedrich Heinrich Marx, »Goettingen in medicinischer, physischer und historischer Hinsicht«, Göttingen 1824; Niemann = Ludwig Ferdinand Niemann, »Handbuch für Harzreisende«, Halberstadt 1824; Pröhle = Heinrich Pröhle, »Heinrich Heine und der Harz«, Harzburg 1888; Scheuer = Oskar Franz Scheuer, »Heinrich Heine als Student«, Bonn 1922; Siebert = Wilhelm Siebert, »Heines Beziehungen zu E. T. A. Hoffmann«, Marburg 1908; »Studentenleben« = »Studentenleben in der Biedermeierzeit. Ein Tagebuch aus dem Jahre 1824«, hrsg. von H. H. Houben, Göttingen 1927; Vos^{1} = B. J. Vos, »Notes on Heine«. In: MLN 23, 1908, S. 25–29, 39–43; Vos^{2} = B. J. Vos, »Two Notes on Heine's ›Harzreise‹«. In: MLN 42, 1927, S. 241 f.; Weidekampf = Ilse Weidekampf, »Traum und Wirklichkeit in der Romantik und bei Heine«, Leipzig 1932.

81 Die Harzreise] *schriftliche Fixierungen von Harzreisen und Brockenbesteigungen finden sich bereits im 17. Jahrhundert, wo man sich vor allem für das Magische und Übernatürliche, das Hexen- und Teufelstreiben der Walpurgis-*

nacht interessierte (vgl. Johann Prätorius, »Blockes-Berges Verrichtung«, 1668). Um die Wende vom 17. zum 18. Jahrhundert steht im Zuge spätbarokker Gelehrsamkeit mehr das Kuriose und Lexikalische im Vordergrund. Dafür spricht das bekannte, in mehreren Auflagen erschienene und sogar ins Englische übersetzte Buch »Hercynia Curiosa, oder Curiöser Hartz-Wald / Das ist Sonderbahre Beschreibung und Verzeichnis Derer Curiösen Hölen / Seen / Brunnen / Bergen / und vielen andern an und auff dem Hartz vorhandenen Denckwürdigen Sachen mit unterschiedenen Nützlichen und Ergetzlichen Medicinischen / Physicalischen und Historischen Anmerckungen denen Liebhabern solcher Curiositäten zur Lust herausgegeben« (1703) von Georg Henning Behrens. Mit der Aufklärung tritt an die Stelle solcher ›ergetzlichen‹ Kuriositäten mehr das ernsthafte Interesse am Mineralogischen, Geographischen, Botanischen und an den Lebens- und Arbeitsbedingungen der Harzer Bergleute (vgl. Julius Bernhard Rohr, »Geographische und Historische Merckwürdigkeiten des Vor- und Unter-Hartzes«, 1736, Henning Calvör, »Acta historico-chronologico-mechanica circa metallurgiam in Hercynia superiori«, 1763 und Friedrich Wilhelm Heinrich von Trebra, »Erfahrungen vom Innern der Gebirge«, 1785). Zu diesen rein am Praktischen orientierten Rationalisten gesellen sich ab 1750 auch eine Reihe junger Studenten und Literaten, die den Harz mehr aus ›empfindsamer‹ Perspektive betrachten (vgl. L. C. Schmahling, »Empfindsame Reise auf den Brocken«. In: »Hannoverisches Magazin«, 1783, S. 1–32, 35–42) oder ihn in klopstockisierender Manier als ›teutschen Olymp‹ besingen. Das »Brockenbuch« ist daher schon in den sechziger Jahren des 18. Jahrhunderts voller Eintragungen Göttinger und Hallenser Studenten, die ihren Gefühlen keinen Zwang antun. Kein Wunder, daß dadurch auch die in Buchform herauskommenden »Harzreisen« allmählich immer beliebter wurden. Als darum Carl Bräss, um wenigstens ein Beispiel zu nennen, 1786 in Braunschweig seine »Reise nach dem Brocken, im Jahre 1786« erscheinen ließ, stellte der Rezensent der »Allgemeinen deutschen Bibliothek« bereits die Forderung auf, daß man endlich aufhören solle, »Harzreisen« zu schreiben (Bd. 83, 1788, S. 181 ff.).

In vielen dieser Harzreise-Bücher, die zwischen 1770 und 1810 herauskamen, stehen bereits jene Dinge im Vordergrund, die auch Heine später in seiner »Harzreise« erwähnt: die Bergwerke in Clausthal-Zellerfeld, die Albinos in Lerbach, der Krodo-Altar in Goslar, die Besichtigung der Biels- und Baumanns-Höhle, die Ersteigung des Brockens und schließlich der Sonnenauf- oder Untergang auf dem Brocken, dessen Feierlichkeit meist mit einem eingelegten Gedicht unterstrichen wird. Gute Beispiele dafür bieten Eberhard August Wilhelm Zimmermanns »Beobachtungen auf einer Harzreise« (1775), Samuel Christoph Wagners »Reise durch den Harz und die hessischen Lande« (1797), Wilhelm Ferdinand Müllers (d. i. Friedrich Gottschalcks) »Meine Streifereyen in den Harz und einige seiner umliegenden Gegenden« (1801), Christian Wilhelm Spiekers »Meine Reise von Halle nach dem Brocken in dem Jahre 1802« (1803), Carl Gottlieb Horstigs »Tageblätter unsrer Reise in und um den Harz« (1805) und Friedrich Reißners »Beschreibung einer gesellschaftlichen Brockenreise« (1803). Detaillierte Abrisse dazu finden sich bei Heyse S. 52 ff., Dennert S. 80 ff. und Catherine Karr, »German Harz-Travellers before Heine«, Diss. Wisconsin 1973, masch.

Einen zusätzlichen Auftrieb bekamen die Harzreisen durch die seit 1780 populär werdenden Stiche mit Harzansichten, das neue Brockenhaus, das 1800 errichtet wurde (vgl. Erläuterung zu 116,20) und die kurz nach der Jahrhundertwende erscheinenden Harzreise-Kompendien (W. Nauck, »Fußreise nach dem Brocken, und über den Harz. Ein Wegweiser für diejenigen, welche den Harz bereisen«, 1804, Friedrich Gottschalck, »Taschenbuch für Reisende in den Harz«, 1806, und »Unentbehrlicher Führer für Harzreisende. Enthaltend die Geschichten und Sagen der alten Schlösser, Kirchen und Ruinen und die Beschreibung aller Merkwürdigkeiten des Harzes«, 1809), durch welche die Harzreisen bereits eine leicht touristische Note erhielten. Von dieser Zeit ab wurde es nicht nur bequemer, sondern auch billiger, durch den Harz zu wandern. Dazu kam, daß auch die Göttinger Universität ihren Studenten das Harzwandern ausdrücklich empfahl (vgl. »Der Göttinger Student« S. 120 f.). An die Stelle der ausführlichen »Harzreisen« des 18. Jahrhunderts, deren Autoren sich noch den Anstrich des Pionierhaften gaben, treten daher in der frühen Restaurationsepoche jene kurzen, feuilletonistischen Reiseskizzen, die sich an ein mit dem Harz bereits vertrautes Publikum wenden und dieses mit amüsanten oder ironischen Anekdoten zu unterhalten versuchen. Und so findet sich in der biedermeierlichen Presse neben den Korrespondenzberichten aus den großen Städten auch eine unübersehbare Fülle von tagebuchartigen Reisenotizen, in denen sich langsam jener Stil der gesellschaftlichen Unmittelbarkeit entwickelt, den Heine dann in seiner »Harzreise« bis zur höchsten Vollendung steigert. Aus dem Berliner »Gesellschafter«, in dem Heines »Harzreise« zum erstenmal erschien, seien wenigstens zwei Beispiele erwähnt, die in die gleiche Richtung tendieren: die »Excursion in einen Theil des Harzes« von Friedrich Krug von Nidda (1820, Nr. 176 vom 1. November) und »Bruchstücke aus einer Studenten-Reise« von Lüttkemüller (1821, Nr. 99 vom 22. Juni, Nr. 122 vom 1. August und Nr. 175 vom 2. November), die zwar weitgehend Thüringen behandeln, jedoch in ihrem unbefangenen Ton, ihren Traumschilderungen, Naturbeschreibungen und eingelegten Gedichten bereits auf Heines »Harzreise« vorausweisen.

82 Nichts ist dauernd *bis* und ewige Jugend. Börne.] *nicht in J. Aus der »Denkrede auf Jean Paul« von Ludwig Börne, gehalten am 2. Dezember 1825 in Frankfurt am Main auf den am 14. November 1825 verstorbenen Jean Paul, die in der Nr. 294 vom 9. Dezember 1825 des Stuttgarter »Morgenblatts« erschienen war. Im Anschluß an dieses Zitat betont Börne vor allem Jean Pauls »Kampf für die Freiheit des Fühlens« und seinen Spott über die deutschen »Höfe«. »Er sang nicht in den Palästen der Großen«, heißt es dort,*

»durch enge, verwachsene Pfade suchte er das verschmähte Dörfchen auf« (Rippmann I,791 f.). Neben seiner Jugend- und Lebensverherrlichung ist dieses Börne-Zitat zugleich als ein Bekenntnis zum ›Poetischen‹ gedacht, um den formalen Abstand der »Harzreise« zu publizistischen Werken wie den »Briefen aus Berlin« und der Schrift »Über Polen« zu markieren.

83,1 Schwarze Röcke] *im Sinne des Horazschen Diktums »Beatus ille qui procul negotiis« will Heine schon durch das Eingangsgedicht den die ganze »Harzreise« bestimmenden Gegensatz von Stadt und Natur, Enge und Weite, steifem Zeremoniell und freiheitlicher Ungebundenheit akzentuieren. Er bedient sich dabei z. T. alter Topoi der idyllischen und natursentimentalischen Dichtung, wie sie vor allem im 18. Jahrhundert weit verbreitet waren. So heißt es in Salomon Gessners »Idyllen«: »Oft reiß ich mich aus der Stadt los, und fliehe in einsame Gegenden: Dann entreißt die Schönheit der Natur mein Gemüth allem dem Ekel <. . .> Ganz entzückt, ganz Empfindung über ihre Schönheit, bin ich dann glücklich wie ein Hirt im goldnen Weltalter, und reicher als ein König« (»Schriften«, Zürich 1770, II,5). Ähnliche Stellen finden sich in Goethes »Werther« (vgl. Brief vom 23. Mai), in der Lyrik des ›Göttinger Hains‹ und der Romantik. In Justinus Kerners »Reiseschatten« (1811) heißt es bei Adelheids Abschied in einem eingelegten Gedicht »Stolze Türme! hohe Säle!« (»Sämtliche poetische Werke«, hrsg. von Josef Gaismaier, Leipzig o. J., III,101). Friedrich Schlegel schreibt in seinem »Alarcos«: »Auf die Berge will ich steigen, / Daß mich niemand wieder sehe; / Auf dem höchsten der Gebirge / Will ich führen nun mein Leben« (»Gedichte«, I,222). Noch ähnlicher heißt es im Prolog zu Immermanns Drama »Die Prinzen von Syrakus«: »Man hat mich jüngst zum Thee geladen, / Beinah hätt ich genommen Schaden. / Es saß ein hübscher, glatter Kreis, / Von Frauen roth, von Buben weiß, / Auf dem gesellschaftlichen St – <. . .> Ich taumle schwindlig, dumm und warm, / Mich trägt das letzte bischen Kraft / Aus der verwünschten Stube Haft. / Und war im Freien! Glanz und Duft, / Licht, Leben, heit're Sonnenluft!« (Hamm 1821). Ja, selbst die Schillerschen Zeilen, die Gottschalck auf der ersten Seite der 3. Auflage seines »Taschenbuchs« zitiert, könnten Heine zu diesem Gedicht angeregt haben: »Auf den Bergen ist Freiheit! Der Hauch der Grüfte / Steigt nicht hinauf in die reinen Lüfte! / Die Welt ist vollkommen überall, / Wo der Mensch nicht hinkommt mit seiner Qual.«*

83,26 Die Stadt Göttingen] *über Heines Haß auf Göttingen vgl. den Anfang von »Entstehung und Aufnahme« 518,35–38. Der folgende Abschnitt hat wegen seiner Brillanz und Schärfe die Zeitgenossen immer wieder zu Stellungnahmen herausgefordert. Manche warfen ihm vor, daß dieser Haß nur aus dem Consilium abeundi zu erklären sei, das man dort 1821 über ihn verhängt habe (vgl. »Hermione«, 1827, Beilage »Literatur- und Wissenschaftsblätter«, Nr. 2 vom 10. Januar, Sp. 32). Andere verteidigten die Göttinger Professoren, die gar nicht so dünkelhaft seien, wie sie Heine hier schildere (vgl. »Abend-Zeitung«, 1837, Nr. 212 vom 5. September, S. 848). Wieder andere versuchten* *diesen Abschnitt zu parodieren. So schreibt ein Herr O. v. D. in der Nr. 1 vom 1. Januar 1831 der »Abend-Zeitung«: »Die Einwohner von Marienwerder bestehen aus Beamten, Actenträgern, Stiefelputzern, Steueraufsehern, Kühen, Schafen, Ochsen und anderem Vieh. So würde ich, wenn ich, wie manche Reisebeschreiber, mehr nach Witz als nach Wahrheit strebte, meinen Bericht angefangen haben« (S. 4). Doch es gab auch verteidigende Stimmen. Franz Georg Ferdinand Schläger z. B. behauptet 1831, daß Heine im Hinblick auf die Dürftigkeit der Göttinger Universität gar »nicht Unrecht« habe (vgl. »Gemeinnützige Blätter, zunächst für das Königreich Hannover«, 2. Stück vom April, S. 204). Auch in der »Eleganten« heißt es 1838, daß Heines Beschreibung des Göttinger Studententreibens noch heute ihre »Richtigkeit« habe (Nr. 108 vom 2. Juni, S. 432). Wie brisant man diese Stelle allgemein empfand, beweist die simple Tatsache, daß gerade der Göttingenabschnitt von den Zeitungen der Zeit immer wieder nachgedruckt wurde (vgl. »Entstehung und Aufnahme« 548,24–32 und »Überlieferung« 565,11–566,40).*

83,26 berühmt durch ihre Würste] *die Zusammenstellung von Universität und Würsten führt Richard M. Meyer (»Nicht mehr als sechs Schüsseln«. In: »Euphorion« 8, 1901, S. 706 ff.) auf Lichtenberg zurück, und zwar auf seinen 1773 erschienenen »Timorius, das ist Verteidigung zweier Israeliten, die durch die Kräftigkeit der Lavaterschen Beweisgründe und der Göttingischen Mettwürste bewogen den wahren Glauben angenommen haben« (»Vermischte Schriften«, Göttingen 1800 ff., III,43 ff.). Obendrein weist Meyer auf ein »altes Gedicht« auf Göttingen hin, das Lichtenberg in einem Brief vom 6. Mai 1784 an Gottfried Hieronymus Amelung zitiert, aber auch selbst erfunden haben könnte: »Berühmt in allerlei Bedeutung / Durch Würste, Bibliothek und Zeitung« (S. 707). Die gleiche Zusammenstellung findet sich auch in ganz ernsthaften Beschreibungen und Compendien der Stadt Göttingen. So heißt es in Johann Hübners »Realem Staats-, Zeitungs- und Konversationslexikon. Neue verbesserte Auflage von Gottlieb Schumann« unter »Göttingen«: »An diesem Orte hat der König von Großbritannien Georg II. eine Universität anlegen lassen <. . .> Die geräucherten Göttingsche Würste werden auch stark verführet« (Leipzig 1760, S. 858). Diese Würste, die bis nach Indien und Rußland exportiert wurden, waren tatsächlich ein entscheidender Faktor des Wohlstandes der Göttinger Bürgerschaft. Auch Marx schreibt: »Die Göttingischen* B l a s e n - oder M e t t w ü r s t e *sind wegen ihrer Vorzüglichkeit ein Handelsartikel geworden; wer sie nicht kennt <. . .> muß in der historia cupediarum nicht sonderlich bewandert seyn« (S. 189). Heines Lehrer Sartorius (vgl. 135,19) schickte daher mit seinen Publikationen manchmal auch eine Kiste Göttinger Würste an Goethe (vgl. »Goethes Briefwechsel mit Georg und Caroline Sartorius«, hrsg. von Else von Monroy, Weimar 1931, S. 131, 134). Auf andere witzige Zusammenstellungen, die Heine in diesem Punkt beeinflußt haben können, weist Loewenthal hin (S. 21). Man denke an Byrons »Don Juan«, wo es heißt, daß Sevilla »famous for oranges and women sei« (I,8).*

83,26 Universität] *die Georgia Augusta wurde von Georg August II. im Jahre 1734 gegründet und am 17. September 1737 eingeweiht (vgl. Hübner S. 858). Sie war im 18. Jahrhundert vor allem in ihren historischen und juristischen Fächern bekannt, geriet jedoch seit Anfang des 19. Jahrhunderts etwas in den Schatten der neugegründeten Berliner Universität (vgl. u. a. Georg Heinrich Oesterley, »Geschichte der Universität Göttingen in dem Zeitraum vom Jahre 1820 bis zu ihrer ersten Säkularfeier im Jahre 1837«, Göttingen 1838; F. Muhlert, »Chronologischer Abriß der Geschichte Göttingens«, Göttingen 1894; Götz von Selle, »Die Georg August Universität zu Göttingen 1737 bis 1937, Göttingen 1937).*

83,26–27 gehört dem Könige von Hannover] *Hübner schreibt über Göttingen: »Stadt im Fürstenthum Calemberg an der Leine, welche <...> dem Churfürsten von Hannover gehört« (S. 858). Seit 1814 waren die Könige von England von bloßen Kurfürsten zu Königen von Hannover aufgestiegen. Die Göttinger Universität unterstand seit 1816 dem Prinzen von Wales, dem nachmaligen König Georg IV. (1820–1830), der nicht nur ihr Landesherr, sondern zugleich ihr offizieller Rektor war.*

83,27 999 Feuerstellen] *witzige Anspielung auf die übliche Manier der statistischen Aufzählung, wie sie auch in Gottschalcks »Taschenbuch« üblich ist (vgl. Erläuterung zu 89,31–32).*

83,27–28 diverse Kirchen] *Göttingen hatte damals sechs Kirchen.*

83,28–29 eine Entbindungsanstalt, eine Sternwarte, einen Karzer, eine Bibliothek und einen Rathskeller] *der »Göttinger Student« zählt unter den Sehenswürdigkeiten der Stadt »Bibliothek, Museum, Sternwarte, Entbindungshaus, Anatomie, Krankenhaus und botanischer Garten« auf (S. 30ff.). In der Druckvorlage zur 2. Aufl. von Rb I (vgl. »Entstehung und Aufnahme« 550,5–12) sind an dieser Stelle in Lysers Schrift noch »ein Fechtboden«, »eine Anatomie« und »verschiedene Buchhändler« als Ergänzungen am unteren Seitenende eingetragen, die jedoch wohl aus späterer Zeit stammen und nicht in die 2. Aufl. aufgenommen wurden (vgl. Faksimile-Ausgabe S. 114).*

83,31 Lüder] *Wilhelm Lüder, geboren 1804, gestorben 1872 als Generalauditeur des 10. Armeekorps in Hannover, war als Student in Göttingen durch seine Körperkraft berühmt. »Lüder« war gleichzeitig in Göttingen ein beliebter Name für große Hunde (vgl. das ironische Wortspiel in den »Bädern von Lucca«, daß in Göttingen »die kleinsten Gelehrten und die größten Hunde zu finden sind«, Kap. V).*

83,35–36 als ich vor fünf Jahren dort immatrikulirt und bald darauf konsiliirt wurde] *Heine ließ sich am 4. Oktober 1820 erstmals in die Matrikel der Georgia Augusta eintragen. Das Consilium abeundi wurde am 23. Januar 1821 über ihn verhängt. Er war damals wegen einer Duellaffäre für ein halbes Jahr von der Universität verwiesen worden (vgl. auch »Briefe aus Berlin« 48,35).*

83,36 dasselbe graue, altkluge Ansehen] *schon bei seinem ersten Göttinger Studienaufenthalt stöhnt Heine über die Zopfigkeit der dortigen Universitäts-*

atmosphäre. Nur gut ochsen kann man hier, *heißt es in einem Brief an Friedrich Steinmann und Johann Baptist Rousseau vom 29. Oktober 1820, ansonsten herrsche ein* steifer, patenter, schnöder Ton. *Doch gerade aus diesem Grunde war Heine 1824 wieder nach Göttingen zurückgekommen, um hier endlich sein Jura-Studium abzuschließen (vgl. »Entstehung und Aufnahme« 518,15–21).*

83,37 Schnurren] *Göttinger Studentenausdruck für Universitätsscharwächter, welche Polizisten und zugleich Nachtwächter waren (vgl. Kluge S. 123).*

83,37 Pudeln] *studentisch für Pedelle (vgl. Kluge S. 116).*

83,38 Theedansants] *auch der »Göttinger Student« klagt über die »steifen Gesellschaften«, wo Familien »der bloßen Höflichkeit wegen auf eine Tasse Thee etwa vierteljährig zusammenbitten«. »Zum geselligen Umgange mit den Studenten«, heißt es hier, »sollen die Bewohner anderer Universitäten geneigter seyn, als dies in Göttingen der Fall ist. Es ist wirklich sehr schwer, einen freundschaftlichen Familien-Umgang zu bekommen« (S. 22ff.). Das gleiche schreibt Marx: »So sehr sich hiebei Wirth und Wirthin des Hauses freundlich um jeden einzelnen bemühen, so findet doch selten eine gemeinschaftliche und belebte Unterhaltung, oder eine muntere gegenseitige Mittheilung der Anwesenden statt. Dieses rührt zum Theil von der Unbekanntschaft der Mitglieder unter einander, theils von der ruhigen Einförmigkeit des hiesigen Lebens her«. Marx sieht jedoch in dieser betonten Distanziertheit zugleich einen Vorteil für den geregelten Studienverlauf. »Diese Abgemessenheit des gesellschaftlichen Verkehrs«, fährt er darum fort, »welche die ungeduldige, lebenslustige Jugend nur zu gerne Steifheit nennt, möchte auf einer Universität, wo es öfter heilsamer ist die Berührungspunkte zu verringern, als zu vermehren; und in einem größeren Menschenkreise, in welchem ja doch kein traulicheres Anschließen möglich ist, sich mehr als anderwärts und unter andern Verhältnissen entschuldigen, ja rechtfertigen lassen« (S. 165f.).*

83,39 Guelfenorden] *Göttingen war von 1286 bis 1387 welfischer Stammsitz gewesen. Den Guelfenorden hatte der Prinzregent Georg, der spätere König Georg IV. von England am 12. August 1815 zur Feier der neuen Machtübernahme Hannovers durch die Welfen gestiftet. Die Bezeichnung ›Guelfen‹ für Welfen geht aufs Italienische zurück.*

83,39 Promozionskutschen] *Kutschen, in denen man nach bestandenem Doktorexamen seine offiziellen Besuche bei den Professoren abstattete.*

83,40 Relegazionsräthen] *ironische Bezeichnung für jene Verwaltungsbeamten, die über das Consilium abeundi oder die Relegierung zu befinden hatten.*

83,40 Profaxen] *studentisch für Professoren, in Göttingen auch für den Prorektor (vgl. Kluge S. 116).*

84,2–3 ein ungebundenes Exemplar] *d. h. ein Buch, das noch aus Rohbogen besteht oder erst vorläufig geheftet ist. Auch Lyser gebraucht diesen Ausdruck einmal in dem von Heine gemeinten Sinn (vgl. »Der Komet«, 1831, Beilage für Reisen und Reisende, Nr. 24 vom 17. Juni, Sp. 187).*

84,4 Vandalen *bis* Thüringer] *Studentenverbindungen, die sich die Namen der verschiedenen deutschen Stämme zugelegt hatten. Diese Landsmannschaften, die z. T. noch das Brennen der Brandfüchse verlangten (vgl. Max von Boehn »Biedermeier«, Berlin 1911, S. 21), galten wegen ihres archaischen Comments in den Augen der Burschenschafter als besonders barbarisch. So wirft Joachim Leopold Haupt in seinem Buch »Landsmannschaften und Burschenschaft«, das 1820 bei Brockhaus in Leipzig erschien, den Landsmannschaften vor, sich in »veralteten Formen und hergebrachter Sitte« zu bewegen und nur »der rohen Kraft und dem Schwerte« zu huldigen (S. XV). Während in den landsmannschaftlichen Corps weitgehend die Adligen den Ton angaben (so waren etwa die Mitglieder der* Vandalen *in Göttingen vorwiegend adlige Mecklenburger), gehörten der Burschenschaft mehr die bürgerlichen Intellektuellen an. Heine hatte sich in Bonn und bei seinem 1. Göttinger Aufenthalt in der Burschenschaft einschreiben lassen. 1824 gehörte er lediglich zum Klub der »Guestphalia«, der eine Mittelstellung zwischen den burschenschaftlichen und landsmannschaftlichen Idealen einnahm, da die Burschenschaft inzwischen verboten worden war (vgl. Scheuer S. 23).*

84,6 die Weenderstraße] *noch heute die in Nordsüdrichtung verlaufende Hauptstraße Göttingens.*

84,6–7 den blutigen Wahlstätten der Rasenmühle, des Ritschenkrugs und Bovdens] *außerhalb Göttingens gelegene Mensurstätten, die auch am Anfang der »Elementargeister« (DHA Bd. 9) erwähnt werden. In Bovenden, das eine Stunde nördlich von Göttingen an der Ruine Plesse liegt, wurde der alljährliche Schützenhof abgehalten. In der Knallhütte bei Bovenden soll Heine jene ›Unkeuschheit‹ begangen haben, derentwegen er 1820 aus der Burschenschaft ausgestoßen wurde. Diese Behauptung ist allerdings nur durch eine vage Erinnerung Heinrich Benders belegt (vgl. »Burschenschaftliche Blätter« 11, Wintersemester 1896/97, S. 288). Wahrscheinlich erfolgte dieser Ausschluß eher aus antisemitischen Gründen (vgl. Eberhard Galley, »Heine und die Burschenschaft«. In: HJb 11, 1972, S. 72).*

84,10 Haupthähne] *studentisch für erste Burschen (vgl. Kluge S. 94).*

84,11 Comment] *Hauptregeln des studentischen Verhaltens (vgl. »Göttinger Student« S. 105ff.).*

84,14 Philister] *studentisch für Nichtstudenten (vgl. Kluge S. 112). Ursprünglich die Feinde des erwählten Volkes der Israeliten (vgl. Richter 13–16, 1 Samuel 17), woraus sich der verächtliche Charakter dieses Wortes ableitet. In der Studentensprache als Gegensatz zu ›Burschen‹ schon im 17. Jahrhundert belegt. Zu Heines Zeiten wurde ein Student im letzten Semester, der sich im Übergang zum bürgerlichen Leben befand, bereits als ›Philistrandus‹ bezeichnet. Eine besondere Schärfe hatte dieser Gegensatz seit dem Auftreten der Burschenschaft bekommen (vgl. das Gedicht »Bursch und Philister«, 1818/19, von Adolf Ludwig Follen). In der Romantik taucht dagegen dieser Begriff mehr im Sinne von Nichtkünstler oder amusischer Mensch auf (vgl.*

Brentano »Der Philister vor, in und nach der Geschichte«, 1811, und Eichendorff »Krieg den Philistern«, 1824). Zu Heines Spott über die Philisterwelt vgl. Estelle G. C. McIlvenna, »Heine and the ›Philistine‹«. In: »German Life and Letters« 4, 1939, S. 56–64.

84,15 Der Viehstand ist der bedeutendste] *wohl als Parodie auf Marx gemeint, der bei der Unterscheidung der verschiedenen Nutzvieharten um und in Göttingen schreibt: »Der Viehstand ist sowohl der Zahl als der Güte nach ziemlich bedeutend« (S. 184).*

84,20 Die Zahl der göttinger Philister] *Göttingen hatte damals etwa 11000 Einwohner, davon waren 1500 Studenten.*

84,21 wie Koth am Meer] *Brentano schreibt, daß einige »den Namen Philister von der ägyptischen Stadt Pelusium herleiten, die ihren Namen von πηλός, Kot, haben soll« (II, 976).*

84,22 mit ihren schmutzigen Gesichtern und weißen Rechnungen] *geht sicher auf eigene Erfahrungen zurück. So versuchte der Göttinger Gastwirt Georg Heinrich Michaelis (1793–1863) die Schulden, die Heine während seines ersten Göttinger Aufenthalts bei ihm gemacht hatte, nicht nur durch einen Brief an Heines Vater Samson vom 28. Dezember 1822 einzutreiben, sondern ließ Heine obendrein am 21. Juni und 19. Juli 1824 vors Universitätsgericht zitieren, wie aus den Citier-Büchern des Göttinger Universitätsarchivs hervorgeht.*

84,26 in der Topographie desselben von K. F. H. Marx] *Karl Friedrich Heinrich Marx (1796–1877) hatte sich als getaufter Jude am 9. März 1822 in Göttingen als Privatdozent für Medizin habilitiert. Er las in diesen Jahren hauptsächlich über ansteckende und syphilitische Krankheiten, Semiotik, Toxologie, Gerichtsmedizin, Geschichte der Medizin und medizinische Anthropologie. Die erwähnte Topographie, die 1824 in Göttingen erschienen war, heißt mit vollem Titel: »Goettingen in medicinischer, physischer und historischer Hinsicht geschildert von Dr. K. F. H. Marx«. Sie ist auf sehr philiströs-pedantische Weise in 9 Abschnitte gegliedert, was Marx mit der nichtssagenden Bemerkung zu rechtfertigen versucht: »Die Eintheilung des Ganzen in 9 Abschnitte ergab sich aus eben so vielen Gesichtspunkten, nach welchen sich der gesammelte Stoff zu betrachten und zu behandeln darbot« (S. V).*

84,27 der mein Arzt war] *daß Heine im Sommer 1824 in ärztlicher Behandlung war, geht aus dem Brief vom 26. Mai 1825 an Rudolf Christiani hervor. Marx war zugleich der Arzt von Sartorius, in dessen Haus ihn Heine vielleicht kennenlernte (vgl. Erläuterung zu 135,19). Sartorius hatte Marx im Sommer 1824 einen Brief an Goethe mitgegeben (vgl. »Goethes Briefwechsel mit Georg und Caroline Sartorius«, hrsg. von Else von Monroy, Weimar 1931, S. 197). Goethe erwähnt ihn in seinem Tagebuch am 7. Juni 1824 fälschlich als Dr. Markus. Ob Marx über diesen Besuch auch mit Heine gesprochen hat, läßt sich nicht mehr ermitteln. Doch er wird ihm als Arzt wahrscheinlich zu* *seiner Harzreise geraten haben, da er in seinem Buch über Göttingen wiederholt auf die gesundheitsfördernde Wirkung der frischen Luft hinweist (S. 297, 307 u. ö.).*

84,30 allzugroße Füße] *bei Marx heißt es: »Hübsch gebildete Füße will mancher Tadelsüchtige unseren Schönen absprechen; gewiß mit Unrecht. Denn sollte auch hie und da aus Vorsicht gegen Krähenaugen der Schuh etwas weit gemacht werden, damit er nicht drücke, so muß doch jeder zugeben, daß, wenn auch Manche in breiten Schuhen geht, doch die Meisten auf ihren eigenen Füßen stehen« (S. 138f.).*

84,35 in der grundgelehrten Abhandlung] *als Persiflage auf die übliche wissenschaftliche Zergliederungssucht gedacht, über die sich schon Sterne am Anfang seiner »Sentimental Journey« lustig macht, wo er die Reisenden in »Idle Travellers, Inquisitive Travellers, Lying Travellers, Proud Travellers etc.« einteilt. Mit der gleichen Ironie hatte Jean Paul in der »Vorschule der Ästhetik« geschrieben: »Niemand klassifiziert so gern als der Mensch, besonders der Deutsche« (§ 16, »Die Griechen«). Neben der Pedanterie eines Marx hat Heine in diesem Abschnitt wohl auch die Hegel-Schule im Auge, vor allem Eduard Gans, den er wegen seiner übertriebenen Systematik und Zitiersucht mehrfach verspottet (vgl. u. a. »Buch Le Grand« 203,5). Ja, in einem Brief vom 14. Mai 1826 an Varnhagen schreibt er ausdrücklich, daß er auch an Gans dachte, als er* in der Harzreise den göttingschen Anfang schrieb.

84,39 Ullrichs Garten] *der ›Ulrich‹ war ein von Göttinger Studenten häufig frequentierter Biergarten gegenüber dem Albaner Thore, der sich neben einem einfachen, zweistöckigen Fachwerkhaus befand. In seinem Garten stand ein Denkmal Bürgers (vgl. die Beschreibung im »Göttinger Student« S. 79). Später nannte sich das Ganze Sehlens Garten; heute bildet dieses Terrain einen Teil des Stadtparks. Wie dieser Biergarten zu Heines Zeit ausgesehen hat, belegt der Kupferstich von Ernst Ludwig Riepenhausen (1760–1840), auf den Goethe sein Gedicht »Zum Bildchen von Ulrichs Garten« geschrieben hat. Gerade 1824 verkehrte Heine häufig abends im ›Ulrich‹, da dort der Kneiptisch der ›Guestphalia‹ war, wo viele der von Eduard Wedekind aufgezeichneten Gespräche stattfanden (vgl. Werner/Houben Nr. 113, 115, 116). Im Stammbuchblatt für Wedekind vom 4. März 1825 zählt Heine daher unter den* Memorabilia *auch* auf dem Ulrich verständiges Gespräch *auf.*

85,4 der gelehrte **] *merkwürdigerweise setzt Heine in den französischen Übersetzungen dafür* le savant Eichhorn *ein. Dabei dachte er wohl eher an Karl Friedrich Eichhorn (1781–1854), der seit 1817 in Göttingen Professor für Rechts- und Staatswissenschaften war und 1829 als Zelebrität an die Berliner Universität berufen wurde, als an Johann Gottfried Eichhorn (1752–1827), der seit 1788 in Göttingen Geschichte und Orientalistik lehrte und die »Göttingischen Gelehrten Anzeigen« herausgab. In Heines Handexemplar ist jedoch an dieser Stelle in Lysers Handschrift der Name »Blumenbach« ein-*

getragen (vgl. Faksimile-Ausgabe S. 118), der sich viel besser in diesen Rahmen fügt. Johann Friedrich Blumenbach (1752–1840), der von 1776–1835 Professor der Naturwissenschaften und Medizin in Göttingen war, besaß riesige Exzerptensammlungen und versuchte sein Gedächtnis durch eine Unzahl von Memorierzetteln zu stützen (vgl. Marx, »Zum Andenken an Johann Friedrich Blumenbach«, Göttingen 1840). Als ein sehr ›methodisch‹ vorgehender Naturwissenschaftler hatte er 1785 im 2. Bande der »Medizinischen Bibliothek« sogar einen Aufsatz »Über die vorzüglichsten Methoden, Collektionen und Exzerpte zu sammeln« veröffentlicht.

85,*11* dem Weender Thore] *das nördliche Haupttor Göttingens an der Straße nach Hannover, dessen* läppische Löven *Heine auch in einem Brief an Moses Moser vom 21. Januar 1824 erwähnt.*

85,*18* Georgia Augusta] *offizieller Name der 1737 gegründeten Göttinger Universität nach ihrem Stifter Georg August II. von England und Hannover, der von 1727 bis 1760 regierte.*

85,*21–22* Ich war die letzte Zeit nicht aus dem Pandektenstall herausgekommen] *Heine hatte im Sommersemester 1824 »Die Pandekten, oder ein allgemeines System des heutigen Zivilrechts« bei Georg Jakob Friedrich Meister (1755–1832) gehört. Wedekind notiert im Sommer 1824 in sein Tagebuch, daß Heine bei Meister »Pandekten« höre, weil dieser so kurz und bündig sei (»Studentenleben« S. 69, 71). Die »Pandekten« sind eine unter Justinian angelegte römische Gesetzessammlung, die 534 n. Chr. ihren Abschluß fand.*

85,*26* Tribonian] *Tribonianus (gest. 546), ein berühmter Rechtsgelehrter aus Side in Paphlagonien, der als römischer Justizminister in den Jahren um 530 das »Corpus juris civilis« kodifizierte, dessen erster Teil die »Pandekten« sind.*

85,*26* Justinian] *Justinianus (482–565) regierte ab 527 als oströmischer Kaiser und war der Hauptanreger dieser Gesetzeskodifizierungen.*

85,*26* Hermogenian] *römischer Jurist, der im 4. Jahrhundert zur Zeit Konstantins des Großen lebte und die konstantinischen Kaisererlasse in dem nach ihm benannten »Codex Hermogenianus« zusammenstellte, der neben dem »Corpus juris civilis« bis in das 19. Jahrhundert hinein die Grundlage des ›Römischen Rechts‹ blieb.*

85,*28* Corpusjuris-Ausgabe mit verschlungenen Händen] *die verschlungenen Hände waren das Signum der Wechselschen Druckerei, die eine zu dieser Zeit weitverbreitete Corpus-juris-Ausgabe gedruckt hatte.*

85,*30* Weende] *kleines Dorf nördlich von Göttingen.*

85,*31* der Schäfer und Doris] *P. H. Schäfer war seit 1809 Göttinger Ober-Pedell, ein »sehr gefälliger prompter Mann«, wie es im »Göttinger Student« heißt (S. 86). C. C. Dohrs gehörte seit 1795 zu den Unter-Pedellen der Universität (vgl. »Geschichte der Universität Göttingen in dem Zeitraum vom Jahre 1820 bis zu ihrer ersten Säcularfeier im Jahre 1837« von Georg Heinrich*

Oesterley, Göttingen 1838, S. 201). Im Winter 1820 war Dohrs öffentlich von Studenten verprügelt worden (vgl. den Anfang des 2. Teils der »Elementargeister«, DHA Bd. 9). Über das Heinesche Wortspiel Schäfer und Doris *vgl. P. R. Kolbe, »Heine's Schäfer und Doris«. In: MLN 32, 1917, S. 185f.).*

85,*31–32* wovon Geßner singt] *die Werke von Salomon Gessner (1730–1788) werden hier lediglich als Paradigma der idyllischen Schäferpoesie erwähnt. In seinen Idyllen gibt es wohl eine Daphne, Chloe und Phillis, aber keine Doris. Heine denkt in diesem Zusammenhang wahrscheinlich an die vielen Doris-Gedichte bei Johann Wilhelm Ludwig Gleim (1719–1803) oder an »Doris, oder die zärtliche Schäferin« (1753) von Johann Christoph Rost (1717–1765).*

85,*33* in Bovden] *vgl. Erläuterung zu 84,6–7.*

85,*34* keine neue Ideen] *die Göttinger Universität galt damals zwar als sehr ›gelahrt‹, aber auch als sehr konservativ.*

85,*37–38* in seinen halbjährigen Schriften] *Schäfer als Ober-Pedell gab alle sechs Monate das Personalverzeichnis der Göttinger Universität heraus, das auch die Namen sämtlicher Studenten enthielt.*

85,*38–39* oft citirt hat] *studentisch für ›vors Universitätskonzil gefordert‹ (vgl. Kluge S. 86). Heine war 1820/21 allein wegen seiner Duellaffäre ungefähr zehnmal vor das Universitätsgericht* citirt *worden, wie man den Citier-Büchern des Universitätsarchivs Göttingen entnehmen kann.*

86,*3–4* alle drey Jahre] *das Studium dauerte damals gewöhnlich nur sechs Semester. Heine war mit seinen 10 Semestern bereits ein ›uraltes, bemoostes Haupt‹.*

86,*9* den Myrtenlauben bey Rauschenwasser] *bei dem Dorf Angerstein treibt ein Bach fünf verschiedene Mühlen an, die »unter dem Gesamtnamen zum Rauschenwasser bekannt sind« (vgl. »Göttingen und seine Umgebung«, Göttingen 1854, S. 135). Im »Göttinger Student« werden neben den Mühlen am »rauschenden Wasser« auch kleine Lauben erwähnt, wo man Erfrischungen im Grünen einnehmen konnte (S. 58f.). Die Myrthe war in der Antike der Aphrodite geweiht und gilt noch heute in manchen Ländern als bräutlicher Schmuck. So ist in dem Gedicht »Lotte bey Werthers Grab« (vgl. Erläuterung zu 90,21–22) die »Myrthen-Laube« der Ort der liebenden Vereinigung. Heine meint jedoch mit diesen* Myrtenlauben *eine Art Freudenhaus. Nach Marx war Dirnen die Ausübung ihres Gewerbes nur außerhalb Göttingens erlaubt (S. 322). Über Heines Mut, auf solche Zustände offen hinzuweisen, vgl. schon »Briefe aus Berlin« (14,33 und 43,22–23).*

86,*13* die breite Spontaneität] *Deckwort für weibliches Hinterteil. Ähnlich drückt sich Heine in den »Bädern von Lucca« (Kap. V) aus, wo ein weibliches Hinterteil mit dem Begriff* Legitimität *umschrieben wird.*

86,*15* Nörten] *kleinerer Ort am Hardenberg auf dem halben Wege zwischen Göttingen und Northeim. Heine hatte am 4. Juli 1824 mit Wedekind einen Ausflug nach Nörten gemacht.*

86,*16* das Rossinische Lied] *witzige Umschreibung für ›populäres Lied‹ (über die Beliebtheit mancher Rossinischen Arien vgl. »Briefe aus Berlin«, Erläuterung zu 23,40). In der französischen Version steht an dieser Stelle* notre air national, *was ebenfalls im allgemeinen Sinne auf ein populäres Lied verweist.*

86,*16–17* »Trink Bier, liebe, liebe Lise!«] *Anspielung auf die Volksliedzeilen: » ›Wenn de Pott aber nun en Lock hat, / Leewe Heinerich, leewe Heinerich?‹ / ›Stopp et to, min leewe Lise, / Leewe Lise, stopp et to‹ «.*

86,*19* einen deutsch langsamen Charakter] *vielleicht Anlehnung an Madame de Staël, die in »De l'Allemagne« schreibt: »Man hat Mühe, wenn man so eben aus Frankreich kam, sich an die Langsamkeit, an den Ruhestand des deutschen Volkes zu gewöhnen; es hat nie Eile« (I, 2).*

86,*22* Kracke] *nieder- und mittelfränkisch für ›abgemagertes Pferd‹.*

86,*25* O du armes Thier] *ironische Anspielung auf den Sündenfall und die Theorie der Erbsünde (vgl. 1 Mose 3).*

86,*27* Im Wirthshause zu Nörten] *nach dem »Göttinger Student« könnte damit der »Goldene Anker« gemeint sein, »welcher unter den Studenten nur ›bey der dicken Mama‹ heißt, wegen seiner ziemlich corpulenten Wirthin« (S. 78).*

86,*29* der gelbledernen Magd, Fusia Canina, auch Trittvogel genannt] *das Wort* gelbledern *taucht bei Heine häufig im Bereich schmutziger Erotik auf (vgl. 125,29 und 229,25). Auch in einem Brief an Immanuel Wohlwill vom 1. April 1823 schreibt er einmal verächtlich von der Hammonia mit* schmutzigem Hemd auf dem gelben Leib, *die dem* Meistbiethenden *nur allzu willig an die Brust sinke. Der Begriff* Fusia Canina *bezieht sich auf die »lex Furia Canina« vom Jahre 8 n. Chr., nach der die durch Testament verfügten Freilassungen eingeschränkt wurden (vgl. Hugo S. 549, 779). Elster[2] sieht darin eine studentische Version des Wortes »Fuselkanne« (III, 447). Jedenfalls ist das Ganze ein Deckname für ›liederliches Frauenzimmer‹, wozu auch der Begriff* Trittvogel *paßt, der sowohl für drängende Gläubiger als auch in erotischer Umdeutung verwendet wurde (vgl. Kluge S. 131).*

86,*31–32* die eingepackten blauen Hosen, die in geschichtlicher Hinsicht sehr merkwürdig sind] *unklar. Vielleicht Anspielung auf die blauen Pantalons, die während der französischen Revolution die Culotten ablösten.*

86,*33* Colibri] *nach Kluge als Spitzname für einen Kellner nur bei Heine belegt. Heine kannte diesen* Colibri *schon von früheren Ausflügen nach Nörten her (vgl. die Anekdote, die Strodtmann erzählt, I, 389).*

86,*34* Bussenia, die alte Wirthinn] *wohl die inzwischen älter gewordene »dicke Mama«, von der der »Göttinger Student« 1813 spricht (S. 78). Strodtmann nennt sie »Mutter Bussenius« (S. 389).*

86,*39–40* Die liebe Wirthshaussonne in Nordheim] *Northeim liegt etwa $3^1/_2$ Fußstunden nördlich von Göttingen. Das Gasthaus ›Zur Sonne‹ besteht noch heute.*

87,*3* die salzlosen, ledernen Stockfische] *an der Luft getrocknete Kabeljaus.*

87,*7* ganz grün gekleidet] *galt damals offenbar als komisch (vgl. Heines Bemerkung über Spontinis Rock und Hosen aus* grünem Sammet *und Maltitz'* grünen Oberrock *in »Briefe aus Berlin« 9,33–34 und 17,20–21). Maltitz erwähnt später, daß er nach der Lektüre der »Briefe« keinen grünen Oberrock mehr getragen habe (vgl. Werner/Houben Nr. 93).*

87,*9* König Nebukadnezar] *der bekanntlich Gras fressen mußte (vgl. Daniel 4,29). Dasselbe Bild taucht später u. a. in den »Geständnissen« auf.*

87,*13* Hotel de Brühbach] *gemeint ist der Karzer im Konzilienhause, dessen Name auf den Karzerwächter Brühbach zurückgeht (vgl. Kluge S. 18 und »Studentenleben« S. 144f.). Heine hatte dort den 3. und 4. Mai 1825 verbracht.*

87,*14* Die eine Dame] *eine von Heine häufig verwandte Kontrasttechnik. Vgl. schon »Briefe aus Berlin« (40,5–14) oder den Gegensatz von Madame Pieper und Madame Schnieper im »Schnabelewopski« (Kap. III).*

87,*15* Quadratmeilen-Gesicht] *wohl in Anlehnung an Jean Paulsche Wortprägungen wie »Kurrentgesicht« oder »Wochentaggesicht« gebildet (vgl. Marcus S. 75). In der »Reise von München nach Genua« gibt es sogar ein* Witwenkassen-Gesicht *(Kap. II).*

87,*15–16* Grübchen in den Wangen, die wie Spucknäpfe für Liebesgötter aussahen] *Ähnliches schreibt Heine in einem Brief an Immanuel Wohlwill vom 1. April 1823 über die Frau von Leopold Zunz:* Letztere hat noch immer genug an ihrem Manne zu sehen, wird täglich enchantirter von ihm, und behauptet, seine Pockennarben seyen kleine Spucknäpfchen der Liebesgötter.

87,*18* ein hochaufgestapelter Busen] *die Darstellung weiblicher Reize im Bilde einer Festung war schon im Barock weit verbreitet, wird hier jedoch aus dem Petrarkistischen ins Ironische abgewandelt. Das gleiche Bild verwendet Heine nochmals in der »Romantischen Schule« bei der Charakterisierung der* Frau Postmeisterin, *die nahe bei Göttingen lebt (Buch II,4). Auch Börne gebraucht gern solche Bilder (vgl. Eckertz S. 91f.).*

87,22 Pharaos fetten Kühen] *bezieht sich auf den Traum des Pharao von den sieben fetten und den sieben mageren Kühen, die der junge Joseph als Jahre deutet (vgl. 1 Mose 41,2ff.).*

87,*33* nach der Braunschweiger Messe zogen] *die Braunschweiger Laurentiusmesse begann jeweils am Donnerstag der Woche, in die der 10. August fällt. Da Heine seine Reise im September machte, kann er keinen Messeausstellern begegnet sein (vgl. Vos[1] S. 27). Wahrscheinlich verarbeitet Heine hier ein früheres Erlebnis oder bringt das Ganze nur wegen des Wortwitzes mit den Vögeln.*

87,*39* Osterode] *kleine Stadt am Fuße des Harzes, die an der Söse liegt und als Marktplatz bekannt war (vgl. Gottschalck S. 258ff.).*

88,*1* Im Traume] *die folgende Traumschilderung lehnt sich z. T. an den bekannten Bibliothekstraum in dem Kapitel »Die Kunst des Büchermachens« von Washington Irvings »Skizzenbuch« an (vgl. Loewenthal S. 19 und Weidekampf S. 78f.).*

88,*15–16* der dünne Hofrath Rusticus, der Lykurg Hannovers] *gemeint ist der Strafrechtslehrer Anton Bauer (1772–1843), der seit 1813 Professor in Göttingen war, und bei dem Heine im Frühjahr 1824 »Kriminalrecht« gehört hatte (vgl. den Brief an Rudolf Christiani vom 7. März 1824). Heine vergleicht ihn hier mit dem legendären spartanischen Gesetzgeber Lykurg (9. Jahrhundert v. Chr.), da Bauer an der Ausarbeitung des hannöverschen Strafgesetzbuches einen maßgeblichen Anteil hatte.*

88,*17–18* ihr *Cavaliere servente*, der geheime Justizrath Cujacius] *gemeint ist der Jurist Gustav Hugo (1764–1844), einer der Begründer der Historischen Rechtsschule und damaliger Dekan der Juristischen Fakultät, der sich um die geschichtliche Begründung des römischen Rechts verdient gemacht hatte. Hugo galt allgemein als sehr eitel (vgl. Götz von Selle, »Die Georg-August-Universität zu Göttingen. 1737–1937«, Göttingen 1937, S. 195f.) und bezeichnete sich auf den Titelblättern seiner Bücher stets als »Geheimer Justizrath Ritter Hugo«. Unter einem* Cavaliere servente *verstand man vom 16. bis zum 19. Jahrhundert einen geckenhaften Begleiter höhergestellter, verheirateter Frauen. Heine fand die Kollegs des* ledernen, schweinsledernen, doppelschweinsledernen Ritter Hugo, *die er im Frühjahr 1824 hörte, entsetzlich langweilig (vgl. Brief an Rudolf Christiani vom 29. Februar 1824). Erst als ihn Hugo anläßlich seiner Promotion als Juristen und Dichter neben Goethe stellte, charakterisierte ihn Heine am 22. Juli 1825 Moses Moser gegenüber mit leiser Ironie als einen* der größten Männer des Jahrhunderts. *Daß er ihn hier als* Cujacius *auftreten läßt, geht auf die häufigen Anspielungen Hugos auf Jacques de Cujas (1522–1590), einen berühmten Zivilrechtslehrer und Mitbegründer der humanistisch-philosophischen Quellenexegese des römischen Rechts an der Universität Bourges, zurück (vgl. Hugos »Lehrbuch der Geschichte des Römischen Rechts seit Justinian«, 1818, wo er »Cujacius« als den bedeutendsten aller »Bearbeiter des Römischen Rechts« hinstellt, S. 268). Wie Strodtmann berichtet (1. Aufl., I,363), sollen auch andere Göttinger Studenten Hugo als den »alten Cujaz« bezeichnet haben (vgl. auch Franz Finke, »Gustav Hugos Laudatio auf Heine«. In: HJb 7, 1968, S. 12–17).*

88,*18–19* riß beständig juristische Witze] *Hugo war bekannt für seine abgedroschenen Witze, die er unaufhörlich wiederholte.*

88,*22* der die Bäume von oben herab beschneidet] *bezieht sich auf eine strittige Stelle des »Corpus juris civilis« (D. 43.27) unter der Überschrift »De arboribus caedendis« (Fr. I, §7), die auch Hugo in seinem »Lehrbuch der Geschichte des Römischen Rechts bis auf Justinian«, [8]1822, S. 140f. behandelt. Es geht hier um die kleinliche Frage, ob man Bäume, die an der Grenze eines Ackers stehen, von unten oder von oben bis zu einer Höhe von 15 Fuß beschneiden sollte. Hugo war darüber in einen Streit mit seinem Heidelberger Kollegen Anton Friedrich Justus Thibaut (1772–1840) geraten. Thibaut vertrat die These, daß nur die unteren 15 Fuß gekappt zu werden brauchten, während Hugo diese Stelle im Sinne der Beschneidung von oben auslegte.*

88,40 Prometheus] *Vos*[1] *meint: »The figure of Prometheus doubtless symbolizes liberal Germany under the heel of the Metternich régime« (S. 40). Ebenso direkt drückt sich Buchheim aus: »This passage is an allusion to the so-called ›Holy Alliance‹, which was formed after the final overthrow of Napoleon by the sovereigns of Austria, Prussia, and Russia, with the object of suppressing the liberal movements on the continent« (S. 91). Heine schreibt dagegen in seiner »Reise von München nach Genua«:* Vielleicht nach Jahrtausenden, wird ein spitzfindiger Schulmeister in einer grundgelehrten Dissertation unumstößlich beweisen: daß der Napoleon Bonaparte ganz identisch sei mit jenem anderen Titane, der den Göttern das Licht raubte und für dieses Vergehen auf einem einsamen Felsen, mitten im Meere, angeschmiedet wurde *(Kap. XXVIII). Noch klarer wird diese Napoleon-Parallele in der französischen Fassung der »Harzreise« von 1856, wo es eindeutig heißt:* La force insultante et la violence muette de la sainte alliance ont enchaîné le héros sur un rocher dans l'Océan *(238,27–29).*

88,40 die stumme Gewalt] *gemeint ist die Bia im »Gefesselten Prometheus« des Aischylos, die als stumme Person auftritt.*

89,6–7 trat der alte Münchhausen aus seinem Rahmen hervor] *Heine meint hier nicht den Lügenbaron, sondern den hannöverschen Staatsmann Gerlach Adolf Freiherrn von Münchhausen (1688–1770), den ersten Kurator der Göttinger Universität. Auch im Bibliothekstraum des Irvingschen »Skizzenbuchs« treten die Gestalten der Vergangenheit aus den Rahmen hervor (vgl. Erläuterung zu 88,1), um sich an ihren Imitatoren und Epigonen zu rächen. Ähnliche Motive finden sich in den Novellen »Der Artushof«, »Das öde Haus« und »Die Geschichte vom verlorenen Spiegelbilde« von E. T. A. Hoffmann. Das offizielle Porträt des Freiherrn von Münchhausen hing im Kollegsaal der Jurisprudenz.*

89,8–9 in den historischen Saal] *der historische Saal wurde 1812 im oberen Geschoß der ehemaligen Pauliner Kirche angelegt. Dort standen zu Heines Zeit ein Gipsabguß jenes* belvederischen Apolls, *den man 1503 in Italien gefunden hatte und der von Papst Julius II. im Belvedere aufgestellt worden war, und ein Gipsabguß jener* mediceischen Venus, *die erst eine Weile im Medici-Palast in Rom gestanden hatte und sich heute in den Uffizien befindet. Über Heines Schwärmerei für die* mediceische Venus *vgl. auch seinen Brief vom 25. Februar 1824 an Moses Moser. Beide Abgüsse stehen heute im Archäologischen Institut.*

89,31–32 wie in Gottschalcks »Taschenbuch für Harzreisende« genauer nachzulesen ist] *Caspar Friedrich Gottschalck (1772–1836), ein anhaltinischer Hofrat und Schriftsteller, hatte in seinem »Taschenbuch für Reisende in den Harz« den ersten maßgebenden Harzreise-Führer geschrieben (vgl. Heyse S. 24f.). Heine hat nicht die 3. Auflage von 1823, sondern die zweite, verbesserte Auflage von 1817 benutzt, da er anhand des Gottschalckschen Reiseführers in Goslar vergeblich nach dem 1819 abgerissenen Dom suchte* *(vgl. die Erläuterung zu 99,39 und Vos*[1] *S. 42ff.). Von der Mitte der zwanziger Jahre ab berufen sich viele Harzreisende auf Gottschalck (vgl. Adolf Glaßbrenner, »Meine Reise nach dem Harz«. In: »Aus den Papieren eines Hingerichteten«, Leipzig 1834, S. 23, 55). Über Osterode heißt es bei Gottschalck: »Osterode <...> enthält mit Inbegriff zweier sogenannten Vorstädte, und des daran stoßenden Dorfes: die Freiheit, 684 H. und gegen 3200 E.« (S. 258).*

89,*33* die Trümmer der uralten Osteroder Burg] *auch Gottschalck, der sich als »Freund altdeutscher Geschichte« stets für die »Trümmer und ehrwürdigen Reste aus der Vorzeit« interessiert (S. 5), erwähnt die »Ruine einer sehr alten Burg« (S. 263). Über die Geschichte dieser Burgruine wußte man damals offenbar wenig oder nichts (vgl. Gottschalck, »Die Ritterburgen und Bergschlösser Deutschlands«, Halle 1810, I,51ff. und »Hercynia« S. 163).*

90,*1–2* einem reisenden Handwerksburschen] *Heine spricht noch in der »Romantischen Schule« von seiner Vorliebe für wandernde Handwerksburschen und deren Lieder:* Gar oft, auf meinen Fußreisen, verkehrte ich mit diesen Leuten und bemerkte, wie sie zuweilen, angeregt von irgend einem ungewöhnlichen Ereignisse, ein Stück Volkslied improvisierten <...> Die Worte fallen solchen Burschen vom Himmel herab auf die Lippen, und er braucht sie nur auszusprechen, und sie sind dann noch poetischer als all die schönen Phrasen, die wir aus der Tiefe unseres Herzens hervorgrübeln. Der Charakter jener deutschen Handwerksburschen lebt und webt in dergleichen Volksliedern *(Buch III,1). In diesem Falle stellte sich allerdings hinterher heraus, daß besagter* Handwerksbursche *in Wirklichkeit ein recht gebildeter Handlungsreisender namens Carl Dörne aus Osterode war, der nach der Lektüre der ersten Fassung der »Harzreise« seinerseits eine Beschreibung dieses Zusammentreffens in der Nr. 26 des »Bemerkers«, einer Beilage zum »Gesellschafter« vom 30. August 1826 abdrucken ließ (vgl. »Entstehung und Aufnahme« 530,18–532,34).*

90,*3* der junge Herzog] *Herzog Karl II. (1804–1873) von Braunschweig und Lüneburg machte 1823 eine Reise nach England, in die Schweiz und nach Wien. Daß der junge Herzog gerade im Orient weile, gehört zu den ›Mystifikationen‹ Dörnes (vgl. »Entstehung und Aufnahme« 530,38–39).*

90,*8* »Herzog Ernst«] *die Lebensgeschichte des Herzogs Ernst II. von Schwaben (gest. 1030) gab den Stoff zu dem bekannten Epos und zu vielen phantastisch erweiterten Sagen und Dramen über den »Herzog Ernst« bis weit ins 19. Jahrhundert hinein. Ernst war von seinem Stiefvater, dem Kaiser Konrad II., in Acht und Bann getan worden, weil er sich geweigert hatte, an einem Feldzug gegen seinen Freund Werner von Kyburg teilzunehmen. Das Volksbuch vom Herzog Ernst hatte Görres 1807 in dem Sammelband »Die teutschen Volksbücher« neu herausgebracht (S. 83ff.).*

90,*10* wie durch Ossians Nebelgeister] *im Sinne von ›schmächtig‹ oder ›ätherisch‹ gemeint (vgl. die Bemerkungen über Ossian in »Über Polen« 57,27 und gegen Ende der »Harzreise« 125,7–126,25).*

90,13–14 Ein Käfer auf dem Zaune saß] *ein Lied, das 1807 in Johann Gustav Büschings und Friedrich Heinrich von der Hagens »Sammlung deutscher Volkslieder« in Berlin erschienen war (S. 156) und das später die Anregung zu Heines Gedicht »Die Launen der Verliebten« gab.*

90,19–20 Leidvoll und freudvoll, Gedanken sind frey!] *verballhornte Mischung aus dem Lied des Klärchen »Freudvoll und leidvoll, gedankenvoll sein« aus dem 3. Aufzug des »Egmont« und dem hessischen Volkslied »Die Gedanken sind frei«. Dies Lied soll tatsächlich in dieser zersungenen Form verbreitet gewesen sein (vgl. John Meier, »Kunstlied und Volkslied in Deutschland«, Halle 1906, S. 19).*

90,21–22 ein Lied, wo »Lottchen bey dem Grabe ihres Werthers« trauert] *das sieben Seiten umfassende Lied »Lotte bey Werthers Grab« erschien 1775 anonym als Einzeldruck. Die Anfangszeile »Ausgelitten hast du – ausgerungen« wurde so berühmt, daß sie Büchmann später in seine »Geflügelten Worte« aufgenommen hat. Die bekannteste Vertonung dieses Liedes aus dem Jahre 1777 stammt von Johann Heinrich Hesse (um 1712–1778). Sein Verfasser war höchstwahrscheinlich der ansbachische Regierungsrat Karl Ernst Freiherr von Reitzenstein (vgl. Johann Wilhelm Appell, »Werther und seine Zeit«, Oldenburg [4]1896, S. 55, 76ff.). Friedrich Christoph Schlosser berichtet in seiner »Geschichte des 18. Jahrhunderts« (1823), daß dieses Lied noch in seiner Knabenzeit in Nordwestdeutschland weit verbreitet gewesen sei (Berlin [5]1879, IV,157).*

90,23 Einsam wein' ich] *nachdem sich Albert zürnend von ihr abgewandt hat, hofft Lotte in diesem Lied, daß ihr Gott im Jenseits eine Wiedervereinigung mit Werther gewähren werde. Bis dahin ist die Erde für sie nur ein ›Tal der Tränen‹ (vgl. Klaus Scherpe, »Werther und Wertherwirkung«, Bad Homburg 1970, S. 95f. In diesem Buch findet sich auch ein Faksimile-Nachdruck dieses Gedichtes).*

90,31 mit der doppelten Poesie] *Dörne besaß tatsächlich einen Kameraden in Kassel. Mit der* doppelten Poesie *hatte der allerdings keine doppelt gereimten Stanzen, sondern den Zustand des Betrunkenseins gemeint (vgl. »Entstehung und Aufnahme« 532,8–13).*

90,32–33 Ziegenhainer Beinchen] *›Ziegenhainer‹ waren Wanderstöcke, die ursprünglich in Ziegenhain bei Jena hergestellt wurden (vgl. Kluge S. 135).*

90,38 bramarbasirte] *redensartlich für ›angeben‹ nach der Gestalt des prahlerischen Bramarbas im »Miles gloriosus« von Plautus.*

91,14 Der selige Hoffmann] *gemeint sind die pittoresken Landschaftsschilderungen des 1822 verstorbenen E. T. A. Hoffmann, den Heine damals besonders hoch schätzte (vgl. »Briefe aus Berlin« 52,7). So ist im »Kater Murr« einmal von »Gewölk« die Rede, »das glühend aufflammte« (Harich V,244). Kritisches über Hoffmann findet sich zum erstenmal in einem Brief an Johann Hermann Detmold vom 28. Juli 1827, wo er ihn vor der* leuchtenden Nachtseite *der Hoffmannschen Poesie warnt.*

91,21 die Blumen werden nach den Staubfäden classifizirt] *schon Herder protestiert in seiner Schrift »Vom Geist der Ebräischen Poesie« gegen diese Art der Systematik: »Alle sinnlichen Völker kennen die Natur, von der sie dichten; ja sie kennen sie lebendiger und zu ihrem Zwecke besser als der Linneische Classificator aus seinem Bücherregister« (4. Gespräch). Ähnliche Äußerungen finden sich in der Romantik. So wendet sich Justinus Kerner sowohl in dem »Bilderbuch aus meiner Knabenzeit« als auch in den »Reiseschatten« gegen die Methode, alle Blumen nach Linné klassifizieren zu wollen. E. T. A. Hoffmann karikiert in seiner Erzählung »Klein Zaches genannt Zinnober« einen Naturwissenschaftler, der bei jedem Pflänzchen weiß, »in welche Klasse es gehört« (Harich III,147). Bei Immermann finden sich solche Spötteleien über die linneischen »Genera Plantarum« in seinen »Papierfenstern eines Eremiten« (Brief vom 26. Mai). Ähnliche Vorwürfe wiederholt Heine später in der Brocken-Szene (129,32).*

91,24 das Dorf Lerbach] *Lerbach, etwa ½ Fußstunde von Osterode entfernt, zieht sich fast 3 km durch das relativ enge Lerbach-Tal. Es hat heute keine* grauen Dächer *mehr, sondern rote Ziegeldächer. Gottschalck (S. 215f.) und Niemann (S. 112) nennen es beide »Lerbach«. Daher wurde Heines Schreibung* Lerrbach *in Lerbach geändert.*

91,26 dumme Kropfleute] *Gottschalck schreibt: »Die meisten Weiber sind hier mit Kröpfen versehen, welches man dem steten Bergsteigen, und dem Trinkwasser schuld giebt« (S. 216). Das gleiche behauptet Niemann (S. 113).*

91,26 weiße Mohren] *schon Horstig beschreibt einen »zehnjährigen Kakerlaken« mit weißen Haaren und rötlichen Augen, der ihm in Lerbach den Weg weist (S. 40f.). Bei Gottschalck heißt es: »Eine im nördlichen Deutschland seltene Naturerscheinung findet man in L., nemlich: zwei Kakerlaken, oder weiße Mohren. Es sind Geschwister, von armen Eltern hier geboren, deren übrige Kinder von gewöhnlicher Farbe sind. Gegen ein kleines Geschenk zeigen sie sich gern« (S. 216). Es handelte sich hierbei um das Geschwisterpaar Sauerbrey, wie Niemann schreibt (S. 113), die neben der Kirche wohnten und keinen Sonnenstrahl ertragen konnten (vgl. Erich Ebstein, »Zur Frage des Vorkommens von Kretinen und Albinos in Lerbach im Harz«. In: »Die Naturwissenschaften« 6, 1918, Heft 38 vom 20. September, S. 562–565 und Karl Brethauer, »Osterode, Lerbach und der Harz«. In: »Heimatblätter für den süd-westlichen Harzrand«, Heft 5/6, 1959, S. 31–35).*

91,33 Die Kinder] *Marcus vergleicht diesen Gedankengang mit dem Abschnitt über die Kinder in Jean Pauls »Flegeljahren« (S. 169). Auch die indische Wiedergeburtslehre, mit der sich Heine im Anschluß an die Vorlesungen von Franz Bopp (vgl. Erläuterung zu 178,25) und die Lektüre der »Sakuntalā« (vgl. Erläuterung zu 66,30–33) beschäftigte, spielt in diesen Abschnitt hinein. Das gleiche gilt für die Spekulationen, die E. T. A. Hoffmann in der Erzählung »Meister Floh« über die blumenhafte Vorexistenz von Dörtje Elverdink und George Pepusch anstellt, die Heine in den »Briefen aus Berlin« erwähnt (51,35).*

91,37 Clausthal] *etwa $1^{1}/_{2}$ Fußstunden von Lerbach entfernt. Clausthal, die größte der sieben hannöverschen Bergstädte, hatte damals 7500 Einwohner (vgl. Gottschalck S. 124ff., Niemann S. 60ff.).*

92,*3–4* in einer dumpfkatholischen Klosterschule zu Düsseldorf] *sowohl die von dem früheren Pater Bernhard Dickerscheit geleitete Normalschule als auch das Lyceum, die der junge Heine in Düsseldorf besuchte, befanden sich in einem ehemaligen Franziskanerkloster (vgl. Heinrich Willemsen, »Von Heinrich Heines Schulzeit«. In: »Euphorion« 17, 1910, S. 101ff.). Vgl. auch Heines Bemerkungen über seine Schulzeit im »Buch Le Grand« (186,27–190,14). Sogar die Kombination* Latein *und* Prügel *kehrt dort wieder (188,4).*

92,*10–11* den Königl. Hannöv. Katechismus] *das Einmaleins wurde im hannöverschen Katechismus noch bis 1910 abgedruckt. Die Unvereinbarkeit des Einmaleins und der* heiligen Dreyheitslehre *beruht nach Loewenthal (S. 93) auf einem Witz Voltaires (vgl. »Œuvres complètes«, Paris 1877ff., XXVII,2).*

92,*23* In der »Krone«] *»Die goldene Krone« wird auch von Gottschalck neben dem »Goldenen Löwen« als der beste Gasthof in Clausthal empfohlen (S. 124). Er befindet sich noch heute am Kronenplatz 3.*

92,*25* der Chimborasso] *war vor allem durch Alexander von Humboldt berühmt geworden. In seinen 1808 in Tübingen erschienenen »Ansichten der Natur« heißt es, daß der »Chimborazo sechsmal höher als der Brocken« sei (S. 205).*

92,*26–27* Wilhelm Bücking] *das Ganze ist selbstverständlich ein Witz. Kaiser Karl V. befand sich zwar 1555 und 1556 in den Niederlanden. Doch die hier erwähnte Reise von Middelburg nach Biervlied ist historisch nicht zu belegen.*

92,*35* mit fünf und zwanzig bunten Westen] *über die damals herrschende Westen-Manie vgl. schon »Briefe aus Berlin« (13,42). Nach dem Bericht von Dörne hat es diesen eitlen, schwatzhaften Handlungsbeflissenen wirklich gegeben (vgl. »Entstehung und Aufnahme« 532,21–28).*

93,*1–2* ein Decret des akademischen Senats] *Heine ›mystifiziert‹ hier seinen Gesprächspartner ebenso wie vorher Dörne. Wahrscheinlich geht diese Stelle auf Marx zurück, der ebenfalls von polizeilichen Verfügungen gegen »tolle Hunde« spricht (S. 313). Doch auch in den Zeitungen dieser Jahre ist ständig von ›Hundswuth‹ oder ›tollgewordenen Hunden‹ die Rede. Ein eingekniffener Schwanz galt damals allgemein als ein Symptom der Tollwut. So schreibt Heine in »Über die französische Bühne«:* Wenn wir <*Heine und der alte Kaplan Hermann Josef Asthöver*> spazieren gingen und eines Hundes ansichtig wurden, der den Schwanz ein bißchen zweideutig eingekniffen trug, beteten wir geschwind: »O Hund, du Hund – Du bist nicht gesund – Du bist vermaledeit – in Ewigkeit – vor deinem Biß – Behüte mich mein Herr und Heiland Jesu Christ, Amen!« *(2. Brief). Im Börne-Buch erwähnt Heine seinen früheren Studienfreund Johann Friedrich Dieffenbach (1794–1847), einen späteren Chirurgen und Professor in Berlin, der während seiner ersten Semester* *in Bonn jedem Hund und jeder Katze, die er erwischte,* gleich die Schwänze abschnitt *(Anfang von Buch 1).*

93,*7* Silberhütten] *die berühmteste war die Frankenscharner Silberhütte, die etwa 200 Menschen ernährte und von allen Touristen besucht wurde (vgl. Gottschalck S. 128f., Niemann S. 62).*

93,*9–10* den Silberblick verfehlt] *bezieht sich auf den Schimmer, den das flüssige Silber bei der Trennung vom Blei annimmt. Schon Horstig weist auf diesen »Silberblick« hin (S. 52). Heine spielt damit selbstverständlich auch auf seine trostlose Finanzlage und seine verpaßten Liebeschancen an.*

93,*10* In der Münze] *auch ihr Besuch wird von Gottschalck empfohlen. Er schreibt: »In der Stadt ist bemerkenswerth: die Münze. Alles im Oberharze erzeugte Blicksilber, wird hier nach dem 18 Gulden-Fuße ausgeprägt <...> und zwar in jeder Woche für 8 bis 8½ tausend Thlr.« (S. 124).*

93,*15* die silberne Manna] *alttestamentliche Anspielung (vgl. 2 Mose 16).*

93,*25* im Schooße Abrahams] *nach kirchlicher Lehre der Aufenthaltsort für die unschuldigen Seelen der jüdisch-alttestamentlichen Welt.*

93,*27* der zwey vorzüglichsten Clausthaler Gruben] *hierzu schreibt Gottschalck: »Gewöhnlich werden Reisenden die reichen Gruben: Caroline, und Dorothea, ½ St. von Cl., welche in den Jahren 1707 bis 1711 Erz zu fördern anfingen, gezeigt, weil sie bequem zu befahren sind« (S. 127). Auch Horstig (S. 46) und die »Hercynia« (S. 159) bezeichnen sie als die beiden Hauptgruben (vgl. W. Czerny, »Vom Bergwesen in Heinrich Heines ›Harzreise‹ «. In: »Der Ausschnitt. Zeitschrift für Kunst und Kultur im Bergbau« 11, 1959, Nr. 1, S. 29f.).*

94,*2–3* Es giebt schon eine eigene Empfindung] *vgl. die ironisch-distanzierte Beschreibung dieses Grubenabstiegs mit romantischen Schilderungen dieser Art wie in Tiecks »Runenberg« (1802) oder Hoffmanns »Bergwerke zu Falun« (1819), wo ein solcher Vorgang stets einen magischen oder symbolischen Charakter annimmt.*

94,*27* »Hourrah Lafayette!«] *Marie-Joseph Motier de Lafayette (1757–1834), der im amerikanischen Unabhängigkeitskrieg mitgekämpft hatte, reiste vom August 1824 bis zum September 1825 durch die Vereinigten Staaten und wurde überall stürmisch gefeiert.*

94,*37* einen Sturm auf der Nordsee] *über diesen Sturm am 22. August 1823 während seiner Schiffsreise von Cuxhaven nach Helgoland berichtet Heine am 23. August 1823 in einem Brief an Moses Moser. Auch in dem Gedichtzyklus »Die Heimkehr« wird dieser Sturm erwähnt (Nr. 11).*

95,*4* Dorothea] *die Dorothea war nach Gottschalck die Grube mit der reichsten Ausbeute im ganzen Harze (S. 127, vgl. auch Horstig S. 47ff. und Niemann S. 62).*

95,*19–20* der Herzog von Cambridge] *Adolphus Frederick Herzog von Cambridge (1774–1850), der jüngste Sohn König Georgs III. von England, wurde 1814 Generalstatthalter, 1831 Vizekönig von Hannover.*

95,*36* Deutsche Treue!] *ähnliche Gedanken entwickelt Heine über die Ilsenburger (vgl. 230,18) und die Tiroler in der »Reise von München nach Genua« (Kap. XIf.).*

95,*38–39* das Lied von dem getreuen Eckart und dem bösen Burgund] *der getreue Eckart galt lange Zeit als Inbegriff der Gefolgschaftstreue in der deutschen Heldensage. In der Romantik hatte Tieck in seiner Erzählung »Der getreue Eckart und der Tannenhäuser« (1799) diesen Stoff aufgegriffen. Hier erduldet Eckart von seinem Herrn, dem Herzog von Burgund, die schnödeste Behandlung. Obwohl der Herzog ihm beide Söhne tötet, bleibt er doch ein treuer Vasall, rettet seinen Herrn aus größter Gefahr und opfert sich später für dessen Söhne im Kampf gegen böse Zwerge (Erstdruck in »Romantische Dichtungen«, 1799, I,423ff., dann in »Phantasus«, 1799, I,196ff.). Georg Döring (1789–1833) hatte den gleichen Stoff 1822 in seinem Drama »Der treue Eckart« als romantisches Trauerspiel gestaltet und mit einer Vorrede über die Geschichte der Sage vom treuen Eckart versehen.*

96,*8* Zellerfeld] *liegt direkt neben Clausthal und hatte damals 3500 Einwohner (vgl. Gottschalck S. 131ff., Niemann S. 182f.).*

96,*11* ließ mir alte Bergmährchen von ihnen erzählen] *die Anregung dazu verdankte Heine wahrscheinlich der Vorrede zur 2. Auflage der »Kinder- und Hausmärchen« (1819) der Brüder Grimm, wo auf die reiche Märchentradition in Hessen und Niedersachsen hingewiesen wird (vgl. Loewenthal S. 138). Obwohl sich Heine sonst von solchen ›romantischen‹ Neigungen schon deutlich distanziert, schätzt er jedoch das Märchen noch immer sehr hoch ein. So heißt es in Wedekinds Tagebuch vom 15. Juni 1824 nach einem Gespräch mit Heine: »Jetzt ist er ihr <der Romantik> abgeneigt <...> Nur dem Märchen legt er noch einen ziemlichen Wert bei« (»Studentenleben« S. 67). Über die Fülle der Clausthal-Zellerfeldschen Bergmärchen orientiert das Buch »Harzsagen« von Heinrich Pröhle (Göttingen 1957, S. 59–108).*

96,*18* das Leben dieser Leute] *Anklang an die romantische Vorstellung vom ›Volk‹, wie sie Joseph Görres in »Die teutschen Volksbücher« (1807) ausdrückt: »Das Volk lebt ein sprossend, träumend, schläfrig <...> Pflanzenleben« (S. 4). Von Heine als wohltuender Gegensatz zur kalten Rationalität der Philister hervorgehoben.*

96,*19* Die steinalte, zitternde Frau] *vielleicht Nachhall einer Stelle aus dem »Anton Reiser« (1785ff.) von Karl Philipp Moritz (1757–1793), dessen Held ebenfalls am Harz entlang wandert, um nach Weimar zu pilgern, und unterwegs eine »steinalte Frau« kennenlernt, von der es heißt: »Diese Frau war hier erzogen, hier geboren, hier alt geworden, hatte immer die Wände dieser Stube, den großen Ofen, die Tische, die Bänke gesehen« (Anfang des 4. Teils).*

96,*33* so sehen wir im Mährchen] *die folgenden Beispiele stammen alle aus den »Kinder- und Hausmärchen« der Brüder Grimm:* Nähnadel und Stecknadel *aus »Das Lumpengesindel«,* Strohhalm und Kohle *aus »Strohhalm,*

Kohle, Bohne«, Schippe und Besen *aus »Der Herr Gevatter«, der* befragte Spiegel *aus »Schneewittchen« und die* Blutstropfen *aus »Die Gänsemagd«.*

96,40–**97**,1 in der Kindheit] *vgl. Erläuterung zu 91,33.*

97,32 Hofrath B.] *gemeint ist Friedrich Bouterwek (1766–1828), der seit 1802 Professor für Philosophie und Ästhetik in Göttingen war. Den Hofratstitel hatte er 1806 erhalten. Heine hat nicht nur Bd. 3–6 seiner »Geschichte der Poesie und Beredsamkeit« (1801–1819) aus der Göttinger Bibliothek entliehen, sondern vielleicht sogar Bouterweks Vorlesungen besucht. Jedenfalls notiert Wedekind am 15. Juni 1824, daß Heine jetzt mehr von Bouterwek als von August Wilhelm Schlegel halte (»Studentenleben« S. 67). Bouterwek, der in den französischen Übersetzungen mit vollem Namen genannt wird (vgl. 245,39–40), reiste im September 1824 über Clausthal und Goslar in sein Heimatstädtchen Oker. Heine traf ihn noch einmal in Goslar. Doch die darauf bezügliche Stelle wurde in Rb I² getilgt (vgl. die Paralipomena zur »Harzreise« 227,10–33).*

97,35 Adalbert von Chamisso] *Chamisso unternahm im Herbst 1824 ebenfalls eine Reise durch den Harz. Heine schrieb am 24. Mai 1826 an Varnhagen, daß er Chamisso leider auch bei seiner Durchfahrt durch Göttingen verpaßt habe.*

98,11 das alte Mährchen] *diesem Traum liegt wahrscheinlich eine Vermischung mehrerer Märchenmotive zugrunde: 1) die Erlösung einer schlafenden Prinzessin durch einen Ritter oder Prinzen, 2) der Abstieg in einen Brunnen und 3) der Raub eines Schleiers oder Kleidfetzens. Zusammengenommen ist das Ganze ein typisches Beispiel kondensierender Traumarbeit mit stark sexuellem Wunschcharakter, die durch Erlebnisse des letzten Tages (das Abschlagen der Distelköpfe und der Abstieg in die Clausthaler Gruben) ausgelöst wird (vgl. Weidekampf S. 79f.).*

98,32–33 ein buntscheckiger Harlequin] *eins der frühen Beispiele für die häufige Identifizierung mit Narrengestalten (vgl. »Buch Le Grand« 213,7–9, die Kunz-von-Rosen-Episode am Schluß der »Englischen Fragmente« und Werner/Houben Nr. 189).*

99,6–7 die Hochzeit wird gefeyert] *eine ähnliche Wunschperspektive klingt später in der »Bergidylle« (113,1) und der Ilsetal-Episode (133,1) an.*

99,10 Goslar] *nach einer langen Periode der Reichsunmittelbarkeit war Goslar 1815 an das Königreich Hannover gefallen. Auch andere Autoren betonen stets das ›Altertümliche‹ dieser Stadt. So spricht Horstig von »verödeten Mauern« und »verbauten Gassen« (S. 56). Ähnlich drückt sich Achim von Arnim in seiner Erzählung »Hollins Liebeleben« (1802) aus (Brief vom 18./19. April). Die folgende Schilderung schließt sich zum Teil eng an Gottschalck an (vgl. S. 154ff.).*

99,12–13 wenn man die Berühmten in der Nähe besieht] *läßt sich auch als indirekte Anspielung auf Goethe interpretieren, den Heine in Weimar sehr alt und gebrechlich vorfand (vgl. Brief an Rudolf Christiani vom 26. Mai 1825).*

99,*14–15* wahrscheinlich die Gose] *bei Gottschalck heißt es einfach: »Durch G. fließt die Gose« (S. 162). Ein Seitenarm der Gose, der seit alter Zeit kanalisiert ist, nennt sich jedoch »Abzucht«, was von manchen als eine verballhornte Form des lateinischen Wortes »aquaeduct« gedeutet wird.*

99,*15–16* ein Pflaster, so holprig wie Berliner Hexameter] *kann sich nicht auf die »Kriegsgesänge« (1813) des Staatsrates Friedrich August von Stägemann (1763–1840) beziehen, wie bisher angenommen wurde (vgl. Walzel IV,490), da es sich dort nicht um Hexameter handelt. Wer hier gemeint ist, bleibt unklar. Daß Heine das Deutsche zeitweilig überhaupt als eine* niederträchtig holprige Sprache *erschien, geht aus einem Brief vom 21. Januar 1824 an Moses Moser hervor. Ludwig Robert behauptet in seinen »Promenaden eines Berliners in seiner Vaterstadt« (1824), daß Heine als Student (»ein blasser Jüngling«) bei Jagor einen Vortrag über das schlechte »Pflaster« in Berlin gehalten habe (»Gedichte«, Mannheim 1838, II,129).*

99,*18* der Zwinger] *gemeint ist der dicke Zwinger am Thomaswall vom Jahre 1517, dessen Untergeschoß 6 Meter dicke Umfassungswände besitzt. Gottschalck schreibt über den Zwinger: »Dieser enthält 3 Sääle über einander, und ist besonders wegen der außerordentlichen Dicke seiner Mauern von 21,$^{1}/_{2}$ Fuß, in die man große Kammern hinein arbeitete, sehenswerth« (S. 161f.).*

99,*20* Schützenhof] *nach Gottschalck befand sich das Schützenhaus vor dem Rosentore am Lindenplan, »wo jährlich in der ersten Woche des Julius ein großes, sehr besuchtes, Freyschießen gehalten wird« (S. 161).*

99,*22* ein Springbrunnen] *ein Werk des 14. Jahrhunderts. Hier lehnt sich Heine besonders eng an Gottschalck an. Dort heißt es: »Das große eherne Becken auf dem Markte, welches durch Röhren mit Wasser gefüllt wird, <verdient hier ebenso Erwähnung>. Wenn Feuer in der Stadt entsteht, so wird einige Mal daran geschlagen, welches einen sehr starken weitschallenden Ton giebt. Man besitzt keine Nachrichten, wann es hierher gekommen, und darf ihm daher ein sehr hohes Alter zuschreiben. Die Sage will, daß es der Teufel zur Nachtzeit hingestellt habe« (S. 162).*

99,*29* Das Rathaus] *spätgotischer Bau des 15. und 16. Jahrhunderts. Im späten 18. Jahrhundert hatte man es verputzt und weiß getüncht. Erst nach einer grundlegenden Restaurierung im 20. Jahrhundert kam seine frühere Schönheit wieder heraus. Es wird daher auch von Gottschalck nicht sonderlich gepriesen (S. 156).*

99,*30* Gildenhaus] *das Gildenhaus, das ursprünglich den Tuchhändlern gehörte, wurde 1494 erbaut und gilt als das schönste Gebäude Goslars. Den Namen Kaiserworth führt es erst seit 1831.*

99,*31–32* die Standbilder deutscher Kaiser] *die bemalten Holzfiguren, die erst im 17. Jahrhundert unter gotischen Baldachinen auf Postamenten aufgestellt wurden, sollen die Kaiser Heinrich I., Otto I., Heinrich II., Konrad II., Heinrich III., Heinrich IV., Heinrich V. und Lothar II. darstellen.*

99,*34* wie gebratene Universitätspedelle] *bewußte Ironisierung der alten Kaiserherrlichkeit. Vgl. auch den Spott auf die aus Stein gemeißelten Kaiserstandbilder am Hamburger Rathaus im »Schnabelewopski« (Kap. III).*

99,*34–35* ein Schwerdt, statt des Scepters] *zwei der Kaiser haben Schwerter statt Zepter in den Händen, und zwar der 1. und der 5. von links.*

99,*39* dem uralten Dom] *der Goslarer Dom, die ehemalige Stiftskirche SS. Simon und Juda, wurde im Jahre 1050 geweiht und 1820 wegen Baufälligkeit abgebrochen. In der 2. Auflage von Gottschalcks »Handbuch«, die Heine benutzte (vgl. Erläuterung zu 89,31–32), wird der Dom noch eingehend beschrieben (S. 154ff.). In der 3. Aufl. heißt es dagegen: »In den früheren Ausgaben dieses Taschenbuchs wurde die Reihe der Sehenswürdigkeiten mit dem vom dritten Kaiser Heinrich gegründeten Dom eröffnet <...> Aber diese Urkunde aus grauer Vorzeit ist nicht mehr. Im Jahre 1820 ward der Dom abgebrochen, und mit ihm Goslars erste Merkwürdigkeit vernichtet« (S. 158).*

100,*1–2* der Kaiserstuhl] *der aus der Mitte des 12. Jahrhunderts stammende Kaiserstuhl mit steinernem Sitz und eiserner Lehne ging 1820 in den Besitz des Prinzen Karl von Preußen (1801–1883) über, kam jedoch 1867 ins Goslarer Kaiserhaus zurück und steht heute in der 1820 nicht abgerissenen Domvorhalle.*

100,*5–6* in der Stephanskirche] *die evangelisch-lutherische Stephanskirche ist die Pfarrkirche der Goslarer Unterstadt. Nach dem großen Brande von 1728 wurde sie 1734 in eine schmucklose barocke Hallenkirche umgewandelt. Die damals dort aufgestellten Kunstwerke aus dem Dom befinden sich heute weitgehend im Goslarer Museum (vgl. Gottschalck S. 155 und Niemann S. 79ff.).*

100,*6* Glasmalereyen] *die Glasfenster aus dem Dom, die aus dem 17. Jahrhundert stammen und Matthias, Simon und Judas, das Reichswappen mit dem doppelköpfigen Adler und Konrad I., Heinrich III. und Friedrich II. darstellen, sind heute im Museum zu sehen. Gottschalck erwähnt lediglich die drei Kaiserbilder (S. 158).*

100,*6–7* einige schlechte Gemälde] *Gottschalck berichtet nur von einer »Einsetzung des Abendmahls«, die »wohl mit Unrecht, großen Meistern zugeschrieben« wird (S. 158). Im Museum befinden sich heute noch Teile eines aus der 2. Hälfte des 15. Jahrhunderts stammenden Kreuzaltars aus dem Dom.*

100,*7* worunter auch ein Lucas Cranach seyn soll] *Niemann schreibt, daß einige das »Abendmahl« in der Stephanskirche als ein Werk von Lukas Cranach bezeichnen (S. 80). Gottschalck schreibt jedoch nur das »Abendmahl« in der Haupt- und Marktkirche Lukas Cranach zu (S. 156).*

100,*8* ein heidnischer Opferaltar] *gemeint ist der sogenannte »Krodo-Altar« aus dem 11. Jahrhundert, der sich heute im Museum befindet. Er ist aus fünf Metallplatten zusammengesetzt, die im Mittelalter mit reichen Verzierungen versehen waren. 1807 wurde er nach Frankreich abtransportiert, kam jedoch 1816 wieder nach Goslar zurück. Gottschalck hatte erst behauptet,* *daß dieser Altar aus der vorchristlichen Zeit stamme und in einem heidnischen Haine nahe der Harzburg gestanden habe, wo die alten Sachsen dem Götzen Krodo ihre Erstgeborenen geopfert hätten (vgl. »Die Ritterburgen und Bergschlösser Deutschlands«, Halle ^{2}1815, I,288ff.). In seinem »Taschenbuch« verwirft er jedoch diese Theorie und vertritt die These, daß das Ganze aus den »Zeiten des heiligen Barward, des kunstvollen Meisters in Erz«, also aus ottonischer Zeit stamme (S. 157). Wie lebhaft der Streit um den Krodo-Altar damals war, beweisen die beiden Bücher »Die Harzburg und ihre Geschichte« (1825) von E. J. G. Leonhard und »Untersuchungen über die Geschichte der Harzburg und den vermeinten Götzen Krodo« (1826) von Christian Heinrich Delius.*

100,*11–12* unerfreulich häßliche Gesichter schneiden] *auch Horstig spricht von »gräßlichen Figuren mit langen Bärten« (S. 59), da die romanische Archaik damals noch allgemein als barbarisch galt.*

100,*13* große hölzerne Crucifix] *ein spätgotischer Christus am Kreuz, der sich heute ebenfalls im Museum befindet. Gottschalck schreibt dazu: »Ferner einen Christus am Kreuz, aus Holz geschnitzt, auf dessem Gesicht das Hinsterben meisterhaft ausgedrückt ist« (S. 158).*

100,*19* in einem Gasthofe nahe dem Markte] *nicht genau zu ermitteln. Gottschalck empfiehlt den Sörmannschen Gasthof in der Worthstraße, der* nahe dem Markte *liegt (S. 154). Pröhle denkt an den »Römischen Kaiser« (S. 36).*

100,24 *quis? quid?*] *die traditionelle Formel der Chrie zur rhetorischen Ausarbeitung eines Themas. Der Philosoph Johann Georg Darjes (1714–1791) hatte die ursprünglichen 10 aristotelischen Kategorien auf sieben reduziert.*

100,*36–37* die Türken begraben ihre Todten] *die folgenden Angaben über türkische und chinesische Friedhöfe sind historisch weitgehend belegbar. Zu den poetischen Zutaten gehören lediglich das Geigenspiel und das Pfeiferauchen. Heine will damit im Gegensatz zur christlichen Askese auf den lebenszugewandten Charakter der orientalischen Kulturen hinweisen, was auch in seinem außerordentlichen Interesse an persischer und indischer Kultur zum Ausdruck kommt.*

101,*8* Der Kirchhof in Goslar] *alle 5 Goslarer Pfarrkirchen hatten damals noch einen Kirchhof. Ein zentraler Friedhof wurde erst später angelegt.*

101,*35–36* Rammelsberg] *liegt eine halbe Stunde südlich der Stadt. War seit dem 10. Jahrhundert wegen seines Erzreichtums berühmt, der auch heute noch abgebaut wird (vgl. Gottschalck S. 162ff.).*

101,*39* Clotar] *wahrscheinlich lehnt sich Heine hier an Brentanos Drama »Die Gründung Prags« (1815) an, wo es in der 2. Anmerkung heißt: »Kotar ist nach einer Krainerschen Sage der Mann im Mond, welcher ihn durch Wasserzugießen wachsen macht«.* Als Frucht *erscheint der Mond dem jungen Albano in Jean Pauls »Titan« (I,4).*

102,6 Petri-Schlüssel] *das Attribut des heiligen Petrus, das auf Matthäus 16,18f. zurückgeht.*

102,9 ein Nürnberger Spießbürger] *bezieht sich wahrscheinlich auf den philiströsen Inhalt des Nürnberger »Frauen-Taschenbuchs«, das seit 1815 von Fouqué herausgegeben wurde (vgl. »Über Polen«, Erläuterung zu 59, 36–37).*

102,21–22 Düfte sind die Gefühle der Blumen] *könnte von Jean Pauls »Flegeljahren« (vgl. Marcus S. 166) oder Hoffmanns »Der goldne Topf« (vgl. Siebert S. 96), mit denen Heine sehr vertraut war, angeregt sein.*

102,39 der Oestreichische Beobachter] *der »Oestreichische Beobachter« erschien von 1810 bis 1832 in Wien als offiziöses Regierungsorgan und war wegen seines reaktionären Charakters berüchtigt. Mit den* Geistern *sind natürlich die Geister der Revolution gemeint.*

103,1 Doctor Saul Ascher] *Saul Ascher (1767–1822) war ein Berliner Buchhändler und Philosoph, der sich für den kantischen Idealismus und die Verbesserung des Ansehens und der Lage seiner jüdischen Glaubensgenossen eingesetzt hatte. Als leidenschaftlichem Napoleon-Schwärmer waren ihm die Romantik und Exzentriker wie Kleist zutiefst verhaßt. Besonders scharf griff er in seinen Büchern »Die Germanomanie« (1815) und »Die Wartburgs-Feier« (1818) die deutschtümelnden Turner und Burschenschafter an. Mit vielen dieser Ansichten hat Heine sicher sympathisiert. Wenn er sich an dieser Stelle über Ascher mokiert, dann nicht in grundsätzlich boshafter Absicht, sondern eher um sich auf humoristische Weise über die Abstraktheit der philisterhaft-vertrockneten Rationalisten lustig zu machen, was sich als Motiv wie ein roter Faden durch die gesamte »Harzreise« zieht. Heine schrieb daher am 1. Juli 1825 mit einer gewissen Aufgeräumtheit an Moses Moser:* Vielleicht amüsiert Dich der Nekrolog Saul Aschers, den Du darin finden wirst. *Über Ascher im allgemeinen vgl. Ellen Littmann, »Saul Ascher. First Theorist of Progressive Judaism«. In: »Year Book of the Leo Baeck Institute« 5, 1960, S. 107–121.*

103,2 im *Café-Royal*] *über die Mittagstischrunde im Café royal vgl. »Briefe aus Berlin« (17,1–37).*

103,4–5 Nur die Vernunft sey eine Kraft] *über die »Vernunft« als höchstes Prinzip vgl. Aschers »Die Wartburgs-Feier«, Leipzig 1818, S. 16.*

103,13–14 eine personifizirte grade Linie] *im Gegensatz zur sinnlichen Wellenlinie (vgl. Erläuterung zu 572,35) als Inbegriff der theoretischen Abstraktheit gemeint.*

103,18–19 Gegen letzteres schrieb er sogar eine Broschüre] *Heine meint damit die Schrift »Ansichten von der Zukunft des Christenthums«, die 1819 in Berlin erschien.*

103,20–21 eine ganze Menge Bücher geschrieben] *außer den drei letztgenannten veröffentlichte Ascher u. a. folgende Schriften: »Bemerkungen über die bürgerliche Verbesserung der Juden« (1788), »Scolien, oder Fragmente der Philosophie und Kunst« (1790), »Leviathan, oder über Religion in Rücksicht des Judentums« (1792), »Eisenmenger der Zweite« (1793), »Orientalische*

Gemälde« (1802), »Napoleon, oder über die Fortschritte der Regierung« (1808) und »Romane, Erzählungen und Märchen« (1819).

103,*27–28* wo ich schöne Mädchen bey ihm fand] *andere nahmen daran Anstoß. So schreibt Leopold Zunz am 1. Januar 1819 an S. M. Ehrenberg über Saul Ascher: »Sein moralischer Charakter wird nicht geschätzt«.*

103,*30* eben gestorben] *Ascher starb im Dezember 1822 in Berlin, als sich Heine ebenfalls dort aufhielt (vgl. die Todesnachricht in »Berlinische Nachrichten von Staats- und Gelehrten Sachen« vom 17. Dezember 1822).*

103,*35–36* jene entsetzliche Geschichte] *gemeint ist die Erzählung »Das warnende Gespenst« in Varnhagens »Deutschen Erzählungen«, Stuttgart und Tübingen 1815, S. 81–89. Ein junger Graf kommt hier nach dem Tode seiner Mutter und ausgedehnten Reisen wieder in sein Elternhaus zurück. Dort herrscht sein bösartig-tyrannischer Vater, der sich inzwischen wiederverheiratet hat. Bereits in der ersten Nacht sieht er das Gespenst seiner Mutter in der Zimmerecke, hört Schritte vor der Tür, springt voller Entsetzen aus dem Bett und findet draußen auf dem Flur seines Vaters Dolch. Er reist darauf am nächsten Morgen ab und stirbt einige Monate später an Schwermut. Die Erwähnung dieser Geschichte ist eins der vielen Komplimente Varnhagen gegenüber, den Heine als aufrechten Liberalen schätzte.*

104,*9–10* In demselben Augenblicke schlug eine schwerfällige, gähnende Glocke] *der folgende Saul-Ascher-Traum geht auf Motive aus den üblichen Gespenstergeschichten zurück, über die sich Heine im Sommer 1824 mit Wedekind unterhalten hatte (vgl. »Studentenleben« S. 137ff.). Außerdem hatte Heine in der Nacht vom 19. zum 20. Juli 1824 wirklich von Saul Ascher geträumt, wie er am Tag darauf an Moses Moser berichtet. Ebenso einflußreich auf die Gestaltung dieser Szene waren sicher »Bracebridge-Hall oder die Charaktere« von Washington Irving, die 1823 in Berlin in einer Übersetzung von Samuel Heinrich Spiker herausgekommen waren. Hier heißt es einmal in einer Gasthofszene über den Schrecken der Mitternacht: »Die Thurmuhren schlugen Mitternacht. Auf einmal fing der d i c k e H e r r über meinem Kopfe zu gehen an und schritt langsam auf und nieder. In allem diesen lag etwas ungemein Grausenhaftes, vorzüglich für jemanden, der sich in dem Nervenzustande befand, wie ich« (I,127). Auf Seite 203 des gleichen Bandes liest man: »Die Glocke der Kirche, in welcher so manche der früheren Bewohner dieses Hauses begraben liegen, hat schon die schauerliche Stunde der Mitternacht verkündet«. Auch Irving verknüpft damit die Reflexion, ob der Glaube an Gespenster wirklich von der Hand zu weisen sei. »Alles Stolzes der Vernunft und der Philosophie ungeachtet«, heißt es hier, »wird im Gemüthe immer ein gewisser trüber Zweifel zurückbleiben, da er einen Gegenstand betrifft, der keinen bestimmten augenscheinlichen Beweis zuläßt«. Irving träumt darauf, mit Abgeschiedenen Umgang zu haben, und beruft sich bei seinem Aufwachen auf die Schriften »einiger alter jüdischer Rabbis« wie Philo und Eleazar (I,202ff.). Vgl. auch I,233f. und Weidekampf S. 80f.*

104,*30* glauben Sie nicht, daß ich ein Gespenst sey] *Elster*[2] *(III,455) bezieht diese Stelle auf die Bemerkung des Proktophantasmisten in der Walpurgisnachtszene von Goethes »Faust«, die sich gegen den Berliner Rationalisten Friedrich Nicolai (1733–1811) wendet: »Ich sag's euch Geistern in's Gesicht, / Den Geisterdespotismus leid' ich nicht; / Mein Geist kann ihn nicht exerciren« (V.4165ff.). Doch diese Stelle kann sich ebensogut auf die Tatsache beziehen, daß Ascher schon zu Lebzeiten in Johann Georg Meusels »Das gelehrte Teutschland« (1805, XI,24) unter den Verstorbenen aufgezählt worden war.*

104,*36* Kants »Kritik der reinen Vernunft«] *das hier zitierte Kapitel lautet »Von dem Grunde der Unterscheidung aller Gegenstände überhaupt in Phaenomena und Noumena« und beschreibt den Unterschied zwischen der sinnlichen Anschauung der »Erscheinungen« und der verstandesmäßigen Erkenntnis der »Dinge an sich«. Auf denselben Abschnitt kommt Heine noch einmal in seiner »Geschichte der Religion und Philosophie in Deutschland« (3. Buch) zu sprechen. Vielleicht versteckt sich hinter dem Ganzen auch eine Anspielung auf Kants »Träume eines Geistersehers« (1766), die ihrerseits den mystischen Geisterglauben Swedenborgs persiflieren.*

105,*30* unweit der Harzburg] *Heine scheint sich hier nicht an die im Gottschalck angegebenen Harzstraßen gehalten zu haben, sondern hinter dem Ziegenrücken linkerhand in Richtung Bündheim abgebogen zu sein. Die Harzburg liegt östlich von Neustadt (vgl. Gottschalck, »Die Harzburg«. In: »Die Ritterburgen und Bergschlösser Deutschlands«, Halle* [2]*1815, I,285ff. und Gottschalck, »Taschenbuch«, S. 232ff.).*

105,*38–39* Nur wenn der Mensch krank ist] *Spott auf den trivialaufklärerischen Verstandesdünkel Nicolais, der glaubte, daß man alle Wahnvorstellungen mit Blutegeln heilen könne (vgl. Loewenthal S. 47).*

106,*1* mit nüchternem Speichel] *auch Brentanos Philister ist fest davon überzeugt, »daß der nüchterne Speichel etwas sehr Heilkräftiges« sei (II,987).*

106,*2–3* Nützlichkeit in der Natur] *deutliche Ironisierung der teleologisch-anthropomorphen Naturbetrachtung. Loewenthal weist auf ähnliche Stellen schon bei Voltaire und dann vor allem in der Romantik hin (S. 42f.). »Eine schöne Gegend – lauter Chaussee!«, schwärmt der Philister bei Brentano (II, 990). In Kerners Gedicht »Kritik der Gegend« tritt ein Philister auf, der sich nur für solche Blumen und Kräuter interessiert, aus denen sich ein heilkräftiger Tee bereiten läßt.*

106,*17* in der Bibel] *die Vorstellung Gottes als eines Autors kehrt auch im »Buch Le Grand« (200,28) wieder.*

106,*26* Auf dem Berge steht die Hütte] *die ersten drei Strophen dieses Gedichtes erinnern an das böhmische Volkslied »Auf dem Bergel steht a Hüttel« (vgl. Anton Englert, »Zu Heines Berg-Idylle«. In: »Zeitschrift für den deutschen Unterricht« 8, 1894, S. 200f., wo auf den Abdruck dieses Gedichtes in dem Sammelband »Deutsche Volkslieder aus Böhmen«, hrsg. von Alois*

Hruschka und Wendelin Toischer, Prag 1811, S. 169, hingewiesen wird). Loewenthal fühlt sich bei diesem Gedicht eher an Thümmel erinnert (S. 13), der in seiner »Reise in die mittäglichen Provinzen von Frankreich« (1791 bis 1805) eine ähnliche Bergidylle beschreibt (1. Buch, 21. Dezember ff.). Auch Thümmels Held Wilhelm verbringt einige Tage in der Hütte armer Leute und plaudert dort des Abends in verfänglicher Situation mit dem unschuldigen Töchterlein, während die Verwandten schon eingeschlafen sind. Da auch der Begriff Ritter von dem heil'gen Geist *aus diesem Roman zu stammen scheint (vgl. Erläuterung zu 110,7), wirkt dieser Hinweis recht überzeugend.*

107,18 Schützenhof zu Goslar] *vgl. Erläuterung zu 99,20.*

108,21 Jenes Zucken deiner Lippen] *über Heines Zucken der linken Oberlippe berichten seit 1819 viele seiner Freunde und Bekannten (vgl. Strodtmann I, 67 und Hirth² IV, 114).*

108,31 Glaubst wohl nicht an Gott den Vater] *bewußter Anklang an das Religionsgespräch zwischen Faust und Gretchen in Marthens Garten.*

110,7 Ritter von dem heil'gen Geist] *Loewenthal weist auf den Ursprung dieses Begriffs bei Thümmel hin, der ihn in seiner »Reise in die mittäglichen Provinzen von Frankreich« zweimal verwendet, und zwar ebenfalls in einer Verseinlage (S. 107). Mücke sieht darin eine Anlehnung an die revolutionären Konzepte Cola di Rienzis, der sich als »Spiritus Sancti Miles« bezeichnete und die Stadt Rom mit Hilfe des heiligen Geistes von der Adelsherrschaft der Colonna und Orsini zu befreien hoffte, um an ihre Stelle eine demokratisch regierte Republik zu setzen (S. 65f.). Ebensogut könnte man das Reich des Vaters, des Sohnes und des Heiligen Geistes in Anlehnung an Hegels Dreischrittspekulationen als Etappenfolge der menschheitlichen Entwicklung deuten. Wie wichtig Heine jedenfalls dieser Begriff war, geht daraus hervor, daß er sich in einem Brief an Friedrich Merckel vom 20. August 1827 selbst als* Ritter vom heiligen Geist *bezeichnet. Heines Kritiker sahen später gerade in dieser Stelle eine »Lästerung« des Christentums, wie sie nur einem »Juden« einfallen könne (vgl. »Eos«, 1828, Nr. 132 vom 18. August, S. 529f.).*

110,37 Dort hat einst ein Schloß gestanden] *bezieht sich wahrscheinlich auf die einst mächtige Harzburg, die Kaiser Heinrich IV. zwischen 1065 und 1069 errichten ließ (vgl. auch die Erläuterungen zu 132,7 und 132,22). Nachdem sie Aufenthaltsort vieler Kaiser gewesen war, wurde sie 1650 zerstört. Über die Sagen, die dieses Schloß umrankten, vgl. Loewenthal S. 143. Die Wiederauferstehung dieses Schlosses ist von Heine nicht in einem romantisch-restaurativen Sinne gemeint. Nicht die alten Zwingherrnburgen, sondern die Schlösser eines neuen* gleichgeborenen *Geschlechts sollen neu errichtet werden.*

110,40 Fackeltanz] *ein Tanz, bei dem die Tänzer Fackeln oder Wachskerzen in ihren Händen tragen. Heine hat davon sicher anläßlich der Hochzeit der Prinzessin Alexandrine gehört, als ein solcher* Fackeltanz *im Weißen Saal des Berliner Schlosses aufgeführt worden war (vgl. »Briefe aus Berlin« 41,27).*

111,7 Wenn man spricht das rechte Wort] *auch dies ist nicht im Sinne einer romantisch-religiösen Initiation gemeint, sondern wie die Blumenmetaphorik am Schluß (vgl. 137,6–40) ganz auf den Dreiklang Jugend, Freiheit, Liebe abgestimmt. Ein ähnliches Selbstbewußtsein kommt in einer brieflichen Bemerkung an Laube vom 23. November 1835 zum Durchbruch:* Wer das Losungswort der Zukunft kennt, gegen den vermögen die Schächer der Gegenwart sehr wenig.

113,6–7 beym dritten Hahnenschrey] *vgl. Matthäus 26, 74f.*

113,14–15 die rauschenden Tannen verstanden mich] *nach Loewenthal Anlehnung an das Märchen vom Machandelboom (»Kinder- und Hausmärchen«, Nr. 47). Dort heißt es: »Un de Twyge deden sik jümmer so recht von eenanner, un denn wedder tohoop, so recht, as wenn sik eener so recht freut und mit de Händ so dait«.*

113,22 der Hirt] *hier als Symbol des freien Naturmenschen gemeint, wie ihn die Rousseauisten und Schäferpoeten des 18. Jahrhunderts verstanden hatten. So schwärmt schon Herder ständig vom Hirtenleben der Morgenländer, das sich für ihn in den Urväter-Erzählungen des Alten Testaments manifestiert. Ähnliches gilt für die Vorstellungen vom ›goldenen Zeitalter‹ im Rahmen der Romantik. In der Nr. 49 vom 28. Februar 1848 des »Berliner Figaro« berichtete später ein Graf B. aus Dr., daß er in dem Gemeindehirten Thomas Helbig aus dem Dorfe Drübeck jenen Hirtenknaben wiederentdeckt habe, den Heine an dieser Stelle erwähnt.*

113,26 *Déjeuner dinatoire*] *im Sinne von ›Mittagsfrühstück‹ gemeint. Auch bei der Hochzeit der Prinzessin Alexandrine (vgl. »Briefe aus Berlin« 38,5 bis 41,27) wurde im Rittersaal des Berliner Schlosses ein »dejeuner dînatoire« abgehalten (vgl. »Aus der preußischen Hof- und diplomatischen Gesellschaft«, hrsg. von A. von Boguslawski, Stuttgart 1903, S. 24). Auch Jean Paul spricht in seinen »Flegeljahren« von einem »déjeuner dinatoire«, das Walt auf seiner Reise ins Blaue in ländlich-idyllischer Umgebung einnimmt (Bd. 3, Nr. 39).*

113,34 König ist der Hirtenknabe] *alter Topos der Schäferpoesie. Schon bei Salomon Gessner heißt es: »<In der freien Natur> bin ich dann glücklich wie ein Hirt im goldnen Zeitalter, und reicher als ein König« (»Schriften«, Zürich 1770, II, 5). Dieser Topos wird jedoch hier, wie am Schluß der »Bergidylle«, von Heine eindeutig auf die Ablösung der Feudalära durch die neue Klasse der* Gleichgeborenen *bezogen. Dafür sprechen die vielen Anspielungen auf die anachronistische Welt der alten Kaiserherrlichkeit und des Berliner Hofes, durch die das Zeitlos-Idyllische immer wieder ins Politisch-Konkrete hineingezogen wird.*

113,40 Weiche Schmeichler, rothbekreuzt] *Hinweis auf jene Hofschranzen, die sich bei Ordens- und Krönungsfesten mit dem Roten Adlerorden brüsteten (vgl. »Briefe aus Berlin«, Erläuterung zu 40,3).*

114,7 Kammermusizi] *ebenfalls Reminiszenz an die Berliner Verhältnisse (vgl. »Briefe aus Berlin«, Erläuterung zu 17,36–37).*

115,*9* es zu hetzen und zu tödten] *vgl. Heines Ausführungen über das Jagen in »Nordsee III« (151,12–13).*

115,*11* Genovefa] *nach alter Legende wurde Genoveva von Brabant von ihrem Haushofmeister Golo des Ehebruchs angeklagt, und von ihrem Gatten, dem Pfalzgrafen Siegfried, in die Wildnis verstoßen. Sie lebte darauf sechs Jahre in der Waldeinsamkeit, wo eine Hirschkuh ihren Sohn Schmerzensreich nährte. Heine kannte diese Sage aus Tiecks Dramatisierung von 1799 und aus einem alten Volksbuch, von dem er in der »Romantischen Schule« berichtet:* So schön auch die Tiecksche »Genovefa« ist, so habe ich doch weit lieber das alte, zu Köln am Rhein sehr schlecht gedruckte Volksbuch mit seinen schlechten Holzschnitten, worauf aber gar rührend zu schauen ist, wie die arme nackte Pfalzgräfin nur ihre langen Haare zur keuschen Bedeckung hat, und ihren kleinen Schmerzensreich an den Zitzen einer mitleidigen Hirschkuh saugen läßt *(Buch II,2).*

115,*37* Spielbälle] *daß umhergestreute Granitblöcke den bösen Geistern als Spielbälle dienen, ist ein bekanntes Sagenmotiv (vgl. Jacob und Wilhelm Grimm, »Deutsche Sagen«, Berlin 1815, Nr. 16).*

115,*38* Walpurgisnacht] *die Nacht vom 30. April zum 1. Mai, die auch in Goethes »Faust« Dichtung eine große Rolle spielt. Am Schluß der »Harzreise« wird noch einmal auf den 1. Mai angespielt (136,40), wodurch die auf dem Brocken verbrachte Nacht den Anschein eines Walpurgisnachttraums bekommt.*

116,*1–2* den hübschen Faustbildern des Meister Retzsch] *Friedrich August Moritz Retzsch (1779–1857), ein Dresdner Maler, veröffentlichte 1816 bei Cotta in Stuttgart »Umrisse zu Goethes Faust«, die aus einer Folge von 26 Blättern bestanden. 1823 erschien in Göttingen ein Nachdruck dieser Serie. Auf dem 21. Blatt steigen Faust und Mephisto zwischen Granitblöcken zum Brocken hinauf, während man im Hintergrund Kröten, Eulen und durch die Luft reitende Hexen und Totengerippe sieht. Auf dem 22. Blatt, der »Walpurgisnacht«, erblickt Faust inmitten eines orgienhaften Getümmels von Schlangen, Tiermenschen, Teufeln und Hexen plötzlich Gretchen. Stilistisch ist das Ganze in sauberen Umrißradierungen in biedermeierlich-klassizistischer Manier ausgeführt.*

116,*2–3* auf einer Reise von Berlin nach Göttingen] *mit dem* jungen Dichter *meint Heine sich selbst, der 1824 den April in Berlin verbracht hatte und zwischen dem 29. April und dem 1. Mai mit der Schnellpost von Berlin über Magdeburg, Stolberg und Harzgerode nach Göttingen zurückgefahren war, also sich in der Walpurgisnacht wirklich in Brockennähe befunden hatte (vgl. den Bericht über diese Reise in seinem Brief vom 8. Mai 1824 an seine Schwester Charlotte).*

116,*4* einige belletristische Damen] *ironische Anspielung auf die Berliner, Wiener und Dresdner Salons um Elise von Hohenhausen, Helmina von Chézy, Caroline Pichler, Fanny Tarnow u. a., die typisch für die frühbiedermeierliche*

Literaturatmosphäre sind. Heine mokiert sich auch an anderen Stellen häufig über die ästhetischen Theegesellschaften *(vgl. u. a. »Lyrisches Intermezzo«, Nr. 50, »Nordsee III« 281,17–18, »Romantische Schule«, Buch III,4).*

116,*5–6* die »Abendzeitung«] *die Dresdner »Abend-Zeitung« wurde von 1816 bis 1832 von Theodor Winkler herausgegeben (vgl. »Briefe aus Berlin«, Erläuterung zu 9,28) und galt als Inbegriff dieser ›Tee-Ästhetik‹.*

116,*9* »Ratkliff« und »Almansor«] *Heine hatte Stücke daraus im Salon von Elise von Hohenhausen vorgelesen (vgl. »Briefe aus Berlin«, Erläuterung zu 9,28), doch keinen besonders enthusiastischen Anklang gefunden. In einem Brief vom 25. Oktober 1824 an Moses Moser berichtet er, daß er bei seiner Harzwanderung einen Theologen getroffen habe, der mit dem* »Ratkliff« und »Almansor« *herumgelaufen sei,* um sie, während der schönen Reisemuße, zu seinem Vergnügen – zu widerlegen.

116,*14* die ergötzlichen Blocksbergsgeschichten] *schon 1668 zeichnet Johann Prätorius in seinem Buch »Blockes-Berges Verrichtung« eine kaum übersehbare Fülle von Brockensagen auf, die sich im Laufe des 18. Jahrhunderts noch vermehrten (vgl. Erläuterung zu 96,11).*

116,*15–16* die große, mystische, deutsche Nationaltragödie vom Doctor Faust] *in dieser übertreibenden Charakterisierung kein unbedingtes Lob von Goethes »Faust«. Heine trug sich damals selbst mit »Faust«-Plänen, wie wir aus den Gesprächen mit Wedekind wissen (»Studentenleben« S. 120f.), von denen sich jedoch nichts erhalten hat. Sein »Faust«-Ballett ist erst in den vierziger Jahren entstanden.*

116,*20* das langersehnte Brockenhaus] *das Brockenhaus, das damals als das höchstgelegene Gebäude Deutschlands galt, war im Jahre 1800 auf Veranlassung des Grafen Christian Friedrich zu Stolberg-Wernigerode (1746–1824) errichtet worden. Es bestand aus einem langgestreckten Haus mit 12 Gastzimmern und einem steinernen, runden Aussichtsturm in der Mitte, der 1834 abgebrochen wurde (vgl.* Gottschalck *S. 114f.,* Pröhle *S. 39,* Heyse *S. 64 und* Dennert *S. 78ff.).*

116,*22* durch vielfache Abbildungen bekannt ist] *Gottschalck bildet es auf der Titelseite seines »Taschenbuchs« ab. Doch Heine denkt hier wohl an den Kupferstich von Ludwig Riepenhausen (vgl. Anmerkung zu 84,39).*

116,*25–26* Die Mauern sind erstaunlich dick] *nach Gottschalck waren sie »5 Fuß stark« (S. 114).*

116,*33* ein Wolkenhaus] *das eine der Nebengebäude, das aus dem Jahre 1736 stammte, hieß damals »das Wolkenhäuschen« (vgl.* Gottschalck *S. 115).*

116,*37* das Haus voller Gäste] *die Brockenbesucher-Liste wurde regelmäßig in den »Wernigerödischen Intelligenz-Blättern« veröffentlicht. In der Nr. 43 vom 25. Oktober 1824 findet man dort auf S. 168 für den 20. September folgende Eintragungen: »Carl Wex aus Naumburg, stud. phil. zu Halle. F. Ch. Eckers, Weinhändler aus Magdeburg. Carl von Hanffstengel aus Hamburg; Theodor Borstelmann aus Oederquart im Bremischen, beide* *stud. theol. zu Halle. Hoffmann, Bergamts-Pedell; dessen Sohn, Carl Hoffmann; Carl Wurm und Hermann Kemna, sämtlich aus Clausthal. Frau Sus. Lindheimer; Fräulein S. und Conrad Lindheimer, sämtlich aus Frankfurt a. M. H. Heine und G. Grimmt, beide stud. jur.; F. Becker und F. Thorbecke, beide stud. theol., sämtlich aus Göttingen. A. Meyer, Bergeleve zu Clausthal, A. Droop aus Osnabrück, stud. jur. zu Göttingen. C. Richter aus Mecklenburg, stud. theol. zu Halle. H. Groninger; J. G. C. Schmidt und L. Püschelberger, sämtlich stud. theol. halens. aus Oldenburg. F. Groninger, cand. theol. zu Halle, ebendaher. F. Lange und A. C. Wendt, beide stud. jur. halens. aus Mecklenburg. Pet. Friedr. Cramer; Joh. Heinr. Büsing, Kaufmann; G. Büsing, Kaufmann und G. H. Büsing, stud. theol zu Halle, sämtlich aus Delmenhorst im Oldenburgischen. C. M. Fuchs aus Blankenburg. G. Brandt aus Elbingerode. F. Kosack und A. Anders, beide Bau-Kondukteurs aus Berlin. Carl Schoibel aus Grünberg in Schlesien, stud. phil. zu Halle. Ferd. Minding aus Hirschberg in Schlesien, stud. phil. zu Halle. Heinr. Grubs aus Greifenberg in Schlesien; Friedr. Christ. Benkard aus Frankfurt a. M.; Heinr. Wilhelm Heine aus Barmen bei Elberfeld in Westfalen und Eduard Dittmann aus Schlesien, sämtliche studiosi theol. zu Halle« (nach der Einleitung zu Heines »Reisebildern«, hrsg. von G. A. E. Bogeng, Hamburg 1922, S. XXIX).*

117,*3* ein junger Kaufmann] *vgl. Erläuterung zu 126,36. Über den Begriff* Brechpulver *vgl. schon »Briefe aus Berlin«, Erläuterung zu 13,21.*

117,*5–6* Studenten von verschiedenen Universitäten] *nach der Besucherliste handelt es sich ausschließlich um Studenten aus Halle und Göttingen.*

117,*8* ins Gedächtnißbuch] *vgl. Erläuterung zu 128,26.*

117,*15* einen kleinen Herrn mit zwey Damen] *damit können nach der Besucherliste nur die Lindheimers aus Frankfurt am Main gemeint sein (vgl. Erläuterung zu 116,37). Und zwar handelt es sich dabei um Susanne Barbara Lindheimer, geb. Schindler (1782–1865), die Witwe des Kommissions- und Speditionsgroßkaufmanns Andreas Daniel Ludwig Lindheimer (1769 bis 1808), die nach dem Tode ihres Mannes das zu einem Großunternehmen angewachsene Geschäft mit Hilfe ihres Schwagers, des hier auftretenden Johann Conrad Lindheimer (1776–1837), weiterführte, den sie als Prokuristen eingestellt hatte. Das »Fräulein S.« ist eine ihrer 6 Töchter und hieß mit Vornamen Susanna Margaretha (1801–1877). Die Lindheimers sind eine weitverzweigte Frankfurter Familie, zu der auch Goethes Großmutter mütterlicherseits gehörte. Vielleicht erklärt sich daraus das literarische Interesse der beiden Damen und die Erwähnung von* Goethes Reisebriefen *und des* Werthers *(120,9). Daß die Mutter ausgerechnet mit den »Reisebriefen aus der Schweiz« so vertraut ist, könnte mit ihrer Herkunft aus Mollis im Kanton Linth zusammenhängen. Um die trotz aller kavaliersmäßigen Verehrung leicht mokant Porträtierten vor eventueller Nachrede zu bewahren, verlegt Heine die Herkunft der beiden Damen in J und* D^1

nach Nürnberg (vgl. 575,42). – Eine ähnliche Szene findet sich in »Hollins Liebeleben« (1802) von Arnim. Vgl. den Eintrag vom 20. April, wo beschrieben wird, wie Hollin mit den beiden Damen und dem Rat auf dem Brockenturm steht und die schöne Aussicht bewundert.

117,*25* die Schleppe ihres Kleides naß war] *vgl. die Wassermagie in Grimms »Kinder- und Hausmärchen«, u. a. Nr. 79, 97 und 181.*

117,*40* Der Brocken ist ein Deutscher] *die folgende Darstellung schließt sich wiederum eng an Gottschalck an: »Wer schöne mahlerische Landschaften vom Brocken zu erblicken hofft, wird sich getäuscht finden. Dazu steht man viel zu hoch, dazu erscheint Alles zu klein, und ist zu entfernt vom Beobachter. Aber eben darin besteht das Eigentliche dieses Umsichtspunkts, daß man hier nicht <...> eine schöne Landschaft vor sich hat, sondern über Alles um sich her erhaben ist, ringsum durch nichts im Sehen gehindert wird, eine ungeheure Fläche Land und Gebirge überblickt, die gleich einer Landkarte ausgebreitet ist und ein natürliches Panorama genannt werden kann« (S. 111).*

118,*14–15* »Der Blocksberg ist der lange Herr Philister!«] *Zitat aus dem »Rheinweinlied« von Matthias Claudius, das zu einer stehenden Redewendung geworden war. Taucht auch im »Brockenbuch« (vgl. Erläuterung zu 128,26) häufig als Eintragung auf (S. 125, 132 u. ö.).*

118,*15–16* Kahlkopf] *dieser Begriff wird in den Eintragungen des »Brockenbuchs« ebenfalls erwähnt (vgl. S. 34 u. ö.). Auch Gottschalck schreibt: »Die Oberfläche des Brockens ist kahl« (S. 115).*

118,*18* aus purer Ironie] *möglicherweise Anspielung auf Hegel, der sich trotz seiner umstürzenden Gedankenspekulationen einen recht philiströsen* Anstrich *gab.*

118,*20* die erste Maynacht] *nochmalige Anspielung auf die Walpurgisnacht (vgl. Erläuterung zu 115,38).*

118,*38* »Schierke« und »Elend«] *kleine Harzdörfer in der Nähe des Brockens, in denen sich seit dem späten 18. Jahrhundert Eisenhütten befanden. Die »Walpurgisnacht« im »Faust I« hat die Szenenangabe »Harzgebirg. Gegend von Schierke und Elend«.*

119,*1* In welchem Verhältniß] *vgl. Erläuterung zu 117,15.*

119,*17–18* Codex palympsestus] *meint eine Pergamentseite, deren ursprüngliche Beschriftung abgewaschen oder abgekratzt wurde, um einen neuen Text darauf schreiben zu können. Wenn das Ganze nicht gründlich genug gemacht wird, schimmert unter der neuen Schrift oft noch die alte durch. Auch Börne spricht einmal von »alten Handschriften, von welchen man die langweiligen Zänkereien eines alten Kirchenvaters oder die Faseleien eines Mönches erst abkratzen muß, um zu einem römischen Klassiker zu kommen« (vgl. Eckertz S. 91).*

119,*22–23* den Raphaelschen Bildern in der Peterskirche] *Raffael malte lediglich Fresken in den Stanzen und Loggien des Vatikans und einige Kartons für* *die Tapeten der Sixtinischen Kapelle, aber keine Bilder für die Peterskirche.*

119,24 Theater Fenice] *berühmtestes Theater in Venedig.*

119,*28–29* den Sonnenuntergang] *Szenen dieser Art werden fast in allen Harzreisen beschrieben. Meist wird an dieser Stelle ein feierliches Gedicht eingelegt (vgl. Bräss S. 56ff.).*

119,*35* Palestrinas ewiger Choral] *Giovanni Pierluigi da Palestrina (um 1520–1594) galt im frühen 19. Jahrhundert als der bedeutendste Meister der katholischen Kirchenmusik, dessen »Missa Papae Marcelli« (1562) immer wieder als die exemplarische Messe bezeichnet wurde.*

119,*37* »Wie ist die Natur doch im Allgemeinen so schön!«] *Houben hält das für ein in Göttingen »kursierendes, geflügeltes Wort« (»Studentenleben« S. 170). Heine selbst zählt es am 4. März 1825 noch einmal auf dem Stammbuchblatt für Eduard Wedekind unter den* Memorabilia *auf. Dieser Ausspruch wurde im Anschluß an die »Harzreise« auch in den Zeitungen der Zeit gern zitiert (vgl. u. a. die »Elegante«, 1833, Nr. 193 vom 3. Oktober, S. 770).*

119,*39* des jungen Kaufmanns] *vgl. Erläuterung* zu *126,36.*

120,*10* aus Goethes Reisebriefen] *Goethe schreibt in seinen »Briefen aus der Schweiz« am 3. Oktober 1779: »Ein junger Mann, den wir von Basel mitnahmen, sagte beim Anblick der gewaltigen Felsen bei Biel, es sei ihm lange nicht wie das erste Mal, und gab der Neuheit die Ehre. Ich möchte aber sagen: wenn wir einen solchen Gegenstand zum erstenmal erblicken, so weitet sich die ungewohnte Seele erst aus, und es macht dies ein schmerzliches Vergnügen, eine Überfülle, die die Seele bewegt und uns wollüstige Tränen ablockt. Durch diese Operation wird die Seele in sich größer, ohne es zu wissen, und ist zum zweiten Male jener ersten Empfindungen nicht mehr fähig. Der Mensch glaubt verloren zu haben, er hat aber gewonnen; was er an Wollust verliert, gewinnt er an innerem Wachstume«. Diese Stelle leitet unmittelbar zu der »Werther«-Erwähnung über, da auch die »Briefe aus der Schweiz« zur »Werther«-Sphäre gehören. Niemann verteidigt dagegen den »ersten« Eindruck, wegen der »Neuheit der Gegenstände« (S. 7).*

120,*10* Werther] *indirekte Anspielung auf die berühmte Klopstock-Erwähnung im »Werther« (vgl. die ausführliche Behandlung aller »Werther«-Anspielungen in der »Harzreise« bei Hermand S. 129–151). Auch in Arnims Erzählung »Hollins Liebeleben« entwickelt sich an dieser Stelle ein Gespräch über Goethe und Tieck, und die ältere Dame fragt den jungen Hollin: »Haben Sie seine Magelone gelesen?« (20. April).*

120,*11–12* Angorakatzen, etruskischen Vasen, türkischen Shawls, Makaroni und Lord Byron] *in einem ähnlichen Sinne spricht Heine am 27. November 1823 in einem Brief an Ludwig Robert von* Freude, Liebe, Aerger, Lyrik, Makaroni, Normaltheater, Linden, Himbeerbonbons, Macht der Verhältnisse, Klatschen, Hundegebell, Champagner, *um damit das allgemeine Salongewäsch zu charakterisieren. Auch in dem ursprünglich für den 1. Zyklus der*

»Nordsee« gedachten Gedicht »Sonnenaufgang« plaudert man im Familienkreis zu Ottensen von Zitronenwäldern und Banditen, / Von Makaroni und Madonnen, / Von geflickten Marmorgöttern, / Und von Musik und Miserere. *Am 17. Juni 1823 bedankt sich Heine bei Rahel und Varnhagen, daß sie ihn* mit Makaroni und Geistesspeise erquickt *hätten.*

120,*11* etruskischen Vasen] *vgl. »Buch Le Grand«, Erläuterung zu 215,2.*

120,*12* Lord Byron] *Heines starkes Interesse an Byron wurde vor allem durch Elise von Hohenhausen angeregt (vgl. »Briefe aus Berlin«, Erläuterung zu 28,26). In den Gesprächen mit Wedekind im Sommer 1824 stellt er sich mit Byron auf die »gleiche Stufe« (vgl. Werner/Houben Nr. 126). Am 27. Mai 1824 nennt er ihn in einem Brief an Friederike Robert* mein Vetter. Es war der einzige Mensch mit dem ich mich verwandt fühlte, *heißt es in einem Brief Heines vom 25. Juni 1824 an Moses Moser (vgl. auch das Bruchstück zur »Bergidylle« 228,8).*

120,*13* einige Sonnenuntergangsstellen] *Stellen dieser Art finden sich bei Byron u. a. im »Corsair« (Canto III), »The Island« (Canto II) und »Don Juan« (Canto I, Strophe 113 und 114).*

120,*15–16* die Uebersetzungen meiner schönen, geistreichen Landsmänninn, der Baroninn Elise von Hohenhausen] *Frau von Hohenhausen, die aus Minden in Westfalen stammte, hatte in ihrem Berliner Salon Heine als den »deutschen Byron« gepriesen (vgl. hierzu »Briefe aus Berlin«, Erläuterung zu 28,26, wo auch die Byron-Übersetzungen von Elise von Hohenhausen angeführt werden). Über die Byron-Rezeption im allgemeinen vgl. Wilhelm Ochsenbein, »Die Aufnahme Lord Byrons in Deutschland und sein Einfluß auf den jungen Heine«, Bern 1905, S. 10f.*

120,*18* über Byrons Gottlosigkeit] *den Vorwurf der Gottlosigkeit hatte man schon in den Berliner Salons gegen Byron erhoben (vgl. »Briefe aus Berlin« 50,15). Heine wandelt diesen Vorwurf hier ins Ironische ab, um sich bei der empfindsamen Damenwelt ins rechte Licht zu rücken.*

120,*22–23* den Hexenaltar und die Teufelskanzel] *wo nach der Sage der Teufel und die Hexen die schwarze Messe abhalten (vgl. Gottschalck S. 116).*

120,*25* Es waren meine Landsleute] *es handelt sich wahrscheinlich um Mitglieder der »Guestphalia« oder »Osnabrugia«, die mit Heine in Göttingen studierten. Von den in der Besucherliste erwähnten Göttinger Studenten tauchen 3 auch in Wedekinds Tagebuch mehrfach auf und müssen daher zu Heines engerem oder weiterem Bekanntenkreis gehört haben: G. Grimm (S. 34, 116, 127, 141), August Droop (1805–1889, S. 37, 160, 164) und Arnold Friedrich Thorbecke (S. 27, 59).*

120,*25–26* die Göttingen vier Tage später verlassen hatten] *wahrscheinlich waren sie direkt mit der Schnellpost bis zum Fuße des Brockens gefahren, da Heine für dieselbe Strecke mindestens fünf Tagesmärsche gebraucht hatte.*

120,*32* Duelle] *am 4. Juli 1824 war die große ›Pro-Patria-Paukerei‹ zwischen der »Guestphalia« und der »Osnabrugia« gewesen, die viele Karzerstrafen* *und Relegationen nach sich gezogen hatte (vgl. »Studentenleben« S. 100ff.). Wie sehr sich Heine in dieser Zeit für Duelle interessierte, geht aus seinem Brief an Moses Moser vom 20. Juli 1824 hervor.*

120,33 meistens aus Hallensern] *nach den Eintragungen in der Besucherliste vom 20. September (vgl. Erläuterung zu 116,37) befanden sich an dem Abend 3 stud. phil., 2 stud. jur. und 12 stud. theol. aus Halle im Brockenhaus.*

120,33–34 Halle wurde daher Hauptgegenstand der Unterhaltung] *im Jahre 1824 waren in Halle wegen ›demagogischer Umtriebe‹ 30 Studenten relegiert und 105 schriftlich verwarnt worden. Auf diese Vorgänge bezieht sich wahrscheinlich auch Heines Gedicht »Zu Halle auf dem Markt«.*

120,34–35 Die Fensterscheiben des Hofraths Schütz] *gemeint ist Christian Gottfried Schütz (1747–1832), der seit 1804 Professor in Halle war, mit Johann Samuel Ersch zusammen die »Hallesche Literaturzeitung« herausgab und auf den Heine schon einmal fälschlich in den »Briefen aus Berlin« (vgl. Erläuterung zu 49,31) anspielt. Laternen und Fensterscheiben wurden bei den damaligen studentischen Unruhen häufig eingeworfen. Daß Heine hier die Formulierung* exegetisch beleuchtet *gebraucht, hängt damit zusammen, daß von den 22 anwesenden Studenten 14 Theologen waren.*

121,1 Hallesche Bierwürden] *Heine meint damit akademische Auszeichnungen, wie sie in den an fast allen Universitäten bestehenden Bierstaaten verliehen wurden, die häufig Karikaturen irgendwelcher Hofstaaten waren (vgl. Scheuer S. 58). Die Halleschen Studentenverbindungen hatten ihre Bier- und Kneipstaaten in den Dörfern Schlettau, Passendorf und Reideburg errichtet (vgl. A. v. S., »Der deutsche Student«, Stuttgart 1835). Petersen gibt sogar noch weitere Details über das Königreich Cypern, die jedoch erst aus dem Jahre 1829 stammen (Walzel IV,493). Die* Staatsmaitressen *dieser Kneipstaaten werden sicherlich Schankmädchen gewesen sein.*

121,1–2 zwey Chinesen] *nach Christoph Trilse handelt es sich dabei um Friedrich Wilhelm Asseng (geb. 1794) aus Heong-San-Hin und Friedrich Wilhelm Carl Aho (geb. 1798) aus Whampoa, die sich auf einer Reise durch ganz Europa befanden, wobei sie 1823 auch nach Halle und Berlin kamen. Heine erwähnt die* zwey chinesischen Gelehrten, die auf der Behrenstraße für 6 grosch<en> zu sehen sind, *in einem Briefe vom 1. April 1823 an Immanuel Wohlwill. Doch nennt er den einen* Hang-hoh.

121,3–4 in Halle zu Privatdozenten *bis* abgerichtet werden] *nach ihrem Aufenthalt in Berlin gingen Asseng und Aho nach Halle, studierten dort Theologie und Philologie und ließen sich am 12. Mai 1825 taufen (vgl. Christian Gottlieb August Runde, »Chronik der Stadt Halle 1750–1835«, Halle 1933, S. 702f.).*

121,9 Geduld] *vgl. auch die Bemerkungen über die* deutsche Treue *bei der Schilderung der Harzer Bergleute (95,36).*

121,14 zur Purifikazion] *sicher um sich vom Verdacht ›demagogischer Umtriebe‹ zu ›reinigen‹. Schließlich war die Burschenschaft damals streng verboten.*

121,*16* Wisotzki] *witziger und geschäftstüchtiger Berliner Gastwirt, der in der Stallschreibergasse 43 ein Puppentheater unterhielt, wo man auch vor ironischen Anspielungen auf das Tagesgeschehen nicht zurückschreckte. Heine erwähnt Wisotzki auch in dem Gedicht »Die Menge tut es« und in »Shakespeares Mädchen und Frauen« (»Constance«).*

121,*16–17* »Schnell fertig ist die Jugend mit dem Wort u.s.w.«] *Zitat aus »Wallensteins Tod« (II,2 V. 4537f.), mit dem sich Heine als Berlin-Kenner und ›bemoostes Haupt‹ auf ironische Weise von dem jungen Studenten distanziert.*

121,*19* der Schein der Dinge] *die Berliner ›Oberflächlichkeit‹ war damals eine beliebte Zielscheibe der Kritik. So mokiert sich ein Anonymus in seinen »Flüchtigen Erinnerungen eines Provinzbewohners aus einer Reise nach der Hauptstadt (Berlin), im Frühjahr 1822« über die »unglückliche Sucht« der Berliner, »zu scheinen, was man nicht ist und nicht seyn kann«, nur um nach außen hin zu »glänzen« (vgl. »Elegante«, 1822, Nr. 157 vom 13. August, Sp. 1253f.).*

121,*22* die Intendanz] *das übertriebene Streben nach historischer Kostümtreue unter dem Intendanten Brühl (vgl. »Briefe aus Berlin«, Erläuterung zu 18,3–6) wurde damals viel belächelt. Tieck, dessen Ideal die Shakespeare-Bühne war, bezeichnete dieses Bemühen in seinen »Dramaturgischen Blättern« (1826) als bloße Effekthascherei (II,214f.). Ebenso negativ drückte sich Karl August Böttiger in der »Abend-Zeitung« aus (1822, Beilage »Artistisches Notizenblatt«, Nr. 16 vom 15. August, S. 63). Ähnliche Bemerkungen über den »Schneiderintendanten« finden sich bei Eduard Devrient, »Geschichte der deutschen Schauspielkunst«, Leipzig 1861, IV, 10, 219–227 und Karoline Bauer, »Aus meinem Bühnenleben«, Weimar 1917, S. 206. Einen mehr wissenschaftlichen Standpunkt vertritt Hermann Schaffer in seiner Erlanger Dissertation »Die Kostümreform unter der Intendanz des Grafen Brühl an den Königlichen Theatern zu Berlin 1814 bis 1828« (1926). Heine erwähnt die Brühlsche Kostümtreue später noch einmal in der »Stadt Lucca« (Kap. IV).*

121,*23* die »Farbe des Barts, womit eine Rolle gespielt wird«] *bezieht sich auf die Bemerkung Bottoms »What beard were I best to play it in?« in Shakespeares »Midsummer Night's Dream« (I,2).*

121,*26* Maria Stuart] *Schillers »Maria Stuart« war eine der berühmtesten Inszenierungen Brühls, für die er 1814 auf seiner Englandreise im Tower und in Westminster-Abbey genaue Kostümstudien getrieben hatte (vgl. Bauer, »Aus meinem Bühnenleben«, S. 204 und Gustav Parthey, »Jugenderinnerungen«, Berlin 1907, II,107).*

121,*27* Zeitalter der Königinn Anna] *Maria Stuart wurde am 8. Februar 1587 hingerichtet. Die Königin Anna regierte dagegen von 1702–1714.*

121,*27–28* der Banquier Christian Gumpel] *Lazarus Gumpel (1770–1843) war wie Heines Onkel Salomon ein Hamburger Bankier und wohnte wie* *dieser in Ottensen. Heine erwähnt ihn später noch einmal im »Buch Le Grand« (187,7) und dann als* Gumpelino *in den »Bädern von Lucca«. Der Sarkasmus dieser Stelle liegt darin, daß Gumpel zwar kunstbeflissen, aber protzig und unwissend war und daher einen so feinen Unterschied gar nicht bemerkt hätte. Heine schrieb solche Stellen nicht zuletzt für Salomon Heine, der sich an Witzen über Gumpels Ignoranz königlich amüsierte (vgl. Joseph A. Kruse, »Heines Hamburger Zeit«, Hamburg 1972, S. 112f.).*

121,29 Lord Burleigh] *William Cecil (1520–1598), Lord von Burleigh, ist der Großschatzmeister Königin Elisabeths in Schillers »Maria Stuart«, lebte also im späten 16. Jahrhundert. Heinrich IV. aus dem Hause Lancaster regierte dagegen von 1399 bis 1413.*

121,30–31 Kriegsräthinn von Steinzopf] *nicht im Berliner Adreßbuch, daher wohl eine fiktive Figur.*

121,36 Professor Lichtenstein] *Martin Heinrich Karl Lichtenstein (1780 bis 1857) war seit 1822 Professor der Zoologie in Berlin und baute in dieser Zeit den Berliner Zoologischen Garten auf.*

121,37 in Menschenhaß und Reue] *eins der beliebtesten Stücke von Kotzebue, das 1789 zum erstenmal im Druck erschienen war.*

121,37 die Eulalia] *die weibliche Hauptfigur des Stückes, die in der Einsamkeit ihre unmoralische Vergangenheit bereut.*

121,38 der Peter] *der Sohn des Gutsverwalters Bittermann, der das ganze Stück über nur ›dummes Zeugs‹ daherredet.*

121,39 der Unbekannte] *der ehemalige Gatte von Eulalia, der sich nach ihrem Ehebruch zu einem vergrämten Menschenfeind entwickelt hat.*

122,3 die Spontinische Janitscharenoper] *über den szenischen Bombast, den Blechbläserlärm und das Auftreten eines Elefanten in Spontinis »Olympia« (1821) hatte sich Heine schon in den »Briefen aus Berlin« mehrfach lustig gemacht (vgl. 25,35–42 und 41,35).*

122,4 ein heroisches Mittel] *ähnliche Formulierungen findet man nach Loewenthal (S. 41f.) in Brentanos »Philister«-Schrift (II,972). Auch in den »Briefen aus Berlin« wird die allgemeine Wehrpflicht bereits mit leiser Ironie als Mittel gegen die* Gefahr der Verweichlichung *hingestellt (11,40–41).*

122,5–6 schon Plato und Cicero] *vgl. Platons »Staat« (IV,424). Cicero schreibt in Cp. Legg. II,15.38: »Assentior Platoni nihil tam facile in animos teneros atque molles influere quam varios canendi sonos; quorum dici vix potest quanta sit vis in utramque partem. Namque et incitat languentes et languefacit excitatos, et tum remittit animos, tum contrahit«.*

122,7 die diplomatische Bedeutung des Ballets] *solche Vergleiche waren damals beliebt. So hieß es von Fanny Elßler, sie tanze »Weltgeschichte« (vgl. Eugen Kalkschmidt, »Deutsche Freiheit und deutscher Witz«, Hamburg 1928, S. 133). Von Maria Taglioni sagte Eduard Gans, sie tanze »Goethe« (Heinrich von Treitschke, »Deutsche Geschichte im 19. Jahrhundert«, Leipzig 1879ff., IV,428). In Immermanns »Epigonen« heißt es über Flämmchen:*

»Sie tanzt Geschichte, Fabel, Religion; ihre begeisterten Wendungen und Stellungen weihen uns in die geheimsten Dinge ein« (»Werke«, hrsg. von Harry Maync, Leipzig o. J., IV,66). Heine geht jedoch in der politischen Allegorisierung weit über diese Beispiele hinaus. Er hatte daher von Anfang an Bedenken, ob dieser Abschnitt die Zensur passieren würde. So schreibt er am 15. Mai 1825 an Ludwig Robert, als er ihm das Manuskript der »Harzreise« für die »Rheinblüthen« schickt: Erscheint die Persifflage des Ballets etwas zu stark, so erlaube ich gern die ganze Partie <...> ausfallen zu lassen. *Auch in einem Brief an Gubitz vom 23. November 1825 heißt es im Hinblick auf die Zensur:* Am meisten fürchte ich für die Balletwitze. *Wie stark Gubitz in der »Gesellschafter«-Fassung an dieser Stelle eingegriffen hat, beweisen die »Lesarten«. Schließlich war das Ballett jener Teil des Berliner Theaterensembles, der sich der besonderen Gunst Friedrich Wilhelms III. erfreute.*

122,*8* Hoguets Füßen] *Michel-François Hoguet (1793–1871) war der allgemein bewunderte Solotänzer der Berliner Staatsoper.*

122,*9* Buchholz Kopf] *Paul Ferdinand Friedrich Buchholz (1768–1843) war ein philologisch-historischer und politischer Schriftsteller und Privatgelehrter in Berlin, der bei den Liberalen als Flachkopf galt.*

122,*17* einen Congreß] *nach dem Wiener Kongreß (1815) hatten sich die Minister und Staatsoberhäupter der europäischen Großmächte 1818 zu Aachen, 1820 zu Troppau, 1821 zu Laibach und 1822 zu Verona zu sogenannten Interventionskongressen getroffen, auf denen man Maßnahmen gegen die Unruhen in Spanien und Italien beschlossen hatte.*

122,*18–19* unsern allzugroßen Freund im Osten] *gemeint ist der russische Zar Alexander I. Pawlowitsch (1777–1825).*

122,22 Tänzer besser honorirt werden] *Hoguet (vgl. 122,8) war der bestbezahlte Künstler der Berliner Oper und bezog ein Gehalt von 4000 Talern jährlich. Andere Stars des Berliner Theaters erhielten viel weniger: die Stich 2700, die Seidler 2500, die Eunike 2000, der Schauspieler Wolff 1750 Taler (vgl. Johann Valentin Teichmann, »Literarischer Nachlaß«, Stuttgart 1863, S. 452).*

122,*24–25* eine schöne Tänzerinn noch privatim von dem Minister unterhalten wird] *Tänzerinnen waren nach alter Tradition nicht selten Mätressen des Hochadels und der Minister. Das bekannteste Verhältnis dieser Art unterhielt damals Friedrich von Gentz zu Fanny Elßler.*

122,27 Beym Apis!] *der heilige Stier der ägyptischen Mythologie, den man als Fruchtbarkeitsspender anbetete.*

122,*28* exoterischen *bis* esoterischen] *mit gleicher Akzentsetzung spricht Heine später in der »Reise von München nach Genua« vom exoterischen und esoterischen Sinn der Opera buffa (Kap. XIX). Saul Ascher hatte in seiner Schrift »Die Wartburgs-Feier« zwischen exoterischen und esoterischen Deutschtumsverehrern unterschieden (Leipzig 1818, S. 23).*

122,30 der Lemiere] *Madame Lemière war die bekannteste Solotänzerin der Berliner Oper, die Heine sicher in Spontinis »Olympia« gesehen hat (vgl. »Briefe aus Berlin« 25,36 und 41,35). Sie ließ sich in den Jahren 1821/22 oft in Begleitung Friedrich Wilhelms III. bewundern und fuhr mit ihm im Herbst 1822 nach Teplitz. Kurz darauf wurde sie in der Gunst des Königs durch Madame Hoguet-Vestris verdrängt und heiratete im November 1823 den Harfenspieler Desargus. Friedrich Wilhelm III. war daraufhin sehr aufgebracht, nahm sie jedoch 1824 wieder in Gnaden auf (vgl. auch »Bäder von Lucca«, Kap. V).*

122,31 Entrechats] *Kreuzsprünge.*

122,31 der Röhnisch] *nach dem Berliner Adreßbuch: C. F. W. Röhnisch, Solotänzerin, die Heine ebenfalls in Spontinis »Olympia« gesehen haben muß.*

123,2 Fürstenknechte] *die Schweizer verdingten sich damals gern in den Leibgarden der verschiedenen europäischen Könige und des Papstes.*

123,2 Leckerkramverfertiger] *Heine bezieht sich hier wiederum auf seine Berliner Erfahrungen. 1808 war in Berlin von Giovanoly die erste Schweizer Konditorei eröffnet worden. Ihr folgten kurze Zeit später Spergnapani, Stehely und Josty (vgl. Hans Brendicke, »Schweizer Konditoreien in Berlin«. In: »Mitteilungen des Vereins für die Geschichte Berlins« 16, 1899, S. 21), die von den Turnern und Burschenschaftern als ›Leckerliverfertiger‹ angeprangert wurden. Heine streicht dagegen in seinen »Briefen aus Berlin« die Sahnebaisers bei Josty ausdrücklich als Delikatessen heraus (vgl. 10,27).*

123,9 sagt Cervantes] *auch in einem Brief an Moses Moser vom 27. September 1823 schreibt Heine:* Er war ein dicker Mann, folglich ein guter Mann, sagt Cervantes. *Gemeint ist die Stelle »hombre que por ser muy gordo era muy pacifico« (I,2) aus dem »Don Quixote«, die sich auf einen Wirt bezieht. Auch Shakespeares Julius Caesar sagt einmal: »Let me have men about me that are fat« (I,2).*

123,10 ein Greifswalder] *nicht genau zu ermitteln. Unter den in der Besucherliste (vgl. Erläuterung zu 116,37) eingetragenen Hallenser Studenten befinden sich drei aus Mecklenburg: C. Richter, F. Lange und A. C. Wendt. Die Greifswalder wurden damals wegen ihrer besonders reaktionären »Pomerania« und der Winzigkeit ihrer Universität häufig verspottet.*

123,15 Dieser war ein Mann aus jenen Zeiten] *noch schärfere Parodie auf das ›altdeutsche‹ Gehabe der Turner und Burschenschafter als in »Briefe aus Berlin« (37,28) und »Über Polen« (58,11–12). Heine schließt sich hier z. T. an Börnes »Monographie der deutschen Postschnecke« (1821) und Brentanos »Aus einem geplünderten Felleisen« an, das 1817 im Gesellschafter erschienen war (über Heines Kenntnis dieses Jahrgangs vgl. 225,6). Was ihn an diesen Kreisen besonders abstieß, war ihr Revolutionsdilettantismus, ihr ungesellschaftlicher Barbarismus und ihre antifranzösische und antisemitische Gesinnung.*

123,*16–17* die Friseure zu verhungern fürchteten] *Witze über das* Langehaarthum *finden sich schon in »Über Polen« (58,11–12). Lange Haare galten unter den Turnern und Burschenschaftern als Symbol des alten, freien Germanentums. Von besonderem Einfluß auf diese germanisch-altdeutsche Kostümierung waren Jahns »Deutsches Volksthum« (1810) und Arndts »Über Sitte, Mode und Kleidertracht« (1814) gewesen. Seitdem ließen sich national gesinnte Studenten lange Haare wachsen, trugen ein Barett, einen altdeutschen Rock (Flausch) und ein offenes Hemd (vgl. »Briefe aus Berlin« 13,9). In Preußen war diese Tracht seit 1820 für staatliche Angestellte verboten worden, wurde aber in abgewandelter, gemäßigter Form immer noch getragen.*

123,*20* Haarbüschel von Blüchers Schimmel] *Blücher, der meist Schimmel ritt, war wegen seiner Siege über Napoleon zum Idol der nationalen Studenten geworden. Auch der junge Heine hatte in einem Brief vom 27. Oktober 1816 an Christian Sethe Blücher als* homerisch göttlich herrlich *bezeichnet. Doch die inzwischen einsetzende Deutschtümelei widerte ihn an (vgl. besonders den Brief an Joseph Lehmann vom 26. Juni 1823). Das* Medaillon *dient hier als Symptom, daß die ursprüngliche Freiheitsbegeisterung längst zu einem fetischisierten Reliquienkult erstarrt war.*

123,*23* Deutschland müsse in 33 Gauen getheilt werden] *diese Forderung wurde seit dem Zusammenbruch des Heiligen Römischen Reiches von vielen national empfindenden Kreisen gestellt. Schon Jahn schlägt in seinem Buch »Deutsches Volksthum« (1810) vor, Deutschland nach »Landen, Marken, Kreisen (Gauen), Gemeinden« einzuteilen (S. 45). Später hatte Karl Follen (1796–1840) in seinen »Grundzügen für eine künftige deutsche Reichsverfassung« (1817/18) ausdrücklich eine Gliederung Deutschlands nach 33 Gauen gefordert. Da die ursprünglich progressive Absicht dieser Pläne, nach denen die alte dynastische Gliederung durch eine republikanische Ordnung ersetzt werden sollte, inzwischen zu einer altdeutschen Marotte geworden war, persifliert sie Heine (vgl. auch die Bemerkungen über den Tertianer Wackernagel in »Über Polen« 61,13).*

123,*28* an einem Nationalheldengedicht] *auch Heine hatte sich ursprünglich für Hermann und die Hermannsschlacht begeistert und war 1820 durch den Teutoburger Wald gewandert (vgl. »Briefe aus Berlin« 9,10–15). Diese Begeisterung wird jetzt im Lichte seiner Erfahrung mit den Burschenschaftern immer stärker in Frage gestellt (vgl. Heines sarkastische Äußerungen in dem Brief an Rudolf Christiani vom 7. März 1824 und später im »Wintermärchen«, Caput XI).*

123,*33* onomatopöisch] *damals für onomatopoetisch (lautmalerisch) gebräuchlich.*

123,*36* andern Berliner Dichtern] *vgl. die Stelle über die holprige Sprache (99,15–16) und die Erläuterung dazu.*

123,*37* wurde es immer lauter] *die folgende Kneiperei hat manche Ähnlich-*

keiten mit dem karikierten Studentenkommers in Hoffmanns »Kater Murr«, wo ebenfalls smolliert, gesoffen und gesungen wird (HarichV,302ff.).

123,39 smollirt] *kommt wahrscheinlich von s(is) (mihi) mollis (amicus) sei mein lieber Freund. Studentisch bedeutet smollieren oder schmollieren soviel wie Brüderschaft trinken (vgl. Kluge S. 122).*

123,39 Der alte Landesvater] *das Kommerslied »Landesvater, Schutz und Rater« wurde 1782 von dem Juristen August Christian Heinrich Niemann (1761–1832) verfaßt. Man sang es meist auf das Wohl des Vaterlandes und der studentischen Brüderschaft, indem man dabei die Hüte oder Mützen mit dem Rapier durchbohrte (vgl. Kluge S. 104 und Scheuer S. 58). Der Text dieses Liedes steht in »Allgemeines Commers- und Liederbuch enthaltend ältere und neue Burschenlieder, Trinklieder, Vaterlandsgesänge, Volks- und Kriegslieder« von Albert Methfessel (Rudolstadt ³1823, Nr. 21, S. 42f.).*

123,40 W. Müller] *wie hoch Heine Müller damals schätzte, beweisen die Widmung der »Tragödien« im April 1823 und der Brief an Müller vom 7. Juni 1826. In Methfessels »Commers- und Liederbuch« befinden sich die Gedichte »Schlechte Zeiten, guter Wein!« (Nr. 44, S. 86f.) und »Warnung vor dem Wasser« (Nr. 48, S. 94f.) von Wilhelm Müller, beide in der Vertonung des Herausgebers.*

123,40 Rückert, Uhland] *von Rückert und Uhland ist in Methfessels »Commers- und Liederbuch« nichts aufgenommen. Eine Liste der frühen Uhland-Vertonungen, zusammengestellt von Max Friedländer, findet sich im 1. Bande von Uhlands »Werken«, hrsg. von Ludwig Fränkel, Leipzig 1893. Von Rückert waren unter den Studenten der damaligen Zeit vor allem seine »Kriegerischen Spott- und Ehrenlieder« und seine »Geharnischten Sonette« beliebt, die ganz auf den Geist der Befreiungskriege abgestimmt sind.*

123,40–**124**,1 Schöne Methfesselsche Melodien] *Albert Gottlieb Methfessel (1786–1869), der seit 1823 als Gesangslehrer und Komponist in Hamburg lebte, war mit Heine befreundet und vertonte dessen Gedichtzyklus »Neuer Frühling«. Heine hatte bereits in der Nr. 176 des »Gesellschafters« vom 3. November 1823 einen kurzen Aufsatz über Methfessel veröffentlicht, wo es u. a. heißt:* Auch Referent hat zu seiner Zeit manches hübsche Lied aus dem Methfesselschen Kommersbuche ehrlich mitgesungen *(vgl. DHA Bd. 10). Neben Gedichten von Müller hat Methfessel für sein »Commers- und Liederbuch« vor allem Gedichte von Arndt, Claudius, Schmidt von Lübeck, Bouterwek, Hebel, Müchler und Langbein vertont.*

124,2 Der Gott, der Eisen wachsen ließ] *der Anfang des »Vaterlandslieds« (1813) von Ernst Moritz Arndt, das als Inbegriff des patriotisch-republikanischen Geists der Befreiungskriegsära galt (vgl. die Methfesselsche Vertonung in seinem »Commers- und Liederbuch«, Nr. 103, S. 198).*

124,3 draußen brauste es] *die drittletzte Strophe des »Vaterlandslieds« beginnt mit der Zeile »Laß brausen, was nur brausen kann«.*

124,7 aus der »Schuld«] *das berühmte Schicksalsdrama von Müllner, das* *im Jahre 1816 erschienen war und aus dem Heine auch im »Buch Le Grand« zitiert (vgl. 170).*

124,*7–8* sprach Latein] *nach dem Sprichwort »Wein spricht Latein«.*

124,*15* spanische Fliegen] *galten lange Zeit als Aphrodisiakum.*

124,*17* Mecklenburger] *einer der drei Studenten, die in der Erläuterung zu 123,10 aufgezählt werden.*

124,*19–20* dem Theaterbüffet in Schwerin] *vgl. schon Heines Bemerkungen über das unmäßige Essen und Trinken auf der Freiredoute im Berliner Opernhaus (»Briefe aus Berlin« 42,41–42). Daß das Theaterbüffet in Schwerin für seinen Punsch berühmt war, geht aus Heinrich Seidels »Reinhard Flemmings Abenteuer zu Wasser und zu Lande« hervor (vgl. »Gesammelte Schriften«, Leipzig 1891ff., XVIII,65). Vgl. dazu auch Vos² S. 241.*

124,*28* »O Bäbeli! O Bäbeli!«] *schon in Herders »Stimmen der Völker in Liedern« gibt es ein Gedicht »Dusle und Babele«, wo es in der 5. Strophe »O Babele, liebes Babele mi« heißt. Das gleiche Lied findet sich in »Des Knaben Wunderhorn«. Goethe lobte dieses Lied in seinem referierenden Aufsatz über das »Wunderhorn« in der »Jenaischen Allgemeinen Literaturzeitung« als »köstlichen Abdruck des schweizer-bäurischen Zustands und des höchsten Ereignisses dort zwischen zwei Liebenden« (vgl. Vos² S. 241f.). Heines Erwähnung dieser Stelle könnte daher auch ein ironischer Seitenhieb auf Goethe sein.*

124,*39* Lore] *möglicherweise Parodie auf das hochsentimentale Hölty-Gedicht »An Laurens Kanarienvogel«. Doch auch Lotte in Goethes »Werther« schnäbelt mit ihrem Vögelchen (vgl. Brief vom 12. September 1772).*

125,*7–12* »Meine Seele ist traurig *bis* traurig!«] *offenkundige Parodie auf den ›ossianischen‹ Stil und damit ebenfalls eine indirekte Wertherparodie (vgl. Hans Hofmann, »Zu Heines Harzreise«. In: »Euphorion« 6, 1899, S. 107 und Hermand S. 140ff.), was durch den Abschnitt 126,20–25 bestätigt wird, den Heine direkt aus dem »Werther« übernommen hat. Zu Ossian selbst vgl. die Erläuterung zu 57,27. Wie stark die ›ossianische‹ Stimmung in diesen Jahren bereits ins Triviale abgesunken war, beweist Houwalds Erzählung »Wahnsinn und Tod« (1817), in der primitivste Schauerszenen ständig mit Ossian-Passagen untermalt werden.*

125,*16* einen großen Kleiderschrank öffnete] *C. G. von Maaßen vermutet in dieser Episode eine Anlehnung an eine Anekdote aus dem 18. Jahrhundert, die im »Antihypochondriakus« (12. Portion, Erfurt 1794, S. 118f.) erschienen war (vgl. Maaßen, »Zu Heinrich Heines ›Harzreise‹«. In: »Zeitschrift für Bücherfreunde«, N. F. 7, 1916, Sp. 485f.).*

125,*18–27* »Ihr Lüfte der dämmernden Nacht *bis* traurig!«] *ebenfalls Parodie des ossianischen Stils, durch den Berg und* die schlafenden Städte der Menschen *deutlich auf die Brockensituation bezogen.*

125,*29* einer gelbledernen Hose] *vgl. die Erläuterung zu 86,29.*

125,*30*–**126**,*8* »Schön bist du, Tochter des Himmels *bis* Licht!«] *wörtliche*

Übersetzung aus Ossians »Dar-Thula« in der Ausgabe von 1765 (vgl. »Entstehung und Aufnahme« 525,4–5); zugleich ironische Ausweitung des Lore-Motivs. Bei Ossian tötet sich Dar-Thula an der Leiche ihres Geliebten Nathos, der mit Althos und Ardan, seinen beiden Brüdern, der Übermacht des grausamen Cairbar erlegen war.

126,*13* ganz *en* Schwein] *die Vorliebe für solche französischen Präpositionen war in der Studentensprache allgemein (vgl. Kluge S. 65).*

126,*20–25* Warum weckst du mich *bis* finden] *wörtlich aus Ossians »Berrathon«, diesmal der Übersetzung in Goethes »Werther« entnommen, wo diese Sätze am Ende der großen Ossian-Passage des 2. Buches stehen.*

126,*28* keine einzige Laterne brenne] *über das Einschmeißen von Fensterscheiben vgl. schon Erläuterung zu 120,34–35. Daß dabei auch die Lampen nicht geschont wurden, geht aus einer Tagebucheintragung Wedekinds vom 31. Dezember 1824 hervor: »Auf der Weender Straße war indessen viel Randal und keine Lampe mehr heil« (»Studentenleben« S. 164). Noch in der »Lutetia« (34) erinnert sich Heine der zerschlagenen Laternen in der Weenderstraße.*

126,*31* Ich kann viel vertragen] *Heine trank bekanntlich sehr mäßig.*

126,*34–35* Nachtmütze *und* Gesundheitsflanell] *Anlehnung an Brentanos »Philister« (II, 987).*

126,*36* ein Frankfurt-am-Mayner] *kann nach den Eintragungen in der Besucherliste nur »Christian Benkard aus Frankfurt a. M.« gewesen sein (vgl. Erläuterung zu 116,37).*

126,*37* den Juden] *vgl. die Bemerkungen über die Frankfurter Juden in »Briefe aus Berlin« (29,42) und »Über Polen« (62,9).*

126,*39–40* ihn etwas zu mystifiziren] *vgl. schon die Episode mit dem angeblichen Schneidergesellen (90,1–91,4). Heine liebte es überhaupt, Leute zu »mystifizieren«, wie Wedekind schreibt (»Studentenleben« S. 131f. und 133f.).*

127,*9* die *Falcidia*] *die lex Falcidia wurde in spätrepublikanischer Zeit (44 v. Chr.) von dem Tribun Falcidius vorgeschlagen und bestimmte, daß in jedem Testament wenigstens ein Viertel der Hinterlassenschaft dem rechtmäßigen Erben zukommen muß (vgl. Hugo S. 543f., 576, 688, 788).*

127,*9–10* erbrechtlicher Text von Gans] *Eduard Gans, den Heine in Berlin kennenlernte (vgl. 17,32), arbeitete damals an seinem Hauptwerke »Das Erbrecht in weltgeschichtlicher Entwicklung«, das zwischen 1824 und 1835 herauskam.*

127,*10* Musik von Spontini] *vgl. Erläuterung zu 9,33. Überhaupt ist der ganze Traum wie eine Oper von Spontini inszeniert. Man denke an dessen »Vestalin«, deren Schauplatz ebenfalls das* römische Forum *ist und wo es nicht an dem nötigen Tamtam und Posaunendonner fehlt.*

127,*11* Serv. Asinius Göschenus] *gemeint ist Johann Friedrich Ludwig Göschen (1778–1837), der ab 1813 in Berlin und dann ab 1822 in Göttingen* *als Professor der Jurisprudenz lehrte und als Vertreter der historischen Rechtsschule mit dem Heine verhaßten Savigny (vgl. »Briefe aus Berlin« 9,36 und 19,23) die »Zeitschrift für geschichtliche Rechtswissenschaft« herausgab. 1825 wurde Göschen der Prorektor der Göttinger Universität, was vielleicht die Schärfe der beiden Vornamen Servilius (knechtischer Untertan) und Asinius (Esel) erklärt.*

127,*13* Marcus Tullius Elversus] *Christian Friedrich Elvers (1797–1858) war seit 1819 Privatdozent, seit 1823 außerordentlicher Professor der Jurisprudenz in Göttingen. Als Schüler Hugos und Eichhorns gehörte er ebenfalls zu den Vertretern der historischen Rechtsschule und beschäftigte sich u. a. auch mit erbrechtlichen Studien. Die Vornamen* Marcus Tullius *deuten in satirischer Absicht wohl auf Cicero, den berühmtesten römischen Rhetor, hin.*

127,*13 Prima Donna legataria*] *vielleicht Anspielung auf die Verfügung der lex Falcidia, daß ein Erblasser nur drei Viertel seines Vermögens als Legate vergeben darf (vgl. Erläuterung zu 127,9).*

127,*15 quicunque civis romanus*] *bedeutet ›Jeder römische Bürger‹ und findet sich als Eingangsfloskel des 2. Kapitels der lex Falcidia.*

127,*17–18* antejustinianeisches Ballet] *bezieht sich auf das ›jus civile antejustinianum‹, d. h. das römische Recht vor der Kodifizierung durch Justinian, auf die Heine zu Anfang der »Harzreise« hinweist (85,26). Diese Erwähnung gehört in den Gesamtzusammenhang der ironischen Anspielungen auf Gustav Hugo (vgl. Erläuterung zu 88,17–18), von dem 1815 ein Buch unter dem Titel »Ius civile antejustinianeum« erschienen war. Auch der von Hugo hochverehrte Cujas (vgl. Erläuterung zu 88,17–18) hat zweimal Sammlungen des vorjustinianeischen Rechts publiziert (1566 und 1586), worauf Hugo in seinem »Lehrbuch der Geschichte des Römischen Rechts seit Justinian« (1818) ausdrücklich hinweist (S. 268).*

127,*18* die zwölf Tafeln] *das Zwölftafelgesetz (450 v. Chr.) ist das älteste römische Rechtsdenkmal, dessen Bestimmungen auf 12 steinernen Tafeln aufgezeichnet sind, die man auf dem Forum Romanum aufgestellt hatte (vgl. Hugo S. 63f.).*

127,*20* Feuerregen] *auch in der letzten Szene von Spontinis »Vestalin« (vgl. Erläuterung zu 127,10) fällt plötzlich Feuer vom Himmel und entzündet damit wieder die Flamme auf dem Altar der Vesta.*

127,*20–21 cum omni causa*] *alte römische Rechtsformel, soviel wie ›mit allem Grund‹.*

127,*22* der Brockenwirth] *seit dem 10. September 1800, d. h. seit der Eröffnung des neuen Brockenhauses (vgl. Erläuterung zu 116,20) hatte diese Funktion Johann Friedrich Christian Gerlach (1763–1834) inne (vgl. auch Gottschalck S. 115 und Dennert S. 79).*

128,*1* Siebenmeilenstiefel] *Anspielung auf »Peter Schlemihls wundersame Geschichte« (1814) von Chamisso.*

128,*19–20* in der Goslarschen Stephanskirche] *vgl. Erläuterung zu 100,5–6.*

In Rb I[1] *hatte Heine das* leere, gottverlassene Ansehen *protestantischer Kirchen anläßlich der Stephanskirche noch ausführlicher beschrieben (vgl. »Lesarten« 571,13–32).*

128,21 östliche Rosen] *Rückerts »Östliche Rosen«, in denen sowohl Bülbül als auch Houris erwähnt werden, waren 1822 erschienen. Heine schwärmt in dieser Zeit überhaupt für Indisches und Persisches. Vgl. seinen Brief an Moses Moser vom 21. Januar 1824, wo er sich als* Perser *bezeichnet und die* süße, rosige, leuchtende Bulbul-Sprache *preist.*

128,23 Kameele] *studentisch für ›Nichtverbindungsstudenten‹ (vgl. Kluge S. 97).*

128,23 Congrevischen Blicken] *bezieht sich sicher auf die Congrevischen Brandraketen, die Sir William Congreve (1772–1828), ein englischer Physiker und Artilleriegeneral, 1804 im Krieg gegen Frankreich erfunden hatte, und nicht auf die stark erotisch gefärbten Lustspiele William Congreves (1669/72 bis 1729). Auch Hauff verwendet diesen Ausdruck in seiner im Herbst 1825 erschienenen Geschichte »Der Mann im Mond« im Sinne der Congreveschen Brandraketen.*

128,25 der Koran] *daß Heine den Koran in der Übersetzung von Friedrich Eberhard Boysen kannte, ist belegt (vgl. den Brief an Moses Moser vom 21. Januar 1824).*

128,26 das sogenannte Brockenbuch] *nicht vollständig erhalten. Ein Auszug daraus, herausgegeben von Gerlachs Nachfolger C. E. Nehse, erschien 1850 in Sandershausen unter dem Titel »Brocken-Stammbuch mit Scherz und Ernst, Witz und Laune, Weisheit und Einfalt in Gedichten und Prosa vom Mai 1753 bis Mai 1850«. Ähnliche Witze über das Brocken-Stammbuch finden sich schon in Jean Pauls »Seebuch des Luftschiffers Giannozzo« (6. Fahrt).*

128,32–33 Der Palast des Prinzen von Pallagonia] *besonders bizarres Gebäude, das sich Ferdinando Francesco II. Gravina (1722–1788) errichten ließ und das heute noch in Bagheria bei Palermo steht. Es wird sowohl in Arnims »Gräfin Dolores« (1810) als auch in Goethes »Italienischer Reise« (9. April 1787) beschrieben. Immermann erwähnt es in seinem »Brief an einen Freund über die Falschen Wanderjahre Wilhelm Meisters und ihre Beilagen« (1823). Heine kommt im Zusammenhang mit Goethe noch einmal in den »Florentinischen Nächten« (1. Nacht) darauf zurück.*

128,36–37 die altdeutschen Revoluzionsdilettanten mit ihren Turngemeinplätzen] *in dem von Nehse herausgegebenen »Brocken-Stammbuch« wimmelt es nur so von chauvinistischen Ergüssen blutrünstiger Teutomanen, die im Stile Klopstocks, des Göttinger Hains und Follens den Harz als den teutschesten aller teutschen Berge feiern. Unter Anrufung Wodans, Hermanns und des Turnvater Jahn werden hier deutsche Eichen und deutscher Todesmut, Cheruskerzorn und Walhallagnade über alle anderen Wertvorstellungen gestellt (vgl. »Brocken-Stammbuch«, besonders S. 139–141).*

129,*38* Herr Johannes Hagel] *im Sinne von ›Janhagel‹ für hergelaufenes Volk.*

129,*1* über den Nebel] *nur allzu wahr. Fast auf jeder Seite liest man diese Nebel-Lamentationen (vgl. S. 33, 45, 49, 51, 69, 73, 76 u. ö.). Auch Adolf Glaßbrenner notiert sich beim Durchblättern des Brockenbuches: » ›Benebelt kamen wir hinauf, oben hatten wir Nebel, und benebelt stiegen wir wieder hinunter‹. – Diese geistreiche Gedanken findet man fast auf jeder Seite« (»Papiere eines Hingerichteten«, Leipzig 1834, S. 49).*

129,*4* riecht nach Käse, Bier und Tabak] *auch bei Washington Irving riechen alte Zeitungen »nach Bier und Taback«, ein Gasthofzimmer nach »Bier und Stilton-Käse« (»Bracebridge-Hall oder die Charaktere«, Berlin 1823, I, 114, 128). Heine liebt solche Zusammenstellungen noch bis zu den »Geständnissen«, wo es heißt, daß der Atheismus allmählich nach* Käse, Branntwein und Tobak zu stinken *beginne.*

129,*5* einen Roman von Clauren] *Clauren ist ein Pseudonym für Carl Gottlieb Samuel Heun (vgl. »Briefe aus Berlin«, Erläuterung zu 45,16–17). Seit der 1825 von Hauff verfaßten Clauren-Satire »Der Mann im Mond« war Clauren eine beliebte Zielscheibe der Kritik geworden. Heine verspottet ihn auch in dem Bruchstück »Ilsenstein« (229,23), in »Nordsee III« (146,14) und im »Buch Le Grand« (212,15). Claurens politisch gewürzte Komödie »Der Bräutigam aus Mexiko« hatte er dagegen in »Briefe aus Berlin« noch gelobt (vgl. 45,16–19).*

129,*16–17* Diese demagogische Naturerscheinung] *nach alter aufklärerischer Tradition wird hier der Sonnenaufgang als Kampf der Freiheit gegen die Mächte der Finsternis gedeutet.*

129,*17–18* wenn es zur Untersuchung kommt] *Spott auf die allgemeine Furcht der Regierungen vor ›demagogischen Umtrieben‹. Heine war am 26. November 1819 in Bonn und dann noch einmal im April 1824 in Berlin in eine solche Untersuchung hineingezogen worden (vgl. »Buch Le Grand«, Erläuterung zu 187,10–11).*

129,*25* eine wunderliche Blume] *M. Kronfeld vermutet in seinem Aufsatz »Heines Brockenblume« im »Fremdenblatt« vom 22. Juni 1892, daß es sich dabei um eine Anemone alpina gehandelt haben muß, die allerdings im Linnéschen System zur 13. Klasse gehöre (Nr. 172). Schon seit der Schrift »Sylvia Hercynia« (1588) von Johann Thalius wird ständig auf die seltenen Blumen auf dem Brocken hingewiesen (vgl. Bräss S. 137, Gottschalck S. 116, Niemann S. 15, »Hercynia« S. 137 u. a.). Bräss und Gottschalck heben vor allem die schöne Betula nana hervor, Niemann nennt dagegen wie Kronfeld die Anemone alpina die eigentliche »Brockenblume«.*

129,*33* zur achten Classe] *vgl. Erläuterung zu 91,21.*

129,*37–38* dem Vorschlage Theophrasts] *bezieht sich nicht auf den Platon-Schüler Theophrast (um 372 bis um 287), sondern auf Theophrastus Bombastus von Hohenheim, genannt Paracelsus (1493–1541). Das wird belegt durch eine verwandt klingende Prosanotiz (vgl. DHA Bd. 10), wo es heißt:*

So will Paracelsus die Blumen nach dem Geruch klassifizieren – wie viel sinnreicher als Linné nach Staubfäden. *Ähnliche Formulierungen finden sich in seinen »Memoiren« und »Geständnissen«. Auch Justinus Kerner verspottet in seinen »Reiseschatten« (1811) das linneische System und schlägt vor, eine »Klassifikation der Blumen nach den Gerüchen« zu versuchen (»Sämtliche poetische Werke«, hrsg. von Josef Gaismaier, Leipzig o. J., III, 192). Auf welche apokryphe Tradition sich diese Geruchstheorie bezieht, hat sich bisher nicht ermitteln lassen. Bei Paracelsus selbst findet sich kein Hinweis darauf (vgl. Vos[1] S. 41).*

130,*1* was man essen kann] *vgl. den Materialismus dieser Stelle mit ähnlichen Gedanken in »Briefe aus Berlin« (16,29).*

130,*12* einigen Voltaireschen Versen] *Voltaire war Heine schon seit dem Düsseldorfer Gymnasium vertraut und wird in den »Reisebildern« mehrfach erwähnt (vgl. Loewenthal S. 91). Auch in einem Brief an Christian Sethe vom 27. Oktober 1816 zitiert Heine einige Voltairesche Verse.*

130,*19* die Rechnungen] *für Bett und Stube mußte man damals einen Taler bezahlen (vgl. Dennert S. 78).*

130,*26* meine Landsleute] *vgl. Erläuterung zu 120,25.*

130,*26–27* angeführt von einem Wegweiser, durch die sogenannten Schneelöcher] *das Schneeloch, etwa eine halbe Stunde vom Brocken entfernt, das selbst im Juli noch Schnee und Eis enthielt, war damals ohne »Führer« nicht zu finden, wie Gottschalck schreibt (S. 117). Daher gab der Brockenwirt den Besuchern stets seinen Hausknecht Christian Winkel als Wegweiser mit.*

130,*28* nach Ilsenburg] *kleines Städtchen an der Nordseite des Harzes, das damals 1690 Einwohner hatte und einer der wichtigsten Ausgangspunkte zur Brockenbesteigung war (vgl. Gottschalck S. 200ff.).*

130,*30* östreichische Landwehr] *ihre Langsamkeit wird schon in »Briefe aus Berlin« erwähnt (vgl. Erläuterung zu 9,16–17).*

131,*19–21* »Unterharze« *und* »Oberharz«] *die gleiche Unterscheidung wie bei Gottschalck (S. 13) und Niemann (S. 2).*

131,*29* die Sage ist wahr] *vgl. 133,30–134,6.*

131,*38–39* O, nimm uns mit, nimm uns mit] *vgl. die Fluß-Metaphorik in Goethes »Mahomets Gesang«, wo es heißt: »Brüder, nimm die Brüder mit«.*

132,*7* Komm mit nach meinem Schlosse] *fast die gleichen Braut- und Schloß-Motive wie in der »Bergidylle« (112,36–113,4) und der Szene mit dem Hirtenknaben (114,20–27), wie überhaupt die Jugend- und Hochzeitsmetaphern ständig gegen die Welt der absterbenden feudalistischen Traditionen ausgespielt werden.*

132,*22* Den lieben Kayser Heinrich] *Heinrich I., Heinrich IV. und Heinrich V. hielten sich vielfach in Goslar und auf den Harzburgen auf. Vor allem von Heinrich IV. schreibt Gottschalck, daß ihm »die Harzburg sehr am Herzen lag« (vgl. »Die Ritterburgen und Bergschlösser Deutschlands«, Halle [2]1815, I, 293).*

132,*26* Und nur der Lebendige lebt] *vgl. die Zeilen in Schillers »An die Freude«: »Wir, wir leben! Unser sind die Stunden, / Und der Lebende hat Recht«. Eine ähnliche Selbstbestärkung des Lebenswillens findet sich zu Anfang des »Buchs Le Grand« (Kap. III).*

133,*12–13* in objektiv und subjektiv] *wie schon in der Saul-Ascher-Episode (103,1–105,9) wird hier das unmittelbare Leben gegen die bloße Abstraktion ausgespielt, was auch in den vielen Seitenhieben auf Systematisierungszwänge, Klassifizierungssucht u. ä. zum Ausdruck kommt.*

133,*16* nämlich die Idee] *Karikierung der Hegelschen Neigung, alles auf die ›Idee‹ zurückzuführen (vgl. schon »Briefe aus Berlin« 15,6, 16,29 und 28,3).*

133,*20* unser seliger Vetter] *in Mölln bei Lübeck zeigt man das Grab Till Eulenspiegels. Über die häufige Selbstidentifikation mit Spaßmacher- oder Narren-Rollen vgl. Erläuterung zu 98,32–33.*

133,*22* auf den Ilsenstein] *bei Gottschalck heißt es an dieser Stelle: »Das schönste Naturprodukt darin ist der Ilsenstein, ein Granitfelsen, der aus dem Thale bis zu einer Höhe von 230 F. heraufsteigt, und der beträchtlichste ist, den das Brockengebirge noch als einen Ueberrest seiner vormaligen Felsenriesen aufzuweisen hat« (S. 201).*

133,*27–28* ein großes, eisernes Kreuz] *das eiserne Kreuz, das auf der »äußersten Spitze« des Ilsensteins stand, war nach Gottschalck am 19. Oktober 1814, am Jahrestag der Völkerschlacht bei Leipzig, von Graf Anton zu Stolberg-Wernigerode zum Andenken an die im Kampf gegen Napoleon gefallenen Befreiungskrieger errichtet worden (S. 201).*

133,*31* Gottschalck berichtet] *dort heißt es leicht abweichend: »Vom Ilsenstein giebt es die Sage, daß hier <...> bade. Wer so glücklich sey, den <...> königlich beschenkt« (S. 203).*

133,*37–38* einer unserer bekanntesten Dichter] *gemeint ist das Gedicht »Der Ilsenstein und Westerberg im Ilsenthale« von Theodor Winkler (Theodor Hell), das in den Nummern 216 und 217 vom 8. und 9. September 1824 in der Dresdner »Abend-Zeitung« erschienen war. Dort handelt es sich jedoch nicht um einen Ritter, sondern um einen Hirten. Die Schreibung* Westenberg *(vgl. »Lesarten«) ist falsch und wurde korrigiert. Sowohl Winkler als auch Gottschalck schreiben »Westerberg«. Nach Winkler warten noch heute die Ilse auf dem Ilsenstein und der Hirt auf dem Westerberg auf ihre endgültige Vereinigung, die nur durch ein ebenso tief empfindendes Liebespaar herbeigeführt werden kann.*

134,*2* Herr Niemann] *gemeint ist Ludwig Ferdinand Niemann (1781–1836), dessen »Handbuch für Harzreisende« 1824 in Halberstadt erschienen war. Wie bei Gottschalck ist hier alles alphabetisch angeordnet, wenn auch wesentlich dürftiger und ungleichmäßiger ausgeführt. Die von Heine zitierte Stelle steht auf S. 104. Auf derselben Seite wird auch die* Abweichung der Magnetnadel *nach Norden erwähnt. Auf S. 87 ist von den* Schulden *der Stadt Goslar die Rede.*

134,*10* hingen die altsächsischen Kayser so sehr an ihrem heimischen Harze] *Gottschalck nennt schon in seiner Einleitung die Harzgegenden, »wo die deutschen Könige und Kaiser, und vorzüglich die Heinriche, am liebsten und längsten weilten, wohin sie sehnsuchtsvoll selbst aus dem schönen Italien zurückkehrten« (S. 5). Das gleiche wiederholt er auf S. 16 (vgl. hierzu auch 132,22).*

134,*11* Lüneburger Chronik] *Mücke vermutet darin die »Sächsische Weltchronik« (S. 64f.), doch weder in Göttingen noch Lüneburg waren Bilderhandschriften davon vorhanden. Auch die zahlreichen Lüneburger Chroniken des 16. und 17. Jahrhunderts besitzen keine Bilder dieser Art. Dagegen enthält die »Braunschweigische und Lüneburgische Chronica« (1584) von Heinrich Bünting einige Porträts, Wappen und Schlachtenbilder. Christoph Trilse vermutet in diesem Werk einen Prachtband der Lüneburger Ratsbücherei, den Heine dort 1823/24 eingesehen haben kann und der neben der Schrift »Omnium Regum Francorum a Pharamundo usque ad Carolum Nonum vitae breviter complexae« (1574) von Heinrich Pantaleon eine stattliche Anzahl von Holzschnittporträts deutscher Kaiser enthält. Auch die »Kroneke der Sassen« (1492) von Hermann Botho, die in der Göttinger Bibliothek vorhanden ist, enthält eine Reihe solcher Holzschnitte. Da Heine jedoch in dieser Zeit im Hinblick auf seinen »Rabbi von Bacherach« viele solcher Chroniken durcharbeitete, können hier auch mehrere Erinnerungsvorstellungen zusammengekommen sein.*

134,*20–21* einer echtdeutschen Titelsucht] *Mücke vermutet (S. 64), daß sich Heine hier an das Urteil der vielbändigen »Geschichte der Kreuzzüge« (1808–1832) von Friedrich Wilken anschließt, die eine Reihe schroffer Urteile über die Italienpolitik der deutschen Könige enthält.*

134,*30–31* ans eiserne Kreuz festgeklammert] *wohl ironischer Hinweis auf seinen Übertritt zum Christentum, den er am 28. Juni 1825 vollzog.*

134,*37–38* Scheere der unerbittlichen Parze] *nach der griechischen Mythologie ist es Atropos, die den Lebensfaden abschneidet.*

135,*19* Georg Sartorius] *Georg Sartorius von Waltershausen (1765–1828) war seit 1814 Professor für Geschichte und Politik in Göttingen. Sein Standpunkt war für damalige Begriffe recht liberal. So veröffentlichte er 1820 die Flugschrift »Ueber die Gefahren, welche Deutschland drohen«, in der er ausdrücklich auf die Einlösung der Verfassungsversprechen drängt. Heine lobte Sartorius schon bei seinem ersten Aufenthalt in Göttingen (vgl. Brief an Friedrich von Beughem vom 9. November 1820) und verfaßte 1820 ein rühmendes Gedicht auf ihn (»An den Hofrath Georg S. in Göttingen«). Daß Heine nicht nur seine Vorlesungen besuchte, sondern auch privat bei ihm verkehrte und ihm seine Publikationen zu lesen gab, ist vielerorts belegt. Vielleicht geht auch Heines Goethe-Besuch in Weimar auf eine Anregung von Sartorius zurück (vgl. die Erläuterung zu 84,27).*

135,*23* die letzten Seufzer untergehender Völker] *bezieht sich wahrscheinlich* *auf das Buch »Versuch über die Regierung der Ostgothen während ihrer Herrschaft in Italien« (1811).*

135,29 Bode] *setzt sich aus kalter Bode, warmer Bode, Rapbode und Lupbode zusammen (vgl. Gottschalck S. 100f.).*

135,29 Selke] *Gottschalck findet das Selkental »unstreitig das schönste« (S. 306).*

135,36–37 im schmiededunkeln Rübeland] *kleiner Ort von 270 Einwohnern mit von der Bode angetriebenen Schmieden, Sägemühlen und Eisenhämmern, den kein Harzreisender »unbesucht« lassen sollte, wie Gottschalck schreibt (S. 291).*

135,39 der Roßtrappe] *Granitklippe im Bodetal unweit von Thale. Nach der Sage setzte hier eine Prinzessin auf einem Pferde mit einem riesigen Satz über das Bodetal und hinterließ beim Absprung einen mächtigen Hufabdruck auf dem Felsen. In Arnims »Hollins Liebeleben« findet in dieser Gegend die heimliche Hochzeit von Hollin und Marie statt (28. April).*

136,23 ich bin Paris] *nach der griechischen Sage erklärte Paris nicht Hera oder Athena, sondern Aphrodite zur schönsten Göttin des Olymp, die ihm aus Dankbarkeit später zum Besitz der schönen Helena verhalf.*

136,25 der erste May] *unter der Frühlings-, Liebes- und Hochzeitsperspektive des Schlußabschnitts, den Heine erst später anhängte (vgl. »Entstehung und Aufnahme« 534,20), erscheint ihm die Wanderung durch den Harz und die Brockenbesteigung plötzlich als wirrer Walpurgisnachtstraum (vgl. Erläuterung zu 115,38). Wie bei Washington Irving wird deshalb der 1. Mai, der Tag nach der Walpurgisnacht, als Durchbruch zu neuem Leben, als Wiederauferstehung gefeiert (vgl. »Bracebridge-Hall oder die Charaktere«, Berlin 1823, II, 46ff., II, 100ff.).*

136,31 die bunten Vierlanderinnen] *die Vierlande bei Hamburg bestehen aus den Dörfern Kirchwerder, Altengamme, Neuengamme und Kurslak und waren wegen ihrer Obst- und Blumenkulturen berühmt. Wenn die Vierländerinnen ihre Produkte auf dem Hamburger Straßenmarkt anboten, trugen sie meist farbige Tücher, gehäkelte Mieder, weite faltige Röcke und runde Strohhüte mit großen, schwarzen, steifen Schmetterlingsschleifen. Noch im »Schnabelewopski« erinnert sich Heine an die* bunten Vierlanderinnen *(Kap. IV).*

136,32 die Waisenkinder] *bezieht sich auf ein Anfang Juli abgehaltenes Hamburger Volksfest, das sogenannte ›Waisengrün‹, bei dem ein öffentlicher Umzug aller Waisenkinder stattfand, die in blaues Tuch gekleidet waren und von den am Straßenrand stehenden Bürgern Geschenke erhielten (vgl. auch das späte Gedicht »Erinnerung an Hammonia«:* Waisenkinder, zwei und zwei, / Wallen fromm und froh vorbei, / Tragen alle blaue Röckchen, / Haben alle rote Bäckchen*).*

136,33 Jungfernstieg] *die berühmteste Hamburger Straße, die sich an der Alster entlangzieht.*

136,*34–35* Bettler an der Brücke] *soll sich nach Elster*[2] *auf einen stadtbekannten Bettler an der Lombardsbrücke beziehen (III, 376).*

136,*36* noch ungehenkten Makler] *dies und die folgenden Bemerkungen bezog der Hamburger Makler in Manufakturwaren Joseph Meyer Friedländer (1777–1846) auf seine Person, was Heine in eine unangenehme Beleidigungsaffäre verwickelte (vgl. »Entstehung und Aufnahme« 536,19 bis 539,16 und »Buch Le Grand«, Erläuterung zu 210,37–38).*

137,*1* »Agnes«] *wie bei der Agnes in »Nordsee I« (Nr. 6) und der* Evelina *in »Nordsee III« (150,11) und im »Buch Le Grand« (170) handelt es sich hierbei um eine versteckte Anspielung auf Heines Kusine Amalie und nicht auf Therese, wie man in Anlehnung an Elster*[2] *(III,459) lange Zeit angenommen hat (vgl. zu diesem Gesamtkomplex die Erläuterung zum Stichwort* Evelina *im »Buch Le Grand« 170).*

137,*11–12* jener schweren, abentheuerlichen Blume aus den Wäldern Brasiliens] *Blumen dieser Art werden damals häufig erwähnt. So spricht Hegel in seiner »Vorlesung über Ästhetik« von einer »Fackeldistel, die nur eine Nacht blüht, verwelkt ohne bewundert zu werden in den Wildnissen der südlichen Länder« (Jubiläums-Ausgabe, Stuttgart* [3]*1953, XII, 109). Der »Freimüthige« erwähnt in seiner Besprechung von »Montülé's Reise nach Amerika« eine Pflanze, »die nur aller hundert Jahre blühen soll« (Nr. 48 vom 25. März 1822, S. 119). Die Dresdner »Abend-Zeitung« weist auf eine nur einmal blühende Aloe (Agave americana) in der Novelle »Die Patrizier« von Karl Franz van der Velde (1779–1824) hin (Nr. 16 vom 18. Januar 1822, S. 62). Auch in Hoffmanns »Meister Floh«, den Heine sehr gut kannte (vgl. »Briefe aus Berlin« 51,9–52,5), gibt es eine »großblumige Fackel-Distel«, die plötzlich um Mitternacht aufblüht, als Peregrinus und Röschen in ihrer Hochzeitsnacht für eine Weile im Garten wandeln (Harich III,640f.), was an die Hochzeits- und Blumenmetaphorik der »Bergidylle«, der Ilse-Episode und ähnlicher Szenen erinnert. Doch der letzte Anstoß zu dieser Bildgebung scheint auf einer mündlichen Anregung zu beruhen. So berichtet Rosa Maria Assing am 3. Juni 1826, also kurz nach dem Erscheinen von Rb I*[1]*: »Auch machte er <Heine> mich aufmerksam darauf, wie er die Beschreibung einer blühenden Aloe als Bild benutzt habe, ganz so wie Mama sie neulich machte, indem sie erzählte, wie sie diese Blume einst in Straßburg im botanischen Garten gesehen habe« (vgl. Werner/Houben Nr. 177).*

137,*34* den Schuß] *mit dieser Umkehrung des Werther-Schicksals, die auch den Ossian-Partien zugrundeliegt, werden die vielen Goethe-Bezüge zu einem logischen Ende geführt (vgl. Hermand S. 144f.). Während sich dort alles aus dem Frühling in den Herbst entwickelt, siegt hier am Schluß der Frühling über den Herbst.*

Erläuterungen zu den Lesarten

567,24 einem mit Gold beladenen Esel] *nach der Schilderung in Ciceros »Briefen an Atticus«: »Neque auctoritate neque gratia pugnat sed quibus Philippus omnia castella expugnari posse dicebat, in quae modo asellus onustus auro posset ascendere« (I, 16, 12). Vgl. auch Plutarchs »Apophthegmata Philosophorum« (14).*

567,30 Abeillard und Heloise] *der französische Philosoph und Theologe Pierre Abaelard (1079–1142) und Héloise (1101–1164), die Nichte des Kanonikers Fulbert, wurden durch ihre Leidenschaft und heimliche Ehe, die von den kirchlichen Behörden gewaltsam getrennt wurde, zu einem der klassischen Liebespaare der Weltliteratur.*

568,9–10 »schwarzbraune Augen«] *vgl. die Lieder »Die schwarzbraune Hexe«, »Die Nonne«, »Das Straßburger Mädchen«, »Hüt du dich«, »Der Fähndrich«, »Wers Lieben erdacht« u. a. in »Des Knaben Wunderhorn«.*

568,11 »blaue Augen«] *gemeint ist das Gedicht »Tritt zu«, wo es in der 3. Strophe heißt: »Sie hat zwei blaue Äugelein« (»Des Knaben Wunderhorn«, Heidelberg 1806–1808, II,193f.).*

568,12 scheint mir nicht einmal echt] *nur die von Arnim und Brentano hinzugefügte Überschrift ist neu. Das Gedicht selbst reicht bis ins 16. Jahrhundert zurück (vgl. Karl Bode, »Die Bearbeitung der Vorlagen in des Knaben Wunderhorn«, Berlin 1909, S. 135, 155).*

568,13–14 so ist Norddeutschland die Heimath des Volksmährchens] *vgl. Erläuterung zu 96,11.*

568,18 Rosenquelle] *in dem Gedicht »Lotte bey Werthers Grab« (vgl. Erläuterung zu 90,21–22) heißt es »Rosenstelle« (S. 4). Die Schreibung* Rosenquelle *in J und* D^1 *geht daher entweder auf einen Erinnerungs- oder Druckfehler zurück.*

569,9 der Oheim zu viel und der Neffe zu wenig hat] *Anspielung auf sein Verhältnis zu Onkel Salomon Heine in Hamburg, der zu den reichsten Geschäftsleuten Deutschlands gehörte.*

571,14–15 gelehrte Knackwurstmännlein, das auf der ----ger Bibliothek herum buckelt] *damit ist jener Dr. Lachmann gemeint, mit dem Heine in Göttingen eine Privatfehde hatte und den er in »Nordsee III« noch einmal erwähnt (vgl. Erläuterung zu 153,27).*

571,20 schwarzes, mit weißen Zahlen bedecktes Stück Holz] *das gleiche Bild wird von Heine in den »Bädern von Lucca« wiederverwendet (Kap. IX).*

571,29–30 der ich Protestant und zwar Lutheraner bin] *Heine wurde am 28. Juni 1825 in Heiligenstadt bei Göttingen getauft.*

572,25–26 eine blanke Klinge] *Heine hat bekanntlich als Student in Göttingen und Berlin mehrere Duelle durchgestanden (vgl. Oskar Franz Scheuer, »Heinrich Heine als Student«, Berlin 1922, S. 26ff., 43f.).*

572,35 in der Hogarthschen Wellenlinie lebte] *William Hogarth (1697–1764)* *war ein englischer Graphiker mit stark satirisch-erotischem Einschlag (vgl. seine Zyklen »The Rake's Progress« und »Marriage à la Mode«). Die in seiner Schrift »Analysis of Beauty« (1753) propagierte Wellen- oder Schlangenlinie galt lange Zeit als Ausdruck ästhetisch-sinnlicher Perfektion. Heine scheint jedoch hier unter* Wellenlinie *eher ein sinnlich-läßliches ›dolce far niente‹ zu meinen, das im Gegensatz zur senkrechten Art des abstrakten Denkens und der spießerhaften Betriebsamkeit steht, wie sie Hogarth in seinem Zyklus »Industry and Idleness« konfrontiert (vgl. in diesem Zusammenhang auch die Verwendung des Begriffs »Wellenlinie« bei Gans, der sie mit dem Assimilierungsprozeß der Juden in Beziehung setzt, zit. bei Strodtmann I,300).*

575,41 der Kunst der Improvisatoren] *Anspielung auf die weiterlebende Tradition der italienischen Commedia dell'arte, die sich in Venedig bis ins frühe 19. Jahrhundert hielt.*

575,42 Nürnberg war der Damen Vaterstadt] *bewußte Mystifizierung, um den beiden Frankfurterinnen (vgl. Erläuterung zu 117,15) eventuelle Unannehmlichkeiten zu ersparen.*

576,1 Wagenseil] *Johann Christoph Wagenseil (1633–1705) hatte 1697 in Altdorf ein Buch »De civitate Noribergensi commentatio« veröffentlicht, dem als Anhang die Schrift »Von der Meister-Singer origine, praestantia, utilitate et institutis« beigegeben war. Heine entlieh dieses Buch der Göttinger Bibliothek am 26. Mai 1824. Der gleiche Traktat wird in E. T. A. Hoffmanns Novelle »Der Kampf der Sänger« (1818) erwähnt.*

576,3 Kapaunen-Gesang] *Gesang italienischer Kastraten (vgl. die Stelle im Haupttext, wo die Tochter vom* Theater Fenice *spricht, 119,23).*

576,3 Sanct Sebaldus] *christlicher Eremit, der im 9. Jahrhundert in der Nähe Nürnbergs lebte. Sein Grab befindet sich in der 1361–1372 gebauten Sebalduskirche. Seine Heiligsprechung erfolgte 1424.*

576,38 in unserem gelehrten Sibirien] *Göttingen galt damals allgemein als steif und kalt. So heißt es bei Marx: »Der Fremde, der in seiner Heimath ein gemüthliches oder wenigstens ein weniger rücksichtsvolles Zusammenleben gewohnt war, der klagt bei seiner hiesigen Ankunft über das Abgemessene der gesellschaftlichen Formen; er glaubt die eisige Kälte des Nordens zum erstenmal an den Menschen zu finden, und Alles scheint ihm eng und herzlos« (S. 174f.). Im übertragenen Sinne ist damit von Heine natürlich auch der reaktionäre Charakter Göttingens mitgemeint, so wie Preußen damals als das ›Sibirien Deutschlands‹ galt.*

576,39 die Bären in den Wirthshäusern angebunden werden] *wenn eine Studentengruppe Schulden gemacht hatte, wurde oft ein Student vom Wirt als Geisel zurückgehalten, bis die anderen das Geld für die Zeche brachten (vgl. Kluge S. 83 und »Die Stadt Lucca«, Kap. XII).*

576,39 Zobel] *studentisch für ›Frauenzimmer im allgemeinen‹ (vgl. Kluge S. 135).*

576,40 Jäger] *in Göttingen soviel wie ›Schnurren‹, d. h. Universitätsscharwächter (vgl. Kluge S. 96 und Erläuterung zu 83,37).*

577,16–17 der »Macht der Verhältnisse«] *das 1812 geschriebene Trauerspiel »Die Macht der Verhältnisse« von Ludwig Robert wurde am 30. November 1815 bei seiner Berliner Erstaufführung von antisemitischen Kreisen ›ausgepocht‹, konnte sich jedoch bis 1828 auf den Berliner Bühnen halten. Im Druck erschien es 1819 bei Cotta in Stuttgart. Sein Held ist der junge jüdische Schriftsteller August Weiß, der von dem gereizten Obristen Falkenau ins Gesicht geschlagen wird. Als er daraufhin den Obristen zu einem Duell auffordert, wird ihm als Juden und Bürgerlichen die Satisfaktion verweigert. Der Kern der Fabel beruht auf einem Vorfall, der sich 1811 in Berlin zwischen Achim von Arnim und Moritz Itzig zugetragen haben soll.*

577,18 der Ahnfrau] *in Grillparzers »Ahnfrau« (1817) ist der Hauptheld Jaromir ein Räuberhauptmann, der von den Behörden verfolgt wird, sich in ein Schloß flüchtet und dort seinen schicksalhaft vorherbestimmten Tod erleidet.*

577,21 wie es Tiek verlangt] *vgl. Tiecks »Dramaturgische Blätter« (1826), wo er sich ausführlich über die schauspielerische Größe einer Lady-Macbeth-Darstellerin äußert (I,288ff.).*

577,24 der große Angeli] *zu dieser Stelle vgl. Heines Berichtigung am Schluß von Rb I[1]:* Auf S. 217, Z. 8 v. u. steht »Angeli« statt »Wurm«. Ehrlich gestanden, Ersteren habe ich niemals gesehen und die gewiß sehr bedeutende Namensverwechslung ist zufällig. *Louis Angely (1787–1835) war ein bekannter Komiker am Königstädtischen Theater in Berlin und schrieb zugleich Komödien und Lokalpossen. Mit* Wurm *ist sicher der berühmte Komiker Albert Aloys Ferdinand Wurm (1783–1834) gemeint, der auf seinen ausgedehnten Gastspielreisen große Erfolge als Jakob in der antisemitischen Posse »Unser Verkehr« (1815) hatte, die höchstwahrscheinlich von dem Halberstädter Superintendenten Johann Andreas Maertens stammt, wie Heinrich von Treitschke in seiner »Deutschen Geschichte im 19. Jahrhundert« nachzuweisen versuchte (Berlin 1879ff., III,756).*

579,35 Eine Carolina] *vgl. auch die ironischen Witze über die ›nasse‹ Carolina in Clausthal (94,12).*

579,39 naives Hannchen] *vielleicht parodistische Anspielung auf die »Hannchen«-Romane Althings (vgl. »Briefe aus Berlin«, Erläuterung zu 33,13) oder die mimilihafte Versnovelle »Hannchen und die Küchlein« (1823) von August Gottlob Eberhard, deren Heldin ein frommes, liebliches, jungfräuliches Waisenkind ist, das ständig weint und sich somit* naß *macht.*

Bruchstücke

<1. Hardenberg>

Überlieferung

Dieser Text findet sich lediglich in D^1 (Rb I^1) auf S. 132, Z. 13 bis S. 134, Z. 12, und wurde von Heine bei der Vorbereitung von Rb I^2 eigenhändig gestrichen (vgl. »Entstehung und Aufnahme« der »Harzreise« 534,15 und die von Friedrich Hirth herausgegebene »Faksimile-Ausgabe« des von Heine selbst korrigierten und ergänzten Exemplars der 1. Auflage für den Abdruck der 2. Auflage).

Erläuterungen

226,*8–9* Der Hardenberg bey Nörten] *die Burg Hardenberg (»Hartisburch«) ist schon 1090 bezeugt und liegt auf einem zum Tal der Bever hin steil abfallenden Felsen über Nörten. Sie gehörte ursprünglich zum Erzbistum Mainz, wurde im 13. Jahrhundert an die Hardenbergs verpfändet und ging später in deren Besitz über. Seit 1720 war sie unbewohnt und verfiel daher allmählich.*

226,*9–10* auf der linken Seite] *die Bezeichnung ›links‹ für liberal war seit der französischen Nationalversammlung von 1789 zum stehenden Begriff geworden.*

226,*15* wurde mir romantisch zu Sinn] *die Mittelalterschwärmerei dieses Abschnitts steht in einem gewissen Gegensatz zu den folgenden Burg- und Ruinenbeschreibungen, was Heine dazu bewegt haben mag, diesen Passus bei der Vorbereitung für den Druck von Rb I^2 zu streichen.*

<2. Bouterwek>

Überlieferung

Dieses Textstück findet sich zuerst in J, d. h. der »Gesellschafter«-Fassung der »Harzreise« von 1826 (Nr. 15 vom 27. Januar, S. 74, Zeile 1–32). Von dort wurde es mit geringen Abweichungen (vgl. »Lesarten«) in D^1 (Rb I^1, S. 70, Z. 3 bis S. 71, Z. 14) übernommen, jedoch von Heine bei der Vor-

bereitung von Rb I² eigenhändig gestrichen (vgl. »Entstehung und Aufnahme« der »Harzreise« 534,15 und die von Friedrich Hirth herausgegebene »Faksimile-Ausgabe« des von Heine selbst korrigierten und ergänzten Exemplars der 1. Auflage für den Abdruck der 2. Auflage).

Lesarten

227,*12* In diesen philosophischen Betrachtungen und Privatgefühlen] In diesen Betrachtungen und in dieser Stimmung *J* *16* Scharfsinns;] Scharfsinns: *J* *23–24* eines Paulus, Gurlitt, Krug, Eichhorn, Bouterwek, Wegscheider u.s.w.] eines Bouterwek, Paulus, Gurlitt, Krug, Eichhorn, Wegscheider u.s.w. *J* *30–31* etwas gar zu sehr verdünnen und etwas gar zu sehr abkühlen] verdünnen und abkühlen *J*

Erläuterungen

227,*13* Hofrath B.] *über Bouterwek vgl. Erläuterung zu 97,32. Sein Buch* »Die Religion der Vernunft« *war 1824 in Göttingen erschienen und vertrat einen strikt rationalistischen Standpunkt. Der »Schule der neuen Absolutisten« mit ihrem »mystischen« Trug und ihrem »Supernaturalismus«, die auf den »eccentrischen Speculationen« Jakob Böhmes beruht und in romantische Schwärmerei entartet, wird hier der »gesunde Verstand« entgegengesetzt, der sich vorwiegend am Praktischen und nicht am bloß Theoretischen orientiert (S. IV ff.).*

227,22 meines Arztes] *vgl. Erläuterung zu 84,27.*

227,23 der razionalistischen Bemühungen] *gemeint ist die ›natürliche‹ Bibelauslegung des frühen 19. Jahrhunderts, die der pietistischen und romantischen Schwärmerei mit einer vernünftigen Morallehre entgegenzutreten versuchte (vgl. Jacob Salat, »Versuch über Supernaturalismus und Mysticismus«, Sulzbach 1823). Auch im 1. Buch der »Romantischen Schule« greift Heine noch einmal diesen Streit zwischen den Mystikern und den Rationalisten auf.*

227,24 Paulus] *ein Heidelberger Theologe und Hauptvertreter der rationalistischen Richtung (vgl. »Briefe aus Berlin«, Erläuterung zu 11,14).*

227,24 Gurlitt] *Johannes Gottfried Gurlitt (1754–1827) war seit 1802 Direktor des Hamburger Johanneums und widmete sich neben philosophischen Studien auch der rationalistischen Bibelkritik.*

227,24 Krug] *Wilhelm Traugott Krug (1770–1842) war seit 1809 Professor für Philosophie in Leipzig und schrieb u. a. »Briefe über die Perfektibilität der geoffenbarten Religion« (1795), »System der theoretischen Philosophie« (1806–1810) und »Geschichtliche Darstellung des Liberalismus« (1823).*

227,24 Eichhorn] *gemeint ist Johann Gottfried Eichhorn (vgl. Erläuterung zu 85,4).*

227,24 Wegscheider] *Julius August Ludwig Wegscheider (1771–1849), dessen »Institutiones theologiae christianae dogmaticae« (1815) als ein Zentralwerk der rationalistischen Dogmatik galten, wurde von den pietistischen Kreisen als ›Vernünftler‹ und ›Skeptiker‹ angegriffen.*

227,27 Die Luft wird in Deutschland zu dick] *generalisierender Hinweis auf die romantisch-mystischen und obskuratistischen Bestrebungen, die aufs engste mit der restaurativen Politik der frühen Biedermeierzeit zusammenhängen und in der »Heiligen Allianz« ihre offizielle Legitimierung fanden.*

<3. Bergidylle>

Entstehung

Die nur im Manuskript vorliegenden Bruchstücke zur »Bergidylle« müssen aus dem Frühjahr 1825 stammen. Heine schreibt nämlich am 19. April 1825 an Friederike Robert, daß er in dem Manuskript der »Harzreise«, das er ihr für die »Rheinblüthen« versprochen hatte (vgl. »Entstehung und Aufnahme« der »Harzreise« 527,18), in den nächsten 3 Wochen *noch einige* kleine Veränderungen *vornehmen wolle. Daß es sich dabei u. a. auch um eine bessere Integration der umfangreichen »Bergidylle« in den Erzählverlauf gehandelt haben muß, geht aus einem Brief vom 15. Mai 1825 an Friederike Robert hervor, wo es heißt:* Möge es *<das Manuskript der »Harzreise«>* Ihren Beyfall erlangen. Ich habe es so viel als möglich für die Rheinblüthen zugestutzt. Vieles mußt ich streichen; nur zur Füllung mancher Lücke, besonders am Ende der großen Gedichte, fehlte mir die Muße. Doch ist dieses nicht bemerkbar. *Diese Übergangslosigkeit scheint auch Heine später nicht gestört zu haben, da sie durchaus zum lockeren, sprunghaften Erzählverlauf der gesamten »Harzreise« paßt. Und so ließ er seine handschriftlichen Zusätze, die sich auf diese Stelle beziehen, einfach liegen. Chronologisch gesehen, sollte auf die »Bergidylle« erst der Abschnitt* Weil ich nichts anders hatte *folgen, der sich mit dem Bild Lord Byrons als* Griechischer Heiliger *noch auf das Konzept der* Ritter vom heiligen Geist *(110,7) bezieht. Obendrein schließt dieser Passus in der Handschrift mit der gestrichenen Bemerkung* Ich schlief wenig, *kann sich also nur auf das am Abend stattgefundene Gespräch mit der Tochter des Bergmanns beziehen. Im folgenden Abschnitt wird dagegen die schmerzlich-ironische Abschiedsszene am nächsten Morgen beschrieben.*

Überlieferung

H^1 Dieses Lächeln] *HI, 1 Quartbogen, erstes Blatt: 238×381, zweites Blatt: Streifen unten abgerissen, 204–206 × 381, rechte Seite zeigt unregelmäßigen Beschnitt, daher nur Blatt a), D: 6,5/100. geripptes Handbüttenpapier, schattenlos, 10 Steglinien, Wz.:* VAN DER LEY, *Antiqua-Versalien, doppelstrichig, zwischen 3. und 4. Steglinie, gelblich, 3 Quartseiten beschrieben, mit Textverlust unten abgerissen, eigenhändig, dunkelbraune Tinte schlägt durch, Tintenfraß, leichte Randbeschädigung.*
Erstdruck in: Heinrich Heine, »Säkularausgabe«, Bd. 5, Berlin-Paris 1970, S. 207f.

Lesarten

227,38 Dieses *bis* begleitet] *am oberen Seitenrand nachgetragen* H^1
39 schönen] *aus* schönsten H^1
39–41 Morgenträume *bis* nekte]
(1) Morgenträume,
(2)^0 /:Morgenträume.:/^{0}
(a) die
(a^1) lieblichen (a^2) Gestalten
(b^2)^0 Zauber /:Gestalten.:/^{0}
(b^1)^0 holden Lust /:Gestalten.:/ die
(a^2) unsichtbar an meiner Seite
(b^2)^0 neblicht neben mir^0 wandelten, [u] die lieblichen *(darüber Wortansatz* ḥ*)* ^{0}[Mahr]^0 *(nachträglich eingefügt)* Stimmen die mein Ohr mit Wohllaut erfüllten, u die ganze bunte freudige Mährchenwelt
(b) die (a^1) still
(b^1) frommen Luftge
(c) die
(d) die bunte freudige Mährchenwelt die *[*mich*]* mich luftig umgaukelte, süße (a^1) Töne
(b^1) Silbertöne *(*r *auf* n*)* mir
(c^1) Melodien in meine Ohren
[ẉ] hauchte, mich nekte
(e) jene /:bunte freudige Mährchenwelt die mich.:/ so /:luftig umgaukelte,.:/ so /:süße Melodien in meine Ohren hauchte,.:/ u /:mich nekte.:/ H^1
41 berauschte. Das Alles] (1) berauschte,- (2)^0 /:berauschte.:/.

(a) Alles war wie von bösem Entzaubrun (b) N (c) Alles
(d)^0 Das /:Alles:/ H^1

42 verscheucht *bis* wieder]
(1) verscheucht,
(2)^0 /:verscheucht:/^{0}
(a) ich bestieg die höchsten Berge
(a^1) u so blieb
(b^1) u wollte nicht wieder kehren
(b) kam nur (a^1) allmählig wieder, als ich die hohen Bergen bestieg, den Zug der Wolken betrachtete.
(b^1) gegen Mittag wieder H^1

43 den] (1) den (2)^0 jenen (3)^0 /:*den*:/ H^1
Einige] (1) Ich will nichts davon (a) in
(b) erzä
(2) Einige H^1

228,5 *Nach Z. 5 Einweisungszeichen vor* Ich war froh den nüchternen Gesellen – nem *(Text gestr.)* H^1 *(Auf S. 4 von* H^1 *korrespondierendes Einweisungszeichen mit vermutlichem Textersatz von 228, 7 bis 11)*

7 Weil ich *bis* Kinde] (1) Ich schenkte dem lieben Kinde (2)^0 Weil ich [just] nichts anders hatte /:schenkte:/ ich /:dem lieben Kinde:/ H^1

8 ich zufällig *bis* trug.] (1) mir jemand unterwegens als Stammblatt ge (2) *Text* H^1
Sie meinte] (1) Ich wollte (2) Sie (3) *Text* H^1

9 es sey] (1) ich muste ihr (2) *Text* H^1
bis sie] (1) daß (2) *Text* H^1

10 Heiliger.] (1) Heiliger. – (2)^0 /:Heiliger.:/ H^1

10–11 gelogen. – – – –] (1) gelogen, und das Bild (2) /:gelogen:/. Ich schlief *(s korr.)* wenig (3) /:gelogen:/. – – – –[1]

12 Als *bis* durch]
(1) Ich hatte mit dem Alten *(A aus a)* abgeredet daß ich des Morgens
(2) Als *(auf* Wie*)* (a) die [w] ersten Stralen der Sonne dur
(b) das *(aus* die*)* erste Morgenroth durch H^1
schaute] (1) leu (2) lugte (3)^0 schaute H^1

13 zog *bis* Ranze<n>]
(1) schnürte meinen Ranz
(2) zog mich leise an (a) packte
(b) hing mir den [. . .]

---

[1] *Darunter waagrechter Strich; beschriebener Streifen des Blattes abgerissen.*

(c) warf (a^1) meinen Ranze
(b^1)^{0}mir den /:Ranze.:/^{0}
(d)^0 nahm /:den Ranze.:/ H^1

16–17 lag *bis* Brüstchen]
(1) d
(2) dir
(3) schlief,
(4)^0 lag
(a) bet
(b) warfe heimliche Küsse nach den
(a^1) weißen,
(b^1)^0 schnee/:weißen.:/^{0} wogen
(c^1) /:weißen.:/ hochwogen
(c) betrachtete mit frommer Andacht
(a^1) die hohe wunderbare
(b^1) das *(aus* die*)* /:hohe wunderbare.:/ (a^2) Wogen
(b^2) Wallen
(c^1)^0 /:das wunderbar.:/ stürmische Wogen u /:Wallen.:/
(d^1) /:das wunderbar Wogen u Wallen.:/
(a^2) des weißen, (a^3) schwellen
(b^3) jungfräulichen Busens
(b^2)^0 der *(aus* des*)* /:weißen,.:/ unschuldigen Brüstchen H^1

16 auf] *nach gestr.* und H^1
Hütte.] Hütte H^1

16–17 muste geträumt haben] muste geträumte haben H^1
heimlich entweichen wollte] (1) sie heimlich ver (2) /:heimlich.:/ entweichen wollte H^1

18 und ich *bis* verlassen]
(1) u schon auf
(2) /: u .:/ u ich (a) hatte (a^1) noch
(b^1) kaum die Hütte verlassen
(b) war noch w
(c) hatte mich noch wenig entfer
(d) war (a^1) kaum
(b^1)^0 einige Schritte *(*Sch *auf* T*)*
(e) hatte kaum die Hütte verlassen H^1
stürzte] r *nachträglich eingefügt* H^1

19 liebe] *davor nicht lesbarer gestr. Buchstabe* H^1

19–20 fliegenden *bis* Füßchen]
(1) hinter Athem.
(2) kaum

(3) fliegenden Haars,
(a) kaum mit dem Unterröckchen
(b) ^{0}halb^0 bekleidet, (a^1) die nakten Füßchen
(b^1)^0 mit den /:nakten Füßchen.:/^{0} H^1

21 erkälteten Brüstchen] (1) l (2) kalte B (c) *Text* H^1

21–22 das *bis* wieder] (1) wieder (2) *Text* H^1

22–23 stand *bis* traurig] (1) stand sie stumm u trau (2) /:stand.:/ sie *(nachträglich eingefügt)* in der Thüre derselben, stum *(st auf nicht lesbarem Buchstaben)* u traurig H^1

23 großes] (1) den (2) großes H^1
ihre] *(r korr.)* H^1

24 ergriff ich *bis* Sterne] (1) ergriff ich, u sah lange
(2)^0 /:ergriff ich.:/ u /:[, u]:/ schweigend /:sah.:/ ich /:lange.:/ in
(a) ihre (b)^0 die^0 blauen (a^1) Blumen (b^1)^0 Sterne H^1

25 und ernsthaft *bis* dem] (1) u ich gab dem (2)^0 /:u.:/ ernsthaft /:gab.:/ ich /:dem.:/^{0} H^1

25–26 viel *bis* für] (1) f (2) *Text* H^1

26–29 Wenn du *bis* wenn du]
(1) Sey immer
(a) from und Gottesfürtig
(b)^0 schuldlos andächtig
(a^1) und du brauchst dich des Nachts
(b^1) thu nie etwas wogegen dein kleines Herz sich sträubt u
(a^2) du wirst nicht
(b^2) die bösen
(c^2) du brauchst dich [dann] vor den bösen Berggeistern nicht zu [fr] fürchten, beneide niemand u du wirst immer schön
(a^3) bleiben
(b^3) u glücklich bleiben, wenn du
(2)^0 Wenn du /:nie etwas.:/ thust /:wogegen dein kleines Herz sich sträubt.:/ so /:brauchst dich.:/ nicht zu fürchten /:vor den bösen Berggeistern,.:/ wenn du /:niemand.:/ beneidest so /:wirst immer schön u glücklich bleiben, wenn du.:/ H^1

29–30 und mit *bis* schwer] (1) so trage mit Geduld deine Schmerzen u du trägst sie leichter (2)^0 [u] u /:mit Geduld deine Schmerzen.:/ trägst *[/:*u du.*:/]* so sind sie halb so schwer H^1

30–31 und er *bis* heurathe] (1) so heurathe (2) *Text* H^1

31–33 und ehe *bis* Lehre]
(1) aber bey Leibe küsse (a) nicht viel
(b) ke
(2) u ehe dieses geschehen ist ^{0}[so]^0 rathe ich dir niemand zu küssen, (a) als deine Eltern u dein[e] Lam

(b) Für diese gute
(c) als deine Eltern u dein Lämchen. Für diese gute Lehre *H*[1]

Erläuterungen

227,42 bösem Entzaubrungswort] *vgl. »Harzreise« (106,10–11).*

228,*7–8* das Bild von Lord Byron] *Byron war am 19. April 1824 in Missolunghi gestorben. Da er sich vorher am griechischen Freiheitskampf beteiligt hatte, wird er von Heine als* Griechischer Heiliger *gefeiert. Eine ähnlich säkularisierte Form der Heiligenverehrung treibt Heine kurz darauf mit Napoleon im »Buch Le Grand« (vgl. Kap. VIII und IX).*

228,*8–9* es sey mein eignes Bild] *Heine war schon 1821/22 in Berlin als der ›deutsche Byron‹ bezeichnet worden (vgl. »Briefe aus Berlin, Erläuterung zu 28,26). Über seine eigene Selbstidentifikation mit Byron vgl. den Brief an Moses Moser vom 25. Juni 1824.*

228,*13* zog mich leise an] *das gleiche heimliche Wegschleichen aus der Hütte wird in der »Nala«-Episode des »Mahābhārata« geschildert, die Johann Friedrich Kosegarten 1820 in Jena herausgegeben hatte. Über Heines Kenntnis dieses Buches vgl. den Abschnitt »Entstehung und Aufnahme« (524,43) zur »Harzreise«. Auch in Franz Bopps Buch »Ardschuna's Reise zu Indra's Himmel« (1824), das Heine im Sommer 1824 gelesen hat (vgl. den Brief an Moses Moser vom 20. Juli 1824), findet sich eine Übersetzung dieser Episode (S. 52ff.).*

228,*15* weißen, unschuldigen Brüstchen] *vielleicht als Parodie auf den herrschenden Mimilismus gemeint (vgl. Heines Bemerkungen über Clauren im »Buch Le Grand« 212,13–14).*

<4. Ilsenstein>

Entstehung

Wenn Heine in seiner »Harzreise« schreibt, daß das Ganze nur ein Fragment *sei (vgl. 134,35), so ist das nicht nur als Provozierung des Lesers gemeint, wie oft behauptet wurde. Höchstwahrscheinlich war dieses Werk anfänglich viel umfangreicher geplant und sollte nach den Szenen auf dem Oberharz auch eine Beschreibung des Unterharzes, ja vielleicht sogar seiner anschließenden Wanderung über Eisleben, Halle, Jena, Weimar und Eisenach enthalten. Schließlich hat Heine dieses Werk in größter Eile zu Anfang des Win-*

tersemesters 1824/25 in Göttingen niedergeschrieben, als er kurz vor dem Abschluß seines juristischen Studiums stand und sich gerade auf seine Promotion vorzubereiten begann. Er schreibt daher am 11. Januar 1825 an Moses Moser, daß er seine »Harzreise« wegen Zeitmangels *erst einmal abgeschlossen habe (vgl. »Entstehung und Aufnahme« der »Harzreise« 522,1ff.). Am 26. Mai 1825, als er sich damit beschäftigte, sein »Harzreise«-Manuskript für die »Rheinblüthen« zurechtzustutzen, schreibt er mit ähnlicher Akzentsetzung an Rudolf Christiani:* Meine Harzreise habe ich <. . .> Anfangs diesen Winter geschrieben. Aber leider konnte ich kaum bis zur Hälfte damit zu Stande kommen, weil ich damals, wie den ganzen Winter hindurch, mich höchst elend befand. *Doch irgendwelche Ansätze zu einer Fortsetzung hat Heine auch im Sommer 1825 nach seiner Promotion, als das »Harzreise«-Manuskript bei der Redaktion der »Rheinblüthen« in Mannheim lag, nicht unternommen. Als aus dem »Rheinblüthen«-Projekt nichts wurde, schickte Heine das Manuskript der »Harzreise« sofort an Gubitz weiter und bat ihn, es möglichst bald im Berliner »Gesellschafter« herauszubringen. Da ihn jedoch Friederike Robert zu gleicher Zeit bedrängte, ihr doch für den nächsten Jahrgang der »Rheinblüthen« etwas anderes zu schicken, scheint sich Heine plötzlich entschlossen zu haben, seine »Harzreise« einfach fortzusetzen. Er schreibt darüber in einem Brief vom 23. November 1825 an Gubitz, dem u. a. die Absicht zugrunde liegt, Gubitz von der politischen Harmlosigkeit der »Harzreise« zu überzeugen und damit einer eventuellen Zensur vorzubeugen:* Ich finde, daß es <*das Manuskript der »Harzreise«*> wegen des Stoffes und dessen leichte Behandlung ganz für unsre Zeitschrift geeignet ist; wie denn auch ein Seitenstück dazu, nemlich die Reise im untern Harze, sogar in einem Damenbüchlein, in den Rheinblüthen für 1827, erscheinen soll. *Aus dieser Zeit dürften also die Manuskriptbruchstücke zum Abschnitt »Ilsenstein« und die handschriftliche Episode »Ilsenburg« stammen. Da jedoch auch die »Rheinblüthen auf 1827« nicht zustande kamen, scheint Heine diesen Fortsetzungsplan bald wieder aufgegeben zu haben. Ökonomisch wie er war, hob er sich jedoch diese Handschriften sorgfältig auf, um sie bei späterer Gelegenheit zu verwenden. Daß er diese Absicht wirklich hatte, beweist eine Bemerkung in einem Brief an Adolf Müllner vom 21. Juni 1826, die sich auf seinen Besuch bei Müllner im Herbst 1824 bezieht.* Wenn es Sie interessirt, *heißt es hier über seine Fortsetzungspläne zur »Harzreise«,* können Sie im 3ten Band der Reisebilder mehr davon lesen. *Doch wie so mancher Plan zu den »Reisebildern« (vgl. »Entstehung und Aufnahme« der »Harzreise« 549,18–550,24) blieb auch dieses Fortsetzungsprojekt unausgeführt. Da es in keinem seiner späteren Briefe mehr auftaucht, können also Heines handschriftliche Entwürfe dazu nur zwischen dem November 1825 und dem Sommer 1826 entstanden sein. Denn schon im Spätherbst 1826 zögert er nicht, einzelne Passagen, Witze und Anspielungen aus diesen Manuskripten einfach in die »Nordsee III«*

und das »Buch Le Grand« einzuarbeiten (vgl. die Erläuterungen zu 153,37 bis 154,7 und 202,17–18). Und damit muß er den Plan einer Fortsetzung der »Harzreise« endgültig aufgegeben haben.

Überlieferung

H^2 Ich will es sogar gelegentlich] *HI, 2 getrennte Blätter a) 270 x 182, b) 272 x 183, nicht unbedingt vom gleichen Bogen stammend, Blatt a) am oberen rechten Rand abgerissen, Blatt b) am unteren linken Rand gleichartig mit Textverlust abgerissen, D: 12/100, geripptes Handbüttenpapier, schattenlos, unbeschnitten, 2 x 8 Steglinien, Wz.: a) Horn mit Windung, zwischen 4. und 5. Steg, Schallöffnung zum Falz, wahrscheinlich identisches Wz. im Brief Heines an Moses Moser vom 21. Januar 1824 und im Exzerptblatt aus Angelus Fabronius' »Historia Academiae Pisanae« (1791–1795) zum »Rabbi« (BN) b) R, frei zwischen dem 4. und dem 5. Steg, grünlich, 3 Seiten beschrieben, eigenhändig, schwarze Tinte, Rostflecken, Heftspuren an der Falzseite. Erstdruck in: »Heines Werke«, hrsg. von Ernst Elster, Leipzig 1925, III, 461f.*

Lesarten

228,38–39 im *bis* genannt]
(1) im dortigen
(a) Wirthshause der rothen Forelle
(b) /:Wirthshause:/, /:rothe Forelle:/ genannt
(c)[0] /:Wirthshause,:/ zur /:rothe:/n[0] /:Forelle genannt:/
(2)[0] /:im:/ schönen Garten des /:dortigen Wirthshause:/s[0] /:, zur rothen Forelle genannt:/ H^2

41 Rheinwein ihre] (1) Rheinweine (a) die
(b) ihre
(2)[0] /: Rheinwein ihre:/ H^2

42 <au>fgefunden] (1) gefunden (2)[0] <au>[1]f/:gefunden:/ (<au>f *(nachträglich am Rand eingefügt*) H^2

43 mittheilte] (1) m[1] (2) mitthelte (3) /:mitthe:/ ilte *(*ilt *auf* lte*)* H^2

229,1 Kreuzver<e>hr<un>g] Kreuzver<e>[1] hr<un>g H^2
<d>en] <d>[1] en H^2

2 <Fr>eund] <Fr>[1] eund H^2

4 Auffind<un>g] (1) En (2) *Text* H^2

---

[1] *Textverlust, vgl. »Überlieferung« 649,10–11.*

6 Was verdankt] (1) Was (2) *Text* H^2

6–7 Daß *bis* erwähnen,] (1) da Christenthum selbst will ich (a) gar
(b) nicht erwähnen,
(2) *Text* H^2

8 gemacht] (1) G (2) *Text* H^2

10 deutsches] (1) un (2) *Text* H^2

10–11 gewähren *bis* auch mahl] (1) gestatten st (2) gewähren statt des Handels mit alten Hosen, den sie schon seit Carl *(*C *korr.)* dem Großen getrieben, auch mahl (3) /:gewähren statt des:/ [seit] /:Handels mit alten Hosen auch mahl:/ (4) /:gewähren statt:/ [ihres lange] /:des Handels mit alten Hosen auch mahl:/ H^2

12 Advokaten] (1) gar (2) *Text* H^2

17–18 anmuthig *bis* und als] (1) die goldnen Ringellocken (2) anmuthig gebeugt daß die goldnen Ringellocken *(*en *nachträgl. eingefügt)* über das Gesicht herab walten (3) /:anmuthig gebeugt:/ ,/:die goldnen Ringellocken:/ wallten herab /:über das Gesicht:/ u als H^2

18 Welches Auge!] (1) Ihr Gewallten des Himmels u (2) *Text* H^2

19–20 die goldne *bis* zum andern]
(1) von Stern zu Stern ḥ
(2) die (a) wallende
(b) ^{0}goldne^0 Schale (a^1) der Liebe
(b^1) mit Aether
(c) /:goldne Schale:/, worin das Feuer der Liebe lodert, von (a^1) E
(b^1) Stern zu Stern hiṇ
(c^1) einem Stern zum andern H^2

20 gewiß durch Verschütten] (1) verschüttend (2) beim Verschütten (3) ^{0}gewiß durch^0 /:Verschütten:/ H^2

21 Auge! *bis* stand] (1) seelige A (2) Auge! (a) Bey *(*B *auf nicht lesbarem Buchstaben)* meinem Herannahen (b) ^{0}Als ich näher kam^0 stand H^2

21–22 das *bis* umfloß] (1) die wallenden Locken *(*o *auf nicht lesbarem Buchstaben)* fie (2) *Text* H^2

22 Glieder, an Gestalt] (1) Glieder. Es war die (2) /:Glieder:/, (a) e/:s *(*e *auf* E*)* war die:/ (b) die Taix (c) /:die Tai:/lle *(erstes* l *auf* x*)* (d) eine Gẹ (e) Ge (f) Aṇ *(*A *auf* G*)* (g) an (a^1) Gestall (b^1) /:Gestal:/t *(*t *auf* l*)* H^2

22–23 schien sie] *nachträgl. eingefügt* H^2

25 Schnaps] (1) Schnapp (2) /:Schnap:/s *(*s *auf* p*)* H^2

26 bemerkt meine] bemerkt ^{0}[:]^0 meine H^2 <Pa>ar] <Pa>[1]ar H^2

---

[1] *Textverlust, vgl. »Überlieferung« 649,10–11.*

Erläuterungen

228,*38–39* zu Ilsenburg *bis* zur rothen Forelle] *vgl. das Fragment »Ilsenburg« (229,31–32).*

228,*42* des Juden] *gemeint ist der Jude Judas, der Anfang des 4. Jahrhunderts nach einer alten Legende auf Veranlassung der Kaiserin Helena (225–330), der Mutter Konstantins des Großen, das versteckte Kreuz wieder zu Tage förderte, sich taufen ließ, den Namen Quiriacus annahm und zum Bischof von Jerusalem erhoben wurde.*

229,*5* der kann es nachlesen] *bezieht sich sicher auf das vielbändige Werk »Histoire des Juifs, depuis Jesus-Christ jusqu'à présent« von Jacques Basnage, wo ausführlich von der Kaiserin Helena, dem Juden Judas und der »Invention de la Croix« die Rede ist (Nouvelle Edition, 1817, VIII,133ff.). Wie vertraut Heine mit diesem Werke war und welche Hochschätzung er dafür hatte, beweisen die Briefe vom 23. Mai, 27. September 1823, vom 24. Juli, 25. Oktober 1824 und vom 1. Juli 1825 an Moses Moser.*

229,*6–8* das Christenthum *und* der Wechsel] *nach Loewenthal (S. 98)* gehen *diese Witze auf Bemerkungen aus dem »Esprit des lois« (1748) von Montesquieu (XIV,11 und XX,20) und von Voltaire (die Juden als Erfinder des Christentums »Œuvres complètes«, Paris 1877ff., XXVIII,157 und die Juden als Erfinder der »lettres de change« XXI,526) zurück, die Heine lediglich ironisch verkoppelt. Auch Friedrich Rühs weist in seinem Buch »Die Rechte des Christentums und des deutschen Volkes. Vertheidigt gegen die Ansprüche der Juden und ihrer Verfechter« (1816) auf diesen Witz hin (S. 57).*

229,*14* auf kalderonische Weise besingen] *die Dramen Calderons waren in Deutschland vor allem durch die Übersetzungstätigkeit August Wilhelm Schlegels bekannt geworden (vgl. »Spanisches Theater«, hrsg. von A. W. Schlegel, Berlin 1803–1809). Aufgrund dieser Texte hatte sich der Schauspieler Pius Alexander Wolff (vgl. »Briefe aus Berlin«, Erläuterung zu 33,1–2) für die Aufführung calderonscher Dramen in Berlin eingesetzt. Wahrscheinlich bezieht sich Heine hier ironisch auf das Drama »Andacht zum Kreuz« (»La devoción de la Cruz«, 1636), eins der auf Konversion drängenden Mysterienspiele Calderons, das in den Kreisen der katholischen oder katholisierenden Romantik ein besonders hohes Ansehen genoß.*

229,*25* Tabak, Schnaps und Käse] *vgl. »Harzreise« (129,4).*

229,*26* gelblederne] *vgl. ähnliche Metaphern des Ordinär-Sinnlichen in der »Harzreise« (86,29 und 125,29).*

<5.> Ilsenburg

Entstehung

Während das Bruchstück zum Ilsensteinabschnitt (vgl. 228,38–229,26) sich teilweise mit der letzten Szene der »Harzreise« (134,31–38) überschneidet und daher eher den Charakter einer Variante als den eines Neuansatzes hat, wirkt das Manuskript »Ilsenburg«, das Heine ausdrücklich mit einem Titel versehen hat, wie eine in sich geschlossene Episode. Über Heines Pläne eines selbständigen Seitenstücks *zur »Harzreise« und die mutmaßliche Entstehungszeit der in diesen Umkreis gehörigen Manuskripte vgl. das unter 647,37–649,3 zu dem Abschnitt ›Ilsenstein‹ Gesagte.*

Überlieferung

H^3 Ein schönes patriotisches Lied singend] *HI, 1). Bogen 1. und 2.: 281–282 x 367–368, D: 13/100, geripptes Handbüttenpapier, unbeschnitten, schattenlos, 15 Steglinien, Wz. I W S, Antiqua-Versalien, doppelstrichig, mitten im Bogen über dem Falz, grünlich, 4 Seiten beschrieben, eigenhändig, schwarze Tinte, zahlreiche Rostflecken, 2). Bogen 3 und 4: entspricht* H^2, *270 x 360 und 270 x 361, D: Bogen 3: 11/100, Bogen 4: 12,5/100, je 16 Steglinien, 4,5 Seiten beschrieben, Bogen 3: Falz teilweise eingerissen, Bogen 4: Heftstiche im Falz. Erstdruck in: Ernst Elster, »Aus H. Heines Nachlaß. Ein bisher ungedrucktes Bruchstück der ›Harzreise‹«. In: »Unterhaltungs-Beilage« der »Täglichen Rundschau«, 1901, Nr. 63 vom 15. März.*

Lesarten

229,29 Ilsenburg] s *auf verschriebenem* e H^3

31 Ein] (1) E *(getilgt wegen Nachtrag der Überschrift)* (2) Ein H^3

zogen wir durch] (1) zogen wir ein (2) hielten wir unsern Einzug in (3) *Text* H^3

das heitre] *nachträglich eingefügt* H^3

32 und kehrten *bis* Forelle]

(1) u kehrten ein in der.... Forelle. Jedem Liebhaber

(a) des gut

(b) dem

(2) Text H^3

Bey diesem guten] (1) I (2) Diese (D *auf* I) (3) In diesem

(4)^0 Bey /:diesem.:/^{0} (a) schönen (b)^0 guten *H*^{3}
für] (1) auf (2) für *H*^{3}
33 d<e>s] s *auf* r *H*^{3}
33–36 ist ein *bis* genoß]
(1) habe ich (a) genuß
(b) zwey genußreiche Stunden verbracht, indem ich
(a^1) nemlich
(b^1) gute
(c^1) gute Suppe, gutes Gemüse u guten Wein genossen
(d^1) ein
(2) Ist
(3) ist ein herrlicher Garten, wo ich
(a) einige
(b) ^{0}liebliche^0 Mädchengesichter [saß] u schöne Blumen sah, u mit *(ursprünglich abgekürzt, dann ausgeschrieben)* einigen Hallensern zu Mittag aß u wirklich gute Suppe u guten Wein genoß *H*^{3}
36–37 des umklammerten *bis* verdanken werde.]
(1) danckbar[1]
(2)^0 vergnu
(3) des
(a) Kreu
(b) Kr
(c) Ilsensteiner Kreuzes
(d)^0 /:Kreuzes.:/^{0}
(e)^0 Ilsensteiner /:Kreuzes.:/^{0}
(f)^0 umklammerten /:Kreuzes.:/^{0} gedachte
(a^1) da
(b^1) dem ich ^{0}[eigentlich]^0 *(nachträglich eingefügt)* diese Genüsse ^{0}[eigentlic]^0 *(nachträglich eingefügt)*
(a^2) verdankte. Ich habe [habe] aber
(a^3) dem Kreuz
(b^3) in dem Folge dem Kreuz noch mehr verdanken zu können.
(b^2) /:verdankte.:/, *(Komma aus Punkt)* u hoffentlich in der Folge noch mehrere verdanken werde. *H*^{3}
38 Schloß] ß *aus* ss *H*^{3}
hohes graues] (1) grauß (2) graues (3) ^{0}hohes^0 /:graues.:/ *H*
sächsischen] hächsischen *H*^{3}

---

[1] *vermutlich erst gestrichen nach* verdankte *in* (a^2)

40 nach *Wernigrode.*] (1) nach *Wernigrode.* (2) /:nach.:/ [dem w] /:Wernigrode..:/ *H*^{3}

229,41–230,4 Das dortige *bis* Eindruck]

I: Das dortige

(1) Schloß liegt auf [auf] einer Anhöhe

(2)^{0} /:Schloß.:/, ein /:liegt auf einer Anhöhe.:/

(3)^{0} große weiße^{0} /:Schloß, ein liegt auf einer Anhöhe.:/

(4)^{0} /:Schloß, ein .:/ auf einer ziemlichen Anhöhe (A *aus* a) liegend,

(a) überragt die Stadt auf eine schön freundliche Weise,

(b) die *(am Rand eingefügt)* /:Stadt.:/ ernst freundlich überragt,

(c) /:die Stadt.:/ freundlich /:ernst überragt,.:/

(a^{1}) ist

(b^{1}) gewährt

(a^{2}) einen schönen Anblick,

(b^{2})^{0} in der Ferne /:einen.:/ angenehmen /:Anblick,.:/^{0}

(c^{2})^{0} in der Ferne einen gemüthlichen schönen /:Anblick,.:/^{0}

(d^{2})^{0} /:in der Ferne einen Anblick,.:/^{0}

(a^{3}) obschon es nichts weniger als schön

(a^{4}) gebaut ist

(b^{4}) /:ist.:/

(c^{4}) gebaut /:ist.:/

(b^{3}) /:[obschon ist]:/

(a^{4}) [u] u mit den anhängenden

(a^{5}) Gebäuden,

(b^{5})^{0} kleinen^{0} /:Gebäuden,.:/ gleichsam nur für das [fẹ] Bedür

(b^{4}) u nur

(c^{4}) u mit den

(a^{5}) lose

(b^{5})^{0} kleinen^{0} anhängenden (h *korr.*) Gebäude,

(a^{6}) gleichsa

(b^{6}) nur zum

(c^{6}) als schliefe es, in der Nähe betrachtet, ein unförmlich nicht *(Text ab* schliefe *gestrichen; (anschließend Text I von* dortige *gestrichen) H*^{3}

II: Das dortige Schloß,

(1) ein großes, (a) grauß

(b) /:grau.:/weißes *(w auf* ß*)* Gebäude

(c)^0 hohes^0/:grauweißes Gebäude:/
(2)^0 [is] /:groß, hoh grauweiß:/^{0}
(3)^0 ein /:groß:/es /:, hoh:/es /:grauweiß:/es Viereck^0
(a) wo viele (a^1) kleine
(b^1) mit
(b) mit
(a^1) vielen
(b^1) einem Anhang von vielen kleinen Gebäuden,
(a^2) ist
(b^2) ist nichts weniger als
(a^3) schön
(b^3) zierlich u regelmäßig, aber
(c^2)^0 /:nichts weniger:/ als
(a^3) zierlich
(b^3) [als] ^{0}als^0 geschmakvoll u regelmäßig,
(a^4) scheint nur des Bedürfnisses wegen leicht hingestelt zu seyn, erschein
(b^4) ^{0}und gleichsam nur^0 /:des Bedürfnisses wegen leicht hingestelt:/, erscheint aber eben deßhalb um so wöhnlicher u gemüthlicher, u
(a^5) von seiner kleinen Anhöhe
(b^5) wenn man es zuerst [über] erblik, wie ^{0}[es]^0 von
(a^6) seiner Anhöhe die
(b^6)^0 /:seiner Anhöhe:/ nicht zu hoch u nicht zu niedrig
(c^6)^0 /:seiner:/ Anhöhe /:nicht zu hoch u nicht zu niedrig:/
(d^6)^0 /:seine:/m (m *aus* r) Berge /:nicht zu hoch und nicht zu niedrig:/ so recht *(nachträglich eingefügt)* ernstfreundlich
(a^7) u schutz
(b^7) und wohlmeinend die Stadt,
(a^8) nicht zu hoch u nicht zu niedrig,[1]
(b^8)^0 überragt, so [gewähr] macht es einen ganz eignen, stillfreudigen Eindruck. *H*^{3}

230,4 selbst] *nachträglich eingefügt H*^{3}
5–6 die Häuser *bis* heiter,]
(1) die Leute
(2) es war
(3) es herrschte darin *(d auf s)* eine so ehrerbietige Ruhe,
(4)^0 es war [...ll] so
(5) es war

[1] *möglicherweise* (b^6) *nach* (a^8) *niedergeschrieben*

(6) die Häuser waren mit großen Eichenkränzen behängt, die Leute [hatte] trugen ihre

(a) Sonntagskleider,

(b) ^{0}besten bunten^{0} /:kleider,:/ u

(a^{1}) sahen

(b^{1}) ^{0}schauten^{0} so ehrerbietig heiter H^3

7–8 und wenn *bis* hätte,]

(1) ụ

(2) u wenn

(a) auf ihren Blicken nicht ein

(b)^{0} nicht in /:ihren:/ Mienen^{0}

(c)^{0} /:nicht:/ aus *(*a *korr.)* /:ihren Mienen:/^{0}

(a^{1}) so etwas mystisches

(b^{1})^{0} /:so etwas:/ [geheimnißvolle] *(*v *korr.)* /:mystisches:/

(a^{2}) ge

(b^{2}) gẹ

(c^{2}) herauskukte, wie die Erfüllung

(d) so etwas gar vergnügt politischheimliches herausgekukt hätte, H^3

8–9 geglaubt *bis* Palmsonntag.]

(1) geglaubt *(zweites* g *auf unleserlichem Buchstaben)* haben es sey Palmsonntag, u jeder käme *(*k *auf unleserlichem Buchstaben)*

(a) aụ

(b) mit seinen

(c) gesegnet aus der Kirche, u

(2) /:geglaubt:/ haben ich sey wieder in

(a) einem niederrheinischen Städtchen, [an] aber als die

(a^{1}) Glocken

(b^{1}) ^{0}lieben katholischen^{0} /:Glocken:/ aufhörten zu beyern

(b)^{0} /:ein niederrheinischen Städtchen:/ versetzt [u] /:,:/

(a^{1}) mit ge

(b^{1}) und

(c^{1}) an einem schönen Palmsonntag. H^3

10 dicke Frau] (1) dicke Frau (2)^{0} /:Frau:/ (3)^{0} dicke /:Frau:/ H^3

Bier] (1) ein Bier (2)^{0} /:Bier:/ H^3

10–11 sich in *bis* fühlen,]

(1) ganz besonders

(a) seelenfroh u wollte

(b) ^{0}seelig zu seyn^{0} /:u wollte:/ uns erst *(nachträglich eingefügt)* gar nicht glauben daß wir nicht wüßten daß [die]

(2) sich in (a) ihrer fetten Haut ganz

(b)^0 /:ihre.:/m (m *auf* r) /:Fette.:/, ganz besonders seelig zu fühlen, H^3

11 konnte] (1) wollte (2) konnte H^3

11–12 verwundern] *aus* verwünderl H^3

12 gar] r *auf nicht lesbarem Buchstaben* H^3

wüßten] w *verschrieben* H^3

langerwar<te>ten] langererwarten *(nachträglich eingefügt)* H^3

13–14 ergoß sich *bis* aller]

(1) sie uns wohl eine viertelstunde (r *verschrieben)*

(2) wenn wir nicht geeilt hätten so wäre sie bis auf dieser Stunde noch nicht fertig mit der Beschreibungen der

(3)^0 ergoß sich in einer weitläuftigen /:Beschreibung.:/ aller H^3

14–15 stattgefundenen *bis* u.s.w.]

(1) stattgefundenen Blumenkränzen,

(2)^0 /:stattgefundenen.:/ Feyerlichkeiten, /:Blumenkränze,.:/

(3)^0 /:stattgefundenen Blumenkränze.:/

(4)^0 /:stattgefundenen.:/ Feyerlichkeiten, /:Blumenkränze, Reden, Ehrenbogen

(a) u. s. w.

(b) Thränen, Musik u. s. w.

(5)^0 /:stattgefundenen Blumenkränze, Reden, Ehrenbogen,.:/ Rühr<un>g, /:Musik u. s. w..:/ H^3

16 gewesen] w *auf* s H^3

17–22 Wird doch *bis* Kaiserfest.]

I: (1) Alle solche Scene

(2) Es hat

(3) Das Herz wird mir immer bewegt wenn ich sehe wie das Volk

(4) Es ist (a) schön

(b) so schön

(5) die

(6) Das Herz in der Brust wird mir immer *(nachträglich eingefügt)* bewegt

(7) Ich habe schon oben gesagt wie sehr mir das Herz bewegt wird

(a) wenn ich (a^1) auf

(b^1) unberechnete, schlichte Ergüsse

(c^1) auf solche reine

(d^1) von solchen Erschei

(b) wenn ich auf solche reine

(c) durch

(d) wenn ich ^{0}[auf]^0 *(darüber gestrichen* irgende auf*)* solche reine Aeußer<un>gen der Liebe u Anhänglichkeit wahrnehme. *(Ab* (7) *Text durch schräge Schlängellinien getilgt)* *H*^{3}

II: (1) Wie sehr Tie
(2) Ich habe ^{0}[es]^0 *(nachträglich eingefügt)* schon oben
(a) gesagt
(b)^0 ange
(c)^0 bemerkt^0 wie sehr mein Herz bewegt wird wenn ich sehe wie durch Aeußer<un>gen
(3)^0 Ja /:mein Herz:/ wird ^{0}[tief]^0 /:bewegt:/
(a) wenn ich [wahr] sehe wie sehr (a^1) wie
(b^1) beim Anblick
(b) wenn ich sehe wie ein ^{0}[ganzes]^0 *(nachträglich eingefügt)* Volk treu ist seinen Fürsten[1] u großen Fürstenhause; noch tiefer [bew] bewegt es mein Herz wenn
(a^1) ich die
(b^1) beim Anblick eines Volkes das sich in Treue u Liebe
(c)^0 wenn ich [b]
(d) wenn ich sehe die[2] Anhänglichkeit eines Volkes an (a^1) seinen Fürsten,
(b^1) /:seinen:/ Für
(c^1) /:seine:/m *(m aus* n*)* Königshause
noch tiefer wird mein Herz bewegt
wenn ein ganzes Volk [der] seine Liebe
für das angestamm
(e) beim Anblick eines Volksfestes wo ein Volk seine Liebe (a^1) für das
(b^1) für König u Königshaus jauchzend ausspricht, tiefer [wir] noch wird mein Herz bewegt *(Text II gestrichen)*

III: Ich möchte sage tiefer noch als durch große Volksfeste wo ein g<an>zes Volk seine Fürstenliebe ausspricht, wird mein Herz bewegt durch jene

---

[1] *über Text von* Volk *bis* Fürsten *zwei spätere, sofort wieder getilgte Ansätze*:
(1) /:Volk treu ist seinen:/ großen /:Fürsten:/
(2) sich in Liebe für /:seinen Fürsten:/

[2] *Zwischen den Zeilen nachträglich eingefügter, sofort wieder gestrichener Ansatz:* /:wenn ich:/ Volksfeste sehe wo *Nach Streichung* sehe die *irrtümlich nicht wieder hergestellt.*

(1) kleine
(a) Miniaturfeste
(b) Duodez
(2) kleine (a) Festlichkeiten wenn
(b) Feyer womit [eine Handvoll Men] *(Text III gestrichen)*

IV: (1) Ist
(2) Wird doch mein Herz überall bewegt
(a) wo ich Spuren ^{0}[finde]^{0} *(nachträglich eingefügt)* von Anhänglicher *(*e *vermutlich auf Ansatz zu* k*)* Treue. [..] der
(b) durch den Anblick /:Anhänglicher Treue.:/
(a^{1}) Mehr noch
(b^{1}) Es wird (a^{2}) noch
(b^{2}) ^{0}desto^{0} tiefer bewegt durch Unterthanstreue.
(3)^{0} /:Wird doch mein Herz überall bewegt durch den Anblick Anhänglicher Unterthanstreue, *(zunächst Punkt; später daraus Komma)* u *(nachträglich eingefügt)*
(a) Je kleiner der Ramen
(a^{1}) ist worin diese sich bewegt
(b^{1}) /:ist wor.:/von *(aus* worin*)* diese umgrenzt ist desto
(a^{2}) mehr wir
(b^{2}) größer ist die Beweg<un>g meines Herzens
(c^{1}) des *(aus* ist*)* Gemäldes ist worin /:diese.:/ sich zeigt *(*g *auf verschriebenem* t*)* /:desto größer ist die Beweg<un>g meines Herzens.:/
(Die folgende Passage ist zuerst wohl in einem Zug so niedergeschrieben: u so ein [Dörfchen od<e>r Städtchen das] poveres Harznestchen, das die Ankunft seines mediatisirten Duodezhernn [feyert,] gemüthlich feyert, [rührt mich] bewegt mein Herz *u.s.w.)*
(b)^{0} u so ein
(c)^{0} /:u.:/ von /:so ein.:/em
(a^{1}) Dörfchen *(darüber gestr.* blumenb*)* od<e>r Städtchen das
(b^{1})^{0} poveres Harznestchen,
(c^{1}) vergnügtes /:Harznestchen,.:/
(a^{2}) das die Ankunft seiner (r *aus* s) mediatisirten
(a^{3}) Duodezherrn

(b^{3})^{0} Sedez/:herrn.:/
(a^{4}) feyert,
(b^{4}) gemüthlich feyert
(b^{2}) das mit
(a^{3}) seinen
(b^{3}) wah
(c^{3}) gemüthlichen
(d^{3}) povern
(a^{4}) Festlichkeiten
(b^{4}) /:F.:/eyer/:lichkeiten.:/ b<ey> der *(aus* die*)* /:Ankunft seiner mediatisirten Sedezherrn.:/ seine wahre (a^{5}) Freude
(b^{5}) ^{0}Liebe^{0} bezeugt
(c^{3}) /:das mit povern Feyerlichkeiten die *(aus* der*)* Ankunft seiner mediatisirten Sedezherrn.:/ verherrlichen will
(a^{4}) rührt mich
(b^{4}) bewegt mein Herz
(a^{5}) fast noch mehr als
(b^{5})^{0} nicht minder^{0} /:als.:/
(c^{5})^{0} wohl eben so tief wie
(d^{5})^{0} /:wohl eben so tief.:/ als *(auf* wie*)*
(a^{6}) die jauchzende
(b^{6})^{0} /:die.:/ leuchtende
(c^{6})^{0} eine /:leuchtende.:/
(a^{7}) Königsstadt
(b^{7})^{0} Residenz
(c^{7})^{0} Königsstadt
(d^{7})^{0} Kaiserstadt
(a^{8}) die
(b^{8}) die ihren
(c^{8}) mit ihrer groß
(d^{8}) die jauchzend ihren
(e^{8}) mit
(a^{9}) ihrer S
(b^{9}) der
(c^{9}) ihrer jauchzenden
(a^{10}) Königsfeyer
(b^{10}) ^{0}Kayserfeyer
(d^{9}) /:ihre.:/m (m *aus* r*)* /:jauchzenden.:/ Kaiserfest.
(a^{10}) doch [mein] wohl nicht

(b^{10}) dün *(Danach Text IV ab* (a^4) *gestrichen und in sauberer Schrift wiederholt)*

u von so einem vergnügten Harznestchen, das mit povern [Festlich] Feyerlichkeiten die Ankunft seiner mediatisirten Sedezherren [feyern] verherrlichen will, wird mein Herz wohl nicht minder bewegt als von [der] einer leuchtenden Kaiserstadt mit ihrem jauchzenden Kaiserfest. H^3

23–24 eben so *bis* freyen Bürger]
(1) nicht ganz schwach, wenn ich sehe wie der
(a) freye
(b) ^{0}reichs^0 /:freye.:/ Bürger
(2) eben so stark, als ich
(a) eins sah wie der freye
(b) vorig Jahr
(a^1) in (a^2) einem
(b^2) dem Se
(b^1) im *(aus* in*)* Seebad Ritzebüttel,
(a^2) gegenwärtig war als
(b^2) ^{0}zusah wie^0 die dortigen
(a^3) zur Hansestadt Hamburg
(b^3) free
(c^3) hanseatisch freyen Bürger H^3

24–25 ihres frühern *bis Abendroth*]
(1) ihres frühern
(2) /:ihres.:/ ^{0}geliebten^0 /:frühern.:/
(3)^0 /:ihres frühern.:/
(a) Amtmanns, *Abendroth*
(b)^0 /:Amtmanns.:/ u *(aus Komma)* des Senator /:*Abendroth*.:/
(c)^0 /:Amtmanns.:/, *(aus* u*)* /:des Senator *Abendroth*.:/ H^3

25 ihres hamburger] (1) ihr (2) der (3) *Text* H^3

26–27 so würdig *bis* am Abend]
(1) freywillig feyerten. Ich erinnere wie [mit]
(2) so würdig u mit selbstbewuster Würde feyerten. ich erinnere mich, (a) ohne Verabred<un>g
(b)^0 wie /:ohne.:/ besonderliche /:Verabred<un>g.:/
(c)^0 gleichsam /:ohne Verabred<un>g.:/
(a^1) waren am Ab
(b^1) /:war.:/ am Abend d
(c^1) /:war.:/en am Abend H^3

28 Einwohner] (1) Bürger (2) ^{0}Einwohner H^3
in ihren Sonntagskleidern] (1) mit ihr (2) mit ernst freudigen G (3) in ihren [best] Sonntagskleidern H^3

28–29 wackern *bis* vorbey gingen]
(1) wackern Herrn vorbey gingen (2)^0 /:wackern.:/ [so hochw] hochweisen hamburger /:Herrn vorbey gingen.:/ (3)^0 /:wackern hochweisen Herrn.:/ anspruchslos u kordial /:vorbey gingen.:/(4) /:wackern hochweisen Herrn anspruchslos u kordial.:/ grüßend /:vorbey gingen.:/ H^3
30 alle] *nachträglich eingefügt* H^3
freudig] (a) freundlich (b)^0 freudig *(*dig *auf* ndlich*)* H^3
die Hüthe *bis* blickten] (1) die Hüthe, u blickten (2) /:die.:/ [ihre] /:Hüthe.:/ u Mützen /:, u blickten.:/ H^3
30–31 besonders herzlicher Liebe] (1) besonderer[1] Liebe
(2)^0 /:besonder.:/s *(*s *auf* er*)* herzlicher /:Liebe.:/ H^3
31–32 so lange *bis* fleißig]
(1) solange sie so treue
(2)^0 sie so
(3) so lange Jahre (a) treu u
(b) treu u fleißig H^3
32 Wohlstand] *Danach gestrichener Ansatz zu Z.* 29–30 (1) u zo
(2) ehrfurchtsvoll freundlich zogen H^3
weidlich] d *verschrieben* H^3
33 Ich habe] (1) Wahrhaftig ich habe (2)^0 I/:ch *(*I *auf* i*)* habe.:/ H^3
große] *nachträglich eingefügt* H^3
33–35 aber alle *bis* angesprochen wie]
(1) mit großen Transparenten,
(a) Alt
(b) Fa
(c) Flammenaltären,
(d)^0 Flammen /:altären,.:/
(a[1]) Feuerwerken
(b[1]) u ähnlicher *(r aus* m*)* Feuerspektakel, aber noch keine hat mir so gut gefallen wie
(2)^0 aber [allen ihre] alle [ihre] mit ihren /:Transparanten,.:/ Pechkränzen /:Flammenaltären, u Feuerspektakel,.:/ haben mich nicht so [tief] angesprochen /:wie.:/ H^3
35 ruhigen, bürgerlichen] (1) schlich (2) beschei (3) *Text* H^3
37 Im Wernigroder Schloß] (1) Das Wernigr (2) *Text* H^3
manches Bemerkenswerthe]
(1) viel (a) Schönes
(b)^0 A t
(c)^0 He
(2) manches Bemerkenswerthe H^3

---

[1] *Darunter gestrichener Ansatz* Herzlichk

38 wären wir] (1) es schien uns nicht schicklich (2) *Text* H^3
38–39 man *bis* können]
(1) man glaubten können (2) /:man:/ wahrhaftig /:glaub:/en /:können:/ H^3
39 sehen. Wir] (1) sehen; und (2) /:sehen:/. Wir H^3
40 gleich weiter] (1) weit (2) *Text* H^3
sich zu verflachen] (1) flach (2) *Text* H^3
41 blauen Umrisse] (1) Blauen Umrisse *(U verschrieben, wohl Ansatz zu* B*)* H^3
230,41–231,1 Die Gegend *bis* spatzieren gehn.]
(1) Man kommt durch ziemlich
(2) Die Gegend ist traulich schön,
(a) man kommt durch
(b)^0 es /:komm:/en Bergpässe,
(a^1) man trifft
(b^1)^0 sogar
(c^1)^0 sogar ein Stück Landstraße,
(a^2) man sieht regelmäßige Tannen auch
(b^2) es kommen
(a^3) Tannenwälder
(b^3) ^{0}[regel]^0 /:Tannen:/forste u
(c^2) ebenfalls
(a^3) dunkle
(b^3) Tannenforste
(a^4) durch deren regelmäßig
(b^4)^0 zwi
(c^4)^0 durch
(d^4)^0 wo zwischen den
(e^4)^0 wo die Sonne scheint d<u>rch die^0 gepflanzte Stämmen
(a^5) die
(a^6) Re
(b^6) Hirsche
(a^6) u R
(b^6) u Rehe spatziren gehn
(b^5) u die lieben *(nachträglich eingefügt)* Hirschlein
(a^6) mit ihren stolzen Geweihen
(b^6) spatzieren gehn.

(Danach Einweisungszeichen; dasselbe Einweisungszeichen am unteren Seitenrand mit Text: Wenn ich so ein liebes Thier mit seinem stolzen Geweihe im Walde (1) gehn
(2) gewahre

(3)^0 erblicke /:gewahre,:/
so denke ich immer an die arme, heilige Genoveva *(Text gestrichen; neues Einweisungszeichen auf der folgenden Seite der H mit Text von 231,1 bis 9)*

231,1 muß] m *korr.*
2–3 denken *bis* Thier]
(1) denken
(2)^0 u den [den] *(darüber nachträglich eingefügt* [ihren]*)* armen
(a) kleinen
(b)^0 Schmerzenreich
(3)^0 denken wenn ich (a) so ein
(b)^0 im Walde /:so ein:/
(a^1) liebes
(b^1) ^{0}herrliches frommen^0 Thier H^3
3 herumwandeln] (1) u from im Walde (2)^0 herumwandeln *(w auf s)* H^3
3–4 gehe drauf zu] (1) gehe (a) libe
(b) drauf zu
(2)^0 gehe /:drauf zu:/ H^3
4 um es zu küssen] (1) u will es küssen (2)^0 um /:es:/ zu /:Küssen:/ H^3
ängstigen] ä *korr.* H^3
stürzt *bis* Dunkel]
(1) il (2) stürzt es (a) fort, weil es glaubt ich gehöre zu seinen grünen Mördern (b) /:fort:/ ins Dunkel H^3
5 erwartet *bis* Menschen] (1) traut es nicht den Menschen (2)^0 erwartet /:es nicht:/s Gutes von /:den Menschen:/ H^3
5–6 gewöhnlich nicht so] (1) nicht so (2) gewöhnlich nicht so H^3
6 die Hirschkuh] die *nachträglich eingefügt* H^3
7–8 ich begreife *bis* ein Vergnügen] (1) ich begreife es nicht wie es möglich ist – ein Vergnügen (2)^0 /:ein Vergnügen:/ (3) ich begreife es nicht wie es möglich ist /:ein Vergnügen:/ H^3
8 ein wehrlos schönes]
(1) s
(2)^0 schuldlos
(3)^0 ein^0 (a) fromm
(b)^0 [sch] wehrlos^0 schönes H^3
9 »Am Ganges *bis* Menschen.«]
(1) ich kann nicht begreifen wie dieses möglich ist,
(2)^0 Wie dieses möglich – /:kann:/ ich /:noch nicht begreifen:/^{0} ein Ja<g>dchor ist mir
(a) daher
(b)^0 noch immer^0 ein Greul, u wenn ich

(a^1) seine gelle Laute
(b^1)^0 die /:gelle:/nden Hörner^0 vernehmen so möchte ich flüchten zu
(a^2) Euch ihr
(b^2)^0 jenen^0 sanften Menschen am Ganges
(a^3) denen
(b^3)^0 mit denen die Thiere und
(c^3)^0 obschon
(3)^0 »Am Ganges, am Ganges wohnen Menschen« [Hier bist du der einzige]. *(es folgt waagrechter Trennungsstrich)* H^3

11 dessen *bis* demselben]
(1) gerieth
(2) logirte
(3) dessen *(n korr.)* Erzähl<un>g nicht der Mühe
(a) werth ist,
(b)^0 lohnt^0 /:,:/ logirte ich (a^1) in einem Andern
(b^1) nicht in demselben H^3

13 Es war *bis* weiter gingen] (1) Früh (2) Es war noch sehr (3) Es war ein grauer (4) Wir ginger weiter (5) *Text* H^3
Rübeland] (1) Rübeland, (2) /:Rübeland:/. H^3

15–16 an denen *bis* Zwerglöcher]
(1) in (a) der
(b) denen man
(c)^0 deren *(r aus n)* Mitte /:man:/
(2)^0 an *(aus in)* denen /:man:/
(a) große Löcher erblickt
(b)^0 /:große:/ Oefnu<n>gen /:erblickt:/
(c) ^{0}kleine Hölen/:Oefnu<n>gen/^{0} gewahrt, die
(a^1) von den Leuten
(b^1) ^{0}vom *(m aus n)* [gemeinen] Volke^0 Zwerglöcher H^3

16 zur Zeit der Hunnen] (1) von denen (2) – Gott weiß aus welchem (3) von den (4) *Text* H^3
Bewohnern] B *korr.* H^3

18–20 Bergthal *bis* zu nehmen.]
(1) Felsenthal
(2) Thal
(3)^0 Berg^0 /:Thal:/ fließt, die *Bode*,
(a) ein breiter Fluß, der
(a^1) nur
(b^1)^0 hier nur u da[n] über[1]

[1] *anschließend gestrichener Vermerk* (über deutsche Urgeschichte)

(b) ein breites
(a^{1}) Wasser,
(b^{1})^{0} mürrisches /:Wasser,:/^{0} das
(a^{2}) nur hier über einige Felsen unwillig
(a^{3}) scheint
(b^{3})^{0} braust
(b^{2})^{0} /:unwillig braust:/ wenn es sich hier u da
(a^{3}) über Steine
(b^{3}) bequemen muß über hohe Steine
(a^{4}) zu (a^{5}) roll
(b^{5}) springen
(c^{5}) springen;
(b^{4}) hinzurollen
(c^{4}) stürzend u steigend
seinen Weg zu nehmen. *H*^{3}

20–24 *I:* Längst *bis* rauscht.]
(1) Rübela
(2) Das Dorf Rübeland, zieht
(3) /:Rübeland,:/ ein
(a) finstres
(b)^{0} schwärzliches^{0} Dorf,
(a^{1}) meistens von Sch<m>iede
(b^{1}) [wo] wo /:meistens Sch<m>iede:/wohne[1] u sonst [E]
(c)^{0} /:Dorf, wo meistens:/ schwärzliche
(a^{1}) Eisenarbeiter
(b^{1}) Gesichter von /:Eisenarbeiter:/n
wohne, u
(a^{2}) f . . .
(b^{2}) aus d
(c^{2}) der Ambos dröhnt
(c^{1}) /:Gesichter:/ der Schmiedegesellen zum Fenster
hinausschauen, u der Ambos dröhnt *(Text I gestrichen)*

II: Längst der Bode ziehn sich die
(1) schwärzlichen
(2)^{0} rusigen^{0} Häuser von Rübeland, einem Dorfe, das meistens
von Eisenarbeitern bewohnt wird. Die *(D auf* d*)*
(a) rusigen Gesichter
(b) [schwarz] dunkeln Schmiede/:Gesichter:/
(a^{1}) schauen
(a^{2}) wun

---

[1] *darüber gestrichener Ansatz* die G̣

(b^{2}) neug
(b^{1}) schauen aus den
(a^{2}) Fenstern,
(b^{2})^{0} niedern^{0} /:Fenstern.:/
(a^{3}) die Hämmer
(b^{3}) die Schornste
(c^{3}) der
(d^{3}) die *(aus* der*)*
(a^{4}) Schornsteine rauchen,
(b^{4})^{0} Rauchwolgen ziehen aus den Thüren^{0}/:,:/ die Hämmer schmettern, der Ambos dröhnt u die Bode rauscht. H^3

26 erstere] (1) f (2) erstere H^3
27 meine *bis* Bielshöle]
(1) die
(2) meine (a) Be
(b) Freunde
(a^{1}) die Bielshöle
(b^{1})^{0} [blos] blos die /:Bielshöle:/
(c^{1})^{0} vorzugsweise <die> /:Bielshöle:/ H^3
mit] (1) den (2) mit H^3
28 am rechten Ufer] (1) unfern, u s (2) führt (3) auf (4) *Text* H^3
30 dem Bielsberge *bis* liegt.]
(1) der (a) Bie
(b) Höhle, die am rechten Ufr
(2) dem *(aus* der*)* Bielsberge, der am
(a) rechten
(b) linken Ufer *(*fe *korr.)* liegt. H^3
30–31 seinen Namen haben] (1) seinen Namen haben (2)^{0} genannt seyn (3) seinen Namen haben H^3
31 dem] (1) den (2) dem H^3
altdeutschen Götzen] (1) Gö (2) *Text* H^3
31–32 der hier *bis* sey.]
(1) der
(2)^{0} dem *(aus* der*)* hier göttli[1]
(3)^{0} der *(aus* dem*)* /:hier:/ verehrt (a) werden soll.
(b) worden *(*o *aus* e*)* sey. H^3
32 Ich weiß *bis* Biel.]
(1) Wie sich von selbst versteht ist dies keinem Zweifel unterworfen –

[1] *mögliche Alternativlesung* gottlo

(2) Ich weiß
(a) nicht ob ein solcher Biel
(b)^0 /:nicht ob.:/ ein /:solcher Biel.:/ existirt
(c)^0 /:nicht.:/s von der Existenz eines /:solchen (n *aus* r) Biel..:/
(d)^0 /:nichts von.:/ einem /:solchen Biel..:/ H^3

33 hochwohlgeborne] (1) wohlgeborne (2) ^{0}hoch^0/:wohlgeborne.:/ H^3

34 werden.] *Danach Vermerk* (über deutsche Urgeschichte)

35–38 Der Leser *bis* gelesen]
I: Ich hätte es in diesem Augenblick in meiner Macht den Leser dieser Blätter
(1) wieder
(2)^0 mit noch^0
(a) eselhafteren Hypothesen
(b)^0 weiteren E/:selHypothesen.:/^{0} *(*E *aus* e*)*
(c)^0 schönen /:Eselhypothesen.:/^{0} über den Gott Biel zu quälen
(a^1) und
(b^1)^0 und^0
(a^2) diesen a . .
(b^2) /:diese.:/ auf höchstgelehrte
(a^3) anzu
(b^3) Weise /:anzu.:/knüpfen an
(a^4) unser
(b^4) all die
(c^4) /:all.:/ das Unsinnige das über das deutsche
(a^5) Alterthu
(b^5) A
(c^5) Uralterthum gefabelt
(a^6) wird
(b^6) worden. *(aus* wird*)*[1]

II: (1) Ich
(2) Es kostet mir Zwang einige noch sinnreichere Hypothesen zu übergehen,
(3)^0 Der Leser d<ie>s<e>r Blätter ist hier in Gefahr daß ich zu /:noch sinnreichere Hypothesen übergehe,.:/[2] indem mir in diesem Augenblick wieder
(a) der *(*d *korr.)* ganze Chaos jener ins Gedächtniß
(a^1) auf

[1] *Text I durch schräge Schlängellinien gestrichen*
[2] *Text* (3) *möglicherweise erst erheblich später anzusetzen*

(b^{1}) steigen jen
(b) chaotisch
(a^{1}) alles das ins Gedächtniß aufsteigt
(b^{1})^{0} /:ins Gedächtniß aufsteigt:/
(c^{1})^{0} alles das /:ins Gedächtniß aufsteigt:/ was ich mit so vielem
(a^{2}) Ernst über
(b^{2})^{0} Fleiße [von] /:über:/^{0} deutsche Urgeschichte gelesen *H*^{3}
38–40 vor 5 Jahren *bis* gehört habe;–]
(1) im Jahr
(2) vor
(3) gehört,
(4) absonderlich das was ich
(5) vor 5 Jahren
(a) in Bonn
(b)^{0} zu /:Bonn:/^{0}
(a^{1}) mit so vielem *(*m *aus* n*)*
(b^{1}) gehört habe
(c^{1}) in den ^{0}[deutscher geschichtliche]^{0} *(nachträglich eingefügt)* Collegien
(a^{2}) des lieben *Arndts*, *(*s *nachträglich angefügt)* des großen Schlegel
(a^{3}) u anderer
(b^{3}) des
(c^{3}) u anderer
(d^{3}) des groß
(b^{2}) A. W. *(nachträglich eingefügt) Sch*[e]*legels*, E. M. *(nachträglich eingefügt) Arndts*,
(c^{2}) des [viel the] großen Schlegels,
(a^{3}) des vieltheuren
(b^{3})^{0} geliebten^{0} *Arndts*, des würdigen *Radtlofs* u anderer großen *(nachträglich eingefügt)* Männer gehört habe; –
(d^{2}) /:de:/r *(*r *aus* s*)*
(e^{2})^{0} meiner^{0} vieltheuren Lehrer /:Schlegel, *Arndt*,:/[1] *Hüllmann*, ^{0}[*Welker*]^{0} /:*Radtlofs*:/ u. s. w. /:gehört habe; –:/
40–41 letzterer mit] (1) *Radloff* mit (2)^{0}letzterer /:mit:/^{0} *H*^{3}
42 *Sesostris bis* bekannt ist]
(1) *Sesostristris*

---

[1] *Daneben am Rand gestrichen H*

(2) ^{0}/:*Sesostris*:/,^{0}
(a) welcher *(*lc *korr.)* bekanntlich
(b) /:welcher bekannt:/er,
(c) /:welcher,:/ wie
(a^1) bekann
(b^1) den Lesern des *Herodoths* bekannt*[s]* ist H^3

42–43 so große Kriegsreisen]
(1) so
(2) bis
(3) so große (a) Reisen
(b)^{0}Kriegs^0/:Reisen:/ H^3

43 daher] *nachträglich eingefügt* H^3

232,1–2 Gewiß *bis* herumgeschlagen.] *nachträglich eingefügt* H^3

2–3 eine *Commentatio bis Sesostri*]
(1) ein wichtiges
(a) Werk
(b) *patriotisch* egyptisch teuto
(c) ^{0}Werk^0
(2) eine (a) *Commentatio*
(b) ^{0}gelehrte^0 /:*Commentatio*:/
(c) /:*Commentatio*:/ *egyptico-teutonica (*2.t *korr.)*
(a^1) *patriotica*
(b^1) ^{0}über^0
(c^1) *de* (a^2) *Paukereya*
(b^2) *pro patria paukereya*
(a^3) *dinivi*
(b^3)^0*dei*^{0} *Bilii cum rege Sesostri* H^3

4 stockgelehrtes] (1) tiefgelehrtes (2)^0 grund/:gelehrtes:/^{0}
(3) ^{0}stock/:gelehrtes:/ H^3

5 benutzen *bis Greifswalder]*
(1) benutzen, u noch (a) äṳ
(b) außerdem zu
(2) /:benutz:/t/:,:/ worden
(3) /:benutz:/en /:,:/ u damit die *Greifswalder* H^3

6–20 Auch neuere *bis* hinab zu folgen.][1]
I: (1) Alle Freunde u Bekannten die in diesem
(a) wichtigen
(b)^0 gelehrten Werke *citirt* seyn wollen müssen sich
(2) ^{0}Auch (a) neue

---

[1] *Text I, III und VI zuerst in einem Zug niedergeschrieben; Textstücke II, IV und V sind nachträglich entwickelt, und zwar in der chronologischen Reihenfolge V, II, IV*

(b) ^{0}neuere^0 Schriftsteller, besonders meine speziellen Freunde die sich deßhalb binnen sechs Monath bey mir ^{0}[besonders]^0 *(nachträglich eingefügt)* melden wollen, werde ich in diesem gelehrten Werke *citiren*, *(Einweisungszeichen)*

II: (1) Auch neuere Schriftsteller werden in diesem Werke *citirt* da
(a) das *Citiren*
(b) es
(c) in den L
(2) Wenn /:neuere Schriftsteller in diesem Werke *citirt*:/
(3) Da *Citaten* [in jen] *(nachträglich eingefügt)* bey einem Werke die Hauptsache sind, so
(a) will
(b)^{0}werde^0 ich auch viele neuere Schriftsteller *citiren*, bitte *(Text II durch schräge Schlängellinien getilgt)*

III: und
(1) werde dasselbe
(2)^0 verziere^0 /:dasselbe:/
(3)^0 ich /:verziere:/^{0} /:dasselbe:/
(4)^0 /:ich:/ werde^0 /:dasselbe:/
(a) auch
(b) ^{0}ah^0
(c) ^{0}außerdem^0
(d) noch mit
(a^1) Kupferplatten, (p *korr.)*
(a^2) wo ich
(b^2) ^{0}/:wo:/rauf^0 /:ich:/ mit [g] *critischer* Genauigkeit *(G korr.)* sehen wie
(c^2) /:worauf:/ der Bielstempel gezeichnet ist wie er ungefähr ausgesehen haben muß wenn er wirklich existirt hat, u *(Text III ab* (a^1) *gestrichen. Text* (4) *wird durch Text* (2) *in VI ersetzt)*

IV: u zwar mit ihrer Strasse (ss *aus* ß) u Hausnummer *(H korr.)*
(1) da (a) [obsch] mancher
(b) [oft] [man] *(spätere Ansätze)* /:mancher:/ Schriftsteller außer dem unglücklichen Verleger der einzige ist b<ey> dem man sein Buch
(c) /:mancher:/ *(versehentlich nicht korr.)* Buch [bloß] bloß b<ey> /:dem unglücklichen Verleger:/ u dem Herrn V<er>f<asse>r zu finden ist, welcher

(2) welche neue
(a) Einrichtung
(a)^{0}Citaten /:Einrichtung:/^{0} ein Gewinn indem oft der[1] unglückliche V<er>leger eines Buchs dasselbe nicht *(Abkürzung)* gern verleiht u der H<er>r V<er> f<asse>r, der einzige b<ey> dem es noch außer [dies] dem Verleger zu finden ist [ge]
(3) wie es
(a) bey
(b) ^{0}durchaus nöthig ist /:bey:/^{0} manchen *obscuren (*ob *korr.) Autoren*, die vielleicht nur die einzigen sind die ihr *opus* besitzen, während der unglückliche Verleger es längst
(a^1) den holändischen
(b^1)^{0}ins^0 Käsearchiv *(*arc *korr.; darüber nicht deutbarer Ansatz)* abgeliefert.
V: (1) ich werde (a) dasselbe dem
(b)^0 auch mein Werk /:dem:/
(2) ^{0}Außerdem /:werde:/ ich mein Werk /:dem:/^{0} Freunde aller patriotischen Anstreng<ung>en, dem Herrn Geheimrath Schma<l>z, Ritter des verdienten Ordens
(a) deh
(b) mit gehörigen Zu
(c) liebevoll zueignen,
VI: und dasselbe noch *[*mit*]* *(nicht gestrichener Text aus III)* mit kritisch genauen [Spi] Zeichnungen
(1) worunter
(2) ^{0}verzieren /:worunter:/^{0}
(a) der
(b) ^{0}gar b<e>sond<e>rs merkw<ürdig> seyn wird: /:der:/^{0} Gott Biel in altdeutscher Tracht, der Tempel des Gott Biels wie er ungefähr ausgesehen haben muß wenn er wirklich existirt hat, der Bielsberg
(a^1) wo einige
(b^1) mit
(a^2) der Thüre zu
(b^2) dem Eingang zur Höle, wo einige [junge] hofnungsvolle [junge] Söhne Westfalens im Regen stehen u fluchen bis der
(a^3) saumseelige Hölenführer

[1] *nach* (a^2) indem oft der *versehentlich nicht getilgt*

(b^{3}) ^{0}langsame /:Führer:/^{0} die Hölenthüre geöffnet, u die *(nachträglich eingefügt)*
(a^{4}) Lape
(b^{4}) /:La:/mpen *(*m *auf* pe*)* angezündet,
(a^{5}) u die werthen
(b^{5}) u jedem derselben
(a^{6}) se
(b^{6}) eine
(c^{5}) /:u jede:/n *(*n *aus* m*)*
(a^{6}) mit einer solchen versehen
(b^{6})^{0}der werthen Herren damit /:versehen:/^{0} u sie
(a^{7}) zu folgen bit
(b^{7}) ersucht
(c^{7})^{0}[herzlich] freundlich /:ersucht:/^{0} langsam hinab zu folgen. *H*^{3}

21–23 Ich möchte *bis* Sachkenntnissen.]
I: Zu einer würdigen Beschreib<un>g der Bielshöle fehlt mir
(1) theils die Lust, theils die [S] nöthige Sachkennt<ni>ß.
(2) ^{0}an hinreichender /:Sachkennt<ni>ß.:/^{0} Der Naturforscher sieht hier ganz etwas anders als ich,
(a) viel
(b) /:viel:/leicht *(ineinandergeschrieben)* manches
(a^{1}) was ich gar nicht ahne
(b^{1}) wovon ich nicht mahl eine Ahn<un>g habe.
(a^{2}) Aber auch [sie] ich sehe hier manches, woran [manch] so viele feine brillenbewaffnete Augen
(b^{2}) *(Text* (a^{2}) *waagrecht gestrichen; anschließend Text I mit Schlängellinien gestrichen)*
II: (1) Zu ein
(2) Ich fühle keine besondre Lust in mir die Bielshöle zu beschreiben
(3) Das Innere *(*I *aus* i*)* der
(4) Das Innere der Bie
(5) Die /:B:/eschreibung *(*e *aus* ie*)* d<e>s Innern *(*I *aus* i*)* der Bielshöle überlasse ich einer geübteren Feder
(a) wie
(b) wenn *(aus* wie*)* dies
(6) Das *(aus* dies*)* Innere der Bielshöle *(*B *korr.)*
(7) *Text H*^{3}

23–24 Freylich *bis* versteht.]
(1) Freylich bey meinen Herrn Collegien wäre dies k<ein> Abhaltungsgrund, und es ist eine richtige Erscheinung daß
(a) man

(b) je weniger man von einer Sache versteht desto
(a^1) besser
(b^1) ^{0}leichter^0 kann man drüber schreiben. So habe ich Z.B.
(2) *Text* H^3

24 Mangel] M *korr.*

25 die große *bis* citiren,]
(1) h . . ht
(2) die (a) hierhergehörigen
(b) ^{0}große Menge /:hierhergehörigen.:/^{0}
(a^1) Bücher
(b^1) *Autoren* nicht (a^2) zi
(b^2) citiren, *(c auf z)* H^3

25–27 und obendrein, *bis* Hand.)]
(1) auch fehlts[1] mir noch an der nöthigen Kennt<ni>ß
(a) der Haus
(b) ihrer respektiven Hausnummern da mir das schon bestellte *berliner (line korr.)* Addreßbuch noch nicht zu Hand
(2) u ich habe /:das schon bestellte *berliner* Addreßbuch noch nicht zu Hand.:/ u zum Behuf
(3) ^{0}u obendrein, /:zum Behuf.:/^{0} der Hausnummern
(a) fehlt mir in diesem *(ie korr.)*
(b) ^{0}habe ich /:in diesem.:/^{0} Augenbl<ick> das berliner Addreßbuch nicht bey der Hand.) H^3

28 nur sagen *bis* weiter ist]
(1) daß
(2) nur sagen daß sie (a) weiter ist
(b) ^{0}geräumiger /:ist.:/^{0}
(c) ^{0}weiter /:ist.:/^{0} H^3

28–29 das berliner *bis* und enger]
(1) der
(2) der berliner Promotionssaal u enger als
(3) das *(aus* der*)* /:berliner.:/ Schauspielhaus,
(a) aber län
(b) u enger H^3

29–33 Die Bielshöle *bis* Herz! –]
I: (1) Man sagt mir daß die
(2) Man sagte mir die Höle
(a) beste
(b) sey aus

[1] darüber späterer Ansatz [es] [mir] *[um]*

(3) Wenn man es mir nicht *(Abkürzung)* gesagt hätte daß[1] diese Höle aus Tropfstein bestände so hätte ich es nicht *(Abkürzung)* gemerkt. Ich verstehe mich nur auf eine Steinart, u das ist eine sehr hart<e> Sorte. O süßes Herz! [Es sind eigen] *(Text I mit schrägen Strichen getilgt)*

II: Die Bielshöle besteht eigentlich aus einer Verbind<un>g *(V korr.)* von fünfzehn

(1) Hölen, die (a) man theils
(b) man

(2) /:Hölen.:/. Man muß weiter hinab u u hinauf steigen u sich durch man enge Pässe durch

(3) wo man auf

(4) wo m<an> sehe

(5)^0 [die] die /:m<an>:/^{0} ziemlich bequem
(a) befa
(b) befahren kann *(k auf h)* u
(a^1) sich
(b^1) wo man nur hier u da,
(a^2) auf einige Leitern be
(b^2) auf /:Leitern.:/ herabsteigen oder
(a^3) sich durch enge Pässe (a^4) gek
(b^4) w
(c^4) u ge
(b^3) durchkriechen *(k nachträglich eingefügt)* u u sich durchwin
(c^3) sich durch enge Pässe winden
(d^3) sich
(e^3) durchkriechen od<e>r sich durchwinden muß.
(a^4) Diese *(se nachträglich angefügt)* Hölen bestehen, wie man m
(b^4) Man sagte mir /:Diese Hölen beständen *(aus bestehen)* aus Tropfstein
(c^4) /:Diese Hölen bestehen *(aus beständen)* aus Tropfstein.:/: Das hat man mir gesagt. Ich ha
(d^4) Ich verstehe mich nur auf eine einzige Steinart – O süßes Herz! – H^3

33–34 ich kann *bis* gebildet.]
(1) vermag also
(a) keine von dem (a^1) Stoffe

---

[1] am Rand späterer Ansatz [Die Bielsh]

(b^1) Stof
(b) über die Bild<un>g der Höle
(a^1) wenig (a^2) m
(b^2) mehr
(b^1) nichts anders zu sagen als daß sie aus Tropfstein
(a^2) entstanden. D
(b^2) besteht u dieser
(a^3) so
(b^3) dort ṇ
(c^3) die
(d^3) abent
(c) bloß zu referiren *(ref korr.)*
(2)^0 ich kann /:also bloß referiren.:/^{0} was m<an> mir gesagt hat, nemlich daß sie aus Tropfstein gebildet. H^3

35 an allen Ecken] (1) an d (2) *Text* H^3
36 Wirklich] (1) Wirk (2) Wirklich H^3
37 relievartig in den Stein] (1) in den (2) *Text* H^3
38 entsprechen *bis* den Namen] (1) sind mehr od<e>r minder chr *(korr.)* (2) entsprechen /:mehr oder minder.:/ den Namen H^3
39 Hölenaufsehers] (1) Hölenentdeckers (2) /:Hölen.:/aufsehers H^3
40 Fische] (1) ein Mann dess (2) Fische H^3
41 Riesen, Kammermädchen] (1) Käm (2) *Text* H^3
Vögel] *nachträglich eingefügt* H^3
41–42 In letzterem *bis* Juden] (1) Unter den (2) *Text* H^3
42 ist besonders] (1) (es giebt (2) *Text* H^3
Zuckermakler] *1.r auf* l H^3
43 Reformazions<gesicht>.]
(1) of
(2) offenem
(3)^0 Reformazionsgesicht
(4)^0 /:Reformazions.:/ (a) Hier u da ist
(b) Wand u Bod *(Text* (b) *gestrichen)* H^3

233,1 Hier und da] (1) Wa (2) *Text* H^3
Wasserfälle] (1) Wasserfälle (2)^0 Caskaden (3) Wasserfälle H^3
2 Boden] od *korr.* H^3
bildet] b *auf* h H^3
2–3 und die *bis* Doms.]
(1) u die obere Wölbung *(b korr.)* ist
(2)^0 /:u die obere.:/n /:Wölbung.:/en sind^0 meistens wie
(a) in
(b)^{0}die^0 einer gothischen Kirche. Ueberh<au>pt mahnten mich diese Hölen [ga] an die erste Zeit

(3) u (a) die
(b) die
(c) oben (a^1) ist die
(b^1) sind man meistens Wölbungen wie die einer [Ụn]
(d) u wenn m<an> hinaufschaut glau
(e) die obern Wölb<un>gen sind meistens wie die eines götheischen *(eventuell verschrieben für* gothischen*)* Doms. H^3

3–4 Letzteres mahnte mich] (1) Ueberh<au>pt mahnte mich
(2) Diese (3) Bieḷ (4) *Text* H^3

4–5 Kirche *bis* des ewigen]
(1) Christ
(2) Kirche, wo die frommen
(a)^0 [h.] v<er>folgten /:frommen.:/
(b)^0 /:frommen.:/ (a^1) Bekenner des ewigen
(b^1)^0 Verehrer /:des ewigen.:/^{0} H^3

5 nur] *nachträglich eingefügt* H^3
versteck<t>en] en *Korr.* H^3

5–6 ihre Andacht *bis* durften,] (1) ihre Andacht verrichten müssen (2) flüc (3) *Text* H^3

6–7 jene mystische *bis* entschädigt.]
(1) gewiß eben so andächt
(2) nicht wie
(3) ebe
(4) eben so andächtig waren
(5)^0 /:andächtig.:/er /:waren.:/^{0} als in der Folge wo
(6) u seelig waren;
(7)^0 /:u.:/ dabey /:seelig.:/er /:waren;.:/
(a) denn es g
(b) nächst (a^1) verboten Kụ̈
(b^1) verbotenen *(*o *korr.)* Küss
(c) es giebt nichts süßeres verfolgt u[1]
(8) seelig waren jene die Süßigkeit
(9)^0 jene [ṣ] seelige /:Süßigkeit.:/^{0}
(10)^0 /:jene.:/ mystische /:Süßigkeit.:/^{0} genossen
(a) die ein verbothener Glaube den *(aus* dem*)* Menschen
(b) womit jeder verfolgte /:Glaube.:/
(a^1) die
(b^1) seine Bekenner für ihre Opfer
(a^2) unendlich

---

[1] *darüber gestrichener Ansatz* dabey iḷ ̣

(b^2) tausendfach entschädigt. H^3

8 unser] (1) d (2) unser H^3

kanzelartige] Kanzelartige *(r auf verschriebenem* l*)* H^3

9 im Predigertone] (1) u (2) *Text* H^3

9–11 mit einem *bis* klangen.]
(1) an einige Klingende
(2) mit einem Schlüssel an einigen *(*n *nachträglich eingefügt)* Tropfsteinsäulchen anschlug
(a) die wie (a^1) eine
(b^1) Org
(b) die *(*d *verschrieben)* Orgelpfeifen aussahen
(3) mit [d] einem Schlüssel klimperte u die Orgel spielte[1] das heißt [zu] mit
(a) dem Schlüssel
(b) ^{0}einem /:Schlüssel:/^{0} einige Tropfsteinsäulchen *(*ä *auf* t*)* anschlug, die einige orgelpfeifenartige Tropfstein
(4) mit einem Schlüssel einige
(a) Tropfsteinsäulchen
(b) ^{0}/:Tropfsteinsäul:/chen^0 anschlug, die zwar wie Orgelpfeifen
(a^1) aber
(b^1) aussahen aber
(a^2) nichts wegene wie natụ
(b^2) schlecht klangen. H^3

11 Tropfsteinsäulen] (1) Stropfsteinsäulch (2) /:Stropfsteinsäul:/en *(*en *auf* ch*)* H^3

11–12 eine Hypothese *bis* derjenige<n>]
(1) einen Gedanken, womit *(*o *nachträglich eingefügt)* ich
(a) die
(b) das
(c) die
(d) die Ackten über
(2) ^{0}ein
(3) eine Idee, die
(4) eine Hypothese womit ich die
(a) Zahl
(b) ^{0}Un/:Zahl:/^{0} derjenige H^3

12 will] *nachträglich eingefügt* H^3

12–13 über die *bis* worden.]
(1) seit ẹ

---

[1] *zunächst beide Wörter zusammengeschrieben; nachträglich mit Strichlein getrennt*

(2) über die Entsteh<un>g d<e>r gotischen Baukunst
(a) ta
(b) ta
(c) tagl
(d) zu Tage gefördert worden. *H*[3]

Erläuterungen

229,31 Ilsenburg] *kleines Städtchen an der Nordseite des Harzes, das um 1820 etwa 1700 Einwohner hatte (vgl. Gottschalck S. 200ff.).*

229,32 der rothen Forelle] *das Gasthaus »Zu den roten Forellen«, das in vielen Harzreisen erwähnt wird, lag an einem kleinen See mit Lauben und Schattengängen (vgl. Gottschalck S. 200).*

229,34–35 mit einigen Hallensern] *wohl die gleichen Studenten, mit denen Heine auf dem Brocken übernachtet hatte und dann das Ilsetal herabgestiegen war (vgl. »Harzreise«, Erläuterung zu 116,37 und 120,33).*

229,36–37 dem ich diese Genüsse verdankte] *nochmalige Anspielung auf seine am 28. Juni 1825 erfolgte Taufe.*

229,37–38 Das Ilsenburger Schloß] *war zeitweilig im Besitz der sächsischen Kaiser. Otto III. schenkte es 998 dem Bischof Arnulph von Halberstadt, der es in eine Benediktiner-Abtei umwandelte, die in der Reformation aufgehoben wurde. Anschließend residierten dort bis 1710 die Grafen zu Stolberg-Wernigerode.*

229,39 Salpetersiederey] *»Jetzt ist eine Salpetersiederei darin«, heißt es bei Niemann (S. 103).*

229,40 mit meinen Landsleuten] *vgl. »Harzreise«, Erläuterung zu 120,25.*

229,40 Wernigrode] *Wernigerode hatte nach Gottschalck um 1817 3680 Einwohner und war der Wohnsitz der Grafen zu Stolberg-Wernigerode (S. 346ff.).*

229,41 Das dortige Schloß] *war vor allem für seine 40000 Bände starke Bibliothek bekannt. Über die Architektur dieses Schlosses verliert auch Gottschalck kein Wort (vgl. S. 346f.).*

230,9 Palmsonntag] *der Sonntag vor Ostern, an dem zur Erinnerung an den Einzug Jesu in Jerusalem Umzüge abgehalten werden.*

230,10 zum Baeren] *Gottschalck empfiehlt den »Schwarzen Hirsch« und das »Deutsche Haus« (S. 346).*

230,12 die langerwar<te>ten genädigen Herrn Grafen] *der alte Graf Christian Friedrich zu Stolberg-Wernigerode (1746–1824) war am 26. Mai 1824 in Schlesien gestorben. Sein Nachfolger wurde Henrich Graf zu Stolberg-Wernigerode (1772–1854), der nach dem Tode seines Vaters mit seinem Bruder Ferdinand einen feierlichen Einzug in Wernigerode hielt.*

230,18 anhänglicher Unterthanstreue] *vgl. die Bemerkungen über die* Deutsche Treue *der Bergleute in Clausthal (95,36).*

230,20 mediatisirten Sedezherren] *die Grafschaft Stolberg-Wernigerode hatte 1807 ihre Reichsunmittelbarkeit verloren und gehörte seitdem erst zum Königreich Westfalen und dann zu Preußen.*

230,22 Kaiserfest] *vielleicht Anspielung auf Goethes Beschreibung der Krönungsfeierlichkeiten zu Frankfurt im Jahre 1764 (vgl. »Dichtung und Wahrheit«, I,5).*

230,23 vorig Jahr im Seebad Ritzebüttel] *Heine hatte den Juli und August 1823 in Ritzebüttel und Cuxhaven verbracht. Da Heine diesen Satz wahrscheinlich erst im Jahre 1825 niedergeschrieben hat, beweist gerade diese Rückdatierung, daß Heine dieses Bruchstück als unmittelbare Fortsetzung der mit der Jahreszahl 1824 überschriebenen »Harzreise« verstand.*

230,25 *Abendroth*] *Amandus Augustus Abendroth (1767–1842), vor dem Heine seine Klage gegen Friedländer eingeleitet hatte (vgl. »Harzreise«, »Entstehung und Aufnahme« 539,8), war nicht nur Polizeisenator und später Bürgermeister (ab 1831) von Hamburg, sondern auch Autor des Buches »Ritzebüttel und das Seebad zu Cuxhaven« (1818ff.).*

230,26 *Bartels*] *Johann Heinrich Bartels (1761–1850) war seit 1820 Bürgermeister von Hamburg und hatte sich ebenfalls als Reiseschriftsteller betätigt (vgl. sein Buch »Briefe über Calabrien und Sizilien«, 1787–1792).*

230,37 manches Bemerkenswerthe] *vgl. Erläuterung zu 229,41.*

230,40 *Elbi<n>grode*] *hatte 1817 nach Gottschalck 2500 Einwohner und gehörte zum ehemaligen Fürstentum Grubenhagen (vgl. S. 140ff.).*

231,2 Genovefa] *vgl. »Harzreise« (115,11).*

231,8 ein wehrlos schönes Thier zu hetzen] *vgl. »Harzreise« (115,9) und »Nordsee III« (151,12–13).*

231,9 »Am Ganges, am Ganges wohnen Menschen«] *wohl aus dem Kopf zitiert. In Lessings »Nathan« sagt der Derwisch Al-Hafi: »Am Ganges, am Ganges nur gibts Menschen« (II,9).*

231,12 Wirthshause] *Gottschalck empfiehlt den Gasthof »Zum Engel« (S. 140).*

231,16 Zwerglöcher] *befanden sich im Wolfsgrunde über der Grobmühle (vgl. Niemann S. 67). Textlich starke Anlehnung an Gottschalck, wo es heißt: »Auf dem Wege dahin, im Mühlthale, findet man mehrere kleine natürliche Höhlen, welche zur Zeit der Völkerwanderung, besonders aber zur Zeit der Heereszüge der Hunnen, den Bewohnern dieser Gegend zu Wohnungen gedient haben sollen. Das Volk nennt sie Zwergwohnungen,* Zwerglöcher*« (S. 143). Die* Zwerglöcher *werden auch in den »Deutschen Sagen« (Nr. 303) der Brüder Grimm erwähnt. Heine selbst kommt später zu Anfang der »Elementargeister« noch einmal auf die* Zwerglöcher *im* Bodenthale *zurück (vgl. DHA Bd. 9).*

231,21 Rübeland] *ein kleiner Hüttenort von 270 Einwohnern, der etwa eine Fußstunde von Elbingrode entfernt ist (vgl. Gottschalck S. 291 und Erläuterung zu 135,36–37).*

231,25 die Baumannshöle] *eine der ältesten Höhlen des Harzes, die von* *dem Bergmann Friedrich Baumann im Jahre 1536 entdeckt wurde. Schon Johann Prätorius gibt in seinem Buch »Blockes-Berges Verrichtung / Oder Ausführlicher Geographischer Bericht / Von dem hohen trefflich alt- und berühmten Blockes-Berge« eine Schilderung dieser Höhle (Leipzig 1669, S. XI).*

231,25 die Bielhöle] *die Bielshöhle, auch Mehlloch oder Hermannshöhle genannt, wurde 1682 entdeckt, aber erst 1788 zur Besichtigung freigegeben. Auch in Arnims Roman »Hollins Liebeleben« wird ein Gang durch die Bielshöhle beschrieben (21. April).*

231,26–27 Ich wußte jetzt was fahren heißt] *Heine erinnert sich hier seiner Ängste beim Niedersteigen in die Clausthaler Gruben (vgl. 94,2–34).*

231,28 Der Aufseher] *hieß August Hartung (vgl. Gottschalck S. 293).*

231,31 von dem altdeutschen Götzen Biel] *Gottschalck schreibt hier: »Den Namen erhielt sie von dem Berge ›Bielstein‹, in welchem sie liegt, auf dem, der Sage nach, ein alter heidnischer Götze ›Biel‹ verehrt seyn soll, dessen Existenz jedoch noch vielen Zweifeln unterworfen seyn möchte« (S. 294). Gottschalck vollzieht hier dieselbe Korrektur, die er auch der Krodo-Gestalt gegenüber für angebracht hielt (vgl. »Harzreise«, Erläuterung zu 100,8). In seinem Buch »Die Ritterburgen und Bergschlösser Deutschlands« hatte er nämlich noch apodiktisch geschrieben: »Das aber ist bekannt, daß zur Zeit des Götzendienstes unserer Vorfahren, auf der Stelle, wie sie <die Bielsteinburg> erbauet war oder doch ganz in der Nähe der Gott Biel verehrt wurde« (Halle ^{2}1815ff., IV, 319ff.).*

231,32 Bileam] *Gestalt des »Alten Testamentes«, die eine sprechende Eselin besitzt (vgl. 4 Mose 22ff.). Das gleiche Motiv wird noch einmal im »Buch Le Grand« verwandt (203,19).*

231,38 zu *Bonn*] *Heine hatte vom 11. Dezember 1819 bis zum 10. Dezember 1820 in Bonn studiert.*

231,39 Schlegel, *Arndt, Hüllmann, Radtlofs*] *vgl. »Nordsee III«, wo diese Stelle in modifizierter Form wieder aufgegriffen wird (153,37–154,5).*

231,39 u. s. w.] *in der Handschrift steht an dieser Stelle noch* Welker, *dessen Name jedoch wieder ausgestrichen ist (vgl. »Lesarten« 669,37). Bei dem Juristen Karl Theodor Welcker (1790–1869) hatte Heine in Bonn »Enzyklopädie, Methodologie und Institutionen des römischen Rechts« gehört, also eine Vorlesung, die in diesem Zusammenhang keine Funktion gehabt hätte.*

231,41–42 bis *Sesostris*] *vgl. »Nordsee III« (154,6–7).*

231,42 den Lesern des *Herodoths* bekannt ist] *vgl. Herodot, »Historien«, II, 102–104, 106–108 u.ö.*

232,2–3 *Commentatio*] *parodistische Titelbildung aus zeitgenössischem Gelehrten- und Studentenjargon im Sinne von »Ägyptisch-teutonischer Kommentar über die vaterländische Paukerei des Gottes Biel mit dem König Sesostris«. Zugleich eine Anspielung auf die große Pro-Patria-Paukerei,* *die im Sommer 1824 zwischen der »Guestphalia« und der »Osnabrugia« stattgefunden hatte (vgl. Erläuterung zu 120,32).*

232,4 ein stockgelehrtes Werk] *Witzeleien über den Gelahrtheitsdünkel vieler Akademiker finden sich bei Heine in diesen Jahren oft (vgl. »Harzreise« 83,36, 84,35 und »Buch Le Grand« 203,36).*

232,4 *Pesserons*] *gemeint ist der französische Archäologe Paul Pezron (1639–1706).*

232,4 *Court de Gebelin*] *ebenfalls französischer Archäologe, der von 1728 bis 1784 lebte und wie Pezron die Ansicht vertrat, daß sich alle europäischen Völker von den Kelten herleiten lassen (vgl. Court de Gébelin, »Le monde primitif, analysé et comparé avec le monde moderne«, 1775–1784). Auf Pezron und Court de Gébelin wurde Heine sicher durch Schlegel aufmerksam gemacht (vgl. Loewenthal S. 52f.). Schlegel zitiert sie nämlich in seiner Bonner Vorlesung vom Winter 1819/20 als bekannte Vertreter der Kelten-Theorie (vgl. A. W. Schlegel, »Geschichte der Deutschen Sprache und Poesie. Vorlesungen, gehalten an der Universität Bonn seit dem Wintersemester 1818/19«, hrsg. von Josef Körner, Berlin 1913, S. 19).*

232,5 etc] *Schlegel zählt neben Pezron und Court de Gébelin noch Simon Pelloutier (1694–1757) und Jacques Martin (1684–1751) als Vertreter dieser These auf (S. 19).*

232,5 *Greifswalder Docterwürde*] *Greifswald hatte damals nur etwa 60 Studenten und galt als die kleinste, unbedeutendste und reaktionärste Universität Deutschlands (vgl. »Harzreise«, Erläuterung zu 123,10).*

232,8–9 mit ihrer Strasse und Hausnummer] *vgl. »Buch Le Grand« (202,17–18).*

232,11 Käsearchiv] *der Begriff* Käsearchiv *paßt gut zu Heines negativer Verwendung des Wortes Käse in der »Harzreise« (vgl. 129,4). Vgl. auch den Begriff* Käseladen *in einem Brief an Moses Moser vom 2. Februar 1824.*

232,12–13 Geheimrath Schma<l>z] *Theodor Anton Heinrich Schmalz (1760–1831), Professor der Rechte in Berlin, hatte 1815 bei der studentischen Jugend einen Sturm der Entrüstung erregt, als er den »Tugendbund« und die patriotischen Tendenzen der Burschenschaft als »revolutionär« verdächtigt hatte (vgl. Schmalz, »Berichtigung einer Stelle in der Venturinischen Chronik auf das Jahr 1808«, Berlin 1815). Einige seiner Schriften waren daraufhin am 31. Oktober 1817 beim Wartburgfest verbrannt worden. Heine polemisiert auch im »Buch Le Grand« noch einmal in aller Schärfe gegen ihn (vgl. 192,10).*

232,15 der Gott Biel in altdeutscher Tracht] *Ironisierung der krampfhaften Versuche, alles aus »germanischen« Ursprüngen abzuleiten, auf die auch Gottschalck manchmal hereinfällt (vgl. Erläuterungen zu 100,8 und 231,31). Als ein Beispiel dieser Art sei auf den Beitrag »Aus dem Halberstädtischen« in den Nummern 138 und 139 der »Eleganten« vom 18. und 19. Juli 1822 verwiesen, wo der Harz als »deutscher Olymp« gefeiert wird (Sp. 1104)* *und alle Lokalbezeichnungen von Thor, Hertha oder den Brukterern, Katten und Sassen abgeleitet werden (Sp. 1112).*

232,27 das berliner Addreßbuch] *vgl. »Buch Le Grand« (186,40).*

232,28–29 weiter ist als das berliner Schauspielhaus] *über die allgemeine Kritik an der Enge und schlechten Akustik des Neuen Berliner Schauspielhauses vgl. »Briefe aus Berlin«, Erläuterung zu 25,39.*

232,30 fünfzehn Hölen] *wird durch Gottschalck (S. 293) und Niemann (S. 36) bestätigt.*

232,36 »die betende Nonne«] *befand sich in der 4. Höhle und wird nur von Niemann erwähnt (S. 37).*

232,39–40 eine spinnende Jungfrau] *Niemann erwähnt in der 1. Höhle eine »Jungfrau«, in der 2. Höhle eine »weißgekleidete Frau mit einer Spindel« (S. 37).*

232,40 eine Muttergottes mit dem Kinde] *nicht bei Niemann.*

232,40–41 Fische, Burgen, Riesen, Kammermädchen, Vögel] *Niemann rechnet zu den Sehenswürdigkeiten lediglich den »Vogel mit einer Schlange im Schnabel« in der 1. Höhle und die »Burg mit zwei Thürmen« in der 10. Höhle (S. 37f.).*

232,41 Judentempel] *befand sich nach Niemann in der 10. Höhle (S. 38).*

232,42–43 ein Zuckermakler mit dreyeckigem Huth und Reformazions<gesicht>] *bezieht sich nicht auf den* schwarzen, noch ungehenkten Makler *im Haupttext der »Harzreise« (136,36), sondern auf den Hamburger Zuckermakler Gerson Gabriel Cohen (1785–1862), der einer der aktivsten Vertreter der Hamburger Filiale des Berliner Reformjudenvereins war. Heine hatte vor allem in den Jahren 1823–1825 Kontakte mit Cohen, die ihm jedoch wegen des menschlichen und religiösen Übereifers Cohens eher von Nachteil als von Nutzen waren (vgl. Joseph A. Kruse, »Heines Hamburger Zeit«, Hamburg 1972, S. 53ff.).*

233,2 versteinerte Wellen] *nach Gottschalk in der 9. Höhle (S. 294).*

233,9 im Predigertone einige Reime hersagte] *wohl in Anlehnung an seinen Vorgänger, den Steiger Becker, der an dieser Stelle »eine von ihm selbst verfertigte poetische Standrede zu halten« pflegte (vgl. Niemann S. 38).*

233,10 Orgelpfeifen] *nach Niemann befanden sich in der 7. Höhle »eine kleine klingende Säule und eine Orgel mit Pfeifen, von denen 13 klingen« (S. 38).*

233,12–13 die Entsteh<un>g d<e>r gotischen Baukunst] *möglicherweise eine Ironisierung der goetheschen Schrift »Von deutscher Baukunst«, in der ebenfalls eine Hypothese über die Entstehung der gotischen Baukunst aufgestellt wird (vgl. »Lesarten« 677,8).*

Reisebilder. Tableaux de voyage

Entstehung und Aufnahme

Als Heine am 19. Mai 1831 in Paris eintraf, war er für das französische Publikum noch eine relativ unbekannte Größe (vgl. Hirth² IV,260). Selbst die einschlägigen Zeitungen oder Zeitschriften hatten bisher nur recht kurze Hinweise auf ihn gegeben. So heißt es im 2. Teil eines anonymen Aufsatzes unter dem Titel »De l'état de la littérature allemande«, der am 10. Februar 1830 in »Le Globe« erschien und möglicherweise auf deutsche Quellen zurückgeht: »Quant à M. Heine, il a publié trois petits volumes de R e i s e b i l d e r*, où il règne un certain satanisme, moitié sentimental, moitié sensuel, moitié politique, qui n'est pas dépourvu d'originalité; et comme M. Heine dit tout ce qui lui passe par la tête avec une effronterie admirable, qu'il ne manque ni d'esprit ni d'expérience du monde, et qu'il n'épargne pas les personnalités, son livre est certainement fort amusant, remarquable même. Heine est encore jeune, mais son genre est de ceux qui s'épuisent vite, et je ne sais trop ce qu'il fera après« (Bd. 8, Nr. 12, S. 91). Die »Revue encyclopédique« erwähnt Heine im November 1831 anläßlich seiner Einleitung zu »Kahldorf über den Adel« und weist dabei auch auf die »Reisebilder« hin, in denen sich Heine bemühe, den »libéralisme français dans la politique et dans la littérature allemandes« einzuführen (Bd. 52, S. 456). Doch ansonsten blieb es relativ still um ihn (vgl. Schellenberg S. 2).*

Heine, der sich in Deutschland vor allem als der »Verfasser der Reisebilder« einen Namen gemacht hatte (vgl. »Entstehung und Aufnahme« der »Harzreise« 555,10–557,37), gab sich daher in Paris alle Mühe, erst einmal dieses Werk ins Französische übersetzen zu lassen. Und so schrieb er Mitte November 1831 an Campe, ihm doch umgehend 12 Exemplare der gerade erschienenen 2. Auflage von Rb II und je 4 Exemplare der anderen Teile der »Reisebilder« zu schicken. Am 16. Februar 1832 mahnt er Campe noch einmal, daß er die gewünschten Exemplare der »Reisebilder« noch nicht erhalten habe. Doch mit oder ohne diesen Exemplaren scheint es ihm im Frühjahr 1832 endlich gelungen zu sein, mit möglichen Übersetzern ins Gespräch zu kommen. Jedenfalls erschien die erste Übersetzung aus den »Reisebildern« am 15. Juni 1832 in der 1829 gegründeten »Revue des deux mondes« (Bd. 6, S. 605–634), die sich 1830 mit dem »Journal des voyages, découvertes et navigations modernes ou Archives géographiques et statistiques du XIXe siècle« vereinigt hatte, seitdem den Untertitel »Journal des voyages« führte und sich besonders stark für Reisebeschreibungen interessierte. Und zwar handelt es sich bei dieser Übertragung um einen Auszug aus der »Harzreise«, der aus der Feder von François-Adolphe Loève-Veimars (1801–1854) stammt und den Titel »Excursion au Blocksberg et dans les montagnes du Hartz«

trägt (vgl. »Entstehung und Aufnahme« von »Les montagnes du Hartz« 699,20–41). Der Kontakt zwischen Loève-Veimars und Heine wurde wahrscheinlich von Koreff hergestellt (vgl. Hirth² V,68). Da diese Übersetzung von sinnentstellenden Fehlern und Mißverständnissen geradezu strotzt, kann sie Heine vor der Drucklegung auf keinen Fall eingesehen haben. Doch trotz aller Mängel muß gerade diese Publikation für Heine eine wichtige Etappe seines allmählichen Bekanntwerdens in Paris gewesen sein. Denn Loève-Veimars war nicht irgendwer, sondern eine der wichtigsten Figuren der literarischen Szene in Paris, der sich als Übersetzer der Werke von E. T. A. Hoffmann, als Starkritiker der »Temps«, der »Revue de Paris«, der »Revue encyclopédique«, des »Figaro« usw., ja sogar als Salonlöwe und Modevorbild einen Namen gemacht hatte, dem die gesamte Pariser Kulturwelt die nötige Reverenz erwies.

Nach diesem ersten Durchbruch folgten die weiteren Teile der »Reisebilder« in schneller Reihenfolge. Schon 14 Tage später erschien die »Harzreise«-Übersetzung von Joseph Willm (1790–1852) in der »Nouvelle revue germanique« (Bd. 11, S. 156–172, 213–229), die den Titel »Souvenirs de voyages« trägt und in ihren redaktionellen Zwischenbemerkungen bereits polemisch zu der Loève-Veimars-Übersetzung Stellung bezieht. Im September 1832 ließ Willm in der »Nouvelle revue germanique« unter dem Titel »La mer du Nord« eine Übersetzung der »Nordsee III« folgen (Bd. 12, S. 141 bis 161). Im gleichen Monat kam Loève-Veimars in der »Revue des deux mondes« mit seiner »Histoire du Tambour Legrand« heraus (Bd. 17, S. 592–622), der er am 15. Dezember 1832 in derselben Zeitschrift »Les Bains de Lucques« (Bd. 18, S. 703 ff.) anreihte. Damit war Ende 1832 Heine als Autor der »Reisebilder« auch in Frankreich kein Unbekannter mehr. Ja, sein junger französischer Ruhm wurde sogar in Deutschland aufmerksam zur Kenntnis genommen. So berichtet der »Berliner Figaro« bereits am 23. Januar 1832, daß »ein Theil der Heine'schen ›Reisebilder‹ in's Französische übersetzt« werde (Nr. 19, S. 76). Ebenso ungenau ist die Meldung vom 3. Oktober 1832 im Berliner »Gesellschafter«, nach der Heines »Reisebilder« unter der »Leitung des Verfassers« gerade ins Französische übertragen würden (Nr. 159, S. 792). Doch davon konnte in dieser Zeit noch keine Rede sein. Obwohl Heine sicher weiterhin mit Verlegern und Übersetzern über eine französische Ausgabe seiner »Reisebilder« verhandelt hat, trat nach den ersten Zeitschriften-Übersetzungen erst einmal eine Pause in Sachen »Reisebilder« ein.

1833 kamen daher lediglich die Loève-Veimars-Übersetzungen noch einmal auf den Markt, die dieser in unveränderter Form seinen Sammelbänden »Le Népenthès. Contes, Nouvelles et Critiques« einverleibte. Sie stehen dort im 1. Bande unter der Gesamtüberschrift »Morceaux imités de Heine« und enthalten die Übertragungen der »Harzreise«, des »Buchs Le Grand« und der »Bäder von Lucca« (S. 213–413). Nach einer Ankündigung von »Le Népenthès« in der Zeitung »Le National« vom 6. Mai 1833 (Nr. 126, S. 4) müs-

sen diese Bände Anfang Mai herausgekommen sein. Die erste Rezension von »Le Népenthès« erschien bereits am 17. Mai 1833 in »Le Temps« und ist mit »V. S.« unterzeichnet. Hier heißt es im Hinblick auf Heines »Reisebilder«: »Trop Tard est suivi de trois morceaux traduits de M. Heine qui sont d'une gaîté charmante. Quelque fin et spirituel que nous connaissions le piquant sceptique allemand, nous doutons qu'il se plaigne d'avoir passé par les mains de notre élégant compatriote. Traduire ainsi, c'est imiter, c'est presque créer. On lira sourtout le voyage au Blocksberg avec un grand plaisir, car c'est une chose particulière et curieuse de voir un Allemand papillonner, railler, faire du scepticisme avec grâce et se moquer des Allemands, de leurs vieilles croyances et de leur bonne foi naïve« (Nr. 1307, S. 2). Der Rezensent »L. G.« (d. i. Léon Gozlan, 1803–1866) der »Revue de Paris« geht in seiner Besprechung von »Le Népenthès« nur sehr kurz auf die »Morceaux imités de Heine« ein und nennt ihren Verfasser einen »excellent écrivain allemand« und »Parisien de Berlin« (Bd. 41, Juni 1833, S. 124). Das gleiche klischeeartige Urteil über den Autor dieser »fragmens«, »cet Allemand si Français d'esprit et de cœur«, fällt Felix Pyat in »L'Artiste« (1833, Bd. 5, S. 211). Ebenso beiläufig wird Heine in der Rezension von »Le Népenthès« in »Le National« vom 24. Juni 1833 erwähnt, die mit »S.-B.« unterschrieben ist, wohinter sich höchstwahrscheinlich Charles-Augustin Sainte-Beuve (1804 bis 1869) verbirgt. Hier wird Heine – oder eigentlich Loève-Veimars – vor allem als »humouriste« gewürdigt, der an Sterne erinnere (Nr. 175, S. 2). Wie fehlerhaft manche dieser Übersetzungen sind, wagte bei dem Ansehen, das Loève-Veimars in Paris besaß, keiner dieser Rezensenten öffentlich zuzugeben. Lediglich Jules Janin (1804–1874) äußerte einmal privat zu Heine, daß er die Übertragungen von Loève-Veimars »herzlich schlecht« fände (vgl. »Phönix«, 1837, Nr. 269 vom 14. November, S. 1076).

Eine französische Gesamtübersetzung der »Reisebilder« erschien erst 1834, und zwar bei Eugène Renduel (1798–1874), dem damals wohl berühmtesten Pariser Verleger. Die Bekanntschaft mit Renduel verdankt Heine wahrscheinlich Loève-Veimars, dessen Hoffmann-Übersetzungen zwischen 1829 und 1833 ebenfalls bei Renduel erschienen waren (vgl. Leopold Derome, »Les éditions originales des romantiques. Les œuvres d'Henri Heine, de Gérard de Nerval et de la Bohème«. In: »De la connaissance des livres«, Paris 1886, S. 153, Louis-Paul Betz, »Henri Heine et Eugène Renduel«. In: »Revue d'histoire littéraire de la France« 3, 1896, S. 449–452 und Hirth² V,105). Aus dem Vertrag, den Heine und Renduel am 26. Dezember 1833 unterzeichneten, geht hervor, daß sich Renduel verpflichtete, die unter dem Titel »Reisebilder. Tableaux de voyage« erscheinenden Bände in jeweils 1000 Exemplaren drukken zu lassen und Heine pro Band 2000 Franc auszuzahlen. Ein Übersetzer wird in diesem Vertrag nicht erwähnt. Da Heine mit Loève-Veimars gerade auf gespanntem Fuße stand, wie aus einem Brief an letzteren vom Ende Dezember 1833 hervorgeht, schied er für diese Arbeit aus. Wohl die besten

Kontakte hatte Heine damals mit dem Übersetzer Adolphe Specht (gest. 1874), dem er bereits die Übersetzung der »Französischen Zustände« verdankte. Specht schrieb ihm jedoch am 1. August 1833, daß er die Übertragung der »Reisebilder« wegen des zu geringen Honorarangebots Renduels nicht übernehmen könne, und empfahl ihm für diese Aufgabe einen anderen »jungen Mann«. »Renduel a fait de la diplomatie avec moi«, heißt es in dem erwähnten Brief an Heine, »il a fait semblant de ne se soucier que médiocrement de l'affaire, puis m'a demandé mes propositions, et m'a offert en définitive 600 fr par volume de 25 feuilles au lieu de 1250 que je lui demandais. Nous ne pouvions nous arranger ainsi. Quoique je le regrette beaucoup à cause de l'importance que vous me faisiez l'honneur d'attacher à mon travail, je n'en suis, je l'avoue que médiocrement fâché pour moi qui suis averti par ma santé de ne me point livrer à un travail continu. Il y aurait pourtant, si vous vouliez, un moyen de tout concilier qui vaudrait mieux pour vous que le juste. Le jeune homme auquel je faisais faire les traductions des journaux allemands serait ravi de faire la traduction de vos Reisebilder, je la reverrais avec soin, et vous collationneriez avec lui. Il me semble qu'ainsi vous auriez toute garantie«.

Doch im Winter 1833/34 scheint man sich dann auf ein für alle Beteiligten befriedigendes Arrangement geeinigt zu haben. Und so begannen Heine, Specht und ein gewisser »jeune homme«, hinter dem Mende M. Wolf vermutet (S. 114), im Februar 1834 aufgrund der bereits vorliegenden Übersetzungen mit der Bearbeitung und Neuübertragung der verschiedenen »Reisebilder«-Stücke für die bei Renduel geplanten »Tableaux de voyage« (vgl. Schellenberg S. 22ff.). Wie sich diese Arbeit im einzelnen verteilte, läßt sich heute nicht mehr genau ermitteln. Der Hauptanteil fiel sicher an Specht und den »jungen Mann«, da Heines Französisch in diesen Jahren noch recht mangelhaft war. Wohl der beste Beweis für die höchst aktive Mitarbeit Spechts sind die 1200 Franc, die ihm Renduel am 12. Mai 1834 für seine Übersetzungstätigkeit auszahlte (vgl. Hirth[2] IV,105). Heine schrieb dagegen am 21. April 1834, als man mitten in der Arbeit steckte, an seinen Bruder Maximilian: Auf jeden Fall kann ich erst August Paris verlassen, denn ich lasse jetzt meine Reisebilder ins Französische übersetzen, und mein Übersetzer ist so schlecht daß ich die meiste Arbeit dabei habe. (Das Buch wird hier viel Spektakel machen.) *Ähnliche Klagen wiederholt Heine in einem Brief vom 11. Dezember 1852 an Victor de Mars, wo er den Übersetzer der Renduelschen »Reisebilder« als* un très lourd traducteur *bezeichnet, um so das* mauvais français *dieser Bände zu entschuldigen. Doch in Wirklichkeit ging die Arbeit viel schneller vonstatten, als Heine in seinem Brief an Maximilian vorzutäuschen versucht. Und so konnte er schon am 20. Mai 1834 die neugeschriebene »Préface« zu dem Ganzen unterschreiben und damit seine Arbeit an diesem Projekt abschließen. In diesem Vorwort geht er neben der Behandlung politischer Fragen ausführlich darauf ein, warum er sein ungezähmtes*

Deutsch nicht in ein elegantes Französisch übertragen habe (vgl. Deutsche Version der »Préface« 347,41–348,30), und kokettiert damit, sich den Franzosen in seinem angestammten Barbarenzustand zu präsentieren. Von einem Übersetzer ist dagegen nirgends die Rede. Die Herstellung des Ganzen übernahm die Imprimérie de Plassan in der Rue de Vaugirard. Und zwar wurden von jedem Bande 1200 Exemplare gedruckt.

Ausgeliefert wurden diese Bände, die unter dem Titel »Reisebilder. Tableaux de voyage« als Band II und III der geplanten »Œuvres« erschienen, in den ersten Junitagen. Die ersten Bände, die frisch aus der Presse kamen, schickte Heine Anfang Juni an Charles-Augustin Sainte-Beuve, Victor Hugo (1802–1885) und Jules Michelet (1798–1874). Weitere Widmungsexemplare schenkte er im Juli 1834 an Jean-Louis Lerminier (1803–1857), den Redakteur von »Le Globe«, und im Dezember 1834 an George Sand (1804–1876). Die Ankündigung dieser Ausgabe, die Eugène Renduel am 3. Juni 1834 in der Zeitung »Le National« einrücken ließ, lautet: »Sous le titre allemand de R e i s e b i l d e r (tableaux de voyages), le libraire Renduel va publier en deux volumes un ouvrage de Henri Heine, traduit sous les yeux mêmes de l'auteur. Ce titre un peu étrange ne saurait en aucune manière donner une idée du livre qu'il annonce. M. Heine, à propos de voyage, parle de tout, excepté de voyages. L'art en général, et plus spécialement la littérature, et enfin la politique, tels sont les objets qui l'ont surtout occupé et qu'il a traités avec cet esprit, cette finesse, cette verve voltairienne qui sont le cachet de cet écrivain. Le public français sait déjà que M. Heine est peut-être le premier écrivain allemand qui ait osé attaquer de front les antipathies nationales de ses concitoyens contre la France« (S. 4). Zwei Tage vorher waren bereits in der »Revue des deux mondes« große Stücke der »Préface« erschienen, die François Buloz (1803–1877) mit einigen höchst liebenswürdigen Worten eingekleidet hatte (3. Serie, Bd. 2, S. 661–623. Vgl. dazu auch »Entstehung und Aufnahme« der »Préface« 866,14–21).

Doch trotz dieser konzertierten Aktion war der Verkaufserfolg dieser beiden Bände nicht gerade überwältigend. Schließlich hatten die meisten Interessenten an dieser Art von Literatur die Heineschen »Reisebilder« bereits in den Übersetzungen der RDDM, der NRG und dem 1. Bande von Loève-Veimars' »Le Népenthès« gelesen. Um so gnädiger nahmen sich dagegen die Rezensenten dieses mit einem so kuriosen Titel versehenen Werkes an. Man bedauert zwar häufig, daß Heine mit seinem Witz etwas geschmacklos umgehe und gegen den gesellschaftlich geforderten »bon goût« verstoße, empfindet jedoch den »esprit« des Ganzen als etwas recht Verwandtes. Die erste Besprechung dieser Art ist die Rezension der RT von Léon Gozlan in »Le temps«, die sich hauptsächlich mit den italienischen Reisebildern auseinandersetzt (21. Juni 1834, S. 1f.). Während Gozlan die »Harzreise« völlig unterschlägt, charakterisiert er die »charmante histoire« des Tambour Legrand als eine der »pièces parfaites de Heine« (S. 2). Im Hinblick auf die

Übersetzung, deren sprachliches Parfüm ihm so fremd erscheint, daß er sich geradezu ins Exotische versetzt fühlt, heißt es abschließend: »Un mot de cette traduction des R e i s e b i l d e r. *Elle est sauvage, mais elle n'en plait que mieux: l'idée n'est pas dépouillée de son écorce, l'expression de son parfum natal. C'est un fruit qu'on ne nous apporte pas d'outre-mer, avec une étiquette menteuse, confit dans un bocal d'eau-de-vie, et qu'on sert aux badauds qui s'écrient: un ananas! L'ananas, c'est tout simplement du sucre. Le bocal est venu, l'ananas est resté aux Antilles. Cette traduction est très bien, mais il ne faudrait pas qu'elle fût mieux, car deux traductions françaises dans ce goût équivaudraient au texte allemand; et force il y aurait de traduire la traduction« (S. 2). In der »Revue de Paris« schreibt ein Herr »A. Y.« im Juni 1834 über die »Reisebilder. Tableaux de voyage« Heines: »Quelques extraits insérés dans la ›Revue des Deux Mondes‹ avaient déjà fait connaître en partie ce livre; mais ils n'avaient point permis d'en apprécier complétement la prodigieuse originalité, s'étant peut-être un peu trop francisés sous la plume élégante de M. Loève-Veimars. Voici l'ouvrage maintenant qui se produit, avec toute son étrangeté native, dans une traduction littérale que M. Henri Heine a dirigée lui-même, menant son nouvel interprète comme un enfant par des lisières, et ne souffrant pas qu'il s'écartât d'un seul mot de son texte, dût-il être parfois allemand en français. C'est quelque chose de si éblouissant que le style des ›Tableaux de Voyages‹! c'est un feu d'artifice si continu, où se meuvent tant d'étoiles et de soleils, d'où partent à la fois tant de bombes, de pétards et de fusées, d'où montent au ciel tant de gerbes d'images brillantes, tant de bouquets de mots étincelans, qu'après avoir lu ce livre on demeure étourdi et aveuglé long-temps, comme si l'on se sentait encore sous ses détonations et sous la pluie de feu dont il vous a inondé« (Bd. 6, S. 135 f.). A. Bouzenot stellt in seiner Rezension der »Reisebilder. Tableaux de voyage«, die im gleichen Monat in der Zeitschrift »La France littéraire« erschien, Heine in die Tradition der Aufklärung des 18. Jahrhunderts und nennt ihn einen »élève de Voltaire« (Bd. 13, S. 420 ff.). Voller Bewunderung für den ›französischen‹ Charakter Heines schreibt er am Schluß seiner Besprechung: »Heine a dépouillé toute idée d'un patriotisme étroit; il aime la France, il admire Napoléon. Aussi il lui a été fait bon accueil; nos journaux lui ont été ouverts, ses livres ont été traduits, enfin la France a consacré sa réputation. Au résumé, Heine est un des esprits les plus souples, les plus déliés, les plus impressionnables de l'Allemagne actuelle; c'est par le moyen de pareils hommes qu'un rapprochement est possible entre les deux littératures« (S. 422). Ebenso lobend, wenn auch mit einiger Kritik untermischt, drückt sich der Rezensent »H. C.« (d. i. Hippolyte Carnot, 1801–1888) in der »Revue encyclopédique« im Sommer 1834 über Heines französische »Reisebilder« aus: »C'est d'ailleurs un des livres les plus amusans que nous connaissions, et notre littérature n'en offre aucun modèle, car elle n'est pas riche en écrivains* h u m o r i s t e s. *L'auteur vagabonde en Italie, en Angleterre, en Allemagne, sans rien décrire, mais peignant beaucoup, racontant des bagatelles à faire mourir de rire, disant avec une admirable effronterie tout ce qui lui passe par la tête sur les personnes et sur choses, et tout cela d'un ton de gaieté originale qui nous fait accueillir plus d'une plaisanterie cent fois rebattue parmi nous, plus d'une aussi qui n'est point frappée au coin du bon goût, ou au moins du goût français«. Nach kurzen Hinweisen auf Sterne und Jean Paul heißt es am Schluß: »En résumé, beaucoup de finesse d'esprit, pas mal d'expérience du monde, peu de sensibilité, point de métaphysique; tout cela ne semble guère constituer un écrivain allemand; et pourtant la nationalité allemande perce à chaque page: c'est que la nationalité ne se laisse point définir par des mots, c'est un parfum qu'il faut respirer pour le connaître. L'auteur, en nous annonçant la prochaine apparition de son livre en langue française, nous avait menacé d'une traduction littérale. Nous n'avons ouvert qu'en tremblant le premier volume, redoutant de trouver gauche et terne ce qui nous avait paru naguère si agile et si brillant. Heureuse déception: la version française est exacte et généralement élégante; le souvenir de l'original n'a pas trop souvent fait tort à la copie; nous ne saurions en dire plus d'éloge« (Bd. 60, Juni 1834, jedoch nachdatiert auf Oktober–Dezember 1833, S. 173 f.). Die Rezension der »Reisebilder. Tableaux de voyage« in der Zeitung »Le Constitutionnel« vom 8. August 1834, die mit »J. C. T.« unterzeichnet ist, geht hauptsächlich von politischen Fragestellungen aus. Hier wird das Ganze als »une guerre positive, une guerre utile« gegen das Rückständige der deutschen Verhältnisse charakterisiert, mit einem »talent ingénieux et vif« geschrieben, das über einen »sens critique, profond et acéré« verfügt. Im Stil erscheint dem Rezensenten dieses Werk »charmant, plein de grâce, éblouissant de paillettes, gai, moqueur, Français, trop Français peut-être« (Nr. 220, S. 1).*

Dieses recht einhellige Lob, mit dem die Renduel-Ausgabe von Heines »Reisebildern« in der französischen Presse begrüßt wurde, blieb natürlich auch den deutschen Journalisten nicht unbemerkt. Doch die meisten wußten ihm selbst daraus sofort einen Strick zu drehen, indem sie diesen Ruhm als einen Beweis für Heines ›undeutsche‹ Gesinnung hinstellten. Am 20. Juni 1834 heißt es in der »Zeitung für die elegante Welt« noch relativ neutral: »In diesen Tagen erschien zu Paris eine vollständige Uebersetzung der Reisebilder von Heinrich Heine. Die Bruchstücke, welche Loeve Weimars, Heine's Freund, übersetzte und in der Revue des deux mondes abdrucken ließ, konnten den Eindruck einer Uebersetzung des Ganzen nicht gewähren, wie solche jetzt unter Heine's Augen und Leitung gefertigt und Wort für Wort den Franzosen vorliegt. Heine's Reisebilder sind ein europäisches Buch, und den Franzosen insbesondere steht kein deutsches Genie näher als Heine« (Nr. 118, S. 472). Doch in einer Korrespondenz-Notiz aus Paris, die sich mit Heines »Reisebildern« beschäftigt und mit »V. Lz.« (d. i. Victor Lenz, Pseud. für August Traxel) unterzeichnet ist, heißt es am 4. Juli 1834 im gleichen Blatte schon schärfer: »Die Uebersetzung der Ersteren ist eben mit deutschem Titel ange-

kündigt und sogleich recensirt worden. Es ist gar kein Wunder, daß der leichte Humor derselben den Franzosen besser gefällt als der gravitätische Richter's. Der Heine ist einmal ein halb und halb französischer Publicist und will nichts als angenehm schreiben« (Nr. 128, S. 512). Noch energischer verwahrte sich Willibald Alexis am 5. Mai 1834 im Berliner »Freimüthigen« dagegen, daß man in Pariser Blättern Heine, Menzel und Börne als den Parnaß der deutschen Literatur bezeichne (Nr. 88, S. 353–355). Andere höhnten, daß selbst so französisch geschriebene Werke wie Heines »Reisebilder« in der Gunst des Pariser Publikums weit hinter den »Meyerbeer'schen Favorit- und Zugstücken« zurückständen (vgl. »Abend-Zeitung«, 1836, Nr. 228 vom 22. September, S. 910).

In Frankreich stieg jedoch der Ruhm von Heines »Reisebildern« in den späten dreißiger und frühen vierziger Jahren unaufhaltsam weiter. Trotz neuer Werke wie der »Französischen Zustände« und der »Romantischen Schule« empfanden ihn viele weiterhin hauptsächlich als den »auteur des Reisebilder« (vgl. RDDM, 1843, S. 345; RDDM, Juli 1845, S. 355; »Revue musicale«, April 1846, S. 149; »Le Charivari«, 30. Dezember 1853, S. 2; »Revue française«, 1855, Bd. 2, S. 114 u. a.). In allen zu der Zeit in Frankreich erschienenen Aufsätzen, Sammelbesprechungen und Heine-Erwähnungen nehmen daher die »Reisebilder. Tableaux de voyage« durchweg einen prominenten Platz ein. Man denke an den Aufsatz über Heine von Philarète Chasles (1798–1873), der im März 1835 in der RDP erschien, in dem Heine als der Stifter einer neuen Reisebilder-Schule und zugleich der Hauptvertreter aller revolutionären Tendenzen in Deutschland gefeiert wird. Was Chasles stört, sind lediglich Heines Äußerungen gegen das Christentum. Doch in allen anderen Dingen stilistischer und inhaltlicher Natur stellt er ihn sogar über Rabelais und Sterne (Bd. 15, S. 245–256). In der RDDM weist am 1. Januar 1836 ein gewisser »A. Sp.« (Adolphe Specht?) darauf hin, daß Heine nicht nur in Deutschland, sondern auch in Frankreich eine ganze Schule an »Reisebildern« gegründet habe (N. S. Bd. 5, S. 94). Wohl den bedeutendsten Beitrag zu dieser Gruppe lieferte Théophile Gautier (1811–1872), der am 30. November 1837 in »La Presse« einen Aufsatz über Heines »Reisebilder« veröffentlichte, den Heine am 4. Dezember 1837 an August Lewald als das beste *bezeichnete,* was ein Franzose über ein deutsches Buch zu sagen im Stande war. *Ja, Heine fügte hinzu, daß man auch in Deutschland* nie geistreicher über die Reisebilder geschrieben *habe. Wie bei Chasles wird hier Heine über Sterne gestellt und vor allem seine zutiefst ›poetische‹ Natur herausgestrichen. »Henri Heine est poète«, schreibt Gautier, »Sterne ne l'est pas. Heine est coloriste; Sterne est plutôt dessinateur, et les scènes qu'il représente donnent plutôt l'idée d'une délicieuse gravure anglaise que d'un tableau même. Chez Henri Heine l'esprit ne nuit pas à la poésie; il naît de la poésie même; l'humour n'éteint pas le lyrisme <...> Ordinairement l'esprit tue la poésie, car la qualité de l'esprit est essentiellement négative, et Voltaire,* *l'homme le plus prodigieusement spirituel qui fût jamais, ne put venir à bout de composer une ode passable. L'esprit de Heine résulte souvent de la forme extérieure des objets et des phrases; et si ce mot-là pouvait s'appliquer à l'esprit, je dirais que c'est un esprit matériel. Cela vient de ses doctrines panthéistiques, qui font qu'un lézard et un docteur en droit ont la même importance à ses yeux et lui paraissent également dignes d'être décrits et plaisantés. Ses saillies sont pittoresques, ce qui n'est pas habituel à des saillies, et ses sarcasmes portent des habits de brocard tout semés de perles et de grelots d'or, comme des fous de quelque puissant empereur du moyen-âge. Retranchez les grelots, le costume pourrait servir d'habit de gala au seigneur Apollo en personne« (Nr. 152, S. 3).*

Nicht ganz so poetisch, aber nicht minder lobend drückt sich L<ouis> S<pach> in der »Encyclopédie des gens du monde« von 1840 über Heines »Reisebilder« aus. »L'ouvrage capital de M. Heine, et qui a produit un véritable enthousiasme au-delà du Rhin«, heißt es hier, »est celui qu'il a intitulé ›Reisebilder, Tableaux ou Esquisses de voyage‹. Cet engouement se conçoit: l'auteur se montre auteur aimable et gracieux, pétillant de gaîté, de moquerie, charmant dans ses boutades, impertinent, libertin tant soit peu, mais sans franchir néanmoins les bornes de la décence; peintre de caractères, de mœurs, de caricatures, de paysages; homme du monde par instinct, étudiant mal appris par habitude«. Danach folgen die bereits fest etablierten Vergleiche mit Voltaire, Sterne und Jean Paul, während über seine anderen Prosawerke kaum ein Wort verloren wird (Bd. 13, S. 599 f.). Auch D<aniel> Stern (d. i. Marie d'Agoult, 1805–1876) bezeichnet 1844 in der RDDM Heines »Reisebilder« als den »succès«, der die »réputation« Heines in Frankreich begründet habe (S. 854). Saint-René Taillandier (1817–1879) lobt im gleichen Jahrgang der RDDM vor allem die Ironie, die Heines »Reisebilder« auszeichne (S. 1004). Émile-Max Frensdorff schreibt 1844 in der »Revue de Liège« über die »Reisebilder«: »Ce n'est pas le meilleur ouvrage de Heyne, mais c'est celui qui a fait sa réputation«. Wie mancher seiner Vorgänger sieht er darin das Hauptwerk des ›Jungen Deutschland‹, das einer ganzen Generation in ihrem Kampf gegen das Pedantische und Überalterte die Zunge gelöst habe (Bd. 1, S. 356 f.).

Doch trotz all dieser lobenden Stimmen erschien in den vierziger Jahren keine Neuauflage der »Tableaux de voyage«. Um so erstaunter war Heine, als Anfang Dezember 1852 plötzlich ein einbändiger Nachdruck dieses Werkes erschien, der folgendes Titelblatt aufwies: »Henri Heine, Reisebilder. Tableaux et Voyages. Paris. Victor Lecou, libraire-éditeur, 10, rue du Bouloi, 1853«. Es handelt sich hierbei um einen unveränderten Nachdruck der Ausgabe von 1834 durch den Pariser Verleger Victor Lecou, zu dem Renduel, der sich schon seit 1841 nicht mehr verlegerisch betätigte, seine offizielle Zustimmung gegeben hatte. Lediglich der Autor war bei diesen geschäftlichen Manipulationen übergangen worden, was Heine verständlicherweise zutiefst er-

regte (vgl. Schellenberg S. 39). Der erste, den Heine am 11. Dezember 1852 brieflich um Rat anging, welche juristischen Maßnahmen er gegen den unberechtigten Nachdruck der »Reisebilder« durch Lecou ergreifen solle, war Victor de Mars (gest. 1866), der damals Redaktionssekretär der »Revue des deux mondes« war. An Campe schrieb er vier Tage später: Mein alter Freund Renduel hat mich schon für todt angesehn und bey lebendigem Leibe beerben wollen, indem er meine französischen »Reisebilder« hier nachdrucken ließ, ganz ohne mein Wissen und, wie sich von selbst versteht, ohne meine Erlaubniß. Es hatte dieses tausenderley Unannehmlichkeiten für mich, der ich in diesem Buche große Veränderungen machen wollte. Der Prozeß wird heute eingeleitet und das Buch saisirt. Verliere ich den Prozeß, so habe ich doch nur Geld verloren und nicht meine eigne Achtung. *Auch an François Buloz, den Leiter der »Revue des deux mondes«, schrieb Heine am 18. Dezember ein paar aufklärende Zeilen über die Machenschaften Renduels und Lecous und bat ihn, doch in irgendeiner Zeitung folgende Notiz einrücken zu lassen:* M. Henri Heiné a intenté un procès à M. Lecou, pour avoir réimprimé à son insu et sans permission les R e i s e b i l d e r (tableaux de voyage) que Mr H a publiés à Paris il y a 15 ans. *In einem Brief an Auguste Nefftzer (1820 bis 1876), einen Mitarbeiter von »La Presse«, vom 24. Dezember, änderte er diesen Text in folgende Anzeige um:* M. Henri Heine vient d'intenter un procès à Victor Lecou, libraire, pour avoir réimprimé, à son insu et sans sa permission, un livre que M. Heine a fait paraître en 1834 chez M. Eugène Renduel, sous le nom de Reisebilder, ou Tableau<x> de voyage. L'auteur a demandé au ministère public la saisie de l'édition Lecou. *Dieser Text erschien dann auf Betreiben von Buloz und Nefftzer am 26. Dezember 1852 in »La Presse« und im »Journal des Débats«. Noch am gleichen Tage schrieb Lecou an Nefftzer, daß er die Verlagsrechte an Heines »Reisebildern« auf völlig legale Weise von Renduel übernommen habe, und bat ihn um eine öffentliche Richtigstellung (vgl. Hirth[2] VI,155). Dieser Brief erschien am 28. Dezember in »La Presse« und hat folgenden Wortlaut: »La lettre de M. Henry Heine, que vous publiez dans votre journal, pourrait faire croire que j'ai imprimé les Reisebilder sans en avoir le droit. ›La publicité donnée à cette lettre pouvant me porter le plus grand préjudice, je viens vous prier de vouloir bien insérer cette courte réponse.‹ J'ai acquis de M. E. Renduel, propriétaire des Reisebilder, le droit de rééditer cet ouvrage dans le format in-18. V. Lecou«.*

Doch am 27. Dezember hatte bereits Renduel bei Heine einen Besuch abgestattet und ihn überredet, von dem geplanten Prozeß Abstand zu nehmen. Das Resultat dieser Besprechung war, daß Lecou zwar das Recht zum Verkauf der einbändigen »Reisebilder«-Ausgabe behielt, Heine jedoch der alleinige Eigentümer seiner Werke blieb. Diese mündliche Absprache wurde von Renduel am 4. Januar 1853 dann noch einmal brieflich bestätigt (vgl. Hirth[2] VI,155 f.). Heine, der schon den Anwalt Ramond de la Croisette um Rechtsbeistand gebeten hatte, gab sich daraufhin versöhnlich. Und so brachte das »Journal des Débats« am 7. Januar 1853 eine Notiz über die Beilegung der Rechtsstreitigkeiten zwischen Heine und Renduel. Am gleichen Tag schrieb ihm Lecou einen freundlichen Brief, kündigte ihm seinen Besuch an und schickte ihm zugleich 10 Exemplare der neuen »Reisebilder«.

Aufgrund dieser neuen Rechtslage schrieb Heine am 10. Januar 1853 einen längeren Brief an Armand Bertin (1801–1854), den Chefredakteur des »Journal des Débats«, der sich auf die am 7. Januar in der gleichen Zeitung veröffentlichte Notiz bezieht, und bat ihn, diesen Brief möglichst umgehend abdrucken zu lassen. Eine Kopie seines Schreibens schickte er mit der gleichen Bitte an die Zeitung »La Presse«. Doch lediglich das »Journal des Débats« entschied sich, diesen Brief am 12. Januar 1853 unter dem Titel »Au Rédacteur« in seinen Kolumnen zu bringen (vgl. den Abschnitt »Au Rédacteur« innerhalb des Textanhangs 352,20–353,40 und die Erläuterungen dazu). Damit war für Heine diese Angelegenheit erledigt. J'ai pu sortir de cette affaire très-honorablement et avec beaucoup de dignité, *schrieb er am 26. Januar an Taillandier. Am 5. Februar bedankte er sich noch einmal brieflich bei Buloz für die bereitwillige Hilfe, die er ihm bei seinem Streit mit Renduel geleistet habe.*

Trotz dieses kräftigen Schlagabtausches hat die Lecou-Ausgabe der RT in der französischen Presse keine besondere Beachtung gefunden. Was man in den Rezensionen dieses Bandes meist behandelte, war der Vorwurf der Gottlosigkeit, den Heine in seinem Brief »Au Rédacteur« (vgl. Textanhang 353,28) gegen sich selbst erhoben hatte. So schreibt etwa Edmond Texier in der »Revue de Paris« lediglich: »Et dans le monde des lettres qu'y a-t-il de nouveau? Voici les Reisebilder d'Henri Heine, ce Français de l'Allemagne, ce Voltaire tudesque qui a fait pénitence et qui pleure sur le tard les adorables péchés de sa verte jeunesse« (Februar 1853, S. 334). Paulin Limayrac spendete am 3. April 1853 dieser neuen Ausgabe in »La Presse« ein etwas längeres Lob. »Quelles boutades facétieuses!«, heißt es hier, »quelle franche veine comique! quels éclairs de pensée aussi! Henri Heine dissimule toujours le penseur pous le railleur!« Ihm erscheint das Ganze nach 20 Jahren immer noch frisch und unverwelkt, voller »esprit« und »poésie«. Lediglich Heines Gottlosigkeit stößt ihn ab. Er zieht es vor, wenn sich geistreiche Leute damit begnügen, die Heuchler und nicht die wahren Gläubigen zu verspotten, weshalb ihm Molière wesentlich sympathischer erscheint als Voltaire und Heine. Er schreibt: »J'aime mieux la raillerie impitoyable et sublime de l'auteur de Tartuffe, que les impiétés spirituelles de l'auteur de la Pucelle« (S. 1f.). <Jean-Louis> Lerminier hebt in seiner Besprechung dieser Ausgabe in der »Revue contemporaine« vom November 1853 vor allem das Formtalent und die Einbildungskraft Heines hervor, durch die seine »Reisebilder« noch heute lesenswert seien (S. 628). Um dieser Vorzüge willen verzeiht er ihm sogar seine Gottlosigkeit. Ähnliches liest man im Mai 1855 in der gleichen Zeitschrift aus der Feder von Louis Ratisbonne, der vor allem Heines ästhetische

Brillanz und irrlichternde Unbeständigkeit herausstreicht, die er auf ein zutiefst antithetisches Weltbild zurückzuführen versucht, das sich jeder ideologischen Eindeutigkeit von vornherein entziehe. Bei ihm heißt es über Heines »Reisebilder«-Werk: »Il l'a traduit lui-même depuis longtemps; c'est en France le plus connu, le plus populaire de ses ouvrages; à cause de cela, peut-être, il me sera permis d'en moins parler. Là, plus que partout ailleurs, il a jeté le rubis d'une imagination éblouissante, les étincelles d'un esprit fatigant à force d'être prodigue, le fantasque et le réel, les nuages allemands et les éclairs français, l'élégie et le sarcasme; le sarcasme surtout, et pour une larme sentimentale, cent flèches acérées qui percent le cœur« (S. 658). Trotz mancher Zynismen auf religiösem Gebiet, die auch Ratisbonne merklich irritieren, ringt er sich am Schluß seiner Rezension doch zu folgender enthusiastischen Lobeshymne durch: »Mais à côté de cela, quel fin sentiment de l'art et la beauté! quel dilettantisme exquis! quels caprices de grâce et de mélancolie! En présence de cette végétation luxuriante de pensées et de couleurs, un docteur allemand, M. Julius, comparait le style de M. Heine à un paradis terrestre. Et cette image donne une idée assez exacte de la prose de ce pamphlet-poème des Reisebilder, où mille séductions, mille voluptés, enlacent le lecteur, et d'où le critique le plus revêche sort fasciné, tenté, perdu peut-être« (S. 659).

Nach der Lecou-Ausgabe hatte Heine immer stärker das Bedürfnis, endlich eine vollständige und sprachlich verbesserte Ausgabe seiner »Reisebilder. Tableaux de Voyage« herauszubringen. Als er daher 1854 mit dem Pariser Verleger Michel Lévy (1821–1875) einen Rahmenvertrag für seine »Œuvres Complètes« abschloß, verabredete er mit ihm eine neue zweibändige Ausgabe der »Reisebilder«, die er selber aufs sorgfältigste vorbereiten wollte. Als die ersten Bände dieser französischen Gesamtausgabe erschienen 1855 »De l'Allemagne«, »Lutèce« und »Poëmes et Légendes«. Die Arbeit an den »Reisebilder«-Bänden beschäftigte den todkranken Heine etwa von April 1855 bis Februar 1856. Schon rein umfangmäßig gesehen, ist diese Neuausgabe wesentlich reicher angelegt als die von 1834. Nicht nur die Schrift »L'île de Norderney« kommt hinzu, sondern auch das Schlußkapitel des »Schnabelewopski«, das 7. Kapitel von »L'Angleterre«, die »Nuits florentines« und die Kunz-von-der-Rosen-Episode aus Rb IV. Auch sprachlich macht diese Ausgabe einen viel nuancierteren, eleganteren, wortschatzreicheren Eindruck als ihre Vorgängerin. Was verschwindet, sind neben offensichtlichen Fehlern vor allem Germanismen, schwerfällige Partizipien des Präsens, das Gestrüpp der vielen Nebensätze, unverständliche Pointen sowie leider auch manche der erotischen oder klerikalen Anzüglichkeiten. Doch aufs Ganze gesehen, stellt diese Ausgabe einen beträchtlichen sprachlichen Fortschritt gegenüber den Renduel-»Reisebildern« von 1834 dar.

Wer dabei im einzelnen Heine geholfen hat, ist heute nicht mehr genau aufzuschlüsseln. Wahrscheinlich hat hier Heine – aufgrund seiner verbesserten

Sprachkenntnisse – viel stärker in den Text eingegriffen als 1834. Daneben kommen als Mitarbeiter anfänglich Richard Reinhardt (1829–1898) und dann Elise Krinitz (1828–1896) in Frage, die später selber zugegeben hat, daß sie von September bis Dezember 1855 mit Heine die »Probebogen von der französischen Ausgabe seiner ›Reisebilder‹« durchgesehen habe. »Da ich mich literarisch noch nie beschäftigt hatte«, schreibt sie, »wurde es mir keineswegs leicht, einen Text zu berichtigen, in dem es von Attentaten auf eine gute Ausdrucksweise förmlich wimmelte« (Werner/Houben Nr. 934). Wahrscheinlich sind mit diesen »Attentaten« weniger Sprachschnitzer als Anzüglichkeiten gemeint, an denen sich dieses kultivierte und leicht sentimentale Mädchen stieß. Es wäre daher durchaus möglich, daß manche Streichungen in religiöser oder erotischer Hinsicht auf ihr Konto gehen (vgl. ihr unter dem Namen Camille Selden erschienenes Erinnerungsbuch »Les derniers jours de Henri Heine«, Paris 1884, S. 23 ff.). Neben Elise Krinitz haben vielleicht auch Saint-René Taillandier und François Buloz an dieser Überarbeitung und in gewissen Partien sogar Neuübersetzung mitgeholfen (vgl. Schellenberg S. 52).

Mit welcher Genauigkeit Heine die Korrekturbogen durchgesehen hat, beweisen die Briefe an Michel Lévy vom 3. August, 4. Oktober, 8. Oktober, 29. November, 6. Dezember 1855 und 11. Februar 1856. An einer neuen Vorrede zu dieser Ausgabe scheint Heine vor allem im Dezember 1855 gearbeitet zu haben. Die beiden Texte, die von diesen Bemühungen zeugen, sind leider fragmentarisch geblieben (vgl. die Erläuterungen zum Text dieser »Vorreden«, die sich mit der ideellen Intention dieser beiden Fragmente auseinandersetzen). Als Heine am 17. Februar 1856 – mitten in den Vorbereitungen zum Druck dieser Ausgabe, der bei der Imprimerie J. Claye in der Rue Saint-Benoit erfolgte – starb, entschied man sich, dem Ganzen einfach die alte »Préface« von 1834 voranzustellen, an der Heine im Winter 1855/56 offensichtlich auch einige Änderungen vorgenommen hat. Außerdem erklärte sich Théophile Gautier bereit, auf seinen verstorbenen Freund einen kurzen Nekrolog zu schreiben, der einen würdigen Ersatz für die unvollendete »Vorrede« bildet. Und so erschienen diese beiden Bände am 9. Mai 1856 unter dem Titel »Reisebilder – Tableaux de Voyage – par Henri Heine. Nouvelle Édition. Revue, considérablement augmentée et ornée d'un portrait de l'auteur. Précédée d'une étude sur H. Heine par Théophile Gautier. Paris. Michel Lévy Frères, Éditeurs. Rue Vivienne, 2 bis. 1856«. Da Heine an dieser Ausgabe den stärksten Anteil hatte und sie als die einzig maßgebliche Übersetzung seiner »Reisebilder« empfand, werden die im Textteil abgedruckten Übersetzungen der »Harzreise«, der »Nordsee III« und des »Buchs Le Grand« dieser Ausgabe entnommen (zu Heines sprachlicher und gedanklicher Arbeit an diesen Übersetzungen vgl. die Apparate zu den Einzeltexten).

Von eigentlichen Rezensionen dieser Ausgabe kann man kaum noch sprechen. Wenn man sie in den Jahren 1856 und 1857 überhaupt erwähnt, dann meist in Nekrologen oder Gesamtwürdigungen Heines. So nennt Édouard

Goepp in seinem Aufsatz »Henri Heine«, der 1856 in der »Revue française« erschien, die »Reisebilder. Tableaux de voyage« ein »panorama charmant où il a donné toute carrière à sa folle imagination, il y peint des mœurs et y fait la critique la plus animée, la plus vivante des hommes et des choses; il se moque de tout et de tous, mais sans haine et sans parti pris, et tout cela avec un esprit inimitable« (S. 306). Wie schon mancher andere französische Kritiker vor ihm stellt auch er Heine in die Tradition von Rabelais und Voltaire, lobt jedoch, daß er nie unflätig oder grob werde, sondern selbst in »passages les plus risqués« einen »tact et une finesse remarquables« behalte (S. 307). H. Jonquières-Antonelle (d. i. Édouard Grenier, 1819–1901) hebt im 2. Teil seines Aufsatzes »Henri Heine. L'homme et son temps«, der am 15. April 1857 in der »Revue de Paris« erschien, vor allem die Unterschiede zwischen der deutschen und der französischen Fassung der »Reisebilder« hervor: dort mehr das Poetische, hier mehr das Politische betonend. Außerdem geht er kurz auf den Fortschritt der Lévy-Ausgabe gegenüber der Lecou-Ausgabe ein (S. 585 f.). Wohl am ausführlichsten beschäftigt sich C. F. Audley in seinem in »Le correspondant« veröffentlichten Heine-Aufsatz mit den »Reisebildern«, zieht sie jedoch nur als Belege zu seiner Heine-Biographie heran, ohne sie wirklich zu interpretieren oder ein Urteil über sie abzugeben (Bd. 5, 1857, S. 58–88).

Welchen buchhändlerischen Erfolg diese Ausgabe hatte, deren 1. Auflage in 1500 Exemplaren gedruckt wurde, geht aus der eindrucksvollen Tatsache hervor, daß sie 1858 in 2., 1859 in 3., 1861 in 4., 1863 in 5., 1865 in 6., 1868 in 7., 1872 in 8., 1883 in 9. und 1895 in 10. Auflage erscheinen konnte.

Literatur:

»Heines Reisebilder in Frankreich«. In: »Magazin für die Literatur des Auslandes«, 1843, Nr. 59; F. v. H., »Heine ins Französische übersetzt«. In: »Magazin für die Literatur des Auslandes«, 1856, Nr. 156 vom 30. Dezember; Leopold Derome, »Les œuvres d'Henri Heine, de Gerard de Nerval et de la Bohème«. In: »Causerie d'un ami des livres«, Paris 1886, Bd. 1, S. 149–180; Louis-Paul Betz, »Heine in Frankreich«, Zürich 1895; ders., »Henri Heine et Eugène Renduel«. In: »Revue d'histoire littéraire de la France« 3, 1896, S. 449–452; Eugen Laur, »Die erste französische Ausgabe von Heines Werken«. In: »Zeitschrift für Bücherfreunde« 4, 1902, S. 192–196; Gustav Karpeles, »Zu der ersten französischen Ausgabe von Heines Werken«. In: »Zeitschrift für Bücherfreunde« 6, 1902/03, S. 506; Alfred Schellenberg, »Heinrich Heines französische Prosawerke«, Germanische Studien 14, Berlin 1921; Joseph Dresch, »Heine à Paris«, Paris 1956; Claude Porcell, »Heinrich Heines französisches Werk«, Diplomarbeit der Université de Paris 1970, masch.

Überlieferung

F^1 Œuvres de Henri Heine. II, III. Reisebilder, Tableaux de voyage. I, II. Paris, Eugène Renduel. 1834.

Bd. 1 *»Préface«, S. I–VII.*
»Italie. Première partie. Voyage de Munich à Gènes«, S. 7–163.
»Deuxième partie. Les bains de Lucques«, S. 167–280.
»Troisième partie. La ville de Lucques«, S. 283–384.
Bd. 2 *»Angleterre«, S. 7–90.*
»Les montagnes du Hartz«, S. 93–208.
»Le tambour Legrand«, S. 211–327.
»Schnabelewopski«, S. 331–416.

F^2 Reisebilder. Tableaux de voyage. Par Henri Heine. Nouvelle édition, revue, considérablement augmentée et ornée d'un portrait de l'auteur. Précédée d'une étude sur H. Heine par Théophile Gautier. I, II. Paris, Michel Lévy Frères, Editeurs. Rue Vivienne, 2 bis. 1856.

Bd. 1 *»Henri Heine« <von Théophile Gautier>, S. I–XII.*
»Préface«, S. 1–5.
»Les montagnes du Hartz. 1824«, S. 7–97.
»L'Ile de Norderney. Écrit en 1826«, S. 99–144.
»Le tambour Legrand. Idées. Écrit en 1826«, S. 145–235.
»Angleterre. 1828«, S. 237–290.
»Schnabelewopski. Fragment«, S. 291–382.
Bd. 2 *»Italie. Voyage de Munich à Gênes«, S. 1–117.*
»Les bains de Lucques«, S. 119–206.
»La ville de Lucques«, S. 207–289.
»Les nuits florentines«, S. 291–375.

Die Lévy-Ausgabe bildet die Textgrundlage für die im Anhang abgedruckten Übersetzungen der »Harzreise«, »Nordsee III« und des »Buchs Le Grand«. Über die Gründe dazu vgl. »Entstehung und Aufnahme« der RT 695,21–696,40. Zu den Druckeigentümlichkeiten dieser Ausgabe gegenüber F^1 gehören vor allem der Wegfall von Bindestrichen bei Bon Dieu, longtemps, tout à coup, tout à fait *u. a., die Tremaschreibung bei* poëte, *der Wegfall des Umlauts bei* Dusseldorf *und des accent circonflexe bei* gaiete, Hanovre, déjeuner *u. a. Als Frontispiz ist dem 1. Bande dieser Ausgabe eine Lithographie Heines aus dem Jahre 1852 von Charles-Gabriel Gleyre beigegeben.*

Henri Heine, »Reisebilder. Tableaux et Voyages«, Paris. Victor Lecou, libraire-éditeur, 10, rue du Bouloi, 1853.
»Préface«, S. V–VIII.

»Italie. Première partie. Voyage de Munich à Gênes«, S. 1–69.
»Deuxième partie. Les bains de Lucques«, S. 70–126.
»Troisième partie. La ville de Lucques«, S. 127–174.
»Angleterre«, S. 175–216.
»Les montagnes du Hartz«, S. 217–279.
»Le tambour Legrand«, S. 280–335.
»Schnabelewopski«, S. 336–376.

Unveränderter und unautorisierter Nachdruck von F[1] *(vgl. »Entstehung und Aufnahme« 692,35–694,18).*

Les montagnes du Hartz

Entstehung und Aufnahme

Wie in Deutschland bedeutete die Veröffentlichung der »Harzreise« auch in Frankreich den eigentlichen Durchbruch Heines zu größerer Publikumsbeliebtheit. Die erste Übersetzung dieses Werkes, die von François-Adolphe Loève-Veimars stammt, erschien am 15. Juni 1832 im 6. Bande der »Revue des deux mondes« unter dem Titel »Excursion au Blocksberg et dans les montagnes du Hartz. Traduit de l'allemand de H. Heine« (S. 605–634. Ein Nachdruck dieser Übersetzung kam am 16. Juni 1832 in der Zeitung »Le temps« heraus, S. 1–3). In einer kurzen Einführung wird hier Heine als Autor einer neuen Schule in Deutschland vorgestellt, die sich von der »spéculation« zur »réalité« bewege. Die Mitglieder dieser Richtung, schreibt Loève-Veimars, sind keine weltverlorenen Träumer und Romantiker mehr, sondern Leute, die sich »avec courage« dem Gedanken der »liberté« verschworen hätten (S. 605–607). Die Übersetzung selbst, mit der Heine offenbar nichts zu tun hatte, ist – genau betrachtet – nur ein salopp hergestellter Auszug aus der »Harzreise«. So fehlen nicht nur alle Gedichte (einschließlich der »Bergidylle«), sondern auch der ganze Schlußabschnitt (134,35–138,9). Kritische oder pikante Partien wie die Dirnenszene bei Rauschenwasser (86,9–26) sucht man trotz des ›liberalen‹ Vorwortes meist vergebens. Namen wie Hohenhausen *(120,16) werden einfach in »Loehnhausen« verschrieben. Anderes scheint Loève-Veimars gar nicht verstanden zu haben. So übersetzt er* Comment *(84,11) mit »de vieux livres de commentaires«,* Gildenhaus *(99,30) mit »l'édifice de la banque«,* Philister *(84,14) mit »les philistins sont une classe d'étudians qui se distingue par leurs prétentions et la rudesse de leurs manières« (weitere Beispiele bietet Schellenberg S. 4). Da jedoch Loève-Veimars eine der einflußreichsten Persönlichkeiten auf der literarischen Szene in Paris war, hat Heine gegen die Übersetzung nicht protestiert, sondern sie sicher als ein wichtiges Schrittmacherwerk seiner steigenden Publizität in Frankreich empfunden.*

Wenige Wochen später erschien unter dem Titel »Souvenirs de voyages, par Henri Heine« eine 2. Übersetzung der »Harzreise« in der »Nouvelle revue germanique«, die mit »W.« unterzeichnet ist, wohinter sich Joseph Willm, der Herausgeber dieser Zeitschrift, verbirgt (Bd. 11, Juni 1832, S. 156–172 und Juli 1832, S. 213–229). Auch an dieser Übersetzung hat Heine keinen Anteil gehabt. In den einführenden Kommentaren wird Heine von Willm als ein Vertreter jener Generation von 1800 vorgestellt, die aufgrund ihrer Jugend nicht mehr durch den falschen Patriotismus der sogenannten ›Befreiungskriege‹ verdorben worden sei, sondern bei der ein liberales Freiheitsverlangen im Vordergrund stehe. Willm preist daher Heine als »une des plus belles espérances de la littérature allemande« (S. 156), ja als »notre nouveau Sterne« (S. 162), was fast noch höher gegriffen ist. Mit seiner eigenen Übersetzung tritt Willm dagegen viel bescheidener als Loève-Veimars auf und beteuert immer wieder, wie schwierig, ja geradezu unmöglich es sei, den »charme« und »esprit« dieses Autors kongenial zu übertragen. Auch Willm übersetzt daher nicht alles, sondern bietet nur die wichtigsten Passagen, die er mit einem kommentierenden Text verbindet. Die Dirnenstelle zu Anfang (86,9–26) und die Anzüglichkeiten über die beiden Damen im Gasthof zu Northeim (87,15–25) fallen auch in seiner Übertragung unter den Tisch. Was Willm jedoch übersetzt, hat nicht nur eine ganz andere Eleganz als bei Loève-Veimars, sondern hält sich zugleich viel enger an den Heineschen Text. Ebenso treffend sind seine kurzen, aber informationsreichen Fußnoten. Obwohl Loève-Veimars eine der angesehensten Pariser Persönlichkeiten war, läßt sich Willm dabei zu einer Reihe von recht scharfen Ausfällen gegen die Fehler und Mißverständnisse in dessen »Harzreise«-Übersetzung hinreißen, die an Deutlichkeit nichts zu wünschen übriglassen. So sagt er an einer Stelle in aller Offenheit über dessen »Excursion au Blocksberg«: »Il a pu amuser et intéresser, tel qu'il est, mais ce n'est certes pas une traduction exacte« (S. 157).

Die nächste »Harzreise«-Übersetzung erschien im 1. Bande von Loève-Veimars' »Népenthès« (1833) im Rahmen der »Morceaux imités de Heine« (S. 213–261). Wirkungsgeschichtlich war sie vielleicht die wichtigste (vgl. »Entstehung und Aufnahme« der RT 686,1–25), textlich bietet sie jedoch nur einen unveränderten Abdruck der bereits ein Jahr vorher in der »Revue des deux mondes« erschienenen Übersetzung.

Unter textkritischen Gesichtspunkten ist überhaupt erst die »Harzreise«-Übertragung im 3. Bande der Renduel-Ausgabe von 1834 von Bedeutsamkeit, da Heine an ihr nachweislich selber mitgearbeitet hat (vgl. »Entstehung und Aufnahme« der RT 687,19–42). Sie trägt den Titel »Les montagnes du Hartz« (III,91–208). Ihr Text ist keine einfache Kombination aus Loève-Veimars und Willm, sondern wirkt recht eigenständig. Obwohl die Kenntnis der bereits vorliegenden Übersetzungen mit Sicherheit vorausgesetzt werden kann, ver-

suchten Heine, Specht und der anonyme »junge Mann«, die Hauptübersetzer dieser Fassung (vgl. »Entstehung und Aufnahme« der RT 687,21), durchaus eigene Wege zu gehen. Obendrein übersetzten sie den Text zum erstenmal ganz, einschließlich aller Gedichte. Größere Auslassungen finden sich nur an vier Stellen. So wurden die höchst ambivalente Stelle über die deutsche Treue der Bergleute zu Clausthal-Zellerfeld (95,30–96,2), der juristische Alptraum in der Nacht auf dem Brocken mit all seinen versteckten Anspielungen auf die verschiedensten deutschen Rechtsgelehrten (127,7–21), die Stelle über die Frankfurter Juden (126,36–39) und die Bemerkungen über Georg Sartorius (135,5–23) weggelassen, da Heine seine Meinung über diese Dinge entweder geändert hatte oder ihm diese Phänomene nicht mehr so aktuell erschienen. Kleinere Auslassungen betreffen vor allem Lokales wie Schneelöcher (130,27) und Vierlanderinnen (136,31), Erotisches wie die Spuren glücklicher Liebe auf den Gesichtern der Brockenmädchen (130,20–21), Religiöses wie himmlischer Segen (89,15), Eifer zur Bekehrung (92,20) und dritter Hahnenschrei (113,6–7) oder Studentisches wie Profaxen (83,40), unserem gelehrten Sibirien (576,38) und Zobel (576,39). Auch eine Tendenz zur Entromantisierung durch Streichung schmückender Beiwörter wie schauernd (105,14), träumend (105,15), wundersam (115,26) und romantisch (133,38) macht sich bemerkbar. Die textlichen Zusätze sind relativ unbedeutend und beschränken sich auf die unvermeidliche Erwähnung der choucroûte, die zur Charakterisierung der deutschen Küche herangezogen wird (122,36).

Recht groß ist dagegen das Feld der Abweichungen. Vieles davon ist lediglich durch die französische Wortstellung und die andersartige Idiomatik bedingt. Bei den wirklichen Eingriffen in die Bedeutungsebenen bestimmter Worte lassen sich zwei Tendenzen beobachten: eine präzisierende, die das Fremdartige noch schärfer hervorhebt, und eine generalisierende, die das Spezifische ins Allgemeine überführt, um es dem französischen Leser verständlich zu machen (über die Fülle und Art dieser Abweichungen vgl. die im Text durch Zusatz- oder Abweichungszeichen ⌈ ⌉ hervorgehobenen Stellen).

In den Rezensionen von Loève-Veimars' »Népenthès« und der Renduel-Ausgabe der RT spielt die Übersetzung der »Harzreise« keine besonders hervorragende Rolle (vgl. »Entstehung und Aufnahme« der RT 686,1 bis 690,26). Wenn dieses Werk überhaupt erwähnt wird, dann als Beispiel für den berechtigten Spott seines Autors über die geradezu mittelalterlichen Zustände in Deutschland und das archaische Studentenwesen dieses Landes. Lediglich Louis Spach nennt die »Harzreise« in der »Encyclopédie des gens du monde« (1840) Heines »chef-d'œuvre« (Bd. 13, S. 600).

Nach der Renduel-Ausgabe von 1834 blieb es für lange Zeit still um die »Harzreise«. Die in der Lecou-Ausgabe von 1853 abgedruckte Übersetzung ist ein wörtlicher Nachdruck der Fassung von 1834. Erst als Heine 1855 mit Michel Lévy einen Vertrag über die Herausgabe seiner »Œuvres complètes« abgeschlossen hatte, ging er noch einmal an eine Revision der in der Renduel-

Ausgabe erschienenen Übertragung. Und zwar nahm er dabei eine Reihe aufschlußreicher Korrekturen vor. Aufgrund seiner veränderten Einstellung in religiösen Fragen tilgte er sowohl die Stelle mit dem Kruzifix in der Goslarer Stephanskirche (100,12–18) als auch den Passus mit den belletristischen Damen, *die Heine als dem Verfasser des »Almansor«* alle Frömmigkeit und Christlichkeit *absprechen wollen (116,10). Auch der ironisch erwähnte Petri-Schlüssel wurde gestrichen (102,6). Ebenfalls weggelassen wurden die inzwischen belanglos gewordenen Äußerungen über die aufgeblasene* Kühnheit *der heutigen Schweizer (123,3–7).*

Dafür zeichnet sich jedoch diese Fassung durch eine Fülle sprachlicher Verbesserungen aus. Vor allem der Wortschatz wird wesentlich präziser. Das freundliche Gesicht des Hirten ist nicht mehr amical, *sondern auf gut französisch* avenant *(259,31). Schwerfällige Formulierungen wie* qui se groupent dans notre âme *werden durch gewandtere wie* qui remplissent notre âme *ersetzt (263,14). Auch im Satzbau zeigt sich ein viel sichereres Gefühl für die französische Sprache. So bricht Heine lange Folgen von Nebensätzen einfach ab und fügt hie und da eine Wiederholung ein, um den kurzatmigeren französischen Sätzen eine sprachliche Stütze zu geben. Der krasseste Germanismus der »Harzreise«* le temps où il en était autrement, je me le rappelai *wird durch den Satz* je me rappelai le temps où … *(241,10–11) ausgetauscht. Statt* situés la plupart *heißt es jetzt wesentlich idiomatischer* situés pour la plupart *(263,20). An die Stelle unverständlicher Witze und versteckter Anspielungen treten in der neuen Fassung Bilder und Begriffe, die auch einem juristisch, historisch oder humanistisch nicht so Gebildeten verständlich sind. So verwandelt sich der* Dummérien *in einen* Béotien *(235,34), die* violence muette *in die* violence muette de la sainte alliance *(238,28), die juristisch-obskure Anspielung* qui coupe les arbres de haut en bas *(vgl. die Erläuterung zu 88,22) in die elegante Formulierung* qui plaisante si bien et raisonne si mal *(238,11). Vieles wird dabei zum erstenmal aus dem Geist der französischen Sprache empfunden und nicht lediglich übersetzt. Die meiste Mühe hat sich Heine bei dieser Neufassung mit den Gedichten gegeben (vgl. die »Lesarten« zur »Bergidylle« 253,12–259,14). Doch auch in der Prosa findet sich eine Innovation nach der anderen. Leider ist Heine wegen seiner abnehmenden Kräfte mit den Änderungen nur bis 129,33 gekommen. Die Seiten 83–97 der RT von 1856 sind daher eine bloße Wiedergabe des Renduelschen Textes und weisen lediglich einige orthographische Verbesserungen auf, die wahrscheinlich von Lévy oder dem Drucker durchgeführt wurden. Doch trotz dieses Mankos muß diese Übertragung als die Heines Intention gemäßere betrachtet werden. Sie und nicht die Fassung von 1834 wird darum dem vorn abgedruckten Haupttext zugrunde gelegt.*

Überlieferung

F^1 Les montagnes du Hartz. *In:* Œuvres de Henri Heine. *III.* Reisebilder, Tableaux de voyage, *Bd. II, Paris, Eugène Renduel, 1834, S. 91–208.*

F^2 Les montagnes du Hartz. *In:* Henri Heine, Reisebilder. Tableaux de voyage, *Paris, Michel Lévy, 1856, I, 7–98.*

»Excursion au Blocksberg et dans les montagnes du Hartz. Traduit de l'allemand de H. Heine«. In: »Revue des deux mondes«, Bd. 6, vom 15. Juni 1832, S. 605–634. Unterzeichnet mit »<François-> A<dolphe> Loève-Veimars«.

»Excursion au Blocksberg et dans les montagnes du Hartz. Fragmens. Traduit de l'allemand de H. Heine par Loève-Veimars«. In: »Le temps« vom 16. Juni 1832, S. 1–3. Nachdruck des Vorhergehenden.

»Souvenirs de Voyages, par Henri Heine. (Premier article.)«. In: »Nouvelle revue germanique«, Bd. 11, Nr. 42 vom 1. Juli 1832, S. 156–172. Nicht unterzeichnet. »Souvenirs de Voyages, par Henri Heine. (Second article.) Le voyage au Hartz«. In: »Nouvelle revue germanique«, Bd. 11, Nr. 43 vom 15. Juli 1832, S. 213–229. Unterzeichnet mit »<Joseph> W<illm>«.

»Le Blocksberg et les Montagnes du Hartz«. In: François-Adolphe Loève-Veimars, »Le Népenthès. Contes, nouvelles et critiques«, Paris 1833, I, 213–261. Nachdruck der Übersetzung in der »Revue des deux mondes«.

Les montagnes du Hartz. *In: Henri Heine, Reisebilder. Tableaux et Voyages, Paris, Victor Lecou, 1853, S. 217–279. Unveränderter und unautorisierter Nachdruck von F^1.*

Lesarten

233,23 Ah! s'ils avaient seulement des cœurs!] Hélas, pourquoi n'avez-vous pas de cœur! F^1

234,2 Hanovre] Hanôvre F^1 7 mon ami Luder] Luder F^1 7 plaît] plait F^1 10 longtemps] long-temps F^1 14 de Guelfes] des Guelfes F^1 15 conseillers de légation et de relégation] conseillers de délégation F^1 22 dans la Weender-Strasse] dans la rue Weender-Strausse F^2 23 Ritschenkrug] Ritschenbrug F^2 34 quantité de] quantité des F^1 39 semblables canailles] semblable canaille F^1 **235**,13 fac-simile] fac simile F^1 14 des dames de Goettingue les plus distinguées] des dames de Goettingue... F^1 27 tout à fait] tout-à-fait F^1 30 gaité] gaîté F^1 34 Béotien] Dummérien F^1 Bootien F^2 42–43 jeune érudit non patenté] professeur particulier F^1

236,1 semestriels] sémestriels F^1 1–2 la nomenclature des étudiants] *fehlt in* F^1 6–7 d'arrivées et de départs] d'arrivée et de départ F^1 8 semestrielle] sémestrielle F^1 10 d'Égypte] d'Egypte F^2 20 longtemps] long-temps F^1 24 boîteuse] boiteuse F^1 41–42 la cuisine académique, les éternels stockfisch de Goettingue] les plats académiques, le stockfisch fade et semblable à du cuir, qu'on me servait à Goettingue F^1 la cuisine académique, les éternels stokfisch de Goettingue F^2

237,3–4 du vert de gris] de vert de gris F^1 4 tout à fait] tout-à-fait F^1 13–14 forteresse. Je ne sentis aucune envie d'en faire le siége.] forteresse qui, sans doute, comme ces autres forteresses dont parle Philippe de Macédoine, ne résisterait guère à un âne chargé d'or. F^1 15 contre-pied] contrepied F^1 22 L'auberge] L'aubergiste F^1 23 elle savait] et savait F^1 36 bibliothèque] Bibliothèque F^1

238,2 la balance] le glaive et la balance F^1 4 lévrier] levrier F^1 4 Rusticus Bauer] Rusticus F^1 Rusticus Baner F^2 5 Hanovre] Hanôvre F^1 11 qui plaisante si bien et raisonne si mal!] qui coupe les arbres de haut en bas! F^1 21 longtemps] long-temps F^1 25 s'écriât] s'écria F^{1-2} 28 la violence muette de la sainte alliance] la violence muette F^1 28 le héros] l'innocent F^1 29 l'Océan] l'océan F^1 34 calme;] calme, F^1 37 l'une de l'autre] l'un de l'autre F^1

239,9 sa tête] la tête F^1 14 Gottschalck] Gottschalk F^{1-2} 17 Clausthal] Chaustlal F^2 23–24 un jeune artisan qui faisait son compagnonnage.] un compagnon artisan qui faisait son tour du monde. F^1 25 terre sainte] Terre-Sainte F^1 32 consistait en un] consistait d'un F^1 34 chanson: Un] chanson un F^1

240,1 de roses] des roses F^1 13 jambes, en] jambes en F^1 17 matamore] Matamore F^1 22 Pauvre bonne rosse] Pauvre petite rosse F^1 27 poëte] poète F^1 33 poëte] poète F^1 34 toujours] toujours, F^1 40 le bois] les bois F^1

241,4 alentour] à l'entour F^1 5 nu-pieds] nus pieds F^1 10–11 Je me rappelai bien le temps où il en était encore autrement chez moi, et avec cette pensée je cheminai vers Clausthal] Le temps où il en était encore autrement, je me le rappelai bien vivement lors de mon entrée à Clausthal F^1 12 de montagnes] de montagne F^1 19 Dusseldorf] Dusseldorff F^{1-2} 22 havre-sac] havresac F^1 22 d'une façon] de façon F^1 24 Hanovre] Hanôvre F^1 24–25 que par cette mauvaise *bis* fâcheuse sur] qu'alors les doctrines religieuses ne fîssent tout d'abord une fâcheuse impression de maculature sur F^1 28 la table d'arithmétique] le »Une fois un fait un«, F^1 30 imprimée] imprimé F^1 36 Chimboraço] Chimborasso F^1

242,1 commis voyageur] commis-voyageur F^1 2 d'or. Il savait] d'or. Il avait l'air d'un singe auquel on a mis une jaquette bariolée, et qui se dit: – L'habit fait le moine. Il savait F^1 12–13 je dus me contenter *bis* on fait les écus] c'est la vue de l'argent qui me manqua. Je fus moins malheureux à la Monnaie, et pus voir comment on fait les écus F^1 35 tout à fait] tout-à-fait F^1

243,13 Là-bas] Là bas F^1 21 Hourrah,] Hourrah F^1 26 étourdissant;] étourdissant, F^1 36 Là,] Là F^1

244,2 lampes *bis* remontaient] lampes, qui, après avoir travaillé tout le jour dans leurs crevasses sombres et solitaires, remontaient F^1 8 avec] avee F^2 13 feuillages] feuillage F^1 16 Hanovre] Hanôvre F^1 20 lumière] lumiere F^1

245,13–14 délibéré. Oui, plus tard, nous] délibéré; nous F^1 15 échangeons alors] échangeons F^1 16 papier-monnaie] papier monnaie F^1 17 Alors aussi,] Alors, F^1 26 raies jaunes] raies F^1 36 longtemps] long-temps F^1 38 petits-enfants] petits enfants F^1 40 Bouterweck] Bouterweck, F^1

246,3 havre-sac] hâvre-sac F^1 7 vallées;] vallées, F^1 12 basse] base F^2 17 Tout à coup] Tout-à-coup F^1 34 casaque] jaquette F^1

247,4 sonnent,] sonnent F^1 13–14 les hexamètres des poëtes] les hexamètres F^1 16 creusé] creusés F^1 23 bêtes] bêtes, F^1 25 maison de ville] maison-de-ville F^1 34 Gottschalck] Gottschalk F^{1-2}

248,1 cariatides] caryatides F^1 3 grimace.] grimace. Plus laid et plus repoussant encore est pourtant le grand crucifix de bois dont j'ai parlé. Cette tête de Christ, avec des cheveux et des épines naturels et des joues barbouillées de sang, représente sans doute avec un grand talent la mort d'un homme, mais non celle d'un dieu: on n'a sculpté sur cette figure que la souffrance matérielle, et non la poésie de la douleur. Une pareille imitation convient plutôt à un amphithéâtre d'anatomie qu'à une église. F^1 5 meilleur] meilleur, F^1 15–16 l'étranger;] l'étranger, F^1 18 reprit-il] reprit-il, F^1 28 couleur] couleurs F^1

249,12 Rammelsberg] Rammesberg F^{1-2} 17 Bon Dieu] Bon-Dieu F^1 22 clef ingénieuse] clef de Saint Pierre F^1 28 éternité] immortalité F^1 37 témoins,] témoins: F^1

250,1 soyeuses] soyeuses, F^1 2 rouvrira] r'ouvrira F^1 21 planche] planches F^1 25 toutes les fleurs, toute croyance] toutes les croyances, toutes les fleurs F^1 26 christianisme] christianisme, F^1 29 s'escrime] s'exprime F^2 37 plus] p us F^2

251,3 dans une chambre] dans une maison, dans une chambre F^1 3 n'a] a F^1 4 d'horreurs dans cette maison, ont] d'horreurs ont F^1 6 sinistres] importunes F^1 8 tout à coup] tout-à-coup F^1 17 tout à coup] tout-à-coup F^1 21 os;] os, F^1 22 revenant] fantôme F^1 32 quel] quelle F^1 33 raison...] raison. F^1 34 *raison*] *Raison* F^1 35 1re] 1ere F^1

252,3 lendemain] lendemain, F^1 3 moi-même] moitié F^1 7 clochettes de la jeune fille] clochettes F^1 16 volontiers] volontiers, F^1 32 jeun] jeûn F^1 34 Bon Dieu] Bon-Dieu F^1

253,5 glorification] gloire F^1 6 longtemps] long-temps F^1 10 I] I. F^1 14 vert] verd F^1 20 l'heureux mortel] l'heureux, F^1 22 jeune fille] petite fille F^1 23 La petite] Elle F^1 25 Sa] Sa petite F^1 28 candeur] grandeur F^1 35 la] sa F^1

254,2 là-bas] là bas F^1 4 Ici, au contraire,] Ici au contraire F^1 6 tout à fait] tout-à-fait F^1 14 Tout à coup] Tout-à-coup F^1 27 anges célestes] petits anges F^1 30 II] II. F^1 37 mère,] mère F^1 38 pièce] chambre F^1 39–40 jasant comme des bienheureux, </> Savons nous tenir éveillés] heureux de babiller, </> Nous tenons éveillés l'un l'autre 42–43 Tu ne me fais pas l'effet </> De prier trop souvent, mon ami] Que tu aies prié par trop souvent, </> Cela m'est difficile à croire F^1

255,6 calmée aussitôt] calmée 9–10 aies </> ce qui s'appelle avoir la foi; –] croies ce qui s'appelle la bonne croyance. F^1 11 en] à F^1 12 Ni au Fils, ni] Au Fils et F^1 15 assis aux] couché sur les F^1 16 en] à F^1 19 Je croyais en lui qui] Qui F^1 21 En lui qui] Qui F^1 26 compris] compris, F^1 36 dilate] gonfle F^1 39–40 grands miracles </> Et il en fait de plus grands encore à présent] grandes merveilles, </> Et il en fait de plus grandes encore aujourd' hui F^1 41 donjons de la tyrannie] châteaux du tyran F^1 42 de la servitude] de l'esclave F^1

256,3 Que tous] Tous F^1 6 méchantes chimères] méchants brouillards F^1 9 En nous montrant à toute heure leurs faces grimaçantes] Et se raillaient de nous jour et nuit F^1 11 chevaliers, bien harnachés,] chevaliers bien harnachés F^1 14 d'un fier] de F^1 16 bonnes épées] glaives chéris F^1 27 III] III. F^1 39 follets,] follets F^1 41 buffet] coffre F^1

257,1 crème] crême F^1 6 sorcière;] sorcière, F^1 11 eut] eut là F^1 17 gens;] gens. F^1 28 gaiement danser] gaîment danser, F^1 37 les étoiles] étoiles F^1 38–39 son babil les lueurs </> De leur azur féerique] ces beaux contes </> Leur lueur féerique F^1

258,9–10 Le tic-tac du coucou a un ton amical] L'horloge de bois babille amicalement F^1 15 place;] place, F^1 24 mandolines] guitares F^1 27 fleurs –] fleurs. F^1 30 Aux] Des F^1 32 passion –] passion. F^1 35 végétation] foule F^1 37 ciel –] ciel. F^1 42 lumières] rayons F^1

259,4 gaiement] gaîment F^1 19 visiblement] très-manifestement F^1 19 poëte] poète F^1 20 matin-là] matin-là, F^1 23 Une rosée sentimentale] La rosée matinale de l'amour F^1 26 mystérieux] extraordinaires F^1 31 avenante] amicale F^1 35 déjeuner dînatoire] déjeûner dinatoire F^1 36 génisses] genisses F^1 37 gaiement] gaîment F^1 38 de] leurs F^1 42 berger;] berger, F^1 43 trône:] trône. F^1

260,4 sautillent les] sont des F^1 6 chambellans] cavaliers F^1 7 avec orgueil] orgueilleusement F^1 9 Ses comédiens ordinaires] Comédiens royaux F^1 12 chapelle royale] chambre F^1 20 mauvais chien] chien F^1 22 alentour] à l'entour F^1 36 et qui m'inspiraient] pour lesquels j'ai F^1

261,5 qui sont devenus forts *bis* les obstacles.] qui, en surmontant de bonne heure les difficultés et les obstacles, se sont fortifiés et assurés F^1 9 pourchasser] chasser F^1 11 joyeuse] magique F^1 17 penche,] penche F^1 18 l'oreille,] l'oreille F^1 25 du] de F^1 26 orties violettes] orties F^1 27 bleus] verts F^1 27 paraît] semble F^1 27 devient] vient F^2 27 fabuleux] mystérieux F^1 28 surgit dans l'âme;] reprend vie, F^1 32 bruyères] plantes F^1 32 L'air] L'air y F^1 36–37 galopant] galoppant F^1 39 Retsch.] Retsch. Oui! un jeune poète qui, dans un voyage de Berlin à Goettingue, chevaucha pendant la première nuit de mai sur la route du Broken, a même remarqué comment quelques dames beaux esprits tenaient leur cercle de thé esthétique dans un coin de la montagne, lisaient sentimentalement l'*Abendzeitung*, louaient, comme de vrais génies, leurs boucs poétiques, qui sautillaient en bêlant autour de la table, et prononçaient leur jugement définitif sur toutes les productions nouvelles de la presse allemande. Mais quand elles arrivèrent à *Ratcliff* et à *Almanzor*, et qu'elles refusèrent à l'auteur toute espèce de piété et de christianisme, les cheveux se dressèrent sur la tête du jeune homme, l'effroi le saisit... Je piquai des deux, et m'enfuis au galop. F^1 40 Brocken] Broken F^2

262,1 Méphistophélès] Méphistophelès F^1 2 montagne] montague F^2 24 chambre] chambrette F^1 28 restaurent;] restaurent, F^1 36 à la plateforme du belvédère] au belvédère F^1 41 voyait] voyoit F^1

263,1 Lorsque j'étais encore tout jeune,] Étant tout jeune, F^1 11 merveilleux, quand] magique au plus haut degré, quand F^1 14 remplissent *bis* d'un] se groupent dans notre âme en un F^1 14 sublime] grand, F^1 15 débrouiller] comprendre F^1 17 qualités] vertus F^1 19 distinctement,] distinctement F^1 19 colossal,] colossal F^1 20 pour la] la F^1 22 spéciale de géographie] spéciale F^1 22 sèchement] séchement F^1 30 autres] autres, F^1 31 dos,] dos F^1 37 fantastiques] fastastiques F^2 38 Alors] Alors, F^1 43 beaucoup de bon sens] un sens soutenu F^1

264,4–5 l'abandon le plus complet] la sûreté sociale la plus complète F^1 9 belvédère] pavillon F^1 14 fâcheuses impétuosités] fâcheux mouvements F^1 17 trouvait-il] trouvait F^1 17 pus] pu F^2 29 comme il faut] distinguées F^1 31 dévot] pieux F^1 34 poëte] poète F^1 35 avaient voyagé] étaient allées F^1 42 filles bien élevées] filles F^1

265,8 le divin] l'éternel F^1 29 poëte] poète F^1 30 blasphèmes] blasphêmes F^1 30 frivolité,] frivolité F^1 31 Brocken] Broken F^1 37 et qui] et F^1

266,1 vitres cassées] vitres F^1 6 maîtresse d'État] maîtresse F^1 16 au public chinois] à la fin, F^1 17 garder,] garder F^1 22 paroles,« dit Schiller.] paroles.« F^1 24 Berlin] Berlin, F^1 26 l'intendance royale des spectacles] l'intendance F^1 27 costume] costume, F^1 29 Car,] car F^1 40 personnage] personnages F^1 42 cymballes] cimballes F^1

267,13 chancelle] chancelle à droite, à gauche, F^1 14 grand] trop grand F^1 16 longtemps] long-temps F^1 18 poëtes] poètes F^1 22–24 le nombre *bis* bien petit!] combien grand est le nombre des habitués exotériques du théâtre! combien petit celui des amateurs ésotériques! F^1

267,26 Roehnisch] Roenisch F^2 37 Suisses, et qu'ils] Suisses, qu'ils F^1

38 nom.] nom, et que beaucoup de Suisses, qui débitent publiquement leur héroïsme de liberté, me font toujours l'effet des lièvres qui tirent dans les foires des coups de pistolet, étonnent par leur hardiesse tous les paysans et les enfants, et pourtant ne sont que des lièvres F^1 39 doute] doute eu F^1 41 prussien] Prussien F^1

268,5 la barrette d'un écuyer du moyen-âge] une barrette chevaleresque F^1 15 poëme] poème F^1 19 ou] et F^1 21 poëtes] poètes F^1 28 également] aussi F^1 33 tempérance;] tempérance, F^1 40 enfin] et enfin F^1

269,2 un] Un F^1 4 de ses] des F^1 7 amoureux] amant F^1 8 et] et, F^1 8 ma bien-aimée est] c'est F^1 8 faut,] faut; F^1 10 pleurait] pleurait, F^1 13–14 moi. Ils étaient beaux] moi, beaux F^1 17 ses] ces F^2 22 l'un;] l'un, F^1 38 étendus;] étendus, F^1 38 tour à tour] tour-à-tour F^1

270,28 gaieté] gaîté F^1 28 zigzag] zig zag F^1 41 blasphèmes] blasphêmes F^1

271,15 glacées;] glacées, F^1 21 milieu] mileu F^1 29 une] la F^1

272,1 aimons] aimions F^1 4 déjeuner] déjeûner F^1 7 Mais,] Mais F^1 15 montagne] montagne, F^1 19 poëte] poète F^1 20 palais] Palais F^1 42 manquée] perdue F^1

273,12 sèchement] séchement F^1 23 pot;] pot, F^1

274,14 autre] autre, F^1 42 espièglerie] espiéglerie F^1

275,4 Oh!] Oh, F^1 6 poëte] poète F^1 11 la roche Ilsenstein] Ilsenstein F^1

276,11 scolastique] scholastique F^1 19 fatigant] fatiguant F^1 29 d'homme] d'hommes F^1 32 Gottschalck] Gottschalk F^{1-2} 37 Westerberg] Westenberg, F^{1-2} 38 poëtes] poètes F^1

277,10 harnais] harnois F^1 19 saint-empire] Saint-Empire F^1 21 tout à coup] tout-à-coup F^1 41 sombre] sobre F^2

278,20 jambes,] jambes; F^1 29 tout à fait] tout-à-fait F^1 30 indifférence] indifférence, F^1 40 singulière,] singulière; F^1 40 violettes] violette F^2 42 Jungfernstieg] Jungfernstreg F^2

279,4 bien] bien, F^1 19 détonation] détonnation F^1 19 jardin,] jardin F^1 22 tige,] tige F^1 28 inouïe] inouie F^1 30 longtemps] long-temps F^1

280,2 atomes] atômes F^1 6 poëte] poète F^1

Reisebilder. Zweyter Theil

Entstehung und Aufnahme

Da Heine seine »Reisebilder« von Anfang an als eine mehrbändige Buchreihe geplant hatte (vgl. »Entstehung und Aufnahme« der »Harzreise« 533,18 und seinen Brief an Moses Moser vom 14. Dezember 1825), begann er schon im Sommer 1826, als der 1. Band gerade erschienen war, mit der Planung des nächsten. Und zwar dachte er dabei von Anfang an, einen etwas schärferen Ton anzuschlagen als in Rb I und die Lyrik, die im 1. Teil noch einen beträchtlichen Raum eingenommen hatte, zugunsten einer kritisch-reflektierenden Prosa in den Hintergrund zu drängen. So schreibt er am 7. Juni 1826 an Wilhelm Müller: Mit mir selbst, wie gesagt, steht es schlecht, und es hat als Liederdichter wol ein Ende, und das mögen Sie selbst fühlen. Die Prosa nimmt mich auf in ihre weiten Arme und Sie werden in den nächsten Bänden der Reisebilder viel prosaisch Tolles, Herbes, Verletzendes und Zürnendes lesen. Absonderlich Polemisches. Es ist eine gar zu schlechte Zeit, und wer die Kraft und den freien Muth besitzt, hat auch zugleich die Verpflichtung, ernsthaft in den Kampf zu gehen gegen das Schlechte, das sich so aufbläht, und gegen das Mittelmäßige, das sich so breit macht, so unerträglich breit. *Ähnliches findet sich in einem Brief vom 14. Mai 1826 an Varnhagen, wo sich Heine über seinen zukünftigen* Ruhm *Gedanken macht:* Ich bin in dieser Hinsicht besorgt, nicht sowohl wegen der miserablen Wirthschaft in unserer Literatur wo man von dem Unbedeutenden so leicht im öffentlichen Urtheil überflügelt wird, sondern auch weil ich im 2ten Bande der Reisebilder über solche Misere rücksichtslos sprechen werde, die Geißel etwas schwinge und es mit den öffentlichen Stimmführern auf immer verderben werde. So etwas thut Noth, wenige haben den Muth alles zu sagen, ich habe keine zurückgehaltenen Aeußerungen mehr zu fürchten, und Sie sollen Ihr liebes Wunder sehen. *Noch schärfer äußert er sich in einem Brief vom 16. Dezember 1826 an Joseph Lehmann über den geplanten 2. »Reisebilder«-Band:* In Betreff des 2ten Bandes der Reisebilder dürfen Sie die kühnsten Erwartungen hegen, d. h. Sie dürfen viel Kühnes erwarten, ob auch Gutes? Das ist eine andere Frage. Auf jeden Fall sollen Sie sehen, daß ich frey und edel spreche und das Schlechte geißle, mag es auch noch so verehrt und mächtig seyn.

Über die genauere Anordnung der einzelnen Teile von Rb II war sich jedoch Heine bis zum Winter 1826/27 noch nicht ganz im klaren. Den Berliner Freunden vom jüdischen Kulturverein schrieb er selbstverständlich, daß der nächste Band den »Rabbi« enthalten werde, auf den sie schon so lange warteten. So heißt es in einem Brief an Leopold Zunz vom Ende Mai 1826: Im 2ten Theil d<e>r Reisebilder erscheint der Rabbi, und zwar sehr beschnitten – doch sollen in demselben Theile noch viele Curiosa enthalten seyn. *An Joseph Lehmann schreibt er am 26. Mai 1826:* Im 2ten Bande soll ebenfalls der »Rabbi« erscheinen, und ich bin darauf gefaßt daß ich alsdann in der frommen christlichen Welt ganz verhaßt bin. Ich hoffe, es wird mir alsdann nicht viel mehr daran gelegen seyn. *Ähnliches teilt er am 14. Oktober 1826 Moses Moser mit:* Der 2te Theil soll Ende d<i>es<e>s Jahrs gedruckt werden. Er soll viel Verwunderliches enthalten, z. B. den Rabbi. *An Karl Simrock heißt es in einem Brief vom 26. Mai 1826:* In meinem nächsten Bande der Reisebilder sollst Du den Rhein fließen sehen, *was sich als ein erster Hinweis auf das »Buch Le Grand« deuten läßt, das sonst auf dieser Stufe der Planung noch nirgends erwähnt wird.*

Daß Heine zugleich von Anfang an einen polemischen Abschnitt über die gegenwärtige Literaturmisere plante, geht schon aus den Briefen an Wilhelm Müller und Varnhagen hervor. Auch in seinem Brief an Lehmann vom 26. Mai 1826 betont er ausdrücklich, daß er im nächsten Bande der Reisebilder *über* die neuste deutsche Literatur sprechen werde. *In dem erwähnten Brief an Simrock vom gleichen Tage, der ein Widmungsexemplar von Rb I begleitete, heißt es:* Aus dem Inhalt siehst Du daß es nicht auf die Neugier berechnet ist, und daß es nicht bloß das Interesse des Tages erregen will. Ich habe deßhalb alle Polemik draus verbannt, obschon es mich jetzt sehr juckt mahl, besonders in Hinsicht der Literatur, meine Meinung zu sagen. Ich denke in den folgenden Bänden der Reisebilder das in Prosa zu bewirken was Ihr mit Euren Xenien in Hexameter zu bewirken strebt.

Außerdem dachte Heine selbstverständlich daran, in Rb II seine »Nordsee«-Bilder fortzusetzen, von denen in Rb I lediglich eine »Erste Abtheilung« erschienen war. Und zwar kam ihm dabei während der Planung die Idee, an einen weiteren Gedichtteil (»Nordsee II«) noch eine »Dritte Abtheilung« in Prosa anzuhängen, in die er all seine politischen Reflexionen und literarischen Polemiken verweben konnte. Ja, Heine forderte sogar im Oktober 1826 drei seiner engsten Vertrauten, nämlich Varnhagen, Immermann und Moser, auf, sich mit kurzen Skizzen, Ideen oder Polemiken an diesem Werk zu beteiligen (vgl. »Entstehung und Aufnahme« von »Nordsee III« 726,15–727,15). Wahrscheinlich hat er für kurze Zeit auch daran gedacht, seine 1823 im Berliner »Gesellschafter« erschienene Schrift »Über Polen«, die damals in stark ›vergubitzter‹ Form erschienen war, für diesen Band umzuarbeiten. Jedenfalls bat er Campe am 12./13. Dezember 1826 um Bücher über Polen, um sich über die neueste Situation in diesem Lande zu informieren.

Etwas genauere Umrisse des Gesamtplans von Rb II zeichnen sich erst im Spätherbst 1826 ab. So schreibt Heine in dem Brief vom 14. Oktober an Moser, in dem er ihn um seine Mitarbeit bittet: Die 2te Abtheilung der

»Nordsee« die den 2ten Band eröffnen wird ist weit originaler und kühner als die 1ste Abtheil<u>ng und wird Dir gewiß gefallen. Ich habe eine ganz neue Bahn darin gebrochen, mit Lebensgefahr. Auch den rein freyen Humor habe ich in einem selbstbiographischen Fragment versucht. Bisher hab ich nur Witz, Ironie, Laune gezeigt, noch nie den reinen, urbehaglichen Humor. Auch soll der 2te Band eine Reihe Nordseereisebriefe enthalten, worinn ich »von allen Dingen und von noch einigen« spreche. *Ebenso detailliert äußert sich Heine am 24. Oktober 1826 an Varnhagen über die Planung des nächsten Bandes:* Der 2te Theil der Reisebilder wird I^{0} die 2te und 3te Abtheilung der Nordsee enthalten, die letztere in Prosa, die erstre wieder in kolossalen Epigrammen, noch originaler und großartiger als die frühern; dann II^{0} ein Fragment aus meinem Leben, im keksten Humor geschrieben, welches Ihnen gefallen soll, und III^{0} das Ihnen bekannte Memoire über Polen. – Vielleicht, wenn der Raum des Buches es erlaubt, gebe ich IV^{0} dem Publikum: Briefe aus Berlin, geschrieben im Jahre 1822. Aber mißverstehen Sie mich nicht, dies ist bloß eine Form um mit besserer Bequemlichkeit alles zu sagen was ich will, ich schreibe die Briefe eigentlich jetzt, und benutze dazu einen Theil des äußern Gerüstes der Briefe die ich wirklich im J<ahre> 1822 im westfälischen Anzeiger drucken ließ. Auch die 3te Abtheilung der Nordsee besteht aus Briefen, worinn ich Alles sagen kann was ich will.

Aufgrund dieser Pläne hatte Heine durchaus das Gefühl, in seinem nächsten »Reisebilder«-Band etwas Neues, Kritisches, Originelles zu liefern. Seine Briefe aus dieser Zeit klingen daher recht optimistisch. So nennt er es am 6. Oktober 1826 an Friedrich Merckel das wunderbarste und interessanteste Buch das in dieser Zeit erscheinen mag. Ich muß den 2ten Theil unendlich besser geben *als den ersten, heißt es am 13. Oktober an Merckel,* und es soll geschehen. Dieser Theil soll ein außerordentliches Buch werden und großen Lerm machen. Ich muß etwas gewaltiges geben, *schreibt er einen Tag später an Moser.* In Betreff des 2ten Bandes der Reisebilder dürfen Sie die kühnsten Erwartungen hegen, *teilt er am 16. Dezember 1826 Joseph Lehmann mit. Ja, am gleichen Tag verkündet er Merckel:* Der 2te Band wird pompöse und soll Dich überraschen.

Doch nicht alle diese Blütenträume gingen in Erfüllung. Das hängt zum Teil damit zusammen, daß ihn Campe unermüdlich drängte, doch endlich sein Manuskript abzuschließen. Als guter Verleger sah er voraus, daß Reihenpublikationen nur dann erfolgreich sind, wenn die einzelnen Bände möglichst schnell aufeinander folgen. Dem Brief vom 28. Juli 1826 an Moses Moser zufolge hatte Heine den Manuskriptabschluß offenbar für den Spätherbst 1826 versprochen, um Campe die Möglichkeit zu geben, Rb II noch vor Ende des Jahres herauszubringen. Campe schreibt daher schon am 9. August 1826: »Mögte doch der erwartete Zwillingsbruder <sich> nicht zu lange verspäten«. Am 27. September erbittet er sich von Heine einen endgültigen Termin, wann er mit dem Manuskript rechnen könne, da er es bereits im Meßkatalog unter *den »künftig erscheinenden Werken« angekündigt habe (Der Eintrag findet sich aber erst im zweiten Teil des Katalogs von 1827). Wie im ersten Brief betont er dabei noch einmal, daß nur das rasche Erscheinen von Rb II den literarischen und finanziellen Erfolg von Rb I gewährleisten könne. Am 17. Oktober 1826 spricht Campe in einem Brief an Immermann von dem »hoffentlich bald beginnenden Druck des 2ten Bandes der Reisebilder«. Er drängte daher Heine am 28. November 1826 nochmals, doch endlich das Manuskript für Rb II abzuliefern. Als sich Heine daraufhin nicht rührte, schickte er ihm am 25. Dezember 1826 ein Exemplar des höchst trivialen »Höög- und Häwelbooks« von Jürgen Niklaas Bärmann (1785–1850) mit der lakonischen Bemerkung, daß er dieses Buch auf dem für den 2. »Reisebilder«-Band bestimmten Papier gedruckt habe. Um endlich etwas Greifbares in der Hand zu haben, forderte er Heine auf, ihm wenigstens das Manuskript der »Seebilder« zu schicken, damit sein Drucker schon mit dem Satz beginnen könne. »Glauben Sie mir«, schließt Campe auch diesen Brief, »daß es für den 2ten Band mir weit beßer in nächster Meße ginge, könnte er i m F e b r u a r ausgegeben werden. Meine Buchdrucker sind sehr mobil; daran werden Sie Freude erleben«.*

Doch Heine wußte ihn immer wieder hinzuhalten, um sich in Ruhe der Ausarbeitung des Manuskriptes widmen zu können. Und zwar saß er in dieser Zeit seit dem 23. September bei seinen Eltern in Lüneburg, wo er sich über störende Ablenkungen nicht zu beklagen brauchte. Dennoch ging die Arbeit nicht so rasch vonstatten, wie er anfangs gehofft hatte. Ich übereile mich gar nicht, *heißt es in einem Brief an Merckel vom 6. Oktober,* Lüneburg ist <*auch*> nicht an einem Tage gebaut. Und Lüneburg ist noch lange nicht Rom. *Schon in diesen Wochen war ihm klar, daß der ursprünglich verabredete Weihnachtstermin viel zu voreilig festgesetzt worden war. Um der Qualität des Ganzen willen faßte Heine jetzt das Frühjahr 1827 als Erscheinungsdatum ins Auge. Und so schreibt er am 14. Oktober an Moses Moser:* Januar werde ich wohl wieder, auf eine kurze Zeit, in Hamburg seyn, und dort soll Ostern der 2te Theil der Reisebilder gedruckt werden. *Campe scheint er diesen Entschluß erst Anfang Dezember mitgeteilt zu haben. Denn dieser schreibt am 7. Dezember 1826 an Immermann: »Noch ist er <Heine> nicht hier; doch sagte er mir in einem eben empfangenen Briefe, daß er medio Januar hierher kommen wollte und dann sogleich den Druck des 2ten Bandes der Reisebilder beginnen könnte: der 6 Wochen vor Ostern nach seiner Meinung fertig werden soll. – Was von mir abhängt, soll geschehen, um diese gute Absicht in Erfüllung zu bringen; doch fürchte ich, daß das gute Vorhaben durch Heines Correcturen um ein Ansehnliches verlängert werden dürfte«.*

Heine hielt sich jedoch an dieses Versprechen und teilte seinen Entschluß, Mitte Januar nach Hamburg zu kommen, am 1. Januar 1827 auch Friedrich Merckel mit. Leider muß ich, *heißt es in diesem Brief,* wenn ich kein Lump seyn will, das Buch so rasch fertig machen, daß Campe sehen soll, ich thue ihm was zu Gefallen, und er kann sich auf mich verlassen. Ich denke noch einige Tage vor dem 15. dort zu seyn, dann fängt der Druck an, und ich denke ganz bestimmt, damit schnell zu Ende zu kommen. *Und zwar muß Heine in dieser Zeit an allen Teilen von Rb II gleichzeitig gearbeitet haben. Er spricht nämlich in dem eben erwähnten Brief an Merckel sowohl von Verbesserungen an »Nordsee II« als auch vom* närrischen Klabotermann, *was sich nur auf »Nordsee III« beziehen läßt (vgl. Erläuterung zu 148,39). Doch als das Zentralwerk dieses Bandes scheint sich in diesen Wochen immer stärker das »Buch Le Grand« in den Vordergrund geschoben zu haben (vgl. »Entstehung und Aufnahme« des »Buchs Le Grand« 786,6 ff.). Heine ließ daher nicht nur den »Rabbi«, sondern auch das* Memoire über Polen *fallen und konzentrierte sich neben der Arbeit an den beiden »Nordsee«-Abschnitten vor allem auf die Fertigstellung des »Buchs Le Grand«. Als er merkte, daß er mit diesen drei Werken nicht die nötigen 320 Seiten, die für ein von der Vorzensur befreites Buch vorgeschrieben waren, erreichte, beschloß er, das Ganze mit drei Bruchstücken aus seinen früheren »Briefen aus Berlin« zu beschließen, die er nur leicht bearbeitete, anstatt sie in der Varnhagen am 24. Oktober vorgeschlagenen Form radikal zu verändern oder gar neu zu schreiben (vgl. den Text der »Anmerkung« zu Rb II^1 347,5–24 und den Abschnitt »Entstehung und Aufnahme« der »Briefe aus Berlin« 370,23 ff.). 1831, im »Schlußwort« von Rb IV, schrieb er über diesen Kompilierungsprozeß noch einmal in aller Offenheit:* Da es <*Rb II^1*> eine gewisse Bogenzahl enthalten mußte, um den Ansprüchen einer hochlöblichen Censur zu entgehen: so glich ich in jener Noth dem Benvenuto Cellini, als er beym Guß des Perseus nicht Erz genug hatte, und zur Füllung der Form, alle zinnerne Teller, die ihm zur Hand lagen, in den Schmelzofen warf. Es war gewiß leicht das Zinn, besonders das zinnernde Ende des Buches, von dem besseren Erze zu unterscheiden; doch, wer das Handwerk verstand, verrieth den Meister nicht.

Unter welchem Hochdruck Heine in dieser Zeit konzipiert und gearbeitet hat, geht wiederum aus seinen Briefen hervor. Ich sitze <. . .> bis am Hals in Schreiberey, *vertraut er Merckel am 1. Januar 1827 an. In einem Brief vom 10. Januar heißt es an denselben:* Ich habe hier fürchterlich gearbeitet. Das verdammte Abschreiben ist das Bitterste. *Das bedeutet jedoch nicht, daß er am 14. Januar bereits mit fertigen Manuskripten in Hamburg eintraf. Schon am 9. Dezember 1826 hatte er an Merckel geschrieben, daß es dort noch* viel abzuschreiben, auszubessern, einzuflicken u.s.w. *gebe. Diese letzte Phase der Umarbeitung und endgültigen Niederschrift, bei der Heine die »Nordsee III« und das »Buch Le Grand« mit vielen neuen Textpassagen anreicherte (vgl. die Abschnitte »Entstehung und Aufnahme« dieser beiden Werke), dauerte noch etwa acht Wochen, so daß mit dem Druck von Rb II in der Langhoffschen Druckerei, die auch Rb I betreut hatte, etwa Mitte März begonnen werden konnte. Campe hat das Manuskript des Ganzen offenbar erst sehr spät zu sehen bekommen, da Heine doch einige Bedenken hatte, ob Campe ein so riskantes Buch überhaupt verlegen würde. Noch am 16. November 1826 heißt es in einem Brief an Merckel:* Dies Buch soll Campen viel Freude und A n g s t machen. *Doch nach der Niederschrift der Zentralkapitel des »Buchs Le Grand«, die sich mit der Französischen Revolution und Napoleon beschäftigen, bekam Heine allmählich Zweifel an seiner eigenen Kühnheit.* Sag niemanden ein Wort davon, *schreibt er am 10. Januar 1827 an Merckel im Hinblick auf diese radikal politisierten Passagen,* kaum wag ich es, Campen mit dem Inhalt des Buches zu früh bekannt zu machen. *Aber Campe scheinen diese Abschnitte gar nicht so erregt zu haben. Er schreibt zwar am 23. April 1827 an Immermann: »Ihre Xenien <die Immermann zu »Nordsee III« beigesteuert hatte> stehen in einem sehr wilden Buche: das leicht Verfolgungen zu erleiden haben mögte!« Doch sonst wahrte er eine* philosophische Ruhe in Hinsicht desselben, *wie Heine am 23. April 1827 erstaunt an Merckel schrieb.*

Zu einem kurzen Streit zwischen Campe und Heine kam es lediglich um das Honorar für diesen Band, der sich zum Teil auch um die Papierqualität von Rb II drehte (vgl. Strodtmann I,473). Heine verlangte am 4. März für dieses Buch, für das er schon im Juli 1826 einen Vorschuß von 30 Friedrichsd'or erhalten hatte, insgesamt 80 Friedrichsd'or. Campe lehnte jedoch diese Forderung ab und bot ihm in einem Brief vom 5. März 50 Friedrichsd'or für die erste Auflage und 25 Friedrichsd'or für jede weitere Auflage, was Heine schließlich akzeptierte.

Die ersten fertigen Exemplare verließen am 31. März die Presse. Einen der ersten Bände, den Heine erhielt, ließ er in rotes Maroquinleder binden und schickte ihn an seinen Onkel Salomon. Weitere Widmungsexemplare gingen Anfang April an Varnhagen, Leopold Zunz, Christian Moritz Oppenheimer und Moses Moser ab, also nur an seine engsten Verwandten und Freunde, während er seine großen Dichterkollegen diesmal nicht mit Geschenkbänden bedachte. Wohl die herzlichste Widmung schrieb er in das Exemplar für Friedrich Merckel, der ihm bei der Entstehung dieses Werkes in allen Phasen mit Rat und Tat freundschaftlich zur Seite gestanden hatte. Hier heißt es mit Dank für manche Anregung und stilistische Verbesserung: Dir, dem Klabotermann des Buches brauche ich es nicht noch besonders zu empfehlen, Du hast ihm Deinen Schutz angedeihen lassen, hast die guten Gedanken nachgestaut, hast oft warnend an den Planken gehämmert, und jetzt sitzt Du auf dem Bramsegel und erwartest das Aufheulen der Hexen, die diesem Buche einen ordentlichen Sturm erregen werden.

Am 12. April, an dem die offizielle Auslieferung von Rb II erfolgte, bestieg Heine im Hamburger Hafen ein Dampfboot nach London, da er die Wirkung dieses Buches lieber aus der Ferne des Auslandes beobachten wollte (vgl. die Briefe an Varnhagen vom 1. Mai 1827 und 12. Februar 1828 und an Campe vom 23. April 1827). Denn schließlich wußte er ganz genau, mit welch scharfem Geschütz er diesmal aufgefahren war und daß man eventuell zu Repressalien gegen ihn greifen würde. Aber Heine bereute diese Schärfe keineswegs.

In dieser seichten, servilen Zeit muste etwas geschehen, *schreibt er am 1. Mai 1827 an Varnhagen,* Ich habe das Meinige gethan und beschäme jene hochherzigen Freunde, die einst so viel thun wollten, und jetzt schweigen <. . .> Ich sehe auch vorher daß die Guten des Landes mein Buch hinlänglich herunterreißen werden, und ich kann es den Freunden nicht verdenken wenn sie über das gefährliche Buch schweigen.

Doch so schlimm, wie er es sich vorgestellt hatte, sollte es gar nicht kommen. Die ersten unmittelbaren Reaktionen kamen offenbar aus Berlin. So schreibt er am 1. Juni 1827 aus London an Merckel: Von Berlin angenehme Briefe. Die unbekanntesten Menschen voll Enthousiasmus. Dagegen schreibt mir Varnhagen: »Aufsehen, viel Aufsehen macht Ihr Buch, und Dümmler und Consorten nennen es nach ihrem Buchladenmaß ein gutes, aber die Leser verstutzen, sie wissen nicht ob sie ihr Vergnügen nicht heimlich halten und öffentlich abläugnen sollen, selbst die Freunde thun erschrecklich tugendhaft als ordnungsliebende Gelehrte und Bürger –« kurz aus serviler Angst wird Alles getadelt. *Am 9. Juni 1827, schon im Bewußtsein seiner steigenden Popularität, schreibt Heine an Moser:* Ich denke der Legrand wird Dir gefallen haben; alles übrige im Buche, die Gedichte ausgenommen, ist Futter für die Menge, die es auch mit vielem Appetit verzehrt. Ich habe durch dieses Buch einen ungeheuren Anhang und Popularität in Deutschland gewonnen; wenn ich gesund werde kann ich jetzt viel thun; ich habe jetzt eine weitschallende Stimme. Du sollst sie noch oft hören, donnernd gegen Gedankenschergen und Unterdrücker heiligster Rechte. *Ja, am 30. Oktober 1827 schreibt er an Moser über Rb II:* Daß letzteres Buch ein Kriegschiff ist, das allzuviel Kanonen an Bord führt, hat der Welt e r s c h r e c k l i c h mißfallen. Der 3te Band soll noch fürchterlicher ausgerüstet werden, das Kaliber der Kanonen soll noch größer ausfallen, und ich habe schon ein ganz neues Pulver dazu erfunden. Soll nicht so viel Ballast wie der 2te Band führen.

Dieser Kriegsschiffcharakter, wie er sich vor allem in den offenen Angriffen gegen Kirche, Adel und Zensur manifestiert, rief natürlich sofort die Zensur auf den Plan. Hätte Campe das Ganze dem Hamburger Zensor zur Vorzensur vorgelegt, wären bestimmt schon in dieser Instanz Schwierigkeiten aufgetreten. Doch er war diesmal das Risiko eingegangen, einfach die Nachzensur abzuwarten. Nach Elster[1] *wurde Rb II sofort nach Erscheinen in Hannover, Österreich, Mecklenburg und Preußen verboten (III,84). Wirklich belegen läßt sich dieses Verbot jedoch nur im Rheinland (vgl. H. H. Houben, »Verbotene Literatur«, Berlin 1924, I,387 f.). Hier ließ auf Veranlassung des Kölner Polizeipräsidenten der Oberpräsident der preußischen Rheinprovinzen am 28. Juli 1827 den Band Rb II beschlagnahmen, da er auf mindestens 10 Seiten einen »ernsten Preußen verletzen müsse«. Und zwar bezogen sich die beanstandeten Stellen weitgehend auf das »Buch Le Grand« mit seinen vielen Namensnennungen und offen revolutionären Tendenzen (Rb II*[1] *S. 33, 55, 111, 197, 202, 226, 228, 234, 237, 248 und 322). Obwohl das Berliner Oberzensur-*

kollegium dieses Verbot unnötig fand, durfte Rb II bis in die dreißiger Jahre hinein im Rheinland nicht verkauft werden. Nachdem sich Heine und Campe im Oktober 1827 über die Auswirkungen dieses Verbots unterhalten hatten, schrieb letzterer an Immermann: »Das Verbot der Reisebilder am R h e i n, was ich als eine Munizipal Angelegenheit betrachte, da im übrigen Preußen alles bei<m> alte<n> blieb, hat ihn unbegreiflich gekitzelt und eitel gemacht; eine Erscheinung, die mich aufrichtig betrübt. Dieser Kitzel wird ihn der Poesie entrücken u. der Politik zuführen, wo mehr R u h m zu erlangen ist«.

Campe sah darin natürlich eine große Gefahr für die Fortsetzung der »Reisebilder«-Serie. Er setzte sich daher im Sommer und Herbst sehr für gute Rezensionen von Rb II ein, u. a. bei Müllner und seinem Freund Brönner in Frankfurt, bei dem die »Iris« erschien, und drängte Heine weiterhin, sich sofort an die Niederschrift von Rb III zu machen, in der Heine seine England-Erlebnisse verwerten wollte (vgl. seinen Brief an Heine vom 28. August 1827). Ähnliche Probleme behandeln seine Briefe an Heine vom 17. Mai und 2. Juni 1828, wo Campe zwar von einem zufriedenstellenden, aber beileibe nicht brillanten Verkauf der »Reisebilder« berichtet. Er beschwor daher Heine nachdrücklich, ihm doch möglichst umgehend das Manuskript zu Rb III zu schikken, ja versprach ihm in diesem Falle sogar eine Neuauflage von Rb I. Bevor jedoch die weitere Druckgeschichte dieses Bandes behandelt werden soll, gilt es erst einmal, einen Blick auf die Rezensionen von Rb II[1] zu werfen.

Im Gegensatz zum ersten »Reisebilder«-Band hat sich Heine bei Rb II viel weniger für günstige Rezensionen seines neuen Werkes eingesetzt. Aus den überlieferten Briefen wissen wir lediglich von Aufforderungen an Moses Moser (am 9. Juli 1827) und an Ludwig Robert (in einem Brief an Varnhagen vom 1. Mai 1827), sich doch dieses Bandes gnädig anzunehmen. Wahrscheinlich vertraute Heine diesmal schon auf seinen jungen Ruhm und die politische Brisanz der von ihm aufgegriffenen Themen, von denen er sich notwendig einen lauten Widerhall versprach. Und der stellte sich dann auch rasch genug ein.

Die erste Rezension dieses Bandes kam in der Nr. 93 des »Berliner Conversations-Blatts« vom 11. Mai 1827 heraus (S. 372). »Von H. Heines Reisebildern«, heißt es hier, »hat der zweite Theil vor kurzem die Presse verlassen, eine der merkwürdigsten Gestalten, welche eine Leipziger Messe zu Tage förderte. Das Buch zu recensiren ist eine mißliche Aufgabe, für die sich vor der Hand bei uns kein Paladin gefunden. Der Recensent muß beide Rockschöße aufnehmen und auf den Schuhspitzen gehen, will er nicht in diesen Irrgängen des Witzes überall anstoßen und auftreten, was Flecke giebt, Schmerzen und ärgerliche Berührungen. Es möchten nur wenige sein, mit denen der Verfasser nicht versucht es zu verderben, und daher kann man dem eleganten Buche das Prognostikon stellen, daß es viel gelesen werden wird«. Lobenswert findet der Rezensent lediglich die vorangestellten »Seebilder«. »Aber dann kommt es wild und bunt«, heißt es weiter. »Auch Immermann hat sich zu Heine gesellt um kritisch auszuschlagen, als geschähe dies in dem nicht allzu voluminösen Buche nicht schon genug <. . .> Daß der Dichter zum Schluß seine Correspondenz aus Berlin mit abdrucken lassen, geht, nach Berliner Redensart, über den Spaß«. Daß der Autor dieser Rezension, der sich mit »a.« unterzeichnet, Willibald Alexis war, geht aus einem Brief Campes vom 16. Juni 1827 an Heine hervor.

Wesentlich verständnisvoller äußerte sich »A-e-i.«, das heißt Heines Freund Joseph Lehmann, der auch Rb I[1] sofort besprochen hatte, in der Nr. 77 der »Berliner Schnellpost« vom 15. Mai 1827 über diesen Band (S. 305–307). Er vergleicht das Ganze mit »Congreve'schen Raketen« und »satyrischen« Geißelhieben, die gar manchen »unsanft berühren« werden (S. 305). Auch er sieht voraus, daß dieses Buch ein großes Aufsehen erregen wird. Jeder wird sich wünschen, heißt es ironisch, so gut schreiben zu können, aber doch nicht der Autor eines solchen Buches sein zu wollen. »Wie der erste Theil«, fährt Lehmann fort, »so enthält auch dieser zweite: Poesie und Prosa, Erfundenes und Erlebtes, Dichtung und Wahrheit; doch überall guckt des Dichters Subjectivität nicht blos durch: es ist das ganze Buch sein gedrucktes Ich <. . .> Wir könnten, nachdem wir seine Werke gelesen, nicht blos seine Biographie schreiben, sondern auch allenfalls den ganzen äußern Menschen zeichnen, wie er leibt und lebt« (S. 306).

Auch Varnhagen ließ nicht lange auf sich warten und brachte seine Rezension von Rb II[1] unter der Chiffre »W.« in der Nr. 82 des Berliner »Gesellschafters« vom 23. Mai 1827 heraus (S. 409). Bestätigt wird seine Autorschaft durch den Wiederabdruck dieser Rezension in Varnhagens Sammelband »Zur Geschichtsschreibung und Litteratur«, Hamburg 1833, S. 587–590. »Was ich im vorigen Jahre von dem ersten Theile der Heine'schen Reisebilder preisend und tadelnd gesagt«, heißt es hier, »gilt in vollen, ja noch erhöhten Maßen auch von diesem zweiten. Der Leser findet stets seine Rechnung, sei es nun im angenehmen Erstaunen, in heiterer Befriedigung, in großartiger Erhebung, in unwiderstehlichem Lachen, oder in heimlichem Ärger, in heftiger Ungeduld, in empörtem Unwillen; denn zu allem diesen ist reichlich Anlaß, nur nicht zur Langeweile, für welche, bei dem Reichthum und Wechsel der Gegenstände, dem raschen Witz, den beweglichen Gedanken und Bildern, der Leser keine Zeit behält. Was zuerst auffällt, ist die Überdreistigkeit, mit der das Buch alles Persönliche des Lebens nach Belieben hervorzieht, das Persönliche des Dichters selbst, seiner Umgebung in Freunden und Feinden, in Örtlichkeiten ganzer Städte und Länder; diese Dreistigkeit steigt bis zum Wagniß, ist in Deutschland kaum jemals in dieser Art vorgekommen <. . .> Aber neben und mit dieser Dreistigkeit und Ungebühr, die in ihren oft rohen und geradezu frechen Äußerungen auch der beste Freund des Dichters durchaus nicht zu entschuldigen unternehmen kann, entfaltet sich eine Innigkeit, Kraft und Zartheit der Empfindung, eine Schärfe und Größe der Anschauung, eine Fülle und Macht der Phantasie, welche auch der erklärteste Feind nicht wegzuläugnen vermag! In diesem zweiten Theile seines Buches hat der Verfasser zugleich einen ganz neuen Schwung genommen. Seine poetische Welt, anhebend von der Betrachtung seiner individuellen Zustände, breitet sich mehr und mehr aus, sie ergreift Allgemeineres, wird endlich universell« (S. 587 f.).

Friedrich Gottlieb Zimmermann, den Heine in Hamburg kennen- und schätzen gelernt hatte, bringt dagegen in der »Staats und Gelehrten Zeitung des Hamburgischen unpartheyischen Correspondenten« vom 26. Mai 1827 nur eine kurze Anzeige von Rb II[1] (Nr. 84, S. 5 f.), die kaum über das Referieren des Inhalts hinausgeht. Doch das war schon genug, um einen Mann wie Ernst Kratz (um 1781–1849) in absolute Rage zu versetzen, der in seinem Buch »Kritik mehrerer literarischen und artistischen Erscheinungen in Hamburg vom November 1826 bis Mai 1827, die Sensazion gemacht« unbarmherzig über Zimmermann und Heine herfällt (vgl. »Reisebilder. Von H. Heine. Zweiter Theil«. In: E. K., »Kritik«, Hamburg und Bremen 1827, S. 27 bis 48). Heine, schreibt Kratz, »kommt beständig vom Hundertsten auf das Tausendste, alles liegt wie Kraut und Rüben durch einander und zeigt, daß er eine Menge in seinem Leben gehört und gelesen, aber alles nur halb oder zum vierten Theile, und das Gelesene oft in noch geringerem Verhältnisse verstanden habe. Nur den wichtigen Spruch non multa sed multum hat er wohl nie gehört und gelesen. Daher ist alles ohne Ordnung, und oberflächlich oder falsch angewandt« (S. 33). Er verdammt daher Heine als einen »unmoralischen und verworfenen Schriftsteller« (S. 35) und den Band Rb II als »Ausgeburt eines unreifen Kopfes und eines verwahrlosten Herzens« (S. 45), den man wegen seiner Frivolität am besten »verbrennen« solle (S. 47).

Die Rezension des Stuttgarter »Morgenblatts« vom 15. Juni 1827 ist dagegen in heinesierender Manier in Form eines Briefes an »Madame« abgefaßt (Beilage »Literatur-Blatt«, Nr. 48, S. 189 f.). Ihr Verfasser kann nur Ludwig Robert, der Mann von Madame Friederike sein, wie aus einem Brief Heines an Varnhagen vom 28. November 1827 hervorgeht. »Madame!«, schreibt Robert, »ich lege Heine's leztes Buch so eben aus den Händen, und habe es – Sie doch gewiß auch, Madame – ausgelesen. Lallaralla, la – la – la! – – Sie sehen, wie begeistert ich von meinem Autor bin <...> Madame! Sie haben zwar ein hartes Herz, aber doch weiche Momente, glauben Sie also: die Schellenkappe auf meinem Haupte soll nur den tiefen Schmerz überklingeln, den ich über dieses treffliche Buch nur deßhalb empfinde, weil es so trefflich und doch kein Buch ist« (S. 189). Er lobt zwar die »herrlichsten Einfälle«, die auf jeder Seite ständen, findet aber das Ganze viel zu »zerstückelt«, um es als »Kunstwerk« bezeichnen zu können (S. 190). »19,000 Thaler würde ich drum geben«, heißt es am Schluß, »wenn mein Heine, mit seinem eminenten Talente, einmal ein Werk, bevor er es schriebe, zwey Mal durchdenken wollte, um ein regelrechtes Kunstgebilde zu geben; wäre es auch nur als Gegensatz seiner blauen Regellosigkeit« (S. 190). Heine bedankte sich für diese Rezension in einem Brief an Varnhagen vom 28. November 1827 mit *recht süßsaurer Miene. Außerdem schrieb er:* Es soll viel Ironie drin seyn, sagt man. In Hamb<urg> glaubte man steif und fest sie sey von mir selbst.

Die Rezension in der Nr. 111 des »Mitternachtsblatts« vom 12. Juli 1827 stammt von Adolf Müllner, wie aus einem Brief Campes an Heine vom 20. Juli 1827 hervorgeht. Daß Heine seinen Witz einfach »verspritzt, ohne sich bestimmter Zwecke bewußt zu seyn«, versieht Müllner mit einem scharfen Tadel (S. 442). Ansonsten bleibt er im allgemeinen oder beschränkt sich auf Zitate. Ebenso nichtssagend ist der kurze, mit »X. X.« unterzeichnete Hinweis auf Rb II[1] in der Dresdner »Abend-Zeitung« vom 29. August 1827, wo es heißt: »Zu den merkwürdigsten Erscheinungen in der Literatur gehört unstreitig der zweite Theil der ›Reisebilder‹ von Heine <...> Der wilde Humor, der sich auf eine originelle Weise in diesem Buche Luft macht, kann allerdings recht interessant seyn; doch geben wir dem genialen Verfasser zu bedenken: ob es wohlgethan sei, Alles, das Würdige wie das Unwürdige, mit der Geißel der Satyre zu bearbeiten, wenn man meint, eine lächerliche Seite daran aufgefunden zu haben, und ob man sich die bleibende Theilnahme der Besseren dadurch gewinnen könne?« (Nr. 207, S. 828).

Noch negativer äußerte sich die Hallesche »Allgemeine Literatur-Zeitung« auf ihrem Ergänzungsblatt 85 vom August 1827 über diesen Band (Sp. 680). Zwar weist auch der anonyme Rezensent dieses Blattes auf ein paar »echt witzige Stellen« hin, wirft jedoch Heine an anderen Stellen eine üble »Bocksnatur« vor, die sich in »ärgsten Gemeinheiten und Zoten« gefalle und selbst das Christentum nicht ungeschoren lasse. »Er scheint«, heißt es hier über Heine, »die Bemerkung Jean Paul's in der Vorschule zur Aesthetik: ›daß der Witz ein Gottesleugner sey‹, wörtlich zu verstehen.« Etwas fairer äußert sich die »Jenaische Allgemeine Literatur-Zeitung« in ihrer Nr. 171 vom September 1827 (Sp. 408) über Rb II[1]. Hier schreibt ein Herr »k.«, hinter dem sich wiederum Amalie Henriette Caroline von Voigt verbirgt (vgl. »Entstehung und Aufnahme« der »Harzreise« 544,5), daß Heine zwar ein »geschickter Dialektiker« sei, daß man jedoch bei seinen literarischen »Fechterstreichen« nie unterscheiden könne, »welchen er im Ernste ficht, und welchen er nur in die Luft schickt«. »Daß er öfters eine falsche Parade haut«, heißt es weiter, »daß es ihm mehr um den Glanz und Schimmer eines witzigen Kopfes, als um die einfache Wahrheit zu thun ist <...> möchte er wohl selbst nicht leugnen können«. Doch trotz aller dieser »Unvollkommenheiten« und »Impertinenzen« gibt die Rezensentin die Hoffnung nicht auf, daß sich dieser »übersprudelnde Geist« doch noch zu poetischer Vollkommenheit läutern könne (Sp. 408).

Im »Berliner Conversations-Blatt« vom 12. Januar 1828 heißt es über die Prosaabschnitte von Rb II in aller Kürze: »Wie selbstvernichtend genialisch übermüthig ist nicht der übrige Inhalt dieses Bändchens (Reisebilder). Das meiste hat für Düsseldorf ein locales Interesse, wird daher häufig gelesen, aber wenig goutirt. ›Judenwitz‹ sagen die Meisten, die ihre Empfindlichkeit nicht gestehen wollen« (Nr. 9, S. 33). Etwas ausführlicher geht der Rezensent »75« der »Blätter für literarische Unterhaltung« vom 17. und 18. Januar 1828 auf Rb II[1] ein (Nr. 15, S. 57–59 und Nr. 16, S. 61 f.). »Selten kommt ein Beurtheiler«, schreibt dieser Mann, »in den Fall, reine Freude über ein Werk zu empfinden; noch seltener aber möchte sich wie hier sehr große Freude mit gleich starkem Un- und Widerwillen paaren. Der Verf. des vorliegenden Werkes ist nicht mehr unbekannt; der Beurtheiler hat daher nicht nöthig, das Publicum erst mit seiner M a n i e r (dies ist das prägnante Wort) bekanntzumachen, sondern darf nur aus dem Werke selbst die Belege entnehmen, weshalb er diese Manier anfeindet und wodurch auf der andern Seite die große Anerkennung, die er dem Talente des Dichters schuldig ist, begründet wird« (S. 57). Obwohl er im einzelnen viel auszusetzen hat und Heine eines »unmännlichen« Byronismus beschuldigt (S. 61), ringt er sich am Schluß doch zu dem Gesamturteil durch, daß hier ein Dichter am Werke sei, dem man schon jetzt einen bedeutenden »Nachruhm« prophezeien könne, falls er sich diesen nicht durch leichtfertige Witzelei verscherzen sollte (S. 62).

Den Abschluß dieser Rezensionsreihe bildet die kurze, anonyme Anzeige von Rb II[1] in der Nr. 89 der »Leipziger Literatur Zeitung« vom 14. April 1830 (S. 710 f.). Ihr Kritiker sieht in diesem Bande einen so deutlichen Fortschritt in Richtung auf das »wahrhaft originell Komische und Burleske«, aber auch »Kühne und Erhabene«, daß er die »Verstösse gegen das Schickliche« gnädig übersieht (S. 710). Er schließt seine Besprechung mit den Sätzen: »Das Ganze darf Keiner ungelesen lassen, dem Originalität, selbst bey manchen Fehlern, lieber ist, als das gemächliche N a c h treten. Uebrigens bewundern wir d i e Censur, welche hier so Vieles stehen liess, dass wir es sogar in diesem Blatte nicht wieder n a c h z u s c h r e i b e n gewagt hätten« (S. 711).

Trotz dieser auf eine beachtliche Popularität von Rb II hindeutenden Rezensionen, war der Absatz dieses Werkes nicht unbedingt der eines Bestsellers. Campe plante daher im Sommer 1828, das »Buch Le Grand« durch August Gathy (1800–1858) ins Französische übersetzen zu lassen, um sich auf diese Weise Eingang in den französischen Buchmarkt zu verschaffen. Doch aus den verschiedensten Gründen zerschlug sich dieses Projekt wieder (vgl. »Entstehung und Aufnahme« des »Tambour Legrand« 850,37 ff.). Auch der Plan, Rb I–III als geschlossene Partie verbilligt abzugeben, von dem er am 21. Oktober 1828 an Heine berichtet, wurde nicht ausgeführt. Erst am 2. Juli 1829 teilte Campe der Piererschen Hofbuchdruckerei in Altenburg mit, daß durch das Erscheinen von Rb III vielleicht auch eine 2. Auflage von Rb II möglich werde. Er fragte daher an, ob man in einem solchen Falle vom Altenburger Zensor Schwierigkeiten zu erwarten habe. Doch wirklich akut wurde das Problem einer Neuauflage von Rb II erst im Jahre 1830, als der Vorrat der 1. Auflage in Campes Lager nur noch 200 bis 275 Exemplare betrug, wie man aus Briefen an Pierer vom 3. Juli und 24. Oktober 1830 erfährt. Campe drängte daher Heine Anfang Juni 1830, sich doch möglichst bald Gedanken über eine

Neuordnung des 2. »Reisebilder«-Bandes zu machen. Darauf schrieb Heine am 16. Juni 1830 an Varnhagen: Im 2ten Bande werde ich die mangelnden Seebilder und die Berliner Briefe, die ich wegschmeiße, durch Darstellungen aus England, so Sie schon kennen, ersetzen. *Am 3. Juli 1830 heißt es in einem Brief Campes an Pierer, daß ihm Heine, der sich gerade auf Helgoland befände, das Manuskript zur 2. Auflage von Rb II bald zusenden werde. Er verständigte daher die Druckerei, daß man wohl 6–8 Wochen nach der Fertigstellung von Rb I^2 mit dem Satz von Rb II^2 beginnen könne. Da er jedoch weiterhin auf seinen 200 Restexemplaren von Rb II^1 sitzenblieb, schrieb er am 24. Oktober 1830 an Pierer, daß Rb II »in diesem Jahr nicht mehr in die Preße« komme. Und so konnte auch Heine seine Pläne wieder ändern und die* Darstellungen aus England *für den 4. Band der »Reisebilder« aufheben.*

Eine Neuauflage von Rb II erfolgte deshalb erst, als die Restauflage von Rb II^1 wirklich vergriffen war. Dies war offenbar kurz vor Ostern 1831 der Fall. Heine hatte sich inzwischen entschieden, die »Nordsee II« dem 1. »Reisebilder«-Band einzuverleiben, die »Briefe aus Berlin« einfach wegzulassen und den dadurch entstandenen Raum mit dem Gedichtzyklus »Neuer Frühling« zu füllen. Der 1. Teil des Manuskriptes ging bereits am 11. April 1831 in die Piererschе Hofbuchdruckerei ab. In dem beiliegenden Brief bestimmte Campe, von dieser Auflage 2500 Exemplare zu drucken, und zwar in derselben Papiersortenverteilung wie bei Rb I^2 (vgl. »Entstehung und Aufnahme« der »Harzreise« 550,35). Am 27. Mai 1831 schrieb Campe an Heine, daß der Druck von Rb II^2 jetzt so weit fertig sei, wie das Manuskript reiche, und bat ihn dringend um weitere Druckvorlagen. Als er daraufhin von Heine die Reinschrift des »Neuen Frühlings« erhielt, schickte er diese am 15. Juni sofort nach Altenburg weiter und beschwor die dortigen Setzer, doch ja mit dem Druck zu eilen, da er kein einziges Exemplar von Rb II^1 mehr auf Lager habe. Am 28. Juni folgte das inzwischen aus Paris eingetroffene »Vorwort«, das mit Paris, den 20. Juny 1831 *unterzeichnet ist. In diesem »Vorwort« (vgl. DHA Bd. 2), das sich weitgehend auf den »Neuen Frühling« bezieht, schreibt Heine, daß er zwar die* »Briefe aus Berlin« *und* ein Dutzend Blätter aus der »dritten Abtheilung Nordsee« *(vgl. das Bruchstück 281,11–283,12) herausgeworfen, sonst jedoch* keine Zeile *verändert habe. Campe blieb danach in einem Brief vom 18. Juli lediglich übrig, Pierer noch einmal zu bitten, den Druck von Rb II^2 in jeder Weise zu beschleunigen.*

Doch die Geduld Campes wurde diesmal auf eine arge Probe gestellt. Als er ein Vierteljahr später immer noch nichts von Altenburg gehört hatte, schrieb er am 6. November 1831 empört an Pierer: »Noch erhielten wir Heine 2ten nicht.« Er mußte noch bis zum 14. November warten, bis er aufatmend an Heine berichten konnte: »Der 2te Theil der Reisebilder ist ausgegeben.« Durch eine Fehldisposition zwischen dem Altenburger Drucker und der Versandbuchhandlung Reclam in Leipzig trafen jedoch die fertigen Exemplare von Rb II^2 erst am 28. Dezember 1831 in Hamburg bei Campe ein.

Wie Rb I^2 erlebte auch diese Neuauflage nur wenige Besprechungen. Wohl die positivste Rezension des Ganzen findet sich in der Nr. 48 der »Didaskalia« vom 17. Februar 1831 (S. 4). Ebenso lobend äußerte sich der anonyme Rezensent des »Kometen«, der in der Nr. 52 der »Beilage für Literatur, Kunst, Mode, Residenzleben und journalistische Controle« vom 31. Dezember 1831 seine Besprechung als einen Aufhänger zur Verteidigung des allenthalben angegriffenen Börneschen und Heineschen Liberalismus benutzt (Sp. 410 f.). Über die Textzusammenstellung heißt es hier lediglich: »Sie ist zugleich eine vermehrte und verbesserte; Letzteres in so fern, als der Dichter einzelne Abtheilungen, welche ihm weniger gelungen schienen, hinweggelassen hat« (Sp. 411). Die Hamburger »Kritischen Blätter der Börsen-Halle« beschränken sich dagegen in ihrer Kurzrezension vom 2. Januar 1832 auf einen höchst oberflächlichen Hinweis auf den Zyklus »Neuer Frühling« (Nr. 79, S. 8). Nicht anders verfuhr der anonyme Rezensent der »Mitternachtzeitung für gebildete Stände« vom 13. Februar 1832, der sich ebenfalls auf das rein Faktische beschränkte und sich jedes Urteils enthielt, da über Heine schon »genug geredet« worden sei (S. 99).

Um Heine zu weiterer Produktivität anzureizen, versprach ihm Campe in den folgenden Jahren immer wieder Neuauflagen der »Reisebilder«, sobald er ein neues, größeres Manuskript von ihm bekomme, mit dem er das Publikum auch zum Kauf der bisherigen Heine-Schriften anreizen könne (vgl. seine Briefe an Heine vom 11. September 1832 und 25. Juli 1833). Obendrein benachrichtigte er in einem Brief vom 15. Juli 1833 Heine von seiner Absicht, so bald wie möglich alle 4 Teile der »Reisebilder« erneut an die Sortimenter und Buchhandlungen zu schicken. Als ihm Heine in einem Brief vom 18. Juni 1833 die anklagende Frage stellte, er habe wohl von der 2. Auflage von Rb II heimlich 4000 Exemplare gedruckt, da die Restbestände noch immer nicht erschöpft seien, schrieb ihm Campe am 25. Juni 1833 empört zurück, die 1. und 2. Auflage von Rb II habe zusammen nicht mehr als 3500 Exemplare betragen.

Danach hörte man eine Weile nichts von Rb II. Am 11. Dezember 1835 wurde natürlich auch dieser Band im Zuge des allgemeinen Verbots jungdeutscher Schriften in ganz Preußen verboten. Als Rb I selbst nach dem Regierungswechsel in Berlin, der einige Zensurerleichterungen mit sich brachte, am 14. Juli 1841 keine Debitserlaubnis für Preußen bekam, legte Campe den 2. Band den Behörden erst gar nicht zur Vorzensur vor (vgl. H. H. Houben, »Verbotene Literatur«, Berlin 1924, I,391 f.). Doch wirklich nötig wurde eine Neuauflage erst, als die Restbestände von Rb II^2 beim Hamburger Brand in Campes Lager vernichtet wurden (vgl. Campes Brief an Heine vom 27. November 1842). Ja, am 24. März 1843 schreibt Campe an Heine, daß auch die Leipziger Lagerbestände von Rb II^2 jetzt restlos verkauft seien. Er bittet daher Heine, ihm eine Liste der eventuell anfallenden Änderungen oder Korrekturen zuzuschicken. Im Gegensatz zum 1. Band der »Reisebilder« entschied sich *jedoch Heine, bei diesem Band in der 3. Auflage nichts mehr zu ändern.* Ich autorisire Sie, *schrieb er am 27. April 1843 an Campe,* den zweyten Band der »Reisebilder« in neuer Auflage erscheinen zu lassen, und zwar, indem Sie ein Exemplar der 2ten Auflage dieses zweiten Bandes so genau als möglich abdrucken lassen. Ich denke nemlich, daß keine sonderlichen Druckfehler in jener 2ten Auflage enthalten, und ich will keine neuen Verändrungen drin vornehmen. Wenn ich in diesem Buche etwas umändren und ausmerzen will, so ist es für Sie jedenfalls besser daß dergleichen in der Gesammtausgabe der Werke geschieht, mit deren Druck Sie, nebenbey gesagt, jetzt nicht lange mehr zögern sollten. *Doch auf die Anregungen zu einer Gesamtausgabe ging Campe bekanntlich nicht ein.*

Wegen der bereits erwähnten Zensurschwierigkeiten ließ er Rb II³ diesmal nicht auswärts drucken, sondern gab das Ganze bei der H. G. Voigtschen Buchdruckerei in Wandsbek bei Hamburg in Satz, die sich zwar in der Seitenanordnung und im Satzspiegel getreu an Rb II² hielt, jedoch eine beträchtliche Reihe sinnentstellender Druckfehler stehen ließ. Am 9. September 1843 berichtet Campe an Heine, daß die Herstellung von Rb II³ eben abgeschlossen sei und daß er ihm einige Belegexemplare durch Hebbel zugehen lasse. Der Absatz dieser Neuauflage wurde selbst in Preußen nicht behindert, da im Jahre 1843 das Berliner Oberzensurkollegium aufgelöst worden war und so trotz des weiterbestehenden allgemeinen Verbots der Heineschen Schriften kein öffentlicher Ankläger mehr auftreten konnte.

Von der 4. Auflage von Rb II wissen wir nur, daß sie ein unveränderter Abdruck der 2. ist und im Frühjahr 1851 bei der Druckerei Pontt & von Döhren in Hamburg gesetzt wurde. Nach einer überlieferten Rechnung dieser Druckerei vom April 1851 betrug die Auflagenhöhe diesmal 1500 Exemplare, was eine höchst vorsichtige Kalkulation von seiten Campes beweist. Gebunden wurde diese Auflage bei der Buchbinderei Nicolai in Hamburg, die Campe am 15. April eine Rechnung über 1000 gebundene Exemplare und am 7. Mai eine Rechnung über 500 gebundene Exemplare zugehen ließ.

Noch weniger ist über die Entstehungs- und Druckgeschichte der 5. Auflage von Rb II bekannt. Der Druck erfolgte diesmal bei Trömner & Dietrich, früher Hotop, in Kassel, und zwar 1856, im Todesjahr Heines. Auch diese Auflage ist lediglich ein Nachdruck von Rb II², der von Heine nicht mehr überwacht oder korrigiert wurde. Wie beim 1. »Reisebilder«-Band gilt daher für die Textwiedergabe von »Nordsee III« und dem »Buch Le Grand« die 2. Auflage der »Reisebilder« unter Heranziehung aller anderen relevanten Überlieferungsträger als die maßgebliche, da sie die letzte ist, deren Korrektur Heine noch persönlich überwachte und deren Text er selbst für seine spätere Gesamtausgabe vorgesehen hatte (vgl. den Brief an Campe vom 27. April 1847).

Die Nordsee. Dritte Abtheilung

Entstehung und Aufnahme

Heine hat sich Mitte der zwanziger Jahre zweimal auf der Insel Norderney aufgehalten: vom 13. August bis etwa 24. September 1825 (direkt nach seinem in Göttingen bestandenen Doktorexamen) und vom 24. Juli bis etwa 15. September 1826 (nach dem Erscheinen von Rb I^1*). Wie schon bei seinem Badeaufenthalt in Ritzebüttel vom 23. Juli bis Anfang September 1823 zog es ihn aus mehreren Gründen an die Nordsee. Einmal war es der ständige Aufenthalt in frischer Luft, von dem er sich wie bei seiner »Harzreise« (vgl. »Entstehung und Aufnahme« 519,22) einen wohltätigen Einfluß auf seine schwache Gesundheit erhoffte. Außerdem war es die ständige Dynamik des Meeres, die ihn als einen ›Dichter der Bewegung‹ begeisterte und in schöpferische Unruhe versetzte. Doch last but not least wird es auch die Badeort-Atmosphäre gewesen sein, die Heine den gesellschaftlichen Kontakt mit einer Reihe interessanter Zeitgenossen und kultivierter, schöner Damen der höchsten Kreise ermöglichte.*

Diese Nordsee-Begeisterung läßt sich mit vielen Briefstellen belegen. So schreibt er am 14. Oktober 1826 an Moses Moser: Die See war mein einziger Umgang – und ich habe nie einen besseren gehabt. – Nächte am Meer, wunderherlich, groß. *In einem Brief vom gleichen Tage an Karl Immermann heißt es:* O wie lieb ich das Meer, ich bin mit diesem wilden Ellement so ganz herzinnig vertraut worden, und es ist mir wohl wenn es tobt. *Ähnlich äußert er sich am 29. Juli 1826 Varnhagen gegenüber:* Mit meiner Gesundheit geht es immer besser. Zu ihrer völligen Herstellung brauch ich das hiesige Seebad, und schwimme wieder auf den Wellen der Nordsee, die mir jetzt sehr gewogen ist, weil sie weiß daß ich sie besinge. Das Meer ist ein braves Ellement. *Ja, in einem Brief an Campe vom 29. Juli 1826 bezeichnet er sich als den* Hofdichter der Nordsee, *der hier endlich ein* wahlverwandtes Element *gefunden habe. Wie stark sich das in Heines Dichtungen widerspiegelt, belegen vor allem die Zyklen »Die Heimkehr«, »Nordsee I« und »Nordsee II«, die weitgehend während seiner beiden Norderney-Aufenthalte entstanden sind.*

Warum es ihn gerade nach Norderney zog, ist nicht schwer einzusehen. Norderney war damals das bekannteste Inselbad in der Nordsee und galt als besonders vornehm und extravagant. Obwohl seine Gründung schon in das Jahr 1799 fällt, hatte es seinen eigentlichen Aufschwung erst in den Jahren nach 1815 erlebt, wo es sich geradezu über Nacht zu einem eleganten »Treff-

punkt der politischen und gelehrten Welt und der Finanzkreise« entwickelte (vgl. Hermann Soeke Bakker, »Norderney. Vom Fischerdorf zum Nordseeheilbad«, Bremen-Horn 1956, S. 51). Wohl die besten Schilderungen des dortigen Bade- und Gesellschaftslebens zu Beginn des 19. Jahrhunderts finden sich bei Friedrich Wilhelm von Halem, »Beschreibung der Insel Norderney und ihrer Seebadeanstalten«, Bremen 1815, C. G. Reins, »Die Insel Nordernei nach ihrem früheren und gegenwärtigen Zustande«, Hannover 1853, und Carl Theodor Saul, »Das Norderney der Biedermeierzeit in der Sicht Heines«. In: »Ostfriesland«, 1961, Nr. 2, S. 13–15.

Seinen zweiten Aufenthalt auf Norderney vom 24. Juli bis Mitte September 1826 scheint Heine besonders genossen zu haben. Jedenfalls haben seine brieflichen Äußerungen dieser Zeit – von einigen unausbleiblichen Gemütsschwankungen abgesehen – eine recht enthusiastische Note. Campe hatte ihm kurz zuvor einen Vorschuß von 30 Friedrichsd'or gegeben, wodurch Heine in der Lage war, auf dem Meer herumzugondeln und sich im Konversationshause an den Glücksspielen zu beteiligen, ja sogar eine größere Summe Geldes zu verlieren. Außerdem lernte er schwimmen und flirtete mit einigen Damen unter den Badegästen. Wie im Jahr zuvor verkehrte er wieder mit Caroline Auguste von Anderten und der Fürstin Henriette Sophie zu Solms-Hohensolms-Lich. Einen ebenso engen Umgang hatte er mit einigen hannöverschen Offizieren der früheren ›Deutschen Legion‹ und dem Fürsten Peter Koslowski (vgl. die Erläuterungen zu 155,10 und 157,3). Wohl den besten Eindruck in seine damalige Stimmung erlauben die Briefe vom 1. September 1826 an Christian Sethe und vom 4., 11. und 16. August 1826 an Friedrich Merckel. Seine Lektüre waren in diesen Wochen u. a. Hudtwalckers »Bruchstücke aus Berthold's Tagebuch« (1826), Tiecks »Aufruhr in den Cevennen« (1826), Maitlands Napoleon-Buch (1826), Varnhagens »Biographische Denkmale« (1824 bis 1826), Homers »Ilias« und einige Werke von Scott.

Den schon im Sommer gefaßten Plan, nach seinem Norderney-Aufenthalt nach Holland zu reisen, gab Heine im September 1826 wieder auf, da er knapp bei Kasse war und obendrein gehört hatte, daß in Holland eine gefährliche Fieberepidemie ausgebrochen sei. Statt des eventuell geplanten Holland-Reisebildes begann er daher Anfang Oktober eine Reihe von Reisebriefen über die Insel Norderney zu konzipieren, um einen weiteren Text für den 2. »Reisebilder«-Band zu haben, auf dessen Fertigstellung Campe unablässig drängte (vgl. »Entstehung und Aufnahme« von Rb II 711,34). Ob Heine mit den Skizzen zu diesem Werk bereits auf Norderney oder erst in Lüneburg begonnen hat, läßt sich heute nicht mehr sicher ermitteln. Die wenigen Briefstellen, die sich auf die Entstehung von »Nordsee III« beziehen, lassen vermuten, daß er dieses Werk wohl erst in Lüneburg angefangen hat. So heißt es in den Briefen an Merckel vom 6. Oktober und an Moser vom 8. Oktober 1826, daß er jetzt daran gehen wolle, seine letzte Reise *zu beschreiben. Und zwar dachte Heine dabei wohl an eine Reihe fingierter* Nordseereisebriefe, *wie er am*

14. Oktober an Moser schrieb. Um diesen Briefen die nötige Aktualität und Frische zu geben, versah er das Ganze mit der Überschrift Geschrieben auf der Insel Norderney *und versuchte im Text immer wieder den Eindruck einer gegenwärtigen Situation zu simulieren (vgl. u. a.* im nächsten Monath, im Oktober *141,4,* ging ich gestern auf die Jagd *151,28–29,* jetzt, für die Winterszeit *154,25 und* da ich der letzte bin, der hier noch weilt *157,35). Im Gegensatz zu den »Briefen aus Berlin« vermeidet Heine diesmal alles rein Aufzählende und gliedert das Ganze essayartig nach Themen (Insulaner, Goethe, hannöverscher Adel, Napoleon, Scott, die deutsche Literaturmisere u. a.). Daß all dies mit der Beschreibung seiner Norderneyer Reiseeindrücke verknüpft wird, womit es zum Teil nur sehr locker zusammenhängt, rechtfertigte Heine am 6. Oktober an Merckel mit folgenden Worten:* Im Grunde ist es auch gleichgültig was ich beschreibe; Alles ist ja Gottes Welt und der Beachtung werth; und was ich aus den Dingen nicht hinaussehe, das sehe ich hinein.

Die Hauptarbeitszeit fiel wohl in den Oktober und November. Und zwar faßte Heine dabei den Plan, an diesen völlig offen gehaltenen Nordseereisebriefen auch seine Freunde zu beteiligen und das Ganze zu einem Forum des Ideenstreites und der Polemik zu machen. So schreibt er am 14. Oktober an Moses Moser: Auch soll der 2te Band eine Reihe Nordseereisebriefe enthalten, worinn ich »von allen Dingen und von noch einigen« spreche. Willst Du mir nicht einige neue Ideen dazu schenken? Ich kann da alles brauchen. Fragmentarische Aussprüche über Zustand der Wissenschaften in Berlin oder Deutschland oder Europa – wer könnte die leichter hinskitziren als Du? Und wer könnte sie besser verweben als Ich. Hegel, Sanskritt, Dr. Gans, Symbolik, Geschichte – welche reiche Themata. Du wirst es nie bequemer bekommen; und ich seh voraus Du wirst nie ein ganzes Buch schreiben und keins was gleich die ganze Welt ließt. Es ist nicht so sehr die Lust mich mit Deinen Federn zu putzen, sondern mehr der liebevolle Zug Dich geistig in mein geistigstes Wesen aufzunehmen, Dich den Gleichgesinntesten meiner Freunde. Willst Du aber über jene Themata etwas abgeschloßenes schreiben, z. B. einen ganzen wichtigen Brief, so will ich ihn – versteht sich ohne Dich zu nennen – als fremde Mittheilung in dem 2ten Theil meiner Reisebilder aufnehmen. Du kannst ja sehr populär schreiben, wenn Du nur willst. Und meine Discretion verbürge Dir mein Ehrenwort. Denk darüber, und sag mir Deinen Willen. Es ist eine Lieblingsidee von mir seit 8 Tagen. *Ähnliches schreibt er am gleichen Tage an Immermann:* Wollen Sie etwas in den zweiten Band meiner Reisebilder hineingeben, so steht Ihnen darinn der beste Platz offen und ich berechne Ihnen 2 Louisd'or Honorar die mir Kampe für den Druckbogen giebt. Es wär gar hübsch. Die Reisebilder sind vor der Hand der Platz wo ich dem Publikum alles vorbringe was ich will. *Ja, am 24. Oktober wandte er sich mit demselben Wunsche sogar an Varnhagen, nachdem er ihn kurz mit den verschiedenen Abteilungen von Rb II vertraut gemacht hat:* dieses Alles schreib ich Ihnen aus der ganz besondern Absicht, damit Sie sehen wie es mir ein

Leichtes ist im 2ten Theil der Reiseb<ilder> Alles einzuweben, was ich will. Haben Sie daher in dieser Hinsicht irgend einen besondern Wunsch, wünschen Sie eine bestimmte Sache ausgesprochen zu sehen, oder irgend einen unserer Intimen gegeißelt zu sehen, so sagen Sie es mir, oder, was noch besser ist, schreiben Sie selber in meinem Styl die Lappen die ich in meinem Buche, einflicken soll und Sie können sich auf meine heiligste Discretion verlassen. Ich darf jetzt Alles sagen, und es kümmert mich wenig ob ich mir ein Dutzend Feinde mehr oder weniger aufsacke. Wollen Sie in meinen Reisebildern ganze Stücke, die zeitgemäß sind, hineingeben, oder wollen Sie mir bloß die Proskripzionsliste schicken – ich stehe ganz zu Ihrem Befehl.

Doch weder Varnhagen noch Moser antworteten, der eine wohl aus diplomatischer Vorsicht, der andere aus Groll über den ungeschriebenen »Rabbi« oder aus Einsicht in sein mangelndes Schreibtalent. Lediglich Immermann schickte eine Reihe von Xenien, die Heine der »Nordsee III« als Appendix beigab. Ansonsten mußte er sich auf seine eigenen Ideen *verlassen und diese so raffiniert wie nur möglich mit seinen Norderneyer Reiseeindrücken verweben. Wohl den besten Einblick in seine damalige Stimmung und Ideenwelt geben die Lüneburger Aufzeichnungen von Diepenbrock-Grüter (vgl. Karl Schulte-Kemminghausen, »Tagebuchaufzeichnungen des westfälischen Freiherrn Ludwig von Diepenbrock-Grüter«. In: »Jost-Trier-Festschrift«, Meisenheim 1954, S. 280 ff.). Vor allem der überzeugte Goetheaner Rudolf Christiani, mit dem Heine in Lüneburg recht freundschaftlich verkehrte, muß dabei neben anderen Gesprächspartnern wie Julius Friedrich Mehlis, August Meyer, Philipp Spitta, Dorothea Jochmus und Ludwig von Diepenbrock-Grüter durch seine Ideen und seinen Widerspruch eine ständige Quelle der Anregung für ihn gewesen sein. Die erste Niederschrift der Hauptabschnitte von »Nordsee III« scheint Heine etwa Ende November 1826 abgeschlossen zu haben. Danach widmete er sich mit ganzer Energie der Abfassung des »Buchs Le Grand«.*

Da ihn Müllner am 15. August 1826 zur Mitarbeit am »Mitternachtblatt« aufgefordert hatte, schickte ihm Heine Anfang 1827 die Napoleon-Passagen aus »Nordsee III« zum Vorabdruck. Dieser Abschnitt ließ sich noch am besten aus dem Ganzen herauslösen und erhielt von ihm oder von Müllner den Titel »Ueber Napoleon, die von Scott erwartete Lebensbeschreibung desselben, u. Segürs Geschichte des russ. Feldzugs. (Ein Fragment.)« Er erschien in der Nr. 44 vom 16. März auf den Seiten 173–176 und umfaßt das Textbruchstück 157,40 bis 164,5 (vgl. dazu auch den Abschnitt J unter »Überlieferung« 731,41–732,2).

Derselbe Abschnitt wurde wegen seiner politischen Brisanz im April 1827 von der bei Cotta in Stuttgart erscheinenden Zeitschrift »Neue allgemeine politische Annalen«, deren Redakteure Friedrich Murhard und Friedrich Ludwig Lindner diesem Blatt bereits seit 1821 einen recht napoleonfreundlichen Kurs gegeben hatten, unter dem gleichen Titel nachgedruckt (Bd. 24, Heft 1, S. 3–11). Vgl. dazu auch Paul Holzhausen, »Heinrich Heine und Napoleon I.«,

Frankfurt 1903, S. 124 ff. Und zwar gab man hier dem Ganzen folgende Fußnote bei: »Wir entlehnen aus dem M i t t e r n a c h t s - B l a t t vom 16. März den nachfolgenden, von der Hand eines Meisters entworfenen Aufsatz, weil der Geist, der in demselben weht, ein erfreulicher, und ein Beweis ist, daß eine edle, muthige, großartige Ansicht sich Bahn macht selbst unter den deutschen Gelehrten, die nur zu lange Abgötterei trieben mit den Traumgesichten ihres Rausches, sogar nachdem sie eingestehen mußten, daß der Rausch verflogen sey. Der Verfasser dieses Fragments tritt alle jene Gesichte in den Staub und ruft durch Zaubersprüche des Genies Marmorbilder hervor, die eine Heroenwelt sichtbar machen, welche nur deswegen bisher unbekannt war, weil die Pygmäen-Augen nicht an sie heranreichten« (S. 3). Der Heinesche Text wurde von Lindner oder Murhard einer sorgfältigen Redaktion unterworfen, wobei u. a. einige Druckfehler ausgemerzt wurden, die in anderen zu Heines Lebzeiten veröffentlichten Versionen dieser Schrift gedankenlos weitergeschleppt wurden. Möglicherweise hat dieser Abdruck der »Nordsee III« mit dazu beigetragen, daß Heine im Oktober 1827 von Cotta das Angebot erhielt, doch selbst in die Redaktion der »Neuen allgemeinen politischen Annalen« einzutreten.

Wie die »Lesarten« beweisen, hat Heine den Text der Napoleon-Passagen von »Nordsee III« kurz vor dem Druck noch einmal stilistisch genau durchgearbeitet. In dieser Zeit ist wohl auch der Literaturabschnitt (281,13–283,12) des Schlußteils entstanden, der den Leser auf die etwas unvermittelt angehängten Immermannschen Xenien vorbereiten soll. Der vollständige Text der »Nordsee III« ist daher frühestens im Februar, vielleicht sogar erst im März 1827 in den Satz gegangen. In dieser Form erschien er dann im 2. Band der »Reisebilder«, die am 31. März die Presse verließen und am 12. April in Hamburg ausgeliefert wurden.

Im Gegensatz zur »Harzreise« wird die »Nordsee III« in den Periodika dieser Jahre relativ selten erwähnt oder zitiert. Und doch lassen sich auch hier eine Reihe interessanter Stimmen zusammentragen. So druckte »a.« (d. i. Willibald Alexis) in der Nr. 99 des »Berliner Conversations-Blatts« vom 19. Mai 1827 die Bemerkungen über Scott (160,26–162,22) noch einmal ab, die er mit zum »besten« rechnet, was »Heine je geschrieben« habe (S. 393). Die »Eos«, sonst Heines erbittertste Feindin, schrieb in ihrer Nr. 19 vom 2. Februar 1831: »Wenn dieser durch und durch verdorbene Mensch etwas Wahres geschrieben hat, so ist es sein Urtheil über das Theater« in »Nordsee III« (S. 80). Sie meint damit den Abschnitt vor den Immermannschen Distichen, den Heine in der 2. Auflage von Rb II wieder strich (vgl. das Bruchstück aus dem Schlußabschnitt von »Nordsee III« 282,8–30). Ein Beiträger der »Gemeinnützigen Blätter, zunächst für das Königreich Hannover« zitierte dagegen voller Zustimmung die scharfen Äußerungen Heines gegen die katholische Kirche (142,35–143,9) am Anfang von »Nordsee III« (5. Stück vom Mai 1831, S. 296). Doch die meisten Zeitungsmiscellen beziehen sich auf das

Immermann-Lob (vgl. Erläuterung zu 163,18–19) und die angehängten Xenien. So antwortete Müllner im »Mitternachtblatt« auf den Angriff Immermanns (Nimmer schreib ich mehr Tragödien 165,20) mit der Anti-Xenie: »Bitterer rächst du, mein Bester, den dir angetanen Tort: / Deine Werke ruhn im Laden, aber du schreibst immer fort« (Nr. 104 vom 29. Juni 1827). Auch in der Nr. 168 vom 19. Oktober 1827 des »Mitternachtblatts« zitiert ein gewisser »Erdwin« noch einmal acht der Immermann-Xenien und setzt ihnen jeweils eine bissige Anti-Xenie entgegen, in denen er vor allem Platen, Rückert und August Wilhelm Schlegel gegen Immermanns Angriffe verteidigt. Hier heißt es am Schluß: »Zerschlagt die böse Bremse, die sich setzt auf edle Rappen« (S. 670). Doch das war selbstverständlich nur ein zahmer Auftakt zu dem Platen-Streit, den Heine im Anschluß an die Immermannschen Xenien in den »Bädern von Lucca« vom Zaune brach, dessen genauere Behandlung jedoch dem Bd. 7 der DHA vorbehalten bleiben muß.

Ebenso gemischt war das Urteil über »Nordsee III« in den Rezensionen von Rb II^1. So schrieb »a.« (d. i. Willibald Alexis) in der Nr. 93 des »Berliner Conversations-Blatts« vom 11. Mai 1827, nachdem er sich lobend über die »Nordsee II« geäußert hat: »Aber dann kommt es wild und bunt. Auch Immermann hat sich zu Heine gesellt um kritisch auszuschlagen, als geschähe dies in dem nicht allzu voluminösen Buche nicht schon genug« (S. 372). Joseph Lehmann lobt in der »Berliner Schnellpost« vom 15. Mai 1827 vor allem die »treffenden Bemerkungen über unsere neueste Literatur«, rügt jedoch die schlechte Qualität der Immermannschen Disticha (Nr. 77, S. 306). Varnhagen charakterisiert im »Gesellschafter« vom 23. Mai 1827 die Prosa von »Nordsee III« voll »beißender, scherzhafter und zum Theil auch sehr ernster Laune, in welcher eine tiefe Gesinnung sich nicht verkennen läßt«. Besonders »anziehend und geistreich« findet er die »Blätter über Napoleon und seine Geschichtschreiber« (Nr. 82, S. 409). In Zimmermanns Rezension von Rb II^1 in der »Staats und Gelehrten Zeitung des Hamburgischen unpartheyischen Correspondenten« vom 26. Mai 1827 heißt es im Anschluß an die Nordsee-Gedichte: »Daran schließt sich, von der Insel Norderney aus datirt, eine Reihe tief greifender Reflexionen, angeregt freylich durch die unscheinbaren Umgebungen jenes abgelegenen Eylandes, im Contrast mit den mannichfaltigen Reizen der Küstengegend, aber der Blick erweitert sich rückwärts und verbreitet sich in genialen Abschweifungen über die gesammte Deutsche Literatur-Misere jetziger Zeit, wozu eine Anzahl von Reimen aus Immermann's Feder einen neckenden Nachklang liefern« (Nr. 84, S. 5 f.). Ludwig Robert geht dagegen im »Literatur-Blatt« des Stuttgarter »Morgenblatts« (Nr. 48 vom 15. Juni 1827, S. 189 f.) nicht näher auf »Nordsee III« ein. Das gleiche gilt für Müllners Rezension im »Mitternachtblatt« vom 12. Juli 1827 (Nr. 111, S. 424 f.).

Etwas genauer beschäftigt sich die Rezensentin »k.« (d. i. Amalie Henriette Caroline von Voigt) in der »Jenaischen Allgemeinen Literatur-Zeitung« mit

»Nordsee III« und rügt das mangelnde Lokalkolorit. Hier heißt es: »Der Panegyrikus auf Goethe und die Vertheidigung des Dichterfürsten gegen dessen Widersacher könnte eben so gut von der Studirstube, oder vom Vesuv aus, ja mit noch besseren Beziehungen, datirt seyn, als von der Insel Norderney. Ueber Professor- und Studenten-Unarten, Adelstolz und allerley Mißbräuche eines verjährten Schlendrians, die neueste Ueberschwenglichkeit der Poesie und andere Gebrechen der Zeit fördert der Vf. allerley gute und halbschierige Einfälle zu Tag« (Nr. 171 vom September 1827, Sp. 408). In den »Blättern für literarische Unterhaltung« heißt es am 18. Januar 1828: »›Die Nordsee‹ <. . .> enthält Erinnerungen aus Norderney, die mit Geist und Witz, der auf jeder Seite des Buches lebt, geschrieben sind. Die ›Xenien‹, angeblich von Immermann, beleidigen durch eine nichtmotivierte Selbstüberschätzung des Verfs.« (Nr. 16, S. 61). Die »Leipziger Literatur Zeitung« schreibt schließlich am 14. April 1830: »Eine dritte Abtheilung von der ›Nordsee‹, in Prosa, gibt ein humoristisches Gemälde der Insel Norderney; aber mit tausend Absprüngen über Gegenstände, wie sie gerade die Ideen-Association in den Sinn führte. Besonders sind die Urtheile über Göthe, die beissende Ironie über Metempsychose, und die Sedezdespötchen, wie er die mediatisirten Fürsten nennt, die kühnen Gedanken über Napoleon und die vier Hauptschriftsteller über ihn: Maitland, O'Meara, Las Cases und Antommarchi« (Nr. 89, S. 710 f.).

Rein persönlich fühlten sich durch diese Schrift sowohl die Norderneyer als auch einige der adligen Badegäste getroffen, über deren Hochmut sich Heine deutlich genug ausgelassen hatte. Als er daher am 22. August 1827 wieder zu einem Ferienaufenthalt auf Norderney eintraf, bekam er den Unmut dieser Kreise so deutlich zu spüren, daß er es vorzog, zwei Wochen später nach Wangerooge überzusiedeln. Heine schreibt darüber am 7./8. September 1827 an Rudolf Christiani: Was mich betrifft so lebe ich in diesem Augenblick ganz allein auf der Insel Wangeroge, und bade. 14 Tage habe ich auf Norderney zugebracht, aus Uebermuth ging ich hin, lebte recht behaglich unter meinen Feinden – hannövrisches Gesindel ist zu lumpig sich mir persönlich entgegen zu stellen und vermag nur einen unwissenden Pöbel aufzuhetzen. Ein Freund, Pr<ofessor> Dirxen, warnte mich ernstlich abzureisen. Der Assessor Strühker, der sonst in Lüneburg war und den ich in Norderney kennen und lieben lernte, warnte mich ebenfalls sehr dringend, und nur solch dringendes Anmahnen, verbunden mit meiner eignen Furchtsamkeit, bewegte mich mich fortzubewegen. – Spaß bey Seite, es ist kein Spaß auf wüster Insel von einem vernunftlosen, erbitterten Barbarengesindel umgeben zu seyn. Man hat den Weibern dort gesagt ich hätte sie als gar zu häßlich geschildert, diese waren mit einigem Rechte aufgebracht – und das Schicksal des Orpheus stand zu befürchten. *Mit* Dirxen *ist der mit Varnhagen bekannte Professor Heinrich Eduard Dirksen (1790–1868), mit* Strühker *der Lüneburger Amtsassessor Friedrich Wilhelm Strücker (geb. 1795) gemeint. Wie erbittert die eingebore-*

nen Norderneyer über Heine waren, geht noch aus dem Buch »Die Insel Nordernei nach ihrem früheren und ihrem gegenwärtigen Zustande« (1853) von C. G. Reins hervor, der über die Schilderungen der »Nordsee III« behauptet: »Sie nehmen leider die Unwahrheit zu Hülfe, um pikant zu sein und das ist eine Würze, an der wir nun einmal keinen Geschmack finden« (S. 134).

Nach der Veröffentlichung der »Nordsee III« in Rb II¹ hat Heine den Text dieser Schrift nicht mehr wesentlich verändert. Der einzige wirklich gravierende Eingriff ist die Weglassung des Literaturabschnitts am Schluß in Rb II², der Heine wohl doch zu skizzenhaft und zeitbezogen erschien und zudem von seinen wesentlich gereifteren und ausführlicheren Bemerkungen in der »Romantischen Schule« ersetzt wurde (vgl. die Erläuterungen zum Bruchstück aus dem Schlußabschnitt von »Nordsee III« 281,13–283,12). Außerdem strich er unter anderem die Hinweise auf die Norderneyer Prostituierte (vgl. »Lesarten« 734,40), Frau von Anderten (»Lesarten« 735,17), den Norderneyer Pfarrer (»Lesarten« 735,15), das Lied »Rule Britannia« (»Lesarten« 736,3) und auf Spinoza (»Lesarten« 736,7). Nach diesen Streichungen hat Heine in den weiteren Auflagen der »Reisebilder« in den Text von »Nordsee III« nicht mehr eingegriffen.

Literatur:

a) Heine und Norderney.

U., »Nordernej«. In: »Srpski književni glasnik« 16, 1906, S. 316; Victor Auburtin, »Heines Insel«. In: »Berliner Tageblatt«, 1911, Nr. 410 vom 14. August; Rudolf Boden, »Berühmte Gäste Norderneys«, Norden 1950, S. 5–11; Carl Theodor Saul, »Das Norderney der Biedermeierzeit in der Sicht Heinrich Heines«. In: »Ostfriesland«, 1961, Nr. 2, S. 13–15; Joseph A. Kruse, »Heines Hamburger Zeit«, Hamburg 1972, S. 36 ff., 132 ff.

b) Heines »Nordsee III«.

Ernst Feise, »Form and meaning of Heine's essay ›Die Nordsee III‹«. In: »Monatshefte für deutschen Unterricht« 34, 1942, S. 223–234.

Überlieferung

J »Ueber Napoleon, die von Scott erwartete Lebensbeschreibung desselben, u. Segürs Geschichte des russ. Feldzugs. (Ein Fragment.)«. In: »Mitternachtblatt für gebildete Stände«, 1827, Nr. 44 vom 16. März,

S. 173–176. Unterzeichnet mit »H. Heine.«. Vorabdruck des Abschnitts 157,40–164,5, den Heine für D¹ noch einmal leicht überarbeitete.

D¹ Die Nordsee. 1826. Dritte Abtheilung. *In:* Reisebilder von H. Heine. Zweiter Theil. Hamburg, bey Hoffmann und Campe. 1827.
Die einzelnen Teile dieses Bandes sind: »Die Nordsee. 1826. Zweite Abtheilung« (S. 1–40), »Die Nordsee. 1826. Dritte Abtheilung« (S. 41–128), »Ideen. Das Buch Le Grand. 1826« (S. 129–296), »Briefe aus Berlin. I. 1822« (S. 297–326) und »Anmerkung« (S. 327). Die Xenien am Schluß von »Nordsee III« stammen von Karl Immermann.

D² Die Nordsee. 1826. Dritte Abtheilung. *In:* Reisebilder von H. Heine. Zweyter Theil. Zweyte Auflage. Hamburg, bey Hoffmann und Campe. 1831.
Die einzelnen Teile dieses Bandes sind: »Vorwort« (S. V–VIII), »Die Nordsee. 1826. Dritte Abtheilung« (S. 1–80), »Ideen. Das Buch Le Grand. 1826« (S. 81–250) und »Neuer Frühling« (S. 251–307). Textgrundlage für den Haupttext von »Nordsee III«. Gegenüber D¹ fallen fünf kürzere und eine längere Streichung auf (vgl. »Lesarten« und das Bruchstück <Die deutsche Literaturmisere>). Heine sorgte bei der neuen Auflage dafür, daß die ursprüngliche Interpunktion soweit wie möglich wiederhergestellt wurde (vgl. »Buch Le Grand«, Abschnitt »Entstehung und Aufnahme«, 790,17–25). Orthographisch macht sich vor allem ein Wandel von c in k bemerkbar. Restitutionen erfolgten besonders im Bereich der Apostrophaufhebung.

»Ueber Napoleon, die von Scott erwartete Lebens-Beschreibung desselben und Segürs Geschichte des russischen Feldzugs. Von H. Heine. Fragment«. In: »Neue allgemeine politische Annalen«, 1827, Bd. 24, Heft 1, S. 3–11. Enthält: kurze Anmerkung der Redaktion und den Textabschnitt 157,40–164,5. Gedruckt nach: J (mit geringfügigen, nicht von Heine stammenden Abweichungen).

»Walter Scotts Lebensgeschichte Napoleons. Ein Vorurtheil, von H. Heine«. In: »Berliner Conversations-Blatt für Poesie, Literatur und Kritik«, 1827, Nr. 99 vom 19. Mai, S. 393 f. Enthält: redaktionelle Vorbemerkung (vgl. »Entstehung und Aufnahme« 728,30–33) von »a.« (d. i. Willibald Alexis) und Textabschnitt 160,18–162,22 (mit geringfügigen Auslassungen, u. a. 162,8–15). Gedruckt nach: D¹ 99,8–105,5.

»Lesefrüchte. Streckverse von H. Heine. (Aus dessen Briefen und Schriften«. In: »Allgemeine Unterhaltungs-Blätter zur Verbreitung des Schönen, Guten und Nützlichen«, 1828, Bd. 3, Heft 11, S. 290–91 und Bd. 4, Heft 2,

S. 60. Enthält: a. 152,19–39; b. 142,36–143,9 und 160,26–30 (mit geringfügigen Änderungen und Auslassungen). Gedruckt nach: D[1] 76,3–77,13, 48,15–49,13 *und* 99,20–100,4.

»Dr. Heine's Urtheil über das Theater«. In: »Eos. Münchener Blätter für Literatur und Kunst«, 1831, 15. Jg., Nr. 19 vom 2. Februar, S. 80. Enthält: redaktionelle Vorbemerkung (»Wenn dieser durch und durch verdorbene Mensch etwas Wahres geschrieben hat, so ist es sein Urtheil über das Theater«) und Textabschnitt 282,8–30. Gedruckt nach: D[1] *114,14–116,8 (mit Auslassungen und Sperrungen).*

»Miscellen«. In: »Gemeinnützige Blätter, zunächst für das Königreich Hannover«, 1831, 7. Jg., 5. Stück, Mai, S. 296. Enthält: 142,35–143,9. Gedruckt nach: D[1] *48,13–49,13.*

»Allerley«. In: »Eos«, 1831, 15. Jg., Nr. 175 vom 4. November, S. 704. Enthält: 281,22–282,1. Gedruckt nach: D[1] *112,10–114,3.*

»Reflexionen über Religion und Kirche und dahin Einschlagendes aus H. Heine's Reisebildern«. In: »Kritische Prediger-Bibliothek«, hrsg. von Johann Friedrich Röhr, 1833, Bd. 14, Heft 6, Nr. 6, S. 1135 f. Enthält: 142,8–143,9. Gedruckt nach: D[1] *46,14–49,13 (mit geringfügigen Änderungen).*

»Aus Heine's Reisebildern. (Geschrieben auf der Insel Norderney.)«. In: »Geschichte der altdeutschen Literatur in Proben und Biographien«, hrsg. von Gottlob Heinrich Friedrich Scholl und Traugott Ferdinand Scholl, Stuttgart 1841, 2. Aufl. 1844, Sp. 921–922. Enthält: 150,5–151,5. Gedruckt nach: D[2] *28,14–31,7.*

Die Nordsee. 1826. Dritte Abtheilung. *In:* Reisebilder von H. Heine. Zweiter Theil. Dritte Auflage. *Hamburg. Bei Hoffmann und Campe. 1843. Im Aufbau und Umfang der einzelnen Werke ist diese Auflage mit* D[2] *identisch. Text von »Nordsee III« folgt* D[2] *1,1–80,4. Da Campe diese Auflage halb illegal herstellen ließ, finden sich hier viele Druckfehler vom Typ* hannövrischeu, Riesen Riesenhieroglyphen, Nachtwelt *(statt Nachwelt) usw.*

»Norderney« und »Hannovers Aristokratie«. In: »Familien-Bibliothek der Deutschen Classiker«, 26. Supplementband, Hildburghausen und Amsterdam 1846, S. 36–51. Enthält: a. 143,17–144,40, 151,6–154,28; b. 154,29–157,32, 164,6–35, 281,13–18. Gedruckt nach: D[1] *a. 50,4–55,8, 72,7–82,8; b. 82,9–91,10, 109,15–112,4.*

Die Nordsee. 1826. Dritte Abtheilung. *In:* Reisebilder von H. Heine. Zweiter Theil. Vierte Auflage. *Hamburg. Bei Hoffmann und Campe. 1851. Die einzelnen Teile dieses Bandes sind: »Vorwort« (S. V–VIII), »Die Nordsee. 1826. Dritte Abtheilung« (S. 1–80), »Ideen. Das Buch Le Grand. 1826« (S. 81–246) und »Neuer Frühling« (S. 247–303). Während in* D^1, D^2 *und Rb* II^3 *die einzelnen Textabschnitte deutlich voneinander abgesetzt sind, findet sich ein solcher Durchschuß in Rb* II^4 *nur noch an wenigen Stellen, wodurch sich der Umfang des Ganzen leicht verringert. Der Text von »Nordsee III« folgt* D^2.

Die Nordsee. 1826. Dritte Abtheilung. *In:* Reisebilder von H. Heine. Zweiter Theil. Fünfte Auflage. *Hamburg. Hoffmann und Campe. 1856. Im Aufbau und Umfang der einzelnen Werke ist diese Auflage mit Rb* II^4 *identisch. Der Text von »Nordsee III« folgt* D^2.

Lesarten

140 Denkmale. 1.] Denkmale D^1

141,4 Oktober] October D^1 4 bey] bei D^2 6 vom] von D^1 13–14 dennoch,] dennoch D^1 18 Frühlings] Frühlings, D^1 20 wollenen] wollnen D^1 28 oder,] oder D^1 gesagt,] gesagt D^1 32 zusammen,] zusammen D^1 33 Lippen,] Lippen D^1 37 Weinen,] Weinen D^1 38 Expektorazionen] Expectorazionen D^1 Deklamazionen] Declamazionen D^1 39 wir] Wir D^1 40 zufällig gewählte] zufälliggewählte D^1

142,8 römisch-christliche] römisch christliche D^1 9 Korporazionen] Corporazionen D^1 10 Lebensbeziehungen] Lebensbrziehungen D^1 20 Befreyungstaumel] Befreiungstaumel D^2 25 darin,] darin D^1 35 beymischte] beimischte D^2 38 Generazionen] Generationen D^1

143,4 und] Und D^1 6 Pfeilern] Säulen D^1 18 europäischen] Europäischen D^1 22 täglich etwas Neues] etwas Neues D^1 25 Conversazionshauses] Konversazionshauses D^2 28 u.s.w.,] u.s.w. D^1 28–29 das für diese Menschen nicht ohne schlimme Folgen,] dieses nicht ohne schlimme Folgen für diese Menschen D^1 37 jetzt,] jetzt D^1

144,4 Kinder zur Welt bringen] Kinder gebären D^1 8–13 geschützt *bis* so schön entwickelt. *Absatz* Wie] geschützt. Auch hat man, für die Badezeit, eine Person vom festen Lande hierher verpflanzt, die alle Sünden der fremden Gäste in sich aufnehmen, und dadurch die Insulanerinnen vor allen schlimmen Einflüssen sichern soll. Allein, das ist eine schlechte Maßregel, die nicht für eine kleine Insel, sondern allenfalls für eine große Seestadt paßt, wo die öffentlichen Personen gleichsam die Bollwerke und Blitzableiter sind, wodurch die Moralität der Bürgerstöchter geschützt wird; wie man mir denn wirklich in Hamburg ein breites Weibsbild gezeigt hat, daß solchermaßen den halben Wandrahm deckt, so wie auch eine lange, magere Blitzableiterin, wodurch die große Johannisstraße im Sommer gesichert wird. *Absatz* Wie gesagt, die Tugend der Insulanerinnen ist vor der Hand geschützt, und wenn sie Kinder mit badegästlichen Gesichtern zur Welt bringen, so erklärt sich dieses aus jenen psychologischen Gesetzen, die Goethe in den Wahlverwandtschaften so schön entwickelt. Wie D^1 18 wird,] wird D^1 eines Weibes,] eines nackten Weibes, D^1 19 die nackten Hüften] die Hüften D^1 20 Mopsgesicht,] Mopsgesicht D^1 26 Kongreß] Congreß D^1 38 Ansehen,] Ansehen D^1

145,2 die geistliche Schutzwehr, ihre Kirche,] ihre geistliche Schutzwehr, Pastor und Kirche, D^1 3 gelassen. Wie diese eigentlich aussieht, kann] gelassen. Ersterer ist ein starker Mann mit einem großen Kopfe, scheint weder den Razionalismus noch den Mystizismus erfunden zu haben, und sein größtes Verdienst ist, daß bey ihm eine der schönsten Frauen dieser Welt logirt hat. Wie seine Kirche aussieht, kann D^1 11 Kirchthür] Kirchthüre D^1 Goethes] Goethe's D^2 14 Du] du D^1 23 selige] sel. D^1 23 Goethes] Goethe's D^2

146,33 sey,] sey D^1 36 zwey] zwei D^2 40 Andere] Andre D^1

147,2 Syrupfaß] Syropfaß D^1 3 Beide] Beyde D^2 7 Doktor] Doctor D^1 14 Geschöpf,] Geschöpf D^1 17 Goethes] Goethe's D^2 18 fället] fällt D^1 27 Goethes] Goethe's D^2 32 das schlimme] das Schlimme D^1 Corinnaaugen] Corinna-Augen D^1 38 Goethes] Goethe's D^2

148,8 Fakta] Facta D^1 14 ewig] wenig D^1 40 antwortete] anwortete D^2

149,3 Ordnung,] Ordnung D^1 20 zum ersten Mahl] zum erstenmal D^1 zum ersten Mal D^2 22 unmittelbar darauf] gleich darauf D^1 24 Schiffscapitain] Schiffskapitain D^1 29 aufgelegt,] aufgelegt D^1

150,11 »Evelina!«] »Eveline!« D^1 17 Meer,] Meer D^1 24 »Evelina!«] »Eveline!« D^1 39 »Evelina!«] »Eveline!« D^1

151,11 legitimen] ligitimen D^2 17 Gottlob,] Gottlob D^1

152,2 Kristallkuppel] Cristallkuppel D^1 Krystallkuppel D^2 28 beiden] beyden D^2 30 Consistorialbäuchen] Konsistorialbäuchen D^1

153,3 hingegen] doch D^1 6 Vergangenen] Vergangenen, D^1 11–12 teleskopisch] telescopisch D^1 19 in] auf D^1 22 Gelahrtheitsdünkel] Gelahrtheits-Dünkel D^1 27 *Dr.* L.] *Dr.* L....... D^1 *Dr.* L.] *Dr.* L....... D^1 33 Hertha, oder, besser gesagt,] Hertha oder besser gesagt D^1

154,18 beider] beyder D^2 20 Aktäon] Actäon D^1 35 der Freyheit] zur Freiheit D^1 35 Freyheit] Freiheit D^1

155,2 Friesenherz] Ostfriesenherz D^1 6 Offiziercorps] Offizierkorps D^1 15 Freude,] Freude D^1 22 contrastirt] kontrastirt D^1 28 Freyheitston] Freiheitston D^1 29 Rosse. *Absatz* Die] Rosse. Was aber ein brittischer Freyheitston ist, habe ich erst kürzlich erfahren, indem ich, im wildesten Seewetter, ein englisches Schiff vorbeysegeln sah, auf dessen Verdeck mehrere Menschen standen, und Wind und Wellen fast trotzig überbrüllten, mit ihrem alten: *rule Britania, rule the waves, Britons never shall be slaves! Absatz* Die D^1 30, 31 zumeist] zumerst D^1 33 oder,] oder D^1

156,7 bedenken] wissen D^1 27 sogar] so gar D^1 40 Nazion] Nation D^1

157,11 man nicht etwa annehmen] man etwa nicht, wie mein Unglaubensgenosse Spinoza annehmen D^1 16 diese] diefe D^2 26 Töchtern] Töchterchen D^1

157,40 Ein junger Engländer] – – – Ein englischer Offizier *J (mit diesen Worten beginnt der Teildruck von »Nordsee III« in J)*

158,6 Großmuth,] Großmuth *J* schaffen] schenken *J* 8 den] wie ihn *J* Anderer,] Anderer *J* 9 sagen,] sagen: *J* 10 gehörte] nöthig war *J* 11 allen] Allen *J*, D^2 13 andere] andre *J* das moralische] das *J* 14–15 zweydeutige] zweideutige *J* 17 Akt] Act D^{1-2} Akte] Acte D^{1-2} 18 und] und, *J* ächte] wahre *J* 19 Der] Den *J*, D^{1-2} 22 Zusammenstellung. *Absatz* Maitland] Zusammenstellung. Maitland *J* 25 Loogbook] Lookbook *J* enthousiastischer] enthusiastischer D^{1-2} 27 Sclave] Sklave *J* 28 Bewunderung] Bewundrung *J* 29 O'Meara] Omeara *J*, D^1 30 obgleich] obschon *J* 32 freymüthig] freimüthig *J* 33 Lapidarstyl,] Lapidarstyl; *J*, D^1 Stilett] Stilet *J*, D^2 34 Arztes,] Arztes *J* 34–35 Antommarchi] Automarchi *J* Autommarchi D^{1-2} 35 besonnentrunken] besonnen trunken *J* 37 zwey] zwei *J* 39 gerichtet,] gerichtet *J* verurtheilet] verurtheilt *J*

159,3 sie,] sie *J* 5–6 ihr geheimstes Thun] ihre geheimste That *J* 6 einzigen] einzigen, *J* 12 pflegen] hegen *J* 14 Spur] Spuren *J* 16 ganz] ganz, *J* lebensklar] lebensgroß und lebensklar *J* unsre] unsere *J* 17 unsre] unsere *J* 23 da] da blendend *J* hervortreten,] hervortreten; *J* 24 wollen] möchten *J* 26 die] die, *J* Herbheit] Herbheit, *J* 27 sagt,] sagt: *J* 27 Andern] Anderen *J* 28 Maaßstab] Maaßstabe *J* 28–29 kann. *Absatz* Ein solcher Geist] kann. Ein solcher Geist *J* 29 worauf Kant hindeutet, wenn er sagt:] worauf folgende Worte Kants *J*, D^1 hinzuweisen scheinen: *J*, die ich unlängst in der Morphologie erwähnt sah, hinzuweisen scheinen: D^1 29–30 daß wir uns] Wir können uns D^1 30 denken können] denken *J*, D^1 31 diskursiv] discursiv D^2 synthetisch Allgemeinen] s y n t h e t i s c h A l l g e m e i n e n *J* 33 Theilen. Ja,] Theilen. Hierbei (Hierbey D^1) ist gar nicht nöthig zu beweisen, daß ein solcher i n t e l l e c t u s a r c h e t y p u s möglich sei (sey D^1), sondern nur daß wir in der Dagegenhaltung unseres diskursiven, der Bilder bedürftigen Verstandes (i n t e l l e c t u s e c t y p u s) und der Zufälligkeit einer solchen Beschaffenheit, auf jene Ideen eines i n t e l l e c t u s a r c h e t y p u s geführt werden, diese auch keinen Widerspruch enthalte.« *Absatz* Ja, *J*, D^1 33–34 langsames analytisches] langsames *J*, D^1 35 Geist] Mann *J* 37 kajoliren] cajoliren D^2 beleidigen,] beleidigen *J* 40 contrerevoluzionären,] kontrerevoluzionären *J*

160,2 Prinzipien] Principien *J* 4 barsch] harsch *J*, D^1 7 analytische] analitische *J*, D^1 Geister,] Geister; *J* 12 kann] kann, *J* 13 intuitiven] intuitischen D^1 17 Veränderung] Verändrung *J* 18 gerade] just *J* 19 gelebt hat] gelebt *J* 24 Buches] Werks *J* 26 müssen für ihn] müssen *J* 27 jenes] seines *J* er] er so *J* 28 eine] jene *J* 28–29 die mehr durch ihr Thema als durch] deren Thema, mehr noch als *J* 29 Europas] Europa's D^2 30 haben] hat *J* 33 Nazional-Besonderheiten] Nazionalbesonderheiten *J* 36 Menschen Brust] Menschenbrust *J* 37 nur,] nur *J* 39 Bullock] Bullock, *J* 39–40 Jahren] Jahren, *J* 40 Mexiko] Mexico *J*

161,2 Spanien,] Spanien *J* 2 Schwert,] Schwert *J* alten Glauben] Glauben *J* 3 Mexikaner] Mexicaner *J* drey] drei *J* 4 umgewühlt] umgewühlt, *J* gepflügt] gepflügt, *J* 5 Scottschen] Scott'schen D^{1-2} 6 Granada] Granada, *J* 7 Weiber] Weiber, *J* 8 Maurenkönigs] Mohrenkönigs *J* 9 bey] bei *J* wurde,] wurde *J* 10 der] auch der *J* Scottschen] Scott'schen D^{1-2} 12 den] dem *J* 13 dem die] der die *J* 14 wird] sieht *J* 16 rabbinischen] rabinischen *J* 24 leuchtend] leuchtend, so strahlend *J* 25 werden,] werden *J* 25–26 und unterdessen *bis* verblichene Pracht.] und der Vergangenheit vergessen mit all ihrer verschollenen Pracht und verblichenen Herrlichkeit. *J* 27 wohl] leicht *J* 28–29 contrerevoluzionäre] kontrerevoluzionäre *J* contrerevoluzionaire D^2 29 Geistes] Geistes, *J* 30 andere] andre *J* Schriftsteller] Schriftsteller in ihm *J* 30–31 in ihm erkennen.] erblicken *J* 34 von denen, die noch stehen geblieben sind,] von den noch stehengebliebenen Formen *J* 35 sie,] solche *J* Zähnefletschen,] Zähnefletschen *J* 36 und] und, *J* Aerger] Aerger, *J* 36–37 mit seinem melodischen Gifte beschädigt] beschädigt *J* 38 Harlekin] Harlequin *J* 39 bespritzen.] bespritzen – – – – – *J* 161,40–162,15 Wahrlich *bis* führen] *(fehlt in J)*

162,17 außerhalb] ausserhalb D^1 kritischen] kritischer D^1 19 W. Scotts] Sir Walter Scotts *J* 23 hübsches] hübsches, *J* 27 vollbracht,] vollbracht *J* 29 Phantasie,] Phantasie *J* deßhalb] deshalb D^{1-2} 30 andere] andre *J* Art] Weise *J* 31 dreyßig] dreißig *J* dreizig D^1 33 hervorgebracht.] hervorgebracht hat. *J* 37 Riesenbaum,] Riesenbaum *J* 38 Rußlandzuges] Rußlandszuges D^1

163,1 Heldengeschlecht] Heldengedicht D^2 Freyheit] Freiheit *J* 3 von] vom *J* von dem] vom *J* 6 Freyheit] Freiheit *J* 7 Sklaven] Sclaven *J* 8 Prophezeyung] Prophezeiung *J* 9 Völker] Zeiten *J* 10 den] dem *J* Ellore] Elorah *J* indischer Grottentempel] indischen Tempelhallen *J* 14 Verderben,] Verderben *J* 17 bey] bei *J* 18 erloschen,] erloschen *J* 19 Immermann] Immerman *J* herauf beschworen] heraufbeschworen *J* 20 Unglücksgesang] Untergangsgesang *J* 23 wahres] wahrer *J* 26 ebenso] ebenfalls *J* 29 skäischen] Skäischen *J* Thore, ist] Thore. Ist *J* 30 Neapel etwas] Neapel *J* allzubuntscheckig modern] allzubuntscheckig-modern *J* 31 groß,] groß *J* Peliden,] Peliden; *J* 32 Eugèn,] Eugèn; *J* 33 Ritter,] Ritter *J* 34 Caulaincourt] Caulincourt *J*, D^{1-2} wohnen] leben *J* 35 des Diomedes –] Diomedes u.s.w. *J* 36 Haupte] Haupt *J* äußeren] äußern *J* 39 herrlichen] edlen *J*

164,2 unsere] unsre *J* 2 bezwingt.] bezwingt *J* 3 es] er *J* 5 begeistert.] *(Ende von J)* 13 unsern] unseren *D*[1] 15 Verlüsten,] Verlüsten *D*[1] 27 Vaterlandes] Vaterlandes, *D*[1] 33 Nachbaren] Rachbaren *D*[1] 35 *Nach* begreifen *folgten in* D[1] *noch über 6 Seiten Text, die Heine bei der 2. Auflage strich (vgl. »Entstehung und Aufnahme« 731,7–12) und die in den Textanhang aufgenommen wurden (281,13–283,12). Während Heine in* D[2] *an die gestrichene Stelle folgende Überleitung anhängt:* Da ich selbst *bis* folgenden Xenien, *heißt es in* D[1]*:* Da aber einmal von deutscher Literaturmisere die Rede ist, und ich jetzt noch nicht gesonnen bin, mich reichlicher darüber zu verbreiten, so mag hier eine fügliche Stelle seyn zum Einschalten der folgenden Xenien 39 sind.] sind, und die mir derselbe jüngsthin geschenkt hat. *D*[1]
165,37 égal] egal *D*[1]
167,11 Tugend,] Tugend *D*[1] 31 Sag'] sag *D*[1]

Restitutionen

Apostroph aufgehoben: **165**,39 beym **145**,15 vorm **152**,27 Alys **154**,24 ans **164**,32 aufs **167**,7 Brahmas **144**,25 **160**,29 Europas **145**,11 23 **147**,17 27 38 Goethes **166**,1 Hamelns **164**,38–39 Immermanns **161**,38 **166**,31 ins **165**,36 Saadis **161**,5 10 Scottschen **153**,30 liest
ai *in* ä: **161**,28-29 contrerevoluzionäre
c *in* k: **158**,17 Akt **158**,17 Akte **159**,31 diskursiv **159**,37 kajoliren
h *eingefügt:* **149**,20 Mahl
i *in* y: **142**,20 Befreyungstaumel **141**,4 bey **142**,35 beymischte **146**,36 zwey
in *in* inn: **153**,36 **154**,12 Göttinn
k *in* c: **143**,25 Conversazionshauses
ll *in* l: **152**,14 Riesenpalastes
s *in* ß: **154**,17 **162**,29 Deßhalb
t *in* th: **141**,4 **153**,40 Monath
t *in* tz: **143**,32 Anreitz **141**,13 **150**,5 Reitz
u *in* ou: **158**,25–26 enthousiastischer
y *in* i: **147**,3 beide **152**,28 beiden **154**,18 beider **152**,2 Kristallkuppel

Erläuterungen

Folgende Werke werden in den Sacherläuterungen nur in abgekürzter Form zitiert: »Bruchstücke« = »Bruchstücke aus Karl Berthold's Tagebuch. Herausgegeben von Oswald«, Berlin 1826; Diepenbrock-Grüter = Karl Schulte-Kemminghausen, »Tagebuchaufzeichnungen des westfälischen Freiherrn Ludwig von Diepenbrock-Grüter«. In: »Jost-Trier-Festschrift«,

Meisenheim 1954, S. 277–296; Holzhausen = Paul Holzhausen, »Heinrich Heine und Napoleon I.«, Frankfurt 1903; Friedrich Schlegel, »Geschichte der alten und neuen Litteratur«. In: »Sämtliche Werke«, Bd. 2, Wien 1822; Soeke Bakker = Hermann Soeke Bakker, »Norderney. Vom Fischerdorf zum Nordseeheilbad«, Bremen-Horn 1956.

139 Die Nordsee. 1826. Dritte Abtheilung.] *wie bei so vielen Heineschen Prosaschriften läßt sich auch auf die »Nordsee III« keine der gängigen Prosabezeichnungen anwenden. Es handelt sich hier weder um einen bloßen Reisebericht noch um eine literarische Satire oder ein politisches Traktat, sondern um eine höchst unzusammenhängende und doch geschickt arrangierte Zweckprosa, die sich am besten mit Bezeichnungen wie ›Mémoire‹ oder ›Mélange‹ charakterisieren ließe. Fast noch stärker als im nachfolgenden »Buch Le Grand« geht es in diesem Werk vor allem um* Ideen *und nicht um interessante Reiseskizzen, was von vornherein auf einen inneren Bezug zu Hegel verweist. Heine verzichtet in »Nordsee III« ganz bewußt auf das ästhetisch Abgerundete und stellt dafür einen Komplex sich widerstreitender Ideen dar, in dem sich die dialektische* Zerrissenheit *des modernen Weltzustandes spiegeln soll (vgl. Erläuterungen zu 143,14 und 147,40). Im schmerzlichen Bewußtsein seiner subjektiven Freiheit und damit Bindungslosigkeit tritt hier ein Autor auf, der sich sowohl von den rückständigen Insulanern als auch von den konventionellen, an ihre Klasse gebundenen Badegästen unterschieden sieht und diese Trennung als einen halb beseligenden, halb krankhaft-unnormalen Zustand empfindet. Im Gegensatz zu allen Menschen um ihn herum bewegen sich seine Gedanken nicht in festgefahrenen Bahnen, sondern sind so unruhig, so dynamisch, so wechselhaft wie das Meer, das die Grundstimmung des Ganzen liefert. Wie die 1. und 2. Abteilung der »Nordsee« ist daher auch dieses Werk ein typisches ›Seestück‹, ein Werk der Bewegung, das sich gegen alle Status-quo-Vorstellungen richtet. Es wäre daher unangebracht, es im Anschluß an den Titel »L'île de Norderney«, der für die französische Übersetzung gewählt wurde, auch in den deutschen Ausgaben einfach mit »Norderney« zu überschreiben, wie das Strodtmann, Karpeles u.a. bei ihren Ausgaben der Werke Heines getan haben. Da auch Heine bei seinen Plänen für eine spätere Gesamtausgabe seiner Werke stets den Titel »Nordsee« gebraucht (vgl. seine Briefe an Campe vom 12. November 1846, 7. Juni 1848 und 18. März 1852), besteht kein Anlaß, von dem Titel »Die Nordsee. 1826. Dritte Abtheilung« abzuweichen.*

140 Motto: Varnhagen von Enses Biographische Denkmale. 1. Th. S. 1. 2.] *dieses Motto entnahm Heine den Eingangsworten der Abhandlung »Graf Wilhelm zu Lippe« aus Varnhagen von Enses Buch »Biographische Denkmale«, das 1824 in Berlin erschienen war. Dort heißt es auf S. 1f.: »Die deutschen Lebensgebiete haben von jeher den eignen Anblick gewährt, daß* *sie die Fülle der herrlichsten Gaben und Kräfte immer auch durch den Drang der größten Schwierigkeiten und Hindernisse umstellen, und kaum der übermächtigsten Anstrengung dann und wann gestatten, zu ihrem Ziel in das offene Weite völlig durchzubrechen. Die Anlage zum Großen, die Kraft zum Thätigen, der Eifer der Gesinnung erscheinen hier stets in reichster Darbietung, aber alsobald setzt das Leben sich ihnen entgegen von allen Seiten, drängt sie nieder auf geringere Stufen und beschränkt sie auf engeren Raum, als ihrem inneren Berufe zu gebühren schien. Die Gemüthskraft und Geistesstärke des Einzelnen mag noch so groß sein, die der Nation, vertheilt und belebt in ihren getrennten Gliedern, steht mächtiger daneben, und verwehrt die großen freien Bahnen, die wir bei andern Völkern jedem Außerordentlichen so bald und leicht eröffnet sehn. Unsre Litteratur wie unsre Politik sind reich an Beispielen dieser Eigenheit; unsre Helden in beiden, unsre Fürsten, Feldherren, Staatsmänner, Refomatoren, Bildner in Kunst und Leben, alle mußten ihre größten Gaben, ausgestattet für Vollgewinn, um geringeren verwenden, der selbst nur um jenen Preis erreichbar wurde. Auch Luther und Friedrich der Große, gerüstet und gerufen für die Gesammtheit des Vaterlandes, konnten in dessen Vielgestalt und Zersplitterung, wie mächtige Werke sie auch darin gebildet, nicht das Ganze vereinigend umfangen«. Heines genauere Kenntnis dieses Buches wird durch den Brief vom 24. Oktober 1826 an Varnhagen belegt. Es heißt dort:* In Nordeney hab' ich Ihre Biographische Denkmahl<e> gefunden, die ich früherhin nur flüchtig gelesen, und erst dort mit Muße studierte. Um Gott! wie kann man so ruhig schreiben. König Theodors Schildrung ist mir das liebste. Ich finde darinn Ihren pitoresken Styl. Die andern Biograf<ien> sind vielleicht besser, weil sie planer geschrieben, effectvermeidender. Ich las diese Schilderungen im Freyen, in schönen Tagen. *Heine will sich mit diesem Motto nicht nur für Varnhagens wohlwollende Rezension von Rb I^1 bedanken (vgl. »Entstehung und Aufnahme« der »Harzreise« 540,17), sondern stellt dieses Zitat auch aus inneren Gründen vor das Ganze. Schließlich ist die vielfältige Zersplitterung der deutschen Geisteskräfte eins der Hauptthemen dieses Werkes. Wohl am deutlichsten zeigt sich das in dem Passus über den gegenwärtigen Zustand der deutschen Bagatell-Literatur, der sich fast wörtlich auf das Varnhagen-Motto bezieht, jedoch von Heine später ausgeschieden wurde (vgl. das Bruchstück zum Schlußabschnitt von »Nordsee III« 281,13–283,12), wodurch diese direkte Bezogenheit nicht mehr ganz so auffällig ist.*

141,*1* Geschrieben auf der Insel Norderney.] *auf der Insel selbst sind wahrscheinlich nur ein paar Notizen entstanden. Den Hauptteil hat Heine im Oktober/November 1826 in Lüneburg niedergeschrieben (vgl. »Entstehung und Aufnahme« 725,36–40).*

141,*3* blutarm] *die meisten Insulaner gehörten der »4. Klasse an« und waren wegen ihrer Armut von den Steuern befreit (vgl. Soeke Bakker S. 17).*

141,*5* als Matrosen] *bis ins frühe 18. Jahrhundert lebten die meisten Norder-*

neyer fast ausschließlich von der Hochseefischerei. Ab 1750 beschränkten sie sich mehr und mehr auf die Strand- und Wattfischerei oder verdingten sich auf fremden Frachtschiffen als Matrosen. Aufgrund dieser Entwicklung gab es 1824 nur noch 8 Fischerkähne auf Norderney (vgl. Soeke Bakker S. 4ff.).

141,*9* einige arme Weiber] *auch Soeke Bakker schreibt, daß es gerade zu Anfang des 19. Jahrhunderts auf Norderney »viele Witwen« gegeben habe (S. 25).*

141,*22–23* eine Sprache schwatzen] *es handelt sich bei dem Norderneyer Dialekt um ein ostfriesisches Niederdeutsch (vgl. hierzu Heines Charakteristik der friesländischen Fischer am Anfang der Schrift »Die Götter im Exil«, DHA Bd. 9).*

141,*27–28* die gemeinschaftliche Unmittelbarkeit] *die Norderneyer kannten damals weder Rang noch Stand und redeten sich alle per ›Du‹ an (vgl. Soeke Bakker S. 21).*

141,*39* im Grunde geistig einsam] *erstes Aufgreifen der in Varnhagens Motto (140) ausgesprochenen Ideen, die zugleich mit dem Hegelschen Gedankengang der zunehmenden Abstraktion der zwischenmenschlichen Beziehungen verbunden werden (vgl. hierzu auch das Gespräch zwischen dem Hegelianer und dem Fichteaner über den Sinn der geschichtlichen Entwicklung in »Bruchstücke« S. 169–200).*

142,*16* nicht nachahmen können] *da nach Hegels Ästhetik die »goldne Zeit« des Mittelalters etwas Unwiederbringliches ist, wandten sich viele seiner Schüler gegen die von der Restauration unterstützten neogotischen Bestrebungen, denen sich in Berlin selbst ein Klassizist wie Schinkel anschloß (vgl. »Reise von München nach Genua« Kap. II).*

142,*31* Köhlerglaubens] *eine der Lieblingsvokabeln Heines für das Dumpfe und Hinterweltlerische des geistlich-reaktionären Biedermeiers.*

142,*35* Rom wollte immer herrschen] *Anspielung auf die Germanenkriege der römischen Kaiser und die spätere Zwangschristianisierung der nordischen Völker durch die römisch-katholischen Missionare. Auf das Bild der* Riesenspinne *(dem Cäsar) folgt dabei das Bild der* Kreuzspinne *(dem Papst), was in ähnlicher Form in der »Romantischen Schule« (Buch III,6) und in der »Geschichte der Religion und Philosophie in Deutschland« (Anfang von Buch I) wiederkehrt. Die »Elegante« bezeichnet in ihrer Nr. 105 vom 31. Mai 1828 diesen Vergleich als ein besonders »treffendes Bild« (Sp. 838). In Umkehrung dieser Metapher stellten später Konservative wie Jeremias Gotthelf in seiner »Schwarzen Spinne« (1844) gerade die Spinne als den liberalen Antichrist dar.*

143,*6* Colisäums] *wahrscheinlich ein Gallizismus im Anschluß an ›Colisée‹, das auf vulgärlateinisch ›Coliseum‹ zurückgeht.*

143,*14* Zerrissenheit] *im Zusammenhang mit dem Konzept der Zerrissenheit klingen in diesem Abschnitt mehrfach Gedanken aus Hegels »Phänomenologie des Geistes« (1807) an. So spricht Hegel einmal von dem »zerrissenen*

Selbst der Welt der Bildung« (VI C b), ein anderesmal in dem Kapitel »Der Kampf der Aufklärung mit dem Aberglauben« (VI B II a) von der dialektischen Gewalt der Geistesentwicklung, durch welche »die s c h ö n e *Einheit des* V e r t r a u e n s *und der unmittelbaren* G e w i ß h e i t *« unbarmherzig auseinandergerissen werde (vgl. hierzu auch die ausführliche Analyse des Begriffs* Zerrissenheit *im Hinblick auf die Hegelsche Dialektik bei Ernst Feise, »Form and Meaning of Heine's essay ›Die Nordsee III‹«. In: »Monatshefte für deutschen Unterricht« 34, 1942, S. 223–234).*

143,*19* unserer armen Insulaner] *Heine ist nicht der erste, der über die allmähliche Korrumpierung der Eingeborenen durch den immer stärkeren Zustrom an Badegästen klagt. Ähnliches liest man schon in den »Briefen über Norderney« vom 11. März 1821 im Mindener »Sonntagsblatt« (Nr. 10, S. 78–80), in denen auf den unheilvollen Einfluß des Konversationshauses, des Roulettespiels und der Prostitution hingewiesen wird. Obwohl der Badebetrieb schon 1798 begonnen hatte, kam es erst nach den napoleonischen Kriegen zu einem wirklichen Aufschwung des Saisonbetriebes. Dazu trugen vor allem die 1814 modernisierte und verstaatlichte Badeanstalt und die 1820 im Konversationshaus errichtete Spielbank bei, die auch dem ›eleganten‹ Publikum einen Anreiz gaben, den Sommer oder Frühherbst auf Norderney zu verbringen (vgl. Soeke Bakker S. 53).*

143,*37–38* in einem Kindheitszustande leben] *vgl. Heines Bemerkungen über die Kindheitsphase der Menschheit in »Harzreise« (91,33).*

144,*11*–**148**,*22* Goethe in den Wahlverwandtschaften *bis* an Goethe festgeschwatzt] *der folgende Abschnitt bezieht sich unmittelbar auf den lebhaften Streit um Goethe, der seit 1815 die literarischen Zirkel in Deutschland bewegte. Nach der allmählich abflauenden burschenschaftlichen Reaktion auf Goethes unpatriotische Haltung während der sogenannten ›Befreiungskriege‹ meldete sich seit dem Anfang der zwanziger Jahre vor allem die pastörliche Kritik von rechts (Pustkuchen) und die radikal-liberale Kritik von links (Börne) zu Wort. Heine stellt sich im folgenden auf die Seite Goethes und tritt allen reaktionären Anfeindungen moralischer und klerikaler Art scharf entgegen, ja lobt sogar ausdrücklich das Gesunde, Einheitliche und Plastische an Goethes Art (vgl. 148,2). Kritische Äußerungen werden diesmal in Rücksichtnahme auf die liberalen Goethe-Verehrer in Berlin (Varnhagen, Rahel, Hegel usw.) unterdrückt. Schließlich beginnt dieses Werk mit einem Motto Varnhagens! Daß Heine in diesen Jahren eine ganze Reihe von Reservationen gegenüber Goethe hatte, die er aber lieber für sich behielt, geht schon aus einem Brief vom 27. November 1823 an Ludwig Robert, den Bruder Rahels, hervor:* Sie können kaum glauben wie artig ich mich jetzt gegen Frau v. Varnhagen betrage, – ich habe jetzt, bis auf eine Kleinigkeit, den ganzen Goethe gelesen!!! Ich bin jetzt kein blinder Heide mehr, sondern ein sehender. *Noch verstärkt hatte sich diese private Goethe-Aversion nach dem verunglückten Besuch in Weimar im Herbst 1824 (vgl. »Entstehung und Auf-*

nahme« der »Harzreise« 521,4). Auch in den Gesprächen mit seinen Lüneburger Bekannten während der Niederschrift von »Nordsee III« muß sich Heine in der Hitze des Gefechtes scharf gegen Goethe geäußert haben. So notiert sich Diepenbrock-Grüter am 20. November 1826 in sein Tagebuch: »Er, Heine, brenne sich gegen ihn <Goethe> zu erklären, indes halte ihn seine Stellung in der schriftstellerischen Welt davon ab. Goethe sollte Gott danken, wenn er manche der Ideen hätte, die Walter Scott äußere« (vgl. Diepenbrock-Grüter S. 294).

144,*11–12* in den Wahlverwandtschaften] *Heine meint damit das sogenannte »Versehen« in Goethes »Wahlverwandtschaften« (II,8), auf das er in ähnlich witziger Form schon in den »Briefen aus Berlin« anspielt (vgl. 16,14–15).*

144,*14* voriges Jahr] *Heine hatte 1825 die Zeit vom 13. August bis etwa 24. September auf Norderney verbracht.*

144,*16–17 la tentation du vieillard*] *die ›Versuchung eines Greises‹ darzustellen, beschränkt sich nicht nur auf die bekannte Geschichte von der Versuchung des heiligen Antonius (251–356), sondern war bis ins 18. Jahrhundert im Sinne des alten ›Memento mori‹ auch als Gelehrtensatire beliebt. Die Gestalt des Professors im Gehäuse wurde dabei meist mit der nackten Gestalt der Fortuna oder der Frau Welt konfrontiert.*

144,*26* einen kleinen Kongreß] *die gleiche parodistische Anspielung auf die von Metternich unterstützte Kongreßpolitik, die schon in der »Harzreise« auftaucht (vgl. Erläuterung zu 122,17).*

144,*31* der Vater seiner Unterthanen] *mit diesem ironischen Ehrentitel bezeichnete man u.a. August den Starken von Sachsen (1670–1733), der über 200 ›natürliche‹ Nachkommen unter seinen Landeskindern gehabt haben soll. In einem übertragenen Sinne soll damit selbstverständlich auch die betont ›patriarchalische‹ Note der Restaurationsideologie ironisiert werden.*

144,*31* Die Bourbonen] *die 1815 nach dem Sturz Napoleons mit Ludwig XVIII. (1755–1824) in Frankreich wieder an die Macht gekommen waren.*

144,*35* Beymischung von Kupfer] *von einer solchen Mischung ist nichts bekannt. Vielleicht meint Heine hier die alten Münzen, die während des Siebenjährigen Krieges geprägt wurden und einen beträchtlichen Kupferzusatz hatten. Doch vielleicht soll diese Stelle nur auf die schlechte Finanzlage in Preußen im allgemeinen anspielen (vgl. »Briefe aus Berlin«, Erläuterungen zu 33,19 und 45,16–17). Vgl. dazu auch die Hinweise auf Heines Geldsortenwitze in der »Hermione« vom 4. Juli 1827, in denen er selbst als der größte »Verfälscher« hingestellt wird (Beilage »Literatur- und Wissenschaftsblätter«, Nr. 23, Sp. 368).*

144,*39* Silbergroschengesichtchen] *vgl. ähnliche Wortprägungen wie* Quadratmeilengesicht *in der »Harzreise« (87,15) oder* Witwenkassengesicht *in der »Reise von München nach Genua« (Kap. II). Daß es in Berlin einen stehenden Witz über diese Silbergroschen gegeben haben muß, belegt ein Eintrag aus Varnhagens Tagebuch vom 26. April 1822, wo es heißt: »Den*

Schauspielern ist verboten worden, von der Bühne herab über den Silbergroschen ihren Witz zu machen« (vgl. »Blätter aus der preußischen Geschichte«, Leipzig 1868, II, 107).

145,4–5 ein guter Christ bin] *der gleiche ironische Hinweis auf seine am 28. Juni 1825 in der Kirche St. Martini zu Heiligenstadt bei Göttingen erfolgte Taufe wie in »Harzreise« (vgl. Erläuterung zu 134,30–31). Vgl. zu dieser Stelle und zum folgenden auch den Brief vom 8. Oktober 1825 an Moses Moser, wo Heine schreibt:* Ich will ein Japaner werden. Es ist ihnen nichts so verhaßt wie das † *und den zynischen Ausspruch* so wahr ich Christ bin *in dem Gedicht »Almansor« (vgl. DHA Bd. 1).*

145,24 in seinem »Philipp Reiser«] *die von Heine zitierte »Faust«-Stelle fand sich damals nur in dem Band »Erinnerungen aus den zehn letzten Lebensjahren meines Freundes Anton Reiser. Als ein Beitrag zur Lebensgeschichte des Herrn Hofrath Moritz von Karl Friedrich Klischnig« (Berlin 1794, S. 211). Dort heißt es wörtlich: »Faust frägt ihn <Mephisto>, indem sie vor einem Kreuz vorbei gehn:*

Mephisto hast Du Eil?
Was schlägst vorm Kreuz die Augen nieder?

Und dieser antwortet:

Ich weiß es wohl, es ist ein Vorurtheil;
Allein es ist mir 'mal zuwider«.

Den genauen Wortlaut der zitierten »Faust«-Stelle teilten erst Johann Peter Eckermann und Friedrich Wilhelm Riemer in den 1838 veröffentlichten Paralipomena zum »Faust« mit (vgl. dazu auch Loewenthal S. 172). Karl Philipp Moritz (1757–1793) hatte zu Lebzeiten nur 4 Bände seines »Anton Reiser« (1784–1790) veröffentlicht. Der 5. Band erschien ein Jahr nach seinem Tod aus dem Nachlaß. Daß Heine »Philipp Reiser« *schreibt, mag eine Verwechslung mit dem auch im Roman auftauchenden Philipp Reiser, einem Freunde Antons, sein. Wahrscheinlicher ist jedoch, daß Heine damit das Autobiographische dieser Gestalt noch stärker hervorheben will.*

145,30 Bedienter zu werden] *Moritz beschreibt in seinem »Anton Reiser« ausführlich, wie stark ihn der »Werther« beeinflußte (3. Teil) und wie er darauf den Plan faßte, von Hannover nach Weimar zu wandern, um dem Dichter dieses Buches auf immer nahe zu sein. So heißt es im 4. Bande, kurz nachdem er Erfurt verlassen hat: »Tausenderlei romanhafte Ideen durchkreuzten sich in seinem Kopfe, worunter eine ihm besonders reizend schien, daß er in Weimar bei dem Verfasser von Werthers Leiden wollte Bedienter zu werden suchen, es sey unter welchen Bedingungen es wolle; daß er auf diese Art gleichsam unerkannter Weise, so nahe um die Person desjenigen seyn würde, der unter allen Menschen auf Erden den stärksten Eindruck auf sein Gemüth gemacht hatte; er gieng vors Thor und blickte nach dem Ettersberge hinüber, der wie eine Scheidewand zwischen ihm und seinen Wünschen lag« (»Anton Reiser«, Berlin 1790, IV,164).*

145,*35* »unser drittes nachwachsendes Geschlecht«] *in der Einleitung zu Goethes »Noten und Abhandlungen zu besserem Verständnis des West-östlichen Divans« heißt es wörtlich: »Ein zweites, drittes nachwachsendes Geschlecht entschädigt mich doppelt und dreifach für die Unbilden, die ich von meinen früheren Zeitgenossen zu erdulden hatte«.*

146,*3* die Zuckerdose] *Heines Bruder Maximilian berichtet, daß es ihnen zu Hause in Düsseldorf als Kindern streng verboten war, das letzte Stück Zucker, den sogenannten »Respekt«, aus der Zuckerdose zu nehmen (vgl. Strodtmann I,9). Nach dem Lüneburger Tagebuch Diepenbrock-Grüters hat Rudolf Christiani im November 1826 in einem Gespräch zu Heine gesagt: »Für die Mystiker sei die Welt und ihre Freude nichts anderes, als was für die Mägde eine offene Zuckerdose mit gezählten Zuckerstückchen sei, welche die Hausfrau ihnen hingesetzt, um daran ihre Enthaltsamkeit zu prüfen« (vgl. Diepenbrock-Grüter S. 291).*

146,*6–7* und predigen ihm das Kreuz] *deutliche Anspielung auf die Angriffe gegen Goethe, die in den zwanziger Jahren von christlicher Seite aus gegen ihn geführt wurden (vgl. dazu Michael Holzmann, »Aus dem Lager der Goethe-Gegner«, Berlin 1904 und Ludwig Geiger, »Goethe und Pustkuchen«, Berlin ^{2}1914). Die schärfsten Angriffe dieser Art, auf die Heine bereits in seinen »Briefen aus Berlin« (49,25) und »Über Polen« (57,21) hinweist, finden sich in Pustkuchens 3. Teil von »Wilhelm Meisters Wanderjahren«, in dem der unmoralischen »Zügellosigkeit« Goethes die »altdeutsche Sitte« und christgermanische »Treue« entgegengehalten wird (Quedlinburg 1823, S. 34ff.).*

146,*7* den großen Heiden] *Goethe hat aus seiner antiklerikalen Haltung selten ein Hehl gemacht. So bezeichnet er sich in einem Brief vom 29. Juli 1782 an Lavater als »dezidierter Nichtchrist«. In Nr. 67 der »Venetianischen Epigramme« heißt es, daß ihm 4 Dinge unerträglich seien: »Tabak, Wanzen, Knoblauch und †«. Heine beschreibt ihn daher im 1. Buch der »Romantischen Schule« als Griechen, der seltsamerweise auch Deutsch verstände.*

146,*11* Satyr] *Begleiter des Dionysos, der von den Griechen halb als Mensch, halb als Ziegenbock dargestellt wurde und als sehr erotisch galt.*

146,*14* Clauren-Lächeln] *über Clauren (Carl Gottlieb Samuel Heun) vgl. »Briefe aus Berlin« (45,16–17), »Harzreise« (125,5) und das Bruchstück »Ilsenstein« (229,23). In seinen damals sehr beliebten Novellen wird die frustrierte Lüsternheit meist hochmoralisch verzuckert, woraus sich eine süßliche Pornographie für empfindsame Seelen ergibt.*

146,*15* Wolfgang Apollo] *der Apoll von Belvedere war neben der mediceischen Venus Heines Lieblingsstatue (vgl. »Harzreise« 89,10). Vgl. auch die Bemerkungen über die nackte Apollo-Statue in den »Briefen aus Berlin«, über die sich der tugendhafte Turnvater Jahn so erregt hatte (vgl. Erläuterungen zu 16,12–13). Interessanterweise wird schon dort auf das »Versehen« hingewiesen (16,14–15).*

146,*16* in den Zeiten] *gemeint ist die Zeit zwischen 1550 und 1620, in der sich* *die spanisch-manieristische Tracht und mit ihr die weiten Pluderhosen in Europa durchsetzten. In Spanien wurde dabei die Unterhose mit Roßhaar, in Deutschland mit bis zu 60 Ellen Stoff ausgestopft, der teilweise aus den aufgeschlitzten Oberhosen herausquoll.*

146,22–23 Leibdiener im Orient] *waren meist Verschnittene und daher für die Damen* harmlos.

146,24 Bertholds Tagebuch] *gemeint ist das Buch »Bruchstücke aus Karl Berthold's Tagebuch. Von Oswald. Berlin 1826« von Martin Hieronymus Hudtwalcker (1787–1865), ein vielgelesener Studentenroman mit burschenschaftlicher Tendenz, dem Heine eine ganze Reihe von Anregungen zu »Nordsee III« verdankt (vgl. Erläuterungen zu 146,32–33, 149,33–34, 150,17 und 151,6). Die hier zitierte Stelle steht bei Oswald auf S. 268; Heine ändert lediglich »überlegen« in* überdenken.

146,28 Der hannövrische Adel] *vgl. Erläuterungen zu 155,30.*

146,32–33 ob Goethe größer sey, als Schiller] *seit Pustkuchens »Wanderjahren« war dieses Thema zum ästhetischen Hauptgespräch Nr. 1 geworden (vgl. noch »Romantische Schule«, 1. Buch). Pustkuchen hatte schon im 1. Teil seines Buches Schiller wegen seiner »idealisierenden« Tendenzen weit über den unmännlichen, verführerischen, charakterlosen und formalistischen Goethe gestellt (Neue Ausgabe 1823, I,174). Auch in »Bertholds Tagebuch« behauptet Miranda dem Studenten Berthold gegenüber, daß Schiller »ein größerer Dichter sey« als Goethe (S. 78). Ähnliche Gespräche werden auf S. 270 geführt. Goethe sagte am 12. Mai 1825 zu Eckermann über diese Fehde: »Nun streitet sich das Publicum seit zwanzig Jahren, wer größer sey: Schiller oder ich, und sie sollten sich freuen, daß überall ein paar Kerle da sind, worüber sie streiten können«.*

146,37 Zodiakus von Dendera] *der Zodiakus von Denderah in Oberägypten befand sich unter den Deckengemälden des dortigen Tempels, wurde 1820 von den Franzosen herausgesägt, trotz seiner 40000 Pfund nach Marseille verschifft, von dort aus nach Paris gebracht und in einem Korridor der königlichen Bibliothek aufgestellt, wo ihn Heine später selbst gesehen hat (vgl. »Geständnisse«, DHA Bd. 15). Dieser Zodiakus galt damals als sehr alt. Erst spätere Ägyptologen erkannten, daß es sich bei diesem Werk um einen Tierkreis aus der Zeit der Königin Kleopatra handelt, der sich auf die Geburt ihres Sohnes Cäsarion (46. v. Chr.) bezieht.*

146,38 quecksilbergefüllter Jüngling] *da man Quecksilber damals hauptsächlich zur Bekämpfung von Syphilis verwandte, scheint die* Tugend und Reinheit *dieses Jünglings einen höchst forcierten Charakter zu haben.*

147,1 »Würde der Frauen«] *ein damals oft zitiertes Gedicht Schillers über den »frommen« Sinn des Weibes, den auch Caroline Pichler in ihrem Roman »Frauenwürde« (1818) ins peinlich Sentimentale stilisiert hatte. Die Goetheschen Frauengestalten, vor allem Figuren wie Klärchen, Philine und Adelheid, wurden dagegen von den züchtigen Pustkuchenianern schärfstens verurteilt.*

147,*1* hinlispelte] *eine wahrscheinlich von E.T.A. Hoffmann übernommene Vokabel zur Ironisierung des Hingehaucht-Gefühlvollen. Vgl. »Harzreise«, wo die Dame auf dem Brocken einige Sonnenuntergangsstellen aus Byrons Werken* lispelt *(120,12).*

147,*6* Die Dame] *nach Pustkuchen war Goethe vor allem der »Liebling vieler Damen«, die sich von verführerischen Gestalten wie Weislingen oder Clavigo angezogen fühlten (vgl. 1. Teil der »Wanderjahre«, Neue Ausgabe 1823, S. 174).*

147,*7–8* was halten Sie von Goethe?] *ähnliche Ironisierung der bekannten Gretchenfrage wie schon in der »Bergidylle« (108,31).*

147,*9* La illah ill allah] *der entscheidende Kernsatz des mohammedanischen Glaubensbekenntnisses: »Es gibt keinen Gott außer dem einen Gott, und Mohamed ist der Gesandte Gottes« (vgl. »Koran«, Sure 4, 136). Heine hatte den »Koran« 1823 in der Boysenschen Übersetzung gelesen (vgl. »Harzreise«, Erläuterung zu 128,25). Möglicherweise will Heine mit einer solchen ausweichenden Antwort sagen, daß sich eine solche Glaubensfrage rational nicht beantworten lasse.*

147,*21–22* eine gemeinschaftliche Welt] *wahrscheinlich nach einem Wort Rahels, welche Goethe als den »Vereinigungspunkt für alles, was Mensch heißen kann und will« bezeichnet hatte (vgl. die spätere schriftliche Fixierung in »Rahel. Ein Buch des Andenkens für ihre Freunde«, Berlin 1834, I,144).*

147,*27–28* Goethes italienische Reise] *erschien 1816–1817 unter dem Titel »Aus meinem Leben. 2. Abtheilung«, und zwar aufgrund der Briefe und Tagebuchaufzeichnungen, die Goethe zwischen dem September 1786 und April 1788 niedergeschrieben hatte.*

147,*31* mit Archenhölzern] *Johann Wilhelm Archenholtz (1741–1812), ein Geschichtsschreiber und Publizist, hatte seit 1763 fast ganz Europa bereist. Sein Buch »England und Italien« war 1785 in 2 Bänden herausgekommen. Der junge Heine hat die 2. Auflage dieses Werkes von 1787 bereits als Gymnasiast aus der Düsseldorfer Hofbibliothek entliehen (vgl. HJb 10, 1971, S. 37). England wird hier mit den Augen der Aufklärung als das Land der demokratischen Freiheit gepriesen, in dem jeder nur seiner eigenen Natur folge, während Archenholtz Italien als ein politisch zurückgebliebenes, ja geradezu reaktionäres Land beschreibt. Goethe, der unpolitische Italien-Schwärmer, tadelt daher Archenholtz in seiner »Italienischen Reise« wegen dessen »verachtender Manier« (2. Dezember 1786).*

147,*32* mit begeisterten Corinnaaugen] *Germaine de Staël-Holstein (1766–1817) gibt in ihrem Buch »Corinne, ou l'italie« (1807), das noch im gleichen Jahre von Dorothea Schlegel ins Deutsche übersetzt wurde, eine enthusiastische Schilderung Italiens. Heine empfiehlt dieses Werk am 28. November 1823 seinem Freunde Moses Moser mit den Worten:* Wenn Du Dir mahl ein Vergnügen machen willst so lese die Corinna von Me Stael; es wird Dich ansprechen. *Schon im 1. Bande singt Corinna bei ihrer Dichterkrönung das*

Preislied »Das Lob Italiens« (Deutsche Übersetzung, S. 77ff.). Anschließend führt sie den jungen schottischen Lord Nevil durch Rom (S. 158ff.), um ihn mit schönheitstrunkenen Reden von der Größe dieser Stadt zu überzeugen.

147,40 kranken, zerrissenen, romantischen Gefühlen] *Anspielung auf Goethes berühmte Charakterisierung des ›Romantischen‹ als etwas Krankem. Diese byronistische Pose ist bei Heine in diesen Jahren noch häufig, wird jedoch zugleich durch das Adjektiv* zerrissen *in den Bereich der hegelianischen Dialektik transponiert (vgl. Erläuterungen zu 143,14).*

148,2 gesund, einheitlich und plastisch] *schon in seinem frühen Aufsatz »Die Romantik« (1820), der ebenfalls auf der Gegenüberstellung von ›plastisch‹ und ›romantisch‹ beruht, wird Goethe den plastischen Dichtern zugeordnet. Wie kritisch Heine inzwischen in seinem privaten Urteil an dieser harmonischen, genüßlichen, unideellen Sehweise Goethes geworden war, zeigt sich vor allem in den Briefen am 26. Mai 1825 an Rudolf Christiani und am 1. Juli 1825 an Moser, wo er über seinen Goethe-Besuch in Weimar am 2. Oktober 1824 berichtet und Goethe viel negativer beurteilt als an dieser Stelle.*

148,5 »ein gegenständliches Denken«] *in seinem »Lehrbuch der Anthropologie« (1822) hatte der Leipziger Professor der Psychiatrie Johann Christian August Heinroth (1773–1843) über Goethe geschrieben: »Man muß in ihm, bei näherer Betrachtung, den Denker ganz vom Dichter sondern, und in ihm ein hohes Denkvermögen anerkennen, welches aber freilich nicht auf die gewöhnliche, philosophische, abstracte, sondern auf ganz eigenthümliche Weise, nehmlich eben gegenständlich thätig ist« (S. 387). Goethe hatte sich daraufhin in seinem Aufsatz »Bedeutende Förderniß durch ein einziges geistreiches Wort« (»Zur Morphologie«, 1823, II,1) für diese glückliche Formulierung öffentlich bedankt.*

148,6 seine Selbstbiographie] *die ersten drei Teile von Goethes »Aus meinem Leben. Dichtung und Wahrheit« waren 1811, 1812 und 1814 erschienen. Der 4. Band wurde 1833 posthum von Eckermann herausgegeben.*

148,16 die Schlegelsche] *August Wilhelm Schlegel (1767–1845) und Friedrich Schlegel (1772–1829) hatten sich in ihren Schriften die ›produktive Kritik‹ zur Aufgabe gesetzt, wie sie sich zuerst im »Athenaeum« (1798–1800) und dann in den »Charakteristiken und Kritiken« (1801) manifestiert.*

148,17–18 Jedes Zeitalter, wenn es neue Ideen bekömmt] *vgl. die Sammelerläuterungen zum Stichwort* Ideen *im »Buch Le Grand« (169).*

148,19 Ein Schubarth] *Karl Ernst Schubarth (1796–1861) hatte 1821 in Breslau seine »Ideen über Homer und sein Zeitalter. Eine ethisch-historische Abhandlung« herausgegeben, die sich gegen das Wolfsche Homer-Konzept richten (vgl. »Briefe aus Berlin«, Erläuterung zu 17,12) und daher in ihrer harmonisierenden Sehweise die nachdrückliche Zustimmung Goethes fanden. Heine war auf dieses Buch wahrscheinlich durch Rudolf Christiani aufmerksam gemacht worden, an den er am 14. Oktober 1825 schreibt:* Anbey den griech<ischen> Homer und die Schubarthsche Zeitschrift retour.

148,20 Alexandriner] *bezieht sich auf die Gelehrten des sogenannten ›alexandrinischen‹ Zeitalters vom Tode Alexanders des Großen bis zum Vordringen der Araber, die ihr Zentrum in Alexandria hatten und sich neben Medizin, Geographie und Mathematik vor allem mit gelehrten philologischen und historischen Kommentaren zu Platon und Aristoteles beschäftigten.*

148,21 die viel mehr als Schubarth in Goethe sehen] *vor seinem Homerbuch hatte Schubarth 1818 in Breslau seine Schrift »Zur Beurtheilung Goethes« veröffentlicht, die 1820 unter dem Titel »Zur Beurtheilung Goethes, mit Beziehung auf verwandte Litteratur und Kunst« in zweiter Auflage erschien, ohne sich durch einen besonderen Tiefgang der* Ideen *auszuzeichnen.*

148,22 an Goethe festgeschwatzt] *vgl. dieselbe ironische Floskel in der »Harzreise« (576,25).*

148,26 Hexen] *der Hexenglauben blieb gerade in Gegenden mit starker altgermanischer Tradition wie dem Harz und Ostfriesland lange lebendig. Auch in späteren Schriften wie »Der Doktor Faust«, »Elementargeister« und »Die Götter im Exil« (DHA Bd. 9) zeigt Heine noch ein starkes Interesse an Dämonologie.*

148,33 Als ich voriges Jahr] *bei seiner Rückreise von Norderney nach Cuxhaven mußte Heine Ende September 1825 wegen Flaute sechs Tage auf hoher See verbringen.*

148,34–35 der Insel Wight] *eine englische Kanalinsel, die südwestlich von Portsmouth liegt.*

148,39 Klabotermann] *nieder- oder mittelfränkische Form von Klabauter- oder Kalfatermann, in dem die norddeutschen Matrosen ihren Schutzgeist sahen, der auf den Segelschiffen herumklettert, mit seinem Kalfaterhammer auf die Schäden hinweist oder sie gar selbst ausbessert. Wenn er nichts zu tun hat, sitzt er entweder auf der Bramstange oder hält sich im untersten Raum des Schiffes auf. Loewenthal bezeichnet diese Stelle als die erste Erwähnung des Klabautermanns in der deutschen Literatur (S. 145f.). Friedrich Merckel, dem Heine die Kenntnis von »Bertholds Tagebuch« und damit mancher Nordseesagen verdankte, schrieb Heine am 12. April 1827 in das ihm gewidmete Exemplar von Rb II[1]:* Dir, dem Klabotermann des Buches brauche ich es nicht noch besonders zu empfehlen, Du hast ihm Deinen Schutz angedeihen lassen, hast die guten Gedanken nachgestaut <und> hast oft warnend an die Planken gehämmert, *um diesem schwerbestückten Kriegsschiff den letzten Schliff zu geben. Campe, der von dieser Widmung sicherlich gehört hatte, nannte sich daher am 28. August 1827 in seinem Brief Heine gegenüber mit demselben Anspruch auf Dankbarkeit den »Klabotermann ihres Ruhms«.*

149,11 das Bramsegel] *gemeint ist das Segel, das an der Bramstange, der obersten Verlängerung der dreiteiligen Segelschiffmasten, befestigt wurde.*

149,32 Ich gehe hier oft am Strande spatzieren] *vgl. den Brief an Friedrich Merckel vom 16. August 1826.*

149,33–34 die Geschichte vom fliegenden Holländer] *die Bekanntschaft mit* *dieser Sage verdankt Heine wahrscheinlich »Bertholds Tagebuch«. Denn auch dort heißt es ausdrücklich: »Ja, wenn er ein Boot aussetzt, so hat er Briefe abzugeben an längst verstorbene Leute, die in Straßen wohnen, welche kein Mensch mehr kennt« (»Bruchstücke« S. 328). Auf andere mögliche Anregungen (Walter Scott, Heinrich Smidt, Washington Irving u.a.) weist Loewenthal hin (S. 148ff.). Wesentlich ausführlicher behandelt Heine diese Sage noch einmal im 7. Kapitel des »Schnabelewopski« (vgl. DHA Bd. 5).*

149,*38–39* des alten, lieben Mährchens von dem Fischerknaben] *Loewenthal sieht darin eine Anspielung auf die »lockende Weise des Strömkarls«, von der Ernst Moritz Arndt in seiner »Reise nach Schweden« (1806) berichtet (IV,241) und auf die Heine noch einmal in seiner »Lutezia« anspielt (42).*

150,4 Felix Mendelssohn-Bartholdi] *Heine hat den jungen Felix Mendelssohn-Bartholdy (1809–1847) sicher im Frühjahr 1822 bei seinem ersten öffentlichen Konzert in Berlin gesehen und gehört (vgl. »Briefe aus Berlin«, Erläuterung zu 20,39).*

150,*11* »Evelina!«] *Johann Peter Lyser vermutete darin irrigerweise eine junge Dame aus »den höheren Ständen«, deren Tod Heine fast bis zum Wahnsinn getrieben habe (vgl. »Der Salon«, hrsg. von Sigmund Engländer, Wien 1847, II,30). Elster*[2] *bezieht diese* Evelina *wie auch die* Agnes *der »Harzreise« (137,1) und die* Evelina *des »Buchs Le Grand« (170) auf Heines Kusine Therese (IV,502). Vgl. zu diesem Komplex das Stichwort* Evelina *im »Buch Le Grand«, wo das Problem der Fiktionalität oder biographischen Rückbezüglichkeit dieser Frauengestalten ausführlich erörtert wird.*

150,*17* Ich liebe das Meer, wie meine Seele] *vgl. Vers 9 in Nr. 8 der »Heimkehr«-Gedichte:* Mein Herz gleicht ganz dem Meere. *Auch der Held von »Bertholds Tagebuch«, der von Liebesschmerzen verfolgt wird, nennt das Meer »ein Bild meines nie verlöschenden Schmerzes mit seinen ewig vergeblichen Träumen und Wünschen« (»Bruchstücke« S. 299f.).*

150,32 Eine schöne Welt ist da versunken] *das Motiv der versunkenen Stadt im Meer hatte Heine schon in seinem Gedicht »Seegespenst« behandelt (vgl. »Nordsee I«, Nr. 10). Später erscheint es noch einmal in der »Romantischen Schule« (1. Buch) und im »Schnabelewopski« (Kap. VI). Der hier zitierte Vierzeiler ist die 3. Strophe von Wilhelm Müllers Gedicht »Vineta« aus den »Muscheln von der Insel Rügen«, die im September 1826 im Taschenbuch »Urania« erschienen waren. Heine schätzte in dieser Zeit die Gedichte Müllers sehr hoch und schrieb am 7. Juni 1826 in einem Brief an ihn:* ich glaube erst in Ihren Liedern den reinen Klang und die wahre Einfachheit, wonach ich immer strebte, gefunden zu haben. Wie rein, wie klar sind Ihre Lieder und sämmtlich sind es Volkslieder <...> es drängt mich mehr, Ihnen zu sagen, daß ich keinen Liederdichter außer Goethe so sehr liebe wie Sie.

151,2 wie vorbeyziehende, große Schwäne] *ein ähnliches Bild verwendet Heine in »Nordsee II«, Nr. 8:* Wie Schwanenzüge schifften vorüber </> Mit schimmernden Segeln die Helgolander *(V,5f.). Auch Byron schreibt in*

»Childe Harold's Pilgrimage«: »The convoy spread like wild swans in their flight« (II,17).

151,6 Die Jagd am Strande] *schon Friedrich Wilhelm von Halem betont in seiner »Beschreibung der Insel Norderney und ihrer Seebadeanstalten« (1815), daß die Jagd auf Kaninchen jedem Badegast empfohlen werde. Ähnliche Äußerungen finden sich in »Bertholds Tagebuch«, wo die Jagd am Strande als eine der wenigen »Abwechslungen der Langenweile« hingestellt wird (»Bruchstücke« S. 298).*

151,*12–13* eher zu den Gejagten] *Hinweis auf seine jüdische Herkunft. Auch in Washington Irvings »Erzählungen eines Reisenden« (Übers. von Samuel Heinrich Spiker, Berlin 1825) wird die Menschheit in zwei Hälften geteilt: in solche, welche reiten, und solche, welche geritten werden (I,288).*

151,22 Humaniora] *eigentlich humaniora studia, d.h. Studien des klassischen Altertums. Hier als ironischer Kontrast auf das inhumane Verhalten der hannöverschen Junker ins Spiel gebracht.*

151,*38* ein Hase war mir über den Weg gelaufen] *der Hase galt im Volksaberglauben als Unglücksbote.*

151,*39–40* in der Dämmerung am Strande wandle] *vgl. die Beschreibung seiner Abendspaziergänge am Meere in den Briefen an Friedrich Merckel vom 4. und 16. August 1826.*

152,*8–9* Auf der Spitze der Roßtrappe] *Heine bestieg die Roßtrappe bei seinem Abstieg vom Brocken (vgl. »Harzreise«, Erläuterungen zu 135,39).*

152,*19* die Metempsychose] *indische Vorstellung der Seelenwanderung (vgl. auch »Buch Le Grand« 178,16). Heine ließ sich in dieser Hinsicht sicher durch Friedrich Schlegels, August Wilhelm Schlegels und Franz Bopps Schriften über die Inder anregen. Dazu kommt als literarischer Einfluß vor allem der Gedanke der Seelenwanderung im »Meister Floh« von E.T.A. Hoffmann, den Heine 1822 sehr genau gelesen hatte (vgl. »Briefe aus Berlin« 51,9–52,5). In deutlicher Bezugnahme auf Indisches haben dort die beiden Hauptgestalten ihre Vorexistenz als Blumen durchlebt. Doch selbstverständlich gab es den Gedanken der Seelenwanderung nicht nur bei den Indern, sondern auch bei den Ägyptern, Griechen und anderen Völkern. Die christliche Kirche hat ihn dagegen stets abgelehnt.*

152,*23* Platos] *vgl. »Harzreise« (122,6), wo Heine auf den Passus hinweist, in dem Platon die Musik zur Stärkung der kriegerischen Affekte empfiehlt.*

152,24 Gregors VII.] *Gregor VII. (um 1020–1085) setzte sich unter dem Einfluß der cluniazensischen Reformen in aller Schärfe gegen die Priesterehe ein und empfahl jedem Geistlichen ein striktes Zölibat.*

152,*27* aus Alys Zeiten] *wahrscheinlich ein Hinweis auf den Kalifen Ali ibn Abī Talib (602–661), der als Fürst und Dichter einer der bedeutendsten Vertreter der frühen Islam-Kultur war.*

152,*28* antihellenischen Cabinettern] *bezieht sich auf die reaktionären Regierungen, die sich unter Metternichs Einfluß gegen den griechischen*

Unabhängigkeitskrieg (1821–1832) aussprachen, weil sie darin eine Gefahrenquelle für den Gedanken der dynastischen Legitimität erblickten (vgl. »Briefe aus Berlin«, Erläuterung zu 31,17).

152,28 der beiden Schächer] *vgl. Matthäus 27,38, Markus 15,27 und Johannes 19,18.*

152,30–31 den orthodoxen Lehrbegriff] *Anspielung auf die orthodoxen Protestanten in Preußen, die sich gegen die vom König verordnete Einführung der ›Neuen Liturgie‹ sträubten, aber durch Konsistorialratsstellen und Ordensverleihungen vom Hof allmählich gefügig gemacht wurden (vgl. »Briefe aus Berlin«, Erläuterungen zu 30,14–15 und 40,3).*

152,31 Dschingischans] *Dschingis Khan (um 1155–1227), der in Asien und Osteuropa ein mongolisches Weltreich zu gründen versuchte, galt schon im 18. Jahrhundert als Inbegriff eines blutgierigen Eroberertyps.*

152,34 Pythagoras] *Pythagoras (um 570–496) war der Begründer einer eigenen philosophischen Schule und stellte als Mathematiker den berühmten pythagoreischen Lehrsatz auf.*

152,37 Seelen jener Ochsen] *ein damals wohl allgemein bekannter Witz, der sich bereits am 4. Mai 1822 in der »Eleganten« findet, die Heine während der Abfassung der »Briefe aus Berlin« fast täglich las. Dort heißt es: »Der verstorbene Professor K.... erzählte einst in seinen Vorlesungen über Mathematik: ›Als Pythagoras seinen berühmten Lehrsatz erfunden hatte, war er darüber so erfreut, daß er den Göttern eine Hekatombe (hundert Ochsen) gelobte‹. – Daraus läßt sich erklären, wie noch immer alle Ochsen bei der Entdeckung einer neuen Wahrheit zittern« (Nr. 87, Sp. 695). Der gleiche Witz findet sich in Börnes »Aphorismen«, die jedoch erst 1829 in dessen »Gesammelten Werken« erschienen. Heine verwendet ihn später noch einmal in seiner Schrift »Götter im Exil«, DHA Bd. 9.*

153,1 Lazarethe für invalide Affen] *da nach hinduistischer Tradition die Tiere Durchgangsstationen der menschlichen Seele sind, spielt bei ihnen die Tierverehrung eine besonders große Rolle. Neben den Kühen gilt dabei auch der Affe als heiliges Tier. So ist im Epos »Ramāyāna«, das Heine wenigstens teilweise kannte (vgl. Erläuterung zu 178,17), der heilige Affe der Begleiter des Rama.*

153,18–19 jene Spinne] *vgl. den Bibliothekstraum in Irvings »Skizzenbuch«, auf den Heine schon in der »Harzreise« (81,1) anspielt, wo von einem »Spinnenwebe« die Rede ist, »welches eine gelehrte Spinne quer über das Buch gespannt hat« (»Skizzenbuch« I,235f.).*

153,27 Dr. L.] *da in Rb II*[1] *auf das L sieben Punkte folgen, kann mit dieser Abkürzung nur Dr. Karl Friedrich Theodor Lachmann (1800–1828), der Halbbruder des berühmten Philologen Karl Lachmann (1793–1851), gemeint sein, der von 1821 bis 1828 als Assistent an der Universitätsbibliothek und als Lehrer der alten Sprachen am Gymnasium in Göttingen angestellt war (vgl. auch die Lesart 571,14 zur »Harzreise« und die Erläuterung dazu). In der* *französischen Übersetzung steht an dieser Stelle* le vieux Stiefel, le bibliothécaire, *der jedoch eine Erfindung Heines sein muß. Einen weiteren Beleg für die Lachmann-These liefert Wedekinds Tagebuch, wo von einem Dr. Lachmann die Rede ist, »welcher in einem Saale der Universitätsbibliothek mit dem Ausleihen der Bücher betraut ist«. Ja, Wedekind berichtet sogar, daß Heine gegen diesen Mann einen besonderen Groll hatte, weil er ihn nicht mehr an die Regale heranlasse und bei jeder Entleihung immer erst gefragt sein wolle (vgl. »Studentenleben in der Biedermeierzeit«, hrsg. von H. H. Houben, Göttingen 1927, S. 76).*

153,33 Hertha] *statt »Hertha« steht bei Tacitus »Nerthus« (vgl. »Germania«, Kap. 40). Nerthus war ein germanischer Fruchtbarkeitsgott, der seinen heiligen Hain entweder auf Rügen, Fehmarn, Alsen oder einer der ostfriesischen Inseln gehabt haben soll. Die Namensform »Hertha« ist erst durch die Ausgabe der »Germania« (1533) von Beatus Rhenanus entstanden, der für Nerthum »Herthum« las. Über das Hertha-Motiv im allgemeinen vgl. Jacob und Wilhelm Grimm, »Deutsche Sagen«, Nr. 365.*

153,33 Forsete] *Forseti, den Tacitus nicht erwähnt, ist nach der nordischen Götterlehre ein Sohn Baldurs und Nannas, der auf Helgoland verehrt wurde. Er wandelte sich später in die Göttin Foseta oder Fesete, eine Göttin nach Art der römischen Vesta.*

153,37 in einem und demselben Semester] *gemeint ist das Wintersemester 1819/20. Heines Bonner Kollegienbuch mit den Zeugnissen seiner Lehrer ist abgedruckt bei Hermann Hüffer, »Heinrich Heine. Gesammelte Aufsätze«, hrsg. von Ernst Elster, Berlin 1906, S. 65–67. Dort wird ihm von allen Professoren großer Fleiß bescheinigt. Heine war damals begeisterter Burschenschafter und interessierte sich sehr für altdeutsche Kunst und Geschichte. Und zwar hörte er in diesem Semester bei August Wilhelm Schlegel »Geschichte der deutschen Sprache und Poesie«, bei Ernst Moritz Arndt »Geschichte des deutschen Volks und Reichs« und »Tacitus: de moribus Germaniorum«, bei Carl Dietrich Hüllmann »Geschichte des Altertums« und bei Johann Gottlieb Radlof »Urgeschichte der Deutschen«. Im Sommersemester 1820 belegte er bei Schlegel »Historisch-kritische Erklärung des Nibelungenlieds« und »Metrik, Prosodie und Deklamation«, bei Hüllmann »Kulturgeschichte«, »Germanisches Staatsrecht« und »Französische Geschichte« (vgl. auch Walter Kanowsky, »Heinrich Heines Studium in Bonn«, Staatsexamenarbeit Bonn, 1968, masch.). An sich wollte Heine diesen Studienbericht schon in den Fortsetzungsfragmenten zur »Harzreise« verwenden (vgl. 231,38–41), verwebte ihn jedoch dann in diese Schrift.*

153,40 Schlegel] *mit dem Kolleg über die »Geschichte der deutschen Sprache und Poesie« hatte Schlegel im Winter 1818/19 seine akademische Tätigkeit in Bonn eröffnet. Als er im Winter 1819/20 diese Vorlesung wiederholte, hatte er 38 Zuhörer, darunter neben Heine auch Arndt und Hoffmann von Fallersleben.*

154,2 Arndt] *welche Ansichten Arndt über die »Germania« des Tacitus hatte, läßt sich schon in seinen germanophilen »Ansichten und Aussichten der Teutschen Geschichte«, Leipzig 1814, nachlesen (I, 77ff.).*

154,4 Hüllmann, dessen historische Ansichten noch am wenigsten vague sind] *daher belegte Heine im nächsten Semester gleich drei seiner Vorlesungen (vgl. Erläuterungen zu 153,37). Daß Hüllmann (1765–1846) sich von der Teutomanie fernzuhalten versuchte, belegt u.a. sein Buch »Historisch-etymologischer Versuch über den Keltisch-Germanischen Volksstamm« (1798), wo er gerade die innere »Verwandtschaft der Germanischen und Keltischen Völker« hervorhebt (S. 3f.).*

154,5 Radloff] *Radlof (1775–1860) war seit 1818 Professor für Sprachwissenschaft in Bonn. Gute Beispiele für seine kleinliche und zugleich überspannte Art sind seine Bücher »Die Sprachen der Germanen in ihren sämmtlichen Mundarten dargestellt und erläutert durch die Gleichniß-Reden vom Sämanne und dem verlorenen Sohne« (1817) und »Teutschkundliche Forschungen« (1825ff.).*

154,6–7 bis zur Zeit des Sesostris] *Sesostris ist der Name von vier Königen der 12. ägyptischen Dynastie, die im 19. und 18. Jahrhundert v.Chr. regierten. Am berühmtesten war im Altertum Sesostris III., den die Griechen zum Inbegriff des altägyptischen Pharaonen erhoben (vgl. Herodot, »Historien«, II, 102–104, 106–108 u.ö.). Heine will damit den schwerfälligen akademischen Betrieb ironisieren, der alles ab ovo zu erklären versucht und daher nie zu relevanten, modernen Fragen vorstößt.*

154,7 damals] *meint die patriotische Phase, die Heine als Burschenschafter in Bonn durchmachte.*

154,7 von der alten Hertha] *die Hertha (vgl. Erläuterung zu 153,33) war damals eine Symbolfigur der ›altdeutsch‹ gesinnten Kreise gewesen. 1811 wurde sogar ein Jahrbuch unter dem Titel »Hertha, Germaniens Schutzgeist« herausgegeben.*

154,20 ein neuer Aktäon] *nach der griechischen Sage soll der Jäger Aktäon damit geprahlt haben, Artemis, die keusche Göttin der Jagd, nackt beim Baden erblickt zu haben. Zur Strafe dafür verwandelte ihn Artemis in einen Hirsch und ließ ihn von seinen eigenen Hunden zerreißen (vgl. Ovid, »Metamorphosen«, III,131ff.). Heine kehrt hier die Sage ironisch um, indem er dem Mann der beobachteten Schönen Hörner aufsetzt.*

154,26 im Conversazionssaale] *vgl. Erläuterung zu 143,19.*

154,31–32 weder singen noch pfeifen kann] *die deutsche Umschreibung für das sprichwörtliche »Frisia non cantat«.*

154,37 die freyen Friesen] *die friesischen Bauern und Fischer hatten sich bis ins 16. Jahrhundert hinein von jeder adligen Bevormundung weitgehend frei gehalten. Erst dann fiel Westfriesland an Holland, Ostfriesland an das »Heilige Römische Reich«.*

155,2–3 die ehemalige preußische Regierung] *1744 war Ostfriesland zu*

Preußen gekommen. Auf dem Wiener Kongreß (1815) wurde es im Zuge des allgemeinen Länderschachers dem Königreich Hannover zugeschlagen.

155,*10* in der deutschen Legion] *schon in einem Brief an Christian Sethe vom 1. September 1825 spricht Heine anerkennend von den Offizieren der ›Deutschen Legion‹, unter denen sich viele Bürgerliche befanden:* Die hanövrischen Offizire hier haben mir nichts weniger als mißfallen. Sie haben nicht so viel Verstand wie die Preußen, aber sie sind honoriger, und unter der Uniform, die sie selten tragen, steckt ein Gentleman im feinsten Civilrock. Ich meine aber hier vorzüglich die Offizire die in der Legion gedient, und die von Spanien, Portugall, Irland, England, Sizilien, manche sogar von den jonischen Inseln und von Ostindien so viel hübsches und Wackeres zu erzählen wissen. *Die ›Deutsche Legion‹ war ein Teil der kurhannöverschen Armee, die nach der Eroberung Hannovers durch die Franzosen nach England übersetzte. Sie hieß dort »The King's German Legion« und kämpfte gegen die französischen Truppen in Spanien, wo sie 1812 Badajoz erstürmte und dann die Schlachten bei Vitoria (21. März 1813) und Toulouse (10. April 1814) mitgewinnen half. Sie kämpfte später auch bei Waterloo mit und wurde im Jahre 1816 endgültig aufgelöst.*

155,*18* Vieler Menschen Städte gesehen] *aus Homers »Odyssee« in der Vossischen Übersetzung (1. Gesang, V. 3).*

155,*23* dem Beyspiele Englands] *Hannover war seit 1714 mit der englischen Krone in Personalunion verbunden.*

155,*29* hannövrischer Rosse] *das Pferd ist das Wappentier Hannovers, das meist in der Gestalt eines springenden Rosses dargestellt wird.*

155,*30* hannövrischen Adelstolz] *Proben davon hatte Heine schon in Göttingen und Lüneburg zu spüren bekommen. Wegen dieser Stelle war er bei seinem nächsten Norderney-Aufenthalt so vielen Unannehmlichkeiten von seiten der Betroffenen ausgesetzt (vgl. »Entstehung und Aufnahme« 730,22–41, daß er Norderney verließ und sich nach Wangerooge begab, das damals als nicht so ›vornehm‹ galt.*

155,*39* des Grafentisches] *wahrscheinlich ist damit das aus dem 16. Jahrhundert stammende ›Junkernhaus‹ gemeint, das noch heute besteht. Göttingen war bekannt dafür, daß hier besonders viele Söhne des Hochadels studierten (vgl. »Harzreise«, Erläuterung zu 84,4).*

156,*11* in Rüxners Turnierbuch] *gemeint ist das Buch »Anfang, ursprung und herkommen des Thurniers im heiligen Römischen Reich Teutscher Nation«, das erstmals 1530 anonym in Simmern erschien. Erst die Neuauflage von 1566 trägt den Namen Georg Ruexener. Es beschreibt 35 Turniere und ist durch die vollständigen Teilnehmerlisten eine der wichtigsten, wenn auch höchst unzuverlässigen Quellen der deutschen Adelsgeschichte. Heine kann auf dieses Buch durch Arnims »Kronenwächter« (1817) aufmerksam geworden sein, in dem Ruexener mehrfach erwähnt wird. Wahrscheinlicher ist jedoch der Hinweis auf* Rüxners Turnierbuch *in dem von ihm aus der Göttinger Biblio-*

thek entliehenen »Curiositäten der physisch-literarisch-artistisch-historischen Vor- und Nachwelt« (Weimar 1811, I,11), denen Heine auch den wichtigen Hinweis auf Bernhards Gelehrtengeschichte verdankt (vgl. »Buch Le Grand«, Erläuterung zu 203,36).

156,13 bey der Eroberung Jerusalems] *im 1. Kreuzzug eroberte ein europäisches Ritterheer unter Gottfried von Bouillon im Jahre 1099 Jerusalem. Viele der Kreuzritter waren Malteser und trugen deshalb ein* rothes Kreuz *auf ihren Gewändern.*

156,19–20 Derer von Thersites] *in Homers »Ilias« heißt es in der Vossischen Übersetzung von ihm: »Der häßlichste Mann vor Ilias war er gekommen / Schielend war er und lahm am anderen Fuß, und die Schultern / Höckerig, gegen die Brust ihm geengt, und oben erhob sich / Spitz sein Haupt, auf dem Scheitel mit dünnlicher Wolle besäet« (2. Gesang, V. 216ff.). Wegen seiner boshaften Geschwätzigkeit wurde Thersites unter dem Gelächter des Volkes von Odysseus mit einem Stock verprügelt. Ähnlich sarkastische Äußerungen über die unedle Abstammung vieler der heutigen Adligen finden sich schon in der Aufklärung. So nennt Konrad Engelbert Oelsner in seinen »Bruchstücken aus den Papieren eines Augenzeugen und unpartheyischen Beobachters der französischen Revolution« (1794) die meisten »Stammbaum«-Träger Abkommen von »Straßenräubern« und »Henkersknechten« (S. 18ff.). Auch August Ludwig von Schlözer mokiert sich in seinen »Staats-Anzeigen« über jene fragwürdigen Urkunden, »aus denen sich vielleicht ergäbe, daß sein, des jetzigen Nichtadligen, <Ahne>, zu Nebukadnezars Zeiten General-Schulz, und des andern, des jetzigen Adligen, seiner, nur Kuhhirte gewesen« (2, 1782, S. 259).*

156,31–32 in der bärenleckenden Lutetia] *vgl. die ähnliche Bemerkung in »Über Polen« (63,26), wo es auch über die polnischen Adligen heißt, daß sie sich ihre Manieren weitgehend aus Paris (röm. ›Lutetia‹) holen. Als ›Bären‹ galten damals vor allem östliche Völker wie die Preußen, Polen und Russen.*

156,34–35 die Fabel von dem Bären] *als mögliche Quellen kommen Lessings und Gellerts Fabeln »Der Tanzbär« in Frage. Weiter ausgeführt wird dieses Motiv von Heine später in seinem »Atta Troll« (vgl. DHA Bd. 4).*

156,40 Jene Nazion, wie sie Werther nennt] *Heine hatte den »Werther« im November 1825 erneut gelesen (vgl. Brief an Moses Moser vom 14. Dezember 1825). Die Stelle, auf die Heine anspielt, lautet dort: »Da tritt herein die übergnädige Dame von S.. mit ihrem Herrn Gemahle und wohl ausgebrüteten Gänslein Tochter, mit der flachen Brust und niedlichem Schnürleibe, machen en passant ihre hergebrachten hochadligen Augen und Naslöcher, und wie mir die Nation von Herzen zuwider ist« (Brief vom 15. März).*

157,2 sie haben alle gut gespielt] *die Spielbank im Konversationshaus (vgl. Erläuterung zu 143,19) war 1820 eingerichtet worden und zog viele Adlige und reiche Geschäftsleute an. Auch Heine versuchte dort sein Glück, verlor jedoch zumeist (vgl. die Briefe an Friedrich Merckel vom 25. Juli und 16. August 1826).*

157,*3* Auch fürstliche Personen gab es hier] *auch in dem Brief vom 4. August 1826 an Merckel weist Heine auf eine* Menge fürstlicher Personen *hin. Er selbst verkehrte vor allem mit der am 1. Juli eingetroffenen Henriette Sophie Fürstin zu Solms-Hohensolms-Lich (1777–1851), die er schon 1825 auf Norderney kennengelernt hatte (vgl. den Brief an Merckel vom 4. August 1826) und die auch Beziehungen zu den Varnhagens unterhielt (vgl. Strodtmann I,413). Außerdem erwähnt Heine in seinem Brief vom 25. Juli 1826 an Merckel die am 11. Juli eingetroffene Prinzessin Agnes von Hohenlohe-Langenburg (1804–1875). Doch am engsten scheint er mit dem am 7. August eingetroffenen russischen Fürsten Peter Koslowski (1793–1848) verkehrt zu haben, den er in einem Brief vom 21. August 1816 an Merckel als einen* sehr geistreichen Mann *bezeichnet. Ja, am 28. August schreibt er an Merckel:* Ein russischer Fürst, Namens Kossolowski, hilft mir hier sehr treulich die Zeit zu ertragen. Nous sommes inseparables, und er, der meistens als Gesandter überall gewesen, erzählt mir viel Interessantes. *Mitte September 1826 traf sich Heine mit Koslowski, der als russischer Gesandter von 1816 bis 1818 mit Varnhagen am Badener Hofe in Karlsruhe verkehrt hatte, noch einmal im Bremer »Lindenhof« (vgl. Strodtmann I,466).*

157,*8* mediatisirte Fürsten] *durch den Reichsdeputationshauptschluß (1803) und die Bildung des Rheinbundes (1806) verloren viele deutsche Fürsten und Grafen ihre Reichsunmittelbarkeit (vgl. »Ilsenburg«, Erläuterung zu 230,20), die sie auch auf dem Wiener Kongreß (1815) nicht zurückerhielten. Unter anderem gehörten auch die Fürstin Solms-Hohensolms-Lich und die Prinzessin Hohenlohe-Langenburg zu diesen mediatisierten Dynastien.*

157,*19* Amerika] *in den »Briefen aus Berlin« (38,25–26) und in der Schrift »Über Polen« (58,21–22) hatte Heine eine viel positivere Stellung Amerika gegenüber bezogen.*

157,*28* Gleichbürtigkeitsrecht] *obwohl die mediatisierten Fürsten und Grafen ihre Reichsunmittelbarkeit verloren hatten, wurde ihnen auf dem Wiener Kongreß ausdrücklich das Privilegium zugesprochen, ihre Titel zu behalten und sich weiterhin als Standesherren zu bezeichnen.*

157,*31* das große Fürstengestüte] *fast alle großen Herrscherhäuser Europas, ob nun die Engländer, Skandinavier, Russen, Polen, Niederländer oder Spanier, hatten seit dem 18. Jahrhundert bei ihren Eheschließungen immer wieder auf den großen Vorrat an deutschen Prinzen und Prinzessinnen zurückgegriffen.*

157,*35* der letzte bin] *Heine schreibt am 14. Oktober 1826 an Moses Moser:* Bis Mitte des September blieb ich auf Norderney. Vom Anfang jenes Monaths bis zur Abreise fast der einzig übrigbleibende Badegast.

157,*37–38* daß ich mir vorkomme wie Napoleon auf Sanct Helena] *Napoleon wurde nach seiner Absetzung 1815 von den Engländern nach Sankt Helena verbannt, wo er 1821 starb. Daß sich Heine gern ironisch mit Napoleon identifizierte, geht auch aus seinen Briefen hervor. So nennt er Karl Otto* *von Raumer (1805–1859) in einem Brief an Varnhagen vom 24. Oktober 1826* mein las Casas in Göttingen. *Am 12. Februar/1. April 1828 schreibt er an Varnhagen:* Uebrigens ist Witt mein Fouché. *In einem Brief von Weihnachten 1829 an Merckel heißt es, daß er gerade seinen* Winterfeldzug *schreibe. Die folgenden Bemerkungen über Napoleon berühren sich zum Teil mit ähnlichen napoleonfreundlichen Ansichten von Sartorius, Varnhagen, Rahel und Hegel.*

158,*1* Buch des Maitland] *gemeint ist das Buch »Narrative of the surrender of Buonaparte and of his residence on board H. M. S. Bellerophon. With a detail of the principal events that occurred in that ship between the 24th of May and the 18th of August, 1815« (1826) von Sir Frederick Lewis Maitland (1776 bis 1839), das noch im gleichen Jahr unter dem Titel »Buonaparte's Ankunft und Aufenthalt auf dem kgl. großbrit. Schiffe ›Bellerophon‹, nebst genauen Nachrichten über Alles, was sich vom 24. Mai bis zum 18. August 1815 zugetragen hat« bei Hoffmann und Campe in Hamburg in deutscher Übersetzung herauskam. Im selben Jahr erschien in Dresden eine weitere Übersetzung dieses Buches unter dem Titel »Napoleon auf dem Bellerophon. Nach dem Berichte des Capitäns F. L. Maitland aus dem Englischen übersetzt und als Nachtrag zu dem Tagebuche des Grafen Las Cases herausgegeben von W. A. Lindau« und eine in Frankfurt unter dem Titel »Napoleon auf dem Bellerophon«. Heine hat entweder die Campe-Ausgabe gelesen oder wohl noch wahrscheinlicher das ihm von dem* jungen Engländer *vermittelte Original. Maitland, ein typischer Seebär und doch Gentleman, schildert seine Erlebnisse mit äußerster Unvoreingenommenheit, ja läßt sogar eine versteckte Sympathie für den großen Korsen durchblicken (vgl. Holzhausen S. 49f.).*

158,*8–9* Wellington] *Arthur Wellesley, der Herzog von Wellington (1769 bis 1852) gewann 1815 mit Blücher die entscheidende Schlacht über Napoleon bei Waterloo.*

158,*18* eine ächte Tragödie] *nach dem 6. Kapitel der »Poetik« des Aristoteles soll eine echte Tragödie im Zuschauer Furcht und Schrecken erregen und dadurch sein Gemüt reinigen.*

158,*25* Las Cases] *Emmanuel-Augustin Dieudonné, Comte de Las Cases (1766-1842), begleitete Napoleon 1815 freiwillig in die Verbannung nach Sankt Helena, wo ihm dieser vom 20. Juni 1815 bis zum 25. November 1816 einen Teil seiner Memoiren diktierte. Darauf wurde er von Sir Hudson Lowe, dem englischen Gouverneur, von der Insel verwiesen, wobei man zugleich seine tagebuchartigen Niederschriften konfiszierte. Erst nach dem Tode Napoleons erhielt Las Cases seine Manuskripte zurück und publizierte sie 1822 und 1823 in 8 Bänden bei einem Pariser Verlag unter dem wirkungsvollen Titel »Mémorial De Sainte-Hélène, ou Journal où se trouve consigné, jour par jour, ce qu'a dit et fait Napoléon durant dix-huit mois«. Die deutsche Übersetzung erschien als »Tagebuch über Napoleons Leben, seit dessen Abdankung« von 1823 bis 1825 in Dresden (vgl. Holzhausen S. 35f.).*

158,29 O'Meara] *Barry Edward O'Meara (1786–1836) war bis zum Juli 1818 Napoleons Arzt auf Sankt Helena. Seine Tagebuchblätter, auf denen er seine Gespräche mit Napoleon verzeichnete, ließ er heimlich nach London schaffen, wo sie 1822 unter dem Titel »Napoleon in exile, or A voice from St. Helena; the opinions and reflections of Napoleon on the most important events of his life and government, in his own words« erschienen. O'Meara schildert vor allem die Kleinlichkeit und Härte des englischen Gouverneurs Sir Hudson Lowe auf Sankt Helena und hat dadurch stark zu der Kalvarienberg-Legende beigetragen, wie sie auch Heine im »Buch Le Grand« aufgreift (vgl. Kap. IX). Eine deutsche Übersetzung dieses Buches erschien 1822 in Stuttgart unter dem Titel »Napoleon in der Verbannung oder eine Stimme von St. Helena» (vgl. Holzhausen S. 46ff.).*

158,34–35 Antommarchi] *Francesco Antommarchi (1780–1838) wurde nach O'Mearas Entfernung von Sankt Helena Napoleons Arzt und betreute ihn bis zu seinem Tode im Jahre 1821. Er berichtet über sein Zusammenleben mit Napoleon in seinem Buch »Les derniers moments de Napoléon« (Paris 1823, 2 Bde.), das auf englisch als »The last days of the Emperor Napoleon« (1825) und auf deutsch als »Memoiren von Dr. F. Antommarchi oder die letzten Augenblicke Napoleons« (1825) herauskam. Es ist in einem sehr lebendigen Stil geschrieben und bringt die meisten Gespräche in geradezu klassischer Stichomythie (vgl. deutsche Übersetzung, I,3, I,23, I,34, I,61 u.ö.). Wie bei O'Meara werden hier die Engländer als eine äußerst rachsüchtige Nation hingestellt, die Napoleon in das rauhe Klima von Sankt Helena verbannt hätten, um ihn damit gesundheitlich in kürzester Zeit zu ruinieren. Um seine innere Verbundenheit mit Napoleon noch zu bekräftigen, ist das Ganze »Seinem ihm ewig theuren Vaterlande Corsica« gewidmet (vgl. Holzhausen S. 49).*

159,25–26 die Aeußerungen der Frau von Staël] *Germaine de Staël-Holstein wurde 1803 von Napoleon aus Paris ausgewiesen und kehrte erst nach dem Sturz Napoleons 1815 wieder nach Frankreich zurück. In ihrer autobiographischen Schrift »Dix années d'exil« (1821), die 1822 auch in deutscher Übersetzung erschien, setzt sie sich kritisch mit der Persönlichkeit Napoleons auseinander.*

159,29 worauf Kant hindeutet] *Heine entnahm dieses Zitat, wie aus der 1. Aufl. von Rb II hervorgeht (vgl. »Lesarten« 736,29) dem Aufsatz Goethes »Anschauende Urteilskraft«, der 1820 im 2. Heft des 1. Bandes »Zur Morphologie« erschienen war. Bei Kant findet sich diese Äußerung in der »Kritik der Urteilskraft« (2. Teil, § 77).*

159,37 kajoliren] *soviel wie schmeicheln, gewinnen oder liebkosen.*

159,39 Zusammenfluß beider Ansichten] *ein ähnliches Napoleon-Bild entwickelt Varnhagen 1827 in den »Jahrbüchern für wissenschaftliche Kritik«, wo es in Spalte 1805 heißt: »Napoleon hat seine Tugenden und seine Fehler, beide gehören zu seinem Wesen und vereinigen sich in ihm zu einer Gesamt-*

kraft, von welcher mehr angezogen oder mehr abgestoßen zu werden, jedem eigentümlichen Gefühl anheimgestellt bleibt«.

160,*19* viel Sinn hat für Geschichte] *die moderne Geschichtsschreibung hatte sich schon im 18. Jahrhundert im Rahmen der Aufklärung (Voltaire, Hume, Gibbon, Herder, Schiller usw.) entwickelt. Doch ihren eigentlichen Höhepunkt erreichte sie erst durch die Anregungen der Romantik und der historischen Quellenkritik. Im Gegensatz zur streng historischen Schule, die in ihrer Pietät vor dem Vergangenen schnell zu einem Bollwerk des Konservativismus wurde (vgl. die Kritik an Savigny in »Briefe aus Berlin« 9,36), bevorzugte Heine eine synthetisch-operierende, publizistisch-liberale Geschichtsschreibung mit aufklärerischer Tendenz, wie er sie später in seiner »Geschichte der Religion und Philosophie in Deutschland« praktizierte.*

160,*24–25* aus Walter Scotts Feder] *»The Life of Napoleon Buonaparte« erschien 1827 in 9 Bänden. Heine kritisierte es später im 4. Kapitel seiner »Englischen Fragmente«. In der französischen Fassung der Rb von 1856 hat er dieses Kapitel sinnvollerweise an die Übersetzung der »Nordsee III« angeschlossen (vgl. 300,1–304,31).*

160,*27* der russische Feldzug] *Hinweis auf Napoleons katastrophale Niederlage in Rußland nach dem Brande Moskaus. Große Teile des napoleonischen Heeres wurden im Winter 1812/13 bei Rückzugsgefechten, besonders bei der Überquerung der Beresina, von den nachdrängenden Russen aufgerieben.*

160,*28* Reihe historischer Romane] *in Deutschland verschlang man vor allem den »Ivanhoe« (1820), »The Abbot« (1820), »Kenilworth« (1822) und »The Pirat« (1822). Vgl. die Bemerkungen über die Scott-Mode in Deutschland in »Briefe aus Berlin« (28,9–29,2). Auch auf Norderney las Heine Werke von Scott, wie aus einem Brief vom 25. Juli 1826 an Friedrich Merckel hervorgeht.*

160,*30–31* eine elegische Klage über Schottlands volksthümliche Herrlichkeit] *ähnliche Gedanken äußert Friedrich Schlegel in seinen »Vorlesungen über alte und neue Litteratur«, die ihre Spuren auch in den folgenden Abschnitten hinterlassen haben. »Scotts Dichtung«, heißt es dort, »lebt ganz nur in der Erinnerung der alten Zeit und des alten Schottlands, und ist selbst nur ein Nachhall jener nicht mehr vorhandenen, ehemaligen Poesie« (14. Vorlesung).*

160,*39* Bullock] *William Bullock (1827 verschollen) war ein englischer Forschungsreisender. Die Beobachtung, auf die sich Heine hier bezieht, steht in seinem Buch »Six Months Residence and Travels in Mexico; Containing Remarks on the Present State of New Spain, its Natural Productions, State and Society, Manufactures, Trade, Agricultures, Antiquities, & c.« (1823). Die genaue Stelle, die sich auf die Ausgrabung einer alten Gottheit bezieht, lautet dort: »In reply to a joke of one of the students, an old Indian remarked, ›It is true we have three very good Spanish gods, but we might still have been allowed to keep a few of those of our ancestors!‹ and I was informed that chaplets of flowers had been placed on the figure by natives who had stolen* *thither, unseen, in the evening for that purpose; a proof that, not withstanding the extreme diligence of the Spanish clergy for threehundred years, there still remains some taint of heathen superstition among the descendants of the original inhabitants« (London ^{2}1825, II,78). Auf deutsch erschien dieses Buch unter dem Titel »Reise nach Mexiko im Jahre 1823« im »Ethnographischen Archiv« 26, 1824, S. 197–416. Die hier zitierte Stelle findet sich auf S. 346. Ja, 1825 kam noch eine Übersetzung unter dem Titel »Sechs Monate in Mexiko, oder Bemerkungen über den gegenwärtigen Zustand Neu-Spaniens« in Dresden heraus.*

161,*2–3* den alten Glauben der Mexikaner zerstört] *das Aztekenreich in Mexiko wurde 1519–1521 durch Hernando Cortez (1485–1547) für die spanische Krone erobert (vgl. Heines späteres Gedicht »Vitzliputzli«).*

161,*6* einst in Granada] *Granada war von 711 bis 1492 im Besitz der Mauren, bis sie von den Spaniern unter Isabella I. von Kastilien (1451–1504) und Ferdinand II. von Aragonien (1452–1516) vertrieben wurden. Danach wurde es den verbliebenen Mauren verboten, ihr altes Lied vom Einzug des Maurenkönigs zu singen. Die Anregung zu dieser Bemerkung bot wahrscheinlich Byrons dem Spanischen nachgebildetes Gedicht »A very Mournful Ballad on the Siege and Conquest of Alhambra«, wo sich unter der Überschrift folgende Anmerkung findet: »The effect of the original ballad – which existed both in Spanish and Arabic – was such, that is was forbidden to be sung by the Moors, on pain of death, within Granada« (»Complete Works«, Frankfurt 1846, S. 939). Vgl. auch den Bericht bei Ginés Perez de Hita in seiner »Historia de las guerras civiles en Granada« (1588, deutsch 1805).*

161,*16* in rabbinischen Synagogen] *Hinweis auf die Reformbestrebungen innerhalb der jüdischen Intelligenzkreise, an denen Heine 1822/23 in Berlin als Mitglied des »Vereins für Kultur und Wissenschaft der Juden« aktiv teilgenommen hatte.*

161,*17–18* Banianenwälder Hindostans] *Banjanen sind bengalische Feigenbäume, aber auch eine Kaste der Hindus, die an die Seelenwanderung glauben und daher rein vegetarisch leben.*

161,*18* Bramine] *die Brahmanen, auf englisch oder französisch meist Braminen genannt, sind die Mitglieder der obersten Kaste, zu der auch die Priester gehören. Auch Arnold Hermann Ludwig Heeren (vgl. »Ideen über die Politik, den Verkehr und den Handel der vornehmsten Völker der alten Welt«, Göttingen 1815, S. 600f.) und Friedrich Schlegel sprechen von »Brahminen« (vgl. Schlegel, 5. Vorlesung).*

161,*19–20* den ganzen Sieg der Engländer] *durch die Ostindische Kompanie gewannen die Engländer seit 1600 immer stärkeren Einfluß in Indien. Nachdem sie den holländischen und französischen Einfluß weitgehend ausgeschaltet hatten, begannen sie im 18. Jahrhundert mit der kriegerischen Eroberung Indiens. Nach dem gescheiterten Sepoy-Aufstand von 1857–1858 wurde ganz Indien der englischen Krone unterstellt.*

161,*35* mit revoluzionärem Lachen] *vgl. das Revolutionsbekenntnis Byrons im Appendix zu den »Two Foscari«, das Heine in den »Briefen aus Berlin« lobend hervorhebt (50,12–13).*

161,40–**162**,*1* kein Nachbeter] *öffentlicher Widerruf seines früheren Byron-Kults (vgl. »Briefe aus Berlin« 50,12–14, das Bruchstück zur »Bergidylle« 228,8 oder die Briefe an Rudolf Christiani vom 24. Mai 1824 und an Friederike und Ludwig Robert vom 27. Mai 1824), der jetzt durch den Napoleon-Kult verdrängt wird. Auch Schlegel konfrontiert Byron mit Scott und nennt seine Dichtung eine Poesie der »Verzweiflung« (vgl. Schlegel, 14. Vorlesung). Daß Heine hier plötzlich eine solche Abneigung gegen Byron äußert, hängt sowohl mit seinen gereifteren politischen Einsichten als auch seinem Überdruß an der Sentimentalität der meisten deutschen Byron-Schwärmer zusammen (vgl. Felix Melchior, »Heinrich Heines Verhältnis zu Lord Byron«, Berlin 1903, S. 16ff.). Noch schärfer äußerte sich Heine später in den »Bädern von Lucca« (Kap. IV) gegen Byron.*

162,*9* W. Alexis] *Heinrich Georg Wilhelm Häring (1798–1871), der sich Willibald Alexis nannte, gab seine ersten Romane im Zuge der allgemeinen Scott-Mode als Übersetzungen von Werken Walter Scotts heraus; vgl. die Bände »Walladmor. Frei nach dem Englischen des Walter Scott« (1824) und »Schloß Avalon. Frei nach dem Englischen des Walter Scott« (1827).*

162,*9* Bronikowski] *Alexander August Ferdinand von Oppeln-Bronikowski (1783–1834) schrieb nach dem Vorbilde Scotts Romane mit Themen aus der polnischen Geschichte wie »Kasimierz, der große Piast« (1825) und »Hippolyt Boratynski« (1825).*

162,*9* Cooper] *James Fenimore Cooper (1789–1851) wurde vor allem durch seine Lederstrumpf-Erzählungen »The Pioneers« (1823) und »The Last of the Mohicans« (1826) berühmt.*

162,*10* im ironischen Walladmor] *daß dieser Roman nicht von Scott stammt, wird erst im 3. Bande enthüllt, wo sich der seltsame »Unbekannte« plötzlich im Sinne romantischer Ironie als »Sir Walter Scott« zu erkennen gibt.*

162,*11* in einer späteren Dichtung] *damit kann nur die Novelle »Die Geächteten« (1825) gemeint sein.*

162,*14* die theuersten Momente deutscher Geschichte] *Alexis schrieb später bekanntlich Romane aus der preußischen Geschichte wie »Der Wärwolf« (1848) und »Ruhe ist die erste Bürgerpflicht« (1852).*

162,22 wir Deutschen werden es übersetzen] *Hinweise auf die vielen Scott-Übersetzungen finden sich schon in den »Briefen aus Berlin« (vgl. die Erläuterungen zu 28,9–27). Scotts »Life of Napoleon« wurde gleich dreimal ins Deutsche übersetzt: von J. von Theobald (Stuttgart 1827/28), von Georg Nikolaus Bärmann (Zwickau 1826/28) und von Meyer/Müller (Gotha 1826/31).*

162,*23* den Segür übersetzt] *Paul-Philippe Comte de Ségur (1780–1873) hatte 1824 in Paris sein Buch »Histoire de Napoléon et la grande armée* *pendant l'année 1812« herausgegeben, das bis 1827 in Frankreich 9 Auflagen erlebte. Die deutsche Übersetzung von Friedrich Kottenkamp erschien 1825 in Mannheim, die von J. von Theobald im gleichen Jahr bei Cotta in Stuttgart. Heine las es im Herbst 1825 und schrieb am 8. Oktober an Moses Moser:* Mein Bruder hat mir auch gesagt daß Du vom Segur so sehr erbaut seyst und ihn den neuen Salust nanntest. Ich hatte daher nichts eiliger zu thun als ihn zu lesen, begann vorgestern; und verschlang schon diesen Morgen den letzten Gesang. Dieses Buch ist ein Ozean, eine Odyssee und Ilias, eine Ossiansche Elegie, ein Volkslied, ein Seufzer des ganzen französischen Volks! Ein Sallust? Meinethalben! Ich kann nicht drüber urtheilen. Ich bin noch wie betäubt *(vgl. auch den Brief an Rudolf Christiani vom 10. Oktober 1826). Über Ségur im allgemeinen vgl. Holzhausen S. 52ff.*

162,*27–28* in unseren Dachstübchen] *eine ähnliche Gegenüberstellung von deutscher und französischer Poesie findet sich schon am Schluß der »Briefe aus Berlin« (53,6–29).*

163,*1* Heldengeschlecht] *Rb II*^{2} *hat hier als einziger Überlieferungsträger den Textfehler* Heldengedicht, *der wohl durch Postzipation der vorangehenden Stelle* epischen Dichtungen *entstanden ist.*

163,*1–2* »Freyheit und Gleichheit«] *die Parole »Liberté, Egalité, Fraternité« war bekanntlich die Hauptlosung der Französischen Revolution, als deren Vollstrecker Heine zeitweilig Napoleon empfand. Schon in seiner »Reise von München nach Genua« korrigiert er dieses Urteil (Kap. XXIX).*

163,*3–4* geführt von dem Gotte des Ruhmes selbst] *noch in der »Romantischen Schule« schreibt Heine, daß Napoleon »jeden Tag ein gutes Epos« improvisiert habe (Buch II,1).*

163,*5* auf den Eisfeldern des Nordens] *Hinweis auf den Rückzug aus Rußland im November 1812.*

163,*7* Sklaven] *wohl im Sinne der russischen Leibeigenen gemeint.*

163,*8–9* Beschreibung oder Prophezeyung des Untergangs einer Heldenwelt ist Grundton und Stoff der epischen Dichtungen aller Völker] *das gleiche schreibt Friedrich Schlegel in seiner »Geschichte der alten und neuen Litteratur«, die Heine während der Niederschrift der »Nordsee III« sorgfältig gelesen haben muß (vgl. den Brief an Rudolf Christiani vom 1. November und an Friedrich Merckel vom 16. November 1826). Wie bei Heine werden dort bei der Behandlung des Epos neben dem »Rāmāyana« und dem »Mahābhārata« vor allem die »Edda«, das »Nibelungenlied« und das »Rolandslied« herangezogen. Ja, sogar die These, daß den meisten Epen der »tragische Untergang einer frühern Heldenwelt« zugrunde liege, findet sich dort schon fast wörtlich vorgeprägt (vgl. den Anfang der 5. Vorlesung).*

163,*10* den Felsen von Ellore] *die Tempelgrotten von Ellora oder Elura in Vorderindien enthalten in Stein gemeißelte Darstellungen aus den großen indischen Epen, vor allem aus dem »Rāmāyana« und dem »Mahābhārata«. Als die bedeutendste dieser Höhlen gilt der Kailasa-Tempel zu Ehren des*

Gottes Schiwa. Eine ausführliche Beschreibung dieser Tempelgrotten findet sich in dem Buch »Neueste Reisen durch verschiedene Theile von Ostindien. Nebst einer Beschreibung der Höhlen bey Ellora« (Wien 1808). Auch im »Kunst- und Wissenschaftsblatt« des »Rheinisch-Westfälischen Anzeigers« erschienen in den Monaten, als Heine dort seine »Briefe aus Berlin« publizierte, zwei Beschreibungen der Tempel zu Ellore (vgl. Nr. 5 vom 1. Februar 1822, S. 73 und Nr. 19 vom 3. Mai 1822, S. 303f.). Friedrich Schlegel erwähnt sie in seiner »Geschichte der alten und neuen Litteratur« in der 5. Vorlesung. Auch Arnold Hermann Ludwig Heeren gibt in seinen »Ideen über die Politik« (1815) eine Beschreibung der »berühmten Grotten von Ellore« (I,2 S. 332ff.). Goethe sprach sich dagegen in seinen »Zahmen Xenien« sehr degoutiert über solche sinnverwirrenden »Höhlen-Exkavationen« aus.

163,*13* Edda] *eine isländische Sammlung germanischer Götter- und Heldenlieder aus dem 13. Jahrhundert, die 1643 entdeckt wurde. 1812 hatte Christian Friedrich Rühs die »Snorra-Edda«, 1815 hatten die Brüder Grimm einen Teil der »Sämundar-Edda« in deutscher Übersetzung herausgegeben. Heine muß mit der »Edda« wenigstens teilweise vertraut gewesen sein, da schon sein frühes Gedicht »Götterdämmerung« eine Kenntnis der »Völupsa« voraussetzt.*

163,*14* Lied der Nibelungen] *Anspielung auf die Szene, wo Kriemhild den Saal mit den Burgunden anzünden läßt (vgl. V.2108ff.). Eine erste Gesamtausgabe des »Nibelungenliedes« hatte Friedrich Heinrich von der Hagen 1807 herausgegeben. Heine muß das »Nibelungenlied« sehr genau gekannt haben, da er im Sommersemester 1820 bei August Wilhelm Schlegel eine Vorlesung über das »Nibelungenlied« gehört hat (vgl. Erläuterung zu 153,37) und er auch sonst darauf hinweist (vgl. »Über Polen« 79,43).*

163,*16* das Rolandslied] *das uns heute bekannte »Chanson de Roland« galt damals als verschollen; es wurde erst 1837 von François Michel veröffentlicht. Sowohl die 1805 von Schlegel herausgegebene Romanzensammlung »Roland« als auch das Immermannsche Drama »Das Tal von Ronceval« (1822), das Heine im Frühjahr 1823 las, stützen sich auf die Turpinsche Chronik. Heines Schreibung* Roncisval *geht auf Schlegel zurück.*

163,*18–19* einem der größten Dichter des Vaterlandes] *seit der Rezension, die Immermann am 31. Mai 1822 in der Nr. 23 des »Kunst- und Wissenschaftsblatts« des »Rheinisch-Westfälischen Anzeigers« über Heines »Gedichte« geschrieben hatte (Sp. 362–365), war es zwischen Heine und Immermann zu einem lebhaften Briefwechsel gekommen, der schnell freundschaftliche Formen annahm. Daß ihn Heine hier als einen der* größten Dichter des Vaterlandes *bezeichnet, wurde von einer Reihe von Zeitungen mit Verwunderung aufgenommen (vgl. »Hermione«, Beilage »Literatur- und Wissenschaftsblätter«, 1827, Nr. 27 vom 1. August, Sp. 431 und Nr. 45 vom 5. Dezember, Sp. 709; »Elegante«, 1836, Nr. 149 vom 1. August, S. 595).*

163,*29* vor dem skäischen Thore] *vgl. Homers »Ilias«, 3. Gesang, V. 145ff.*

163,*29–30* des Königs von Neapel] *gemeint ist Joachim Murat (1767–1815), ein französischer Reitergeneral und Schwager Napoleons, der 1806 Großherzog von Berg, 1808 König von Neapel wurde (vgl. »Buch Le Grand«, Erläuterung zu 185,5–6). Galt als besonders ungestüm und tapfer. Während des Rußlandfeldzuges von 1812 unterstand ihm die Reiterei; auf dem Rückzug übernahm er für kurze Zeit den Oberbefehl über das gesamte Heer.*

163,*31* des Peliden] *da Achill der Sohn des Peleus war, wurde er oft als Pelide bezeichnet.*

163,*32–33* Prinz Eugèn, der edle Ritter] *gemeint ist Eugène de Beauharnais, der Herzog von Leuchtenberg und Stiefsohn Napoleons (1781–1824), der seit 1805 Vizekönig von Italien war. Beim Rußlandfeldzug befehligte er das 3. Korps, leitete die letzte Etappe des Rückzugs und siegte anschließend bei der Schlacht bei Lützen. Durch das Attribut* der edle Ritter *will ihn Heine ganz bewußt mit dem Prinzen Eugen von Savoyen (1663–1736), dem Feldherrn aus der Zeit der Türkenkriege, gleichstellen, den man bisher mit diesem Beinamen ausgezeichnet hatte.*

163,*33* Ney] *Michel Ney (1769–1815), Herzog von Elchingen und Fürst von der Moskwa, befehligte auf dem Rückzug aus Rußland die Nachhut und zeichnete sich durch besondere Kühnheit aus. Daher vergleicht ihn Heine mit Ajax, der die Leiche des Achilles vor dem Zugriff der Trojaner rettete.*

163,*33* Berthier] *Alexandre Berthier (1753–1815), Herzog von Neuchâtel und Fürst von Wagram, war seit 1896 mit Napoleon befreundet und wurde später sein Generalstabschef. Aufgrund seines Alters vergleicht ihn Heine mit Nestor, dem ältesten Griechen vor Troja.*

163,*34* Davoust] *Louis-Nicolas Davoust (1770–1823), Herzog von Auerstädt und Fürst von Eckmühl, war im Rußlandfeldzug Kommandeur des 1. Korps.*

163,*34* Darü] *Pierre-Antoine Daru (1767–1829) war der Generalintendant der ›Grande armée‹ beim Rußlandfeldzug.*

163,*34* Caulaincourt] *damit ist nicht Armand-Augustin-Louis de Caulaincourt (1772–1827), der Herzog von Vicenza, gemeint, der erst Gesandter Napoleons in St. Petersburg und dann von 1813 bis 1814 französischer Außenminister war, sondern dessen heldenhafter Bruder, der General Auguste-Jean-Gabriel de Caulaincourt (1777–1812), der im Rußlandfeldzug an der Front gefallen ist. Die falsche Schreibung* Caulincourt *in J und Rb II*$^{1-5}$ *geht auf Druckfehler im Segurschen Text zurück (I,63f.).*

163,*34* in ihnen wohnen die Seelen] *nochmaliges Aufgreifen des Gedankens der Metempsychose (vgl. Erläuterung zu 152,19), hier jedoch ins Positive gewandt.*

163,*35* Menelaos, Odysseus, Diomedes] *Menelaos war König von Sparta, Odysseus König von Ithaka, Diomedes König von Argos. Mit der Nennung dieser Namen sind offenbar keine direkten Vergleiche verbunden.*

163,*38* Agamemnon] *König von Mykene und Oberbefehlshaber des griechi-*

schen Heeres vor Troja, der nach seiner Rückkehr von seiner Gattin Klytämnestra und deren Liebhaber Ägisth heimtückisch erschlagen wurde. Sein Sohn Orestes rächte ihn, indem er seine Mutter und deren Liebhaber umbrachte. Heine spielt hier auf den Sohn Napoleons, den jungen Herzog von Reichstadt (1811–1832) an, auf den die bonapartistische Partei ihre Hoffnung setzte, der jedoch schon 1832 starb, ohne je in die Politik eingegriffen zu haben.

164,*6* wahre Peter Schlemiehle] *Adalbert Chamissos Erzählung »Peter Schlemihls wundersame Geschichte«, in welcher der Hauptheld seinen* Schlagschatten *verliert, war 1814 erschienen.*

164,*7* Einquartierung] *alle Bürger waren während der napoleonischen Kriege gesetzlich zur Einquartierung fremder Truppen verpflichtet, was für viele eine erhebliche Belastung bedeutete.*

164,*8–9* an England] *wohl Hinweis auf das Schicksal der »Deutschen Legion« (vgl. Erläuterung zu 155,10), die in den napoleonischen Kriegen starke Verluste erlitten hatte.*

164,*12–13* in Tyrol] *Anspielung auf den Tiroler Volksaufstand unter Andreas Hofer gegen die französische Besatzung (1809).*

164,*13–14* den Titel des lieben, heiligen, römischen Reichs] *das ›Heilige Römische Reich‹, das bereits seit dem Dreißigjährigen Krieg faktisch keine Einheit mehr bildete, löste sich endgültig auf, als Kaiser Franz II. (1768–1835) nach der Bildung des Rheinbundes 1806 die Krone offiziell niederlegte.*

164,*18* Unsere Leipziger Messen] *die Leipziger Messen, die seit dem 15. Jahrhundert bestanden, hatten durch die Völkerschlacht bei Leipzig (16.–19. Oktober 1813) einen starken materiellen Schaden erlitten. Doch Heine meint hier eher die klägliche Buchproduktion auf ›patriotischem‹ Gebiet, die nach 1813 einsetzte.*

164,*19* Ein Gothaer] *in den folgenden Jahren ist kein Völkerschlachts-Epos eines Gothaers erschienen. Heine denkt hier vielleicht an Ludwig Storch (1803–1881), einen Gothaer Zeitungsredakteur und Verfasser zahlreicher Geschichtsromane, dessen umfangreiches Gedicht »Zur Feier der Völkerschlacht bei Leipzig« jedoch schon in dem Band »Knospen und Blüthen« (Nordhausen 1823; Göttingen ²1824) erschienen war. Von Storch stammt übrigens auch das zur folgenden Anspielung überleitende Gedicht »Das Fürstenhaus Gotha« (1825). Andererseits könnte Heine bei dieser Stelle an das Versepos »Die Völkerschlacht. Historisches Gedicht in sechs und zwanzig Gesängen« (1827) von Carl Gottlieb Ernst Weber (1782–1865) gedacht haben, dessen Verleger für die verschiedenen Bundesstaaten jeweils verschiedene Ausgaben veranstaltete.*

164,*20* da er aber noch nicht weiß] *in den sächsischen Herzogtümern schwebte damals nach dem Tode von Friedrich IV. von Gotha-Altenburg, der am 11. Februar 1825 als der letzte Sproß seines Hauses gestorben war, ein längerer Rechtsstreit, der erst am 12. November 1826 entschieden wurde.*

Danach wurde Gotha mit Koburg zu einem neuen Herzogtume vereinigt. Das Fürstentum Altenburg erhielt der Herzog Friedrich von Hildburghausen, der auf sein bisheriges Ländchen verzichtete. Hildburghausen, Saalfeld und andere Ortschaften fielen an Sachsen-Meiningen. Schon in dieser Zeit war es verbreitet, sich über die Thüringer Zwergstaaten zu mokieren, was später zu den vielen Witzen über Reuß ältere und Reuß jüngere Linie führte.

164,24 Singe unsterbliche Seele] *parodistische Anspielung auf die erste Zeile von Klopstocks »Messias«: »Sing, unsterbliche Seele, der sündigen Menschheit Erlösung«, die wiederum an die erste Zeile von Homers »Ilias« anklingen soll: »Singe den Zorn, o Göttin, des Peleiaden Achilleus«.*

164,27 dessen blutende Zerrissenheit] *vgl. die Erläuterung zu dem Varnhagen-Motto am Anfang von »Nordsee III« (140).*

164,35–37 Da ich selbst mich erst späterhin über dieses Thema *bis* verbreiten will] *der Abschnitt aus Rb II*[1]*, der hier fortgefallen ist, findet sich im Textanhang (281,13–283,12). Einen wirklichen Querschnitt durch die deutsche Literatur gibt Heine erst später in seiner »Romantischen Schule«.*

164,38–39 aus der Feder Immermanns] *wie es zur Einschaltung der folgenden Xenien kam, wird in »Entstehung und Aufnahme« beschrieben (vgl. 726,15–727,15).*

165,5 Der poetische Literator] *gemeint ist der Dichter und Literaturhistoriker Franz Christoph Horn (1781–1837), dessen weitschweifige Geschichte der »Poesie und Beredsamkeit der Deutschen von Luthers Zeit bis zur Gegenwart« zwischen 1822 und 1829 in Berlin in 4 Bänden erschien. Heine witzelt später noch mehrfach über ihn (vgl. »Über die französische Bühne«, 7. Brief; die Vorrede zu »Shakespeares Mädchen und Frauen«; »Atta Troll«, Caput XVIII).*

165,7 Hans Sachs] *Hans Sachs (1494–1576) galt schon damals als der berühmteste Nürnberger Meistersinger.*

165,7 Weckherlin] *gemeint ist Georg Rudolf Weckherlin (1584–1653), ein bekannter Lyriker des Frühbarocks.*

165,10 Zeitung] *hier in der alten Bedeutung als ›Nachricht‹ gemeint.*

165,12 Mit vergeß'nen, alten Schwarten] *Verurteilung der rein aufzählenden, perspektivelosen Art, in der Horn obskure Autoren des 17. Jahrhunderts einfach aneinanderreiht.*

165,15 commentiren] *Horns Urteil über Luther findet sich in Bd. 1, S. 17–54.*

165,20 Nimmer schreib' ich mehr Tragödien] *bezieht sich auf Adolf Müllner, der bis 1820 eine Reihe erfolgreicher Schicksalsdramen geschrieben hatte (»Der neunundzwanzigste Februar«, 1812, »Die Schuld«, 1816 u.a.) und dann ins publizistische Fach übergewechselt war. Nachdem er zwischen 1820 und 1825 das »Literaturblatt« des Stuttgarter »Morgenblatts« ediert hatte, gab er seit 1826 das »Mitternachtblatt« heraus. Müllner war als Publizist allgemein für seine bissige Art bekannt. Über die Art, wie er auf dieses Xenion reagierte, vgl. »Entstehung und Aufnahme« (729,2–5).*

165,23 Diesen Reiterlieutnant] *gemeint ist Friedrich de la Motte Fouqué (1777–1843), der 1813 an den Befreiungskriegen erst als Reiterleutnant und dann als Rittmeister teilgenommen hatte und in seinen Dramen auf höchst gefühlvolle Weise Stoffe der germanischen Sage und Geschichte (»Sigurd, der Schlangentödter«, 1808, »Eginhard und Emma«, 1811, »Alboin, der Langobardenkönig«, 1813 u.a.) behandelte. Immermann und Fouqué hatten sich ursprünglich recht gut verstanden. Zu einem persönlichen Bruch war es erst gekommen, nachdem Fouqué von den Streitigkeiten Immermanns mit der Hallenser Burschenschaft »Teutonia« gehört hatte. Daraufhin hatte er Immermann am 14. März 1820 brieflich seine Freundschaft aufgekündigt, was bei letzterem einen lange nachwirkenden Groll auslöste (vgl. zu dieser Affäre auch Heines Brief an Immermann vom 15. April 1823).*

165,26 Melpomene] *griechische Muse des Trauerspiels.*

165,27 Heirathe diesen] *gemeint ist Ernst Christoph von Houwald (1778–1845), der Verfasser sentimentaler Schicksalstragödien (vgl. auch Heines höchst abfällige Bemerkungen über Houwald in »Briefe aus Berlin« 18,9 und 31,37).*

165,29 der todte Kotzebue] *August Kotzebue (1761–1819) war 1819 von dem Studenten Karl Sand (1795–1820) ermordet worden.*

165,30 in diesem Ungethüme] *Elster*[2] *(IV,48) sieht darin eine Anspielung auf den Dramatiker Ernst Raupach (1784–1852).*

165,33 die Seelen der Verstorb'nen] *Immermann verwendet hier die Vorstellung der Metempsychose in der gleichen parodistischen Absicht wie Heine (vgl. 152,19).*

165,35 Oestliche Poeten] *durch Goethes »West-östlichen Divan« (1819) wurde das Orientalisieren in der Art des Hāfis, Ferdausī und Sa'dī für kurze Zeit zu einer wahren Modeströmung. Immermann denkt hier wahrscheinlich vor allem an Platens »Ghaselen« (1821–1823) und Rückerts »Östliche Rosen« (1822).*

165,36 nach Saadis Art] *Sa'dī Scheich Abū 'Abdellāh Mosharrefo'd-Dīn ben Mosleho'd-Dīn (um 1215–1292) gilt als einer der bedeutendsten persischen Dichter und wurde vor allem durch seine Sammlungen »Būstān« (»Nutzgarten«, 1257) und »Gulistān« (»Rosengarten«, 1258) berühmt. Wie stark sich Platen seinem persischen Vorbild verpflichtet fühlte, zeigt sich darin, daß er seiner ersten Sammlung von Ghaselen einen Vierzeiler unter der Überschrift »Nach dem Persischen von Saadi« voranstellte.*

165,37 gepudelt] *pudeln bedeutete ursprünglich soviel wie ›im Wasser plätschern‹, nahm dann aber auch die Bedeutung von ›sudeln‹ oder ›flüchtig arbeiten‹ an (vgl. Grimm VII, 2205).*

165,39 Philomele] *nach der griechischen Sage wurde die Königstochter Philomela zur Strafe für eine Untat in eine Schwalbe, nach einer späteren Version in eine Nachtigall verwandelt (vgl. Ovid, »Metamorphosen« IV, 441ff.).*

165,40 Bülbül] *ein unauffälliger sperlings- bis stargroßer Vogel, der in der persisch-türkischen Lyrik als Liebhaber der Rose und als ein Sinnbild der Gott in mystischer Liebe ergebenen Seele galt. In den westeuropäischen Nachdichtungen wurde er oft irrtümlich mit »Nachtigall« übersetzt.*

166,1–2 Alter Dichter *bis* die lieben, kleinen Sänger] *bezieht sich auf Goethe und die Imitatoren seines »Divan«. Platen erkannte sich sofort in diesen Versen und schrieb am 12. März 1828 an Friedrich Graf von Fugger-Hoheneck: »Daß die Epigramme auf mich und Rückert gehen, daß wir beide die ›kleinen Sänger‹ sind, unterliegt keinem Zweifel. Daß Immermann sie gemacht, ist verzeihlich, daß aber Heine sie aufnimmt, sie vertritt, daß er mir Sottisen durch die dritte Hand sagt, ist nicht verzeihlich und ist nebenbei eine echt jüdische Handlungsweise«. Über seinen Gegenschlag im »Romantischen Ödipus« vgl. »Entstehung und Aufnahme« zu den »Bädern von Lucca«, DHA Bd. 7.*

166,7 Schiras] *persische Provinzhauptstadt mit berühmten Obst- und Rosengärten, wo Sa'dī und Hāfis gewohnt haben.*

166,8 vomiren] *im Sinne von ›das schlecht Verdaute wieder erbrechen‹. Platen schrieb darüber in dem erwähnten Brief an Fugger-Hoheneck: »Überdies sind die ›Reisebilder‹, wie ich höre, ein sehr populäres Buch; er <Heine> hat also vor ganz Deutschland meine Gedichte als etwas Gespieenes erklärt«.*

166,8 Ghaselen] *arabische Gedichtform, die von den Persern, Türken und Indern übernommen wurde. Sie besteht aus 3 bis 15 Verspaaren, die in den geradezahligen Zeilen stets denselben Reim aufweisen, während die ungeraden Zeilen ungereimt bleiben. Platen hatte 1821 und 1823 zwei Bändchen mit Ghaselen herausgegeben.*

166,10 Glockentöne] *gemeint ist die Schrift »Glockentöne. Erinnerungen aus dem Leben eines jungen Geistlichen« von Gerhard Friedrich Abraham Strauß (1786–1863), die von 1815 bis 1819 in 3 Bänden in Elberfeld erschienen war. Aufgrund dieser gefühlvollen Erbauungslektüre wurde Strauß 1822 von Friedrich Wilhelm III. nach Berlin berufen und stieg dort zum Hofprediger, Oberhofprediger und schließlich Oberkonsistorialrat auf, da seine mystisch pietistische Art dem Geschmack der Hofkreise sehr entgegenkam.*

166,23 *praesens Numen] gegenwärtige Gottheit (lat.).*

166,24 ordinirtes *lumen] zum Priester geweihtes Licht.*

166,26 Orbis pictus] *Die gemalte Welt (lat.). Wohl eine Anspielung auf den Titel eines berühmten Lehrbuches des tschechischen Theologen und Pädagogen Johann Amos Comenius (1592–1670), dessen »Orbis sensualium pictus. Die sichtbare Welt, das ist aller vornehmsten Welt-Dinge Lebens-Verrichtungen Vorbild und Benamung« als erstes Lehrbuch in deutscher Sprache 1658 in Nürnberg erschien. Von Immermann im übertragenen Sinne als Bilderreihe mit verschiedenen Inhalten gemeint.*

166,27 e i n e n Hals] *um sie alle auf einmal aufknüpfen zu können, was möglicherweise auf einen dem Nero zugeschriebenen Ausspruch zurückgeht.*

166,*28* Histrionen] *Schauspieler oder Gaukler (lat.).*

166,*30–31* Kirche *bis* Theater] *die gleiche* Ideenassoziazion *wie in Heines Schrift »Über Polen« (74,20), wo ebenfalls die bekannte »Faust«-Stelle mitschwingt: »Ein Komödiant könnt einen Pfarrer lehren. / Ja, wenn der Pfarrer ein Komödiant ist; / Wie das denn wohl zuzeiten kommen mag« (1.Teil, V.525ff.).*

166,*36* Leineweber] *ihr Beruf hatte lange Zeit als ›unehrlich‹ gegolten.*

166,*39* »Ganz bewältigt er die Sprache«] *wahrscheinlich nochmalige Anspielung auf die rein formalistische Wortakrobatik Platens, die bei manchen Kritikern ein hohes Ansehen genoß.*

167,2 der nervenschwache Zärtling] *wohl ebenfalls Platen.*

167,4 als du buhltest mit Lucindchen] *Friedrich Schlegel veröffentlichte seine »Lucinde«, die wegen ihrer erotischen Nonchalance allgemein als ›schlüpfrig‹ galt, im Jahre 1799. 1808 trat er zur katholischen Kirche über und gebärdete sich plötzlich stockkonservativ.*

167,*8* Ueberall umhergestrichen] *satirischer Hinweis auf die vielseitige Übersetzungstätigkeit August Wilhelm Schlegels, der sich an der großen Shakespeare-Übersetzung (1797–1810) beteiligte, fünf Stücke Calderons für den Band »Spanisches Theater« (1803–1809) übersetzte, dann mit seinen »Blumensträußen der italiänischen, spanischen und portugiesischen Poesie« (1804) herauskam und später aufgrund seiner ausgedehnten Sanskrit-Studien Übersetzungen der »Bhagavad-Gịta« (1823) und des »Rāmāyana« (1829–1846) veröffentlichte.*

167,*10* Wenn die Damen schreiben] *die meisten Schriftstellerinnen der frühen Biedermeierzeit – wie Helmina von Chézy, Fanny Tarnow, Elise von Hohenhausen, Charlotte von Ahlefeldt, Caroline Pichler und Amalie Schoppe – bewegten sich auf der Ebene des Seicht-Sentimentalen, was schon Heines Unmut in der »Harzreise« herausforderte (vgl. 116,4). Noch schärfer äußerte sich Grabbe in »Scherz, Satire, Ironie und tiefere Bedeutung« (1827) über diese Kreise.*

167,*11 Fausses couches]* Fehlgeburten *(franz.).*

167,*19* Dschingischan] *vgl. die Erläuterung zu 152,31. Dschingis Khan hatte zwischen 1215 und 1219 nur den nördlichen Teil Chinas erobert und daher nicht die gesamte Teeproduktion* vernichtet.

167,*25* Jene Stadt] *vermutlich Dresden, wo in den zwanziger Jahren die sogenannte ›Dresdner Liederromantik‹ blühte, zu der Friedrich Kind, Helmina von Chézy und Carl Gottfried Theodor Winkler gehörten.*

167,*26* Wursthans] *möglicherweise ist damit Winkler gemeint, einer der betriebsamsten Literaten, Kritiker, Verleger und Zeitungsredakteure dieser Ära, der unter dem Pseudonym Theodor Hell auch die Dresdner »Abend-Zeitung« herausgab.*

167,*29* Panduren] *südungarische Fußsoldaten des 18. Jahrhunderts, die für ihre Brutalität, Disziplinlosigkeit und Plünderungssucht bekannt waren.*

Erläuterungen zu den Lesarten

734,40 eine Person] *schon in den »Briefen aus Berlin« (43,22–23) und der »Harzreise« (86,9) spielt Heine in aller Offenheit auf das Prostituiertenwesen an.*

735,4 Wandrahm] *eine Hamburger Straße, die in der Nähe des Kornhauses im Kirchspiel St. Catharinen liegt und in den Alten und den Neuen Wandrahm eingeteilt wurde.*

735,5 die große Johannisstraße] *eine Hamburger Straße im Kirchspiel St. Petri, die sich vom Rathaus zum Berg hinzieht.*

735,15 ein starker Mann] *von 1822 bis 1845 war Bruno Enno Wilhelm Detmers (geb. 1797) Pastor auf Norderney (vgl. C. G. Reins, »Die Insel Nordernei nach ihrem früheren und gegenwärtigen Zustande«, Hannover 1853, S. 41). Das Pfarrhaus befand sich in der Kirchstraße 91.*

735,16 Razionalismus *bis* Mystizismus] *vgl. Heines Bemerkungen über dieses Begriffspaar in den Erläuterungen zum Bouterwek-Bruchstück der »Harzreise« (227,10–33).*

735,17 eine der schönsten Frauen dieser Welt] *ein Kompliment für die* schöne Cellenserin *Caroline Auguste von Anderten, geb. du Plat (1799–1830), die 3. Frau des Majors Heinrich Friedrich von Anderten (1775–1861), von der Heine auch in seinen Briefen an Friedrich Merckel vom 28. Juli und 4., 21. und 28. August 1826 schwärmt. Diesen Briefen zufolge hatte sie Heine bereits im Herbst 1825 auf Norderney kennengelernt. 1826 war sie am 21. Juli mit ihrem Mann und drei Kindern auf Norderney eingetroffen. Nachdem sich Heine im August 1826 mit ihr* broullirte, *scheint er sich vor ihrer Abreise wieder mit ihr versöhnt zu haben. Jedenfalls notierte sich Ludwig von Diepenbrock-Grüter (1804–1870) am 19. November 1826 in sein Lüneburger Tagebuch, in dem sich auch Gespräche mit Heine finden: »Heine kam auf die Anderten, vergaß sich in Lobeserhebungen über dieselbe, sagte, sie sei die Olympia wie sie Immermann in s<einem> ›Cardenio‹ schildere« (vgl. Diepenbrock-Grüter S. 290). Näheres zu Frau von Anderten bringen Friedrich Barenscheer, »Heinrich Heine und die schöne Frau von Celle«. In: »Cellesche Zeitung«, 1959, vom 7. Februar, Beilage »Sachsenspiegel«, S. 23 und <Artur Zechel>, »Die Großaktionär-Story. Kriege, Ehen und Aktien des Generalmajors von Anderten«. In: »Werkzeitschrift für Betriebsangehörige der Ilseder Hütte«, Hannover 1961, Nr. 32 vom November/Dezember, S. 16–18.*

736,3 *rule Britania*] *neben der Königshymne »God Save the King« wurde seit 1750 auch das Lied »Rule Britannia« als Hymne des britischen Weltreiches inoffiziell anerkannt. Die Melodie dieses Liedes stammt aus »The Masque of Alfred« (1740) von Thomas Augustin Arne (1710–1778), der Text von James Thomson und David Mallet.*

736,6–7 mein Unglaubensgenosse Spinoza] *Julius Petersen (Walzel IV, 501)* *verweist hier auf eine Stelle in Spinozas »Tractatus politicus«: »Quia unusquisque tantum juris habet, quantum potentia valet« (II,8).*

736,*31* Wir können uns] *vgl. dazu die Erläuterung zu 159,29. Nach Elster*[2] *wurde Heine durch Rudolf Christiani auf diese Stelle in Goethes Heften »Zur Morphologie« aufmerksam gemacht (IV, 504). Heine änderte dabei lediglich »Idee« in* Ideen *und »enthalte« in* erhalte.

Bruchstücke

<1. Hannövrische Junker>

Entstehung

Prosanotiz, die vor, während oder nach der im Herbst 1826 erfolgten Niederschrift von »Nordsee III« entstanden ist und sinngemäß zu dem Abschnitt über den hannöverschen Adel gehört (155,36–37). Zum Sachzusammenhang vgl. die Erläuterung zu 155,30. Auf demselben Blatt findet sich die Notiz Bediente, die keinen Herrn haben <...>.

Überlieferung

H Hannövrische Junker] *Pierpont Morgan Library (Heinemann-Collection, Heines »Gedanken und Einfälle« 20 V), New York. 1 Blatt, 275×215, zum Quartbogen gefaltet. D: 7,5/100. Blaßblaues, vermutlich maschinell hergestelltes Papier, o. Wz. Oberes Drittel beschrieben, eigenhändig, braune Tinte, Tinte schlägt durch. Heftstiche im Falz.*

Erstdruck: »Letzte Gedichte und Gedanken von Heinrich Heine«. In: »Heinrich Heine's sämmtliche Werke«. Supplementband, hrsg. von Adolf Strodtmann, Hamburg 1869, S. 233 (mit eigenmächtigen Textergänzungen).

Lesarten

281,*8* Junker] *danach undeutbarer Ansatz H*

<2. Die deutsche Literaturmisere>

Entstehung

Wie schon aus der Entstehungsgeschichte von Rb II[1] hervorgeht (vgl. 710,15), wollte Heine wie in den »Briefen aus Berlin« und der »Harzreise« auch in diesem Bande wieder einige literarische Polemiken unterbringen, ja vielleicht sogar einen ganzen Abschnitt über den Zustand der deutschen Literatur schreiben. Breit ausgeführt wurde jedoch diese Idee erst einige Jahre später in der »Romantischen Schule«. In Rb II blieb dagegen das Literaturpolemische im Episodenhaften stecken, das heißt beschränkte sich hauptsächlich auf die Angriffe gegen Uechtritz, Clauren usw. im »Buch Le Grand« (212,5–23), die Goethe-Diskussion im 1. Teil von »Nordsee III« (145,34–148,22) und das hier abgedruckte Bruchstück aus dem Schlußabschnitt, das Heine vielleicht erst Anfang 1827 geschrieben hat, um einen besseren Übergang zu den Immermannschen Xenien herzustellen, die den etwas unvermittelten Abschluß dieses Werkes bilden. Schon 1831, bei der 2. Auflage von Rb II hat Heine diese Stelle wieder gestrichen, da er diesen Abschnitt sicher als zu willkürlich empfand und sich obendrein seine Meinung über manche der hier erwähnten Autoren geändert hatte. Raupach und Robert erschienen ihm jetzt nicht mehr so rühmenswert. Und das vernichtende Urteil über Uechtritz findet sich auch im »Buch Le Grand« (212,8), brauchte also im gleichen Bande nicht noch einmal wiederholt zu werden.

Überlieferung

Der einzige Abdruck dieses Bruchstücks erfolgte in D[1] (Rb II[1]) auf den Seiten 111–118.

Erläuterungen

281,*13* die Morning-Chronicle] *um sich auf seine Englandreise vorzubereiten, die er am 12. April antrat (vgl. »Entstehung und Aufnahme« von Rb II 714,38), begann Heine bereits im Februar und März mit der intensiveren Lektüre englischer Zeitungen, um sich über das dortige Tagesgeschehen zu informieren.*

281,*14* Pferderennen] *Heine hat dann selbst Ende Mai 1827 die Pferderennen in Epsom besucht.*

281,*15* Assisen] *über Heines positive Einstellung den Geschworenengerichten gegenüber vgl. »Briefe aus Berlin«, Erläuterung zu 48,14.*

281,*18* Theatergeklätsche] *durch die strengen Zensurbestimmungen der*

Karlsbader Beschlüsse (1819) hatten die bewußt entpolitisierten Theaterberichte in den deutschen Zeitungen der zwanziger Jahre eine geradezu dominierende Rolle bekommen (vgl. dazu Heines Bemerkungen in »Briefe aus Berlin« 9,27–30). Auch in der »Romantischen Schule« wird noch einmal darauf hingewiesen, daß Deutschland zwar ästhetische Blätter, *aber keine* politisch raisonnirenden Journale *besäße (Buch II,2).*

281,*23* Mystiker und Razionalisten] *vgl. die Erläuterungen zum Bruchstück »Bouterwek« (227,13–27).*

281,*31–32* sächsischen Literaturzeitungen] *Heine meint hier wahrscheinlich das von Theodor Hell herausgegebene Dresdner »Abend-Blatt« und die in Leipzig erscheinenden Brockhausischen »Blätter für literarische Unterhaltung«. Vor allem die »Blätter« haben sich mehrfach höchst ungünstig über Heine geäußert.*

281,*39–40* sich ihre Gründe nicht abzwingen lassen] *im 1. Teil von Shakespeares »King Henry IV.« sagt Falstaff: »If reasons were as plentiful as blackberries, / I would give no man a reason upon compulsion« (II,4).*

282,*1* für ein Kind hält] *ironische Anspielung auf den »Freischütz«-Dichter Friedrich Kind, dessen Verse Heine ›kindisch‹ fand (vgl. »Briefe aus Berlin«, Erläuterung zu 26,5–6).*

282,*5–6* die Tragödie jenes feurigen Jünglings] *gemeint ist das 1827 erschienene Trauerspiel »Alexander und Darius« von Friedrich von Uechtritz, über das sich Heine auch im »Buch Le Grand« in aller Schärfe lustig macht (vgl. die ausführliche Erläuterung zu 212,8).*

282,*6–7* in Brand gesteckt hat] *in der 3. Szene des 5. Aktes hört Darius, daß Alexander vom Weine taumelnd mit eigener Hand den königlichen Palast zu Persepolis in Brand gesteckt hat, worauf er in Tränen ausbricht (vgl. »Alexander und Darius«, Berlin 1827, S. 110f.).*

282,*11* des plattgetretenen französischen Unflats] *neben den Boulevardkomödien von Kotzebue, Clauren, Kurländer und den Wiener Staberliaden (vgl. »Briefe aus Berlin« u.a. 18,36, 31,36, 44,17, 45,16–17 und »Über Polen« 75,8–76,14) versuchte man in diesen Jahren das gängige Theaterrepertoire durch Übersetzungen aus dem Französischen anzureichern, die meist höchst stereotyp bearbeitet wurden.*

282,*16* Raupachs »Bekehrten«] *Heine hat dieses Stück vermutlich am 31. März 1826 in Hamburg gesehen, wo es mit den folgenden »Schüler-Schwänken« am gleichen Abend gegeben wurde. 1827 ließ es Campe in seinem Verlag erscheinen. Später urteilte Heine nicht mehr so günstig über Raupach (vgl. »Über die französische Bühne«, 1. Brief, DHA Bd. 12). Bei den »Bekehrten« handelt es sich um eine elegant stilisierte Intrigen- und Verwechslungskomödie in italienischem Kostüm, der das Motiv der »Matrone von Ephesus« zugrunde liegt. Ein alternder Graf stellt sich hier tot, muß erleben, wie sich seine junge Frau in seinen Neffen verliebt und fügt das Paar schließlich in weiser Resignation zusammen.*

282,*18* »die Schülerschwänke«] *Heine meint damit das Stück »Die Schüler-Schwänke, oder Die kleinen Wilddiebe« von Louis Angely, über den er sich auch an anderer Stelle ungünstig ausläßt (vgl. Erläuterung zu 347,11), obwohl er es schnell wieder kaschiert.*

282,*32* der kritische Eifer Tiecks] *ähnliche Klagen über den* Verfall *des deutschen Lustspiels liest man in Tiecks Sammelband »Dramaturgische Blätter« (1826), wo der Plattheit und Schwerfälligkeit eines Kotzebue oder Clauren die Leichtigkeit der italienischen Commedia dell'arte entgegengehalten wird (vgl. I,XIX, II,20). Auch Tieck läßt sich dabei wie Heine zu scharfen Ausfällen gegen die Seichtheit der meisten Theaterkritiken in den »zahllosen Tagesblättern« hinreißen (I,X). Noch in der »Romantischen Schule« (Buch II,2) werden die »Dramaturgischen Blätter« als Tiecks bedeutendste Leistung gelobt.*

282,*33* Zimmermanns] *Friedrich Gottlieb Zimmermann (1782–1835) war seit 1815 Professor am Hamburger Johanneum und interessierte sich für literaturhistorische, stadtgeschichtliche und theologische Fragen. Seine besondere Vorliebe galt jedoch dem Hamburger Theater, mit dem er sich geradezu pausenlos kritisch auseinandersetzte. Zimmermanns gesammelte Theaterrezensionen erschienen bei Hoffmann und Campe in den Bänden »Dramaturgische Blätter für Hamburg« (1821–1822) und »Neue dramaturgische Blätter« (1827–1828). Heine scheint mit diesem geistreichen Manne, der an Lessings Traum eines deutschen Nationaltheaters anzuknüpfen versuchte, auf gutem Fuße gestanden zu haben. Für das Wohlwollen, das ihm Zimmermann entgegenbrachte, zeugt vor allem die positive Rezension von Rb I in der »Staats und Gelehrten Zeitung des Hamburgischen unpartheyischen Correspondenten« (vgl. »Entstehung und Aufnahme« der »Harzreise« 543,8–33), die ebenso verständnisvolle von Rb II (vgl. »Entstehung und Aufnahme« von Rb II 718,5–8) und schließlich die freundlichen Worte, die er für Heine bei Onkel Salomon einlegte (vgl. Joseph A. Kruse, »Heines Hamburger Zeit«, Hamburg 1972, S. 73).*

282,*34* im Stalle des Augias] *eine sehr ähnliche Formulierung findet sich in Heines nachgelassenen Prosa-Notizen (DHA Bd. 10):* Die Welt ist ein großer Viehstall, der nicht so leicht wie der des Augias gereinigt werden kann, weil, während gefegt wird, die Ochsen drin bleiben und immer neuen Mist anhäufen.

282,*37* Roberts »Paradiesvogel«] *über Ludwig Roberts Lustspiel »Kassius und Phantasus oder der Paradiesvogel. Eine erz-romantische Komödie mit Musik, Tanz, Schicksal und Verwandlungen«, die 1825 in Berlin erschienen war, äußerte sich Heine in einem langen Brief vom 12. Oktober 1825 an Friederike Robert wesentlich ungünstiger. Dort heißt es:* Ich las ihn vorige Woche und bin wenig erbaut davon geworden. Ihnen und Roberten darf ich das sagen, aber ich werde mich wohl hüten es den Leuten merken zu lassen. *Als Grund für seine Enttäuschung führt er die kurz voraufgegangene Lektüre* *der »Vögel« des Aristophanes an, die ihn geradezu überwältigt habe. Bei dem Stück von Robert handelt es sich um eine witzig-ironische Satire auf die heterogensten Dinge: das spätromantische Schicksalsdrama, den opernhaften Verwandlungszauber, die Kotzebueschen Rührstücke, die Ifflandschen Familiengemälde, den Schillerschen Idealismus, die Zensur, den Adelskult, die ästhetischen Teegesellschaften, den Antisemitismus – was in einem seltsamen Gemisch von Versen, Salonfloskeln, Börsenjargon und Judensprache vorgetragen wird.*

282,41 Coulissen, Dekorazionen und Garderoben] *Heine denkt hier sicher an den Aufwand, den man an den königlichen Bühnen in Berlin trieb (vgl. »Briefe aus Berlin« 42,9 und »Harzreise« 121,17–122,1). Auch Tieck ereifert sich in seinen »Dramaturgischen Blättern« über diese Dekorationssucht (I,XVII).*

283,5–6 ein weibisches Poetlein] *durch den Hinweis auf die* Alexandersprünge *ergibt sich eindeutig, daß damit nochmals Uechtritz gemeint ist (vgl. Erläuterung zu 212,8).*

L'île de Norderney

Entstehung und Aufnahme

Die erste französische Übersetzung der »Nordsee III« erschien 1832 in der »Nouvelle revue germanique« unter dem Titel »Souvenirs de Voyages, par Henri Heine. (Troisième article.) La mer du Nord. 1826« und ist mit »W.« unterzeichnet (Bd. 12, S. 141–161). Hinter dem Buchstaben »W.« verbirgt sich Joseph Willm, der Herausgeber dieser Zeitschrift, der im gleichen Jahrgang der »Nouvelle revue germanique« seinen Lesern bereits eine zweiteilige Übersetzung der »Harzreise« vorgelegt hatte (vgl. »Entstehung und Aufnahme« von »Les montagnes du Hartz« 700,3 ff.). Wie schon bei der »Harzreise« übersetzt Willm auch diesmal nicht das Ganze, sondern beschränkt sich auf die Hauptpassagen von »Nordsee III«, die er mit einem kommentierenden Text verbindet. Ausgelassen werden von Willm vor allem die erotischen und antiklerikalen Bemerkungen zu Anfang der Goethe-Episode (145,1–146,27), die Wilhelm-Müller-Strophe (150,32–36), die negative Charakterisierung des hannöverschen Adels (154,29–157,32) und die Immermannschen Xenien (165,5–167,38). Da Willm in seiner Zusammenfassung des Schlußabschnitts u. a. auf Tieck, Zimmermann und Raupach zu sprechen kommt, die in einem Passus erwähnt werden, den Heine bei der Zweitauflage des 2. »Reisebilder«-Bandes von 1831 aus diesem Werk herausgestrichen hat (vgl. »Entstehung und Aufnahme« von »Nordsee III« 731,8 und das Stück im Textanhang 281,13–283,12), kann ihm bei seiner Übersetzung nur ein Exemplar von Rb II[1] vorgelegen haben. Die von ihm übertragenen Teile des Heineschen Textes zeichnen sich durch eine erstaunlich getreue Textwiedergabe und eine innige Vertrautheit mit den deutschen Zuständen aus. Kleinere Versehen wie »Wahlverwandtschaft« (S. 144) statt »Wahlverwandtschaften« und »Rosstrapp« (S. 152) statt »Rosstrappe« fallen dagegen kaum ins Gewicht. Was Willm an eigenen Sätzen zu dem Ganzen beisteuert, geht an keiner Stelle über eine bloß verbindende oder referierende Funktion hinaus und enthält sich jedes Urteils über diese Schrift.

Heine selbst hat sich in den überlieferten Briefen und mündlichen Bemerkungen über diese Übersetzung nirgends geäußert. Überhaupt scheint er die »Nordsee III« stets als ein Nebenwerk empfunden zu haben, wie schon aus der entschuldigenden »Anmerkung« zu Rb II[1] hervorgeht (vgl. Textanhang 347,31). Bei der Renduel-Ausgabe seiner »Reisebilder. Tableaux de voyage« von 1834 wurde daher die »Nordsee III« einfach weggelassen. Aus diesem Grunde fehlt sie auch in der Lecou-Ausgabe von 1853. Erst als Heine mit Michel Lévy den Rahmenvertrag seiner »Œuvres complètes« abgeschlossen hatte, entsann er sich wieder der »Nordsee III«, die trotz ihrer etwas unzusammenhängenden Art in einer solchen Gesamtausgabe nicht fehlen durfte.

Diese erste autorisierte Übersetzung unter dem Titel »L'île de Norderney« für die Lévy-Ausgabe von 1856 (I,99–144) beruht nicht auf der Willmschen Übertragung von 1832, sondern stellt einen neuen Übersetzungsansatz dar. Wie stark Heine seine Hand dabei im Spiele hatte, wird durch ein handschriftliches Fragment belegt, das sich in seinem Nachlaß gefunden hat. Es handelt sich hierbei um ein Übersetzungsbruchstück, das die Seitenzahlen 23 bis 30 trägt und aus der Gesamtübersetzung der »Nordsee III« stammt. Diese Seiten enthalten die Goethe-Episode (146,19–148,10), die in der Lévy-Ausgabe fehlt und durch zwei Punktreihen ersetzt wird (vgl. 288,21–22). Der Grundtext der Handschrift stammt von Heines Sekretär und Übersetzer Richard Reinhardt. Von Heines Hand stammen Bleistiftkorrekturen auf den Seiten 23 bis 25, was darauf hinweist, daß er diesen Abschnitt anfänglich verwenden wollte und sich erst später zur Gesamtstreichung dieser Stelle entschlossen hat. Schon im Grundtext von Reinhardt fehlt der letzte Absatz der Goethe-Episode (148,11–21). Seiner Gewohnheit entsprechend bewahrte Heine das ausgeschiedene Textstück auf. Als Motive der Kürzung lassen sich zwei Gründe anführen: Zum Zeitpunkt der Übersetzung war die Goethe-Diskussion der zwanziger Jahre längst überholt. Außerdem mußten dem französischen Publikum die innerdeutschen Aspekte dieses Streits notwendig dunkel bleiben.

Heine hat jedoch nicht nur diesen Abschnitt weggelassen, sondern auch den Rest von »Nordsee III« energisch durchforstet. Da diese Streichungen vor allem die polemischen und anzüglichen Partien betreffen, macht die französische Version der »Nordsee III« einen seltsam ›gereinigten‹ Eindruck. An größeren Auslassungen sind dabei vor allem folgende zu verzeichnen: der lobende Hinweis auf Felix Mendelssohn (150,2–4), die mit starken antiklerikalen Elementen durchsetzte Stelle über die Seelenwanderung (152,16–153,5), die Aufzählung seiner 1819/20 in Bonn gehörten Vorlesungen über deutsche Antiquitäten *(153,37–154,10), der witzige Hinweis auf die verführerischen Wirkungen des Strand- und Badelebens (154,11–22), die Bemerkungen über die* Deutsche Legion *(155,4–29), der anzügliche Witz auf die mit gelber Frucht wattierten Hosen der Kreuzritter (156,12–17), die Ausführungen über die vordergründigen Gesellschaftsformen des hannöverschen Adels (156,23–157,2), die negativen Bemerkungen über Lord Byron (161,31–39), der Passus über die* Zerrissenheit *der deutschen Literatur (164,19–165,2) und die Immermannschen Xenien (165,5–167,38).*

Aufgrund dieser Auslassungen hat die französische Fassung der »Nordsee III« viel von ihrer politischen, antiklerikalen, erotischen und literaturpolemischen Schärfe verloren. In dieser noch von Heine auf dem Totenbett sanktionierten Übersetzung wirkt sie wie ein mildes »Reisebild« mit einigen angehängten historischen Betrachtungen über Napoleon und Walter Scott. Um diesen etwas mageren Eindruck halbwegs wettzumachen, hat Heine dem Ganzen eine Übersetzung seiner Rezension der Napoleon-Monographie von Scott angehängt, die ursprünglich in Rb IV das 4. Kapitel seiner »Englischen Fragmente« bildete. Und zwar rechtfertigt er diese Umstellung in einer kurzen Zwischennotiz, in der er dem Leser einige Hinweise auf die Druckgeschichte dieses Aufsatzes gibt und zugleich einen Übergang zu dem folgenden Textabschnitt herstellt. Eine ausführliche Kommentierung dieses Aufsatzes findet sich im Rahmen der »Englischen Fragmente«. Die »Erläuterungen« beziehen sich daher nur auf die hier eingeschaltete Zwischennotiz.

Überlieferung

F^2 L'île de Norderney. Écrit en 1826. *In:* Henri Heine, Reisebilder. Tableaux de Voyage, *Paris, Michel Lévy, 1856. I, 99–144.*

»Souvenirs de Voyages, par Henri Heine. (Troisième article.) La mer du Nord. 1826«. In: »Nouvelle revue germanique«, Bd. 12, Oktober 1832, S. 141–161. Unterzeichnet mit »<Joseph> W<illm>«.

Lesarten

283,19 commence] commee *F^2* **287**,18 sont] so *F^2* **294**,32 plénitude] plénitudue *F^2* **303**,*1 foreign*] *foreing F^2*

Erläuterungen

300,*5* l'*Histoire de Napoléon Bonaparte*] *»The Life of Napoleon Buonaparte« von Walter Scott erschien 1827 in Paris in 9 Bänden (vgl. Heines Reaktion darauf in seinem Brief an Varnhagen vom 12. Februar 1828).*
300,*6* mon pronosticon] *vgl. 162,19.*
300,*12* à Munich] *Heine war Ende November 1827 in München eingetroffen und blieb dort bis Anfang August 1828.*
300,*13* *Annales politiques*] *gemeint sind die »Neuen allgemeinen politischen Annalen«, die Heine in dieser Zeit mit Friedrich Ludwig Lindner bei Cotta herausgab. Der Aufsatz »The Life of Napoleon Buonaparte by Walter Scott« erschien dort im Februar 1828 im 2. Heft des 26. Bandes (S. 173–181).*
300,*15* en 1830] *Ende 1830 arbeitete Heine in Hamburg am Manuskript des 4. Teils seiner »Reisebilder«, die Anfang Januar 1831 unter dem Titel »Nachträge zu den Reisebildern« erschienen.*
300,*17* l'*Angleterre*] *in Rb IV*[1] *kam dieser Aufsatz im Rahmen der »Englischen Fragmente« auf S. 182–197 heraus.*

<Bruchstück zum Goetheabschnitt in »L'île de Norderney«>

Entstehung

Bei diesem Text handelt es sich um ein Übersetzungsbruchstück, das Heine nachträglich aus dem Manuskript zur französischen Version von »Nordsee III« herausgelöst hat (vgl. »Entstehung und Aufnahme« von »L'île de Norderney« 777,24–40). Der Grundtext stammt von Richard Reinhardt und muß zwischen Mitte April und Ende Mai 1855 entstanden sein, bevor Reinhardt wegen seiner Auseinandersetzungen mit Heine entlassen wurde.

Überlieferung

H culottes bouffantes] *HI, 1 Blatt, 1 Bogen, 1 Blatt (erstes und letztes Blatt ursprünglich wohl den äußeren Bogen einer Duerne bildend) 265×421 bzw. 265×211, D: 6,1/100, Velinpapier o. Wz., offenbar Maschinenpapier, gelblich, 8 Seiten beschrieben: Grundschrift Reinhardt, schwarze Tinte (H^R) mit eigenhändigen Bleistiftkorrekturen Heines (H^H), durchlaufend paginiert von 23 bis 30 von Reinhardts Hand, außer der oberen Hälfte* *von Seite 23 ist der gesamte Text nachträglich von Heine gestrichen, Tinte schlägt durch, Rißspuren am rechten Rand aller Seiten. Erstdruck an dieser Stelle.*

Lesarten

304,37 culottes bouffantes, pour] (1) pantalons pour (2)^0 culottes bouffantes, /:pour:/ H^R

38 décentes que] (1) pudiques que (2)^0 décentes /:que:/ H^R

39 que] (1) que (2)^0 de ce /:que:/ H^R

40 «inexpressibles»] (1) pantalons H^R (2)^0 «inexpressibles» H^H

41 que] (1) que (2)^0 plus /:que:/ H^R

305,1 souviens à cette] (1) rappelle à cette (2)^0 souviens /:à cette:/ H^R

du passage *bis mémorial*] (1) d'un passage du *mémorial* (2)^0 du /:passage:/ suivant /:du *mémorial*:/ H^R

1–2 Berthold:] (1) Berthold, où il dit: (2)^0 /:Berthold, où il:/ rapporte /:::/ (3)^0 /:Berthold:/ : H^R

sommes pourtant] (1) nous trouvons pourtant (2)^0 sommes /:pourtant:/ H^R

2–3 entièrement nus] (1) nus (2)^0 entièrement /:nus:/ H^R

4 parfois un peu] (1) un peu (2)^0 parfois /:un peu:/ H^R

5 L'aristocratie hanovrienne] (1) La noblesse hanovrienne H^R (2) l'arristocratie /:hanovrienne:/ H^H

5–6 lui reproche de répandre] (1) l'accuse de répandre H^R (2) lui reproche /:de répandre:/ H^H

6 irreligion par ses écrits.] (1) irreligion. (2)^0 /:irreligion:/ par ses écrits. H^R

6–7 prétendent *bis* pourraient]
(1) prétend-elle, pourraient H^R
(2) /:prétend:/ ent ces nobles (a) critiques
(b) accusateurs H^H

7–8 produire *bis* politique]
(1) amener aussi
(2)^0 produire /:aussi:/ de fausses (a) idées
(b) opinions politiques, H^R
(3) /:produire aussi de:/s /:opinions:/ incredules en matiere /:politique:/ H^H

8–9 bien plutôt ramener] (1) ramener (2)^0 bien plutôt /:ramener:/ H^R

9 aux vieilles traditions] (1) à la vieille (2) /:a:/ux /:vieilles:/ traditions (3)^0 /:aux vieilles:/ et bonnes /:traditions:/ (4)^0 /:aux vieilles traditions:/ H^R

10 beaucoup *bis* dans] (1) beaucoup entendu discuter aussi dans (2)^0 /:beaucoup:/ aussi /:entendu discuter dans:/ H^R

12 l'autre jour placé près de la chaise] (1) l'autre jour derrière la chaise (2)^0 /:l'autre jour.:/ placé près de /:la chaise.:/ H^R

13–14 quartiers de noblesse, et j'entendis] (1) quartiers de noblesse (2) aïeux, et j'entendis H^R (3) quartiers de noblesse /:, et j'entendis.:/ H^H

14–15 se dérouler *bis* entre elle] (1) se dérouler une conversation animée sur le thème en question entre elle (2)^0 /:se dérouler sur le thème en question une conversation animée entre elle.:/ *(durch Einweisungsschleife umgestellt)* H^R

16–17 interlocuteurs] (1) de ses interlocuteurs (2)^0 /:de.:/s /:interlocuteurs.:/ H^R

18–19 pendant que *bis* déclamait]
(1) pendant que l'autre, de taille non moins élancée et juvénile, déclamait H^R
(2) pour soutenir son eloge il /:déclamait.:/
(3) (a) son camerade
(b) l'autre, /:de taille non moins élancée et juvénile,.:/ soutenait cet /:eloge.:/ en (a^1) /:declama.:/ nt (nt *auf* it)
(b^1) recitant H^H

20–21 poème *bis* souriait]
(1) du poème intitulé: *la dignité des femmes*, de Schiller, en souriant
(2)^0 /:du poème.:/ de Schiller /:intitulé: *la dignité des femmes*.:/.
(a) En les récitant, il /:souria.:/ i /:t.:/ H^R
(b) le noble declamateur souriait H^H

22 le museau, après] (1) le museau avec complaisance, après H^R (2) /:le museau, après.:/ H^H

23–24 par ce refrain] (1) avec ce refrain (2)^0 par /:ce refrain.:/ H^R

26 m'engager] (1) m'engager (2)^0 vouloir /:m'engager.:/ H^R

27 Gœthe] Goethé H^R

30 sans s'en douter elle-même] (1) sans le savoir elle-même (2)^0 /:sans.:/ s'en douter /:elle-même.:/ H^R

31 Car *bis* demander] (1) One (2)^0 /:On.:/ ne peut pas demander (3)^0 En effet, on ne saurait guère /:demander.:/ (4)^0 Car /:on ne saurait guère demander.:/ H^R

33 un imbécile] (1) bien un nigaud? (2)^0 un imbécile? H^R

35 Gœthe] Goethé H^R

36 sur le champ] (1) aussitôt (2) sur le champ H^R

37 avec notre propre avis sur ces matières;] (1) avec le nôtre propre; (2)^0 /:avec notre propre.:/ avis sur ces matières; H^R

37–38 nous obtenons *bis* mesure] (1) nous obtenons par là une mesure (2)^0 et /:nous obtenons.:/ ainsi /:une mesure.:/ (3)^0 /:nous obtenons.:/ de cette façon /:une mesure.:/ H^R

38 certaine pour apprécier tous]
(1) certaine, d'après laquelle nous sommes en état d'apprécier
(a) to
(b) aussitôt tous
(2)^0 /:certaine:/ pour /:apprécier tous:/ H^R
39 à son insu son] (1) ainsi, sans le savoir, (2) /:,:/ à son insu, (3)^0 /:à son insu:/ H^R
39–42 Mais *bis* nous pouvons]
(1) Mais de même que Goethe de cette façon, puisqu'il constitue un monde commun qui est ouvert à l'observation de
(a) chacun,
(b) /:chacun:/ de nous, devient notre meilleur moyen pour apprendre à connaître les gens: de même nous pouvons
(2)^0 /:Mais:/ (a) tandis /:que:/
(b)^0 si /:Goethe:/ devient ainsi notre meilleur moyen pour apprendre à connaître les gens puisqu'il /:constitue un monde commun qui est ouvert à l'observation de chacun de nous:/ : /:nous pouvons:/ H^R
42 apprendre] (1) à son tour apprendre (2)^0 aussi le mieux /:apprendre:/ H^R
43 Gœthe *bis* jugement] (1) Goethe par son propre jugement (2)^0 /:Goethe:/ lui-même /:par son jugement:/ H^R
306,3 la relation] (1) la relation (2)^0 comme un exemple /:la relation:/ H^R
Gœthe] Goethé H^R
5 avons pu] (1) avons tous pu (2)^0 /:avons:/ ainsi /:pu:/ (3)^0 /:avons pu:/ H^R
7 si bien que l'un] (1) c'est à dire l'un (2)^0 au point que /:l'un:/ (3)^0 si bien /:que l'un:/ H^R
moroses] (1) moroses, (2)^0 /:moroses:/ H^R
8 l'autre] (1) l'autre (2)^0 que /:l'autre:/ H^R
9 des choses magnifiques] (1) les choses les plus magnifiques (2)^0 d/:es choses magnifiques:/ H^R
10 clair et serein] (1) si clair et si serein (2)^0 /:clair et serein:/ H^R
12–13 les contours *bis* véritables]
(1) les véritables contours et les
(a) vért
(b) véritables couleurs
(2)^0 /:les contours et les:/ couleurs /:véritables:/ H^R
14 Gœthe] Goethé H^R
apprécier] (1) reconnaître (2)^0 apprécier H^R
15 malades] (1) malades (2)^0 moralement /:malades:/ H^R
nous] n *korr.* H^R

17 tels que] (1) pour que (2)^0 tels /:que:/ H^R

18 les temps, pour] (1) les âges, pour (2)^0 /:les:/ temps /:, pour:/ H^R

18–19 immédiate à quel] (1) immédiate, à quel (2)^0 /:immédiate:/ et évidente /:, à quel:/ (3)^0 /:immédiate à quel:/ H^R

19 Gœthe] Goethé H^R

20 Lui-même] *(ursprünglich eingerückt, dann* Lui- *vor gestr.* Lui- *wiederholt, um Absatz zu vermeiden)* H^R

davantage *bis* ignorant] (1) davantage, ignorant (2)^0 /:davantage:/ ; (*aus Komma*)non, car /:ignorant:/ (3)^0 /:davantage; :/ au contraire /:ignorant:/ H^R

22 et tout en *bis* moyens]
(1) et tandis que, par son autobiographie,
(a) il se propose de
(b) /:il:/ compte nous fournir lui-même
(2)^0 /:et:/ tout en comptant nous fournir /:par son autobiographie:/ les moyens H^R

24–25 faits *bis* juger] (1) faits par lesquels nous pouvons (2) /:faits:/ qui /:nous:/ permettent de le juger (3)^0 /:faits:/ propres à /:nous:/ aider tout au plus à /:le juger:/ H^R

25 ce qui *bis* étonnant] (1) chose d'ailleurs très naturelle (2)^0 /:chose d'ailleurs:/ peu étonnante (3)^0 ce qui /:d'ailleurs:/ est /:peu étonnant:/ H^R

puisque] (1) puisqu' (2) /:puisqu:/ e H^R

28 plongé dans Gœthe] (1) pourtant enfoncé dans Goethé (2)^0 à mon tour plongé /:dans Goethé:/ H^R

Ideen. Das Buch Le Grand

Entstehung und Aufnahme

Über die Entstehung des »Buchs Le Grand« finden sich in Heines Briefen nur wenige Anhaltspunkte. Die einzigen Vorstufen dazu, die er von Zeit zu Zeit erwähnt, sind seine Memoiren-Pläne, von denen er bereits in einem Brief an Immanuel Wohlwill vom 7. April 1823 spricht. Auch an Ludwig Robert schreibt er am 27. November 1823: Vielleicht erleben Sie es noch meine Bekenntnisse zu lesen, und zu sehen wie ich meine Zeit und Zeitgenossen betrachtet, und wie mein ganzes trübes, drangvolles Leben in das Uneigennützigste, in die Idee übergeht. *Ähnliches findet sich in den nächsten beiden Jahren. So heißt es in einem Brief an Moses Moser vom 25. Oktober 1824:* Blut wenig habe ich diesen Sommer geschrieben. Ein paar Bogen an den Memoiren. *Das gleiche schreibt er am 11. Januar 1825 an Moser:* Nur dann und wann kann ich Stückchen meiner Memoiren schreiben die einst zusammengeflickt werden. *Am 4. März des gleichen Jahres teilt er Ludwig Robert mit:* Ich schrieb bloß an einer Art »Wahrheit und Dichtung« die nur in sehr späteren Zeiten erscheinen darf.

Warum Heine diesen Plan so lange geheimhielt und auch engsten Freunden keine Bruchstücke aus diesem Manuskript übersandte, wie er es bei anderen Werken gern tat, läßt sich leicht erraten. Wahrscheinlich werden diese Memoiren *– wie sein »Rabbi« – gar nicht so weit gediehen sein, wie er in diesen Briefen vorgibt. Außerdem war er in diesen Dingen zu größter Rücksichtnahme auf seine Familie, vor allem auf seinen Onkel Salomon, verpflichtet. Denn was hätten diese* Memoiren *anderes enthalten können als seine Jugenderlebnisse in Düsseldorf, sein Versagen als junger Kaufmann in Hamburg, seine ersten Studentenjahre und seine unglückliche Liebe zu Amalie, der Tochter seines Onkels Salomon? Manche dieser autobiographischen Elemente, die ihm weniger riskant erschienen, wie die Erwähnung seiner Schulzeit in Düsseldorf und seines Studiums in Bonn, hatte Heine bereits in die »Harzreise« (92,3–7) und »Nordsee III« (153,37–154,10) aufgenommen. Und so werden diese* Memoiren *überhaupt nur lose Zettel gewesen sein, die er von Zeit zu Zeit in seine Werke einwebte oder einflickte, wie sich Heine gern ausdrückte.*

Wohl den energischsten Griff in dieses Material hat Heine im Herbst 1826 getan, als ihn Campe immer stärker drängte, doch endlich das Manuskript zum 2. »Reisebilder«-Band abzuschließen (vgl. »Entstehung und Aufnahme«

von Rb II 711,34). In dieser Drucksituation scheint Heine plötzlich die Idee gekommen zu sein, Teile seiner Memoiren-Fragmente mit einer Reihe von politischen, wissenschaftlichen und ästhetischen Polemiken zu einer ganz neuen Prosaform zu verknüpfen, die weder rein novellistisch noch rein berichterstattend ist und bereits in ihrer formalen Eigenart auf das Neuartige der hier verkündeten Ideen hinweist. Und zwar entschied er sich dabei, seine Jugend- und Liebeserlebnisse vor den weltgeschichtlichen Hintergrund der napoleonischen Ära zu rücken, wodurch dieses Werk zugleich einen Gegenentwurf zu den üblichen Biedermeier-Memoiren darstellt, die in ihrer Beschränkung auf Kindheit und Familie meist im Bereich des rein Privaten bleiben. Ein solcher Versuch ließ sich nur in einer höchst raffinierten, antithetischen Erzähltechnik durchführen. Neben den autobiographischen Elementen wie der unglücklichen Liebesgeschichte mit Signora Laura und der Geschichte der kleinen Veronika, die immer nur angedeutet und dann wieder verschoben werden, entfaltet sich daher im »Buch Le Grand« ein geradezu unübersehbarer Reichtum an poetischen Motivgeflechten, literarischen Anspielungen, handgreiflichen Polemiken, philosophischen Ideen und politischen Tendenzen, die scheinbar nach allen Richtungen auseinanderlaufen und doch auf eine unleugbare Weise miteinander verbunden bleiben, indem Heine das Ende seiner Liebeshoffnungen immer wieder mit dem traurigen Schicksal Napoleons und seiner Armee parallelisiert.

Wohl die stärksten Anregungen zu dieser lockeren Art des Erzählens empfing er von Sterne, dessen »Tristram Shandy« (1760–1767) ihn im Mai 1826 stark beeindruckt hatte (vgl. John C. Ransmeier, »Heines ›Reisebilder‹ und Laurence Sterne«. In: »Archiv für das Studium der neueren Sprachen« 118, 1907, S. 308 ff. und Stefan Vacano, »Heine und Sterne«, Bern 1907, S. 41 ff.). Dafür sprechen die kurzen, durchnumerierten Kapitelchen, die Aufzählungen seltsamer, scheinbar unzusammenhängender Namen und Ereignisse, die Anredefloskel »Madame«, die Striche, mit denen Weglassungen angedeutet werden, der Spott auf die eigene Belesenheit, die Karikierung akademischer Manieriertheiten, das Capricciohafte der Erzählweise und was sich sonst noch alles im »Tristram Shandy« vorgeprägt findet. Auch Immermanns »Papierfenster eines Eremiten« (1822) mit ihrer wertherhaft-unglücklichen Liebe und ihren Selbstmordgedanken, ihrer Hamlet- und Egmont-Erwähnung (14. Mai), ihrem Spott auf die »Göttin Vernunft« (8. Juni) und ihrer Narrensatire (4. Leichenrede) haben im »Buch Le Grand« ihre Spuren hinterlassen. Nicht minder einflußreich auf die Struktur dieses Werkes wird E. T. A. Hoffmanns Novelle »Meister Floh« (1822) gewesen sein, wo die Jugenderlebnisse des Hauptthelden, die in manchen Zügen durchaus an Heines Kindheit erinnern, wie im »Buch Le Grand« mit Ereignissen in Beziehung gesetzt werden, welche in einem ›indischen‹ Wunderland spielen (vgl. Heines Bemerkungen über dieses Werk in »Briefe aus Berlin« 51,9–52,5). Ja, sogar einige der zeitgeschichtlichen Elemente, wie der Spott auf die Zensur, sind bereits bei Hoffmann vorgebildet. Was jedoch das »Buch Le Grand« vom »Meister Floh« unterscheidet, ist der Verzicht auf eine allegorische Harmonisierung, mit der Hoffmann sein Werk beschließt. In diesem Punkte entschied sich Heine für einen ›offenen‹, d. h. in seinem Sinne ironischen und zugleich dialektisch-geschichtsbezogenen Schluß.

Mit der Niederschrift dieses Werkes hat Heine wohl erst im Oktober 1826 begonnen, als er bei seinen Eltern in Lüneburg wohnte. Da er zur gleichen Zeit an »Nordsee III« arbeitete, deren 2. Teil sich fast ausschließlich mit Napoleon beschäftigt, mag ihm in diesen Wochen die Idee gekommen sein, seine bereits skizzierten Jugendmemoiren mit dem Einzug Napoleons in Düsseldorf zu verbinden und daraus die Keimzelle eines neuen Werkes zu gewinnen. Bei dieser Methode ergaben sich allerdings einige historische Diskrepanzen. So erfolgte etwa der Einzug Murats in Düsseldorf im Jahre 1806, während Heines Lyceumserfahrungen, die er damit verknüpft, höchstwahrscheinlich erst 1808 begannen. Doch solche Unstimmigkeiten, die rein privater Natur sind und gegen die innere Logik dieses Werkes in keiner Weise verstoßen, scheinen Heine nicht gestört zu haben, wie überhaupt das Fiktive in diesem Werk eine wesentlich größere Rolle spielt als in seinen bisherigen Prosaschriften. Auf diesen ersten Erzählansatz dürfte sich der Brief an Moses Moser vom 14. Oktober 1826 beziehen, wo Heine schreibt, daß er sich an einem selbstbiographischen Fragment *versucht habe. Auch in einem Brief vom 24. Oktober 1826 an Varnhagen erklärt Heine, daß er im nächsten »Reisebilder«-Band an 2. Stelle* ein Fragment aus meinem Leben, im keksten Humor geschrieben, *bringen wolle. Mitte November, als das Manuskript schon weiter gediehen war, schrieb er an Rudolf Christiani, der ebenfalls in Lüneburg wohnte und dem Heine freundschaftlich vertraute:* Anbey, lieber Christiani, schicke ich Dir das 2te Capitel meiner »Ideen zur Geschichte«. Ich wiederhole daß Du Niemanden ein Wort davon mittheilen darfst, und daß ich deßhalb Dein Ehrenwort verlangt. Dies geschieht absonderlich aus meiner Ungewißheit in Hinsicht des Abdrucks. Sag mir morgen scharf Deine Meinung über Form und Inhalt des kl<einen> opus. Lies es ohne V o r u r t h e i l. Verdamme nicht meine Härte; man hat mich gezwungen zum Schwert zu greifen, aber ach! ich weiß sehr gut daß wer das Schwert führt auch durch das Schwert umkommen wird. Warlich meine Stellung begünstigte nie meine Ausbildung zum weichen Minneliedersinger – aux armes! armes! dröhnte mir immer in die Ohren – Alea jacta est. *Mit dem 2. Kapitel seiner* »Ideen zur Geschichte«, *in dem er zum* Schwert *greife, können an sich nur die Napoleon- und Le-Grand-Abschnitte gemeint sein. Das 1. Kapitel dieser »Ideen«, das dazu die Einleitung bietet, müßten demnach die Jugend- und Schulerinnerungen aus Düsseldorf sein. Dazu paßt, daß Heine am 10. Januar 1827, kurz bevor er Lüneburg verließ und nach Hamburg ging, im Hinblick auf den 2. »Reisebilder«-Band an Friedrich Merckel schrieb:* Das Buch wird viel Lerm machen, nicht durch Privatskandal sondern durch die großen Weltinteressen die es ausspricht. Napoleon und die französische Revoluzion stehen darin in Lebensgröße.

Doch zu gleicher Zeit muß er auch schon weitere Abschnitte des »Buchs Le Grand« entworfen haben, wie aus der brieflichen Äußerung vom 1. Januar 1827 an Merckel hervorgeht, wo er voller Befriedigung berichtet, daß er vorige Woche Herrn von Uechtritz für den 2. Teil der »Reisebilder« sehr barbarisch eingeschlachtet habe, *was sich nur auf die Stelle mit dem* Schweinskopf *(212,10–11) beziehen kann. Als daher Heine Mitte Januar 1827 in Hamburg eintraf, brachte er sicher schon große Abschnitte des Mittelteils fertig mit. Die Anfangs- und Schlußkapitel, in denen das Napoleon-Motiv völlig in den Hintergrund tritt, scheinen dagegen erst in den nächsten Wochen geschrieben zu sein. Das gleiche gilt für große Teile des 13. bis 15. Kapitels, die in vielen Einzelheiten Heines reale Schreibsituation in der Hamburger Düsternstraße widerspiegeln (vgl. Erläuterung zu 207,4–5). Wahrscheinlich hat er den Bernhard, der das Quellenmaterial zu der großen Gelehrtensatire des 13. Kapitels lieferte, aufgrund früherer Anregungen überhaupt erst in der Hamburger Stadtbibliothek entdeckt (vgl. Erläuterung zu 203,36). Auch viele der Narrenporträts im 14. und 15. Kapitel können erst in Hamburg entworfen sein. Ja, vielleicht ist sogar die Geschichte der unglücklichen Liebe, die aufs engste mit Heines frühen Hamburger Erlebnissen zusammenhängt, erst in dieser Zeit als ein abdämpfendes Element um das Ganze herumgelegt worden. Denn Heine befürchtete im Februar 1827 immer noch, daß Campe vielleicht Bedenken haben würde, die Kapitel über Napoleon und die Französische Revolution überhaupt in den Satz zu geben, falls sie ihm Heine in allzu nackter Form präsentieren würde. Doch Campe verhielt sich in diesem Punkt erstaunlicherweise recht gelassen (vgl. »Entstehung und Aufnahme« von Rb II 714,12). Heine wurde dagegen, je näher die Satzarbeiten rückten, immer nervöser, ja strich sogar noch vor oder während des Drucks einige der politischen und religiösen Anzüglichkeiten. Es muß sich dabei vor allem um die Stellen mit den Königen und dem Kronprinz von Preußen gehandelt haben (vgl. »Lesarten« 794,7 und 794,4), an die ihn Campe noch in einem Brief vom 20. Januar 1833 erinnert, als er mit Heine wegen einiger Streichungen in der »Vorrede« zu den »Französischen Zuständen« in Streit geriet. In einem Teil der Auflage kam es noch zu einer interessanten Preßkorrektur. Der Vergleich von Mädchenhänden mit einer* Hostie *wurde zu* Lilie *abgeschwächt (vgl. »Lesarten« 793,17).*

Doch die Reaktion auf das »Buch Le Grand« war gar nicht so scharf, wie Heine gefürchtet (oder gehofft) hatte, was sich unter anderem an den Rezensionen von Rb II[1] ablesen läßt. »a.« (d. i. Willibald Alexis) läßt es in seiner Besprechung im »Berliner Conversations-Blatt« vom 11. Mai 1827 einfach aus (Nr. 93, S. 372). Recht ausführlich setzt sich dagegen »A-e-i.« (d. i. Joseph Lehmann) in der »Berliner Schnellpost« vom 15. Mai 1827 mit dem »Buch Le Grand« auseinander. »Die ›Ideen‹«, heißt es hier, »haben noch den besonde-

ren Titel: ›D a s B u c h L e G r a n d‹, was ungefähr wie ›das Buch Hiob‹, ›das Buch Esther‹ klingt; Le Grand aber ist ein französischer Tambour. Der Tambour ist an E v e l i n a dedizirt; so heißt hier des Dichters Geliebte, die sich bekanntlich anderweitig verheirathete, und der er so niedliche, maliziöse Liederchen zum Hochzeitsgeschenk gemacht hat. Dieses Mal behandelt er sie aber mit einer ganz ausnehmenden Aufmerksamkeit – und nimmt er sich auch bisweilen etwas heraus, so weiß er sich doch immer hinterher gar galant zu entschuldigen.« Über die Napoleon-Partien schreibt Lehmann: »Was unser Dichter von dem Kaiser sagt, ist des Kaisers und des Dichters würdig; Sanct Helena und die Engländer bilden das Relief zu seiner Darstellung, der es, wie bei einem überreichen Stoffe sich leicht denken läßt, an pikanten Ein- und Ausfällen nicht fehlt« (Nr. 77, S. 306). »W.« (d. i. Varnhagen) schreibt in seiner Rezension im Berliner »Gesellschafter« vom 23. Mai 1827: »Die zweite Abtheilung ist der eigentliche Kern des Buches, sie ist überschrieben: Ideen. Das Buch Le Grand. Davon eine Vorstellung in der Kürze zu geben, ist ganz unmöglich. Bei vielen und sehr großen Ungezogenheiten enthält dieser Aufsatz die tiefsten und wahrhaftesten Geschichtsbilder, und Napoleon ist darin mit den seltsamsten Mitteln, so rührenden und erhabenen als possenhaften und polemischen, höchst originell vor Augen und Seele geführt. Durch die Zuschrift dieses Buches an eine Dame, und die zwischen den Vortrag unaufhörlich sich durchdrängende Anrede: Madame! erhält das Ganze, in welchem sich Liebesgeschichte und Volks- und Weltgeschichte und wissenschaftliches und bürgerliches Treiben mit unerschöpflicher Wunderlichkeit der Formen und Übergänge verschränkt, eine noch seltsamere Farbe. Man muß das selbst lesen, um einen Begriff davon zu haben« (Nr. 82, S. 409).

In der Rezension von <Friedrich Gottlieb> Z<immermann> in der Nr. 84 des »Hamburgischen Unpartheiischen Correspondenten« vom 26. Mai 1827 heißt es über das »Buch Le Grand«: »Hier erhebt sich der Verfasser in Inhalt und Form zu einer Vollendung, welche ihn in die Reihe der ersten humoristischen Schriftsteller Deutschlands versetzt. Er steigt zum Ernstesten und Erhabensten auf und geht wieder mit anmuthiger Leichtigkeit und Gewandtheit zu harmlosem Scherz über, der jede Mißdeutung, die finstere Laune anwenden könnte, fern halten muß. Es ist reiner, gesunder Humor, der sich hier ausspricht in lebenskräftiger Fülle, gleich frey von schwülstigem Pathos, von witzelnder Geschraubtheit und süßlicher Empfindeley. Der Inhalt greift in das innere und äußere Leben der gesellschaftlichen und nationalen Verhältnisse ein und weckt die ernstesten Betrachtungen« (S. 6). E<rnst> Kratz nennt dagegen in seiner Schrift »Kritik mehrerer literarischen und artistischen Erscheinungen in Hamburg vom November 1826 bis Mai 1827, die Sensazion gemacht« (1827) das »Buch Le Grand« das »Fadeste« des gesamten Bandes und empört sich über die »offenbaren Gotteslästerungen«, die man darin finden könne (S. 36 f.). Ludwig Robert weist in seiner Rezension von Rb II im »Literatur-Blatt« des Stuttgarter »Morgenblatts« vom 15. Juni 1827 vor allem *auf den »überschwänglichen Hymnus« hin, »den mein* H e i n e *seinem Napoleon singt«. »Hier wird das Kleinste groß«, schreibt er, »die Selbstliebe Demuth, die Demuth Anbetung, und die Anbetung Religion, die ihren Beweis nur in sich selbst hat« (Nr. 48, S. 190). In Müllners Rezension in der Nr. 111 des »Mitternachtblatts« vom 12. Juli 1827 liest man über das »Buch Le Grand«: »Der Ueberschrift nach zu urtheilen, soll Napoleons Größe und Unglück der Hauptgegenstand seyn. Aber weder die Form, noch die Ausführung entsprechen diesem muthmaßlichen Zwecke, und bei aller Klarheit im bildlichen Ausdrucke, durch welche Heine vortheilhaft von Jean Paul sich unterscheidet, ist das Ganze ein Chaos geworden, in welchem die Dunkelheit herrscht, und dem wir nicht Unrecht thun werden, wenn wir es ein humoristisches Galimathias nennen.« Nach diesem negativen Gesamturteil druckt Müllner Teile der Sankt-Helena-Episode ab, um die Engländer nachdrücklich auf diese Art der Napoleon-Sicht hinzuweisen (S. 443).*

Die »Allgemeine Literatur-Zeitung« vom August 1827 wirft Heine vor allem sein »unmäßiges Lob Napoleons und seine Elegie über das Schicksal desselben« vor (Ergänzungsblatt 85, Sp. 680). Völlig im allgemeinen bleibt dagegen die »Jenaische Allgemeine Literatur-Zeitung« vom September 1827 (Nr. 171, S. 407 f.). Die »Blätter für literarische Unterhaltung« vom 18. Januar 1828 schreiben über das »Buch Le Grand«: »Hier wiederholt der Verf. seine alten Klagen über Mishandlungen, die ihm das schöne Geschlecht zugefügt; doch überschleicht uns dabei unwillkürlich das Gefühl, als habe er es nicht besser verdient. Die Byron'sche Sucht, sich selbst als einen frechen Lästerer des Heiligen, oder als einen aus dem Paradiese Verstoßenen und Verworfenen darzustellen, um interessanter zu erscheinen, ist eine unmännliche Zeitkrankheit.« Doch dann heißt es plötzlich: »Lebendige Darstellung, eine wunderbare Verschmelzung des Romantischen mit dem Wirklichen (dahin gehört z. B. die Geschichte von der kleinen Veronica), eine edle Verehrung des Großen, leider aber oft durch Spott und Irrthum getrübt, geistvolle Einfälle, Funken des Witzes, dabei oft Gedanken, die, wenn sie auch nicht tief zu nennen sind, doch wenigstens aus dem Innern der Seele stammen, kurz, Reichthum an einzelnen Vortrefflichkeiten, wie sie selten ein Buch besitzt. Mit Kraft, wenngleich mit einer jugendlichen Schonungslosigkeit, greift der Verf. das Gemeine und Schlechte, insbesondere die Philister unserer Zeit an. Daß sein Buch deshalb an manchen Orten verboten worden, gereicht ihm wol nur zur Ehre.« Als besonders reizvoll empfiehlt der anonyme Rezensent seinen Lesern die »Beschreibung von der Einführung der französischen Herrschaft zu Düsseldorf, und von dem Einzug Napoleons, der mit wahrer Würdigung dieses großen Mannes« geschrieben sei (Nr. 16, S. 61). Auch die »Leipziger Literatur Zeitung« vom 14. April 1830 bezeichnet die Düsseldorfer Napoleon-Episode als ein »Meisterstück«, rügt aber die vielen »Sprühteufel«, die sich sonst in das »Buch Le Grand« eingeschlichen hätten (Nr. 89, S. 710 f.).

Zeitgenössische Nachdrucke aus dem »Buch Le Grand« finden sich zahl-

reicher als bisher angenommen. Die »Hermione« gibt am 11. Juli 1827 in ihrer Beilage »Kunst- und Unterhaltungsblätter« eine Probe aus der Sankt-Helena-Episode (Nr. 24, Sp. 383 f.). Die »Biene«, in der Heine als einer der »besten Humoristen« Deutschlands gepriesen wird, macht am 2. und 5. Mai 1827 ihre Leser mit einer längeren Passage aus dem 14. Kapitel bekannt, wobei allerdings der Satz das vergleichende Bild befindet sich etwas tiefer unten (209,21) den die Zensur wohl als zu ›obszön‹ empfand, durch die üblichen Striche ersetzt wurde (Nr. 9, S. 129–132 und Nr. 10, S. 150–152). Über die späteren Nachdrucke vgl. den Abschnitt »Überlieferung« (791,37–792,25).

Als Heine 1831 den Text für die 2. Auflage von Rb II vorbereitete (vgl. »Entstehung und Aufnahme« von Rb II 721,15–18), fand der Wortlaut des »Buchs Le Grand« in seinen Augen die meiste Gnade. Während er die »Briefe aus Berlin« einfach wegschmiß und aus der »Nordsee III« über 7 Seiten herausstrich, änderte er in diesem Werk sehr wenig (vgl. »Lesarten«). Von Bedeutung ist eigentlich nur, daß er an zwei Stellen, wo sich in D^1 (Rb II^1) lediglich Striche finden, jetzt die Worte Preußen (194,6) und Könige (195,13) einsetzte. Großen Wert legte er auf die Erhaltung seiner eigentümlichen Interpunktion in diesem Werk. Anfang April 1831 wies er die Hofdruckerei in Altenburg schon im voraus an, die Gedankenstriche im »Buch Le Grand« auf keinen Fall durch Punkte zu ersetzen. Der Sinn werde entstellt, heißt es hier, wenn diese Interpunktion nicht genau beobachtet wird. Diese Forderung wiederholte er in einer Notiz zum 2ten Reisebilder Bande, die Campe seinem Brief vom 15. Juni 1831 nach Altenburg beilegte: Dann muß auch, wie ich schon in Betreff des Buchs Legrand bemerken lassen, auf meine Interpunktion besonders Acht gegeben werden (Staatsarchiv Altenburg). Heine konnte aber von Paris aus keinen weiteren Einfluß auf den Druckprozeß ausüben, so daß sich eine Reihe von Textfehlern einschlich. In den Text der folgenden Auflagen dieses Werkes hat er nicht mehr eingegriffen.

Literatur:

Karl Hessel, »Heines ›Buch Legrand‹«. In: »Vierteljahrsschrift für Litteraturgeschichte« 5, 1892, S. 546–572; Eugen Moos, »Heine und Düsseldorf. Beiträge zur Kritik von Heines ›Memoiren‹ und ›Buch Le Grand‹«, Düsseldorf 1909; Hermann J. Weigand, »Heine's ›Buch Le Grand‹«. In: »Journal of English and Germanic Philology« 18, 1919, S. 102–136; Léon Polak, »Heinrich Heines ›Buch Legrand‹«. In: »Neophilologus« 7, 1921/22, S. 260–272; Hermann J. Weigand, »The Double Love-Tragedy in Heine's ›Buch Le Grand‹. A Literary Myth«. In: GR 13, 1938, S. 121–126; Herman Uyttersprot, »Nog eens das Buch Le Grand«. In: »Album Prof. Frank Baur«, Antwerpen 1948, II,317–332; Léon Polak, »En nogmaals Heine's ›Buch Legrand‹«. In: »Revue des langues vivantes« 15, 1949, S. 96–100; Jürgen Jacobs, »Zu Heines

›Ideen. Das Buch Le Grand‹«. In: HJb 7, 1968, S. 3–11; Jeffrey L. Sammons, »Masterpiece: ›Ideen. Das Buch Le Grand‹«. In: J. L. S., »Heinrich Heine. The Elusive Poet«, New Haven 1969, S. 116–149; Joseph A. Kruse, Nachwort zu »Ideen. Das Buch Le Grand«, Düsseldorf 1972, S. 1–25; Jost Hermand, »Heines ›Ideen‹ im ›Buch Le Grand‹«. In: »Heine-Kongreß 1972«, hrsg. von Manfred Windfuhr, Hamburg 1973; vgl. auch Wilhelm/Galley, Nr. 3042–3051.

Überlieferung

D^1 Ideen. Das Buch Le Grand. 1826. *In:* Reisebilder von H. Heine. Zweiter Theil. Hamburg, bey Hoffmann und Campe, 1827. *S. 129–296. Zum Gesamtaufbau dieses Bandes vgl. das im Überlieferungsteil zu »Nordsee III« Gesagte (732,6–9). Im »Buch Le Grand« steht in einem Teil dieser Auflage S. 164, Z. 14 statt* Hostie *(181,18)* Lilie, *eine Preßkorrektur, deren Urheber nicht zu ermitteln ist.*

D^2 Ideen. Das Buch Le Grand. 1826. *In:* Reisebilder von H. Heine. Zweyter Theil. Zweyte Auflage. Hamburg, bey Hoffmann und Campe. 1831, *S. 81 bis 250. Textgrundlage (vgl. »Überlieferung« zu »Nordsee III« 732,16–24). Zahlreiche Textfehler wurden durch Rückgriffe auf D^1 eliminiert.*

»Fragment aus H. Heine's Reisebildern«. In: »Die Biene«, 1827, Nr. 9 vom 2. Mai, S. 129–132 und Nr. 10 vom 5. Mai, S. 150–152. Enthält: redaktionelle Anmerkung über Heine (»den Deutschland zu seinen besten Humoristen zählen darf«, S. 129) und Textabschnitt 206,37–212,33 (mit geringfügigen Auslassungen und einem Zensureingriff, vgl. »Entstehung und Aufnahme« 790,5–8). Gedruckt nach: D^1 245,11–262,16.

»Eine Probe aus dem 2. Theil von Heine's Reisebildern«. In: »Hermione. Erste Abtheilung: Kunst- und Unterhaltungsblätter«, 1827, Nr. 24 vom 11. Juli, Sp. 383 f. Enthält: 195,3–9, 195,17–32. Gedruckt nach: D^1 207,1–10, 208,10–209,13 (mit geringfügigen Änderungen).

»Lesefrüchte. Streckverse von H. Heine. (Aus dessen Briefen und Schriften.)«. In: »Allgemeine Unterhaltungs-Blätter zur Verbreitung des Schönen, Guten und Nützlichen«, 1828, 2. Jg., Bd. 4, Heft 12, S. 282. Enthält: 207,12–18. Gedruckt nach: D^1 246,12–247,2.

»Reflexionen über Religion und Kirche und dahin Einschlagendes aus H. Heine's Reisebildern«. In: »Kritische Prediger-Bibliothek«, hrsg. von Jo-

hann Friedrich Röhr, 1833, Bd. 14, Heft 6, S. 1136–1138. Enthält: 213,5–30, 213,32–214,4, 215,10–21, 215,22–31, 215,32–33. Gedruckt nach: D¹ 263, 11–272,2 (mit beträchtlichen Auslassungen).

Ideen. Das Buch Le Grand. 1826. *In: Rb II³ (vgl. »Überlieferung« von »Nordsee III« 733,31–37), 1843, S. 81–250. Der Text folgt D².*

»Familien-Bibliothek der Deutschen Classiker«, Hildburghausen und Amsterdam 1846, 26. Supplementband, S. 51–64. Enthält: 181,30–186,22, 201,29–204,25. Gedruckt nach: D¹ 181,30–186,22, 229,1–238,3 (mit geringfügigen Auslassungen).

»Zartheit des Ausdrucks«. In: »Wiener Zuschauer. Zeitschrift für Gebildete«, 1847, Nr. 111 vom 12. Juli, S. 888. Enthält: 185,31–40. Gedruckt nach: D² 130,4–17.

»Miscelle«. In: »Wiener Zuschauer«, 1847, Nr. 119 vom 26. Juli, S. 949 bis 951. Enthält: 186,27–188,3, 188,12–189,12, 189,17–25. Gedruckt nach: D² 133,1–142,2 (mit erheblichen Auslassungen und einigen Textveränderungen).

»Düsseldorf vor vierzig Jahren. Schilderung in Briefen an eine Dame von Heinrich Heine. (Aus Heine's Reisebildern.)« In: »Düsseldorfer Journal und Kreis-Blatt«, 1848, Nr. 126 vom 8. Mai. Enthält: 181,30–186,22. Gedruckt nach: D¹ 166,1–180,17.

Ideen. Das Buch Le Grand. 1826. *In: Rb II⁴ (vgl. »Überlieferung« von »Nordsee III« 734,1–9), 1851, S. 81–250. Der Text folgt D².*

Ideen. Das Buch Le Grand. 1826. *In: Rb II⁵ (vgl. »Überlieferung« von »Nordsee III« 734,11–14), 1856, S. 81–250. Der Text folgt Rb II⁴.*

Lesarten

171,4 Ihn] ihn *D¹* 8 gespielt,] gespielt *D¹* 12 ins] in's *D²* 25 wieder,] wieder *D¹* 26 Psalmen,] Psalmen *D¹*

172,11–12 Hingegen Dantes Schilderung ist] Dagegen ist Dante's Schilderung *D¹* 14 drey] drei *D²* 20 possierlich] poßierlich *D¹* 31 brummte:] brummte; *D¹*

173,4 Ihn] ihn *D¹*

174,12 vorüber;] vorüber, D^1 13 Strada San Giovanni] Strada di San Giovanni D^1 39 Nächste] nächste D^1

175,5 Strada San Giovanni] Strada di San Giovanni D^1 13 Leben. –] Leben – D^1 24 süß;] süß, D^1 24–25 verworren;] verworren, D^1 28 erschafft,] erschafft D^1

176,12 bey] bei D^2 13 bey] bei D^2 22 Hund!] Hund: D^2 22–23 lieber ein lebendiger Hund seyn] lieber seyn ein lebendiger Hund D^1 33 zweytes] zweites D^1

177,4 Auge,] Auge. D^1 28 Fluß] Fluß, D^1

178,5 oft] oft, D^1 37–38 herangekrochen, *bis* verschämt, die] herangekrochen, die D^1 39 Meersterne] Seesterne D^1 40 und] nnd D^2

179,13 Herbste] Herbst D^1 16 Johannisberge] Joannisberg D^1 26 just derjenige] derjenige D^1 40 bey] bei D^2

180,3 erzählten] erzählte D^1 8 reinen] reinen, D^1 9 Menschen und Thieren,] Menschen D^1 20 umflimmert] umflittert D^2 31 Burgruinen] Bergruinen D^1 33 süß verderbliches] süßverderbliches D^1 35 Johanna] Johanne D^2

181,17 beide] beyde D^2 18 Hostie] Lilie D^1 *(Teilauflage)* 32–33 Schöppenstädt] Schöppenstedt D^1 34 16,000] 12,000 D^1 36 sagt] sagte D^1 38 beide] beyde D^2

182,3–4 Kanonikus] Canonicus D^1 10 Wilhelm!] Wilhelm D^2 10 hol] hol' D^1 32 womit *bis* geschmückt,] womit deutsche Journale meine Stirne geschmückt, D^1 34 grünverschleyerten] grünverschleierten D^2

183,30–31 ruhig *bis* Völker,] die Völker schliefen ruhig zu ihren Füßen, D^1

184,4 lauter,] lauter D^2 4 bey] bei D^2 20–21 *ça ira, ça ira!*] *ça-ira, ça-ira!* D^2 21 sang.] sang. – D^1

185,2 und als] als D^2 3 trat] trat, D^1 5 Rathhause] Rathause D^1 23 Balcon] Balkon D^1 40 wegriß.] wegriß – D^1

186,5 Rock,] Rock D^1 6 Gummi-Elasticum] Gummy-Elasticum D^1 15 Allongeperücke] Alongeperücke D^{1-2} 17 Kurfürstenpferd] Kürfürstenpferd D^1 20 schnarrte] herschnarrte D^1 21 *ça ira, ça ira*, brüllte ,] *ça-ira, ça-ira* brüllte – D^1 *ça-ira, ça-ira*, brüllte D^2 38 andern] anderen D^1 39 andern] anderen D^1

187,14 nehmet] nehmt D^2 18 ordentliche] ordentlich D^1 21 praktische] practische D^1 22 drey] Drey D^1

188,3 bey] bei D^2 9–10 ebenfalls gequälter] gequälter D^1 24–25 kittalti – – *bis* pik – –] kittalti – – D^1 26 Indessen,] Indessen D^2 31–32 Schallmayer] Schallmeyer D^{1-2} 34 Schram] Schramm D^{1-2}

189,38 Daulnoy] d'Aulnoi D^{1-2}

190,5 Wort. Ich] Wort, ich D^2 17 wahrhaftig,] wahrhaftig D^1 19 nimmer mehr] nimmermehr D^1 21 adliges] adeliges D^2 29 bey] bei D^2 38 Appell] Appel D^{1-2}

191,10 bey] bei D^2 26 Bein,] Bein D^1 39 Kinnbackenbeschäftigung] Kinnbackenbeschäfftigung D^1

192,24 Völkerrecht] Völker-Recht D^1 26 durchschauen,] durchschauen D^1 32 bey] bei D^2 37 Naivität] Naivetät D^{1-2}

193,23 bey] bei D^2 38 bey] bei D^2 39 Allee] Alle D^2

194,6 von Preußen] von – – – – D^1 11 Völkerzweykampf] Völkerzweikampf D^2

195,8 gerechten] eisernen D^1 8 schrieb unsichtbare] schreibt einst D^1 13 verschworenen Könige] verschworenen – – – D^1 28 O'Meara und Antommarchi] Omeara und Automarchi D^{1-2}

196,7 Frühling:] Frühling; D^2 13 ergötzten,] ergötzten D^1 14 und zufrieden waren mit] zufrieden mit D^1 36 es gab] es ab D^1 37–38 die ganze *bis* Hofgeisteskranke] ein Hoflazareth und viele Hofgeisteskranke D^1

197,25 hin- und herschwingend] hin und herschwingend D^1 35 Lust,] Lust D^1

198,18 höchsten] höchsten, D^2

200,3 Le Grands] Le Grand's D^1 32 Kaiseractionen,] Kaiseractionen D^2

201,1 ganz] ganz, D^1 7 Komödianten] Comödianten D^1 10 bekommt] bekömmt D^1 32 meine] meyne D^1 36 meine] meyne D^1

202,2 Korinthen] Corinthen D^1 3 auch,] auch D^1 8 zusammenbringen – Doch] zusammenbringen – Apropos, Madame, die dreyprocentigen Böckhs sind flau, aber die fünfprocentigen Hegels sind gestiegen – Doch D^1 17 halte] finde D^1 24 Sie] sie D^2

203,2 bekommt] bekömmt D^1 5 jüdische] Jüdische D^{1-2}

205,14 Der] der D^1 18 einer] eine D^1

206,6 Sklaven, Elephanten, Trophäenträger] Sklaven, Trophäenträger D^1 11 wie] als D^1 20 Einfalt,] Einfalt D^1

207,8–9 seyn. *Absatz* Sie] seyn. – Sie D^1

208,4 giebt] gibt D^2 7 England, Herr Marr, ist] England ist D^1 19 giebt] gibt D^2 25 Bedenkt man, *bis* gewohnt hat,] Bedenkt man, wo der große Schuppius gewohnt hat, D^1

209,9 als daß] als D^1

210,36 dunkeln] dunklen D^1 38 *Mais*,] *Mais* D^1

211,6 *in effigie*] in *effigie* D^1 7 Lilie,–] Lilie – D^1 19–20 Wahrhaftig, ich] Wahrhaftig, Madame, ich D^1

212,1 mahl] mal D^1 10 hat, liefert] hat, an dessen Bildung kein Aristoteles Antheil hatte, dieser liefert D^1 14 Wädchen] Mädchen D^1 32 unseligern] unseligeren D^1

213,22 wohl,] wohl D^1 26 viel] viele D^2 36 abbekommen;] abbekommen, D^2 39 Vernunft,] Vernunft D^1

214,2 seyen] feyen D^2 10 mahl] mal D^1 31 weine] weihe D^2

215,2 Postillionsstiefel] Postillonsstiefel D^2 15 Heuchler,] Heuchler D^2 40 giebt] gibt D^2

216,23 Babilonier,] Babilonier D^2 26 Haude-] Haude D^1 29 Gott] Gott, D^1

217,4 direkt] direckt D^1 10 mahl] mal D^1 15 sehen] sähen D^1 21 beide] beyde D^2

218,7 Sie] sie D^2 29 beide] beyde D^2
220,21 Sterbekissen] Sterbeküssen D^2 27 Stern.] Stern D^2
221,13 meine] meyne D^1 21 Ihr] ihr D^2 21 seine] eine D^2 22 Ihnen] ihnen D^2 38 europäische] Europäische D^1
222,18 Ihm] ihm D^{1-2} 20 Sie sich] Sie sie sich D^2

Restitutionen

Apostroph eliminiert: **200**,29 aufs **201**,16 bejahte **172**,12 Dantes **212**,7 Europas **216**,16 Hindostans **173**,34 **177**,3 **179**,14 **180**,1 **192**,30 **197**,21 **200**,39 **204**,17 **209**,8 **211**,37 ins **201**,29 Ledas **192**,39 **216**,33 Le Grands **202**,23 Spittas **199**,10 verwest **215**,8 verwesten **198**,39 vorm **191**,38 vors
Accent aigu eliminiert: **190**,12 *Religion* **190**, 6 11 15 19 *religion*
c *in* k: **171**,40 Flammenspektakel **207**,5 Manuskript **208**,6–7 Manuskripte **212**,30 Publikum
ck *in* k: **210**,27 Tabak
c *in* z: **207**,20 Prinzipien
h *eingeführt*: **190**,10 Mahle **171**,7 **172**,6 **173**,17 **180**,18 **191**,9 **192**,37 mahl
h *eliminiert*: **220**,19 Stralen
i *in* y: **190**,9 **204**,14 beym **190**,23 zweyer
in *in* inn: **196**,24 **216**,39 **217**,27 38 Freundinn **196**,35 Friseurinn **191**,22 **209**,15 Gemahlinn **173**,7–8 12 Heldinn **196**,36 Hoffriseurinn **302**,34 Köchinn **208**,17 Königinn **209**,7 Millionärrinn **197**,10 Prinzessinn **174**,4 Sklavinn **174**,2 7 **221**,14 Sultaninn **205**,13–14 Wäscherinn
ll *in* l: **177**,29 Paläste **219**,30 Palaste
ph *in* f: **218**,33 westfälischer
s *in* ß: **201**,32 Deßhalb **185**,35 **187**,39 deßhalb **204**,18 bloß
ss *in* ß: **191**,39 müßig
tion *in* zion: **192**,24–25 Constituzionsgesinnung **215**,1 Conjugazionen **214**,40 Deklinazionen **214**,3 32 **215**,3 Inspirazion **213**,16 Munizion **215**,7 Nazionalepos **218**,35 Nazionalisten **200**,32 Revoluzionsscenen
y *in* i: **214**,20 **216**,40 beide

Erläuterungen

Folgende Werke werden in den Sacherläuterungen nur in abgekürzter Form zitiert: Diepenbrock-Grüter = Karl Schulte-Kemminghausen, »Tagebuchaufzeichnungen des westfälischen Freiherrn Ludwig von Diepenbrock-Grüter über Heinrich Heine«. In: »Jost-Trier-Festschrift«, Meisenheim 1954, S. 275 bis 296; Heeren = Arnold Hermann Ludwig Heeren, »Ideen über Politik, den Verkehr und den Handel der vornehmsten Völker der alten Welt«, Göttingen ³1815; Holzhausen = Paul Holzhausen, »Heinrich Heine und Napoleon I.«, Frankfurt 1903; Kruse = Joseph A. Kruse, »Heines Hamburger Zeit«, Hamburg 1972; Moos = Eugen Moos, »Heine und Düsseldorf«, Düsseldorf 1909; Siebert = Wilhelm Siebert, »Heinrich Heines Beziehungen zu E. T. A. Hoffmann«, Marburg 1908.

169 Ideen. Das Buch Le Grand] *im Vergleich zu den anderen frühen Prosawerken Heines, den »Briefen aus Berlin«, der Schrift »Über Polen«, der »Harzreise« und der »Nordsee III«, ist das »Buch Le Grand« viel weniger ein Städte- oder Reisebild, das auf einer Folge tatsächlich erlebter Ereignisse beruht, sondern ein mit stark fiktiven Zügen angereichertes Gebilde, bei dem Heine sowohl venezianische als auch indische Elemente verarbeitet. Dennoch läßt sich das Ganze nicht als eine Erzählung oder Novelle klassifizieren, vor denen Heine – wie vor der gesamten frühbiedermeierlichen Almanachliteratur – eine deutliche Abneigung hatte (vgl. »Entstehung und Aufnahme« der »Harzreise« 526,25). Viel eher ließe sich dieses Werk als eine Folge autobiographischer Fragmente charakterisieren, die sowohl mit fiktionalen als auch mit reflektierenden und satirischen Abschnitten durchsetzt sind. Als Erfahrungskomplexe oder Erfahrungssplitter werden dabei vor allem Heines frühkindliche Erlebnisse, seine Schulzeit, die historischen Umwälzungen in Düsseldorf während der napoleonischen Ära und die Geschichte seiner unglücklichen Liebe zu seiner Hamburger Kusine Amalie verwertet, die in mehreren Schichten in- und durcheinander geschoben werden, um sowohl den persönlichen als auch den geschichtlichen Aspekt des Ganzen zu akzentuieren (vgl. Varnhagens treffende Bemerkungen darüber in »Entstehung und Aufnahme« 788,21–25). Man könnte daher das »Buch Le Grand« als ein Memoirenfragment mit einem vielfältigen Rankenwerk von Ideen und polemisch-satirischen Partien bezeichnen, das der Erzähler in einem witzigen Plauderton einer imaginierten »Madame« vorträgt, von der er annimmt, daß sie seine ironische Erzählweise nicht mißversteht, sondern stets die tiefgefühlten Schmerzen hinter dem Ganzen ahnt. Manches ist dabei sicher als Gegenentwurf zu Goethes »Dichtung und Wahrheit« gemeint (vgl. die Erläuterungen zu 190,28–29 und 193,32). Anderes richtet sich gegen die frühbiedermeierliche Memoirenliteratur im all-*

gemeinen, die sich aus Zensurrücksichten oder aufgrund konservativer Gesinnung meist auf die private Sphäre des Familiären beschränkte und den weltgeschichtlichen Hintergrund der Französischen Revolution und der Napoleonischen Ära einfach unterschlug.

169 Ideen] *das Wort* Ideen *ist eins der vieldeutigsten Worte in Heines Vokabular überhaupt. Auf der untersten Bedeutungsebene meint es einfach eine Folge von Einfällen. Heine will damit bereits im Titel andeuten, daß das »Buch Le Grand« wie schon die »Briefe aus Berlin« und die Schrift »Über Polen« keinen kontinuierlichen Erzählverlauf besitzt, sondern auf einer Folge locker aneinandergereihter* Ideenassoziazionen *beruht (vgl. 9,38–39 und 74,20). Auch der »Nordsee III« liegt ein ähnliches Darstellungsprinzip zugrunde, wo Heine Bekannte wie Varnhagen, Moser und Immermann aufgefordert hatte, ihm doch brieflich neue* Ideen *mitzuteilen, um dem Ganzen einen möglichst einfallsreichen und polemischen Charakter zu geben (vgl. »Entstehung und Aufnahme« von »Nordsee III« 726,15 ff.). Andererseits will Heine mit diesem Wort bewußt an die alte Titeltradition »Ideen zu ...« anknüpfen, wie sie in der Aufklärung häufig zu finden ist, um neben den fiktionalen Elementen dieses Werkes auch die kritisch-reflektierenden Tendenzen hervorzuheben. In diesem Zusammenhang soll das Wort* Ideen *vor allem auf das Neuartige und gedanklich Explosive der hier vorgetragenen Ansichten vorausweisen, d. h. auf die wirklich* neuen Ideen, *wie sie Heine schon in einem Brief vom 9. Januar 1826 an Moses Moser nennt. Im gleichen Sinne schreibt er in »Nordsee III« einmal über Schubarths Homer-Thesen:* Jedes Zeitalter, wenn es neue Ideen bekömmt, bekömmt auch neue Augen *(vgl. 148,17–18).*

Doch letztlich läuft dieses Ideen-*Konzept auf eine wesentlich tiefere Selbstbestimmung von Heines ästhetischer und politischer Position hinaus. Und zwar wendet sich dieser Begriff erst einmal gegen den schon in der »Harzreise« grausam karikierten ›Philister‹, jenen »Feind aller Idee«, wie ihn Brentano nennt (»Werke«, München 1963, II,967). Solche Leute sagen wie der Kutscher Pattensen im »Buch Le Grand« voller Geringschätzung dem begrifflich-ideellen Denken gegenüber:* eine Idee ist alles dumme Zeug, was man sich einbildet *(vgl. 205,19–20). Doch nicht nur die Spießer sind mit diesen ›ideenlosen‹ Menschen gemeint, sondern auch Goethe, an dem Heine bei seinem Besuch in Weimar im Oktober 1824 bloß das große* Auge *bemerkenswert fand (vgl. den Brief an Rudolf Christiani vom 26. Mai 1825). Auch in »Nordsee III« wird an Goethe vor allem das* gegenständliche Denken *und die* naive Unbewußtheit, *d. h. gerade das Anti-Ideelle gelobt (vgl. 148,4–5). In diesem Punkte erinnert Heines Argumentation durchaus an Pustkuchens falsche »Wanderjahre«, in denen Goethe ständig als Dichter einer rein vordergründigen Anschauungsweise hingestellt wird (Bd. 1, Neue Ausgabe 1823, S. 155 ff.). Dagegen bezeichnet Heine sich selbst stets als Dichter der* Idee. *So heißt es bereits in einem Brief vom 27. November 1823 an Ludwig Robert, daß man später einmal sehen werde, wie sein* ganzes trübes, drangvolles Leben in das Uneigennützigste, in die Idee *übergehe (vgl. dazu auch Ewald A. Boucke, »Heine im Dienste der Idee«. In: »Euphorion« 16, 1909, S. 116–131, 434–460). Immer wieder betont er, daß er nicht im Subjektiven verharren wolle, sondern sich der Idee zum Opfer bringe, um die privaten Liebesschmerzen durch die großen Weltinteressen zu relativieren. Und zwar stellt Heine diese These stets dann am schärfsten heraus, wenn er sich mit Goethe vergleicht. So schreibt er am 26. Mai 1825 an Rudolf Christiani, daß er im Gegensatz zu Goethes* praktischer *Natur das Leben im Grunde geringschätze und* es trotzig hingeben möchte für die Idee. *In einem Brief an Moser vom 1. Juli 1825 nennt er Goethe einen* leichten Lebemenschen, *sich selbst dagegen einen* Schwärmer, d. h. bis zur Aufopferung begeistert für die Idee, und immer gedrängt in dieselbe mich zu versenken.

In diesen Bemerkungen äußern sich selbstverständlich starke Einflüsse von seiten Hegels. Nicht nur der Gedanke, daß die kritisch-reflektierende Prosa auf einer höheren Bewußtseinsstufe steht als eine bloß sinnlich-anschauliche Kunst, sondern auch die Vorstellung, die Weltgeschichte als eine Folge bestimmter Leitideen aufzufassen, deren Dialektik sich bis in die Seele der einzelnen Individuen verfolgen lasse, klingen an Hegels »Vorlesungen über die Philosophie der Geschichte« an, die Heine im Sommersemester 1823 in Berlin gehört hat. Nach diesem Konzept ist die Idee *weniger eine »Urquelle des Verstandes«, wie sie Herder in seiner »Ältesten Urkunde des Menschengeschlechts« nennt (III,3), oder ein bloßes idealistisches Postulat, sondern eine nach Realität drängende objektive Macht, die schon als Absolutes im Geist vorhanden ist, bevor sie in die Wirklichkeit übertritt. Eine Idee ist daher nach Hegel stets etwas Überindividuelles, deren Resultate wir Geschichte nennen. In diesem Sinne schreibt Heine später in der »Vorrede« zu »Salon I«:* Wir ergreifen keine Idee, sondern die Idee ergreift uns. *Mit ähnlicher Akzentsetzung heißt es in der »Romantischen Schule«:* Nichts ist lächerlicher als das reklamierte Eigentumsrecht an Ideen *(Buch II,3) oder* Die Fakta sind nur die Resultate der Ideen *(Buch III,3).*

Und damit wird zugleich die Brücke zum zweiten Teil des Titels, zum Buch Le Grand, *d. h. zu Napoleon geschlagen, der aufs engste mit diesen Ideen- und Weltgeistspekulationen zusammenhängt. So heißt es bei Hegel in seinen »Vorlesungen über die Philosophie der Geschichte«, als er auf die Rolle der »Geschäftsführer des Weltgeistes« im Ablauf der historischen Entwicklung zu sprechen kommt: »Zum ruhigen Genusse kamen sie nicht, ihr ganzes Leben war Arbeit und Mühe, ihre ganze Natur war nur ihre Leidenschaft. Ist der Zweck erreicht, so fallen sie, die leeren Hülsen des Kernes, ab. Sie sterben früh wie Alexander, sie werden wie Cäsar ermordet, wie Napoleon nach St. Helena transportirt« (»Jubiläums-Ausgabe«, Bd. 2, Stuttgart ³1949, S. 61). In einem ähnlichen Sinne hatte Moses Moser, der neben Eduard Gans und Immanuel Wohlwill wohl der beste Hegel-Kenner unter Heines Berliner*

Freunden war (vgl. Strodtmann I,303 ff.), im Herbst 1824 an Heine geschrieben: »Bei der jetzigen Ordnung der Dinge kommt es wahrlich auf die individuellen Verhältnisse Wenig an. Sie ist von der Art, daß es überall eine erstaunliche Inkommensurabilität des persönlichen Daseins und Wirkens mit dem innersten Wollen des Geistes giebt, und Keiner in recht friedlicher Behausung wohnt. Ich zweifle, ob irgend ein Mensch sich in diesem Zeitalter auf andere Weise genügen kann, als indem er entweder ein Napoleon oder ein Pittschaft, d. h. Alexander oder Diogenes ist«. In diesem Sinne schrieb dann auch Heine am 1. Mai 1827 an Varnhagen, daß ihm Napoleon wie der Mann der Idee, der Idee gewordene Mensch *vorkomme. Im Vergleich zu einer solchen Gestalt, die sich ganz ihrer Idee geopfert habe, erscheint ihm dagegen Goethes Werther, der sich wegen eines dummen Mädchens erschießt, immer lächerlicher.*

Doch bei all diesen Weltgeistspekulationen wird Heine zugleich die Problematik einer solchen Transzendierung alles Realen ins Begriffliche bewußt. Es gibt daher auch Stellen, wo er Worte wie Idee *oder* Ideen *recht negativ verwendet. Als eingeschworener Feind aller übertriebenen Systematik, die Heine schon in der »Harzreise« in seiner parodistischen* Abhandlung *über die Füße der Göttinger Damen karikiert (84,25–85,3), wird deshalb im »Buch Le Grand« nicht nur die enzyklopädische Stoffhuberei und Zergliederungsmanier eines Adam Bernhard angeprangert (203,36), sondern auch die Paragraphensucht Hegels ironisiert, wie sie vor allem in dessen »Encyclopädie der philosophischen Wissenschaften im Grundrisse« (1817) zum Ausdruck kommt (204,37–205,4). Wo der Hauptakzent nur noch auf den verschiedenen Büchern, Kapiteln, Paragraphen und Unterabteilungen liegt, wird nach Heines Meinung die* Idee *als geschichtsmächtige Kraft hoffnungslos eingesargt. Daher wäre es unsinnig, sein »Buch Le Grand« als eine Folge systematischer Ideenschritte zu interpretieren, wie das Karl Hessel versucht hat (vgl. »Heines ›Buch Legrand‹«. In: »Vierteljahrsschrift für Litteraturgeschichte« 5, 1892, S. 546 ff.).*

Auf der gleichen Ebene mit dieser Systemfeindschaft liegt Heines Abneigung, alles Wirkliche ins Ideelle zu verflüchtigen, was ihm ebenso falsch erschien, wie bei der bloßen Anschauung stehenzubleiben. So spricht er schon in seinen »Briefen aus Berlin« witzelnd über die Idee eines Mittagessens *(16,29) oder die* Idee eines Schafskopfs *(28,8). Noch deutlicher äußert sich diese Gesinnung in einem am 23. Mai 1823 dem Hegelianer Moses Moser brieflich erzählten Traum. Weil ihn die anderen auslachen, flüchtet er sich hier in die Arme seines guten Moser, der ihn damit tröstet, daß er ja* nur eine Idee *sei.* Und um mir zu beweisen, *heißt es in diesem Brief,* daß ich nur eine Idee sey, griffest Du hastig nach Hegels Logik und zeigtest mir eine konfuse Stelle darinn <...> ich aber sprang wüthend im Zimmer herum und schrie: ich bin keine Idee und weiß nichts von einer Idee und hab mein Lebtag keine Idee gehabt. *Die gleiche Idee liegt seiner Saul-Ascher-Episode in der »Harzreise« zugrunde, wo sich ein bloßer Vernünftler in ein dürres Abstraktum, ein Gespenst verwandelt (104,20), oder jener Stelle, wo Heine davon spricht, daß bei manchen Menschen in einer bestimmten Gehirnecke* gar nichts, nämlich die Idee *stecke (133,15–16).*

169 Das Buch Le Grand] *bewußte Anlehnung an Titel wie »Das Buch Esther« oder »Das Buch Hiob«. Heine will damit von vornherein auf die zentrale Funktion hinweisen, die Napoleon in diesem Werk einnimmt (vgl. den Brief vom 10. Januar 1827 an Friedrich Merckel). Theodor Mundt (1808–1861) hat später in seinen »Vertrauten Briefen aus Hamburg« versucht, den Titel des »Buchs Le Grand« mit »Rieke le Grand«, einer Hamburger Lebedame, in Beziehung zu setzen (vgl. »Der Delphin«, 1838, S. 258). Campe bemerkt in einem Brief an Heine vom 14. Oktober 1838, daß Mundt bei dieser Behauptung einer Mystifikation von seiten François Willes (1811–1896) verfallen sei.*

170 Das Geschlecht der Oerindur] *Zitat aus Müllners Drama »Die Schuld« (1816). In Anlehnung an Sophokles' »Ödipus« und Schillers »Braut von Messina« wird dort der junge Graf Hugo von Oerindur von Spanien ins Nordland gebracht, um so der Erfüllung eines magischen Fluches aus dem Wege zu gehen. Als er später nach Spanien zurückkehrt, erschlägt er dort unerkannterweise seinen Bruder Carlos und heiratet dessen Witwe Elvira. Als Hugo und Elvira plötzlich erkennen, welcher Fluch auf ihnen lastet, töten sie sich selbst. Kurz vor seinem Ende überreicht Hugo dem kleinen Otto, dem Sohn von Carlos und Elvira, ein altes Pergament, auf dem sich der königliche Lehnsbrief befindet, der mit den von Heine zitierten Zeilen beginnt (vgl. »Die Schuld«, Leipzig 1816, 4. Akt, 9. Auftritt, S. 194). Der volle Wortlaut dieses Briefs findet sich auf S. 54 und lautet: »Das Geschlecht der Oerindur, / Unsres Thrones feste Säule, / Soll bestehn, ob die Natur / Auch damit zu Ende eile. / Wem der L e t z t e diesen Brief / Uebergab, als er entschlief, / Sonder Ansehn Mann's noch Weibes, / Ist beliehn auf ew'ge Zeiten / Mit des Stammes Land und Leuten, / Samt den Erben seines Leibes«. Heine muß die »Schuld« schon sehr früh gelesen haben, da er sie bereits am 1. Januar 1818 mit einem Neujahrsgruß seiner Kusine Amalie schenkte. Als er am 30. Dezember 1821 Müllner ein Widmungsexemplar seiner »Gedichte« schickte, schrieb er ihm:* Wenn ich Dichter geworden bin, so war Ew Wohlgb Schuld schuld dran. Diese war mein Lieblingsbüchlein, und ich hatte dieses so lieb, daß ich es als Liebesgeschenk der Geliebten verehrte. *Man könnte also das Motto aus der »Schuld« als einen versteckten Gruß an Evelina-Amalie und zugleich als eine taktische Verbeugung Müllner gegenüber deuten, mit dem er kurz vor der Niederschrift des »Buchs Le Grand« abgesprochen hatte, ein paar Beiträge für dessen »Mitternachtblatt« zu liefern (vgl. »Entstehung und Aufnahme« von »Nordsee III« 727,29–31).*

170 Evelina] *der Name* Evelina, *der schon in »Nordsee III« auftaucht (150,11, 150,24 und 150,39), ist in Anlehnung an Elster (vgl. dessen Aufsatz »Zu Heines Biographie«. In: »Vierteljahrsschrift für Litteraturgeschichte« 4, 1891, S. 493 ff., Elster[1] III, 77 und Elster[2] IV, 53 f.) meist auf Heines Kusine Therese, die Schwester Amalies, bezogen worden. Nach Elster erhoffte sich*

Heine 1826, nachdem Amalie am 15. August 1821 den Leutnant und Gutsbesitzer Jonathan Friedländer aus Königsberg geheiratet hatte, nun die Zustimmung seines Onkels Salomon zu einer Ehe mit der achtzehnjährigen Therese. Er sieht daher in positivistischer Kurzschlüssigkeit sowohl in Evelina *als auch in* Signora Laura *(219,30) Therese und in der* Madame *(vgl. Erläuterung zu 171,6) die Mutter Thereses, denen Heine mit dem »Buch Le Grand« imponieren will. Karl Hessel vertrat dagegen 1892 die These, daß die* Evelina *zwar als Therese zu deuten sei, sich jedoch hinter der* Madame *Friederike Robert verberge (vgl. seinen Aufsatz »Heines ›Buch Legrand‹«. In: »Vierteljahrsschrift für Litteraturgeschichte« 5, 1892, S. 546–572). Daran schloß sich eine lange Debatte, die diese beiden Identifizierungen leicht modifizierte, ohne sie grundsätzlich in Frage zu stellen (vgl. die Bibliographie zum »Buch Le Grand« 790,32 ff.). Der erste, der eine entschiedene Absage an die Theresen-These vornahm, war Hermann J. Weigand in seinem Aufsatz »The Double Love-Tragedy in Heine's ›Buch Le Grand‹. A Literary Myth«. In: GR 13, 1938, S. 121–126. Ihm sind in letzter Zeit vor allem William Rose (»Ein biographischer Beitrag zu Heines Leben und Werk«. In: »Weimarer Beiträge« 3, 1957, S. 591) und Jeffrey L. Sammons (»Heinrich Heine. The Elusive Poet«, New Haven 1969, S. 122) gefolgt. Sie sehen nicht nur in* Evelina, *sondern auch in der* Sultaninn von Delhi *und der* Signora Laura *ins Fiktive objektivierte Gestalten, die man wie die Figuren eines von Heine inszenierten Dramas betrachten müsse. Doch dieser antipositivistische Affekt geht wohl zu weit. Die zentrale Rolle spielt hier und in der späteren Liebeshandlung sicher Heines Kusine Amalie (vgl. die Erläuterungen zu Kap. II und XVIII). Schließlich hat Heine am 10. Mai 1839 unter die eigenhändige Abschrift der französischen Übersetzung des Kap. XVIII, das er Cécile-Charlotte Heine als Stammbuchblatt verehrte, die inhaltsreichen Worte geschrieben:* Le heros de cette vieille histoire vit encore; ayez pitié de lui. L'heroine est morte; priez pour son âme! *(vgl. 855,38–42). Und damit kann nur Amalie gemeint sein, die am 9. Juni 1838 gestorben war, während Therese noch bis 1880 lebte. Ja, Philipp F. Veit hält es für durchaus möglich, daß Amalie nach ihrer Großmutter väterlicherseits eigentlich Mathe Eva mit Vornamen hieß, was die Gleichsetzung Amalie = Evelina noch zwingender erscheinen läßt (»Heine and his Cousins«. In: GR 47, 1972, S. 23 ff.).*

171,3 Sie war liebenswürdig] *wohl ein von Heine erfundenes Motto. Mit der Charakterisierung* Altes Stück *soll auf das Abgeschlossene und bereits Historisch-Gewordene dieser unglücklichen Liebesaffäre hingewiesen werden (vgl. auch Nr. 39 in »Lyrisches Intermezzo«, wo ebenfalls von einer* alten Geschichte *die Rede ist).*

171,6 Madame] *nach Hessel (vgl. Erläuterungen zu* Evelina *170) kann damit nur die wegen ihrer Schönheit vielgerühmte Friederike Robert gemeint sein, die Heine 1823 in Berlin kennenlernte und mit der er seit 1824 im Briefwechsel stand (vgl. »Entstehung und Aufnahme« der »Harzreise«*

526,13–528,24). Auch in seinen Briefen (vgl. die Briefe vom 15. Mai 1825, 29. April und 3. Mai 1829) redet er sie mehrfach mit Madame *an. In die gleiche Richtung deuten die Sonette an Friederike Robert, in denen Heine die Gestalt der* Madame *wie im »Buch Le Grand« nach Indien entrückt, oder die Umschreibung als* Türkinn *(vgl. die Briefe an Ludwig Robert vom 4. März 1825 und an Friederike vom 12. Oktober 1825), der die Erinnerung an einen gemeinsam besuchten Maskenball oder an ein Tableau ›lebender Bilder‹ zugrunde zu liegen scheint (über die weiteren Friederiken-Parallelen vgl. die Erläuterungen zu 173,16–17, 173,35–37, 174,2, 200,20–21, 221,18 und 222,27). Elster*[2] *nahm daher 1924 seine 1891 aufgestellte These, daß* Madame *die Mutter Thereses sei, wieder zurück (vgl. I,53f.). Doch diese Madame-Friederiken-Parallele darf nicht ausschließlich positivistisch-biographisch verstanden werden. Schließlich gebraucht auch Sterne in seinem »Tristram Shandy«, den Heine im Frühjahr 1826 gelesen hatte, häufig die Anrede »Madam«, um damit die gleiche ›intime‹ Erzählatmosphäre zu schaffen, um die sich auch Heine bemüht (vgl. Stefan Vacano, »Heine und Sterne«, Bern 1907, S. 43).*

171,10 Katastrophe] *vgl. den Brief an Heinrich Straube vom Anfang März 1821, wo Heine seinen Amalien-Schmerz bereits in recht ähnliche Metaphern einkleidet* (Tragödie, Katastrophe, Loth Pulver, Narrenkappe *u.a.*), *wenn auch in wesentlich ›erhitzterer‹ Form.*

171,15 – – –] *zur Rolle der Gedankenstriche vgl. »Entstehung und Aufnahme« zum »Buch Le Grand« (790,17–25). Keine Zensurstriche.*

171,17 verheurathet] *Friederike hatte am 18. Juli 1822 Ludwig Robert, den Bruder Rahels, geheiratet. Sie war nur 2 Jahre älter als Heine, jedoch 17 Jahre jünger als ihr Mann. Über ihre glückliche Ehe mit Robert vgl. Margarete Cohen, »Ludwig Robert. Leben und Werke«, Diss. Göttingen 1923, masch., S. 233ff.*

171,20 die Jagorsche] *das Restaurant Jagor, das sich Unter den Linden befand, beschreibt Heine eingehend in den »Briefen aus Berlin« (vgl. 15,10–19). Auch Ludwig Robert erwähnt es 1824 in seinen »Promenaden eines Berliners in seiner Vaterstadt«, in denen eine Figur, die wahrscheinlich Heine darstellen soll, bei Jagor einen humoristischen Vortrag über das Berliner Pflaster hält (vgl. Erläuterung zu 99,15–16).*

171,40–**172**,1 Flammenspektakel *bis* Colophonium] *das königliche Schauspielhaus in Berlin, das für seinen theatralischen Aufwand bekannt war (vgl. »Briefe aus Berlin« 42,9 und »Harzreise« 121,17–122,1), wird in der Schlußszene von Mozarts »Don Giovanni« mit diesen Dingen sicher nicht gespart haben.*

172,20–21 ein dicker, pustender Pfänderverleiher] *wahrscheinlich eine Anspielung auf einen Hamburger Geschäftsmann, die jedoch nicht mehr aufzuschlüsseln ist.*

172,23 eine wahre erfrischende Wohlthat] *Heine, dessen berufliche Chancen* *sich auch nach seiner Taufe nicht verbessert hatten, drückt in diesen Jahren sehr oft sein Mißvergnügen über diesen Makel aus (vgl. »Harzreise«, Erläuterung zu 134,30 und die Briefe an Moses Moser vom 8. Oktober und 19. Dezember 1825).*

173,*8* Veilchenduft] *wohl nicht nur ein Topos, sondern auch direkte Anspielung auf Amalie. Dazu würde folgende Äußerung in einem Brief vom 19. Oktober 1827 an Varnhagen passen, die sich auf einen Besuch Amalies in Hamburg bezieht:* Die gute Frau hat sich sehr geeilt und ist gestern just an dem Tage angelangt, wo auch die neue Ausgabe meiner »jungen Leiden« von Hoffman & Campe ausgegeben worden ist. – Die Welt ist dum und fade und unerquicklich und riecht nach vertrockneten Veilchen.

173,*16* der Graf vom Ganges] *über die Bedeutung der Indien-Motive bei Heine vgl. schon »Briefe aus Berlin« (Erläuterung zu 18,19), »Über Polen« (Erläuterungen zu 66,28–33) und »Nordsee III« (Erläuterung zu 163,10). Auch in den Gedichten an Friederike wird der Ganges erwähnt (vgl. Erläuterung zu 173,35–37). Sich selbst als* Graf vom Ganges *aufzuspielen, hängt als objektiviertes Persona-Konzept mit der vorgetäuschten Fiktionalität der gesamten Liebeshandlung zusammen (vgl. Jeffrey L. Sammons, »Heinrich Heine«, New Haven 1969, S. 118ff.).*

173,*16–17* die Geschichte spielt in Venedig] *die gleiche Fiktionalisierung wie im Rahmen des Indien-Konzeptes. Heine hatte 1824 ein venezianisches Schauspiel geplant und aus der Göttinger Bibliothek mehrere Bücher über Italien entliehen (Philipp Joseph Rehfues, »Briefe aus Italien«, Zürich 1809–1810; Anna Princesse de Gonzague, »Lettres pendant le cours des ses voyages d'Italie«, Paris 1790; Johann Heinrich Eichholz, »Neue Briefe über Italien«, Zürich 1806–1811; August Wilhelm Kephalides, »Reise durch Italien und Sizilien«, Leipzig 1818; Johann Christoph Maier, »Beschreibung von Venedig«, Frankfurt und Leipzig 1787–1791). Außerdem wurde Hamburg als Stadtrepublik am Meere nach alter Tradition häufig mit Venedig verglichen (vgl. dazu auch die Erläuterungen zu Kap. XVIII).*

173,*20* einem Galanterieladen auf der Via Burstah] *der Große Burstah ist eine der wichtigsten Geschäftsstraßen der Hamburger Innenstadt. Nach Kruse kann mit diesem Laden nur die Waffenhandlung Carl Hagenest (Großer Burstah 53) gemeint sein (S, 275f.). Auch die folgenden Ortsbeschreibungen stimmen nach Kruse genau mit den Hamburger Lokalverhältnissen überein. Nach seiner Meinung kaufte Heine bei Hagenest zwei Pistolen und ging dann über die Mühlenbrücke und die Große Johannisstraße zum Austernkeller von Unbescheiden am Breitengiebel.*

173,*22* freudige Spielsachen] *ironisierende Aufzählung bekannter Liebschaften und Ehebruchsgeschichten von der Antike bis zur Gegenwart.*

173,*25* Susanna] *nach Daniel 13 eine Jüdin in Babylon, die von abgewiesenen Galanen des Ehebruchs beschuldigt wurde.*

173,*26* Leda] *eine Geliebte des Zeus, die er in Gestalt eines Schwans verführte.*

173,*26* der Raub der Sabinerinnen] *da es dem jungen römischen Staat an Frauen fehlte, soll Romulus seine Soldaten aufgefordert haben, einfach das Nachbarvolk der Sabiner zu überfallen und sich deren Frauen anzueignen.*

173,*26* Lukrezia] *eine tugendhafte Römerin, die sich entleibte, als der Sohn des Königs sie geschändet hatte. Wurde im Barock auf Rubenssche Manier gern als besonders üppiger Akt mit mächtigem Busen dargestellt.*

173,*28* die selige Bethmann] *Friederike Auguste Konradine Bethmann-Unzelmann, geb. Flittner (1760–1815), war eine der bekanntesten deutschen Schauspielerinnen um 1800, die sich mehrfach verheiratet hatte und zu Varnhagens und Rahels Theateridolen gehörte.*

173,*28 la belle ferronière*] *ein im Louvre befindliches Damenporträt, das von Leonardo da Vinci stammen soll und angeblich eine Mätresse von Franz I. von Frankreich (1494–1547) darstellt, die vorher mit dem Advokaten Ferron verheiratet war.*

173,*30–31* Keller des Signor Unbescheiden] *ein bekannter Austernkeller am Breitengiebel, den Heine noch einmal in der Prosaskizze »Hamburg« für die »Allgemeine Zeitung« vom 26. Mai 1842 erwähnt. Sein Besitzer war Johann Hinrich Philip Unbescheiden (1774–1852).*

173,*34* im Glas sah ich die liebe Heimath] *daß sich die gesamte Welt in einem Glas spiegelt, ist ein altes orientalisches Motiv (vgl. M. Birkenbihl, »Die orientalischen Elemente in der Poesie Heines«. In: »Analecta Germanica für Hermann Paul«, Amberg 1906, S. 292ff.). Heine hatte eine ähnliche Szene schon in dem Gedicht »Im Hafen« (»Nordsee II«, Nr. IX) beschrieben. An beiden Stellen scheint es sich um eine Anspielung auf den persischen Becher Dschemschids zu handeln (vgl. Hammer-Purgstalls Anmerkungen zu seiner Übersetzung des »Diwān« von Hafis, I, 222).*

173,*35–37* Ganges *bis* Pilger] *alle diese Bilder* (Ganges, Himalaya, Banianenwälder, Elephanten, Pilger] *tauchen auch in den drei »Friederiken«-Sonetten auf. Dort heißt es:*

> Der Himalaya strahlt im Abendscheine,
> Und aus der Nacht der Banianenhaine
> Die Elefantenherde stürzt und brüllt <. . .>
> Die Pilgerscharen nach dem Ganges schreiten,
> Andächtig und im weißen Festgewande.

173,*36* Banianenwälder] *bengalische Feigenbaumwälder (vgl. auch »Nordsee III« 161,17–18).*

174,2 Sultaninn von Delhi] *wahrscheinlich Anspielung auf Friederike Robert, die sich ebenfalls für Sanskrit und indische Kultur interessierte. Allerdings erwähnt Heine in seinen Briefen an Rudolf Christiani vom 26. Januar und 7. März 1824 auch die schöne* Sultaninn zu Lüne, *was sich auf Dorothea Jochmus, eine Dame aus ihrer gemeinsamen Lüneburger Bekanntschaft, bezieht und die gleiche Freude an der fiktionalen Überhöhung verrät (vgl. Erläuterung zu 171,6).*

174,*10* – – –] *vgl. Erläuterung zu 171,15.*

174,*11–12* das Armesünderglöckchen] *auch die folgende Szene läßt sich nach Kruse genau lokalisieren (S. 275). Zwischen der Großen Johannisstraße und Am Berg befand sich der Pranger und die 1826 renovierte Wohnung des Scharfrichters. Heine stand also mit seinen Pistolen auf der Johannisstraße* (Strada San Giovanni) *in der Nähe des Hamburger Richtplatzes, wo vor Hinrichtungen immer das* Armesünderglöckchen *geläutet wurde. Darauf deutet auch die kurz danach folgende Formulierung:* als ich da stand, ein Verurtheilter, der dem Tode geweiht war. *Über die Selbstmordgedanken Heines vgl. nicht nur den Brief an Heinrich Straube vom Anfang März 1821, sondern auch den an Moses Moser vom 19. Dezember 1825.*

174,*16* In alten Mährchen] *Monolog Almansors (V. 1239–1256), als er hört, daß seine geliebte Zuleima noch am selben Tag mit Don Enrique vermählt wird.*

174,*37* »Seyn oder Nichtseyn«] *der bekannte Monolog in Shakespeares »Hamlet« (III,1).*

175,*22* mit Thränen der Treue benetzt] *wohl Anspielung auf das Gedicht »Lotte bey Werthers Grab«, das Heine bereits in der »Harzreise« erwähnt (vgl. Erläuterungen zu 90,21–22).*

175,*24–25* die Welt *bis* ist der Traum eines weinberauschten Gottes] *kompliziert Kontrafaktur mehrerer mythologischer und religiöser Vorstellungen. Während der* weinberauschte Gott *und die* zechende Götterversammlung *an die griechischen Göttermahle auf dem Olymp und den Weingott Dionysos erinnern, weist das Wort* Traum *eher auf die barocke La-vida-es-sueño-Vorstellung oder auf Mājā, die indische Göttin des Traums und der Täuschung hin.*

175,*30–32* die Ilias *bis* Dampfschiffe] *witzige Aufzählung des Verschiedenartigsten, wie sie Heine schon in der »Harzreise« liebt (vgl. 120,10–11).*

175,*30* die medizäische Venus] *vgl. Erläuterung zu 89,10.*

175,*32* einzelne gute Gedanken] *vgl. die Erläuterung zu dem Stichwort* Ideen *(169).*

175,*36* Gleichviel!] *typisch Kleistische Wendung, die dem folgenden Abschnitt einen auf diesen Autor hinweisenden Akzent geben soll.*

175,*38–39* Das Leben ist der Güter höchstes, und das schlimmste Uebel ist der Tod] *bewußte Antithese zu Schillers Schlußworten der »Braut von Messina«: »Das Leben ist der Güter höchstes nicht, / Der Übel größtes aber ist die Schuld«. Auch Müllner weist in einer Beilage zu seinem Drama »Die Schuld« (1816) auf diese Zeilen und den von Heine ebenfalls erwähnten »Egmont« hin (S. 210 f.).*

175,*39* berlinische Gardelieutnants] *über seine Bewunderung für Kleist und seinen »Prinzen von Homburg« berichtet Heine schon in den »Briefen aus Berlin« (vgl. 31,35). Auch daß die Aufführung dieses Stückes am Widerstand des Berliner Hofes gescheitert sei, erfahren wir bereits dort (31,32). Angst vor* *dem Tode zu empfinden, galt in diesen Kreisen als eine Haltung, die eines preußischen Offiziers unwürdig ist. Schon Ludwig Robert hatte sich in der Rezension einer Dresdner Aufführung dieses Dramas im Stuttgarter »Morgenblatt« vom 29. bis 31. Januar 1823 über eine solche Einstellung von seiten der Berliner Offiziere vorsichtig lustig gemacht. »Sehen Sie mal«, läßt er dort einen Kavallerieleutnant äußern, »in einem militärischen Staate, wie Preußen, ist es erstlich ganz unmöglich, einen Offizier auf das Theater zu bringen, der so wenig point d'honneur im Leibe hat, daß er um sein bischen Leben bettelt, das würde unsern Stand ridikülisiren und das geht nicht« (Nr. 26 vom 30. Januar 1823).*

176,2 wohlgeschnürten Collegen] *vgl. schon einen ähnlichen Witz über die preußischen Offiziere in »Briefe aus Berlin« (35,1).*

176,3 er hat es leider bewiesen] *Kleist beging am 21. November 1811 in Berlin am Wannsee Selbstmord. Heine schrieb darüber am 19. Dezember 1825 an Moses Moser:* Vor Kurzem hab ich auch den Kohlhaas von Heinr<ich> v. Kleist gelesen, bin voller Bewundrung für den Verfasser, kann nicht genug bedauern daß er sich todt geschossen, kann aber sehr gut begreifen warum er es gethan.

176,4 Goethes Egmont] *Egmont sagt in der letzten Szene des 5. Aktes zu Ferdinand: »Süßes Leben! schöne freundliche Gewohnheit des Daseins und Wirkens! von dir soll ich scheiden!« Mit diesem Satz beginnt übrigens E. T. A. Hoffmann seinen »Kater Murr«. Auch der »Rheinisch-Westfälische Anzeiger« vom 26. Juli 1822 stellt diese Worte einem ungezeichneten Beitrag über den »Selbstmord« voran (Nr. 60, Sp. 1432f.).*

176,5 Immermanns Edwin] *genau zitiert heißt diese Stelle: »Ich hang' am Leben,/ Wie Kindlein an der Mutter Brüsten. Gnade!/ Sonst athmete und lebt' ich durch die Luft, / Nun soll ich leben, athmen durch die Gnade./ Ein schlechter Wechsel! Immerhin, es sey,/ Weil Leben, Athmen doch das Höchste ist« (»Trauerspiele«, Hamm und Münster 1822, S. 233, »Edwin«, II,4).*

176,15 Nicht mir rede vom Tod'] *Zitat aus Homers »Odyssee« in der Vossischen Übersetzung (11. Gesang, V. 488–491). Die gleiche Stelle verwertet Heine später in seinen Gedichten »Der Scheidende« und »Epilog«.*

176,22–23 ich will lieber ein lebendiger Hund seyn, als ein todter Löwe!] *nach dem Prediger Salomonis 9,4: »Denn ein lebendiger Hund ist besser als ein toter Löwe«; zugleich eine ironische Umkehrung der in Roberts »Macht der Verhältnisse« dargestellten Situation (vgl. Erläuterung zu 577,16–17). Die Namen Düvent und Löwe sind wahrscheinlich erfunden (vgl. Rudolf Schlösser, »Kleinigkeiten aus dem Koheleth bei Klopstock und Heine«. In »Euphorion« 22, 1918, S. 89 und Loewenthal S. 73f.). Jakob Venedey (1805–1871) faßte diese Stelle als ein persönliches Bekenntnis auf und nannte Heine 1854 in seinem Gedicht »An Heinrich Heine« einen Feigling.*

176,23–24 Ich habe mich oft genug geschlagen] *Heine hat sich in Bonn,*

Göttingen und Berlin als Student mehrfach duelliert (vgl. Oskar Franz Scheuer, »Heine als Student«, Bonn 1922, S. 42ff. und Hirth² IV,125).

176,26 Marmorbilder] *Anspielung auf die Pygmalion-Sage, in der ein Künstler auf Cypern eine von ihm selbst geschaffene Elfenbeinstatue so liebt, daß er sie mit der Hilfe Aphrodites zum Leben erweckt (vgl. Ovid, »Metamorphosen«, X, 243ff.).*

176,32 brabanter *bis* oder hamburger Elle] *alte Längenmaße, besonders für Tuchwaren, die Heine aus seiner Hamburger Geschäftszeit geläufig waren. Die Brabanter Elle betrug 0,695 m, die Hamburger 0,6914 m.*

176,34 rückwärts lebe] *Anspielung auf Friedrich Schlegels »Athenaeum«-Fragment »Der Historiker ist ein rückwärts gekehrter Prophet« (Nr. 80), das Heine auch in der »Romantischen Schule« (Buch II,1) zitiert.*

177,2 Feuerrosse] *nach altgriechischer Vorstellung lenkte Helios, der Gott des Lichtes, ein feuriges Vierergespann über den Himmelsbogen. Seit dem 5. Jahrhundert verschmolz diese Gestalt mit Phöbos Apoll.*

177,12 Aber einst wird kommen der Tag] *bekannte Zeile aus der »Ilias« in der Vossischen Übersetzung (4. Gesang, V. 164).*

177,27 es frühlingt wieder in meiner Brust] *fast gleichlautend heißt es in einem Brief Heines an Varnhagen vom 14. Mai 1826:* es frühlingt wieder in meinem Herzen.

177,30 den Blumen der Brenta] *die Brenta ist ein Fluß in Oberitalien, der von Landhäusern und Gärten umsäumt ist und in die Lagune von Venedig mündet (vgl. Goethes »Italienische Reise«, 28. September 1786), meint hier jedoch die Elbe bei Hamburg, an deren Ufer bei Ottensen das Landhaus von Onkel Salomon lag. Elster² versteht daher unter den* Blumen der Brenta *Heines Kusinen Amalie und Therese (IV,57).*

177,37–38 Es wird wohl eine Linde seyn] *vgl. dazu den 3. Teil des Gedichtes »Tragödie«. Die Sehnsucht nach der* Palme *drückt auch hier das Gefühl des Heimatlosen, der Sehnsucht nach einer orientalischen Urheimat aus.*

178,13–14 dem Diamantengott zu Jagernaut] *Dschagannāth oder Jagannāth bedeutet ›Herr der Welt‹ und ist ein Beiname des indischen Gottes Wischnū, der in der Stadt Purī in Bengalen, einem berühmten Wallfahrtsort mit 120 Tempeln, verehrt wird. Im März jeden Jahres werden hier beim sogenannten Wagenfest die Götterbilder auf ungeheuren Wagen von Tausenden von Gläubigen herumgefahren. Schon Herder spricht in seinen »Ideen zur Geschichte der Menschheit« vom »Jagrenat« (XI,4). Heeren gebraucht die Form »Jagarnaut« (I,2, S. 373f.). Hegel schreibt über ihn in seinen »Vorlesungen über die Philosophie der Geschichte«: »Beim Gottesdienst in dem berühmten Tempel des Jagernaut am bengalischen Meerbusen in Orissa, wo Millionen von Indern zusammenkommen, wird das Bild des Gottes Wischnu auf einem Wagen herumgefahren; gegen fünfhundert Menschen setzen denselben in Bewegung, und viele schmeißen sich vor die Räder desselben hin und lassen sich zerquetschen« (»Jubiläums-Ausgabe«, Bd. 2, Stuttgart ³1949,*

S. 205). Der Satz Durch den mir doch leicht geholfen wäre *deutet daher entweder auf die Selbstmordgedanken zurück oder bezieht sich auf das göttliche Gnadenbild von Purī, das angeblich jedem Kranken Genesung verschafft.*

178,15 Kalkuttenbraten] *Truthühner, die nicht aus Indien, sondern aus dem mittelamerikanischen Westindien stammen.*

178,17 in den breiten Sangeswäldern Valmikis] *Vālmikī gilt als der Verfasser des »Rāmāyana«, dessen Held, der* göttliche *Rāma, auf Betreiben seiner bösen Stiefmutter Kaikeyī 14 Jahre in die Verbannung gehen muß und dem später seine Gemahlin Sītā von dem Dämonenkönig Rāvana durch die Lüfte entführt wird (vgl. Heeren, I,2, S. 477f.). Die Schreibung* Ramo *geht eventuell auf Friedrich Schlegel zurück (vgl. dessen Ausführungen über Vālmikī und das »Rāmāyana« in »Über die Sprache und Weisheit der Indier«, Heidelberg 1808, S. 231ff. und in der 5. Vorlesung seiner »Geschichte der alten und neuen Litteratur«, Wien 1814. In der 2. Aufl. seiner Literaturgeschichte ändert Schlegel diesen Namen in »Rama«).*

178,19 den Blumenliedern Kalidasas] *Kālidāsa ist der Verfasser der »Sakuntalā«, die Heine in der Forsterschen Übersetzung kannte und deren Blumenmetaphern er bereits in seiner Schrift »Über Polen« verwendet (vgl. Erläuterung zu 66,30–33).*

178,20 eine gütige Dame in Berlin] *nach Albert Ludwig (»Eine Nichte der Frau von Stein in Heines Buch Le Grand«. In: ZDPh 61, 1936, S. 309–314) handelt es sich dabei um Amalie von Helvig, geb. Imhoff (1776–1831), deren Mutter in zweiter Ehe mit Warren Hastings (1732–1818), dem Generalgouverneur von Britisch-Ostindien, verheiratet war. Amalie, die selbst schriftstellerte, verkehrte in Berlin fast in den gleichen Salons wie Heine. Besonders aktiv war sie in dem literarischen Zirkel, den Elise von Hohenhausen leitete (vgl. Ruth Schirmer-Imhoff, »Unsere liebe kleine Freundin Amalie von Imhoff«, Kleve 1952, S. 79). Wie aus ihren Briefen hervorgeht, zeigte sie gern ihres Stiefvaters »Miniaturen und indische Malereien« herum (vgl. Ludwig S. 310).*

178,25 Franz Bopp] *Bopp hatte sich schon mit seiner ersten Schrift »Über das Conjugationssystem der Sanskritsprache in Vergleichung mit jenem der griechischen, lateinischen, persischen und germanischen Sprache. Nebst Episoden des Ramajan«, das 1816 in Frankfurt erschienen war, als einer der hervorragendsten Philologen seiner Zeit zu erkennen gegeben. In London war 1819 seine lateinische Übersetzung des »Nalus«, einer Episodenfolge aus dem »Mahābhārata« erschienen. 1821 erhielt er eine Berufung an die Berliner Universität (vgl. »Briefe aus Berlin« 18,19), wo Heine im Sommersemester 1822 die Vorlesung »Sanskrit-Sprache und Literatur« und im Wintersemester 1822/23 die »Erklärung des Sanskritischen Gedichtes Nalus« bei ihm hörte. Dennoch verstand Heine nicht so viel Sanskrit, daß er es gewagt hätte, Bopps Buch »Ardschuna's Reise zu Indra's Himmel nebst anderen Episoden des Maha-Bharata«, das 1824 in Berlin herausgekommen war, auf*

Einladung des Orientalisten Gottfried Eichhorn für die »Göttingischen Gelehrten Anzeigen« zu rezensieren (vgl. seinen Brief vom 20. Juli 1824 an Moses Moser). Auch Moser, der viel von Sanskrit verstand, fühlte sich außerstande, die ihm von Heine angetragene Rezension (vgl. den Brief vom 20. Oktober 1824) zu schreiben.

178,*27–28* aus dem Haupte Brahmahs entsprossen] *das Brahman, das ursprünglich als das Absolute galt, wurde später zur höchsten Gottheit erhoben und in der Verschmelzung mit andern Göttern als ein vierköpfiges Wesen dargestellt.*

178,*29* mit seinen 200,000 Versen] *in seiner Vorrede zu »Ardschuna's Reise zu Indra's Himmel« schreibt Bopp: »Der Mahâ-Bhârata <...> besteht aus achtzehn Theilen, welche zusammen hunderttausend Slôkas enthalten sollen« (S. V.). Auch Heeren erwähnt die »100 000 Verse« des »Mahābhārata« (vgl. I,2, S. 482). Da eine Slōka aus 2 sechzehnsilbigen Versen besteht, ist also Heines Angabe völlig korrekt. Daß er das »Mahābhārata«, welches sich weitgehend aus Schilderungen kriegerischer Heldentaten zusammensetzt, als einen* allegorischen Liebesbrief *bezeichnet, hängt wohl damit zusammen, daß Heine offenbar nur mit der Liebesgeschichte von Nala und Damayantī vertraut war, die er auch in der Übersetzung Kosegartens gelesen hatte (vgl. das Bruchstück zur »Bergidylle«, Erläuterung zu 228,13).*

178,*39* Quabben] *niederdeutsch für Quallen.*

179,*2–3* die Dedicazion an Anangas] *Anangas ist einer der Beinamen des indischen Liebesgottes Kāma (vgl. Bopps »Ardschuna's Reise zu Indra's Himmel«, S. 10, 12, 13 u. ö.).*

179,*7* Tiotio, tiotio] *aus der Übersetzung der »Vögel« des Aristophanes von Johann Heinrich Voss (Braunschweig 1821, II,159). Die Laute* Tiotio *usw. sollen dort den Nachtigallengesang wiedergeben. Heine hatte schon am 12. Oktober 1825 im Hinblick auf dieses Drama an Friederike Robert geschrieben:* und wenn Sie auch die plump-vossische Uebersetzung jener »Vögel« lesen, so merken Sie es dennoch nicht, denn kein Mensch vermag jene unendlich schmelzende und himmelstürmendkecke Vogelchöre zu übersetzen, jene Nachtigalljublende, berauschende Siegeslieder des Wahnsinns. *Im Herbst 1826 hat sich Heine noch einmal in Aristophanes' Werke versenkt (vgl. Brief an Friedrich Merckel vom 17. Oktober 1826).*

179,*15 Anno* 1811] *ein berühmtes Weinjahr, das Goethe sogar in einem Gedicht verherrlichte.*

179,*16* Johannisberge] *berühmter Weinberg im Rheingau, der 1816 in den Besitz des Fürsten Metternich überging.*

179,*35* die Gerichte durchaus öffentlich seyn müssen] *über die rheinischen Geschworenengerichte, die noch aus der Franzosenzeit stammten und damals von der preußischen Regierung wieder abgeschafft werden sollten, vgl. schon »Briefe aus Berlin«, Erläuterung zu 48,14.*

179,*36* Maria Antoinette] *Maria Antoinette (1755–1793), eine Tochter*

Maria Theresias und Gemahlin des französischen Königs Ludwig XVI., wurde am 16. Oktober 1893 in Paris von den Revolutionären hingerichtet.

179,37 die Tabaksregie] *das staatliche Tabaksmonopol, das während der Französischen Revolution abgeschafft worden war, wurde im Dezember 1811 von Napoleon wieder für Frankreich und damit auch für das frühere Großherzogtum Berg eingeführt (vgl. Strodtmann, I,15). Die preußische Regierung unter Justus Gruner hob es 1814 wieder auf (vgl. »Bergisches wöchentliches Intelligenzblatt«, Nr. 2 vom 11. Januar, S. 5).*

179,37 wie alle Menschen gleich sind] *Hinweis auf die von der französischen Revolution verkündeten ›Menschenrechte‹, in diesem Fall die Égalité.*

179,38 der Görres] *Joseph Görres, der als leidenschaftlicher Befürworter der Französischen Revolution begonnen hatte, war während der Befreiungskriege in dem von ihm herausgegebenen »Rheinischen Merkur« (1814–1816) vor allem als Vertreter der nationalstaatlichen Einheitsidee aufgetreten. Nach einer Übergangsperiode um 1820, in der er von den herrschenden Dynastien heftig angegriffen wurde (vgl. »Briefe aus Berlin«, Erläuterung zu 18,23), konvertierte er und warf sich in seinen »Historisch-Politischen Blättern« zum Verfechter des Ultramontanismus auf.*

180,3 Die schöne Gertrud] *wie die* schöne Katharine, *die* schöne Hedwig *und die* schöne Johanna *wohl fiktive Symbolisierungen bestimmter Jugenderlebnisse, die sich in der hier dargestellten Form nicht näher identifizieren lassen.*

180,25–26 muß man mich *en canaille* behandeln] *die gleiche Antithetik wie in dem Vorspruch aus dem* Alten Stück *171,3–4 (vgl. dazu auch das Gedicht »Clarisse II«).*

181,16 Andernacht] *da Andernach nur etwa 40 Kilometer von Bonn entfernt liegt, kann Heine in seiner Bonner Studienzeit durchaus einen Ausflug dorthin gemacht haben.*

181,19 die kleine, todte Veronika] *Petersen (Walzel IV,507) und Moos (S. 44ff.) setzen die* kleine Veronika *mit der* Very *der »Florentinischen Nächte« gleich. Elster*[2] *bezweifelt diesen Bezug (vgl. IV,511), hält jedoch daran fest, daß es sich hierbei um eine Erinnerung an ein sehr frühes Kindheitserlebnis handeln muß. Nach seiner Meinung muß die* kleine Veronika *spätestens 1805, als Heine etwa 7–8 Jahre alt war, gestorben sein. Auch die Erwähnungen der* kleinen Veronika *bei Caroline Jaubert, »Heinrich Heine. Erinnerungen aus den letzten 20 Jahren seines Lebens«, Paris und Leipzig 1884, S. 317 und Camille Selden (d. i. Elise Krinitz), »Les derniers jours de Henri Heine«, Paris 1884, S. 83 und 94f. geben keine weiteren Aufschlüsse.*

181,25 auf dem Schloßplatze] *befand sich zwischen der Gemäldegalerie, der Hauptwache und der Schloßruine (vgl. Erläuterung zu 198,9).*

181,31 sieben Städte] *schon in Griechenland stritten sich 7 Städte (Smyrna, Rhodos, Kolophon, Salamis, Chios, Skyros und Athen) darum, die Geburtsstadt Homers zu sein. Seitdem oft verwandter Topos, den u.a. Cervantes in* *seinem »Don Quixote« und Hoffmann in seinem »Kater Murr« (Harich V,12) aufgriffen. Heine wählt in bewußt parodistischer Absicht Städte aus, die für ihre Philister, Schelme oder Narren bekannt waren.* Schilda *ist die Stadt der Schildbürger,* Krähwinkel *der Ort der »Deutschen Kleinstädter« von Kotzebue,* Polkwitz *eine alte Narrenstadt bei Glogau,* Bockum, *wie Bochum ursprünglich hieß, der Heimatort Karl Arnold Kortums, des Dichters der »Jobsiade« (1784ff.), das niederrheinische* Dülken *eine Stadt, die eine über 400 Jahre alte Narrenakademie besitzt,* Göttingen *die Stadt der »Philister« (vgl. »Harzreise« 84,20),* Schöppenstedt *die Stadt, in der sich noch heute ein Eulenspiegel-Museum befindet, da der Narr im benachbarten Kneitlingen geboren sein soll (vgl. dazu Hans Stöcker, »Heines rheinische Zeitgenossen«, HJb 11, 1972, S. 104f.).*

181,34 16,000 Menschen] *nach dem Buch »Panorama von Düsseldorf und seinen Umgebungen« (1828) von J. F. Wilhelmi hatte Düsseldorf im Jahre 1826 16767 Einwohner (S. 68).*

181,37 mein Großvater und mein Oheim] *Heines Großvater mütterlicherseits, Dr. Gottschalk van Geldern (1726–1795), hatte sich als Arzt in Düsseldorf einen Namen gemacht. Dessen Sohn, Dr. Joseph van Geldern (1765–1796), war bis zum Hofarzt des Kurfürsten Karl Theodor von der Pfalz und Bayern aufgestiegen (vgl. Heines »Memoiren« und den für Philarète Chasles 1835 auf französisch geschriebenen Lebensabriß).*

181,40 die fromme Ursula] *ebenfalls in den »Memoiren« erwähnt. Steht nach Moos dem »Kreise der Göchin und des Sefchens nahe« (S. 56).*

182,3–4 der alte kluge Kanonikus] *nicht zu ermitteln. Eine Liste der damals noch in Düsseldorf lebenden »Kanonichen« findet sich in B. G. Bayerles »Die katholischen Kirchen Düsseldorfs« (Düsseldorf 1844, S. 85).*

182,7 der kleine Wilhelm] *wahrscheinlich Fritz von Wizewsky, den Heine noch einmal in seinem Gedicht »Erinnerung« in den »Lamentationen« des »Romanzero« erwähnt. Schon J. Liebesleben weist in seinem Büchlein »Düsseldorf's schönste Kirchhofs-Monumente« auf dieses Grab hin und schreibt: »Nicht ganz unwichtig möchte wohl die Bemerkung sein, daß dieser Fritz, welcher in seinen Knabenjahren ertrank, als er zwei junge Kätzchen mitleidsvoll aus dem Wasser retten wollte, eben derjenige Wilhelm ist, dessen unser geniale Lyriker, H. Heine, im zweiten Bande seiner vielgelesenen Reisebilder erwähnt« (Düsseldorf 1830. S. 6).*

182,8–9 Franziskanerkloster] *der junge Heine besuchte zuerst die Normalschule und dann ab ca. 1808 das 1805 gegründete Lyceum, die beide im Gebäude des ehemaligen Franziskanerklosters an der Ecke Citadell- und Schulstraße untergebracht waren und wo zum Teil noch die früheren Ordensgeistlichen als Lehrer unterrichteten (vgl. Julius Asbach, »Das Düsseldorfer Lyceum unter bairischer und französischer Herrschaft. 1805–1813«, Düsseldorf 1900; Hermann Hüffer, »Heine auf dem Lyceum und Gymnasium zu Düsseldorf«. In: H. H., »Heinrich Heine«, Berlin 1906, S. 261–274; Heinrich*

Willemsen, »Von Heinrich Heines Schulzeit«. In: »Euphorion« 17, 1910, S. 95–105, 332–347; Walter Wadepuhl, »Heine auf dem Düsseldorfer Lyceum und Gymnasium«. In: W. W., »Heine-Studien«, Weimar 1956, S. 33–38; Strodtmann, I,18ff.; Moos, S. 40ff.; Wilhelm/Galley Nr. 875–883; Seifert Nr. 1154).

182,*19* Bolkerstraße] *Heine wurde 1797 in der Bolkerstraße Nr. 602 (später Nr. 53) geboren, wo Samson Heine ein Tuchgeschäft betrieb, und verlebte dort seine Kindheit. 1809 kaufte der Vater das gegenüberliegende Haus Bolkerstraße Nr. 655 (später Nr. 42) und verlegte sein Geschäft dorthin (vgl. die Kaufs- und Umzugsanzeigen Samson Heines in »Großherzoglich Bergische Wöchentliche Nachrichten« vom 11. Juli 1809, S. 500 und vom 19. Dezember 1809, S. 740). Zeitweise war der Vater zusätzlich auch als Lotteriehändler tätig (vgl. die Anzeigen in der »Bergischen« vom 27., 30. Juli und 3. August 1813). 1819 mußte er aus gesundheitlichen Gründen Konkurs anmelden (vgl. »Königliches Düsseldorfer Intelligenzblatt« vom 22. Juni, 2., 9., 16.* und *23. November 1819 und Kruse, S. 18ff.) und zog mit Familie nach Hamburg bzw. Oldesloe in Holstein.*

182,*20* der alten Frau] *Heines Geburtshaus (Bolkerstraße 602) gehörte in dieser Zeit nachweislich dem ›Juden Mendel‹, womit Mendel Baruch Wolf gemeint ist, der mit Sarche (Charlotte) van Geldern verheiratet war. Mit der* alten Frau *ist höchstwahrscheinlich Mendels Schwiegermutter Gütchen, die Witwe des 1810 verstorbenen Jockel van Geldern, gemeint, der ein Kusin ersten Grades von Heines Mutter war.*

182,*26* wenn ich Trauben genascht] *vgl. die Anekdote bei Strodtmann (I,20).*

182,*31–32* Carrara] *der carrarische Marmor war seit der Renaissance in ganz Europa als der beste Marmor geschätzt und wurde in viele Länder exportiert.*

182,*37* Reuterstatue] *das 4 Meter hohe Reiterstandbild des Kurfürsten Johann Wilhelm von der Pfalz (1658–1716), der von 1690 bis 1716 in Düsseldorf residierte und im Volksmund ›Jan Wellem‹ genannt wird, stammt von Gabriel von Grupello (vgl. schon »Briefe aus Berlin« 10,14). Die Vorarbeiten dazu begannen 1703. Nachdem 1710 der erste Guß der Statue mißglückt war, erfolgte der endgültige Guß 1711 (vgl. Udo Kultermann, »Gabriel Grupello«, Berlin 1968, S. 97ff.). Die Schwierigkeiten beim Gießen wurden schon kurze Zeit später ins Sagenhafte umstilisiert. Heines wohl aus mündlicher Überlieferung stammende Version dieser Sage stimmt nicht ganz mit ihrer offiziellen Fassung überein, nach der es der Gießerjunge war, der während des Gusses in letzter Minute das fehlende Metall in die Gußmasse hineingeworfen hat.*

183,*8* an der Theaterecke] *an der linken Seite des alten Komödienhauses am Marktplatz, wo der Durchgang zum Ballhaus war, befand sich damals ein Bauvorsprung, der allgemein die ›Theaterecke‹ hieß.*

183,*15* Signora Guilietta] *vielleicht Anspielung auf die schöne Giulietta mit* *der süßen, lieblichen Stimme in E. T. A. Hoffmanns »Abenteuer der Sylvester-Nacht« (1815).*

183,*18* der krumme Hermann] *nicht zu ermitteln.*

183,*24* Gemäldegallerie] *1710 ließ Johann Wilhelm am Schloßplatz ein Galeriegebäude errichten. Die dort aufgehängten Gemälde wurden 1805 nach München evakuiert und gingen später in der Alten Pinakothek auf (vgl. Eduard Alberts, »Die ehemalige Düsseldorfer Gemäldegalerie«, Düsseldorf 1961).*

183,*25* Observatorium] *die Sternwarte im ehemaligen Jesuitenkollegium galt wegen ihrer Sammlung physikalischer Instrumente und technischer Kuriosa als eine besondere Sehenswürdigkeit Düsseldorfs (vgl. Aloys Schreiber, »Handbuch für Reisende am Rhein«, Heidelberg 1816, S. 357f.).*

183,*26* Einschachtelungsbecher] *Johann Wilhelm war tatsächlich ein geschickter Elfenbeinschnitzer (vgl. Hermine Kühn-Steinhausen, »Johann Wilhelm«, Düsseldorf 1958, S. 68).*

183,*34* es wurde plötzlich anders] *nach dem Sieg Napoleons bei Austerlitz im Dezember 1805 kam es zwischen Frankreich und einigen westdeutschen Staaten zu Verhandlungen, die zu einem allgemeinen Länderschacher und im Juli 1806 zur Bildung des Rheinbundes führten. Das Herzogtum Berg mit Düsseldorf gehörte damals zum Herzogtum Pfalz-Birkenfeld-Zweibrücken unter dem Kurfürsten Maximilian Joseph IV. (1765–1825) und wurde seit 1804 von dessen Statthalter, dem Herzog Wilhelm von Bayern (1752–1837) aus dem Hause Pfalz-Birkenfeld-Gelnhausen verwaltet. Am 15. März 1806 trat Maximilian das Herzogtum Berg zugunsten der bayrischen Königskrone an Frankreich ab. Herzog Wilhelm verließ darauf am 20. März die Benrather Residenz und reiste nach Bayern ab. Am 24. März zog Napoleons Schwager Joachim Murat als neuer Herzog in Düsseldorf ein und ließ sich am 26. März von den Ständen eine Huldigung darbringen (vgl. Erläuterung zu 185,5–6). Durch die Rheinbundakte wurde Murat am 19. Juli 1806 zum Großherzog erhoben.*

183,*34* eines Morgens] *bezieht sich auf den 21. März 1806, also den Tag, nachdem Herzog Wilhelm Düsseldorf-Benrath verlassen hatte.*

183,*38–39* den langen papiernen Anschlag] *das Kabinettsdekret vom 15. März 1806, in dem sich der Kurfürst von Pfalz-Zweibrücken und nunmehrige König Maximilian Joseph von Bayern von seinen bergischen Untertanen verabschiedete, wurde am 21. März um 11 Uhr vormittags am Rathaus angeheftet. In dieser Verordnung werden alle Düsseldorfer »der gegen ihn und sein Haus aufgehabten Untertanendiensten und Pflichten« entbunden. Das Ganze schließt »mit dankbarer Anerkennung der ihm und seinem Hause darin von den gesamten Untertanen so vielfach gegebenen Beweise ihrer unverrückbaren Treue und Anhänglichkeit und ihres willfahrigen Gehorsams« (vgl. Rudolf Goecke, »Das Großherzogthum Berg unter Joachim Murat, Napoleon I. und Louis Napoleon«, Köln 1877, S. 4f.). Auch in dem*

Abschiedsschreiben des Herzogs Wilhelm von Bayern an den Düsseldorfer Magistrat finden sich solche Formulierungen: »Wir entlassen Euch, in diesem Drange, der Pflichten, die Ihr gegen Uns hattet; bezeugen Euch aber zugleich und durch Euch den guten Bürgern, Unsern wärmsten Dank, für die uns bis hieher bewiesene Anhänglichkeit« (vgl. J. F. Wilhelmi, »Panorama von Düsseldorf und seinen Umgebungen«, Düsseldorf 1828, S. 58).

183,*40* der dünne Schneider Kilian] *nicht zu ermitteln, da sich aus dieser Zeit keine Bürgerlisten erhalten haben.*

184,*12–13* das kurfürstliche Wappen] *das Wappen des Herzogs Maximilian Joseph (vgl. Erläuterung zu 183,34) war zwischen 1803 und 1806 dreimal quergeteilt und sechsmal gespalten und enthielt 18 Felder, in denen sich die Symbole folgender Herrschaftsbereiche befanden: der Herzogtümer Bayern, Franken, Pfalz-Zweibrücken, Berg und Kleve, der Fürstentümer Würzburg, Augsburg, Kempten, Freising und Passau, der Landgrafschaft Leuchtenberg, der Grafschaften Helfenstein, Ravensberg, Mark und Ottobeuren und der Herrschaften Mindelheim und Rothenburg. Das Herzogtum Berg war im 3. Feld der oberen Reihe mit einem roten, rechtsspringenden Löwen mit blauer Krone in Silber vertreten.*

184,*16* der allgewaltige Gassenvogt] *mit diesem Titel, der als solcher nicht nachzuweisen ist, kann nur der jeweilige Polizeikommissar gemeint sein. Seit 1786 bekleidete dieses Amt Joseph Nicolaus Schawberg, der zugleich Schöffe und Schultheiß war (vgl. Friedrich Lau, »Geschichte der Stadt Düsseldorf. Von den Anfängen bis 1815«, Düsseldorf 1921, S. 140f.). Mit dem Übergang zur Munizipalverwaltung (vgl. Erläuterung zu 185,25) wurde er am 7. Oktober 1806 von Max de Spittaell in diesem Amt abgelöst. Der neue »Polizeycomissär« hatte u.a. die Preise zu überwachen, die Steuern festzusetzen, die Militäreinquartierungen zu bestimmen, die Heiratsurkunden auszustellen – war also wirklich* allgewaltig *(vgl. »Organisation der Düsseldorfer Stadtverwaltung«, 1806, Artikel 4).*

184,*17–20* der tolle Alouisius *und* der besoffene, krumme Gumpertz] *stadtbekannte Originale, deren Namen auch in einem von Julius Asbach veröffentlichten Kirmeslied von 1813 belegt sind: »Der krumme Jumperz, das Aloyschen, / Selbst die Lanassa besäuft sich ganz« (vgl. Beilage zur »Allgemeinen Zeitung«, 1905, Nr. 231 und Moos S. 64ff.).*

184,*20–21 ça ira, ça ira*] *»Ah! ça ira, ça ira, ça ira! Les aristocrates à la lanterne!« beginnt ein berühmtes Lied der französischen Revolution, das 1789 von Ladré geschrieben und von Bécourt vertont wurde.*

185,*5–6* dem neuen Großherzog] *Murat (1767–1815), der mit Napoleons jüngster Schwester Annunciata (1782–1835) verheiratet war, zog am 24. März in Düsseldorf ein und nahm am 26. die Huldigung der Stände entgegen (vgl. Erläuterung zu 183,34). Zu seinem Machtbereich gehörte das bisherige Herzogtum Berg, die rechtsrheinischen Teile von Kleve und die aufgehobenen Stifte Essen und Werden (vgl. die am 15. März 1806 von Napoleon in*

Paris ausgestellte Verleihungsurkunde in »Correspondance de Napoléon I.«, Paris 1863, XII, 191). Als er im September 1808 zum König von Neapel avancierte, wurde das Großherzogtum Berg direkt Napoleon unterstellt, der es seinem vierjährigen Neffen Louis Napoleon (1804–1831) übertrug und von Jacques-Claude de Beugnot (vgl. Erläuterung zu 31,5) verwalten ließ.

185,*15* Voltigeurs] *leichtbewaffnete Fußsoldaten.*

185,*17* Tambour-Major] *vgl. die verwandten Motive in dem Gedicht »Der Tambourmajor«.*

185,*22–23* ein neues Wappen] *das Wappen, das Murat als Großherzog von Berg führte, bestand aus einem gespaltenen Schilde mit dem napoleonischen Mittelschild und einem zweifachen Anker hinter demselben, da Murat zugleich Großadmiral des Kaiserreichs war. Im Rückschild war vorn das Wappen von Berg, hinten das von Kleve. Um den Schild hängt die Kette des Grand Aigle der Ehrenlegion, und hinter demselben liegen gekreuzt zwei französische Marschallstäbe. Umgeben wird das Ganze durch einen hermelingefütterten Wappenmantel, der mit Bienen besät ist.*

185,*25* die alten Herren Rathsherren] *seit dem Jahr 1288, in dem Düsseldorf zur Stadt erhoben wurde, gab es dort wählbare Ratsherren. Die letzte Magistratsratswahl vor der Machtübernahme Murats hatte am 26. Dezember 1805 stattgefunden. Zu dem von Heine beschriebenen Zeitpunkt lag die Stadtverwaltung in den Händen des Bürgermeisters Lorenz Cantador (vgl. Erläuterung zu 186,4–5) und der »Alträthe« Aegidius Hagdorn, Aegidius Odendahl, Johann Adolf Frinken, Johann Conrad Brummer und Caspar Huschberger (vgl. J. F. Wilhelmi, »Panorama von Düsseldorf und seinen Umgebungen«, Düsseldorf 1828, S. 21f.). Dieser Magistrat bestand unter Murat nur noch bis zum 7. Oktober 1806 und wurde dann durch eine Munizipalverwaltung nach französischem Muster abgelöst. Von nun ab waren der Stadtdirektor Maximilian von Pfeill und der Polizeikommissar Max de Spittaell die entscheidenden Verwaltungsbeamten, während den 15 ernannten Stadträten nur noch eine beratende Funktion zukam (vgl. Friedrich Lau, »Geschichte der Stadt Düsseldorf. Von den Anfängen bis 1815«, Düsseldorf 1921, S. 81f.).*

185,*31* Nachbars-Pitter und der lange Kurz] *vgl. Erläuterung zu 183,40.*

185,*36* öffentlichen Spinnanstalt] *ironische Umschreibung für Gefängnis. Im Düsseldorfer Gefängnis wurden damals Militär-Textilien angefertigt.*

186,*4–5* der Herr Bürgermeister, in seinem berühmten rothen Rock] *im Jahre 1806 war Lorenz Maria Cantador(e) (1731–1816) Bürgermeister von Düsseldorf (vgl. Erläuterung zu 185,25). Bei dem* rothen Rock *handelt es sich nicht um eine Amtstracht, sondern wohl um ein persönliches Prunkstück.*

186,*22* man will uns glücklich machen] *»Sie sollen darauf rechnen, daß ich die geheiligte Pflicht erfüllen werde, nichts zu vernachlässigen, Sie glücklich zu machen«, begann die erste Adresse Murats an seine Untertanen (vgl. Rudolf Goecke, »Das Großherzogthum Berg«, Köln 1877, S. 25).*

186,*30* Hebräisch] *vgl. Erläuterung zu 188,15–16.*

186,*35* Niebuhr] *Barthold Georg Niebuhr (1776–1831), der als einer der Begründer der historisch-kritischen Methode der Quellenforschung gilt, hatte in den ersten Bänden seiner »Römischen Geschichte« (1810–1811) nachgewiesen, daß Livius in seiner Darstellung der römischen Königszeit das Historische oft mit sagenhaften Elementen vermischt.*

186,*37–38* wo ein Haus dem andern gleicht] *vgl. »Briefe aus Berlin«, Erläuterung zu 16,35–36.*

186,*40* Hausnummer] *oft wiederholtes Motiv, das auch im Kap. XIII des »Buchs Le Grand« (202,18) und im Fragment »Ilsenburg« (232,8–9) auftaucht.*

187,*5–6* Schneider *bis* Marathon] *Anfang einer Folge witziger Gedankenverbindungen, die mit der Konfrontation der sprichwörtlichen Feigheit der Schneider und des kriegerischen Muts der Griechen in der Schlacht bei Marathon gegen die Perser (490 v. Chr.) beginnt.*

187,*7–8* Gumpel *bis* Jerusalems] *Gegenüberstellung von geschickter Anpassung und heroischem Untergang. Jerusalem wurde 586 v. Chr. erstmals durch den babylonischen König Nebukadnezar, zum zweiten Male 70 n. Chr. durch den römischen Kaiser Titus zerstört. Über den jüdischen Bankier Lazarus Gumpel, der in Hamburg ein Konkurrent seines Onkels Salomon war, macht sich Heine schon in der »Harzreise« (vgl. Erläuterung zu 121,27–28) und dann noch einmal in der Gestalt des* Gumpelino *in den »Bädern von Lucca« lustig. Übrigens hieß Hamburg bereits im 18. Jahrhundert unter den deutschen Juden »Klein Jerusalem« (vgl. Johann Jacob Schudt, »Jüdische Merckwürdigkeiten«, Frankfurt und Leipzig 1714ff., I,373).*

187,*8–9* portugiesischen Freund *bis* die Flucht Mahomets] *nicht ganz klar durchschaubare Kombination. Das Wort* portugiesisch *kann auf die 1492 aus Spanien und Portugal vertriebenen Juden hindeuten und paßte so zu der berühmten Flucht Mohammeds im Jahre 622 von Mekka nach Medina. Vor allem in Hamburg gab es eine traditionsreiche Kolonie ›portugiesischer‹ Juden (vgl. schon Johann Jacob Schudt, »Jüdische Merckwürdigkeiten«, Frankfurt 1714ff., I,372f.), die sich vornehmer dünkten als ihre ›deutschen‹ Glaubensbrüder. Vielleicht bezeichnet sich darum auch Heine in einem Brief vom 30. März 1824 an seine Schwester Charlotte als* dein portugiesischer Bruder.

187,*10–11* den Universitätsrichter *bis* den Tod Hamans] *auch dieser Zusammenhang ist nicht ganz klar zu durchschauen. Heine wurde zweimal vor das Universitätsgericht zitiert: einmal am 26. November 1819 vor den Bonner Universitätsrichter wegen seiner Teilnahme an einem Fackelzug zur Feier des Jahrestags der Völkerschlacht bei Leipzig, ein zweitesmal am 6./8. Dezember 1820 und am 27. Januar 1821 vor den Göttinger Universitätsrichter wegen einer Duellangelegenheit, die zu seinem Consilium abeundi führte. Haman war einer der Minister des persischen Königs Ahasveros*

(Xerxes I.), der alle Juden ausrotten wollte, aber auf Befehl des Königs selber aufgehängt wurde (vgl. Buch Esther, Kap. 5–7).

187,*11–12* Wadzeck *bis* Cleopatra] *der 1823 verstorbene Berliner Philanthrop und Journalist Franz Daniel Wadzeck, dessen trivial-moralisierende Art Heine* anwiderte *(vgl. »Über Polen«, Erläuterung zu 61,9), pflegte sich aufgrund des von ihm betreuten Kinderheims als »Vater von 360 Kindern der Straße und Tröster der Witwen, welche bessere Tage gekannt« zu unterschreiben (vgl. Petersen, Walzel IV, 509). Wadzeck wird hier vielleicht als Gegensatz zu der sinnenfreudigen ›Witwe‹* Cleopatra *erwähnt, die sich nach dem Weggang Caesars von Antonius trösten ließ und sich dann nach der Schlacht von Actium im Jahre 31 v. Chr. das Leben nahm. Wadzeck wohnte nach der Angabe des Berliner »Adreßbuchs« von 1820 in der Prenzlauerstr. 31.*

187,*14* nehmet alles in Allem] *parodistische Verdrehung des berühmten Hamlet-Zitats: »He was a man, take him for all in all, / I shall not look upon his like again« (I,2).*

187,*29* welche Nomina] *vgl. 187,36.*

187,*31–32* den 20sten July 1825] *an diesem Tage verteidigte Heine in lateinischer Sprache seine juristischen Promotionsthesen vor den Professoren Meister, Eichhorn, Bauer und dem Dekan Hugo. Heines Latein war offenbar fehlerhaft. Schon als er bei seiner Bonner Immatrikulation das Maturitätsexamen nachholen mußte, hieß es über seine Lateinkenntnisse in der Prüfungsakte: »Unsichere Sprachkenntniß und zu wenig Uebung«.*

187,*36* Vis *bis* sinapis] *Kraft, Krummholz, Durst, Husten, Gurke, Lineal, Hanf, Senf. Lateinische Nomina auf im mit Besonderheiten in der Deklination. Um in diesem Punkte möglichst exakt zu sein, bat Heine am 1. November 1826 seinen Freund Christiani, ihm den lateinisch-deutschen Teil von Immanuel Johann Gerhard Schellers »Handlexicon, vornehmlich für Schulen«, Leipzig 1792, [6]1826, zu beschaffen.*

188,*5* Franziskanerklosters] *vgl. 92,3–4 und 182,8–9.*

188,*12* Vom Griechischen] *in den Bonner Prüfungsakten heißt es lediglich: »Griechisch hat er nicht gelernt«. Heine scheint jedoch im Düsseldorfer Lyceum wenigstens die Anfangsgründe des Griechischen gelernt zu haben, und zwar bei Prof. Franz Joseph Cremer (1767–1841), der allerdings schon 1813 wegen Unfähigkeit entlassen wurde.*

188,*15–16* Mit dem Hebräischen] *wahrscheinlich lernte Heine in der jüdischen Privatschule Hein Hertz Rintelsohns in der Ratingerstraße, die er 1803 und 1804 besuchte, neben den Grundlagen der israelitischen Religion auch etwas Hebräisch.*

188,*17–18* meinen guten Namen kreuzigen] *nach seiner Taufe am 28. Juni 1825 wurde Heine von einer Reihe orthodoxer Juden heftig angefeindet, was er vor allem in Hamburg zu spüren bekam. So schreibt er am 9. Januar 1826 an Moses Moser:* Ich bin jetzt bey Christ und Jude verhaßt. Ich bereue sehr daß ich mich getauft hab.

188,20–21 des Sonnabends ging sie nicht] *entsprechend der Sabbathruhe, die von allen orthodoxen Juden eingehalten wird.*

188,23–25 katal *bis* pik – –] *Schulbeispiele der hebräischen Konjugation. Die ersten drei bedeuten: er hat getötet, du hast getötet, ich habe getötet. Die nächsten drei sind ebenfalls Perfektformen, jedoch vom Modus Piël, welcher die Verstärkung oder Wiederholung einer Handlung bezeichnet.* pokat *und* pokadeti *bedeuten: er hat aufgesucht, ich habe aufgesucht.* pikat *ist die 3. Person desselben Verbums im Modus Piël. Die Worte* pik – pik *haben dagegen bloß eine lautmalerische Funktion.*

188,30 den Adelung] *Johann Christoph Adelung (1732–1806), deutscher Sprachforscher und Lexikograph, der heute nur noch aufgrund seines Wörterbuchs (»Versuch eines vollständigen grammatisch-kritischen Wörterbuchs der hochdeutschen Mundart«, 1774–1786) bekannt ist, schrieb eine Reihe von Schulbüchern und Stil- und Sprachstudien, die wegen ihrer aufklärerisch-rationalistischen Sprachauffassung von den Romantikern häufig verspottet wurden. Dennoch blieb sein Einfluß in der Schulpraxis ungebrochen. Der junge Heine hat bereits als Gymnasiast folgende Adelungschen Werke aus der Düsseldorfer »Großherzoglichen Hofbibliothek« entliehen: »Umständliches Lehrgebäude der deutschen Sprache, zur Erläuterung der deutschen Sprachlehre für Schulen«, 1782; »Magazin für die deutsche Sprache«, 1782–1784; »Mithridates oder allgemeine Sprachenkunde mit dem Vater Unser als Sprachprobe in beynahe 500 Sprachen u. Mundarten«, 1806–1817; »Über den deutschen Styl«, Neue Auflage 1787.*

188,30–31 dem Accusativ und Dativ] *über die Unsicherheit Heines im Gebrauch dieser beiden Fälle vgl. Elster*[2] *I,C.*

188,31–32 Rektor Schallmayer] *Ägidius Jakob Schallmayer (1757–1817) war bis 1813 Rektor des Düsseldorfer Lyceums, das der junge Heine von ca. 1808 bis ca. 1814 besuchte. Obwohl Schallmayer ein Ordensgeistlicher (Franziskaner-Konventuale) und ehemaliger Theologieprofessor an der kurfürstlichen Universität Bonn war, lehrte er auch empirische und idealistische Philosophie. Heine, der 1812/13 an seiner »Philosophischen Classe« teilgenommen hat, spricht auch später stets in anerkennender Weise von ihm (vgl. vor allem »Geständnisse« und »Memoiren«, DHA Bd. 15).*

188,33–34 Professor Schram] *Joseph Schram (1777–1847) war Heines Deutschlehrer. Als Jurist und Völkerrechtler verfaßte er neben der Schrift »Kleiner Beytrag zum Weltfrieden« (1815) auch Bücher über politische, pädagogische und juristische Probleme (vgl. u.a. »Die Verbesserung der Schulen in moralisch-politischer, pädagogischer und polizeilicher Hinsicht«, 1803 und »Systematisch geordnete Übersicht der gemeinnützlichsten Kenntnisse für die Bildung rechtschaffender Staatsbeamten«, 1805).*

189,2–3 alle Gränzen verrückt] *Hinweis auf die territorialen Veränderungen, die nach den Friedensschlüssen von Basel (1795), Campo Formio (1797), Lunéville (1801), Preßburg (1805), Tilsit (1807), Wien (1809), dem*

Reichsdeputationshauptschluß (1803), der Gründung des Rheinbundes (1806) und dem Wiener Kongreß (1814/15) eintraten. Über den Herrschaftswechsel im Herzogtum Berg während dieser Jahre vgl. Erläuterung zu 183,34.

189,*4* manche wurden sogar blutroth] *möglicherweise Anspielung auf den Volksaufstand in Tirol (1809), der von Napoleon blutig niedergeschlagen wurde.*

189,*5* Lehrbuchseelen] *die in Lehrbüchern verzeichneten Einwohnerzahlen (vgl. einen ähnlichen Witz in der »Harzreise« 89,31).*

189,*7* Cichorien und Runkelrüben] *um den Kaffee- und Zuckermangel auszugleichen, der als Folge der Kontinentalsperre überall eingetreten war, wurden damals in Deutschland viel Zichorien und Zuckerrüben angebaut. Heine erinnert sich daran noch in einem Brief an seine Mutter vom 28. Dezember 1848.*

189,*9–10* die Deutschen wurden gelenkig] *Anspielung auf die vaterländische Turnbewegung, die 1811 von Friedrich Ludwig Jahn gegründet wurde und ein vormilitärisches Training für den Befreiungskrieg von 1813 darstellte.*

189,*10* die Engländer] *wegen der von Napoleon verhängten Kontinentalsperre, durch welche die englische Wirtschaft einen Teil ihrer bisherigen Absatzmärkte verlor, sah es um die englische Handelsbilanz in den Jahren vor dem Wiener Kongreß recht betrüblich aus.*

189,*11* die Venezianer] *die Venezianer galten im 17. und 18. Jahrhundert als besonders diplomatisch, mußten sich jedoch schon nach dem 1. italienischen Feldzug Napoleons dessen Diktaten beugen. Im Frieden von Campo Formio wurden sie Österreich unterstellt. Nachdem Venedig 1805 Teil eines französisch-italienischen Königreichs unter Eugène de Beauharnais (1781–1824) geworden war, kam es 1814 wieder zu Österreich und wurde schließlich 1815 mit der Lombardei zu einem norditalienischen Königreich vereinigt.*

189,*12* viel Avancement] *Hinweis auf die Erhebung Bayerns und Württembergs zu Königreichen sowie Badens und Hessens zu Großherzogtümern. Außerdem verlieh Napoleon in diesen Jahren vielen seiner Marschälle und Familienmitglieder Fürsten- oder Königstitel und setzte sie in Spanien, Italien oder Deutschland als Regenten ein.*

189,*14* manche Potentaten] *durch den Reichsdeputationshauptschluß (1803) und die Gründung des Rheinbundes (1806) wurden über 350 geistliche und weltliche Fürstentümer und Reichsgrafschaften mediatisiert (vgl. »Nordsee III«, Erläuterung zu 157,8).*

189,*17* machten z.B. Siegellack] *Petersen (Walzel IV,509) und Elster*[2] *(IV,513) ziehen als Quelle für diese Bemerkung Hoffmanns »Kater Murr« heran, wo Fürst Irenäus einmal von den Zeiten nach der französischen Revolution spricht, als »Marquis Siegellack fabrizierten« (Harich V,159). Josef Körner weist jedoch mit mehr Wahrscheinlichkeit auf eine Stelle in Maximilian Heines »Erinnerungen« hin (vgl. »Marginalien zu Heine II«. In: MLN 54, 1939, S. 399), wo Heine über* des Kaisers Siegellack *witzelt* *und Maximilian erklärend hinzufügt, »daß der damalige Kaiser Franz von Oesterreich die große Passion hatte, freie Augenblicke der Anfertigung von Siegellack in allen möglichen Farben zu widmen« (Werner/Houben Nr. 223). Auch in der »Einleitung zu Kahldorf« wird im Zusammenhang mit* Oesterreich *noch einmal der* wohlbekannte Siegellack *erwähnt.*

189,36 einen Gemahl zur Seite] *Aphrodite ist nach der griechischen Mythologie mit Hephaistos vermählt.*

189,38 Abbé Daulnoy] *Jean-Baptiste Daulnoy (geb. 1765, ging 1820 nach Frankreich zurück) lehrte neben Französisch auch Literatur und Geschichte (vgl. »Memoiren«, DHA Bd. 15). Sein »Vollständiger Cursus zur Erlernung der französischen Sprache«, der sich in eine »Sprachlehre für Anfänger« und eine »Große französische Sprachlehre« gliederte, erschien seit 1798 in vielen Auflagen. Mit der* Art Poétique *meint Heine dessen »Abrégé des règles de l'art poétique« (1810), den Daulnoy auch seinen Schulvorträgen zugrunde legte. Nach dem Düsseldorfer Schulprogramm von 1814 trug Daulnoy im Rahmen seiner Französisch-Übungen auch einen »Abrégé de l'histoire d'Allemagne« vor.*

190,16 dem Löwenwirth in Bologna] *da das »Buch Le Grand« vor Heines Italienreise geschrieben ist, kann mit Bologna nur Göttingen gemeint sein (vgl. Elster[2] IV,513 und Josef Körner, »Marginalien zu Heine II«. In: MLN 54, 1939, S. 399). In den »Bädern von Lucca« wird Göttingen später ausdrücklich* das deutsche Bologna *genannt (Kap. V). Nach Varnhagens Zeugnis war Heine einem der Göttinger Wirte von seinem Doktorschmaus her noch »einen Anker Wein« schuldig (vgl. Werner/Houben Nr. 167).*

190,21 *Patois*] *französische Bauern- oder Umgangssprache.*

190,21 Bonnenfranzösisch] *das Französisch der Adligen, das sie meist von ihren aus Frankreich importierten Kindermädchen gelernt hatten (vgl. ähnliche Bemerkungen im Artikel V der »Französischen Zustände«, DHA Bd. 12).*

190,24 eben so viele Ahnen] *fast die gleichen Witze finden sich schon in »Nordsee III« (146,34–37).*

190,24 Café-Royal] *vgl. »Briefe aus Berlin«, Erläuterung zu 14,40.*

190,25 Hans Michel Martens] *vermutlich Friedrich von Martens, ein preußischer Diplomat und Major der Kavallerie (vgl. Elster[2] IV,85). Auch Varnhagen drückt sich in seinen Tagebüchern über den Karrieremacher Martens, der im Frühjahr 1826 preußischer Gesandter in Turin wurde, meist abfällig aus (vgl. »Blätter aus der preußischen Geschichte«, I,139, 251 u.ö.). Daß ihn Heine als* Hans Michel *bezeichnet, kann eine witzelnde Funktion haben. Das* von *läßt er bei Adligen sowieso meist weg (Heinrich Kleist, Wolfgang Goethe usw.).*

190,28–29 dem französischen Tambour, der so lange bey uns in Quartier lag] *von 1795–1801 und von 1806–1813 hatte Düsseldorf für kürzere oder längere Zeit französische Einquartierung. Einquartierungslisten haben sich nicht er-*

halten. Doch ist der Name Le Grand sowohl beim französischen Heer als auch unter Düsseldorfer Familien der damaligen Zeit nachweisbar. John C. Ransmeier sieht in der Figur des Le Grand eine Parallelgestalt zu jenem französischen Trommler La Fleur, den Sterne in seiner »Sentimental Journey« erwähnt und der ebenfalls nichts als trommeln oder Märsche pfeifen kann (»Heines ›Reisebilder‹ und Laurence Sterne«. In: »Archiv für das Studium der neueren Sprachen« 118, 1907, S. 310). Man könnte jedoch den Le Grand auch als Gegenentwurf zu jenem Königsleutnant sehen, der im siebenjährigen Krieg bei Goethes Quartier bezog (vgl. »Dichtung und Wahrheit«, Buch I,3). Während der junge Goethe durch den Grafen Thoranc (François de Théas, 1719–1794) sein Verständnis für Malerei, Theater und französische Literatur vertiefte, wird der junge Heine durch Le Grand fast ausschließlich über Politik und Revolution belehrt.

190,*39 les jours de fête sont passés!*] *wohl bewußter Anklang an das geflügelte Wort »Ils sont passés, ces jours de fête« aus der Oper »Le tableau parlant« (1769) von André-Ernest-Modeste Grétry (1741–1813), die auf einem Libretto von Louis Anseaume (1721–1784) beruht.*

191,*3* den Marseiller Marsch] *die Hymne »Allons, enfants de la patrie« wurde am 24./25. April 1792 von Claude-Joseph Rouget de Lisle (1760–1836) in Straßburg gedichtet und vertont und erhielt ihren Namen ›Marseillaise‹ nach einem Bataillon Freiwilliger aus Marseille, das sie am 30. Juli bei ihrem Einzug in Paris sang.*

191,*5 ça ira, ça ira*] *vgl. Erläuterung zu 184,20–21.*

191,*7* den Dessauer Marsch] *im Spanischen Erbfolgekrieg entstanden und 1706 zu Ehren des Fürsten Leopold I. von Anhalt-Dessau anläßlich der Einnahme Turins zum erstenmal gespielt. Der Text beginnt mit den berühmten Zeilen »So leben wir, so leben wir, so leben wir alle Tage«. Dieser Marsch war Anfang des 19. Jahrhunderts noch so beliebt, daß sich die Dresdner »Abend-Zeitung« in ihrer Nr. 65 vom 15. August 1829 bemüßigt fühlte, Heines »Anathema« über diesen Marsch empört zurückzuweisen (S. 257).*

191,*7–8* wie auch Goethe berichtet] *wohl ein Erinnerungsfehler Heines. Weder in der »Campagne in Frankreich« noch in der »Belagerung von Mainz«, die 1822 erschienen waren, wird der Dessauer Marsch erwähnt.*

191,*17* der Bestürmung der Bastille] *die Bastille wurde am 14. Juli 1789 von den revolutionären Massen erobert. Die Tuilerien, in denen sich Ludwig XVI. verschanzt hatte, wurden am 10. August 1792 erstürmt.*

191,*29* Whist, Boston] *aus England und Amerika stammende Kartenspiele.*

191,*29* genealogische Tabellen] *vgl. schon den witzelnden Hinweis auf die genealogischen Angaben in Ruexeners »Turnierbuch« in »Nordsee III« (156,11). Neben dem bekannten »Gothaischen genealogischen Hofkalender«, der seit 1764 jedes Jahr neuaufgelegt wurde, gab es u.a. noch Traugott Gotthelf Voigtels »Genealogische Tabellen« (1811–1829) und das »Genealogische Taschenbuch der gräflichen Häuser« (1825 ff.).*

191,*29–30* Bundestagsbeschlüsse] *der Bundestag befand sich in Frankfurt am Main und wurde in den zwanziger Jahren weitgehend von Österreich und Preußen dominiert.*

191,*30* Liturgie] *bezieht sich auf den Streit um die ›Neue Liturgie‹ in Preußen (vgl. »Briefe aus Berlin«, Erläuterung zu 30,14–15 und 40,3).*

191,*30* Vorschneiden] *das Vorschneiderecht wurde an Adelstafeln als eine Rangfrage von höchster Bedeutung empfunden.*

191,*33–34* unlängst sitze ich an der Tafel] *wohl ein Hinweis auf das Norderneyer Konversationshaus, wo Heine mit vielen Hochadligen an der gleichen Mittagstafel gesessen hatte (vgl. »Nordsee III«, Erläuterungen zu 143,19 und 157,3). Vgl. auch die recht ähnliche Szene in Jean Pauls »Seebuch des Luftschiffers Giannozzo«, wo der Held an einer Adelstafel unter dem Tisch plötzlich Fledermäuse losläßt (Zweite Fahrt).*

192,*10* im Collegium des Geheimeraths Schmalz] *der Berliner Staatsrechtler Theodor Anton Heinrich Schmalz (1760–1831) hatte in seiner Schrift »Berichtigung einer Stelle in der Venturinischen Chronik für das Jahr 1808« (1815) die vaterländische Begeisterung des Tugendbundes und der Studenten als revolutionäre Radikalität bezeichnet.*

192,*12* aus dem Pausanias] *Pausanias erzählt in seiner »Graeciae descriptio« im 18. Kapitel des 10. Buches, daß die Ambrakioten ihren Sieg über die Molosser einem schreienden Esel verdankten und deshalb ihrer Gottheit zum Dank einen ehernen Esel weihten.*

192,*14* aus dem Livius] *vgl. »Ab urbe condita libri« (V, 47,4).*

192,*15* Beckers Weltgeschichte] *Karl Friedrich Becker (1777–1806) schrieb eine bekannte »Weltgeschichte für Kinder und Kinderlehrer« (1801–1805), wie überhaupt die meisten der in diesem Kapitel erwähnten Bücher auf Heines Schullektüre zurückgehen.*

192,*15* daß die Gänse das Capitol gerettet] *als die Gallier bei ihrer Belagerung Roms um 390 v.Chr. nachts das Kapitol zu erklettern versuchten, wurden die Römer durch das Schnattern der heiligen Gänse geweckt und damit Rom vor der drohenden Vernichtung gerettet.*

192,*15–16* aus dem Sallust] *Sallust erzählt diese Anekdote in seiner Schrift »De conjuratione Catilinae« im 23. Kapitel.*

192,*18* auf besagten Hammel zu kommen] *stehende Redewendung aus Kotzebues »Die deutschen Kleinstädter« (1803), wo der Bürgermeister von Krähwinkel im 7. Auftritt des 3. Aktes sagt: »Wiederum auf besagten Hammel zu kommen –«. Der gleiche Ausspruch ist schon in dem Stück »Maistre Pierre Patelin« aus dem 15. Jahrhundert belegt.*

192,*20* ein langweiliger Sommernachmittag] *Heine hörte entweder im Sommersemester 1821 oder im Sommersemester 1822 in Berlin bei Schmalz »Europäisches Völkerrecht.«*

192,*24–25* Constituzionsgesinnung] *da Friedrich Wilhelm III. sein während der Befreiungskriege gegebenes Verfassungsversprechen nach 1815 nicht ein-*

hielt, galt es als revolutionär, überhaupt noch an die Konstitution zu erinnern.

192,27 Juno-Augen] *die römische Göttin Juno war die Beschützerin des Staates und wird darum in Beziehung zu Schmalz gesetzt.*

192,32 bey Professor Saalfeld hospitirte] *Johann Christian Friedrich Saalfeld (1785–1834) lehrte seit 1811 in Göttingen Philosophie, Geschichte, Völkerrecht und Politik. Seine »Hundert und etliche Fanfaronaden des korsikanischen Abenteurers Buonaparte« (1814) und seine »Geschichte Napoleon Buonapartes« (1815) sind von einem erbitterten Haß auf Napoleon erfüllt. So nennt er ihn im Vorwort zu seiner »Geschichte Napoleon Buonapartes« die »Geißel« Europas und ein »hassenswerthes Ungeheuer« (2. Aufl., I,VIIf.). 1824 las Saalfeld in Göttingen ein sehr deutschtümelndes Publicum über den Kampf der Tiroler gegen Napoleon, in dem Heine eventuell* hospitirt *haben mag (vgl. <Eduard Beurmann>, »Vertraute Briefe über Preußens Hauptstadt«, Stuttgart 1837, I,56).*

193,9 Myrthen und Lorbeeren] *Sinnbilder der erotischen Liebe und des Dichterruhms.*

193,12–13 vom Hofgarten zu Düsseldorf] *vgl. Erläuterung zu 193,37–38.*

193,16–17 den Zug über den Simplon] *wahrscheinlich ist damit die Überschreitung des Großen St. Bernhard zwischen dem 15. und 21. Mai 1800 gemeint, wie sie Jacques-Louis David (1748–1825) auf seinem berühmten Gemälde dargestellt hat. Die gleiche Verwechslung passiert Heine noch einmal im 1. Buch des »Börne«.*

193,20 auf der Brücke von Lodi] *auch hier liegt eine Verwechslung vor. Heine denkt an die Schlacht von Arcole, in der Napoleon am 15. November 1796 die Fahne ergriff und seinen Truppen voran über die Brücke stürmte. Bekannt wurde diese Szene durch das Bild »Bonaparte auf der Brücke von Arcole« (1798) von Antoine-Jean Gros (1771–1835), der sich dadurch Napoleons besondere Gunst erwarb.*

193,20–21 im grauen Mantel bey Marengo] *die Schlacht bei Marengo, bei der Napoleon seinen bekannten grauen Mantel trug, fand am 14. Juni 1800 statt.*

193,21–22 bey den Pyramiden] *wo Napoleon am 21. Juli 1798 die Mamelucken besiegte.*

193,23 bey Austerlitz] *am 2. Dezember 1805 ließ Napoleon bei Austerlitz die russische Armee auf die zugefrorenen Sümpfe abdrängen und bestrich dann die Eisflächen mit Artilleriefeuer, so daß viele Russen ertranken.*

193,24 bey Jena] *Sieg Napoleons gegen Preußen am 14. Oktober 1806.*

193,25 bey Eilau] *unentschiedene Schlacht Napoleons gegen die Preußen und Russen am 7. und 8. Februar 1807.*

193,25 Wagram] *Sieg Napoleons gegen die Österreicher unter Erzherzog Karl (1771–1847) am 5. und 6. Juli 1809.*

193,32 als ich ihn selber sah] *Napoleon, der 1808 nach der Beförderung*

Joachim Murats zum König von Neapel die Regierung des Großherzogtums Berg in eigene Regie übernommen hatte (vgl. Erläuterung zu 185,6–7), stattete Düsseldorf vom 2. bis 5. November 1811 einen offiziellen Staatsbesuch ab. Zu diesem Zwecke hatte der Staatsrat Georg Arnold Jacobi vorher in der Elberfelderstraße einen Triumphbogen mit der Inschrift »Divo Napoleoni Magno Imperatori et Regi, Victori invicto Gentiumque Protectori« aufstellen lassen. Von Wesel kommend, erreichte Napoleon am 2. November um 11 Uhr die Stadtgrenze am ›Luftballon‹ und fuhr durch die heute noch nach ihm benannte Kaiserstraße zum Jägerhof. Der von Heine erwähnte Umritt durch die Stadt fand am 3. November nachmittags statt (vgl. Hugo Weidenhaupt, »Kleine Geschichte der Stadt Düsseldorf«, Düsseldorf [4]1968, S. 90ff.). Das grüne Laub, *das dieser Szene einen frühlingshaft strahlenden Charakter geben soll, hat also rein symbolische Bedeutung. In manchen Zügen läßt sich diese Verherrlichung Napoleons durchaus als Gegenentwurf zu der von Goethe in »Dichtung und Wahrheit« (I,5) geschilderten Zeremonie der Königswahl in Frankfurt interpretieren (vgl. dazu auch die Erläuterung zu 190, 28–29). Jedenfalls wird dieses Erlebnis von beiden als ein politisches Urerlebnis dargestellt: Goethe in seinem partikularistisch-altfränkischen Denken, Heine in seiner kosmopolitisch-liberalen Gesinnung bestärkend (vgl. zu diesem Problemkomplex A. Kausen, »Die Beziehungen Napoleons I. zu Düsseldorf«, Düsseldorf 1882; Otto Redlich, »Die Anwesenheit Napoleons I. in Düsseldorf im Jahre 1811«, Düsseldorf 1892; Dirk van Eek, »Napoleon im Spiegel der Goetheschen und der Heineschen Dichtung«, Amsterdam 1933; Holzhausen S. 258f. und Moos S. 43f.).*

193,33 Hosianna!] *wie in dem folgenden Sankt-Helena-Kapitel wird auch in dieser Szene das Bild Napoleons schon leicht ins Messianische stilisiert, wodurch sein Einzug in Düsseldorf fast an den Einzug Christi in Jerusalem anklingt.*

193,37–38 die Polizeyverordnung] *ein solches Reglement existierte tatsächlich (vgl. die Strafbestimmungen »in Ansehung des öffentlichen Hofgartens« in der Nr. 11 der »Großherzoglich Bergischen Wöchentlichen Nachrichten« vom 17. März 1807, wonach es strengstens verboten war, »durch den Hofgarten zu reiten«).*

194,10 das vielköpfige Ungeheuer der Anarchie gebändigt] *durch die Konsularregierung (1799) und das Kaisertum (1804) hatte zwar Napoleon die radikal-revolutionären Gruppen in Frankreich enttäuscht, jedoch in der Überwindung der Anarchie und der Einführung des »Code Napoléon« zugleich den gemäßigt demokratischen Kräften zum Durchbruch verholfen. Die gleiche Einschätzung Napoleons als eines halb* revoluzionären *und halb* contrerevoluzionären *Geistes findet sich bereits in »Nordsee III« (vgl. 160,1–3).*

194,*18 et la Prusse n'existoit plus*] *wohl ein von Heine erfundener Ausspruch, der auf die machtlose Position Preußens im Jahre 1811 hinweisen soll.*

194,*27* die großen Siebenmeilenstiefel-Gedanken] *im Sinne Hegelianischer* Ideen *gemeint (vgl. Erläuterung zu 169).*

194,*29* einem deutschen Schriftsteller] *vgl. den Abschnitt über die Stoffarmut der deutschen Dichter am Schluß von »Nordsee III« (164,34).*

194,*35–36* Alouisius *bis* Gumpertz] *vgl. Erläuterung zu 184,17–20.*

195,*3* Auf einer öden Insel] *Sankt Helena liegt nicht im Indischen, sondern im Atlantischen Ozean. Erst 1840 wurden Napoleons Gebeine nach Paris überführt und im Invalidendom beigesetzt.*

195,*4–5* unter dem kleinen Hügel] *wohl in Anlehnung an François Gérards (1770–1837) Bild »Das Grab von St. Helena« (1826), wo neben dem winzigen Grab ebenfalls melancholisch stimmende Trauerweiden stehen. Vgl. dazu auch Holzhausen, der auf die gleichen klischeehaften Vorstellungen in anderen literarischen Werken dieser Jahre hinweist (S. 116).*

195,*8* Clio] *die Muse der Geschichtsschreibung.*

195,*10* Brittania!] *auch in diesem Zusammenhang hält sich Heine an die von Las Cases, O'Meara und Antommarchi aufgestellte ›liberale‹ Napoleon-Legende, poetisiert sie aber zugleich im Sinne einer neuen Heilands-Vorstellung. Und zwar hat Heine dabei in seinen Fluch gegen England eine Reihe echter Aussprüche Napoleons eingewebt (vgl. Holzhausen S. 117ff.). Nach O'Meara soll Napoleon über Hudson Lowe gesagt haben: »Dieser Mensch ist gut für einen capo di sbirri, aber nicht für einen Gouverneur« (Deutsche Ausgabe, Dresden 1822, I,55). Antommarchi berichtet, daß Napoleon am 19. April 1822 gegenüber Dr. Archibald Arnott (1771–1855) die Behauptung aufstellte: »Ich wollte mich an dem Heerde des brittischen Volks niedersetzen; ich verlangte eine gesetzliche Gastfreundschaft, und gegen Alles, was auf der Erde als Recht gültig ist, antwortete man mir mit Gefangenschaft <…> ich, der ich nun auf diesem schauderhaften Felsen, der Meinigen beraubt, und unter Entbehrungen aller Art sterben muß, ich vermache die Schande und die Abscheulichkeit meines Todes der regierenden Familie von England« (Deutsche Ausgabe, Stuttgart 1825, II,89f.).*

195,*18* des Bellerophon] *am 15. Juli 1815 begab sich Napoleon, auf englische Gastfreundschaft hoffend, im Hafen von Rochefort an Bord des englischen Schiffes »Bellerophon«, das ihn nach Plymouth brachte (vgl. dazu den Bericht Maitlands, des Kommandanten dieses Schiffes, den Heine bereits in »Nordsee III« erwähnt, 158,1–25).*

195,*22* Westminsters Grabmäler] *die Grabstätten der englischen Könige in Westminster Abbey in London.*

195,*24* Sanct Helena ist das heilige Grab] *auch Victor Hugo verglich in seinem Gedicht »Les deux Iles« in den »Odes et Ballades« (1826) Sankt Helena mit dem heiligen Grab (vgl. Holzhausen S. 116f.).*

195,*26* des weltlichen Heilands] *dieser Vergleich wurde später besonders heftig angegriffen (vgl. Holzhausen S. 118).*

195,*27* gelitten unter Hudson Lowe] *starker Anklang an das christliche*

Glaubensbekenntnis. Sir Hudson Lowe, der Gouverneur von Sankt Helena, der 1830 in Paris zu seiner Verteidigung ein »Mémorial relatif à la captivité de Napoléon à Ste.-Hélène« publizierte, behandelte nach übereinstimmendem Zeugnis Napoleon ohne jede besondere Ehrerbietung. Einen ähnlichen Vergleich verwendet Heine wenige Jahre später in seiner Einleitung zu »Kahldorf über den Adel«, wo es heißt: Ganz Europa wurde ein Sankt Helena, und Metternich war dessen Hudson Lowe.

195,28 Las Cases, O'Meara und Antommarchi] *vgl. dazu schon die Bemerkungen Heines in »Nordsee III« (158,25–36). Das Berichthafte der dortigen Erwähnungen wird hier eindeutig ins Legendenhafte erhoben, was sich bei vielen enthusiastischen Bonapartisten dieser Jahre beobachten läßt (vgl. Holzmann S. 46ff.).*

195,29 die drey größten Widersacher] *Henry Robert Stewart Castlereagh, Marquess of Londonderry (1769–1822), der intensiv auf Napoleons Sturz hingearbeitet hatte, endete 1822 durch Selbstmord; Ludwig XVIII., der wegen seiner Dicke und Hinfälligkeit meist im Rollstuhl gefahren wurde, starb 1824; Professor Saalfeld in Göttingen (vgl. 192,32) legte 1833 seine Professur nieder und starb 1834 in geistiger Umnachtung.*

195,37 Herbsttag] *Heine besuchte Mitte September 1820, als seine Eltern bereits in Oldesloe bei Hamburg wohnten, noch einmal für einen Tag Düsseldorf (vgl. Moos S. 43f.). Ähnlich, wenn auch noch schmerzlicher wird später im »Schnabelewopski« (Kap. IV) und im »Wintermärchen« (Caput XXIf.) die Rückkehr in das veränderte Hamburg beschrieben.*

196,3 die Worte des Glaukos] *nach Homers »Ilias« (6. Gesang, V.146–149), wobei Heine leicht von der Vossischen Übersetzung abweicht. Dort lauten die Verse 147 und 148: »Einige streuet der Wind auf die Erd' hin, andere wieder / Treibt der knospende Wald, erzeugt in des Frühlings Wärme«.*

196,25 die lieben Gräber] *der alte Friedhof der jüdischen Gemeinde in Düsseldorf lag zwischen der Benrather-, Kasernen- und Grabenstraße und wurde nach 1788 wegen der Bebauung der Karlstadt allmählich aufgelöst bzw. nach dem neuen jüdischen Friedhof an der Bongardstraße verlegt (vgl. Abraham Wedell, »Geschichte der jüdischen Gemeinde Düsseldorfs«. In: »Geschichte der Stadt Düsseldorf. Festschrift zum 600jährigen Jubiläum«, Düsseldorf 1888, S. 245ff.). Das Grab von Sarla van Geldern, Heines Großmutter mütterlicherseits, befand sich auf dem alten Friedhof und wurde 1884 bei Kanalisationsarbeiten aufgedeckt (vgl. David Kaufmann, »Der Grabstein von Heinrich Heines Großmutter, Sarla von Geldern. Gestorben am 3. Januar 1779 in Düsseldorf«. In: »Monatsschrift für Geschichte und Wissenschaft des Judentums« 38, 1894, S. 332–334). Auf dem neuen Friedhof lagen u.a. sein Großvater und sein Onkel (vgl. Erläuterung zu 181,37).*

196,26 einen Ohm] *damit kann nur Heines Onkel Simon van Geldern (1768–1833) gemeint sein, mit dem ihn die Neigung zum Schriftstellerischen und Wissenschaftlichen verband und mit dem er auch später noch Kontakte* *hatte. So ließ er ihm am 26. Dezember 1829 ein Exemplar von Rb III*[1] *zugehen. Wie sehr Heine die Nachricht vom Tode dieses Onkels traf, erfährt man aus dem Brief an Varnhagen vom 28. März 1833.*

196,*26–27* eine Muhme] *höchstwahrscheinlich ist damit Hanna oder Bräunelche van Geldern, eine der beiden Schwestern von Heines Mutter, gemeint (vgl. David Kaufmann, »Aus Heinrich Heine's Ahnensaal«, Breslau 1896, S. 173). Möglicherweise wohnte Hanna mit ihrem Bruder Simon in der Mertensgasse 1 und führte ihm den Haushalt.*

196,*33* ward jetzt Preußisch gesprochen] *durch den Wiener Kongreß (1815) kam der größte Teil des Großherzogtums Berg an Preußen. Düsseldorf wurde damit automatisch zum Sitz »Einer Königlichen Landes-Regierung« (vgl. Carl Heinrich August Mindel, »Wegweiser Düsseldorfs«, Düsseldorf 1817, S. 25). Als Residenz verwandte man den Jägerhof (Mindel S. 8), in dem auch Friedrich Wilhelm III. 1817 bei seinem Besuch in Düsseldorf wohnte. Der Mittelpunkt dieses* preußischen Höfchens *war Prinz Friedrich von Preußen (1794–1863), ein Neffe Friedrich Wilhelms III., der zuerst als Bataillonskommandeur nach Düsseldorf kam und dann ab 1821 die offizielle Regentschaft übernahm.*

197,*8–9* als sie noch kleine Zwiebelchen waren] *ein ähnliches Bild gebraucht Irving in »Bracebridge-Hall«, wo er von einem Jäger spricht, der die Bäume kannte aus der Zeit, als sie noch Eicheln waren (vgl. Loewenthal S. 19).*

197,*10* »Prinzessinn im Thurme«] *beliebtes rheinländisches Kinderspiel, wozu folgende Verse gesungen wurden: »Tink, Tank, Türmelein! / Was sitzt in diesem Türmelein? Eine schöne Prinzessin …«*

197,*13* Saturn] *ein altrömischer Gott, der später mit dem griechischen Titan Kronos gleichgesetzt wurde, der seinen Vater Uranos mit einer Sichel entmannt haben soll.*

197,*20–21* nach dem newtonschen Gesetze] *Hinweis auf das von Isaac Newton (1643–1727) aufgestellte 2. Grundgesetz der theoretischen Mechanik (Kraft = Masse mal Beschleunigung).*

197,*22* der kleine Baron] *nicht zu ermitteln.*

197,*39–40* »Träume sind Schäume«] *vgl. »Prediger Salomo« (34,5).*

198,*9* der marmornen Statue auf dem Schloßplatz] *gemeint ist der Hof des Galeriegebäudes (vgl. Erläuterung zu 183,24), wo damals das überlebensgroße Marmorstandbild des Kurfürsten Johann Wilhelm stand, das heute im alten Düsseldorfer Rathaus aufgestellt ist. Diese Statue wurde früher meist Josef Bäumgen oder Baumgärtgen (1714–1789) zugeschrieben (vgl. Thieme-Becker II,350), von dem jedoch nur die Marmorreliefs des Sockels stammen. Nach neueren Forschungen ist die Figur des Kurfürsten ein Originalwerk Grupellos, der sie kurz nach 1697 schuf, jedoch ihre Aufstellung im Hof des Galeriegebäudes im Jahre 1738 nicht mehr erlebte (vgl. Udo Kultermann, »Gabriel Grupello«, Berlin 1968, S. 86).*

198,*10* das alte, verwüstete Schloß] *das Düsseldorfer Schloß war in der*

Nacht vom 5. auf den 6. Oktober 1794 durch französische Truppen in Brand geschossen und weitgehend eingeäschert worden. Es wurde erst in der Mitte des 19. Jahrhunderts restauriert und brannte dann 1872 endgültig ab.

198,*10* worin es spukt] *Jacobe von Baden (1558–1597), die seit dem 16. Juli 1585 mit dem schwachsinnigen Herzog Johann Wilhelm von Jülich, Kleve und Berg (1562–1609) vermählt war, starb in der Nacht zum 3. September 1597 eines völlig unerwarteten Todes. Da sie mit den Ständen ihres Landes verfeindet war, kam schnell der Verdacht eines Mordes auf. Nach einer Düsseldorfer Lokalsage spukt Jacobe seitdem mit ihrem abgeschlagenen Kopfe unter dem Arm des Nachts als Geist herum. Die gleiche Sage erwähnt Heine noch einmal in der »Romantischen Schule« (Buch III,3). Näheres über Jacobe findet sich bei Theodor von Haupt, »Jacobe, Herzogin von Jülich, geborene Markgräfin von Baden«, Koblenz 1820, S. 122f., J. F. Wilhelmi, »Panorama von Düsseldorf und seinen Umgebungen«, Düsseldorf 1828, S. 27ff., Felix Stieve, »Zur Geschichte der Herzogin Jacobe von Jülich«. In: »Zeitschrift des Bergischen Geschichtsvereins« 13, 1877, S. 1–197, Moos S. 58f. und »Düsseldorfer Sagen«, hrsg. von Oswald Gerhard und Wilhelm Kleeblatt, Düsseldorf 1926, S. 45ff. Im Volksaberglauben handelt es sich jedoch meist um eine ›weiße‹ und nicht um eine* schwarzseidene Dame.

198,*12* ein hohes, weißes Gebäude] *vgl. Erläuterung zu 183,24.*

198,*12–13* in dessen oberen Gemächern] *im oberen Geschoß des Nordostflügels des Galeriegebäudes befand sich bis 1805 die berühmte Rubens-Sammlung Johann Wilhelms.*

198,*14–15* so viele tausend mächtige Bücher] *die großherzogliche Hofbibliothek war 1770 unter Karl Theodor gegründet worden. Sie umfaßte, als Heine dort zur Schule ging, etwa 23000 Bände. Die meisten Bücher standen auf 6 Meter hohen Regalen im großen Büchersaal im Untergeschoß, in den man vom Galeriehof hineinsehen konnte. Wie intensiv der junge Heine während seiner Lyceumszeit diese Bibliothek benutzt hat, belegt der Aufsatz von Eberhard Galley, »Harry Heine als Benutzer der Landesbibliothek in Düsseldorf«. In: HJb 10, 1971, S. 30–42.*

198,*25* das Schicksal der armen Franzosen] *Teile der geschlagenen französischen Armee zogen Ende 1813 durch die Stadt nach Westen. Viele der fast 100000 Gefangenen wurden von der zaristischen Regierung aber erst später freigegeben. Im »Bergischen wöchentlichen Intelligenzblatt« finden sich amtliche Verfügungen über den Transport und die Behandlung der Rußlandheimkehrer u. a. am 8. Februar 1814. Im Gegensatz zu Heine wurden die Rückkehrer von Chauvinisten wie dem Turnvater Jahn grausam verspottet (vgl. Holzhausen S. 8f.). Die hier geschilderte Situation erinnert an das Gedicht »Die Grenadiere« (DHA Bd. 1).*

198,*34–35* die Sage von den Soldaten] *ähnliches erzählte man schon nach der Hunnenschlacht auf den Katalaunischen Feldern (451 n. Chr.), wo die Gefallenen noch drei Tage in den Lüften weitergekämpft haben sollen.*

198,*37* das alte Volkslied] *bezieht sich auf das Gedicht »Rewelge« in »Des Knaben Wunderhorn«. Heine ändert lediglich »schlägt« in* schlug, *»Tralali, Tralaley, Tralala« in* Trallerie, Trallerey, Trallera *und »steht« in* geht.

199,*12* Capotte] *als Bezeichnung für einen kleinen Hut noch heute im Rheinland gebräuchlich (vgl. RhW IV,173).*

199,*38* die Schlacht bey der Moskwa] *Heine meint hier nicht die Schlacht bei Borodino vom 7. September 1812, die an der Moskwa stattfand und mit einem Sieg Napoleons endete, sondern den Übergang über die Beresina am 26. bis 28. November des gleichen Jahres, der sich unter riesigen Verlusten bei grimmiger Kälte vollzog.*

200,*1* getrommelte Thränen] *über diese Stelle mokierte sich später Heines Kusin David Hermann Schiff (vgl. Strodtmann I,471f.).*

200,*18 Du sublime au ridicule il n'y a qu'un pas*] *»Vom Erhabenen zum Lächerlichen ist oft nur ein Schritt«. Diesen Ausspruch tat Napoleon auf seiner Flucht aus Rußland am 10. Dezember 1812 gegenüber dem französischen Gesandten Dominique de Pradt in Warschau (vgl. de Pradts »Histoire de l'ambassade dans le Grand-duché de Varsovie en 1812«, Berlin 1816, S. 215). Börne zitiert 1821 den gleichen Ausspruch in seiner Skizze »Der Eßkünstler« (Rippmann I,930).*

200,*20–21* Verbindung des Pathetischen mit dem Komischen] *der nächste Abschnitt mit seinen Hinweisen auf Aristophanes, den Puppenspielcharakter von Goethes »Faust« und den Narren in Shakespeares »King Lear« hängt aufs engste mit Gedankengängen zusammen, die Heine schon in einem Brief vom 12. Oktober 1825 an Friederike Robert äußert. Dort heißt es:* Das ist eben die Ironie, wie sie auch immer das Hauptelement der Tragödie ist. Das Ungeheurste, das Entsetzlichste, das Schaudervollste, wenn es nicht unpoetisch werden soll, kann man auch nur in dem buntscheckigen Gewande des Lächerlichen darstellen, gleichsam versöhnend – darum hat auch Shakspear das Gräßlichste im Lear durch den Narren sagen lassen, darum hat auch Göthe zu dem furchtbarsten Stoffe, zum Faust, die Puppenspielform gewählt, darum hat auch der noch größere Poet (der Urpoet sagt Friedrike <*d.i. Rahel Varnhagen*>) nemlich Unser Herrgott allen Schreckensscenen dieses Lebens eine gute Dosis Spaßhaftigkeit beygemischt. *Ja, selbst Aristophanes wird in diesem Briefe, in dem sich Heine mit dem* ächtaristophanischen *Lustspiel »Der Pavian« von Ludwig Robert auseinandersetzt, erwähnt. Hermann J. Weigand deutet daher auch das »Buch Le Grand« als eine Art aristophanischer Komödie (»Heine's ›Buch Le Grand‹«. In: »Journal of English and Germanic Philology« 18, 1919, S. 130ff.).*

200,*28* dem großen Urpoeten] *ein Ausdruck, der von Rahel Varnhagen stammt, wie aus dem ebenzitierten Brief hervorgeht (vgl. auch die »Schöpfungslieder« in »Neue Gedichte«, DHA Bd. 2).*

200,*31* Graziosos] *die komischen Dienergestalten in spanischen Dramen, die sich über die idealistischen Schwärmereien ihrer Herren mokieren.*

Schon in Tiecks »Alt-Englisches Theater. Oder Supplemente zum Shakspear« heißt es: »Der Engländer hat, wie der Spanier seine nationalen Gracioso hat, den vaterländischen Clown« (Berlin 1811, I, VIII). Auch Friedrich Gottlieb Zimmermann, den Heine in der Zeit der Niederschrift des »Buchs Le Grand« sehr schätzte, schreibt in seinen »Dramaturgischen Blättern für Hamburg« im Hinblick auf die Gracioso-Gestalten des spanischen Theaters: »Dadurch entsteht jene Vermischung des Gemeinen und Erhabenen, des Possirlichen und Ernsthaften, des Komischen und Tragischen, das bey Shakespeare wie bey Calderon und deren nächsten Geistesverwandten so seltsam und doch so ergreifend durch einander geworfen ist« (Hamburg 1821, Bd. 1, Nr. 12, S. 93).

200,*33* die dicken Bourbonen] *vgl. Erläuterung zu 195,29.*

200,*36* die frommen Kaputzen] *bezieht sich wohl nicht nur auf kapuzentragende Mönche wie die Benediktiner und Franziskaner, sondern allgemein auf die Restaurierung der klerikalen Gewalten unter den Bourbonen.*

200,*39* Brutus] *Marcus Junius Brutus, der maßgeblich an der Ermordung Cäsars beteiligt war, nahm sich nach der Niederlage von Philippi im Jahre 42 v. Chr. das Leben.*

201,4 Lendenpoesie] *wohl ein Hinweis auf die Lemière (vgl. »Harzreise«, Erläuterung zu 122,30).*

201,*5* Costümes, die als Hauptsache glänzen] *vgl. ebenfalls »Harzreise«, Erläuterung zu 121,22.*

201,*13 testamentum militare*] *Begriff des römischen Rechts, der sich auf die aktive Ausführung des letzten Willens bezieht (vgl. Gustav Hugo, »Lehrbuch der Geschichte des Römischen Rechts«, Berlin ^{8}1822, Bd. 3, S. 684). In diesem Zusammenhang ist damit die Zerstörung von Le Grands Trommel gemeint (vgl. 200,13).*

201,22 Die deutschen Censoren] *das Kap. XII – in den alten Drucken eine ganze Seite einnehmend – entspricht in parodistischer Übertreibung durchaus den damaligen Zensureingriffen, durch die Politisch-Riskantes, Erotisches, Unfrommes oder im allgemeinen Sinne Unliebsames einfach durch Striche ersetzt wurde. Ähnliche, wenn auch rein artistische Witzeleien dieser Art finden sich schon bei Sterne, in dessen »Tristram Shandy« (VI,14) es einmal heißt:*

> »That the nursery window had not only *
> * * * * * * * * * * * * * * * * * * *
> * * * ; – but that * * * * * * * * * * *
> * * * * * * * * * * * * * * * * * * *
> * * 's also«.

Immermann läßt in der 5. Satire der »Papierfenster eines Eremiten« 2 Seiten unbedruckt und überläßt es dem Leser, »unser Verhältnis zu den Ministern und Großen« nach eigenem Belieben auszufüllen (Karl Immermann, »Werke in fünf Bänden«, hrsg. von Benno von Wiese, Frankfurt a. M. 1971, Bd. 1,

S. 221ff.). Welches Furore gerade dieses Kap. des »Buchs Le Grand« erregte, geht aus einer Notiz in der Nr. 198 des »Kometen« vom 13. Dezember 1831 hervor, die mit »Sincerus« unterschrieben ist (Sp. 1583).

201,29 unter Ledas brütenden Hemisphären] *nach griechischer Sage ist Helena, deren Entführung den Trojanischen Krieg auslöste, eine Tochter der Leda und des in einen Schwan verwandelten Zeus, die sich in einem Ei entwickelte, das von Leda ausgebrütet wurde.*

201,30 die berühmten Thränen des Priamos] *Anspielung auf Homers »Ilias«, wo sich im 24. Gesang der alte Priamos in das Lager der Griechen begibt, um Achill mit Tränen in den Augen um die Herausgabe der Leiche seines Sohnes Hektor zu bitten (V. 509f.).*

201,31–32 den alten Schwaneneyern] *Horaz hebt in seiner »Ars poetica« (V. 147) an Homer rühmend hervor, daß er bei der Schilderung des Trojanischen Krieges nicht ab ovo, das heißt mit dem Ei der Leda begonnen habe. Auch E. T. A. Hoffmann schreibt in der Geschichte »Seltsame Leiden eines Theaterdirektors«, die Heine in den »Briefen aus Berlin« erwähnt (52,17): »Ich habe weit ausgeholt – von Ledas Ei« (Harich XIII, 147).*

201,38–39 ein paar grundgelehrte Citate zieren den ganzen Menschen] *sich über die pedantischen Zitiermethoden und den Stolz auf die alexandrinische Belesenheit der sogenannten ›Büchergelehrten‹ lustig zu machen, ist ein alter Topos der humoristischen Literatur. Bekannte Beispiele dafür sind das Caput III von Rabelais' »Gargantua et Pantagruel«, die Vorrede zum »Don Quixote« von Cervantes oder Popes »Dunciad«.*

202,3 Bartels] *entweder Anspielung auf das Sprichwort »Wo Bartel den Most holt« oder Hinweis auf den Hamburger Bürgermeister Bartels, der ebenfalls Reisebücher geschrieben hat (vgl. Erläuterung zu 230,26).*

202,5 Mein Freund G. in Berlin] *schon die Worte* eines jungen Autors *(201,38) und* ein paar grundgelehrte Citate *(201,39) weisen auf Eduard Gans voraus, der lediglich ein Jahr älter als Heine war und in seinem Buch über »Das Erbrecht in weltgeschichtlicher Entwicklung«, dessen erste Bände 1824 und 1825 erschienen waren, seine enorme Zitierfreudigkeit bereits unter Beweis gestellt hatte. Auf vielen Seiten dieses Werks überwiegen die Anmerkungen und Zitate den eigentlichen Text. Ähnliche Anspielungen auf Gans finden sich in der »Harzreise« (vgl. Erläuterung zu 84,35) und in der Nr. 9 von »Nordsee II« (vgl. dazu auch Loewenthal S. 62). Auch in seinen Briefen witzelt Heine gern über die Zitierfreudigkeit und Gelahrtheit seines Freundes Gans (vgl. an Joseph Lehmann vom 26. Juni 1823, an Moses Moser vom 23. Mai 1823 oder an Immanuel Wohlwill vom 1. April 1823).*

202,5 Rothschild] *jüdische Bankiersfamilie, die seit dem frühen 19. Jahrhundert im internationalen Geschäftsleben eine bedeutende Rolle spielt.*

202,12 großer, reicher Gelehrter] *Michael Beer war zwar reich, aber kein Gelehrter, sondern ein Dramatiker, auf dessen Erstlingswerke Heine schon in den »Briefen aus Berlin« hinweist (vgl. 33,2–3).*

202,*17–18* mit ihrer Hausnummer zu citiren] *ein Einfall, der schon in dem Fragment »Ilsenburg« (232,8–9) und im Kap. VII des »Buchs Le Grand« (186,40) auftaucht. Die Hausnummern waren in Berlin im Jahre 1798 eingeführt worden und standen im Allgemeinen Adreß-Kalender jeweils hinter dem Namen und der Berufsangabe. Ein Beiträger der »Hermione« greift am 21. November 1827 in witzelnder Form Heines Vorschlag auf, »bei den Allegaten einer Schrift den Verfasser mit seiner Hausnummer zu citiren« (»Literatur- und Wissenschaftsblätter«, Nr. 43, Sp. 686).*

202,*19–20* im Ponce de Leon] *in Brentanos Lustspiel »Ponce de Leon« (1804) heißt es im 2. Auftritt des 5. Aktes: »Diese schlechten Musikanten und guten Leute«. Schon Hoffmann vollzog in seinem »Kater Murr« die auch bei Heine auftauchende Umstellung (Harich V,192). Heine verwendet das gleiche Wortspiel später noch einmal in der Vorrede zum »Atta Troll« und im Aufsatz »Waterloo« der »Geständnisse« (DHA Bd. 15).*

202,*23–24* »Spittas Sangbüchlein für Handwerksburschen«] *Karl Johann Philipp Spitta (1801–1859), der Verfasser des »Sangbüchlein der Liebe für Handwerksleute« (1824), war im Frühjahr 1824 einer von Heines engsten Göttinger Studienfreunden, mit dem er die Begeisterung für »Des Knaben Wunderhorn« teilte. Doch schon im Herbst 1824 beurteilte Heine Teile von Spittas Gedichten recht kritisch (vgl. den Brief an Rudolf Christiani vom 4. September 1824). Zu ernstlichen Unstimmigkeiten zwischen beiden kam es im Frühjahr 1825, als Spittas Freund Adolf Peters (1803–1876) Heines »Tragödien« am 19. Januar 1825 im Berliner »Gesellschafter« recht negativ rezensierte. Obendrein wandte sich Spitta immer stärker der geistlichen Dichtung zu, die er später in der höchst erfolgreichen Sammlung »Psalter und Harfe« (1833) publizierte. In der Zeit der Niederschrift des »Buchs Le Grand« wohnte Spitta in Lüne bei Lüneburg und war Erzieher der beiden Söhne des Oberamtmanns Philipp Wilhelm Jochmus (1765–1847), dessen Frau Dorothea Heine in seinen Briefen an Rudolf Christiani die* Sultaninn zu Lüne *(26. Januar 1824) und die* schöne, göttinngleiche Jochma *(6. Dezember 1825) nennt. Hier in Lüne scheint Spitta im Herbst 1826 Heine aus religiösen Gründen die Tür gewiesen zu haben, wofür sich Heine an dieser Stelle eine Genugtuung verschafft (vgl. <Arthur> Zechlin, »Heinrich Heines Beziehungen zu Lüneburg«. In: »Zeitschrift für den deutschen Unterricht« 16, 1902, S. 552f. und Diepenbrock-Grüter S. 291). Über das Verhältnis Heines zu Spitta im allgemeinen vgl. auch Wilhelm/Galley Nr. 1922–1927.*

202,*35* des Lucullus] *Lucius Licinius Lucullus (um 108–56 v. Chr.) war nicht nur als Feldherr, sondern auch als Feinschmecker berühmt.*

203,*1* ich denke nächstens nach London zu reisen] *was Heine bereits am 12. April 1827 verwirklichte (vgl. »Entstehung und Aufnahme« 714,37–41).*

203,*6* den ganzen Steinweg] *entlang des Hamburger Steinwegs befanden sich viele jüdische Restaurants. Überhaupt ist diese Straße für Heine der*

Inbegriff der dortigen jüdischen Gemeinde (vgl. den Brief an Moses Moser vom 23. August 1823).

203,*7* viele berliner Gelehrte] *einer der schärfsten Antisemiten dieser Jahre war der Berliner Professor Christian Friedrich Rühs (1781–1820), der 1816 in den Schriften »Über die Ansprüche der Juden auf das deutsche Bürgerrecht« und »Die Rechte des Christentums und des deutschen Volks« für eine rein nationalistische Auffassung in der Judenfrage eingetreten war. Auf das jüdische Essen kommt Rühs in seinen »Rechten des Christentums« nur sehr kurz auf S. 27 zu sprechen. Doch vielleicht bezieht sich Heine hier auch auf eigene Erfahrungen oder die seines Freundes Gans, der an der Berliner Universität vielfach antisemitischen Vorurteilen begegnete.*

203,*10* die Wechsel, das Christenthum] *ein Gedanke, den Heine aus den Fortsetzungsfragmenten zur »Harzreise« übernimmt (vgl. Erläuterung zu 229,6–8).*

203,*14* Tacitus] *Tacitus berichtet in seinen »Historiae« unter Berufung auf den alexandrinischen Grammatiker Apion, daß die Juden in ihrem Tempel zu Jerusalem einen goldenen Esel anbeteten (V,4).*

203,*19* Bileams Esel] *der »Pentateuch« sind die 5 Bücher Mose im »Alten Testament«. Heine bezieht sich hier auf die Stelle, wo die sprechende Eselin den Propheten Bileam auf den Engel aufmerksam macht (4 Mose 22,21ff.). Auch dieser Gedanke taucht bereits in den Fortsetzungsfragmenten zur »Harzreise« auf (vgl. 231,32).*

203,*21* das Buch nicht bey der Hand] *witzelnder Hinweis auf die Bibel.*

203,*26–27* ebenfalls citirt] *im Sinne von ›vor Gericht gerufen‹ (vgl. »Harzreise« 85,39).*

203,*29 vid. Gesneri*] *die zitierte Abhandlung »De antiqua honestate asinorum« von Johann Matthias Gesner (1691–1761), eines berühmten Göttinger Philologen, erschien tatsächlich in den »Commentarii Societatis Regiae Scientiarum Gottingensis« (Göttingen 1753, II,32–35).*

203,*33* Jacob] *vgl. 1 Mose 49,14.*

203,*35* Ajax] *vgl. Homers »Ilias«, 11. Gesang, V. 558–565.*

203,*35* Herrn v ....!] *nach der Anzahl der Punkte könnte damit der Baron von Uechtritz gemeint sein (vgl. Erläuterung zu 212,8).*

203,*36* bey Gelegenheit solcher Esel] *die folgenden Anspielungen sind größtenteils einem obskuren Werk von Johann Adam Bernhard (1688–1771) entnommen, das 1718 in Frankfurt erschienen war: »Kurtzgefaste Curieuse Historie derer Gelehrten, Darinnen Von der Geburth / Erziehung / Sitten / Fatis, Schrifften etc. gelehrter Leute gehandelt, Und hin und wieder angewiesen wird was in diesem unter denen Teutschen zumal so beliebten studio gantz überflüßig, zum Theil auch einer besseren Untersuchung noch benöthiget«. Die Entdeckung dieser Quelle verdanken wir Loewenthal (S. 54–59). Heine ist auf dieses Buch vielleicht schon durch den 1. Band der »Curiositäten der physisch-literarisch-artistisch-historischen Vor- und Mit-*

welt« (1811) aufmerksam geworden, den er aus der Göttinger Bibliothek entlieh und der neben dem Hinweis auf Ruexeners »Turnierbuch«, den er in »Nordsee III« verwertete (156,11), auf Seite 87 auch einen Hinweis auf Bernhards »Historie« enthält. Das Exemplar, das er für die Niederschrift des »Buchs Le Grand« benutzte, hat Heine sicher aus der Hamburger Stadtbibliothek (Signatur NFI 99, 8⁰) entliehen. In diesem Buch wird der von Heine im »Buch Le Grand« karikierte Systemzwang in barocker Übertreibung bis zum letzten Extrem getrieben. Das Ganze ist in unglaublicher Pedanterie in 210 Kapitel eingeteilt, die u.a. folgende Titel tragen: »Von gelehrten Zwillingen«, »Welche in der Jugend Handwercke erlernen sollen«, »Von häßlichen Gelehrten«, »Von unmäßigen Gelehrten«, »Die an Tieren große Lust gehabt«, »Denen Bücher und Münzen gestohlen worden«, »Von gelehrten Juden, welche Christen worden«, »Die unleserlich geschrieben« usw.

203,*37–38* die verliebt gewesen sind] *Heine wählt hier seine Beispiele z.T. aus den Kapiteln »Von verliebten oder vielmehr verhurten Gelehrten« (S. 148ff.) und »Von Gelehrten / die große aestim vor das Frauenzimmer gehabt / oder kürtzer / von gelehrten Haasen« (S. 153ff.), und zwar fast in derselben Reihenfolge wie Bernhard. Über den für sein Liebesschicksal berühmten Abailard (1079–1142) schreibt Bernhard: »Abelardum brachte seine unvernünfftige Liebe um dasjenige, damit er vorher vor einen Mann passiren konnte« (S. 149). Von Giovanni Pico della Mirandola (1463–1494), einen italienischen Humanisten, heißt es, daß er sich zuguterletzt doch noch »denen Sirenen« entzogen habe (S. 148f.). Nicolas Bourbon (1503– um 1550), der als Dichter am Hofe von Marguerite d'Angoulême (1492–1549), der Königin von Navarra, lebte, wird von Bernhard folgendermaßen charakterisiert: »Wie manche Feder hat nicht Nicolaus Borbonius seiner Rubellae zu gefallen stumpff geschrieben« (S. 153). Curtesius von Padua (1550–1618) hat nach Bernhard »infelices amores agresti« geschrieben (S. 153). Über Angelus Politanus (1454–1494), ebenfalls ein italienischer Dichter und Gelehrter, der am Hofe Lorenzo di Medicis lebte, heißt es in der »Historie«: »Die Haasen-Schroten hatten ihn ziemlich verwundet. Er war zwar ein garstiges Kind, aber nichts desto weniger äußerst verliebt« (S. 154). Bei Raimundus Lullus (1235–1316), einem berühmten Dichter, Mystiker und Alchimisten, erwähnt Bernhard dessen Neigung zu der krebskranken Eleonora, die ihn zur Abkehr von der Liebe bewegt habe (S. 155). Daß Heine sich selbst in der Form* Henricum Heineum *zitiert, führt Loewenthal auf eine ähnliche Zitierweise in der 3. Person im »Don Quixote« von Cervantes zurück (S. 24).*

204,*1* die keinen Tabak geraucht haben] *Heine verwertet hier vor allem Anregungen aus dem Kapitel »Von gelehrten Tobackschmauchern« (S. 282ff.). Heine äußert seine Abneigung gegen das Rauchen schon in der »Harzreise« (129,4) und ihren Fortsetzungsfragmenten (229,24), wo er es* *im Sinne von Brentanos Philister-Satire als etwas typisch Spießbürgerliches hinstellt. Auch Lichtenberg behauptet, daß er noch kein Genie gesehen habe, daß dem Rauchen verfallen sei (zit. in Börnes »Die Estaminets« in »Schilderungen aus Paris«, 1822–1824, Rippmann II,73).*

204,2 Goethe, Hugo, Ich] *Hugo hatte als Dekan der juristischen Fakultät nach Heines Promotion in seiner lateinischen Laudatio Heine als Juristen und Dichter mit Goethe verglichen (vgl. Franz Finke, »Hugos Laudatio auf Heine«. In: HJb 7, 1968, S. 12–17). Goethes Abneigung gegen das Rauchen ist aus dem 14. Buch von »Dichtung und Wahrheit« belegt.*

204,3 Mabillion] *über Jean Mabillon (1632–1707), einen französischen Benediktiner, dessen »Itinere germanico« im 4. Band des Sammelwerkes »Vetera analecta« (1675–1684) erschien, heißt es bei Bernhard fast gleichlautend: »Mabillon konnte nicht einmal den Rauch einer frembden Pfeiffe vertragen. In seinem Itinere Germanico klagte er p. 18 über die Tabacks Depauchen in denen teutschen Wirthshäusern und schreibet: quod molestus ipsi fuerit tabaci grave olentis foetor« (S. 284).*

204,7 Raphael Thorus] *der »Hymnus Tabaci« von Raphael Thorius (gest. 1625), eines englischen Arztes und Schriftstellers, erschien 1626 in London. Bernhard schreibt: »Des Rhaphaelis Thori Hymnus Tabaci ist bey dem Isaaco Elseviro 1628 zu Leyden in 4. aufgeleget worden« (S. 282). Die Elzevirs waren eine berühmte niederländische Buchdruckerfamilie in Leiden und Amsterdam vom Ende des 16. bis zum Ende des 17. Jahrhunderts. Isaak Elzevir lebte von 1596–1651.*

204,10 Ludovicus Kinschot] *Bernhard schreibt: »Ludovicus à Kinschot hat dieses Tractatgen von dem autore erhalten, und zum Druck befördert, wie er in der praefation meldet, und zugleich des autoris Brieff an ihn mit inserirt« (S. 283). Über einen Ludwig Kinschot ist nichts bekannt. Vielleicht meint Bernhard den niederländischen Dichter Kaspar van Kinschot (1622–1649).*

204,11 Grävius] *hier heißt es bei Bernhard: »Dem verstorbenen Graevio war dieses Kraut auch eine Panace, darum hat ihm einer ein Sonnet darauf verfertigt, welches in Tenzels curieuser Bibliothec und aus derselben in denen Observat. Miscell. zu finden ist« (S. 284). Johann Georg Grävius (1632–1703) war ein niederländischer Altphilologe und Historiker.*

204,12 Boxhornius] *über Marcus Suerius Boxhornius (1612–1653), einen niederländischen Philologen und Dichter, schreibt Bernhard: »Mons. Bayle schreibet in seinem Dictionaire von dem M. Z. Boxhornio, er habe sich sagen lassen, daß er einen absonderlichen Hut bey dem Rauchen pflegen aufzusetzen, derselbe habe ein Loch gehabt, durch welches er seine Pfeiffe gestecket, damit sie ihm in seinem studiren nicht hinderlich fiele« (S. 285). Pierre Bayle (1647–1706) zitiert diese Anekdote in seinem »Dictionaire historique et critique«, das zwischen 1695 und 1697 erschien (IV,571).*

204,17–18 die sich ins Boxhorn jagen ließen] *auch Bernhard erwähnt in* *seinem Kapitel »Von Gelehrten / die flüchtig worden« die »Disputatio de fuga litteratorum ob singularia divinae providentiae documenta memorabili« von Johann Georg Martius (1676–1726), eines deutschen Theologen, die 1706 in Leipzig erschien (S. 412).*

204,21 Loth] *nach 1 Mose 19 konnten sich Loth und seine Familie als einzige aus der von Gott zerstörten Stadt Sodom retten.*

204,21 Tarquinius] *Tarquinius, der nur in der Sage belegte letzte römische König, soll um 510 v. Chr. wegen seiner Superbia aus Rom vertrieben worden sein.*

204,21 Moses] *wahrscheinlich eine Anspielung auf den Auszug der Juden aus Ägypten (vgl. 2 Mose 12–14).*

204,21 Jupiter] *aus Angst vor Kronos, der regelmäßig seine Kinder nach der Geburt verschlang, floh die schwangere Rhea nach Kreta und brachte dort den jungen Jupiter zur Welt.*

204,22 Frau von Staël] *Madame de Staël floh im September 1792 in die Schweiz, um der Guillotine zu entgehen. Später wurde sie von Napoleon aus Frankreich vertrieben.*

204,22 Nebukadnezar] *nach dem »Buch Daniel« floh Nebukadnezar für eine Weile die menschliche Gesellschaft, als er vom Wahnsinn überfallen wurde (4,29f.).*

204,22 Benjowsky] *der ungarische Graf Moritz August von Benjowsky (1741–1786) hatte sich in Polen gegen die Russen betätigt und war 1770 nach Sibirien geschickt worden, von wo er ein Jahr später auf abenteuerliche Weise entfloh. Seine Schilderung dieser Flucht, die Georg Forster 1791 unter dem Titel »Schicksale und Reisen« aus dem Englischen ins Deutsche übertrug, waren Ende des 18. Jahrhunderts ein vielgelesenes Buch. Kotzebue verwertete diesen Bericht 1795 in seinem Schauspiel »Graf Benjowski oder Die Verschwörung auf Kamtschatka«.*

204,22 Mahomet] *die berühmte »Hedschra«, die Flucht von Mekka nach Medina, fand im Jahre 622 statt (vgl. auch 187,9).*

204,22–23 die ganze preußische Armee] *nach der Doppelschlacht von Jena und Auerstedt (1806) zogen sich die preußischen Truppenverbände in regelloser Flucht vor den Franzosen zurück.*

204,23 Gregor VII.] *im Zuge des Investiturstreites mußte Papst Gregor VII. 1084 vor Heinrich IV. von Rom nach Salerno fliehen, wo er 1085 starb.*

204,23 Rabbi Jizchak Abarbanel] *der jüdische Gelehrte Isaak ben Jehuda Abarbanel (1437–1508), der für kurze Zeit zu den Günstlingen des Königs Ferdinand I. von Aragonien (1423–1494) gehörte, mußte 1482 nach Kastilien fliehen und begab sich von dort aus 1492 nach Venedig. Heine hatte die Schriften Abarbanels 1825 bei seinen Vorstudien zum »Rabbi von Bacherach« gelesen.*

204,23 Rousseau] *nachdem Rousseaus Roman »Émile« 1762 für gottlos erklärt worden war, entging sein Verfasser dem Gefängnis durch die Flucht* *nach Genf. Als man ihn auch dort angriff, floh er 1765 weiter nach England.*

204,*25* auf dem schwarzen Brette verzeichnet] *das Motiv mit dem schwarzen Brett in der Börse greift Heine noch einmal im Hamburgabschnitt des »Schnabelewopski« auf (Kap. III).*

204,*27* mit der Systematie] *vgl. schon den Spott auf den systematischen Regelzwang in den »Briefen aus Berlin« (9,34) und der »Harzreise« (84,35–85,3).*

204,*30* Phidias] *sein nichterhaltenes Standbild des Zeus in Olympia galt im Altertum als sein bedeutendstes Werk.*

204,*31* medizäischen Venus] *vgl. »Harzreise«, Erläuterung zu 89,8–9.*

204,*37* Von den Ideen] *vgl. die Erläuterungen zum Stichwort* Ideen *(169). Vielleicht hatte Heine bei dieser Stelle die bereits ans Manierierte grenzenden Einteilungsprinzipien von Hegels »Encyclopädie der philosophischen Wissenschaften im Grundrisse« (1817) im Sinn.*

205,*14* Pastor S.] *in der französischen Ausgabe der »Reisebilder« von 1856 steht an dieser Stelle* Strauch. *Ludwig Christian Gottlieb Strauch (1786–1855) war seit 1819 Hauptpastor an der Hamburger Kirche St. Nicolai und vertrat wie der berühmte Johann Melchior Goeze (1717–1786) vor ihm höchst orthodoxe Standpunkte.*

205,*16* Der Kutscher Pattensen] *nicht zu ermitteln.*

205,*21* Hofrath Heeren] *Arnold Hermann Ludwig Heeren (1760–1842), der seit 1801 Professor für Geschichte in Göttingen war, hatte zwischen 1793 und 1796 seine »Ideen über Politik, den Verkehr und den Handel der vornehmsten Völker der alten Welt« herausgegeben, die 1824 eine 4. Auflage erlebten. Heine kannte zumindest die Indienabschnitte dieses Buches (vgl. Erläuterungen zu 178,13–14 und 178,29–30). Ansonsten wird ihn die trockene Gelehrsamkeit des Ganzen sicher abgestoßen haben, zumal dieses Werk auch im Stil hinter der Lebendigkeit eines Sartorius (vgl. 135,19) weit zurücksteht. Noch 1842 schreiben die »Hamburger Literarischen und Kritischen Blätter«, wie gewaltig Heine mit dieser Äußerung an der »Autorität« Heerens »gerüttelt« habe (Nr. 2168 vom 20. August, S. 628).*

205,*40* ein bischen anspucken] *dasselbe erzählt Heine später in seinen »Memoiren« von seiner alten Wärterin Zippel (vgl. auch August Andrae, »›Spuckaberglaube‹ bei Heine und sonst«. In: »Zeitschrift für den deutschen Unterricht« 18, 1904, S. 333f.).*

206,*4* Campo Martii] *nach der Rückkehr von siegreichen Kriegen zogen die römischen Feldherren stets in einem großen Triumphzug vom Marsfeld zum Capitol.*

206,*11* Göttingen] *über Heines Verachtung der Göttinger Universität vgl. den Anfang der »Harzreise« (83,24–85,10).*

206,*15* Gräfin Julie] *möglicherweise fiktive Gestalt. Auch in Voltaires »Candide« und Hoffmanns »Kater Murr« gibt es eine Gräfin Julie.*

206,*23* der Altonaer Lotterie] *die Altonaer Lotterie war dänisch und kon-*

kurrierte mit der Hamburger. Eine ›Quaterne‹ bedeutet, daß man vierfach setzt, was ungefähr dem heutigen Vierfachlos entspricht. Zu Heines Interesse am Hasardspiel auf Norderney vgl. »Nordsee III«, Erläuterung zu 157,2.

206,25–26 Elohasängern und Erbauungspoeten] *Eloahsänger sind die Vorsänger in der jüdischen Synagoge. Heine denkt jedoch hier mehr an die christlichen Erbauungspoeten seiner Zeit, die sich hinter dem orthodoxen Banner massierten und jede ›Freigeistigkeit‹ in der Literatur aufs schärfste verurteilten (vgl. Friedrich Sengle, »Das geistliche Biedermeier«. In: F. S., »Biedermeierzeit« I, Stuttgart 1971, S. 137ff.).*

206,36 Goethe und die Traktätchenverfasser] *Anspielung auf den westfälischen Pfarrer Pustkuchen, dessen falsche »Wanderjahre« mit ihrer stark religiös gefärbten Goethe-Kritik eine Flut von* Traktätchen *für und wider Goethe hervorriefen (vgl. schon »Briefe aus Berlin«, Erläuterung zu 49,25 und »Nordsee III«, Erläuterung zu 146,6–7).*

206,40 um mit Gubitz zu reden] *über Gubitz, in dessen »Gesellschafter« Heine neben Gedichten und kleineren Arbeiten die Schrift »Über Polen« und die Erstfassung der »Harzreise« publizierte, vgl. schon »Briefe aus Berlin«, Erläuterung zu 18,29. Auf welchen Ausspruch von Gubitz Heine sich hier beruft, bleibt unklar.*

207,4–5 der Langhoffschen Druckerey] *umschreibt genau Heines damalige Situation. Heine wohnte seit Mitte Januar 1827 in der Düsternstraße und arbeitete dort unter Hochdruck an der Fertigstellung von Rb II, also gar nicht weit von der Neuen Burg Nr. 6, wo sich die Langhoffsche Druckerei befand.*

207,9–10 das Horazische *nonum prematur in annum*] *die bekannte Formulierung »es werde für neun Jahre zurückgehalten«, die in Horazens Brief an die Pisonen steht (»De arte poetica«, V. 388).*

207,30 Ami] *so hieß der Hund in Heines Elternhaus in Lüneburg (vgl. den Brief an seine Schwester vom 15. September 1823).*

208,1–2 dreyhundert Jahre seines ewigen Nachruhms] *auch Voltaire bot ein Jahrhundert seines Nachruhms für einen guten Magen (zit. in Börnes »Gedanken über die Rechtmäßigkeit des sechsten Zinstalers in Deutschland«, 1828, Rippmann I, 614).*

208,4–5 Der Philosoph Pangloß] *Pangloß ist in Voltaires »Candide« der Vertreter der Leibnizschen These, daß diese Welt die beste aller denkbaren Welten sei.*

208,7 Der Wirth im König von England] *Johann Wilhelm Marr (1770–1837), ein vorzüglicher Gastwirt und schlechter Dichter, dessen Tragödien Heine im »Schnabelewopski« (Kap. III) auf ironische Weise zu den Merkwürdigkeiten Hamburgs rechnet, spendierte Schauspielern oder jungen Dichtern, die seine Schriften lobten, gern einmal ein freies Mittagessen (vgl. Strodtmann I, 635 und Kruse S. 139f.).*

208,16–17 in Frankreich der König nie stirbt] *Anspielung auf den Ausruf »Le roi est mort, vive le roi!«, der beim Tode eines französischen Königs üblich war.*

208,24 Schuppii lehrreiche Schriften] *Johann Balthasar Schupp (1610–1661), der seit 1649 Pastor zu St. Jacobi in Hamburg war, gibt in seinen »Lehrreichen Schriften« (1663) satirische Schilderungen des damaligen Deutschland. Heine zitiert hier aus der späteren Auflage von 1684.*

209,*8–9* ein Kameel kommt eher ins Himmelreich] *witzige Umkehrung des Bibelwortes »Es ist leichter, daß ein Kamel durch ein Nadelöhr gehe, denn daß ein Reicher ins Reich Gottes komme« (Matthäus 19,24).*

209,*10* auf der Promenade] *gemeint ist die Alster-Promenade in Hamburg.*

209,*17* der Thurm, der gen Damaskus schaut] *im »Hohenlied« sagt König Salomon von seiner Geliebten: »Deine Nase ist wie der Turm auf dem Libanon, der gen Damaskus sieht« (7,4).*

209,*20* wie ein –] *bei einem Nachdruck wurde von der Zensur diese Stelle wegen Obszönität gestrichen (vgl. »Entstehung und Aufnahme« 790,5–8).*

209,*27* Jerte] *nieder- und mittelfränkisch für Gerte.*

210,*2* Benauigkeit] *norddeutsch für Benommen- oder Beklommenheit. Auch als ›Benautheit‹ verbreitet.*

210,*13–14* Düsterstraße] *vgl. schon Erläuterung zu 207,4–5. Die Düster- oder Düsternstraße, die noch heute existiert, war eine Querstraße am Ende des alten Steinwegs nahe der Ellerntorbrücke. Sie lag von der Langhoffschen Druckerei und dem Alsterpavillon jeweils 600 Meter entfernt. Wie schon im 2. Kapitel sind auch hier die Lokalangaben äußerst präzis. Bereits am 1. Januar 1827 hatte Heine an Friedrich Merckel geschrieben:* Ich muß in Hamburg eine stille Wohnung haben, die zwischen der Druckerey und dem Alsterpavillon liegt. *Diesen Freundschaftsdienst scheint ihm Merckel dann auch geleistet zu haben. Heine beschreibt also in diesem Abschnitt genau seine damalige Schreibsituation, was später noch einmal durch das Schlußwort zu Rb IV¹ bestätigt wird, wo Heine von jener* niedergedrückte<n>, arretirte<n> Zeit in Deutschland *spricht,* als ich den zweiten Band der Reisebilder schrieb und während des Schreibens drucken ließ.

210,*16* meine Schnapsklienten] *daß Heine damals in einer sehr gemischten Gesellschaft von Bürgern, Schauspielern und leichten Mädchen verkehrte, geht aus der Schilderung Hamburgs im »Schnabelewopski« hervor (Kap. III), wo er das ausgelassene Treiben im* Apollosaal auf der Drehbahn *beschreibt.*

210,*23* Ich beschreibe sie einst in einem schönen Buche] *manches davon ist später in das 3. und 4. Kapitel der »Memoiren des Herrn Schnabelewopski« eingegangen.*

210,*27–28* Tabak, Käse und Laster] *ähnliche Formulierungen finden sich schon in der »Harzreise« (129,4) und ihren Fortsetzungsfragmenten (229,24).*

210,*37–38* den größten Obscuranten] *die folgenden Äußerungen können sich nur auf Joseph Meyer Friedländer beziehen, mit dem sich Heine seit der Veröffentlichung von Rb I¹ im Streit befand (vgl. »Entstehung und Aufnahme« der »Harzreise« 536,19–539,16). Da ihn Heine in seinen Briefen meist den* Schwarzen *nennt (vgl. den Brief vom 1. Januar 1827 an Friedrich Merckel),* *bezeichnet er Friedländer hier in ironischer Umdrehung als* Herr v. Weiß. *Auch andere Details deuten in diese Richtung. So hatte ihn Heine am 14. Oktober 1826 in einem Brief an den in Berlin lebenden Moses Moser als einen* stinkigen Juden *gebrandmarkt, was sich in der Äußerung wiederfindet:* <Er> hat sich weiß machen lassen, ich hätte in Berlin erzählt, Er sey wirklich gebrandmarkt. *Die Unterhandlung mit dem Hamburger Polizeisenator Abendroth, bei der es weitgehend um das gesellschaftliche Ansehen Heines und Friedländers ging, spiegelt sich in den Worten:* der Narr ließ sich deßhalb von der Obrigkeit besehen und schriftlich geben, daß seinem Rücken kein Wappen aufgedruckt sey, dieses negative Wappenzeugniß betrachtete er wie ein Diplom, das ihm Einlaß in die beste Gesellschaft verschaffen müsse. *Campes Hinweis vom 28. November 1826 an Heine, Friedländer wolle sich rächen und dafür gern 3 Jahre Zuchthaus einstecken, führt zu der Wendung:* und will mich, mit einer geladenen Pistole, wo er mich findet, todtschießen. *Mit der Anspielung auf die* eisernen Reifen *verbindet Heine die deutliche Drohung, daß er im Falle einer neuerlichen Attacke von seiten Friedländers dafür sorgen werde, dieses gemeingefährliche Individuum ins Gefängnis zu werfen.*

211,22 am Rhein, am Rhein] *Anfang des bekannten »Rheinliedes« von Matthias Claudius.*

211,23 Dies Bildniß] *Arie des Prinzen Tamino in der 1. Szene des 1. Akts von Mozarts »Zauberflöte«, als ihm die Königin der Nacht ein Porträt ihrer Tochter Pamina überreichen läßt.*

211,23 O weiße Dame] *gemeint ist die Cavatine des Georges »Komm, o holde Dame« aus dem 2. Akt von Boieldieus Oper »Die weiße Dame« (1825).*

211,34–35 in seinem Weinberge] *witzelnde Anspielung auf eine der vielen Weinberg-Stellen der Bibel; am wahrscheinlichsten ist hier die Anknüpfung an die Serie von Weinberg-Gleichnissen in Matthäus 20 und 21.*

212,2 Satrapen] *persische Statthalter.*

212,3 der große Ahasveros] *fast wörtliche Anlehnung an das »Buch Esther« (1,1).*

212,5 Ganze Hekatomben] *vgl. schon den Witz über die* Hekatomben *von Ochsen in »Nordsee III« (152,37).*

212,6 Philoschnaps] *wörtlich ›Freund des Schnapses‹. Möglicherweise eine Anspielung auf den trunkfreudigen Dramatiker Christian Dietrich Grabbe, den Heine aus dem Uechtritz-Kreis kannte und den er später in den »Memoiren« (vgl. DHA Bd. 15) als* betrunkenen Shakespeare *charakterisierte. In der folgenden kleinen Literatursatire werden augenscheinlich nur Berliner oder in Berlin zeitweise tätige Autoren angesprochen. Elsters Vermutung, daß Schelling gemeint sein soll, hat schon Petersen (Walzel IV,515) mit Recht zurückgewiesen. Ebenso unwahrscheinlich ist, daß in diesem Textzusammenhang der antike jüdische Gelehrte Philo gemeint sein könnte.*

212,8 ein trauriger Trauerspieldichter] *gemeint ist Friedrich von Uechtritz (1800–1875), dessen Trauerspiel »Alexander und Darius« am 10. März 1826* *in Berlin uraufgeführt worden war. Der satirische Seitenhieb stammt von Ende Dezember 1826. Am 1. Januar meldet Heine nämlich Merckel, er habe Herrn von Uechtritz* vorige Woche für den zweyten Theil sehr barbarisch eingeschlachtet, *was sich auf das Bildfeld des Festgelages, Schlachtens und* Schweinskopfs *bezieht. In den »Briefen aus Berlin« (vgl. 51,4–8) hatte Heine auf seinen persönlichen Bekannten noch große Hoffnungen gesetzt. Eine erste Abkühlung scheint durch eine von Uechtritz stammende satirische Zeitungsnotiz vom 19. Januar 1823 eingetreten zu sein. In Nr. 3 der »Zeitung für Theater, Musik und bildende Künste«, einer Beilage zum Berliner »Freimüthigen«, wird Heines Eintreten für Immermanns Dramen verspottet: »Der rheinische Künstler, Herr Heinrich Heine, welcher aus allzugroßer Bescheidenheit mit seinem Talente nicht hervorzutreten wagt, wird von seinen Verehrern dringendst ersucht, sie durch mimisch-plastische Darstellungen aus Immermann's »Edwin« zu erfreuen« (zur Verfasserschaft vgl. Hirth², IV,46). Heines Kritik an Uechtritz wird virulent, als die öffentliche Kritik das antikisierende Stück »Alexander und Darius« übermäßig anpreist, und findet intern schon in einem Brief an Varnhagen vom 14. Mai 1826 Ausdruck (ähnlich am 28. November 1827). Zum zweitenmal nimmt Heine im Schlußabschnitt von »Nordsee III« gegen den Tragödienautor öffentlich Stellung (282,5–7 und 283,5–6). Innerhalb dieser Konstellation ist die von F. H. Eisner vorgenommene Zuschreibung einer im wesentlichen lobenden Uechtritz-Notiz an Heine höchst unwahrscheinlich (vgl. »Echtes, Unechtes und Zweifelhaftes in Heines Werken«. In: HJb 2, 1962, S. 51). Im »Hamburgischen unpartheyischen Correspondenten« vom 9. Februar 1827 wird »Alexander und Darius« »jüngeren Leuten und Töchtern gebildeter Stände« »ganz besonders« empfohlen. Weder vom Stil noch von der Sache her kann Heine diesen Text verfaßt haben. Eine abgeklärtere Beurteilung von Uechtritz stellte sich erst drei Jahre später ein, nachdem der Platenstreit grundsätzlichere Dimensionen eröffnet hatte (vgl. Brief an Immermann vom 26. Dezember 1829). In dieser Phase erwog Heine, in neuen Auflagen die Uechtritz-Anspielungen fallen zu lassen, was er aber nur beim Schlußabschnitt von »Nordsee III« durchführte.*

212,*12* der kunstverständigen Köchinn] *bezieht sich auf Tieck, der in seinen »Dramaturgischen Blättern« (1826) den »Alexander und Darius« von Uechtritz mit einem überschwenglichen Lob bedacht hatte. Dort heißt es am Schluß des 2. Bandes, quasi als Ausblick in die Zukunft: »Die Form des Gedichtes ist neu und Sprache wie Komposition erinnern, was ebenfalls zu loben ist, weder an Goethe noch an Schiller, oder neuere Autoren – Die Bahn ist gebrochen, und die Bühne darf auf dieses junge Talent, wie auf ein ächtes mit Vertrauen blicken« (II,340). Der gleiche Aufsatz erschien in modifizierter Form noch einmal im Januar 1827 als Vorrede zur Buchfassung des Uechtritzschen »Alexander und Darius« (S. III–XVI).*

212,*15* Clauren] *seine Prosa wird schon in der »Harzreise« (125,5) und ihren Fortsetzungsfragmenten (229,23) abfällig erwähnt. Claurens Ruhm hatte mit* *seiner »Mimili« (1815) begonnen, die bereits viele der von Heine zitierten Attribute einer sentimental überzuckerten Erotik aufweist. Vielleicht hatte Heine bei der Abfassung dieses Passus die Novelle »Leopoldine und Molly« zur Hand, die den 4. Band der Sammlung »Scherz und Ernst« eröffnet und wo bereits auf den ersten 5 Seiten die Worte »Selleriesalat« und »Assessorchen« auftauchen.*

212,*16* die frommen Bernhardinerinnen] *sicher eine Anspielung auf die Berliner Prostituierten, die wie die frommen Bernhardiner den im nächtlichen Dunkel Irrenden ›Trost und Hilfe‹ boten. Auch <Johann Wilhelm> D<avid> Korth schreibt, daß gerade die* Friedrichstraße *zu den Hauptflaniergebieten dieser käuflichen Nymphen gehörte (vgl. »Neuestes topographisch-statistisches Gemälde von Berlin und dessen Umgebungen«, Berlin 1821, S. 33). Vgl. dazu auch Heines Äußerung in den Bruchstücken zum »Buch Le Grand«, daß Clauren jetzt* so berühmt *sei*, daß man in keinem Bordell eingelassen wird wenn m<an> ihn nicht gelesen hat *(307,15–16).*

212,*17–18* seinen jährlichen Taschenbordellchen] *wahrscheinlich Anspielung auf die Almanachreihe »Scherz und Ernst«, die zwischen 1818 und 1828 von Clauren herausgegeben wurde. Das »Inland« bezeichnet in seiner Nr. 36 vom 14. Februar 1829 gerade diese Formulierung Heines als besonders »witzig« (S. 142).*

212,*19* jettlich] *berlinisch für ›göttlich‹.*

212,*20* Zellery-Gemüschen] *Topos classicus für ein wirkungsvolles Aphrodisiacum.*

212,*21–22* eine kluge, dürre Hofdame] *da diese Dame* Spargel *liefert, der ebenfalls als ein Aphrodisiacum gilt, kann es sich dabei nur um eine Autorin von erotisch-süßlichen Trivialromanen handeln. Eine genauere Identifizierung scheint bei der Knappheit der Angaben in diesem Falle unmöglich zu sein.*

212,*30–31* einen Willibald Alexis-Salat] *witzelnde Anspielung auf Heinrich Georg Wilhelm Häring, der sich als Schriftsteller Willibald Alexis nannte. Trotz der negativen Kritik, die Alexis im Herbst 1826 über Heines »Tragödien« in den »Wiener Jahrbüchern« geschrieben hatte, konnte ihn Heine* wirklich gut leiden, *wie er am 1. Januar 1827 an Merckel schreibt. Heine lobte ihn daher später noch einmal im Vorwort zu Rb IV. Möglicherweise steht der hier zitierte* Alexis-Salat, *von dem sich Heine eine ›reinigende‹ Wirkung verspricht, in antithetischer Position zu der Verurteilung Uechtritz', mit dem Alexis aufs engste befreundet war, wie aus dem gleichen Brief an Merckel hervorgeht.*

212,*32* weder griechisch noch persisch] *bezieht sich nochmals auf das Drama »Alexander und Darius« von Uechtritz.*

213,*6* seit 5588 Jahren] *nach jüdischer Zeitrechnung ist das Jahr 1827 das 5588. Jahr seit der Weltschöpfung.*

213,*7–9* Narren *bis* Vernünftigen] *Hermann J. Weigand sieht in diesem Kapitel eine starke Anlehnung an die Dialektik von ›Vernunft‹ und ›Narr-*

heit‹, die schon in den Werken der deutschen Romantik, vor allem bei Tieck und E. T. A. Hoffmann, eine zentrale Rolle spiele (»Heine's ›Buch Le Grand‹«. In: »Journal of English and Germanic Philology« 18, 1919, S. 104ff.). Ähnlich scharf wird der Gegensatz zwischen den Narren und den Vernünftigen in Sternes »Tristram Shandy« (I,12) hervorgehoben.

213,*15–16* ihren altaristotelischen Werken] *Hinweis auf die normative Genre-Ästhetik der humanistischen Tradition, die Heine mit Werken wie dem »Buch Le Grand« auseinanderzusprengen versucht.*

213,*25* Fouché] *die »Mémoires de Fouché« (1822–1824) von Joseph Fouché (1759–1820), des Herzogs von Otranto und ehemaligen napoleonischen Polizeiministers, galten damals als Fälschungen des Historikers Alphonse de Beauchamp, obwohl sie in Wirklichkeit nur Bearbeitungen authentischer Nachlaßmanuskripte waren, und wurden deshalb von Fouchés Söhnen für unecht erklärt. Der Ausspruch* Les paroles sont faites pour cacher nos pensées *wird häufig Fouché oder Talleyrand zugeschrieben, geht jedoch über Voltaire bis zu Plutarch zurück.*

213,*31* Stallfütterung] *vgl. »Briefe aus Berlin« (48,42–43).*

214,4 Runkelrübenvernunft] *in der bereits in »Über Polen« erwähnten Komödie »Die falsche Prima Donna« von Bäuerle (vgl. 76,14) gibt es einen Lokaldichter, Broschürenskribler und »Runkelrüben-Commissions-Assessor« Sperling, der als Inbegriff des ›vernünftelnden‹ Philisters hingestellt wird. In Anlehnung an dieses Stück erschien 1821 in Reutlingen eine Satire auf die deutsche Kleinstädterei mit dem Titel »Spaziergang durch Kraehwinkel« vom »quiseirenden Runkelrüben-Commissions-Assessor Sperling«, deren Autor wahrscheinlich Heines Jugendfreund Friedrich Steinmann ist (vgl. auch den Begriff* Runkelrübenpoesie, *den Heine in einem Brief an Immermann vom 10. Juni 1823 für die Produkte* mancher unserer heutigen Tragiker *gebraucht).*

214,*19* Stein ist schwer] *Zitat aus »Sprüche Salomonis« (27,3).*

214,*36–37* Professor extraordinarius] *während Heine weder in Berlin noch in Hamburg eine Stellung erhielt, war Eduard Gans nach seiner Taufe in Berlin 1826 Professor extraordinarius geworden.*

214,*37* Bekehrungsgesellschaft] *vgl. die Erläuterung zu Heines Bemerkungen über den Judenbekehrungsverein in »Briefe aus Berlin« (30,9).*

215,2 etruscische Vase] *beliebtes Konversationsthema der Zeit. Daß es sich bei den vielen in Italien gefundenen Vasen um etruskische handele, war schon im 18. Jahrhundert durch Winckelmann in Frage gestellt worden. Eine wissenschaftliche Widerlegung dieser These erbrachte Luigi Lanzi 1806 in seinem Buch »Dei vasi antichi dipinti volgarmente chiamati etruschi« (vgl. schon »Harzreise« 120,10).*

215,*10* Manche Leute] *bezieht sich weniger auf ehemalige ›Republikaner‹ wie Friedrich Schlegel und Joseph Görres, die im Zuge der Romantik und der sogenannten ›Befreiungskriege‹ ins Lager der geistlichen Restauration umgeschwenkt waren, als auf Heines Erfahrungen mit den Lüneburger Pietisten* *und Mystikern. So schreibt Diepenbrock-Grüter am 19. November 1827 nach einer Abendgesellschaft in sein Tagebuch: »Heine wütete gegen alle s<o>g<enannten> Frommen« (S. 291).*

215,33 König Salomon] *vgl. das »Hohelied« (7,5f.).*

216,7 Ich bin der Allernärrischste] *vgl. »Sprüche Salomonis« (30,2).*

216,25–26 den Herodot] *gemeint sind die »Historien«, die Heine schon in den Bruchstücken zur »Harzreise«* (231,42) *erwähnt.*

216,26 den Livius] *dessen »Ab urbe condita« eine der wichtigsten Quellen der römischen Geschichte ist.*

216,26 die Haude- und Spenersche Zeitung] *neben der »Vossischen« die wichtigste Berliner Tageszeitung, die unter dem Titel »Berlinische Nachrichten von Staats- und gelehrten Sachen« erschien.*

216,26 den Curtius] *römischer Historiker, der im 1. Jahrhundert n. Chr. eine »Historiae Alexandri Magni Macedonis« schrieb.*

216,26–27 den Cornelius Nepos] *Verfasser der bekannten Lebensbeschreibungen »De viris illustribus«.*

216,27 den Gesellschafter] *ein von Gubitz herausgegebenes Blatt, in dem viele der Heineschen Frühwerke erschienen waren (vgl. Erläuterungen zu 18,29 und 45,33).*

216,36 Capitel XVI.] *nach Loewenthal (S. 19) liegt diesem Kapitel eine Situation aus Washington Irvings »Bracebridge-Hall« zugrunde. Dort ist es die schöne und empfindsame Lady Lillycraft, an deren Seite ein alter General sitzt, während sich zu ihren Füßen ihre Hunde niedergelegt haben (»Bracebridge-Hall«, Berlin 1823, I,242f.).*

217,9–12 *God d – n! und F – e!*] *aus Taktgründen gewählte Abkürzungen für die Flüche ›God damned‹ und ›Foutre‹.*

217,14 ein rothköpfiger Advokat aus Mainz] *nicht zu ermitteln.*

217,23 das Siebengebirge] *Teil des Westerwaldes auf dem rechten Rheinufer.*

217,29 wie der Mond aus dunkeln Wolken] *vgl. »Heimkehr« Nr. 40 (DHA Bd. 1), das sich auch auf den Rhein bezieht und mit der Zeile* Wie der Mond sich leuchtend dränget *beginnt (vgl. auch Diepenbrock-Grüter, der am 19. November 1827 von einer Abendgesellschaft in Lüneburg berichtet, wo dieses Lied im Beisein Heines vorgesungen wurde, S. 290).*

217,37–38 der kleinen Veronika] *vgl. Erläuterung zu 181,19.*

218,32–33 Thomas Paine] *englisch-amerikanischer Politiker (1737–1809), der 1792 Mitglied des französischen Nationalkonvents war und sich als Publizist durch sein gegen die konservativen Anschauungen Edmund Burkes (1729–1797) gerichtetes Werk »The Rights of Man« (1791) als unerschrockener Republikaner auszeichnete.*

218,33 das *Systême de la nature*] *das »Systême de la nature ou les lois du monde physique et du monde moral« (1770) ist das philosophische Hauptwerk des konsequenten Materialisten Paul Henri Dietrich d'Holbach (1723–1789), den Heine bereits in »Über Polen« erwähnt (vgl. 67,6).*

218,*33* den westfälischen Anzeiger] *gemeint ist der »Rheinisch-Westphälische Anzeiger«, der bei Schulz und Wundermann in Hamm erschien und in dem Heine seit 1819 neben einigen Gedichten und kleineren Prosaarbeiten vor allem seine »Briefe aus Berlin« veröffentlicht hatte (vgl. »Entstehung und Aufnahme« der »Briefe aus Berlin« 563,3–29). Um 1820 galt dieses Blatt als ›liberal‹, später wurde es von Jahr zu Jahr konservativer.*

218,*34* Schleiermacher] *in den »Briefen aus Berlin« schreibt Heine über Schleiermacher, daß er in seinen Predigten keine* sonderlich gottseligen Gefühle *erwecke (vgl. 30,21).*

219,*16* die eigentliche Geschichte] *im Sinne seiner Vorbilder Sterne, Diderot, Jean Paul u.a. holt Heine erst jetzt das Hauptereignis innerhalb der Liebesgeschichte nach. In stark autobiographischer und zugleich stark poetisierter Weise liegt dem Kap. XVIII inhaltlich seine Erklärung an Amalie im Garten des Landhauses seines Onkels Salomon neben dem Rainevilleschen Gasthof in Ottensen bei Hamburg zugrunde. Dieser Garten mit seinem Blick auf die Elbe und seinen Trauerweiden, Standbildern, Terrassen und Rosenbüschen spielt auch in anderen Werken Heines eine wichtige Rolle (vgl. das Gedicht »Affrontenburg«). Mit der* Signora Laura *wäre demnach im Sinne Petrarcas die angebetete Amalie, mit der* Brenta *die Elbe (vgl. die Erläuterung zu 177,30), mit dem* Sanct Marcusplatz *ein Platz in Hamburg gemeint (vgl. Manfred Windfuhr, »Heine und der Petrarkismus«. In: »Jahrbuch der deutschen Schillergesellschaft« 10, 1966, S. 277).*

219,*31* Statue des Laokoon] *gemeint ist eine Imitation der durch Winckelmann und Lessings »Laokoon« (1766) berühmt gewordenen Statue des Laokoon und seiner beiden Söhne, die von zwei Schlangen erwürgt werden.*

219,*40* »sey mein Mädchen, und liebe mich!«] *Umkehrung der Zeile »Sei ein Mann, und folge mir nicht nach!«, die jenes Gedicht beschließt, das Goethe 1775 bei der 2. Auflage dem 2. Teil seines »Werther« voranstellte.*

220,*12* fiel vom Himmel herab] *im folgenden Kapitel nennt er sich darum den* Ritter vom gefallenen Stern *220,27 (vgl. auch das Gedicht »Es fällt ein Stern herunter« in »Lyrisches Intermezzo«, Nr. 59).*

221,4 als die kleine Veronika starb] *da Friederike Robert 1795 geboren wurde, die kleine Veronika jedoch nach Heines Schilderung erst nach 1800 gestorben sein kann, wird durch die Gleichsetzung ihrer Todes- bzw. Geburtsjahre ein neuer fiktionaler Zug in das Ganze gebracht.*

221,*14* der Sultan und die Sultaninn von Delhi] *vgl. schon die Erläuterungen zu 173,16 und 174,2. Ein solches Bild hat in der Düsseldorfer Gemäldegalerie nicht existiert (vgl. Moos S. 49). Ein ähnliches Motiv verwendet Heine im letzten Kapitel der »Reise von München nach Genua«, wo der Erzähler sich selbst und die tote Maria in zwei Bildern von Giorgione wiedererkennt.*

221,*18* Aehnlichkeit] *solche merkwürdigen Ähnlichkeiten gibt es nach Siebert (S. 63f.) bei E. T. A. Hoffmann schon in der »Fermate« (Harich I,200) und im »Artushof« (Harich VIII,3f.). Heine greift dasselbe Motiv auch in seinem*

Gedicht »Seegespenst« auf. Hessel sieht in diesem und den folgenden Motiven Reminiszenzen an einen Maskenball oder ein Tableau ›lebender Bilder‹, in dem Heine Friederike Robert 1824 in Berlin gesehen hat (S. 562).

221,21 habe ihr Bild geträumt] *auch in Hoffmanns »Kater Murr« malt Leonhard Ettlinger ein Bild der von ihm heimlich geliebten Fürstin, ohne daß sie ihm jemals Modell gesessen hätte, und verfällt später dem Wahnsinn (Harich V,189f.).*

221,22 dem großen, heiligen Affen] *vielleicht ein Hinweis auf den erwähn-Maskenball (vgl. Erläuterung zu 221,18). Ebenso wahrscheinlich sind Anspielungen auf den mit Rāma befreundeten Affenkönig Sugrīva im »Rāmāyana« oder auf Ludwig Roberts ungedruckte Komödie »Der Pavian«, mit der sich Heine in einem Brief vom 12. Oktober 1825 an Friederike ausführlich auseinandersetzt. Hier und an anderen Stellen (vgl. 173,35–174,7 und 178,10–179,3) steht der Übergang von der Realität ins Indische unter starkem Einfluß von Hoffmanns »Meister Floh«, dessen Schluß Heine in den »Briefen aus Berlin« als einen naturphilosophischen Theatercoup der Kontrastierung des* indischen Mythos mit der Alltäglichkeit *charakterisiert (51,38).*

221,29 Ganesa] *nach indischer Mythologie der Gott der Klugheit und »aller Wissenschaften«, ein Sohn Schiwas, der trotz seiner Kleinheit einen großen Bauch und einen gewaltigen Elefantenkopf besitzt und manchmal auf einer Ratte reitet (vgl. August Wilhelm Schlegel, »Indische Bibliothek«, Bd. 1, Bonn 1820, S. 213ff.). Möglicherweise steckt darin wiederum eine Anspielung auf Eduard Gans (vgl. schon 202,5 und 214,36–37), der ein höchst gelehrter Mann war, als Verehrer Friederikes eventuell an dem gleichen Maskenball teilgenommen hat und im 1. Bande seines »Erbrechts« (1824) auch einen Abschnitt über das indische Erbrecht bringt.*

221,31 Maneka] *nach indischer Mythologie wurde die schöne* Maneka *auf die Erde gesandt, um den König Wiswāmitra von seinen Bußübungen abzuhalten, durch die er die heilige Kuh des Büßers Wasischta und die Brahmanenwürde zu erlangen suchte (vgl. Heines Gedicht über* König Wiswamitra *in »Heimkehr«, Nr. 45). Heine verdankt die Kenntnis dieser Episode des »Rāmāyana« entweder Friedrich Schlegel (»Über die Sprache und Weisheit der Indier«, Heidelberg 1808, S. 313ff.) oder noch wahrscheinlicher Franz Bopp, der im Anhang seines Buches »Über das Conjugationssystem der Sanskritsprache« (1816), das offenbar auch Friederike kannte (vgl. 178,25–26), eine Übersetzung von »Wiswamitras Büßungen« (S. 161ff.) bietet. Bopp übersetzt dabei die schöne »Menaka«, wie er sie nennt, die nach indischer Sitte eine »Asparā« war, mit »Nymphe«. Und zwar gelingt es Menakā in dieser Episode (S. 220–222), Wiswāmitra von seinen »Büßungen« abzulenken und ihn so zu umgarnen, daß er die nächsten 25 Jahre allein mit ihr verbringt. Aus dieser Liebe entstammt die durch das »Mahābhārata« und Kālidāsas Schauspiel bekannte Sakuntalā.*

221,*31* Indrahs goldner Burg] *diese Vorstellung kannte Heine durch Bopps Übersetzung von »Ardschuna's Reise zu Indra's Himmel«, die er für die »Göttingischen Gelehrten Anzeigen« rezensieren sollte (vgl. Erläuterung zu 178,25).*

221,*34* kaum 3000 Jahre] *Anklänge an die indische Seelenwanderung und die abenteuerliche Vertauschung der Zeiten bei Hoffmann (vgl. Siebert S. 63f.). So schreibt Heine einmal am 12. April 1823 mit Anspielung auf die Distel im »Meister Floh« an Rahel Varnhagen:* wenn ich vielleicht nach einigen Jahrhunderten das Vergnügen habe Sie als die schönste und herrlichste aller Blumen, im schönsten und herrlichsten aller Himmelsthäler, wiederzusehen, so haben Sie wieder die Güte mich arme Stechpalme (oder werde ich noch was schlimmeres seyn?) mit Ihrem freundlichen Glanze und lieblichen Hauche, wie einen alten Bekannten, zu begrüßen. *Die gleiche Zeitvertauschung begegnet in der älteren Fassung des Kapitels XX der »Reise von München nach Genua« im Hinblick auf die* todte Maria.

222,*1* strohgelbe Pantalons] *die gelben Nanking-Hosen galten als Teil der Werther-Tracht und stehen daher hier als Symbol der hoffnungslosen Liebe (vgl. Johann Wilhelm Appell, »Werther und seine Zeit«, Oldenburg* [4]*1896, S. 100).*

222,*18* Altes Stück] *vgl. Erläuterung zu 171,3.*

222,*27* Zahnweh] *Heine greift dieses Motiv noch einmal in einem Brief an Friederike Robert vom 26. Dezember 1829 auf:* Ach, schöne Friedrike, ich bin unglücklich, und in solcher Lage hat man kaum das Recht an schöne Frauen zu denken, viel weniger ihnen zu schreiben. Ich leide nemlich an einem holen Zahn und an ein hohles Herz, die beide eben wegen ihrer Hohlheit mir viel Qual verursachen. Leider habe ich nicht die Courage mich der heilsamsten Operazion zu unterziehen; ich meine in Betreff des Zahnes. Wenn ich an Sie denke fühle ich manchmal Linderung – ich meine in Betreff des Herzens.

222,*30* Barthold Schwarz] *deutscher Mönch des 14. Jahrhunderts, der bei alchimistischen Experimenten das Schießpulver erfunden haben soll.*

222,*38–39* vom Jungfernkranz, von Maskenbällen, von Lust und Hochzeitfreude] *in Rb II*[1] *schlossen sich an das »Buch Le Grand« als Lückenbüßer drei Episoden aus den »Briefen aus Berlin« an: die Jungfernkranz-Geschichte, die Beschreibung der Berliner Ballsaison im Winter 1821/22 und die Schilderung der Hochzeitsfeierlichkeiten anläßlich der Vermählung der Prinzessin Alexandrine mit dem Enkel des mecklenburgischen Großherzogs (vgl. »Entstehung und Aufnahme« der »Briefe aus Berlin« 370,23–33).*

222,*39* lalarallala] *lautmalerischer Versuch, Teile der berühmten Jungfernkranz-Melodie aus Webers »Freischütz« wiederzugeben.*

Erläuterungen zu den Lesarten

794,19 Böckhs] *vgl. schon Heines abschätzige Bermerkungen über Böckh in »Briefe aus Berlin« (Erläuterung zu 28,3–4).*
794,34 an dessen Bildung] *Aristoteles war bekanntlich der von Philipp von Makedonien eingesetzte Erzieher seines Sohnes Alexander.*

Bruchstücke

<1. Der Harfner>

Entstehung

Der elegische Ton dieses Bruchstücks weist auf das 4. Kapitel des »Buchs Le Grand«, zu dessen Zentralmotiven die Harfe *gehört (177,22ff.), sowie auf den Schluß von Kapitel VI der »Reise von München nach Genua« (vgl. DHA Bd. 7). Auf der Rückseite des Blattes befindet sich das Bruchstück <3. Religion>, das sich auf die zweite Novemberhälfte 1826 datieren läßt (vgl. den Kommentar zum folgenden Bruchstück), wodurch sich ein weiteres Indiz für die Arbeitszeit an diesem Teil des »Buchs Le Grand« ergibt. Heine hat den Text später erweitert und umgeformt. Dabei entfielen auch einige Motive wie die Gestalt des alten bzw. gestorbenen* Harfners, *die aus Goethes »Wilhelm Meisters Lehrjahre« stammt und inzwischen zu einer Trivialfigur geworden war, der man als anspruchsvoller Dichter lieber aus dem Wege ging (siehe den irrsinnigen Harfner in Houwalds Erzählung »Wahnsinn und Tod« von 1817). Die Affen, die durch die Affenheere des »Rāmāyana« angeregt sein könnten, deuten auf den Gesamtkomplex der indischen Motive (vgl. u. a. Kapitel II, V, XIX).*

Überlieferung

H Die alte Harfe] *HI, abgerissenes Zwischenstück einer Seite, 117–132 × 213, D: 16/100, geripptes Handbüttenpapier, schattenlos, 8 Stege und 1 Randsteg, Wz. Bischof mit Krummstab, nur a)-Seite, identisches Wz. »Exzerpt aus dem Annuaire nécrologique« 1826–1828 auf Doppelblatt mit b)-Seite (HI), gelblich, eigenhändig, braune Tinte, Nadelstiche am linken Rand.*

Erstdruck: »Letzte Gedichte und Gedanken von Heinrich Heine.« In: »Heinrich Heine's sämmtliche Werke.« Supplementband, hrsg. von Adolf Strodtmann, Hamburg 1869, S. 263.

Lesarten

307,7 klimpern] klimmern *H*

drauf, – die Eule] (1) drauf, manchmal klingen <au>ch d<ie> Saiten vom Wind u m<an> glaubt den schönen Klang hätten d<ie> Affen hervorgebracht – die Eule (2)^{0} /:drauf, – die Eule:/ *H*

9 dunkel] (1) dunkler (2)^{0} /:dunk:/ e /:l:/ *H*

überwältigt] *(*w *auf* l*) H*

10 zerrissen *bis* verblutet] (1) verbluten (2) ẹṃpf *(*ẹṃ *korr.)* (3) *Text H*

<2. Clauren>

Entstehung

Prosanotiz, die an den Vergleich von Claurens Novellen mit Taschenbordellchen *anklingt (vgl. 212,13–21 und die Erläuterung dazu). Als Entstehungszeit kommt nach den Papiermerkmalen Sommer 1826 in Betracht. Auf demselben Blatt findet sich die Notiz* Russischer Datum.

Überlieferung

H Clauren ist jetzt] *Pierpont Morgan Library (Heinemann-Collection, Heine »Gedanken und Einfälle« 20 I), New York, 1 schräg abgerissenes Blattdrittel, 60–70×210, D: 13,5/100, geripptes Handbüttenpapier, schattenlos, dieses Teilstück o. Wz., gelblich, eigenhändig, mit Schriftverlust gerissen, braune Tinte schlägt durch, Stockflecken, Heftspuren am linken Rand. Über den Abkürzungen* Dland *und* ⊖ *befinden sich die Textauflösungen (›Deutschland‹ und ›nicht‹) von Strodtmanns Hand.*
Erstdruck: »Letzte Gedichte und Gedanken von Heinrich Heine.« In: »Heinrich Heine's sämmtliche Werke.« Supplementband, hrsg. von Adolf Strodtmann, Hamburg, 1869, S. 210f.

<3. Religion>

Entstehung

Nach dem Tagebuch von Ludwig von Diepenbrock-Grüter hat die Frage nach Heines Religion im Lüneburger Pietistenzirkel eine zentrale Rolle gespielt. Am 21. November 1826 notiert Grüter: »Mehlis sprach vom neulichen Abend und meinte, Heine sei völlig ohne positive Religion« (Diepenbrock-Grüter S. 295; vgl. auch S. 289). Darauf reagiert Heine mit der vorliegenden Bemerkung: M<an> hat mir vorgeworfen: ich hätte keine Religion<...>, *die mit Sicherheit in zeitlichem Zusammenhang niedergeschrieben ist. Im 17. Kapitel des »Buchs Le Grand« findet sich dann ein Nachhall dieser Diskussion in dem an die Ich-Figur und den braunen Dachs gerichteten Vorwurf:* »Ihr beide habt keine Religion« *(218,29–31).*

Überlieferung

H *Vorliegender Text befindet sich auf der Rückseite des Bruchstücks »Der alte Harfner«, (vgl. 848,19–33).*
Erstdruck: »Der Prosa-Nachlaß von H. Heine«, neu geordnet, gesichtet und eingeleitet von Erich Loewenthal, Hamburg-Berlin, 1925, S. 143.

Lesarten

307,22 aus] (1) dar (2) aus *H* 23 Graß] (ß *korr.) H* 26 Himmel] *(*imm *korr.) H*

Le tambour Legrand

Entstehung und Aufnahme

Die erste Anregung, das »Buch Le Grand« ins Französische zu übersetzen, ging von Heines Verleger Campe aus (vgl. »Entstehung und Aufnahme« der »Reisebilder II« 720,29–33), der schon am 2. Juni 1828, also ein Jahr nach dem Erscheinen von Rb II[1], an Heine schrieb: »Daß Gathy den Legrand übersetzt u ganz vortrefflich übersetzt hat und durch meine Hülfe in Brüssel oder Paris gedruckt werden wird, habe ich Ihnen noch nicht gesagt?« Doch August Gathy, der damals bei Campe angestellt war und sich später selbst als

Schriftsteller betätigte, scheint seine Übersetzung des »Buchs Le Grand« nicht so schnell abgeschlossen zu haben, wie Campe in seinem Brief andeutet. Jedenfalls erwähnt Campe diese Übersetzung erst wieder im Jahre 1831, als Heine gerade in Paris eingetroffen war. Am 14. November 1831 schreibt er an Heine, daß die Übersetzung des »Buchs Le Grand« jetzt fertig sei. In einem Brief vom 27. des gleichen Monats berichtet er ihm, daß er Gathys Manuskript vor acht Tagen über Leipzig nach Paris an Heideloff & Campe geschickt habe. Im gleichen Brief schlägt er Heine vor, doch den berühmten Napoleon-Dichter Pierre-Jean de Béranger (1780–1857) zu einer Vorrede des ins Französische übertragenen »Legrand« aufzufordern und das Ganze möglichst bald zum Druck zu befördern. Am 28. Dezember 1831 versichert ihm Campe noch einmal, daß er das Gathy-Manuskript bereits Mitte November an Heideloff & Campe geschickt habe, und zwar mit der Bitte, es an den Verleger Ladvokat (1790–1854) weiterzugeben, wo es sich Heine jederzeit aushändigen lassen könne. Darauf schreibt Heine am 16. Februar 1832 an Campe, daß das Manuskript immer noch nicht bei Heideloff & Campe eingetroffen sei. Da sich diese Übersetzung, die offenbar bei Heideloff & Campe verloren gegangen ist, nicht wieder auffinden ließ, gaben Campe und Heine das Gathy-Projekt notgedrungen auf. Noch in einem Brief vom 23. Juli 1840 an Heine erinnert sich Campe an diese betrübliche Affäre und schreibt über Gathy: »Sie wissen, er übersetzte die Reisebilder u sandte sie an den Windbeutel von Verleger, der das Mspt verlüderlichte, so hat der arme Teufel nichts bekommen, nicht einmal die Freude des Druckes erlebt«.

In Paris war es François-Adolphe Loève-Veimars, der sich als erster der Übersetzung des »Buchs Le Grand« annahm und diese am 1. September 1832 unter dem Titel »Histoire du Tambour Legrand. Fragments traduits de H. Heine« in der »Revue des deux mondes« veröffentlichte (Bd. 7, S. 592–622). Nach seiner recht oberflächlichen, ja geradezu verballhornenden Übersetzung der »Harzreise« (vgl. »Entstehung und Aufnahme« von »Les montagnes du Hartz« 699,20 ff.) gab sich Loève-Veimars mit dem »Buch Le Grand« wesentlich mehr Mühe. Elster (E¹ III, 528) und Schellenberg (S. 8 f.) nehmen an, daß Heine auf diese Übersetzung sicher einen gewissen Einfluß gehabt hat. Schellenberg gibt dafür folgende Gründe an: erstens hat Heine diese Übertragungsbruchstücke später mit nur geringen stilistischen Abweichungen in die Buchausgabe der französischen »Reisebilder. Tableaux de voyage« von 1834 aufgenommen, und zwar als die einzigen, wo neben Heine noch ein Übersetzer genannt wird; zweitens weisen die Übersetzungen in der »Revue des deux mondes« und der französischen »Reisebilder. Tableaux de voyage« eine Reihe gemeinsamer Abweichungen vom deutschen Original auf, die sich nur als persönliche Eingriffe Heines erklären lassen; drittens findet sich in der »Revue des deux mondes« auf S. 592 eine Fußnote, in der sich der Übersetzer für die durch Platzmangel verursachten Kürzungen entschuldigt, wofür Schellenberg einen Mann wie Loève-Veimars für viel zu skrupellos hält; viertens die von Schellenberg übersehene Tatsache, daß die Übersetzung in der »Revue des deux mondes« mit dem Namen Heines und nicht mit dem Namen Loève-Veimars' unterzeichnet ist (S. 622).

Die Stücke, die Loève-Veimars übertragen hat, halten sich ziemlich eng an den Heineschen Text. Um so bedauerlicher sind die recht beträchtlichen Kürzungen, durch die der capricciohafte Charakter und die raffinierte Motivverflochtenheit, die das deutsche Original auszeichnen, weitgehend verloren gehen. Die Auslassungen betreffen vor allem folgendes: das Indische, die literarischen Anspielungen, die Austernkeller-Szene und den »Almansor«-Monolog im 2. Kapitel, das gesamte 4. Kapitel, den Anfang des 5. Kapitels, das in der Fassung der RDDM erst mit dem Satz Mon Dieu! *(179,25) beginnt, die Schulerinnerungen des 7. Kapitels, das 12. Kapitel über die deutschen Zensoren, das gesamte 13. Kapitel mit seiner Gelehrten-Satire, das gesamte 14. Kapitel mit seinen Narren-Witzen und fast das gesamte 15. Kapitel, von dem bei Loève-Veimars nur der Schlußsatz erhalten bleibt (vgl. dazu auch Claude Porcell, »Heinrich Heines französisches Werk«, Diplomarbeit, Paris 1970, S. 127–132). Was nach diesen vielfältigen Schnitten und Weglassungen übrigbleibt, ist einerseits die Geschichte der unglücklichen Liebe, andererseits die Geschichte des Kaisers Napoleon und seines Tambours Legrand, wodurch das Ganze wie zwei ineinandergeschobene Novellen wirkt. In den Napoleon-Abschnitten ist selbstverständlich fast nichts gestrichen worden, da sich Loève-Veimars und Heine von diesen Szenen die größte Wirkung auf die französischen Leser versprachen. Wie beliebt Napoleon bei den Pariser Volksmassen in diesen Jahren noch war, erfährt man aus Heines Korrespondenzbericht, der am 13. April 1832 in der Augsburger »Allgemeinen Zeitung« erschien und der später als »Artikel V« in seine »Französischen Zustände« einging. Und so waren es gerade die Napoleon-Abschnitte der »Histoire du Tambour Legrand«, die von der französischen Presse sofort aufgegriffen und kommentiert wurden, wie bereits der Hinweis auf den »Legrand« am 21. September 1832 in der Zeitung »Le National« beweist (Nr. 265, S. 4).*

Als Loève-Veimars 1833 seinen Sammelband »Le Népenthès« zusammenstellte, ließ er darin neben seiner Übersetzung der »Harzreise« auch die Übersetzung des »Buchs Le Grand« noch einmal abdrucken (I, 265–335), und zwar ohne jede textliche oder stilistische Änderung. Lediglich der Titel wurde in »Le Tambour Legrand« abgewandelt und die einzelnen Abschnitte mit Kapitelnummern versehen. Während der deutsche Urtext 20 Kapitel hat, weist die Loève-Veimarssche Übersetzung wegen der vielen Streichungen nur 16 Kapitel auf.

In wesentlich erweiterter, ja fast ungekürzter Form erschien der Text des »Buchs Le Grand« erst in der Renduel-Ausgabe der »Reisebilder. Tableaux de voyage« von 1834. Was auch diesmal weggelassen wird, sind folgende Abschnitte: die Stelle mit dem Major Düvent und Israel Löwe (176,20) im 3. Kapitel, die Stelle mit der Verwechslung von crédit *und* religion *(190,6–15) im 7. Kapitel und ein kurzer Abschnitt aus der Gelehrten-Satire (204,12–25) im 13. Kapitel. Im 4. und 5. Kapitel wird der Text teilweise stark umgestellt, um einen etwas glatteren Erzählverlauf zu erreichen. Im 14. Kapitel tilgte Heine das Ende (211,4–212,26). Das 15. Kapitel entfiel ganz, wodurch sich die Zahl der Kapitel von 20 auf 19 reduziert. Die Lücke, die dadurch entstand, wurde einfach durch zweieinhalb Reihen Punkte gefüllt. Um jedoch nach diesen Punkten nicht allzu abrupt fortzufahren, schrieb Heine für diese Stelle schnell einen kleinen deutschen Übergangstext (vgl. »Lesarten« 858,30–43), den er sofort ins Französische übertragen ließ. Wirklich neu ist darin jedoch nur der Satz:* Madame, il me prend une subite et grande envie de déjeuner, car depuis sept heures je suis assis à écrire, et il commence à faire froid dans mon estomac et dans ma tête, *während der Rest dieses Passus auf bereits bestehenden Formulierungen beruht.*

Doch interessanter als diese geringfügigen Weglassungen sind die stilistischen Änderungen, die Heine bei diesem Arbeitsprozeß durchführte. Sogar in den Abschnitten, die Loève-Veimars bereits für die RDDM übersetzt hatte, wurden eine ganze Reihe von Korrekturen vorgenommen. Auf den ersten Blick fallen die meisten dieser Veränderungen in den Bereich der Interpunktion und der Orthographie. Die Frage, ob solche Abweichungen auf Heine selbst zurückgehen, läßt sich wohl ebensowenig mit letzter Sicherheit beantworten wie die Frage, wer die neu hinzugekommenen Abschnitte übersetzt hat (vgl. »Entstehung und Aufnahme« der RT 687,20–40). Wie gesagt, hier hat Heine neben Adolphe Specht sicher noch den besagten »jungen Mann« herangezogen. Doch bei den textlichen Eingriffen wird man ohne die Hilfe Heines kaum ausgekommen sein. Und zwar zeigt sich das vor allem da, wo es galt, zwischen den schon übersetzten und den neu hinzukommenden Stücken bessere Überleitungen herzustellen. Und dies war an relativ vielen Stellen der Fall. Loève-Veimars hatte nämlich nicht nur größere Textabschnitte weggelassen, sondern auch sonst ständig einzelne Sätze oder Satzstücke gestrichen, ja manchmal zwei Sätze einfach zu einem zusammengezogen. Doch neben diesen Ergänzungen, mögen sie nun von Heine, Specht oder dem unbekannten Dritten stammen, wurden auch die bereits übersetzten Abschnitte einer sorgfältigen Revision unterzogen und von allzu auffälligen Germanismen gereinigt. Dazu kamen eine Reihe neuer stilistischer Nuancen. So heißt es in der Fassung von 1834 seaux d'eau glacée *statt* pintes d'eau glacée, un bienfait refraîchissant *statt* un véritable bienfait, extravagance bigarrée *statt* extravagance incroyable, ses camarades bombés et bien lacés *statt* ses camarades bardés et busqués, comme un journalier *statt* comme un esclave *usw.*

Sieht man sich den Text der Renduel-Übersetzung im Ganzen an, lassen sich folgende allgemeine Rückschlüsse ziehen. Was Heine im einzelnen gestrichen hat, sind vor allem Eigennamen wie Jagor, Bethmann, Wadzeck *und* Marr, *die für französische Leser völlig unverständlich geblieben wären. Außerdem tilgte er eine Reihe von Witzen und Anspielungen, aus denen man seine*

Einstellung zum Judentum ablesen könnte. Dazu gehören vor allem die Bemerkungen über Moses *(204,21),* Israel Löwe *(176,20), den* portugiesischen Freund *(187,8) und das* jüdische Eingötzentum *(189,33). Indem Heine zugleich eine ganze Reihe schmückender Adjektive strich, läßt sich in »Le tambour Legrand« eine ähnliche Entromantisierung wie in den »Montagnes du Hartz« beobachten. Das bedeutet nicht, daß sich Heine völlig dem Französischen anzupassen versucht. Ja, an manchen Stellen gebraucht er sogar bewußte Germanismen, um dem Ganzen eine gewisse Exotik zu geben. So verwendet er Begriffe wie* Kraehwinkel *oder* Schoeppenstaedt *(181,32), anstatt zu französischen Äquivalenzstädten wie »Bécon-les-Bruyères« und »Brive-la-Gaillarde« zu greifen. Auch der* lange Kurz *wird einfach mit* le long Court *(185,31) statt mit »le grand Petit« übersetzt. Nicht verständlich ist, warum der* krumme Gumpertz *im französischen Text auf einmal nicht mehr* Ça ira, ça ira, *sondern* Marlborough s'en va-t-en guerre *brüllt (319,6 und 320,36), wodurch die politische Schärfe der von Heine geschilderten Szene eine merkliche Milderung erfährt. Die weiteren Abweichungen haben fast alle rein stilistische Gründe, was sich mühelos an den mit ⌈⌉ bezeichneten Worten ablesen läßt.*

Die Wirkung, die der »Tambour Legrand« auf die französischen Leser hatte, war sicher größer als die Reaktion, die sich in der Pariser Presse dieser Jahre abzeichnet. Doch immerhin schrieb ein einflußreicher Kritiker wie Léon Gozlan am 21. Juni 1834 in »Le temps«: »Le ›Tambour Legrand‹ est une des pièces parfaites de Heine« (S. 2). Ähnliche Lobeshymnen auf den »Legrand« findet man im »Constitutionnel« vom 8. August 1834 (Nr. 220, S. 1 f.), der Zeitung »La presse« vom 20. Januar 1840 (S. 1) und der »Revue de Liège« (Bd. 1, 1844), wo auf den Seiten 351–355 und 361–365 große Teile der Napoleon-Episoden und der unglücklichen Liebesgeschichte abgedruckt werden.

In der Lecou-Ausgabe der »Reisebilder. Tableaux et Voyages« von 1853, von deren Erscheinen man Heine vorher nicht benachrichtigt hatte (vgl. »Entstehung und Aufnahme« der RT 692,35 ff.), erscheint der gleiche Text des »Tambour Legrand« wie in der Renduel-Ausgabe von 1834. Lediglich den Text der Lévy-Ausgabe von 1856 hat Heine kurz vor seinem Tod noch einmal etwas genauer durchgesehen. Im Vergleich zur »Harzreise«, die bei dieser Durchsicht eine gründliche Veränderung erfuhr, beschränkte er sich jedoch bei seinem »Tambour Legrand« auf recht minimale Korrekturen. In vielen Fällen handelt es sich lediglich um die Beseitigung von Druckfehlern. So wurde Rotschild *in* Rothschild *(333,25),* Sturg *in* Stuhr *(335,3),* Stranch *in* Strauch *(336,7) u. a. geändert. In anderen Fällen wie* Nankin *statt* Nanking *(345,42) oder* Hindoustan *statt* Hindostan *(313,37) paßte sich Heine stärker als bisher der französischen Rechtschreibung an. Im Zuge dieser Änderungen wurden auch die deutschen* groschen *durch die französischen* sous *(321,27) ersetzt. Doch all das sind lediglich kleine neue Farbtupfen in einem bereits voll ausgeführten Bild. Wirkliche Streichungen oder Umstellungen hat Heine bei dieser Überarbeitung nicht mehr vorgenommen.*

Überlieferung

H^1 Madame, ich bekomme plötzlich] *HI, 1 Blatt, 233×203, D: 7,5/100, Velinpapier o. Wz., anscheinend Maschinenpapier, grau-bläulich, 1 Seite beschrieben, eigenhändig, schwarze Tinte, frühere Brieffaltung erkennbar. Dieses handschriftliche Bruchstück (vgl. »Lesarten« 858,30–43) stammt aus der Zeit, als Heine im Frühjahr 1834 mit Adolphe Specht und einem unbekannten jungen Mann die bereits von Loève-Veimars übersetzten Abschnitte des »Buchs Le Grand« überarbeitete und textlich ergänzte (vgl. »Entstehung und Aufnahme« der RT 687,20–40 und »Entstehung und Aufnahme« des »Tambour Legrand« 853,6–13). Um die größere Weglassung am Schluß des 14. und am Anfang des 15. Kapitels besser zu überbrücken, entwarf er für diese Stelle einen kurzen neuen Text, der sich zum Teil an bereits vorformulierte Wendungen hält, diese jedoch leicht umarrangiert. Neu hinzugekommen ist in diesem Abschnitt nur der erste Satz:* Madame, ich bekomme plötzlich eine gewaltige Lust zu frühstücken, denn seit sieben Uhr sitze ich hier am Tische und schreibe und es wird mir etwas kühl im Magen und im Kopfe. *Wer diesen Abschnitt ins Französische übersetzte, läßt sich nicht mehr ermitteln.*

H^2 Ce n'étaient que ténèbres] *HI, 1 Blatt, 238×319, D: 21/100, aus einem Stammbuch, außer am linken Rand mit Goldschnitt, ungeripptes, anscheinend maschinell hergestelltes Papier o. Wz., vergilbt, beiderseitig beschrieben, eigenhändig, schwarze Tinte.*
Vorliegenden Text, der das gesamte Kapitel XVII des »Tambour Legrand« von 1834 umfaßt (F^1 S. 318–320), schrieb Heine in das Stammbuch von Cécile-Charlotte Heine, geb. Furtado-Fould (1821–1898), der Gattin seines Kusins Carl Heine (1810–1865). Dieses Kapitel (343,31–344,16), das in der deutschen Fassung die Nr. XVIII trägt, enthält jene Szene zwischen Signora Laura und dem imaginären Ritter, die in mehr oder minder verhüllter Form auf die Abweisung des jungen Heine durch Amalie Heine im Garten seines Onkels Salomon in Ottensen bei Hamburg anspielt (vgl. »Buch Le Grand«, Erläuterung zu 219,16). Von diesem Stück Familiengeschichte wird auch Cécile sicher gewußt haben. Ja, um diese Anspielung noch zu verstärken, schrieb Heine unter das Ganze ein paar Zeilen, wo er von der toten heroine *spricht, was sich nur auf die am 9. Juni 1838 verstorbene Amalie beziehen kann (vgl. dazu die Erläuterung zum Stichwort* Evelina *im »Buch Le Grand« 170). Der gesamte Text dieser Schlußnotiz lautet:* Après avoir long-temps reflechi à ce que j'écrirais dans cet Album, je me suis enfin decidé pour ce passage du livre Legrand. Le heros de cette vieille histoire vit encore; ayez pitié de lui. L'heroine est morte; priez pour son âme! Paris ce 10 May 1839. Henri Heiné. *Die 3 in 1839 ist fälschlicherweise mit einer 4 überschrieben. Daß es sich dennoch um das Jahr 1839 handeln*

muß, wird nicht nur durch den 1838 erfolgten Tod Amalies gestützt, sondern auch durch einen Brief Heines an Rose Furtado vom 8. Juli 1839, wo ausdrücklich vom album de Cecile *die Rede ist.*

F[1] Le tambour Legrand. Idées. 1826. *In:* Œuvres de Henri Heine. *III.* Reisebilder. Tableaux de voyage, *Paris, Eugène Renduel, 1834, Bd. 2, S. 209–327.*

F[2] Le tambour Legrand. Idées – Écrit en 1826. *In:* Henri Heine, Reisebilder. Tableaux de voyage, *Paris, Michel Lévy, 1856, I, 145–235. Textgrundlage (vgl. »Überlieferung« der RT 696,35–40).*

»Histoire du Tambour Legrand. Fragmens traduits de H. Heine.« In: »Revue des deux mondes«, Bd. 7, 1832, S. 592–622. Unterzeichnet mit »H. Heine«. Die Übersetzung stammt von Loève-Veimars.

»Le Tambour Legrand.« In: François-Adolphe Loève-Veimars, »Le Népenthès. Contes, Nouvelles et Critiques«, Paris 1833, I, 265–335. Unveränderter Nachdruck des Vorhergehenden.

»Le Tambour Legrand.« In: Henri Heine, »Reisebilder. Tableaux et Voyages«, Paris, Victor Lecou, 1853, S. 280–335. Unveränderter und unautorisierter Nachdruck von F[1]*.*

Lesarten

307,29 Écrit en 1826.] 1826. *F*[1] 36 tout à fait] tout-à-fait *F*[1]
308,11 du] de *F*[1] 14 se promener] promener *F*[1] 16 déplaisir,] déplaisir; *F*[1] 35 raffinées] rafinées *F*[1]
309,3 païens] païens, *F*[1] 30 l'histoire] l'hisloire *F*[1] 32 strada] via *F*[1] 36 Susanne] Suzanne *F*[1]
310,4 pèlerins] pélerins *F*[1] 10 culbutait] culbuta *F*[1]
311,2 de Hamlet] d'Hamlet *F*[1] 3 ici; mais] ici. – Mais *F*[1] préfère:] préfère; *F*[1] 10 tout à coup] tout-à-coup *F*[1] 25 ses] leurs *F*[1] 28 sans prendre congé] à la française *F*[1] 34 longtemps] long-temps *F*[1] 38 froid noir, et le vide] froid, noir et vide *F*[1]
312,32 inouï] inoui *F*[1] 43 épi] épis *F*[1]
313,1 moissonneur. Cependant] moissonneur; cependant *F*[1] 6 rose] roses *F*[1] 27 longtemps] long-temps *F*[1] il] Il *F*[1] 37 Hindoustan] Hindostan *F*[1] 41 et,] et *F*[1]
314,29 tonneaux,] tonneaux *F*[1] 32 folies] folie *F*[1]

315,37 tout à fait] tout-à-fait F^1

316,6 longtemps] long-temps F^1 36 Dusseldorf] Düsseldorf F^1 38 et] et, F^1 40 baron] Baron F^1

317,12 longtemps] long-temps F^1 13 Dusseldorf] Düsseldorf F^1 26 un] le F^1 27 jeune laurier] laurier de maculature F^1 29 Dusseldorf] Düsseldorf F^1 39 là dedans] là-dedans F^1 aux] en F^1 40 aux] en F^1

318,2 aux] en F^1 8 aux] en F^1 aux] en F^1 10 qui.....Mais] qui...;mais F^1 15 Dusseldorf] Düsseldorf F^1 24 tout à coup] tout à coup F^1 Dusseldorf] Düsseldorf F^1 28–29 maison de ville] maison-de-ville F^1 40 tout à coup] tout-à-coup F^1 42 l'hôtel de ville] l'hôtel-de-ville F^1

319,1 dégommées] destituées F^1 2 rien] plus rien F^1 6 Marlborough] Malborough F^2 29–30 maison de ville] maison-de-ville F^1

320,1 à] de F^1 2 maison de ville] maison-de-ville F^1 20 longtemps] long-temps F^1 36 Marlborough] Malborough F^2

321,10 tête?] tête. F^1 22 science des chiffres] multiplicité des nombres F^1 23–24 Je comprenais *bis* opération] Ce que je comprenais le mieux était la soustraction: il y a, dans cette opération, F^1 27 sous] groschen F^1 38 Ces] ces F^1

322,8 mon Dieu] Dieu F^1 10 moyen âge] moyen-âge F^1 11 tout à fait] tout-à-fait F^1 14 juifs] Juifs F^1 18 l'apprit] l'analysait F^1 43 fenêtres,] fenêtres F^1

323,6 exemple,] exemple F^1 11 rhinocéros,] rhinocéros F^1 18 catéchisme] cathéchisme F^1 25 tout à fait] tout-à-fait F^1 26 Daulnoy] D'Aulnoi F^{1-2} 28 allemande] Allemande F^1 31 tambours] tambour F^1 32 comme disaient *bis* d'or.] *fehlt in* F^1 34 cuisiniers] cuisinières F^1 37 café Royal] Café-Royal F^1 41 longtemps] long-temps F^1

324,6 corps de garde] corps-de-garde F^1 17 il] il me F^1 31 décapités] décapitées F^1 32 le roulement de la sanglante marche] le sanglant roulement F^1 39 longtemps] long-temps F^1 40 jour] jour, F^1

325,1 grands maîtres] grands-maîtres F^1 6 Tout à coup] Tout-à-coup F^1 8 longtemps] lon-temps F^1 11 tout à coup] tout-à-coup F^1 12 tout à fait] tout-à-fait F^1 21 courtisane] courtisanne F^1 29 libérales] constitutionnelles F^1 35 mobilité] mobilité, F^1

326,2 arrondis;] arrondis, F^1 6 Dusseldorf] Düsseldorf F^1 15 Pyramides] pyramides F^1 15 Mamelucks] mamelucks F^1 17 dum! dum!] Dum! Dum! F^1 27 Dusseldorf] Düsseldorf F^1

327,14–15 avec lesquelles *bis* monde,] à l'aide desquelles l'empereur traversait invisiblement le monde, F^1 15 ces] ses F^1 17 agent] officier F^1 19 galopait] galoppait F^1 36 sbire] sbirre F^1 41 *Bellérophon*] Bellérophon F^1 42 au delà] au-delà F^1

328,19 Dusseldorf] Düsseldorf F^1

329,32 gaiement] gaîment F^1 37 gaieté] gaîté F^1

330,7 bon Dieu] Bon-Dieu F^1 13 où,] où F^1 13 nuit,] nuit F^1 39 minuit,] minuit F^1

331,1 consumé] consommé F^1 12 les] ses F^1 27 Moskowa] Moskwa F^1
332,5 poëtes] poètes F^1 8 Goëthe] Goethe F^1 12 poëte] poète F^1 22 auparavant] auparavant, F^1 28 bon Dieu] Bon-Dieu F^1 30 longtemps] long-temps F^1
333,16 nécessaire;] nécessaire : F^1 22 *baba,*] *baba* F^1 24 ami Gans] ami G. de Berlin F^1 25 Rothschild] Rotschild F^1 26 emprunter] réaliser F^1 27 Cependant] Cependant, F^1 28 emprunt,] emprunt: F^1 39 longtemps] long-temps F^1 41 *Livre*] *livre* F^2 Compagnons] compagnons F^2 43 ainsi,] ainsi: F^1
334,1 *droite,*] *droite* F^1 31 bon sens] sens F^1 Baarlam, fils de Boër] Bileam F^1 38 de diffamation] d'injures F^1
335,3 Stuhr] Sturg F^1 7 Curtesius] Cartesius F^2 9 Goëthe] Gœthe F^1 13 *Quod*] *Qùod* F^2 13 *grave olentis*] *graveolentis* F^{1-2} 14 Raphaël] Raphael F^1 27 saint empire] saint-empire F^1 31 tout à fait] tout-à-fait F^1 32–33 coup, sur le mot *Idées* que j'ai écrit] coup, F^1 40 cuir de cochon] basane verte F^1
336,7 Strauch] Stranch F^1 16 Lunebourg] Lünebourg F^1
337,4 faux;] faux, F^1 10 poëtes] poètes F^1 14 reste fermé] est comme grillé F^1 16–17 tout à fait] tout-à-fait F^1 17 jeun] jeûn F^1 19 Goëthe] Gœthe F^1 20 pouvez sans danger] pouvez F^1 23 écrivain tout à fait religieux] écrivain tout-à-fait chrétien F^1 écrvain tout à fait religieux F^2 et pour avouer la vérité] et, pour parler avec Gubitz F^1 25 bon Dieu] Bon-Dieu F^1 26 confiance dans la volonté divine!] confiance? F^1 31 *nonumque*] *nonum* F^1 38 persanes] persanes, F^1 40 tard-venus] tard venus F^1 43 chiens littéraires] chiens F^1
338,13 poëtes] poètes F^1 27 longtemps] long-temps F^1 28 sottises] sottise F^1 40–41 que de *bis* tirer parti] que tous ces sots que je vois ici, je puis en tirer parti F^1 42 lingots] barres F^1
339,8 sots] gens F^1 30 rencontrai] rencontre F^1 31 tout à fait] tout-à-fait F^1
340,12 aussi bien] aussi-bien F^1 16 pourboire] pour-boire F^1 30 matin!] matin. F^1 340,41–341,11 Madame *bis* ciel.] Madame, ich bekomme plötzlich eine gewaltige Lust zu frühstücken, denn seit sieben Uhr sitze ich hier am Tische und schreibe [– Es will] und es wird mir etwas kühl im Magen und im Kopfe. Es will heute morgen mit dem Schreiben nicht mehr so lustig fortgehn, ich merke, der liebe Gott läßt mich im Stich – Madame, ich fürchte sogar Sie haben es früher gemerkt als ich – ja, ich merke die rechte Gotteshülfe ist heute noch gar nicht dagewesen – Madame, ich will frühstücken, und nach dem Frühstück will ich ein neues Capitel anfangen und Ihnen erzählen, wie ich nach dem Tode Legrands in Godesberg ankam.
Ich habe einen kolossalen Hunger – mir ist zu Muthe als [ko] könnte ich alle Elephanten Hindostans als Frühstück aufessen und mir mir *(statt* mit*)* dem straßburger Münster die Zähne stochern. Ich habe immer des Morgens mehr Hunger als des Mittags. Des Abends aber werde ich so sentimental durstig, daß ich die Milchstraße des Himmels aussaufen möchte *(über gestr.* könnte*)*

– – H^1 *(deutsche Vorlage für den französischen Text)* 41 déjeuner] déjeûner F^1

341,1 bon Dieu] Bon-Dieu F^1 4 déjeuner] déjeûner F^1 4 déjeuner] déjeûner F^1 7–8 déjeuner] déjeûner F^1 8 Munster] Münster F^1 10 soir] soir, F^1 19 trouvaient] trouvait F^1 21 ces] ses F^2 23 poëte] poète F^1

342,8 gaieté] gaîté F^1 11 fleurs,] fleurs; F^1 13 enfin,] enfin F^1

343,4 irréligieux] irreligieux F^1 7 rationalistes] rationnalistes F^1 25 précisément] présisément F^2

343,31 dard] dart H^2 35 coulait de son front] sueur ruisselait de son front H^2 39 entendit] entendait H^2

344,8 a répondu] à répondu H^2 10 longtemps] long-temps F^1 effeuillait] *nach gestr.* éffleurait 14 agités] agitées H^2 23 longtemps] long-temps F^1 31 longtemps] long-temps F^1

345,6 plaisent] plaisaient F^1 7 tout à fait] tout-à-fait F^1 18 jockey] jockei F^1 36 Nankin] Nanking F^1 42 Nankin] Nanking F^1

346,3 la la!] la la. F^1 17 nous-mêmes] nous-même F^1

Vorworte und Anmerkungen

Anmerkung. <Zu »Reisebilder. Erster Theil«, 1. Aufl.>

Entstehung

Da Rb I^1 Mitte Mai 1826 in Hamburg herauskam, kann Heine, der den Satz und die Korrekturen dieses Bandes persönlich überwachte, diese »Anmerkung« noch wenige Tage vor der Drucklegung geschrieben haben.

Überlieferung

Diese »Anmerkung« erschien nur auf S. 301 von Rb I^1 und blieb bei späteren Auflagen dieses Bandes weg.

Erläuterungen

347,*8* viele Errata] *über die vielen Druckfehler in Rb I^1 vgl. die »Lesarten« zur »Harzreise«.*

347,*11* »Angeli« statt: »Wurm«] *vgl. »Harzreise«, Erläuterung zu 577,24.*

347,*15* Verbesserungen] *die geplanten* Verbesserungen *wurden nicht in Rb II^1* nachgeliefert, *sondern im Frühjahr 1830 in Hamburg bei der Vorbereitung der 2. Aufl. von Rb I durchgeführt (vgl. »Entstehung und Aufnahme« der »Harzreise« 549,42–550,5).*

347,*15–16* im zweyten Theile der Reisebilder] *zu den folgenden Titeln und Projekten vgl. den Abschnitt »Entstehung und Aufnahme« von Rb II 709,41–711,32.*

347,*17* abgebrochene Erzählungen] *vermutlich ein Hinweis auf den »Rabbi« und die geplante Fortsetzung der »Harzreise«.*

347,*17–18* halbe Ansichten der Hauptstädte Nord-Deutschlands] *bezieht sich wahrscheinlich auf die geplanten »Briefe aus Hamburg« oder die Neubearbeitung der »Briefe aus Berlin«.*

347,*18* über polnische Wälder] *Heine plante lange Zeit, sein* Memoir über Polen *dem 2. »Reisebilder«-Band einzuverleiben.*

347,*18–19* deutsche Literatur] *die geplanten Literaturpolemiken wurden* *lediglich in dem Schlußabschnitt von »Nordsee III« (281,13–283,12), den Immermannschen Xenien und einigen Abschnitten des »Buchs Le Grand« (vgl. 202,19–29 und 212,1–26) verwirklicht.*

Anmerkung. <Zu »Reisebilder. Zweyter Theil« 1. Aufl.>

Entstehung

Wahrscheinlich ist diese »Anmerkung« erst kurz vor der Herausgabe von Rb II^1, also Ende März 1827, entstanden, als Heine in der Hamburger Düsternstraße wohnte (vgl. »Buch Le Grand«, Erläuterung zu 210,13–14) und von dort aus den Druck des 2. »Reisebilder«-Bandes in der Langhoffschen Druckerei überwachte. Da Campe auf eine schnelle Ablieferung des Manuskriptes drängte, die Heine schon für den Spätherbst 1826 versprochen hatte, mußte er manche seiner ursprünglichen Pläne (vgl. »Anmerkung« zu Rb I^1 347,15–19) wieder aufgeben und das Ganze, das er in einem Brief vom 30. Oktober 1827 an Moses Moser mit einem Kriegschiff *verglich, auch mit* Ballast *auffüllen. Über die eigenen Bedenken, die er bei dieser Zusammenstückung hatte, vgl. »Entstehung und Aufnahme« von Rb II (713,13–28) und das »Schlußwort« von Rb IV.*

Überlieferung

Diese »Anmerkung« findet sich nur in Rb II^1 (S. 327), da Heine in der 2. Aufl. des 2. »Reisebilder«-Bandes die »Briefe aus Berlin« herauswarf und das Ganze neu arrangierte (vgl. »Entstehung und Aufnahme« von Rb II 721,1–18).

Lesarten

347,*36* besonders] besondens *D*^{1}

Erläuterungen

347,*29–30* über 20 Druckbogen] *um von den* allerhöchstäußere<*n*> Bedingnisse<*n*> *der Vorzensur befreit zu bleiben, mußte ein Buch damals mindestens 320 Seiten, d.h.* 20 Druckbogen *umfassen.*

347,*30* seinen guten »Ideen«] *bezieht sich auf »Ideen. Das Buch Le Grand«,* *das Heine ursprünglich* »Ideen zur Geschichte« *(vgl. »Entstehung und Aufnahme« des »Buchs Le Grand« 786,27) nennen wollte und das er als das Zentralwerk dieses Bandes empfand.*

347,*31* Hannövrischer Adel und Briefe aus Berlin] *die »Briefe aus Berlin« hat Heine schon aus der 2. Aufl. von Rb II wieder herausgeworfen (vgl. »Entstehung und Aufnahme« von Rb II 721,16). Die scharfen Bemerkungen über den* Hannövrischen Adel *(vgl. 155,30–157,2), die für Heine auch persönliche Konsequenzen hatten (vgl. »Entstehung und Aufnahme« von »Nordsee III« 730,22ff.), wurden dagegen von ihm stets unverändert beibehalten.*

347,*33* in der Schlußnote des ersten Theiles] *vgl. 347,7–24. Diese* Druckfehler *wurden auch im* dritten Theile *nicht angezeigt, sondern erst in* D^2 *(Rb* I^2*) verbessert.*

Vorrede. <Deutsche Version der »Préface«>

Entstehung

Nachdem Heine im März und April 1834 mit der Hilfe von Adolphe Specht an der Übersetzung der »Reisebilder« ins Französische gearbeitet hatte (vgl. »Entstehung und Aufnahme« der RT 687,20–40), begann er Anfang Mai ein Vorwort für diese Ausgabe zu konzipieren. Und zwar entwarf er dabei erst einmal eine deutsche »Vorrede«, die er dann übersetzen ließ oder mit Hilfe anderer selbst übersetzte. In dieser »Vorrede« geht Heine hauptsächlich auf die Unterschiede zwischen dem deutschen Original und der französischen Übersetzung ein, die er nicht nur auf nationale Unterschiede, sondern auch auf den Wandel der politischen Situation zurückführt. Wie allerdings diese Übersetzung zustandekam, wird dem Leser verschwiegen.

Überlieferung

H Es wird immer] *BN Allemand 387, Fos 5–7, 1 Doppelbogen und 1 Blatt, 264×206, D: 8/100, handgeschöpftes Velinpapier, Wz:* J. WHATMAN, *Antiqua-Versalien, parallel zum linken Rand, leicht gelblich, 6 Seiten beschrieben, eigenhändig, Tinte, eigenhändige Paginierung von 1 bis 6. Die Handschrift trägt Spuren einer Überarbeitung durch Heine mit Bleistift, offenbar im Zusammenhang mit dem Übersetzungsvorgang. (Vgl. Lesarten zu 348,10–11, 38–40, 41–42 und 349,1–2). Diese Korrekturen sind in der französischen Übersetzung nicht vollständig berücksichtigt.*

Erstdruck an dieser Stelle. Soweit andere Heine-Ausgaben die Préface *abdrucken und eine deutsche Übersetzung beifügen, handelt es sich um Rückübertragungen.*

Lesarten

347,43 Bilder] (1) Bli (2) Bilder *H*

348,7 in] (1) in (2) in *H* Barbarey] (1) Wildheit (2) Barbarey *H*

10–11 betasten *bis* sogar] (1) *Text* (2) /:betasten,:/ das Schwert, die Axt /:sogar:/ *(Bleistiftkorr.) H*

11 derselben abgebrochen] (1) *Text* (2) /:derselben:/ ^{0}vorher^{0} /:abgebrochen:/ (3) *Text H*

19 Styl, Gedankenfolge,] (1) Der Styl, der Ausdruck, Gedankenfolge, (2)^{0} /:Styl, Ausdruck, Gedankenfolge,:/ (3) *Text H*

26–27 ergötzen sondern] (1) amüsiren (2) ergötzen (a) sod (b) sondern *H*

32 minder] (1) minde (2) minder (3) minder *H*

33–36 einestheils *bis* gerichtet,]

(1) eines Theils, weil manches auf lauter Lokalverhältnisse

(a) beruhte

(b) , Zeitanspielungen, Wortwitzen und sonstigen Spezialitäten beruhte, anderen Theils, weil manches gegen gewisse[n] Personen und Instituzionen in Deutschland gerichtet und im französischen nicht wiederzugeben war,

(2) /:eines:/theils /:, weil manches:/, /:auf lauter:/ ^{0}Örtlichkeiten^{0} /:, Zeitanspielungen, Wortwitzen und sonstigen Spezialitäten beruhend *(aus* beruhte*)*, im französischen:/ gar /:nicht wiederzugeben war,:/ anderntheils weil manches, gegen bestimmte Personen und Verhältnisse aufs feindlichste gerichtet, *H*

38–40 Ich habe *bis* müssen] *Text mit geschwungener Bleistiftlinie umrissen; vgl. S.* 354, 5–17 *der franz. Übersetzung H*

41–42 mich *bis* keiner] (1) mich keiner (2)^{0} /:mich:/ ob dieser Ausscheidungen /:keiner (3) /:mich ob:/ mancher /:Ausscheidungen keiner *(Text* (3) *Bleistiftkorr.) H*

42 bezüchtigen] *(*b *auf* z*) H*

349,1–2 dieses *bis* vor der]

(1) Dieser erste Band, so wie der folgende, ist

(a) lange

(b) vor der

(2) Mit Ausnahme

(a) der

(b) weniger Druckbogen am Ende des 2 ten /:Band:/s *[,]* /:, ist:/ dieses Buch

(a^{1}) lange /:vor der:/
(b^{1})^{0} /:vor der:/ *(Text (2) Bleistiftkorr.) H*

6 tückiger die Parthey] (1) grimmiger die Parthey (2) ^{0}tückiger^{0} /:die Parthey:/ *H*

12 1789] *aus* 1793 *H*

14 eben] *darüber drei nicht lesbare gestrichene Buchstaben H*

24 gleichviel] (1) unter (2) gleichviel *H*

Erläuterungen

348,24 ein deutsches Buch in französischer Sprache] *diesen Eindruck versucht Heine schon dadurch zu erwecken, indem er das Ganze »Reisebilder. Tableaux de voyage« nennt.*

348,27 wir Deutschen] *damit sind wohl vor allem August Wilhelm Schlegel, Ludwig Tieck und Johann Heinrich Voss gemeint, deren Übersetzungsleistungen Heine – trotz einiger Einwände – immer wieder hervorhebt.*

348,*38–39* viele große Stücke, manchmal ganze Capitel ausgeschieden] *so wurde etwa die »Nordsee III« in der Renduel-Ausgabe von 1834 einfach weggelassen. In der »Reise von München nach Genua« strich Heine vor allem in den Kapiteln II, VII, XXVI, XXIX und XXX. In den »Bädern von Lucca« ließ er die Platen-Abschnitte in den Kapiteln X und XI weg. In der »Stadt Lucca« entfielen die Kapitel XV, XVI und XVII. Ähnlich rigoros ging Heine mit den »Englischen Fragmenten« um (vgl. hierzu die genaueren Angaben im Apparatteil der »Reisebilder« III und IV (DHA Bd. 7). Die »Harzreise« und das »Buch Le Grand« wurden von solchen Kürzungen nicht so stark betroffen (vgl. die Entstehungsgeschichten der französischen Übersetzungen dieser Werke 701,4–20 und 852,41–853,6).*

349,2 vor der Juliusrevoluzion geschrieben] *die »Reisebilder« I–IV erschienen 1826, 1827, 1830 und 1831 und sind sämtlich vor der Julirevolution von 1830 entstanden, die zum Sturz Karls X. (1757–1836) führte und dem »Bürgerkönig« Louis-Philippe (1773–1850) auf den Thron verhalf. Am Ende des 2. Bandes von F^{1} findet sich der »Schnabelewopski«, der erst nach der Julirevolution entstand.*

349,2 Zu jener Zeit] *das Deutschland der zwanziger Jahre wird von Heine oft in ähnlicher Weise charakterisiert. So schreibt er am 1. März 1832 im Artikel IV der »Französischen Zustände«:* Es war damals eine dunkle Zeit in Deutschland, nichts als Eulen, Zensuredikte, Kerkerduft, Entsagungsromane, Wachtparaden, Frömmelei und Blödsinn.

349,*8* Priesterschaft und Aristokrazie] *vgl. u.a. Heines Bemerkungen gegen die katholische Kirche und den hannöverschen Adel in »Nordsee III« (142,8–143,9 und 155,30–157,2).*

349,*10* ich, der einzelne Mann] *auch im IX. Artikel der »Französischen*

Zustände« vom 16. Juni 1832 schreibt Heine über seine Situation zwischen 1825 und 1830: Es war sehr still um mich her, und ich hörte nichts als das Echo meiner eigenen Worte.

349,*15* meine guten Deutschen] *in Fortsetzung der eben zitierten Stelle aus dem IX. Artikel der »Französischen Zustände« schreibt Heine:* Seitdem, geweckt von den Kanonen der großen Woche, ist Deutschland erwacht, und jeder, der bisher geschwiegen, will das Versäumte schnell wieder einholen. *Heine meint damit neben Börnes »Briefen aus Paris« vor allem Männer wie Johann Georg August Wirth (1798–1848) und Philipp Jakob Siebenpfeiffer (1789–1845), die 1832 auf dem ›Hambacher Fest‹ auftraten und sich für die Idee des Republikanismus einsetzten.*

349,*16–17* die Sprache von 1789 oder gar von 1793] *bezieht sich auf die erste Phase der Französischen Revolution, die 1793 zur Hinrichtung Ludwigs XVI. und zur Errichtung des Wohlfahrtsausschusses führte.*

349,*19–20* des Moderantismus beschuldigt] *da sich Heine im IX. Artikel der »Französischen Zustände« gegen das Treiben der* deutschen Republikaner *ausgesprochen hatte, wurde er von Börne und seinen Anhängern in dieser Zeit immer wieder offen oder versteckt eines royalistischen Aristokratismus verdächtigt.*

349,*26–27 »exploitation de l'homme par l'homme«*] *ein häufig verwendeter Slogan der Pariser Saint-Simonisten (vgl. »Doctrine de Saint-Simon. Exposition. Première Année – 1829«, Paris 1830, wo er allein auf S. 101–112 achtmal auftaucht).*

349,*28 »écrasez l'infame!«*] *der Schlachtruf Voltaires gegen jede Art von Priesterherrschaft, die sich die bewußte Verdummung des Volkes zur Aufgabe setzt, um es im Zustand der geistigen und politischen Unmündigkeit besser ausbeuten zu können.*

349,*31* wollen wir jetzt selber Priester werden] *nochmalige Anspielung auf den Bruderschaftsgedanken der Saint-Simonisten in Paris, die im Sinne ihres Stifters ein »Nouveau Christianisme« zu errichten versuchten, das auf einer liberal-sozialen Interpretation des bürgerlichen Freiheitsbegriffes beruht.*

349,*37* unverändert] *vgl. dazu die Erläuterung zu 867,18.*

Préface

Entstehung und Aufnahme

Die »Préface« zur französischen Ausgabe der Heineschen »Reisebilder« von 1834 bei Renduel beruht auf einem handschriftlichen Entwurf, den Heine auf deutsch verfaßte (vgl. den Text dieser deutschen Version 347,41–349,39 und die Erläuterungen dazu). Wer diese auf deutsch verfaßte »Vorrede« ins Französische übersetzt hat, läßt sich nicht mehr ermitteln. Da jedoch die französische »Préface« wesentliche Erweiterungen aufweist, hat sich Heine an der Übersetzung sicher selbst beteiligt und sie im Prozeß der Übertragung noch um einige Passagen erweitert. In der französischen Übersetzung finden sich nämlich in all jenen Partien, die auf dem Text der deutschen »Vorrede« beruhen, nur sehr minimale Abweichungen von der originalen Vorlage. Neu hinzugekommen sind dagegen der effektvolle Hinweis auf die Charruas (350,12), eine wesentlich genauere Aufzählung der ausgelassenen Partien (351,5–17) und der Passus am Schluß über die Titelgebung (352,11–15). Wie so oft hat Heine diese »Préface« erst in letzter Minute verfaßt und dann sofort in den Druck gegeben. Zwischen dem Datum dieser Vorrede, dem 20. Mai 1834, und der Auslieferung der ersten Exemplare der Renduelschen »Reisebilder«-Ausgabe liegen nämlich nur 10 Tage. Als daher François Buloz am 1. Juni 1834 die »Reisebilder. Tableaux de voyage« in der RDDM ankündigte und dabei große Abschnitte aus der »Préface« zitierte, muß er entweder eine Abschrift oder eine Fahne davon zur Verfügung gehabt haben (3. Serie, Bd. 2, S. 621–623). Buloz selbst gab dem Heine-Text nur folgende Bemerkungen bei: »Sa forme vive et piquante est parfaitement en harmonie avec l'originalité du livre qu'elle précède« (S. 621) – »Un grand succès attend certainement ce livre que décore une si curieuse préface« (S. 623).

Der 2. Ausgabe der »Reisebilder. Tableaux de voyage« im Rahmen der »Œuvres complètes« bei Michel Lévy wollte Heine ursprünglich eine neue Vorrede voranstellen. Im Nachlaß haben sich zwei deutschsprachige Entwürfe dazu erhalten (vgl. 354,3–358,35), die jedoch während des Druckes zugunsten der älteren Préface von 1834 verworfen wurden. Beachtenswert ist, daß dabei zwei kleinere Zusätze zum Fortschritt der Rückeroberung des Schönen und Guten aus der Vergangenheit hinzukamen (351,32–33 und 352,9–10). Das Datum der Vorrede wurde übrigens nicht verändert. Théophile Gautier ergänzte die Préface durch seinen Nekrolog »Henri Heine«, der weit über den speziellen Reisebilderband hinausgehend eine nachträgliche Einleitung zur gesamten Ausgabe darstellt.

Überlieferung

F[1] Préface. *In:*Henri Heine, Œuvres. *II.* Reisebilder. Tableaux de voyage, *Paris, Eugène Renduel, 1834, Bd. 1, S. I–VII.*

F[2] Préface. *In:* Henri Heine, Reisebilder. Tableaux de voyage. Nouvelle Edition. Revue, considérablement augmentée et ornée d'un portrait de l'auteur, *Paris, Michel Lévy, 1856, I,1–5.*

Lesarten

350,*6* Français et lorsqu'elles] Français, et qu'elles F^1 *7–10* dans le beau monde parisien avec toute son originalité d'outre-Rhin, fantastiquement colorié de germanismes et surchargé d'ornements par trop romantiques?] avec toute son originalité d'outre Rhin, fantastiquement colorié de calembourgs, chargé d'ornements par trop poétiques, dans le beau monde littéraire de la capitale? F^1 *10* Selon mon avis,] Pour ce qui est de moi, F^1 *12* fait, l'été dernier,] fait l'été dernier F^1 *25* tout à fait] tout-à-fait F^1.

351,*15–16* tartufes en général, aux pharisiens autant qu'aux saducéens allemands,] tartufes de ma patrie F^1 *19* inopportunes] importunes F^1 *25* passion] passion, F^1 *32* l'aristocratie;] l'aristocratie. F^1 *32–33* j'ai marché depuis plus loin dans la voie du progrès] je suis allé plus loin depuis F^1 *33* Allemands qui,] Allemands, qui F^1 *43* par delà] par-delà F^1.

352,*1* contre le sacerdoce] *écrasez l'infâme!* F^1 *9–10* positives, et réédifier tout ce que le passé nous a légué de bon et de beau.] positives. Donc, tandis que je viens de faire imprimer en langue allemande une nouvelle édition des *Reisebilder*, sans y changer un seul mot, j'ai supprimé autant que possible dans cette édition française celles des velléités politiques qui, en France, ne sont pas à l'ordre du jour F^1.

Erläuterungen

350,*1* Préface] *vgl. zum folgenden auch die Erläuterungen (348,24–349,37) zur deutschen Vorlage dieser »Préface«, denen sich hier nur jene Erläuterungen anschließen, die sich auf Textstellen in den französischen Erweiterungen beziehen (vgl. »Entstehung« 866,7–10).*

350,*12* des Charruas] *die Charruas-Indianer, die Heine hier erwähnt, waren die letzten Überlebenden eines Indianerstammes aus Uruguay, die im Sommer 1833 in Eisenkäfigen auf den Champs-Elysées ausgestellt wurden. Ihre Namen und ihr Beruf waren: Vimaca-Pérou (Häuptling), Sénaqué (Medizinmann), Tacuabé (junger Krieger) und Guyunusa (Frau). Heine hat diese Indianer entweder selbst gesehen oder folgende Publikationen über sie gelesen: François de Curel, »Arrivée en France de Quatre Sauvages Charruas par le Brick Français Phaeton de Saint-Malo«, Paris 1833, oder die Aufsätze über die Charruas in »Le temps«, 1833, Nr. 1326 vom 5. Juni und Nr. 1329 vom 8. Juni (vgl. dazu Schellenberg S. 22f. und Claude R. Owen, »Charruas und Tacuabé. Interpretation zu einem dunklen Passus in Heinrich Heines ›Tableaux de voyage‹«. In: HJb 4, 1965, S. 38–41).*

350,*13–14* le grand Tacuabé] *Heine meint hier nicht Tacuabé, der sich nachweislich noch im Juli 1834 in Paris aufhielt (vgl. Owen S. 39), sondern den Häuptling Sénaqué, der am 26. Juli 1833 in Paris gestorben war.*

351,*6* de l'île de Norderney] *die »Nordsee III« wurde erst für die Lévy-Ausgabe der RT übersetzt. Daß dieser Satz über die Weglassung von »Nordsee III«, der in der »Préface« von 1834 völlig angebracht war, 1856 einfach beibehalten wurde, ist entweder ein Versehen Heines oder eine Unachtsamkeit Gautiers, der diesen Band nach dem Tode Heines zusammen mit Lévy herausgab.*

351,*12* une partie fort acerbe] *damit ist wahrscheinlich der schon in der Renduel-Ausgabe weggelassene Platen-Abschnitt in den Kapiteln X und XI der »Bäder von Lucca« gemeint.*

351,*14–15* ma qualité de protestant] *Heine war bekanntlich am 28. Juni 1825 in Heiligenstadt bei Göttingen durch die Taufe zum protestantischen Glauben übergetreten.*

351,*15* tartufes] *religiöse Heuchler, nach der gleichnamigen Komödie von Molière.*

Erläuterungen zu den Lesarten

867,*18* sans y changer un seul mot] *bezieht sich nicht auf die gesamten »Reisebilder«. In der 2. Aufl. von Rb I (1830) und Rb II (1831) finden sich eine Reihe erheblicher Änderungen und Umstellungen (vgl. »Entstehung und Aufnahme« von Rb I 549,31ff. und Rb II 721,15ff.). Über die 2. Aufl. von Rb III und Rb IV hatte Heine dagegen am 8. September 1833 an Campe geschrieben, daß er nichts dagegen einzuwenden habe, wenn sie* ganz ohne Verändrung *erscheine.*

Au Rédacteur

Entstehung und Aufnahme

Nachdem Heine am 27. Dezember 1852 in einem persönlichen Gespräch mit Eugène Renduel seinen Streit mit Victor Lecou wegen des unautorisierten Nachdrucks der »Reisebilder. Tableaux de Voyage« beigelegt hatte (vgl. »Entstehung und Aufnahme« von RT 693,36–40), war am 7. Januar 1853 im »Journal des Débats politiques et littéraires« folgende kurze Notiz über die endgültige Beseitigung aller juristischen Mißverständnisse zwischen Heine und Renduel erschienen: »Une réclamation nous est adressée par M. Renduel au sujet d une édition des Reisebilder (tableaux de voyage) qui vient de paraître chez M. Lecou, et pour laquelle une difficulté s'était élevée. Il résulte de cette note explicative qu'après discussion amiable il a été reconnu que M. Renduel, éditeur originaire de M. Heine, avait été autorisé par ce dernier, et dans son propre intérêt, à traiter d'une édition in-12 dudit ouvrage. La question est donc terminée: M. Lecou vendra son édition, et là se bornera son droit, tandis que M. Heine restera désormais seul propriétaire de ses œuvres« (S. 3). Aufgrund dieser neuen Situation schrieb Heine am 10. Januar 1853 eine längere Erklärung, in der er seine am 26. Dezember 1852 in »La Presse« und im »Journal des Débats« erschienene Prozeßandrohung wieder rückgängig macht, einige Punkte seines Abkommens mit Renduel noch etwas genauer formuliert und im Ganzen einen recht versöhnlichen Ton anschlägt. Diese Erklärung schickte Heine an Armand Bertin junior, einen Mitarbeiter des »Journal des Débats«, und an Auguste Nefftzer, den Chefredakteur von »La Presse«, verbunden mit der Bitte, ihn so schnell wie möglich zu veröffentlichen. Doch lediglich das »Journal des Débats« entschied sich, diesen Brief am 12. Januar 1853 unter dem Titel »Au rédacteur« in seinen Kolumnen zu bringen. Damit war für Heine diese Angelegenheit, die ihn fast vier Wochen beschäftigt hatte, endgültig erledigt. J'ai pu sortir de cette affaire très honorablement et avec beaucoup de dignité, *schrieb er am 26. Januar 1853 an Saint-René Taillandier.*

Doch das Ganze hatte leider noch ein unwürdiges Nachspiel. Einige deutsche Zeitungen brachten nämlich sofort Nachdrucke dieses Briefes an den Redakteur des »Journal des Débats« und stellten Heine als einen alten Sündenbock hin, der sich auf seine alten Tage doch noch auf den strafenden Gott besinne und sich endlich der impiété *anklage. So wird etwa in der »Kölnischen Zeitung« vom 14. Januar (Nr. 14, S. 2) und in der »Düsseldorfer Zeitung« vom 15. Januar 1853 (Nr. 15, S. 3) gerade jener Abschnitt ins Deutsche übersetzt, wo Heine davon spricht, daß er »Gewissensbisse« über seine frühere »Gottlosigkeit« empfinde. Ähnlich verfährt am 21. Januar 1853 einer der Redakteure der »Wiener Kirchenzeitung«, der ebenfalls aus dem Brief an das »Journal des Débats« nur die Stelle über die »rohe Gottlosigkeit« hervorhebt (Nr. 6, S. 45).*

Als Heine davon hörte, schrieb er am 9. Februar 1853 an Campe, dem er bereits im Januar den Artikel im »Journal des Débats« zugeschickt hatte: Bemerken Sie mir doch gelegentlich, ob Ihnen das Blatt richtig zu Händen gekommen. Ist letzteres der Fall, so werden Sie zugleich auch daraus ersehen haben, wie dumm, falsch und ekelhaft die deutschen Blätter Auszüge meines Briefes geliefert. Ich muß Ihnen bey dieser Gelegenheit bemerken, daß die französische Ausgabe der »Reisebilder« ganz anders geordnet ist und einen ganz andern Zuschnitt hat, als die deutsche; so sind z. B. die »Memoiren des Herrn von Schnabelewopski« darin aufgenommen. Auf diese bezieht sich meine Selbstanklage der impiété, nicht auf den übrigen Inhalt der »Reisebilder«, der harmlos ist, und bey dem ich auch bey gegenwärtiger Denkweise nichts umändern würde. Es wäre nicht übel, wenn Sie diesen Umstand etwas unter die Leute brächten, aber bey Leibe nicht als von mir ausgehend.

Überlieferung

AU RÉDACTEUR. *In: »Journal des Débats politiques et littéraires«, 1853, vom 12. Januar, S. 2f.*

Erläuterungen

352,*41* avant la révolution de Février] *bezieht sich auf die Zeit vor der Februarrevolution von 1848 und kann an sich nur die alte Absprache zwischen Heine und Renduel von 1834 meinen.*

353,*9–10* dans le plus beau discours latin] *diese Rede wurde am 20. Juli 1825 nach dem Abschluß von Heines Promotionsverfahren vom Dekan der Juristischen Fakultät, dem Hofrat Ritter Gustav Hugo gehalten (über Hugo vgl. »Harzreise«, Erläuterung zu 88,17–18). Sie ist allerdings in einem höchst eleganten Latein verfaßt, während Heine bei seiner Disputation einige Schwierigkeiten mit dem Lateinischen hatte (vgl. »Buch Le Grand«, Erläuterung zu 187,31–32). Nach dem handschriftlich überlieferten Text dieser Rede hat Hugo Heine nicht mit dem berühmten römischen Rechtsgelehrten Papinianus verglichen, sondern auf seine poetische Ader hingewiesen, die ihn mit anderen Juristen wie Wieland, Goethe, Sprickmann, den Brüdern Stolberg, Bürger und Hoffmann verbinde (vgl. den Text dieser Rede im HJb 7, 1968, S. 14f.).*

353,*11* Papinien] *Aemilius Papinianus (geb. um 140 n. Chr.) war ein römischer Rechtsgelehrter, der sich durch besondere Charakterfestigkeit auszeichnete und 37 Bücher »Quaestiones« und 19 Bücher »Responsa« geschrieben hat.*

353,*27–28* où se trouvent quelques passages entachés d'une impiété si crue, que j'en ressens un véritable remords] *diese Stelle bezieht sich laut Heines Brief an Campe vom 9. Februar 1853 vor allem auf den »Schnabelewopski«, wurde ihm aber in den deutschen Zeitungen als Ausdruck allgemeiner Wankelmütigkeit ausgelegt (vgl. »Entstehung und Aufnahme« von »Au rédacteur« 869,18–29).*

<1.> Préface de la dernière édition des Reisebilder.

Entstehung

Die beiden deutschsprachigen Entwürfe zur Vorrede der zweiten französischen Reisebilderausgabe stammen aus dem Winter 1855/56. Für diese Datierung spricht, daß Heine seine Vorreden gewöhnlich erst nach Abschluß der Hauptarbeit verfaßte. Seit Sommer 1855 befand sich die neue Ausgabe in der Korrekturphase, aber die Fertigstellung verzögerte sich. Das kürzere der beiden Fragmente scheint der erste Ansatz zu einem neuen Vorwort zu sein, denn Heine schließt hier unmittelbar an die Auseinandersetzung mit Lecou um den unberechtigten Nachdruck der Reisebilder von 1853 an. Es tauchen fast die gleichen Argumente und Formulierungen auf, mit denen Heine in seinem Brief Au Rédacteur *sein Autorrecht verteidigt hatte (vgl. 354,14ff.). Außerdem befinden sich auf dem unteren Rand des ersten Blattes Gliederungsnotizen, die auf einen frühen Zeitpunkt der Arbeit hindeuten (vgl. »Lesarten« 873,39–43).*

Überlieferung

H[1] Die ältere im Jahr] *BN Allemand 387, Fos 8–10, 3 Einzelblätter, 391 × 311, D: 7–8/100, ungeripptes, wahrscheinlich maschinell hergestelltes Papier, weiß, 3 Seiten beschrieben, eigenhändig, Bleistift, Titel nachträglich am linken oberen Rand von Blatt 1 querverlaufend, mit Tinte, eigenhändige Paginierung* 1 *bis* 3.

Erstdruck: »Letzte Gedichte und Gedanken von Heinrich Heine«. In: »Heinrich Heine's sämmtliche Werke«. Supplementband, hrsg. von Adolf Strodtmann, Hamburg 1869, S. 358–360 (mit Verlesungen).

Lesarten

354,3–4 Die ältere *bis* Auslassungen][1]
(1) Diese neue französische *(nachträglich eingefügt)* Ausgabe der Reisebilder ist der
(a) Anordnu<n>g
(b) chron<olo>gischen Anordnu<n>g der verschiedenen Parthien und durch
(a[1]) Hinzufügu<n>gen gefe
(b[1]) Hinzufügungen
(2) Die ältere im Jahr 1841 erschienene französische Ausgabe der Reisebilder war durch
(a) die
(b) chronolo
(c) Anorrd<n>ung der
(a[1]) verschie

[1] *Am linken Rand nachgetragen: Preface de la derniére edition des Reisebilder.*

(b^1) einzelnen Stücke u durch große Auslassungen *H*^{1}

5 deutschen] *(*hen *korr.) H*^{1}

5–6 Dies *bis* suchte;]
(1) Die heutige
(a) Aus
(b) französische Ausgabe
(a^1) folgt zwey
(b^1) sucht sich der letzter
(2) Dies war ein Gebrechen, dem ich in der
(a) heu
(b) gegenwär
(c) heutigen neuen Ausgabe abzulelfen *(irrtümlich korr. zu* abzulhelfen*)* suchte; *H*^{1}

7 Folge der Stücke] (1) sie hat (2) Folge der (a) ein (b) Stücke *H*^{1}

7–9 wie in *bis* worden.]
(1) und
(2) wie in der
(a) Orig
(b) deutschen Original-Ausgabe
(a^1) und viele
(b^1) so daß
(c^1) und mehres
(d^1) *[*und*]* u viele
(a^2) Stücke, welche letztere enthielt u
(b^2) /:Stücke:/, welche letzt
(c^2) /:Stücke,:/ dieser letzteren,
(a^3) sind
(b^3) die ich früher ausschied, sind heute aufgenommen worden. *H*^{1}

9–11 Dagegen *bis* zeugten]
(1) Obgleich, wie die [S̤] Vorrede von 1846 *(aus* 1841*)*[1] meldet, bereits in der frühern französischen A
(2) Dagegen habe ich mit größerem Eifer
(a) mehre
(b) an mehren Orten
(a^1) den Auswuchs
(b^1) ^{0}die Auswüchse^0 *(aus* den Auswuchs*)* getilgt welche
(a^2) an die
(b^2) eine Frucht j
(c^2) von jugendlicher Ueberspann<un>g zeugten *H*^{1}

11 jetzt nicht *bis* sind.]

---

[1] *daneben Fragezeichen*

(1) besonders
(2) Ko
(3) re
(4) wenig zeitgemäßig
(5) jetzt nicht mehr zeitgemäßig u
(a) nü
(b) aufregend nützlich
(a^1) seyn
(b^1) sind. *H^1*

12–13 die grellsten *bis* Ausgabe]
(1) das
(2) ^{0}die^0 Grellsten
(a) K
(b) E
(c) politischen u r
(d) revoluzionären Ergüsse
(a^1) von mir
(b^1) in der
(a^2) ersten
(b^2) franzö<si>schen Ausgabe *H^1*

13–14 ausgemerzt] (1) unter (2) *Text H^1*

14 Da] (1) Unl (2) Da *H^1*
1853] *aus* 1843 *H^1*

14–15 unveränderter] *nachträglich eingefügt H^1*

15–17 so bin ich *bis* vorzunehmen]
(1) so (a) kann ich
(b) konnte ich
(c) ^{0}mußte /:ich.:/^{0} heute
(a^1) manchem
(b^1) ^{0}jedem^0 neueren Milderungsgelüste widerstehen, u es blieb leider Gottes viel darinn[1]
(2) u solcherweiß wieder ins große Publikum gekommen,
(a) durfte
(b) wären (a^1) allzu große
(b^1)^0 neuere
(c)^0 /:neuere.:/ Milderungen bedeut
(d) würde dasselbe diese

---

[1] so ich heute *in Text* (1) *versehentlich nicht gestrichen; in der rechten unteren Ecke auf dem Kopf stehend erste Eintragung auf dem Blatt mit Gliederungsnotizen zum Entwurf der Vorrede* (1) Chro. (2) Chronologie der Edizion (3) Äußere Anordnu<n>g des Buchs Geschichte seiner Edizion *Text gestrichen*

(e) so durfte ich (a^1) im Interesse
(b^1) manchem neuen Milderungsgelüste kein Gehör schenken u
(3) *Text* H^1
17 mit großer Bekümmerniß] (1) Go (2) . (3) der Himmel weiß es daß ich nur (4) mit großer Bekümmerniß *(*n *auf* ṭ*)* H^1
18–20 fortwuchert *bis* umhacken]
(1) fortwurzelt
(2)^0 /:fort.:/wuchert^0 u das ich nicht mehr *(nachträglich eingefügt)* ausreuten kann ohne den ganzen Wald umzuhacken
(a) u
(b) Mag
(c) dieses aber
(d) ach
(e) die alten gedru
(3)^0 /:fortwuchert.:/ – Um es auszureuten müßte man den ganzen
(a) Wald
(b)^0 Geistes/:Wald.:/
(a^1) umhacken
(b^1)^0 worin sie wurzeln *(*w *aus* z*)* /:umhacken.:/^{0} H^1
20–21 solche *bis* Götzen-Eiche.]
(1) die alten
(a) literarischen
(b) gedruckten
(a^1) Buch
(b^1) Götzen-Eichen
(c^1)^0 /:Götzen-.:/Haine^0 fallen nicht so
(d^1) Heidenwälder
(a^2) könn nicht so leicht umgehauen werden wie
(a^3) ein
(b^3) dac̤
(b^3) die Götzen-Eichen
(b^2) widerstehen der Axt
(a^3) viel mẹ
(b^3) da̤
(c^3) welche nur
(2) solche gedruckte Wälder sind nicht so leicht umzuhauen wie eine (a) Götzen-
(b) gewöhnliche Götzen-Eiche. H^1
21–22 blühende Denkmäler] (1) u Zeugniß geben (2) *Text* H^1
23 und ihre Spiele]
(1) mit dem Nachsp
(2) und ihre (a) verr̤

(b) Spiele H^1
23–24 Driaden *bis* Heidenböcken]
(1) Heiden
(2) N
(3) Driaden (a) und
(b) Satyren und sonstigen Heidenböcken H^1
24 andachtsvoll] s *auf* a H^1
24–25 meine Hände] (1) u reuig (2) *Text* H^1
27–29 Momentanen *bis* können.]
(1) Ich habe leider bey der französischen Gesamt-Ausgabe meiner Werke nicht chronologisch verfahren können
(2) Momentanen Nothwendigkeiten gehorchend habe ich
(a) ebenfalls *(s korr.)*
(b) ^{0} bey der
(a^1) Gesammtausgabe
(b^1) ^{0}franzö<sischen> /:Gesammtausgabe.:/^{0} meiner Werke nicht chronologisch verfahren können. H^1
30 schließt] (1) schloße (2) schließt H^1
32 erscheinen] (1) f (2) erscheinen H^1
33 behandelt] *aus* behändelt H^1
der französischen] (1) dieser neuen französischen (2)^0 der^0 /:neuen französischen.:/ (3)^0 /:der französischen.:/ H^1
34 dem großen Publiko]
(1) ersch
(2) er
(3) dem (a) Publi
(b) großen Publiko (großen *aus* größen) H^1
35 keine *bis* Grade]
(1) ein größeres als
(2) keins meiner Bücher hat
(3)^0 /:kein.:/e *(*e *auf* s*)* /:meiner *(*r *korr.)*:/ Produkzionen /:hat.:/^{0} jemals (a) ein
(b) in so hohem Grade H^1
38–39 begehren *bis* Muthe]
(1) begehren *(*ren *korr.)*,
(2) /:begehren.:/ ? *(aus Komma)*
(a) Aber
(b) Es wird mir unheimlich zu Sinne
(c) Ja, es wird mir unheimlich zu Muthe H^1
39–40 daß solche *bis* pflegen.]
(1) durch welche[1]

[1] *darüber gestrichener Ansatz* daß ich vielleicht

(a) Avanie
(b) künftige Avanie
(c)^0 Art von /:Avanie:/^{0} ich meinen 14tägigen Triumpf einst abbüßen
(2) daß solche
(a) Trium
(b) ungeheure Triumpfe auch
(c) /:ungeheure:/ ^{0}Successe /:auch:/^{0} durch große Avanien
(a^1) geb
(b^1) abgebüßt zu werden pflegen! H^1

41–42 auf dessen *bis* worden.] (1) dem unversehens auf sein belo[o]rbertes Haupt ein ignobles Geschirr geschmissen worden (2) auf dessen sein /:belorbertes Haupt unversehens *(durch Einweisungsschleife umgestellt)* ein ignobles Geschirr:/ ausgegossen worden. H^1

Erläuterungen

354,*3* im Jahr 1841 erschienene französische Ausgabe der Reisebilder] *diese Äußerung kann sich nur auf die 1834 bei Renduel erschienene Ausgabe der »Reisebilder. Tableaux de voyage« beziehen. In diesem Punkte scheint Heine sein Gedächtnis zu verlassen. So spricht er wenige Zeilen später von der* Vorrede von 1846. *In einer gestrichenen Stelle, in der ebenfalls die Jahreszahl 1846 auftaucht, hat Heine eigenhändig ein Fragezeichen daneben an den Rand gesetzt (vgl. »Lesarten« 872,43).*

354,*6* in der heutigen neuen Ausgabe] *neu aufgenommen sind in die Lévy-Ausgabe vor allem die Werke »L'île de Norderney« (I,99–144) und »Les nuits Florentines« (II,291–375).*

354,*10* die Auswüchse getilgt] *vgl. dazu den Abschnitt »Entstehung und Aufnahme« der »Reisebilder. Tableaux de voyage« (695,36ff.) und die entsprechenden Abschnitte in den Entstehungsgeschichten der Einzelwerke.*

354,*12* Schon in der Vorrede von 1846] *bezieht sich eindeutig auf die »Préface« von 1834, wo Heine ausführlich darüber spricht, aus welchen Gründen er sich an manchen Stellen zu Streichungen entschlossen hat (vgl. 350,40–351,14).*

354,*14–15* ein neuer unveränderter Abdruck] *damit ist die unautorisierte Ausgabe bei Lecou gemeint (vgl. »Entstehung und Aufnahme« der »Reisebilder. Tableaux de voyage« 692,35–694,4).*

354,*18* gottlosen Stellen] *dasselbe Reuebekenntnis wie in dem Brief »Au rédacteur« (353,27–28).*

354,*29* Die Reisebilder hätte<n> die Reihe eröffnen müssen] *den gleichen Wunsch äußerte Heine auch im Hinblick auf eine deutsche Gesamtausgabe seiner Werke (vgl. »Entstehung und Aufnahme« der »Harzreise« 560,12).*

354,*31–32* schon im nächsten Monath] *»De la France« erschien erst 1857.*
354,*32 Luteçe] die »Lutèce« war am 13. April 1855 im Rahmen der »Œuvres complètes« bei Lévy herausgekommen.*
354,*37* Vierzehn Tage lang] *mit der »Lutèce« hatte Heine einen seiner größten Erfolge beim Pariser Lesepublikum.* Meine »Lutezia« auf französisch macht hier viel Spektakel, *schreibt er am 28. April 1855 an Leopold Wertheim. Am 30. Mai 1855 heißt es in einem Brief an Campe:* Während 4 Wochen sprach ganz Paris von diesem Buch.
354,*40* Avanien] *Beschimpfungen (franz.).*

<2.Préface de la dernière édition des Reisebilder.>

Entstehung

Über die Entstehungszeit dieses Vorredenentwurfs gilt das bereits unter 696,30 und 870,42 Gesagte. Es handelt sich um eine breite Retrospektive, in der die deutschen und französischen Zustände zwischen 1820 und 1830 verglichen werden. Manche Textpassagen berühren sich inhaltlich mit früheren Ausführungen, u.a. mit der Vorfassung zum neunten Artikel der »Französischen Zustände« (Elster[1] V,512f.) und mit der Préface von 1834 (351,22ff.).

Überlieferung

*H*² Indem ich dem französischen Leser] *HI, 9, 1/2 Bogen, lose ineinander liegend, ca 395×311, D: 6–8/100, Velinpapier o. Wz., anscheinend Maschinenpapier, weißlich, jeweils Vorderseiten eigenhändig beschrieben, Bleistift, eigenhändige Paginierung* 1 *bis* 10 *(9 statt* 8 *und* 10 *statt* 9*), Seite* 8 *auf halbem abgerissenem Bogen, die Niederschrift erfolgte in* 2 *Stufen:*

H^{2a} *erster Arbeitsabschnitt (S. 1–4, Z. 6).*

H^{2b} *Überarbeitung von* H^{2a} *und zweiter Arbeitsabschnitt (S. 4, Z. 7ff.). Graphisches Indiz der beiden Stufen ist die kleinere und vertikalere Hand bei der Überarbeitung von* H^{2a} *und am Anfang des zweiten Arbeitsabschnittes. Die obere Hälfte von Blatt* 8 *ist abgetrennt und nicht erhalten. Der darauf befindliche Text wurde auf einem neu eingeführten Blatt 7 nachgetragen und erweitert. Daraus erklärt sich auch die Umpaginierung von 9 und* 10 *(vgl. Lesarten zu 337, 35–36).*

Erstdruck: Ernst Elster, »Heinrich Heines letzte Arbeit. Eine ungedruckte Vorrede zu den ›Reisebildern‹«. In: 1. Beiblatt zum »Berliner Tageblatt«, 1930, Nr. 334 vom 18. Juli.

Lesarten

355,3 überreiche] (1) überrede (2) /:über:/reiche *H^{2a}*

4–5 zu vergessen *bis* wann] (1) den Ort u die Zeit außer (2) *Text H^{2a}*

5–6 der Entstehung und Erscheinung]
(1) seiner (a) Enst
(b) Entstehung und Erscheinung
$(2)^0$ der /:Entstehung und Erscheinung:/ *H^{2a}*

7 die Verdienste desselben zu] (1) die Bedeutung desselben zu (2) *Text H^{2a}*

7–8 würdigen *bis* besten] (1) würdigen und er könnte gar dem besten $(2)^0$ /:würdigen:/, /:er könnte gar:/ an sehr vielen Orten /:de:/n *(*n *aus* m*)* /:besten:/ $(3)^0$ /:würdigen,:/ und /:er könnte:/ manchmal so/:gar den besten:/ *H^{2a}*

8 Zur Erleichterung] (1) Zu solç (2) /:Zu:/r Erleichterung *(*er *korr.) H^{2a}*

9 wechselseitigen Verständnisses] (1) erfreulichen Verständnisses $(2)^0$ wechselseitigen /:Verständnisses:/ *H^{2a}*

10–12 auf deutschem *bis* worden;]
(1) und ursprünglich in deutscher Sprache geschrieben zum größten Theil
(2) in Deutschland fast ganz
(3) auf deutschem Boden
(a) geschrieben worden, zum größten Theil
(b) /:,:/ zum größten Theil während den Jahren 1826 u 28 geschrieben worden; *H^{2a}*

12 zwey] (1) zwey $(2)^0$ die /:zwey:/ $(3)^0$ /:zwey:/ *H^{2a}*
sind *bis* Zeit.]
(1) welche zu Ende des ersten u des zweyten
(2) geho
(3) sind mehre Jahre später
(4) gehören einer späteren (a) Periode.
$(b)^0$ Zeit.
$(5)^0$ wurden [z] in /:einer späteren Zeit:/ produzirt.
$(6)^0$ sind Produkte /:einer späteren Zeit:/. *H^{2a}*

12–13 Das ganze] (1) Der (2) Ja, das ganze $(3)^0$ Das *(*D *aus* d*)* /:ganze:/ *H^{2a}*

13 also] *nachträglich eingefügt H^{2a}*

13–14 in Deutschland *bis* genannt wird.]
(1) wir (a) die der
(b) in Deutschland »die *(*e *auf verschriebenem* ẹ*)* Periode nach dem Freyheitskriege«
(a^1) nennen und
$(b^1)^0$ benamsen /:und:/
$(2)^0$ /:in Deutschland die Periode nach dem Freyheitskriege und:/ hier in Frankreich die
(a) Restaurazionszeit
(b) /:Restaurazion:/ genannt wird.:/ H^{2a}

15 Wer das] (1) Der (2) Gẹ (3) Wer *(davor nachträglich eingefügtes Absatzzeichen)* aber das $(4)^0$ /:Wer das:/ H^{2a}

15–16 gleichzeitigen *bis* Franzosen] (1) Leben der Franz (2) gleichzeitigen Leben *(*ben *nachgezogen)* der Franzosen H^{2a}

16–17 welche hier hervortritt] (1) welche her (2) /:welche:/ hier *(auf* her*)* hervortritt *(ganzer Text nachträglich eingefügt)* H^{2a}

17 wird einsehen daß] (1) muß gestehen daß $(2)^0$ wird einsehen /:daß:/ H^{2a}

17–18 dortigen Verhältnisse] (1) dortigen Verhältnisse $(b)^0$ dortigen /:Verhältnisse:/ H^{2a}

18 keineswegs] (1) jenseits jenes (2) /:jen:/seits *(*se *auf* es*)* des Rheines keineswegs $(3)^0$ /:keineswegs:/ H^{2a}
hiesigen] (1) hiesigen (2) diesseitigen $(3)^0$ hiesigen H^{2a}
der Rhein] (1) der Rhein (2) der Rhein H^{2a}

19 sondern *bis* Welten]
(1) sondern zwey Welten, (a) wo Zẹ
(b) .
(c) wo *(*w *korr.)*
(2) *Text* H^{2a}

20 Temperatur: die Sonne] (1) Geistestemperatur, wo $(2)^0$ /:Temperatur:/ *(*T *aus* t*)*: die Sonne H^{2a}

20–21 jenseits *bis* deutschen]
(1) senseits der *(*r *aus* s*)* französischen Gränzen
(2) bey uns in Deutschland wie
(a) in
(b) bey *(auf* in*)* Euch in Frankreich *(*F *korr.)*, die deutschen H^{2a}
(3) jenseits dieses Flusses wie diesseits /:bey Euch:/, /:die deutschen:/ H^{2b}

23–25 die Eichen *bis* Bey Euch]
(1) Bey Euch aber an den Ufern der Seine muß es damals sehr lustig u lebendig ausgese
(2) Alles Leben u Streben schien auf immer versumpft – Stagnazion und (a) Tode

(b) Tod. *Absatz* Bey Euch
(3) die Eichen rauschten sehr kleinmüthig,
(a) alles Leben war entblumt,
(b) die Rosen sahen aus als hätten sie den Schnupfen, alles Leben /:schien auf immer versumpft –:/ überall /:Stagnazion.:/ Lethargie und Gähnen. Bey Euch H^{2a}
26–27 gegrünt *bis* haben,] (1) in Blüthe gestanden zu haben (2) *Text* H^{2a}
27 ganz] (1) die ganz (b)^0 /:ganz.:/ H^{2a}
28 verbreiten sollten] (1) zu verbreiten (2)^0 /:verbreiten.:/ sollten H^{2a}
30 sondern vielmehr zwanzig] (1) da Ihr *(r korr.)* zwanzig (2)^0 sondern vielmehr /:zwanzig.:/ H^{2a}
30–31 alle Trümpfe *bis* Unfall]
(1) den Sieg
(a) errungen
(b) /:errungen.:/,
(a^1) hattet so
(b^1)^0 /:hattet.:/, /:so.:/
(c^1)^0 /:hattet so.:/ konntet Ihr diesen Unfall H^{2a}
(2) alle Trümpfe und Triumpfe genossen /:hattet.:/, /:so konntet Ihr diesen Unfall H^{2b}
31–33 nicht, wie *bis* ertragen,]
(1) nicht mit Gleichmut, wie wir zu t
(2) /:nicht, wie wir.:/ in solchen Fällen zu thun pflegten, mit
(a) Gleichmuth ertragen, H^{2a}
(b)^0 christlichem /:Gleichmuth ertragen,.:/ H^{2b}
33 Kämpfern überrumpelt] (1) Leu (2) Spielern üb (3) *Text* H^{2a}
35–36 Mißgeschick *bis* Gebiete]
(1) Mißgeschickt warf sich der französische Genius jetzt ganz ins Gebiet H^{2a}
(2) /:Mißgeschick warf sich der französische Genius.:/ mit Leidenschaft /:jetzt ganz ins Gebiet.:/
(3) /:Mißgeschick.:/ suchtet Ihr Ersatz oder Beschäftigung oder Zerstreuung im *[im] (aus* ins) /:Gebiet.:/e H^{2b}
36 Intelligenz] *darüber gestrichen* und H^{2b}
Soldaten] *daneben am Rand* [tu] H^{2b}
37–38 widmeten *bis* Kunst, und]
(1) beschäftigten *(n nachträglich eingefügt)* sich mit Industrie, mit Wissenschaft u Kunst und H^{2a}
(2) widmeten ihre
(a) Kräfte der
(b) /:Kräfte.:/, ihre Tapferkeit, ihre Leidenschaft allen Zweigen der /:Industrie,.:/ der /:Wissenschaft u.:/ der /:Kunst.:/, /:und.:/ H^{2b}

39 während *bis* Restaurazion] (1) die Zeit der Restaurazion (2) während der *(aus* die*)* /:Zeit der Restaurazion.:/ H^{2a} (3) /:während.:/ jener Friedenszeit /:der Restaurazion.:/ H^{2b}

französische Genius] (1) französische Geist in diesem Lande H^{2a} (2) Text H^{2b}

40–41 jene *bis* Literatur]
(1) sch
(2) jene (a) Literatu
(b) jugendlich frische Literatur H^{2a}

41 hervorgebracht hat, deren]
(1) hervorgebracht (a) welche den (a[1]) französis
(b[1]) Franzosen *(aus* französis*)*
(b) deren H^{2a}
(2) /:hervorgebracht.:/ hat, /:deren.:/ H^{2b}

355,41–356,3 die Welt *bis* hervortreten.]
(1) nach der Juliusrevuluzion *(3.* u *auf* z*)* die Welt in Erstaunen setzten. Nach der letzteren schwand jene Verve und außer zwey oder drey große Namen traten keine neue große Namen hervor. H^{2a}
(2) /:die Welt in Erstaunen setzte. Nach der.:/ Juliusrevoluzion /:schwand jene Verve.:/, die Ausbeutung der Natur wurde minder uneigennützig betriebe, durch eine materialistische Nazional-Oeconomie wurden die [ẹr] großmüthigen Elans der Jugend sehr
(a) abgekühlt u außer
(b) /:abgekühlt.:/, im Leben wie in der Literatur, wo kaum noch zwey oder drey große neue Namen hervortreten. H^{2b}

356,3 Die Tyranney] (1) an dem b (2) Die Tyranney H^{2a}

4 Wütherich Ludwig XVIII] (1) Ludwig XVIII H^{2a} (2) Wütherich /:Ludwig XVIII.:/ H^{2b}

4–5 hatte *bis* können,]
(1) konnte nicht die französische
(a) Lebenslust
(b)[0] /:Lebens.:/freude[0] dämpfen, H^{2a}
(2) hatte /:nicht die französische.:/
(a) Jugendlichkeit u
(b) /:Lebensfreude dämpfen.:/ können /:,.:/ H^{2b}

6–8 dem aufgedrängten *bis* waren]
(1) jener kam sie erst recht zum Bewußtseyn, die
(a) Freyheit gährte unter (a[1]) allen For
(b[1]) den verschiedensten Namen,
(b) paar Jesuiten und Hobberaux waren H^{2a}
(2) dem aufgedrängten

(a) alten
(b) greisen Bourbonenthum kam die Nazion erst recht /:zum Bewußtseyn:/ ihrer unverwüstlichen Jugendlichkeit, die /:paar Jesuiten und:/ Landjunker /:waren:/ H^{2b}
8–9 Badeaux *bis* auch für]
(1) Badeaux,
(a) ohne Sepp
(b) der
(c) und der (a^{1}) Chansonnièrs und der
(b^{1}) /:Chansonnièrs:/, auch für H^{2a}
(2) /:Badeaux:/ und /:der Chansonnièrs, auch für:/ H^{2b}
9–12 Volkstribunen *bis* trällerte]
(1) Volkstribunen, ich hätte
(2)^{0} /:Volkstribunen:/–
(a) Eure (a^{1}) Bast
(b^{1}) damaligen Bastillien wären
(b) Die Freyheit gährte
(a^{1}) u trällerte
(b^{1})^{0} bey Euch
(a^{2}) unter allen Costumen u Disciplinen – das trällerte H^{2a}
(b^{2}) unter allen Classen – die Censur schadet wenig in einem Lande wo man viel spricht – /:allen Costumen u Disciplinen – das trällerte:/ H^{2b}
13 Ihr *bis* glücklich.] (1) Ihr waret froh u glücklich. H^{2a} (b) /:Ihr:/ habt damals viel gelacht und /:waret froh u glücklich.:/ H^{2b}
14 Das außerordentliche Aufblühen]
(1) Anders
(2) Ganz anders,
(a) ganz thrän
(b) wie ich eben gesagt
(a^{1}) habe war
(b^{1})^{0} /:habe:/,^{0} /:war:/ es bey uns nach dem sogenannten Freyheitskriege wo wir das Joch Napoleons abgeschüttelt hatten um
(a^{2}) unsere geliebten
(b^{2}) wieder
(a^{3}) das Halsband unserer
(a^{4}) gee
(b^{4}) geliebten Fürsten anlegen zu lassen.
(b^{3}) von /:unserer geliebten Fürsten:/ das loyale Halsband /:anlegen zu lassen.:/ H^{2a}
(3) *Text* H^{2b}

14–15 unglücklichen Feldzügen] (1) Feld (2) *Text* H^{2b}
15 von] (1) die (2) von H^{2b}
16–17 Gewöhnlich *bis* z. B.]
(1) Gewöhnlich, wie z. B.
(2) /:Gewöhnlich:/ sind solche
(a) Blü
(b) Glückszeiten nach
(3) /:Gewöhnlich:/ kommen /:Glückszeiten nach:/
(4) /:Gewöhnlich:/ kommt ein solcher Aufschwung nach einem großen (a) Siege
(b)^0 Nazional/:Siege:/^{0}
(c)^0 Triumpfe^0
(d)^0 Siege^0, wie z. B. H^{2b}
17–18 nach der *bis* Invasion;]
(1) nachdem
(2) /:nach:/ (a) dem Sieg über die Perser;
(b) der *(aus* dem*)*
(a^1) Überwindung
(b^1) Befreyung von der persischen Invasion; H^{2b}
18–19 Franzosen *bis* eben das]
(1) Spaniern nach der
(a) Vertreibung
(b) Ueberwindung der Mauren; außer dem aufstach
(2) dem Franzosen (a) ist
(b)^0 hat^0 vielleicht (a^1) das
(b^1) eben das H^{2b}
19 die Höchste *bis* gefördert]
(1) alle Kräfte der Entwicklung
(2) die *(aus* der*)* (a) /:Entwicklung:/ ihrer Kräfte genutzt
(b)^0 höchste Kraft/:Entwicklung:/ gefördert H^{2b}
20–21 durch die *bis* Charakters]
(1) Elastizität *(*z *auf* t*)* eine Haupt
(2) /:Elastizität, (a) die alle
(b) der unzerstörbare
(3) die *(aus* der*)* /:unzerstörbare:/ Elastizität
(4)^0 durch die /:unzerstörbare Elastizität:/^{0}
(5)^0 /:durch die:/ wunderbare /:Elastizität:/^{0} des
(a) franz
(b) gallischen Charakters H^{2b}
22 nahmen] (1) wa (2) nahmen H^{2b}
23 Betrachtung. Hier,] (1) Beobachtung. (a) N
(b) Hier,
(2)^0 Betrachtung /:. Hier,:/ H^{2b}

24 Joche] J *korr.* H^{2b}

24–25 ungeheuren Aufschwung] (1) politisch mor (2) Aufschwung (3)^0 ungeheuren /:Aufschwung:/ H^{2b}

27 Verdrossenheit,] (1) Apathie, (a) Er
(b) Verdrossenheit,
(2)^0 Erschlaffung/:, Verdrossenheit,:/
(3)^0 *[,]* /:Verdrossenheit,:/ H^{2b}

Abgespanntheit *bis* Erscheinungen]
(1) Abgespanntheit, und
(2) /:Abgespanntheit:/ in allen (a) Form
(b) Erscheinungen H^{2b}

28 sehr] (1) sehr (2)^0 allzu/:sehr:/ (3)^0 /:sehr:/ H^{2b}

29–31 Eine *bis* hatten, in]
(1) Wahr
(2) Wir hatten uns gleichsam übernommen in
(3)^0 Die nächste Ursache^0
(4)^0 Eine Haupt /:Ursache:/ unserer Apathie war wohl, daß wir /:uns gleichsam übernommen:/ hatten, /:in:/ H^{2b}

32 Herrschaft in Deutschland] (1) Herrschaft, während Deuts (2) /:Herrschaft:/ in Deutschland H^{2b}

32–33 in den langen Tagen] (1) während den Tagen (2) in /:den:/ langen Tagen H^{2b}

33 namentlich] (1) s (2) namentlich H^{2b}

34–37 ins Gebiete *bis* schufen]
(1) in Gebiete
(2)^0 /:in:/s /:Gebiete:/^{0} der
(a) Wissenschaft u der Philosophie
(b) /:Wissenschaft:/, /:der Philosophie:/ u<n>d der
(a^1) Poesie, ins Traumreich der romantischen Lust, geflüchtet
(a^2) und
(a^3) jene Zeit
(b^3)^0 damals^0 war die Blüthezeit unsere
(b^2) und eine Frucht jener rein
(a^3) ge
(b^3) geistigen *(2. g auf s)* Bestrebungen
(a^4) wahr
(b^4) waren unsre größten
(b^1)^0 /:Poesie:/ [,] geflüchtet, er war gleichsam /:insTraumreich:/ des *(aus* der*)* Gedankens u der Romantik emigrirt /:, unsre größten:/^{0} Denker u Dichter schufen H^{2b}

37–38 keine große] (1) wenige große (2)^0 keine^0 /:große:/ H^{2b}

38–39 aufgetreten *bis* Literatur.]
(1) aufgetreten: und wenn wir den Canon
(2)^0 /:aufgetreten:/,
(a) /:und:/ der *(aus* den*)* /:Canon:/^{0} unserer großen Literatur giebt (a^1) nur Namen aus jener
(b^1) davon
(b) und wir (a^1) leben
(b^1)^0 zehren^0 noch an
(a^2) dies
(b^2) den Erzeugnissen jener Zeit welche
(c) und die *(aus* den*)* /:Erzeugnisse jener:/ Perioden bilden den Canon unserer großen Literatur. H^{2b}

39–40 Einer *bis* mußte] (1) nach einer solchen Anstrengu<n>g war (2) Einer *(*E *auf* e*)* /:solchen Anstrengu<n>g:/ mußte H^{2b}

40 literarische Erschlaffung] (1) Erschlaffung (2)^0 literarische /:Erschlaffung:/^{0} H^{2b}

41 erlebt. Dann] (1) erlebt, wo (2) /:erlebt:/. Dann H^{2b}

42 seyn *bis* sey] (1) seyn wenn man dazu (2) /:seyn:/, /:wenn man:/, sey H^{2b}

42–43 verbündeter *bis* einen] (1) Bruderbarbaren den (2)^0 Mit/:barbaren den:/^{0} (3)^0 verbündeter /:barbaren:/^{0}, einen H^{2b}

43 Giganten wie] (1) Coloß wie (2)^0 Giganten^0 /:wie:/ H^{2b}

357,1 herabgestürzt](1) gestürzt (2)^0 herab^0 /:gestürzt:/ H^{2b}

wir konnten] (1) wie wir Deutsche (2) *Text* H^{2b}

3 bedurften] (1) durften (2) be/:durften:/ H^{2b}

einige Muße um] (1) Ruhe (2) Zeit um (3)^0 einige Muße^0 /:um:/ H^{2b}

gehörig] *davor nachträglicher Ansatz aus zwei nicht lesbaren gestrichenen Buchstaben*

4–6 germanischen *bis* leckten]
(1) deutschen Natur
(2)^0 germanischen^0 /:Natur:/,
(a) und (a^1) man legte sich
(b^1) die (a^2) Bären
(b^2)^0 Söhne Hermans u Thusneldes^0 legten sich auf die Bärenhaut und die meisten leckten
(b)^0 /:die Söhne Hermans u Thusneldes legten sich auf die Bärenhäut:/e *(*ä *aus* a*)*, /:leckten:/ H^{2b}

6 ihren Großthaten und] (1) ihrer Großthat und (2)^0 /:ihre:/n /:Großthat:/en^0 /:und:/ H^{2b}

7 sorglos] *aus* sorglich H^{2b}

8 eingesetzte] (1) eingesetzten (2) /:eingesetzte:/ H^{2b}

Obrigkeit, unsre] (1) Obrigkeit. Soll (a) die

(b) ich die Wahrheit sagen,
(2) /:Obrigkeit:/, unsre H^{2b}
9 Soll] *davor Absatzzeichen mit Vermerk alinea* H^{2b}
10 als sie] (1) wie (2) als sie H^{2b}
wenig *bis* Fürsten]
(1) schlecht
(2) jene (a) Könige
(b) Potentaten ihre
(3)^{0} wenig^{0} /:ihre:/ lieben Fürsten H^{2b}
11 Vertrauen] V *auf* v H^{2b}
12 eigentlich *bis* paar] (1) sowohl um die paar (2)^{0} eigentlich ob den^{0} (*aus* die) /:paar:/ H^{2b}
14 erduldeten hatten] (1) zu erdulden hatten (2) /:erdulde:/ten /:hatten:/ H^{2b}
15 geschlagen. Es war] (1) geschlagen; es war (2)^{0} /:geschlagen:/. (*aus* ;) Es (E *auf* e)^{0} /:war:/ H^{2b}
16 französische] *darüber Ansatz* [Co] H^{2b}
17 Feuer-Kopf, gleich] (1) Tollkopf, gleich (2)^{0} Uebermüthling^{0} /:, gleich:/ (3)^{0} Feuer-/:kopf^{0}, gleich:/ H^{2b}
gammin de Paris welcher] (1) *gammin de gammin* welcher (2)^{0} *gammin de:/ Paris*^{0} /:welcher:/ H^{2b}
18–19 geliebten *bis* nöthige]
(1) ehrwürdigen Landesväter
(a) Tag und Nacht
(b) beständig in Harnisch brachte und ihnen sogar die
(a^{1}) Not
(b^{1}) nöthige
(2)^{0} geliebten /:Landesväter:/ alles mögliche Herzleid zufügte, wie er^{0} /:ihnen sogar die nöthige] H^{2b}
20–21 mit einigen *bis* Hauptstädte]
(1) vo
(2) mit einigen 100,000 Mitgamins, vor
(a) das (a^{1}) Haupt ihrer
(b^{1}) Thor ihrer
(b) den Thoren ihrer Hauptstädte H^{2b}
22–23 Sie hatten *bis* Schweiße]
(1) La
(2) Sie (a) lagen vielleicht eben im Schweiße,
(b)^{0} hatten vielleicht eben vorher eingenommen, lagen im Schweiße H^{2b}
24–28 gähnten *bis* aufmachen]
(1) wollten
(2) gähnten seelenruhig – da

(a) hörten sie
(b) wurden sie aufgeschreckt von der fürchterlichen Stimme, von der gellenden
(a^1) Glock
(b^1) Geklingel und gepolter vor dem Thor –
(a^2) sie mußten sich schnell in ihre Amtsuniform werfen
(b^2)^0 , auf die Gefahr hin den Schnupfen zu
(a^3) bekommen mußten
(b^3)^0 /:bekommen.:/,^{0} /:mußten.:/ sie aufstehen, sie mußten sich schnell in ihre
(a^4) Ka
(b^4) Uniform werfen u aufmachen – H^{2b}

28 von ihnen der Mensch?] (1) der Mensch? (2) *Text* H^{2b}

30 schlechte Spaß] (1) Spaß (2)^0 schlechte^0/:Spaß.:/ H^{2b}

31 hieß es:]
(1) int
(2) hie
(3) war die (a) Rh
(b) Reihe an
(4) hieß es: H^{2b}

35–36 ihrer Noth *bis* Völkern]
(1) Angst u in dieser Noth versprachen sie ihren Völkern
(2) ihrem Kummer und
(3)^0 /:ihre.:/r (r *aus* m) Noth^0 und ihrer Angst versprachen sie [ih] ihren Völkern *(vor* (1) *eine halbe Seite Textverlust;* vgl. *»Überlieferuug«* 877,34; Völkern *als Anschlußwort in* (1) *nicht gestrichen)*

36–38 Constituzionen, *bis* möchten.]
(1) schönen Constituzionen,
(2)^0 /:Constituzionen,.:/
(a) für
(b) um sie
(c) Freyheit u Gleichheit, die schönsten Dinge, *(*n *korr.)* damit sie
(a^1) nur ihnen
(b^1)^0 /:ihnen.:/ jenen fatalen Stöhrenfried vom Halse schaffen möchten. H^{2b}

39–42 unsre Landesväter *bis* murren,]
(1) von den (a) versprochenen
(b) Versprechungen nichts in Erfüllung gegangen und
(a^1) man uns zum
(b^1) unsre legitimen

(a^2) Conciergen
(b^2)^0 Landesväter uns zum^0
(2)^0 unsre Landesväter, als ihnen, wie dem Simson, wieder die Haare auf dem Kopfe gewachsen waren^0 /:uns zum.:/ Narren gehalten und keine Versprechung in Erfüllung trat – Einige von uns
(a) die [welche] am wirksamsten
(b) Patrioten, (a^1) welche
(b^1) Viel
(c^1) beganne<n> zu murren,
(3)^0 /:unsre Landesväter.:/ als wir sie vom Napoleonischen Joche befreyt hatten, ihre
(a) Ver
(b) schönen Versprechungen unerfüllt ließen. Manche von uns ärgerten sich daß man sie zum Narren gehalten und /:beganne<n> zu murren,.:/ *H*^{2b}

357,43–358,1 oder destituirt *bis* flohen;]
(1) oder wenigstens destituirt,
(2)^0 oder^0 /:destituirt,.:/
(a) in (a^1) schmachv
(b^1) Untersuchungen gezogen,
(b)^0 oder zu *(aus* in*)* lebenslänglicher /:Untersuchung.:/ verurtheilt,
(a^1) mußten fliehen
(b^1)^0 oder^0 /:mußten fliehen;.:/
(c^1)^0 viele flohen^0 /:;.:/ *H*^{2b}

358,1–2 oder verstecken *bis* Resignazion,]
(1) und
(a) flüchtet
(b) resig
(2) oder (a) flü
(b) flüchteten sich in eine religiöse Resignazion,
(c)^0 versteckten^0 /:sich in eine<r> religiöse.:/n /:Resignazion,.:/ *H*^{2b}

2 wurden Mystiker] (1) die M (2) *Text* *H*^{2b}

3 widerwärtige] (1) schrecklich widerwärtige (2)^0 /:widerwärtige.:/ *H*^{2b}

jede heitre] (1) alle heitre (2)^0 jede^0 /:heitre.:/ *H*^{2b}

4 hatte gute Tage] (1) schob ihr Haupt (2) *Text* *H*^{2b}

5 Obscurantismus] (1) Capotismus herrschte (2)^0 Obscurantismus^0 /:herrschte.:/ *H*^{2b}

6 Kirchenwesen.] (1) Kirchenornat. (2)^0 /:Kirchen.:/wesen.^{0} *[ornat.]* *H*^{2b}

6–7 das Gespenst *bis* wollte]
(1) die (a) Ca
(b) abgestorbenen Camerillien suchten wieder ihre alte Mumie, wickelte
(2) die Gespenster der Feudalzeit, traten aus ihren
(a) Erbbegräb
(b) Särgen hervor[unt]
(3) das *(auf* die*)* /:Gespenst der Feudalzeit,:/ erhob sich /:aus:/ seinem Sarg *(aus* Särgen*)* und wollte H^{2b}

7 seine *bis* wieder] (1) wieder ihre vergilbtesten *(*g *korr.)* (2)^0 seine^0 /:vergilbtesten:/ Pergamente wieder H^{2b}

8–11 Censur *bis* Die Gelehrten]
(1) Zens
(2) Censur, Censur von der schlimmsten (a) Art war
(b)^0 /:Art:/,^{0} /:war:/
(3)^0 /:Censur:/. /:Censur von der schlimmsten Art war:/^{0} die Angst vor dem eignen Wort. Die Gelehrten *(Vor* Die *gestrichenes Einweisungszeichen, das zwischen* Censur, Censur *in* (2) *neu gesetzt wurde; bezieht sich auf korrespondierendes Einweisungszeichen am linken Rand der oberen Blatthälfte mit Text:* Und der Deutsche, der nicht wie der Franzose, [mit] durch die Mündlichkeit viel kommunizirt, kann nicht so leicht die Presse entbehren. H^{2b}

16 nicht verstand] (1) miß (2) *Text* H^{2b}

16–19 In der *bis* Roma<n>leser]
(1) Auf der Bühne blühten die larmoyanten Dramen von H<o>uwald, der prosaische Müllner, der Herr Raupach u Madame Birch-pfeifer. Die Roma<n>leser
(2)^0 In der Literatur sah es am kläglichsten aus. /:Auf der Bühne blühten:/ der *(aus* die*)* /:larmoyante H<o>uwald, der:/ erz/:-prosaische Müllner,:/ der seichte /:Herr Raupach u:/ die fette /:Madame Birch-pfeifer:/
(a) das edle Paar der Mittelmäßigkeit /:. Die Roma<n>leser
(b)^0 [Paar] /:. Die Roma<n>leser:/ H^{2b}

19 Taschenbordellchen] b *auf* d H^{2b}

20 Clauren, Me Schoppenhauer] (1) Clauren oder Me Schoppenhauer (2)^0 /:Clauren:/, /:Me Schoppenhauer:/ H^{2b}
Velde] V *auf* W H^{2b}

21 matten Nachahmungen] (1) schlechten Nachahmungen (2)^{0}matten^0 /:Nachahmungen:/ H^{2b}
Walter Scotts] Walter-Scotts *(*W *aus* V*)* H^{2b}

23 in den *bis* Universitäten]
(1) auf den Uni

(2) in den Tavernen (a) der Universitäten
(b)^0 der Studentenwelt,^{0} /:der Universitäten.:/
(c)^0 [,]^0 /:der Universitäten.:/ H^{2b}

24 ein freyer] (1) der
(2) ein (a) freihei
(b) frischer,
(c)^0 freyer H^{2b}

24–25 der Begeisterung *bis* Tradizionen] (1) tradizion (2) des ewigen Geistes, die Tradizionen (3)^0 der Begeisterung /:,:/ hier erloschen nie^0 /:die Tradizionen.:/ H^{2b}

sollte auch] (1) mußte auch (2)^0 sollte^0 /:auch.:/ H^{2b}

26–28 den deutschen *bis* Sprache]
(1) wie ein (a) Gewitter, die schwüle Luft e
(b)^0 /:Gewitter.:/ in der
(2) in der deutschen Schwüle wie ein erfrischendes Gewitter wirkte;
(3)^0 D
(4)^0 den deutschen Geist aus seiner
(a) Er
(b)^0 Apathie und Schlafsucht^0
(c)^0 /:Schlafsucht.:/ Dumpfheit und^0 /:Schwüle wie ein erfrischendes Gewitter wirkte;.:/
(a^1) auch in seiner Sprache
(b^1) /:auch seine Sprache.:/ die
(c^1) deßhalb trug /:seine Sprache.:/
(d^1) auch trug seine Sprache
(d)^0 /:Schlafsucht.:/ weckte und
(e)^0 /:Schlafsucht weckte.:/,^{0} Leben u Literatur wohltätig erfrischte und dem alten Apathie ein Ende machte; /:auch trug seine Sprache.:/ (a^1) *bis* (d^1) *möglicherweise unmittelbar nach* (2) *niedergeschrieben)* H^{2b}

28 Oposizion] *(*o *auf* i; z *auf* s*)* H^{2b}

31 einer Denk- und Schreibweise] (1) eines Denk- und Schreib (2) /:eine.:/r *(*r *aus* s*)* /:Denk- und Schreib.:/weise *(*w *korr.)* H^{2b}

32 erst *bis* ganz] (1) selbst erst später ganz (2)^0 /:erst.:/ einige Jahre^0 /:später ganz.:/ H^{2b}

32–34 alsdann *bis* Reisebildern,]
(1) »das junge Deutschland« hervorbrachte. *Absatz* Ich rede von den Reisebildern.
(2) alsdann das
(a) junge
(b) sogenannte Junge *(*J *aus* j*)* Deutschland
(a^1) hervorbrachte

(b^1) ins Leben rief. *Absatz*
(a^2) Ich rede
(b^2) Dieser Autor bin ich
(a^3) selbst, denn ich
(b^3) /:selbst:/ und ich rede von den Reisebildern H^{2b}

35 wie ein *bis* in die]
(1) eine elekt
(2) wie ein Gewitter
(a) da
(b) die
(c) in die (a^1) Stumpf
(b^1) Zeit einschlug<en>
(a^2) und (a^3) die
(b^3) segensreich
(b^2)^0 in die H^{2b}

Erläuterungen

355,*12* zwey kleine Fragmente sind Produkte einer späteren Zeit] *gemeint sind der »Schnabelewopski« von 1832 und die »Florentinischen Nächte« von 1837, die im »Salon« erschienen und in die deutschen Ausgaben der »Reisebilder« nicht aufgenommen wurden.*

355,*24–25* überall Stagnazion] *vgl. Erläuterung zu 349,2.*

355,*28* eine Niederlage erlitten] *gemeint sind der Rückzug aus Rußland (1812), die Völkerschlacht bei Leipzig (1813) und die Schlacht bei Waterloo (1815).*

356,*4* Ludwig XVIII *und* Carl X] *Ludwig XVIII. starb 1824, Karl X. wurde 1830 durch die Julirevolution aus Frankreich vertrieben.*

356,*8* Badeaux] *Badauds, soviel wie Eckensteher oder Maulaffen (franz.).*

356,*17–18* nach der Befreyung von der persischen Invasion] *nach den Perserkriegen (500–449 v. Chr.) erlebte Athen in den Jahren 444–429 v. Chr. unter der Verwaltung des Perikles seine politische und kulturelle Blütezeit, in der u.a. Sophokles, Euripides, Herodot und Thukydides ihre bedeutendsten Werke verfaßten.*

356,*33–34* den Niederlagen von Jena und Austerlitz] *am 2. Dezember 1805 besiegte Napoleon die vereinigten Russen und Österreicher bei Austerlitz, am 14. Oktober 1806 besiegte er die Preußen bei Jena und Auerstädt.*

356,*42–43* mit einer Million verbündeten Barbaren] *gemeint ist die russische Armee, deren Kosakenschwärme als besonders ›barbarisch‹ galtern.*

357,*8* unsre 36 Monarchen] *zum Deutschen Bund, der auf dem Wiener Kongreß gegründet wurde, gehörten mit Einschluß der vier freien Städte 39 selbständige Staaten.*

357,*17* *gamin*] *Gassenjunge (franz.).*

357,*22* unseren gekrönten Piplats] *im Sinne von Pförtnern oder Hausmeistern gemeint (franz.). Auch im »Waterloo«-Bruchstück der »Geständnisse« nennt Heine Napoleon jenen* schrecklichen korsikanischen Taugenichts, der in allen Hauptstädten der Welt die Wache prügelte, überall die Fenster einwarf, die Laternen zerschlug und unsre ehrwürdigen Monarchen wie alte Portiers behandelte, indem er sie nachts aus dem Schlafe klingelte und ihr Silberhaar verlangte. Unsre gekrönten Pipelets konnten ruhig ihren Nachtschlaf genießen *(vgl. DHA Bd. 15).*

357,*36* alle möglichen Constituzionen] *die meisten deutschen Fürsten versprachen während der sogenannten ›Befreiungskriege‹ den Einwohnern ihrer Staaten eine auf bürgerlich-liberalen Prinzipien beruhende Verfassung, um sie in ihrem Patriotismus zu bestärken. Viele – wie Friedrich Wilhelm III. von Preußen – brachen jedoch nach dem Kriege ihr Wort und regierten ebenso autokratisch weiter wie zuvor.*

357,*43* eingesteckt oder destituirt] *Hinweis auf die ›Demagogen‹-Verfolgungen in den Jahren nach den Karlsbader Beschlüssen von 1819.*

358,*15* Altenstein] *Karl Freiherr vom Stein zum Altenstein war von 1817 bis 1838 preußischer Minister für Universitätsangelegenheiten (vgl. »Briefe aus Berlin«, Erläuterung zu 31,3).*

358,*17* der larmoyante H<o>uwald] *nachdem Heine am 23. Juni 1821 auf der Berliner Bühne Houwalds Schicksalsdrama »Das Bild« gesehen hatte, prangerte er ihn schon in den »Briefen aus Berlin« von 1822 als weinerlich an (vgl. 18,19 und 31,37).*

358,*17–18* der erzprosaische Müllner] *Müllner hatte nach 1820 das Dichten weitgehend aufgegeben und war Journalist geworden (vgl. Erläuterung zu 165,20).*

358,*18* der seichte Herr Raupach] *vgl. Erläuterung zu 165,30*

358,*18–19* die fette Madame Birch-Pfeifer] *ebenso abschätzig äußert sich Heine über die Trivialschriftstellerin Charlotte Birch-Pfeiffer (1800–1868) in der »Romantischen Schule« (Buch III,4) und im »Wintermärchen« (Caput XI).*

358,*20* Clauren] *derselbe Witz über Clauren findet sich schon im »Buch Le Grand« (212,17–18).*

358,*20* Me Schoppenhauer mit ihren Entsagungsromanen] *Johanna Schopenhauer (1766–1838), die Mutter des Philosophen, schrieb neben Reisebeschreibungen auch eine Reihe erfolgreicher Frauenromane (u.a. »Gabriele« 1819f., »Die Tante«, 1823, »Sidonia«, 1827f.).*

358,*20–21* van de Velde mit seinen matten Nachahmungen Walter Scotts] *gemeint ist Karl Franz van der Velde (1779–1824), der zahlreiche historische Unterhaltungsromane verfaßte.*

358,*22* die schwäbische Schule] *über Heines Begriff* schwäbische Schule *vgl. seine Schrift »Der Schwabenspiegel« von 1839, DHA Bd. 10.*

358,*25–26* das Buch] *damit sind die ersten Teile der »Reisebilder«, besonders »Die Harzreise« von 1826 gemeint.*

Abkürzungen und diakritische Zeichen

I

ADB	*»Allgemeine Deutsche Biographie«, Berlin 1875ff.*
BN	*Bibliothèque Nationale, Paris.*
DHA	*Düsseldorfer Heine-Ausgabe.*
»Elegante«	*»Zeitung für die elegante Welt«.*
Elster^1	*»Heinrich Heines sämtliche Werke«, hrsg. von Ernst Elster, Leipzig und Wien 1887–1890.*
Elster^2	*»Heines Werke«, hrsg. von Ernst Elster, 2. Aufl., Leipzig 1925.*
Goedeke	*Karl Goedeke, »Grundriß zur Geschichte der deutschen Dichtung«, Dresden 1884ff.*
GR	*»Germanic Review«.*
Grimm	*Jacob und Wilhelm Grimm, »Deutsches Wörterbuch«, Leipzig 1854ff.*
Harich	*E. T. A. Hoffmann, »Dichtungen und Schriften«, hrsg. von Walter Harich, Weimar 1924.*
HI	*Heine-Institut, Düsseldorf.*
HJb	*»Heine-Jahrbuch«, hrsg. von Eberhard Galley, Hamburg 1962ff.*
Hirth^1	*»Heinrich Heines Briefwechsel«, gesammelt, eingeleitet und erläutert von Friedrich Hirth, München und Berlin 1914–1920.*
Hirth^2	*»Heinrich Heine. Briefe«, erste Gesamtausgabe nach den Handschriften hrsg., eingeleitet und erläutert von Friedrich Hirth, Mainz 1950–1957.*
Loewenthal	*Erich Loewenthal, »Studien zu Heines ›Reisebildern‹«, Berlin und Leipzig 1922.*
Mende	*Fritz Mende, »Heinrich Heine. Chronik seines Lebens und Werkes«, Berlin 1970.*
MGG	*»Die Musik in Geschichte und Gegenwart«, hrsg. von Friedrich Blume, Kassel und Basel 1949ff.*
MLN	*»Modern Languages Notes«.*
»Morgenblatt«	*»Morgenblatt für gebildete Stände«.*
NRG	*»Nouvelle revue germanique«.*
Rb	*»Reisebilder«.*
RDDM	*»Revue des deux mondes«.*
RhW	*»Rheinisches Wörterbuch«, bearbeitet und hrsg. von Josef Müller, Bonn 1928ff.*
Rippmann	*Ludwig Börne, »Sämtliche Schriften«, hrsg. von Inge und Peter Rippmann, Düsseldorf 1964ff.*

RT	*»Reisebilder. Tableaux de voyage«.*
Schellenberg	*Alfred Schellenberg, »Heinrich Heines französische Prosawerke«, Berlin 1921.*
Seifert	*»Heine-Bibliographie 1954–1964«, bearbeitet von Siegfried Seifert, Berlin und Weimar 1968.*
Strodtmann	*Adolf Strodtmann, »H. Heine's Leben und Werke«, 3. Aufl., Hamburg 1884.*
Thieme-Becker	*»Allgemeines Lexikon der bildenden Künstler von der Antike bis zur Gegenwart«, hrsg. von Ulrich Thieme und Felix Becker, Leipzig 1907 ff.*
Walzel	*»Heinrich Heines sämtliche Werke«, hrsg. von Oskar Walzel, Leipzig 1910–1920.*
Wilhelm/Galley	*»Heine-Bibliographie« von Gottfried Wilhelm unter Mitarbeit von Eberhard Galley, Weimar 1960.*
Werner/Houben	*»Begegnungen mit Heine. Berichte der Zeitgenossen«, hrsg. von Michael Werner in Fortführung von H. H. Houbens »Gespräche mit Heine«, Hamburg 1973.*
ZDPh	*»Zeitschrift für deutsche Philologie«.*

II

Abt.	*Abteilung*	*hrsg. (Hrsg.)*	*herausgegeben (Herausgeber)*
Anm.	*Anmerkung*	*Jg.*	*Jahrgang*
Aufl.	*Auflage*	*Kap.*	*Kapitel*
Bd.	*Band*	*korr. (Korr.)*	*korrigiert (Korrektur)*
D	*Dicke*	*lat.*	*lateinisch*
d.i.	*das ist*	*nd.*	*niederdeutsch*
ebd.	*ebenda*	*Nr.*	*Nummer*
eig.	*eigentlich*	*o. Wz.*	*ohne Wasserzeichen*
eigh.	*eigenhändig*	*Pseud.*	*Pseudonym*
erg.	*ergänzt*	*S.*	*Seite*
f. (ff.)	*folgende*	*s.*	*siehe*
franz.	*französisch*	*Sp.*	*Spalte*
geb.	*geboren*	*V.*	*Vers*
gen.	*genannt*	*verb.*	*verbessert*
gestr.	*gestrichen*	*verh.*	*verheiratete*
Hs.	*Handschrift*	*vgl.*	*vergleiche*
(Hss.)	*(Handschriften)*	*Z.*	*Zeile*

III

[ ]	*Streichung durch Heine*
[ ]	*Versehentlich von Heine gestrichen*
⌈ ⌉	*Abweichungen und Zusätze der französischen Version gegenüber dem deutschen Text*
⊓	*Auslassungen in der französischen Version gegenüber dem deutschen Text*
/: :/	*Wiederholungen von Wörtern, Textpassagen und Interpunktionszeichen, die in der Handschrift nur einmal vorkommen*
< >	*Textergänzungen des Bandbearbeiters*
( )	*Klammern im Text des Bandbearbeiters*
Tanzbär / *f.......*	*Unterpunktierung von unsicheren oder unleserlichen Buchstaben bzw. Wörtern durch den Bandbearbeiter*
Tanzbär	*Unterpunktierung durch Heine bei Wiedereinsetzung gestrichenen Textes*

Nachbemerkung

Neben Manfred Windfuhr, der für die Richtlinien und die Textherstellung verantwortlich zeichnet, deren Prinzipien im »Herausgeberbericht« zu Bd. 1 genauer erläutert werden, bin ich vor allem den beiden Redakteuren zu Dank verpflichtet. Christiane Kohlhaas betreute die französischen Texte, Erhard Weidl stellte den Lesartenapparat zu den Handschriften her (vgl. hierzu auch seine Arbeit »Heines Arbeitsweise«, Diss. Düsseldorf, 1973). Folgende Freunde und Kollegen unterstützten mich bei schwierigen Kommentarproblemen: Rutger Booß (»Harzreise«, »Buch Le Grand«), Joseph A. Kruse (»Buch Le Grand«), Dirk Moeller (»Buch Le Grand«) und Christoph Trilse (»Harzreise«, »Nordsee III«, »Buch Le Grand«). Wertvolle Einzelhinweise gaben Karl Brethauer, Hans-Gerd Claßen, Else Rümmler und Hugo Weidenhaupt. Bei der Textherstellung und den Fahnenkorrekturen halfen Wolfgang Koßek, Marianne Tilch und Jochen Zinke. Das Personenregister stammt größtenteils von Elisabeth Hermand. Ebenso verpflichtet bin ich der University of Wisconsin für die finanzielle Unterstützung meiner Forschungsaufenthalte im Düsseldorfer Heine-Institut. Zu den Bibliotheken, die mir bei der Materialbeschaffung besonders hilfreich waren, gehören vor allem die Staatsbibliothek in Berlin-Ost, das Berlin-Museum in Berlin-West, die Universitätsbibliothek Düsseldorf, die National Library of Scotland in Edinburgh, die Universitätsbibliothek Göttingen, die Memorial Library der University of Wisconsin in Madison, die Biblioteka Główna in Poznań und die Library of Congress in Washington, D. C.

Jost Hermand

Personenregister

(Alle recte gesetzten Zahlen beziehen sich auf Erwähnungen im Text oder in den ausgeschiedenen Varianten. Nicht aufgenommen wurden Autoren von Sekundärliteratur nach 1856.)